COMENTÁRIO
À
CONSTITUIÇÃO PORTUGUESA

II
Volume

ORGANIZAÇÃO ECONÓMICA
(ARTIGOS 80.º A 107.º)

RUI GUERRA DA FONSECA
ASSISTENTE DA FACULDADE DE DIREITO DA UNIVERSIDADE DE LISBOA

COMENTÁRIO
À
CONSTITUIÇÃO PORTUGUESA

II
Volume

ORGANIZAÇÃO ECONÓMICA
(ARTIGOS 80.º A 107.º)

Coordenação: PAULO OTERO
(Prof. Catedrático da Faculdade de Direito da Universidade de Lisboa)

Centro de Investigação da Faculdade de Direito da Universidade de Lisboa

ALMEDINA

COMENTÁRIO À CONSTITUIÇÃO PORTUGUESA
II VOLUME
ORGANIZAÇÃO ECONÓMICA (ARTIGOS 80.° A 107.°)

AUTOR
RUI GUERRA DA FONSECA

COORDENAÇÃO
PAULO OTERO

EDITOR
EDIÇÕES ALMEDINA, SA
Av. Fernão Magalhães, n.° 584, 5.° Andar
3000-174 Coimbra
Tel.: 239 851 904
Fax: 239 851 901
www.almedina.net
editora@almedina.net

PRÉ-IMPRESSÃO | IMPRESSÃO | ACABAMENTO
G.C. – GRÁFICA DE COIMBRA, LDA.
Palheira – Assafarge
3001-453 Coimbra
producao@graficadecoimbra.pt

Maio, 2008

DEPÓSITO LEGAL
275520/08

Os dados e as opiniões inseridos na presente publicação
são da exclusiva responsabilidade do(s) seu(s) autor(es).

Toda a reprodução desta obra, por fotocópia ou outro qualquer
processo, sem prévia autorização escrita do Editor, é ilícita
e passível de procedimento judicial contra o infractor.

Biblioteca Nacional de Portugal – Catalogação na Publicação

Comentário à Constituição Portuguesa / coord. Paulo Otero
2° v. : Organização económica : artigos 80° a 107° / Rui
Guerra da Fonseca. - p. - ISBN 978-972-40-3484-3

I – OTERO, Paulo, 1963-
II – FONSECA, Rui Guerra da

CDU   342

PREFÁCIO

1. O espírito do Comentário

1.1. A ideia de se proceder a um *Comentário*, desenvolvido e (tanto quanto possível) exaustivo da Constituição Portuguesa surgiu em 2003. Tomou-se então a iniciativa de recrutar e coordenar um grupo de investigadores e, desde então, o esforço não tem cessado e, segundo se pretende, irá ainda perdurar mais algum tempo, até se encontrar concluído todo o texto da Constituição.

O *Comentário* procura expor todas as possíveis interpretações dos preceitos constitucionais, socorrendo-se também da jurisprudência constitucional e da prática adoptada por outras instituições na aplicação das normas, numa clara e assumida preferência pelas referências nacionais face às estrangeiras, acolhendo o respectivo autor a solução interpretativa que, segundo o seu próprio juízo, melhor corresponda ao sentido do preceito comentado.

Não se limita o *Comentário*, porém, ao texto constitucional vigente, pois procura também evidenciar as raízes históricas das actuais soluções normativas, envolvendo uma indagação pela memória constitucional portuguesa, e, num outro contexto, visa saber, sempre que encontrar justificação, o acolhimento expresso pelo Direito Internacional e pelo Direito Europeu e ainda, por último, a projecção da Constituição portuguesa junto das soluções constitucionais acolhidas pelos países de expressão portuguesa.

1.2. O presente *Comentário*, assentando na mais ampla liberdade científica dos respectivos autores, possui apenas propósitos científicos: não se trata de um comentário político ou ideológico, antes se assume como uma obra proveniente da academia, feita por académicos e coordenada por um académico.

A liberdade científica dos autores do *Comentário*, sem qualquer intervenção de coordenação quanto ao mérito do conteúdo das soluções defendidas, encontra-se expressa na clara assunção da autoria do comentário de cada artigo pelo respectivo autor que o subscreve, não responsabilizando cada posição adoptada nem os restantes autores, nem o coordenador do *Comentário*.

1.3. Perante um texto constitucional extenso e complexo, objecto de três décadas de vigência e de múltiplas soluções interpretativas e aplicativas, judiciais e extrajudiciais, o presente *Comentário*, reconhecendo a inevitabilidade de não ser possível um trabalho individual tão extenso, revela ainda o propósito de lançar e cimentar um espírito de equipa em projectos científicos na área do Direito.

O grande desafio que o presente projecto comportou foi também reunir e coordenar um grupo de trabalho com diferentes pessoas, dotadas de diferentes perspectivas ideológicas sobre o fenómeno constitucional, procurando alcançar a feitura de uma obra colectiva que, respeitando a liberdade e a responsabilidade individuais, unisse muitos em torno de um objectivo comum: o espírito que anima o *Comentário* é, neste sentido, inovador na ciência jurídica portuguesa.

Trata-se da primeira obra colectiva inserida no contexto do espírito do Centro de Investigação da Faculdade de Direito da Universidade de Lisboa.

2. Sistemática de publicação do Comentário

2.1. Atendendo à extensão do texto constitucional e do presente *Comentário*, procurou-se encontrar uma sistemática de publicação que reflectisse a própria estrutura interna da Constituição, facilitando-se também, deste modo, o acesso do leitor ao respectivo artigo no âmbito dos volumes em que se divide a obra.

O *Comentário* divide-se, assim, e sem prejuízo da possibilidade de cada volume se desdobrar em um ou vários tomos, em quatro volumes, fazendo-se corresponder a cada volume uma parte da Constituição, isto nos seguintes termos:

– O I volume do *Comentário*, abrangendo a matéria referente aos "Princípios fundamentais" e à Parte I, sobre os "Direitos e deveres fundamentais", vai desde o preâmbulo até ao artigo 79.º da Constituição;

– O II volume do *Comentário*, tratando da Parte II, diz respeito à "Organização económica", correspondendo aos artigos 80.º a 107.º da Constituição;

– O III volume do *Comentário*, agrupando toda a Parte III, trata da "organização do poder político", desde o artigo 108.º até ao artigo 276.º da Constituição, e envolve o seu desdobramento em diversos tomos;

– O IV volume do *Comentário*, por último, englobando a Parte IV ("Garantia e revisão da Constituição") e as "Disposições finais e transitórias", versará sobre os artigos 277.º a 296.º da Constituição.

2.2. Por razões decorrentes do atraso na conclusão do *Comentário* relativamente a diversas disposições constitucionais e, simultaneamente, pela compreensível necessidade em serem publicados os comentários já finalizados optou-se, atendendo a que se trata de uma obra escrita a várias mãos e perfeitamente identificadas, por uma publicação imediata dos textos já concluídos.

Isso explica que, em vez de se dar início à publicação do *Comentário* pelo I volume, surjam como primeiros volumes a publicar o II, referente à "Organização Económica" (artigos 80.º a 107.º) e da autoria do *Mestre Rui Guerra da Fonseca*, e o 1.º tomo do III volume, respeitante aos princípios gerais da "Organização do Poder Político" (artigos 108.º a 119.º), da autoria do *Mestre Alexandre de Sousa Pinheiro* e do *Mestre Pedro Lomba*.

Centro de Investigação da Faculdade de Direito da Universidade de Lisboa, Fevereiro de 2008.

PAULO OTERO

NOTAS DE LEITURA

O texto que ora se apresenta justifica, dadas sobretudo as respectivas dimensão e função, que se forneçam ao leitor algumas notas para o melhor aproveitamento do seu conteúdo. Redigido sob a forma de comentário, deve o leitor conhecer de antemão alguns dos seus aspectos estruturais para que melhor possa orientar-se na sua consulta.

I. Aspectos estruturais gerais

a) O conteúdo do comentário a cada artigo deve ser visto na sua globalidade. Ainda que se pretenda consultar apenas a parte do comentário relativa a certo número ou alínea de certo artigo, recomenda-se a leitura da totalidade do texto do comentário a esse mesmo artigo.

b) Os comentários aos artigos 80.º e 81.º são, em geral, essenciais para a compreensão do sentido de todos os restantes. Por conseguinte, recomenda-se que a leitura destes seja realizada de modo integrado com a daqueles.

c) Para facilitar a tarefa do leitor, nos lugares relevantes são inseridas remissões para outros pontos do comentário ao artigo em causa ou a outros artigos. No primeiro caso, sendo a remissão para outro momento do texto dentro do mesmo ponto, usa-se simplesmente a expressão *supra* ou *infra*. Nos restantes casos, as remissões são feitas de acordo com a numeração do índice geral.

II. Direito Europeu

O presente texto começou a tomar forma pouco depois de ter sido apresentado ao Conselho Europeu, na sua reunião em Salónica em 20 de

Junho de 2003, o *Projecto de Tratado que institui uma "Constituição" para a Europa*, elaborado pela Convenção Europeia convocada para o efeito pelo Conselho Europeu reunido em Laeken em 14 e 15 de Dezembro de 2001. Deu-se-lhe depois sequência já com conhecimento do texto do *Tratado que estabelece uma Constituição para a Europa* (publicado no JOUE C 310, de 16 de Dezembro de 2004).

Já em fase de conclusão deste comentário que ora se dá ao leitor, mudou o rumo europeu em matéria de revisão dos seus tratados instituidores, o que veio a culminar na assinatura do chamado *Tratado de Lisboa*.

Por não colocar em causa os aspectos fundamentais do comentário – bem como muitos outros que o não serão –, e por forma a manter a sua integridade e coerência internas, optou-se por omitir quaisquer referências, quer ao *Tratado que estabelece uma Constituição para a Europa*, quer ao *Tratado de Lisboa*, numa altura em que, apesar de tudo, ainda não se encontra concluído o processo conducente à entrada em vigor deste último.

Por conseguinte, guardam-se tais referências para um momento futuro, em que, com outra sedimentação – e, portanto, outra utilidade também –, seja possível reconstruir tal percurso histórico, assentar a respectiva relevância, e aferir das suas reais consequências jurídico-políticas, tanto ao nível do Direito Europeu propriamente dito, como da sua projecção ao nível do ordenamento jurídico português, e do Direito Constitucional em particular.

III. Bibliografia e jurisprudência

a) A primeira citação de cada obra contém as suas referências integrais, conforme a mesma surge identificada no índice bibliográfico final. As restantes citações contêm apenas os elementos essenciais à identificação da obra pelo confronto com aquele mesmo índice.

b) O mesmo vale, *mutatis mutandis*, para as referências jurisprudenciais.

c) Tanto a bibliografia como a jurisprudência utilizadas não são, naturalmente, exaustivas. Sobretudo no que toca à primeira, a latitude dos temas em causa e o nível da produção doutrinária a que se vem assistindo jamais o permitiriam. As fontes são as disponíveis até ao início de Setembro de 2007.

ÍNDICE DE ALGUMAS ABREVIATURAS MAIS UTILIZADAS
(não preclude a utilização por extenso das expressões abreviadas)

AAFDL	– Associação Académica da Faculdade de Direito de Lisboa
Ac.	– Acórdão
AR	– Assembleia da República
BCE	– Banco Central Europeu
BFDUC	– *Boletim da Faculdade de Direito da Universidade de Coimbra*
BMJ	– *Boletim do Ministério da Justiça*
BP	– Banco de Portugal
CES	– Conselho Económico e Social
CPA	– Código do Procedimento Administrativo (aprovado pelo Decreto-Lei n.º 442/91, de 15 de Novembro, e com as alterações do Decreto-Lei n.º 6/96, de 31 de Janeiro)
CRCV	– Constituição da República de Cabo Verde (de 25 de Setembro de 1992, de acordo com a Lei Constitucional n.º 1/V/99, de 23 de Novembro)
CRDSTP	– Constituição da República Democrática de São Tomé e Príncipe (de 20 de Setembro de 1990, de acordo com a Lei de Revisão Constitucional n.º 1/2003, de 29 de Janeiro)
CRDTL	– Constituição da República Democrática de Timor-Leste (aprovada em 22 de Março de 2002)
CRFB	– Constituição da República Federativa do Brasil (de 5 de Outubro de 1988, com as alterações posteriores até à Emenda Constitucional n.º 53 de 19 de Dezembro de 2006) Não serão objecto de referência no texto normas das "Disposições Constitucionais Gerais" (Título IX) e das "Disposições Constitucionais Transitórias" (Título X).

CRGB	– Constituição da República da Guiné-Bissau (de 26 de Fevereiro de 1993, de acordo com a Lei Constitucional n.º 1/96, de 27 de Novembro)
CRM	– Constituição da República de Moçambique (de 30 de Novembro de 1990, de acordo com a revisão constitucional de 2004)
CRP	– Constituição da República Portuguesa (de 2 de Abril de 1976, de acordo com a Lei de Revisão Constitucional n.º 1/2005, de 12 de Agosto) As normas referidas no texto sem indicação do diploma a que pertencem devem ter-se por pertencentes à CRP, na redacção da Lei de Revisão Constitucional n.º 1/2005, de 12 de Agosto, ou em redacção anterior, segundo o contexto.
CSC	– Código das Sociedades Comerciais
CSE	– Carta Social Europeia
DJAP	– *Dicionário Jurídico da Administração Pública*
DR	– *Diário da República*
EPARAA	– Estatuto Político-Administrativo da Região Autónoma dos Açores (Lei n.º 39/80, de 5 de Agosto, com as alterações introduzidas pela Lei n.º 9/87, de 26 de Março, e pela Lei n.º 61/98, de 27 de Agosto)
EPARAM	– Estatuto Político-Administrativo da Região Autónoma da Madeira (Lei n.º 13/91, de 5 de Junho, com as alterações introduzidas pela Lei n.º 130/99, de 21 de Agosto, e pela Lei n.º 12/2000, de 21 de Junho)
JC	– *Jurisprudência Constitucional*
JOCE	– *Jornal Oficial das Comunidades Europeias*
JOUE	– *Jornal Oficial da União Europeia*
LCRA	– Lei Constitucional da República de Angola (de 16 de Setembro de 1992, de acordo com a Lei de Revisão Constitucional n.º 18/96, de 14 de Novembro)
LTC	– Lei do Tribunal Constitucional (Lei n.º 28/82, de 15 de Novembro, com as alterações introduzidas pela Lei n.º 143/85, de 26 de Novembro, pela Lei n.º 85/89, de 7 de Setembro, pela Lei n.º 88/95, de 1 de Setembro, e pela Lei n.º 13-A/95, de 26 de Fevereiro)
OMC	– Organização Mundial de Comércio

PR	– Presidente da República
RAR	– Regimento da Assembleia da República (Resolução da Assembleia da República n.º 4/93, de 2 de Março, com as alterações introduzidas pelas Resoluções da Assembleia da República n.º 15/96, de 2 de Maio, n.º 3/99, de 20 de Janeiro, n.º 75/99, de 25 de Novembro, e n.º 2/2003, de 17 de Janeiro)
RFDUL	– *Revista da Faculdade de Direito da Universidade de Lisboa*
RJSEE	– Regime jurídico do sector empresarial do Estado, incluindo as bases gerais do estatuto das empresas públicas do Estado (Decreto-Lei n.º 558/99, de 17 de Dezembro, com as alterações introduzidas pelo Decreto-Lei n.º 300/2007, de 23 de Agosto)
RMP	– *Revista do Ministério Público*
SEBC	– Sistema Europeu de Bancos Centrais
STA	– Supremo Tribunal Administrativo
STJ	– Supremo Tribunal de Justiça
TC	– Tribunal Constitucional
TCE	– Tratado da Comunidade Europeia (com as alterações decorrentes do artigo 2.º do Tratado de Nice)
TUE	– Tratado da União Europeia (com as alterações decorrentes do artigo 1.º do Tratado de Nice)

PARTE II
ORGANIZAÇÃO ECONÓMICA

TÍTULO I
PRINCÍPIOS GERAIS

Artigo 80.º
(Princípios fundamentais)

A organização económico-social assenta nos seguintes princípios:

a) Subordinação do poder económico ao poder político democrático;

b) Coexistência do sector público, do sector privado e do sector cooperativo e social de propriedade dos meios de produção;

c) Liberdade de iniciativa e de organização empresarial no âmbito de uma economia mista;

d) Propriedade pública dos recursos naturais e de meios de produção, de acordo com o interesse colectivo;

e) Planeamento democrático do desenvolvimento económico e social;

f) Protecção do sector cooperativo e social de propriedade dos meios de produção;

g) Participação das organizações representativas dos trabalhadores e das organizações representativas das actividades económicas na definição das principais medidas económicas e sociais.

Quadro tópico:
    I. PRINCÍPIOS FUNDAMENTAIS DA ORGANIZAÇÃO ECONÓMICO-SOCIAL
      § 1.º. Aspectos gerais;
        1.1. Função estruturante;

1.2. Valores constitucionais e princípios da Constituição económica: relação com os direitos fundamentais;
1.3. Princípios gerais e princípios sectoriais;
1.4. Vinculação do legislador e vinculação da Administração;
§ 2.º. OS VÁRIOS PRINCÍPIOS FUNDAMENTAIS DA ORGANIZAÇÃO ECONÓMICO-SOCIAL;
2.1. *a) Subordinação do poder económico ao poder político democrático*;
2.1.1. O significado da subordinação;
2.1.2. O poder económico: âmbito da previsão;
2.1.3. *Poder político democrático* ou *poderes políticos democráticos*?
2.2. *b) Coexistência do sector público, do sector privado e do sector cooperativo e social de propriedade dos meios de produção*;
2.2.1. A coexistência dos três sectores de propriedade como princípio fundamental;
2.2.2. O limite material de revisão constitucional;
2.3. *c) Liberdade de iniciativa e de organização empresarial no âmbito de uma economia mista*;
2.3.1. O significado de economia mista;
2.3.2. O limite material de revisão constitucional;
2.3.3. A preferência constitucional por um modelo de economia mista;
2.4. *d) Propriedade pública dos recursos naturais e de meios de produção, de acordo com o interesse colectivo*;
2.4.1. A *propriedade pública* como princípio;
2.4.2. O universo dos recursos naturais e meios de produção: o "*dos*" e o "*de*";
2.4.3. O interesse colectivo e os poderes políticos democráticos;
2.5. *e) Planeamento democrático do desenvolvimento económico e social*;
2.5.1. O planeamento como princípio do desenvolvimento económico e social;
2.5.2. Dimensões de vinculatividade do princípio;
2.6. *f) Protecção do sector cooperativo e social de propriedade dos meios de produção*;
2.6.1. O significado da *protecção* ao sector cooperativo e social;
2.6.2. Preferência constitucional e/ou articulação com um modelo de economia mista;
2.7. *g) Participação das organizações representativas dos trabalhadores e das organizações representativas das actividades económicas na definição das principais medidas económicas e sociais*;

2.7.1. Uma dimensão fundamental da democracia participativa;

2.7.2. O problema da efectivação do princípio no âmbito da elaboração do Direito Comunitário derivado;

2.7.3. O problema do esvaziamento do princípio no âmbito da elaboração do direito interno em face das pré-determinações do Direito Comunitário.

II. DIREITO INTERNACIONAL E EUROPEU

§ 3.°. Direito Internacional;

§ 4.°. Direito Europeu.

III. MEMÓRIA CONSTITUCIONAL

§ 5.°. As constituições portuguesas anteriores à Constituição de 1976;

§ 6.°. Conteúdo originário da redacção do preceito na Constituição de 1976 e sucessivas versões decorrentes das revisões constitucionais;

§ 7.°. Apreciação do sentido das alterações do preceito.

IV. PAÍSES DE EXPRESSÃO PORTUGUESA

§ 8.°. Brasil;

§ 9.°. Angola;

§ 10.°. Moçambique;

§ 11.°. Cabo Verde;

§ 12.°. Guiné-Bissau;

§ 13.°. São Tomé e Príncipe;

§ 14.°. Timor-Leste.

I. PRINCÍPIOS FUNDAMENTAIS DA ORGANIZAÇÃO ECONÓMICO--SOCIAL

§ 1.°. Aspectos gerais

1.1. *Função estruturante*

A inclusão de uma norma como a constante do artigo 80.° no início da Parte II da CRP espelha, desde logo e inequivocamente, a intenção constituinte de conferir unidade à Constituição económica em sentido formal estrito, se considerarmos como tal o acervo normativo que integra a Parte sistemática da Lei Fundamental designada "Organização Económica", que se estende do artigo 80.º ao 107.º. É isento de dúvida que este elenco de princípios fundamentais se apresenta com uma função estruturante face às restantes normas da Parte II (e desta dentro da própria CRP), função essa que, à partida e de forma genérica, se pode categorizar da seguinte forma:

i) de *unificação em sentido jurídico-material*: na medida em que todos os enunciados normativos da Parte II devem reflectir, com mais ou menos intensidade, a totalidade do elenco de princípios fundamentais;

ii) de *harmonização ou orientação teleológico-interpretativa*: na medida em que todos aqueles enunciados normativos devem ser interpretados com um sentido último comum (ainda que se verifique qualquer conflito entre princípios), qual seja o de extrair das normas aquela (potencial) aplicação que mais eficazmente concretize todos os princípios fundamentais, ainda que com diferentes intensidades, sem preterir qualquer deles[1].

Tal função estruturante, pretensão constituinte, estava presente na versão originária da Constituição de 1976, e permaneceu ao longo das sucessivas revisões constitucionais, apesar das alterações que o artigo 80.º foi sofrendo[2]. Com efeito, se a leitura dessa função estruturante pode ter sofrido mutações por força da expulsão do texto constitucional das referências ao socialismo, do apuramento do próprio acervo de princípios em causa[3], do sentido global das várias revisões constitucionais, e mesmo em virtude de legislação ordinária que possa considerar-se materialmente constitucional e reorientadora do regime económico português[4], tal não

---

[1] Afirmando que os princípios fundamentais possuem uma "*função de integração e de coesão* de toda a constituição económica", dado o seu papel matricial e de síntese, cfr. J. J. GOMES CANOTILHO/VITAL MOREIRA, *Constituição da República Portuguesa Anotada*, I, 4.ª Ed., Coimbra, 2007, p. 956. Ainda no domínio da redacção originária do artigo 80.º na Constituição de 1976, sublinhando que aqui se encontra(va) o "ponto de partida de todas as normas da *constituição económica*", e com uma dupla função, tanto "*de garantia*" como "*prospectiva*", cfr. a 1.ª Ed. daquela obra, Coimbra, 1978, p. 201 (doravante, todas as referências a esta obra correspondem à 4.ª Ed., salvo indicação em contrário).

[2] Cfr. *infra*, III, § 6.º e 7.º.

[3] Cfr. *infra*, III, § 6.º e 7.º.

[4] Sobre este aspecto cfr. MARCELO REBELO DE SOUSA, *Direito Constitucional*, I, Braga, 1979, pp. 341 ss.

transmutou a função do preceito. Admite-se, contudo, que tal pretensão constituinte fosse muito além do que agora se perspectiva, essencialmente movida por uma *ideia de constituição* e por uma *ideia de projecto constitucional* refundadora da própria sociedade no que se refere à transcendência inerente à transição para o socialismo. Mas isso não infirma, já então e de então para cá, aquela pretensa função estruturante. O que sucede é que a função estruturante hoje subjacente ao elenco de princípios fundamentais constante do artigo 80.° só pode ser minimamente apreendida se considerarmos o respectivo conteúdo e posicionamento constitucional dos vários princípios, a sua relação com os direitos fundamentais no âmbito da axiologia constitucional, bem como a vinculação dos vários poderes à normatividade dele decorrente[5].

Por outro lado, o artigo 80.° não está isolado no que respeita a princípios fundamentais em que assenta a organização económico-social (e adiante se verá se ele contém *todos* esses princípios, pelo menos expressamente[6]). Se qualquer norma é parte integrante de um *sistema*, não sendo possível compreendê-la fora dele (e sendo mesmo questionável que tenha *existência* fora do sistema em que se insere), a que neste momento analisamos não pode ser excepção. E aqui interessam-nos, sobretudo, as conexões normativas mais imediatas com outras normas constitucionais que não as integradas na Parte II, e, desse universo, aquelas que se mostram mais susceptíveis de apurar a compreensão e coerência substanciais dos princípios fundamentais em matéria de organização económico-social. Aí relacionamos, necessariamente e desde logo, o artigo 80.° com o artigo 2.° ("Estado de direito democrático"), com o artigo 3.° ("Soberania e legalidade"), e com o artigo 9.° ("Tarefas fundamentais do Estado", apesar da sua relação mais imediata com o artigo 81.°)[7]. Igualmente, em sede de direitos fundamentais as relações são várias e complexas – adiante far-lhes-emos referência.

Fundamental, diríamos, é ainda a relação do artigo 80.° com o artigo 288.°, que trata dos limites materiais de revisão constitucional. Muitos dos

---

[5] Cfr. *infra*, I, § 1.°, respectivamente, 1.2, 1.3 e 1.4.
[6] Cfr. *infra*, I, § 1.°, 1.2 e 1.3.
[7] Podem, é certo, descobrir-se relações com outros Princípios Fundamentais da CRP, de entre as suas normas iniciais, como por exemplo com o artigo 8.°, dada a influência do Direito Internacional e do Direito Comunitário sobre a Constituição económica portuguesa. A tal nos referiremos em mais do que um passo e, *maxime*, cfr. *infra*, II.

princípios fundamentais em matéria de organização económico-social são também limites expressos de revisão constitucional, como veremos a propósito de cada um deles: assim, a coexistência dos sectores público, privado e cooperativo e social de propriedade dos meios de produção, e a existência de planos económicos no âmbito de uma economia mista (cfr., respectivamente, alíneas *f)* e *g)* do artigo 288.º). Sem curar aqui das diferenças entre os vários limites materiais de revisão constitucional[8], o que pode desde já afirmar-se é que o relevo que a CRP concede aos princípios fundamentais da organização económico-social sai reforçado pela inclusão daqueles no catálogo do artigo 288.º. Mais, adiantemos, não são apenas aqueles princípios fundamentais – em matéria de sectores de propriedade, garantia de planeamento económico e economia mista – que integram o acervo de limites materiais de revisão constitucional, como "limites específicos da revisão de primeiro grau ou limites próprios"[9]. Outrossim, admite-se que os princípios da subordinação do poder económico ao poder político democrático, da liberdade de iniciativa económica e de organização empresarial, da protecção do sector cooperativo e social de propriedade dos meios de produção, e ainda da participação das organizações representativas dos trabalhadores e das organizações representativas das actividades económicas na definição das principais medidas económicas e sociais (cfr. alíneas *a)*, *c)*, *f)* e *g)* do artigo 80.º) possam estar implícitos nos "limites imanentes respeitantes à legitimidade democrática"[10], designadamente, da alínea *d)* do artigo 288.º, em matéria de direitos, liberdades e garantias dos cidadãos. Ponto é que a relação entre os princípios fundamentais plasmados no artigo 80.º e a respectiva elevação a limites materiais de revisão constitucional não só lhes reforça a dimensão estruturante interna à Parte II[11], como permite uma melhor leitura dessa moldura principialista ao nível da Constituição material.

Estamos já pressupondo que os princípios fundamentais em matéria de organização económico-social não possuem todos a mesma densidade, concedendo-se também que poderão nem todos pertencer ao mesmo tipo, considerando-se uma tipologia de princípios. JORGE MIRANDA distingue

---

[8] Cfr. anotação ao artigo 288.º.
[9] Cfr. JORGE MIRANDA, *Manual de Direito Constitucional*, II, 4.ª Ed., Coimbra, 2000, p. 206.
[10] Cfr. JORGE MIRANDA, *Manual ...*, II, p. 206.
[11] Cfr. *supra*.

três categorias de princípios – "princípios axiológicos fundamentais", "princípios político-constitucionais" e "princípios constitucionais instrumentais" –, e afirma que os princípios da Constituição económica se integram, fundamentalmente, no segundo tipo, como princípios que "correspondem ao regime, à ideia de Direito, à Constituição material que num certo momento é acolhida", que permitem "distinguir certa Constituição de qualquer outra"[12]. J. J. GOMES CANOTILHO, dividindo os princípios jurídico-constitucionais em "princípios jurídicos fundamentais", – "princípios políticos constitucionalmente conformadores", "princípios constitucionais impositivos" e "princípios-garantia"[13], inclui no segundo tipo, como *"princípios definidores da forma de Estado"*, princípios da organização económico-social, exemplificando com o princípio da subordinação do poder económico ao poder político democrático, e com o princípio da coexistência dos sectores de propriedade público, privado e cooperativo: mas não é inequívoco que para o Autor os restantes princípios consagrados no artigo 80.º pertençam ao mesmo tipo[14].

De todo o modo, e em geral, propendemos para um entendimento segundo o qual a função estruturante destes princípios se projecta tanto numa vertente operativa como programática. Operativa ou *operante* porque se trata de princípios que "todos os órgãos encarregados da aplicação do direito" não podem deixar de respeitar, enformando toda a sua actividade; "devem ter em conta seja em actividades interpretativas, seja em actos inequivocamente conformadores (leis, actos políticos)"[15]. Programática ou dirigente porque esses mesmos órgãos – *maxime*, aqueles que participam na função político-legislativa – devem conduzir o exercício das suas competências no sentido da progressiva concretização inovadora da ideia de direito e de justiça subjacente aos vários princípios.

Assim, tal função estruturante começa na condensação da Constituição económica material, prossegue na *unificação* e *harmonização* da Constituição económica formal (mesmo onde ela se cruza, *v.g.*, com a Constituição política e com a Constituição administrativa) tanto no âmbito da Parte II como além dela, e dá (uma certa) forma(s) ao Estado de Direito

---

[12] Cfr. *Direito da Economia*, Lisboa, 1983, pp. 172 ss.
[13] Cfr. *Direito Constitucional e Teoria da Constituição*, 7.ª Ed., Coimbra, 2003, pp. 1164 ss.
[14] Cfr. *Direito Constitucional* ..., p. 1166.
[15] Cfr. J. J. GOMES CANOTILHO, *Direito Constitucional* ..., p. 1166.

democrático. Tal forma resulta da opção constituinte por um determinado regime económico como "modo de organização económica vigente num Estado-Colectividade"[16], opção essa que é dinamizada e concretizada tanto em sede de revisão constitucional com obediência aos respectivos limites materiais, como ao nível infra-constitucional pelos vários órgãos participantes nas várias funções do Estado. Ambas estas *missões* se desenvolvem inexoravelmente no quadro desta função estruturante – sem a qual, aliás, não poderiam desenvolver-se –, por via da tarefa de interpretação jurídica. Ressalvados os casos de transição constitucional, não nos parece que aquela função estruturante seja posta em causa, embora possa ter que pelejar hodiernamente com o Direito Comunitário, e manter-se suficientemente aberta para evitar o desuso no âmbito de um *facto* tão volátil como é a economia (ou o sistema económico, se se preferir).

A jurisprudência do TC espelha esta função estruturante, através de objectivos diferentes de convocação da norma. Em geral, cremos poder afirmar que o artigo 80.º tem sido chamado pelo TC, essencialmente, para sedimentar a interpretação dos variados preceitos da Parte II da CRP, não tanto como norma de resolução de *conflitos* entre os vários preceitos aí sediados, mas, pressupondo-se aquela sub-função de *unificação*, como norma integradora ou de *harmonização*. De certa forma, parece que o acervo de princípios do artigo 80.º tem consistido numa positivação confirmativa do que já se induziria das restantes normas da Parte II, para o que contribui a evolução e *aperfeiçoamento* do próprio preceito ao longo das várias revisões constitucionais[17].

Ensaiando uma categorização ampla da jurisprudência constitucional em que os princípios fundamentais da organização económico-social assumem relevo particular, podemos apontar situações em que:

A – O artigo 80.º *não é padrão imediato de pronúncia, declaração, julgamento* ou *verificação* de qualquer inconstitucionalidade, nem de qualquer decisão negativa do TC, integrando apenas o argumentário jurídico-discursivo, mas em que:

i) os princípios fundamentais surgem expressamente como *densificadores do Estado de Direito democrático*, relacionando a Parte II

---

[16] Cfr. MARCELO REBELO DE SOUSA, *Direito Constitucional*, p. 314.

[17] Neste sentido, *v.g.*, cfr. Ac. TC n.º 85/2003, de 12 de Fevereiro de 2003, *DR*, II Série, n.º 253, de 31 de Outubro de 2003.

com os direitos fundamentais (designadamente, com a liberdade de iniciativa económica, a propósito da certeza do direito, segurança e confiança jurídicas)[18];

ii) os princípios fundamentais surgem como *harmonizadores ou integradores das restantes normas da Parte II da CRP* e relacionados com os direitos fundamentais como princípios basilares da Constituição económica que afirmam esses mesmos direitos[19];

iii) os princípios fundamentais surgem como *harmonizadores ou integradores das restantes normas da Parte II da CRP*, considerada apenas a sua sistemática interna[20];

B – O artigo 80.º *é padrão imediato de pronúncia, declaração, julgamento* ou *verificação* de inconstitucionalidade, ou de decisão negativa do TC e em que:

i) os princípios fundamentais surgem como *harmonizadores ou integradores das restantes normas da Parte II da CRP* e com uma dimensão própria, relacionados com os direitos fundamentais, como princípios basilares da Constituição económica que afirmam esses mesmos direitos, sendo o *Estado de Direito democrático* expressamente o elemento unificador daqueles elementos[21];

ii) os princípios fundamentais surgem como *harmonizadores ou integradores das restantes normas da Parte II da CRP* e com uma

---

[18] Cfr. *v.g.*, Ac. TC n.º 218/89, de 14 de Fevereiro de 1989, *DR*, I Série, n.º 57, de 9 de Março de 1989 (no qual a referência ao artigo 2.º da Constituição surgia ainda por causa da realização da democracia económica como meio de assegurar a transição para o socialismo); Ac. TC n.º 215/2000, de 5 de Abril de 2000, *DR*, II Série, n.º 237, de 13 de Outubro de 2000; declaração de voto do Juiz Conselheiro GUILHERME DA FONSECA, no Ac. TC n.º 225/95, de 3 de Maio de 1995, *DR*, I Série, n.º 148, de 29 de Junho de 1995; Ac. TC n.º 498/2003, de 22 de Outubro de 2003, *DR*, II Série, n.º 2, de 3 de Janeiro de 2004.

[19] Cfr., *v.g.*, Ac. TC n.º 117/86, de 9 de Abril de 1986, *DR*, I Série, n.º 114, de 19 de Maio de 1986; Ac. TC n.º 218/89 (cit.).

[20] Cfr., *v.g.*, declaração de voto do Juiz Conselheiro VITAL MOREIRA no Ac. TC n.º 108/88, de 31 de Maio de 1988, *DR*, I Série, n.º 145, de 25 de Junho de 1988; Ac. TC n.º 219/2002, de 22 de Maio de 2002, *DR*, II Série, n.º 147, de 28 de Junho de 2002; Ac. TC n.º 471/2001, de 24 de Outubro de 2001, *DR*, II Série, n.º 163, de 17 de Julho de 2002.

[21] Cfr. Ac. TC n.º 325/89, de 4 de Abril de 1989, *DR*, I Série, n.º 89, de 17 de Abril de 1989, e declaração de voto do Juiz Conselheiro RAUL MATEUS.

dimensão própria, ainda que relacionados com os direitos fundamentais, como princípios basilares da Constituição económica que afirmam esses mesmos direitos[22];

De entre outras categorizações naturalmente possíveis, esta espelha bem, em nosso entender, o relevo da função estruturante que tem sido reconhecido aos princípios fundamentais da organização económico--social pelo TC. Se tal função é inequívoca na jurisprudência constitucional, detecta-se um maior peso daqueles princípios como adjuvantes argumentativos do que como padrões normativos de primeira linha, fundamentadores de decisões positivas ou negativas (o que acontece mais amiúde em conjugação com os direitos fundamentais e com a garantia do Estado de Direito democrático).

1.2. *Valores constitucionais e princípios da Constituição económica: relação com os direitos fundamentais*

Num "Estado de direitos fundamentais"[23], garante da realização dos direitos e liberdades fundamentais da pessoa humana em todas as suas dimensões, respeitador da sua autonomia frente aos poderes públicos pela defesa e garantia da liberdade, da justiça e da solidariedade[24], e onde a dignidade dessa mesma pessoa humana assume um carácter *sagrado* como "valor supremo e absoluto"[25], verdadeiro fundamento e limite de existência do próprio Estado, a Constituição económica não pode apreender-se validamente fora do quadro dos direitos fundamentais. Mesmo para quem não admite uma hierarquização intra-constitucional de valores (que pode

---

[22] Cfr. *v.g.*, Ac. TC n.º 240/91, de 11 de Junho de 1991, *DR*, I Série, n.º 146, de 28 de Junho de 1991; Ac. TC n.º 166/94, de 16 de Fevereiro de 1994, in BMJ, n.º 434, 1994, pp. 143 ss.; Ac. TC n.º 35/2004, de 14 de Janeiro de 2004, *DR*, II Série, n.º 42, de 19 de Fevereiro de 2004.

[23] Utilizando este qualificativo, cfr. J. J. GOMES CANOTILHO/VITAL MOREIRA, *Fundamentos da Constituição*, Coimbra, 1991, p. 83. Desenvolvendo a noção e nela enquadrando a Administração, tanto em sentido objectivo como subjectivo, cfr. PAULO OTERO, *O Poder de Substituição em Direito Administrativo: Enquadramento Dogmático-Constitucional*, II, Lisboa, 1995, em especial pp. 528 ss.

[24] Cfr. J. J. GOMES CANOTILHO/VITAL MOREIRA, *Fundamentos* ..., p. 83.

[25] Cfr. PAULO OTERO, *O Poder* ..., II, p. 528.

conduzir à conclusão pela inconstitucionalidade de normas constitucionais), é imperioso conceder que a axiologia matricial da CRP se encontra sediada nos direitos fundamentais, o que se justifica pela sua substância (por muito absoluto que seja o relativismo), produto – e simultaneamente garante – da democracia política. O que se afirma encontra reflexo em toda a CRP em termos mais ou menos imediatos, designadamente, na sua sistemática, na configuração do sistema de governo, na repartição da competência legislativa entre os órgãos que a possuem, no sistema de garantia e revisão da Constituição. E, bem assim, na própria existência, configuração e localização sistemática da Constituição económica (tendo-se agora em mente, em termos formais, a Parte II).

Não que a Constituição económica seja uma *constituição subalterna* ou uma *constituição meramente instrumental* face aos direitos fundamentais, como não o é a Constituição política ou a Constituição administrativa[26]. Do que se trata é de uma *constituição concretizadora* e *projectante* da actividade dos poderes públicos (*maxime*) em matéria económica ou de regime económico, face ao carácter necessariamente aberto e pouco concreto – de direitos, liberdades e garantias, também, mas – essencialmente de vários direitos económicos, sociais e culturais.

Naturalmente, nesta matéria são possíveis tantas posições quantos os conceitos de constituição e, dentro dela, de constituição económica[27]. Porém – se como afirmava GUSTAV RADBRUCH, "não deve dizer-se: *tudo o que for útil ao povo é direito;* mas, ao invés: só o que for direito será útil e proveitoso para o povo"[28] –, há que procurar a perspectiva teórico-interpretativa que melhor racionalize práticas tendentes a afastar os perigos do

---

[26] Defendendo o lugar da Constituição económica, cfr. declaração de voto do Juiz Conselheiro VITAL MOREIRA no Ac. TC n.º 108/88 (cit.).

[27] Para uma síntese de cinco perspectivas modelares, cfr. JORGE MIRANDA, *A Interpretação da Constituição Económica*, in *Estudos em Homenagem ao Prof. Doutor Afonso Rodrigues Queiró*, I, BFDUC, Coimbra, 1987, pp. 282 ss.; do Autor, sobre o tema e mais aprofundadamente, cfr. *Direito da Economia*, pp. 59 ss., e 133 ss. Ainda, cfr. VITAL MOREIRA, *Economia e Constituição*, 2.ª Ed., Coimbra, 1979, *passim*.

[28] Cfr. GUSTAV RADBRUCH, *Cinco Minutos de Filosofia do Direito*, in *Filosofia do Direito*, 6.ª Ed., trad. e pref. de L. Cabral de Moncada, Coimbra, Ap. II, p. 416. Para um enquadramento e análise, cfr. A. CASTANHEIRA NEVES, *A Crise Actual da Filosofia do Direito no Contexto da Crise Global da Filosofia - Tópicos para a possibilidade de uma reflexiva reabilitação*, STVDIA IVRIDICA, n.º 72, Coimbra, 2003, pp. 23 ss.; JOSÉ ADELINO MALTEZ, *Princípios de Ciência Política*, II, Lisboa, 1998, p. 220.

"contágio" da democracia pelos "vírus" do totalitarismo democrático, dada a identidade de alguns aspectos entre ambos[29]. Com J. J. GOMES CANOTILHO, pode ainda afirmar-se que "a Constituição dirigente está morta se o dirigismo constitucional for entendido como normativismo constitucional revolucionário capaz de, só por si, operar transformações emancipatórias"[30]. Daí que o respeito pela opção constituinte ao autonomizar a Constituição económica, como momento incontornável da democracia política reafirmado nas sucessivas revisões da CRP, reclame o reconhecimento de um lugar próprio daquela, que concretiza e dimensiona os direitos fundamentais na vertente do regime económico: a Constituição económica não pode carregar *a priori* o estigma de uma inferioridade normativo-valorativa, pré-destinada a ceder ao primeiro vento a qualquer difícil compatibilização com os direitos fundamentais, sobretudo tendo em conta o carácter pouco concreto de vários destes. Em síntese, o lugar próprio e relativamente autónomo da Constituição económica é, em si mesmo, uma garantia da efectivação dos próprios direitos fundamentais frente ao exercício das competências dos órgãos de poder, tanto no âmbito da função político-legislativa, como da função administrativa e da função judicial, na margem de liberdade de conformação sócio-política que todos possuem, sem excepção, embora de natureza e intensidade diferentes.

A relação entre os direitos fundamentais e a Constituição económica reveste especial importância, interesse e acuidade no âmbito, de entre aqueles, dos direitos económicos, sociais e culturais. De tal forma que se pode considerar como primeiro princípio fundamental da organização económico-social a garantia desses mesmos direitos[31], tanto mais que a res-

---

[29] Neste sentido, cfr. PAULO OTERO, *A Democracia Totalitária*, Cascais, 2001, pp. 81 ss.

[30] Cfr. *Constituição Dirigente e Vinculação do Legislador*, 2.ª Ed., Coimbra, 2001, p. *XXIX* do Prefácio.

[31] Neste sentido, cfr. ANTÓNIO L. SOUSA FRANCO/GUILHERME D'OLIVEIRA MARTINS, *A Constituição Económica Portuguesa – Ensaio Interpretativo*, Coimbra, 1993, p. 162. Aí afirmam os Autores que não são os direitos económicos e sociais (sem se referirem expressamente aos culturais, embora não nos pareça que tal tenha um intuito excludente) que resultam da organização económica, conforme pretendiam as interpretações mais profundamente marxistas do texto constitucional originário, mas, aparentemente, o inverso, já que "os aspectos fundamentais dessa organização constituem direitos das pessoas e não meros instrumentos organizatórios". Se concordamos com tal afirmação, não abdicamos da fun-

pectiva efectivação está dependente de *tarefas promocionais* e *incumbências* que encontram uma importante sede normativa na Constituição económica, posto que é esta que mais directamente pretende actuar na "transformação e modernização das estruturas económicas e sociais"[32]. Mas não só: a efectivação dos direitos económicos, sociais e culturais está também dependente – senão mesmo mais – "dos próprios factores económicos" e "dos condicionalismos institucionais, do modo de organização e funcionamento da Administração pública e dos recursos financeiros"[33], para assegurar o *"bem-estar"*, "objectivo último da actividade pública, enquanto realização da justiça e da solidariedade sociais através da democracia económica, social e cultural"[34].

Ora, nesta linha poder-se-á admitir que os princípios fundamentais da organização económico-social possuem uma função de *direcção* da concretização dos direitos económicos, sociais e culturais. Ainda que possa não se tratar propriamente de uma *densificação* dentro do próprio texto constitucional, estamos certamente perante um conjunto de princípios que delimitam, positiva e negativamente, a competência dos poderes públicos na conformação da concretização daqueles direitos. Os "direitos sociais" – na acepção lata proposta por JOSÉ CARLOS VIEIRA DE ANDRADE – têm um *"conteúdo nuclear"* detentor de uma força jurídica especial que lhes advém da "referência imediata à ideia de dignidade da pessoa humana", e, se é variável a intensidade de definição constitucional do respectivo conteúdo, é idêntica a sua força vinculativa do poder público, designadamente, impondo "autênticos *deveres* de legislação"[35]. Porém, a sua efectivação (independentemente de saber se tal corresponde – e em que medida – à sua solidificação como *"direitos subjectivos certos"* e a jusante de uma intervenção do legislador) depende sempre de "opções políticas num quadro de prioridades a que obrigam a escassez dos recursos, o carácter limitado da intervenção do Estado na vida social e, em geral, a abertura

---

ção e lugar próprios da Constituição económica, que entendemos garantísticos como se referiu *supra*.

[32] Neste sentido, cfr. JORGE MIRANDA, *Regime específico dos direitos económicos, sociais e culturais*, Separata dos *Estudos Jurídicos e Económicos em Homenagem ao Professor João Lumbrales*, Coimbra, 2000, p. 347.

[33] Cfr. JORGE MIRANDA, *Regime específico* ..., p. 352.

[34] Cfr. PAULO OTERO, *O Poder* ..., II, p. 527.

[35] Cfr. *Os Direitos Fundamentais na Constituição Portuguesa de 1976*, 3.ª Ed., Coimbra, 2004, pp. 385-387.

característica do próprio princípio democrático"[36]. É precisamente a Constituição económica, encabeçada pelos princípios fundamentais aqui em causa, que orienta o poder público na concretização da gestão (*lato sensu*) desses recursos escassos ao alcance do Estado-Colectividade, pelos quais passará inexoravelmente a efectivação da *justiça social*. Por outras palavras, o *dever ser* ínsito na Constituição económica é o *dever ser* dos direitos económicos, sociais e culturais imediatamente seguinte àquele que autónoma e isoladamente seja possível retirar do "*conteúdo nuclear*" desses mesmos direitos e do seu regime próprio[37].

Bem entendido, do que se vem de dizer não pode extrair-se uma conclusão pela aptidão dos princípios fundamentais da Constituição económica para, sempre com mesma intensidade, orientar a actuação dos poderes públicos em matéria de direitos fundamentais. Com efeito, percorrendo o artigo 80.° é notória uma maior vocação para o enformar do regime económico em torno da propriedade dos meios de produção, da liberdade de iniciativa económica e do princípio democrático. E leve-se em conta o carácter mais concreto, por natureza, daquelas do que deste. Não será por acaso que, a título de exemplo, JORGE MIRANDA convoca a Constituição económica para o tratamento da iniciativa económica e do direito de propriedade no âmbito das liberdades económicas e propriedade privada ao nível dos direitos fundamentais[38]. Tentemos dois modelos para melhor ilustrar esta ideia. O princípio da liberdade de iniciativa económica e de organização empresarial no âmbito de uma economia mista, presente na alínea *c)* do artigo 80.°, permite afirmar, com um certo carácter de imediatividade, que a *direcção* dos poderes públicos na efectivação dos direitos de iniciativa económica e de propriedade privada, constantes respectivamente dos artigos 61.° e 62.° da CRP, haverá de verificar-se na implementação dos princípios gerais do Título I da Parte II, mas também ao nível dos planos (Título II), das políticas agrícola, comercial e industrial (Título III), e do sistema financeiro e fiscal (Título IV). Há, pois, uma blindagem considerável de ambos aqueles direitos, uma vez que a *princi-*

---

[36] Cfr. JOSÉ CARLOS VIEIRA DE ANDRADE, *Os Direitos Fundamentais* ..., pp. 387-388.

[37] Afirmando que o artigo 80.° "pode ser visto como a representação em matéria económica do princípio da *socialidade*, ou do Estado Social de Direito, hoje presente no "contexto ocidental de constituição".", cfr. JORGE MIRANDA/RUI MEDEIROS (com MANUEL AFONSO VAZ), *Constituição Portuguesa Anotada*, II, Coimbra, 2005, p. 12.

[38] Cfr. *Manual* ..., IV, 3.ª Ed., Coimbra, 2000, pp. 509 ss.

piologia expressa da Constituição económica lhes concede uma protecção central e rectora ao nível do regime económico(-social). Mas se se pretender fundar um "*direito à sobrevivência*" ou "um *direito a um mínimo de existência condigna*, enquanto direito social de personalidade" que passe, *v.g.*, pelo "*direito à não ablação* (fundamentalmente, um *direito à não execução*, por exemplo, através da proibição da penhora para satisfação de créditos privados ou públicos) *e à não tributação do rendimento necessário ao mínimo de existência*"[39] já aquela *principiologia* expressa mostra menos aptidão para *determinar* o regime económico(-social) no sentido da efectivação do direito. Se não é certo que tal direito possua um "*conteúdo nuclear*" menos firmado que os direitos de iniciativa económica e de propriedade privada, e independentemente da sua relação com os direitos liberdades e garantias, o que parece evidente é que, neste modelo, a relação normativa se estabelece directamente entre os direitos fundamentais e a Constituição fiscal, podendo apenas convocar-se do artigo 80.º, além daquele princípio implícito de garantia dos direitos económicos, sociais e culturais, o princípio da subordinação do poder económico ao poder político democrático presente na alínea *a)* (de conteúdo muito menos concreto que o da alínea *c)*). Aqui é menor o potencial concretizador da Constituição económica na *direcção* do poder público através dos seus princípios fundamentais, obrigando o *juiz da constituição* a trabalhar directamente com o princípio da dignidade da pessoa humana, com o direito à vida, etc., para *compensar* a *liberdade* deixada, nomeadamente, ao legislador[40].

Parece, pois, que a função estruturante[41] da *principiologia* presente no artigo 80.º, se podia já apresentar alguma incoerência e falta de unidade internas fruto de uma possível (e até certo ponto inevitável) diferenciação de tipologia e densidade dos vários princípios, enfrenta agora problema semelhante mas externo: a diferenciação de direitos económicos, sociais e culturais no que ao papel director da sua efectivação no âmbito da Constituição económica diz respeito. Se bem que tal diferenciação possa compreender-se e justificar a rejeição pela CRP tanto de um "Estado mínimo" como de um "Estado assistencial"[42], não deixa de causar problemas inter-

---

[39] Cfr. JOSÉ CARLOS VIEIRA DE ANDRADE, *Os Direitos Fundamentais* ..., pp. 403-404.
[40] Cfr. JOSÉ CARLOS VIEIRA DE ANDRADE, *Os Direitos Fundamentais* ..., p. 404.
[41] Cfr. *supra*, I, § 1.º, 1.1.
[42] Sobre esta última ideia, cfr. JORGE MIRANDA, *Regime específico* ..., p. 355.

pretativos que se prendem com uma reflexa diferenciação entre direitos económicos, sociais e culturais, o que haverá também de dilucidar-se ao nível dos limites materiais de revisão constitucional. Tal conclusão pode certamente encontrar explicação, pelo menos em parte, na linha evolutiva do artigo 80.° ao longo das várias revisões constitucionais[43], e contribui para uma certa desvalorização garantística da própria Constituição económica, a par da crescente relevância do Direito Comunitário, pois, como afirma J. J. GOMES CANOTILHO, "os tratados comunitários parecem elevar-se à natureza de supraconstituição garantidora não apenas do direito objectivo comunitário mas também de direitos subjectivos, o que em geral é negado nos institutos da inconstitucionalidade por omissão"[44]. Se, como repara JORGE MIRANDA, a Constituição mantém fundamentalmente "um espaço de garantia dos direitos dos trabalhadores e dos direitos económicos, sociais e culturais" frente à progressiva cedência do Direito interno ordinário perante o Direito Comunitário[45], não pode deixar de reparar-se que tal espaço é, afinal, menos autónomo ou comprimido pela crescente importância garantística da *Constituição económica europeia* em face das inaptidões da Constituição económica interna[46-47].

1.3. *Princípios gerais e princípios sectoriais*

A distinção entre *princípios gerais* e *princípios sectoriais* não deve ser confundida com outra que pode buscar-se entre os princípios funda-

---

[43] Cfr., *infra*, III, § 6.° e 7.°.

[44] Cfr. *Constituição Dirigente* ..., p. *XXIX* do Prefácio. O problema da *Constituição dirigente* mantém uma relação profunda com aquele outro referido, dos limites materiais de revisão constitucional. Sobre esta relação, na sequência daquela obra, deve ver-se FRANCISCO LUCAS PIRES, *Teoria da Constituição de 1976 – A Transição Dualista*, Coimbra, 1988, em especial pp. 68 ss.; e ainda a argumentação de J. J. GOMES CANOTILHO a propósito, recentemente republicada, com essenciais momentos de autocrítica a posições assumidas naquela sua outra obra, em *"Brancosos" e Interconstitucionalidade – Itinerários dos Discursos sobre a Historicidade Constitucional*, Coimbra, 2006, pp. 31 ss.

[45] Cfr. *Manual* ..., IV, p. 515.

[46] Cfr. *infra*, II, § 4.°.

[47] Ainda, sobre a subordinação do que apelidam de *parte organizatória* (da Constituição) às *garantias* ou direitos fundamentais (ou *parte dogmática*, onde inseriam a Constituição económica – e ainda na vigência da Constituição de 1933), cfr. AFONSO R. QUEIRÓ/A. BARBOSA DE MELO, *A liberdade de empresa e a Constituição*, in *Revista de Direito e Estudos Sociais*, Ano XIV, n.os 3 e 4, 1967, pp. 220 ss.

mentais constantes do artigo 80.º (e que lhe dão epígrafe) e os (supostos) princípios gerais que seriam todos os restantes do Título I da Parte II da CRP (que tem, também ele, essa mesma epígrafe). Aliás, pode até questionar-se a natureza de verdadeiros princípios de muitos destes últimos como tal apelidados pela Constituição[48]. Assim, a distinção opera-se apenas no seio do próprio artigo 80.º. Ao distinguir aqui *princípios gerais* e *princípios sectoriais* pretendemos diferenciar aqueles que orientam *toda* a actividade dos poderes públicos – os primeiros –, daqueles que orientam essencialmente uma parcela material da actividade desses mesmos poderes – os segundos.

Os *princípios gerais* são aqueles que, pelos valores que reflectem, pela sua substância, e pelo grau de abstracção que mostram, constituem um padrão normativo-principialista para os poderes públicos em toda a sua actividade de alguma forma ligada à economia, independentemente da área específica jus-económica em concreto. Invertendo a perspectiva, do ponto vista patológico, são princípios que mais facilmente podem ser violados na estrita execução da Constituição política, administrativa ou outra, esteja em causa, em concreto, a propriedade dos meios de produção, a liberdade de iniciativa económica ou qualquer outra matéria até relativamente distante da Constituição económica. São princípios gerais:

i) O princípio (não expresso no artigo 80.º) da garantia dos direitos económicos, sociais e culturais;

ii) O princípio (não expresso no artigo 80.º) do desenvolvimento económico-social;

iii) O princípio da subordinação do poder económico ao poder político democrático, previsto na alínea *a)*[49].

---

[48] Neste sentido, cfr. ANTÓNIO L. SOUSA FRANCO/GUILHERME D'OLIVEIRA MARTINS, *A Constituição Económica* ..., p. 161.

[49] Tanto o princípio do desenvolvimento económico-social (ii) como o princípio da subordinação do poder económico ao poder político democrático (iii) têm correspondência no que J. J. GOMES CANOTILHO e VITAL MOREIRA consideram as *duas grandes linhas que percorrem toda a constituição económica*: a *ideia de desenvolvimento económico* e a *ideia de organização e controlo democráticos da economia* (cfr. *Fundamentos* ..., pp. 159-160). Para nós tais *ideias* são verdadeiros princípios – não parecendo, aliás, que tal classificação seja distante do pensamento dos Autores. Por seu turno, JORGE MIRANDA, procurando uma síntese dos princípios constitucionais nesta matéria, numa perspectiva global que leva em conta, além do artigo 80.º, o Preâmbulo, a "Anteparte dos Princípios Fundamentais", os "Princípios gerais de Direito Fundamentais e da Organização do Poder Político", bem

Não é difícil de perspectivar que qualquer actuação dos poderes públicos, independentemente do objecto em concreto, pode entrar em conflito com qualquer desses princípios. Como a violação de qualquer dos restantes princípios ínsitos no artigo 80.° redunda, regra geral e ainda que por interposição, numa violação de pelo menos um daqueles princípios (ainda que tal violação possa não assumir verdadeira autonomia num juízo de inconstitucionalidade).

Assim, serão *princípios sectoriais* os restantes princípios fundamentais expressos no artigo 80.°, entendendo-se como tais aqueles que, pela sua substância, e pelo grau de maior concretização e delimitação que mostram, constituem um padrão normativo-principialista para os poderes públicos especialmente em determinadas vertentes da sua actividade ligadas à economia. Mais uma vez invertendo a perspectiva, do ponto vista patológico, são princípios cuja violação mais dificilmente se verificará quando não a propósito de determinados objectos jus-económicos. Exemplificando, dificilmente haverá qualquer violação do princípio da coexistência dos diversos sectores de propriedade dos meios de produção se a actuação dos poderes públicos não tiver por objecto a *propriedade* ou a *gestão* (ou ambas) dos meios de produção; assim como dificilmente haverá qualquer violação do princípio da participação das organizações representativas dos trabalhadores e das organizações representativas das actividades económicas na definição das principais medidas económicas e sociais se o que estiver em causa não for uma questão essencialmente ligada àquele binómio (*definição participada*). Os exemplos podem multiplicar-se se tomarmos em conta o catálogo de direitos económicos,

---

como os "princípios da autonomia regional dos Açores e da Madeira", chegava a "três princípios fundamentais, três ideias directrizes, três pontos de referência, três sentidos de valor da Constituição económica portuguesa: o princípio democrático; o princípio pluralista (ou pluralismo económico); e o princípio de transformação das estruturas económicas e sociais." – em obra anterior, note-se, à revisão constitucional de 1989 (cfr. *Direito da Economia*, pp. 211 ss.). Note-se também, aliás, que o carácter não expresso de princípios constitucionais não deve causar qualquer estranheza. Não sendo assunto que possa aqui desenvolver-se, acompanhamos J. J. GOMES CANOTILHO quando afirma que a "prática jurídica num Estado de direito constitucional assenta, muitas vezes, na aplicação de princípios jurídico-constitucionais nem sempre explicitados formalmente nos textos das constituições" (cfr. *Método de Interpretação de Normas Constitucionais. Peregrinação Constitucionalista em Torno de um Prefácio de Manuel de Andrade à Obra Interpretação e Aplicação das Leis de Francesco Ferrara*, in BFDUC, Vol. LXXVII, 2001, p. 897.

sociais e culturais; mas em qualquer caso estará certamente em causa um dos princípios gerais.

Pode afirmar-se, enfim, que enquanto o respeito pelos *princípios sectoriais* reclama actuações positivas ou abstenções comparativamente mais determináveis por parte dos poderes públicos (com largo reflexo, v.g., no artigo 81.° da CRP), a garantia dos *princípios gerais* convoca uma ideia de Estado – social, de bem-estar, de direitos fundamentais – transversal a toda a actuação dos poderes públicos, independentemente da sua maior ou menor determinabilidade conforme a mesma pode decorrer quer dos *princípios sectoriais* quer de outras normas da Constituição económica. Assim, são os *princípios gerais* que, dando a unidade básica da Constituição económica material, sustêm a função estruturante de todos os princípios fundamentais, encerrando o fundamento, limite e legitimação últimos do poder de *inventio* público, essencialmente político, necessário ao cumprimento da função da Lei Fundamental em matéria jus-económica.

1.4. *Vinculação do legislador e vinculação da Administração*

A problemática da vinculação do legislador e da vinculação da Administração aos princípios fundamentais da organização económico-social não se equaciona entre a vinculatividade e a não vinculatividade, mas antes, verdadeiramente, entre o sentido dessa vinculatividade e o seu carácter imediato ou mediato. Que tanto o legislador como a Administração se encontram vinculados a tais princípios não pode oferecer dúvida num Estado de Direito democrático, com toda a sua dimensão *social,* perante a qual a *jurídica* significa *garantia de justiça.* Com efeito, vacilar entre a vinculatividade e a não vinculatividade, neste sentido, significaria, em rigor, balançar entre a natureza jurídica de tais princípios e a de um mero *programa constituinte político-governativo* dos mesmos (em sentido lato), que não se admite. Assim, em síntese, o problema é o da forma e modo de tal vinculatividade[50].

---

[50] Em torno da prospectividade e vinculatividade do *postulado do socialismo* na redacção originária da Constituição de 1976, a propósito do artigo 80.° e de outros preceitos, cfr. JORGE BRAGA DE MACEDO, *Princípios Gerais da Organização Económica*, in *Estudos Sobre a Constituição,* I, Lisboa, 1977, pp. 189 ss.

Já abordámos *supra*[51] a problemática da função estruturante dos princípios da organização económico-social a propósito do artigo 80.°, no que ela nos parece ter, no geral, um conteúdo próprio. Porém, a natureza e dimensões de vinculatividade dos princípios constitucionais, quer perante o legislador quer perante a Administração, pode ser tratada de uma perspectiva geral. JORGE MIRANDA aponta aos princípios uma "função ordenadora", que se reparte em dois tipos de acção: uma "acção imediata" e uma "acção mediata". Os princípios desempenham uma "acção imediata enquanto directamente aplicáveis ou directamente capazes de conformarem as relações político-constitucionais", o que se manifesta com especial acuidade na CRP, entre outras situações, pelo disposto no n.° 1 do artigo 277.°, nos termos do qual são objecto de juízo de inconstitucionalidade as normas que infrinjam o disposto na Constituição *ou os princípios nela consignados*. E desempenham uma "acção mediata tanto num plano integrativo e construtivo como num plano essencialmente prospectivo". Naquele primeiro plano – integrativo –, dando coerência ao sistema, os princípios são "critérios de interpretação e integração", "de tal sorte que se tornem explícitas ou explicitáveis as normas que o legislador constituinte não quis ou não pôde exprimir cabalmente". No segundo sentido – construtivo – os princípios surgem como prescrições ou veículos de "conceitos básicos de estruturação do sistema constitucional". E no terceiro sentido – prospectivo – os princípios desempenham uma função de *motor* do sistema, possuindo uma "força expansiva" que, em conjunto com a sua indeterminação (em relação aos *preceitos*), permite o aperfeiçoamento do sistema em aproximação à "ideia de Direito inspiradora da Constituição", o que há-de fazer-se muito através da interpretação evolutiva[52].

Esta análise, com que genericamente se concorda, pode com proveito entrecruzar-se com uma outra aqui essencial: a da *força dos princípios*. Com efeito, podemos apontar aos princípios uma *força activa* e uma *força passiva*[53]. Os princípios constitucionais – não sendo excepção estes rela-

---

[51] Cfr. I, § 1.°, 1.1.
[52] Cfr. *Manual* ..., II, pp. 229-230.
[53] Utilizamos aqui ambas as expressões tendo por base a temática da *força de lei* (cfr. JORGE MIRANDA, *Manual* ..., V, 3.ª Ed., Coimbra, 2004, p. 225). Tenha-se presente, porém, que nem todos os princípios são *preceitos* e, ainda quando estão neles consagrados, a sua natureza não se identifica com a *lei* enquanto acto. Falando de uma "*força negativa e força positiva*" dos "*princípios constitutivamente positivados pela constituição*", cfr. J. J. GOMES CANOTILHO, *Constituição Dirigente* ..., pp. 277 ss.

tivos à organização económico-social – encerram e mostram, mais ou menos imediatamente, a materialidade essencial da Constituição. Sejam respeitantes à totalidade do ordenamento do Estado ou especialmente relevantes em determinadas parcelas daquele (e, ainda neste último caso, gerais ou sectoriais), correspondem às opções políticas fundamentais do Estado-Colectividade, radicando em realidades culturais *supra* ou *pré-constitucionais* ou em opções políticas do legislador constituinte não tão culturalmente e à partida condicionadas[54]. Possuem pois uma força material de conformação político-social que dá ao poder público o sentido e o limite (e fundamento) de toda a sua actuação. Neste sentido, a *força activa* dos princípios constitucionais é a sua aptidão para estabelecer uma matriz de cultura política (em sentido lato, de cultura da *polis* propriamente dita, enquanto realidade social organizada e com aptidão organizativa), caracterizada pela relativa inovação e pela identidade própria de sentido[55]. Aqui tanto releva a sua "acção imediata" quanto a sua "acção mediata" nas suas diversas vertentes. A *força passiva* dos princípios consiste então na sua proporcional capacidade de resistência, quer às mais profundas alterações do ordenamento jurídico-constitucional – onde avultam as transições constitucionais –, quer a alterações do ordenamento jurídico que possam bulir com a sua substância, que tanto podem ser alterações à própria Constituição como alterações do ordenamento infra-constitucional. Aqui parecem relevar particularmente a sua "acção imediata" e a sua "acção mediata" nas vertentes integrativa e construtiva. Ainda, cremos, a nossa *família constitucional* legou-nos uma característica: uma particular ligação entre a *força* e a *forma*, sendo que a segunda ajuda a primeira.

Globalmente, podemos afirmar que tanto a *força activa* como a *força passiva* correspondem a uma vinculação genérica dos poderes públicos, no

---

[54] Para uma abordagem sistemática deste problema no âmbito das fontes de direito, entre fontes involuntárias ou não intencionais e fontes voluntárias ou intencionais, e passando em revista a doutrina portuguesa sobre esse problema, cfr. PAULO OTERO, *Legalidade e Administração Pública – O Sentido da Vinculação Administrativa à Juridicidade*, Coimbra, 2003, em especial pp. 385 ss.

[55] A ideia de *matriz* que aqui se invoca não corresponde a *modelo social ou de sociedade*. Os princípios não podem limitar-se a *condutores determinantes* da sociedade, pelo menos em ordenamentos que, como o nosso, entendem a liberdade como valor de auto-realização do indivíduo, assente no postulado da dignidade da pessoa humana. Sobre esta problemática, e no âmbito da *questão da transição para o socialismo*, deve ver-se FRANCISCO LUCAS PIRES, *Teoria da Constituição de 1976 ...*, pp. 287 ss.

sentido quer da implementação quer da protecção ou respeito pelos princípios. Porém, é necessário ver sumariamente em que medida tais vinculações são diferentes para os vários poderes públicos, designadamente, para o legislador e para a Administração.

A *força activa* dos princípios constitucionais é determinante na fixação da organização do poder legislativo. Com efeito, para que a *força activa* dos princípios possa efectivamente cumprir o seu desígnio – o que só é possível, na maioria dos casos, a jusante da própria Constituição, pela concretização num primeiro momento através da lei –, há que organizar o poder legislativo, estabelecendo os órgãos que detêm tal competência e fixando as respectivas competências materiais. Inerente ao poder legislativo (embora em medidas diferentes consoante os órgãos de que se trate) é uma certa liberdade de conformação do legislador de natureza (jurídico-)política frente aos princípios constitucionais, liberdade essa que, aliás, é um imperativo de alguns dos próprios princípios (*v.g.*, do Estado de Direito democrático, da democracia representativa e da soberania residente no povo). Porém, tal liberdade tem desde logo um limite na necessidade de respeito dos próprios princípios, conforme resulta do n.º 1 do artigo 277.º da CRP, qual obrigação negativa do legislador: aqui mostra-se claramente a *força passiva*, a "acção imediata" e a "acção mediata" nas vertentes integrativa e construtiva. Considerando o desvalor, haverá lugar a inconstitucionalidade material quando o legislador desrespeite qualquer princípio constitucional.

Mas, ainda, existe uma obrigação positiva do legislador, no sentido de dar concretização aos princípios constitucionais. Com efeito, tendo em mente a função estruturante dos princípios da organização económico--social, a função ordenadora dos princípios constitucionais em geral e as suas *acções*, não se compreenderia uma redução abstensionista do legislador neste aspecto: é que o que se tem dito a propósito dos princípios e sua função tem sentido num Estado social, de bem-estar, de direitos fundamentais, que reclama uma *actividade* do legislador, uma actuação positiva, e não apenas *garantia* típica liberal de não intervenção. Resta saber em que medida – e quando – a abstenção do legislador corresponde efectivamente a um desvalor constitucional, a reconduzir ao instituto da inconstitucionalidade por omissão. Embora não possamos dedicar-nos *ex professo* a esta matéria[56], não podemos deixar de dizer duas palavras a

---

[56] Cfr. anotação ao artigo 283.º.

propósito. JORGE MIRANDA não admitia, inicialmente, que pudesse verificar-se inconstitucionalidade por omissão em face da inércia do legislador em dar concretização a princípios constitucionais[57]. Posteriormente, viria a alterar a sua posição[58], com J. J. GOMES CANOTILHO e VITAL MOREIRA[59]. Para estes Autores, há inconstitucionalidade por omissão quando se trate do incumprimento de "princípios-norma", isto é, princípios constitucionais escritos, que correspondem a preceitos. Desvalorizando o facto de a CRP, no seu artigo 283.°, não fazer menção aos "princípios nela consignados", como o faz o artigo 277.°, J. J. GOMES CANOTILHO e VITAL MOREIRA não encontram motivo para afastar a inconstitucionalidade por omissão quando estejam em causa esses "princípios-norma", sejam "princípios jurídicos ou princípios políticos constitucionalmente conformadores", exemplificando com o princípio da legalidade democrática, com o princípio da autonomia das autarquias locais, com o princípio da descentralização democrática da Administração Pública, e com o princípio da igualdade. Já quando se trate de princípios não escritos vêem com dificuldade a extensão de tal tese, admitindo que só no âmbito da inconstitucionalidade por acção o seu desrespeito possa ser controlado[60].

Não cumpre aqui tomar posição sobre esta problemática, mas tão só deixar duas observações. Em primeiro lugar, de modo geral, reiterar o elemento formal adjuvante da *força dos princípios*, sendo este um exemplo de como a *força activa* pode até estar mais dependente da forma do que a *força negativa*. Em segundo lugar, notar que, daqueles que apontámos como princípios gerais da Constituição económica[61], de acordo com esta tese, apenas o princípio da subordinação do poder económico ao poder político democrático seria elegível como padrão de (in)validade de omissões do legislador. Bem entendido, o princípio (não expresso no artigo 80.°) da garantia dos direitos económicos, sociais e culturais, e o princípio (não expresso no artigo 80.°) do desenvolvimento económico-social, sempre podem encontrar resguardo em omissões legislativas inconstitucionais em matéria de direitos económicos, sociais e culturais, como noutras matérias directamente referentes à Constituição econó-

---

[57] Neste sentido, cfr. *Manual* ..., II, 3.ª Ed., 1991, p. 519.
[58] Cfr. *Manual* ..., VI, Coimbra, 2001, p. 285.
[59] Cfr. *Constituição* ..., 3.ª Ed., p. 1048.
[60] Cfr. *Constituição* ..., 3.ª Ed., p. 1048.
[61] Cfr. *supra*, I, § 1.°, 1.3.

mica. Mas, a ser assim, talvez a sua função estruturante tenha menos *força*, principalmente *activa*.

Para a Administração, como se afirmou *supra*, mantém-se a vinculação aos princípios fundamentais da organização económico-social. Mas em que termos é assunto que importa verificar, ainda que de modo muito breve. No que toca à *força passiva* dos princípios, ela mantém-se frente à Administração. Esta não pode actuar em violação dos mesmos, adoptando medidas que, por exemplo, ponham em causa a subordinação do poder económico ao poder político democrático, a coexistência dos sectores de propriedade dos meios de produção, ou qualquer dos restantes princípios referidos. É certo que o problema pode revestir maior complexidade quando estejam em causa os princípios não expressos no artigo 80.º (temos em mente o princípio da garantia dos direitos económicos, sociais e culturais, e o princípio do desenvolvimento económico-social). Não nos parece, contudo, que tal se prenda com a respectiva natureza ou dimensão de vinculatividade, mas antes com a sua abstracção e ausência de *forma de norma constitucional*: é, pois, mais um problema de interpretação da CRP do que de *força (passiva)*, como aliás sugere a referência aos princípios constante do n.º 1 do artigo 277.º. Sucede, porém, que, embora a violação directa da CRP – e, *in casu*, dos princípios nela inscritos, sejam "princípios-norma" ou não – redunde sempre num desvalor de *inconstitucionalidade*, o regime constitucional de fiscalização da constitucionalidade apenas permite, como é sabido, a apreciação autónoma *proprio sensu* desse desvalor quando estejam em causa normas administrativas e, ainda assim, apenas em sede de fiscalização concreta e abstracta sucessiva. Tratando-se, designadamente, de actos administrativos directamente violadores da CRP, a apreciação do desvalor de *inconstitucionaliade* cabe à jurisdição administrativa, e os efeitos da respectiva decisão afastam-se dos da declaração de inconstitucionalidade para se identificarem com os das sentenças dos tribunais administrativos nesta matéria.

Problema que nesta sede se pode colocar com interesse é o de saber se aquela *força passiva* se mantém quando a Administração actua segundo o Direito privado. Deixemos duas palavras sobre a questão. Em primeiro lugar, é sabido que a actuação da Administração segundo o Direito privado tem como objectivo imediato subtraí-la às peias do princípio da legalidade, no seu entendimento clássico. Tal, porém, não tem impedido que se afirme aí a sua submissão ao cumprimento de determinados princípios constitucionais, *v.g.*, da eficiência do sector público produtivo, da prossecução do interesse público, e diversos princípios constitucionais conformadores da actividade administrativa[62]. Em segundo lugar, é possível afirmar que o avanço de uma "normatividade "principialista""[63], naturalmente radicada na Constituição, se pode apresentar múltiplas dificuldades e mesmo inconvenientes, pode também cumprir um papel de controlo da Administração, necessariamente reclamado pela crise da normatividade legal, onde assume relevo a "fuga" para o Direito privado por parte da Administração, tanto ao nível da sua actuação como da sua organização. Os princípios constitucionais – entre os quais se contam os da organização económico-social – podem bem ser a "última fronteira" da Administração (sem considerar agora, claro, o Direito Comunitário e o Direito Internacional).

No que toca à *força activa*, cremos que o problema pode hoje sintetizar-se em saber se os princípios importam para Administração uma obrigação positiva sem interposição do legislador, se pode neste âmbito falar-se de uma "*substituição da lei pela Constituição*"[64]. Tal substituição coloca a Constituição como "norma habilitante do exercício da actividade administrativa", em dois sentidos primaciais: (i) a Constituição "como norma directa e imediatamente habilitadora de competência administrativa", e (ii) "como critério imediato de decisão administrativa"[65].

Quanto àquele primeiro sentido, são de notar, muito brevemente, dois aspectos. Em primeiro lugar, que a competência administrativa directamente fundada na CRP parece criar uma fractura dentro da Administração Pública, uma vez que, salvo em caso de declaração de estado de sítio e estado de excepção – em que pode ser directamente fundada na Constituição a competência de qualquer autoridade – apenas o Governo da

---

[62] Neste sentido, cfr. PAULO OTERO, *Vinculação e Liberdade de Conformação Jurídica do Sector Empresarial do Estado*, Coimbra, 1998, pp. 263 ss. Sobre o tema, em geral, cfr. MARIA JOÃO ESTORNINHO, *A Fuga Para o Direito Privado – Contributo para o estudo da actividade de direito privado da Administração Pública*, Coimbra, 1996, pp. 167 ss. Veja-se ainda o disposto no n.º 5 do artigo 2.º do CPA, nos termos do qual "Os princípios gerais da actividade administrativa constantes do presente Código e as normas que concretizem preceitos constitucionais são aplicáveis a toda e qualquer actuação da Administração Pública, ainda que meramente técnica ou de gestão privada".

[63] Cfr. PAULO OTERO, *Legalidade* ..., pp. 164 ss.
[64] Cfr. PAULO OTERO, *Legalidade* ..., p. 733.
[65] Cfr. PAULO OTERO, *Legalidade* ..., p. 735 ss.

República e, em certos casos, os órgãos de governo próprio das regiões autónomas são destinatários de tal habilitação constitucional directa (salvo ainda o caso específico dos poderes do superior hierárquico ou do órgão tutelar em matéria de recurso gracioso, conforme parece decorrer do direito fundamental de petição, previsto no artigo 52.º da CRP)[66]. Em segundo lugar, ressalvados aqueles casos, parece também que a competência directamente fundada na CRP para a prática de actos administrativos, contratos e operações materiais está condicionada a razões de necessidade, o que não acontece com a competência regulamentar[67].

No que respeita ao segundo sentido, é ilucidativo PAULO OTERO: "A configuração da Administração Pública como destinatária de incumbências constitucionais em matéria de defesa da juridicidade e de concretização do bem estar, envolvendo uma vinculação directa ao imperativo constitucional de eficiência, permite encontrar na própria Constituição um critério teleológico de actuação administrativa: os órgãos administrativos, encontrando-se subordinados à Constituição e vinculados à melhor prossecução do interesse público, devem optimizar as suas decisões à concretização prioritária e prevalecente dos interesses definidos pelo texto constitucional como tarefas fundamentais do Estado, servindo a Constituição de referencial normativo imediato de actuação administrativa e critério aferidor da respectiva validade"[68]. Neste âmbito, a vinculação directa da Administração à Constituição assume particular incidência em matéria de direitos fundamentais e dos princípios gerais da actividade administrativa previstos no artigo 266.º da CRP, sem qualquer interposição do legislador[69]. Não vemos razão para distinguir aqui os princípios fundamentais da organização económico-social, sabendo-se, para mais, da intervenção económica directa e indirecta do Estado na economia: os princípios fundamentais da organização económico-social são também princípios da actividade administrativa.

Ora, em tese, inclinamo-nos para responder afirmativamente à questão que colocámos, no sentido de existir para a Administração uma obrigação positiva de concretização inovadora dos princípios constitucionais em questão, designadamente, quando estejam em causa tarefas públicas

---

[66] Cfr. PAULO OTERO, *Legalidade* ..., pp. 736-740.
[67] Cfr. PAULO OTERO, *Legalidade* ..., pp. 737-738.
[68] Cfr. PAULO OTERO, *Legalidade* ..., p. 740.
[69] Cft. PAULO OTERO, *Legalidade* ..., pp. 740 ss.

que se identifiquem com princípios[70]. Todavia, como se viu, parece não ter sido opção constituinte uma fundação directa na Constituição de toda e qualquer competência administrativa de todo e qualquer órgão da Administração Pública. Como tal, apenas onde essa competência directamente resulte da Constituição se pode configurar uma obrigação positiva da Administração na concretização dos princípios sem interposição do legislador. E, ainda aí, haverá que distinguir entre a competência regulamentar e as restantes. Neste aspecto, aliás, estará hoje mais garantida a juridicidade pela possibilidade de declaração de ilegalidade por omissão de normas de natureza administrativa, nos termos do novo Código de Processo nos Tribunais Administrativos[71]. Haverá, no entanto, que considerar uma interpretação conforme com a Constituição onde o diploma apenas prevê a ilegalidade por omissão de normas que devessem ter sido emitidas ao abrigo de disposições de *Direito Administrativo* necessárias para dar exequibilidade a *actos legislativos* carentes de regulamentação (cfr. artigos 46.º e 77.º). Com efeito, nos casos em que se admita a existência daquela obrigação positiva da Administração – com as ressalvas que se deixaram – é imperioso considerar esta última hipótese, no sentido de admitir o desvalor da omissão de normas de natureza administrativa que devessem ter sido emitidas ao abrigo de disposições de *Direito Constitucional ou de Direito Administrativo* necessárias para dar exequibilidade a *normas ou princípios constitucionais* carentes de regulamentação. É o que melhor se adequa à garantia dos administrados e às diferenças entre a função político-legislativa e a função administrativa – diferenças essas espelhadas quer na distinção entre aquela obrigação positiva para o legislador, por um lado, e para a Administração, por outro, mas também (aparentemente) no instituto da inconstitucionalidade por omissão.

---

[70] Sobre esta relação, no âmbito da destrinça entre fins e tarefas do Estado, cfr. J. J. GOMES CANOTILHO, *Constituição Dirigente..*, pp. 286 ss.

[71] Aprovado pela Lei n.º 15/2002, de 22 de Fevereiro, na redacção da Lei n.º 4-A/2003, de 19 de Fevereiro.

§ 2.º. Os vários princípios fundamentais da organização económico--social

2.1. a) Subordinação do poder económico ao poder político democrático

2.1.1. O significado da subordinação

A *subordinação* do poder económico ao poder político democrático equivale, sem dúvida e genericamente, à ideia de *prevalência* ou *primado*[72] deste sobre aquele. Todavia, é complexo o significado dessa prevalência, e não são menos difíceis as respectivas consequências. Apesar de a CRP aqui afirmar a subordinação de um poder a outro poder, é necessário ter presente que não se trata de poderes da mesma natureza. O *poder económico* é um poder fáctico: como afirmam J. J. GOMES CANOTILHO e VITAL MOREIRA "proporcionado pela riqueza ou pelas posições de domínio económico"[73], portanto, que habita o mundo do *ser*. O *poder político democrático* é essencialmente jurídico ou juridicizado, na perspectiva constitucional, e, ao ser identificado por aqueles mesmos Autores com o "poder democraticamente legitimado"[74] é já um *dever ser*. Com efeito, embora possa buscar-se a essência do seu *ser* nas teorias do contratualismo social, há que não olvidar que a *democracia*, tal como a justiça, é um processo dinâmico de realização segundo regras jurídicas, portanto de *dever ser*, e que a legitimação obedece a essas mesmas regras, dessa mesma natureza. Em última análise, a relação de subordinação do poder económico ao poder político democrático não difere da relação entre o *facto* e o *direito* e, nessa medida, pode afirmar-se a (inevitável) humildade da Constituição em ter presente, necessariamente, que o *direito* nunca subordinará *todo o facto*. O problema está, pois, no *facto* em causa.

Ao erigir este princípio em primeiro princípio fundamental expresso da organização económico-social, a CRP afirma e reconhece a essencialidade do poder económico como instrumento de desenvolvimento social e de garantia dos próprios direitos fundamentais. Mas afirma e reconhece também que o poder económico é tão essencial a tal desígnio quanto

---

[72] Cfr. JORGE MIRANDA, *Direito da Economia*, pp. 195-196.
[73] Cfr. *Constituição* ..., I, p. 957.
[74] Cfr. *Constituição* ..., I, p. 957.

potencial destruidor do respectivo cumprimento. Por outras palavras, não há poder político democrático sem poder económico: daí a necessidade de controlo. É essa uma das *ideias-força* da Constituição e, em particular, da Constituição económica: o *"governo democrático da economia"*[75].

A ideia de *subordinação* não é aqui de sentido totalizante. Não é o Estado-Colectividade o fundamento de existência do poder ou do sistema económicos: estes existem por si e não *por causa* do Estado ou *para* o Estado. A Constituição admitiu-o, progressivamente, ao longo das suas várias revisões com a eliminação das referências ao socialismo[76], como o admite ao consagrar a liberdade de iniciativa económica privada, exercida nos termos definidos pela Constituição e pela lei, embora tendo em conta o interesse geral (cfr. n.º 1 do artigo 61.º e alínea *b)* do artigo 80.º)[77]. Assim, a ideia de *subordinação* ou *prevalência* aqui presente traduz-se, essencialmente, em *controlo* do poder económico: controlo da sua dimensão e do seu posicionamento na actividade económica[78]. Todavia, tal controlo não é simplesmente um controlo negativo, no sentido de evitar um sobre-dimensionamento do poder económico ou de lhe restringir o acesso a actividades e sectores da economia. Embora tal possa ser o sentido mais imediato da subordinação, não é o único e, porventura, nem mesmo o mais importante em determinados momentos. Efectivamente, tendo-se presentes as tarefas fundamentais do Estado como tal consagradas no artigo 9.º da CRP e, dentro destas, agora com particular interesse as constantes da alínea *d)* – a promoção do "bem estar e a qualidade de vida do povo e a igualdade real entre os portugueses, bem como a efectivação dos direitos económicos, sociais, culturais e ambientais, mediante a transformação e modernização das estruturas económicas e sociais" – pode afirmar-se que o controlo positivo do poder económico, no sentido do incremento do seu posicionamento na economia, se assume como uma necessidade *democrática*. Exemplo desse *controlo positivo* é o objectivo de política industrial consistente no apoio às pequenas e médias empresas (cfr. alínea *d)* do

---

[75] Cfr. J. J. GOMES CANOTILHO/VITAL MOREIRA, *Fundamentos* ..., pp. 159 ss.
[76] Cfr. *infra*, III, § 6.º e 7.º.
[77] Considerando expressamente que tais limitações ao exercício da iniciativa económica privada constituem uma *relativização* lógica perante o princípio da subordinação do poder económico ao poder político democrático, cfr. Ac. TC n.º 471/2001 (cit.).
[78] Neste sentido, cfr. J. J. GOMES CANOTILHO/VITAL MOREIRA, *Constituição* ..., I, p. 957.

artigo 100.º e, em geral, n.º 1 do artigo 86.º). De todo o modo, não há dúvida de que a CRP é em si mesma mais concreta no que toca ao controlo negativo, quedando-se o controlo positivo mais ao nível legislativo ou, genericamente, infra-constitucional.

Em que se concretiza, porém, ao nível constitucional, a subordinação do poder económico ao poder político democrático? Cremos que essa subordinação pode ser analisada em três dimensões: uma material, outra formal, e ainda uma dimensão institucional. Sem que sejamos exaustivos, vejamos brevemente cada uma delas.

A dimensão material da subordinação encontra a sua sede fundamental e mais directa na Parte II da CRP, e consiste em regimes substantivos que estatuem aquele controlo, ainda onde se torne necessária uma *interpositio legislatoris* e que, muitas vezes, surjam a propósito de tarefas do Estado (ou, como as apelida o artigo 81.º, "incumbências prioritárias"). São exemplos, além dos que já se foram utilizando de forma ilustrativa:

i) A coexistência de três sectores de propriedade dos meios de produção (público, privado, e cooperativo e social), desempenhando a necessária existência do sector público, designadamente, um controlo negativo do posicionamento do poder económico (com destaque para o privado), imperativamente convivente no âmbito de uma economia mista (cfr. alíneas *b)* e *c)* do artigo 80.º e artigo 82.º);

ii) A propriedade pública dos recursos naturais e de meios de produção, a sua apropriação pública, a delimitação fundamental do domínio público, e o regime dos meios de produção em abandono (cfr. alínea *d)* do artigo 80.º, e artigos 83.º, 84.º e 88.º);

iii) A directa atenção sobre as empresas privadas, com possibilidade de lhes serem vedados (*e a outras da mesma natureza*) sectores básicos da economia, a possibilidade de o Estado intervir na sua gestão ainda que a título transitório e em regra mediante prévia decisão judicial, em paralelo com incentivos a pequenas e médias empresas, um controlo *personalizado* em particular daquelas que prossigam actividades de interesse económico geral (cfr. artigo 86.º);

iv) A participação das organizações representativas dos trabalhadores e das organizações representativas das actividades económicas na definição das principais medidas económicas, o que se concretiza, no âmbito do sector público produtivo, na imperativa e efectiva participação dos trabalhadores na gestão (cfr. alínea *g)* do artigo 80.º e artigo 89.º);

v) O regime de eliminação dos latifúndios, redimensionamento do minifúndio, e auxílios do Estado, no âmbito da política agrícola (cfr. alínea g) do artigo 81.º e artigos 94.º, 95 e 97.º);

vi) As incumbências do Estado de assegurar a plena utilização das forças produtivas (designadamente zelando pela eficiência do sector público) e o funcionamento eficiente dos mercados, de modo a garantir a equilibrada concorrência entre as empresas, a contrariar as formas de organização monopolistas e a reprimir os abusos de posição dominante e outras práticas lesivas do interesse geral (cfr. alíneas c) e e) do artigo 81.º).

Por exemplo, conjugando o princípio da subordinação do poder económico ao poder político democrático com a incumbência prioritária do Estado de "reprimir os abusos do poder económico e todas as práticas lesivas do interesse geral"[79], e ainda com os objectivos do sistema financeiro[80], decidiu já o TC ser "perfeitamente curial concluir-se que o Estado assuma um papel fortemente interventor na actividade financeira, tendo em vista a prossecução e alcance dos elencados objectivos constitucionais. Daí que nesse papel caiba, sem que para tanto se haja de efectuar qualquer esforço interpretativo ou de integração, a possibilidade de o legislador ordinário impor a intervenção do Estado, por intermédio do seu órgão de condução da política geral do País e ao qual cabe praticar todos os actos e tomar todas as providências necessárias visando o desenvolvimento económico-social e a satisfação das necessidades colectivas, no sentido de autorizar a constituição de instituições que, limpidamente, têm o maior relevo num aspecto por demais importante no sistema económico em geral e no sistema financeiro em particular."[81].

Estes são, como dissemos, apenas alguns exemplos – mais imediatos, e sem que diferenciemos o seu grau de efectividade – da subordinação do poder económico ao poder político democrático, posto que toda a Constituição económica reflecte este princípio.

---

[79] Cfr. alínea e) do artigo 81.º da CRP, na redacção resultante da revisão constitucional de 1989 (hoje, alínea f)).
[80] Então previstos no artigo 104.º, hoje 101.º da CRP.
[81] Cfr. Ac. TC n.º 166/94 (cit.).

Mas existe também uma dimensão formal dessa subordinação, que se traduz essencialmente na subordinação à lei – e, por consequência, ao referendo quando o mesmo assuma carácter vinculativo, nos termos do n.º 11 do artigo 115.º da CRP[82] –, onde releva a reserva de competência legislativa do Parlamento, tanto absoluta como relativa. Por força do pluralismo e publicidade inerentes ao processo legislativo parlamentar, bem como da legitimidade democrática directamente resultante do sufrágio, a subordinação do poder económico ao poder político democrático, dir-se-ia, é tanto mais afirmada quanto mais forem as matérias relevantes integradas na reserva absoluta da AR. Não é essa, porém, a tendência que se pode observar. Com efeito, neste âmbito (necessariamente económico-financeiro, dadas as relações entre as finanças públicas e o poder económico) é a seguinte a repartição de matérias entre as reservas absoluta e relativa de competência legislativa do Parlamento:

a) Reserva absoluta:

i) Aprovar as leis das grandes opções dos planos nacionais e o Orçamento do Estado, sob proposta do Governo (alínea *g)* do artigo 161.º);

ii) Autorizar o Governo a contrair e a conceder empréstimos e a realizar outras operações de crédito que não sejam de dívida flutuante, definindo as respectivas condições gerais, e estabelecer o limite máximo dos avales a conceder em cada ano pelo Governo (alínea *h)* do artigo 161.º);

iii) Associações e partidos políticos (incluindo o respectivo regime de financiamento (alínea *h)* do artigo 164.º);

iv) Regime geral de elaboração e organização dos orçamentos do Estado, das regiões autónomas e das autarquias locais (alínea *r)* do artigo 164.º);

v) Regime de finanças das regiões autónomas (alínea *t)* do artigo 164.º).

---

[82] Aqui, obviamente, a importância do referendo deve ser entendida tendo em conta as limitações que a CRP estabelece quanto ao relevante interesse nacional das questões e à exclusão de certas matérias da consulta popular (cfr. n.os 3 e 4 do artigo 115.º da CRP).

b) Reserva relativa:

i) Definição dos crimes, penas, medidas de segurança e respectivos pressupostos, aqui especialmente relevante em matéria de criminalidade económica (cfr. alínea *c)* do n.º 1 do artigo 165.º);

ii) Regime geral da requisição e da expropriação por utilidade pública (cfr. alínea *e)* do n.º 1 do artigo 165.º);

iii) Criação de impostos e sistema fiscal e regime geral das taxas e demais contribuições financeiras a favor das entidades públicas (cfr. alínea *i)* do n.º 1 do artigo 165.º);

iv) Definição dos sectores de propriedade dos meios de produção, incluindo a dos sectores básicos nos quais seja vedada a actividade às empresas privadas e a outras entidades da mesma natureza (cfr. alínea *j)* do n.º 1 do artigo 165.º);

v) Meios e formas de intervenção, expropriação, nacionalização e privatização dos meios de produção e solos por motivo de interesse público, bem como critérios de fixação, naqueles casos, de indemnizações (cfr. alínea *l)* do n.º 1 do artigo 165.º);

vi) Regime dos planos de desenvolvimento económico e social e composição do Conselho Económico e Social (cfr. alínea *m)* do n.º 1 do artigo 165.º);

vii) Fixação dos limites máximos e mínimos das unidades de exploração agrícola (cfr. alínea *n)* do n.º 1 do artigo 165.º);

viii) Regime das finanças locais (cfr. alínea *q)* do n.º 1 do artigo 165.º);

ix) Bases gerais do estatuto das empresas públicas (cfr. alínea *u)* do n.º 1 do artigo 165.º);

x) Definição e regime dos bens do domínio público (cfr. alínea *v)* do n.º 1 do artigo 165.º);

xi) Regime dos meios de produção integrados no sector cooperativo e social de propriedade (cfr. alínea *x)* do n.º 1 do artigo 165.º).

Vê-se, pois, que a repartição das matérias que integram ora a reserva absoluta ora a reserva relativa de competência legislativa da AR favorece a posição do Governo (e agora também das Assembleias Legislativas das regiões autónomas – cfr. alínea *b)* do n.º 1 do artigo 227.º) no que respeita à dimensão formal de submissão à lei do poder económico.

Por fim, consideramos ainda a existência de uma dimensão institucional de subordinação do poder económico ao poder político democrático, que consiste na existência de órgãos previstos na própria CRP com competências em matéria de ordem económica e que, de alguma forma, representam instâncias de controlo do poder económico (ainda que apenas em determinadas áreas, e independentemente da eficácia desse mesmo controlo). São exemplos, à parte os órgãos do poder político:

i) A entidade administrativa independente com funções de regulação da comunicação social, à qual cabe assegurar, designadamente, a não concentração da titularidade dos meios de comunicação social e a respectiva independência perante o poder económico (cfr. artigo 39.º);

ii) As comissões de trabalhadores e as associações sindicais (cfr. artigos 54.º, 55.º e 56.º);

iii) As associações de consumidores, com direito de ser ouvidas nas matérias relativas à defesa daqueles e com legitimidade processual activa para defesa dos seus associados ou de interesses colectivos ou difusos (cfr. n.º 3 do artigo 60.º);

iv) O Conselho Económico e Social (cfr. artigo 92.º)[83];

v) O Banco de Portugal (cfr. artigo 102.º)[84];

vi) O Tribunal Constitucional, em matéria de fiscalização das contas dos partidos políticos e rendimentos e património dos titulares de cargos públicos (cfr. n.º 3 do artigo 223.º da CRP e LTC)[85].

Destas três dimensões da subordinação do poder económico ao poder político democrático – que naturalmente se diluem depois entre as funções político-legislativa, administrativa e jurisdicional – podemos concluir que aquele princípio tem concretizações multiformes. Mas, se a ideia é a de *controlo*, também por isso há-de este ser exercido no quadro dos direitos fundamentais das pessoas que detêm o poder económico.

A subordinação do poder económico ao poder político democrático equivale assim a uma *decisão dirigida ao controlo (positivo ou negativo) daquele, com o objectivo de salvaguardar os direitos fundamentais e a ideia de Direito e justiça social presentes na CRP – em particular na conformação que a esta última é dada pela Constituição económica – decisão essa tomada por órgãos democraticamente legitimados para o efeito.*

---

[83] Cfr. *infra*, anotação ao artigo 92.º.
[84] Cfr. *infra*, anotação ao artigo 102.º.
[85] Sobre esta matéria, cfr. anotação ao artigo 223.º.

2.1.2. *O poder económico: âmbito da previsão*

Como afirmámos *supra*, o *poder económico* é de natureza fáctica e, assim, a respectiva noção começa por ser extra-jurídica. Para o tentar definir mais ou menos exaustivamente poderiam convocar-se situações em que o Direito procura traçar os contornos para si relevantes de outras realidades extra-jurídicas, tais como *economia, empresa, ambiente*, etc. Isto levar-nos-ia, contudo, muito além do realizável nestas breves linhas. Não deixaremos, no entanto, de sublinhar alguns aspectos que nos parecem de relevo, ligados, não apenas à difícil definição conceptual de *poder económico*, mas também à sua polissemia no âmbito constitucional.

Em primeiro lugar, há que assinalar que o *poder económico* é uma ideia relacional. Como qualquer fenómeno de poder, o poder económico significa um ascendente de determinados sujeitos sobre outros, que podem não ser *a priori* determináveis com exactidão. Tal ascendente tem um sinal contrário nos sujeitos sobre os quais se verifica, e traduz-se, *grosso modu*, numa dependência, na limitação da liberdade destes últimos ou, se se preferir, da sua autonomia (e não necessariamente da sua liberdade ou autonomia estritamente económicas, significando, por conseguinte, que aquela dependência pode extravasar a de uma relação económica).

Em segundo lugar, tal ascendente acontece por razões *económicas* (o que não coloca em causa a última afirmação do parágrafo antecedente). Quanto a este aspecto, atente-se na ideia de J. J. GOMES CANOTILHO e VITAL MOREIRA, quando falam de um poder "proporcionado pela riqueza ou pelas posições de domínio económico"[86]. Enfim, trata-se então do ascendente de determinados sujeitos sobre outros, derivado do *facto* de os primeiros deterem bens ou posições deles derivadas de que os segundos necessitam.

Se a noção é, nestes termos, relacional, pode concluir-se que a operatividade do princípio está ligada a essa relação e não simplesmente ao facto de determinados sujeitos "serem mais ricos do que outros". Como tal, só onde tais relações de poder ponham em causa, potencial ou efectivamente, os princípios do Estado de direito democrático e os direitos fundamentais, se justifica a *subordinação* do poder económico ao poder político democrático (no sentido que lhe demos no ponto anterior). A operatividade do princípio depende da verificação – potencial ou efectiva,

---

[86] Cfr. *Constituição* ..., I, p. 957.

repetimos – desse tipo de relações. Uma empresa é *poder económico* frente aos seus trabalhadores, mas não, naturalmente, aos trabalhadores de outra empresa com a qual não exista qualquer relação.

Neste sentido, o poder económico não se identifica *a priori* com *empresa* (e menos ainda com qualquer empresa em concreto), *proprietário*, ou qualquer outra categoria de sujeitos que detenham bens ou situações económicas habitualmente qualificadas como *de vantagem* no contexto de uma sociedade em que as relações económicas correspondem essencialmente ao modelo capitalista (ainda que o mesmo possa ser matizado); como não se identifica *a priori* com qualquer tipo espífico de actividade económica naquele mesmo contexto. O poder económico identifica-se, sim, no seio de uma relação daquele tipo, e assume relevo jurídico-constitucional, justificando a sua subordinação ao poder político democrático, quando, potencial ou efectivamente, afecte os princípios do Estado de Direito democrático, os direitos fundamentais, enfim, a *ideia de Direito que concretiza a de justiça numa determinada ordem jurídico-política*. Daí que JORGE MIRANDA fale na "subordinação de todas as empresas *e de todas as actividades económicas* aos critérios de interesse geral definidos pelo poder político democrático"[87].

Mas isto não é ainda suficiente para acompanhar a lógica constitucional, pois a subordinação do poder económico ao poder político democrático não parece que possa resumir-se ao princípio da constitucionalidade aplicado a relações entre agentes económicos, portanto, que não incluam o próprio poder político democrático. A CRP pretende ir mais além, na salvaguarda da captura do poder político democrático pelo poder económico em duas vertentes essenciais: (i) não permitir que a decisão político-democrática seja verdadeiramente determinada pelo poder económico, por um lado, (ii) e impedir que o poder económico, em virtude justamente das razões de facto que o qualificam como tal, se permita não acatar as decisões do poder político democrático, violando-as sistematicamente. Pois bem, se uma constituição é indesligável da realidade fáctica que lhe está subjacente, e se insere numa relação irrepetível com a sociedade que a cria e dinamiza, por um lado, e se aqueles dois últimos aspectos da lógica constitucional a que fazemos referência fazem sobretudo sentido (ou estão sobretudo acessíveis) a empresas ou grupos económicos de

---

[87] Cfr. *Direito da Economia*, p. 196 (it. nosso).

certa dimensão, considerando a realidade portuguesa, é de admitir que este princípio constitucional utiliza, para este efeito, um conceito de poder económico polissémico. Diríamos, pois, que entra aqui na normatividade constitucional a ideia de *grande poder económico*, em relação ao qual se podem justificar concretizações diferenciadas do princípio em causa, em função da maior susceptibilidade de captura do poder político em ambas aquelas vertentes.

Esta última perspectiva é essencial para enquadrar e justificar que o princípio da subordinação do poder económico ao poder político democrático implique também um *controlo* deste último e não apenas do primeiro, o que aliás se coaduna com a rejeição de uma *subordinação totalizante* do poder económico[88]. Ilustremos com o controlo dos rendimentos e património dos titulares de cargos públicos. O poder económico não se identifica aqui com o próprio titular de cargo público porque não é o seu poder económico que está em causa, uma vez que não é a sua *riqueza* que representa qualquer perigo para o Estado-Colectividade. O que se pretende evitar é justamente a captura do poder político democrático pelo poder económico e a perversão da ordem constitucional por essa via – ou, noutra perspectiva, a captura da própria ordem constitucional pelo poder económico[89-90].

Importa ainda considerar se o poder económico é, na acepção constitucional, apenas o poder económico *privado*, nunca extravasante do sector privado típico ou em sentido próprio de propriedade dos meios de produção, ou se nessa noção cabe ainda o poder económico *público* correspondente ao sector público de propriedade dos meios de produção e ao sector *privado publicizado*[91]. Poderão as empresas públicas considerar-se *poder*

---

[88] Cfr. *supra*, anotação ao ponto imediatamente anterior.

[89] Considerando que "No plano político, a ideia da subordinação do poder económico ao poder político pode justificar designadamente regras de incompatibilidade entre um e outro e a exigência de declarações de interesses económicos e de publicação de rendimentos e património por parte dos titulares de cargos políticos.", cfr. J. J. GOMES CANOTILHO/VITAL MOREIRA, *Constituição* ..., I, p. 957. Trata-se, no entanto, quase escusado é dizê-lo, de concretizações que não abdicam da consideração de outros princípios constitucionais e do conteúdo de direitos, liberdades e garantias, num diálogo que pode dizer-se problemático e difícil.

[90] Sobre a noção de poder económico, cfr. ainda ANTÓNIO L. SOUSA FRANCO/ GUILHERME D'OLIVEIRA MARTINS, *A Constituição* ..., p. 212.

[91] Sobre o sector privado publicizado, cfr. PAULO OTERO, *Vinculação* ..., pp. 64 ss.; e *infra*, anotação ao artigo 82.º.

económico para efeitos do artigo 80.º? JORGE MIRANDA, por exemplo, afirma que "Não pode haver qualquer poder económico, *designadamente qualquer poder económico do Estado*, que se manifeste em decisões sobre a economia, à margem do princípio democrático"[92]. A questão reúne cada vez mais interesse, tanto porque a *empresa pública* dominante hoje em dia assume formas de Direito Privado, actuando no mercado, regra geral, como qualquer entidade privada *proprio sensu* fruto das regras de concorrência oriundas do Direito Comunitário, como porque, mesmo nos casos em que assim não é, detém posições chave na economia sendo muitas vezes indistinta a sua actuação económica da de qualquer entidade privada com um monopólio de facto. Por outro lado, a participação de entidades privadas no capital de empresas públicas permite a entrada do poder económico privado em posições chave da economia e, embora possa pretender-se que formalmente o capital público se mantém separado do privado (quando é disso que se trata), tal posição é as mais das vezes artificiosa já que a empresa pública possui personalidade jurídica e autonomia de gestão face aos poderes públicos (*v.g.*, o Estado), que muitas vezes se deparam com poderes de controlo, afinal, muito mitigados. Se a tal aliarmos a possível fractura entre sector público de propriedade dos meios de produção e sector empresarial do Estado, vemos que é de todo o interesse considerar a questão que se equaciona[93].

Em primeiro lugar, não se encontra objecção a afirmar que, regra geral, uma empresa pública pode, facticamente, encontrar-se numa relação de poder económico com outros sujeitos, nos termos que apontámos *supra*. Com efeito, no âmbito estritamente económico, não se vê distinção entre uma empresa privada e uma empresa pública, para este efeito. O seu diferente posicionamento pode, sim, resultar de normas jurídicas estatutárias ou outras – por exemplo, relativas a preços sociais – mas a regra geral de actuação das empresas públicas na sua relação com terceiros é que a mesma se reja pelo Direito Privado[94].

Em segundo lugar, as empresas públicas não podem, em regra, considerar-se *poder político democrático*. Elas desempenham (ou devem

---

[92] Cfr. *Direito da Economia*, p. 196 (it. nosso).
[93] Sobre estes aspectos, cfr. *infra*, anotação ao artigo 82.º.
[94] Parecendo assumir as empresas públicas como *poder económico* (no caso, em particular, a Caixa Geral de Depósitos), cfr. Ac. TC n.º 388/2005, de 13 de Julho de 2005, in *DR*, II Série, n.º 242, de 20 de Dezembro de 2005.

desempenhar) uma função de racionalização da economia tendente à implementação dos princípios do artigo 80.º – designadamente, do desenvolvimento económico-social – e, nessa medida, de controlo indirecto do poder económico (privado em sentido próprio). Mas não decidem por esse mesmo controlo: tal cabe ao *poder político* (democrático)[95], nomeadamente, através da criação de empresas públicas[96].

2.1.3. *Poder político democrático ou poderes políticos democráticos?*

O poder político democrático surge aqui para dar expressão e reafirmar que o poder económico está subordinado à "vontade popular" (cfr. artigo 1.º CRP), à "soberania popular" (cfr. artigo 2.º da CRP). Não se trata, porém, de uma invocação *rousseauniana* simplificada: pertencendo o poder político ao povo, o mesmo é exercido nos termos da Constituição, de acordo com o artigo 108.º. Assim, a subordinação do poder económico *é* ao poder político – pertencente ao povo – democrático – exercido nos termos constitucionais. É necessário ter presente tal quadro por vários motivos.

Em primeiro lugar, porque só no quadro da CRP é admissível a efectivação daquela subordinação. Convocam-se aqui, pois, as várias dimensões em que a Constituição o legitima: a dimensão constitucional material, que define os princípios (ou subprincípios) e regras básicas dos regimes jurídicos substantivos que efectivarão a subordinação; a dimensão constitucional formal que, tendo ampla correspondência com os princípios da reserva de lei e prevalência de lei, determina que é aos órgãos (representativos) com função político-legislativa que compete a fixação da primeira concretização da Constituição; e a dimensão institucional, que mostra que apenas os órgãos e entidades democraticamente legitimados para o efeito – pelo povo, portanto, seja através do legislador constituinte, seja através da lei aprovada pelo legislador constituído – podem exercer os poderes *ou direitos* respectivos.

Em segundo lugar – e mais nos interessa aqui destacar – porque a utilização da expressão *poder político democrático* no singular, se pretende

---

[95] Cfr. *infra*, I, § 1.º, 2.1.3.

[96] No sentido de que "o controlo sobre as entidades integrantes do sector empresarial do Estado, incluindo a fiscalização sobre a gestão das participações sociais do Estado, constitui ainda uma manifestação da subordinação do poder económico (público) ao poder político democrático", cfr. PAULO OTERO, *Vinculação* ..., p. 305.

espelhar a unidade e indivisibilidade da soberania (n.º 1 do artigo 3.º da CRP), ensombra de certo modo a existência de uma pluralidade de poderes políticos, democráticos, dentro do Estado-Colectividade, posto que *poder político democrático* não se identifica com órgãos de soberania. Sem que nos alonguemos aqui sobre esta temática, há que afirmar que o princípio democrático tanto postula a diferenciação entre *Estado-pessoa colectiva* e *Estado-Colectividade* (o que não equivale à pretensa distinção entre sociedade civil e sociedade política) como a diferença entre *poder político do Estado* e *poder político de entidades infra-estaduais* (aqui reside a descentralização político-administrativa). Assim, descobrem-se desde logo na CRP os seguintes *poderes políticos democráticos*:

i) O poder político democrático do Estado-Colectividade, que se traduz em *direitos de participação política*, e que pode encontrar aqui manifestação, v.g., através de associações e partidos políticos, mas também de comissões de trabalhadores, associações sindicais e associações de consumidores, etc.;

ii) O poder político democrático do Estado-pessoa colectiva, que se traduz em *poderes funcionais dos órgãos de soberania* com funções político-legislativas;

iii) O poder político democrático das regiões autónomas, que se traduz em *poderes funcionais* dos respectivos órgãos de governo próprios;

iv) O poder político democrático das autarquias locais que, embora normalmente apontadas não como exemplos de descentralização político-administrativa mas apenas administrativa, não deixam de tomar decisões políticas legitimadas pelo sufrágio universal e directo[97].

Bem entendido, todos estes *poderes políticos democráticos* não deixam de estar vinculados, embora em medidas diferentes, à Constituição e à lei. Mas é justamente nos termos da Constituição e da lei que possuem graus de autonomia decisória variável, que é, desde logo, uma autonomia política (mesmo no caso das autarquias). Não há, pois, do ponto de vista constitucional, um *indirizzo* político único do(s) poder(es) democrático(s)

---

[97] Sobre a *autonomia municipal como autonomia político-administrativa*, cfr. ANDRÉ FOLQUE, *A Tutela Administrativa nas relações entre o Estado e os Municípios (Condicionalismos constitucionais)*, Coimbra, 2004, pp. 116 ss.

na subordinação do poder económico: existe uma matriz comum dada pela Constituição e pela lei – e, ainda aqui, atendendo-se aos poderes legislativos das Assembleias Legislativas das regiões autónomas –, com vários graus de autonomia decisória. Daí que a função unificadora da expressão singular *poder político democrático* não possa ser entendida, afinal, sem considerar as suas múltiplas formas, aliás, na senda do disposto no artigo 6.º da CRP.

2.2. b) Coexistência do sector público, do sector privado e do sector cooperativo e social de propriedade dos meios de produção

2.2.1. *A coexistência dos três sectores de propriedade como princípio fundamental*

O princípio da coexistência do sector público, do sector privado e do sector cooperativo e social de propriedade dos meios de produção afigura-se-nos, como tal, mais complexo do que uma primeira leitura pode sugerir. Abordaremos neste momento apenas alguns dos seus aspectos mais essenciais[98].

Em primeiro lugar, quando se afirma que "constitucionalmente, não existe qualquer outro sector de propriedade dos meios de produção"[99] não deve esquecer-se que, por força dos critérios constitucionais de qualificação de cada um deles, é possível a sua decomposição em variados subsectores, tanto de um ponto de vista orgânico-subjectivo como objectivo-material[100]. Uma perspectiva absolutamente estanque da qualificação dos sectores de propriedade constitucionalmente garantidos não permite a melhor apreensão da realidade jus-económica nesta matéria, podendo conduzir senão à inoperatividade, a um certo anquilosamento do princípio.

Em segundo lugar, a imperatividade de coexistência daqueles sectores de produção – nos termos em que adiante são definidos pela CRP no artigo 82.º – não nega a possibilidade de existência de quaisquer outros criados pelo legislador ordinário, sejam eles verdadeiramente inovadores do ponto de vista objectivo e subjectivo ou apenas não (totalmente) enqua-

---

[98] Para mais desenvolvimentos, cfr. *infra*, anotação ao artigo 82.º.
[99] Cfr. Ac. TC n.º 108/88 (cit.).
[100] Cfr. *infra*, anotação ao artigo 82.º.

dráveis pelos critérios do artigo 82.°. Bem entendido, a possibilidade de existência de sectores de propriedade à margem do princípio inscrito na alínea *b)* do artigo 80.° e do artigo 82.° depende sempre do entendimento que se propugne das categorias normativas inscritas naquele último preceito, tais como *propriedade, gestão, entidades públicas,* etc. Mas, no essencial, o relevo de tal concepção mais ou menos ampliativa do conceito constitucional de (cada) sector de produção repousa na garantia da sua (co)existência: quanto mais ampliativa for essa concepção, mais ampla é a garantia de (co)existência dos vários sectores, porque mais ampla é a sua configuração orgânico-subjectiva, objectivo-material, ou ambas[101]. Esta é a concepção que, do nosso ponto de vista, melhor prossegue o acolhimento de uma "economia pluralista, uma economia em que o próprio pluralismo representa um valor em si"[102].

Em terceiro lugar, importa verificar a vertente garantística do princípio da coexistência do sector público, do sector privado e do sector cooperativo e social de propriedade dos meios de produção. Não parece que se trate propriamente de um "princípio-garantia", no sentido em que não institui "directa e imediatamente uma *garantia* para os cidadãos" à semelhança do que sucede com outros princípios constitucionais, designadamente, em matéria penal[103]. Realmente, o princípio da *coexistência* daqueles três sectores de produção apenas mediatamente representa uma garantia para os cidadãos, pois imediatamente garantística é a consagração da liberdade de iniciativa económica privada e cooperativa, de acordo com o disposto no artigo 61.° e suas conformações substantivas na Parte II da CRP, bem como o resultante da plêiade de normas constitucionais que dispõem sobre a missão do sector público – o que não infirma que se esteja perante uma "*garantia institucional*"[104] nem por tal é infirmado. Para J. J. GOMES CANOTILHO e VITAL MOREIRA trata-se também aqui de controlar o poder económico "através da sua diversificação", de um "*policentrismo económico*" ou "*divisão de poderes* a nível da constituição económica", que pretende "prevenir a emergência de poderes económicos hegemónicos"[105].

---

[101] Para uma dilucidação destes conceitos, cfr. *infra*, anotação ao artigo 82.°.
[102] Cfr. JORGE MIRANDA, *Direito da Economia*, p. 198.
[103] Sobre estes, cfr. J. J. GOMES CANOTILHO, *Direito Constitucional* ..., p. 1167.
[104] J. J. GOMES CANOTILHO/VITAL MOREIRA, *Constituição* ..., I, p. 958.
[105] Cfr. *Constituição* ..., I, p. 958.

Do nosso ponto de vista, se aquela função de controlo está indubitavelmente subjacente à garantia de coexistência dos três sectores, como aliás apontámos já *supra*, corporizando parcialmente o princípio da subordinação do poder económico ao poder político democrático[106], não se queda por aí. Em primeiro lugar porque os sectores público e cooperativo e social não ocupam na economia apenas posições que o sector privado pretende para si mas que lhe são subtraídos em ordem a evitar aquela hegemonia. Designadamente, o sector público pode destinar-se a ocupar posições na economia que os restantes (ainda) não querem, providenciando a produção de bens ou a prestação de determinados serviços de natureza económica em ordem a dar resposta ao que são as tarefas e incumbências prioritárias do Estado (cfr. artigos 9.° e 81.° da CRP). Em segundo lugar porque, perante a possibilidade de o sector público ser considerado *poder económico*[107], a garantia de (co)existência dos sectores privado e cooperativo e social tem uma função que vai além do controlo da *hegemonia* daquele naquela estrita qualidade: é também a defesa contra a *estatização* ou *publicização* da economia que está em causa. Por outras palavras, atalhando razões e indo à essência dos direitos fundamentais, enquanto o sector público é uma *garantia indirecta da liberdade e dignidade da pessoa humana*, os sectores privado e cooperativo e social, quando movidos pela iniciativa privada e cooperativa *proprio sensu*, são uma *expressão directa dessa mesma liberdade e dignidade*.

Importa, por último, e remetendo-se para o lugar próprio mais desenvolvimentos[108], considerar em que consiste a garantia de coexistência destes três sectores. A jusante da *garantia* de (co)existência de todos eles, verifica-se que, enquanto o sector privado é *assegurado, incentivado, fiscalizado, controlado*, o sector cooperativo e social é *protegido, estimulado, apoiado*, e o sector público é necessariamente *promovido* pelos poderes públicos. É quanto se retira da expressão normativa da Constituição económica nos vários domínios. Deixando de momento de parte os sectores privado e cooperativo e social (pois que a eles ainda se retornará a propósito de outros princípios ínsitos neste artigo 80.°), é relevante em abstracto atentar no que significa a garantia de (co)existência do sector público entre os demais. Nesta sede, a magna questão que se coloca, cre-

---

[106] Cfr. *supra*, I, § 1.°, 2.1.
[107] Cfr. *supra*, I, § 1.°, 2.1.2.
[108] Cfr. *infra*, anotação ao artigo 82.°.

mos, é a de saber se, independentemente de qualquer garantia institucional, o princípio em causa se satisfaz, no limite, com a existência de um sector público exíguo, isto é, um sector público que integre apenas um número simbólico de meios de produção. Tendemos a responder negativamente. A garantia de coexistência dos três sectores de propriedade dos meios de produção não é apenas uma garantia formal, mas também material, o que significa que essa coexistência concreta deve, a cada momento, reflectir uma resposta dos poderes públicos aos princípios fundamentais da organização económico-social, designadamente, da garantia dos direitos fundamentais, do desenvolvimento económico-social e da subordinação do poder económico ao poder político democrático. Como tal, o cumprimento dos princípios da proporcionalidade, da prossecução do interesse público e da própria eficiência do sector público (entre outros) afastam a existência ou composição meramente simbólica do sector público. O mesmo é dizer que o sector público pode ser reduzido mas nunca exíguo, pois enquanto a sua redução pode resultar de um imperativo constitucional, a sua exiguidade é já um juízo de desadequação face à realidade e necessidade existentes. É, pois, possível afirmar que o princípio da coexistência dos três sectores de produção encerra uma dimensão programática, dirigente, que vincula os poderes públicos em cada momento, em função das condições económico-sociais, designadamente no que respeita à composição e configuração do sector público, no sentido da sua melhor adequação à realidade existente e *a existir*. Eis, mais uma vez, a sua *força activa e negativa*, patente nas necessidades de promoção mas também de abstenção dos poderes públicos[109].

---

[109] Para JORGE MIRANDA e RUI MEDEIROS (com MANUEL AFONSO VAZ) o princípio ínsito na alínea b) do artigo 80.º "pode ser denominado por *princípio da compatibilidade* entre as iniciativas privada, pública e cooperativa", significando "*concorrência* entre iniciativas e abertura aos impulsos económicos, independentemente do carácter público ou privado dos agentes". Segundo estes Autores a *coexistência* "não significa, porém, equilíbrio entre a iniciativa privada e pública, mas possibilidade de opção", o que fundam no *não cabimento do princípio da subsidiariedade como princípio constitucional*, mas apenas como princípio pelo qual é possível optar "ao nível *ordinário* de execução de uma política governamental" (cfr. *Constituição* ..., II, p. 13). Sucede que, do nosso ponto de vista, (muito embora concordemos que do princípio em causa não resulta um necessário equilíbrio entre iniciativa pública e privada, como se viu), o princípio da coexistência do sector público, do sector privado e do sector cooperativo e social de propriedade dos meios de produção não permite, por si só, atingir uma conclusão quanto ao lugar e valor constitucional do princípio da subsidiariedade, como parecem pretender estes Autores. Para tal é

2.2.2. O limite material de revisão constitucional

A inclusão do princípio da coexistência do sector público, do sector privado e do sector cooperativo e social de propriedade dos meios de produção entre os limites materiais de revisão constitucional tem um significado substancial que importa abordar. É certo que se trata de uma vinculação para o legislador revisor da CRP, mas não é sobre a natureza e regime dessa vinculação que aqui nos cabe pronunciar. Antes, é o conteúdo genérico do limite que merece a nossa atenção.

Em primeiro lugar, cumpre observar que este princípio só é elevado à categoria de limite material de revisão constitucional com a revisão de 1989, embora tivesse já sido autonomizado como princípio fundamental da organização económico-social com a revisão de 1982[110]. Tal prende-se também com as alterações sofridas pelo actual artigo 82.°, mas consubstancia um todo de sentido com a garantia constitucional de uma *economia mista*, também ela surgida com a revisão de 1989, encerrando assim a cláusula de limites materiais de revisão uma dimensão garantística de um modelo geral de regime económico.

Em segundo lugar, note-se que é o próprio princípio que é elevado à categoria de limite material de revisão e não, em rigor, a *norma* que é objecto de uma garantia formal. O que constitui limite material de revisão constitucional é o próprio princípio e, até certo ponto, o respectivo regime jurídico-constitucional de concretização que encontramos, no essencial, no artigo 82.°, mas também noutros preceitos da CRP.

Pois bem, perante isto, pergunta-se, em que medida é tal princípio garantido. A coexistência, propriamente dita, é em si mesma uma dimensão da garantia, mas de que modo? Propugnamos um entendimento que salvaguarde a abertura do princípio nos termos que propusemos *supra*[111]. Em sede de revisão constitucional, o princípio da coexistência daqueles

---

necessária uma análise mais profunda da CRP, e que segue logo a propósito dos princípios ínsitos nas alíneas *c)* e *d)* do artigo 80.°. Ora, ao analisarem-nas, os referidos Autores fazem-no com base nas "inferências que decorrem do princípio da coexistência do sector público, do sector privado e do sector cooperativo e social" ((cfr. *Constituição* ..., II, pp. 13-14), inferências entre as quais se situa o já referido juízo acerca do princípio da subsidiariedade.

[110] Cfr. *infra*, III, § 6.° e 7.°.
[111] Cfr. *supra* I, § 1.°, 2.2.1.

três sectores de propriedade dos meios de produção deve ser mantido, desde logo, com uma tradução normativa que salvaguarde a sua abertura programática: por outras palavras, ao legislador da revisão está vedada a degradação do princípio a garantia meramente formal. Por outro lado, em sede de revisão constitucional parece também vedada uma afectação da caracterização constitucional essencial de cada um dos sectores, pois que aí reside a materialidade da sua coexistência. Como tal, tanto reputaríamos inconstitucional, por violação dos limites materiais de revisão, (i) a pura e simples eliminação da alínea *b)* do artigo 80.º, uma vez que a garantia do princípio inclui a sua constância do texto constitucional; (ii) como a eliminação da obrigação do Estado em estimular e apoiar a criação e a actividade de cooperativas (cfr. n.º 1 do artigo 85.º), uma vez que tal afectaria gravemente a possibilidade de subsistência real do sector; (iii) como também a eliminação da transitoriedade da intervenção do Estado na gestão de empresas privadas (cfr. n.º 2 do artigo 86.º), o que legitimaria uma transformação radical – senão mesmo eliminação – do sector privado (e sem curar do relevo em sede de direitos fundamentais e outros princípios fundamentais da organização económico-social); e, ainda, (iv) uma delimitação constitucional material estrita, positiva, de domínios ou áreas de intervenção económica a que o sector público visse confinada a sua existência.

Em suma, a inclusão do princípio da coexistência do sector público, do sector privado e do sector cooperativo e social de propriedade dos meios de produção entre os limites materiais de revisão constitucional importa uma configuração (simultânea) para os mesmos como elementos de uma efectiva economia mista, como *garantia* e *expressão* da liberdade, dos direitos fundamentais.

2.3. c) Liberdade de iniciativa e de organização empresarial no âmbito de uma economia mista

2.3.1. O significado de economia mista

É no contexto da liberdade de iniciativa económica, consagrada no artigo 61.º, que aqui é retomada a liberdade de iniciativa e de organização empresarial *no âmbito de uma economia mista*. Pode, pois, afirmar-se que a função da referência à economia mista neste local é enquadrar o exercício daquele direito fundamental no modelo constitucional económico[112], em duas perspectivas essenciais:

i) Por um lado, vincar a vinculação dos poderes públicos ao necessário respeito pela liberdade de iniciativa económica conforme a mesma surge no artigo 61.º, sem a respectiva remissão para um lugar residual na organização económica;

ii) Por outro lado, afastar a possibilidade de aniquilamento de uma intervenção pública na economia, pela transformação da iniciativa económica não pública em único e exclusivo determinante da organização económico-social.

Pela formulação do texto constitucional, surpreende-se uma dicotomia *público – não público* subjacente ao modelo económico. Porém, a conjugação da "liberdade de iniciativa" *e de* "organização empresarial" sugerem que a dicotomia representada pelo modelo económico misto é, essencialmente, *público – privado*. A tal não é certamente alheia a pouca expressividade económica da iniciativa cooperativa no nosso país.

O que entender, neste sentido, por economia mista? Do nosso ponto de vista, a natureza mista do modelo económico constitucional não se identifica, simplesmente, com a coexistência de *liberdades de iniciativa económica,* nem tão pouco com a coexistência dos vários sectores de propriedade dos meios de produção. Antes se trata da coexistência de direitos das entidades privadas e cooperativas com poderes-deveres que impendem sobre os poderes públicos no domínio da organização económica. Isto porque não só não vislumbramos uma verdadeira *liberdade de iniciativa económica pública*, como também porque não nos parece que o regime constitucional da propriedade encerre por si a explicação para um modelo económico misto. Vejamos um pouco mais atentamente.

Em primeiro lugar, não se retira da CRP a possibilidade de uma intervenção económica pública incondicionada: é no interesse público que se encontra sempre a legitimação de tal intervenção, e "nem se mostra legítimo reconhecer às entidades públicas no exercício da actividade de inter-

---

[112] Definindo o *"modelo"* como "o "princípio dos princípios" e a "função (geral) das funções" que ordenam e inspiram, com coerência, tanto os aspectos fundamentais da Constituição económica", "como o travejamento do Direito Económico nacional", cfr. ANTÓNIO L. SOUSA FRANCO/GUILHERME D'OLIVEIRA MARTINS, *A Constituição ...*, p. 295.

venção económica a possibilidade de beneficiarem de uma regra de liberdade própria da actuação das entidades privadas", extraída desta mesma alínea c) do artigo 80.°: tal (i) importaria uma compressão, limitativa, restritiva, da liberdade "natural e própria" das entidades privadas, (ii) subtrairia os poderes públicos ao princípio da legalidade (ainda que os mesmos actuassem sob formas ou através de instrumentos de Direito Privado), e (iii) esbarraria frontalmente com o disposto no n.° 1 do artigo 266.°, que vincula a Administração Pública à prossecução do interesse público, mas sempre no respeito pelos direitos e interesses legalmente protegidos dos cidadãos[113-114].

Em segundo lugar, não nos parece tão pouco que o modelo de economia mista encontre na coexistência dos vários sectores de propriedade dos meios de produção a sua explicação última: neste sentido, economia mista são significa necessariamente, por exemplo, coexistência de propriedade pública e propriedade privada. Tem sido este, é certo, o critério subjacente à utilização da expressão, muito em virtude das designadas *empresas ou sociedades de economia mista*, assim designadas devido ao facto de o respectivo capital social ser repartido entre entidades públicas e privadas, portanto, um critério de propriedade[115]. Todavia, hoje em dia, à luz do disposto no artigo 3.° do RJSEE, uma empresa pode ser considerada como empresa pública do Estado ainda que este não detenha qualquer participação no respectivo capital social, mas apenas, por exemplo, a possibilidade de designar a maioria dos membros do respectivo órgão de

---

[113] Cfr. PAULO OTERO, *Vinculação* ... pp. 122-123; mais desenvolvidamente, cfr. pp. 123 ss. Contra, afirmando que o preceito em causa concede "às entidades públicas tendencialmente a mesma liberdade de iniciativa económica que as entidades privadas e cooperativas", cfr. J. J. GOMES CANOTILHO/VITAL MOREIRA, *Constituição* ..., I, p. 958. Afirmando que "O regime constitucional da *coexistência das liberdades de iniciativa económica pública e privada e cooperativa* indica-nos que o sistema económico escolhido é o de uma economia mista ou pluralista.", cfr. LUÍS S. CABRAL DE MONCADA, *Direito Económico*, 4.ª Ed., Coimbra, 2003, p. 124.

[114] Cfr. também a anotação ao artigo 81.°, I, § 2.°, 2.3, relativamente ao princípio da eficiência do sector público.

[115] Tal designação fez carreira na doutrina, mas também na jurisprudência do TC (onde, aliás, as referências à economia mista são essencialmente a propósito destas empresas). Exemplificativamente, cfr. Ac. TC n.° 59/95, de 16 de Fevereiro de 1995, *DR*, I Série, n.° 59, de 10 de Março de 1995; Ac. n.° 157/88, de 7 de Julho de 1988, *DR*, n.° 171, de 26 de Julho de 1988; Ac. TC n.° 108/88 (cit.); Ac. n.° 273/86, de 21 de Agosto de 1986, *DR*, I Série, n.° 209, de 11 de Setembro de 1986.

administração[116]. Ora, tal será suficiente para que não possa afirmar-se o critério da propriedade como decisivo para a determinação do carácter misto do modelo económico constitucional.

O que determina tal carácter misto, a nosso ver, é antes a presença na economia tanto da decisão pública como da decisão privada ou cooperativa[117], isto é, tanto do poder público como dos direitos ou liberdades de outras entidades (e não sendo o poder público um fim em si mesmo, esta dicotomia pode entender-se como espelhando uma "complementaridade" ou "tensão dinâmica" profunda entre "princípios da liberdade" e "da solidariedade"[118]). Do lado público, o que importa para a caracterização da economia como mista não é apenas o poder-dever de intervenção económica de entidades públicas (independentemente das vestes e instrumentos utilizados, de Direito Público ou de Direito Privado) como *produtoras* ou *detentoras de qualquer direito de propriedade sobre um meio de produção* (que assume comummente a qualificação de *intervenção económica directa*), mas todo e qualquer exercício de competência teleologicamente orientada para predeterminar o mercado e que não se resuma à fixação de critérios normativos para o seu funcionamento nem à respectiva aplicação de natureza jurisdicional. Desta forma, *economia mista* não equivale a *garantia dos vários sectores de propriedade*: se se pode afirmar que "a natureza mista da economia resultava de uma leitura da alínea anterior deste art.º", a alínea *b)*, já não será exacto afirmar que *economia mista* consiste apenas nisso, pretendendo a redundância ou inutilidade da alínea *c)* do artigo 80.º[119]. Em última análise, a nossa *Constituição de economia mista* pode bem identificar-se com "Constituição *intervencionista em economia de mercado*"[120].

---

[116] Para maiores desenvolvimentos, cfr. *infra,* anotação ao artigo 82.º.

[117] Em sentido mais restritivo, apontando que "a alínea *c)* do artigo 80.º apenas é aplicável às entidades do sector privado, tal como as alíneas *d)* e *e)* apenas respeitam ao sector público e a alínea *f)* ao sector cooperativo e social", cfr. PAULO OTERO, *Vinculação ...*, p. 123.

[118] Cfr. ANTÓNIO L. SOUSA FRANCO/GUILHERME D'OLIVEIRA MARTINS, *A Constituição ...*, p. 342.

[119] Cfr. ALEXANDRE SOUSA PINHEIRO/MÁRIO JOÃO BRITO FERNANDES, *Comentário à IV Revisão Constitucional*, AAFDL, Lisboa, 1999, p. 221.

[120] Utilizando esta última expressão, cfr. ANTÓNIO L. SOUSA FRANCO/GUILHERME D'OLIVEIRA MARTINS, *A Constituição ...*, p. 295.

2.3.2. O limite material de revisão constitucional

O modelo de economia mista foi elevado a limite material (expresso) de revisão constitucional em 1989[121]. A alínea *g)* do artigo 288.°, que consagrava como limite material de revisão constitucional "A planificação democrática da economia", foi então alterada, mantendo ainda hoje a redacção provinda da revisão constitucional de 1989, garantindo "A existência de planos económicos *no âmbito de uma economia mista*". Igualmente em 1989, foi alterada a alínea *f)* do mesmo preceito, e no lugar do "princípio da apropriação colectiva dos principais meios de produção e solos, bem como dos recursos naturais, e a eliminação dos monopólios e dos latifúndios" passou a figurar "A coexistência do sector público, do sector privado e do sector cooperativo e social de propriedade dos meios de produção".

Só em 1997, porém,[122] viria o artigo 80.° a fazer referência à economia mista, embora a garantia de coexistência dos sectores de produção datasse já de 1982, apesar de não nos mesmos termos em que se encontra hoje (a redacção actual data de 1989).

São de reter, pois, algumas observações.

Em primeiro lugar, que o legislador parece sempre ter evitado referências à economia mista *a propósito* ou em estrito compromisso sistemático com a garantia constitucional de coexistência dos sectores de propriedade: embora cronologicamente parentes, nunca surgiram referidos a par no texto constitucional. Tal, se reforça a nossa conclusão do ponto anterior, permite também atribuir algum distanciamento à economia mista face à garantia de coexistência dos sectores de propriedade dos meios de produção ao nível dos limites materiais de revisão constitucional: ela é um outro limite, mais vasto, e contextualizado com o planeamento.

Em segundo lugar, pode bem afirmar-se que a inclusão da economia mista nos limites materiais de revisão constitucional, juntamente com a sua posterior referência no presente artigo a partir de 1997, demonstram uma *sintonização fina* do modelo constitucional económico, que passa a acolher entre os seus princípios fundamentais intervenções públicas de natureza económica além do sector público produtivo, da propriedade pública dos recursos naturais e de meios de produção e do planeamento.

---

[121] Sobre esta matéria, cfr. anotação ao artigo 288.°.
[122] Cfr. *infra*, III, § 6.° e § 7.°.

2.3.3. *A preferência constitucional por um modelo de economia mista*

A preferência que se retira da CRP por um modelo de economia mista está intimamente ligada com a "consagração jurídico-constitucional de um modelo de Estado de bem-estar"[123] que, "envolvendo a definição de tarefas ou incumbências, cria directamente para o próprio Estado deveres que são, por isso mesmo, imposições constitucionais – isto sem que todas, note-se, se reconduzam a contrapartidas de direitos fundamentais –, determinando sempre, todavia, o desenvolvimento de uma actividade pública finalística ou teleologicamente orientada para a prossecução de um tal fim"[124]. Se o motor da economia é o mercado e as liberdades dos seus agentes não públicos, "a cláusula de bem-estar, pode dizer-se, humaniza a economia de mercado, vincula a livre iniciativa ao progresso social, permitindo até falar na existência de uma «economia de mercado social» ou «economia social de mercado» ou, como parece preferível à luz da ordem jurídica portuguesa, em «economia mista de bem-estar»"[125].

Tais deveres de intervenção económica do Estado – designadamente de intervenção directa deste, como produtor de bens ou serviços – não se confinam àqueles sectores que sejam subtraídos à iniciativa económica privada (e nem tão pouco àqueles cuja intervenção seja expressamente ditada pelo legislador). Nos sectores não vedados à iniciativa privada, pese embora o princípio da subsidiariedade em favor desta e das iniciativas cooperativa e autogestionária, o interesse público pode constituir o Estado em obrigações de intervenção económica concorrente, o que conduz "a uma preferência da Constituição por um modelo de economia mista", modelo que em 1997 foi definitivamente elevado a princípio fundamental da organização económica[126].

O sentido de tal "preferência" mostra-se susceptível de ser analisado em duas vertentes fundamentais, mais ampla uma, mais restrita outra:

---

[123] Cfr. PAULO OTERO, *Vinculação* ..., pp. 16 ss.
[124] Cfr. PAULO OTERO, *Vinculação* ..., p. 17.
[125] Cfr. PAULO OTERO, *Vinculação* ..., p. 18. No sentido de que o *"princípio de Estado de economia mista de bem-estar"* constitui um dos (três) princípios estruturais que formam o modelo da "liberdade como fim do Direito" constitucionalmente expresso, cfr. PAULO OTERO, *Lições* ..., I, 1.º Tomo, p. 224.
[126] Cfr. PAULO OTERO, *Vinculação* ..., pp. 118 e segs.

i) Mais ampla, considerando a intervenção económica do Estado, do ponto de vista substancial, sem distinção da respectiva modalidade e, por conseguinte, tendo por objecto o próprio modelo constitucional de "economia mista de bem-estar";

ii) Mais restrita, considerando apenas o significado da "preferência" no âmbito das formas organizativas da intervenção económica do Estado.

Antes, porém, debrucemo-nos brevemente sobre a *liberdade de iniciativa e de organização empresarial*, no contexto do modelo jurídico-constitucional de organização económica.

A iniciativa económica privada, que pode considerar-se a "normal"[127] ou "prototípica"[128] numa economia de mercado, está subordinada à Constituição, à lei e ao interesse geral, nos termos do artigo 61.º. Bem entendido, materialmente, é sempre a subordinação ao interesse geral que está em causa, sendo as referências à Constituição e à lei a afirmação de uma determinada ideia de Direito, formado e conformado pelos princípios do pluralismo político, da democracia representativa, da constitucionalidade e da legalidade. Ora, a subordinação da iniciativa económica privada ao interesse geral constitui uma restrição potencial dessa liberdade – e dizemos potencial não apenas devido à necessidade da respectiva concretização gradual (primeiro pela Constituição, depois pelo legislador e, enfim, pela Administração ou pelos tribunais), mas também porque o n.º 1 do artigo 61.º manda ter "em conta o interesse geral", sem afirmar expressamente uma subordinação que consubstancie a todo o momento uma *função social* da iniciativa privada sem a qual esta se afastaria do quadro constitucional. Tal restrição potencial encontra justificação na própria ideia de interesse geral, que convoca a consideração dos direitos fundamentais dos indivíduos que possam potencialmente ser afectados pelo funcionamento do mercado, designadamente, os direitos dos trabalhadores e dos consumidores[129]: pode, pois, afirmar-se, de um ponto de vista mais

---

[127] Neste sentido, cfr. ANTÓNIO CARLOS DOS SANTOS/MARIA EDUARDA GONÇALVES/MARIA MANUEL LEITÃO MARQUES, *Direito Económico*, 5.ª Ed., Coimbra, 2004, p. 53.

[128] Cfr. ANTÓNIO L. SOUSA FRANCO/GUILHERME D'OLIVEIRA MARTINS, *A Constituição* ..., p. 196.

[129] Cfr. ANTÓNIO CARLOS DOS SANTOS/MARIA EDUARDA GONÇALVES/MARIA MANUEL LEITÃO MARQUES, *Direito* ..., p. 39.

geral, que a liberdade de iniciativa económica privada está, à luz da Constituição, "funcionalizada à satisfação de exigências sócio-económicas"[130].

Não estamos, assim, em presença de um mero princípio organizatório no seio da Constituição económica, mas de um verdadeiro direito económico componente da *"liberdade económica privada"*[131], e que comporta em si mesmo várias dimensões ou liberdades, tais como a *"liberdade de criação de empresas e da sua gestão"*, a *"liberdade de investimento ou de acesso"* a determinada actividade económica, a *"liberdade de organização"* e a *"liberdade de contratação ou liberdade negocial"*[132-133]. No que respeita à liberdade de iniciativa em sentido estrito, por exemplo, consagra a CRP a possibilidade de existência de sectores vedados a empresas privadas ou outras da mesma natureza (cfr. n.º 3 do artigo 86.º). No que respeita à liberdade de organização, além da possibilidade de intervenção do Estado na gestão de empresas privadas, nos termos do n.º 2 do mesmo artigo 86.º, são conhecidas as limitações constantes do CSC, e que consistem, nomeadamente, na tipicidade de formas das sociedades comerciais e nas disposições imperativas respeitantes à sua organização e funcionamento[134].

Mas, à parte os exemplos referidos, bem como outras limitações à liberdade de iniciativa económica privada que possam decorrer do choque desta com outros direitos fundamentais e cujo conflito se surpreenda mais específica ou imediatamente na própria Parte I da CRP, encontram-se na Parte II variadas disposições que, importando verdadeiras limitações à liberdade de iniciativa económica privada ou tão somente uma compressão/afectação indirecta do seu núcleo essencial, permitem

---

[130] Cfr. ANTÓNIO CARLOS DOS SANTOS/MARIA EDUARDA GONÇALVES/MARIA MANUEL LEITÃO MARQUES, *Direito* ..., p. 47.

[131] Dentro da *"liberdade económica privada"* ANTÓNIO L. SOUSA FRANCO e GUILHERME D'OLIVEIRA MARTINS distinguem a "liberdade de contratar", a "liberdade de trabalho", a "liberdade de empresa", e a "liberdade de consumo" (cfr. *A Constituição* ..., pp. 192 ss.).

[132] Cfr. ANTÓNIO CARLOS DOS SANTOS/MARIA EDUARDA GONÇALVES/MARIA MANUEL LEITÃO MARQUES, *Direito* ..., p. 46.

[133] Distinguindo "livre iniciativa" de "liberdade de empresa" ou "iniciativa empresarial", cfr. ANTÓNIO L. SOUSA FRANCO/GUILHERME D'OLIVEIRA MARTINS, *A Constituição* ..., p. 196.

[134] Chamando também a atenção para "as fronteiras da lei das sociedades comerciais", cfr. J. J. GOMES CANOTILHO/VITAL MOREIRA, *Constituição* ..., I, p. 959.

enquadrar o modelo jurídico-constitucional de economia mista. Exemplificando, é o caso:

i) Do estabelecimento de um extenso leque de incumbências prioritárias do Estado, no artigo 81.°, que, quase sem excepção, são teleologicamente orientadas para a correcção do funcionamento da *mão invisível* do mercado, objectivo sintetizado na alínea *a)* ao atribuir ao Estado a incumbência de promoção do "aumento do bem-estar social e económico e da qualidade de vida das pessoas, em especial das mais desfavorecidas, no quadro de uma estratégia de desenvolvimento sustentável"; e que, expressamente, passa por "Assegurar o funcionamento eficiente dos mercados, de modo a garantir a equilibrada concorrência entre as empresas, a contrariar as formas de organização monopolistas e a reprimir os abusos de posição dominante e outras práticas lesivas do interesse geral" (cfr. alínea *f)*);

ii) Da garantia de coexistência de três sectores de propriedade dos meios de produção, nos termos do artigo 82.°, impondo um sector público produtivo ao lado do sector privado, designadamente (embora possa aqui afirmar-se um favorecimento deste último, bem como da liberdade de iniciativa económica privada, em função dos critérios definidores de cada um deles)[135];

iii) Da possibilidade de apropriação pública de meios de produção, nos termos do artigo 83.°;

iv) Da definição constitucional (e remissão para a lei) do domínio público, nos termos do artigo 84.°, implicando uma delimitação negativa do direito à propriedade privada e, por consequência, uma limitação à liberdade de iniciativa económica privada;

v) Da previsão constitucional de um regime aplicável aos meios de produção em abandono, de acordo com o artigo 88.°;

vi) Da imperativa participação dos trabalhadores na gestão de unidades de produção do sector público, nos termos do artigo 89.°, mesmo quando estejam em causa empresas que, pertencendo ao sector público, vejam parte do seu capital detido por entidades do sector privado;

vii) Da definição pela CRP de objectivos e formas de intervenção nas políticas agrícola, comercial e industrial, nos termos dos

---

[135] Cfr. *infra*, anotação ao artigo 82.°.

artigos 93.º e seguintes, mau grado a galopante perda de autonomia da Constituição nestas matérias face ao avanço do Direito Comunitário;

viii) Da imperatividade constitucional de estruturação do sistema financeiro por forma a garantir as poupanças e o desenvolvimento económico-social, de acordo com o artigo 101.º;

ix) Da teleologia do sistema fiscal no sentido da repartição justa dos rendimentos e da riqueza (cfr. n.º 1 do artigo 103.º) e não apenas da satisfação das necessidades financeiras do Estado e de outras entidades públicas, da tributação das empresas fundamentalmente incidente sobre o seu rendimento real (cfr. n.º 2 do artigo 104.º), e da tributação do consumo visar, em última análise, um retorno social justo, perante o qual o desenvolvimento económico é um meio (cfr. n.º 4 do artigo 104.º).

Num corte horizontal e exemplificativo da Constituição económica, os casos referidos mostram que, naquela vertente que enunciámos como mais ampla, considerando a intervenção económica do Estado, do ponto de vista substancial, e tomando a globalidade do modelo constitucional de "economia mista de bem-estar", esta se pode considerar como um verdadeiro imperativo constitucional: o modelo não é apenas uma tendência que se surpreende na Lei Fundadamental, mas uma verdadeira opção constitucional jurídico-política de fundo[136]. Tal conclusão resulta (i) tanto do princípio em causa, conforme o mesmo surge elevado a limite material de revisão constitucional e reforçado após a revisão constitucional de 1997, (ii) como da análise das formas de intervenção económica do Estado reclamadas ao longo da Constituição económica, e às quais se podem acrescentar outras situações em que a CRP solicita intervenções mais directa-

---

[136] Pode mesmo dizer-se que este é um *momento constitucional* fundamental de confluência, onde coagulam os "três conteúdos básicos" que, segundo J. J. GOMES CANOTILHO, "uma Constituição pode, isolada ou cumulativamente [aqui será este segundo caso], apresentar: (1) a Constituição como instrumento de governo (*frame of government*); (2) a Constituição como estatuto de liberdades individuais (*Bill of Rights*); (3) a Constituição como *programa* político e como premissa material das políticas públicas ("constituição-programa")." (cfr. *Método de Interpretação* ..., p. 887). Aliás, segundo o mesmo Autor, conjuntamente com VITAL MOREIRA, "Se se quisesse fazer um conceito síntese da filosofia que informa a constituição económica, a escolha recairia seguramente sobre a noção de «*economia mista*» (...)." (cfr. *Constituição* ..., I, p. 956).

mente relacionadas com determinados direitos fundamentais ou sectores de actividade, quais sejam, por exemplo:

i) No domínio da comunicação social[137]:

    a) A obrigação para o Estado de assegurar a independência dos órgãos de comunicação social perante o poder económico, "impondo o princípio da especialidade das empresas titulares de órgão de informação geral" e "impedindo a sua concentração, designadamente através de participações múltiplas ou cruzadas" (cfr. n.º 4 do artigo 38.º);

    b) A obrigação para o Estado de assegurar a existência e funcionamento de um serviço público de rádio e televisão (cfr. n.º 5 do artigo 38.º);

    c) A necessidade de licença, a conferir por concurso público, para o funcionamento de estações emissoras de radiodifusão e de radiotelevisão (cfr. n.º 7 do artigo 38.º).

ii) No domínio dos direitos dos trabalhadores:

    a) A obrigação do Estado em executar políticas de pleno emprego (cfr. alínea *a*) do n.º 2 do artigo 58.º);

    b) A obrigação do Estado no desenvolvimento sistemático de uma rede de centros de repouso e de férias, em cooperação com organizações sociais (cfr. alínea *d*) do n.º 2 do artigo 59.º).

iii) No domínio dos direitos dos consumidores, a obrigação do Estado no apoio a associações de consumidores e a cooperativas de consumo (cfr. n.º 3 do artigo 60.º).

iv) No domínio da segurança social:

    a) A obrigação do Estado de organizar coordenar e subsidiar um sistema de segurança social unificado e descentralizado (cfr. n.º 2 do artigo 63.º);

    b) A obrigação do Estado de apoiar a fiscalizar a actividade e o funcionamento das instituições particulares de solidariedade social e outras de reconhecido interesse público sem carácter lucrativo (cfr. n.º 5 do artigo 63.º);

---

[137] Sobre a liberdade de empresa no domínio da comunicação social, cfr. ALBERTO ARONS DE CARVALHO/ANTÓNIO MONTEIRO CARDOSO/JOÃO PEDRO FIGUEIREDO, *Direito da Comunicação Social*, 2.ª Ed., Casa das Letras, 2005, pp. 141 ss.

v) No domínio da saúde:

a) A obrigação do Estado em assegurar um serviço nacional de saúde universal e geral, tendo em conta as condições económicas dos cidadãos, e tendencialmente gratuito (cfr. alínea *a)* do n.º 2 do artigo 64.º);

b) Entre outras, a obrigação do Estado de disciplinar e controlar a produção, distribuição, comercialização e uso dos produtos químicos, biológicos e farmacêuticos e outros meios de tratamento e diagnóstico (cfr. alínea *e)* do n.º 3 do artigo 64.º).

Trata-se, naturalmente, de um elenco meramente exemplificativo, e que poderia ser continuado nos domínios da habitação e urbanismo, ambiente e qualidade de vida, e enfim, no geral, ao longo do catálogo de direitos e deveres económicos, sociais e culturais. E pretende-se destacar, sobretudo, que em todos aqueles casos se está perante obrigações de intervenção do Estado que, ainda que de eminente valor social, consubstanciam intervenções económicas pois poderiam ser deixadas total ou essencialmente nas mãos do mercado. Nesta medida, o modelo constitucional de "economia mista de bem-estar" constitui um verdadeiro imperativo, pois se vê que a CRP fez assentar a implementação da justiça social em múltiplas intervenções do Estado de natureza económica.

No que toca àquela outra vertente, mais restrita, considerando apenas o significado da "preferência" no âmbito das formas organizativas da intervenção económica do Estado, a questão foi já equacionada no sentido de saber se "resulta da Constituição algum critério que permita limitar a opção do Estado entre uma intervenção empresarial, o recurso à figura da concessão a entidades privadas ou a simples implementação de regras gerais definidoras do quadro de actuação dos agentes económicos no âmbito de um sistema de mercado", ou, mais amplamente, se "a existência de uma intervenção empresarial pública constitui um imperativo fundado na Constituição"[138].

A questão coloca-se, pois, a jusante das imposições constitucionais expressas de intervenção económica do Estado de natureza empresarial. Mas aqui, se nem todas as intervenções económicas do Estado expressamente exigidas pela CRP são de natureza empresarial, parece desde logo,

---

[138] Cfr. PAULO OTERO, *Vinculação* ..., p. 199.

atenta a conformação global do modelo que se apontou *supra*, poder afirmar-se que a actuação do Estado neste âmbito não pode circunscrever-se à fixação de "regras gerais definidoras do quadro de actuação dos agentes económicos privados"[139].

Quanto ao mais, a garantia de existência de um sector público dos meios de produção, e com ela a imperatividade constitucional de uma iniciativa económica obrigatória para o Estado, não é suficiente para coarctar a liberdade de opção do legislador, "segundo as concretas exigências do interesse público", entre a "intervenção empresarial directa, seja esta feita em termos de entidades dotadas de capitais integralmente públicos ou de capitais mistos, e o recurso à figura da concessão a entidades privadas"[140]. O que sucede, ainda com PAULO OTERO, é que a associação ou colaboração entre capitais públicos e privados, seja em empresas mistas, seja no âmbito da concessão a entidades privadas, expressa uma "conjugação harmoniosa" entre ambas as iniciativas económicas, pública e privada, devendo ser interpretada como acolhimento do princípio da participação de entidades privadas na Administração, tanto em sentido subjectivo como objectivo[141]. Neste sentido, a concretização do imperativo constitucional da democracia participativa passa pela subsidiariedade da intervenção pública e por uma "concepção democrática, pluralista e participada de Administração"[142].

Neste domínio, não parece poder afirmar-se mais do que, justamente, uma preferência constitucional pela tradução concreta do modelo de economia mista. Significa tal que a decisão administrativa pela criação de uma empresa mista ou pela atribuição de uma concessão a uma entidade privada é já, em si mesma, um reflexo daquela preferência, mas que não pode deixar de ser ponderada em função, entre outros, daquele princípio da subsidiariedade e da eficiência do próprio sector público, nos termos da alínea *c)* do artigo 81.º.

---

[139] Neste sentido, cfr. PAULO OTERO, *Vinculação* ..., p. 200.
[140] Cfr. Cfr. PAULO OTERO, *Vinculação* ..., p. 200.
[141] Cfr. Cfr. *Vinculação* ..., p. 200.
[142] Cfr. PAULO OTERO, *Vinculação* ..., pp. 200-201. Recusando a preferência constitucional pela figura das empresas de capitais mistos, cfr. NUNO CUNHA RODRIGUES, *"Golden Shares". As empresas participadas e os privilégios do Estado enquanto accionista minoritário*, Coimbra, 2004, pp. 50-51.

2.4. d) Propriedade pública dos recursos naturais e de meios de produção, de acordo com o interesse colectivo

2.4.1. A propriedade pública como princípio

O princípio da propriedade pública (dos recursos naturais e de meios de produção, de acordo com o interesse colectivo) é, como princípio, porventura, o hermeneuticamente menos imediato do elenco expresso no artigo 80.º. Desde logo, se a referência aos recursos naturais demonstra a necessidade de incluir a sua protecção entre os princípios fundamentais da organização económico-social, o respectivo sentido não é evidente; como não é evidente o sentido da referência à propriedade pública de meios de produção, sobretudo, a jusante da garantia de (co)existência do sector público produtivo, já erigida como princípio na alínea *b*).

Tenhamos presentes algumas coordenadas interpretativas, que se prendem com a evolução do texto constitucional nesta matéria[143]. Em 1997, a *propriedade pública*, agora na alínea *d*), substituiu a *apropriação colectiva*, que então era "de meios de produção e solos, de acordo com o interesse público, bem como dos recursos naturais" e constava da alínea *c*). Por seu turno, também em 1997, no artigo 83.º, a *apropriação pública* (dos meios de produção) substituiu a *apropriação colectiva*. Todavia, já em 1989 o princípio da apropriação colectiva dos principais meios de produção e solos havia sido eliminado do catálogo de limites materiais de revisão constitucional, coincidindo com a introdução no texto constitucional de um preceito inovador, o artigo 84.º, referente ao domínio público.

Evidenciou já PAULO OTERO que, na revisão constitucional de 1997, a Constituição ganhou uma "inovação infeliz" com a substituição, no artigo 83.º, da *apropriação colectiva* pela *apropriação pública* (e no artigo 80.º com a substituição pela *propriedade pública*), que assim "exclui formas de apropriação integráveis no sector cooperativo e social": se a ideia era reduzir a intervenção económica do Estado ou eliminar uma expressão de cunho marxista, o efeito foi exactamente o contrário, mais estatizante[144].

---

[143] Sistematicamente, cfr. *infra*, III, § 6.º e § 7.º.

[144] Cfr. *Vinculação* ..., pp. 151-152. Sobre esta problemática, cfr. também LUÍS S. CABRAL DE MONCADA, *Direito* ..., pp. 234-235.

Se esse é um efeito geral da substituição da expressão "colectiva" por "pública", há que buscar a restante profundidade da alteração na substituição da expressão "apropriação" por "propriedade".

O termo "apropriação" transporta, *a priori*, uma carga dinâmica, de *processo em curso*, de *caminho necessário* para os poderes públicos, sentidos que são alheios ou distantes do termo "propriedade". Este, designando um direito e não uma forma ou meio de o atingir ou constituir, é o significante de uma situação jurídica, estática ou *que está*: do ponto de vista lógico (que não necessariamente cronológico) consubstancia mais uma *existência* do que um *devir*. Imageticamente, pode afirmar-se que o princípio não consiste mais em que se *desenrole um processo*, dinâmico, de apropriação, mas em que *haja* uma situação jurídica de propriedade pública.

O princípio da propriedade pública dos recursos naturais e de meios de produção é aqui um princípio organizativo do complexo fenómeno económico-social, que haverá de relacionar-se com outros preceitos da Constituição económica, nomeadamente, com os artigos 82.°, 83.° e 84.°. Nessa medida, assim como preferimos falar de *processo dinâmico* a propósito da apropriação colectiva na anterior redacção do preceito e não de "procedimento"[145], entendemos também que não pode retirar-se da alínea *d)* do artigo 80.° qualquer efeito imediato e concreto atributivo de um direito de propriedade pública sobre determinado bem ou categoria de bens integrados no universo dos recursos naturais ou dos meios de produção. Por outras palavras, a função principiológica do preceito não permite a sua interpretação no sentido de se tratar de uma *expropriação constitucional* de quaisquer bens integrados naquele universo e que se encontrem na titularidade do sector privado ou do sector cooperativo e social. Neste sentido, acompanhamos ALEXANDRE SOUSA PINHEIRO e MÁRIO JOÃO BRITO FERNANDES quando afirmam que o princípio "não pode traduzir-se numa transmutação, por via constitucional, em propriedade pública dos recursos naturais ou dos meios de produção que não integrem o catálogo do art. 84.°, com desrespeito pelos mecanismos do art. 62.°"[146].

Ora bem, tendo em conta o que se vem dizer, parece-nos que a substituição da expressão "apropriação" por "propriedade" pretende pôr em

---

[145] Como parece ser o sentido de ALEXANDRE SOUSA PINHEIRO e MÁRIO JOÃO BRITO FERNANDES (cfr. *Comentário* ..., p. 222).

[146] Cfr. *Comentário* ..., p. 222.

destaque não o *acto* de subtrair direitos ou bens à esfera jurídica dos sectores de propriedade não pública, mas antes a necessidade de existência de uma situação jurídico-pública de afectação de determinados bens. Numa perspectiva, tal substituição integra-se inequivocamente no processo de desideologização do texto constitucional, dada a conotação marxista colectivista da expressão "apropriação". Noutra perspectiva, pretendeu-se claramente uma valorização não de bens em concreto mas daquele universo ou categorias de bens, no contexto da organização económico-social matricial para o incremento dos direitos económicos, sociais e culturais – enfim, mais latamente, para a prossecução do princípio da socialidade[147].

É, naturalmente, possível retirar consequências jurídicas deste princípio organizativo. Mas para tal, há que analisar previamente o universo dos recursos naturais e de meios de produção a que a propriedade pública se refere, bem como o interesse colectivo em que o princípio assenta, interesse esse que, se se reporta em geral ao princípio da socialidade, encontra repique noutros preceitos já citados da Constituição económica (designadamente, nos artigos 82.º, 83.º e 84.º).

2.4.2. *O universo dos recursos naturais e meios de produção:*
o "dos" e o "de"

Tem significado jus-constitucional a distinção operada pela alínea *d)* do nosso artigo 80.º quando se refere à propriedade pública "*dos* recursos naturais" e "*de* meios de produção". Pretende-se, pois, distinguir a dimensão do princípio da propriedade pública como princípio fundamental da organização económico-social, consoante estejam em causa os recursos naturais ou meios de produção.

Assim, estando em causa recursos naturais, a preposição "*dos*" refere-se à totalidade desses recursos e não a um conjunto indeterminado dos mesmos. Por consequência, a interpretação do texto constitucional nesta parte conduz à conclusão de que, como princípio de organização econó-

---

[147] Sobre o princípio da socialidade, cfr. J. J. GOMES CANOTILHO, *Direito Constitucional* ..., pp. 335 ss.; JORGE REIS NOVAIS, *Os Princípios Constitucionais Estruturantes da República Portuguesa*, Coimbra, 2004, pp. 291 ss.

mico-social, a propriedade pública deve estender-se a *todos* os recursos naturais integrados no território português (cfr. artigo 5.º)[148].

Ao invés, estando em causa meios de produção, a preposição *"de"* refere-se apenas a parte dessa categoria de bens. Por consequência, a interpretação deste traço do texto constitucional leva já à conclusão de que, mais uma vez como princípio de organização económico-social, a propriedade pública apenas poderá abranger uma parcela dos meios de produção no raio de jurisdição dos poderes públicos, parcela essa que não encontra determinação ao nível do próprio artigo 80.º.

Ora, tal distinção de regime jurídico entre recursos naturais e meios de produção não se prende, pelo menos em primeira linha, com as respectivas diferenças enquanto realidades fácticas nem com a sua consideração conceptual para as ciências que tomam tais realidades por objectos imediatos de estudo. Com efeito, não é a exacta noção científica de *recursos naturais*[149] para as várias ciências que os estudam, nem tão pouco a exacta noção científica de *meios de produção* essencial para as ciências económicas, que ditam aquela diferença de regime jurídico-constitucional, mas antes o relevo que quer uma quer outra realidade apresentam em sede de organização económico-social, conforme a CRP a delineia. Bem entendido, pode discutir-se se os recursos naturais podem ou não ser considerados meios de produção[150], ou mesmo qual o exacto significado de *meios de produção* e sua possível distinção dos *bens de produção*[151]. Porém, tal esforço, se pode ser juridicamente útil noutros momentos, não o é neste, pois tais considerações não resolvem o problema daquela distinção de regime.

---

[148] Em sentido idêntico, cfr. J. J. GOMES CANOTILHO/VITAL MOREIRA, *Constituição* ..., I, p. 959.

[149] Para uma definição e caracterização dos recursos naturais, distinguindo entre estes e bens ambientais, e entre recursos renováveis e não renováveis, cfr. FERNANDO LOUREIRO BASTOS, *A Internacionalização dos Recursos Naturais Marinhos*, AAFDL, Lisboa, 2005, pp. 134 ss.

[150] Em sentido positivo, cfr. J. J. GOMES CANOTILHO/VITAL MOREIRA, *Constituição* ..., I, p. 959.

[151] Cfr. ANTÓNIO L. SOUSA FRANCO/GUILHERME D'OLIVEIRA MARTINS, *A Constituição* ..., pp. 171 ss., e 261 ss. Sobre os "bens" na teoria jus-económica, e sobre a imprecisão jurídica da expressão "meios de produção", cfr. ANTÓNIO MENEZES CORDEIRO, *Direito da Economia*, 1.º Vol., 3.ª Reimp., AAFDL, Lisboa, 1994; respectivamente, pp. 297 ss., e 309 ss.

O que está em causa, pois, é o papel daquelas realidades fácticas – recursos naturais e meios de produção – enquanto determinantes extrajurídicas da realidade económico-social (*ser*), e a função[152] que a Constituição lhes atribui na regulação ou na organização económico-social, de acordo com o modelo constitucional presente na Parte II, enquanto concretização de direitos fundamentais[153]. O que pode, pois, afirmar-se é que a CRP considera que, atento o seu modelo, os recursos naturais possuem uma função inerente que não se compadece, *maxime*, com a sua apropriação privada, isto é, com a respectiva gestão (em sentido lato) livre, própria da iniciativa privada. E, do mesmo passo, que os meios de produção devem, essencialmente, ser geridos (mais uma vez em sentido lato) de acordo com a liberdade inerente à iniciativa não pública, pelo que apenas alguns deles (para já indeterminados) poderão ser submetidos a um regime de propriedade pública (ao que não é alheio, naturalmente, tudo o que se afirmou *supra* a propósito das alíneas *a), b)* e *c)*, dada a imperiosidade de interpretação integrada do texto constitucional).

A intenção do preceito em abranger na sua previsão a totalidade dos recursos naturais não equivale, todavia, e em suposto contraponto com o que sucede quanto aos meios de produção, a sua imediata determinação. Apenas assim seria caso os *recursos naturais*, enquanto categoria científica à partida alheia ao direito, fossem objecto de uma *recepção formal* na CRP. Mas não é assim. Se é a função constitucional dessa realidade fáctica que releva, e embora o legislador não possa (ou não deva) ignorar as noções científicas que importa de outras ciências, os recursos naturais deverão ser aqui considerados quanto à sua função e utilidade sociais, por forma a que o respectivo aproveitamento jurídico seja realizado no quadro do próprio modelo constitucional. Exemplificando: uma árvore centenária, um bosque, uma nascente de água, podem ser considerados recursos naturais tanto quanto podem ser caracterizados como meios de produção, consoante os olhemos através dos pressupostos de análise desta ou daquela

---

[152] A ideia de "função social" dos recursos naturais, meios de produção, e também dos solos foi já invocada num projecto de revisão da presente alínea *d)* do artigo 80.º, aquando da revisão constitucional de 1997 (cfr. ALEXANDRE SOUSA PINHEIRO/MÁRIO JOÃO BRITO FERNANDES, *Comentário* ..., p. 223).

[153] Para nós, portanto, a CRP tem aqui um objectivo bem mais vasto que a "garantia de controlo público sobre aspectos fundamentais da economia" (cfr. J. J. GOMES CANOTILHO/VITAL MOREIRA, *Constituição* ..., I, p. 959).

ciência. Donde, a sua função económico-social não pode deixar de ser levada em conta aquando da respectiva caracterização jurídica. Pois bem, é justamente ao direito – e não directamente a outras ciências – que cabe determinar o universo de recursos naturais submetidos ao regime de propriedade pública, seja pela sua identificação concreta, seja pela definição de critérios que permitam essa identificação.

No caso dos *recursos naturais*, a sua determinação começa na própria Constituição logo a jusante do artigo 80.º, no n.º 1 do artigo 84.º, respeitante ao domínio público. Aí desde logo procede a CRP a uma primeira concretização de recursos naturais sujeitos a um regime de propriedade pública: as "águas territoriais com os seus leitos e os fundos marinhos contíguos, bem como os lagos, lagoas e cursos de água navegáveis ou flutuáveis, com os respectivos leitos" (cfr. alínea *a)*); as "camadas aéreas superiores ao território acima do limite reconhecido ao proprietário ou superficiário" (cfr. alínea *b)*); e os "jazigos minerais, as nascentes de águas mineromedicinais, as cavidades naturais subterrâneas existentes no subsolo, com excepção das rochas, terras comuns e outros materiais habitualmente usados na construção" (cfr. alínea *c)*). Note-se, pois, e na sequência do que se disse *supra*, que a delimitação constante da alínea *b)* é feita com recurso a categorias jurídicas – *proprietário ou superficiário* –, e que a delimitação constante da alínea *c)* é feita com recurso a considerações alheias a uma noção científica de *recursos naturais – materiais habitualmente usados na construção*. Mas, sem prejuízo de outras considerações no lugar próprio[154], a alínea *f)* do n.º 1 e o n.º 2 do artigo 84.º permitem ainda que outros bens sejam classificados como recursos naturais e integrados no domínio público (seja do Estado, das regiões autónomas ou das autarquias locais).

No que respeita aos *meios de produção*, não existe à partida qualquer individualização no texto constitucional que permita a sua determinação em moldes semelhantes ao que sucede com os recursos naturais. É certo que a CRP – e mais especificamente a sua Parte II – se lhes refere em mais do que um passo, em conexão com o princípio da respectiva propriedade pública: é o caso do artigo 82.º, quando se procede à identificação do sector público de propriedade dos meios de produção; do artigo 83.º, ao estabelecer-se que a lei determinará os meios e formas de apropriação pública

---

[154] Cfr. anotação ao artigo 84.º.

dos meios de produção; do artigo 88.º, relativo aos meios de produção em abandono. Mas note-se que não existe qualquer referência expressa ao que possa considerar-se, para efeitos jus-constitucionais, *meios de produção*. Descontando referências aos *solos* – que constituem caso particular e a que se tornará já de seguida –, nem sequer o artigo 84.º integra à partida no domínio público quaisquer bens que possam ser considerados *meios de produção* (pelo menos tanto quanto se podem distinguir certos recursos naturais da sua qualidade, também, de meios de produção), o que, aliás, se afigura coerente com o lugar da liberdade de iniciativa económica privada, bem no núcleo do modelo constitucional de economia mista. Assim, assume neste ponto um relevo particular que se tome em conta uma certa noção de meios ou "bens de produção *stricto sensu*", *v.g.* como "bens instrumentais ou equipamentos, bens intermediários ou bens sujeitos a um processo de transformação produtiva; bens financeiros afectos à produção – o que integra a noção de *capital*; e ainda bens objecto de propriedade intelectual afectos à produção – técnica ou tecnológica, tanto no domínio privado como no domínio público", com exclusão do trabalho e dos bens de consumo[155]. Todavia, recorde-se, é o elemento finalista que confere unidade ao conceito de *meios de produção* para efeitos da alínea *d)* do artigo 80.º, em face do próprio modelo constitucional económico-social. Daí que afirmem J. J. GOMES CANOTILHO e VITAL MOREIRA que estão aqui em causa os "meios de produção que o «interesse colectivo» aconselhar, tendo em conta a sua importância para a orientação da economia"[156]. É, no entanto, para o legislador que ficam os passos seguintes da concretização da fórmula constitucional.

Por fim, uma breve referência ao problema dos *solos*. Como vimos, a revisão constitucional de 1997 eliminou a respectiva referência no âmbito da alínea *d)* do artigo 80.º. Tal expurgo foi já apontado como inconveniente pela doutrina, *v.g.*, pela eventual (e incorrecta) diluição dos *solos* entre as categorias de *recursos naturais* e de *meios de produção*[157].

---

[155] Cfr. ANTÓNIO L. SOUSA FRANCO/GUILHERME D'OLIVEIRA MARTINS, *A Constituição* ..., pp. 171-172.

[156] Cfr. *Constituição* ..., I, p. 959 (e já não os "meios de produção que se encontrem entre os mais decisivos para a organização económica", como referiam na 3.ª Ed. daquela obra, anterior à revisão constitucional de 1997 – cfr. p. 395).

[157] Cfr. ALEXANDRE SOUSA PINHEIRO/MÁRIO JOÃO BRITO FERNANDES, *Comentário* ..., pp. 221-222.

Não nos parece, contudo, que tal diluição seja problemática. Pelo contrário, sendo o elemento finalístico o mais relevante para classificar determinados bens como recursos naturais ou meios de produção, cremos que os solos podem, efectivamente, oscilar entre ambas as categorias consoante a sua função: enquanto determinados solos podem apresentar características e função que mais os aproximem de recursos naturais – *v.g.*, solos que reunam condições preferenciais para integrar uma área protegida –, outros identificar-se-ão mais proximamente com *bens de produção em sentido estrito* – *v.g.*, solos que não apresentem particulares características naturais e que sejam mais aptos à construção. Mais uma vez, por conseguinte, é esse elemento finalístico que releva para efeitos da operatividade do princípio da propriedade pública, e por consequência para a operatividade daquelas outras normas constitucionais que com ele se relacionam mais directamente. Não se deixe de notar, porém, que os solos são objecto de referência expressa por parte da CRP no que respeita, por exemplo, à eliminação dos latifúndios (cfr. artigo 94.º), mas sem que possa aí contemplar-se sequer uma consequência do princípio da propriedade pública (cfr. n.º 2). Embora tal distanciamento face ao princípio em causa denote uma certa tendência constitucional para o tratamento dos solos como meios de produção, a ausência da respectiva inclusão na alínea *d)* do artigo 80.º reforça, efectivamente, o relevo da classificação dos mesmos, caso a caso, como recursos naturais ou meios de produção, demonstrando que a *terra* possui, em termos de organização económico-social, um valor pluridimensional[158].

2.4.3. *O interesse colectivo e os poderes políticos democráticos*

O *interesse colectivo* de acordo com o qual deve ser implementado o princípio da propriedade pública dos recursos naturais e de meios de produção não deve ser entendido como uma condição formal. Neste sentido, essa limitação não se resume à necessidade de existência de um fundamento para a sua concretização por parte do legislador – fundamento esse

---

[158] Em sentido diverso, sustentando que a expressão *recursos naturais* deve ser aqui estritamente interpretada, "sem abranger a terra, que a Constituição considera manifestamente aberta à propriedade privada", cfr. J. J. GOMES CANOTILHO/VITAL MOREIRA, *Constituição* ..., I, p. 959. Se concordamos com a última parte da afirmação, não acompanhamos a primeira, conforme resulta do texto.

que sempre terá que existir, independentemente da formulação textual da alínea *d)* do artigo 80.° –, nem tão pouco à imperatividade da fundamentação quando tal concretização tenha lugar, a jusante, através de acto administrativo e haja afectação de direitos ou interesses legalmente protegidos (cfr. n.° 3 do artigo 268.°). Com efeito, o *interesse colectivo* constitui aqui uma condição de actuação dos poderes públicos que se consubstancia na verificação objectiva de uma necessidade de intervenção pública ao nível da propriedade – recorde-se, pois, que não se trata de uma *liberdade* mas de um *poder-dever*. Nesta medida, a *pauta* desse interesse público começa na própria alínea *d)* do artigo 80.°, como limite e fundamento da actuação dos poderes políticos democráticos – *maxime*, do legislador – na respectiva verificação e definição das medidas a tomar na implementação do princípio.

Do que se disse *supra*[159], é possível desde já apontar algumas sínteses no que respeita ao princípio em causa:

i) Em primeiro lugar, a colocação sistemática do princípio da propriedade pública, na alínea *d)*, indicia uma certa cedência perante o princípio da liberdade de iniciativa e de organização empresarial no âmbito de uma economia mista[160], o que se reforça pelo que deixámos dito *supra*, a propósito deste último princípio, muito embora tal cedência só tenha pleno sentido quando referida aos meios de produção;

ii) Em segundo lugar, a substituição da "apropriação" pela "propriedade", como substituição de um dever-ser dinâmico por um dever-ser estático, integrando-se no processo de desideologização da CRP, aponta no sentido do fim da persecução sistemática de direitos, *maxime*, de entidades privadas como princípio de organização económico-social;

iii) Em terceiro lugar, a substituição da "apropriação *colectiva*" pela "propriedade *pública*" denota um desfavor do sector cooperativo e social;

iv) Em quarto lugar, a natureza de princípio organizatório e a sua relação com outros preceitos da Parte II da CRP (designadamente, com o disposto nos artigos 82.°, 83.° e 84.°), se reforça o

---

[159] Cfr. I, § 2.°, 2.4.1 e 2.4.2.
[160] Neste sentido, cfr. MANUEL AFONSO VAZ, *Direito* ..., p. 130.

exposto em ii) e iii), permite também concluir que não se trata aqui de uma *expropriação constitucional*, mas antes da fixação de um princípio (que, portanto, admite modelações) a densificar, designadamente, pelo legislador ordinário;

v) Por fim, a consideração categorial dos bens envolvidos, bem como a expressão textual da alínea *d)* do artigo 80.º patente no uso das preposições *"dos"* (recursos naturais) e *"de"* (meios de produção), e ainda a eliminação da referência aos solos, permite a leitura do princípio com base na função daquelas mesmas categorias de bens, mais do que com base na sua exacta definição científica extra-jurídica, podendo pois afirmar-se que a CRP considera que a propriedade pública – de acordo com o modelo constitucional – tem mais cabimento quanto aos recursos naturais do que quanto aos meios de produção.

Tais sínteses permitem já uma visão genérica do que poderá ser o *interesse colectivo* justificante do princípio da propriedade pública, erigido em princípio da organização económico-social, cuja efectiva verificação e protecção estarão a cargo, desde logo, do legislador.

É patente, em primeira linha, a valorização dos recursos naturais no seu todo. A eles se estende o princípio da propriedade pública na sua plenitude. Tal opção constitucional tem, claramente, uma ligação umbilical ao princípio da dignidade da pessoa humana, colocando em especial relevo que a salvaguarda dos direitos fundamentais, designadamente dos direitos económicos, sociais e culturais, se desenvolve na privilegiada relação entre os indivíduos e o meio que os rodeia. Neste sentido, o princípio da propriedade pública dos recursos naturais, pretendendo subtraí-los à lógica do mercado, tem o objectivo de os pôr a coberto de decisões pautadas pelo interesse individual. E não se trata apenas do momento presente, o que sai reforçado pela dignidade principiológica e seu contributo para o delinear do modelo constitucional: trata-se de assegurar a sua permanência, como garantia da qualidade de vida das gerações futuras.

No que respeita aos meios de produção (e tendo em mente que a sua definição se haverá de fazer de acordo com a sua função) a questão oferece outras dificuldades, que se manifestam na tensão entre *propriedade pública* e *apropriação colectiva*, por um lado, e *privatizações, reprivatizações* e *vanguarda preferencial do sector privado no âmbito de um modelo de economia mista*, por outro[161]. Nesta matéria, é muito ampla a liberdade de conformação que a CRP deixa ao legislador ordinário, sendo seguro, porém, que (i) se tal liberdade parece ter-se acentuado com o fim da imposição constitucional de apropriação dos *principais* meios de produção, aquando da revisão constitucional de 1989, (ii) não deixa a mesma de ser meramente aparente, porquanto o modelo constitucional presente não consente a concentração dos *principais* meios de produção em mão pública. Todavia, se a própria CRP, contando a margem de liberdade que deixa ao legislador, permite falar de uma "paridade de regimes entre a apropriação pública e a privatização dos meios de produção, enquanto expressão de uma certa indiferença constitucional entre as duas figuras"[162], não é menos certo que o princípio da apropriação pública foi depreciado frente ao da privatização na sequência da queda da cláusula de irreversibilidade das nacionalizações[163], ainda que não se possa afirmar "que da Constituição resulte uma preferência vinculativa da apropriação pública sobre a privatização ou desta sobre aquela: nenhuma lei poderá ser considerada inconstitucional pelo simples facto de ao adoptar uma destas orientações – e desde que, obviamente, respeite os limites constitucionais – não conferir qualquer relevância ponderativa à outra opção"[164]. Mais uma vez se manifesta, pois, a subordinação do poder económico ao poder político democrático na avaliação e protecção do *interesse colectivo*.

Não pode, contudo, esquecer-se que o modelo constitucional de economia mista não permite que a propriedade pública "*de*" meios de produção, como princípio organizatório, sofra uma interpretação maximalista e secundarizante da propriedade privada. A questão, aliás, não se resume aqui à dialéctica entre sector público e sector privado, antes se estende à própria propriedade dos bens, sabido que é que, nos termos do artigo 82.º, determinado bem pode ser propriedade pública mas gerido por entidades privadas. Mas mesmo na dialéctica entre sectores, e tomando em conta a importância do Direito Comunitário na definição da Constituição económica portuguesa, "pode bem afirmar-se que o ordenamento comunitário, visando sempre a defesa do mercado comum, confere uma clara prevalên-

---

[161] Sobre esta problemática, cfr. PAULO OTERO, *Vinculação* ..., pp. 151 ss.
[162] Cfr. PAULO OTERO, *Vinculação* ..., p. 159.
[163] Cfr. PAULO OTERO, *Vinculação* ..., p. 160.
[164] Cfr. PAULO OTERO, *Vinculação* ..., p. 161.

cia aplicativa ao princípio da igualdade entre as empresas públicas e as empresas privadas em relação ao princípio da neutralidade"[165].

Enfim, o princípio da propriedade pública não é mais imperativo para o legislador quando estejam em causa recursos naturais do que quando se trate de meios de produção. O que sucede é que, como princípio, ele importa orientações algo distintas num caso e noutro. Enquanto no caso dos recursos naturais a CRP pressupõe o *interesse colectivo* de forma mais determinada e determinante, orientando os poderes políticos democráticos no sentido da sedimentação da propriedade pública de *todos os recursos naturais*, no caso dos meios de produção a CRP não pressupõe que a protecção de tal *interesse colectivo* passe pela propriedade pública destes ou daqueles meios de produção, antes deixando aos poderes públicos (e ao legislador em primeira linha) uma enorme margem de conformação que, antes da lei, encontra limitação no próprio modelo constitucional de economia mista, e mais especificamente no confronto directo e casuístico com os direitos fundamentais.

2.5. e) *Planeamento democrático do desenvolvimento económico e social*

2.5.1. *O planeamento como princípio do desenvolvimento económico e social*

A primeira ideia que a CRP veicula através da inserção deste princípio entre os demais princípios fundamentais da organização económico-social é a de que, sendo o desenvolvimento económico-social um princípio em si mesmo, não está apenas submetido à lógica de funcionamento do mercado, nem pertencem apenas aos seus agentes mais determinantes (segundo critérios de funcionamento do próprio mercado) as opções susceptíveis de influenciar tal organização do Estado-Colectividade. Mas, se tal pouco ou nada acrescentaria ao já referido princípio da subordinação do poder económico ao poder político democrático, a ideia de *planeamento* implica que a este último compete, pelo menos, apontar um percurso estratégico aos poderes públicos e agentes económicos, percurso esse que irá de um momento ou estádio de desenvolvimento económico e social a

---

[165] Cfr. PAULO OTERO, *Vinculação* ..., p. 163.

outro, mais evoluído: partindo-se de uma análise, estabelecem-se objectivos e, eventualmente, medidas técnicas e jurídicas.

A segunda ideia, menos imediata, é a de que essa actividade de *planeamento* é um processo jurídico. Com efeito, tratando-se de um planeamento *democrático*, obedecerá, necessariamente, a regras jurídicas democraticamente estabelecidas, e culminará num acto jurídico (independentemente de quais sejam a sua vinculatividade e efeitos).

A formulação textual do princípio – *planeamento democrático do desenvolvimento económico e social* – é oriunda da revisão constitucional de 1997, tendo sucedido à *planificação democrática da economia*, que integrou também o elenco de limites materiais de revisão constitucional até 1989, tendo então sido substituída pela "*existência de planos económicos* no âmbito de uma economia mista" (cfr. alínea *g)* do artigo 288.º). Pode procurar-se um significado para a substituição da expressão "planificação" pela expressão "planeamento" no texto constitucional[166]. Para MANUEL AFONSO VAZ, por exemplo, tal substituição poderá basear-se numa visão político-ideológica sobre a natureza e objectivos do Plano, pois a expressão "planeamento", designando os planos de nível macroeconómico em economias de mercado, poderia pretender a submissão destes à mesma lógica e finalidades dos "planos elaborados pelas grandes empresas": enquanto, para alguns autores, a expressão "planificação", estaria reservada para os planos típicos de "economias de direcção central, sistema económico socialista", o termo "planeamento" era mais indicado para "a problemática dos planos numa economia de mercado, sistema económico capitalista"[167]. Porém, esclarece o Autor que, no seu entender, "embora a *planificação* tenha começado por ser uma técnica empresarial

---

[166] Citando uma posição assumida a propósito aquando do debate parlamentar da revisão constitucional de 1997, cfr. ALEXANDRE SOUSA PINHEIRO/MÁRIO JOÃO BRITO FERNANDES, *Comentário* ..., p. 223. Sobre a *teoria jurídica do planeamento* e mais especificamente sobre a *planificação democrática da economia*, cfr. CRISTINA QUEIROZ, *O Plano na Ordem Jurídica*, in RFDUL, Vol. XXX, 1989, pp. 259 ss., e Vol. XXXI, 1990, pp. pp. 283 ss.

[167] Cfr. *Direito* ..., p. 337. Em sentido idêntico, cfr. PEDRO SOARES MARTINEZ, *Comentários à Constituição Portuguesa de 1976*, Lisboa, s.d., pp. 134-135. Utilizando o termo "*planificação*" no sentido referido, ao lado do "*intervencionismo simples*" e do "*dirigismo* (ou *direcção económica*)" como modalidades de intervenção do Estado na economia, cfr. ANTÓNIO L. SOUSA FRANCO/GUILHERME D'OLIVEIRA MARTINS, *A Constituição* ..., p. 221.

(...), desde que colocada ao nível macro-económico, é a afirmação de uma vontade política de incidência económica, não redutível à lógica dos planos empresariais"[168].

Parece, enfim, que também neste ponto a alteração ao texto constitucional foi mais determinada pela intenção da sua desideologização do que pelo fito de modificar o princípio enquanto tal.

Já no que respeita ao *desenvolvimento económico e social* pode afirmar-se ter a alteração sido mais feliz e principiologicamente útil. Em primeiro lugar porque se torna mais claro que o desenvolvimento económico *deve ser* desenvolvimento social. Em segundo lugar, porque fica inequívoca a ligação do princípio com os direitos sociais e culturais, que também se implementam economicamente. Por outras palavras, já não é apenas a *economia* que deve ser objecto de uma *planificação democrática*, mas o próprio *desenvolvimento económico e social* que, como princípio *a se*, deve ser matéria de *planeamento democrático*. Sem prejuízo de outras considerações[169], tal inequívoca ampliação do princípio em causa, na sequência da revisão constitucional de 1997, tem que ser levada em conta no que respeita às suas possíveis dimensões de vinculatividade. Vejamos.

2.5.2. Dimensões de vinculatividade do princípio

O princípio do planeamento democrático do desenvolvimento económico e social implica, por si só e nos termos em que se encontra plasmado no artigo 80.º (na sua sistemática própria e relação com os direitos fundamentais), algumas dimensões de vinculatividade. Bem entendido, tal só pode ser verdadeiramente apreendido quando se tenham presentes outros *momentos constitucionais*, e completado por outras normas da CRP. Mas, da sua substância de princípio, enquanto tal, podem extrair-se conclusões sobre o seu reflexo operacional no âmbito da Constituição. Apontaremos algumas das mais relevantes.

Enquanto que a alínea *g)* do artigo 288.º fixa como limite material de revisão constitucional a existência de *planos económicos* ("no âmbito de uma economia mista"), a alínea *e)* do artigo 80.º, de que agora se trata, prefere considerar o *planeamento* – e não já a existência de planos – como

---

[168] Cfr. *Direito* ..., pp. 337-338.
[169] Cfr. *infra*, anotação aos artigos 90.º, 91.º e 92.º.

princípio fundamental da organização económico-social. Do nosso ponto de vista, não se trata de uma imprecisão do texto constitucional, nem tão pouco de uma diferença sem relevo. Apesar de diferente a função jurídico--constitucional de ambas as normas em causa, não pode deixar de atender--se a que, interpretadas conjuntamente, estabelecem um núcleo de protecção abrangente dos seus valores comuns. Mas, quando se expressam de forma diferente sobre a mesma realidade valorativa, serão provavelmente secantes e não concêntricas em termos substanciais.

Pois bem, na noção proposta por ANTÓNIO L. SOUSA FRANCO, o *plano económico-social* "é um acto jurídico que define e hierarquiza objectivos a prosseguir no domínio económico-social durante um determinado período de tempo, estabelece as acções destinadas a prossegui-los e pode definir os mecanismos necessários à sua implementação" (esclarecendo ainda o Autor que a designação "planos económicos" é uma abreviatura, visto que todos eles são "planos económico-sociais")[170]. Já a noção de *planeamento*, conforme a mesma surge na alínea *e)* do artigo 80.º, se afigura, a um tempo, algo distinta e mais abrangente. Distinta, desde logo, porque não se refere apenas aos planos económico-sociais ou planos de desenvolvimento económico e social (cfr. artigo 90.º) como actos jurídicos – que parece o sentido mais acertado da alínea *g)* do artigo 288.º –, mas à própria dinâmica processual e procedimental-democrática que lhes subjaz, enquanto incumbência do Estado. Mais abrangente, depois, porque o planeamento surge aqui contextualizado pelo *desenvolvimento económico e social* e não já apenas pela *economia*: do ponto de vista da sua planificação (e usamos aqui a expressão sem pretender para ela qualquer conotação ideológica) enquanto esta terá a sua orientação estratégica traçada, essencialmente, por planos económicos, o *desenvolvimento económico e social* – que a ela se não resume – reclama uma ponderação de outros domínios da actividade social cujo relevo económico é apenas mediato. Neste sentido, entendemos que o princípio aqui em causa se dirige a *todo* o desenvolvimento económico e social, isto é, a *todos* os actos jurídicos com características de plano necessários a assegurar tal desenvolvimento. Aliás, tal entendimento é até reforçado pela inserção da norma em apreço na Parte II da CRP, onde se disciplinam realidades como os recursos naturais, o domínio público, a actividade das empresas (públi-

---

[170] Cfr. *Noções de Direito da Economia*, I, AAFDL, Lisboa, Reimp., 1982-1983, p. 310.

cas e privadas), as várias políticas industrial, comercial e agrícola, etc. É certo que o artigo 90.º, como apontámos, se refere especificamente aos *planos de desenvolvimento económico*. Mas tal reforça também o que se vem de dizer: se no seio da própria Constituição económica formal se utilizam ambas as expressões – planeamento e planos –, e se a sua interpretação diferenciada, pode ampliar a noção de planeamento a realidades jurídicas distintas daqueles planos, podendo assim beneficiar a garantia dos direitos económicos, sociais e culturais no âmbito da organização económica, então essa é a interpretação mais conforme à Constituição material. Em síntese, pode extrair-se da alínea *e)* do artigo 80.º uma obrigação para os poderes públicos de *planearem* o desenvolvimento económico e social e, em particular para o legislador, a obrigação de estabelecer os adequados instrumentos jurídicos e técnicos (cfr. alínea *j)* do artigo 81.º).

Tendo em conta o que vimos de dizer, somos da opinião que o chamado *planeamento técnico*[171] se encontra no âmbito do princípio do planeamento democrático do desenvolvimento económico e social, pelo menos enquanto princípio fundamental da organização económico-social[172]. É certo que os instrumentos jurídicos de planeamento usualmente apontados como exemplos de planeamento técnico – *v.g.*, os planos regionais de ordenamento do território e os planos municipais de ordenamento do território – não se enquadram na subcategoria de *planos económico-sociais*, mas (cfr. *supra*) nem por isso deixam de pertencer à categoria de *planos*, em última análise, teleologicamente orientados (também) para o desenvolvimento económico e social. Se a planificação territorial se não identifica com a planificação económica[173], ambas coagulam no planeamento do desenvolvimento económico e social, dando expressão ao

---

[171] Sobre o planeamento técnico, cfr. ANTÓNIO CARLOS SANTOS/MARIA EDUARDA GONÇALVES/MARIA MANUEL LEITÃO MARQUES, *Direito* ..., pp. 231 ss.; EDUARDO PAZ FERREIRA, *Direito da Economia*, AAFDL, Lisboa, 2001, pp. 316-317.

[172] No sentido de que o planeamento técnico se encontra "fora do âmbito do planeamento económico-social" ou "fora do âmbito do planeamento económico-social previsto constitucionalmente", cfr. respectivamente, ANTÓNIO CARLOS SANTOS/MARIA EDUARDA GONÇALVES/MARIA MANUEL LEITÃO MARQUES, *Direito* ..., p. 231; EDUARDO PAZ FERREIRA, *Direito* ..., p. 316.

[173] Sobre a função da planificação administrativa em Estado Social de Direito e a distinção entre planificação territorial e planificação económica, cfr. FERNANDO ALVES CORREIA, *Manual de Direito do Urbanismo*, I, Coimbra, 2001, pp. 232 ss.; cfr. também MARCELO REBELO DE SOUSA/ANDRÉ SALGADO DE MATOS, *Direito Administrativo Geral*, III, Lisboa, 2007, pp. 366 ss.

próprio princípio da garantia dos direitos económicos, sociais e culturais: quando a alínea *b)* do n.º 2 do artigo 66.º atribui ao Estado a incumbência de "ordenar e promover o ordenamento do território"[174], fá-lo para "assegurar o direito ao ambiente, no quadro de um desenvolvimento sustentável", *"tendo em vista uma correcta localização das actividades, um equilibrado desenvolvimento sócio-económico e a valorização da paisagem*"[175]. É a própria CRP, pois, que promove aquela perspectiva integrada[176].

Por outro lado, sendo o princípio o do planeamento *democrático*, pode afirmar-se, com J. J. GOMES CANOTILHO e VITAL MOREIRA, que o mesmo há-de processar-se "através de instituições democraticamente participadas"[177]. Se uma das manifestações dessa democraticidade se pode encontrar na existência, composição e competências do Conselho Económico e Social, constitucionalmente garantidas[178], outra consiste certamente no papel do Parlamento em matéria de planeamento, *v.g.*, na sua competência para aprovar as leis das grandes opções dos planos, nos termos da alínea *g)* do artigo 161.º[179], e na elaboração do Orçamento de Estado "de harmonia com as grandes opções em matéria de planeamento (cfr. n.º 2 do artigo 105.º)[180]. Na senda do que se deixou dito *supra*, manifestação do princípio democrático ao nível do planeamento é ainda a sujei-

---

[174] Utilizando este exemplo, cfr. ANTÓNIO CARLOS SANTOS/MARIA EDUARDA GONÇALVES/MARIA MANUEL LEITÃO MARQUES, *Direito* ..., p. 231.

[175] Itálicos nossos.

[176] Consagrando infra-constitucionalmente tal perspectiva, cfr. artigo 3.º da Lei n.º 43/91, de 27 de Julho (Lei Quadro do Planeamento).

[177] Cfr. *Constituição* ..., I, p. 960. Os Autores salientam ainda um aspecto da maior relevância neste domínio: o de que "o planeamento económico implica uma racionalização e previsibilidade da acção pública na promoção na promoção do desenvolvimento económico, que constitui em si mesma uma mais valia na gestão dos planos das próprias empresas" (p. 960).

[178] Neste sentido, cfr. ANTÓNIO CARLOS SANTOS/MARIA EDUARDA GONÇALVES/ /MARIA MANUEL LEITÃO MARQUES, *Direito* ..., p. 229. Acentuando o papel dos grupos de interesse ainda a propósito do Conselho Nacional do Plano, cfr. MARCELO REBELO DE SOUSA, *A Constituição de 1976, o Orçamento e o Plano*, Lisboa, 1986, p. 15. Sobre o Conselho Económico e Social, cfr. *infra*, anotação ao artigo 92.º.

[179] Neste mesmo sentido, cfr. ANTÓNIO CARLOS SANTOS/MARIA EDUARDA GONÇALVES/MARIA MANUEL LEITÃO MARQUES, *Direito* ..., p. 228; MARCELO REBELO DE SOUSA, *A Constituição de 1976* ..., p. 15.

[180] Cfr. MARCELO REBELO DE SOUSA, *A Constituição de 1976* ..., p. 14; *infra*, anotação ao artigo 105.º.

ção a discussão pública de instrumentos de gestão territorial[181]. Pode, pois, afirmar-se que o princípio democrático presente ao nível do planeamento não se identifica totalmente com o princípio da democracia representativa de natureza partidária.

Problema distinto é o que se prende com a força jurídica ou vinculatividade dos planos de desenvolvimento económico e social. Sem prejuízo do que mais detidamente se dirá nos lugares próprios[182], e muito embora não possam retirar-se do princípio do planeamento democrático do desenvolvimento económico e social, enquanto tal, conclusões sobre tal matéria a ponto de poder afimar-se qual a sua força e vinculatividade para estes ou aqueles sujeitos jurídicos, e em que termos, pode seguramente assentar-se uma conclusão *de princípio*. Apesar do tratamento constitucional dos planos ao longo das várias revisões constitucionais apontar no sentido da progressiva mitigação da sua força e vinculatividade jurídicas[183], não teria sentido que a CRP apontasse o princípio em apreço como fundamental da organização económico-social para depois, ainda que por omissão, desnudar os seus instrumentos jurídicos mais imediatos de qualquer força ou vinculatividade. Nesse mesmo sentido aponta o já referido limite material de revisão constitucional, presente na alínea *g)* do artigo 288.°, bem como a afirmação do princípio democrático que caracteriza o planeamento. Apontámos já, todavia, uma manifestação dessa vinculatividade, e que melhor se analisará no momento próprio: trata-se da elaboração do Orçamento de Estado "de harmonia com as grandes opções em matéria de planeamento"[184]. É necessário, ainda, ter presente que a problemática da força e vinculatividade dos planos, como manifestação do próprio princípio em análise, tem que ser enquadrada pelos restantes princípios fundamentais da organização económico-social, designadamente, com o princípio da liberdade de iniciativa e de organização empresarial no âmbito de uma economia mista[185]. A assunção pela CRP de um modelo jurídico-

---

[181] Cfr. Decreto-Lei n.° 380/99, de 22 de Setembro, alterado pelo Decreto-Lei n.° 53/2000, de 7 de Abril, pelo Decreto-Lei n.° 310/2003, de 10 de Dezembro, pela Lei n.° 58/2005, de 29 de Dezembro, pela Lei n.° 56/2007, de 31 de Agosto, e pelo Decreto-Lei n.° 316/2007, de 19 de Setembro.

[182] Cfr. *infra*, anotações aos artigos 90.° e 91.°.

[183] Cfr. *infra*, anotações aos artigos 90.° e 91.°.

[184] Cfr. *infra*, anotação ao artigo 105.°.

[185] Cfr. *supra*, I, § 2.°, 2.3.

-económico de economia de mercado – ou de "Economia Social de Mercado", como é hoje princípio constitucional da União Europeia[186] – com o que isso significa ao nível da liberdade de iniciativa económica, designadamente, dos agentes privados[187], não poderia deixar de reflectir-se nesta problemática[188]. Mas há também que levar em linha de conta outros aspectos: como afirma ANTÓNIO L. SOUSA FRANCO, em passagem que vale a pena citar, "Nos sistemas capitalistas, a crise do planeamento assume outras expressões [face aos sistemas colectivistas]: traduz-se num certo abandono da prática do planeamento global a médio prazo, ou pela incerteza das previsões a médio prazo no decurso da crise, ou pelo predomínio de orientações profundamente liberais, ou pela tendência para o Estado controlar a economia, sem objectivos e estratégias claras de desenvolvimento, apenas através do intervencionismo financeiro e do dirigismo monetário"[189] (salvaguardando-se hoje, bem entendido, e desde logo, que a política monetária nos está subtraída na sua essência).

Outra questão, ainda, é a que se prende com a relevância deste princípio fundamental da organização económico-social para efeitos de aplicação ou cumprimento do Direito Comunitário. Como é sabido, e relembrado pela doutrina[190], os objectivos expressos no Direito Comunitário material, prosseguidos pelas diversas políticas comunitárias[191], são corporizados em múltiplos "instrumentos comunitários de apoio", recursos financeiros dos quais depende a execução dos planos de desenvolvimento económico e social[192] ou, talvez mais rigorosa e abrangentemente, uma grande parte – senão mesmo a essencial – do próprio desenvolvimento económico e social. Sucede, pois, que o planeamento correspondente – que não se resume aos planos económico-sociais –, a nível nacional, cons-

---

[186] Cfr. FAUSTO DE QUADROS, *Direito da União Europeia*, Coimbra, 2004, pp. 109 ss.
[187] Cfr. *supra*, I, § 2.°, 2.3, e anotação ao artigo 61.°.
[188] Para maiores desenvolvimentos, cfr. *infra*, anotação ao artigo 90.°.
[189] Cfr. *Noções* ..., p. 313.
[190] Cfr. ANTÓNIO CARLOS SANTOS/MARIA EDUARDA GONÇALVES/MARIA MANUEL LEITÃO MARQUES, *Direito* ..., pp. 238 ss.
[191] Sobre as políticas comunitárias, cfr. MANUEL CARLOS LOPES PORTO, *Teoria da Integração e Políticas Comunitárias*, 3.ª Ed., Coimbra, 2001, em especial, pp. 267 ss.; JOÃO MOTA DE CAMPOS/JOÃO LUIZ MOTA DE CAMPOS, *Manual de Direito Comunitário*, 5.ª Ed., Coimbra, 2007, em especial, pp. 653 ss.
[192] Cfr. ANTÓNIO CARLOS SANTOS/MARIA EDUARDA GONÇALVES/MARIA MANUEL LEITÃO MARQUES, *Direito* ..., pp. 238 ss.

titui uma condição de acesso àqueles instrumentos comunitários de apoio. Tal ressalta, inequivocamente, das disposições do TCE relativas às políticas da Comunidade (a título de exemplo, não é de todo em todo possível estabelecer uma política comercial comum, nos termos dos artigos 131.° e ss., se os Estados-membros não levarem a cabo o seu próprio planeamento interno, pelo menos, ao nível da análise e identificação dos objectivos), mas também de outros instrumentos jurídicos de Direito Comunitário derivado; *v.g.*, veja-se o Regulamento (CE) n.° 1260/1999, do Conselho, de 21 de Junho de 1999, que estabelece disposições gerais sobre os Fundos estruturais[193], e que reclama complexas tarefas de planeamento por parte dos Estados-membros, a submeter à apreciação das instituições comunitárias, designadamente da Comissão.

Por outras palavras, sendo a integração e as políticas comunitárias objecto de elevado planeamento, e reclamando o Direito Comunitário, até expressamente, uma actividade planeadora para o efeito por parte dos Estados-membros, torna-se claro que o significado e força organizatória do princípio ora em causa não se confina às normas constitucionais sobre planos. É bem mais vasto o seu significado jurídico-político hodierno, ampliação essa que resulta de uma interpretação actualista da própria CRP, determinada não apenas pela realidade histórico-factual, como também pela realidade histórico-jurídica da integração na União Europeia, traduzida mais recentemente na revisão constitucional de 2004 (cfr. artigo 8.°).

Ora, tomando em conta que, no momento actual, e no que respeita à aplicação do Direito Comunitário pelos Estados-membros, se pode já afirmar que estes "formam a "Administração indirecta", ou a "Administração instrumental", das Comunidades e do Direito Comunitário"[194], o que resulta dos princípios da efectividade e do efeito útil do Direito Comunitário, da lealdade comunitária, da boa-fé e da cooperação leal, da coerência global do sistema jurídico comunitário (pese embora o princípio da autonomia dos Estados – relativizado), na aplicação do Direito Comunitário pelos Estados-Membros, é notória uma considerável revitalização,

---

[193] Cfr. JOCE n.° L 161, de 26 de Junho de 1999, p. 1.
[194] Cfr. FAUSTO DE QUADROS, *Direito da União* ..., p. 507. Sobre o tema cfr., por todos, PAULO OTERO, *A Administração Pública Nacional como Administração Comunitária: os efeitos internos da execução administrativa pelos Estados-membros do Direito Comunitário*, Separata de *Estudos em Homenagem à Professora Doutora Isabel de Magalhães Collaço*, I, Coimbra, 2002, *passim*.

necessária, do princípio do planeamento democrático do desenvolvimento económico e social. Poderá até afirmar-se a constitucionalização de um princípio de Direito Comunitário de carácter institucional.

O que vem de dizer-se suscita, então, uma questão – que aqui pode apenas enunciar-se –, qual seja a de saber se a alínea *g)* do artigo 288.º não deverá ser interpretada extensivamente, no sentido de abranger como limite material de revisão constitucional o próprio *planeamento*, para mais dadas as relações entre tal incumbência do Estado e o programa do Governo[195].

2.6. *f) Protecção do sector cooperativo e social de propriedade dos meios de produção*

2.6.1. *O significado da protecção do sector cooperativo e social*

A primeira nota, nesta sede, é a de que, na sequência da revisão constitucional de 1989, a Constituição passou a falar de *protecção* do *sector cooperativo e social*, onde antes apenas garantia a existência do sector cooperativo entre os vários sectores de propriedade dos meios de produção, e o *desenvolvimento da propriedade social*. Tais alterações prendem--se com o redesenhar dos sectores de propriedade dos meios de produção[196], e mostram, de certa forma, mais um passo na assunção de um modelo de economia de mercado regulada (mas onde se detecta um certo pendor liberalizante)[197].

No seio do sector cooperativo e social, é o subsector cooperativo aquele que beneficia de maior protecção (ou mais completa), o que ocorre por força de serem as cooperativas instituições mais enraizadas do ponto de vista histórico, nacional e internacional, e de ser a iniciativa cooperativa mais representativa (em termos numéricos), o "núcleo do «sector

---

[195] Cfr. anotação aos artigos 90.º e 91.º.
[196] Cfr. *infra*, anotação ao artigo 82.º.
[197] Cfr. *infra*, II, § 2.º, 2.6.2., e III, § 6.º e § 7.º. No sentido de que as nacionalizações constituíram "realização e garantia" de vários princípios fundamentais da Constituição económica, entre os quais se conta(va) o princípio do "desenvolvimento da propriedade social", cfr. Declaração de Voto do Juiz Conselheiro VITAL MOREIRA no Ac. TC n.º 108/88 (cit.).

cooperativo e social»"[198], face a outras formas de iniciativa económica no âmbito do subsector social[199].

Por *protecção* deve aqui entender-se a adopção de medidas que permitam o desenvolvimento do sector[200], materiais e (essencialmente) jurídicas, por forma a que a iniciativa económica cooperativa e social possa ser exercida sem estar em absoluto submetida às leis económicas do mercado, nos termos em que o está a iniciativa económica privada. Decompondo, a protecção que aos poderes públicos incumbe tanto deve ter lugar no momento lógico da iniciativa, propriamente dita – por forma a que a iniciativa cooperativa, *v.g.*, constitua uma verdadeira alternativa à iniciativa económica privada, quando seja essa a pretensão dos sujeitos económicos –, como a jusante, já no domínio da actividade económica institucionalizada – de maneira a que tal actividade possa perdurar sem que o mercado concorrencial dite a sua imediata inviabilidade.

Neste sentido, descobrem-se duas dimensões essenciais do princípio da protecção do sector cooperativo e social dos meios de produção. Uma *formal*, que consiste numa determinada garantia de existência do sector, e que se surpreende, além da singela garantia de existência (cfr. alínea *b)* do atrigo 80.º, artigo 82.º, e alínea *f)* do artigo 288.º), em diversas disposições constitucionais que mostram o modo como a CRP prescreve essa mesma existência. Outra *material*, que se mostra quando a CRP se refere ao sector cooperativo e social a propósito ou como interveniente evidente, óbvio ou necessário em determinadas matérias constitucionalmente reguladas.

No que toca ao **subsector cooperativo**, podemos apontar como exemplos daquela dimensão *formal*:

i) A garantia de existência, em termos estritos e a que se aludiu já (cfr. alínea *b)* do atrigo 80.º, artigo 82.º, e alínea *f)* do artigo 288.º);

ii) O reconhecimento do direito à livre constituição de cooperativas, observados os princípios cooperativos (cfr. n.º 2 do artigo 61.º);

---

[198] Cfr. JORGE MIRANDA, *Manual* ..., II, p. 41.

[199] Neste sentido, cfr. ANTÓNIO CARLOS SANTOS/MARIA EDUARDA GONÇALVES/ /MARIA MANUEL LEITÃO MARQUES, *Direito* ..., p. 65.

[200] Neste sentido, cfr. J. J. GOMES CANOTILHO/VITAL MOREIRA, *Constituição* ..., I, p. 960.

iii) A afirmação da liberdade de actividade cooperativa "nos termos da lei" – e recorde-se a inclusão no elenco das matérias que constituem reserva relativa de competência legislativa da AR do regime dos meios de produção integrados no sector cooperativo e social de propriedade (cfr. alínea *x)* do n.º 1 do artigo 165.º);

iv) A constitucionalização das mais relevantes formas de associativismo de cooperativas – uniões, federações e confederações –, consubstanciando um verdadeiro comando para o legislador, sem prejuízo da liberdade deste último na criação de outras formas jurídicas para o efeito (cfr. n.º 3 do artigo 61.º);

v) A existência de cooperativas com participação pública, sujeitas a especificidades de regime (cfr. n.º 4 do artigo 61.º)[201];

vi) A obrigação do Estado de estimular e apoiar a criação e actividade de cooperativas (cfr. n.º 1 do artigo 85.º);

vii) A determinação constitucional da existência de benefícios fiscais, financeiros, e fixação de condições mais favoráveis (do que, *v.g.*, para o sector privado) à obtenção de crédito e auxílio técnico às cooperativas (cfr. n.º 2 do artigo 85.º).

Ainda no que toca ao subsector cooperativo, mas agora no que respeita à apontada dimensão *material*, é de referir:

i) A garantia constitucional do direito de criação de escolas cooperativas, cuja actividade deverá ser fiscalizada pelo Estado (cfr. n.º 4 do artigo 43.º, e n.º 2 do artigo 75.º);

ii) A assunção por parte da CRP das cooperativas de consumo como forma institucional privilegiada para garantia dos direitos dos consumidores (cfr. n.º 3 do artigo 60.º);

iii) O reconhecimento por parte da CRP às cooperativas de habitação de uma especial função na implementação dos direitos fundamentais à habitação e ao urbanismo, incumbindo ao Estado fomentar a respectiva criação (cfr. alínea *d)* do n.º 2 do artigo 65.º);

iv) O papel das cooperativas de trabalhadores rurais na (suposta) eliminação dos latifúndios, que seriam beneficiárias preferenciais das terras expropriadas para o efeito (cfr. n.º 2 do artigo 94.º), e no (suposto) redimensionamento do minifúndio (cfr. artigo 95.º);

---

[201] Sobre o problema das cooperativas com participação pública ou de interesse público (*régies* cooperativas), cfr. *infra*, anotação ao artigo 82.º.

v) A posição privilegiada das cooperativas no que respeita à percepção de auxílios do Estado no âmbito da prossecução dos objectivos da política agrícola (cfr. n.º 1 e alínea *d)* do n.º 2 do artigo 97.º).

O quadro constitucional de protecção do subsector cooperativo é susceptível, porém, de uma leitura assimétrica, motivada não tanto por diferenças normativas das várias prescrições apontadas do ponto de vista *intra*-constitucional, mas pela operatividade dessas mesmas prescrições, que se pode observar na aplicação da própria Constituição. Não sendo este o lugar para se levar a cabo tal discussão (mesmo porque os vários aspectos das dimensões referidas merecerão análise autónoma a propósito dos preceitos correspondentes), é mister observar que a protecção do subsector cooperativo é muito mais *formal* do que *material*. Com efeito, o carácter pouco significativo da iniciativa cooperativa no domínio prático do modelo constitucional económico (o que é reforçado, por exemplo, pelo relevo concedido às cooperativas numa área da CRP que a realidade de certa forma ostracizou – falamos da *Constituição agrícola*), realça o carácter formal ou a dimensão *formal* da sua protecção. E, neste domínio, avulta o relevo emprestado pela CRP aos princípios cooperativos definidos pela Aliança Cooperativa Internacional[202] que, encerrando a identidade da pró-

---

[202] Sobre os princípios cooperativos, cfr. anotação ao artigo 61.º. Igualmente, sobre os princípios cooperativos e papel das cooperativas na CRP, cfr. ANTÓNIO CARLOS SANTOS/ /MARIA EDUARDA GONÇALVES/MARIA MANUEL LEITÃO MARQUES, *Direito* ..., pp. 65 ss.; ANTÓNIO L. SOUSA FRANCO/GUILHERME D'OLIVEIRA MARTINS, *A Constituição* ..., pp. 200 ss.; ANTÓNIO MENEZES CORDEIRO, *A Constituição Patrimonial Privada*, in *Estudos sobre a Constituição*, III, coord. JORGE MIRANDA, Lisboa, 1979, pp. 406 ss.; CARLOS FERREIRA DE ALMEIDA, *Direito Económico*, I Parte, AAFDL, Lisboa, 1979, pp. 263 ss.; EDUARDO PAZ FERREIRA, *Direito* ..., pp. 184 ss.; JOAQUIM DA SILVA LOURENÇO, *O Cooperativismo e a Constituição*, in *Estudos sobre a Constituição*, II, coord. JORGE MIRANDA, Lisboa, 1978, em especial, pp. 394 ss.; JORGE MANUEL COUTINHO DE ABREU, *Da Empresarialidade – As Empresas no Direito*, Coimbra, Reimp., 1999, pp. 166 ss.; RUI NAMORADO, *Cooperatividade e Direito Cooperativo*, Coimbra, 2005, pp. 9 ss. Sobre o significado do cooperativismo, cfr. ainda JOÃO PINTO DA COSTA LEITE LUMBRALES, *Bernard Lavergne e a construção teórica e doutrinal do cooperativismo*, in RFDUL, Vol. XIV, 1960, pp. 255 ss. No sentido de que os princípios cooperativos constituem um *conjunto normativo extrajurídico* para o qual existe uma remissão por parte da CRP, que os recebe (recepção formal) "com o preciso sentido e alcance que possuem na doutrina cooperativista", cfr. J. J. GOMES CANOTILHO, *Direito Constitucional* ..., p. 1134; J. J. GOMES CANOTILHO/VITAL MOREIRA, *Fundamentos* ..., p. 57. Defendendo tratar-se de uma recepção formal, embora não de uma mera remissão ou devolução, mas de uma "normatividade de origem consuetudinária", cfr.

pria iniciativa cooperativa, que a Constituição se vincula a proteger, constituem o ponto fundamental dessa garantia. São suas manifestações infraconstitucionais, entre outras, a aprovação do Código Cooperativo[203], do Estatuto Fiscal Cooperativo[204], e a própria criação do *Instituto António Sérgio do Sector Cooperativo* (INSCOOP), instituto público destinado a apoiar o sector cooperativo.

No que respeita ao **subsector social**, são de apontar como exemplos daquela dimensão *formal*:

i) Ainda a garantia de existência, em termos estritos que já se referiu (cfr. alínea *b)* do atrigo 80.°, artigo 82.°, e alínea *f)* do artigo 288.°);

ii) O reconhecimento do direito de autogestão (cfr. n.° 5 do artigo 61.°);

iii) A obrigação de apoio por parte do Estado às "experiências viáveis de autogestão" (cfr. n.° 3 do artigo 85.°).

Ainda a propósito do subsector social, podem referir-se como exemplos da dimensão *material* (ainda que mediatos):

i) O acesso à propriedade ou posse da terra e demais meios de produção directamente utilizados na sua exploração por parte daqueles que a trabalham, e o incentivar do associativismo dos agricultores e a exploração directa da terra (cfr. alíneas *b)* e *e)* do n.° 1 do artigo 93.°), como objectivos de política agrícola;

ii) O benefício de terras expropriadas no âmbito da eliminação dos latifúndios (cfr. n.° 2 do artigo 94.°);

iii) A percepção de auxílios do Estado no âmbito da prossecução dos objectivos da política agrícola (cfr. n.° 1 e alínea *d)* do n.° 2 do artigo 97.°).

JORGE MIRANDA, *Manual* ..., II, p. 42. Já no sentido de que não existe qualquer recepção constitucional dos princípios cooperativos (não integrando estes sequer a Constituição formal) mas tão só um mero reenvio ou remissão constitucional para os mesmos, que surgem então como "meros elementos de facto" na ordem jurídica portuguesa, cfr. PAULO OTERO, *Legalidade* ..., pp. 603-604.

[203] Cfr. Lei n.° 51/96, de 7 de Setembro, com as alterações introduzidas pelo Decreto-Lei n.° 343/98, de 6 de Novembro, e pelo Decreto-Lei n.° 131/99, de 21 de Abril.

[204] Cfr. Lei n.° 85/98, de 16 de Dezembro, com as alterações introduzidas pelo Decreto-Lei n.° 393/99, de 1 de Outubro, pela Lei n.° 3-B/2000, de 4 de Abril, e pela Lei n.° 30-C/2000, de 29 de Dezembro.

Torna-se evidente a residualidade do subsector social, tendo em conta a normatividade constitucional. Sem prejuízo da respectiva análise mais detalhada[205], essa residualidade fica, aliás, bem patente na jurisprudência constitucional relativa aos baldios, em vista dos quais, essencialmente, "se formaram os princípios constitucionais relativos aos bens comunitários"[206], "núcleo essencial e imprescindível" ou "expressão essencial e quase exclusiva" dos "«meios de produção comunitários, possuídos e geridos por comunidades locais»"[207].

2.6.2. Preferência constitucional e/ou articulação com um modelo de economia mista

O princípio da protecção do sector cooperativo e social não pode ser apreendido fora do contexto principiológico em que se insere. Do ponto de vista normativo-prescritivo, o significado da protecção nem sequer apresenta clareza senão numa interpretação sistemática e teleológica, relacional, com outros princípios ínsitos no artigo 80.º. E quando falamos ali do significado da protecção temos em mente (também) a sua densificação noutros preceitos constitucionais[208].

A CRP não optou por fazer constar entre os princípios fundamentais da organização económico-social um princípio de protecção do sector privado dos meios de produção em moldes paralelos ou semelhantes ao que ofereceu ao sector cooperativo e social. Mas, se reproduziu a liberdade de iniciativa e organização empresarial na alínea c) do artigo 80.º, reflectindo a liberdade de iniciativa económica privada já consagrada no artigo 61.º, também não o fez a propósito das cooperativas, cuja liberdade de constituição e actuação constavam já daquela última norma. Servem tais considerações para ajudar a evidenciar o seguinte, ao nível dos princípios fundamentais da organização económico-social do artigo 80.º: partindo da coexistência dos vários sectores de propriedade dos meios de produção (cfr. alínea b)), a CRP afirma em primeiro lugar sequencial o princípio da liberdade de iniciativa e organização empresariais no âmbito de uma eco-

---

[205] Cfr. *infra*, anotação ao artigo 82.º.
[206] Cfr. Ac. TC n.º 325/89 (cit.).
[207] Cfr. Ac. TC n.º 240/91 (cit.).
[208] Cfr. *supra*, I, § 2.º, 2.6.1.

nomia mista (cfr. alínea *c*)); para depois assentar o princípio da propriedade pública dos recursos naturais e de meios de produção (cfr. alínea *d*)); e em último lugar – no que respeita à principiologia atinente aos sectores de propriedade dos meios de produção – o princípio da protecção do sector cooperativo e social.

Bem entendido, os princípios em causa[209] possuem várias dimensões, significados e implicações diversos. O seu denominador comum é, do ponto de vista formal, a caracterização como princípios fundamentais da ordem económico-social e, do ponto de vista material, o princípio da garantia dos direitos fundamentais caracterizador do nosso Estado de Direito. Se aquela diversidade dificulta uma hierarquização de princípios *qua tale*, a ponto de poder dizer-se que um deve ceder perante o outro, já a respectiva interpretação nos termos a que se foi procedendo permite descortinar o significado, peso e contributo de cada um para a definição do modelo económico-constitucional.

Neste sentido, o princípio da *protecção* do sector cooperativo e social é, em si mesmo, um elemento estruturante que permite reafirmar o modelo de economia mista, assente no mercado, cujo motor é a liberdade de iniciativa económica privada, pelas seguintes razões:

i) Em primeiro lugar, não se encontram na CRP limitações à iniciativa económica privada em favor da iniciativa cooperativa e social, mas tão só limitações (ou a respectiva habilitação de estabelecimento pelo legislador) daquela em favor da iniciativa económica pública (sendo disso exemplo o afastamento do sector cooperativo e social da apropriação de meios de produção, na sequência da revisão constitucional de 1997[210]);

ii) Em segundo lugar, permitindo já os restantes princípios fundamentais da organização económico-social traçar o essencial do modelo económico-constitucional no sentido da economia mista, assente no mercado, e não sendo a protecção do sector cooperativo e social referida a qualquer realidade frente à qual tal protecção se mostre necessária, só pode a mesma considerar-se em duas perspectivas distintas:

a) Uma primeira que reclama a protecção do sector cooperativo e social frente ao sector privado ou à iniciativa económica

---

[209] Cfr. *supra*, I, §.° 2.°, respectivamente, 2.2., 2.3., 2.4.
[210] Cfr. *infra*, anotação ao artigo 83.°.

privada, no sentido de que a iniciativa cooperativa (a mais significativa) encontre condições para nascer e desenvolver-se mesmo em áreas já ocupadas ou que venham a ser ocupadas pela iniciativa privada[211];

b) Uma segunda que obriga a uma retracção da iniciativa económica pública aí onde a iniciativa cooperativa (mais uma vez, por ser a mais significativa) se mostre apta a corrigir a iniciativa económica privada – quando seja o caso –, ao que não é alheia a consideração do princípio da subsidiariedade da iniciativa económica pública;

iii) Em terceiro lugar, porque a afirmação da necessidade de protecção do sector cooperativo e social constitui em si mesma uma assunção de princípio pela menor relevância do mesmo na definição do modelo económico-constitucional, ou não necessitaria este de protecção frente às restantes formas de iniciativa económica.

Este último aspecto resulta da apreensão pela norma constitucional de elementos extrajurídicos, que consistem tanto na realidade da iniciativa cooperativa como nos próprios princípios cooperativos, e nas experiências integrantes do subsector social. Assim, não pode olvidar-se que tal como a *ideia cooperativa* é em si um projecto de organização económico-social[212], não o é menos a da *propriedade social*, partindo ambas de uma consciência e vontade social pré-constitucional que o legislador constituinte *enforma* em prescrições jurídico-políticas fundamentais. Sucede que, contrariamente ao princípio socialista, nunca aplicado verdadeiramente dada a ausência daquele suporte pré-constitucional essencial para conceder efectividade às prescrições jurídicas, a sobrevivência do (recente como tal) sector cooperativo e social encontrou um substrato social minimamente relevante a ponto de ser garantido pela CRP e, em consonância, protegido ao nível dos princípios fundamentais da organização econó-

---

[211] Considerando que a protecção constitucional da iniciativa cooperativa não permite que se restrinja a entidades privadas (do sector privado) o reconhecimento de interesse público das respectivas actividades (e também distinguindo o exercício de actividades de reconhecido interesse público ou de utilidade pública do exercício privado de funções públicas), cfr. PAULO OTERO, *O Poder* ..., I, pp. 54-55.

[212] Cfr. ANTÓNIO L. SOUSA FRANCO/GUILHERME D'OLIVEIRA MARTINS, *A Constituição* ..., pp. 200 ss.; JOAQUIM DA SILVA LOURENÇO, *O Cooperativismo* ..., pp. 381 ss.

mico-social. Não pode, pois, afirmar-se que haja uma preferência constitucional pela iniciativa económica cooperativa e social no âmbito do modelo económico-constitucional, mas *tão só* uma imperatividade de protecção da sua articulação com a iniciativa económica privada e com a iniciativa económica pública, no âmbito do pluralismo do próprio modelo constitucional, que não encerra uma visão acabada da organização social, antes permite – ou pretende assegurar – a livre iniciativa económica, seja privada, cooperativa ou social.

2.7. g) Participação das organizações representativas dos trabalhadores e das organizações representativas das actividades económicas na definição das principais medidas económicas e sociais

2.7.1. Uma dimensão fundamental da democracia participativa

O princípio da participação das organizações representativas dos trabalhadores e das organizações representativas das actividades económicas na definição das principais medidas económicas e sociais é, sem dúvida, uma das dimensões fundamentais da democracia participativa ou, se se preferir, do "princípio da participação" enquanto dimensão essencial do "princípio democrático", conforme a CRP o delineia logo no artigo 9.º (na sequência do artigo 2.º), designadamente, na respectiva alínea *c)*[213]. Bem entendido, este princípio deve ser lido levando em conta aqueles outros (não expressos) da garantia dos direitos económicos, sociais e culturais, do desenvolvimento económico-social, constituindo igualmente uma manifestação do princípio da subordinação do poder económico ao poder político democrático, previsto na alínea *a)* deste mesmo artigo 80.º. Porém, a sua ligação aos direitos fundamentais é mais profunda, na medida em que convoca a liberdade de associação (cfr. artigo 46.º), o designado direito de participação na vida pública (cfr. artigo 48.º), e, em certo sentido, a institucionalização da essência do próprio direito de petição (cfr. artigo 52.º).

Note-se que a actual formulação textual do princípio provém da revisão constitucional de 1997, que alterou a anterior alínea *f)*, onde então se

---

[213] Cfr. J. J. GOMES CANOTILHO, *Direito Constitucional* ..., em síntese, p. 301.

referia como princípio fundamental da organização económico-social, já desde 1982, a "intervenção democrática dos trabalhadores". A redacção actual corresponde, sensivelmente, à da alínea i) do artigo 81.º, eliminada, também, na revisão constitucional de 1997. Isto é, o que está hoje erigido em princípio fundamental da organização económico-social era, até 1997, uma incumbência prioritária do Estado[214].

O primeiro aspecto a ter em conta é, pois, que o que é erigido em princípio fundamental da organização económico-social é a *participação* (de determinados sujeitos, aos quais iremos) na *definição* das principais medidas económicas e sociais, e já não a *intervenção*. Admitindo – como é imperioso admitir – que a substituição da expressão no texto constitucional possui relevo jurídico, há que buscá-lo. No contexto constitucional, *intervir*, embora pudesse ser tomado como sinónimo de *participar*, encerrava uma ideia mais marcada, mais próxima, de um poder deliberativo. Por seu turno, *participar* (na definição ...) apela mais singelamente à ideia de tomar parte num determinado processo pela manifestação de uma dada posição. Como tal, muito embora a ideia de *participação*, erigida em princípio fundamental como aqui é, possa ter uma tradução noutras normas constitucionais (e infra-constitucionais) num sentido mais próximo da *intervenção*, isto é, de poder (co)decisório, tal não constitui um resultado jurídico necessário como mais vincadamente seria se o texto do princípio falasse ainda em *intervenção*. Diríamos, assim, que a participação das organizações representativas dos trabalhadores e das organizações representativas das actividades económicas na definição das principais medidas económicas e sociais, enquanto princípio fundamental da organização económico-social, obriga (nomeadamente, o legislador) à criação de mecanismos que possibilitem que aquelas organizações expressem as suas posições no âmbito dos procedimentos de decisão tendentes à adopção daquelas medidas, sem, no entanto, que tal implique, *v.g.* e *a priori*, a sua integração nos órgãos competentes para a decisão (deliberativos), ou o carácter vinculativo das suas posições para esses mesmos órgãos.

Ainda quanto a este aspecto, e em momento anterior à revisão constitucional de 1997, J. J. GOMES CANOTILHO e VITAL MOREIRA pareciam admitir já, implicitamente, o relevo daquela distinção entre *intervenção*

---

[214] Cfr. anotação ao artigo 81.º.

e *participação*. Com efeito, para os Autores o princípio da *intervenção económica dos trabalhadores* abrangia "três áreas bem distintas": "(a) a *participação* enquanto sujeitos do processo económico, ao lado de outros, nas instituições e decisões estaduais de âmbito económico (...); (b) a *participação* nas instituições ou decisões públicas que lhes digam especificamente respeito, como a elaboração da legislação do trabalho, as instituições de segurança social, etc. (...); (c) a *intervenção*, em particular ao nível da empresa, designadamente, no que concerne à sua gestão, havendo de distinguir-se aqui", acrescentavam, "por um lado, as empresas do sector público, em que essa intervenção reveste a forma de participação directa na gestão (...), e, por outro lado, as restantes empresas, em que ela toma, entre outras, a forma de controlo de gestão (...)"[215]. Parece ter sido claro o propósito do legislador da revisão constitucional de 1997 em desqualificar esta última "área" como parte integrante necessária do princípio em causa: no que toca às empresas do sector público, a "participação efectiva dos trabalhadores na respectiva gestão"[216] constituiria uma concretização do princípio da participação mas não mais uma decorrência necessária do mesmo e da sua carga valorativa, conforme o princípio da *intervenção* mais marcadamente apontaria; no que toca às outras empresas, nomeadamente pertencentes ao sector privado, o designado controlo de gestão, direito das comissões de trabalhadores de acordo com a alínea *b)* do n.° 5 do artigo 54.°, ficaria remetido à categoria de direito fundamental sem tradução estrutural ao nível da Parte II da CRP.

Ora, se em relação à versão anterior à revisão constitucional de 1997 se podem apontar aperfeiçoamentos[217], estes últimos aspectos referidos não se podem contar entre eles, essencialmente, dada a fractura provocada entre o princípio em causa e os direitos fundamentais dos trabalhadores, o que já levou a afirmar estar-se em presença da "eliminação de um afloramento de democracia económica e social"[218], consagrada no artigo 2.° da CRP, principalmente quando ao lado desta surge o imperativo do aprofundamento da democracia participativa. É, pois, de procurar uma interpretação da alínea *g)* do artigo 80.° que não ponha em causa a continui-

---

[215] Cfr. *Constituição* ..., 3.ª Ed., p. 396 (its. nossos).
[216] Cfr. artigo 89.° e, *infra*, a respectiva anotação.
[217] Cfr. *infra*.
[218] Cfr. ALEXANDRE SOUSA PINHEIRO/MÁRIO JOÃO BRITO FERNANDES, *Comentário* ..., p. 223.

dade estrutural da CRP entre os direitos fundamentais e a Parte II, movida pela Constituição política.

Um segundo aspecto a ter em conta é o da subjectivização dessa mesma participação, que há-de fazer-se através das organizações representativas dos trabalhadores e das organizações representativas das actividades económicas[219]. O termo *organizações* não possui um significado jurídico firme. Partindo de uma noção legal infra-constitucional, ANTÓNIO DA SILVA LEAL propunha um *conceito constitucional de organização genérico* que compreendesse "todas as concertações ou conjugações de vontades ou esforços destinados à prossecução de fins específicos, independentemente de a Constituição as designar ou não como organizações"[220]. Trabalhando com esta noção geral (sem que se justifique aqui a respectiva crítica), existem alguns pontos a focar, com especial interesse:

i) Em primeiro lugar, que a participação social na definição das principais medidas económicas e sociais é uma participação organizada ou *orgânica* (comissões de trabalhadores, sindicatos, associações patronais ou representantes de áreas da actividade económica, etc.). Antes da revisão constitucional de 1997 tal era já admitido "por via de princípio"[221], quando o preceito falava ainda apenas em "trabalhadores". Assim se racionaliza o próprio princípio da democracia participativa, defendendo-o, evitando-se a pulverização participativa que, em última análise, pode conduzir à crise da própria democracia económica e social[222]. Todavia, tal não significa uma eliminação absoluta de outros modos de participação – no que poderia ver-se uma recuperação atávica do corporativismo –, nomeadamente, porque subsiste o direito de petição (cfr. artigo 52.º), directamente operante a partir da CRP;

ii) Em segundo lugar, que a CRP não reclama, para efeitos deste princípio, que tais organizações tenham personalidade jurídica.

---

[219] Cfr. J. J. GOMES CANOTILHO/VITAL MOREIRA, *Constituição* ..., I, pp. 960-961.

[220] Cfr. *Os Grupos Sociais e as Organizações na Constituição de 1976 – A Ruptura com o Corporativismo*, in *Estudos sobre a Constituição*, III, coord. JORGE MIRANDA, Lisboa, 1979, p. 266.

[221] Cfr. J. J. GOMES CANOTILHO/VITAL MOREIRA, *Constituição* ..., 3.ª Ed., p. 396.

[222] Salientando aqui a "ruptura com o pensamento político liberal", cfr. JORGE MIRANDA/RUI MEDEIROS (com MANUEL AFONSO VAZ), *Constituição* ..., II, p. 15.

Com efeito, não só a expressão *organizações* não permite outra leitura por si só, como a liberdade de associação (cfr. artigo 46.°), pressuposto deste princípio fundamental da organização económico--social, não está genericamente restringida pela necessária *personalização colectiva* de qualquer organização[223]. Ademais, a CRP reconhece direitos fundamentais a organizações sem personalidade jurídica, como é o caso, justamente, das comissões de trabalhadores. E embora se reconheça a dificuldade de, em termos jurídico-constitucionais, erigir em princípio fundamental a titularidade de direitos fundamentais por parte deste tipo de organizações (sem personalidade jurídica)[224], é forçoso conceder que a alínea *g)* do artigo 80.°, na medida em que concretiza o artigo 2.° da CRP, por um lado, e traz determinados direitos fundamentais de participação para a estrutura da ordem económico-social, por outro (cfr. *v.g.*, artigos 54.° e 56.°), não pode sofrer uma interpretação restritiva no sentido de tais organizações deverem possuir personalidade jurídica[225];

iii) Em terceiro lugar, que apenas a participação das organizações representativas *dos trabalhadores* e *das actividades económicas* constitui princípio fundamental da organização económico-social. Muitos são os interesses sociais existentes e muitas são as organizações, personalizadas ou não, que os defendem. Porém, no que respeita à definição das *principais medidas económicas e sociais*[226], apenas a participação daquelas organizações se encontra coberta pelo princípio em causa;

---

[223] No sentido de que assim como não pode exigir-se a personalidade jurídica destas organizações como condição para a respectiva participação, não pode também exigir-se, para o mesmo efeito, que as mesmas, personalizadas ou não, obedeçam a determinadas regras de organização interna inerentes à sua autonomia, cfr. Ac. TC n.° 140/85, de 25 de Julho de 1985, *DR*, I Série, n.° 185, de 13 de Agosto de 1985 (proferido ainda quando a participação aqui em causa era incumbência prioritária do Estado, nos termos do artigo 81.° – cfr. *supra*).

[224] Sobre esta problemática, cfr. J. J. GOMES CANOTILHO/VITAL MOREIRA, *Constituição* ..., I, p. 329-330; JORGE MIRANDA, *Manual* ..., IV, p. 220.

[225] No sentido de que a titularidade de direitos fundamentais por parte de organizações desprovidas de personalidade jurídica (como, além das já referidas é, por exemplo, a família) resulta, não do n.° 2 do artigo 12.°, mas das "disposições que, de modo directo e imediato, se lhes reportam", cfr. JORGE MIRANDA, *Manual* ..., IV, p. 220.

[226] Cfr. *infra*.

iv) Em quarto lugar, que a participação dessas organizações tem lugar em condições de igualdade[227]. Tendo em consideração o que se vem de dizer nos pontos anteriores, designadamente, no que respeita à natureza do direito de participação em causa, e de acordo com o artigo 13.°, a CRP não parece autorizar que determinadas organizações gozem de privilégio na participação face a outras, designadamente, pela sua sobre-representação ou pela especial ponderação do seu "voto", sem um critério jurídico-político aceitável. Veja-se, a título de exemplo, que, entre tantos outros elementos, na composição do Conselho Económico e Social se contam oito representantes das organizações representativas dos trabalhadores e oito representantes das organizações empresarias[228].

v) Em quinto lugar, que a participação dessas organizações deve obedecer a um princípio de representatividade. Trata-se de uma manifestação do princípio da proporcionalidade na aplicação do princípio de igualdade de representação referido no ponto precedente. Explicitemos, contudo: a representatividade aqui em causa não se prende tanto com o número de representados pelas diversas organizações participantes, como com a importância dos interesses económicos e sociais defendidos por tais organizações. Com efeito, recorrendo ainda ao exemplo relativo à composição do Conselho Económico e Social, o problema não está em que o número de trabalhadores representados pelas respectivas organizações seja idêntico ao número de empresários ou empresas representados pelas organizações correspondentes. A ser esse o critério, dificilmente a representação de ambos seria paritária. Antes é a relevância económico-social dos interesses em causa, representados por cada organização, e de acordo com o modelo económico constitucional vigente, que mais releva: tendo em mente o que se disse a propósito do princípio ínsito na alínea *f)* do artigo 80.° (protecção do sector coopera-

---

[227] Em sentido idêntico, cfr. ALEXANDRE SOUSA PINHEIRO/MÁRIO JOÃO BRITO FERNANDES, *Comentário* ..., p. 223.

[228] Cfr. Lei n.° 108/91, de 17 de Agosto, com as alterações introduzidas pela Lei n.° 80/98, de 24 de Novembro, pela Lei n.° 128/99, de 20 de Agosto, pela Lei n.° 12/2003, de 20 de Maio, e ainda pela Lei n.° 37/2004, de 13 de Agosto.

tivo e social)[229], eis o motivo por que no Conselho Económico e Social têm assento apenas dois representantes do sector cooperativo[230]. Naturalmente, tal importa uma considerável margem de discricionariedade do legislador, no que consiste, aliás, o cerne da função político-legislativa[231].

Questão distinta é a de saber o que entender por *principais medidas económicas e sociais*, em cuja definição estas organizações participam. A CRP não o define em qualquer passo, sem prejuízo de se encontrarem no texto constitucional manifestações de participação desta natureza. Porém, dada a sua diversidade, não parece razoável reduzi-las a um denominador comum. Percorrendo a Parte II da CRP, são exemplos ou concretizações deste princípio a participação dos trabalhadores na gestão de unidades de produção do sector público (cfr. artigo 89.°), e a participação do Conselho Económico e Social na elaboração das propostas das grandes opções e dos planos de desenvolvimento económico e social (cfr. n.° 2 do artigo 92.°). No capítulo dos direitos, liberdades e garantias dos trabalhadores outros exemplos se encontram, como os direitos das comissões de trabalhadores (cfr. n.° 5 do artigo 54.°) a exercer o controlo de gestão (cfr. alínea *b)*), a participar nos processos de reestruturação da empresa (cfr. alínea *c)*), a participar na elaboração da legislação do trabalho e dos planos económico-sociais que contemplem o respectivo sector (cfr. alínea *d)*), a gerir ou participar na gestão das obras sociais da empresa (cfr. alínea *e)*), e, na senda do disposto no já referido artigo 89.°, eleger representantes dos trabalhadores para os órgãos sociais de empresas pertencentes ao Estado ou a outras entidades públicas (cfr. alínea *f)*); e, bem assim, os direitos das associações sindicais (cfr. n.° 2 do artigo 56.°) a participar, também, na elaboração da legislação laboral (cfr. alínea *a)*), a participar na gestão das

---

[229] Cfr. *supra*, II, § 2.°, 2.6.

[230] Cfr., mais uma vez, Lei n.° 108/91, de 17 de Agosto, com as alterações introduzidas pela Lei n.° 80/98, de 24 de Novembro, pela Lei n.° 128/99, de 20 de Agosto, pela Lei n.° 12/2003, de 20 de Maio, e ainda pela Lei n.° 37/2004, de 13 de Agosto.

[231] Quanto a este aspecto, da representatividade, parecendo atribuir algum relevo ao elemento quantitativo (número de trabalhadores filiados num sindicato), mas negando que, nas regiões autónomas – especificamente, no que toca à participação destas organizações ao nível do planeamento regional – a existência de uma representação autónoma de qualquer daquelas organizações seja relevante para aferir a sua representatividade para efeitos de participação, cfr. Ac. TC n.° 140/85 (cit.).

instituições de segurança social e outras organizações que visem satisfazer os interesses dos trabalhadores (cfr. alínea *b)*), a pronunciar-se sobre os planos económico-sociais e acompanhar a sua execução (cfr. alínea *c)*), fazer-se representar nos organismos de concertação social (cfr. alínea *d)*) e participar nos processos de reestruturação da empresa (cfr. alínea *e)*).

Ensaiando uma síntese, pode afirmar-se, quanto à concretização na própria CRP do princípio em causa, a sua repartição em cinco categorias essenciais:

    i) Participação ao nível do planeamento económico-social;

    ii) Participação ao nível da elaboração da legislação laboral (temática que muito ocupou o TC ainda antes da revisão constitucional de 1997, constituindo o problema central ainda com o princípio da *intervenção democrática dos trabalhadores*, e que conduziu a uma orientação no sentido de uma concepção ampliativa de "legislação do trabalho" por parte da jurisprudência constitucional[232]);

    iii) Participação ao nível da gestão das empresas, embora seja diferente o regime jurídico-constitucional respeitante às empresas privadas e às empresas do sector público;

    iv) Participação na definição da política agrícola (artigo 98.º);

    v) Participação genérica no que respeita ao desenvolvimento económico e social, seja através de órgãos ou entidades de vocação geral nesse domínio, seja em órgãos ou entidades que prossigam fins específicos (como é o caso, *v.g.*, das instituições de segurança social).

Ora, tal categorização dificilmente permite extrair uma conclusão quanto ao que entender por *principais medidas económicas e sociais*. Com efeito, a diversidade de situações apontadas mostra um certo desligamento entre o princípio, propriamente dito, e as suas concretizações constitucionais, ao que não será alheio o facto de ser aquele mais "jovem" do que estas. As *principais medidas económicas e sociais* são necessariamente aquelas que se apresentam mais determinantes para o desenvolvimento económico-social e, em consonância, mais susceptíveis de bulir com a

---

[232] Cfr. Ac. TC n.º 117/86 (cit.); Ac. TC n.º 218/89 (cit.). De notar as posições assumidas pelos Juízes Conselheiros nas suas declarações de voto.

garantia dos direitos económicos, sociais e culturais. Naturalmente que a maioria dos casos referidos poderá integrar tal noção, mas não fornece um quadro jurídico-constitucional suficientemente concretizador. Neste particular, alguns aspectos são de fazer notar:

> i) As concretizações apontadas consubstanciam, na sua esmagadora maioria, uma garantia dos direitos dos trabalhadores, deixando a CRP na sombra (ou muito mitigadas) as garantias de participação das organizações representativas das actividades económicas;
>
> ii) Há uma clara demissão da Parte II no que toca à concretização do princípio, que encontra a sua concretização mais marcante no âmbito dos direitos, liberdades e garantias dos trabalhadores: realmente, na Parte II, apenas o lugar do Conselho Económico e Social se assume como verdadeira medida jurídico-constitucional de participação na organização económico-social (já que a participação dos trabalhadores na gestão das empresas do sector público não assume natureza diferente dos restantes direitos, liberdades e garantias dos trabalhadores, e que a participação dos trabalhadores rurais e agricultores na definição da política agrícola – artigo 98.º – é, à partida, demasiado imprecisa).

Em rigor, a aplicação ou concretização deste princípio de participação democrática fica colocado nas mãos do legislador, pelo menos se se pensar numa forma estruturada e sistematizada dessa mesma concretização.

A referência da alínea *g)* do artigo 80.º às *principais* medidas económicas e sociais poderia fazer inclinar a respectiva interpretação no sentido de se tratar aí de medidas de natureza legislativa, dado ser a lei o instrumento primeiro de tradução jurídica da opção política. Porém, tal entendimento deve ser olhado com reserva, senão mesmo afastado ao segundo passo: com efeito, sabendo-se que uma parte muito substancial das medidas económicas e sociais de maior relevo é tomada pelo Governo ao abrigo da sua competência administrativa directamente fundada na Constituição (cfr. alínea *g)* do artigo 199.º), aí estaria a possibilidade de frustrar o princípio constitucional enquanto tal. Por outro lado, se alguma conclusão é possível retirar da categorização referida *supra*, é a de que as várias situações elencadas não se confinam à participação no âmbito do processo legislativo, antes perpassando pela função administrativa e mesmo por outras alheias ao Estado ou ao poder público (situadas no âmbito do sector privado)[233].

Perante a ausência de uma verdadeira sistematização constitucional, essencialmente na Parte II, da concretização do princípio da participação constante da alínea *g)* do artigo 80.°, reside nas áreas de reserva legislativa parlamentar e na existência de leis de valor reforçado cujo objecto se identifique com aspectos relacionados com este mesmo princípio a garantia da sua melhor concretização.

2.7.2. *O problema da efectivação do princípio no âmbito da elaboração do Direito Comunitário derivado*

O processo de integração europeia a que o Estado português se encontra vinculado coloca questões relativas à efectivação do princípio da participação das organizações representativas dos trabalhadores e das organizações representativas das actividades económicas na definição das principais medidas económicas e sociais, tanto no que respeita à elaboração do Direito Comunitário derivado, como no que toca à elaboração do Direito interno, em face das pré-determinações do Direito Comunitário. Vejamos o primeiro destes aspectos[234].

A progressiva complexidade das atribuições da Comunidade Europeia, bem como da problemática da repartição de atribuições entre a Comunidade e os Estados-membros – entre as atribuições exclusivas daquela (categoria que se encontra em expansão) e as atribuições concorrenciais entre aquela e estes[235] – vai ditando a profusão do Direito Comunitário derivado, bem como a sua crescente importância na conformação substancial do Direito interno dos Estados-membros.

---

[233] Afirmando, em síntese, que "Padecem assim de inconstitucionalidade aquelas normas que, ao estruturar os organismos públicos ou ao estabelecer regimes directamente ligados às actividades económicas, sociais, culturais e ambientais, não introduzam elementos de democracia participativa, afastem alguma categoria social relevante ou limitem a sua intervenção a questões marginais.", cfr. JORGE MIRANDA/RUI MEDEIROS (com MANUEL AFONSO VAZ), *Constituição* ..., II, p. 15.

[234] Sobre o segundo problema identificado, cfr. *infra*, I, § 2.°, 2.7.3.

[235] Sobre o problema da repartição de atribuições entre a Comunidade e os Estados-membros, cfr. ANA MARIA GUERRA MARTINS, *Curso de Direito Constitucional da União Europeia*, Coimbra, 2004, pp. 281 ss.; FAUSTO DE QUADROS, *Direito da União* ..., pp. 191 ss.

Ora, ao nível do Direito Europeu, a participação social na elaboração do Direito Comunitário derivado é também um princípio fundamental ou constitucional, a acrescer a outros[236], e que encontra consagração institucional essencial no Comité Económico e Social[237]. O Comité Económico e Social é um órgão consultivo, composto "por representantes das diferentes componentes de carácter económico e social da sociedade civil organizada, designadamente, dos produtores, agricultores, transportadores, trabalhadores, comerciantes e artífices, das profissões liberais, dos consumidores e do interesse geral" (cfr. artigo 257.º do TCE). Os seus membros, que exercem as suas funções com independência e "no interesse geral da Comunidade" (cfr. artigo 258.º do CE), são nomeados por quatro anos por deliberação do Conselho, por maioria qualificada, sob proposta dos Estados-membros (indicando Portugal 12 membros – cfr. artigo 258.º do TCE).

É nítido o paralelismo entre este órgão e o Conselho Económico e Social (cfr. artigo 92.º da CRP).

A competência consultiva do Comité Económico e Social insere-se, na sua faceta mais importante, no âmbito dos chamados procedimentos legislativos comunitários, sendo em múltiplos casos o seu parecer obrigatório (embora não vinculativo) (cfr. artigo 262.º do TCE). Tratando-se de um órgão de representação de interesses económicos e sociais da sociedade civil[238], a sua composição deve reflectir, em relação a cada Estado-membro, "a representatividade interna de trabalhadores, entidades patronais e actividades diversas"[239]. Pois bem, competindo aos Estados a

---

[236] Cfr. *infra*, II, § 4.º.

[237] Cfr. artigos 257.º e ss. do TCE. Sobre o Comité Económico e Social, cfr. ANA MARIA GUERRA MARTINS, *Curso* ..., p. 326; FAUSTO DE QUADROS, *Direito da União* ..., pp. 300 ss.; MARIA LUÍSA DUARTE, *Direito da União Europeia e das Comunidades Europeias*, I, Tomo I, Lisboa, 2001, pp. 200-201; MIGUEL GORJÃO-HENRIQUES, *Direito Comunitário*, 4.ª Ed., Coimbra, 2007, pp. 185 ss.

[238] No que, em posição idêntica e paralela, é acompanhado pelo Comité das Regiões, órgão também consultivo mas representativo de interesses regionais (políticos), composto por "representantes das colectividades regionais e locais, quer titulares de um mandato eleitoral a nível regional ou local, quer politicamente responsáveis perante uma assembleia eleita" (cfr. artigo 263.º e ss. do TCE). Sobre o Comité das Regiões, cfr. ANA MARIA GUERRA MARTINS, *Curso* ..., pp. 326-327; FAUSTO DE QUADROS, *Direito da União* ..., pp. 302-303.; MARIA LUÍSA DUARTE, *Direito* ..., pp. 201 ss.; MIGUEL GORJÃO-HENRIQUES, *Direito* ..., pp. 187 ss.

[239] Cfr. MARIA LUÍSA DUARTE, *Direito* ..., p. 200.

indicação dos membros que pretendem ver integrar o Comité, após deliberação do Conselho, é nesse momento inicial que deve ser acautelada aquela representatividade.

No que respeita a Portugal – e sem prejuízo de tal regra de representatividade constituir por si uma vinculação ao nível do Direito Comunitário –, é a própria CRP que desde logo impõe a observação daquela regra de representatividade como forma de participação, de acordo com a alínea g) do artigo 80.º. Mais, a alínea g) do artigo 80.º impõe mesmo a participação, propriamente dita, dado que no Direito Comunitário derivado, pode dizer-se, se encontra hoje um muito significativo acervo do que sejam as principais medidas económicas e sociais. Assim, na medida em que a Comunidade exerça as suas atribuições e competências nessa área, sejam elas concorrentes ou exclusivas, e perante a existência de um órgão comunitário que permite e reclama a efectivação de um princípio que é ele mesmo um princípio ou dimensão fundamental da democracia participativa plasmado na constituição de um Estado-membro, como é o caso, pode afirmar-se que a frustração daquela participação é, simultaneamente, contrário ao Direito Comunitário e à constituição do Estado-membro. Aliás, se existe "expropriação" (substancial) de competências legislativas do Estado português por parte dos órgãos da Comunidade, a efectivação do princípio em causa implica a sua extensão – e em toda a sua extensão – ao próprio procedimento de escolha e indicação dos membros que deverão integrar o Comité Económico e Social. Como tal, e sem prejuízo do desvalor que possa resultar do Direito Comunitário, tanto deve ter-se por violador da CRP a ausência dessa indicação como a falta de representatividade dos interesses sociais internos no seio desse conjunto de membros a indicar ao Conselho.

2.7.3. *O problema do esvaziamento do princípio no âmbito da elaboração do direito interno em face das pré-determinações do Direito Comunitário*

A "expropriação" ou "erosão" (substancial) de competências legislativas do Estado a que se aludiu no número antecedente – e que se estende às designadas funções secundárias, administrativa e judicial – coloca o problema da efectivação ou do esvaziamento do princípio consagrado na alínea g) do artigo 80.º: se, além dos problemas inerentes à realização do princípio de um ponto de vista estrito do Direito interno (que foram sendo referidos), decresce a fundamentalidade dos procedimentos ou processos em que se pode fazer valer a participação social como vertente da democracia participativa, então é dupla a afectação do princípio.

Em boa verdade, o que se disse no número precedente tem aqui pleno cabimento, na medida em que a incrementação do princípio ao nível da elaboração do Direito Comunitário derivado é uma forma de mitigar o problema ora em causa.

Há, no entanto, algumas perspectivas a salientar. Em primeiro lugar, a participação ao nível comunitário, e por consequência a autoprotecção de interesses dos grupos representados, é, por natureza, mais diluída, dada a sua efectivação através de um órgão que congrega vários grupos de vários Estados. Se tal é o resultado da aceitação pelos Estados membros do projecto europeu, conforme se encontra vertido nos Tratados, não pode obnubilar o incontestável afastamento entre os cidadãos e os órgãos comunitários de poder. Em segundo lugar, a produção jurídica ao nível do Direito Comunitário derivado, já forjada naquele distanciamento, irrompe pelo ordenamento interno dos Estados contendo vinculações ou pré-determinações – ainda que apenas de resultado – que reflexamente diminuíram já o relevo substantivo deste princípio de participação no que toca à definição, propriamente dita, das principais medidas económicas e sociais.

Assim, abrem-se novas perspectivas quanto à função e concretização do princípio constitucional em causa. Desde logo, a sua sistematização e concretização ao nível do Direito interno – e aí logo na própria CRP – constitui um reforço do figurino do princípio da democracia social constante da Constituição portuguesa, em afirmação da identidade do Direito português. Num outro sentido, essa sistematização e concretização assumem-se como fundamentais ao nível da construção da integração europeia porque arrastam para esse processo, tanto ao nível interno como europeu, aqueles grupos na defesa dos seus interesses. O problema não transvasa, aliás, o que já constitui ponto fundamental e clássico do Estado social e democrático de Direito: reconhecer e estimular "a pressão e o controlo da Sociedade sobre o Estado, visando a possibilidade de inflexão e apropriação social das decisões políticas através da acção permanente e institucionalizada dos partidos, grupos de interesse e organizações sociais sobre os aparelhos do Estado", "uma socialização do Estado [que] implica quer o reconhecimento da legitimidade da intervenção dos grupos de interesses e organizações sociais na tomada das decisões políticas, quer a recondução institucional dessas decisões à vontade democraticamente expressa pelo conjunto da sociedade"[240].

II. DIREITO INTERNACIONAL E EUROPEU

§ 3.º. Direito Internacional

Como se foi já evidenciando pontualmente, a ordem jus-económica é, por ventura, aquela parcela do ordenamento jurídico do Estado mais permeável ou vulnerável a condicionalismos de cariz internacional. Distinguimos entre *permeabilidade* e *vulnerabilidade* por forma a pôr em destaque que a afectação da ordem jus-económica interna de um determinado Estado tanto pode ser *de direito* como *de facto*. Realmente, se por um lado o Direito Internacional *permeia* o direito interno dos Estados por via das cláusulas constitucionais de recepção, como é o caso do artigo 8.º da CRP, este é também *vulnerado* por questões de facto que ultrapassam a realidade interna do próprio Estado. O que há de comum a ambas as situações é uma certa relativização da vontade soberana dos Estados. É certo que a permeabilidade do ordenamento jus-económico interno está sempre dependente da opção de cada Estado quanto à forma e conteúdo das cláusulas constitucionais de recepção do Direito Internacional, por um lado, e da opção de cada Estado pela adesão ao Direito Internacional convencional, por outro. Porém, em virtude da globalização nas suas várias vertentes, o domínio económico é aquele em que a vontade dos Estados (mais a de uns do que a de outros) é progressivamente menos soberana, determinada por questões de facto que lhes reduzem a autonomia tanto na aceitação do Direito Internacional convencional, como até na conformação daquelas cláusulas constitucionais de recepção. O mesmo é dizer que a *vulnerabilidade* da soberania do Estado em matéria de decisão jurídico-política de cariz económico se reflecte directa e imediatamente na *vulnerabilidade* do seu ordenamento jus-económico, qualidade essa que torna esse mesmo ordenamento altamente *permeável* a actos jurídico-internacionais.

---

[240] Cfr. JORGE REIS NOVAIS, *Os Princípios* ..., pp. 31 e 36.

Em geral, o que vimos de afirmar quanto ao ordenamento jus-económico globalmente considerado, verificar-se-á também ao nível da Constituição económica[241]. Todavia, tendo presente toda a querela doutrinária em torno do posicionamento do Direito Internacional face ao Direito Constitucional, bem como o significado do artigo 8.° da CRP[242], parece-nos que a influência do Direito Internacional sobre a Constituição económica se revela mais no que esta não consagra – ou *já* não consagra – do que no que ela expressa e positivamente dispõe.

No que toca ao Direito Internacional convencional, não se descobrem princípios inscritos em convenções a que Portugal se encontre vinculado capazes de bulir com a substância e ordenação dos positivados no artigo 80.° da CRP. O Estado português aderiu a múltiplas convenções internacionais com relevo jus-económico, integrando assim tanto organizações internacionais para-universais como organizações intergovernamentais regionais: exemplos do primeiro grupo são a *Organização Internacional do Trabalho* (OIT) da qual Portugal faz parte desde 1920, o *Acordo Geral sobre Pautas Aduaneiras e Comércio* (GATT) ao qual Portugal aderiu em 1962[243], o *Banco Mundial* (com as suas várias instituições) que Portugal integra desde 1961, a *Sociedade Financeira Internacional* (SFI) da qual Portugal é membro desde 1966, a *Associação Internacional de Desenvolvimento* (AID) a que Portugal aderiu em 1992 e, claro, o *Fundo Monetário Internacional* (FMI) que Portugal integra desde 1961; exemplos do segundo grupo são a *Organização de Cooperação e Desenvolvimento Económico* (OCDE) criada em 1960 para suceder à *Organização Europeia de Cooperação Económica* (OECE) e da qual Portugal era já membro originário (1948), o *Conselho da Europa* que Portugal já integrava em 1992[244]. Mas não se vê que dos vários actos jurídico-internacionais que estiveram na origem de tais organizações resultem directa e imediatamente

---

[241] Falando em esvaziamento do Estado e da Constituição, cfr. J. J. GOMES CANOTILHO, *Constituição Dirigente* ..., p. *XXV* do Prefácio.

[242] Cfr. anotação ao artigo 8.°.

[243] Sobre a sua origem histórica, cfr. PEDRO INFANTE MOTA, *O Sistema GATT/OMC – Introdução Histórica e Princípios Fundamentais*, Coimbra, 2005, pp. 17 ss.

[244] A terminologia "organizações internacionais para-universais" e "organizações intergovernamentais regionais é a utilizada por ANDRÉ GONÇALVES PEREIRA e FAUSTO DE QUADROS em *Manual de Direito Internacional Público*, 3.ª Ed., Coimbra, 1993. Sobre as referidas organizações, entre outras, e para uma perspectiva da integração de algumas delas no âmbito da ONU, cfr., em especial, pp. 554 ss.

princípios que tenham influenciado (ou ditado, para aqueles que fazem prevalecer o Direito Internacional sobre o Direito Constitucional ou que os equiparem em termos de hierarquia de fontes) a construção do artigo 80.º ou, não oficialmente, uma sua interpretação estranha aos cânones da interpretação de normas constitucionais (ou, para aqueles ainda, uma interpretação da Constituição económica conforme ao Direito Internacional). Distintamente, já poderá afirmar-se que a concretização, propriamente dita, destes princípios sofre condicionamentos fundamentais por força de acordos e normas de Direito Internacional – onde se pode destacar, *v.g.*, o Acordo Relativo à criação do Espaço Económico Europeu (EEE), assinado no Porto em 2 de Maio de 1992[245]. Mas aqui importa a consideração de outras normas da Constituição económica, que dispõem sobre essa mesma concretização.

Parece acertado conceder que, bem visto, integrando Portugal a família de Estados ocidentais que se regem, essencialmente, por uma ordem económica de matriz capitalista (nas suas várias vertentes ou modalidades), figurino que hodiernamente foi já exportado para inúmeros Estados dos cinco continentes, a expulsão das referências ao socialismo da Constituição económica tenha sido influenciada por essa mesma *integração*[246]. Neste sentido, admite-se uma *vulnerabilidade* da Constituição económica portuguesa e, reflexamente, a sua *permeabilidade*.

Poderia ainda suceder que o *ius cogens* ou os princípios gerais de Direito comuns às nações civilizadas[247] incluíssem determinados princípios jus-económicos que, nos termos do n.º 1 do artigo 8.º da CRP, fizes-

---

[245] Aprovado, para ratificação, pela Resolução da Assembleia da República n.º 35/92, de 10 de Novembro de 1992, e ratificado pelo Decreto do Presidente da República n.º 59/92, de 18 de Dezembro.

[246] A este propósito, sugestivamente e em termos que merece transcrever, interrogava-se J. J. GOMES CANOTILHO: "Como programar normativamente a transição para o «socialismo» num país só – como se afirmava no texto originário da Constituição portuguesa – quando os contextos «envolventes», *internacionais europeus* e *transnacionais*, apontavam para uma interdependência e cooperação crescentes entre os Estados? Como insistir num «sistema vaidoso de socialismo e planejamento nacional» (R. DAHRENDORF) quando as «precondições constitucionais» da política se situavam também, e até decisivamente, em espaços outros diferentes do espaço autárquico nacional e estatal?" (cfr. *Constituição Dirigente* ..., p. XI do Prefácio).

[247] Assinalando a distinção e crescente aproximação entre ambas as fontes, cfr. PAULO OTERO, *Legalidade* ..., pp. 390 ss.

sem parte integrante do ordenamento jurídico português[248]. Contudo, não parece que em matérias do foro económico possa daí resultar algum conteúdo verdadeiramente autonomizável, quer da Declaração Universal dos Direitos do Homem, quer da Convenção Europeia para Protecção dos Direitos do Homem e das Liberdades Fundamentais, quer dos Pactos Internacionais de Direitos, Civis e Políticos, e de Direitos Económicos, Sociais e Culturais, aprovados em 1966 no âmbito das Nações Unidas. Como tal, é essencialmente no âmbito dos direitos fundamentais que o direito cogente internacional ou os princípios gerais de Direito comuns às nações civilizadas relacionados com a economia mostra o seu relevo e força jurídica. Tenha-se presente que organização económica, *qua tale,* constitui um domínio comum de afirmação da autonomia dos Estados[249], e que, em princípio, se manterá intocado enquanto não fizer perigar normas e princípios de Direito Internacional geral ou comum elevadas à categoria de *ius cogens.*

§ 4.º. **Direito Europeu**

Além das referências que se foram já fazendo ao Direito Comunitário na sua relação com os princípios da Constituição económica portuguesa, vamos neste momento dedicar alguma atenção aos próprios princípios do *Direito Constitucional da União Europeia*[250] em matéria económica (ou ainda, se se preferir, da *constituição económica europeia*). Com tais expressões pretendemos designar o chamado *Direito originário*, nomeadamente, aquele que resulta dos Tratados instituidores da União Europeia e das Comunidades Europeias, e aqui com especial relevo para estas, como

---

[248] Sobre o conteúdo do *ius cogens* e seu valor na ordem jurídica portuguesa, cfr. anotação ao artigo 8.º.

[249] Neste sentido, cfr. Declaração sobre o Estabelecimento de uma Nova Ordem Económica Internacional, aprovada pela Assembleia Geral das Nações Unidas, pela Resolução n.º 3201 (XXIX), de 1 de Maio de 1974; e a Carta dos Direitos e Deveres Económicos dos Estados, aprovada pela Assembleia Geral das Nações Unidas, pela Resolução n.º 3281 (XXIX), de 12 de Dezembro de 1974.

[250] Sobre esta designação, frente a outras, cfr. FAUSTO DE QUADROS, *Direito da União ...*, pp. 21 ss.

parte integrante daquela: em rigor, é pois o *Direito Comunitário originário* que mais nos interessa neste momento, designadamente, o TCE e o TUE[251-252].

As Comunidades Europeias estão assentes num substrato económico originário, mas o seu fundamento é, essencialmente, político. Porém, apesar dos problemas políticos profundos inspiradores do projecto, designadamente o relacionamento entre a França e a Alemanha, foram questões de natureza económica que de forma mais imediata moldaram a sua instituição e, até Maastricht, que mais visivelmente dominaram a sua evolução. E de Maastricht em diante, se o nascimento da *União* se funda já em preocupações políticas mais elaboradas e *pilares mais complexos*, o problema económico não abandonou a argamassa desses mesmos pilares: pelo contrário, *integrou-se* e complexificou-se mais ainda, numa perspectiva política que não é seguramente equivalente àquela em que os Estados, internamente, envolvem as questões económicas. Não é, também por isso, tarefa simples dar em poucas linhas o quadro essencial e sistematizado dos princípios em matéria económica do Direito Comunitário constitucional (e de todo em todo impossível traçar a sua evolução).

O artigo 2.º do TCE estabelece uma série de fins, que constituem a missão da Comunidade, onde se surpreende uma dimensão de desenvolvimento social a realizar, essencialmente, através do incremento de duas realidades de natureza económica: o mercado comum e a união económica e monetária. Se logo aí existe uma primeira aproximação ao que será a substância dos princípios rectores em matéria económica, complementada pela listagem de tarefas e políticas que devem pautar o calendário de acção da Comunidade (cfr. artigo 2.º), o artigo 4.º já permite uma maior concretização e divisão desses mesmos princípios em duas grandes categorias:

    a) Princípios jus-económicos materiais: (i) princípio de uma economia de mercado aberto e de livre concorrência (cfr. n.os 1 e 2

---

[251] Sobre a precisão do Direito Comunitário no âmbito do Direito da União Europeia, e o Direito Comunitário originário, cfr. FAUSTO DE QUADROS, *Direito da União ...*, pp. 21 ss., 319 e 343 ss.

[252] Doravante, sempre que nos referirmos ao "TCE" (Tratado da Comunidade Europeia) ou ao "TUE" (Tratado da União Europeia), teremos em consideração as alterações de numeração e redacção dos respectivos preceitos de acordo com os artigos 1.º e 2.º do Tratado de Nice (que, recorda-se, entrou em vigor no dia 1 de Fevereiro de 2003 – cfr. Aviso n.º 34/2003, de 30 de Janeiro, publicado no *DR*, I Série A, n.º 25)(cfr. a lista inicial de abreviaturas mais utilizadas).

do artigo 4.°), (ii) princípio da estabilidade dos preços, (iii) princípio das finanças públicas e condições monetárias sólidas, e (iv) princípio da balança de pagamentos sustentável (para todos estes, cfr. n.° 3 do artigo 4.°);

b) Princípios jus-económicos institucionais: (i) princípio da coordenação das políticas económicas dos Estados-membros (cfr. n.° 1 do artigo 4.°), (ii) princípio da política monetária e cambial únicas (cfr. n.° 2 do artigo 4.°), e (iii) o princípio da subsidiariedade (cfr. artigo 5.°).

Adiante, o artigo 98.° (que abre o Capítulo I – "A política económica" –, do Título VII – "A política económica e monetária" – da Parte III – "As políticas da Comunidade") reitera o princípio da economia de mercado aberto e de livre concorrência, acrescentando, porém, uma matéria que bem pode juntar-se àquele rol de princípios jus-económicos materiais: o princípio do favorecimento de uma repartição eficaz dos recursos. Tais princípios enquadram a política económica dos Estados-membros – dada a ausência de uma política económica única da Comunidade[253] – que as consideram questão de interesse comum a coordenar no Conselho (cfr. artigo 99.°).

Simplesmente, se aqueles princípios têm uma função estruturante do edifício comunitário europeu, dando-lhe uma determinada arquitectura (sobretudo os princípios jus-económicos materiais) e orientando a dinâmica das suas partes (sobretudo os princípios jus-económicos institucionais), não nos parece que transmitam – pelo menos todos eles –, imediatamente, a constelação valorativa subjacente ao Direito Comunitário constitucional em matéria económica. Do nosso ponto de vista, são as já clássicas *quatro liberdades* – de circulação de mercadorias, pessoas, serviços e capitais –, juntamente com a protecção da concorrência livre e efectiva (no âmbito do que se insere a temática dos auxílios do Estado), disciplinadas nos artigos 23.° e seguintes do TCE que mostram a verdadeira materialidade da *constituição económica europeia*, ainda que não sejam sistematicamente tratados no TCE como princípios em matéria económica. Pode afirmar-se que tais princípios (expressos, mas não enquanto princípios) encerram a *ideia/valor* do Direito Comunitário constitucional

---

[253] Neste sentido, cfr. EDUARDO PAZ FERREIRA, *Direito* ..., p. 159.

em matéria económica, depois operativizados por outros princípios em matéria de política económica.

Assim, as referidas *liberdades* e protecção da concorrência livre e efectiva, especificando o princípio de uma economia de mercado aberto e de livre concorrência, expressam "valorações políticas fundamentais do legislador constituinte" comunitário, sendo "princípios políticos constitucionalmente conformadores" com dimensão também de "princípios-garantia". Já os restantes princípios jus-económicos materiais que enunciámos, além do princípio de uma economia de mercado aberto e de livre concorrência, nos parecem consistir, essencialmente, em "princípios constitucionais impositivos" de política económica. Quanto àqueles que classificámos de princípios jus-económicos institucionais, é possível defender que tanto possuem uma dimensão de "princípios políticos constitucionalmente conformadores" como uma dimensão de "princípios constitucionais impositivos". E, se se admite que ambas as componentes não se reflictam na mesma medida em todos eles, o que os mesmos contemplam não é já a materialidade jus-económica constitucional comunitária, mas essencialmente a sua forma institucional de realização[254].

Por seu turno, o TUE apresenta, nos seus artigos 2.º e 6.º, os princípios constitucionais da União Europeia, entre os quais se contam os respeitantes à matéria económica[255]. Se todos eles relevam, mais ou menos directamente, para que se possa traçar o modelo económico da União Europeia, é o princípio da "Economia Social de Mercado" que melhor sintetiza tal modelo, tendo "como corolários a livre circulação e a concorrência"[256].

---

[254] Sobre estas várias classificações de princípios jurídicos, a que, aliás, já aludimos, cfr. J. J. GOMES CANOTILHO, *Direito Constitucional* ..., pp. 1164 ss. Não descartamos por completo a classificação daqueles princípios que especificam o princípio de uma economia de mercado aberto e de livre concorrência como "princípios jurídicos fundamentais" do Direito Comunitário constitucional em matéria económica, tendo em conta a definição que J. J. GOMES CANOTILHO deles dá como *"princípios historicamente objectivados e progressivamente introduzidos na consciência jurídica e que encontram uma recepção expressa ou implícita no texto constitucional"* (cfr. p. 1165). E isto ainda que quanto a estes (e "a partir deles") possa discutir-se a possibilidade de fundamentarem autonomamente "recursos de direito público" (cfr. p. 1166): basta atentar na jurisprudência do Tribunal de Justiça em matéria de *liberdades* e de concorrência para verificar que aquela autonomia destes princípios é aí plena.

[255] Sobre os princípios constitucionais e valores da União Europeia, cfr. FAUSTO DE QUADROS, *Direito da União* ..., pp. 78 ss.

[256] Cfr. FAUSTO DE QUADROS, *Direito da União* ..., pp. 109 ss.

Mas a questão que realmente se coloca neste momento é a da relação entre tais princípios de Direito Comunitário originário e os princípios fundamentais da Constituição económica portuguesa, conforme os mesmos surgem no artigo 80.º.

Em primeiro lugar, cumpre esclarecer que o que se afirmou *supra* a propósito do Direito Internacional[257] tem, no essencial, razão de ser também a propósito do Direito Comunitário originário. Com efeito, a maturidade dogmática, científica e pedagógica que o Direito Comunitário vem alcançando face ao Direito Internacional não obnubila a natureza essencialmente jus-internacional dos Tratados instituidores das Comunidades Europeias e de todas a suas revisões subsequentes.

Em segundo lugar, e sem prejuízo da discussão em torno da prevalência do Direito Comunitário (quer originário, quer derivado) sobre o Direito interno (quer Constitucional, quer infra-constitucional), é evidente a secundarização parcial deste último face ao primeiro e, no que ora nos importa, a secundarização de certas normas ou *zonas* constitucionais perante o Direito Comunitário[258], o que desde logo se pode exemplificar com a compressão da competência legislativa da AR e do Governo frente às competências normativas das instituições comunitárias. Em matéria económica tal secundarização (ou mesmo derrogação) tem especial incidência em aspectos relacionados com o intervencionismo do Estado, no contexto de um fenómeno que pode até considerar-se de "neutralização" da Constituição económica[259], processo esse que em larga medida é decorrente de uma política monetária única.

Em terceiro lugar, a possibilidade de responsabilização do Estado pelo incumprimento do Direito Comunitário deixa poucas alternativas aos

---

[257] Cfr. *supra*, II, § 3.º.
[258] Cfr. anotação ao artigo 8.º.
[259] Neste sentido, cfr. EDUARDO PAZ FERREIRA, *Direito* ..., pp. 167 ss. Do Autor, ainda, falando em "subordinação" e "dissolução da constituição económica portuguesa na constituição económica europeia", cfr. *A Constituição Económica de 1976: «Que reste-t-il de nos amours?»*, in *Perspectivas Constitucionais – Nos Vintes Anos da Constituição de 1976*, I, Coimbra, 1996, pp. 407 ss. Afirmando que os princípios fundamentais do artigo 80.º "devem ser complementados pelos *princípios fundamentais da ordem económica da UE*, que por definição têm de ser incorporados pela ordem económica dos Estados-membros" e que a "constituição económica da CRP [deve] ser lida à luz da constituição económica europeia", cfr. J. J. GOMES CANOTILHO/VITAL MOREIRA, *Constituição* ..., I, pp. 961-962.

poderes públicos, nos quais se incluem, obviamente, os órgãos de soberania que participam na função político-legislativa. Realmente, a legislação interna do Estado não pode apartar-se dos valores e princípios do Direito Comunitário constitucional, por um lado, nem deixar de cumprir os objectivos paramétricos fixados por directivas comunitárias, por outro, sob pena de responsabilidade do Estado pelo incumprimento do Direito Comunitário. Ora, se formalmente pode afirmar-se a manutenção da soberania dos Estados, que sempre teriam a faculdade de proteger ou fazer prevalecer as suas constituições, em última análise, desvinculando-se dos Tratados, é hipótese tão impensável que o percurso tem sido inverso: são os próprios Estados que alteram as suas constituições por forma a que as mesmas não se encontrem em contradita com o Direito Comunitário, resolvendo *a priori* potenciais conflitos que podem traduzir-se, nomeadamente, na existência de normas de direito interno que estejam simultaneamente em conformidade com os respectivos textos constitucionais e com o Direito Comunitário.

Não nos parece que o artigo 80.º da CRP se encontre, porém, numa situação de proeminência capaz de bulir com os princípios fundamentais do Direito Comunitário em matéria económica, designadamente, tendo em conta as revisões por que o preceito passou até à redacção actual[260], e que foram expurgando ou burilando o sentido intervencionista do Estado que era de acordo com o *projecto de transição para o socialismo*, e que se manifestava, *maxime*, na apropriação colectiva. A questão é, noutro sentido, a secundarização da função da norma em causa face ao Direito Comunitário que, como afirma J. J. GOMES CANOTILHO, "fornece hoje os exemplos mais «dirigentes» do direito actual"[261]. Neste âmbito, e ainda sem se entrar na polémica sobre o posicionamento do Direito Comunitário face ao Direito interno (que já ressalvámos), recorde-se que, de acordo com o novo n.º 4 do artigo 8.º da CRP, introduzido justamente pela revisão constitucional de 2004, "As disposições dos tratados que regem a União Europeia e as normas emanadas das suas instituições, no exercício das respectivas competências, são aplicáveis na ordem interna, nos termos definidos pelo direito da União, com respeito pelos princípios fundamentais do Estado de direito democrático".

---

[260] Cfr. *infra*, III, § 6.º e 7.º.
[261] Cfr. *Constituição Dirigente* ..., p. XXVII do Prefácio. Recentemente, do Autor, veja-se *"Brancosos"* ..., em especial, pp. 199 ss.

III. MEMÓRIA CONSTITUCIONAL

§ 5.°. **As constituições portuguesas anteriores à Constituição de 1976**

Porque se trata da *memória constitucional* de um preceito que encerra os princípios fundamentais da organização económico-social, não é possível traçá-la sem um enquadramento global do constitucionalismo económico português. Em relação a outros preceitos constitucionais pode buscar-se uma perspectiva histórica menos abrangente, mais dedicada ao regime que eles consagravam, sua origem e evolução. Mas estando em causa princípios, não basta verificar *qual a norma* que os encerrava e como – até porque a ausência dessa *norma* num ou vários textos constitucionais não significa a ausência dos princípios. É necessário busquejar no todo do ordenamento jurídico-constitucional, e tal tarefa deve ser enquadrada.

O constitucionalismo económico português[262] pode ser objecto de diversas periodificações. ANTÓNIO L. SOUSA FRANCO e GUILHERME D'OLIVEIRA MARTINS dividiam-no em três grandes momentos básicos: a fase liberal, de 1822 a 1926; a fase corporativa, de 1933 a 1974; e a "fase actual", correspondente ao período pré-constitucional e de vigência da Constituição de 1976[263]. EDUARDO PAZ FERREIRA adita a estas três uma quarta fase, que corresponderia à "nova constituição económica portuguesa, resultante da revisão constitucional de 1989 e das posteriores revisões e da influência crescente da disciplina económica comunitária"[264]. São, naturalmente, possíveis outras periodificações, assim como o seria a pormeno-

---

[262] Ater-nos-emos, bem entendido, ao período histórico do *movimento constitucional* de matriz atlântica, americana e francesa, que põe termo ao Antigo Regime, e que em Portugal vê o seu alvor, em termos jurídico-políticos, com a Constituição de 1822. Não que não possa falar-se antes disso de um *direito de valor constitucional-económico*, tanto quanto pode falar-se, também e simplesmente, de um *direito de valor constitucional*. Sobre a ordem económica do Antigo Regime, cfr. ANTÓNIO L. SOUSA FRANCO/GUILHERME D'OLIVEIRA MARTINS, *A Constituição* ..., pp. 105 ss.; EDUARDO PAZ FERREIRA, *Direito* ..., pp. 67 ss.

[263] Cfr. *A Constituição* ..., p. 108; sobre a inexistência de uma Constituição económica entre 25 de Abril de 1974 e a entrada em vigor da Constituição de 1976, falando de "pré-constituição" e caracterizando tal período em termos jus-económicos, cfr. pp. 133 ss. Ainda, cfr. ANTÓNIO L. SOUSA FRANCO, *Noções* ..., p. 151.

[264] Cfr. *Direito* ..., p. 67.

rização daquelas, que bem retratam os grandes momentos do constitucionalismo económico português.

Características comuns e fundamentais das constituições do **período liberal** são, (i) do ponto de vista formal, a ausência de qualquer tratamento sistemático autónomo da ordem económica, não se encontrando em qualquer dos textos constitucionais desse período qualquer parte, título ou capítulo a tal dedicados, nem mesmo qualquer preceito que se dedique *ex professo* à ordem económica, e, (ii) do ponto de vista material, bastarem-se as constituições de inspiração liberal "com a garantia dos esteios institucionais da ordem económica liberal-capitalista (direito de propriedade e liberdade de comércio e indústria"[265], com algumas excepções (cfr. *infra*). Todavia, tal não equivale à inexistência de uma ordem jus-constitucional económica, antes mostrando uma constituição económica implícita[266].

Tais características do constitucionalismo liberal ao nível da ordem económica justificam um brevíssimo périplo pelas disposições mais significativas dos vários textos constitucionais deste período. Perante a ausência de um tratamento sistemático autónomo da ordem económica, e mesmo de qualquer preceito que denote sequer uma intenção de estabelecer alguma direcção ou vinculação dos poderes públicos neste domínio que se assemelhe ao artigo 80.º da Constituição de 1976, só uma breve análise global das várias constituições liberais fornecerá um mínimo referencial do que nelas constitua ou se aproxime de uma ordenação jus-económica de natureza fundamental.

A **Constituição de 1822** fixa logo no artigo 1.º a sua função de manutenção da liberdade, segurança e propriedade de todos os portugueses. Se a liberdade consistia "em não serem obrigados a fazer o que a lei não manda, nem a deixar de fazer o que a lei não proíbe", na dependência "da exacta observância das leis" (cfr. artigo 2.º), a propriedade era também erigida em "direito sagrado e inviolável, que tem qualquer Português, de

---

[265] Cfr. J. J. GOMES CANOTILHO/VITAL MOREIRA, *Fundamentos* ..., p. 153.

[266] Sobre o conceito de constituição económica implícita e sua aplicação ao período liberal, cfr. ANTÓNIO L. SOUSA FRANCO, *Noções* ..., pp. 144-145; MANUEL AFONSO VAZ, *Direito* ..., 1998, pp. 51-52. Sobre a ordem económica das constituições liberais, cfr. VITAL MOREIRA, *Economia* ..., pp. 89 ss., onde se afirma que "Os direitos individuais estabelecidos nas constituições liberais não eram, pois, apenas instrumento de defesa do indivíduo – eram igualmente expressão de uma determinada ordem económica e social" (pp. 98-99), e que a "constituição económica «formal» não surge apenas com a constituição de Weimar mas sim com a primeira constituição liberal" (p. 101).

dispor à sua vontade de todos os seus bens, segundo as leis", privação que apenas poderia ocorrer "em razão de necessidade pública e urgente", mediante prévia indemnização (cfr. artigo 6.º). A essencialidade do disposto nestes três preceitos fica bem patente no facto de o respectivo texto não encontrar, praticamente, variação em relação ao que dispunham as Bases da Constituição[267]. Outras disposições das quais, mais ou menos implicitamente, se pode retirar o posicionamento jus-económico da Constituição de 1822 são os artigos 12.º (admissão aos cargos públicos), 33.º e 34.º (respeitantes, respectivamente, à capacidade eleitoral activa e passiva), 103.º (competências das Cortes), 218.º e 223.º (que, respectivamente, atribuem às Câmaras o "governo económico e municipal dos concelhos" e fixam as suas competências[268]), as disposições do Capítulo III do Título VI (que tem por epígrafe "Da Fazenda Nacional"). De registar, ainda, a liberdade de iniciativa "de todo o cidadão abrir aulas para o ensino público", constante do artigo 239.º. Manifestamente, são a liberdade (de iniciativa) económica e a propriedade privada os principais valores jus-económicos normativamente protegidos pela Constituição de 1822, enquanto direitos fundamentais *santificados*, mostrando uma certa visão da sociedade que se reflecte na participação política (essencialmente, no que toca à capacidade eleitoral passiva), e que não é desacompanhada de algum municipalismo que contrasta com as competências das Cortes. Se ANTÓNIO MENEZES CORDEIRO considera que a "Constituição de 1822 é insuficiente para caracterizar uma constituição económica de tipo liberal"[269], ANTÓNIO L. SOUSA FRANCO e GUILHERME D'OLIVEIRA MARTINS não hesitam em atribuir-lhe "um liberalismo um tanto formal e ingénuo, além de conservador, aparentando manter o regime tradicional"[270].

A **Carta Constitucional de 1826** não se afasta do jus-liberalismo económico presente na Constituição de 1822. A trilogia *liberdade – segu-*

---

[267] As Bases da Constituição de 1822 (assim como a própria Constituição de 1822 e todos os restantes textos constitucionais portugueses) podem encontrar-se em JORGE MIRANDA, *As Constituições Portuguesas – de 1822 ao texto actual da Constituição*, 4.ª Ed., Lisboa, 1997.

[268] Sobre este aspecto, afirmando a curiosidade de uma certa concepção descentralizadora, mas sem abertura propriamente dita ao intervencionismo estatal, cfr. JORGE MIRANDA, *Direito da Economia*, p. 123.

[269] Cfr. *Direito da Economia*, p. 167.

[270] Cfr. *A Constituição* ..., p. 111.

rança – *propriedade* mantém-se nuclear no âmbito dos direitos fundamentais (cfr., *maxime*, § 1.°, § 5.°, § 12.°, § 13.°, § 14.°, § 15.°, § 21.°, § 22.°, § 23.° e § 24.°, do artigo 145.°): ainda que o tratamento destes, sistematicamente, seja remetido para a última norma do texto constitucional, é na temática global dos direitos fundamentais que tal assume relevo, e não especificamente no que respeita à ordem jus-constitucional económica propriamente dita ou aos direitos fundamentais de conteúdo marcadamente económico[271]. A subordinação dos direitos políticos à capacidade económica, porém, acentua-se, com o incremento do sufrágio censitário, tanto na vertente activa (que não existia na Constituição 1822) como passiva (cfr. artigos 65.° a 68.°)[272]. No que respeita às competências do poder político, não se encontram diferenças autonomamente assinaláveis face ao texto constitucional anterior: mantém-se a atribuição às Câmaras do governo económico e municipal das cidades e vilas (embora o respectivo regime jurídico seja desconstitucionalizado), e um Capítulo (III do Título VII) dedicado à "Fazenda Pública", embora de menor dimensão e pormenorização do que o constante do texto de 1822. Assim como pode afirmar-se que "do ponto de vista económico, a Carta Constitucional constituiu um documento importante e claramente mais avançado do que o anterior texto constitucional, na afirmação dos grandes princípios inspiradores de uma sociedade liberal" – para o que significativamente terá contribuído "o cuidado de afirmar claramente o princípio da liberdade económica, da liberdade de trabalho, da liberdade de cultura, de indústria e de comércio"[273] –, pode bem ajuizar-se que se trata de "um documento bem menos doutrinário que o texto constitucional de 1822, mais programático e conciso"[274]. Terá sido o direito infra-constitucional que produziu as grandes alterações jus-económicas, destacando-se a legislação forjada por MOUZINHO DA SILVEIRA, o Código Civil de 1867 elaborado pelo VISCONDE DE SEABRA, e Código Comercial de VEIGA BEIRÃO, de 1888, que sucedeu

---

[271] Sobre a natureza constitucional dos *Direitos Políticos e Individuais* na Carta Constitucional, cfr. o respectivo artigo 144.°. Acerca do significado *desconstitucionalizador* de tal preceito e sua relevância no âmbito da figura mais vasta da deslegalização, cfr. JORGE MIRANDA, *Manual* ..., V, p. 212 e 213 (aqui em nota).

[272] O Acto Adicional de 1852 reduziria, porém, os limites do sufrágio censitário.

[273] Cfr. EDUARDO PAZ FERREIRA, *Direito* ..., pp. 78 e 79.

[274] Cfr. ANTÓNIO L. SOUSA FRANCO/GUILHERME D'OLIVEIRA MARTINS, *A Constituição* ...., p. 112.

ao de FERREIRA BORGES, que datava já de 1833 (portanto, anterior ao Código Civil)[275].

A **Constituição de 1838** permanece da linha dos textos constitucionais anteriores. No âmbito dos "Direitos e Garantias dos Portugueses", inseridos no Capítulo Único do Título III (e que assim voltam, sistematicamente, aos preceitos iniciais do texto constitucional), lá estão a liberdade, segurança e propriedade, em moldes que não são inovadores[276]. Inovadora, sim, é a disposição da irrevogabilidade da "venda dos Bens Nacionais feita na conformidade das leis"[277]. Se a tradição substancialista radica no texto constitucional de 1822, o modo literal de enunciar os direitos e liberdades encontra uma maior proximidade com a Carta Constitucional, o que reforça o carácter compromissório da Constituição de 1838. Tal carácter compromissório reflecte-se ainda nos direitos políticos: se, face à Carta Constitucional, é aliviado o limite censitário da capacidade eleitoral activa, é agravado o da capacidade eleitoral passiva para a Câmara dos Deputados, fazendo-se depender também da capacidade económica o direito de ser eleito para a Câmara dos Senadores (cfr. 77.º), o que, nos termos em que a Constituição o estabelece, leva JORGE MIRANDA a afirmar o carácter classista desta Câmara, agora electiva[278]. No mais, não sofrem aqui tão pouco alterações de relevo as competências dos órgãos políticos, das câmaras municipais e as disposições relativas à "Fazenda Nacional". Vigorou pouco tempo, como é sabido, a Constituição de 1838: de 4 de Abril desse mesmo ano, até 27 de Janeiro de 1842, quando tem lugar o golpe de Costa Cabral (que por decreto de 10 de Fevereiro seguinte, fez retomar a vigência da Carta Constitucional). Não fosse assim e talvez as medidas de relevo no campo jus-económico ocorressem (também) infra-constitucionalmente, como sucedeu na vigência da Carta. Isto porque, extra-juridicamente, como afirma J. J. GOMES CANOTILHO, "Em

---

[275] Para uma síntese destas reformas legislativas, cfr. ANTÓNIO L. SOUSA FRANCO/ GUILHERME D'OLIVEIRA MARTINS *A Constituição* ..., pp. 114 ss.

[276] Excepção feita para a possibilidade da indemnização por "expropriação ou danificação" poder ser posterior à afectação do direito, em casos de "extrema e urgente necessidade" (cfr. artigo 23.º).

[277] Sobre o significado desta disposição, cfr. EDUARDO PAZ FERREIRA, *Direito* ..., pp. 81-82, e bibliografia aí citada. No sentido de que se tratava de "garantir a transformação da estrutura fundiária do país no sentido da legislação burguesa liberal" se pronuncia J. J. GOMES CANOTILHO (cfr. *Direito Constitucional* ..., p. 152).

[278] Cfr. *Direito Constitucional III*, AAFDL, Lisboa, 2003, p. 23.

termos sociais e económicos, o cartismo e o setembrismo são hoje considerados pelos historiadores como uma luta não só de organização do poder político, mas de confronto entre várias fracções da classe burguesa: a burguesia financeira agrária e comerciante (esta ligada ao comércio externo) adepta da Carta, e a burguesia industrial, defensora de um sistema proteccionista à indústria (problema pautal), aliada às classes médias e à pequena burguesia (e, em Lisboa, às classes populares), adepta do setembrismo"[279].

A **Constituição de 1911** – a primeira constituição republicana e última liberal do constitucionalismo português – não traz também inovações significativas no domínio jus-constitucional económico. O artigo 3.º, dedicado aos direitos e garantias individuais, protege o direito de propriedade (cfr. n.º 25.º), talvez de forma menos absoluta do que anteriormente; garante o "exercício de todo o género de trabalho, indústria e comércio, salvo as restrições da lei por utilidade pública" (cfr. n.º 26); e, se declara não admitir privilégios de nascimento ou foros de nobreza, extinguindo títulos nobiliárquicos e outros (cfr. n.º 3), nem por isso se encontra na primeira constituição republicana um tratamento autónomo da ordem social e económica, procurando a respectiva *refundação* a partir da lei fundamental. É certo que a alteração constitucional levada a cabo, em ruptura, por SIDÓNIO PAIS introduzia aspectos inovadores e precursores do constitucionalismo corporativo, mas a sua efemeridade não permite muito mais do que essa observação[280]. Assim, foi mais uma vez infra-constitucionalmente que se produziram as alterações jurídicas mais significativas, onde se assinala a legislação relativa ao "casal de família", ao arrendamento urbano, e em matéria agrícola, estas ambas restritivas quer do direito de propriedade quer da liberdade contratual[281]. O aprofundamento do estudo da Constituição de 1911, no que respeita aos seus aspectos jus-económicos, revela-se, pois, bem mais interessante e profícuo se se tomar a perspectiva do que ela permitiu ao legislador – *v.g.*, entre a ideia ou conceito de direito de propriedade e de liberdade de iniciativa económica e as competências do poder legislativo –, e não o que ela própria estabelecia nesta matéria.

---

[279] Cfr. *Direito Constitucional* ..., p. 150.

[280] Cfr. ANTÓNIO L. SOUSA FRANCO/GUILHERME D'OLIVEIRA MARTINS, *A Constituição* ..., p. 118; JORGE MIRANDA, *Manual* ..., I, 7.ª Ed., Coimbra, 2003, pp. 297-298.

[281] Cfr. ANTÓNIO L. SOUSA FRANCO/GUILHERME D'OLIVEIRA MARTINS, *A Constituição* ..., pp. 119-120.

O **constitucionalismo corporativo** situa-se, cronologicamente, entre a revolução de 28 de Maio de 1926 e a véspera do 25 de Abril de 1974, sendo a **Constituição de 1933** a única constituição deste período (embora não necessariamente a única lei materialmente constitucional). Como refere JORGE MIRANDA, "é a primeira Constituição portuguesa que confere à economia um tratamento específico e global, estatuindo sobre os seus mecanismos através de um conjunto de directrizes e meios de acção do Estado inimagináveis pelo liberalismo individualista"[282]. Naturalmente, não é possível que tracemos aqui sequer um enquadramento geral da Constituição económica presente no texto de 1933, em paralelo com o que se fez *supra* para as constituições liberais. Com efeito, o tratamento específico, global, sistemático, que a Constituição de 1933 dedica à economia resulta de uma nova ideia de Direito e de Estado que se institucionaliza a partir de revolução de 1926 (logo durante o interregno constitucional que só termina com a entrada em vigor do novo texto constitucional em 11 de Abril de 1933), e que, portanto, só pode compreender-se satisfatoriamente (ainda que de modo superficial) quando acompanhado da abordagem desses elementos. Ainda assim, pressupondo-os, acompanha-se ANTÓNIO L. SOUSA FRANCO e GUILHERME D'OLIVEIRA MARTINS quando afirmam que estamos em presença de uma "Constituição voluntarista", caracterizada por "um forte dirigismo estatal de matriz ideológica anti-liberal, mas não nuclearmente anti-capitalista", que mergulha as suas raízes nas doutrinas europeias anti-liberais e no *Integralismo Lusitano*, no pensamento católico conservador, no socialismo catedrático, e no nacionalismo económico alemão, que se aglutinavam no pensamento de OLIVEIRA SALAZAR, "determinante na fixação dos conceitos económicos da Constituição corporativa"[283].

Bem mais próxima da Constituição de 1976 que qualquer outra da nossa história constitucional, será até no que respeita à economia que a Constituição de 1933 apresenta mais afinidade com o texto constitucional

---

[282] Cfr. JORGE MIRANDA, *Manual* ..., I, p. 309. Do Autor, ainda sobre a Constituição económica de 1933, cfr. *Direito da Economia*, pp. 126 ss.; *Direitos fundamentais e ordem social (na Constituição de 1933)*, in RFDUL, Vol. XLVI, n.º 1, 2005, *maxime* pp. 306 ss.

[283] Cfr. *A Constituição* ..., pp. 120 ss. Especificamente sobre o papel de OLIVEIRA SALAZAR na elaboração da Constituição de 1933, cfr. ANTÓNIO DE ARAÚJO, *Nos alvores da Constituição Política de 1933: notas à margem de um manuscrito de Salazar*, in *Estudos em Homenagem ao Conselheiro José Manuel Cardoso da Costa*, Coimbra, 2003, p. 109 ss.

em vigor, se consideradas outras matérias como as que respeitam, *v.g.*, aos princípios fundamentais do Estado, aos direitos fundamentais, à organização do poder político, e à garantia da Constituição[284]. Na Constituição de 1933 é explícito o objectivo de transformar a sociedade a partir do Direito, assumindo o Estado a função de alterar, instituir e preservar uma determinada organização económico-social, tanto por via legislativa como administrativa, e até judicial[285]. A afirmação de uma "República unitária e corporativa", persecutória dos "benefícios da civilização" (cfr. artigo 5.º) pretende, desde logo, um novo tipo de Estado, social, com incumbências que solicitam tanto um intervencionismo directo na economia, como um intervencionismo indirecto ou regulador, de pendor nacionalista, dirigista, proteccionista, e fomentador de um corporativismo de Estado que, entre outras dimensões, se erige em motor de uma economia mista. É esse o sentido do artigo 6.º que, na sua redacção original, estabelecia como incumbências do Estado "Promover a unidade moral e estabelecer a ordem jurídica da Nação, definindo e fazendo respeitar os direitos e garantias resultantes da natureza ou da lei, em favor dos indivíduos, das famílias, das autarquias locais e das corporações morais e económicas" (cfr. n.º 1.º); "Coordenar, impulsionar e dirigir todas as actividades sociais, fazendo prevalecer uma justa harmonia de interesses, dentro da legítima subordinação dos particulares ao geral" (cfr. n.º 2); e "Zelar pela melhoria de condições das classes sociais mais desfavorecidas, obstando a que aquelas desçam abaixo do mínimo de existência humanamente suficiente" (cfr. n.º 3).

No âmbito dos direitos e garantias individuais dos cidadãos (cfr. artigo 8.º), a propriedade e a liberdade de iniciativa económica (cfr., *maxime*, n.ºs 7.º e 15.º) são estabelecidas como até aí e genericamente subordinadas ao *bem comum* ou interesse público, quer administrativamente fixado, quer vertido na lei civil. Percebe-se, pois, não só uma fun-

---

[284] Tem-se aqui em mente a versão originária da Constituição de 1933. Nas suas sucessivas revisões, alguns dos preceitos que se referirão *infra* sofreram alterações. Porém, não sendo as mesmas de relevo essencial para as observações gerais que se seguem, não serão referidas.

[285] São múltiplas as razões que permitem afirmar tal orientação da função judicial. Porém, tendo presente o regime político-económico do constitucionalismo corporativo, recorde-se desde logo que as incumbências do Estado vertidas no artigo 6.º da Constituição de 1933 norteiam também a actividade dos tribunais, aos quais, na prática, estava vedada uma verdadeira fiscalização da constitucionalidade (cfr. artigo 122.º).

ção social da propriedade como da própria liberdade de iniciativa económica[286] que, se não é absolutamente inovadora face ao estabelecido na Constituição de 1911, é agora integrada numa perspectiva (quase) transpersonalista, no sentido mais geral em que são entendidos os direitos e garantias individuais.

É, contudo, no Título VIII ("Da Ordem Económica e Social") da Parte I que encontramos um tratamento sistemático e autónomo da economia na Constituição de 1933[287]. É certo que já anteriormente o Título IV se debruçara sobre as "[Das] Corporações Morais e Económicas", mas com intuito mais marcado de as incluir na própria organização política da Nação, entre a família, as autarquias locais, e a própria opinião pública.

Entre os artigos 29.º e 41.º, que compõem integralmente aquele Título VIII, encontramos as normas fundamentais da Constituição económica do Corporativismo (seguindo-se os Títulos IX – "Da Educação, Ensino e Cultura Nacional", X – "Das Relações do Estado com a Igreja Católica e Demais Cultos", XI – "Do Domínio Público e Privado do Estado", XII – "Da Defesa Nacional", XIII – "Das Administrações de Interesse Colectivo", e XIV – "Das Finanças do Estado": enfim, todos eles, embora em diferentes medidas, relevantes para efeitos da organização sócio-económica). Cumpre neste momento centrar a nossa atenção no disposto no artigo 29.º, por ser a norma que mais se aparenta com o artigo 80.º da Constituição de 1976[288]. Dispunha tal preceito que "A organização económica da Nação deverá realizar o máximo de produção e riqueza socialmente útil, e estabelecer uma vida colectiva de que resultem poderio

---

[286] Sobre a Constituição económica e a liberdade de iniciativa económica na Constituição de 1933, cfr. AFONSO R. QUEIRÓ/A. BARBOSA DE MELO, *A liberdade de empresa* ..., pp. 216 ss.

[287] Note-se que a Parte II da Constituição de 1976, desde a sua redacção originária, tem por epígrafe apenas "Organização Económica". Não há, pois, qualquer referência ao elemento social (embora ele esteja natural e necessariamente presente), o que poderia constituir um elemento literal no sentido de uma caracterização mais totalizante da Constituição de 1933 no que toca à organização social e à organização económica como parte de um processo de estruturação mais profundo da própria sociedade. Mas a "organização económico-social" é logo retomada pela Constituição de 1976, tanto na epígrafe da redacção originária do artigo 80.º, como ainda hoje no seu próprio texto.

[288] Pontualmente, as restantes normas da Constituição económica de 1933 irão merecendo a nossa atenção a propósito quer das incumbências fundamentais do Estado, quer de diversos institutos jurídicos que se analisarão no âmbito de outros preceitos da Constituição de 1976.

para o Estado e justiça entre os cidadãos". Resultam, pois, como elementos a reter desta norma que:

i) A organização económica é *da Nação*, visando um determinado tipo de *vida colectiva*, o que acentuava ou confirmava uma perspectiva transpersonalista que perpassava a Constituição de 1933, designadamente, na interpretação das normas que estabeleciam a participação na função política dos *corpos sociais intermédios*;

ii) O máximo de produção e riqueza que a organização económica deveria prosseguir tinha uma medida: a da utilidade social. Nesta perspectiva, a intervenção directa e indirecta do Estado na economia justificavam-se na disciplina daquela mesma medida, tanto através de monopólios legais de produção, como de organismos reguladores ou de coordenação económica, controlando a utilidade/necessidade social;

iii) Em termos sistemáticos, o poderio do Estado precede o objectivo de justiça entre os cidadãos, acentuando o que já ficou dito, por um lado, e espelhando mais uma vez uma concepção de direitos fundamentais cuja materialidade é fruto daquele mesmo poderio e da competência dos órgãos políticos, nele encontrando o seu fundamento, e convocando mais uma vez os artigos 5.º e 6.º como normas que assegurariam uma unidade interpretativa da Constituição.

Verificamos, pois, que ao longo da história constitucional portuguesa, apenas a Constituição de 1933 se dedicou *ex professo* à organização económica, e que, da mesma forma, apenas esse texto constitucional continha uma norma enunciadora dos grandes princípios rectores da economia. Veio a ser esta, formal e sistematicamente, a linha da Constituição de 1976.

§ 6.º. Conteúdo originário da redacção do preceito na Constituição de 1976 e sucessivas versões decorrentes das revisões constitucionais

Na sua **redacção originária**, o artigo 80.º tinha por epígrafe "Fundamento da organização económico-social", e dispunha que "A organização económico-social da República Portuguesa assenta no desenvolvimento das relações de produção socialistas, mediante a apropriação colectiva dos principais meios de produção e solos, bem como dos recursos naturais, e o exercício do poder democrático das classes trabalhadoras".

Na **primeira revisão constitucional de 1982**, o preceito foi alterado com alguma profundidade, tanto do ponto vista formal como substancial. O artigo 68.º da Lei Constitucional n.º 1/82, de 30 de Setembro, além de fixar aquela que é ainda hoje a epígrafe do artigo – "Princípios fundamentais", concedeu-lhe a seguinte redacção:

"A organização económico-social assenta nos seguintes princípios:

a) Subordinação do poder económico ao poder político democrático;

b) Coexistência dos diversos sectores de propriedade, público, privado e cooperativo;

c) Apropriação colectiva dos principais meios de produção e solos, bem como dos recursos naturais;

d) Planificação democrática da economia;

e) Desenvolvimento da propriedade social;

f) Intervenção democrática dos trabalhadores."

Aquando da **segunda revisão constitucional, em 1989**, viria a ser alterado o texto de três das seis alíneas que constituíam a redacção introduzida em 1982. O artigo 48.º da Lei Constitucional 1/89, de 8 de Julho, deu, pois, nova redacção às alíneas *b)*, *c)* e *e)*, nos seguintes termos:

"..

b) Coexistência do sector público, do sector privado e do sector cooperativo e social de propriedade dos meios de produção;

c) Apropriação colectiva de meios de produção e solos, de acordo com o interesse público, bem como dos recursos naturais;

....

e) Protecção do sector cooperativo e social de propriedade dos meios de produção;

....".

A **terceira revisão constitucional, de 1992** não trouxe qualquer alteração ao preceito.

A **quarta revisão constitucional, de 1997**, voltaria a introduzir alterações com alguma extensão. O artigo 50.º da Lei Constitucional n.º 1/97, de 20 de Setembro, passou a alínea *c)* a *d)*, dando-lhe nova redacção; passou a alínea *d)* a *e)*, dando-lhe igualmente nova redacção; passou a alínea *e)* a *f)*, mas desta feita mantendo-lhe a redacção; passou a alínea *f)* a *g)*, dando-lhe nova redacção; e, por fim, aditou uma nova alínea *c)*.

Assim se fixou a actual redacção do preceito, uma vez que nem a **quinta revisão constitucional, de 2001**, nem a **sexta revisão constitucional, de 2004**, nem tão-pouco a **sétima revisão constitucional, de 2005**, lhe introduziram qualquer alteração.

§ 7.º. **Apreciação do sentido das alterações do preceito**

Na sua **redacção originária**[289], o artigo 80.º fazia assentar a organização económico-social no desenvolvimento das relações de produção socialistas, para o que a apropriação colectiva dos principais meios de produção, solos e recursos naturais seria o principal motor jurídico-económico, e o exercício do poder democrático das classes trabalhadoras o principal motor jurídico-político. Assim se apresentava, como o indicava a epígrafe do próprio preceito, o *fundamento da organização económico-social* e que, lido à luz do princípio da legalidade, consistiria também no *limite* da intervenção do poder público – designadamente, legislativo. Além da sua colocação sistemática como primeiro artigo da Parte II da Constituição de 1976, o sentido rector do artigo 80.º não podia ser verdadeiramente apreendido sem se considerar, naturalmente, a sua relação com outras normas basilares presentes no texto constitucional, nomeadamente, com os artigos 1.º, 2.º e 290.º. Na sequência da proclamação da caminhada para o socialismo feita já no Preâmbulo, o artigo 1.º afirmava a República Portuguesa empenhada "na sua transformação numa sociedade sem classes", sendo objectivo seu, de acordo com o artigo 2.º, e enquanto "Estado democrático", "assegurar a transição para o socialismo mediante a criação de condições para o exercício democrático do poder pelas classes trabalhadoras".

Da conjugação destes preceitos resulta que o artigo 80.º teria por principal função sistemática a afirmação da apropriação colectiva dos

---

[289] Para um enquadramento global da redacção originária da Constituição económica de 1976 e sentido das suas sucessivas revisões, cfr. EDUARDO PAZ FERREIRA, *A Constituição Económica de 1976* ..., pp. 383 ss.

principais meios de produção, solos e recursos naturais como elemento dinâmico do desenvolvimento das relações de produção socialistas, bem como de uma dimensão própria do exercício do poder democrático das classes trabalhadoras no âmbito da Constituição económica. O subprincípio da apropriação colectiva mostrava-se susceptível de influenciar directa e imediatamente a interpretação de outras normas da Parte II (*v.g.*, os artigos 82.° – "Intervenção, nacionalização e socialização" –, 83.° – "Nacionalizações efectuadas depois do 25 de Abril de 1974" –, 87.° – "Meios de produção em abandono" –, 89.° – "Sectores de propriedade dos meios de produção", bem como as normas do Título IV dedicado à reforma agrária, entre outras), e de, programaticamente, dirigir o legislador como instituto jurídico a implementar. O subprincípio do exercício do poder democrático das classes trabalhadoras concretizava-se em referências atinentes ao *exercício* de determinados poderes pelos trabalhadores que constituíam manifestações de uma democracia política em sentido lato: é o caso da gestão de bens e unidades de produção e solos por colectivos de trabalhadores, o desenvolvimento da propriedade social, e mesmo o próprio cooperativismo. Ambos os subprincípios testemunhavam o carácter compromissório da Constituição, *maxime*, pela sua relação com os direitos fundamentais à liberdade e à propriedade privada. Mas se o subprincípio da apropriação colectiva tinha o seu lugar bem marcado dentro da Constituição económica (mesmo entendida esta como integrante de todas as normas constitucionais "que têm por objecto a dimensão económica da sociedade política", e que, nesta acepção material, vai além da Parte II[290]), já o subprincípio do exercício do poder democrático pelas classes trabalhadoras parecia pretender ou mostrar vocação para extravasar essa mesma Constituição económica. Como pilar do desenvolvimento das relações de produção socialistas, no contexto do proclamado caminho para o socialismo[291], este subprincípio denunciava o alastramento da Constituição económica além das suas próprias fronteiras, verdadeiramente modelador da sociedade política a partir do poder económico, e em relação difícil com o princípio estruturante da democracia representativa[292].

---

[290] Cfr. JORGE MIRANDA, *A Interpretação* ..., p. 281.

[291] Sublinhando a relação íntima original entre "democracia económica" e as ideias socialistas para os "primeiros representantes" daquela corrente, cfr. VITAL MOREIRA, *Economia* ..., pp. 20 ss. (em especial, n. 7).

[292] Sobre a complexidade da ordem axiológica da Constituição, e para uma cate-

O relevo que os artigos 1.º, 2.º e 80.º (além do Preâmbulo) davam ao socialismo não era, todavia, reflectido nos limites materiais de revisão constitucional, originariamente positivados no artigo 290.º. Com efeito, limites materiais de revisão de conteúdo eminentemente jus-económico eram apenas o "princípio da apropriação colectiva dos principais meios de produção e solos, bem como dos recursos naturais, e a eliminação dos monopólios e dos latifúndios" (cfr. alínea *f*)) e a "planificação democrática da economia" (cfr. alínea *g*)). Assim, enquanto a apropriação colectiva, subprincípio no contexto do artigo 80.º, era erigida em limite material de revisão constitucional, já não o era *qua tale* o objectivo de transição para o socialismo que caracterizava a República portuguesa nos termos dos artigos 1.º e 2.º: a "forma republicana de governo" não surgia, pois, para efeitos de revisão constitucional, directamente comprometida com a transição para o socialismo.

A **revisão constitucional de 1982** teve, no essencial e para o que ora interessa, dois objectivos: (i) o início do saneamento das referências ao socialismo (objectivo este que, aliás, se manifestou muito para além da revisão do artigo 80.º, constituindo um traço comum à revisão da Constituição económica em geral), e (ii) a sistematização do preceito.

Quanto ao primeiro aspecto, desaparece do artigo 80.º a referência ao desenvolvimento das relações de produção socialistas, sem que a mesma seja sequer substituída por qualquer referência ao socialismo. Mantém-se como princípio, é certo, a apropriação colectiva dos principais meios de produção e solos, bem como dos recursos naturais, remetido para a alínea *c)*; introduz-se como princípio a garantia da coexistência dos diversos sectores de propriedade (público, privado e cooperativo), constante da alínea *b)*; igualmente, os princípios da planificação democrática da economia e do desenvolvimento da propriedade social, constantes, respectivamente, das alíneas *d)* e *e)*; e o princípio da intervenção democrática dos trabalhadores, consagrado na alínea *f)*, era então o que restava do "exercício do poder democrático das classes trabalhadoras"[293]. Mas sem qualquer refe-

---

gorização genérica, a jusante, de grandes tipos de conflitualidade normativa dentro de um mesmo sistema jurídico, cfr. PAULO OTERO, *Legalidade* ..., pp. 250 ss.

[293] Não se olvide que com a revisão constitucional de 1982 a transição para o socialismo desaparece da epígrafe do artigo 2.º e, apesar de no corpo da norma permanecer tal referência, essa transição haveria agora de fazer-se mediante a "realização da democracia económica, social e cultural e o aprofundamento da democracia participativa", e já não

rência ao socialismo. Dir-se-ia que, em matéria económica, o artigo 290.º da redacção originária da Constituição de 1976, além de consagrar os limites materiais de revisão constitucional, continha já o prenúncio substancial da revisão de 1982.

Por outro lado, a nova sistematização do artigo 80.º não se resume, evidentemente, à arrumação do texto: por outras palavras, neste ponto, não foi apenas a *Constituição formal* ou *instrumental* que sofreu alteração, mas a própria *Constituição material*, o que pode resumir-se no seguinte:

i) A alteração da epígrafe de "Fundamento da organização económico-social" para "Princípios fundamentais" pretende clarificar a função padronizadora do conteúdo, decompondo uma axiologia complexa e imbricada num conjunto de princípios mais autónomos entre si e melhor apreensíveis pelo legislador;

ii) A sistematização por alíneas dos vários princípios parece pretender, senão sempre uma hierarquização de valores, pelo menos uma graduação da sua intensidade no que respeita à *força activa* dos princípios;

iii) Por outro lado, o desaparecimento de um fundamento axiológico uno e expresso da organização económico-social – o desenvolvimento das relações de produção socialistas – torna mais fluída a consistência dos princípios agora sistematizados.

Quanto a este último aspecto, diga-se que o princípio da subordinação do poder económico ao poder político democrático, se acentua a conexão entre a Constituição económica e a Constituição política, afirmando ainda que indirectamente o princípio estrutural da democracia representativa no seio da Constituição económica, também reforça o papel dos órgãos de soberania – *maxime*, daqueles que participam na função político-legislativa – na unificação dos próprios princípios fundamentais da Constituição económica, que agora buscarão o fundamento da organização económico-social mais intensamente noutra parte da Constituição: nos direitos fundamentais.

A **revisão constitucional de 1989** é, ao nível dos princípios fundamentais, de uma intensidade muito menor. Além de um pretenso apuro de forma, podem apontar-se os seguintes aspectos:

---

através da "criação de condições para o exercício democrático do poder pelas classes trabalhadoras".

i) A garantia de coexistência, entre os sectores de propriedade, do sector social (cfr. alteração à alínea b));

ii) A substituição, na alínea e), do *desenvolvimento* da propriedade social pela *protecção* do *sector cooperativo* e *social* de propriedade dos meios de produção, o que denota a sua maior autonomia face ao Estado num projecto constitucional de pendor mais liberal (e daí a necessidade de *protecção* onde antes era o *desenvolvimento*);

É esta última tendência que nos parece de reter[294]. Além das restantes alterações ao Título I ("Princípios gerais") da Parte II introduzidas em 1989, pode afirmar-se que a segunda revisão da Constituição, em matéria económica, foi, em, boa parte, feita de "fora para dentro" (da Constituição económica em sentido sistemático-formal, entenda-se). Efectivamente, é neste momento que o propósito constitucional de "transformação numa sociedade sem classes" é abandonado no artigo 1.º, expressão substituída pela "construção de uma sociedade livre, justa e solidária". E é neste momento também que desaparece definitivamente do artigo 2.º qualquer referência ao socialismo: o objectivo é agora apenas a "realização da democracia económica, social e cultural e o aprofundamento da democracia participativa", sem que tal vise qualquer transição para o socialismo.

Por outro lado, foi alterada a alínea f) do artigo 290.º, que incluía o princípio da apropriação colectiva e a eliminação dos monopólios e dos latifúndios entre os limites materiais de revisão: em seu lugar, limite material de revisão é agora a coexistência do sector público, do sector privado e do sector cooperativo e social de propriedade dos meios de produção (redacção, aliás, igual à da alínea b) do artigo 80.º). E, ainda com relevância económica, foi alterada a alínea g) do mesmo preceito, substituindo-se a "planificação democrática da economia" pela "existência de planos económicos no âmbito de uma economia mista".

Quanto à **revisão constitucional de 1997**, e apenas para fixar uma apreciação de tendência geral, tendo em conta tudo o que se deixou dito

---

[294] A introdução da cláusula justificante do interesse público na alínea c) para a apropriação colectiva dos principais meios de produção e solos (a montante ainda da referência à apropriação dos recursos naturais, mas sem que tal tenha um significado excludente da necessidade de demonstração do interesse público na respectiva apropriação, naturalmente) não trouxe qualquer novidade, porquanto não se compreende qualquer actuação do Estado à margem desse mesmo interesse público.

supra[295], propendemos para concordar, genericamente, com ALEXANDRE SOUSA PINHEIRO e MÁRIO JOÃO DE BRITO FERNANDES quando a inserem no caminho da redução do grau de dirigismo económico constitucional e do "afastamento de um modelo económico unívoco de base constitucional": nessa linha se compreendem a "depuração do léxico intervencionista", "uma expressa consagração da dimensão não estatal da actividade económica" e o reforço da "dimensão consensual da democracia económica" que os Autores referem[296]. É, pois, o momento definitivo da "viragem para a economia de mercado"[297].

Numa **apreciação geral**, é de notar a *desideologização* como grande marca comum das sucessivas revisões por que passou o preceito em causa. O socialismo foi sendo substituído pela democracia pluralista de orientação social (o que não deve fazer-se equivaler à substituição de uma *ideologia* por um *acervo de valores* ideologicamente descomprometidos). Todavia, defendeu-se já que tal substituição consubstanciou apenas a consagração normativa da realidade social ou extra-constitucional. Admitindo-se a fracção entre uma *normatividade "oficial"* e uma *normatividade "não oficial"*[298], havendo então lugar dentro desta última para uma *Constituição "não oficial"*[299], pode bem afirmar-se que "Foi ao nível do princípio socialista consagrado na versão inicial do texto constitucional que começou, logo em 1976, o desenvolvimento de uma "Constituição não oficial" em sentido precisamente inverso à normatividade "oficial": não existe uma única decisão política, legislativa ou administrativa, após a entrada em vigor da Constituição, que tenha dado implementação às ideias de "transição para o socialismo", "desenvolvimento do processo revolucionário" ou desenvolvimento das relações de produção socialistas; tal como não existe uma única decisão judicial que tenha considerado inconstitucional uma lei ou qualquer acto jurídico por violação do princípio socialista"[300]. Houve, pois, "uma verdadeira supressão da imperatividade da transição para o socialismo", sendo que "tais normas definidoras de um

---

[295] Cfr. *supra*, I.
[296] Cfr. *Comentário* ..., p. 221.
[297] Cfr. MARCELO REBELO DE SOUSA/JOSÉ DE MELO ALEXANDRINO, *Constituição da República Portuguesa – Comentada*, Lisboa, 2000, p. 194.
[298] Neste sentido, cfr. PAULO OTERO, *Legalidade* ..., pp. 418 ss.
[299] Cfr. PAULO OTERO, *Legalidade* ..., pp. 424 ss.
[300] Cfr. PAULO OTERO, *Legalidade* ..., p. 427.

modelo socialista-marxista de sociedade nunca tiveram efectividade, tendo morrido como normas virgens, pois toda a actuação das instituições políticas e judiciais se desenvolveu em termos precisamente contrários ao sentido literal e aos corolários lógicos decorrentes de uma interpretação implementadora da decisão socialista do texto da Constituição": "a prática constitucional impôs-se à letra do texto constitucional"[301].

Neste sentido, "a erosão do princípio socialista teve na intervenção dos tribunais um dos principais contributos redefinidores do sentido do modelo constitucional, ultrapassando mesmo os esforços doutrinários de subordinação da decisão socialista ao respeito pela vontade do povo português", o que permite afirmar a *erosão judicial da legalidade administrativa*[302]. Sucede, porém, que a sorte do princípio socialista não foi diferente, no geral, da sorte da própria Constituição económica: como se afirmou já, também, "A emergência de uma Constituição "não oficial" ao nível das instituições políticas é hoje, reconheça-se, uma pálida imagem da verdadeira descaracterização que se operou entre 1976 e 1989 na Constituição económica"[303].

IV. PAÍSES DE EXPRESSÃO PORTUGUESA[304]

§ 8.º. Brasil

Como na CRP[305], também, a CRFB reservou lugar para uma norma sobre os grandes princípios ou finalidades da actividade económica, inse-

---

[301] Cfr. PAULO OTERO, *Legalidade* ..., p. 427.
[302] Cfr. PAULO OTERO, *Legalidade* ..., pp. 532-533.
[303] Cfr. PAULO OTERO, *Legalidade* ..., p. 429.
[304] Sobre o constitucionalismo brasileiro e os sistemas constitucionais dos países africanos lusófonos e de Timor, cfr. JORGE MIRANDA, *Manual* ..., I, respectivamente, pp. 223 ss., e 239 e ss., e bibliografia aí citada. No que respeita aos sistemas constitucionais dos países africanos lusófonos - além da sua evolução geral desde as independências, passando pelas "primeiras Constituições" e até à actualidade -, JORGE MIRANDA expressa algumas considerações breves e transversais sobre o constitucionalismo económico desses países. Designadamente, se as primeiras constituições fixavam uma "organização económica do tipo colectivizante" (cfr. p. 241), já a segunda geração de Constituições trouxe a "previsão de mecanismos de economia de mercado", o "pluralismo de sectores de propriedade, e, em geral, a desideologização da Constituição económica" (cfr. p. 243). O texto das várias

rida no Capítulo I ("Dos Princípios Gerais da Atividade Econômica") do Título VII ("Da Ordem Econômica e Financeira"): é o artigo 170.º, a norma da Constituição económica brasileira[306] que mais se aparenta com o artigo 80.º da CRP, e onde se dispõe:

"Art. 170.º
A ordem econômica, fundada na valorização do trabalho humano e na livre iniciativa, tem por fim assegurar a todos existência digna, conforme os ditames da justiça social, observados os seguintes princípios:
I. soberania nacional;
II. propriedade privada;
III. função social da propriedade;
IV. livre concorrência;
V. defesa do consumidor;
VI. defesa do meio ambiente;
VII. redução das desigualdades regionais e sociais;
VIII. busca do pleno emprego;
IX. tratamento favorecido para as empresas de pequeno porte constituídas sob as leis brasileiras e que tenham sua sede e administração no país;

Constituições, com referência às suas alterações, pode consultar-se em JORGE BACELAR GOUVEIA, *As Constituições dos Estados de Língua Portuguesa*, 2.ª Ed., Coimbra, 2006.

[305] Sobre o constitucionalismo brasileiro, e relações de inter-influência entre este e o constitucionalismo português, em geral, cfr. JORGE MIRANDA, *Manual ...*,I, pp. 223 ss., e bibliografia aí citada a pp. 234; MANOEL GONÇALVES FERREIRA FILHO, *Constitucionalismo português e constitucionalismo brasileiro*, in *Perspectivas Constitucionais*, I, org. JORGE MIRANDA, Coimbra, 1996, pp. 55 ss.; PAULO BONAVIDES, *Constitucionalismo luso-brasileiro: influxos recíprocos*, in *Perspectivas Constitucionais*, I, org. JORGE MIRANDA, Coimbra, 1996, pp. 19 ss.; PAULO FERREIRA DA CUNHA, *Em demanda dos fundamentos de uma Comunidade Constitucional Lusófona*, in *Perspectivas Constitucionais*, II, org. JORGE MIRANDA, Coimbra, 1997, pp. 11 ss. No domínio da Constituição económica, cfr. NAILÊ RUSSOMANO, *Influências da Constituição da República Portuguesa de 1976 na Constituição brasileira de 1988*, in *Perspectivas Constitucionais*, III, org. JORGE MIRANDA, Coimbra, 1998, pp. 425 ss.

[306] No domínio da Constituição económica brasileira, cfr. ANDRÉ RAMOS TAVARES, *O Desenvolvimento da Idéia de "Estado Econômico" no Mundo Globalizado*, in *Estudos em Homenagem ao Prof. Doutor Armando M. Marques Guedes*, Coimbra, 2004, pp. 932 ss.; IVO DANTAS, *Direito Constitucional Econômico – Globalização & Constitucionalismo*, Curitiba, 2000; MANOEL GONÇALVES FERREIRA FILHO, *Sobre a Constituição de 1988*, in RFDUL, Vol. XXXI, 1990, pp. 75 ss.; NAILÊ RUSSOMANO, *Influências ...*, pp. 425 ss.; *Direito Constitucional Econômico: Reflexões e Debates*, coord., Francisco Régis Araújo Frota Fortaleza – Ceará, 2001.

Parágrafo único. É assegurado a todos o livre exercício de qualquer atividade econômica, independentemente de autorização de órgãos públicos, salvo nos casos previstos na lei."

Tenha-se presente, porém, que a CRFB possui um Título VIII autónomo, "Da Ordem Social", cujo Capítulo I possui uma disposição geral única:

"Art.º 193.º
A ordem social tem como base o primado do trabalho, e como objectivo o bem-estar e a justiça sociais."

Embora o artigo 80.º da CRP não faça expressa referência ao *primado do valor do trabalho* entre o seu acervo de princípios (o que nos obriga também a deitar atenção sobre o artigo 81.º), a similitude entre a sua materialidade e aquela que resulta da CRFB deve encontrar-se na conjugação daqueles dois preceitos desta última, pois que a sua *descontinuidade* formal ao nível da organização económico-social, em função daquela separação de Títulos, não é senão isso mesmo, sem alterar a ideia de Constituição económico-social (que não é de todo criticável, senão na medida em que também o seja a referida ausência expressa do *trabalho* no artigo 80.º da CRP).

Ainda assim, não por questões sistemáticas ou de forma, mas atendendo ao conteúdo, afirma JORGE MIRANDA que a Constituição económica brasileira "apresenta-se moderadamente nacionalista, com compromisso entre tendências liberais e estatizantes, e nem sempre em sintonia com as incumbências assumidas pelo Estado na ordem social"[307].

De resto, é ainda de dar conta das especiais relações de natureza interpretativa que se estabelecem entre as citadas normas e o artigo 3.º (objectivos fundamentais da República Federativa do Brasil), e as disposições do Capítulo II ("Dos Direitos Sociais") do Título II ("Dos Direitos e Garantias Fundamentais").

---

[307] Cfr. *Manual* ..., I, p. 237 (e bibliografia aí citada).

§ 9.º. Angola

Do ponto de vista sistemático, a LCRA não reservou qualquer parte, título ou capítulo autónomos para a organização económica ou económico-social. À parte as disposições relevantes em sede de direitos e deveres fundamentais, agrupadas no Título II, a matéria relativa aos princípios fundamentais da ordem económico-social surge integrada no âmbito de todos os princípios fundamentais da LCRA, logo no Título I.

A LCRA não possui norma paralela ao artigo 80.º da CRP, no sentido em que não existe qualquer disposição que sistematize os princípios fundamentais da organização económico-social. Todavia, entre os artigos 7.º e 14.º da LCRA encontram-se algumas normas relevantes neste domínio e que, em termos substanciais, se situam entre o *princípio* e a *tarefa estadual*.

No artigo 7.º dispõe-se que:

"Artigo 7.º
Será promovida e intensificada a solidariedade económica, social e cultural entre todas as regiões da República de Angola, no sentido do desenvolvimento comum de toda a Nação angolana."

O artigo 9.º apresenta já muito maior afinidade com o artigo 81.º da CRP, e as restantes normas inseridas no Título I e respeitantes à organização económica referem-se já a aspectos específicos desta, tais como, *v.g.*, os sectores de propriedade (cfr. artigo 10.º, que vai, contudo, um pouco além dessa mesma matéria), iniciativa económica (cfr. artigo 11.º), recursos naturais e solos (cfr. artigo 12.º)[308].

§ 10.º. Moçambique

A CRM guardou para o Capítulo I ("Princípios Gerais") do Título IV ("Organização Económica, Social, Financeira e Fiscal") a matéria de que trata o artigo 80.º da CRP. As normas contidas neste Capítulo I mantêm com o artigo 11.º (tarefas ou objectivos fundamentais do Estado) uma relação idêntica àquela em que as da Parte II da CRP se encontram com o seu

---

[308] Estes e outros preceitos serão focados a propósito das várias normas *parentes* da CRP.

artigo 9.º, congénere daquele, o mesmo se verificando no âmbito dos direitos fundamentais, sobretudo os de natureza económica, social e cultural. Note-se, aliás, que na CRM, com a revisão constitucional de 2004, em termos sistemáticos, a matéria da organização económica e social deixou de anteceder a dos "Direitos, deveres e liberdades fundamentais".

Ao nível da principiologia da Constituição económica, são de destacar as normas contidas nos artigos 96 e 97, sendo este último o que mais se aparenta com o artigo 80.º da CRP:

"Artigo 96
(Política económica)
1. A política económica do Estado é dirigida à construção das bases fundamentais do desenvolvimento, à melhoria das condições de vida do povo, ao reforço da soberania do Estado e à consolidação da unidade nacional, através da participação dos cidadãos, bem como da utilização eficiente dos recursos humanos e materiais.

2. Sem prejuízo do desenvolvimento equilibrado, o Estado garante a distribuição da riqueza nacional, reconhecendo e valorizando o papel das zonas produtoras.

Artigo 97
(Princípios fundamentais)
A organização económica e social da República de Moçambique visam a satisfação das necessidades essenciais da população e a promoção do bem-estar social e assenta nos seguintes princípios fundamentais:

a) na valorização do trabalho;

b) nas forças do mercado;

c) na iniciativa dos agentes económicos;

d) na coexistência do sector público, do sector privado e do sector cooperativo e social;

e) na propriedade pública dos recursos naturais e de meios de produção, de acordo com o interesse colectivo;

f) na protecção do sector cooperativo e social;

g) na acção do Estado como regulador e promotor do crescimento e desenvolvimento económico e social."

§ 11.º. **Cabo Verde**

Na CRCV, o artigo 90.º foi reservado aos "Princípios gerais da organização económica", integrado na Parte III ("Organização económica e financeira"). Também aqui a relação que se estabelece entre esta norma e o artigo 7.º (tarefas fundamentais do Estado), e as normas do Título III ("Direitos e deveres económicos, sociais e culturais") da Parte II ("Direitos e deveres fundamentais"), tem paralelo com o que se passa no Direito Constitucional português ao nível das suas normas congéneres.

"Artigo 90.º
Princípios gerais da organização económica
1. A exploração das riquezas e recursos económicos do país, qualquer que seja a sua titularidade e as formas de que se revista, está subordinada ao interesse geral.
2. O Estado garante as condições de realização da democracia económica, assegurando, designadamente:

a) A fruição por todos os cidadãos dos benefícios resultantes do esforço colectivo de desenvolvimento, traduzida, nomeadamente na melhoria quantitativa e qualitativa do seu nível e condição de vida;

b) A igualdade de condições de estabelecimento, actividade e concorrência dos agentes económicos;

c) A regulação do mercado e da actividade económica;

d) O ambiente favorável ao livre e generalizado acesso ao conhecimento, à informação e à propriedade;

e) O desenvolvimento equilibrado de todas as ilhas e o aproveitamento adequado das suas vantagens específicas.

3. As actividades económicas devem ser realizadas tendo em vista a preservação do ecossistema, a durabilidade do desenvolvimento e o equilíbrio das relações entre o homem e o meio envolvente.
4. O Estado apoia os agentes económicos nacionais na sua relação com o resto do mundo e, de modo especial, os agentes e actividades que contribuam positivamente para a inserção dinâmica de Cabo Verde no sistema económico mundial.
5. O Estado incentiva e apoia, nos termos da lei, o investimento externo que contribua para o desenvolvimento económico e social do país.
6. É garantida, nos termos da lei, a coexistência dos sectores público e privado na economia, podendo também existir propriedade comunitária autogerida.
7. São do domínio público:

a) As águas interiores, as águas arquipelágicas, o mar territorial, seus leitos e subsolos, bem como os direitos de jurisdição sobre a plataforma continental e a zona económica exclusiva, e ainda todos os recursos vivos e não vivos existentes nesses espaços;

b) Os espaços aéreos sobrejacentes às áreas de soberania nacional acima do limite reconhecido ao proprietário;

c) Os jazigos e jazidas minerais, as águas subterrâneas, bem como as cavidades naturais, existentes no subsolo;

d) As estradas e caminhos públicos, bem como, as praias;

e) Outros bens determinados por lei.

8. É, ainda, do domínio público do Estado, a orla marítima, definida nos termos da lei, que deve merecer atenção e protecção especiais.

9. A lei regula o regime jurídico dos bens do domínio público do Estado, das autarquias locais e comunitário, na base dos princípios da inalienabilidade, da imprescritibilidade, da impenhorabilidade e da desafectação."

Se é claro o paralelismo com o artigo 80.° da CRP, não pode deixar de observar-se a inclusão no artigo 90.° da CRCV de normas que melhor fora autonomizar em preceito distinto, como sejam as referências a tarefas fundamentais do Estado (n.os 2, 4 e 5), e ao domínio público (n.os 7, 8 e 9), matéria em que se vai muito além de um princípio geral.

§ 12.°. **Guiné-Bissau**

Em matéria de organização económica e social, a CRGB apresenta uma sistemática idêntica à da Lei Fundamental angolana: também aqui não existe uma autonomização dos preceitos que integram a Constituição económica formal, que se diluem entre os restantes princípios fundamentais consagrados no Título I.

Particular relevo assume o

"Artigo 11.°
1. A organização económica e social da República da Guiné Bissau assenta nos princípios da economia de mercado, da subordinação do poder económico ao poder político e da coexistência das propriedades pública, cooperativa e privada.

2. A organização económica e social da República da Guiné Bissau tem como objectivo a promoção contínua do bem-estar do povo e a elimi-

nação de todas as formas de sujeição da pessoa humana a interesses degradantes, em proveito de indivíduos, de grupos ou de classes."

Tomando em consideração, em especial, o n.º 1, é notória a similitude substancial parcial com o disposto no artigo 80.º da CRP, embora seja de assinalar a precedência dos princípios da economia de mercado em relação à subordinação do poder económico ao poder político. Neste último âmbito, no que respeita a um sistema público de comunicação social (imprensa, rádio e televisão), veja-se o disposto no n.º 3 do artigo 56.º.

§ 13.º. São Tomé e Príncipe

A CRDSTP não possui, à semelhança de outras, qualquer autonomização sistemática específica das normas respeitantes à ordem ou organização económica (cfr. *infra*). Trata-se de um texto constitucional parco nesse aspecto, como o de Angola e da Guiné-Bissau, em que a matéria surge focalizada no artigo 9.º, integrado logo na Parte I ("Fundamentos e Objectivos"):

"Artigo 9.º
Estado de economia mista
1. A organização económica de São Tomé e Príncipe assenta no princípio de economia mista, tendo em vista a independência nacional, o desenvolvimento e a justiça social.
2. É garantida, nos termos da lei, a coexistência da propriedade pública, da propriedade cooperativa e da propriedade privada de meios de produção."

Paralela à dos restantes textos constitucionais lusófonos, no que respeita às suas normas congéneres, é a relação entre o disposto neste artigo 9.º e os objectivos primordiais do Estado, positivados no artigo 10.º, e com as normas da Parte II ("Direitos Fundamentais e Ordem Social"), designadamente, as constantes do respectivo Título III, dedicado aos "Direitos sociais e ordem económica, social e cultural".

É bastante interessante, a este propósito, notar que a CRDSTP constrói a ordem económica e social a partir dos direitos fundamentais, parecendo existir uma identificação entre aquela e os direitos sociais, o que, se pode apresentar vantagens, contribui para a diluição dogmática da Constituição económica. Em tese, tal opção do legislador constituinte tanto pode fortalecer a Constituição económica pela abrangência do regime jurídico dos direitos fundamentais, como enfraquecer estes, pelas dificuldades de implementação daquela.

Note-se ainda a garantia constitucional de um serviço público de imprensa "independente dos interesses de grupos económicos e políticos" (n.º 2 do artigo 30.º), o que constitui concretização de um princípio que se pode dizer implícito e equivalente ao constante da alínea *a)* do artigo 80.º da CRP.

§ 14.º. **Timor-Leste**

A CRDTL[309] reservou para a "Organização Económica e Financeira" a sua Parte IV, dividida em dois Títulos: o I, dedicado aos "Princípios Gerais", e o II ao "Sistema financeiro e fiscal". É no Título I que encontramos o estabelecimento dos princípios da organização económica, designadamente, no artigo 138.º:

> "Artigo 138.º
> *(Organização económica)*
> A organização económica de Timor-Leste assenta na conjugação das formas comunitárias com a liberdade de iniciativa e gestão empresarial e na coexistência do sector público, do sector privado e do sector cooperativo e social de propriedade dos meios de produção."

Além desta norma, e ainda sob a epígrafe daquele Título I ("Princípios Gerais"), encontramos as matérias dos recursos naturais, investimentos e terras (respectivamente, artigos 139.º, 140.º e 141.º).

A relação internormativa com os objectivos do Estado, consagrados no artigo 6.º, e com os direitos e deveres económicos, sociais e culturais (Título III da Parte II – "Direitos, Deveres, Liberdades e Garantias Fundamentais"), é idêntica às suas afins dos restantes textos constitucionais lusófonos.

---

[309] Sobre a *questão constitucional* relativa a Timor-Leste, cfr. JORGE MIRANDA, *Timor e o Direito Constitucional*, in Timor e o Direito, AAFDL, Lisboa, 2000, pp. 111 ss.; *Uma Constituição para Timor*, in RFDUL, Vol. XLI, n.º 2, 2000, pp. 935 ss.

Artigo 81.º
(Incumbências prioritárias do Estado)

Incumbe prioritariamente ao Estado no âmbito económico e social:

a) Promover o aumento do bem-estar social e económico e da qualidade de vida das pessoas, em especial das mais desfavorecidas, no quadro de uma estratégia de desenvolvimento sustentável;

b) Promover a justiça social, assegurar a igualdade de oportunidades e operar as necessárias correcções das desigualdades na distribuição da riqueza e do rendimento, nomeadamente através da política fiscal;

c) Assegurar a plena utilização das forças produtivas, designadamente zelando pela eficiência do sector público;

d) Promover a coesão económica e social de todo o território nacional, orientando o desenvolvimento no sentido de um crescimento equilibrado de todos os sectores e regiões e eliminando progressivamente as diferenças económicas e sociais entre a cidade e o campo e entre o litoral e o interior;

e) Promover a correcção das desigualdades derivadas da insularidade das regiões autónomas e incentivar a sua progressiva integração em espaços económicos mais vastos, no âmbito nacional ou internacional;

f) Assegurar o funcionamento eficiente dos mercados, de modo a garantir a equilibrada concorrência entre as empresas, a contrariar as formas de organização monopolistas e a reprimir os abusos de posição dominante e outras práticas lesivas do interesse geral;

g) Desenvolver as relações económicas com todos os povos, salvaguardando sempre a independência nacional e os interesses dos portugueses e da economia do país;

h) Eliminar os latifúndios e reordenar o minifúndio;

i) Garantir a defesa dos interesses e os direitos dos consumidores;

j) Criar os instrumentos jurídicos e técnicos necessários ao planeamento democrático do desenvolvimento económico e social;

l) Assegurar uma política científica e tecnológica favorável ao desenvolvimento do país;

m) Adoptar uma política nacional de energia, com preservação dos recursos naturais e do equilíbrio ecológico, promovendo, neste domínio, a cooperação internacional;

n) Adoptar uma política nacional da água, com aproveitamento, planeamento e gestão racional dos recursos hídricos.

Quadro tópico:

I. INCUMBÊNCIAS PRIORITÁRIAS DO ESTADO

§ 1.º. Valor jurídico do elenco de incumbências prioritárias do Estado;

1.1. O significado das incumbências prioritárias do Estado à luz do modelo de Estado social e democrático de Direito adoptado pela CRP;

1.2. (cont.) O lugar das incumbências prioritárias do Estado no âmbito da Constituição económica;

1.3. Dimensões normativas e de vinculatividade dos poderes públicos;

§ 2.º. O elenco de incumbências prioritárias do Estado;

2.1. *a) Promover o aumento do bem-estar social e económico e da qualidade de vida das pessoas, em especial das mais desfavorecidas, no quadro de uma estratégia de desenvolvimento sustentável;*

2.2. *b) Promover a justiça social, assegurar a igualdade de oportunidades e operar as necessárias correcções das desigualdades na distribuição da riqueza e do rendimento, nomeadamente através da política fiscal;*

2.3. *c) Assegurar a plena utilização das forças produtivas, designadamente zelando pela eficiência do sector público;*

2.4. *d) Promover a coesão económica e social de todo o território nacional, orientando o desenvolvimento no sentido de um crescimento equilibrado de todos os sectores e regiões e eliminando progressivamente as diferenças económicas e sociais entre a cidade e o campo e entre o litoral e o interior;*

2.5. *e) Promover a correcção das desigualdades derivadas da insularidade das regiões autónomas e incentivar a sua progressiva integração em espaços económicos mais vastos, no âmbito nacional ou internacional;*

2.6. *f) Assegurar o funcionamento eficiente dos mercados, de modo a garantir a equilibrada concorrência entre as empresas, a contrariar as formas de organização monopolistas e a reprimir os abusos de posição dominante e outras práticas lesivas do interesse geral;*

2.7. *g) Desenvolver as relações económicas com todos os povos, salvaguardando sempre a independência nacional e os interesses dos portugueses e da economia do país;*

2.8. *h) Eliminar os latifúndios e reordenar o minifúndio;*

2.9. *i) Garantir a defesa dos interesses e os direitos dos consumidores;*

2.10. *j) Criar os instrumentos jurídicos e técnicos necessários ao planeamento democrático do desenvolvimento económico e social;*

2.11. *l) Assegurar uma política científica e tecnológica favorável ao desenvolvimento do país;*

2.12. *m) Adoptar uma política nacional de energia, com preservação dos recursos naturais e do equilíbrio ecológico, promovendo, neste domínio, a cooperação internacional;*

2.13. *n) Adoptar uma política nacional da água, com aproveitamento, planeamento e gestão racional dos recursos hídricos.*

II. DIREITO INTERNACIONAL E EUROPEU

§ 3.º. Direito Internacional;

§ 4.º. Direito Europeu.

III. MEMÓRIA CONSTITUCIONAL

§ 5.º. As constituições portuguesas anteriores à Constituição de 1976;

§ 6.º. Conteúdo originário da redacção do preceito na Constituição de 1976 e sucessivas versões decorrentes das revisões constitucionais;

§ 7.º. Apreciação do sentido das alterações do preceito.

IV. PAÍSES DE EXPRESSÃO PORTUGUESA

§ 8.º. Brasil;

§ 9.º. Angola;

§ 10.º. Moçambique;

§ 11.º. Cabo Verde;

§ 12.º. Guiné-Bissau;

§ 13.º. São Tomé e Príncipe;

§ 14.º. Timor-Leste.

I. INCUMBÊNCIAS PRIORITÁRIAS DO ESTADO

§ 1.º. Valor jurídico do elenco de incumbências prioritárias do Estado

1.1. *O significado das incumbências prioritárias do Estado à luz do modelo de Estado social e democrático de direito adoptado pela CRP*

Ao fixar, no seu artigo 9.º, um elenco de tarefas fundamentais do Estado, a CRP concretiza, positivamente, a essência de Estado social da República portuguesa. Se, em termos gerais, o Estado social radica na defesa da justiça social e na prossecução da igualdade material[310], é incumbência do legislador constituinte moldar essa intenção à realidade constitucional-normativa de um determinado Estado. Essa plástica realiza-se ao longo do momento constituinte e nas várias realidades jurídicas a normativizar no correspondente percurso: aí se conta a positivação relativa aos princípios fundamentais do Estado e aos direitos fundamentais, na margem de livre disposição do legislador constituinte; a conformação da organização política, sempre ultimamente subordinada aos direitos fundamentais; e mesmo as normas relativas à garantia e revisão da constituição. Todavia, à concretização do Estado social em determinada constituição, ou, se se preferir, à concretização de determinada ideia de direito assente naqueles vectores fundamentais (justiça social e igualdade material), não é absolutamente necessária a existência de uma norma constitucional como a do artigo 9.º. Com efeito, existem Estados que, inequivocamente, se afirmam como "sociais", não levantando dúvida que se integram nesse modelo, e que não possuem qualquer norma constitucional afim do artigo 9.º da CRP nas respectivas leis fundamentais. Foi outra, porém, a opção do legislador constituinte português.

Mas tal não permite afirmar que o estabelecimento de um elenco de tarefas fundamentais do Estado, como o que consta do artigo 9.º, seja simplesmente declarativo, que poderia deduzir-se ou *respirar-se* da restante normatividade constitucional. Embora se encare como hermenêuticamente possível a conclusão pela existência *de* tarefas fundamentais do Estado a partir da análise da Constituição formal e material, jamais tal operação

---

[310] Cfr. JORGE REIS NOVAIS, *Os Princípios* ..., p. 31.

conduziria *àquele elenco concreto* de tarefas, pois que a sua positivação no artigo 9.º não se compreende à margem da liberdade de conformação do legislador constituinte. Isto em primeiro lugar, já que, por outro lado, essa mesma liberdade do legislador constituinte, que se manifesta na positivação da norma, constitui o Estado numa *específica* "obrigação social de modelação da sociedade"[311], obrigação que não se afirmaria da mesma *forma* se apenas sustentada na Constituição material, com referência à ideia de direito que lhe seria própria sem aquela normativização.

A natureza constitutiva do elenco de tarefas fundamentais presente no artigo 9.º não parece, aliás, diferente da do epigrafado elenco de incumbências prioritárias do Estado constante do artigo 81.º. Bem entendido, existem diferenças entre a função de ambas as normas, designadamente, porque a norma contida no artigo 9.º se destina a *dirigir* toda a actividade política do Estado, enquanto a norma contida no artigo 81.º se refere especialmente ao âmbito económico e social daquela actividade, desenvolvendo, especificando e concretizando quanto neste domínio provinha já do disposto nos artigos 2.º, 9.º, e mesmo 80.º da CRP[312]. Mas, se é assim, não deixam ambas – as normas contidas nos artigos 9.º e 81.º – de ser *normas-tarefa, normas-fim*[313], que apesar da sua heterogeneidade[314], apresentam características gerais de *programaticidade*[315], orientando teleologicamente "as tarefas do Estado para a concretização da liberdade, da justiça e da solidariedade", e pressupondo "não apenas uma atitude passiva", mas envolvendo "também um posicionamento activo de criação de meios que permitam a sua efectivação"[316].

---

[311] Cfr. JORGE REIS NOVAIS, *Os Princípios* ..., p. 37.

[312] Neste sentido, cfr. J. J. GOMES CANOTILHO/VITAL MOREIRA, *Constituição* ..., I, p. 966.

[313] Cfr. J. J. GOMES CANOTILHO, *Direito Constitucional* ..., pp. 1176 ss.; JORGE MIRANDA/RUI MEDEIROS (com MANUEL AFONSO VAZ), *Constituição* ..., II, p. 18.

[314] Sobre esta característica, considerando as várias alíneas do artigo 81.º da CRP, cfr. J. J. GOMES CANOTILHO/VITAL MOREIRA, *Constituição* ..., I, p. 966. Organizando as várias alíneas em três grandes áreas temáticas – "tarefas de *promoção da igualdade de oportunidades*, de *promoção da eficiência* e de *promoção do desenvolvimento sustentável*", cfr. JORGE MIRANDA/RUI MEDEIROS (com MANUEL AFONSO VAZ), *Constituição* ..., II, pp. 18 ss.

[315] Cfr. MARCELO REBELO DE SOUSA, *Direito Constitucional*, p. 98; JORGE MIRANDA, *Manual* ..., II, p. 245.

[316] Cfr. PAULO OTERO, *O Poder* ..., II, p. 525.

Pode, evidentemente, discutir-se a amplitude, densidade e alcance do estabelecimento de tarefas do Estado na CRP[317]. Todavia, o significado das incumbências prioritárias do Estado, à luz do modelo de Estado social e democrático de Direito adoptado pela CRP, passa, inequivocamente, pela consideração da sua função orientadora para os poderes públicos no que respeita à intervenção (*lato sensu*) na organização económico-social. Mais, tal orientação é, genericamente, *directora*, e não apenas indicativa ou facultativa. Porém, se aí onde existe programaticidade tal não equivale a "mera proclamação política ou cláusula não vinculativa"[318], também não pode falar-se de um monismo programático ou conformador da sociedade, em obediência a um modelo transpersonalista: além ou a par da soberania popular e da sua implicação dinâmica ao nível do desenvolvimento do Estado-Colectividade, pode bem afirmar-se com JORGE REIS NOVAIS que "reconhecida a dignidade da pessoa humana, o livre desenvolvimento da personalidade e os direitos fundamentais como princípios básicos da convivência social e objectivos da limitação jurídica do Estado – e esse é o único ponto fechado na caracterização material do Estado de direito –, ficam por determinar não só as modalidades de garantia institucional daqueles objectivos (variáveis em função de inúmeros factores, desde a complexidade da situação concreta à tradição histórica e cultural e à natureza do tipo de sistema jurídico), como o sentido da concretização política que se proponha realizar aqueles valores"[319].

As incumbências prioritárias do Estado no âmbito económico e social constituem, assim, uma concretização específica (ou num domínio específico) do modelo de Estado social e democrático de Direito adoptado pela CRP. Juntamente com os princípios fundamentais da ordem económico--social[320], elas fornecem o quadro essencial do modelo constitucional económico. Àqueles princípios apontaram-se duas funções primordiais, a saber, de *unificação em sentido jurídico-material* e de *harmonização ou orientação teleológico-interpretativa* da Constituição económica[321].

---

[317] Desde logo para uma colocação do problema, cfr. J. J. GOMES CANOTILHO, *Constituição Dirigente* ..., em especial pp. 166 ss.
[318] Cfr. JORGE MIRANDA, *Teoria do Estado e da Constituição*, Coimbra, 2002, p. 640.
[319] Cfr. *Os Princípios* ..., p. 40.
[320] Cfr. anotação ao artigo 80.º.
[321] Cfr. anotação ao artigo 80.º, I, § 1.º, 1.1.

A estas incumbências ou tarefas podem, por seu turno, exigir-se outras duas funções essenciais:

i) De *orientação dirigente, político-jurídica, daquele sentido unificador (jurídico-material) da Constituição económica através dos princípios fundamentais*: as incumbências prioritárias do Estado no âmbito económico e social orientam os poderes públicos, fornecem um sentido, uma direcção quanto à concretização dos princípios fundamentais (expressos e implícitos) da ordem económico-social;

ii) De *concretização primeira daquele mesmo sentido*: tratando-se do momento primeiro, em conjugação com o artigo 9.º, em que a CRP define tarefas públicas como forma de cumprimento do modelo constitucional económico (onde avultam os direitos fundamentais, mormente, os direitos económicos, sociais e culturais), a normativização dessas tarefas vem mostrar que a CRP não relegou para a liberdade de conformação do legislador ordinário o essencial da concretização daqueles princípios, à mercê da flutuabilidade decisória inerente ao pluralismo político-governativo[322]. Juridicamente, o estabelecimento de um elenco de incumbências prioritárias do Estado no âmbito económico e social é (ou pretende ser), em si mesmo, um factor de estabilidade constitucional e, com ela, jurídico-política.

Mas vejamos mais de perto a função da norma no seio da própria Constituição económica.

1.2. *(cont.) O lugar das incumbências prioritárias do Estado no âmbito da Constituição económica*

Situado na Parte II da CRP, o artigo 81.º é, no essencial, uma "norma sobre as tarefas económicas e sociais do Estado"[323]. Todavia, esse seu objecto, entendido à luz das funções que cabem à norma[324], não é bastante para lhe apreender o sentido prescritivo geral subjacente.

---

[322] O que não significa, obviamente, que a concretização do estabelecido nas várias alíneas deste artigo 81.º não esteja largamente dependente da composição e orientação dos órgãos do poder político em dado momento (salientando este aspecto, cfr. J. J. GOMES CANOTILHO/VITAL MOREIRA, *Constituição* ..., I, p. 973).

[323] Cfr. J. J. GOMES CANOTILHO/VITAL MOREIRA, *Constituição* ..., I, p. 965.

[324] Cfr. *supra*, I, § 1.º, 1.1.

É necessário ter presente que, assim como os princípios fundamentais a que se aludiu a propósito do artigo 80.° transportam para a Constituição económica dimensões marcantes dos princípios constitucionais estruturantes da CRP, também as incumbências prioritárias do Estado prosseguem tal função, embora de forma mediata – tendo o artigo 9.° por principal interlocutor –, e com consequências normativas diferentes. Com efeito, as incumbências prioritárias do Estado no âmbito económico e social só podem ter a sua função correctamente interpretada tendo presente o valor basilar da dignidade da pessoa humana, no qual radica o relevo da vontade popular para a construção de uma sociedade livre, justa e solidária (cfr. artigo 1.° da CRP). Do mesmo passo, é no contexto jurídico-cultural do Estado de Direito democrático que tais incumbências colhem o seu sentido, como instrumentos normativos de efectivação dos direitos e liberdades fundamentais, visando a realização da democracia económica, social e cultural e o aprofundamento da democracia representativa (cfr. artigo 2.° da CRP). Em primeira linha, contudo, são os princípios fundamentais do artigo 80.° (expressos e implícitos) que, como se disse, transportam essas dimensões valorativas para o seio da Constituição económica, dogmaticamente autonomizada.

É no diálogo entre o artigo 81.° e o artigo 9.° que se estabelecem as concretizações primeiras quanto ao que caberá aos poderes públicos na implementação e garantia daqueles valores e princípios. Num certo sentido, paralelamente a vinculações decorrentes dos direitos fundamentais e que de *per si* importem, para os poderes públicos, obrigações individualizáveis ou subjectiváveis, é do artigo 81.° – e daquele diálogo – que ressaltam as "tarefas e directivas políticas"[325] mais importantes para a concretização da Constituição económica, logo antes das questões de repartição de competências ou, mais abrangentemente, dos problemas relativos às "estruturas actanciais"[326].

É possível – e teoricamente desejável – estabelecer relações entre todas as alíneas do artigo 9.° e todas as alíneas do artigo 81.°; o mesmo é dizer que qualquer *incumbência* prioritária do Estado responde a todas as *tarefas* que a este cabem. Não é, porém, este o lugar para desenvolver e ordenar tal teia normativa. Se admitirmos, todavia, uma dicotomia per-

---

[325] Cfr. J. J. GOMES CANOTILHO/VITAL MOREIRA, *Constituição* ..., I, p. 966.

[326] Sobre esta problemática, cfr. J. J. GOMES CANOTILHO, *Constituição Dirigente* ..., pp. 176-177, e 215 ss.

functória entre relações gerais e relações específicas àquele nível de normatividade, podemos estabelecer que se enquadram naquela última categoria as conexões entre as incumbências prioritárias do artigo 81.° e as seguintes tarefas atribuídas ao Estado pelo artigo 9.°:

i) Garantir os direitos e liberdades fundamentais e o respeito pelos princípios do Estado de Direito democrático (cfr. alínea b));

ii) Promover o bem-estar e a qualidade de vida do povo e igualdade real entre os portugueses, bem como a efectivação dos direitos económicos, sociais e culturais e ambientais, mediante a transformação e modernização das estruturas económicas e sociais (cfr. alínea d));

iii) Proteger e valorizar o património cultural do povo português, defender a natureza e o ambiente, preservar os recursos naturais e assegurar um correcto ordenamento do território (cfr. alínea e));

iv) Promover o desenvolvimento harmonioso de todo o território nacional, tendo em conta, designadamente, o carácter ultraperiférico dos arquipélagos dos Açores e da Madeira (cfr. alínea g)).

A jusante do artigo 81.°, a Parte II da CRP disciplina juridicamente numerosas realidades, que podem qualificar-se como concretizações do estabelecimento de um elenco de incumbências prioritárias do Estado. Serão institutos jurídicos ou realidades da vida carentes de disciplina jurídica, que constituem a pormenorização normativa de determinadas incumbências, ou que são pressuposto jurídico da realização de determinadas incumbências:

i) Na primeira categoria de casos, encontramos como exemplo a eliminação dos latifúndios e o redimensionamento do minifúndio (cfr. artigo 94.° e 95.°), pormenorizando o disposto na alínea h) do artigo 81.°;

ii) Na segunda categoria de casos, encontramos, v.g., a disciplina jurídico-constitucional dos sectores de propriedade dos meios de produção (cfr. artigo 82.°) e do domínio público (cfr. artigo 84.°), como pressuposto jurídico, respectivamente, das incumbências estabelecidas nas alíneas c) (assegurar a plena utilização das forças produtivas, designadamente zelando pela eficiência do sector público), m) (adoptar uma política nacional de energia, com preservação dos recursos naturais e do equilíbrio ecológico, promovendo, neste domínio, a cooperação internacional) e n) (adoptar uma política nacional da água, com aproveitamento, planeamento e gestão racional dos recursos hídricos) do artigo 81.º.

Todavia, não deve ver-se nessas concretizações – *rectius*, nas suas diferenças – um elemento interpretativo da própria norma contida no artigo 81.º, *v.g.*, sobrevalorizando as incumbências prioritárias que a CRP mais pormenorizou adiante, ou de que mais detida e extensivamentemente se ocupou. Tal percurso poderia, enfim, subverter as funções apontadas à norma em causa[327]. É, com efeito, à luz daquelas relações do artigo 81.º com os artigos (também 1.º e 2.º) 9.º e 80.º da CRP que deve ser interpretado o elenco de incumbências prioritárias do Estado, bem como as restantes normas da Parte II: só assim pode estabelecer-se o lugar da norma no âmbito da Constituição económica e, claro, no âmbito geral da CRP.

O que se vem de dizer tem particular relevo atenta a programaticidade que percorre, em geral, as alíneas do artigo 81.º, como tantas outras normas da Parte II. O problema do valor jurídico-constitucional daquelas coloca-se, igualmente, entre tantas destas. Sendo questão a que se retornará[328], cumpre desde já notar, com J. J. GOMES CANOTILHO e VITAL MOREIRA, que existe diversidade de natureza e alcance entre as várias alíneas do artigo 81.º[329]. Tal constatação, se estimula a busca das suas complementaridades, não afasta a possibilidade de "conflitos positivos" entre algumas daquelas incumbências, mercê de incompatibilidades *prático-económicas* entre os fins visados, que haverão de ser resolvidas "tendo em consideração os princípios que definem as opções políticas e económicas fundamentais da Constituição e os critérios de ponderação que delas resulte"[330]. Pois bem, é justamente da interpretação daquelas relações normativas referidas *supra* que sobrevirá o critério jurídico para a resolução destas últimas dissensões, aplicado ao contexto fáctico em que se verifiquem. Se, num determinado contexto económico-social, não se vir como possível a conjugação da adopção de medidas no âmbito de uma política nacional da água e gestão racional dos recursos hídricos com o redimensionamento do minifúndio, não poderá tal conflito resolver-se pelo apelo

---

[327] Cfr. *supra*, I, § 1.º, 1.1.
[328] Cfr. *infra*, I, § 1.º, 1.3.
[329] Cfr. *Constituição* ..., I, p. 966-967.
[330] Cfr. J. J. GOMES CANOTILHO/VITAL MOREIRA, *Constituição* ..., I, p. 967.

à *maior dedicação textual* que a Parte II dedicou àquele último aspecto, mas tão só pela leitura integrada do texto constitucional, recorrendo àquele complexo axiológico-normativo.

É essa a única possibilidade jurídico-política válida, pois em face de "uma Constituição que adopta uma atitude voluntarista de transformação das condições económicas e sociais, enquanto expressão de um Estado social, o bem-estar constitui a vertente teleológica do Estado de Direito democrático"[331].

Poderemos encontrar o denominador comum do elenco de incumbências prioritárias do Estado na *gestão de bens escassos, teleologicamente orientada para a justiça social*. Se a sua raiz legitimadora e fundamentante é a própria dignidade da pessoa humana, permitindo – ou obrigando – a nomear hoje o Estado como "de bem-estar"[332], podemos bem apelidá-lo de "desenvolvimentista", no âmbito económico-social, sim, mas essencialmente humano[333].

1.3. *Dimensões normativas e de vinculatividade dos poderes públicos*

O primeiro aspecto a destacar neste ponto é o da pluridimensionalidade normativa presente no artigo 81.°. Ainda que se lhe possa apontar uma programaticidade genérica, tal não resume hoje fidedignamente a dimensão normativa do elenco de incumbências prioritárias do Estado. Com efeito, um mero relance permite desde logo observar diferenças de "determinabilidade" e "densidade"[334] entre as várias alíneas presentes no artigo 81.°: a promoção do aumento do bem-estar social e económico e da qualidade de vida das pessoas (cfr. alínea *a)*) constitui uma incumbência bem menos densa ou determinável do que a eliminação do latifúndio (cfr. alínea *h)*). Enquanto neste último caso a CRP impõe ao Estado a realização de uma tarefa relativamente determinada, ainda que o não sejam os respectivos instrumentos, no primeiro caso o Estado surge vinculado à prossecução de um fim geral, fim esse cujas tarefas necessárias se des-

---

[331] Cfr. PAULO OTERO, *O Poder* ..., II, p. 586.
[332] Cfr. PAULO OTERO, *O Poder* ..., II, em especial, pp. 586 ss.
[333] Cfr. ANDRÉ RAMOS TAVARES, *O Desenvolvimento* ..., pp. 930 ss.
[334] Utilizando estas expressões, cfr. J. J. GOMES CANOTILHO, *Direito Constitucional* ..., p. 1181.

multiplicam, *v.g.*, no restante elenco do artigo 81.°, sendo, por conseguinte, ainda mais distantes, indetermináveis ou imprevisíveis os respectivos instrumentos (naturalmente, sempre por referência ao fim).

Assim, tal como à norma da referida alínea *a)* quadra melhor a classificação de *norma-fim*, à da alínea *h)* assentará melhor a de *norma-tarefa*. Ambas partilham uma característica de programaticidade, na medida em que a sua realização está dependente de condições de facto (essencialmente sócio-económicas, mas não só), que podem reconduzir-se à chamada *reserva do possível*, especialmente relevante quando em relação directa com direitos económicos, sociais e culturais[335]. Todavia, variando o seu grau de determinação ou densidade, varia proporcionalmente a liberdade dos poderes públicos – e logo do legislador – na respectiva realização. Só numa verificação *norma a norma*, numa "análise normativo-estrutural incidente sobre os preceitos concretos da constituição"[336] se podem descobrir os *fins* e as *tarefas*, diferenciando-os para os devidos efeitos de vinculatividade[337].

Não nos parece, todavia, que a variabilidade do "grau de generalidade e abstracção" entre as várias alíneas do artigo 81.° tenha correspondência no seu "peso jurídico" respectivo, *proprio sensu*, no sentido de que, retomando os exemplos das alíneas *a)* e *h)*, a primeira possua mais "peso jurídico" do que a segunda. Neste sentido se inclinam J. J. GOMES CANOTILHO e VITAL MOREIRA, apesar de reconhecerem a todas as normas contidas no artigo 81.° um significado interpretativo referente a outras normas jurídicas, bem como a susceptibilidade de fundamentarem decisões de inconstitucionalidade por omissão e por acção (no caso de tarefas concretas e definidas, impostas ao Estado, quando este as não realize ou contrarie directamente)[338]. Com efeito:

---

[335] Cfr. J. J. GOMES CANOTILHO, *Constituição Dirigente* ..., p. 365. Sobre o problema da *reserva do possível*, cfr. J. J. GOMES CANOTILHO, *Direito Constitucional* ..., pp. 480 ss.; JORGE REIS NOVAIS, *Os Princípios* ..., em especial pp. 294 ss.; JOSÉ CARLOS VIEIRA DE ANDRADE, *O "direito ao mínimo de existência condigna" como direito fundamental a prestações estaduais positivas – uma decisão singular do Tribunal Constitucional – Anotação ao Acórdão do Tribunal Constitucional n.° 509/02*, in JC, n.° 1, Janeiro-Março 2004, pp. 21 ss.

[336] Cfr. J. J. GOMES CANOTILHO, *Constituição Dirigente* ..., p. 251.

[337] Sobre a distinção entre fins e tarefas, cfr. J. J. GOMES CANOTILHO, *Constituição Dirigente* ..., pp. 286-287, e mais adiante p. 315.

[338] Cfr. *Constituição* ..., I, p. 967.

i) Se pode afirmar-se que as *normas-tarefa* contêm uma vinculação imediata a um *dever* de prossecução e de não contrariedade, o mesmo pode dizer-se em relação às *normas-fim*: sucede apenas que estas últimas pressupõem ou têm de render-se, no seu âmbito de previsão normativa, a um leque mais alargado de factualidade condicionante da sua operatividade. Tal não altera a natureza ou intensidade do *dever* jurídico de prossecução que lhes é inerente, mas antes a susceptibilidade de verificação dos momentos de exigibilidade das necessárias condutas jurídico-públicas. Neste sentido, o Estado está tão obrigado a promover o aumento do bem-estar económico e social e a qualidade de vida das pessoas, como a reestruturação fundiária: é a factualidade condicionante desse *dever* (fundamentalmente, sócio-económica) que pode fazer variar o momento da exigibilidade[339];

ii) Por outro lado, a jurisprudência constitucional não parece habilitar tal diferenciação de peso: não só se não encontram, no domínio da inconstitucionalidade por omissão, quaisquer decisões que dêem cobertura à distinção, como também no domínio da inconstitucionalidade por acção (na fiscalização abstracta) não é possível afirmar uma sobrevalorização das *normas-tarefa* em detrimento das *normas-fim* como padrão de validade constitucional.

Em suma, se do ponto de vista da metodologia jus-constitucional fica a hipótese de uma maior dificuldade de juízo perante as *normas-fim*, fica também a possibilidade de estas assumirem um papel mais vasto ou alargado como padrão de validade das condutas do Estado, dado que podem ser prosseguidas por formas e em momentos mais diversos.

O segundo aspecto a abordar no presente ponto prende-se com o universo de poderes públicos para os quais o elenco de incumbências prioritárias previsto no artigo 81.º possa comportar vinculações efectivas e directas no exercício das suas competências.

A este propósito, não se questiona a imediata vinculação da AR e do Governo no exercício das suas competências legislativas (no que é preciso tomar em conta, naturalmente, as respectivas áreas de reserva). O que se

---

[339] Até ao momento em que essa exigibilidade tem sentido no âmbito do modelo constitucional, podendo então colocar-se um problema não de disparidade de deveres ou da respectiva intensidade, mas de caducidade da norma constitucional que o(s) estabelece.

pode eventualmente questionar é se, quanto ao Governo, actuando este no âmbito das suas competências administrativas directamente radicadas na CRP[340], tais vinculações se mantêm.

Na medida em que pode hoje falar-se de uma *substituição da lei (como fundamento do agir administrativo) pela Constituição*[341], é de admitir que "excluídos os casos de reserva de lei expressamente previstos na Constituição, a Administração Pública poderá agir com fundamento directo no texto constitucional"[342], sendo este tanto "norma directa e imediatamente habilitadora de competência administrativa" como "critério imediato de decisão administrativa"[343].

No que respeita ao Governo, dada a sua competência administrativa resultante do artigo 199.º da CRP, e quando no respectivo exercício, não se vê como nem porquê subtraí-lo ao imperativo de prossecução das incumbências prioritárias do Estado previstas no artigo 81.º da CRP, designadamente, quando esteja em causa o exercício da sua competência regulamentar, seja de execução das leis[344], seja de emanação de regulamentos independentes[345]. Neste último caso, aliás, é de ter em conta que se trata de "uma competência regulamentar directamente fundada na Constituição que, sendo dotada de amplo alcance operativo e de uma legitimidade política em tudo idêntica à do decreto-lei, se mostra susceptível de compreender todos os fins da administração pública em termos materiais, funcionando como cláusula geral de garantia imediata de unidade na promoção do desenvolvimento económico-social e da satisfação das necessidades colectivas (...)"[346]. Se pode questionar-se, em tese, se não deveria o Governo actuar por via legislativa quando esteja em causa a prossecução de incumbências prioritárias do Estado, não habilita tal questão a concluir que, então, ao actuar pela via administrativa, estaria aquele órgão de soberania livre dessa mesma prossecução. Com efeito, dado o estatuto constitucional do Governo, a sua vinculação à prossecução ou

---

[340] Cfr. artigo 199.º.
[341] Cfr. PAULO OTERO, *Legalidade* ..., pp. 733 ss.
[342] Cfr. PAULO OTERO, *Legalidade* ..., p. 734.
[343] Cfr. PAULO OTERO, *Legalidade* ..., p. 735. Cfr. também a anotação ao artigo 80.º, I, § 1.º, 1.4.
[344] Cfr. alínea c) do artigo 199.º.
[345] Cfr. alínea g) do artigo 199.º.
[346] Cfr. Cfr. PAULO OTERO, *Legalidade* ..., p. 737.

implementação das incumbências constantes do artigo 81.º é um dado prévio ao problema da escolha dos respectivos meios[347].

Mas tanto ou mais do que norma habilitante de competência, interessa-nos focar que "a própria actividade administrativa passa a encontrar no texto constitucional o critério directo e imediato de decisão"[348]. Não sendo o lugar para aprofundar tal problemática, podem apresentar-se algumas coordenadas que militam no sentido dessa conclusão: (i) a configuração, pela CRP, da "Administração Pública como destinatária de incumbências constitucionais em matéria de defesa da juridicidade e de concretização do bem-estar" indica que os órgãos administrativos se encontram "subordinados à Constituição e vinculados à melhor prossecução do interesse público", devendo "optimizar as suas decisões à concretização prioritária e prevalecente dos interesses definidos pelo texto constitucional como tarefas fundamentais do Estado, servindo a Constituição de referencial normativo imediato de actuação administrativa e critério aferidor da respectiva validade"[349]; (ii) a vinculação das autoridades administrativas aos direitos fundamentais implica que aquela vinculatividade se mantenha, haja ou não *interpositio legislatoris* (e neste caso com especial acuidade a propósito do exercício de poderes discricionários, concretização de conceitos indeterminados ou preenchimento de cláusulas gerais), podendo mesmo conduzir a "preferir a Constituição à lei" quando esta ostensivamente viole direitos fundamentais[350].

No quadro das suas atribuições, os órgãos ou autoridades da Administração Pública encontram-se, pois, vinculados à prossecução do elenco de incumbências prioritárias fixadas no artigo 81.º, devendo nortear nesse sentido o exercício das suas competências. Para utilizar uma expressão que J. J. GOMES CANOTILHO emprega interrogativamente, trata-se de estabelecer como destinatários daquela norma e das incumbências aí fixadas "todas as instâncias com imediata possibilidade de as realizarem"[351].

O problema pode também estender-se – e com imenso relevo – à judicatura, havendo aí, porém, que ter em conta a impossibilidade de os tribunais *criarem direito legal*[352].

---

[347] Sobre esta problemática, cfr. PAULO OTERO, *Legalidade* ..., pp. 736 ss.
[348] Cfr. PAULO OTERO, *Legalidade* ..., p. 740.
[349] Cfr. PAULO OTERO, *Legalidade* ..., p. 740.
[350] Cfr. PAULO OTERO, *Legalidade* ..., p. 741.
[351] Cfr. *Constituição Dirigente* ..., p. 295.
[352] Cfr. J. J. GOMES CANOTILHO, *Constituição Dirigente* ..., p. 295.

Cautela, pois – e como sempre –, com o sentido mais imediatista das *epígrafes*. Ao referir-se às "Incumbências prioritárias do Estado" no artigo 81.º, a CRP não só se não refere singelamente ao *legislador*, como nem sequer, um pouco mais além, apenas aos *órgãos de soberania*. Só no sentido de *entidades no desempenho de funções públicas* pode esta norma cumprir a totalidade do seu papel jurídico-constitucional. É claro, acentue-se, que o âmbito de vinculatividade do artigo 81.º é delimitado pelas *atribuições* dessas entidades, pela teleologia dos seus poderes. J. J. GOMES CANOTILHO chama a atenção para o facto de que, empregando a CRP por vezes o termo "Estado" quando pretende referir-se ao legislador, "aos destinatários das imposições legiferantes", aí se pode descortinar uma permissão para a "interpretação extensiva dos destinatários das imposições constitucionais"[353]. Mas, aí ficando implícito que são as atribuições constitucional ou legalmente fixadas para cada "destinatário" que permitem concretizar a extensão dessas mesmas imposições constitucionais, afirma o mesmo Autor que quando estas últimas "pressupõem uma concretização onde é ineliminável uma liberdade de conformação, reconhecida apenas aos órgãos legiferantes, então a resposta continuará a ser a de restringir o âmbito dos destinatários apenas ao legislador"[354]. Todavia, se aí se pode ver, momentaneamente, uma restrição dos destinatários da norma, não pode ignorar-se que "a prossecução do interesse público já não é algo de exclusivo de entidades colectivas de direito público, nem de pessoas colectivas privadas que através de um título jurídico específico recebiam tal prerrogativa: [*v.g.*] as empresas resultantes de um processo de intervenção económica do Estado sobre o respectivo capital social, designadamente as que possuem uma personalidade jurídica de direito privado sob forma comercial, estão sempre vinculadas a prosseguir na actividade definida pelo seu objecto social o interesse público que presidiu à respectiva participação social por parte do Estado"[355].

É tendo em conta o que se vem de dizer que, doravante, se empregará a palavra "Estado", podendo designar, pois, aquela multiplicidade de destinatários[356].

---

[353] Cfr. *Constituição Dirigente* ..., p. 296.
[354] Cfr. *Constituição Dirigente* ..., p. 296.
[355] Cfr. PAULO OTERO, *Vinculação* ..., p. 226-227.
[356] A menos que seja outro o contexto, ou que noutro sentido haja indicação expressa.

§2.º. O elenco de incumbências prioritárias do Estado

2.1. a) *Promover o aumento do bem-estar social e económico e da qualidade de vida das pessoas, em especial das mais desfavorecidas, no quadro de uma estratégia de desenvolvimento sustentável*

A revisão constitucional de 1997 substituiu o *povo* pelas *pessoas*, eliminou a referência às *classes*, e introduziu a cláusula do *desenvolvimento sustentável*[357]. Aquelas duas primeiras alterações entroncam no processo de desideologização do texto constitucional, ou talvez melhor, da sua re-ideologização, num sentido progressivamente menos colectivista e mais personalista ou humanista. A terceira daquelas alterações partilha também desta nova (pretensa) vocação da CRP, marcando uma perspectiva universalista.

O que deve o Estado fazer para o cumprimento desta sua incumbência prioritária é, porém, pergunta para a qual não se encontra resposta neste breve inciso do texto constitucional, antes sendo necessário recorrer a outras normas da CRP em ordem a avançar na concretização desta *imposição de promoção*.

Num primeiro momento, há que realçar, novamente, a relação entre a alínea *a)* do artigo 81.º e a alínea *d)* do artigo 9.º. Da conjugação destas normas, resulta que a promoção do bem-estar e da qualidade de vida dos portugueses há-de visar a igualdade real entre estes, através da transformação e modernização das estruturas económicas e sociais. Este último aspecto leva J. J. GOMES CANOTILHO e VITAL MOREIRA a afirmarem que, *em certo sentido*, a alínea *d)* do artigo 9.º apresenta um grau superior de concretização, face ao disposto na alínea *a)* do artigo 81.º[358]. Embora assim possa ser, fica-nos a dúvida de saber se tal concretização contribui realmente para a densificação da incumbência prioritária do Estado aqui em causa, pois que aquelas transformação e modernização parecem ainda muito vagas.

Do nosso ponto de vista, e recorrendo ainda à alínea *d)* do artigo 9.º, é na *efectivação dos direitos económicos, sociais, culturais e am-

---

[357] Cfr. *infra*, III, § 6.º e § 7.º.
[358] Cfr. *Constituição ...*, I, p. 967.

bientais que se concentra a essência da juridificação da incumbência do Estado, nos termos da alínea *a)* do artigo 81.°[359]. Designadamente, porque é na medição (jurídica) do nível de efectivação desses direitos que se descobrem critérios mais nítidos de decisão respeitantes ao cumprimento ou incumprimento do texto constitucional, seja por acção, seja por omissão.

A propósito da ligação umbilical entre as incumbências prioritárias do Estado e o seu cumprimento pela efectivação dos direitos económicos, sociais e culturais, atente-se na declaração de voto da Juíza Conselheira MARIA HELENA BRITO, no Ac. TC n. 306/2003[360], no que respeita ao pedido de fiscalização preventiva da constitucionalidade da norma do n.° 1 do artigo 4.° do *Código do Trabalho*:
"Ora, a meu ver, do princípio do Estado Social consagrado na Constituição Portuguesa é possível retirar o «princípio do tratamento mais favorável do trabalhador». Tal significa que as várias injunções constitucionais no domínio laboral devem interpretar-se no sentido de que estabelecem uma tutela mínima: ao Estado cabe definir e garantir um programa, que os destinatários podem concretizar, melhorando, mas não piorando, as condições que derivam da lei. Considerem-se, designadamente, o artigo 2.°, o artigo 9.°, alíneas *b)* e *d)*, os artigos 58.° e 59.° e o artigo **81.°, alíneas *a)* e *b)***, da Constituição. [§] A noção de «democracia económica, social e cultural », consagrada no artigo 2.° da Constituição, «é a fórmula constitucional para aquilo que em vários países se designa por 'Estado social' e que se traduz essencialmente na responsabilidade pública pela promoção do desenvolvimento económico, social e cultural, na satisfação de níveis básicos de prestações sociais para todos e na correcção de desigualdades sociais» (Gomes Canotilho e Vital Moreira, *Constituição da República Portuguesa Anotada*, 3.ª ed., Coimbra, 1993, anotação ao artigo 2.°, p. 66). [§] A Constituição define entre as tarefas fundamentais do Estado a de «garantir os direitos e liberdades fundamentais e o respeito pelos princípios do Estado de direito democrático» e a de «promover [...] a igualdade real entre os portugueses, bem como a efectivação dos direitos [...] sociais [...] — [artigo 9.°, alíneas *b)* e *d)*]. Por outro lado, incumbe prioritariamente ao Estado no âmbito económico e social «promover o aumento do bem-estar social e económico e da

---

[359] No sentido de que a alínea *a)* do artigo 81.° da CRP expressa uma *função de protecção social do Direito*, cfr. PAULO OTERO, *Lições* ..., I, 1.° Tomo, p. 121; cfr. também *O Poder* ..., II, pp. 586 ss.

[360] De 25 de Junho de 2003, *DR*, I Série, n.° 164, de 18 de Julho de 2003.

qualidade de vida das pessoas, em especial das mais desfavorecidas» e «promover a justiça social, assegurar a igualdade de oportunidades e operar as necessárias correcções das desigualdades na distribuição da riqueza e do rendimento» [**artigo 81.º, alíneas** *a)* **e** *b)*].

Assim, mal se compreenderia que as medidas adoptadas pelo Estado, por exemplo para «assegurar as condições de trabalho, retribuição e repouso a que os trabalhadores têm direito», nos termos do artigo 59.º, n.º 2, da Constituição, pudessem depois ser afastadas por instrumentos de regulamentação colectiva menos favoráveis. [§] Da análise dos preceitos constitucionais citados resulta portanto que, quanto a diversos aspectos relacionados com a situação dos trabalhadores, compete ao Estado estabelecer um *standard* mínimo de protecção, a partir do qual os trabalhadores e os empregadores podem, no exercício da autonomia colectiva, concretizar os seus equilíbrios, mas sem desvirtuar o nível de protecção atribuído pela lei. [§] Os direitos atribuídos pela lei aos trabalhadores, enquanto garantias da dignidade e da liberdade dos trabalhadores, terão de ser acautelados, devendo ser considerados como limites ao exercício dos poderes patronais. [§] A Constituição da República Portuguesa assenta assim na concepção que desde sempre inspirou o direito do trabalho."[361].

Aquele é, diríamos, o sentido geral jurídico-constitucional em que deve o Estado orientar-se para a promoção dos fins que ao seu cuidado estão entregues. Mas, se é esse o sentido, nem por isso o texto constitucional deixa de apontar concretizações ou meios através dos quais o Estado haja de o cumprir.

Desde logo no próprio artigo 81.º, onde se vislumbram verdadeiras *tarefas* além dos *fins*: exemplificativamente apenas, (i) zelar pela eficiência do sector público (cfr. alínea *a)*), (ii) reprimir os abusos de posição dominante (cfr. alínea *f)*), (iii) criar instrumentos jurídicos e técnicos necessários ao planeamento democrático do desenvolvimento económico e social (cfr. alínea *j)*), (iv) adoptar políticas nacionais de energia e da água (cfr. alíneas *m)* e *n)*).

Também em outras normas da Parte II se descobrem verdadeiras tarefas que cabe ao Estado desempenhar naquele mesmo sentido: mais uma vez de forma meramente exemplificativa, (i) a definição dos benefícios fiscais e financeiros que devem assistir às cooperativas, e da favorabilidade das condições em que estas possam obter crédito e auxílio técnico

---

[361] Sublinhados nossos.

(cfr. n.º 2 do artigo 85.º), (ii) a fiscalização do cumprimento das obrigações legais por parte das empresas privadas, em especial tratando-se de empresas que desempenhem actividades de interesse económico geral (cfr. n.º 1 do artigo 86.º), (iii) e mesmo a concessão de auxílios (nos termos do artigo 97.º).

Existem ainda duas especiais vinculações no que respeita à promoção do aumento do bem-estar económico e social e da qualidade de vida, nos termos da *a)* do artigo 81.º.

Em primeiro lugar, que o cumprimento de tal incumbência se dirige *em especial às pessoas mais desfavorecidas*. Daqui se pode inferir que, perante a inexorável escassez de bens (em sentido lato), o Estado deve privilegiar, com a sua actuação, aquelas pessoas ou grupos mais carenciadas, tanto do ponto de vista económico como social. Havendo que estabelecer prioridades de actuação pública, como afirma LUÍS S. CABRAL DE MONCADA, podemos admitir que deva "preferir-se o crescimento equitativo para os bens de primeira necessidade que satisfazem as exigências básicas da população", e só depois "preferir-se o crescimento equilibrado (al. *d)*) para as necessidades ainda básicas mas já não prementes e o crescimento eficiente para os bens mais supérfluos"[362]. O problema está, pois – e tomando em consideração que a alínea *a)* do artigo 81.º constitui um momento de verdadeira positivação de um modelo constitucional de Estado--Colectividade –, na susceptibilidade de verificação do (in)cumprimento da CRP neste segmento normativo perante escolhas públicas. Apenas numa situação limite em que possa afirmar-se que o Estado preteriu uma medida específica de concretização deste seu dever em favor de outra com a qual aquela primeira seria incompatível, e que se afaste com clareza dos objectivos presentes na alínea *a)* do artigo 81.º, pode tentar-se um juízo de inconstitucionalidade de determinado acto jurídico-público que dele seja passível. Ou, noutro momento, quando as condições de facto possibilitassem, com segurança, a adopção de determinada medida reclamada por tal inciso constitucional, não sendo a mesma adoptada. Fora de situações desse tipo, é extremamente difícil – ou ainda mais difícil – realizar uma operação hermenêutica suficiente para um juízo jurídico. Não é, porém, impossível. E, ainda que não seja possível concluir pela inconstitucionalidade de determinado acto jurídico, não deve desvalorizar-se a importância

---

[362] Cfr. *Direito* ..., p. 161.

desta imposição constitucional para efeitos de responsabilização política dos respectivos destinatários (quando estes possam ser politicamente responsabilizados), uma vez que está em causa, justamente, uma concretização do modelo constitucional.

Em segundo lugar, que esta incumbência prioritária do Estado deve desenvolver-se *no quadro de uma estratégia de desenvolvimento sustentável*. Se o apelo à *estratégia* reclama a adopção de medidas políticas vertidas em actos jurídico-públicos – *v.g.*, em planos, programas de governo, mas em especial na lei –, o *desenvolvimento sustentável* assume a natureza de verdadeira pauta de actuação do Estado neste domínio. Embora traga consigo uma invocação dos valores ambientais, o (princípio do) *desenvolvimento sustentável* não só deve ser compatibilizado ou "conciliado com outros valores e direitos constitucionalmente acolhidos"[363], como, aliás, se não resume à consideração de valores de natureza estritamente ambiental. Atente-se, desde logo:

i) No artigo 2.º do TUE, nos termos do qual constitui objectivo da União "a promoção do progresso económico e social e de um elevado nível de emprego e a realização de um desenvolvimento equilibrado e sustentável, nomeadamente mediante a criação de um espaço sem fronteiras internas, o reforço da coesão económica e social (…)";

ii) No artigo 2.º do TCE, nos termos do qual "A Comunidade tem como missão (…) promover, em toda a comunidade, o desenvolvimento harmonioso, equilibrado e sustentável das actividades económicas, um elevado nível de emprego e de protecção social, a igualdade entre homens e mulheres, um crescimento sustentável e não inflacionista, um alto grau de competitividade e de convergência dos comportamentos das economias, um elevado nível de protecção e de melhoria da qualidade do ambiente, o aumento do nível e da qualidade de vida (…)".

Assim, o desenvolvimento sustentável reclama uma consideração por parte do Estado quanto ao impacto das medidas – legislativas ou outras – a adoptar, acautelando previamente os seus efeitos. E, como se vê, não apenas no que respeita a valores ambientais. Existe um desenvolvimento

---

[363] Cfr. CARLA AMADO GOMES, *A Prevenção à Prova no Direito do Ambiente – Em especial, os actos autorizativos ambientais*, Coimbra, 2000, pp. 39 ss.

sustentável do modelo económico-social, ou, se se preferir, um desenvolvimento sustentável global do bem-estar económico-social e da qualidade de vida das pessoas. O Estado deve, pois, acautelar o impacto das suas medidas na qualidade de vida das gerações futuras – e no futuro da geração presente –, em termos tanto económicos, como sociais, culturais e ambientais. Repescando a referência aos direitos fundamentais como sentido essencial do cumprimento do elenco de incumbências prioritárias do Estado, é a susceptibilidade de este assegurar às gerações futuras – e à geração presente no seu futuro – a efectivação desses direitos, que encerra a matriz jurídica de verificação do cumprimento do princípio ou cláusula do desenvolvimento sustentável[364].

Valem, quanto à susceptibilidade de verificação do (in)cumprimento da CRP neste segmento normativo, as considerações que fizemos a propósito no âmbito da especial consideração das pessoas mais desfavorecidas.

2.2. b) Promover a justiça social, assegurar a igualdade de oportunidades e operar as necessárias correcções das desigualdades na distribuição da riqueza e do rendimento, nomeadamente através da política fiscal

A alínea *b)* do artigo 81.º da CRP é das normas da Parte II que mais expressamente garante, no seio da Constituição económica formal, o princípio da socialidade[365], vocação essa, aliás, que ganhou força na sequência da revisão constitucional de 1997[366].

Analiticamente, a decomposição do preceito oferece alguma disciplina. Incumbe ao Estado:

i) Promover a justiça social;

---

[364] Sobre a referência ao desenvolvimento sustentável nesta norma constitucional, ligando-o ao problema do emprego, do bem-estar e da qualidade de vida (e a propósito destes últimos pontos, referindo ainda os "serviços públicos, *lato sensu*, ou os *serviços de interesse económico geral*"), cfr. J. J. GOMES CANOTILHO/VITAL MOREIRA, *Constituição* ..., I, 968.

[365] Cfr. JORGE REIS NOVAIS, *Os Princípios* ..., p. 291. Considerando estar aqui presente uma "justiça solidária", enquanto expressão da justiça social, cfr. PAULO OTERO, *Lições* ..., I, 1.º Tomo, pp. 148 e 162.

[366] Cfr. *infra*, III, § 6.º e § 7.º.

ii) Assegurar a igualdade de oportunidades;
iii) Operar as necessárias correcções das desigualdades na distribuição da riqueza e do rendimento.

Trata-se do aprofundamento ou concretização da democracia económica, social e cultural constante do artigo 2.º, no sentido da promoção da "igualdade real" ou "igualdade material", na sequência do disposto no artigo 13.º e alínea d) do artigo 9.º[367].

Referindo-se aos "direitos sociais", J. J. GOMES CANOTILHO e VITAL MOREIRA afirmam, justamente invocando a alínea b) do artigo 81.º (ainda antes da revisão constitucional de 1997) e a alínea d) do artigo 9.º, que "dependendo a realização de muitos deles da disponibilidade de recursos económicos e financeiros e sendo certo que esta é condicionada, não apenas pelo seu nível absoluto, mas também pela repartição social da riqueza e dos rendimentos, então os direitos sociais impõem a acção do Estado contra a desigualdade económica (...)"[368].

Em rigor, todos os elementos do preceito que ali se diferenciaram (i), ii) e iii)) reconduzem-se à promoção da justiça social. Todavia, o estilo do texto constitucional português é por vezes algo barroco, o que, se pode apresentar vantagens pedagógico-exegéticas, pode também nublar o sentido último das normas. Mas fica-se sabendo que foi opção do modelo constitucional económico-social que a promoção da justiça social, da democracia e da igualdade económicas, sociais e culturais se realize, expressamente, através da igualdade de oportunidades e da correcção das desigualdades na distribuição da riqueza e do rendimento.

Mais interessante é notar que tais objectivos se realizarão *nomeadamente através da política fiscal*[369].

---

[367] Cfr. J. J. GOMES CANOTILHO/VITAL MOREIRA, *Constituição* ..., I, pp. 337 ss., e 968.

[368] Cfr. *Fundamentos* ..., p. 132. O argumento foi utilizado, aliás, pelos Juízes Conselheiros do TC MESSIAS BENTO, FERNANDO ALVES CORREIA, BRAVO SERRA e VÍTOR NUNES DE ALMEIDA, na sua declaração de voto no Ac. TC n.º 148/94 (de 8 de Fevereiro de 1994, *DR*, I Série, n.º 102, de 3 de Maio de 1994) (fiscalização abstracta da constitucionalidade de várias normas da Lei n.º 20/92, 14 de Agosto – normas relativas ao sistema de propinas).

[369] Sem prejuízo dos comentários mais relevantes que se fazem adiante (cfr., *maxime*, anotações aos artigos 103.º e 104.º).

Quanto a este aspecto, cumpre realçar, em primeiro lugar, que *nomeadamente* não tem aqui uma mera função exemplificativa, pois é evidente que o sistema e a política fiscais constituem um leque de instrumentos, entre tantos outros[370], para a prossecução daqueles objectivos. Com efeito, o melhor sentido é o que reconhece ao sistema e política fiscais um papel privilegiado neste campo, atribuindo-lhes, portanto, uma importância essencial. Por outro lado, o emprego da expressão *política fiscal* e não de *sistema fiscal* pode também ter uma razão útil: a saber, a de dirigir os órgãos do poder político com competência para estabelecer uma verdadeira *política fiscal* a proceder a mais essa tarefa, que é, enfim, a da *opção* pela concretização do sistema fiscal constitucionalmente estabelecido (sem verdadeiras *opções de política fiscal* o sistema fiscal previsto na Constituição não ultrapassa o imobilismo da norma).

São várias as razões da eleição da política fiscal para figurar nesta norma como instrumento essencial da promoção da justiça social, e que se prendem, fundamentalmente, com o conteúdo do artigo 103.°, designadamente no que respeita às finalidades do sistema fiscal[371]. O sistema e política fiscais prosseguem objectivos de correcção de assimetrias regionais, sectoriais, sociais, em busca daquela *igualdade real* ou *material*, o que, aliás, tem concretização ou aprofundamento na alínea *d)*. Pode dizer-se, assim, que as alíneas *a)* e *b)* se apresentam verdadeiramente complementares.

2.3. c) *Assegurar a plena utilização das forças produtivas, designadamente zelando pela eficiência do sector público*

O preceito em análise contém dois segmentos, o primeiro mais abrangente que o segundo. Com efeito, se zelar pela eficiência do sector público produtivo é uma forma de assegurar a plena utilização das forças produtivas, nem por isso essa especificação directamente respeitante ao sector público produtivo deixa de ter, neste contexto, um significado cuja precisão é de enorme relevo.

---

[370] Como é, *v.g.*, a intervenção empresarial do Estado (cfr. PAULO OTERO, *Vinculação* ..., pp. 213-214).
[371] Cfr. a anotação ao artigo 103.°, I, § 1.°.

A incumbência de *assegurar a plena utilização das forças produtivas*[372] obriga o Estado a desempenhar toda uma série de tarefas de maximização das possibilidades de rentabilização económico-social dos *meios de produção*[373] e do *trabalho*, inequivocamente uma força produtiva. Uma dessas tarefas é, neste sentido, pugnar por uma situação de pleno emprego, como forma de realização do direito fundamental ao trabalho, nos termos dos artigos 58.° e 59.° da CRP[374]. Mas existem outras concretizações constitucionais desta incumbência ao longo da Parte II da Lei Fundamental, v.g.:

i) A apropriação pública de meios de produção (cfr. artigo 83.°) e as possibilidades de expropriação ou arrendamento ou concessão de exploração compulsivos de meios de produção em abandono (cfr. artigo 88.°);

ii) Os estímulos e incentivos quer à actividade cooperativa e autogestionária, quando viável (cfr. artigo 85.°), quer à actividade empresarial no âmbito do sector privado (cfr. artigo 86.°), e mesmo a disciplina da actividade económica e investimentos estrangeiros (cfr. artigo 87.°);

iii) Aumentar a produção industrial, nos termos do artigo 99.°.

Estes apenas alguns exemplos, na medida em que pode afirmar-se que todas as responsabilidades do Estado plasmadas nas normas da Parte II da CRP têm por função, mais ou menos directamente, assegurar a plena utilização das forças produtivas.

No Ac. TC n.° 240/91 (cit.) (fiscalização preventiva da constitucionalidade de diversas normas do decreto n.° 317/V da AR – *Lei dos Baldios*) afirmava-se, apenas argumentativamente, que o "princípio da plena utilização das forças produtivas consagrado no artigo 81.°, alínea c), da Constituição impõe, implicitamente, um *dever de exploração* dos meios produtivos, no caso, um *dever de utilização dos baldios*, que, quando não satisfeito e quando mantida em permanência essa situação durante um

---

[372] Referindo-se à utilização da expressão *forças produtivas*, por contraponto a *factores produtivos*, ainda no domínio da redacção originária de 1976, cfr. PEDRO SOARES MARTINEZ, *Comentários* ..., pp. 131-132.

[373] Cfr. anotação ao artigo 80.°, I, § 2.°, 2.4.2.

[374] Em sentido idêntico, cfr. J. J. GOMES CANOTILHO/VITAL MOREIRA, *Constituição* ..., I, p. 968.

período de tempo adequado à constatação do *abandono*, legitima o acto interventor e expropriativo".

Em sentido idêntico, deixaram expressa a sua opinião em declaração de voto junta ao mesmo Ac. os Juízes Conselheiros FERNANDO ALVES CORREIA e MESSIAS BENTO: "(…) se um terreno baldio deixar de ser fruído por uma comunidade local ou se encontrar abandonado por esta – e as razões deste fenómeno podem ser as mais diversas: o desinteresse das populações, o despovoamento das aldeias, devido à emigração as mudanças estruturais na economia local, a evolução nas técnicas agrícolas, etc. –, ele deixa de estar a coberto da garantia institucional do artigo 82.°, n.° 4, alínea *b)*, precisamente porque esse bem já não está na posse e na gestão da comunidade local. [§] Numa situação destas, deve o Estado dar ao terreno baldio um destino *socialmente útil*, de acordo com a tarefa que o artigo 66.°, n.° 2, alínea *d)*, da Constituição lhe comete de «promover o aproveitamento racional dos recursos naturais» e com a incumbência que o artigo **81.°, alínea *c)***, lhe dita de «assegurar a plena utilização das forças produtivas»: os *bens*, tanto os que são objecto de *propriedade privada*, como os que são *comunitários*, têm, na verdade, uma *função social* a cumprir."[375].

O segundo segmento – *zelar pela eficiência do sector público* – é (também ele) pluridimensional[376-377].

Em primeiro lugar, impõe-se uma clarificação: embora o sector público surja aqui por referência às forças produtivas, e nessa medida com especial relevo para o sector público empresarial, o sector público administrativo não fica à margem da estatuição da norma. Se outras normas da CRP já impõem vinculações especiais quanto à actuação e organização da Administração Pública (*v.g.*, os princípios da desburocratização, da descentralização e da desconcentração, constantes dos n.os 1 e 2 do artigo 267.°), a inclusão do sector público administrativo na parte final da alínea *c)* do artigo 81.° esclarece que aquelas vinculações quanto à actuação e estruturação da Administração Pública[378] têm, além de outros, um objec-

---

[375] Sublinhados nossos.

[376] Sobre a eficiência da Administração no contexto do Estado de bem-estar, cfr. PAULO OTERO, *O Poder* …, II, pp. 638 ss.

[377] Por exemplo, MARCELO REBELO DE SOUSA considera que a conjugação do princípio da eficiência do sector público com o princípio do equilíbrio orçamental é essencial para a dimensão material deste último (cfr. *A Constituição de 1976* …, p. 21).

[378] Cfr. artigos 266.° e ss. da CRP.

tivo particular: pela sua eficiência, contribuir para assegurar a plena utilização das forças produtivas, não podendo favorecer a consequência contrária[379].

Em segundo lugar, e agora no campo do sector público empresarial, são múltiplas as decorrências do princípio – porque de um princípio se trata – da eficiência do sector público. Todavia, sendo uma concretização do *interesse público* que sempre fundamenta e limita a actuação do Estado, o princípio da eficiência do sector público não pode obnubilar que "(…) a Constituição não consagra hoje uma intervenção económica pública incondicionada, sem que tenha o interesse público como critério causal de legitimação, nem se mostra legítimo reconhecer às entidades públicas no exercício da actividade de intervenção económica a possibilidade de beneficiarem de uma regra de liberdade própria da actuação das entidades privadas. Não se mostra admissível, por isso mesmo, extrair do artigo 80.°, alínea *c)*, a afirmação de uma liberdade de iniciativa aplicável às entidades públicas"[380-381]. Mas como *dever* limitador dessa *liberdade*, onde haja em geral lugar para a intervenção económica pública, o princípio da eficiência do sector público manifesta-se:

i) Por exemplo, para PAULO OTERO, numa regra implícita de preferência constitucional por formas jurídico-privadas de organização e de actuação do sector empresarial público[382];

ii) Por outro lado, não existindo "qualquer vinculação constitucional no sentido de impor uma forma jurídica de organização

---

[379] Integrando a eficiência no contexto do princípio da desburocratização – artigo 10.° do CPA, cfr. PAULO OTERO, *Direito Administrativo – Relatório de uma disciplina apresentado no concurso para professor associado na Faculdade de Direito da Universidade de Lisboa*, Lisboa, 1998, p. 376. Em anotação ao artigo 10.° do CPA, cfr. MÁRIO ESTEVES OLIVEIRA/PEDRO COSTA GONÇALVES/J. PACHECO DE AMORIM, *Código do Procedimento Administrativo – Comentado*, 2.ª Ed., Coimbra, 2003, pp. 131-132. Com várias referências à eficiência administrativa no contexto dos princípios referidos, cfr. MARCELO REBELO DE SOUSA/ANDRÉ SALGADO DE MATOS, *Direito Administrativo Geral*, I, 2.ª Ed., Lisboa, 2006, pp. 140 ss. (*passim*).

[380] Cfr. PAULO OTERO, *Vinculação …*, p. 122 ss., com desenvolvimento dessa mesma ideia. Em sentido contrário, cfr. J. J. GOMES CANOTILHO/VITAL MOREIRA, *Constituição …*, I, pp. 958-959 e 962-963.

[381] Cfr. ainda a anotação ao artigo 80.°, I, § 2.°, 2.3, em especial 2.3.1.

[382] Cfr. *Vinculação …*, pp. 230 ss. e 300-301. Falando apenas em "gestão empresarial do sector público", cfr. J. J. GOMES CANOTILHO/VITAL MOREIRA, *Constituição …*, I, p. 968.

empresarial do sector público em detrimento de qualquer outra", a "projecção em termos organizativos do princípio da eficiência do sector público determina que se devolva para o decisor em concreto ou, quando muito, para uma lei-quadro sobre a matéria, a decisão sobre a utilização de uma forma pública ou privada para a organização do sector empresarial do Estado"[383];

iii) Como fundamento e limite concretizador do princípio da legalidade ao nível de qualquer decisão de privatização, reprivatização, e transferência de participações sociais entre entidades do sector público[384];

iv) Em geral, na decisão dos poderes públicos em criar ou participar no capital de qualquer empresa, bem como na delimitação e preenchimento do conteúdo dos respectivos estatutos, quando seja o caso[385].

O princípio da eficiência do sector público surge, assim, como padrão de validade operativo no que respeita às decisões dos poderes públicos, muito embora a definição da sua juridicidade importe hoje problemas complexos para a ciência do Direito (e do Direito Constitucional e do Direito Administrativo em particular), perante a questão da interiorização de critérios extra-jurídicos[386].

---

[383] Cfr. PAULO OTERO, *Vinculação* ..., pp. 234-235, e 250.

[384] Cfr. PAULO OTERO, *Privatizações, Reprivatizações e Transferências de Participações Sociais no Interior do Sector Público*, Coimbra, 1999, pp. 36-36 e 67-68.

[385] Cfr. RUI GUERRA DA FONSECA, *Autonomia Estatutária das Empresas Públicas e Descentralização Administrativa*, Coimbra, 2005, pp. 178 ss.

[386] Note-se que, se com este princípio pode estar em causa a "necessidade de superar a ideia de ineficiência associada ao sector público" (cfr. J. J. GOMES CANOTILHO/VITAL MOREIRA, *Constituição* ..., I, p. 968); e se para este efeito se entende que a "racionalização económica decorrente da economia de mercado é um dos dados da cultura constitucional dos nossos dias" (cfr. JORGE MIRANDA/RUI MEDEIROS (com MANUEL AFONSO VAZ), *Constituição* ..., II, p. 20); há então *novos* (mas não tão novos) trabalhos para a teoria da constituição, e para a metodologia judiciária (em particular para o *juiz constitucional* e para o *juiz administrativo*).

2.4. **d) *Promover a coesão económica e social de todo o território nacional, orientando o desenvolvimento no sentido de um crescimento equilibrado de todos os sectores e regiões e eliminando progressivamente as diferenças económicas e sociais entre a cidade e o campo e entre o litoral e o interior***

A actual redacção da alínea *d)* do artigo 81.° provem da revisão constitucional de 2004. As novidades consistem no acrescento da *promoção da coesão económica e social de todo o território nacional*, e do *litoral e do interior* a par da cidade e do campo como realidades entre as quais importa eliminar progressivamente as diferenças económicas e sociais[387].

Fundamentalmente, o *fim* que se coloca a cargo do Estado consiste no nivelamento económico-social do *todo* nacional, para que todos os sectores e regiões possam, em igualdade de circunstâncias, beneficiar das políticas de desenvolvimento.

De várias formas, os objectivos aqui enunciados já resultavam das alíneas anteriores do artigo 81.°. A assunção expressa, contudo, da diferenciação entre a cidade e o campo, já antes, e entre o litoral e o interior, agora, obrigam a que a formação das políticas públicas tenha sempre tais diferenças em consideração[388].

O sentido das expressões *regiões* e *sectores* acaba por sofrer uma clarificação por força da revisão constitucional de 2004, que aditou a alínea *e)* (que se refere expressamente às regiões autónomas[389]): aquelas não se identificam aqui com qualquer divisão político-administrativa do território, devendo, para os vários fins e nos momentos relevantes, ser entendidas como unidades em que se verificam determinadas características comuns de natureza económico-social.

Por outro lado, a *promoção da coesão económica e social de todo o território nacional* constitui uma importação do léxico comunitário. Com efeito, o reforço da coesão económica e social é um dos objectivos da União Europeia, de acordo com o artigo 2.° do TUE (1.° travessão), e bem

---

[387] Cfr. *infra*, III, § 6.° e § 7.°.
[388] No sentido da possibilidade de "discriminações positivas a favor dos sectores e das regiões mais desfavorecidas", cfr. J. J. GOMES CANOTILHO/VITAL MOREIRA, *Constituição ...*, I, p. 969.
[389] Cfr. *infra*, I, § 2.°, 2.5., e III, § 6.° e § 7.°.

assim da Comunidade, nos termos do artigo 2.° e da alínea *k)* do n.° 1 do artigo 3.°, ambos do TCE[390].

Quanto a este último aspecto, e perante o avanço da ideia da "Europa de regiões"[391], a inclusão desta (sub)incumbência do Estado no próprio texto da CRP significa um reforço da perspectiva constitucional acerca do princípio da subsidiariedade, na medida em que o Estado português assume uma auto-atribuição no âmbito das atribuições partilhadas ou concorrentes entre a Comunidade e os Estados-membros. Não que, do ponto de vista da perfeição do texto constitucional, tal não resultasse já quer de outras alíneas do artigo 81.°, quer do artigo 9.° (nomeadamente, das suas alíneas *a)*, *d)* e *g)*), quer do carácter unitário do Estado, nos termos do artigo 6.°, principalmente quando lido este na sequência dos artigos 1.°, 2.° e 3.°. Trata-se de um aperfeiçoamento das relações entre as ordens jurídicas interna e europeia que, se pode entender-se ir além da necessidade das estritas relações entre normas, coloca esse *dever de promoção* nas incumbências primárias do Estado português, com as consequentes *obrigações de agir*. Neste sentido, o cumprimento da CRP pelos poderes públicos, como autovinculação do Estado português, constitui, como se dizia, uma concretização do princípio da subsidiariedade, e de certa forma também um reconhecimento implícito do primado do Direito Europeu.

Questão mais vasta é a das relações do artigo 81.°, na sua globalidade, como norma que estabelece *fins* e *tarefas* prioritárias do Estado no domínio económico-social, com o Direito Europeu[392].

---

[390] Sobre o princípio da coesão económica e social, cfr. ANA MARIA GUERRA MARTINS, *Curso* ..., p. 267. Relacionando-o com o princípio da solidariedade, cfr. FAUSTO DE QUADROS, *Direito da União* ..., p. 91.

[391] Sobre a política comunitária regional e sua relação com a coesão económica e social, cfr. MANUEL CARLOS LOPES PORTO, *Teoria* ..., pp. 272 ss.

[392] Cfr. *infra*, II, § 4.°.

2.5. e) Promover a correcção das desigualdades derivadas da insularidade das regiões autónomas e incentivar a sua progressiva integração em espaços económicos mais vastos, no âmbito nacional ou internacional

Esta alínea *e)* foi introduzida na revisão constitucional de 2004[393], na sequência do aditamento ao artigo 9.º, na revisão constitucional de 1997, da alínea *g)*, fazendo apelo ao carácter ultraperiférico dos arquipélagos dos Açores e da Madeira para efeitos da promoção do desenvolvimento harmonioso de todo o território nacional. Do ponto de vista da materialidade constitucional que encerra, não pode dizer-se, com rigor, que se trate de uma norma inovadora, embora a segunda parte do preceito não seja tão *repetitiva* quanto a primeira.

Com efeito, a promoção da correcção das desigualdades resultantes da insularidade das regiões autónomas resultava já, em geral e indiferenciadamente, como incumbência prioritária do Estado no domínio económico-social, das anteriores alíneas *a)*, *b)* e *d)*, sendo aqui plenamente justificada a reprodução, *mutatis mutandis*, de quanto antes se disse sobre a relação desta última com os referidos preceitos iniciais da CRP, e mesmo de quanto se disse no âmbito do Direito Europeu[394]. É claro que, perante a generalizada situação de desvantagem e desigualdade material que ainda hoje se faz sentir entre as populações insulares e as do continente – sobretudo as do litoral –, não pode a norma em causa deixar de merecer uma referência positiva. Mas, em termos jurídicos, não nos parece que resulte uma nova incumbência para o Estado, senão o frisar de outras já existentes. Talvez por isso haja quem a relegue para o capítulo das alterações "que pouco acrescentam" (e mesmo sem referência individualizada)[395].

Quanto à segunda parte do preceito – incentivar a progressiva integração das regiões autónomas em espaços económicos mais vastos, no âmbito nacional ou internacional –, pode afirmar-se que se trata de um inciso que confere coerência ao texto constitucional, tanto em função do disposto nos n.ºs 1 e 2 do artigo 225.º, como do poder legislativo das

---

[393] Cfr. *infra*, III, § 6.º e 7.º.
[394] Cfr. *supra*, I, § 2.º, 2.4.
[395] Cfr. VITALINO CANAS, *Constituição da República Portuguesa*, AAFDL, Lisboa, 2004, p. 24.

regiões autónomas em matéria de transposição de actos jurídicos da União Europeia para a ordem jurídica interna (resultante da revisão constitucional de 2004)[396], como ainda dos vários poderes destas que encontram previsão nas alíneas *s)* a *x)* do n.º 1 do artigo 227.º[397].

O que fica claro, agora, é que esse *incentivo*, constituindo uma incumbência prioritária do *Estado*, dada a sua abrangência e natureza substantivas, deve ser levado a cabo transversalmente, nos momentos relevantes de exercício da função política – pelos órgãos de soberania e em consonância com os estabelecido nas alíneas *s)* a *x)* do n.º 1 do artigo 227.º –, da função legislativa e da função administrativa.

2.6. *f) Assegurar o funcionamento eficiente dos mercados, de modo a garantir a equilibrada concorrência entre as empresas, a contrariar as formas de organização monopolistas e a reprimir os abusos de posição dominante e outras práticas lesivas do interesse geral*

A actual redacção da alínea *f)* é oriunda da revisão constitucional de 1997, que, com alterações, realizou uma fusão entre as anteriores alíneas *e)* e *f)*[398]. Ao tempo, foi já notado, que o abandono da expressão "*abusos de poder económico*" em favor da de "*abusos de posição dominante*" consubstanciava uma redução dos poderes do Estado neste domínio, dada a maior abrangência da primeira face à segunda; e que as *formas de organização monopolistas*, dada a sua *inelutabilidade*, passavam a ser *controladas* e já não *eliminadas*[399].

Ora, se o *fim* imediato é o *funcionamento eficiente dos mercados* – e então deveria a frase ter sido invertida –, tal não é ainda um fim em si mesmo: o fim último encontrá-lo-emos, mais uma vez, na garantia dos direitos fundamentais. E, podemos dizê-lo, tantos são os que dependem,

---

[396] Cfr. n.ᵒˢ 4 e 8 do artigo 112.º da CRP.
[397] Sobre o papel das regiões autónomas no âmbito da União Europeia, cfr. MARIA LUÍSA DUARTE, *União Europeia e entidades regionais: as regiões autónomas e o processo comunitário de decisão*, in RFDUL, Vol. XLIII, n.º 1, 2002, pp. 55 ss.
[398] Cfr. *infra*, III, § 6.º e § 7.º.
[399] Cfr. ALEXANDRE SOUSA PINHEIRO/MÁRIO JOÃO BRITO FERNANDES, *Comentário ...*, p. 225.

em maior ou menor medida, daquele funcionamento eficiente que, a nomeá-los, melhor fora que o fizéssemos pela negativa. Bem entendido, em relação a alguns tal ligação é mais imediata, porque mais de perto ela reflecte a organização económica propriamente dita, pelo menos nesta parte: é o caso, *v.g.*, dos direitos dos consumidores[400] e do direito de iniciativa económica privada e cooperativa[401]. Todavia, fruto da evolução do modelo constitucional jus-económico e da organização social em geral, os *mercados* assumem hoje um relevo extraordinário, e estendem-se, praticamente a todos os níveis mais relevantes da actividade social tratados pelos direitos fundamentais com assento constitucional. Assim, é hoje inegável que o *funcionamento eficiente dos mercados* constitui uma garantia, *v.g.*, da liberdade de imprensa[402], da liberdade de criação cultural[403], da liberdade de escolha de profissão[404], do próprio acesso ao direito e tutela jurisdicional efectiva[405], e, em geral, dos direitos económicos, sociais e culturais. Com algum arrojo, pode até afirmar-se que, em face da organização social actual, em geral, o *funcionamento eficiente dos mercados* constitui uma verdadeira condição da liberdade[406].

Neste contexto, importa saber quais as obrigações que impendem sobre o Estado no que respeita ao desempenho desta sua incumbência, verdadeiramente prioritária.

Em primeiro lugar, é de constatar alguma especificidade originária da própria norma, na medida em que dela constam já (i) a garantia de uma equilibrada concorrência entre as empresas, (ii) o contrariar das formas de organização monopolistas, (iii) a repressão dos abusos de posição dominante e, em geral, (iv) de outras práticas lesivas do interesse geral. Todavia, por si só, tal pouco adianta. É perante a globalidade do modelo constitucional, e tendo em conta que a interpretação da sua programaticidade

---

[400] Cfr. artigo 60.º da CRP.
[401] Cfr. artigo 61.º da CRP.
[402] Cfr. artigo 38.º da CRP.
[403] Cfr. artigo 42.º da CRP.
[404] Cfr. artigo 47.º da CRP.
[405] Cfr. artigo 20.º da CRP.
[406] Sobre a concorrência como princípio do modelo constitucional jurídico-económico, cfr. LUÍS S. CABRAL DE MONCADA, *Direito* ..., pp. 235 ss.; MANUEL AFONSO VAZ, *Direito* ..., pp. 235 ss. Sobre a concorrência e sua relação com os direitos fundamentais das empresas, cfr. ANTÓNIO MENEZES CORDEIRO, *Direito da concorrência e direitos fundamentais das empresas*, in *O Direito*, Ano 136.º, 2004, I, em especial, pp. 72 ss.

muito dificilmente se compadece com categorizações *a priori*, que importa procurar a definição daquelas obrigações. Não sendo tarefa fácil, e que apela para a análise das situações concretas em que os problemas se coloquem, não pode, porém – sobretudo a jurisprudência – demitir-se de a realizar.

  No Ac. TC n.° 157/88 (cit.) – onde se decidiu pela não violação da alínea *f)* do artigo 81.° (ainda na redacção anterior à revisão constitucional de 1989) por parte das normas aí em questão – afirmava-se ser particularmente relevante "o facto de o preceito constitucional, reportando-se a uma concorrência «equilibrada» entre as empresas, remeter necessariamente para os órgãos estaduais condutores da política económica, e em particular para o Governo, a «concretização» das respectivas regras e critério. Aí consigna-se unicamente, também, uma «directiva» muito genérica, que só em casos de evidente «arbitrariedade», na dita concretização, poderá ser havida (em controlo contencioso) como violada.".

A concretização desta incumbência prioritária do Estado segue logo no próprio artigo 81.°, na sua alínea *i)*, com a garantia da defesa dos interesses e dos direitos dos consumidores[407], mas encontra múltiplos outros exemplos ao longo de toda a Parte II da CRP, *v.g.*:

  i) A garantia de coexistência dos diversos sectores de propriedade, designadamente, do sector público produtivo (cfr. artigo 82.°);
  ii) O regime jurídico-constitucional a que se encontram submetidas as empresas privadas (cfr. artigo 86.°), seja ao nível dos incentivos à sua actividade, seja ao nível da intervenção do Estado na respectiva gestão, e ainda no que toca à (possibilidade de existência de) sectores vedados à iniciativa económica privada (cfr., respectivamente, n.os 1, 2 e 3);
  iii) O regime da actividade económica e investimentos estrangeiros (cfr. artigo 87.°);
  iv) O regime dos auxílios de Estado (cfr. artigo 97.°);
  v) Genericamente, os objectivos da política comercial (cfr. artigo 99.°).

Estes são apenas alguns exemplos de concretizações solicitadas pelo próprio texto constitucional e que, como outros, exigem dos poderes públi-

---

[407] Cfr. *infra*, I, § 2.°, 2.9.

cos um compromisso constante entre mecanismos que permitam o desenvolvimento eficiente da iniciativa privada e outros de prevenção, correcção ou repressão do *excesso* que possa derivar do funcionamento daqueles primeiros. Um exemplo disso mesmo são os grupos económicos: ao mesmo tempo que se criam os mecanismos jurídicos para a respectiva constituição e funcionamento, é necessário garantir a sua contenção, face ao modelo constitucional jus-económico.

Trata-se de uma incumbência que, por excelência, tanto reclama a intervenção do legislador, como da Administração, designadamente, da Administração económica, que em termos materiais convoca as suas actividades de prestação, regulação, fomento e policiamento.

Cumpre ainda uma nota. Os *fins* e *tarefas* aqui colocados como incumbências prioritárias do Estado constituem exigências directamente decorrentes do Direito Europeu, tanto originário como derivado. Em rigor, não pode dizer-se que a CRP apresente grande autonomia neste particular (como noutros), sob pena de responsabilidade do Estado português pelo incumprimento do Direito Comunitário. Nessa medida, o modelo português, nomeadamente ao nível da concorrência, não pode senão ser *praeter aeuropeium*[408], sabendo-se que este é, no essencial, tributário da "*teoria da concorrência-meio*"[409]. Dadas as especificidades e especificações do Direito Europeu nesta matéria[410], dado o seu nível de concretização, será aí que porventura melhor sorte se terá na definição da *medida* de concretização da alínea *f)* do artigo 81.º da CRP, sobretudo se tomada a redacção do seu artigo 8.º resultante da revisão constitucional de 2004. Note-se que, se o que está em causa é sempre a subordinação do poder económico ao poder político democrático, a CRP já não se refere aos *monopólios priva-*

---

[408] Considerando que a alínea *f)* do artigo 81.º encerra uma importante expressão do *princípio da neutralidade fiscal*, para o que é determinante o influxo do Direito Comunitário, cfr. José Casalta Nabais, *Alguns Aspectos da Tributação das Empresas*, in Estudos de Direito Fiscal, Coimbra, 2005, pp. 382 ss.

[409] Cfr. António Carlos Santos/Maria Eduarda Gonçalves/Maria Manuel Leitão Marques, *Direito* ..., pp. 319 ss. Nesta matéria, cfr. também António L. Sousa Franco/Guilherme d'Oliveira Martins, *A Constituição* ..., pp. 250 ss.

[410] Sobre a política e Direito Comunitário da concorrência, cfr. Ana Maria Guerra Martins, *A emergência de um novo direito comunitário da concorrência – As concessões de serviços públicos*, Separata da RFDUL, Vol. XLII, N.º 1, 2001; *Curso* ..., pp. 567 ss.; Manuel Carlos Lopes Porto, *Teoria* ..., pp. 272 ss.; Miguel Gorjão-Henriques, *Direito* ..., pp. 477 ss.

dos mas antes a *formas de organização monopolistas*, que, regra geral, devem ser contrariadas também no seio do sector público[411].

2.7. g) Desenvolver as relações económicas com todos os povos, salvaguardando sempre a independência nacional e os interesses dos portugueses e da economia do país

Uma ideia que bem sintetiza o conteúdo da alínea *g)* do artigo 81.º é justamente aquela veiculada por J. J. GOMES CANOTILHO e VITAL MOREIRA: "a máxima cooperação compatível com a *independência nacional*"[412]. Bem entendido, como notam os Autores, tratando-se de matéria com especial relevo no âmbito das relações internacionais, esta incumbência prioritária do Estado deve ser compaginada com o disposto no artigo 7.º, nomeadamente, no que aí se dispõe sobre as relações privilegiadas do Estado português, tanto com os restantes Estados-membros da União Europeia, por um lado, como com os países de língua portuguesa, por outro, nos respectivos âmbitos.

Atenta a especial natureza desta incumbência, pois, devem ser tidos em conta determinados documentos jus-internacionais, fundamentalmente atinentes ao domínio económico internacional, destacando-se, da Assembleia Geral das Nações Unidas, a *Declaração sobre o Estabelecimento de uma Nova Ordem Económica Internacional*[413] e a *Carta dos Direitos e Deveres Económicos dos Estados*[414].

Neste domínio, há que distinguir os princípios e normas a que o Estado português se encontra vinculado no âmbito das relações internacionais (sejam *hard* ou *soft law*), do que lhe cumpre providenciar para, nesse âmbito, salvaguardar a independência nacional, os interesses dos portugueses e da economia do país, pois aqui é da própria CRP que decorrem as correspondentes vinculações. Se no que respeita aos princípios basilares da Lei Fundamental são estreitas as relações entre esta norma e o disposto nos artigos 1.º, 2.º, 3.º, 6.º, e bem assim no artigo 9.º sobre as

---

[411] Neste sentido também, cfr. J. J. GOMES CANOTILHO/VITAL MOREIRA, *Constituição* ..., I p. 970.
[412] Cfr. *Constituição* ..., I p. 970.
[413] Cfr. Resolução n.º 3201 (XXIX), de 1 de Maio de 1974.
[414] Cfr. Resolução n.º 3281 (XXIX), de 12 de Dezembro de 1974.

tarefas fundamentais do Estado, a Parte II da CRP não abdicou de estabelecer, mais uma vez, algumas concretizações directamente relacionadas com esta incumbência, sobretudo dirigidas à garantia daqueles valores e princípios constitucionais. São exemplos:

  i) O regime da actividade económica e investimentos estrangeiros (cfr. artigo 87.°);

  ii) Os objectivos da política agrícola, designadamente, no que respeita ao reforço da capacidade competitiva (cfr., *maxime*, alínea *a)* do artigo 93.°);

  iii) Os objectivos da política comercial, nomeadamente, o desenvolvimento e diversificação das relações económicas externas, mas sempre em relação com os restantes (cfr. artigo 99.°);

  iv) Em geral, os objectivos das políticas comercial e industrial (cfr. artigos 99.° e 100.°).

2.8. *h) Eliminar os latifúndios e reordenar o minifúndio*

A inclusão desta matéria no elenco de incumbências prioritárias do Estado suscita alguns problemas interpretativos, nomeadamente, em virtude da história do preceito, da actual realidade que a norma é susceptível de conformar, e, bem assim, da existência dos artigos 94.° e 95.° que, específica e respectivamente, se dedicam à eliminação dos latifúndios e ao redimensionamento do minifúndio.

Justamente por causa deste último aspecto, não se analisará aqui o regime jurídico-constitucional desta incumbência prioritária do Estado, antes se remetendo o seu tratamento para as anotações a ambas aquelas normas. Mas importa, contudo, tentar surpreender a razão da inclusão desta matéria no elenco do artigo 81.° da CRP.

A actual redacção desta alínea *h)* remonta à revisão constitucional de 1989: até então, era incumbência prioritária do Estado *realizar a reforma agrária*[415], que a partir de então deixou de merecer qualquer referência no texto constitucional.

Para J. J. GOMES CANOTILHO e VITAL MOREIRA, a constância destas tarefas do Estado entre as suas incumbências prioritárias ainda visa "supri-

---

[415] Cfr. *infra*, III, § 6.° e § 7.°.

mir situações de poder económico incompatíveis com o princípio democrático", e também "facilitar a realização dos objectivos da política agrícola, nomeadamente o da racionalização das estruturas fundiárias e o do acesso à propriedade ou posse da terra por quem a trabalha"[416].

Mas, a ser realmente assim, em primeiro lugar, de duas uma: (i) ou se deveria ter estendido o princípio subjacente a outras situações de direitos de propriedade sobre outros bens tão ou mais essenciais à economia nacional, por exemplo, no que toca às empresas; (ii) ou a CRP encerra, pelo menos no âmbito da organização económica, um conceito funcional de propriedade que privilegia o solo como elemento essencial da organização económica frente aos demais. E, digamos já, não nos parece que se trate de qualquer destas situações. A primeira possibilidade é contrariada pelo elemento histórico-interpretativo, em face da progressiva desideologização da CRP no que respeita ao princípio socialista, uma vez que só na perenidade desse modelo se compreenderia uma intervenção do Estado, erigida em incumbência prioritária, no sentido da reestruturação da propriedade dos meios de produção. Por outro lado, também não nos parece que se verifique aquela segunda possibilidade: tanto a realidade *de facto* como a realidade normativa da CRP não concedem hoje à terra, ao solo enquanto factor de produção, um valor sócio-económico justificante de uma intervenção preferencial do Estado ao nível da estrutura da respectiva propriedade (é quanto se colhe da organização sistemática do próprio artigo 81.º, bem como das restantes normas do Título I da Parte II, onde a actividade empresarial – inclusivamente agrícola – ultrapassa a estrutura da propriedade dos meios de produção)[417].

Nestes termos, a nosso ver, posto que de entre os objectivos constitucionalmente fixados para a política agrícola[418] se descobrem fins e tarefas gerais de maior relevo, a importância fundamental da norma em análise poderá ser manter a agricultura – ou a política agrícola, noutra

---

[416] Cfr. *Constituição* ..., I, p. 970.

[417] Afirmando a alteração do significado da alínea *h)* do artigo 81.º na sequência da revisão constitucional de 1989 (que, aliás, subtraiu ao elenco dos limites materiais de revisão constitucional a eliminação dos latifúndios), bem como a necessidade de uma leitura desta incumbência prioritária do Estado no contexto da coexistência dos diversos sectores de propriedade dos meios de produção ("em que a nenhum deles é assinalada uma tendencial predominância"), cfr. Ac. TC n.º 225/95 (cit).

[418] Cfr. artigo 93.º.

perspectiva – entre as incumbências prioritárias do Estado, porém, através de uma norma cuja redacção, para o efeito, não é feliz em função do objectivo[419].

2.9. i) Garantir a defesa dos interesses e os direitos dos consumidores

A protecção jurídico-constitucional dos consumidores tem já lugar no âmbito do artigo 60.° da CRP[420], no capítulo dos direitos e deveres económicos. Desse ponto de vista, e atenta a vinculatividade dos direitos fundamentais, tal protecção é aqui complementada pela organização económico-social, mais uma vez se mostrando a ligação umbilical entre esta e a implementação dos direitos económicos, sociais e culturais. O que está em causa neste momento e motiva a inclusão da protecção do consumidor entre as incumbências prioritárias do Estado, é a funcionalização da organização económico-social para esse mesmo fim.

A construção da protecção do consumidor pode fazer-se em várias vertentes. Por exemplo, J. CALVÃO DA SILVA identifica quatro vertentes ou *eixos*: (i) a "*protecção do consumidor contra práticas comerciais desleais ou abusivas*"; (ii) a "*informação, formação e educação do consumidor*"; (iii) a "*representação, organização e consulta*" dos consumidores; e (iv) a protecção do consumidor "*contra produtos defeituosos e perigosos*"[421]. Noutra perspectiva, sublinha CARLA AMADO GOMES, tomando como "pedra de toque da noção de direitos do consumidor" o "despertar para a exigência de qualidade dos bens e serviços prestados", ao Estado cabe a tarefa dúplice de promover a "formação de uma atitude crítica por parte dos cidadãos em face dos bens e produtos consumidos", bem como de impor níveis

---

[419] Para outros desenvolvimentos, cfr. as anotações aos artigos 93.°, 94.° e 95.°.

[420] Sobre a situação jus-constitucional do consumidor, cfr. CARLA AMADO GOMES, *Os novos trabalhos do Estado: a Administração Pública e a defesa do consumidor*, in RFDUL, Vol. XLI, n.° 2, 2000, pp. 634 ss.; e no contexto da *ordem económica*, ANTÓNIO L. SOUSA FRANCO/GUILHERME D'OLIVEIRA MARTINS, *A Constituição* ..., pp. 302 ss.

[421] *Apud* ANTÓNIO CARLOS SANTOS/MARIA EDUARDA GONÇALVES/MARIA MANUEL LEITÃO MARQUES, *Direito* ..., pp. 59 ss. Quanto ao primeiro daqueles pontos, cfr. ainda LUÍS MANUEL TELES DE MENEZES LEITÃO, *A protecção do consumidor contra as práticas comerciais desleais e abusivas*, in *O Direito*, Anos 134.° e 135.°, 2002-2003, pp. 69 ss.

de qualidade desses bens e serviços, juntamente com adequadas formas de fiscalização e repressão[422].

Ora, no âmbito da Constituição económica formal a protecção do consumidor não mereceu uma tutela directa de grande relevo; antes se vê que, do ponto de vista da organização económica, a CRP preferiu uma protecção do consumidor, digamos, bem a montante do consumo, isto é, através da organização dos mercados, em termos gerais. Com efeito, percorrendo a Parte II da CRP, constata-se que os incisos normativos com relação que mais imediata se pode dizer com a protecção do consumidor se encontram entre os objectivos da política comercial, designadamente, nas alíneas *c)* e *e)* do artigo 99.º, quando se referem, respectivamente, ao combate às actividades especulativas e expressamente à protecção dos consumidores.

Mas, sendo a incumbência *garantir a defesa dos interesses e os direitos dos consumidores*, parece que a norma aqui em causa obriga o Estado a algo mais do que se enuncia naquelas normas – não em termos concretos, naturalmente, pois tal é um elemento comum a todas as alíneas do artigo 81.º, que sempre obrigam a muito mais do que à concretização, passe a expressão, das suas concretizações presentes nas restantes normas da Parte II.

Actualmente, a defesa dos consumidores constitui uma matéria fundamental no âmbito do Direito Comunitário[423], o que não tolhe uma margem de liberdade considerável dos Estados-membros, designadamente para o estabelecimento de medidas mais exigentes do que as resultantes da legislação comunitária[424].

Porém, além da actividade legislativa de âmbito geral, que se corporiza, por exemplo, na Lei de Defesa do Consumidor[425], no Código da Publicidade[426], e na criação de mecanismos destinados a proteger o utente

---

[422] Cfr. *Os novos trabalhos* ..., pp. 636-637.

[423] Cfr. artigo 153.º do TCE. Salientando também este aspecto, cfr. J. J. GOMES CANOTILHO/VITAL MOREIRA, *Constituição* ..., I, p. 971.

[424] Cfr. n.º 5 do artigo 153.º do TCE.

[425] Cfr. Lei n.º 24/96, de 31 de Julho, alterada pela Lei n.º 85/98, de 16 de Dezembro, e pelo Decreto-Lei n.º 67/2003, de 8 de Abril.

[426] Cfr. Decreto-Lei n.º 330/90, de 23 de Outubro, e já múltiplas vezes alterado (entre as quais a decorrente do Decreto-Lei n.º 275/98, de 9 de Setembro, que o republicou, e ultimamente pelo Decreto-Lei n.º 224/2004, de 4 de Dezembro).

de serviços públicos essenciais[427], assume aqui primacial relevo tanto a organização da Administração económica com o fito de defender os consumidores, como, do ponto de vista substancial, a adopção de medidas que reduzam a dependência e a desigualdade económico-social dos consumidores face às entidades que lhes fornecem bens e serviços. Por outras palavras, a situação económico-social do consumidor não pode constituir um entrave à garantia dos seus interesses e direitos, sendo esse o critério material de actuação do Estado no que respeita ao cumprimento da sua incumbência prioritária ora em causa. Exemplo de uma medida dessa natureza é a isenção do exequente de preparos e custas na execução para obter cumprimento das sentenças condenatórias proferidas pelos tribunais arbitrais dos centros de arbitragem de conflitos de consumo[428-429].

2.10. j) *Criar os instrumentos jurídicos e técnicos necessários ao planeamento democrático do desenvolvimento económico e social*

A actual redacção da alínea *j)* provém da revisão constitucional de 1997, substituindo aquela que era a anterior alínea *l)*, nos termos da qual incumbia ao Estado *criar as estruturas jurídicas e técnicas necessárias à instauração de um sistema de planeamento democrático da economia*[430].

A substituição do *planeamento democrático da economia* pelo *planeamento democrático do desenvolvimento económico e social* não difere em razões da alteração gémea que na mesma revisão constitucional de 1997 sofreu a anterior alínea *d)* e actual alínea *e)* do artigo 80.°[431].

No que respeita ao complemento directo daquela incumbência de criação, a substituição das *estruturas jurídicas e técnicas* pelos *instrumen-*

---

[427] Cfr. Lei n.° 23/96, de 26 de Julho.
[428] Cfr. Decreto-Lei n.° 103/91, de 8 de Março.
[429] Em especial, sobre a Administração Pública na defesa do consumidor, cfr. CARLA AMADO GOMES, *Os novos trabalhos ...*, pp. 640 ss. Sobre a protecção dos consumidores no âmbito dos serviços públicos no Direito brasileiro, cfr. EDSON XAVIER LUCENA DE ARAÚJO, *Serviços públicos e tutela do consumidor*, in RFDUL, Vol. XLI, n.° 1, 2000, pp. 204 ss.
[430] Cfr. *infra*, III, § 6.° e § 7.°.
[431] Cfr., na respectiva anotação, I, § 2.°, 2.5.

tos jurídicos e técnicos, inserida ainda no já referido processo de desideologização do texto constitucional pelo expurgo do princípio socialista, traz consigo a revisão reducionista do modelo administrativo do planeamento e sua força jurídica, e que se insere também no incremento do princípio da descentralização administrativa.

Se são óbvias as relações desta incumbência prioritária do Estado com as normas respeitantes aos planos (Título II desta Parte II), é na imediata sequência do princípio estabelecido na alínea *e)* do artigo 80.° que esta norma encontra o seu melhor contexto. A criação dos instrumentos jurídicos e técnicos necessários àquele planeamento consubstancia uma incumbência que deve fazer-se valer tanto através do poder legislativo quanto do administrativo, e encerra um comando constitucional bem específico: onde quer que se faça sentir, à luz do modelo constitucional jurídico-económico, a necessidade de planeamento (económico, social, técnico), nasce um dever dos poderes legislativo e administrativo de criar aqueles instrumentos. É a resposta a uma ideia substancialista do próprio modelo, e que, *mutatis mutandis*, encontra algum paralelo no princípio da tutela jurisdicional efectiva, na parte em que deste se conclui que a cada direito deve corresponder um meio processual para o fazer valer: aqui, a cada necessidade de planeamento devem corresponder os respectivos meios jurídicos e técnicos.

Esta ideia comporta, porém, um limite material geral, e que decorre do modelo constitucional de planeamento económico-social: as necessidades de planeamento de que atrás se falou não podem fazer reverter o princípio ínsito na alínea *e)* do artigo 80.° a uma *economia planificada*. Isto é, é da leitura da CRP que se inferem quais as necessidades de planeamento que ao Estado cabe ou deverá caber atender; o mesmo sendo dizer que tais necessidades são verdadeiras necessidades políticas. Dos domínios em que esta incumbência tem especial relevo destacam-se a habitação e urbanismo[432] e o ambiente e qualidade de vida[433].

---

[432] Cfr. artigo 65.° da CRP.
[433] Cfr. artigo 66.° da CRP.

2.11. *l) Assegurar uma política científica e tecnológica favorável ao desenvolvimento do país*

A alínea *l)* do artigo 81.º mergulha as suas raízes na revisão constitucional de 1982, embora tenha sofrido alterações substanciais, designadamente, tendo sido eliminada a sua funcionalização para a *libertação de dependências externas*[434]. Tal não significa, obviamente, que neste campo deixem de relevar os princípios fundamentais da CRP – *v.g.*, da independência nacional e do reforço da soberania, nos termos em que a alínea *a)* do artigo 9.º os convoca –, que devem sempre nortear a actuação dos poderes públicos no cumprimento das suas incumbências fundamentais. Ter-se-á tão somente querido evitar a manutenção no texto constitucional de mais uma expressão de falsa autarcia em face do processo de integração europeia, no qual, aliás, a política de investigação e desenvolvimento tecnológico (I & D) ocupa um lugar preponderante[435].

No texto constitucional português, a *questão científica e tecnológica* desenvolve-se por três vectores essenciais: o desenvolvimento económico, o desenvolvimento social, e o desenvolvimento científico e tecnológico considerado de modo estrito. Por outras palavras, o desenvolvimento científico e tecnológico, se representa um valor em si mesmo que em muito coagula no ensino, apresenta também uma vertente de instrumentalidade face ao desenvolvimento económico e social pelas mais-valias que pode trazer-lhe, através de novos métodos de produção, de organização, etc. Neste contexto, podemos repartir a sua função por três áreas ligadas aos direitos fundamentais, a saber:

i) Ensino e investigação científica estritamente considerados, assumindo relevo no texto constitucional a propósito:
   a) da liberdade de aprender e de ensinar na medida em que sem investimento na ciência e tecnologia, no mundo actual, tal liberdade fica realmente em causa (cfr. artigo 43.º);
   b) da educação cultura e ciência (cfr. artigo 73.º);
   c) do direito ao ensino (cfr. artigo 74.º);
   d) do regime de acesso ao ensino superior (cfr. n.º 1 do artigo 76.º);

---

[434] Cfr. *infra*, III, § 6.º e § 7.º.
[435] Cfr. MANUEL CARLOS LOPES PORTO, *Teoria …*, pp. 350 ss.

ii) Desenvolvimento económico, no sentido em que a investigação científica e progresso tecnológico lhe são essenciais, assumindo relevo no texto constitucional a propósito da liberdade de iniciativa económica privada (cfr. artigo 61.º), nos termos em que a mesma é depois inserida na Parte II da CRP[436];

iii) Desenvolvimento social, em que a investigação científica e progresso tecnológico surgem tanto como condição do desenvolvimento humano, da personalidade, como também como adjuvantes da consecução de condições sociais mais dignas (ainda que passando pelo objectivo referido em ii)), designadamente no âmbito:

a) da liberdade de escolha de profissão (cfr. artigo 47.º);

b) do direito ao trabalho e direitos dos trabalhadores (cfr. artigos 58.º e 59.º);

c) do direito à saúde (cfr. artigo 64.º);

d) da especial protecção dos direitos dos jovens (cfr. artigo 70.º);

e) dos direitos dos cidadãos portadores de deficiência (cfr. artigo 71.º);

f) do direito à criação e fruição cultural (cfr. artigo 78.º).

Ao longo da Parte II da CRP, existem determinadas aplicações da tarefa que ora se trata, e que directamente se ligam ao aspecto exposto *supra* em ii). É o caso:

i) da promoção do tecido empresarial como objectivo da política agrícola (cfr. alínea *b)* do artigo 93.º);

ii) em certa medida, a racionalização dos circuitos de distribuição como objectivo da política comercial (cfr. alínea *b)* do artigo 99.º);

iii) do reforço da inovação industrial e tecnológica como objectivo da política industrial (cfr. alínea *b)* do artigo 100.º).

Sendo hoje consciência geral que a *questão científica e tecnológica* é condição do desenvolvimento de qualquer sociedade, o que antes se enunciou consiste tão somente num roteiro constitucional exemplificativo da função da norma em análise[437].

---

[436] Cfr. *infra*.

[437] Exemplificativamente, veja-se a referência à alínea *l)* do artigo 81.º da CRP, como fundamento constitucional de desagravamentos fiscais em sede de IRS, no que res-

No âmbito europeu[438], a I & D é contextualizada na integração económica e visa "um máximo de aproveitamento de recursos"[439]. Todavia, parece resultar das suas linhas gerais – embora seja objecto de alguma controvérsia – que o nível de investimento que tal política envolve reclama uma grande participação de entidades públicas, o que nos conduz ao último ponto que aqui pretendemos focar: o do significado de *assegurar uma política* nesta área, como incumbência prioritária do Estado.

O primeiro aspecto a observar é que, sendo expressamente uma *política* de que aqui se incumbe o Estado, o instrumento por excelência da sua tradução jurídica é, desde logo, a *lei*. Não existindo nenhuma reserva de competência da AR quanto a esta matéria (embora tal pudesse ter-se por desejável, ainda que exclusivamente quanto ao respectivo regime geral ou regime de bases), e ficando a mesma, por conseguinte, no domínio legislativo concorrencial entre a AR e o Governo, é sobre ambos os órgãos de soberania – atendendo a que se trata de uma política nacional – que recai o principal dever decorrente da alínea *l)* do artigo 81.º. Todavia, considerando que assegurar uma determinada política é tarefa que não se esgota na aprovação da lei e também se não identifica em absoluto com a função administrativa, sobre o Governo impende ainda o especial dever da respectiva condução, atento o seu estatuto de órgão de condução da política geral do país[440].

2.12. *m) Adoptar uma política nacional de energia, com preservação dos recursos naturais e do equilíbrio ecológico, promovendo, neste domínio, a cooperação internacional*

O texto da alínea *m)* do artigo 81.º é oriundo da revisão constitucional de 1982, e a sua redacção manteve-se inalterada desde então. O que verdadeiramente resulta deste preceito, como incumbência prioritária do Estado, é a adopção tanto de uma política nacional de energia quanto de uma política (nacional) de ambiente, já que não é possível, a propósito da

---

peita à propriedade industrial, em GUILHERME WALDEMAR D'OLIVEIRA MARTINS, *Os Benefícios Fiscais: Sistema e Regime*, Cadernos IDEFF, n.º 6, Coimbra, 2006, p. 34.

[438] Cfr. artigos 163.º ss. do TCE.
[439] Cfr. MANUEL CARLOS LOPES PORTO, *Teoria ...*, p. 353.
[440] Cfr. artigo 182.º da CRP.

primeira, tentar medidas satisfatórias de preservação dos recursos naturais e do equilíbrio ecológico que não sejam integradas numa política ambiental global. Ainda que possa pretender-se ver na política ambiental uma maior susceptibilidade de descentralização, basta que a política energética tenha que ser adoptada a nível nacional para os respectivos contra-balanços ambientais sigam estratégia paralela. A este propósito, note-se desde já que enquanto a CRP incluiu diversas matérias de natureza ambiental na área de reserva relativa de competência legislativa da AR (designadamente, as bases do sistema de protecção da natureza e do equilíbrio ecológico, na alínea g) do n.º 1 do artigo 165.º), o mesmo não sucede em relação à política energética, que não é objecto de qualquer reserva legislativa.

A energia é uma das políticas europeias que não encontra consagração como tal no TCE[441]. Já não assim no domínio da política de ambiente[442]. Todavia, a questão energética é das mais antigas preocupações europeias, tendo motivado, como é sabido, a criação da CECA, em 1951, e depois da EURATOM, em 1958. Constitui hodiernamente um problema transversal a todas as políticas comunitárias, do ambiente aos transportes, passando pelo desenvolvimento económico, indústria e defesa dos consumidores, assim mostrando as suas variadas dimensões, desde a necessidade de exploração de fontes energéticas próprias, à obtenção de energia no mercado internacional, passando pela questão da sua tributação e pelo seu relevo no âmbito dos serviços de interesse geral[443].

Claro está, também no domínio desta incumbência prioritária do Estado é umbilical a relação com os direitos fundamentais e, dentro destes, com particular relevo para os direitos económicos sociais e culturais. Designadamente, com o direito ao ambiente e à qualidade de vida, nos termos do artigo 66.º.

Todavia, além do disposto nesse último preceito, a CRP encerra determinadas normas jurídicas que podem fornecer coordenadas ou limitações à adopção de uma política nacional de energia. Por exemplo:

---

[441] Cfr. MANUEL CARLOS LOPES PORTO, Teoria ..., p. 355.
[442] Cfr. artigos 174.º e ss. do TCE.
[443] Para uma análise sectorial do sector eléctrico e do sector do gás no âmbito dos serviços económicos de interesse geral, cfr. RODRIGO GOUVEIA, Os Serviços de Interesse Geral em Portugal, Coimbra, 2001, pp. 59 ss., e 101 ss.

i) O princípio da propriedade pública dos recursos naturais (cfr. alínea d) do artigo 80.º) e o regime dos bens do domínio público, tendo em conta que entre eles se contam potenciais fontes de energia como a água e os jazigos minerais (cfr. alíneas a) e c) do artigo 84.º);

ii) A definição e posicionamento constitucional dos diversos sectores de propriedade dos meios de produção (cfr. artigo 82.º);

iii) A possibilidade de definição legal de sectores vedados à iniciativa económica privada (cfr. n.º 3 do artigo 86.º);

iv) O princípio da descentralização, tanto no que respeita às regiões autónomas, como ao poder local;

A referência à cooperação internacional neste domínio reflecte a ideia de globalização da política energética, por um lado, mas, mais pragmaticamente, também, a insuficiência de recursos energéticos em Portugal[444].

2.13. n) Adoptar uma política nacional da água, com aproveitamento, planeamento e gestão racional dos recursos hídricos

Constituindo os recursos hídricos um bem essencial à vida, compreende-se a inclusão desta incumbência entre as prioritárias do Estado, preocupação recente, aliás, já que apenas aquando da revisão constitucional de 1997 a mesma passou a integrar o texto constitucional[445].

Também neste domínio se nota a ausência de qualquer reserva de competência legislativa a favor da AR, bem como de qualquer referência, como na alínea anterior, à cooperação internacional, fundamental em função das necessárias relações com a vizinha Espanha para a gestão racional dos recursos hídricos.

No que respeita ao aproveitamento, planeamento e gestão dos recursos hídricos, os últimos anos têm assistido em Portugal a uma evolução considerável, consubstanciada em obras públicas, elaboração de planos (de que são exemplo o Plano Nacional da Água[446] e os planos de bacia

---

[444] Também salientando estes aspectos, e com apelo ao lugar das energias renováveis, cfr. J. J. GOMES CANOTILHO/VITAL MOREIRA, Constituição ..., I, p. 972.
[445] Cfr. infra, III, § 6.º e § 7.º.
[446] Aprovado pelo Decreto-Lei n.º 112/2002, de 14 de Abril.

hidrográfica), organização administrativa (de que é exemplo a criação do Conselho Nacional da Água[447]), e variadas iniciativas de natureza empresarial[448].

As coordenadas ou limitações apontadas *supra*, no âmbito da política energética, também aqui são rectoras do cumprimento desta incumbência prioritária do Estado[449], como o são, igualmente, as condicionantes de ordem ambiental que a CRP introduziu na própria alínea *m)* do artigo 81.º. Embora estas últimas não estejam expressas na presente alínea, a relação, desde logo, com o disposto no artigo 66.º não autoriza outro entendimento.

II. DIREITO INTERNACIONAL E EUROPEU

§ 3.º. Direito Internacional

Não existe dúvida sobre a possibilidade de princípios e normas de Direito Internacional imporem obrigações aos Estados, de natureza económica e social. Simplesmente, nesta sede, a questão está em saber se é possível a decorrência, dessas normas e princípios, de incumbências *prioritárias* para o Estado no âmbito económico e social, como *fins* e *tarefas* que primacialmente lhe cumpre desenvolver e realizar.

No essencial, à luz das concepções dominantes na teoria do Direito Internacional, bem como do disposto no artigo 8.º da CRP, as duas coordenadas fundamentais neste domínio são (i) a relação do Direito Internacional com a ordem jurídica interna portuguesa e (ii) o poder de jurisdição ou competência interna sobre o modelo constitucional económico-social.

Quanto ao primeiro aspecto, admitindo-se que os princípios e normas de Direito Internacional geral ou comum se sobrepõem à CRP quando se elevem à categoria de *ius cogens*, podendo equiparar-se-lhe em termos

---

[447] Criado pelo Decreto-Lei n.º 166/97, de 2 de Julho, já alterado pelo Decreto-Lei n.º 84/2004, de 14 de Abril.

[448] Destaca-se também a recente Lei n.º 58/2005, de 29 de Dezembro (Lei da Água).

[449] Veja-se, por exemplo, que J. J. GOMES CANOTILHO e VITAL MOREIRA encontram aqui uma justificação para "uma radical mudança na compreensão da natureza jurídica das águas", para elas reclamando "um estatuto publicístico, em detrimento da sua regulação civilística." (cfr. *Constituição* ..., I, p. 972).

hierárquicos quando não beneficiem daquele especial valor[450], há que considerar que, sendo os mesmos, na essência, respeitantes aos Direitos do Homem, é pelas determinações que possam impor ao nível dos direitos fundamentais – designadamente dos económicos, sociais e culturais – que aqueles princípios e normas exercem influência no domínio da organização económico-social. Ainda assim, tal influência situar-se-á no estabelecimento de *fins* mais do que no de *tarefas*. Exemplificando, a análise do Direito Internacional[451] poderia ditar a mera declaratividade ou a identidade hierárquico-formal entre normas e princípios de Direito Internacional geral ou comum e os *fins* constantes das alíneas *a)* e *b)* do artigo 81.º – *v.g.*, o aumento do bem-estar social e económico e da qualidade de vida das pessoas, o privilégio neste contexto das mais desfavorecidas, o cumprimento do princípio da sustentabilidade do desenvolvimento, a promoção da justiça social, etc. –, uma vez que se trata aí de *fins* partilhados pelo núcleo de direitos fundamentais.

Todavia, o modelo constitucional económico-social – que aqui podemos traduzir por regime económico-constitucional – é tradicionalmente reservado aos Estados, no âmbito da sua soberania. Consubstanciando a síntese entre a autonomia política e a forma de repartição interna dos recursos económicos, a que pode corresponder ou não uma *visão da sociedade*, a ordem internacional demite-se de se imiscuir nas correspondentes directrizes, pretendendo apenas que o modelo autonomicamente escolhido por cada Estado não ponha em causa os Direitos do Homem, conforme os mesmos surgem conformados e protegidos pelo Direito Internacional geral ou comum. Se o modelo adoptado é de pendor capitalista ou socialista é opção que não diz respeito à ordem internacional, a menos que, em concreto, tal importe uma violação dos Direitos do Homem enquanto universais.

A fixação interna desse modelo passa, além da positivação constitucional dos fins do Estado no âmbito económico-social, pela definição das *tarefas* que delimitam a presença do Estado na respectiva composição. E aí já o Direito Internacional geral ou comum pouco relevo traz. Dificilmente se poderá sustentar, nesta lógica, que o Direito Internacional geral ou comum, tenha ou não valor de *ius cogens*, imponha a política fiscal como instrumento preferencial da promoção do bem-estar social e económico.

---

[450] Cfr. PAULO OTERO, *Legalidade* ..., pp. 588 ss.
[451] Cfr. anotação do artigo 80.º, II, § 3.º.

Neste sentido, as normas organizatórias essenciais da Constituição Económica, disciplinando aspectos como a propriedade pública, os sectores de propriedade dos meios de produção, o sistema financeiro, escapam a vinculações de natureza internacional supra ou equi-constitucionais do ponto de vista hierárquico-formal.

No que respeita a incumbências do Estado que se consubstanciem em tarefas de organização económico-social e não em fins imediatamente ligados a direitos fundamentais protegidos pelo Direito Internacional geral ou comum, assume relevo o Direito Internacional convencional e aquele decorrente de normas emanadas dos órgãos competentes das organizações internacionais de que Portugal seja parte[452]. Mas, em ambos os casos, estamos perante normas de valor infra-constitucional[453] que, por definição, não beneficiam da força constituinte capaz de qualificar as tarefas nelas fixadas como incumbências *prioritárias* do Estado.

Constituindo o resultado de uma *opção jurídico-política* fundamental legitimada pelo poder político constituinte – seja originária seja supervenientemente em sede de revisão constitucional – o carácter prioritário do elenco de incumbências do Estado presente no artigo 81.° da CRP resulta, também, da possibilidade de um julgamento de inconstitucionalidade de normas legislativas por confronto com aquele preceito da Constituição, o que confirma o que se vem de dizer.

§ 4.°. Direito Europeu

No domínio do Direito Europeu, a questão que se coloca acerca da sua influência sobre as incumbências prioritárias do Estado português no âmbito económico e social consiste em saber se e em que medida o Direito Comunitário ou Europeu pode descaracterizar esse mesmo elenco. Pode, em virtude das relações entre a ordem jurídica interna portuguesa e a ordem jurídica comunitária, tal elenco ser aumentado, alterado ou mesmo esvaziado?

Analisando o desenvolvimento de uma Constituição "não oficial" no âmbito da Constituição económica e sua relação com o Direito Comunitá-

---

[452] Cfr. n.ᵒˢ 2 e 3 do artigo 8.° da CRP.
[453] Cfr. PAULO OTERO, *Legalidade* ..., pp. 594 ss.

rio primário[454], concluiu-se já a propósito da fragmentação hierárquico-
-normativa da CRP que no "âmbito das matérias integrantes da Constituição económica, incluindo aqui os direitos fundamentais económicos, o Direito Comunitário primário hoje exerce um forte condicionamento sobre as opções constitucionais dos Estados-membros, existindo mesmo, apesar da ausência entre nós de expressa norma a reconhecer-lhe valor supraconstitucional, uma prática reiterada de interpretação e aplicação dos preceitos constitucionais em conformidade com o Direito Comunitário primário que, pode bem considerar-se, desenvolveu uma normatividade informal e "não oficial" que se auto-justificou em termos de prevalência sobre o texto oficial da Constituição económica formal"[455]. Aliás, "a ideia de que a revisão constitucional é hoje um instrumento legitimador *a posteriori* de opções políticas e jurídicas já antes assumidas em termos comunitários, fazendo de cada processo de modificação da Constituição em conformidade com o Direito Comunitário uma farsa da força normativa da Constituição, mostra-se particularmente visível no âmbito da legitimação constitucional de atribuição de poderes do Estado à Comunidade Europeia e à União Europeia e, neste sentido, na inerente limitação da soberania interna dos Estados"[456].

Reconhecendo-se um valor paraconstitucional ao Direito Comunitário primário face ao texto da CRP[457], pode também concluir-se que "(i) a superveniência de uma destas normas comunitárias torna (total ou parcialmente) inaplicável a anterior norma constitucional reguladora da matéria em sentido diferente, tal como, enquanto expressão da paridade hierárquica, (ii) a superveniência de uma lei de revisão constitucional pode, derrogando ela própria a cláusula constitucional de empenhamento na construção da União Europeia, tornar inaplicável internamente a anterior norma comunitária que continha uma diferente disciplina dessa mesma matéria"[458] (ainda que, face ao que ficou dito *supra*, possa esta última hipótese ser meramente académica).

Ora, tal pode conduzir a Administração a afastar uma determinada norma constitucional para dar cumprimento a disposições de Direito Co-

---

[454] Cfr. PAULO OTERO, *Legalidade* ..., pp. 577 ss.
[455] Cfr. PAULO OTERO, *Legalidade* ..., p. 605.
[456] Cfr. PAULO OTERO, *Legalidade* ..., p. 608.
[457] Cfr. PAULO OTERO, *Legalidade* ..., p. 605 ss.
[458] Cfr. PAULO OTERO, *Legalidade* ..., p. 616.

munitário originário, mormente no âmbito da Constituição económica[459], o mesmo sendo sustentável no que respeita ao legislador.

Mais, se na relação entre uma norma de Direito Comunitário derivado e uma norma do ordenamento interno infraconstitucional a Administração pode ter que dar preferência à primeira[460], caso um "regulamento se mostre violador da Constituição, salvo se essa violação disser respeito à dignidade da pessoa humana e aos direitos fundamentais que gozam de aplicabilidade directa, deve entender-se que, tal como os órgãos administrativos devem aplicar as leis que considerem inconstitucionais (...), também não podem deixar de aplicar o regulamento comunitário alegadamente desconforme com o texto constitucional"[461].

Este último exemplo é ainda extensível aos casos de directivas cujo prazo de transposição haja expirado e gozem de efeito directo vertical, o que, curiosamente, constitui um enfraquecimento da posição do legislador nacional. Com efeito, recusando-se o legislador a transpor para o ordenamento interno uma determinada directiva com a justificação da sua inconstitucionalidade (ou do regime jurídico-legal de transposição), expirado o respectivo prazo, e podendo tal acto jurídico-comunitário beneficiar de efeito directo vertical, não obsta o legislador nacional à vinculação da Administração à dita directiva. A tal acrescerá a possibilidade de o Estado incorrer em responsabilidade por violação do Direito Comunitário, conflito que, em última análise, só pode ser resolvido pela cedência da normatividade constitucional (descontada a possibilidade de secessão).

Como se afirmou, a prevalência ou primado do Direito Comunitário assume particular incidência, do ponto de vista substancial, no âmbito da Constituição económica[462]. Se se tomar em conta que no TUE não se encontra qualquer norma sobre a repartição de atribuições entre a União Europeia e os Estados-membros, e que o Tribunal de Justiça segue uma interpretação ampliativa daquele documento no que respeita às atribuições comunitárias[463], facilmente se chega à "erosão das atribuições estaduais", que "conferiu ao processo de integração europeia um dina-

---

[459] Cfr. PAULO OTERO, *Legalidade* ..., pp. 662 ss.
[460] Cfr. PAULO OTERO, *Legalidade* ..., pp. 677 ss.
[461] Cfr. PAULO OTERO, *Legalidade* ..., p. 677-678.
[462] Cfr. *supra*.
[463] Neste sentido, cfr. ANA MARIA GUERRA MARTINS, *Curso* ..., pp. 283 ss.; FAUSTO DE QUADROS, *Direito da União* ..., pp. 192 ss.

mismo e um carácter evolutivo, completamente desconhecidos do direito internacional"[464].

Assim, muitas das incumbências prioritárias do Estado, fixadas no artigo 81.º da CRP, ou (i) já não são apenas dele, por força daquela ampliação das atribuições comunitárias, ou (ii) já vêem a sua concretização ditada por normas de Direito Comunitário, tanto primário como derivado, ou, ainda (iii) são hoje postergadas pelo legislador e pela Administração na presença de determinações de cumprimento mais premente de Direito Comunitário.

Em rigor, o avanço das atribuições exclusivas ao nível comunitário tende a esvaziar de conteúdo e mesmo de imperatividade alguns incisos das várias alíneas do artigo 81.º. Se já assim é – e ainda estamos no domínio da tímida consagração no TCE daquelas atribuições exclusivas, originariamente de criação jurisprudencial (cfr. artigo 5.º)[465] –, é provável que tal esvaziamento venha a acentuar-se, designadamente no que toca:

i) Ao estabelecimento das regras de concorrência necessárias ao funcionamento do mercado interno (cfr. alínea b)), com consequências ao nível da alínea f) do artigo 81.º da CRP;

ii) À conservação dos recursos biológicos do mar, no âmbito da política comum das pescas (cfr. alínea d)), o que poderá ter consequências, v.g., ao nível do planeamento de uma estratégia de desenvolvimento sustentável e da preservação dos recursos naturais e equilíbrio ecológico (cfr., respectivamente, alíneas a) e m) do artigo 81.º da CRP);

iii) À política comercial comum (cfr. alínea e)), com consequências ao nível de múltiplas alíneas do artigo 81.º da CRP, e, muito em particular, da respectiva alínea g).

É, pois, notória a "erosão" da normatividade constitucional ao nível do elenco de incumbências prioritárias do Estado no âmbito económico e social, que não corresponde, todavia e como se perspectiva, a um decréscimo das vinculações impostas ao legislador nacional, nem tão pouco – ou menos ainda – da Administração, dada a crescente normatividade comunitária de natureza regulamentar e o progressivo aperfeiçoamento das di-

---

[464] Cfr. ANA MARIA GUERRA MARTINS, Curso ..., p. 284.
[465] Cfr. ANA MARIA GUERRA MARTINS, Curso ..., p. 284; FAUSTO DE QUADROS, Direito da União ..., pp. 195 ss.

rectivas comunitárias, conduzindo ao aumento de casos em que é possível o respectivo efeito directo vertical.

Esta problemática é hoje, aliás, intensificada dado o novo n.º 4 do artigo 8.º, introduzido na revisão constitucional de 2004[466].

III. MEMÓRIA CONSTITUCIONAL

§ 5.º. **As constituições portuguesas anteriores à Constituição de 1976**

O único texto da nossa História constitucional onde se colhe uma norma semelhante ou "afim", em termos funcionais e sistemáticos, ao artigo 81.º da CRP é a Constituição de 1933, mais precisamente, o seu artigo 31.º. Aí se afirmava, na redacção originária, o "direito e a obrigação" do Estado de "coordenar e regular superiormente a vida económica e social", com objectivos de "estabelecer o equilíbrio da população, das profissões, dos empregos, do capital e do trabalho" (cfr. n.º 1.º); "defender a economia nacional das explorações agrícolas industriais e comerciais de carácter parasitário ou incompatíveis com os interesses superiores da vida humana (cfr. n.º 2.º); "conseguir o menor preço e o maior salário compatíveis com a justa remuneração dos outros factores de produção, pelo aperfeiçoamento da técnica, dos serviços e do crédito" (cfr. n.º 3); e "desenvolver a povoação dos territórios nacionais, proteger os emigrantes e disciplinar a emigração" (cfr. n.º 4.º). Com a revisão constitucional de 1959[467] o n.º 4.º passaria a 5.º, sendo aditado um novo n.º 4, onde se lia "impedir os lucros exagerados do capital, não permitindo que este se desvie da sua finalidade humana e cristã". E na revisão de 1971[468] o n.º 1.º ganharia também nova redacção – "promover o desenvolvimento económico e social do País e de cada uma das parcelas e regiões que o compõem e a justa distribuição dos rendimentos" –, sendo ainda aditado um n.º 6.º: "estimular a iniciativa privada e a concorrência efectiva, sempre que esta contribua para a racionalização das actividades produtivas".

---

[466] Cfr. anotação respectiva.
[467] Cfr. Lei n.º 2100, de 29 de Agosto de 1959.
[468] Cfr. Lei n.º 3/71, de 16 de Agosto.

Pela reprodução integral da norma, assim se fica com uma noção mais fiel do seu paralelismo com o artigo 81.° da CRP. Não se cuida aqui de analisar a substância, propriamente dita, desta norma pretérita, e menos ainda o seu percurso ao longo das várias revisões constitucionais. Como dissemos, o paralelismo com o artigo 81.° da CRP é, essencialmente, funcional e sistemático. Do ponto de vista funcional, tratava-se de uma norma que incumbia o Estado do cumprimento dos objectivos ali positivados, reclamando deste a realização de tarefas (legislativas, administrativas ou materiais) a tal dirigidas, e que mantinha com o artigo 6.° da Constituição de 1933 uma relação normativa formalmente idêntica à que o artigo 81.° mantém hoje com o artigo 9.° da CRP. Esta última observação, respeitante à dimensão funcional daquele paralelismo, não é totalmente alheia àquela outra dimensão sistemática, designadamente, pelo que este elemento traz ao nível da interpretação de normas jurídicas que se encontram numa relação de internormatividade. Todavia, essa dimensão sistemática do paralelismo entre ambas as normas – o artigo 31.° da Constituição de 1933 e o artigo 81.° da CRP – é para nós mais interessante em face da inserção sistemática daquela primeira na "Constituição do corporativismo", justamente no Título VIII ("Da Ordem Económica e Social") da Parte I ("Das Garantias Fundamentais").

Ora, afastadas comparações mais profundas – aliás, que reclamariam levarem-se em devida conta diferenças tão profundas das respectivas realidades ou contextos jurídico-políticos, ao nível do regime político, do sistema de governo, da fiscalização da constitucionalidade, da concepção constitucional dos direitos fundamentais, enfim, e suas mutações ao longo das múltiplas revisões de ambos os textos constitucionais – interessa notar a fixação de um elenco de incumbências fundamentais do Estado ao nível da Constituição económica, da normação fundamental da organização económico-social. Neste aspecto, a Constituição de 1933 e a CRP partilham, formalmente, de uma concepção de Estado interventor, embora em medidas e termos diferentes; partilham de uma concepção da Constituição como *projecto social* a cargo do Estado, embora em diferentes níveis de vinculação real deste. E se o artigo 31.° da Constituição de 1933, no seu contexto jurídico-constitucional, contribuía para a afirmação, então, de um "dirigismo estadual" da ordem económico-social[469], o mesmo já não

---

[469] Neste sentido, cfr. ANTÓNIO L. SOUSA FRANCO/GUILHERME D'OLIVEIRA MARTINS, *A Constituição* ..., p. 125.

poderá dizer-se do artigo 81.º da CRP, principalmente, atenta a globalidade da evolução da Constituição económica.

Referência merecem ainda o artigo 30.º – que incumbia o Estado de regular as relações da economia nacional com a dos outros países –, o artigo 32.º – que atribuia ao Estado o dever de favorecimento das actividades económicas relativamente mais rendosas –, o artigo 34.º – que encarregava o Estado da promoção da formação e desenvolvimento da economia nacional corporativa –, do artigo 40.º[470] – que estabelecia o "direito e obrigação" do Estado na defesa da moral, da salubridade, da alimentação e da higiene pública –, e o artigo 41.º – que incumbia o Estado de promover e favorecer as "instituições de solidariedade, previdência, cooperação e mutualidade".

§ 6.º. **Conteúdo originário da redacção do preceito na Constituição de 1976 e sucessivas versões decorrentes das revisões constitucionais**

Na sua **redacção originária**, o artigo 81.º (cuja epígrafe sempre se manteve inalterada) dispunha como incumbências prioritárias do Estado:

a) Promover o aumento do bem-estar social e económico do povo, em especial das classes mais desfavorecidas;

b) Estabilizar a conjuntura e assegurar a plena utilização das forças produtivas;

c) Promover a igualdade entre os cidadãos, através da transformação das estruturas económico-sociais;

d) Operar as necessárias correcções das desigualdades na distribuição da riqueza e do rendimento;

e) Orientar o desenvolvimento económico e social no sentido de um crescimento equilibrado de todos os sectores e regiões;

f) Desenvolver as relações económicas com todos os povos, salvaguardando sempre a independência nacional e os interesses dos portugueses e da economia do país;

g) Eliminar e impedir a formação de monopólios privados, através de nacionalizações ou de outras formas, bem como reprimir

---

[470] Alterado nas revisões constitucionais de 1935 (Lei n.º 1885, de 23 de Março de 1935) e de 1951 (Lei n.º 2048, de 11 de Junho de 1951).

os abusos do poder económico e todas as práticas lesivas do interesse geral;

h) Realizar a reforma agrária;

i) Eliminar progressivamente as diferenças sociais e económicas entre a cidade e o campo;

j) Assegurar a equilibrada concorrência entre as empresas, fixando a lei a protecção às pequenas e médias empresas económica e socialmente viáveis;

l) Criar as estruturas jurídicas e técnicas necessárias à instauração de um sistema de planeamento democrático da economia;

m) Proteger o consumidor, designadamente através do apoio à criação de cooperativas e de associações de consumidores;

n) Impulsionar o desenvolvimento das relações de produção socialistas;

o) Estimular a participação das classes trabalhadoras e das suas organizações na definição, controlo e execução de todas as grandes medidas económicas e sociais.

Na **revisão constitucional de 1982**, o preceito sofreu várias alterações (cfr. artigo 69.º da Lei Constitucional n.º 1/82, de 30 de Setembro). No proémio, explicitou-se que as incumbências prioritárias do Estado eram "no âmbito económico e social". Quanto ao texto das várias alíneas, as alterações foram as seguintes:

a) Promover o aumento do bem-estar social e económico *e da qualidade de vida do povo*, em especial das classes mais desfavorecidas (*texto aditado em itálico*);

b) Operar as necessárias correcções das desigualdades na distribuição da riqueza e do rendimento (*era a alínea d)*);

c) Assegurar a plena utilização das forças produtivas, designadamente zelando pela eficiência do sector público (*era a anterior alínea b), tendo o texto sido alterado, e suprimida a anterior alínea c)*);

d) Orientar o desenvolvimento económico e social no sentido de um crescimento equilibrado de todos os sectores e regiões e eliminar progressivamente as diferenças económicas e sociais entre a cidade e o campo (*nova alínea, que substituiu as alíneas e) e i)*);

e) Eliminar e impedir a formação de monopólios privados, através de nacionalizações ou de outras formas, bem como reprimir os abusos do poder económico e todas as práticas lesivas do interesse geral (*era a anterior alínea g*));

f) Assegurar a equilibrada concorrência entre as empresas (*era a anterior alínea j*), *com supressão da parte final "fixando a lei a protecção às pequenas e médias empresas económica e socialmente viáveis"*);

g) Desenvolver as relações económicas com todos os povos, salvaguardando sempre a independência nacional e os interesses dos portugueses e da economia do país (*anterior alínea f*));

h) (*manteve-se a redacção originária*);

i) Assegurar a participação das organizações representativas dos trabalhadores e das organizações representativas das actividades económicas na definição, na execução e no controlo das principais medidas económicas e sociais (*corresponde à anterior alínea o), com alterações*);

j) Proteger o consumidor (*era a anterior alínea m), com supressão da parte final*);

l) (*manteve-se a redacção originária*);

m) Desenvolver uma política científica e tecnológica com preferência pelos domínios que interessem ao desenvolvimento do país, tendo em vista a progressiva libertação de dependências externas (*nova redacção*);

n) Adoptar uma política nacional de energia, com preservação dos recursos naturais e do equilíbrio ecológico, promovendo, neste domínio, a cooperação internacional (*nova redacção, com total supressão do texto anterior*).

Na **revisão constitucional de 1989**, o artigo 49.º da Lei Constitucional 1/89, de 8 de Julho, alterou as alíneas *e)*, *h)* e *m)*, que assim ficaram com a seguinte redacção:

"...

e) Eliminar e impedir a formação de monopólios privados [*através de nacionalizações ou de outras formas*], bem como reprimir os abusos do poder económico e todas as práticas lesivas do interesse geral (*tendo sido eliminado o trecho em itálico entre parêntesis*);

....

h) Eliminar os latifúndios e reordenar o minifúndio (*nova redacção*);

m) Assegurar uma política científica e tecnológica favorável ao desenvolvimento do país (*nova redacção*);
....".

A **terceira revisão constitucional, de 1992** não trouxe qualquer alteração ao preceito.

A **quarta revisão constitucional, de 1997**, voltaria a introduzir alterações com alguma extensão, por via do artigo 51.º da Lei Constitucional n.º 1/97, de 20 de Setembro:

"*a)* Promover o aumento do bem-estar social e económico e da qualidade de vida [*do povo*] das *pessoas*, em especial das [*classes*] mais desfavorecidas, *no quadro de uma estratégia de desenvolvimento sustentável* (*aditado o texto em itálico, e suprimido aquele entre parêntesis, também em itálico*);

b) Promover a justiça social, assegurar a igualdade de oportunidades e operar as necessárias correcções das desigualdades na distribuição da riqueza e do rendimento, *nomeadamente através da política fiscal* (*aditados os trechos em itálico*);
....

e) Assegurar *o funcionamento eficiente dos mercados, de modo a garantir a equilibrada concorrência entre as empresas, a contrariar as formas de organização monopolistas e a* reprimir os *abusos de posição dominante e outras* práticas lesivas do interesse geral (*aditamento dos trechos em itálico, substituindo nessa parte a redacção anterior*);

f) (*eliminada, passando a ser a anterior alínea g)*);

g) (*anterior alínea h)*);

h) Garantir a defesa dos interesses e os direitos dos consumidores (*anterior alínea j), com nova redacção*);

i) Criar os instrumentos jurídicos e técnicos necessários ao planeamento democrático do desenvolvimento económico e social (*anterior alínea l), tendo a alínea i) sido eliminada*);

j) (*anterior alínea m)*);

l) (*anterior alínea n)*);
....

m) Adoptar uma política nacional da água, com aproveitamento, planeamento e gestão racional dos recursos hídricos (*nova alínea*)."

A **quinta revisão constitucional, de 2001**, não trouxe qualquer alteração ao preceito.

Já na **sexta revisão constitucional, de 2004**, o artigo 12.° da Lei Constitucional n.° 1/2004, de 24 de Julho, fixaria a redacção actual do artigo 81.°, alterando a alínea *d)* e aditando uma nova alínea *e)*, nos seguintes termos:

"..

d) Promover a coesão económica e social de todo o território nacional, orientando o desenvolvimento no sentido de um crescimento equilibrado de todos os sectores e regiões e eliminando progressivamente as diferenças económicas e sociais entre a cidade e o campo e entre o litoral e o interior (nova redacção);

e) Promover a correcção das desigualdades derivadas da insularidade das regiões autónomas e incentivar a sua progressiva integração em espaços económicos mais vastos, no âmbito nacional ou internacional (nova alínea);

f) (anterior alínea e));
g) (anterior alínea f));
h) (anterior alínea g));
i) (anterior alínea h));
j) (anterior alínea i));
l) (anterior alínea j));
m) (anterior alínea l));
n) (anterior alínea m))."

A **sétima revisão constitucional, de 2005**, não trouxe qualquer alteração ao preceito.

§ 7.°. Apreciação do sentido das alterações do preceito

As sucessivas alterações ao artigo 81.° podem arrumar-se nos seguintes vectores essenciais:

i) *Progressiva desideologização do texto constitucional*: acompanhando a tendência geral da reforma da Constituição económica ao longo das sucessivas revisões constitucionais, também o artigo 81.° foi alvo de um depuramento textual expurgatório das referências – ainda que indirectas – ao socialismo. São exemplos a eliminação da referência às nacionalizações na alínea *e)* (1989) e às classes na alínea *a)* (1997);

ii) *Incremento do princípio da socialidade no âmbito de um "Estado de bem-estar"*: na senda do aprofundamento e aperfeiçoamento da democracia económica e social, a que corresponderam *prima facie* as alterações ao artigo 9.º[471], também o elenco de incumbências prioritárias do Estado foi burilado em consonância, por forma a assegurar concretizações vinculativas daquelas tarefas essenciais ao nível da Constituição económica, num esforço de coerência interna de um texto constitucional originariamente compromissório. São exemplos a referência à qualidade de vida na alínea *a)* (1982), e à promoção da justiça social e igualdade de oportunidades na alínea *b)* (1997);

iii) *Adaptação ao Direito Europeu e respectivo léxico, com aperfeiçoamento do texto no contexto de uma sociedade técnica*: ao nível económico-social, o Direito Europeu produz cada vez mais uma linguagem própria, presente nos enunciados jurídicos, "como uma glândula produz a sua hormona" (para utilizar uma imagem já clássica do Direito Administrativo). Além disso, os textos legais – não sendo excepção os constitucionais – integram cada vez mais expressões técnicas sob influência ou provindas de outras ciências. São exemplos as referências ao funcionamento eficiente dos mercados "de modo a garantir a equilibrada concorrência entre as empresas" e aos abusos de posição dominante, na alínea *e)* (1997), a referência à coesão económica e social na alínea *d)* (2004), bem como à gestão racional dos recursos hídricos na alínea *m)* (1997);

iv) *Reconhecimento da existência de diferenças regionais*: em ligação com os vectores i) e ii), a CRP assenta no pressuposto na existência de diferenças, que degeneram em desigualdades económico-sociais, entre o litoral e o interior, e entre o continente e as regiões autónomas, onde antes apenas se distinguia a "cidade e o campo". Tal prende-se, igualmente, com a "Europa de regiões". São exemplos as alterações levadas a cabo na revisão constitucional de 2004.

---

[471] Cfr. anotação ao artigo 9.º.

Em geral, pode assim afirmar-se que o elenco de incumbências prioritárias do Estado foi sendo aperfeiçoado, modernizado, essencialmente em razão de circunstâncias de facto, nelas se integrando o progresso científico extra-jurídico, mas também em função de razões jurídico-políticas que se prendem com as mutações ao nível do modelo económico constitucional[472]. Ainda assim, parecem de menor vulto as alterações a este artigo 81.º do que aquelas que se operaram ao nível do artigo 80.º[473]. Se, por exemplo, a participação das organizações representativas dos trabalhadores e das actividades económicas ao nível da política económico-social constituiu uma incumbência prioritária do Estado (com matizes) até 1997, quando passou a integrar o elenco de princípios fundamentais do artigo 80.º[474], é de assinalar o relevo primário (aqui exemplificativo) das alterações principiológicas, frente a estas do artigo 81.º. Há, pois, ao longo das várias revisões constitucionais, uma maior constância jurídico-normativa ao nível das incumbências prioritárias do Estado do que dos princípios fundamentais da ordem económico-social (que não se prende, naturalmente, à simples quantidade de alterações ao texto): o que poderá justificar-se atendendo a que o carácter compromissório – e por vezes pouco realista ou *real* – da CRP mostra mais o seu significado ao nível do modelo constitucional económico do que dos seus *primeiros instrumentos ou concretizações rectoras em termos organizativos*, justamente, o elenco de incumbências prioritárias do Estado.

IV. PAÍSES DE EXPRESSÃO PORTUGUESA

§ 8.º. **Brasil**

A CRFB não contém uma norma similar à do artigo 81.º da CRP, onde, de forma sistemática, se estabeleça um elenco de incumbências prioritárias do Estado no âmbito da organização económico-social.

---

[472] Cfr. MARCELO REBELO DE SOUSA/JOSÉ DE MELO ALEXANDRINO, *Constituição* ..., p. 195.
[473] Cfr. *supra*, anotação ao artigo 80.º, III, § 7.º.
[474] Cfr. *supra*, anotação ao artigo 80.º, I, § 2.º, 2.7.

Tal não significa, todavia, a inexistência de *fins* e *tarefas* especialmente cometidas aos poderes públicos no que respeita à organização económico-social, mas antes que é da leitura integrada do Título VII ("Da Ordem Econômica e Financeira") – em particular do respectivo artigo 170.º –, do Título VIII ("Da Ordem Social"), do artigo 3.º (objectivos fundamentais da República Federativa do Brasil), e das disposições do Capítulo II ("Dos Direitos Sociais") do Título II ("Dos Direitos e Garantias Fundamentais"), que se extrai aquele mesmo elenco[475].

Em geral, pode afirmar-se que de quase todas as normas dos Títulos VII e VIII é possível retirar incumbências do Estado, sendo a respectiva hierarquização e classificação como *prioritárias* que mais esforço interpretativo reclama.

§ 9.º. Angola

Na sequência do artigo 7.º da LCRA[476], a norma do texto constitucional angolano que mais afinidade apresenta com o artigo 81.º da CRP, em termos substantivos, é o artigo 9.º. Aí se dispõe que o "Estado orienta o desenvolvimento da economia nacional":

    i) "com vista a garantir o crescimento harmonioso e equilibrado de todos os sectores e regiões do País";
    ii) "a utilização racional e eficiente de todas as capacidades produtivas e recursos naturais";
    iii) "bem como a elevação do bem-estar e da qualidade de vida dos cidadãos".

Naturalmente, nos preceitos que se lhe seguem estabelecem-se outras incumbências do Estado, mas é no artigo 9.º que se encontram as *prioritárias*, bem como os critérios substanciais para a sua determinação ao longo do texto constitucional.

---

[475] Cfr. anotação ao artigo 80.º, IV, § 8.º.
[476] Cfr. anotação ao artigo 80.º, IV, § 9.º.

§ 10.°. Moçambique

Também a CRM não possui norma idêntica à do artigo 81.° da CRP. Destacando-se, entre os objectivos fundamentais da República de Moçambique, assentes no artigo 11, o "desenvolvimento da economia e do progresso da ciência e da técnica" (cfr. alínea *h*)), é na análise sistemática do Título IV, que se poderá estabelecer o elenco de incumbências prioritárias do Estado[477]. É, porém, relevante nesta sede o disposto nos artigos 101 e 102, inseridos no Capítulo II ("Organização Económica") daquele Título IV:

"Artigo 101
(Coordenação da actividade económica)
1. O Estado promove, coordena e fiscaliza a actividade económica agindo directa ou indirectamente para a solução dos problemas fundamentais do povo e para a redução das desigualdades sociais e regionais.
2. O investimento do Estado deve desempenhar um papel impulsionador na promoção do desenvolvimento equilibrado.

Artigo 102
(Recursos naturais)
O Estado promove o conhecimento, a inventariação e a valorização dos recursos naturais e determina as condições do seu uso e aproveitamento com salvaguarda dos interesses nacionais."[478].

§ 11.°. Cabo Verde

Na CRCV não existe, igualmente, norma autónoma respeitante às incumbências prioritárias do Estado no âmbito económico-social, nos termos em que o faz a CRP no artigo 81.°.

Como já se observou[479], porém, são incluídas no artigo 90.° da CRCV preceitos que (se melhor fora autonomizar em norma distinta), se referem a tarefas fundamentais do Estado:

"Artigo 90.°
Princípios gerais da organização económica
....

---

[477] Cfr. ainda a anotação ao artigo 80.°, IV, § 10.°.
[478] Cfr. também anotação ao artigo 84.°, IV, § 11.°, e anotação ao artigo 93.°, IV, § 11.°.
[479] Cfr. a anotação ao artigo 80.°, IV, § 11.°.

2. O Estado garante as condições de realização da democracia económica, assegurando, designadamente:

f) A fruição por todos os cidadãos dos benefícios resultantes do esforço colectivo de desenvolvimento, traduzida, nomeadamente na melhoria quantitativa e qualitativa do seu nível e condição de vida;

g) A igualdade de condições de estabelecimento, actividade e concorrência dos agentes económicos;

h) A regulação do mercado e da actividade económica;

i) O ambiente favorável ao livre e generalizado acesso ao conhecimento, à informação e à propriedade;

j) O desenvolvimento equilibrado de todas as ilhas e o aproveitamento adequado das suas vantagens específicas.

....

4. O Estado apoia os agentes económicos nacionais na sua relação com o resto do mundo e, de modo especial, os agentes e actividades que contribuam positivamente para a inserção dinâmica de Cabo Verde no sistema económico mundial.

5. O Estado incentiva e apoia, nos termos da lei, o investimento externo que contribua para o desenvolvimento económico e social do país.

...."

Igualmente relevantes neste domínio são algumas das tarefas fundamentais do Estado constantes do artigo 7.º, em situação paralela com o artigo 9.º da CRP (cfr. alíneas *e), f, h), j)* e *k)*).

§ 12.º. Guiné-Bissau

No texto constitucional guineense também se não encontra qualquer norma semelhante à do artigo 81.º da CRP. Aquela que especificamente se dedica aos *fins* da organização económica é o n.º 2 do artigo 11.º, também relativo aos princípios basilares da ordem económica e social[480]:

"Artigo 11.º

....

2. A organização económica e social da República da Guiné Bissau tem como objectivo a promoção contínua do bem-estar do povo e a eliminação de todas as formas de sujeição da pessoa humana a interesses degradantes, em proveito de indivíduos, de grupos ou de classes."

---

[480] Cfr. a anotação ao artigo 80.º, IV, 12.º.

Não se consagra, pois, uma articulação entre *fins* e correspondentes *tarefas* do Estado, sendo necessário recorrer ao acervo normativo das restantes normas dos Títulos I e II para as estabelecer, bem como à respectiva caracterização. Saliente-se, contudo, a última norma daquele Título II, de intuito integrador, nos termos da qual:

"Artigo 58.º
Em conformidade com o desenvolvimento do País, o Estado criará progressivamente as condições necessárias à realização integral dos direitos de natureza económica e social reconhecidos neste título."

§ 13.º. São Tomé e Príncipe

A CRDSTP não autonomizou, tão pouco, qualquer norma de elenco de incumbências prioritárias do Estado no domínio económico-social. É, pois, no Título III ("Direitos sociais e ordem económica, social e cultural") da Parte II que deve buscar-se esse elenco e respectiva classificação[481].

Assumem relevo, nesse domínio, como rectores da referida actividade interpretativa, alguns dos objectivos primordiais do Estado, constantes do artigo 9.º (cfr. alíneas *b), c)* e *d)*).

§ 14.º. Timor-Leste

No texto constitucional da CRDTL também se não autonomiza qualquer norma relativa às incumbências prioritárias do Estado. Dada a reduzida dimensão da Parte IV ("Organização económica e social"), o trabalho interpretativo a este nível sai dificultado, reclamando o recurso às normas do Título III da Parte II – ("Direitos, Deveres, Liberdades e Garantias Fundamentais").

Mais uma vez, os objectivos fundamentais do Estado, consagrados no artigo 6.º, representam um critério substancial para a construção daquele elenco, destacando-se os constantes das alíneas *d), e), f), i)* e *j)*[482].

---

[481] Cfr. ainda a anotação ao artigo 80.º, IV, 13.º.
[482] Cfr. ainda a anotação ao artigo 80.º, IV, 14.º.

Artigo 82.º
(Sectores de propriedade dos meios de produção)

1. É garantida a coexistência de três sectores de propriedade dos meios de produção.
2. O sector público é constituído pelos meios de produção cujas propriedade e gestão pertencem ao Estado ou a outras entidades públicas.
3. O sector privado é constituído pelos meios de produção cuja propriedade ou gestão pertence a pessoas singulares ou colectivas privadas, sem prejuízo do disposto no número seguinte.
4. O sector cooperativo e social compreende especificamente:
a) Os meios de produção possuídos e geridos por cooperativas, em obediência aos princípios cooperativos, sem prejuízo das especificidades estabelecidas na lei para as cooperativas com participação pública, justificadas pela sua especial natureza;
b) Os meios de produção comunitários, possuídos e geridos por comunidades locais;
c) Os meios de produção objecto de exploração colectiva por trabalhadores;
d) Os meios de produção possuídos e geridos por pessoas colectivas, sem carácter lucrativo, que tenham como principal objectivo a solidariedade social, designadamente entidades de natureza mutualista.

Quadro tópico:

I. SECTORES DE PROPRIEDADE DOS MEIOS DE PRODUÇÃO
§ 1.º. Caracteres fundamentais para a definição dos três sectores de propriedade dos meios de produção;
1.1. O conceito de *meios de produção*;
1.2. Os critérios constitucionais distintivos: propriedade, gestão e posse;

§ 2.º. O SECTOR PÚBLICO;
2.1. Configuração do sector público;
2.2. A empresa pública e o sector empresarial público;
2.2.1. Noção de empresa pública: pré-determinação constitucional ou essencialidade do direito ordinário?
2.2.2. A empresa pública no âmbito da Administração pública;
§ 3.º. O SECTOR PRIVADO;
3.1. (Sub-)sector privado típico;
3.2. Subsector privado publicizado;
§ 4.º. O SECTOR COOPERATIVO E SOCIAL;
4.1. Subsector cooperativo;
4.2. Subsector comunitário;
4.3. Subsector da exploração colectiva;
4.4. Subsector social em sentido estrito;
§ 5.º. A GARANTIA DA COEXISTÊNCIA DE TRÊS SECTORES DE PROPRIEDADE DOS MEIOS DE PRODUÇÃO (ALCANCE E DIMENSÕES): TIPICIDADE CONSTITUCIONAL OU GARANTIA MÍNIMA?

II. DIREITO INTERNACIONAL E EUROPEU
§ 6.º. DIREITO INTERNACIONAL;
§ 7.º. DIREITO EUROPEU.

III. MEMÓRIA CONSTITUCIONAL
§ 8.º. AS CONSTITUIÇÕES PORTUGUESAS ANTERIORES À CONSTITUIÇÃO DE 1976;
§ 9.º. CONTEÚDO ORIGINÁRIO DA REDACÇÃO DO PRECEITO NA CONSTITUIÇÃO DE 1976 E SUCESSIVAS VERSÕES DECORRENTES DAS REVISÕES CONSTITUCIONAIS;
§ 10.º. APRECIAÇÃO DO SENTIDO DAS ALTERAÇÕES DO PRECEITO.

IV. PAÍSES DE EXPRESSÃO PORTUGUESA
§ 11.º. BRASIL;
§ 12.º. ANGOLA;
§ 13.º. MOÇAMBIQUE;
§ 14.º. CABO VERDE;
§ 15.º. GUINÉ-BISSAU;
§ 16.º. SÃO TOMÉ E PRÍNCIPE;
§ 17.º. TIMOR-LESTE.

I. SECTORES DE PROPRIEDADE DOS MEIOS DE PRODUÇÃO

§ 1.º. **Caracteres fundamentais para a definição dos três sectores de propriedade dos meios de produção**

1.1. *O conceito de meios de produção*

Como afirmámos já, o conceito constitucional – ou constitucionalmente útil – de *meios de produção* não é, não pode ser, na essência, um conceito puramente económico, mas antes jurídico-teleologicamente orientado[483]. Assim, releva neste campo uma noção lata de *bens de produção*, integrante de categorias que podem não configurar verdadeiros bens – porque não individualmente apropriáveis[484] –, mas que, para uma optimização da interpretação da CRP, se devem ter por equiparados.

Em sentido estrito, os bens de produção podem compreender "bens instrumentais ou equipamentos, bens intermediários ou bens sujeitos a um processo de transformação produtiva; bens financeiros afectos à produção" – convocando-se a ideia de *capital*, e "bens objecto de propriedade intelectual afectos à produção"[485].

Por outro lado, os bens de produção podem compreender também *recursos naturais*[486].

O contraponto essencial é, assim, com os *bens finais ou de consumo* (o que permite a distinção para efeitos de aplicação do regime do artigo 62.º e do presente artigo 82.º da CRP)[487], o que, como é bom de ver, não atende tanto à qualidade fáctica dos bens, como ao seu destino, escolhido por opção humana[488].

---

[483] Cfr. anotação ao artigo 80.º, I, § 1.º, 2.2 e 2.4, e anotação ao artigo 83.º, I, § 1.º, 1.1.
[484] Cfr. ANTÓNIO L. SOUSA FRANCO/GUILHERME D'OLIVEIRA MARTINS, *A Constituição ...*, p. 261.
[485] Cfr. ANTÓNIO L. SOUSA FRANCO/GUILHERME D'OLIVEIRA MARTINS, *A Constituição ...*, p. 261.
[486] Cfr. anotação ao artigo 80.º, I, § 2.º, 2.4, 2.4.2.
[487] Cfr. ANTÓNIO L. SOUSA FRANCO/GUILHERME D'OLIVEIRA MARTINS, *A Constituição ...*, pp. 262-263.
[488] Sobre a problemática da noção constitucional de *meios de produção* cfr. também JORGE MIRANDA/RUI MEDEIROS, *Constituição ...*, II, pp. 25 ss.; J. J. GOMES CANOTILHO/VITAL MOREIRA, *Constituição ...*, I, p. 976.

Como tal, elemento essencial aferidor da qualidade do bem para efeitos da respectiva integração num ou noutro sector de propriedade é o qualificante "*de produção*", e não o seu objecto "*meio de*".

A raiz marxista da distinção entre os *sectores de propriedade dos meios de produção* presente na CRP não deve, porém, conduzir à desvalorização do seu sentido mais actual – que já não é, manifestamente, esse. A desideologização do texto constitucional foi atenuando essa matriz referencial e, se a consideração da função social da propriedade favorece o seu tratamento unitário do ponto de vista da Lei Fundamental[489], é no contexto das funções do Estado e das suas incumbências prioritárias que se deve orientar a interpretação desta norma-garantia, por alguns considerada um *preceito-chave*[490], por outros dispensável a ponto de se propor a sua eliminação[491]. Neste sentido, a distinção entre os vários sectores de propriedade dos meios de produção – no que tange ao ponto que ora se trata – mostra dois corolários fundamentais:

i. Na distinção entre o sector público, por um lado, e os sectores privado e cooperativo e social, por outro, atribuindo aos poderes públicos uma responsabilidade indeclinável (independentemente da sua conformação) na *produção*, que não se confunde com *mercado*, antes se identifica com a criação de condições materiais para o desenvolvimento dos direitos fundamentais no contexto de um Estado de bem-estar;

ii. Na distinção entre sector privado, por um lado, e sector cooperativo e social, por outro, fixando na ordem jurídica fundamental do Estado que nem todos os interesses não públicos são idênticos ou redutíveis à lógica intrínseca à propriedade privada, considerada esta no contexto do modelo constitucional económico.

---

[489] Neste sentido, cfr. ANTÓNIO L. SOUSA FRANCO/GUILHERME D'OLIVEIRA MARTINS, *A Constituição* ..., pp. 256-257, em nota.

[490] Cfr. J. J. GOMES CANOTILHO/VITAL MOREIRA, *Constituição* ..., I, p. 975.

[491] Era o projecto do PSD na revisão constitucional de 1997 (cfr. ALEXANDRE SOUSA PINHEIRO/MÁRIO JOÃO BRITO FERNANDES, *Comentário* ..., p. 228.

1.2. **Os critérios constitucionais distintivos: propriedade, gestão e posse**

A distinção entre o sector público e o sector privado assenta, respectivamente, na cumulação ou disjunção da *propriedade* e da *gestão* dos meios de produção. Já a caracterização do sector cooperativo e social apela às noções de *posse* e *gestão* dos meios de produção (sendo possível equiparar à gestão a *exploração* colectiva por trabalhadores referida na alínea *c)* do n.º 4). Em suma, os conceitos *constitucionais* de *propriedade, gestão* e *posse* são os juridicamente determinantes para a distinção *in abstractum* entre sectores de produção e, bem entendido, para a caracterização de determinado bem ou meio de produção como integrado neste ou naquele sector. Não pode neste local, naturalmente, proceder-se ao respectivo isolamento dogmático, mas apenas algumas notas ficarão, remetendo-se para o que se afirma também noutros locais[492].

A *propriedade* não se identifica aqui de pleno com o direito real regulado no Código Civil[493]. O seu sentido é aqui bem mais lato, correspondente à ideia de *titularidade* (por exemplo, dadas as dificuldades doutrinárias que causa o direito de propriedade sobre participações sociais[494]). Pode falar-se aqui de "imputação jurídica dos bens aos sujeitos responsáveis pela actividade produtiva"[495], mas não deve obscurecer-se que estão em causa direitos de natureza patrimonial que constituem léxico básico do Direito Civil, para si mesmo e para outros ramos como o Direito Administrativo, ainda que para no momento seguinte os subtrair ao comércio jurídico em virtude da sua eventual integração no domínio público.

Porém, esta correspondência entre *propriedade* e *titularidade* para efeitos de interpretação de normas constitucionais como o artigo 82.º não resolve todas as questões. Assim como a apropriação pública pode não se estender à *propriedade* plena (como direito real) ou à *titularidade*[496], tam-

---

[492] Cfr., designadamente, anotação ao artigo 83.º, I, § 1.º.
[493] Salientando também este aspecto, cfr. JORGE MIRANDA/RUI MEDEIROS, *Constituição* ..., II, pp. 25 ss. Sobre esta problemática, cfr. igualmente ANTÓNIO MENEZES CORDEIRO, *A Constituição* ..., pp. 391 ss.
[494] Cfr. anotação ao artigo 83.º, I, § 1.º, 1.2.
[495] Cfr. ANTÓNIO L. SOUSA FRANCO/GUILHERME D'OLIVEIRA MARTINS, *A Constituição* ..., p. 259.
[496] Cfr. anotação ao artigo 83.º, I, § 1.º, 1.2 e 1.4.

bém aqui a *propriedade* poderá não atingir tal abrangência. A título de exemplo: o Código Civil permite o usufruto de acções ou de partes sociais[497], inclusivamente por parte de pessoas colectivas de direito público, caso em que a sua duração máxima não pode exceder os trinta anos[498]. Para além das possibilidades derrogatórias que se apresentam, designadamente ao Governo, por força do grau hierárquico-normativo do Código Civil – um decreto-lei –, o que pensar de uma empresa cuja gestão pertença ao Estado, mas em que este, em lugar da *propriedade* ou *titularidade* da maioria (ou mesmo integralidade) do capital social, detém apenas o usufruto das participações sociais que compõem esse mesmo capital (maioritária ou totalmente)? Poderá tal empresa ter-se por integrada no sector público de propriedade dos meios de produção, nos termos do n.º 2 do artigo 82.º, apesar de, em rigor a sua *propriedade* ou *titularidade* parecer não pertencer ao Estado, ou, pelo contrário, justamente por isso, deve tal empresa ter-se por pertencente ao sector privado, de acordo com o n.º 3 do mesmo artigo 82.º? Esta hipótese é, aliás, apenas emblemática, podendo teorizar-se para outras equivalentes, em que o direito do Estado sobre a totalidade ou partes do capital social não se identifica com as normais *propriedade* ou *titularidade*, mas com outros direitos de efeito semelhante ao daquele usufruto: recorde-se que aqui, a qualidade de usufrutuário, nos termos estritos da lei civil, confere ao Estado o direito aos lucros distribuídos correspondentes ao tempo de duração do usufruto, o direito de votar nas assembleias gerais (salvo quando se trate de deliberações que importem alteração dos estatutos ou a dissolução da sociedade, caso em que o seu direito de voto só pode ser exercido conjuntamente com o titular de raiz), e de usufruir os valores que, no acto de liquidação da sociedade ou da quota, caibam à parte social sobre que incide o usufruto[499]. Em suma, o Estado pode ficar investido, por via do usufruto, numa situação funcional equivalente à do *proprietário* ou *titular* que justifique afirmar a integração da empresa no sector público.

Se o fim da imperatividade do plano para o sector público estadual reduziu a importância desta questão (a integração de certa empresa no sector público)[500], não a eliminou. Realmente, ela pode ser rele-

---

[497] Cfr. artigo 1467.º.
[498] Cfr. artigo 1443.º.
[499] Cfr. artigo 1467.º do Código Civil.
[500] Muito embora já não fosse consensual a abrangência das empresas públicas

vante, desde logo, para efeitos da abrangência de vinculação da incumbência prioritária do Estado em assegurar a plena utilização das forças produtivas, zelando pela eficiência do sector público, constante da alínea *c)* do artigo 81.º[501].

No que toca à *gestão*, está em causa o direito ou poder de decisão sobre o destino dos meios ou bens de produção no âmbito da actividade produtiva a que os mesmos se encontram adstritos[502]. *Gestão* pode bem traduzir-se aqui por *administração*, nas várias modalidades substantivas que a mesma pode apresentar – designadamente, ordinária e extraordinária. Mas, mais importante aqui do que tal apuro, é o das formas de que a mesma pode revestir-se. Normalmente, afirma-se que é pública a gestão de determinada empresa quando o Estado ou outras entidades públicas designam (no mínimo) a maioria dos titulares do respectivo órgão de gestão ou administração. Quando assim é, os poderes públicos encontram-se investidos numa situação jurídica que lhes permite determinar o destino dos meios ou bens de produção no âmbito da actividade produtiva a que os mesmos se encontram adstritos, como afirmámos *supra*, independentemente de saber qual o título jurídico habilitante (*v.g.*, se decorrente da titularidade de uma suficiente maioria do capital social ou de disposição legislativa especial).

Porém, a questão pode revestir-se de maior complexidade. Imagine-se que o Estado ou outras entidades públicas não dispõem daquela maioria no órgão de gestão ou administração, mas apenas de competência para a emissão de pareceres vinculativos ou para a adopção de actos de tutela integrativa, limitadores de aspectos essenciais da actividade de gestão ou administração da empresa. Casos deste tipo poderão atingir um grau de intensidade de controlo *ad extra* da gestão da empresa que aconselhe desconsiderar a titularidade do órgão de administração ou gestão para efeitos da respectiva integração no sector público (ao que se tornará a propósito

---

nessa vinculatividade (cfr. ANTÓNIO L. SOUSA FRANCO/GUILHERME D'OLIVEIRA MARTINS, *A Constituição* ..., p. 267).

[501] Sobre a abrangência desta vinculação, considerando o enquadramento das empresas meramente participadas, cfr. RUI GUERRA DA FONSECA, *Autonomia Estatutária* ..., pp. 179 ss.

[502] Cfr. anotação ao artigo 83.º, I, § 1.º, 1.3. Falando em "forma institucional de afectação concreta dos bens à criação de utilidades", cfr. ANTÓNIO L. SOUSA FRANCO/GUILHERME D'OLIVEIRA MARTINS, *A Constituição* ..., p. 259.

da noção de empresa pública)[503]. Note-se, contudo, que nunca se trata de situações de facto, mas antes de situações jurídicas[504].

A *posse*, elemento essencial para a definição do sector cooperativo e social[505], também se não identificará de pleno com a figura regulada nos artigos 1251.º e seguintes do Código Civil, existindo quem a qualifique como um direito real autónomo[506]. Não é de afastar liminarmente, porém, a aplicação da lei civil, designadamente, no que respeita à sua defesa. O que se afigura constitucionalmente relevante, para este efeito, é que, por contraponto aos caracteres essenciais de definição do sector público e do sector privado, a *posse* de um determinado meio de produção, para a respectiva inclusão no sector cooperativo e social, não equivale à *propriedade* ou à *titularidade*. Com efeito, os meios de produção privados ou públicos geridos por cooperativas não só não lhes pertencem, como estas não actuam como se dos mesmos fossem proprietárias ou titulares nos moldes em que tais qualificações operam para a definição dos sectores público e privado.

§ 2.º. O sector público

2.1. *Configuração do sector público*

Nos termos do n.º 1 do artigo 82.º, o sector público é constituído "pelos meios de produção cujas propriedade e gestão pertencem ao Estado ou a outras entidades públicas".

O primeiro aspecto a assinalar é a margem de liberdade que a CRP confere ao legislador e à própria Administração na concretização da com-

---

[503] Cfr. *infra*, I, § 2.º, 2.3.

[504] Que, neste contexto e em geral, permitem afirmar, com ANTÓNIO L. SOUSA FRANCO e GUILHERME D'OLIVEIRA MARTINS, que "Quem tem o poder de decidir sobre a afectação económica do bem, quer por si (gestão directa) quer partilhando-a com outrem, é o titular do direito de gestão." (cfr. *A Constituição ...*, p. 265).

[505] Cfr. *infra*, I, § 4.º.

[506] Neste sentido, cfr. ANTÓNIO L. SOUSA FRANCO/GUILHERME D'OLIVEIRA MARTINS, *A Constituição ...*, p. 265. Referindo-se ainda à *posse útil*, na redacção originária do texto constitucional, como "um novo tipo de direito patrimonial", cfr. ANTÓNIO MENEZES CORDEIRO, *A Constituição ...*, p. 430.

posição do sector público[507]. A existência de vinculações constitucionais à intervenção económica pública não é, com efeito, tão abrangente ou concretizada *a priori* que não permita ao legislador e à Administração, em última análise, a definição da exacta configuração do sector público. Conquanto tais vinculações existam – tenha-se presente, em geral, o conteúdo das normas de todo o Título I da Parte II –, a CRP não impõe a propriedade *e* gestão pública de qualquer bem ou meio de produção. Se determinados bens pertencem obrigatoriamente ao domínio público, nos termos do artigo 84.º, nada na CRP impõe a sua gestão, em concreto, por entidades públicas; se existe um princípio de propriedade pública dos recursos naturais, nos termos da alínea *d)* do artigo 80.º, não existe impedimento constitucional à respectiva gestão por entidades privadas.

Pode retirar-se da CRP uma "preferência constitucional pela atribuição da gestão de meios de produção públicos a entidades privadas", e que "pelo menos fora da pura área de intervenção económica, a Constituição cria, enquanto garantia de existência de um sector público, uma reserva de meios de produção cuja propriedade é pública e são obrigatoriamente objecto de gestão por entidades públicas"[508]. Porém, tal sentido de garantia de existência de um sector público, constitucionalmente imposta, não infirma que, "bem vistas as coisas, a Constituição acaba por confiar ao direito ordinário, senão mesmo à própria Administração Pública – isto sempre mediante prévia habilitação legal e através de uma decisão teleologicamente orientada pela prossecução do interesse público –, a integração em concreto de um meio de produção cuja propriedade seja pública no sector público ou no sector privado"[509].

Por outro lado, merece cautela interpretativa a referência ao Estado "ou a outras entidades públicas". Como já se afirmou, "segundo o direito português, é possível encontrar no sector público meios de produção cuja propriedade pertence directa e imediatamente a entidades de direito público, enquanto tais, e, por outro lado, meios de produção cuja titularidade, apesar de estar confiada a entidades dotadas de personalidade jurídica privada, se verifica pertencer mediatamente a entidades públicas, isto porque foram estas que criaram as referidas entidades privadas e/ou são as

---

[507] Cfr. PAULO OTERO, *Vinculação* ..., pp. 68 ss.
[508] Cfr. PAULO OTERO, *Vinculação* ..., p. 68.
[509] Cfr. PAULO OTERO, *Vinculação* ..., p. 69.

detentoras da totalidade ou da maioria do capital destas últimas"[510]. Desta forma, distingue-se um *sector público imediato ou sector público sob forma pública* e um *sector público mediato ou sector público sob forma privada*[511]. Realce-se, porém, que se trata de uma questão de forma, cuja utilização não deve frustrar a substância, situada esta no controlo jurídico e efectivo dos poderes públicos sobre a titularidade (e a gestão) dos meios de produção.

Sinteticamente, pois, não só o sector privado não é exclusivamente composto por meios de produção cuja propriedade e gestão pertençam a entidades privadas, como o sector público não integra todos os meios de produção cuja propriedade ou gestão pertençam a entidades públicas[512].

Em termos **orgânico-subjectivos**, o sector público vai muito além do Estado e, tendo em conta a multiplicidade de titularidades e fins, é possível recortar a seguinte configuração[513]:

i. Sector público estadual:

a) Subsector público estadual *directo* ou *stricto sensu*: conjunto de órgãos e serviços públicos integrados na pessoa colectiva Estado, directa e hierarquicamente dependentes do Governo;

b) Subsector estadual *indirecto*: órgãos e serviços de pessoas colectivas de direito público, distintos do Estado, mas que prosseguem, de forma indirecta, os fins ou atribuições do Estado, e portanto sujeitos ao poder de superintendência do Governo;

c) Subsector estadual *privado*: entidades com personalidade jurídica de direito privado criadas ou controladas directamente pelo Estado (subsector estadual privado *directo*) ou por outras pessoas colectivas públicas da Administração indirecta (subsector estadual privado *indirecto*);

ii. Sector público regional (pertencente às regiões autónomas, e orgânico-subjectivamente composto nos termos em que o é o sector público estadual):

a) Subsector regional *directo* ou *stricto sensu*;

---

[510] Cfr. PAULO OTERO, *Vinculação* ..., p. 69. Sobre este aspecto também, cfr. JORGE MIRANDA/RUI MEDEIROS, *Constituição* ..., II, pp. 39-40.
[511] Cfr. PAULO OTERO, *Vinculação* ..., pp. 69-70.
[512] Cfr. PAULO OTERO, *Vinculação* ..., p. 71.
[513] Cfr., para maiores desenvolvimentos, PAULO OTERO, *Vinculação* ..., pp. 72 ss.

b) Subsector regional *indirecto*;
c) Subsector regional *privado*;

iii. Sector público autárquico
   a) Tendo em conta o critério da titularidade e dos fins subjacentes:
   1. Subsector *paroquial*: a titularidade pertence às freguesias, individualmente ou em associação com outras entidades da mesma natureza;
   2. Subsector *municipal*: a titularidade pertence aos municípios, individualmente ou em associação de municípios;
   3. Subsector *regional*: a titularidade pertence a regiõcs administrativas, individualmente ou também em moldes associativos;
   b) Em termos estritamente organizativos, e aqui avultando a importância do subsector municipal:
   1. Subsector autárquico *directo* ou *stricto sensu*;
   2. Subsector autárquico *indirecto*;
   3. Subsector autárquico *privado*;

iv. Sector público autónomo sem base territorial (todas as entidades públicas de base institucional ou associativa que prossigam fins próprios, portanto, diferentes dos fins do Estado, das regiões autónomas e das autarquias locais, e assim só passíveis de controlo administrativo por via de tutela):
   a) Tendo em conta o critério da titularidade e dos fins subjacentes
   1. Subsector autónomo *universitário* (universidades e institutos politécnicos);
   2. Subsector autónomo *associativo* (associações públicas);
   b) Em termos estritamente organizativos:
   1. Subsector autónomo *directo* ou *stricto sensu*;
   2. Subsector autónomo *indirecto*;
   3. Subsector autónomo *privado*.

Em termos **objectivo-materiais**, isto, atendendo à substância da actividade desenvolvida pelo sector público, é possível recortar uma outra configuração[514]:

---

[514] Cfr., para maiores desenvolvimentos, PAULO OTERO, *Vinculação* ..., pp. 77 ss.

i. Sector público administrativo: em que a actividade desenvolvida pelas entidades públicas assume uma natureza administrativa, sem carácter empresarial ou lucrativo, embora aqui se incluam entidades incumbidas de funções de intervenção e regulação económica;
ii. Sector público empresarial: em que a actividade desenvolvida pelas entidades integrantes do sector público, sejam públicas ou privadas, é de tipo empresarial, portanto, em obediência a critérios económicos e com um fim genericamente lucrativo.

Esta última bipartição configurativa convoca a problemática da utilização de formas públicas e formas privadas na conformação do sector público. Neste domínio, tem especial relevo a figura da *empresa pública* como unidade jurídica fundamental da conformação do sector público empresarial[515].

2.2. A empresa pública e o sector empresarial público

2.2.1. *Noção de empresa pública: pré-determinação constitucional ou essencialidade do direito ordinário?*

A *empresa pública* é a realidade jurídica essencial do sector empresarial do Estado, considerado este no âmbito do sector público dos meios de produção[516]. Embora o sector público dos meios de produção seja mais abrangente do que o sector empresarial do Estado, e ainda que este se não resuma às empresas públicas[517], pelo facto de estas constituírem uma *unidade jurídico-económica* sobre a qual o Estado mantém uma influência dominante, ocupam aquele papel principal como *produtoras* de *bens e serviços* (num sentido lato, que não se identifica com o conceito clássico de serviço público).

Se é comum a afirmação de que a imperatividade constitucional de existência de um sector público dos meios de produção constitui uma

---

[515] Desenvolvidamente, sobre o sector público empresarial, sua evolução e configuração, cfr. PAULO OTERO, *Vinculação* ..., pp. 79 ss.
[516] Sobre este aspecto, cfr. *infra*, I, § 2.°, 2.2.2.
[517] Neste sentido também, cfr. J. J. GOMES CANOTILHO/VITAL MOREIRA, *Constituição* ..., I, p. 979.

reflexa garantia da existência de empresas públicas no direito português[518], não pode afirmar-se que a CRP forneça, ela própria, uma evidente noção de empresa pública, pelo menos no que respeita à sua caracterização institucional[519]. Não se acompanha, pois, a afirmação de que exista uma *forma normal das empresas do sector público*[520], nem são absolutamente determinantes, para este efeito, considerações sobre a História jurídica e económica portuguesas (embora naturalmente relevantes)[521].

É de notar, contudo, que, a Constituição de 1976 é aprovada no dia 2 de Abril[522], entrando em vigor no dia 25. E contemporâneo é o Decreto-Lei n.º 260/76, publicado a 8 de Abril, o primeiro regime geral de bases das empresas públicas no Direito português, que as definia como "(...) as empresas criadas pelo Estado, com capitais próprios ou fornecidos por outras entidades públicas, para a exploração de actividades de natureza económica ou social, de acordo com o planeamento económico nacional, tendo em vista a construção e desenvolvimento de uma sociedade democrática e de uma economia socialista"[523]; e empresas públicas eram também as empresas nacionalizadas[524]. E embora não seja a Constituição interpretada conforme à lei, mas o inverso, não podem deslocar-se aquelas posições anteriormente referidas desta realidade: a existência de um con-

---

[518] Cfr., desde logo, Ac. TC n.º 108/88 (cit.), e declaração de voto do então Juiz Conselheiro VITAL MOREIRA.

[519] Neste sentido, cfr. RUI GUERRA DA FONSECA, *Autonomia Estatutária* ..., pp. 97 ss. Afirmando também a "neutralidade" da CRP no que toca à forma institucional das empresas públicas, cfr. LUÍS D. S. MORAIS, *As Relações entre o Estado e as Empresas Públicas na Sequência da Aprovação do Decreto-Lei n.º 558/99, de 17 de Dezembro*, in *Estudos Sobre o Novo Regime do Sector Empresarial do Estado*, org. Eduardo Paz Ferreira, Coimbra, 2000, pp. 96-97, e já anteriormente em *Privatização de Empresas Públicas – As Opções de Venda*, AAFDL, Lisboa, 1990, p. 95. Sobre esta problemática, cfr. ainda JORGE MIRANDA/RUI MEDEIROS, *Constituição* ..., II, pp. 43 ss.; J. J. GOMES CANOTILHO/VITAL MOREIRA, *Constituição* ..., I, pp. 979 ss.

[520] Como o fazia o Juiz Conselheiro VITAL MOREIRA na sua já referida declaração de voto.

[521] Nesta senda, cfr. JORGE MIRANDA, *Duas notas sobre empresas públicas*, in *O Direito*, Ano 126, III-IV (Julho/Dezembro), 1994, p. 724.

[522] Sendo essa a sua data e não a da publicação, que só tem lugar no dia 10 de Abril. Sobre o significado desta diferença face às restantes leis, cfr. JORGE MIRANDA, *Manual* ..., V, p. 344.

[523] Cfr. n.º 1 do artigo 1.º.

[524] Cfr. n.º 2 do artigo 1.º.

ceito e regime legais de empresa pública no Direito português contemporâneos da nova Constituição e da sua ideia de direito[525].

Sucede que o paradigma da empresa pública se alterou progressivamente no nosso ordenamento jurídico: aquela do Decreto-Lei n.º 260/76, de 8 de Abril, perdeu o seu papel central, para dar lugar à sociedade anónima de capitais públicos ou mistos, esta, em princípio, excluída do regime daquele Decreto-Lei. E com tal dinâmica, recuperou – ou foi finalmente constatada a importância do critério da influência dominante dos poderes públicos, designadamente do Estado, sobre a empresa para a sua classificação como empresa pública, critério esse que vinha sendo trabalhado pela doutrina, sob várias influências de nível internacional, já em momento anterior quer ao Decreto-Lei n.º 260/76, de 8 de Abril, quer à Constituição de 1976[526].

Hoje, o Direito português conta com uma nova tipologia legal de empresa pública, por força do novo RJSEE, originalmente aprovado no uso da Lei de autorização legislativa n.º 47/99, de 16 de Junho, dado tratar-se de matéria da reserva relativa de competência relativa da AR, nos termos da alínea *u)* do n.º 1 do artigo 165.º da CRP. Nos termos daquele diploma, consideram-se empresas públicas as "sociedades constituídas nos termos da lei comercial, nas quais o Estado ou outras entidades públicas estaduais possam exercer, isolada ou conjuntamente, de forma directa ou indirecta, uma influência dominante" resultante da "detenção da maioria do capital ou dos direitos de voto", do "direito de designar ou de destituir a maioria dos membros dos órgãos de administração ou de fiscalização"; e são ainda empresas públicas as *entidades públicas empresariais*, aquelas entidades com natureza empresarial reguladas no capítulo III do mesmo diploma, entidades essas que mais se aproximam do modelo de empresa pública presente no revogado Decreto-Lei n.º 260/76, de 8 de Abril[527-528].

Tomando todo este contexto, é a vários títulos relevante averiguar qual a noção constitucional de empresa pública: seguirá sendo aquela que a identificava com uma entidade pública de tipo institucional, na senda do

---

[525] Cfr. RUI GUERRA DA FONSECA, *Autonomia Estatutária* ..., pp. 101 ss. e 105 ss.
[526] Cfr. RUI GUERRA DA FONSECA, *Autonomia Estatutária* ..., pp. 49 ss. e 113 ss.
[527] Cfr. artigo 3.º.
[528] Esta tipologia foi adaptada (com poucas diferenças ao nível tipológico) ao sector empresarial local, pela Lei n.º 53-F/2006, de 29 de Dezembro, que aprovou o regime jurídico do sector empresarial local, revogando a Lei n.º 58/98, de 18 de Agosto.

Decreto-Lei n.º 260/76, de 8 de Abril, ou, pelo contrário, é uma noção mais lata – por exemplo, colocando a pedra de toque no problema da influência dominante –, que abrange as sociedades referidas no n.º 1 do artigo 3.º do RJSEE?

Antes de prosseguirmos, duas palavras sobre a *nova* noção de empresa pública presente no Direito português[529] que, aliás, nos surge por influência do Direito Comunitário[530]. De acordo o n.º 1 do artigo 3.º daquele último diploma, bastará, para que uma determinada sociedade seja considerada uma empresa pública, que, *v.g.*, o Estado seja o detentor da maioria do respectivo capital social, ou tenha o direito de designar ou de destituir a maioria dos membros dos órgãos de administração ou de fiscalização. Ainda, deve admitir-se idêntica qualificação quando a situação jurídica do Estado perante determinada empresa seja de efeito equivalente ao de qualquer daquelas outras, por exemplo, no caso de o Estado, não tendo o direito de designar a maioria dos membros do órgão de administração, poder vetar a escolha dessa mesma maioria pelos accionistas. Neste sentido, uma vez que tais condições não são cumulativas, uma empresa pública pode estar formalmente integrada no sector privado dos meios de produção: basta que o Estado possa designar a maioria dos membros do órgão de administração – habilitado por disposição legal –, não sendo titular da maioria do capital social[531].

Além disso, se tivermos em conta que este novo regime legal veio colocar o Direito de acordo com a realidade – já que o peso das sociedades de capitais públicos ou com participação pública há muito que é superior ao das empresas públicas de tipo institucional que hoje se identificam com as entidades públicas empresariais –, logo perceberemos a múltipla relevância de saber se a noção constitucional de empresa pública é restrita àquelas empresas públicas de tipo institucional e forma pública, ou se é mais lata, evolutiva, se a CRP é, neste domínio, aberta.

---

[529] Mais desenvolvidamente, cfr. RUI GUERRA DA FONSECA, *Autonomia Estatutária* ..., pp. 113 ss. Fundamental é a consulta dos vários estudos incluídos na obra *Estudos sobre o Novo Regime do Sector Empresarial do Estado*, com organização de Eduardo Paz Ferreira, (Coimbra, 2000).
[530] Mais detidamente, *infra*, II, § 4.º.
[531] Sobre esta questão, cfr. ainda JORGE MIRANDA/RUI MEDEIROS, *Constituição* ..., II, pp. 35 ss.; J. J. GOMES CANOTILHO/VITAL MOREIRA, *Constituição* ..., I, pp. 978 ss.

Uma das razões que impõe essa consideração prende-se com a delimitação da reserva parlamentar presente na alínea *u)* do n.º 1 do artigo 165.º: quanto mais ampla a noção constitucional de empresa pública ou, noutra perspectiva, mais aberta a normatividade constitucional nessa matéria, mais extensa a reserva legislativa parlamentar no que toca às bases gerais do estatuto das empresas públicas e, por consequência, menor a latitude de competência legislativa do Governo nesse domínio. A questão mereceu já análise noutros locais, sem consonância total entre PAULO OTERO e nós próprios. Havendo concordância em que não resulta da CRP uma imperatividade de existência de empresas públicas de forma jurídico-pública, e em que o texto constitucional atribui relevo essencial ao critério da influência dominante dos poderes públicos independentemente da forma da empresa, já no que respeita à delimitação daquela reserva parlamentar há divergência: enquanto PAULO OTERO limita a reserva da AR às bases gerais do estatuto das empresas públicas dotadas de personalidade jurídica de direito público, nós alargamos essa mesma reserva às bases gerais do estatuto de todas as empresas em que os poderes públicos detenham uma influência dominante[532].

2.2.2. A empresa pública no âmbito da Administração pública

Não resulta claramente da CRP qual a integração das empresas públicas na organização administrativa[533]. A doutrina e jurisprudência nacionais integram-nas, classicamente, na chamada administração indirecta, seja esta do Estado, das regiões autónomas ou das autarquias locais, em virtude de se estar em presença de pessoas colectivas, privadas ou públicas, que são criadas por tais entidades para prosseguir os seus fins, portanto, *personalidades instrumentais* em face do respectivo ente criador[534].

---

[532] Cfr. PAULO OTERO, *Vinculação* ..., pp. 233 ss. (ainda em momento anterior ao RJSEE); e no que toca ao aspecto em que se verifica concordância, mais recentemente, cfr. ainda *Da Criação de Sociedades Comerciais por Decreto-Lei*, Separata de *Estudos em Homenagem ao Prof. Doutor Raúl Ventura*, Coimbra, 2003, p. 111; RUI GUERRA DA FONSECA, *Autonomia Estatutária* ..., pp. 171 ss.

[533] Sobre as empresas públicas no âmbito da Administração pública, cfr. RUI GUERRA DA FONSECA, *Autonomia Estatutária* ..., pp. 94 ss.

[534] Cfr. RUI GUERRA DA FONSECA, *Autonomia Estatutária* ..., pp. 99 ss., e bibliografia aí citada.

Assim sendo, o Governo[535], as regiões autónomas[536] e as autarquias locais superintendem e tutelam as respectivas empresas públicas, independentemente das formas por que tais poderes sejam exercidos: a título de exemplo, a função accionista – quando se trate de uma empresa pública sob a forma de sociedade anónima – pode tomar o lugar dos clássicos poderes de orientar em termos genéricos a actividade da empresa, identificáveis com a superintendência.

O problema não deixa, porém, de apresentar maior complexidade que aquela que aparenta. A crescente utilização da empresa pública pluriparticipada por diversas entidades públicas é susceptível de causar distorções naquele tratamento ao nível da dogmática da organização administrativa. Uma empresa pública em cujo capital participam o Estado, uma região autónoma e um município (ou apenas duas destas entidades) integra-se, simultaneamente, na administração indirecta de cada uma delas, ainda que os poderes inerentes (superintendência e tutela) sejam exercidos apenas no que respeita às respectivas participações sociais. Sucede que, nesse momento, sendo composto o objecto da empresa, entre as várias e distintas atribuições ou fins de cada uma daquelas entidades, o exercício daqueles poderes por parte do sócio ou accionista maioritário configura sempre uma intromissão na gestão de atribuições ou fins que não se identificam com os seus. Tal consubstancia, múltiplas vezes, uma ingerência, por exemplo, por parte do Estado na Administração autónoma, equivalente à superintendência, quando aquele apenas tem sobre esta poderes de tutela, nos termos da alínea *d)* do artigo 199.º da CRP, e em regra de mera legalidade.

Ora, esta interpenetração ou ingerência ao nível das atribuições da Administração autónoma tanto pode consubstanciar um efectivo cumprimento do princípio constitucional da descentralização administrativa, como pode importar exactamente o contrário: uma centralização à margem da CRP, de certa forma em consonância com uma centralização económica existente.

A questão é tanto mais relevante quanto se perpetua a prática jurídica de criação de empresas públicas de tipo societário mediante decreto-lei, em regra quando o Estado participa no respectivo capital, mas também

---

[535] Cfr. alínea *d)* do artigo 199.º da CRP.
[536] Cfr. alínea *o)* do n.º 1 do artigo 227.º da CRP.

noutras situações em que assim não acontece, *v. g.* porque o Estado aliena as suas participações sociais a entes pertencentes à Administração autónoma mas mantém a forma legislativa dos estatutos da empresa[537].

Observa-se, pois, que a abertura deixada pela CRP ao nível das formas de organização económica no interior do sector público, designadamente, no que respeita à utilização das empresas públicas como formas inter-administrativas de cooperação associativa para o desempenho de atribuições constitucional ou legalmente colocadas na responsabilidade das entidades públicas que naquelas podem participar, é susceptível de reorientar uma parte considerável da organização administrativa, obrigando à sua reinterpretação e, com ela, da própria *Constituição administrativa.*

§ 3.º. **O sector privado**

3.1. *(Sub-)sector privado típico*

Conforme estabelece o n.º 3 do artigo 82.º da CRP, o sector privado é constituído pelos meios de produção cuja propriedade *ou* gestão pertence a pessoas colectivas *privadas*, sem prejuízo do disposto para o sector cooperativo e social. Se tal formulação constitucional legitima a existência de um sector privado *publicizado*[538], o sector privado típico continua sendo aquele cujos meios de produção cujas propriedade *e* gestão pertencem a entidades privadas *proprio sensu*[539].

Do ponto de vista da organização económico-social, e na interpretação que a mesma merece na sequência lógica e valorativa dos direitos fundamentais, é o sector privado típico que consubstancia o *verdadeiro* sector privado dos meios de produção, querendo-se com isto dizer que só no seu âmbito a iniciativa económica se desenvolve enquanto manifestação de liberdade de *empresa*, inerente ao próprio princípio constitucional da dignidade da pessoa humana[540]. Naturalmente, no âmbito do sector privado

---

[537] Sobre esta problemática, cfr. RUI GUERRA DA FONSECA, *Autonomia Estatutária* ..., em especial, pp. 139 ss.

[538] Cfr. *infra*, I, § 3.º, 3.2.

[539] Cfr. *infra*, I, § 3.º, 3.2.

[540] Sobre este aspecto, cfr. anotação ao artigo 61.º.

publicizado a iniciativa económica continua sendo exercida "nos quadros definidos pela Constituição e pela lei"[541], mas o desligamento daquela perspectiva fundamental de liberdade, substancialista, em favor de uma interpretação organizativo-formal da liberdade de iniciativa económica, determinada pelas normas e princípios da Parte II da CRP, fá-la-ia retornar a um momento já ultrapassado da normatividade constitucional.

Como tal, não tem o legislador "liberdade para transformar o sector privado num mero conjunto de bens de produção que sejam o prolongamento do sector público, isto em termos de propriedade *ou* de gestão. Se tal sucedesse, além de se violar materialmente o cerne do princípio da coexistência de três sectores de propriedade dos meios de produção, assistir-se-ia a uma violação da liberdade de iniciativa económica privada e do direito de propriedade privada. Há aqui, em consequência, uma garantia constitucional de existência de um sector privado típico ou normal, isto é, de meios de produção titulados e geridos por pessoas privadas. O que equivale a dizer, em boa verdade, que o sector privado publicizado tem de assumir uma natureza excepcional no contexto do sector privado dos meios de produção"[542].

3.2. Subsector privado publicizado

Estão aqui em causa, pois, duas singularidades, a saber: (i) a inclusão no sector privado de determinado meio de produção ser ditada, simplesmente, pelo facto de pertencer a entidades privadas a sua propriedade *ou*, em alternativa, a sua gestão; e (ii) a referência a *pessoas colectivas privadas* a quem tal propriedade ou gestão pertença.

No que respeita à primeira questão, dir-se-á estar aqui um essencial elemento distintivo em face da configuração do sector público. Bastando a titularidade *ou* a gestão privada de um determinado meio de produção para a respectiva inclusão no sector privado, pode afirmar-se uma preferência constitucional genérica por este, dado que, em regra, os meios de produção de titularidade pública não estão sujeitos a qualquer gestão pública imperativa, por um lado, e que no âmbito radicado no artigo 61.º

---

[541] Cfr. n.º 1 do artigo 61.º.
[542] Cfr. PAULO OTERO, *Vinculação* ..., p. 66.

a iniciativa económica privada goza de claro favor constitucional em face da iniciativa económica pública, por outro[543]. Em rigor, embora haja uma aparência normativa de residualidade do sector privado, por estes motivos gerais o mesmo converte-se em sector-regra dos meios de produção, designadamente quando em confronto com o sector público. O mesmo é dizer que, para efeitos principiológicos de organização económico-social, o sector privado dos meios de produção ocupa o lugar central na CRP, e em regra independentemente da propriedade ou titularidade dos respectivos bens. É necessário ter presente, com efeito, que a intervenção económica pública nos meios de produção do sector privado é qualificada pela transitoriedade[544], e não sendo tal intervenção bastante para fazer transitar o meio de produção intervencionado para o sector público, como se vê, tal significa, do mesmo passo, uma preferência constitucional pela gestão privada dos meios de produção integrados no sector privado. Assim, entre a gestão pública *ou* a titularidade pública de meios de produção integrados no sector privado, a CRP prefere esta última situação, em consonância, aliás, com o disposto na alínea *d)* do artigo 80.°, o que reforça a centralidade da iniciativa económica privada no âmbito constitucional. Sintetizando o que se vem de dizer, e concretizando exemplificativamente, pode afirmar-se que "resulta da Constituição uma regra de preferência pela utilização da concessão a entidades privadas da exploração de meios de produção públicos relativamente à sua exploração directa por entidades públicas"[545].

No que toca à segunda questão, note-se que a CRP se refere a *pessoas colectivas privadas*, e não a pessoas colectivas de direito privado, sugerindo serem pessoas colectivas que, além da sua personalidade jurídica de direito privado, não estão sujeitas a uma influência dominante por parte do Estado ou de outras entidades públicas: são pessoas colectivas privadas em sentido próprio ou estrito. Tal permite distinguir os meios de produção que, por exemplo, estão na titularidade do Estado e são geridos por pessoas colectivas de direito privado controladas por ele – meios de produção esses que, assim, se integrarão no subsector privado *publicizado* –, daqueles que se integram no sector privado típico[546].

---

[543] Cfr. anotação aos artigos 61.° e 80.°.
[544] Cfr. a anotação ao artigo 83.°, I, § 1.°, e ao artigo 86.°, I, § 3.°.
[545] Cfr. PAULO OTERO, *Vinculação* ..., p. 67.
[546] Cfr. PAULO OTERO, *Vinculação* ..., pp. 65-66.

§ 4.º. O sector cooperativo e social

4.1. Subsector cooperativo

De acordo com a alínea *a)* do n.º 4, pertencem ao subsector cooperativo (do sector cooperativo e social) os "meios de produção possuídos e geridos por cooperativas, em obediência aos princípios cooperativos"; isto, porém, "sem prejuízo das especificidades estabelecidas na lei para as cooperativas com participação pública, justificadas pela sua especial natureza".

As cooperativas (ou o subsector cooperativo, em termos organizativos) constituem a parcela fundamental do sector cooperativo e social[547]. A questão da *posse* e da *gestão* foi já focada *supra*[548]: importa neste momento referir, sobretudo, que os meios de produção integrados no sector cooperativo podem ser de titularidade pública ou privada, desde que a sua posse e gestão pertençam a uma cooperativa (será o caso de meios de produção de propriedade dos particulares cooperantes – e não da cooperativa, que também pode ser proprietária de bens – mas possuídos e geridos por esta)[549]. Da mesma forma, a vinculação à obediência aos princípios cooperativos não traz aqui novidade face ao disposto no n.º 2 do artigo 61.º da CRP, no âmbito do reconhecimento do direito a constituição de *verdadeiras* cooperativas. Onde este último aspecto apresenta maior relevo neste momento é, justamente, no que toca à noção de cooperativa, atendendo à necessidade de distinguir estas, por exemplo, das "empresas privadas sob a forma cooperativa"[550] – distinção essa que é importante dado o lugar que a CRP reservou para as cooperativas mas, sobretudo, dado o regime de favorecimento de que as mesmas gozam no texto constitucional (por exemplo, em matéria fiscal)[551].

---

[547] Sobre o sector cooperativo e social na CRP, cfr, RUI NAMORADO, *Cooperatividade* ..., pp. 68 ss.

[548] Cfr. I, § 1.º, 1.2.

[549] Em sentido aparentemente divergente, cfr. ANTÓNIO L. SOUSA FRANCO/GUILHERME D'OLIVEIRA MARTINS, *A Constituição* ..., p. 268.

[550] Cfr. ANTÓNIO CARLOS SANTOS/MARIA EDUARDA GONÇALVES/MARIA MANUEL LEITÃO MARQUES, *Direito* ..., p. 67.

[551] Sobre este aspecto, cfr. anotação ao artigo 85.º.

Tal como não apresenta uma noção de "empresa" ou de "empresa pública"[552], a CRP também não fornece por si e propriamente uma noção ou conceito de cooperativa. É certo que ao limitar as *verdadeiras* cooperativas, para efeitos constitucionais, às entidades que se rejam pelos princípios cooperativos, de acordo com o preceito ora em comentário e com o n.º 2 do artigo 61.º, a CRP logo delineia a respectiva substância. Porém, é no Código Cooperativo que vamos encontrar uma noção operativa de *cooperativa* para a globalidade do ordenamento jurídico: aí se dispõe que as cooperativas "são pessoas colectivas autónomas, de livre constituição, de capital e composição variáveis, que, através da cooperação e entreajuda entre os seus membros, com obediência aos princípios cooperativos, visam, sem fins lucrativos, a satisfação das necessidades e aspirações económicas, sociais ou culturais"[553].

Do cruzamento entre as coordenadas constitucionais e a noção de cooperativa fornecida pelo Código Cooperativo, surpreende-se, neste domínio, uma perspectiva verdadeiramente substancialista do texto constitucional no tocante às cooperativas no âmbito da actividade e organização económicas, perspectiva essa que resulta da consideração dos princípios cooperativos como rectores da correspondente actividade e, por consequência, definidores das *verdadeiras* cooperativas[554].

Tenha-se em conta, todavia, que, se uma *falsa* cooperativa – que não respeita os princípios cooperativos – se deve ter por excluída do sector cooperativo e social, tal "só por si, não torna inconstitucional a lei que permita a sua existência"[555].

Porém, no que respeita à organização económica, não basta o que antecede para a delimitação do sector cooperativo, reclamando o texto constitucional, como se viu, considerar a *posse* e *gestão* dos meios de pro-

---

[552] Cfr. *supra*, I, § 2.º, 2.2.1.
[553] Cfr. n.º 1 do artigo 2.º do Código Cooperativo, aprovado pela Lei n.º 51/96, de 7 de Setembro, com as alterações entretanto introduzidas pelo Decreto-Lei n.º 131/99, de 21-Abril, pelo Decreto-Lei n.º 343/98, de 6 de Novembro, e pelo Decreto-Lei n.º 204/2004, de 19 de Agosto.
[554] Sobre os princípios cooperativos, cfr. a anotação ao artigo 80.º, I, § 2.º, 2.6.
[555] Cfr. Ac. TC n.º 321/89, de 29 de Março de 1989, *DR*, I Série, n.º 92, de 20 de Abril de 1989. Sobre a relevância dos princípios cooperativos, cfr. ainda Ac. TC n.º 38/84, de 11 de Abril de 1984, *DR*, I, n.º 105, de 7 de Maio de 1984.

dução. Daí a ressalva da parte final da alínea *a)* do n.º 4 do artigo 82.º quanto às especificidades estabelecidas na lei para as cooperativas com participação pública – as chamadas *régies* cooperativas ou cooperativas de interesse público –, justificadas pela sua especial natureza. O Código Cooperativo permite a constituição de *régies* cooperativas, de acordo com a respectiva legislação especial, que se caracterizam pela participação do Estado ou de outras pessoas colectivas de direito público, e ainda, conjunta ou separadamente, de cooperativas de utentes dos bens e serviços por aquelas produzidos[556], noção essa que é, sensivelmente, objecto de reprodução no regime jurídico próprio destas entidades[557].

As *régies* cooperativas têm-se revelado uma figura problemática. Por um lado, o facto de não respeitarem integralmente os princípios cooperativos não permite a sua classificação como cooperativas *verdadeiras*, muito embora a jurisprudência constitucional considere que os interesses públicos que tais entidades corporizam e defendem pode justificar que as mesmas beneficiem do mesmo regime de favor constitucional daquelas[558]. Por outro lado, ainda que não sejam cooperativas verdadeiras, há quem, ainda assim, propugne a integração destas "empresas mistas" no sector cooperativo, "salvo casos de claro predomínio do Estado ou das entidades públicas associadas"[559]. A jurisprudência constitucional já considerou até que a titularidade da maioria do capital da cooperativa – público ou privado, e ainda com pressupostos constitucionais algo diversos dos actuais – relevava para efeitos do cumprimento da cláusula constitucional da vedação de sectores[560].

Ora, com base nestes critérios de discussão, a iniciativa cooperativa corre o risco de se diluir entre empresas públicas e empresas privadas, e por consequência o subsector cooperativo, no âmbito do sector cooperativo e social, corre também o risco de deixar de constituir uma verdadeira

---

[556] Cfr. n.º 1 do artigo 6.º.

[557] Cfr. n.º 1 do artigo 1.º do Decreto-Lei n.º 31/84, de 21 de Janeiro. Tem interesse notar que, nos termos do n.º 2 da mesma norma, e para efeitos do diploma em causa, *todas* as empresas públicas são consideradas pessoas colectivas de direito público.

[558] Cfr. Ac. TC n.º 321/89 (cit.).

[559] Cfr. ANTÓNIO L. SOUSA FRANCO/GUILHERME D'OLIVEIRA MARTINS, *A Constituição* ..., p. 269. Em sentido idêntico, cfr. J. J. GOMES CANOTILHO/VITAL MOREIRA, *Constituição* ..., I, p. 988.

[560] Cfr. Ac. TC n.º 321/89 (cit.).

alternativa ao sector público e ao sector privado[561], alterando a face constitucional da garantia de coexistência dos três sectores de produção. Parece-nos que a participação pública em cooperativas, para manter a integridade destas e ainda assim assegurar a ajuda pública, deveria consistir apenas em colocar na *posse* e *gestão* das verdadeiras cooperativas determinados meios de produção, não se alongando a uma participação em tudo idêntica à de qualquer entidade pública numa empresa pública na proporção do capital social detido. Caso contrário, é um interesse público dificilmente mensurável e determinado pelo legislador que implica um efeito corrosivo da própria iniciativa e organização cooperativas: continua sendo o *avanço do Estado* pela confusão de formas (ou de substâncias?)[562].

Outro aspecto que aqui cabe referenciar prende-se com a reserva parlamentar de competência legislativa no que toca ao regime dos meios de produção integrados no sector cooperativo e social de propriedade dos meios de produção, salvo autorização ao Governo, de acordo com a alínea *x)* do n.º 1 do artigo 165.º da CRP. Do que se trata nesta norma é de uma reserva relativa de competência legislativa, a favor do Parlamento, da essência do regime jurídico cooperativo infraconstitucional. O mesmo é dizer, noutra perspectiva, que tal reserva abrange o essencial do estatuto das cooperativas (mas também dos meios de produção integrados nos restantes subsectores do sector cooperativo e social[563]). Dado que a definição dos sectores de propriedade dos meios de produção integra já a reserva relativa de competência legislativa da AR, nos termos da alínea *j)* do n.º 1 do artigo 165.º, pode causar alguma perplexidade, como a J. J. GOMES CANOTILHO e VITAL MOREIRA, o conteúdo daquela alínea *x)*[564]. Parece-nos, porém, que, embora ambos os segmentos normativos possam ter uma área de sobreposição, ela não é total, sendo útil a reserva parlamentar contida nesta última alínea. Em primeiro lugar, porque existe distinção entre os *meios* de produção e o *sector de propriedade* em que os mesmos se integram. Em segundo lugar, porque a reserva de competência legislativa parlamentar quanto a estes meios de produção é, também ela, um momento

---

[561] Aflorando esta temática, cfr. ANTÓNIO CARLOS SANTOS/MARIA EDUARDA GONÇALVES/MARIA MANUEL LEITÃO MARQUES, *Direito* ..., p. 67.
[562] Sobre as *régies* cooperativas, cfr. ainda VITAL MOREIRA, *Administração Autónoma* ..., p. 301-302.
[563] Cfr. J. J. GOMES CANOTILHO/VITAL MOREIRA, *Constituição* ..., 3.ª Ed., p. 677.
[564] Cfr. *Constituição* ..., 3.ª Ed., p. 677.

constitucional de garantia do sector cooperativo e social[565]. Poderia, todavia, discutir-se com proveito se a reserva aqui em causa não deveria confinar-se às bases do regime destes meios de produção, o que, à semelhança do que sucede para as empresas públicas, concederia ao Governo uma margem de manobra legislativa considerável neste domínio, salvaguardando as suas restantes competências constitucionais e do mesmo passo a reserva parlamentar.

4.2. Subsector comunitário

As comunidades locais referidas na alínea b) do n.º 4 do artigo 82.º – deve desde já explicitar-se – não se identificam com qualquer categoria de autarquia local, nem com as organizações de moradores, como formas organizativas do poder local, nos termos dos artigos 235.º e seguintes da CRP. A Constituição atribui, assim, (ou continua a atribuir) relevo a uma realidade sócio-cultural – a comunidade local – oriunda do seu texto originário e tributária de uma sua leitura historicista. Com efeito, toda a evolução constitucional se processou no sentido da atribuição de formas jurídico-políticas representativas às comunidades locais, designadamente, através dos regimes jurídicos das regiões autónomas e das autarquias locais: as próprias organizações de moradores permanecem como uma espécie de *apêndice* do ponto de vista da organização democrática do poder político. Isto encontra justificação, entre outras, e agora ao nível sócio-económico, na complexificação das tarefas públicas, o que, apesar de tudo, não deixa de ter consequências ao nível da pulverização dos sistemas de responsabilização política ou *accountability*.

Na actualidade, a posse e gestão de bens de produção por comunidades locais pode encontrar a mesma justificação jurídica que já tinha – a auto-organização económica de um grupo em torno de bens de produção essenciais à sua actividade, sem obrigatoriedade de constituição sob qualquer forma, designadamente, jurídico-privada. Sucede, porém, que o substrato real de aplicação desta norma se reduziu de tal forma ao longo da vigência da CRP que a mesma mantém hoje sentido não por causa do relevo das comunidades locais para efeitos da organização eco-

---

[565] Cfr. *infra*, I, § 5.º.

nómica, mas antes pela permanência de alguns meios de produção neste regime: os baldios[566].

Todavia, não pode hoje já afirmar-se que se trate de um vector estrutural dos sectores de propriedade dos meios de produção, e é com dificuldade que pode perspectivar-se o seu ressurgimento (não sendo possível, sequer, tentar um qualquer paralelo com a outrora quase moribunda empresa pública, visto que tal morte anunciada era, afinal, mais aparente que real).

A problemática dos baldios, enquanto bens pertencentes ao subsector comunitário, foi já objecto de apreciação por parte do TC, designadamente, nos seus Acs. n.os 325/89 (cit.) e 240/91 (cit.). Neste último, o TC pronunciou-se pela inconstitucionalidade de diversas normas do decreto da AR n.º 317/V (Lei dos Baldios). Na parte em que a eficácia das deliberações da assembleia de compartes seria subordinada à respectiva aprovação pelo governador civil, por se tratar de uma subordinação desproporcionada e excessiva do sector da propriedade social ao sector público por intervenção administrativa, em violação da alínea *b)* do n.º 4 do artigo 82.º. E em violação desta mesma norma constitucional, de outras normas daquele decreto que atribuíam ao Governo o poder de instituir os baldios, mediante resolução do Conselho de Ministros, e que integravam no domínio privado das freguesias os terrenos que não fossem instituídos em baldios num prazo de cinco anos sobre a entrada em vigor da lei. Ainda, pelos mesmos fundamentos, declarou o TC a inconstitucionalidade da norma desse decreto que colocava os baldios, até à sua instituição administrativa, sob administração das freguesias.

4.3. *Subsector da exploração colectiva*

O subsector da exploração colectiva é composto pelos meios de produção referidos na alínea *c)* do n.º 4 do artigo 82.º, isto é, aqueles que sejam objecto de exploração colectiva por trabalhadores. A justificação para a permanência deste sector de propriedade entre os demais é idêntica

---

[566] Sobre os baldios, cfr. ROGÉRIO EHRHARDT SOARES, *Sobre os baldios*, in *Revista de Direito e Estudos Sociais*, Ano XIV, n.os 3 e 4, 1967, pp. 259 ss.; JOSÉ CASALTA NABAIS, *Alguns perfis da propriedade colectiva nos países do civil law*, in *Estutos em Homenagem ao Prof. Doutor Rogério Soares*, BFDUC, 2001, em especial pp. 241 ss.

à da permanência da figura da autogestão no texto constitucional, designadamente, no n.º 5 do artigo 61.º e no n.º 3 do artigo 85.º[567].

Em termos estritamente normativos, o subsector da exploração colectiva seria, assim, composto por aqueles meios de produção que, independentemente da sua titularidade (ou propriedade, num sentido mais estrito) – pública, privada ou outra –, fossem objecto de exploração económica por colectivos de trabalhadores.

É patente que o subsector da exploração colectiva – tal como a autogestão – provêm de um tempo em que a Constituição pretendia ainda um modelo de socialização dos meios de produção, em detrimento até da propriedade pública. Sucede que, como em tantos outros domínios do texto constitucional, mas muito em particular no constitucionalismo económico, a *não oficialidade* se sobrepôs à *oficialidade*[568]. E aqui não se trata da mera sobreposição da força dos factos à das normas: esse terá sido apenas um primeiro momento, a partir do qual se desenvolveu uma nova normatividade, também principiológica, definidora de um modelo constitucional jus-económico de pendor inverso à socialização dos meios de produção.

Tenha-se presente que a exploração colectiva aqui em causa nada tem a ver com a participação dos trabalhadores na gestão das unidades de produção do sector público, nos termos do artigo 89.º da CRP. A exploração que aqui está em causa é a gestão dos meios de produção pelo próprio colectivo dos trabalhadores.

Mas o problema fundamental que o subsector da exploração colectiva coloca nem sequer é, do nosso ponto de vista, pelo que a sua subsistência possa significar ao nível do sector privado. Têm-se hoje por inconstitucionais as ablações à propriedade com o fito de entregar meios de produção à exploração colectiva por trabalhadores[569]. É, essencialmente, no que respeita ao sector público e à sua função que se coloca a problemática em torno da subsistência do subsector ora em causa. Não pode olvidar-se que o sector público encontra justificação constitucional nos princípios fundamentais da organização económica[570], designadamente, no princípio do desenvolvimento económico-social. Ora, se o sector privado

---

[567] Cfr. as anotações respectivas.
[568] Sobre a Constituição "*não oficial*", cfr. PAULO OTERO, *Legalidade* ..., em especial, pp. 424 ss.
[569] Cfr. anotações aos artigos 88.º e 96.º.
[570] Cfr. artigo 80.º da CRP.

não pode ser afectado em favor do subsector da exploração colectiva, seriam os meios de produção de titularidade pública aqueles que em princípio poderiam ser entregues à exploração colectiva. Todavia, para que tal possa acontecer no quadro constitucional, é imperioso demonstrar que, no caso concreto, a exploração por qualquer colectivo de trabalhadores de determinados meios de produção supera a respectiva integração no sector público ou no sector privado (em qualquer das suas subespécies) no que toca à sua eficácia no cumprimento dos princípios da organização económica, designadamente, do desenvolvimento económico-social e, em geral, dos direitos fundamentais.

4.4. *Subsector social em sentido estrito*

Apelidamos de subsector social em sentido estrito o actualmente referido (desde 1997) na alínea *d)* do n.º 4 do artigo 82.º, portanto, constituído pelos meios de produção *possuídos* e *geridos* por pessoas colectivas, sem carácter lucrativo, que tenham como principal objectivo a solidariedade social. O texto constitucional coloca em destaque as entidades de natureza mutualista, mas o subsector social em sentido estrito abarca ainda outras realidades subjectivas que devem pautar a sua actividade por aqueles objectivos, tais como as instituições particulares de solidariedade social (IPSS) e outras instituições de reconhecido interesse público sem carácter lucrativo, aliás, na senda das alterações ao artigo 63.º, também na revisão constitucional de 1997[571]. Não existe, pois, qualquer restrição quanto ao tipo institucional, conquanto se trate sempre de *pessoas colectivas, sem carácter lucrativo, que tenham como principal objectivo a solidariedade social.*

Recorde-se que, desde 1997, o Estado não se limita a reconhecer o direito à constituição destas entidades, antes lhe incumbindo a respectiva fiscalização e apoio, nos termos do artigo 63.º. Mais se justifica, assim, a autonomização deste subsector social em sentido estrito, que já se explicaria pelo facto de se tratar aqui da organização e desenvolvimento económico-*sociais*.

---

[571] Cfr. ALEXANDRE SOUSA PINHEIRO/MÁRIO JOÃO BRITO FERNANDES, *Comentário* …, pp. 188 ss., e p. 228. Em anotação ao artigo 63.º, cfr. J. J. GOMES CANOTILHO/VITAL MOREIRA, *Constituição* …, I, pp. 811 ss.; JORGE MIRANDA/RUI MEDEIROS, *Constituição*…, I, pp. 631 ss.

A especificação no texto constitucional das entidades mutualistas ter-se-á prendido com a multiplicidade dos seus fins, muito embora, do nosso ponto de vista tal fosse desnecessário, dada a redacção da primeira parte da alínea *d)*[572].

No Ac. TC n.º 279/2000 especificou-se que "Com a introdução desta alínea *d)* apesar de alguma polémica suscitada na discussão da Comissão Eventual para a Revisão Constitucional (cf. a acta provisória n.º 98, reunião de 27 de Maio de 1997, in "José Magalhães", CD-ROM), teve-se em vista, dentro do sector cooperativo e social, reforçar e precisar o regime das entidades mutualistas, autonomizando o tratamento jurídico-constitucional que se deve dar às entidades que realizam fins mutualísticos e que dificilmente se podiam enquadrar em qualquer outra das alíneas do n.º 4 do artigo 82.º da Constituição. O legislador constitucional quis, pois, claramente abranger os meios de produção geridos por instituições de natureza vária, sem carácter lucrativo, designadamente por entidades mutualistas, pretendendo, assim, fazer corresponder à realidade o texto constitucional, pois estas formas de exploração de meios de produção criam riqueza e resolvem problemas socialmente relevantes. [§] Do texto, que é hoje a alínea *d)* do n.º 4 do artigo 82.º da Constituição, resulta, assim, com irrefragável clareza, que as

---

[572] Nos termos do artigo 1.º do Código das Associações Mutualistas, aprovado pelo Decreto-Lei n.º 72/90, de 3 de Março, as "associações mutualistas são instituições particulares de solidariedade social com um número ilimitado de associados, capital indeterminado e duração indefinida que, essencialmente através da quotização dos seus associados, praticam, no interesse destes e de suas famílias, fins de auxílio recíproco, nos termos previstos neste diploma". O Ac. TC n.º 236/2005 (de 3 de Maio de 2005, *DR*, II Série, n.º 114, de 16 de Junho de 2005) julgou "inconstitucional a norma do artigo 6.º, n.º 1, alínea *a)*, do Decreto-Lei n.º 206/2001, de 27 de Julho, na medida em que exclui as associações mutualistas [do exercício da actividade funerária, por não serem constituídas sob forma societária], por violação do princípio da igualdade". Aí se argumentou também com "a tutela constitucional do sector cooperativo (artigo 61.º da Constituição), tutela essa que se estende naturalmente às associações mutualistas que se fundam nos princípios cooperativos, exercendo actividades de apoio ou protecção social em benefício dos associados, fora dos quadros da iniciativa privada empresarial (cf. artigo 2.º, n.º 2, do Código das Associações Mutualistas)". Mais recentemente, cfr. Ac. TC n.º 635/2006, de 21 de Novembro de 2006, *DR*, I Série, n.º 28, de 8 de Fevereiro de 2007, que declarou a inconstitucionalidade, com força obrigatória geral, da norma contida na alínea *a)* do n.º 1 do artigo 6.º do Decreto-Lei n.º 206/2001, de 27 de Julho, em conjugação com o disposto no artigo 5.º do mesmo diploma, enquanto exclui as associações mutualistas do exercício da actividade funerária aos seus associados, por violação do princípio da igualdade, previsto no artigo 13.º da Constituição da República Portuguesa".

entidades sem carácter lucrativo que tenham como principal objectivo a solidariedade social, designadamente as entidades de natureza mutualista, não podem, à face da Constituição, deixar de ser consideradas como pessoas colectivas. Ou, pelo menos, de beneficiar do tratamento que a estas últimas é dado. [§] Esta conclusão, que decorre da análise da alínea *d)* do n.º 4 do artigo 82.º da Constituição, só se impõe, é certo, ao legislador ordinário após a entrada em vigor da revisão constitucional de 1997"[573].

Ainda, a criação deste subsector social em sentido estrito tem reflexos na repartição de competência legislativa entre a AR e o Governo. Com efeito, reservando a alínea *j)* do n.º 1 do artigo 168.º à AR a competência legislativa para a definição dos sectores de propriedade dos meios de produção, salvo autorização ao Governo, não poderá este legislar, designadamente, sobre o regime de bens das entidades que integrem este subsector quando, em geral, tal vá bulir com a respectiva definição.

§ 5.º. A garantia da coexistência de três sectores de propriedade dos meios de produção (alcance e dimensões): tipicidade constitucional ou garantia mínima?

O problema que neste domínio se coloca é o de saber se os três sectores de propriedade dos meios de produção previstos na CRP – cuja coexistência é, como vimos, elevada a princípio fundamental da organização económico-social e a limite material de revisão constitucional[574] – não consentem a existência de outros, ou de outras formas de organização dos meios de produção que não se integrem de pleno na respectiva definição estrutural, ou se, pelo contrário, o artigo 82.º (e reflexamente aquelas outras protecções) consiste tão só numa garantia mínima, sendo possível ao legislador criar outras formas, apócrifas, de *propriedade* dos meios de produção não identificáveis com qualquer dos sectores constitucionalmente previstos.

No contexto actual da CRP, a definição dos sectores de propriedade dos meios de produção encontra justificação essencial, não na necessidade de definir normativamente quais as formas pelas quais os meios de produ-

---

[573] Cfr. Ac. TC n.º 279/2000, de 16 de Maio de 2000, *DR*, II, n.º 239, de 16 de Outubro de 2000.

[574] Cfr. anotação ao artigo 80.º, I, § 2.º, 2.2.

ção podem ser detidos, titulados ou geridos, mas antes na de estabelecer cada um deles com objectivos diferenciados. Por outras palavras, não é a definição de um modelo económico-social juridicamente imposto que se pretende (o que poderia até contender com os próprios direitos, liberdades e garantias), mas a garantia de existência de cada um dos sectores de propriedade, por razões que são diversas.

Sinteticamente, a garantia de existência do sector público justifica-se na sequência da atribuição aos poderes públicos de uma panóplia de tarefas ou incumbências prioritárias a cuja prossecução os mesmos estão vinculados, e pela necessidade de, pela mesma razão, os mesmos poderes públicos poderem afastar os privados da iniciativa correspondente (ou condicioná-la). O mesmo é dizer que o sector público é uma obrigação pública. Entre o sector público e o sector privado, prevalecendo uma perspectiva substancialista, é de concluir que, assim como o sector público se não basta com uma garantia formal que se consubstancie na existência de uma única empresa pública (ou de um número de empresas públicas desadequado em face do disposto nos artigos 9.° e 81.° da CRP), também o sector privado se não conforma com uma garantia meramente formal (embora inversa) de existência de um residual sector privado típico. No entremeio, pode afirmar-se que o sector privado publicizado não goza de uma verdadeira garantia constitucional de existência: a sua excepcionalidade comprova a essencialidade do princípio da proporcionalidade mesmo no âmbito da organização económica, pois só onde a intervenção pública não deva ser total e a iniciativa privada não seja bastante o mesmo tem lugar.

O sector cooperativo e social encontra, por seu turno, justificação essencial na previsão constitucional de determinados regimes de favor, como é o caso do subsector cooperativo, favor esse que, aliás, só pretensamente é extensível a todos os outros subsectores (pense-se, por exemplo, na inoperatividade do apoio do Estado a experiências *viáveis* de autogestão, ainda presente no n.° 3 do artigo 85.°). O sector privado, como sector residual, surge no elenco dos sectores de propriedade dos meios de produção apenas como forma de tradução do direito de iniciativa económica privada no domínio organizativo dos meios de produção: é a garantia dos restantes sectores que conduz à necessidade do reforço ou reafirmação deste, não sendo lícito afirmar-se que a ausência do sector privado de entre o elenco dos sectores de propriedade constitucionalmente previstos equivaleria à sua inexistência ou ausência de tutela constitucional, dada a protecção do direito à propriedade e iniciativa económica privadas em sede de direitos fundamentais. Assim, a previsão do sector privado entre os demais constitui, também, um limite ao sector público e uma garantia do sector cooperativo e social.

Sendo assim, de forma sintética, a conformação constitucional do sector público surge como forma de limitar a iniciativa económica pública; a conformação do sector cooperativo e social como garantia do seu especial regime jurídico-constitucional; e a conformação do sector privado como garantia destes últimos objectivos.

Como tal, sem que aqui se possa, naturalmente, esgotar tal problemática, não parece que ao legislador esteja vedada a criação de outras formas de titularidade ou gestão dos meios de produção, conquanto que tais objectivos não sejam frustrados e não sejam afectados os direitos fundamentais à iniciativa económica e propriedade privadas, nos termos dos artigos 61.° e 62.° da CRP.

Veja-se, designadamente, a intercomunicabilidade entre ambos os aspectos – organização económica ao nível dos sectores de propriedade e direitos fundamentais à iniciativa económica e propriedade privadas – no âmbito da problemática da propriedade das farmácias. No Ac. TC n.° 187//2001, que não declarou a inconstitucionalidade das normas em apreço, atente-se na declaração de voto vencido da Juíza Conselheira MARIA HELENA BRITO: "Ora, as normas em apreço proíbem o acesso e o exercício da actividade farmacêutica a certas pessoas (os não proprietários de uma farmácia), dando origem a restrições ao direito de iniciativa económica privada apenas para alguns. [§] Não se trata, porém, de uma reserva de profissão para as pessoas habilitadas a exercê-la; trata-se da reserva do acesso e do exercício da actividade farmacêutica para os proprietários de farmácias. [§] Tais restrições ao direito de iniciativa económica privada não são, em minha opinião, e como se explicitará adiante, exigidas pelo interesse geral (a saúde pública, os direitos dos consumidores), atingindo por isso injustificadamente o núcleo essencial daquele direito. [§] Por esta via, são ainda afectados alguns princípios da organização económico-social: o princípio da liberdade de iniciativa e de organização empresarial no âmbito de uma economia mista [artigo 80.°, alínea c), da CRP], o princípio da equilibrada concorrência entre as empresas [artigo 81.°, alínea e), da CRP] e até o princípio da coexistência dos três sectores da propriedade dos meios de produção [artigos 80.°, alínea b), e 82.°], na medida em que através deste regime se impedem a propriedade do sector público e a propriedade do sector social. Não obsta a esta conclusão o regime estabelecido na base II, n.° 4, da Lei n.° 2125, nos termos do qual "para cumprimento dos seus fins estatutários, as misericórdias e outras instituições de assistência e previdência social poderão ser proprietárias de farmácias": em primeiro lugar, porque esta faculdade abrange apenas as entidades referidas e não outras que integrem o sector público e o sector social; depois, porque, nos termos da disposição citada, tais entidades só podem ser proprietárias de farmácias "desde que estas se destinem aos seus serviços privativos", não lhes sendo por isso permitido fornecer o público em geral."[575].

II. DIREITO INTERNACIONAL E EUROPEU

§ 6.°. Direito Internacional

O Direito Internacional não toma posição sobre a organização interna dos Estados no que respeita à estrutura dos meios de produção[576]. Com efeito, se o § 1.° do artigo 1.° do Protocolo n.° 1 Adicional à Convenção Europeia para a Protecção dos Direitos do Homem e das Liberdades Fundamentais dispõe que "Qualquer pessoa singular ou colectiva tem direito ao respeito dos seus bens. Ninguém pode ser privado do que é sua propriedade a não ser por utilidade pública e nas condições previstas pela lei e pelos princípios gerais do direito internacional"; o § 2.° desta mesma norma logo ressalva que "As condições precedentes entendem-se sem prejuízo do direito que os Estados possuem de pôr em vigor as leis que julguem necessárias para regulamentação do uso dos bens, de acordo com o interesse geral, ou para assegurar o pagamento de impostos ou outras contribuições ou de multas". Quando aquelas *leis* correspondem à Constituição, portanto, a uma manifestação do poder constituinte do Estado, aquele direito é fortalecido pela situação da Constituição na hierarquia das fontes de direito[577].

---

[575] Cfr. Ac. TC n.° 187/2001, de 2 de Maio de 2001, *DR*, II, n.° 146, de 26 de Junho de 2001. Sobre o problema da reserva para os farmacêuticos da propriedade dos estabelecimentos de farmácia, cfr. PAULO OTERO, *Direitos históricos e não tipicidade pretérita dos direitos fundamentais*, Separata de AB VNO AD OMNES, 75 Anos da Coimbra Editora, Coimbra, 1998, *maxime* pp. 1067 ss. Sobre o princípio da proibição do excesso na jurisprudência do TC, aí contextualizando este mesmo Ac., cfr. JORGE REIS NOVAIS, *Os Princípios* ..., pp. 194 ss.

[576] Sobre o Direito Internacional e a organização económica interna em geral, cfr. anotação ao artigo 80.°, II, § 3.°.

[577] Cfr. anotação ao artigo 80.°, II, § 3.°.

Assim, o equilíbrio devido entre os sectores de propriedade dos meios de produção, no seio da organização económica – e aqui do ponto de vista do Direito Internacional – é aquele que melhor assegure a garantia dos direitos fundamentais, mas sem outra condição normativa. É o que resulta, todavia, da interpretação da própria CRP, como temos vindo a acentuar. Uma pura e simples ablação de qualquer dos sectores de propriedade – não apenas eliminação do texto constitucional (que pode importar vários significados, em abstracto), mas verdadeira afectação existencial – constituiria uma violação da própria CRP, antes mesmo de qualquer confronto com o Direito Internacional, pela restrição que importaria aos direitos fundamentais.

§ 7.º. **Direito Europeu**

Ao Direito Europeu, como *mutatis mutandis* ao Direito Internacional, também não interessa a organização dos meios de produção dos Estados-membros, *qua tale*, mas os reflexos que tal organização possa ter ao nível da implementação e cumprimento do Direito Europeu. Vale aqui o princípio da neutralidade face ao regime de propriedade escolhido pelos Estados[578], fixando a autonomia do legislador nacional nesta matéria, princípio esse que, contudo, é matizado ou relativizado tanto pela necessidade de respeitar as regras relativas à concorrência, como por aquelas outras especificamente atinentes às relações financeiras entre as empresas públicas e os poderes públicos, impedida que está, em regra, qualquer discriminação positiva destas em desfavor das empresas privadas. A forma como internamente os Estados-membros organizam os meios de produção, quer no que respeita à titularidade quer no que respeita à sua gestão, não será, em princípio, relevante, senão da medida em que tal possa frustrar o Direito Comunitário, e aqui, note-se, não apenas o originário mas também o derivado[579].

---

[578] Cfr. artigo 295.º do TCE. Neste sentido também, cfr. J. J. GOMES CANOTILHO/VITAL MOREIRA, *Constituição* ..., I, p. 976.

[579] Pode, no entanto, falar-se hoje de uma relativização deste princípio da neutralidade (cfr. RUI GUERRA DA FONSECA, *Autonomia Estatutária* ..., pp. 113 ss., e referências daí constantes; igualmente, *Le modèle portugais*, in *Concorrenza e Sussidiarietà nei Servizi Pubblici Locali. Modelli europei a confronto – Atti del Convegno A.I.D.E.*, Siena, 2 dicembre 2005, a cura di Laura Ammannati e Fabiana Di Porto, Giuffrè Ed., Milano, pp. 147 ss.).

A este propósito, como se referiu *supra*[580], é de notar que a noção de empresa pública hoje presente no ordenamento jurídico português é oriunda do Direito Comunitário, não originário mas derivado[581]. A Directiva n.º 80/723/CEE, da Comissão, de 25 de Junho de 1980[582], relativa à transparência das relações financeiras entre os Estados-membros e as empresas públicas, veio consagrar a noção operacional de empresa pública para o Direito Comunitário e, indirectamente, para os Estados-membros: não que estes fiquem obrigados a adoptar tal conceito ou noção no seu ordenamento interno, mas dada a necessidade de cumprir o regime daquela Directiva, por um lado, e que o Direito Comunitário se vem estruturando em torno daquela noção, por outro, essa adopção é, no mínimo, aconselhável. É o que sucedeu com o RJSEE, que consagra uma noção de empresa pública idêntica à da referida Directiva, embora mais restritiva[583].

Aquele princípio da neutralidade – ou, noutra perspectiva, o relevo indirecto para o Direito Europeu da organização interna dos Estados ao nível dos meios de produção ou sectores de propriedade – também se mostra, por exemplo, a propósito do subsector social. Nos termos do artigo 43.º do TUE (relativo ao direito de estabelecimento) dispõe-se que "são proibidas as restrições à liberdade de estabelecimento dos nacionais de um Estado-Membro no território de outro Estado-Membro. Esta proibição abrangerá igualmente as restrições à constituição de agências, sucursais ou

---

[580] Cfr. I, § 2.º, 2.2.1.
[581] Sobre esta problemática, cfr. RUI GUERRA DA FONSECA, *Autonomia Estatutária* ..., pp. 117 ss.
[582] Alterada pelas Directivas n.ᵒˢ 85/413/CEE, da Comissão, de 24 de Julho de 1985; 93/84/CEE, da Comissão, de 30 de Setembro de 1984; 2000/52/CE, da Comissão, de 26 de Julho de 2000; e 2005/81/CE, da Comissão, de 28 de Novembro (as últimas duas alterações são, porém, posteriores ao RJSEE – veja-se o Decreto-Lei n.º 148/2003, de 11 de Julho, alterado pelo Decreto-Lei n.º 69/2007, de 26 de Março).
[583] Cfr. RUI GUERRA DA FONSECA, *Autonomia Estatutária* ..., pp. 117 ss. Sobre a matéria, além de outra bibliografia aí citada, cfr. ANA MARIA GUERRA MARTINS, *A emergência* ..., pp. 83 ss.; FAUSTO DE QUADROS, *Serviço Público e Direito Comunitário*, in *Estudos Em Homenagem ao Prof. Doutor Manuel Gomes da Silva*, FDUL, Coimbra, 2001, p. 663; CARLOS COSTA PINA, *A Reforma do Regime das Empresas Públicas, o Direito Comunitário e o Direito da Concorrência*, in *Estudos Sobre o Novo Regime do Sector Empresarial do Estado*, org. Eduardo Paz Ferreira, Coimbra, 2000, pp. 133 ss.; e, na mesma obra, cfr. CARLOS PINTO CORREIA, *O Novo Regime do Sector Empresarial do Estado e o Direito Comunitário*, pp. 167 ss.

filiais pelos nacionais de um Estado-Membro estabelecidos no território de outro Estado-Membro" (§ 1.°); e que tal "liberdade de estabelecimento compreende tanto o acesso às actividades não assalariadas e o seu exercício, como a constituição e a gestão de empresas e designadamente de sociedades, na acepção do segundo parágrafo do artigo 48.°, nas condições definidas na legislação do país de estabelecimento para os seus próprios nacionais, sem prejuízo do disposto no capítulo relativo aos capitais" (§ 2.°). Ora, o referido artigo 48.° estabelece que "As sociedades constituídas em conformidade com a legislação de um Estado-Membro e que tenham a sua sede social, administração central ou estabelecimento principal na Comunidade são, para efeitos do disposto no presente capítulo, equiparadas às pessoas singulares, nacionais dos Estados-Membros" (§ 1.°); e que "Por «sociedades» entendem-se as sociedades de direito civil ou comercial, incluindo as sociedades cooperativas, e as outras pessoas colectivas de direito público ou privado, com excepção das que não prossigam fins lucrativos" (§ 2.°)[584]. Além da problemática em torno do escopo lucrativo das cooperativas[585], indirectamente, é também equacionável se o alargamento do subsector social não terá reflexos ao nível da implementação do direito de estabelecimento, como elemento essencial das *liberdades comunitárias*.

III. MEMÓRIA CONSTITUCIONAL

§ 8.°. **As constituições portuguesas anteriores à Constituição de 1976**

Debalde se procurará no constitucionalismo anterior ao texto de 1976 norma semelhante à do artigo 82.° da CRP. Não que o sector público em-

---

[584] Sobre o regime das sociedades cooperativas, cfr. Regulamento (CE) n.° 1435/2003 do Conselho, de 22 de Julho de 2003, relativo ao Estatuto da Sociedade Cooperativa Europeia (SCE), publicado JOUE n.° L 207, de 18 de Agosto de 2003; também Directiva n.° 2003/72/CE do Conselho, de 22 de Julho de 2003, que completa o estatuto da sociedade cooperativa europeia no que respeita ao envolvimento dos trabalhadores, publicada no JOUE n.° L 207 de 18 de Agosto de 2003.

[585] Cfr. JORGE MANUEL COUTINHO DE ABREU, *Da Empresarialidade* ..., pp. 170 ss. E especificamente sobre as cooperativas no contexto da integração europeia, com perspectiva crítica sobre a adequação das "sociedades cooperativas" à realidade portuguesa, cfr. RUI NAMORADO, *Cooperatividade* ..., pp. 53 ss.

presarial e a empresa pública só então tenham surgido em Portugal; muito pelo contrário, tais realidades eram já conhecidas do ordenamento jurídico português, embora só com o constitucionalismo corporativo tenham atingido em Portugal apuro dogmático justificativo dessa qualificação[586].

É justamente a Constituição de 1933, contemporânea da ascensão do Direito Económico como disciplina jurídica autónoma – mesmo quando não reconhecida como tal, mas como mera ramificação do Direito Administrativo – que, ainda sem se referir *qua tale* a *empresas públicas*, introduz os primeiros aspectos relevantes de regulação constitucional desta realidade. Num solo juridicamente fértil para tal[587], o artigo 59.º da Constituição de 1933 refere-se às *empresas de interesse colectivo*, aquelas que "visem o aproveitamento e exploração das coisas que fazem parte do domínio público do Estado", e que por isso seriam "sujeitas a regimes especiais de administração, concurso, superintendência ou fiscalização do Estado, conforme as necessidades da segurança pública, da defesa nacional e das relações económicas e sociais". Tal norma surgia no Título XIII – "Das Administrações de Interesse Colectivo" – da Parte I.

Em conjugação daquele preceito com o § único do artigo 33.º, que se referia já às "explorações de fim lucrativo do Estado" e que podiam laborar em *regime de livre concorrência*, nasceriam em Portugal as primeiras empresas públicas em sentido próprio, sendo que a expressão *empresa pública* só terá surgido na lei portuguesa em 1967[588].

Progressivamente, a evolução legislativa infra-constitucional, bem como a doutrina, foram complexificando esta realidade, designadamente pelo labor sobre a figura da *sociedade de interesse colectivo*, que lograria assento constitucional formal com a revisão constitucional de 1971, em duas modalidades: a *sociedade de economia mista* e a *sociedade de economia pública*[589].

Trata-se, contudo, de uma mera afinidade constitucional, pois, como afirmam ANTÓNIO L. SOUSA FRANCO e GUILHERME D'OLIVEIRA MARTINS

---

[586] Para uma visão geral da *empresarialidade* na História da Administração Pública portuguesa anterior ao período do Estado Novo, cfr. RUI GUERRA DA FONSECA, *Autonomia Estatutária* ..., pp. 20 ss., e bibliografia aí citada.

[587] Cfr. RUI GUERRA DA FONSECA, *Autonomia Estatutária* ..., pp. 49 ss.

[588] Cfr. ANTÓNIO MENEZES CORDEIRO, *Direito da Economia*, p. 250; RUI GUERRA DA FONSECA, *Autonomia Estatutária* ..., p. 53.

[589] Cfr. RUI GUERRA DA FONSECA, *Autonomia Estatutária* ..., pp. 58 ss.

a propósito da CRP, em passagem que importa reter, "A importância dada pela Constituição, no tocante à organização económica, aos sectores de propriedade dos meios de produção resulta fundamentalmente de uma concepção, com funda raiz marxista, segundo a qual não basta consagrar o direito de propriedade privada – que, aliás, se discutiu no primeiro texto constitucional se seria verdadeiramente um direito fundamental ou um mero princípio de organização da economia do qual resultavam direitos subjectivos secundários –, mas, é necessário em constituições dirigentes ou transformadoras, definir princípios relativos à estrutura e à transformação do direito de propriedade, como forma privilegiada de definição e transformação do sistema constitucional de economia"[590].

§ 9.º. Conteúdo originário da redacção do preceito na Constituição de 1976 e sucessivas versões decorrentes das revisões constitucionais

Na **redacção originária da Constituição de 1976**, às estruturas de propriedade dos meios de produção era integralmente reservado o Título II da Parte II, composto pelas seguintes normas:

"ARTIGO 89.º
(Sectores de propriedade dos meios de produção)
1. Na fase de transição para o socialismo, haverá três sectores de propriedade dos meios de produção, dos solos e dos recursos naturais, definidos em função da sua titularidade e do modo social de gestão.
2. O sector público é constituído pelos bens e unidades de produção colectivizados sob os seguintes modos sociais de gestão:
a) Bens e unidades de produção geridos pelo Estado e por outras pessoas colectivas públicas;
b) Bens e unidades de produção com posse útil e gestão dos colectivos de trabalhadores;
c) Bens comunitários com posse útil e gestão das comunidades locais.
3. O sector cooperativo é constituído pelos bens e unidades de produção possuídos e geridos pelos cooperadores, em obediência aos princípios cooperativos.

---

[590] Cfr. *A Constituição* ..., p. 255.

4. O sector privado é constituído pelos bens e unidades de produção não compreendidos nos números anteriores.

ARTIGO 90.º
(Desenvolvimento da propriedade social)
1. Constituem a base do desenvolvimento da propriedade social, que tenderá a ser predominante, os bens e unidades de produção com posse útil e gestão dos colectivos de trabalhadores, os bens comunitários com posse útil e gestão das comunidades locais e o sector cooperativo.
2. São condições do desenvolvimento da propriedade social as nacionalizações, o plano democrático, o controlo de gestão e o poder democrático dos trabalhadores.
3. As unidades de produção geridas pelo Estado e outras pessoas colectivas públicas devem evoluir, na medida do possível, para formas autogestionárias."

Na **revisão constitucional de 1982**, o artigo 74.º da Lei Constitucional n.º 1/82, de 30 de Setembro, mantendo a numeração e epígrafe do artigo 89.º, introduziu-lhe as seguintes alterações:
  a) no n.º 1, a expressão "Na fase de transição para o socialismo, haverá" foi substituída pela expressão "É garantida a existência de";
  b) o proémio do n.º 2 foi substituído por "O sector público é constituído pelos bens e unidades de produção pertencentes a entidades públicas ou a comunidades, sob os seguintes modos sociais de gestão: (…)";
  c) o n.º 3 passou a constituir o n.º 4;
  d) e o n.º 4 passou a n.º 3, com a seguinte nova redacção: "O sector privado é constituído pelos bens e unidades de produção cuja propriedade ou gestão pertençam a pessoas singulares ou colectivas privadas, sem prejuízo do disposto no número seguinte".

Do mesmo passo, o artigo 75.º da mesma Lei Constitucional introduziu também diversas alterações ao texto do artigo 90.º:
  a) no n.º 1 foi suprimida a expressão ", que tenderá a ser predominante";
  b) no n.º 2 a expressão "o poder democrático dos trabalhadores" foi substituída por "a intervenção democrática dos trabalhadores";

c) e o texto do n.º 3 foi substituído por: "As unidades de produção pertencentes ao Estado e a outras pessoas colectivas públicas devem evoluir para formas de gestão que assegurem uma participação crescente dos trabalhadores".

Na **revisão constitucional de 1989**, o artigo 50.º da Lei Constitucional n.º 1/89, de 8 de Julho, eliminou o então Título II da Parte II (que passou a estar reservado aos "Planos"): os sectores de propriedade dos meios de produção deixaram, pois, de merecer um título autónomo no âmbito da Parte II. E o artigo 89.º, eliminado, deu lugar ao novo artigo 82.º, com a mesma epígrafe, mas com a seguinte nova redacção:

"ARTIGO 82.º
(Sectores de propriedade dos meios de produção)
1. É garantida a coexistência de três sectores de propriedade dos meios de produção.
2. O sector público é constituído pelos meios de produção cujas propriedade e gestão pertencem ao Estado ou a outras entidades públicas.
3. O sector privado é constituído pelos meios de produção cuja propriedade ou gestão pertence a pessoas singulares ou colectivas privadas, sem prejuízo do disposto no número seguinte.
4. O sector cooperativo e social compreende especificamente:
a) Os meios de produção possuídos e geridos por cooperativas, em obediência aos princípios cooperativos;
b) Os meios de produção comunitários, possuídos e geridos por comunidades locais;
c) Os meios de produção objecto de exploração colectiva por trabalhadores."

Profundamente alterado, também, foi o artigo 90.º. O artigo 61.º daquela Lei de revisão constitucional substituiu a respectiva epígrafe por "Participação dos trabalhadores na gestão", eliminou os n.ºs 1 e 2, e transformou o anterior n.º 3 em corpo do artigo, que assim ficou com a seguinte redacção: "Nas unidades de produção do sector público é assegurada uma participação efectiva dos trabalhadores na respectiva gestão.". É, como se sabe, o actual artigo 89.º.

A **revisão constitucional de 1992** não trouxe qualquer alteração ao preceito.

Na **revisão constitucional de 1997**, o artigo 52.º da Lei Constitucional n.º 1/97, de 20 de Setembro, procedeu apenas a aditamentos:

a) na alínea *a)* do n.º 4 a expressão final "sem prejuízo das especificidades estabelecidas na lei para as cooperativas com participação pública, justificadas pela sua especial natureza;";

b) também no n.º 4, uma nova alínea *d)* com a seguinte redacção: "Os meios de produção possuídos e geridos por pessoas colectivas, sem carácter lucrativo, que tenham como principal objectivo a solidariedade social, designadamente entidades de natureza mutualista.".

Assim se fixou a actual redacção da norma, dado que nem a **quinta revisão constitucional, de 2001**, nem a **sexta revisão constitucional, de 2004**, nem tão-pouco a **sétima revisão constitucional, de 2005,** lhe trouxeram qualquer alteração.

§ 10.º. **Apreciação do sentido das alterações do preceito**

Em geral, a matéria dos sectores de propriedade dos meios de produção evoluiu da normativização de um projecto de socialização dos mesmos para os colocar ao serviço do princípio do desenvolvimento económico--social. Também aqui, como não poderia deixar de ser, a desideologização da Constituição se manifestou de forma profunda e decisiva. Como dizíamos, a consagração e garantia de coexistência dos sectores de propriedade dos meios de produção deixou de ser um momento essencial da transição para o socialismo, para adquirir o papel de instrumento de garantia organizacional dos direitos fundamentais. A autonomização do subsector da exploração colectiva e do subsector comunitário em relação ao sector público, a partir de 1989, trouxe-lhe um lugar distinto de *tarefa do Estado*, consagrando-o como uma obrigação do Estado ao nível da iniciativa económica em nome do desenvolvimento económico-social, contraposto às restantes formas de iniciativa económica que assim ganharam verdadeira autonomia, organizacional e de iniciativa. O próprio princípio do desenvolvimento da propriedade social foi substituído pelo da *protecção* do sector cooperativo e social em 1989[591-592].

---

[591] ANTÓNIO L. SOUSA FRANCO/GUILHERME D'OLIVEIRA MARTINS, *A Constituição ...*, p. 256.

O sector privado, de *excepcional* passou a sector-regra, por força da sua residualidade, acompanhada pelo aperfeiçoamento e garantia da iniciativa económica e propriedade privadas.

A progressiva tecnicização da norma, com o abandono do tom proclamatório, possibilitou uma verdadeira disciplina constitucional da organização dos meios de produção. Desejável ou não[593], tal depuração foi permitindo uma distinção funcional entre o sector público e os restantes, designadamente, frente ao sector privado. Bem entendido, os recursos técnicos do legislador e da Administração permitem criar dificuldades de inserção dogmática das várias figuras institucionais que vão surgindo. Mas mais relevante é que a leitura na CRP no tocante aos direitos fundamentais, quando conjugada com a delimitação de sectores de propriedade dos meios de produção, permite enquadrar esta previsão com aquelas, sempre com o fito de assegurar o desenvolvimento económico-social, a liberdade (nas várias facetas *económicas* que a mesma apresenta no texto constitucional) e, em última análise, a dignidade da pessoa humana[594].

IV. PAÍSES DE EXPRESSÃO PORTUGUESA

§ 11.º. Brasil

Na CRFB, o estatuto da empresa pública surge constitucionalizado no artigo 173.º, que se reporta à excepcionalidade da intervenção económica directa do Estado, contendo ainda normas sobre a actividade das empresas privadas[595]. Não se trata, portanto, de uma delimitação de sec-

---

[592] A propósito das revisões constitucionais de 1982 e 1989 no que toca às cooperativas, cfr. MARIA MANUEL LEITÃO MARQUES, *As cooperativas na Constituição da República Portuguesa*, in *Revista Crítica de Ciências Sociais*, n.º 12, 1983, pp. 105 ss.

[593] Já se propôs a eliminação desta norma, como referimos (cfr. ALEXANDRE SOUSA PINHEIRO/MÁRIO JOÃO BRITO FERNANDES, *Comentário* ..., p. 228).

[594] Afirmando que com a inclusão da alínea *d)* no n.º 4 do artigo 82.º na revisão constitucional de 1997 "temos agora reconhecido e garantido também um subsector de propriedade solidária", cfr. JOSÉ CASALTA NABAIS, *Solidariedade Social, Cidadania e Direito Fiscal*, in *Estudos de Direito Fiscal*, Coimbra, 2005, p. 92.

[595] Cfr. anotação ao artigo 86.º, IV, § 11.º.

tores normativamente idêntica à portuguesa. Citamos a parte relevante do preceito respeitante à empresa pública:

"Art. 173.°

....

§ 1.° – A lei estabelecerá o estatuto jurídico da empresa pública, da sociedade de economia mista e de suas subsidiárias que explorem atividade econômica de produção ou comercialização de bens ou de prestação de serviços, dispondo sobre:
I – sua função social e formas de fiscalização pelo Estado e pela sociedade;
II – a sujeição ao regime jurídico próprio das empresas privadas, inclusive quanto aos direitos e obrigações civis, comerciais, trabalhistas e tributários;
III – licitação e contratação de obras, serviços, compras e alienações, observados os princípios da administração pública;
IV – a constituição e o funcionamento dos conselhos de administração e fiscal, com a participação de acionistas minoritários;
V – os mandatos, a avaliação de desempenho e a responsabilidade dos administradores.
§ 2.° – As empresas públicas e as sociedades de economia mista não poderão gozar de privilégios fiscais não extensivos às do setor privado.
§ 3.° – A lei regulamentará as relações da empresa pública com o Estado e a sociedade."

§ 12.°. Angola

A LCRA dedica aos sectores de propriedade dos meios de produção o seu artigo 10.° que, no entanto, contém um segundo período cujo conteúdo é já de *norma-tarefa*:

"Artigo 10.°
O sistema económico assenta na coexistência de diversos tipos de propriedade, pública, privada, mista, cooperativa e familiar, gozando todos de igual protecção. O Estado estimula a participação, no processo económico, de todos os agentes e de todas as formas de propriedade, criando as condições para o seu funcionamento eficaz no interesses do desenvolvimento económico nacional e da satisfação das necessidades dos cidadãos."[596].

---

[596] Cfr. ainda as anotações aos artigos 80.°, IV, § 9.°, e 81.°, IV, § 9.°.

§ 13.º. **Moçambique**

A CRM trata da matéria dos sectores de propriedade dos meios de produção no seu artigo 99. Também aqui, embora com diferenças, é nítida a similitude com o disposto no artigo 82.º da CRP, sendo ao nível do sector cooperativo e social que aquelas se registam com mais intensidade:

"Artigo 99
(**Sectores de propriedade dos meios de produção**)
1. A economia nacional garante a coexistência de três sectores de propriedade dos meios de produção.
2. O sector público é constituído pelos meios de produção cuja propriedade e gestão pertence ao Estado ou a outras entidades públicas.
3. O sector privado é constituído pelos meios de produção cuja propriedade ou gestão pertence a pessoas singulares ou colectivas privadas, sem prejuízo do disposto no número seguinte.
4. O sector cooperativo e social compreende especificamente:
  a) os meios de produção comunitários, possuídos e geridos por comunidades locais;
  b) os meios de produção destinados à exploração colectiva por trabalhadores;
  c) os meios de produção possuídos e geridos por pessoas colectivas, sem carácter lucrativo, que tenham como principal objectivo a solidariedade social, designadamente entidades de natureza mutualista."

§ 14.º. **Cabo Verde**

O n.º 6 do artigo 90.º da CRCV garante "nos termos da lei, a coexistência dos sectores público e privado da economia, podendo também existir propriedade comunitária autogerida"[597].

§ 15.º. **Guiné-Bissau**

O texto constitucional guineense dedica aos sectores de propriedade dos meios de produção parte do seu artigo 12.º, embora sob a designação *formas de propriedade*:

---

[597] Cfr. a anotação ao artigo 80.º, IV, § 11.º.

"Artigo 12.º
1 – Na República da Guiné-Bissau são reconhecidas as seguintes formas de propriedade:
 a) A propriedade do Estado, património comum de todo o povo;
 b) A propriedade cooperativa que, organizada sob a base do livre consentimento, incide sobre a exploração agrícola, a produção de bens de consumo, o artesanato e outras actividades fixadas por lei;
 c) A propriedade privada, que incide sobre bens distintos do Estado.
2 – ...."[598]

§ 16.º. São Tomé e Príncipe

A CRDSTP faz referência aos sectores de propriedade dos meios de produção logo no artigo 9.º, no contexto de um *Estado de economia mista*:

"Artigo 9.º
Estado de economia mista
1. ....
2. É garantida, nos termos da lei, a coexistência da propriedade pública, da propriedade cooperativa e da propriedade privada de meios de produção."[599]

§ 17.º. Timor-Leste

A CRDTL dispõe sobre os sectores de propriedade dos meios de produção no seu artigo 138.º[600]:

"Artigo 138.º
(Organização económica)
A organização económica de Timor-Leste assenta na conjugação das formas comunitárias com a liberdade de iniciativa e gestão empresarial e na coexistência do sector público, do sector privado e do sector cooperativo e social de propriedade dos meios de produção."

---

[598] O n.º 2 desde preceito refere-se à *propriedade do Estado* (cfr. anotação ao artigo 84.º, IV, § 13.º).
[599] Cfr. anotação ao artigo 80.º, IV, § 13.º.
[600] A que atribuímos também relevância em sede de princípios da organização económica (veja-se a anotação ao artigo 80.º, IV, § 14.º, com a respectiva inserção sistemática).

ARTIGO 83.º
(Requisitos de apropriação pública)

A lei determina os meios e as formas de intervenção e de apropriação pública dos meios de produção, bem como os critérios de fixação da correspondente indemnização.

Quadro tópico:

I. INTERVENÇÃO E APROPRIAÇÃO PÚBLICA DOS MEIOS DE PRODUÇÃO
§ 1.º. INTERVENÇÃO E APROPRIAÇÃO PÚBLICA;
1.1. Enquadramento no modelo constitucional;
1.2. A distinção entre intervenção e apropriação pública;
1.3. Meios e formas de intervenção pública;
1.4. Meios e formas de apropriação pública;
§ 2.º. A SUPRESSÃO DA REFERÊNCIA AOS SOLOS AQUANDO DA REVISÃO CONSTITUCIONAL DE 1997;
§ 3.º. O PROBLEMA DA INDEMNIZAÇÃO;
§ 4.º. RESERVA DE LEI E COMPETÊNCIA LEGISLATIVA;
4.1. A competência do Parlamento;
4.2. A competência do Governo;
4.3. A competência das Assembleias Legislativas das regiões autónomas.

II. DIREITO INTERNACIONAL E EUROPEU
§ 5.º. DIREITO INTERNACIONAL;
§ 6.º. DIREITO EUROPEU.

III. MEMÓRIA CONSTITUCIONAL
§ 7.º. AS CONSTITUIÇÕES PORTUGUESAS ANTERIORES À CONSTITUIÇÃO DE 1976;
§ 8.º. CONTEÚDO ORIGINÁRIO DA REDACÇÃO DO PRECEITO NA CONSTITUIÇÃO DE 1976 E SUCESSIVAS VERSÕES DECORRENTES DAS REVISÕES CONSTITUCIONAIS;
§ 9.º. APRECIAÇÃO DO SENTIDO DAS ALTERAÇÕES DO PRECEITO.

IV. PAÍSES DE EXPRESSÃO PORTUGUESA
§ 10.º. Brasil;
§ 11.º. Angola;
§ 12.º. Moçambique;
§ 13.º. Cabo Verde;
§ 14.º. Guiné-Bissau;
§ 15.º. São Tomé e Príncipe;
§ 16.º. Timor-Leste.

I. INTERVENÇÃO E APROPRIAÇÃO PÚBLICA DOS MEIOS DE PRODUÇÃO

§ 1.º. **Intervenção e apropriação pública**

1.1. *Enquadramento no modelo constitucional*

A norma contida no artigo 83.º da CRP é uma das que ainda hoje recordam, de certo modo, um texto constitucional passado. Não se trata, com esta afirmação, de, sem mais, expressar a sua inutilidade, e menos ainda a sua caducidade em face do modelo constitucional vigente. Todavia, das normas ainda presentes na CRP que maior proximidade apresentam com o modelo económico socialista originário, a regra da apropriação pública de meios de produção é, certamente, uma das que ainda o recorda com mais pujança: não por ser, em termos gerais, uma regra-princípio que legitima a intervenção dos poderes públicos na ordem económica, e em concreto nos *meios de produção*, enquanto estruturas jurídico-económicas da propriedade e iniciativa económica privadas, mas por, pelo menos aparentemente, reflectir ainda uma dinâmica ao nível da normatividade de intervenção dos poderes públicos como processo em curso para a realização da Constituição. Em boa parte, tal reflexo resulta da utilização do termo "apropriação", por contraponto com o actual princípio da "propriedade pública" dos meios de produção, acolhido na alínea d) do artigo 80.º[601].

---

[601] Sobre a diferença entre "apropriação" e "propriedade" públicas, para este efeito, cfr. anotação ao artigo 80.º, I, § 2.º, 2.4.1.

Naturalmente, a objectivização do sistema jurídico-constitucional reclama a interpretação da presente norma no contexto de modelo jurídico-económico resultante da globalidade da CRP. Sucede, porém, que desta norma não resulta – pelo menos expressa e isoladamente – qualquer critério material relativo à intervenção e apropriação pública de meios de produção, isto é, que autorize concluir imediatamente pelo papel (qualitativo e quantitativo, de extensão) desses mecanismos como modeladores da economia.

Com efeito, J. J. GOMES CANOTILHO e VITAL MOREIRA extraem do artigo 83.° um relevo jurídico dúplice: em primeiro lugar, "uma **autorização ou habilitação constitucional** de intervenção pública, designadamente estadual, na propriedade de meios de produção, incluindo a sua apropriação pública, dentro dos limites, quer positivos, quer negativos, que a própria Constituição refere"; em segundo lugar, a presença de "uma **incumbência constitucional** de definição legal dos meios e formas de intervenção e apropriação colectiva, bem como das correspondentes indemnizações"[602]. Todavia, e sem que contestemos tais alcances do preceito, cumpre averiguar se há aí, verdadeiramente, uma dimensão normativa própria, um relevo autónomo do enunciado constitucional, ou se, pelo contrário, a norma em causa pouco acrescenta ao modelo jurídico-económico presente na CRP, resultante de outras normas. É que, em termos gerais, a habilitação de intervenção do Estado na vida económica – mesmo no que toca à *apropriação* de meios de produção –, poderia resultar já tanto dos princípios fundamentais da organização económico-social ínsitos no artigo 80.° (designadamente, os constantes das alíneas *a), b), c)* e *d)*), como de inúmeras incumbências prioritárias do Estado consagradas no artigo 81.°, ainda que de uma leitura conjugada das suas várias alíneas, e delas com o disposto no artigo 9.° (designadamente, na respectiva alínea *d)*). Por outro lado, a incumbência de definição legal dos meios e formas de intervenção e apropriação e critérios de indemnização tem uma ligação imediata à norma de reserva de competência parlamentar constante da alínea *l)* do n.° 1 do artigo 165.°, o que não é irrelevante para apreciar a exis-

---

[602] Cfr. *Constituição* ..., pp. I, 993. A referência à apropriação *colectiva* será certamente um lapso, dada a alteração introduzida pela revisão constitucional de 1997 (cfr. *infra*, III, § 8.° e 9§ 9.°). Também no primeiro sentido, com outras considerações, cfr. JORGE MIRANDA/RUI MEDEIROS, *Constituição* ..., II, pp. 56 ss.

tência de um *dever de legislar*, cujo incumprimento poderá originar a verificação de inconstitucionalidade por omissão.

Sabendo-se, por exemplo, que a possibilidade de afectação do direito de propriedade através de expropriação resulta já do n.º 2 do artigo 62.º, e que a iniciativa económica privada se exerce livremente "tendo em conta o interesse geral", conforme dispõe o n.º 1 do artigo 61.º – numa relação estreita com o disposto nos artigos 80.º e 81.º; e que na Parte II da CRP se encontram previstos diversos mecanismos de intervenção pública, em sentido lato (alguns ainda incluídos no Título I – "Princípios gerais" –, que é também a localização sistemática do artigo 83.º, *v.g.*, os contemplados nos artigos 86.º, 88.º, mas também os constantes dos artigos 94.º, 95.º e 96.º), não surge claro ou imediato o significado e alcance do preceito.

Uma possibilidade de alcance autónomo prende-se com um regime indemnizatório próprio para formas de intervenção (em sentido lato) que encontrem legitimação à luz desta norma. Averiguá-lo-emos *infra*[603].

Por outro lado, não concordamos que seja o único ou prioritário significado da norma contida no artigo 83.º o da garantia institucional do sector público de propriedade dos meios de produção[604]: para tal bastam já a alínea *b)* do artigo 80.º, os n.ºs 1 e 2 do artigo 82.º, e a alínea *f)* do artigo 288.º.

Independentemente da averiguação em torno das figuras jurídicas em que consistam a intervenção e apropriação pública dos meios de produção, há que aquilatar, ainda que perfunctoriamente, do significado geral da presente norma no que respeita ao seu contributo para a definição do papel dos poderes públicos na conformação da actividade económica.

Para PAULO OTERO[605], apesar da existência de diversos constrangimentos e vinculações, não existe impedimento a uma operatividade vinculativa do princípio da apropriação pública dos meios de produção. Ainda que a revisão constitucional de 1997 tenha acentuado o intervencionismo estatal pela substituição da "apropriação colectiva" pela "apropriação pública", excluindo assim formas de apropriação integráveis no

---

[603] Cfr. I, § 3.º.
[604] Aparentemente neste sentido, cfr. LUÍS S. CABRAL DE MONCADA, *Direito* ..., p. 235.
[605] Que aqui se seguirá de perto (cfr. *Vinculação* ..., pp. 151 ss.).

sector cooperativo e social[606], pode entender-se que a CRP remete para a margem de liberdade político-legislativa a determinação do momento, meios, formas e condições de implementação do princípio. O mesmo se pode afirmar no que toca à iniciativa de privatização, depois da revisão constitucional de 1989 reconhecer a possibilidade de privatização e reprivatização de meios de produção e solos.

A manutenção da apropriação pública dos meios de produção entre os princípios gerais da organização económica constitui um resquício do modelo marxista oriundo da redacção originária do texto constitucional[607], que não pode hoje ser lido senão no quadro do modelo constitucional jus-económico de economia mista, e de "coexistência pacífica" entre sector público e sector privado[608]. Neste contexto, a margem de conformação atribuída pela CRP ao poder legislativo, se afirma o princípio de subordinação do poder económico ao poder político democrático, não deixa de ser acompanhada por determinados limites, tais como, entre outros, a coexistência dos diversos sectores de propriedade dos meios produção, a conformação ao interesse público, e a liberdade de iniciativa económica e propriedade privada[609].

Porém, se é defensável a inexistência, na CRP, de uma "preferência vinculativa da apropriação pública sobre a privatização ou desta sobre aquela" ou, numa perspectiva mais lata, a existência de "uma Constituição económica aberta à vontade popular em cada momento expressa pelos seus órgãos democraticamente legitimados"[610], já a análise do Direito Comunitário pode apontar conclusão diferente. Com efeito, o princípio da neutralidade do Direito Comunitário sobre o regime de propriedade[611], que celebra a autonomia do legislador nacional nesta matéria, acaba matizado ou relativizado (entre outras causas) tanto pela necessidade de respeitar as regras relativas à concorrência, como por aquelas outras especificamente atinentes às relações financeiras entre as empresas públicas e os

---

[606] Para J. J. GOMES CANOTILHO e VITAL MOREIRA "apropriação colectiva" equivaleria já a "apropriação pública", ainda antes da revisão constitucional de 1997 (cfr. *Constituição ...*, 3.ª Ed., p. 407).
[607] Cfr. PAULO OTERO, *Vinculação ...*, p. 153.
[608] Cfr. PAULO OTERO, *Vinculação ...*, p. 154.
[609] Cfr. PAULO OTERO, *Vinculação ...*, pp.155-156.
[610] Cfr. PAULO OTERO, *Vinculação ...*, pp. 157 ss.
[611] Cfr. anotação ao artigo 82.º.

poderes públicos, impedida que está, em regra, qualquer discriminação positiva destas em desfavor das empresas privadas[612]. Como assenta PAULO OTERO, "pode afirmar-se que o ordenamento comunitário, visando sempre a defesa do mercado comum, confere uma clara prevalência aplicativa ao princípio da igualdade entre as empresas públicas e as empresas privadas em relação ao princípio da neutralidade", o que "acaba, ainda que indirectamente, por favorecer uma tendência privatizadora da economia"[613], podendo mesmo afirmar-se uma certa favorabilidade em relação aos processos de privatização[614]. Em face da força vinculativa do Direito Comunitário e das suas implicações ao nível da interpretação constitucional[615], tal raciocínio poderá obrigar a concluir pela vinculação do legislador nacional a um favorecimento das privatizações[616] (embora, então, com outras limitações de sinal contrário).

Sobre o que se vem de dizer, e antes de considerarmos *infra* a problemática inerente à fixação dos critérios de indemnização, estendemos a nossa concordância genérica ao afirmado por J. J. GOMES CANOTILHO e VITAL MOREIRA no respeitante ao relevo jurídico dúplice que tais Autores apontam à norma do artigo 83.°[617]. Todavia, algumas considerações adicionais não podem deixar de ter lugar.

Em primeiro lugar, e se o modelo constitucional jus-económico que se veio sedimentando já havia desvalorizado o cunho marxista presente no artigo 83.°, a ponto de eliminar uma preferência constitucional pela apropriação pública, os reflexos do Direito Comunitário sobre o ordenamento jurídico português interno relativizam mais ainda o alcance material do preceito.

Em segundo lugar, sendo certo que a presença desta norma no texto constitucional *reforça*, pelo menos, a referida autorização de intervenção estadual na vida económica, verifica-se igualmente um *reforço* do princípio da reserva de lei ao nível da determinação dos meios e formas de intervenção e de apropriação pública dos meios de produção. Poderá objectar-se que o avanço do Direito Comunitário sobre matérias outrora de

---

[612] Cfr. anotação ao artigo 82.°.
[613] Cfr. *Vinculação* ..., p. 163.
[614] Cfr. PAULO OTERO, *Vinculação* ..., pp. 163-164.
[615] Cfr. PAULO OTERO, *Legalidade* ..., designadamente, pp. 605 ss.
[616] Cfr. PAULO OTERO, *Vinculação* ..., pp. 164-165.
[617] Cfr. *supra*.

competência exclusiva dos Estados-membros é causa de erosão daquele princípio, dada a relativização do princípio da neutralidade. Mas, exactamente aí, pode mostrar-se o relevo da norma: por um lado, no reforço do dever estadual de assegurar e disciplinar os mecanismos de intervenção na vida económica aqui referidos; por outro lado, no reforço do princípio da reserva de lei, na sua dimensão garantística dos direitos fundamentais, designadamente, de propriedade e liberdade de iniciativa económica privada, estabelecendo um *acquis* capaz de resistir ao próprio Direito Comunitário quando este se mostre menos favorável aos direitos fundamentais dos cidadãos. Entenda-se, tal não pode, no actual quadro constitucional, equivaler à inversão da neutralidade constitucional em favor da apropriação pública. Do que se trata é de enquadrar esta norma na sua vertente mais garantística dos direitos fundamentais, a propósito da sua função no âmbito da reserva de lei, e na sequência da potencialidade agressiva – hoje menor – do princípio da propriedade pública *de* meios de produção[618].

Onde se poderá procurar verdadeiros deveres de legislar indesligáveis do artigo 83.º é nos casos em que a CRP se refere, expressa ou implicitamente, aos meios de produção como elemento essencial no âmbito dos princípios da organização económica, designadamente, ao nível da coexistência dos vários sectores de propriedade dos meios de produção, do princípio da propriedade pública *de* meios de produção[619], da plena utilização das forças produtivas e da garantia de eficiência do sector público, e do funcionamento eficiente dos mercados como garantia da concorrência, das organizações monopolistas, dos abusos de posição dominante e de outras práticas lesivas do interesse geral[620].

1.2. *A distinção entre intervenção e apropriação pública*

Sob a epígrafe "Requisitos de apropriação pública" do artigo 83.º, abrigam-se tanto os meios e formas de *intervenção* como de *apropriação pública* dos meios de produção. Importa, pois, ter presente que a CRP distingue os dois conceitos, embora ambos estejam abrangidos pela

---

[618] Cfr. anotação ao artigo 80.º, I, § 2.º, 2.4.1. ss.
[619] Cfr., respectivamente, alíneas *b)*, *d)* e *f)* do artigo 80.º.
[620] Cfr., respectivamente, alíneas *c)* e *f)* do artigo 81.º.

reserva de lei. Problemática distinta, como já referimos, é a relativa às indemnizações[621].

De comum, *intervenção* e *apropriação* têm a característica de constituírem afectações da estrutura dos meios de produção por parte dos poderes públicos. Ora, em sentido lato, e de um ponto de vista estritamente classificatório, a apropriação é uma forma de intervenção pública na economia (consideradas as múltiplas noções e modalidades desta). Porém, no presente contexto normativo, *intervenção* não designa, em geral, toda a actuação estadual ou de outras entidades públicas teleologicamente orientada para a afectação do comportamento dos agentes económicos ou das condições objectivas da actividade económica[622], mas antes uma categoria ou tipo de actuação que se integra no vastíssimo elenco das formas de intervenção em geral dos poderes públicos na vida económica. Por outras palavras, se a *apropriação* é uma forma de intervenção, naquele sentido geral, não é este o da *intervenção* presente no artigo 83.º: a primeira não é, pois, uma mera modalidade da segunda no contexto desta norma.

A *apropriação* tem aqui por referencial objectivo *direitos de natureza patrimonial*, consistindo na aquisição por parte de uma entidade pública da titularidade de um determinado meio de produção, contra ou independentemente da vontade do seu titular. Não parece que, em termos constitucionais, possa resumir-se o objecto imediato da apropriação ao direito de propriedade enquanto direito real; isto por duas razões fundamentais: (i) em primeiro lugar, porque podem ser objecto de apropriação pública direitos de natureza patrimonial cuja recondução ao direito de propriedade não é pacífica ou inequívoca – *v.g.*, direitos de titularidade sobre participações sociais[623]; (ii) depois porque, se nenhuma razão parece impedir, dogmaticamente, que a apropriação pública recaia sobre direitos reais de outro tipo, a afectação desses outros tipos não poderia reconduzir-se à

---

[621] Cfr. *infra*, I, § 3.º.

[622] Cfr. ANTÓNIO L. SOUSA FRANCO/GUILHERME D'OLIVEIRA MARTINS, *A Constituição* ..., p. 219.

[623] Sobre a problemática da admissibilidade de direitos reais sobre participações sociais, cfr. JORGE MANUEL COUTINHO DE ABREU, *Curso de Direito Comercial*, II, 2.ª Ed., Coimbra, 2007, pp. 348 ss. No sentido de que os direitos sobre participações sociais se encontram protegidos pelo conceito e garantia constitucional da propriedade, cfr. Ac. TC n.º 491/2002, de 26 de Novembro de 2002, http://www.tribunalconstitucional.pt/tc/acordaos/20020491.html.

intervenção, posto que esta, para ser autonomizável frente à apropriação, não opera a extinção de quaisquer direitos[624].

A *intervenção*, por seu turno, consistirá na afectação da situação jurídica de determinado meio de produção, que não abranja a respectiva titularidade, mas tão só, em princípio, o exercício de direitos ou outras situações jurídicas activas dela decorrentes.

No que respeita à normatividade constitucional referencial, podemos dizer que *apropriação* e *intervenção* dizem respeito, *prima facie* e respectivamente, aos conceitos de propriedade e gestão presentes no artigo 82.º para definição dos sectores público e privado de propriedade dos meios de produção (embora não exista impedimento à afectação da posse, enquanto critério constitucional distintivo)[625].

1.3. Meios e formas de intervenção pública

A intervenção pública *nos* meios de produção legitimada pelo artigo 83.º deve interpretar-se na sequência do disposto no artigo 82.º relativamente à definição dos diversos sectores de propriedade dos meios de produção. Designadamente, sendo em torno da propriedade e da gestão dos meios de produção que se opera a distinção entre sector público e sector privado, a apropriação pública deve ter por referencial a *propriedade* (no seu âmbito constitucional – nomeadamente, na perspectiva integrada dos artigos 62.º e 82.º), e a intervenção deve ter por referencial a *gestão* dos meios de produção, como dissemos no ponto anterior.

Neste sentido, a intervenção pública referida no artigo 83.º encontra na gestão das empresas privadas o seu objecto mais imediato, seja pela substituição temporária dos seus "órgãos normais", e com um fim correctivo e não apenas orientador, seja pela integração nos órgãos de adminis-

---

[624] Sobre a natureza e conceito do direito de propriedade na CRP, com análise transversal da doutrina portuguesa na matéria, cfr. MARIA LÚCIA C. A. AMARAL PINTO CORREIA, *Responsabilidade do Estado e Dever de Indemnizar do Legislador*, Coimbra, 1998, em especial pp. 536 ss., onde sustenta que o termo *propriedade* na Constituição deve ser equivalente a *património* (englobando os salários, as acções, as patentes, as marcas, os direitos de autor, os direitos a subsídios estatais e as pensões de reforma – p. 548). Aceitando, por exemplo, que aí se integra também o "direito à firma", cfr. Ac. TC n.º 139/2004, de 10 de Março de 2004, *DR*, II Série, n.º 90, de 16 de Abril de 2004.

[625] Cfr. a anotação ao artigo 82.º, I, § 1.º, 1.2.

tração e fiscalização de membros designados pelos poderes públicos (mormente pelo Estado), todos eles actuando no desempenho das suas funções de acordo com a direcção ou orientação desses mesmos poderes[626].

Tenhamos presente, porém, que a intervenção pública (como a apropriação por si só, em regra) não se destina propriamente a alterar a integração de determinada empresa no seu sector de propriedade, prévia à intervenção; pelo menos, pode não destinar-se a integrar uma determinada empresa privada no sector público. Com efeito, se certa empresa, cuja propriedade é privada, não abandona o sector privado dos meios de produção pelo simples facto de a sua gestão estar em determinado momento em mão pública, por exemplo por força de uma intervenção estadual no seu órgão de gestão que fixe, *v.g.*, a maioria ou integralidade da composição do seu órgão de administração por administradores nomeados pelo Estado – cfr. o n.º 3 do artigo 82.º da CRP –, então é forçoso concluir que a simples intervenção pública não se destina em regra à alteração da integração da empresa no sector de propriedade dos meios de produção a que a mesma pertence. Neste caso, apenas fazendo uso dos seus poderes de intervenção de forma conjugada com os de apropriação, o poder público poderia alterar a situação da empresa no que à sua integração no sector privado diz respeito.

Mas fica ainda por saber se a *intervenção* referida neste artigo 83.º vai além daquela na gestão de meios de produção. Sumariamente, enuncia-se, poderá a expressão *intervenção* significar aqui *toda* a intervenção pública na actividade económica[627]?

---

[626] Neste sentido, cfr. ANTÓNIO L. SOUSA FRANCO/GUILHERME D'OLIVEIRA MARTINS, *A Constituição ...*, pp. 226-227.

[627] J. J. GOMES CANOTILHO e VITAL MOREIRA propendiam para uma perspectiva ampliativa quando afirmavam que o artigo 83.º não passava de "uma reafirmação da discricionariedade legislativa na definição das formas de intervenção pública na liberdade de empresa privada (...)", referindo-se então à "*participação directa* na actividade económica" – o que exemplificavam com a criação de empresas públicas –, e à "*intervenção indirecta*", tanto de âmbito geral – o que exemplificavam com o planeamento – como de âmbito particular – onde localizavam a intervenção na gestão de empresas privadas (cfr. *Constituição ...*, 3.ª Ed. p. 408). Na mais recente edição desta sua obra, os Autores abandonaram esta formulação, mas a sua concepção de intervenção nos meios de produção para efeitos do disposto no artigo 83.º continua relativamente ampla: por exemplo, nela integrando "uma medida regulatória que obrigasse uma empresa de telecomunicações a desfazer-se de uma das redes que possui, por motivo de posição dominante" (cfr. *Constituição ...*, I, p. 992).

Concordamos que, em boa parte, como já dissemos, o preceito em causa – e nesta parte em especial – tem uma função de *reforço* no âmbito do texto constitucional. Porém, no que respeita à intervenção, a ser tão lato o seu sentido, tal função de *reforço* viria a ser traída pela redundância e consequente esvaziamento normativo. É que, nesse sentido lato, a legitimação ou habilitação constitucional para a intervenção do Estado na economia resulta já de outras normas da CRP[628], e insistir nessa redundância não pugna pelo sentido mais eficaz da regra[629].

É antes na consideração da *gestão* como referencial ou objecto da *intervenção* que a norma ganha sentido próprio, considerada a totalidade do seu enunciado. Aliás, nada impede que possamos advogar uma concepção ampliativa de *gestão*, em moldes semelhantes ao que sucede para a *propriedade*. A linha ou função de *reforço* mais imediata ou próxima do artigo 83.º da CRP descobre-se, pois, na sequência estabelecida, *v.g.*, entre (i) os princípios da liberdade de iniciativa e de organização empresarial no âmbito de uma economia mista e da propriedade pública de meios de produção[630], (ii) a panóplia de incumbências prioritárias do Estado[631], (iii) o próprio artigo 83.º, e (iv) exemplificativamente, a intervenção transitória na gestão de empresas privadas e a expropriação de meios de produção em abandono[632].

A intervenção pode, pois, consubstanciar-se na intervenção na gestão em sentido estrito (*v.g.*, pela actuação directa do Estado sobre o órgão de administração de determinada empresa, seja através da titularidade por representantes do Estado de todos, apenas alguns dos cargos do conselho de administração, ou medidas de efeito equivalente), ou sobre o respectivo órgão de fiscalização. Recordem-se, aliás, os actuais critérios para a definição ou qualificação de empresas públicas no ordenamento jurídico português[633]. O relevante é que essa intervenção consiste na afectação de

---

[628] Cfr. *supra*, I, § 1.º, 1.1.
[629] Sustentando também que a intervenção não deve ser aqui objecto de um entendimento amplo, e argumentando, entre outras razões, com as especiais "exigências materiais e orgânicas" que tal entendimento importaria, cfr. JORGE MIRANDA/RUI MEDEIROS, *Constituição* ..., II, p. 62.
[630] Cfr. respectivamente, alíneas *c)* e *d)* do artigo 80.º.
[631] Cfr. artigo 81.º.
[632] Cfr., respectivamente, artigos 86.º, n.º 2, e 88.º, n.º 1.
[633] Cfr. anotação ao artigo 82.º, I, § 2.º.

direitos ou situações jurídicas activas normalmente decorrentes da titularidade de meios de produção, como é o caso, em geral, do direito dos titulares do capital social de determinada empresa determinarem a composição do correspondente órgão de administração, e de este órgão decidir sobre a administração da empresa no âmbito das suas competências e determinações daquele órgão deliberativo.

1.4. Meios e formas de apropriação pública

É clássica nas nossas doutrina e jurisprudência a busca de diferentes formas de *apropriação colectiva* (algumas das quais ainda passíveis de se compreenderem entre as formas de *apropriação pública*). ANTÓNIO MENEZES CORDEIRO, por exemplo, distinguia, entre as formas possíveis de (então) colectivização dos meios de produção, (i) a "*apropriação colectiva ou colectivização*", (ii) a "*estadualização*", (iii) a "*socialização*", (iv) a "*nacionalização*", (v) e a "*expropriação*" (cuja distinção face à nacionalização apelidava de "espinhosa", e onde graçava total confusão)[634].

Neste âmbito e momento, a problemática central é ocupada não tanto pela definição do conceito constitucional de apropriação pública (que aqui se não pode encerrar), mas pela sua potencialidade de albergar diversas formas, por um lado; e pela distinção entre a nacionalização como apropriação pública e a expropriação, por outro. Quanto a este último aspecto, não é também a distinção entre ambos os conceitos à luz do ordenamento jurídico português na sua globalidade que está em causa, mas antes o relevo da respectiva distinção no seio da CRP para efeitos de delimitação de alguns aspectos dos respectivos regimes jurídico-constitucionais.

No que respeita àquele primeiro ponto, diremos que a apropriação pública poderá comportar todas as formas possíveis de transferência para os poderes públicos da titularidade de meios de produção. Com efeito, o texto constitucional não mostra quaisquer limitações a esse nível, nem no que respeita à diferenciação entre direitos reais e outros direitos de natureza patrimonial, nem no tocante a tipos ou sub-espécies destes. Trata-se, pois, de configuração deixada à margem de criatividade jurídico-política do legislador.

---

[634] Cfr. *A Constituição Patrimonial* ..., p. 419.

Já no que respeita à possível distinção entre apropriação pública como nacionalização e expropriação o problema se afigura mais complexo ou "espinhoso", nas palavras de ANTÓNIO MENEZES CORDEIRO[635], podendo mesmo considerar-se, com RUI MEDEIROS, uma verdadeira *vexata quaestio* do Direito português[636]. E talvez seja relativa a importância de averiguar se, em sentido próprio, dogmático, a expropriação constitui uma forma de apropriação pública ou se, pelo contrário, se está em presença de duas figuras jurídicas perfeitamente autonomizáveis quando a espécie desta última seja a nacionalização. Autores há, por exemplo, que atribuem à nacionalização um significado ou teleologia específica ao nível dos meios ou relações de produção e da intervenção pública na economia, de que seria carente a expropriação[637]; ou que distinguem ambas as figuras tomando em consideração, essencialmente, diferenças no que respeita ao regime indemnizatório[638]. Outros ainda que atribuem à nacionalização um conteúdo específico de *acto supremo de governo*, acto de conteúdo eminentemente político e forma legislativa, de objectivos mais profundos que a expropriação[639]; ou fazem mesmo assentar a distinção na combinação de vários desses elementos[640], tomando em consideração uma reserva de lei geral e abstracta para a apropriação de meios de produção, por força do disposto no n.º 3 do artigo 18.º da CRP[641].

---

[635] Cfr. *A Constituição Patrimonial* ..., p. 419, em nota.

[636] Cfr. *Ensaio Sobre a Responsabilidade Civil do Estado por Actos Legislativos*, Coimbra, 1992, p. 285.

[637] Neste sentido, cfr. ANTÓNIO MENEZES CORDEIRO, *A Constituição Patrimonial* ..., p. 419; J. J. GOMES CANOTILHO/VITAL MOREIRA, *Constituição* ..., I, p. 994.

[638] Parece a essência do pensamento de JORGE MIRANDA, que o TC conduziu a últimas instâncias (cfr. RUI MEDEIROS, *Ensaio* ..., pp. 288 ss.).

[639] Será o caso, *v.g.*, de JOSÉ DE OLIVEIRA ASCENSÃO (cfr. *A caducidade da expropriação no âmbito da reforma agrária*, in RFDUL, Vol. XXVIII, 1987, pp. 27 ss.; em anotação ao Ac. TC n.º 39/88 (cit.), *Nacionalizações e Inconstitucionalidade*, in RFDUL, Vol. XXIX, 1988, pp. 515 ss.) e MOTA PINTO (*apud* RUI MEDEIROS, *Ensaio* ..., pp. 290-291). Já FAUSTO DE QUADROS considera a nacionalização "uma modalidade da expropriação", mas resultante "do exercício da função política" (cfr. *Expropriação por utilidade pública*, in DJAP, IV, Lisboa, 1991, p. 311).

[640] Para o que também aponta a posição de J. J. GOMES CANOTILHO e VITAL MOREIRA (cfr. *Constituição* ..., I, p. 994).

[641] Neste sentido, cfr. RUI MEDEIROS, *Ensaio* ..., pp. 291 ss. Para um enquadramento das várias posições da doutrina portuguesa na matéria, cfr. MARIA LÚCIA C. A. AMARAL PINTO CORREIA, *Responsabilidade* ..., pp. 586 ss., e 607 ss. Desvalorizando a discussão em

Por nós, a dimensão constitucional específica da apropriação pública, conforme a mesma surge sistematicamente integrada na Parte II da CRP, não consiste propriamente numa diferenciação de regime jurídico face à expropriação nos termos em que tal distinção vem sendo elaborada, designadamente, quando se atende à forma do respectivo acto (legislativo ou administrativo), à sua teleologia fundamental (política ou outra), ou ao regime da respectiva indemnização (mais vinculada e *justa* na expropriação do que na apropriação pública por nacionalização).

Em primeiro lugar, pode questionar-se que a nacionalização consista sempre numa forma de aquisição da *propriedade pública*, enquanto a expropriação – no seu sentido constitucional – possa não atingir qualquer transferência de titularidade[642]. Com efeito, se se professar um conceito constitucional lato de *propriedade*, radicado no artigo 62.º, então a grande diferença a estabelecer, no contexto ora em questão, será entre expropriação e intervenção, e não entre expropriação e apropriação/nacionalização.

Quanto ao objecto, concordamos em que a apropriação se dirige a bens caracterizáveis como meios de produção, enquanto na expropriação não é necessariamente assim. Todavia, o Estado pode expropriar um meio de produção não com o objectivo de o manter como tal funcionalizado ao interesse público, mas antes de o destruir em ordem a permitir a passagem de uma estrada. Dir-se-á, então, existir uma diferença de teleologia, dado que o que o Estado está a expropriar não é um bem de produção, *proprio sensu*, mas simplesmente um bem ou uma universalidade[643]. Pode assim ser, mas cabe uma pergunta: qual a diferença de regime jurídico-constitucional? No âmbito indemnizatório, *v.g.*, não vislumbramos qualquer diferença radical ao nível da CRP[644], mas tão só – e eventualmente – ao nível da lei ordinária.

---

torno da natureza jurídica da nacionalização para efeitos indemnizatórios, em comentário ao Ac. TC n.º 39/88 (cit.), cfr. DIOGO FREITAS DO AMARAL, *As Nacionalizações em Portugal: Indemnização Justa ou Irrisória?*, in *Estudos de Direito Público e Matérias Afins*, I, Coimbra, 2004, *maxime* pp. 553 ss. (originalmente publicado em 1992, *O Novo Código do Procedimento Administrativo*, INA, pp. 101 ss.).

[642] Cfr. MARIA LÚCIA C. A. AMARAL PINTO CORREIA, *Responsabilidade* ..., p. 610.

[643] Quanto a este aspecto, aproximamo-nos, se bem interpretamos, de J. J. GOMES CANOTILHO e VITAL MOREIRA (cfr. *Constituição* ..., I, p. 994).

[644] Cfr. *infra*, I, § 3.º.

Atendendo àquela teleologia do acto de nacionalização, vemos a sua diferença face à expropriação. A questão está, justamente, no respectivo relevo jurídico-constitucional. MARIA LÚCIA C. A. AMARAL PINTO CORREIA afirma que a lógica da expropriação é de mero "sacrifício pontual, exigido no decurso da tarefa quotidiana de conformação social da propriedade – ou seja, exigido pela necessidade, não de anular, para toda uma certa área de actividade económica, a lógica do aproveitamento privado, mas antes de a *manter*, conciliando-a com a lógica do interesse público"[645]. Sucede, porém, que esta lógica de *anulação* sectorial da actividade económica privada não está mais presente na CRP, nem tão pouco a sua permissão encontra latitude semelhante à de outrora[646]. O sacrifício da titularidade privada de meios de produção pode ser *pontual*, mais pontual até do que o decorrente da expropriação, e do que se trata é, ainda, em regra, da conformação social da propriedade de certas categorias de bens classificáveis como meios de produção.

Não vemos ponto de apoio na CRP – hoje – para afirmar que a apropriação pública consiste num "*maius* político face à expropriação", nem tão pouco que daí possa concluir-se por um "regime *menos vinculativo*" para o legislador do que aquele que resulta da previsão constitucional da expropriação[647]. Tenha-se em conta o princípio fundamental de propriedade pública de meios de produção previsto na alínea *d)* do artigo 80.°[648], isoladamente ou em conjugação com algumas (ou alguma das) incumbências prioritárias do Estado no âmbito do artigo 81.°, e encontrar-se-á a potencialidade vinculativa, para o Estado, de, perante determinada categoria de situações, se deparar com um dever de tomar medidas legislativas tendentes à apropriação pública, tanto quanto com um dever de expropriar: neste sentido, a possibilidade de inconstitucionalidade por omissão é, pelo menos, equacionável[649]. Questão diferente será já a de, perante uma situação concreta, o Estado ter o dever de promover a apropriação pública.

---

[645] Cfr. *Responsabilidade* ..., p. 611.
[646] Cfr. anotação ao artigo 86.°.
[647] Cfr. MARIA LÚCIA C. A. AMARAL PINTO CORREIA, *Responsabilidade* ..., pp. 612--613 ss.
[648] Cfr. anotação ao artigo 80.°, I, § 2.°, 2.4.
[649] Em sentido diverso, MARIA LÚCIA C. A. AMARAL PINTO CORREIA, *Responsabilidade* ..., p. 614.

Em suma, deixando por hora a problemática relativa à indemnização, não vemos razão para distinguir a essência do regime constitucional de ambas as figuras, apropriação pública (nacionalização) e expropriação. Em ambos os casos se está perante um acto de natureza administrativa, e não política[650], podendo dizer-se que "a nacionalização mais não representa que uma forma particular ou especial de expropriação: a nacionalização constitui uma espécie de expropriação", e assim "que todas as tentativas de distinção substancial entre os dois conceitos se mostrem formais ou falíveis"[651].

§ 2.º. **A supressão da referência aos solos aquando da revisão constitucional de 1997**

Ao eliminar do artigo 83.º a referência aos solos, a revisão constitucional de 1997[652] veio suscitar a dúvida sobre a susceptibilidade da sua submissão à apropriação pública. Além do que a propósito já se afirmou[653], algumas breves considerações.

A distinção operada pela CRP entre expropriação e apropriação pública pode relevar para efeitos de fixação legal dos critérios de indemnização, no sentido em que a diferenciação objectiva entre os bens que podem estar sujeitos a uma e a outra poderá também conduzir, e mesmo obrigar, o legislador a estabelecer formas diferentes de encontrar o seu justo valor[654]. Ora, os solos são bens que, pela sua própria natureza, podiam ser objecto de expropriação já ao tempo em que eram igualmente referidos no artigo 83.º como sendo passíveis de apropriação colectiva. Tal poderia conduzir a que, pela perda da titularidade de solos idênticos ou sujeitos às mesmas vinculações situacionais, os particulares fossem indemnizados segundo critérios diferentes, consoante a afectação dos seus

---

[650] Cfr. DIOGO FREITAS DO AMARAL/PAULO OTERO, *Nacionalização, reprivatização e direito de reversão*, in *O Direito*, Ano 124.º, (Janeiro-Junho), 1992, pp. 291 ss.

[651] DIOGO FREITAS DO AMARAL/PAULO OTERO, *Nacionalização* ..., pp. 296-297. E sobre os corolários de tal identidade de natureza, pp. 299-300.

[652] Cfr. *infra*, III, § 8.º.

[653] Cfr. anotação ao artigo 80.º, I, § 2.º, 2.4.

[654] Cfr. *infra*, I, § 3.º.

direitos se desse por via da expropriação ou da apropriação colectiva, admitindo-se que a indemnização por apropriação pública poderia ser apenas *razoável ou aceitável*, conquanto que não *exígua ou irrisória*[655], portanto, não necessariamente "equivalente ao valor integral dos bens nacionalizados"[656-657].

Ao eliminar a referência aos solos, a revisão constitucional de 1997 poderá ter pretendido a resolução de tal desarticulação, por um lado, ou, pura e simplesmente, a integração daqueles na categoria dos meios de produção. Ora, se em nossa opinião esta última integração para efeitos da norma em causa (que só pode entender-se através de um critério finalístico) não é de desaprovar[658], já aquela primeira tentativa, a ter estado na mente do legislador da revisão constitucional de 1997, não merece tão forte aplauso, por razões de incompleição. Com efeito, a ser assim, teria sido imperioso eliminar a referência aos solos também da alínea *l)* do n.º 1 do artigo 165.º da CRP[659]. Por outro lado, olvida-se que, como já referimos a propósito da alínea *d)* do artigo 80.º, embora a qualificação dos solos como meios de produção possa nem sempre seguir os melhores cânones da ciência económica, essa mesma qualificação pode fazer sentido para efeitos de distinção indemnizatória, em face da concreta finalidade dos mesmos.

Poderia pretender-se, também, que a supressão aqui em causa denotasse um certo abandono ou desqualificação dos solos como elemento

---

[655] Cfr. J. J. GOMES CANOTILHO/VITAL MOREIRA, *Constituição* ..., I, pp. 996-997; ANTÓNIO L. SOUSA FRANCO/GUILHERME D'OLIVEIRA MARTINS, *A Constituição* ..., pp. 289 ss. É a jurisprudência, aliás, que fez carreira a partir do Ac. TC n.º 39/88, de 9 de Fevereiro de 1988, *DR*, I Série, n.º 52, de 3 de Março de 1988 (cfr. a respectiva anotação em JOSÉ DE OLIVEIRA ASCENSÃO, *Nacionalizações* ..., pp. 515 ss.). Afirmando-se que a indemnização por nacionalização "não tem de pautar-se por uma justiça absolutamente indemnizatória", cfr. Ac. TC n.º 85/2003 (cit.). Ainda, entre tantos, Ac. TC n.º 240/91 (cit.), e mais recentemente Ac. TC n.º 337/2006, de 18 de Maio de 2006, in *DR*, II Série, n.º 125, de 30 de Junho de 2006.

[656] Cfr. MARIA LÚCIA C. A. AMARAL PINTO CORREIA, *Responsabilidade* ..., p. 617. É, de certo modo, também a posição de J. J. GOMES CANOTILHO e VITAL MOREIRA, quando afirmam que a indemnização não pode ser "*desproporcionada* em relação ao valor venal dos bens desapropriados" (cfr. *Constituição* ..., I, pp. 996-997, it. nosso).

[657] Cfr. *infra*, I, § 3.º.

[658] Cfr. anotação ao artigo 80.º, I, § 2.º, 2.4.2.

[659] Cfr. *infra*, I, § 4.º.

fundamental no âmbito da organização económica (o que seria negativo, tanto por força da vinculatividade de normas exteriores à Parte II da CRP mas com relevo jus-económico – como é o caso do n.º 4 do artigo 65.º – como de normas que a integram, sejam as contidas nos artigos 94.º e 95.º, sejam aquelas relativas ao planeamento, onde os solos são uma realidade física incontornável). Não nos parece, contudo, que seja necessariamente assim, conquanto se tenha presente a sua dimensão essencial para o desenvolvimento económico-social, o que não só o artigo 83.º permite, como o reclamam o disposto na alínea *d)* do artigo 80.º e diversas outras do artigo 81.º.

§ 3.º. O problema da indemnização

A redacção do artigo 83.º, nos termos da qual "A lei determina (...) os critérios de fixação da correspondente indemnização" suscita, no essencial, duas questões. A primeira delas foi já por nós enunciada em vários momentos, e consiste em saber se tal formulação permite ou impõe a distinção entre a indemnização por expropriação, prevista no n.º 2 do artigo 62.º, e a indemnização por apropriação pública. A segunda, em saber se a indemnização aqui prevista se refere apenas aos casos de apropriação ou também de mera intervenção pública nos meios de produção.

No que respeita à primeira questão, há que dizer, desde logo, que encontra consenso generalizado a afirmação de que a ausência, no artigo 83.º, de qualquer referência à *justa indemnização*, paralelamente à expressão textual que o legislador constituinte escolheu para o n.º 2 do artigo 62.º, não importa a conclusão de que no caso de apropriação pública a indemnização possa não ser justa[660]. Pelo contrário, as vinculações resultantes, designadamente, do Direito Internacional[661] e do princípio do Estado de Direito impedi-lo-iam. Mais, o facto de nunca ter sido utilizada no Direito português a cláusula que permitia ao legislador estabelecer a

---

[660] Cfr. DIOGO FREITAS DO AMARAL/PAULO OTERO, *Nacionalização* ..., p. 300.; DIOGO FREITAS DO AMARAL, *As Nacionalizações em Portugal* ..., pp. 551 ss.
[661] Cfr. *infra*, II, § 5.º.

ausência de qualquer indemnização em caso de expropriação de latifundiários e de grandes proprietários e empresários ou accionistas, prevista na redacção originária do preceito[662], permite mesmo afirmar a formação de um verdadeiro costume constitucional no sentido da necessária *justa indemnização* por apropriação pública de meios de produção que, apesar daquela alteração, faz sentido vincar.

Já mais complexa é a questão em torno dos critérios para a fixação da indemnização por apropriação pública. É comum o posicionamento doutrinal pela possibilidade ou mesmo imperatividade da diferenciação entre os critérios de fixação da indemnização por expropriação e aqueles da indemnização por apropriação, consubstanciando uma verdadeira vinculação do legislador nesse sentido diferenciador[663]. Digamos que, até tal passo (ou meio passo), e em termos gerais, tal posicionamento se nos afigura constitucionalmente aceitável: com efeito, a ser diferente a natureza dos bens a expropriar – e apenas esta diferença releva, e não qualquer distinção de natureza entre nacionalização e expropriação[664] – diferentes deverão ser, em geral, os critérios para a respectiva avaliação. Todavia, os critérios indemnizatórios não se resumem à avaliação dos bens, antes bulindo com o próprio procedimento ou processo, e aí podem começar as dissências, que aliás se estendem quando a afirmação daquela diferenciação se pretende justificar não apenas ou essencialmente pela distinção objectiva entre os bens em causa, mas pela distinção entre institutos jurídicos, no sentido de que a CRP permite que a indemnização por apropriação pública não corresponda exactamente ao valor objectivo dos bens apropriados, contrariamente à expropriação. Em suma, a nossa dúvida – e porque não, desde já, discordância – surge no momento em que se pretenda retirar da CRP a possibilidade de a indemnização por apropriação pública ser menos garantística dos direitos dos particulares do que a indemnização por expropriação, seja em termos formais (no âmbito do respectivo procedimento ou processo), seja em termos substanciais (no que toca à objectividade de valoração dos meios de produção apropriados).

Não concordamos com a afirmação, actualmente, de uma *diferente concepção de justiça* presente no artigo 83.º, por confronto com o disposto

---

[662] Cfr. *infra*, III, § 6.º e § 7.º.
[663] Recentemente, cfr. JORGE MIRANDA/RUI MEDEIROS, *Constituição* ..., I, pp. 629-630.
[664] Cfr. *supra*, I, § 1.º, 1.4.

no artigo 62.°[665], dado que tal posição se sustenta numa natureza política da decisão de apropriar, embrenhada na carga histórica do conceito de nacionalização como instrumento ao serviço de um *projecto constitucional* à partida comprometido com uma visão negativa da (de certa) propriedade privada. Com efeito, não se vislumbra hoje motivo para afirmar que, na "nacionalização [ou, mais geralmente, na apropriação pública] continua a primar de forma mais intensa a ideia de "justiça social""[666]. Se a expropriação pode ser entendida como função da conformação social da propriedade[667], o mesmo se verifica em relação à apropriação pública de meios de produção, embora aqui com subordinação a outros princípios constitucionais, designadamente, os fundamentais em matéria de organização económico-social.

Neste sentido, não vemos que a apropriação pública, enquanto nacionalização, seja constitucionalmente menos exigente que expropriação para efeitos indemnizatórios, nem sequer "dada a diferente dimensão dos bens que são nacionalizados e dos bens que são expropriados"[668]. Aliás, tal *dimensão* não pode sequer referir-se ao valor objectivo dos bens, dado que um bem imóvel que se expropria pode perfeitamente ter um valor patrimonial superior a acções de que o Estado se apropria. Tal *dimensão* só pode entender-se como referente à função constitucional da propriedade de uns e de outros bens, diferenciação essa que, como já se aventou, não sustentamos: um bem expropriado é tão instrumental à prossecução do interesse público como aquele que é nacionalizado.

Entendemos, pois, que são idênticas – em termos de natureza e princípio – as vinculações para o legislador no que respeita à fixação de critérios de indemnização devida por expropriação ou por apropriação pública nacionalizadora: em ambos os casos, tais critérios devem permitir uma avaliação objectiva do bem em causa, para fixação da indemnização a atribuir ao lesado[669].

---

[665] Neste sentido, cfr. MARIA LÚCIA C. A. AMARAL PINTO CORREIA, *Responsabilidade* ..., p. 616.
[666] Cfr. MARIA LÚCIA C. A. AMARAL PINTO CORREIA, *Responsabilidade* ..., p. 616.
[667] Cfr. MARIA LÚCIA C. A. AMARAL PINTO CORREIA, *Responsabilidade* ..., p. 616.
[668] Cfr. MARIA LÚCIA C. A. AMARAL PINTO CORREIA, *Responsabilidade* ..., p. 616.
[669] Sobre toda esta problemática, cfr. JORGE MIRANDA/RUI MEDEIROS, *Constituição* ..., II, pp. 64 ss.

Quanto à segunda questão colocada, não nos parece que, como princípio – e não se olvide que é ainda de um princípio geral da organização económica que se trata –, possa concluir-se do texto constitucional que a intervenção *nos* meios de produção não dá lugar a indemnização, ou que o legislador ordinário se encontra dispensado de prever os respectivos mecanismos. O que se admite é que tais mecanismos sejam substancialmente diferentes dos que caibam nos casos de apropriação, *v.g.*, em face de eventuais dificuldades de prognose legislativa que a fixação dos critérios indemnizatórios reclama (o que pode bulir, inclusivamente, com o momento do ressarcimento dos danos). Porém, tal não deve infirmar o princípio de que o sacrifício patrimonial privado, objectivamente prognosticável, por motivos de interesse público, deva aqui distanciar-se daquelas outras situações de ablação da titularidade de direitos patrimoniais (o que, aliás, parece sair reforçado do disposto na alínea *l)* do n.º 1 do artigo 165.º da CRP[670]). Concepção diferente parece ser aquela que presidiu ao Ac. TC n.º 257/92[671], que distancia a *intervenção* dos *actos ablativos da propriedade*, afastando a necessidade de indemnização (embora no caso concreto tal obrigação pudesse não existir, por força da inexistência de qualquer dano real):

"..

IX – Também não atenta contra o texto constitucional a eventual perda de domínio da sociedade pelos anteriores accionistas, sem qualquer indemnização, como consequência da apontada limitação dos seus direitos estatutários, pois, para além de a intervenção do Estado na gestão das empresas não poder confundir-se com um acto de expropriação ou de nacionalização, aquela eventual alteração das posições accionistas há-de ser entendida no âmbito global do quadro complexo da intervenção e dos fins essenciais através dela perseguidos e tutelados pela Constituição e pela lei, ao que acresce que, no contexto de uma situação de grave crise económica e num quadro de falência técnica anunciado, o «domínio da sociedade» apresenta-se como algo despojado de valor económico, aparentemente insusceptível de ocasionar, por ausência dos seus pressupostos condicionadores, uma qualquer indemnização."

---

[670] Cfr. *infra*, I, § 4.º, 4.1.
[671] Cfr. Ac. TC n.º 257/92, de 13 de Julho de 1992, in BMJ, n.º 419, 1992, pp. 212 ss.

§ 4.º. Reserva de lei e competência legislativa

4.1. *A competência do Parlamento*

Nos termos do artigo 83.º, é à lei que cabe determinar os meios e formas de intervenção e de apropriação pública dos meios de produção, e bem assim os critérios de fixação da correspondente indemnização.

Tal enunciado, consubstanciando a afirmação do princípio da reserva de lei, não significa que os actos concretos de apropriação ou intervenção devam revestir forma legal, mas tão só que hão-de basear-se em lei precedente, respeitando os meios e formas nela previstos[672].

Trata-se, porém, de matéria integrante da reserva relativa de competência legislativa da AR, de acordo com a alínea *l)* do n.º 1 do artigo 165.º da CRP, nos termos da qual a este órgão de soberania cabe legislar sobre "meios e formas de intervenção, expropriação, nacionalização e privatização de meios de produção e solos por motivo de interesse público, bem como critérios de fixação, naqueles casos, de indemnizações", salvo autorização ao Governo[673].

Em primeiro lugar, note-se que, quanto a todos estes aspectos, é total a reserva legislativa parlamentar, e não apenas circunscrita ao regime geral, como é no caso da requisição e expropriação por utilidade pública[674].

Em segundo lugar, que a referência à expropriação não deve aqui causar surpresa, designadamente, em virtude daquela última diferenciação no âmbito da reserva parlamentar de competência legislativa, nem em virtude do que se afirmou já no que respeita a ambos os institutos, expropriação e apropriação. A reserva total de competência da AR respeitante à expropriação aqui em causa apenas se verifica quando tal instituto surja como instrumental à apropriação de meios de produção (e solos), no domínio da organização económica, isto é, quando o legislador pretenda intervir na ordem jurídica com o propósito de disciplinar estruturalmente a propriedade dos meios de produção.

---

[672] No mesmo sentido, cfr. J. J. GOMES CANOTILHO/VITAL MOREIRA, *Constituição* ..., I, p. 993.

[673] Sobre este último aspecto, relativo à competência do Governo, cfr. *infra*, I, § 4.º, 4.2.

[674] Cfr. alínea *e)* do n.º 1 do artigo 165.º da CRP.

O que se vem de dizer – no sentido de que a alínea *l)* do n.º 1 do artigo 165.º se refere a *lei estruturante* da propriedade de meios de produção – confirma-se, aliás, pela inclusão da privatização entre as matérias sujeitas a reserva parlamentar total, dado que, por natureza, tal instituto não se integra na previsão do artigo 83.º.

Por fim, atente-se na parte final do preceito em análise: "(...) bem como critérios de fixação, *naqueles casos*, de indemnizações"[675]. A referência plural *àqueles casos* (descontando a privatização) indicia que a CRP se refere também à *intervenção*, além da expropriação e nacionalização, o que tem correspondência com o pensamento que anteriormente se expressou[676].

4.2. A competência do Governo

Mediante lei de autorização legislativa, pode o Governo ser habilitado a legislar sobre a matéria em causa, nos termos do artigo 165.º da CRP. Aqui se distingue, mais uma vez, a alínea *e)* da alínea *l)* do n.º 1 do artigo 165.º: enquanto ali tudo o que não for regime geral pertence à área de competência legislativa concorrencial, aqui a reserva é total[677].

Questão diferente é a da possibilidade de o Governo praticar actos concretos de apropriação ou intervenção em face da inexistência de lei da AR que discipline os aspectos referidos na alínea *l)* do n.º 1 do artigo 165.º (e dentro desta, a de dar forma de decreto-lei a tais actos: se, em geral, a CRP parece não o proibir, podendo isso ser até mais garantístico dos direitos dos particulares afectados, são várias as respectivas implicações, tanto ao nível da promulgação e veto, como da apreciação parlamentar, e mesmo de fiscalização preventiva da constitucionalidade)[678]. O problema

---

[675] Itálico nosso.
[676] Cfr. *supra*, I, § 3.º.
[677] Cfr. anotação ao artigo 165.º.
[678] No sentido de que "Na falta dessa lei, nenhuma medida de intervenção ou de apropriação colectiva, nas suas formas possíveis, poderá ter lugar senão através de lei singular ou com base na lei.", cfr. J. J. GOMES CANOTILHO/VITAL MOREIRA, *Constituição ...*, I, p. 993. No mesmo sentido, mas falando expressamente em *lei parlamentar* (salvo autorização ao Governo ou às Assembleias Legislativas das regiões autónomas), cfr. JORGE MIRANDA/RUI MEDEIROS, *Constituição ...*, II, p. 63 (com referência ao Ac. TC n.º 257//92 (cit.).

é de *reserva de lei* e sua combinação com a Constituição como norma directamente habilitante do agir administrativo[679].

4.3. *A competência das Assembleias Legislativas das regiões autónomas*

A revisão constitucional de 2004 veio permitir às regiões autónomas legislar em matérias de reserva relativa da AR, mediante autorização desta, embora com excepções[680], das quais não faz parte a alínea *l)* do n.º 1 do artigo 165.º. Como tal, podem hoje as regiões autónomas, desde que para tal autorizadas pela AR, aprovar decretos legislativos regionais, no âmbito regional, sobre as matérias referidas naquele último preceito (como o podem fazer também relativamente ao regime geral da requisição e expropriação por utilidade pública)[681].

II. DIREITO INTERNACIONAL E EUROPEU

§ 5.º. **Direito Internacional**

No que respeita à apropriação pública de meios de produção (em geral), o relevo do Direito Internacional faz-se sentir, essencial e especialmente, ao nível da problemática da indemnização, além dos aspectos gerais relativos à protecção do direito de propriedade[682].

Se o artigo 17.º da Declaração Universal dos Direitos do Homem é comummente invocado para sustentar a necessidade de uma indemnização justa, devida, designadamente, por acto de nacionalização[683], não logrou até hoje influenciar certa parte da doutrina e jurisprudência portuguesas

---

[679] Cfr. a anotação ao artigo 81.º, I, § 1.º, 1.3, e referências aí constantes.
[680] Cfr. alínea *c)* do n.º 1 do artigo 227.º da CRP.
[681] No mesmo sentido, cfr. JORGE MIRANDA, *Manual* ..., V, p. 188.
[682] Sobre esta problemática, cfr. FAUSTO DE QUADROS, *A Protecção da Propriedade Privada pelo Direito Internacional Público*, Coimbra, 1998; *Expropriação* ..., pp. 307 ss.
[683] Cfr. DIOGO FREITAS DO AMARAL/JOSÉ ROBIN DE ANDRADE, *As indemnizações por nacionalizações em Portugal*, in *Revista da Ordem dos Advogados*, 1989, I, Lisboa, p. 51.

a abandonar aquela perspectiva de que o mínimo indemnizatório consiste, nestes casos, em que a indemnização não seja irrisória ou manifestamente desproporcionada: é o caso do já por nós citado Ac. TC n.º 39/88 (cit.), que invoca aquela norma jus-internacional, mas permanece nesta última senda[684].

Cautela, porém, pois o próprio Direito Internacional surge *permissivo* neste domínio, como notam DIOGO FREITAS DO AMARAL e JOSÉ ROBIN DE ANDRADE, em análise ao artigo 1.º do Protocolo n.º 1, Adicional à Convenção de Protecção dos Direitos do Homem e das Liberdades Fundamentais: como a propósito afirmam, "a Comissão Europeia dos Direitos do Homem, por decisão de 16 de Dezembro de 1966, concluiu que o artigo 1.º do Protocolo não exige que um Estado, que por razões de utilidade pública e nas condições previstas na lei prive os seus cidadãos do direito de propriedade, os indemnize. Já, pelo contrário, a referência aos princípios de direito internacional impõe o estabelecimento de uma indemnização aos cidadãos estrangeiros alvo de medidas de nacionalização". Tal levou a que a República Federal da Alemanha, a França e o Reino Unido se tivessem manifestado no sentido de que a reserva colocada por Portugal a este Protocolo, a propósito (ao tempo) do artigo 82.º da CRP, só teria valor quanto a cidadãos portugueses. Tal reserva consistia em que o artigo 1.º do Protocolo não obstaria a que, por força do disposto no (ao tempo) artigo 82.º da CRP, as expropriações de latifundiários e de grandes proprietários e empresários ou accionistas pudessem não dar lugar a qualquer indemnização em termos a determinar por lei[685].

Assim, apesar de certa linha da jurisprudência internacional advogar que a indemnização por nacionalização deve ser *pronta, adequada e efectiva*[686], tal não tem impedido que a questão da indemnização por naciona-

---

[684] Cfr. MARCELO REBELO DE SOUSA, *As indemnizações por nacionalização e as comissões arbitrais em Portugal*, in Revista da Ordem dos Advogados, 1989, II, Lisboa, pp. 429 ss.; e justamente em anotação ao Ac. TC n.º 39/88 (cit.), cfr. DIOGO FREITAS DO AMARAL, *As Nacionalizações em Portugal* ..., pp. 552 ss.

[685] Cfr. alínea *a)* do artigo 4.º da Lei n.º 65/78, de 13 de Outubro. Esta reserva (como outras) viria, contudo, a ser eliminada pela Lei n.º 12/87, de 7 de Abril.

[686] Cfr. ANTÓNIO L. SOUSA FRANCO/GUILHERME D'OLIVEIRA MARTINS, *A Constituição* ...p. 185. DIOGO FREITAS DO AMARAL e JOSÉ ROBIN DE ANDRADE falam aqui de uma indemnização *prévia*, em lugar de *pronta* (cfr. *As indemnizações* ..., p. 49); contra esta ideia, mas sem considerar qualquer (eventual) vinculação jus-internacional, cfr. J. J. GOMES CANOTILHO/VITAL MOREIRA, *Constituição* ..., I, p. 997.

lização seja ainda tratada por declarações internacionais como matéria própria da soberania e direito interno dos Estados, o que radica, certamente, na prática internacional[687].

§ 6.º. Direito Europeu

Por tudo o que já se deixou dito a propósito do princípio da neutralidade[688], é também no domínio da questão indemnizatória que pode apresentar maior relevo o Direito Europeu. No seu actual estádio, aquela problemática coloca-se ainda, sobretudo, nos termos em que é equacionada ao nível do Direito Internacional para os direitos fundamentais, uma vez que o n.º 2 do artigo 6.º do TUE dispõe que "A União respeitará os direitos fundamentais tal como os garante a Convenção Europeia de Salvaguarda dos Direitos do Homem e das Liberdades Fundamentais [e o seu *acquis*, acrescentaríamos], assinada em Roma em 4 de Novembro de 1950, e tal como resultam das tradições constitucionais comuns aos Estados-Membros, enquanto princípios gerais do direito comunitário".

Não descartamos, porém, que a indemnização por apropriação pública que se limite ao *mínimo razoável* possa ser tida pelo Direito Comunitário como violadora do princípio da igualdade, quer quando directamente funcionalizado para a garantia da liberdade de empresa e de concorrência, quer quando, indirectamente relacionado com essas liberdades, seja visto a par de uma preferência pelas privatizações[689]. É possível, aliás, que o Direito Europeu venha a trazer alguma novidade neste domínio. E não parece que, sendo a apropriação pública uma forma de privação da propriedade, se justifique, ou tenha sentido, a sua distinção face à expropriação, ao nível do Direito Europeu (cabendo recordar aqui a respectiva cláusula de recepção introduzida no n.º 4 do artigo 8.º da CRP pela revisão constitucional de 2004).

---

[687] Neste sentido, cfr. DIOGO FREITAS DO AMARAL/JOSÉ ROBIN DE ANDRADE, *As indemnizações* ..., p. 49.

[688] Cfr. *supra*, I, § 1.º, 1.1. Cfr. artigo 295.º do TCE.

[689] Cfr. *supra*, I, § 1.º, 1.1.

III. MEMÓRIA CONSTITUCIONAL

§ 7.º. **As constituições portuguesas anteriores à Constituição de 1976**

A **Constituição de 1822** admitia a privação do direito de propriedade ou expropriação, no seu artigo 6.º, por *razão de necessidade pública e urgente,* apesar do carácter *sagrado e inviolável* desse mesmo direito, mediante indemnização prévia, nos termos que a lei estabelecesse. Aliás, tal constava já do artigo 7.º das Bases da Constituição.

Por seu turno, a **Carta Constitucional de 1826**, no § 21.º do artigo 145.º, garantia também "o Direito de Propriedade em toda a sua plenitude. Se o Bem Público, legalmente verificado, exigir o uso e emprego da propriedade do Cidadão, será ele previamente indemnizado do valor dela. A Lei marcará os casos, em que terá lugar esta única excepção, e dará as regras para se determinar a indemnização".

A **Constituição de 1838**, de sua parte, garante igualmente o direito de propriedade, no seu artigo 23.º, mas aí mesmo admite que "se o bem público, legalmente verificado, exigir o emprego ou danificação de qualquer propriedade, será o proprietário indemnizado. Nos casos de extrema e urgente necessidade, poderá o proprietário ser indemnizado depois da expropriação ou danificação". Inovadora, como já notámos[690], é a disposição da irrevogabilidade da "venda dos Bens Nacionais feita na conformidade das leis", que, segundo J. J. GOMES CANOTILHO, pretendia "garantir a transformação da estrutura fundiária do país no sentido da legislação burguesa liberal"[691].

A **Constituição de 1911** limita-se, neste aspecto, a garantir o direito de propriedade, "salvo as limitações estabelecidas" (cfr. n.º 25.º do artigo 3.º), o que consubstanciava, no essencial, uma remissão para a lei das correspondentes afectações.

Se é certo que todas estas normas se reportam à garantia e, mais ou menos directamente, às possibilidades de afectação do direito de propriedade, não se pode desligá-las da *ideia de Constituição* presente em cada um dos textos respectivos, nem, dentro dela, da concepção das relações do

---

[690] Cfr. anotação ao artigo 80.º, III, § 5.º.
[691] Cfr. *Direito Constitucional* ..., p. 152. Sobre o significado desta disposição, cfr. também EDUARDO PAZ FERREIRA, *Direito* ..., pp. 81-82, e bibliografia aí citada.

Estado com a economia. Já aflorámos tal problemática, em geral, no capítulo da *Memória constitucional* inserido na anotação do artigo 80.º, a propósito dos princípios fundamentais da organização económica e social em cada uma das Constituições portuguesa anteriores à de 1976 – para lá se remete[692].

Ora, não pode olvidar-se que, com a Constituição de 1911, estamos no *terminus* do período liberal pré-corporativo do constitucionalismo português. Donde, contrariamente ao que sucede com o artigo 83.º da CRP, não estamos ali em presença de normas constitucionais que reflictam sequer uma intenção de intervenção do Estado na economia, *qua tale*, com o fito de alterar, dirigir, condicionar ou simplesmente corrigir as estruturas económicas de uma dada sociedade, em função de um determinado modelo jus-económico de raiz constitucional.

É certo que, tanto a norma do artigo 83.º da CRP, como aquelas outras referidas, têm em comum a legitimação dos poderes públicos para actuar restringindo direitos de propriedade. Mas pára aí mesmo a semelhança, dado que aquela primeira norma se insere num contexto constitucional, apresenta uma função, e legitima mecanismos de intervenção do Estado nas estruturas económicas absolutamente impensáveis no período anterior ao da vigência da Constituição de 1933. Ainda que algumas das afectações do direito de propriedade legitimadas por aqueles textos constitucionais tivessem objectivos que em muito ultrapassavam questões patrimoniais que obrigassem o Estado a sacrificar determinados bens em nome de um simples interesse público localizado, como uma obra pública cuja realização se afigurasse necessária[693], não pode afirmar-se, ainda, um propósito teleológico-constitucional subjacente justificante da possibilidade de uma *intervenção* ou *apropriação*, em termos gerais, dos *meios de produção*.

No domínio da vigência da **Constituição de 1933**, se entramos no *período do constitucionalismo económico* em Portugal, e se são muito mais extensas e intensas as afinidades entre aquela e a Constituição de

---

[692] Cfr. anotação ao artigo 80.º, III, § 5.º.

[693] Temos em mente, por exemplo, a questão relativa ao confisco dos bens da Companhia de Jesus, que se inicia com o Decreto de 8 de Outubro de 1910, e tem depois legitimação na Constituição de 1911, na conjugação dos n.ᵒˢ 12.º e 25.º do respectivo artigo 3.º. Sobre esta questão, cfr. ANTÓNIO DE ARAÚJO, *Jesuítas e Antijesuítas no Portugal Republicano*, Lisboa, 2004, em especial, pp. 39 ss.

1976, nem por isso ali encontramos norma semelhante à do artigo 83.º da CRP[694].

A Constituição de 1933, é certo, continua a garantir o direito de propriedade, no n.º 15.º do artigo 8.º, e consagrando a possibilidade de expropriação "determinada pelo interesse público e mediante justa indemnização", nos termos do § 1.º do n.º 8.º do artigo 49.º. Neste particular, é interessante desde logo notar que a matéria relativa à expropriação por utilidade pública, regulada naquele preceito, se insere, sistematicamente, no Título XI, relativo ao domínio público e privado do Estado, e não no Título VIII ("Da Ordem Económica e Social"), o que mitiga o seu carácter instrumental como forma de intervenção na estrutura económica, função essa bem presente no artigo 83.º da CRP.

Por outro lado, existem disposições relativas à intervenção do Estado nas empresas, ou, em termos mais gerais, *nos meios de produção*, como é o caso do artigo 33.º, nos termos do qual o Estado só poderia intervir "directamente na gerência das actividades económicas particulares quando haja de financiá-las e para conseguir benefícios sociais superiores aos que seriam obtidos sem a sua intervenção". O § único deste artigo estabelecia ainda que ficavam igualmente sujeitas àquela última condição "as explorações de fim lucrativo do Estado, ainda que trabalhem em regime de livre concorrência". Pese embora a análise deste preceito apresente, por ventura, maior relevo a propósito do artigo 86.º da CRP, é uma manifestação que encerra, ainda assim, uma possibilidade de intervenção do Estado directamente sobre as estruturas económicas privadas e, portanto, sobre *meios de produção*.

Da leitura das várias disposições da Constituição de 1933 que formam a respectiva Constituição económica, e com especial atenção para a sua relação com o artigo 6.º, surpreende-se um intervencionismo estatal na economia[695], que, porém, se distingue do modelo de intervenção do Estado na economia presente na CRP – e mais ainda na sua redacção originária, de 1976. E se tal se verifica em termos gerais – por razões tão diversas e relacionadas com o sistema e regime dos direitos fundamentais, com o sistema político, e com o princípio socialista, originariamente, hoje com o princípio da socialidade –, não se verifica menos ao nível do eixo

---

[694] Mais uma vez, aqui remetemos para a anotação ao artigo 80.º, III, § 5.º, bem como para a anotação ao artigo 81.º, III, § 5.º.

[695] Cfr. a anotação ao artigo 80.º, III, § 5.º.

formado pelo princípio da propriedade pública de meios de produção[696] e pela norma do artigo 83.º da CRP. Assim como, na Constituição de 1933, não se encontra aquele princípio, também se não vislumbra uma qualquer norma que consagre os respectivos mecanismos, ainda que com remissão para a lei.

§ 8.º. Conteúdo originário da redacção do preceito na Constituição de 1976 e sucessivas versões decorrentes das revisões constitucionais

Na **versão originária do texto constitucional, de 1976**, era o artigo 82.º que dispunha sobre esta matéria, sob a epígrafe "Intervenção, nacionalização e socialização", nos seguintes termos:

"ARTIGO 82.º
(Intervenção, nacionalização e socialização)
1. A lei determinará os meios e as formas de intervenção e de nacionalização e socialização dos meios de produção, bem como os critérios de fixação de indemnizações.
2. A lei pode determinar que as expropriações de latifundiários e de grandes proprietários e empresários ou accionistas não dêem lugar a qualquer indemnização."

Na **revisão constitucional de 1982,** o artigo 70.º da Lei Constitucional n.º 1/82, de 30 de Setembro, mantendo a numeração e epígrafe, levou a cabo duas alterações do preceito:

    i) Em primeiro lugar, no n.º 1, foi substituída a preposição contraída "*dos* meios de produção" pela simples "*de* meios de produção" (cfr. n.º 1);

    ii) Em segundo lugar, foi suprimido o n.º 2 do preceito (cfr. n.º 2).

A redacção do artigo 82.º ficou, então, singelamente: "A lei determinará os meios e as formas de intervenção e de nacionalização e socialização de meios de produção, bem como os critérios de fixação de indemnizações".

---

[696] Cfr. alínea *d)* do artigo 80.º.

Na **revisão constitucional de 1989**, o artigo 52.º da Lei Constitucional n.º 1/89, de 8 de Julho, renumerou o artigo 82.º, que passou a ser o 83.º, alterando a respectiva epígrafe e texto:

ARTIGO 83.º
(Requisitos de apropriação colectiva)
A lei determinará os meios e as formas de intervenção e de *apropriação colectiva dos* meios de produção *e solos*, bem como os critérios de fixação *da correspondente indemnização*.

São novos os trechos em itálico, substituindo, respectivamente:
  i) A referência à *nacionalização e socialização*;
  ii) A preposição *"de"* referente aos meios de produção, retornando-se ao *"dos"*;
  iii) A referência simples às *"indemnizações"*.
A referência aos solos é nova.

A **terceira revisão constitucional, de 1992** não trouxe qualquer alteração ao preceito.
A **quarta revisão constitucional, de 1997**, voltaria a introduzir alterações com alguma extensão, por via do artigo 53.º da Lei Constitucional n.º 1/97, de 20 de Setembro, substituindo, na epígrafe, a expressão *"colectiva"* pela expressão *"pública"*, e alterando, igualmente, o corpo do preceito:

"(…)
(Requisitos de apropriação *pública*)
A lei *determina* [determinará] os meios e as formas de intervenção e de apropriação *pública* [colectiva] dos meios de produção [*e solos*], bem como os critérios de fixação da correspondente indemnização.
(*eliminação, por substituição, das expressões entre parêntesis por aquelas em itálico, à excepção da referência aos solos que é simplesmente eliminada.*)

Assim se fixou a actual redacção da norma, dado que nem a **quinta revisão constitucional, de 2001**, nem a **sexta revisão constitucional, de 2004**, nem tão-pouco a **sétima revisão constitucional, de 2005,** lhe trouxeram qualquer alteração.

§ 9.º. Apreciação do sentido das alterações do preceito

Pode afirmar-se que, desde a sua formulação originária até à actual, a apropriação pública dos meios de produção foi progressivamente perdendo o seu lugar central de instrumento privilegiado do *programa constitucional*.

Com efeito, desapareceu a referência expressa à nacionalização, e em 1982 ficou claro que a realização do projecto constitucional não passaria pela apropriação pública de todos ou dos principais meios de produção, numa clara – mais uma vez – desideologização do texto constitucional. Nesse mesmo sentido, e logo também em 1982, se incluiu a eliminação da CRP da possibilidade de existência de expropriações sem direito a indemnização, o que conduziria, em consequência, a que o Estado português abdicasse da correspondente reserva no âmbito do Protocolo n.º 1, Adicional à Convenção de Protecção dos Direitos do Homem e das Liberdades Fundamentais[697], pondo de acordo a prática e o texto constitucional.

Mas se o quase desaparecimento da *nacionalização* do texto da CRP (pelos menos ao nível dos princípios da organização económica) – *v.g.*, como mecanismo para a eliminar e impedir a formação de monopólios privados, que constava da alínea *e)* do artigo 81.º antes da revisão constitucional de 1989 – e a eliminação da *apropriação colectiva* dos limites materiais de revisão constitucional, também em 1989, militam no sentido daquelas conclusões, nem por isso se pode afirmar que a apropriação pública, quer em sentido estrito, quer como intervenção, tenham perdido o seu lugar constitucional. O reforço do sector público que possa ver-se na transição da *apropriação colectiva* para a *apropriação pública* deve ser interpretado no actual ou hodierno contexto constitucional, como possibilidade correctora do modelo de economia mista favorável ao liberal, mas garantístico da democracia económico-social e dos direitos fundamentais[698]. Não parece legítimo, pois, afirmar que a apropriação pública (em sentido amplo) não tem qualquer lugar no actual contexto da CRP, embora já o pareça afirmar a preferência por modelos de intervenção face à apropriação em sentido estrito.

---

[697] Cfr. *supra*, II, § 5.º.

[698] Afirmando que "em matéria de apropriação dos meios de produção a revisão constitucional de 1997 não comportou qualquer contributo reducionista do papel do Estado", cfr. PAULO OTERO, *Vinculação* ..., p. 152.

IV. PAÍSES DE EXPRESSÃO PORTUGUESA

§ 10.º. **Brasil**

A CRFB não contém disposição idêntica à do artigo 83.º da CRP.

§ 11.º. **Angola**

Embora sem paralelo na actual redacção do artigo 83.º da CRP, é de mencionar o disposto no artigo 13.º da LCRA, a respeito dos actos de nacionalização e confisco:

"Artigo 13.º
São considerados válidos e irreversíveis todos os efeitos jurídicos dos actos de nacionalização e confisco praticados ao abrigo da lei competente, sem prejuízo do disposto em legislação específica sobre reprivatizações."

Duas observações. Em primeiro lugar, para notar a (potencial) contradição intra-normativa entre a última parte do preceito e irreversibilidade dos actos referidos. Em segundo lugar, para observar que a interpretação da CRP sempre conduziu ao afastamento da aceitação da constitucionalidade do confisco, não existindo por isso nessa parte paralelo histórico entre o disposto da LCRA e anteriores redacções do artigo 83.º da CRP.

§ 12.º. **Moçambique**

A CRM não contém disposição idêntica à do artigo 83.º da CRP

§ 13.º. **Cabo Verde**

A CRCV não contém disposição idêntica à do artigo 83.º da CRP.

§ 14.º. **Guiné-Bissau**

A CRGB não contém disposição idêntica à do artigo 83.º da CRP.

§ 15.°. **São Tomé e Príncipe**

A CRDSTP não contém disposição idêntica à do artigo 83.° da CRP.

§ 16.°. **Timor-Leste**

Sem que possa aqui afirmar-se a existência de um verdadeiro paralelo com o estabelecido na CRP, note-se que a CRDTL expressamente qualifica a terra como *factor de produção económica,* fixando uma reserva de lei para o respectivo regime de *propriedade, uso* e *posse útil* (artigo 141.°).

Artigo 84.º
(Domínio público)

1. Pertencem ao domínio público:
a) As águas territoriais com os seus leitos e os fundos marinhos contíguos, bem como os lagos, lagoas e cursos de água navegáveis ou flutuáveis, com os respectivos leitos;
b) As camadas aéreas superiores ao território acima do limite reconhecido ao proprietário ou superficiário;
c) Os jazigos minerais, as nascentes de águas mineromedicinais, as cavidades naturais subterrâneas existentes no subsolo, com excepção das rochas, terras comuns e outros materiais habitualmente usados na construção;
d) As estradas;
e) As linhas férreas nacionais;
f) Outros bens como tal classificados por lei.
2. A lei define quais os bens que integram o domínio público do Estado, o domínio público das regiões autónomas e o domínio público das autarquias locais, bem como o seu regime, condições de utilização e limites.

Quadro tópico:

I. O DOMÍNIO PÚBLICO
§ 1.º. O domínio público na CRP;
§ 2.º. Os bens dominiais;
2.1. A classificação dos bens dominiais pela CRP;
2.2. O elenco dos bens pertencentes ao domínio público;
2.2.1. *a) As águas territoriais com os seus leitos e os fundos marinhos contíguos, bem como os lagos, lagoas e cursos de água navegáveis ou flutuáveis, com os respectivos leitos*;
2.2.2. *b) As camadas aéreas superiores ao território acima do limite reconhecido ao proprietário ou superficiário*;

2.2.3. *c) Os jazigos minerais, as nascentes de águas mineromedicinais, as cavidades naturais subterrâneas existentes no subsolo, com excepção das rochas, terras comuns e outros materiais habitualmente usados na construção;*
2.2.4. *d) As estradas;*
2.2.5. *e) As linhas férreas nacionais;*
2.2.6. *f) Outros bens como tal classificados por lei;*
§ 3.°. Reserva de lei e competência legislativa: titularidade e regime dos bens do domínio público;
3.1. A titularidade dos bens do domínio público;
3.1.1. Vinculações substanciais;
3.1.2. Vinculações formais;
3.2. O regime dos bens do domínio público;
3.2.1. Vinculações substanciais;
3.2.2. Vinculações formais.

II. DIREITO INTERNACIONAL E EUROPEU
§ 5.°. Direito Internacional;
§ 6.°. Direito Europeu.

III. MEMÓRIA CONSTITUCIONAL
§ 7.°. As constituições portuguesas anteriores à Constituição de 1976;
§ 8.°. Conteúdo originário da redacção do preceito na Constituição de 1976 e sucessivas versões decorrentes das revisões constitucionais;
§ 9.°. Apreciação do sentido das alterações do preceito.

IV – PAÍSES DE EXPRESSÃO PORTUGUESA
§ 10.°. Brasil;
§ 11.°. Angola;
§ 12.°. Moçambique;
§ 13.°. Cabo Verde;
§ 14.°. Guiné-Bissau;
§ 15.°. São Tomé e Príncipe;
§ 16.°. Timor-Leste.

I. O DOMÍNIO PÚBLICO

§ 1.º. O Domínio público na CRP

O domínio público constitui um conceito jurídico pré-constitucional. Hoje sob olhar minucioso e crítico, a noção e análise apresentadas por MARCELLO CAETANO, a partir das sucessivas edições do seu *Manual de Direito Administrativo*, trouxeram a matéria do domínio público para o foro do Direito Público – do Direito Constitucional, desde a respectiva inclusão no texto constitucional de 1933[699], e em particular do Direito Administrativo[700].

A relevância do Direito Administrativo e do labor dos administrativistas é, neste particular, fundamental. A propósito da margem de liberdade deixada ao legislador pela CRP no estabelecimento do regime dos bens do domínio público, afirmam J. J. GOMES CANOTILHO e VITAL MOREIRA que "o conceito de domínio público recebido na Constituição pressupõe um *regime material* decantado no espaço jurídico-administrativo e constitucional"[701]. Ora, para estes Autores, o espaço de liberdade deixado ao legislador não pode permitir-lhe "eliminar dimensões essenciais à própria definição do conceito de domínio público. Entre estas dimensões típicas avulta a inalienabilidade, a imprescritibilidade (ou impossibilidade de aquisição por usucapião), a impenhorabilidade, a insusceptibilidade dos bens do domínio público serem dados como garantia de obrigações (hipotecas) e de serem objecto de servidões reais, a exclusão de posse privatística e a impossibilidade de serem objecto de execução forçada ou de expropriação por utilidade pública (...)"[702].

---

[699] Cfr. *infra*, III, § 7.º.

[700] Em momento anterior, cfr. JOSÉ CARLOS MARTINS MOREIRA, *Do Domínio Público. I – Os Bens Dominiais*, Coimbra, 1931. Sobre o conceito de domínio público, cfr. DIOGO FREITAS DO AMARAL, *Domínio Público*, in *Estudos de Direito Público e Matérias Afins*, I, Coimbra, 2004, pp. 561 ss. (originalmente publicado em 1967, *Enciclopédia Verbo*, Vol. 6, col. 1675 ss.).

[701] Cfr. *Constituição* ..., I, p. 1005.

[702] Cfr. *Constituição* ..., I, p. 1005. Apontando uma sistematização semelhante das várias dimensões do regime jurídico do domínio público, e acrescentando uma dimensão de "*auto-tutela*" ou "polícia do domínio público, cfr. JORGE MIRANDA/RUI MEDEIROS, *Constituição* ..., II, pp. 87-88 (esta dimensão de polícia ainda era incluída entre as restantes por parte de J. J. GOMES CANOTILHO e VITAL MOREIRA na 3.ª Ed. da sua *Constituição* ...: cfr. p. 413).

Algo tautologicamente, assentou já também o TC que "A característica essencial do regime dos bens do domínio público é o facto de, enquanto se mantiverem aí integrados, estarem submetidos a um regime de direito público, que o mesmo é dizer terem um estatuto jurídico de dominialidade. Encontram-se, por isso, fora do comércio jurídico privado – o que significa que não podem ser objecto de propriedade privada ou de posse civil, nem de contratos de direito civil, designadamente de venda ou permuta. Mais: tais coisas são imprescritíveis e inalienáveis."[703].

Independentemente de saber se tais vertentes constituem, realmente, dimensões essenciais à própria definição *do conceito* de domínio público, o que fica claro é que tal conceito e regime não resultam directa e expressamente da CRP: formaram-se antes dela, lógica e cronologicamente.

O que claramente resulta do artigo 84.º é, como se sabe:

i) A inclusão no domínio público de certos bens ou coisas, inclusão essa que fica protegida pelo especial valor da norma constitucional, tanto formal como materialmente (o que limita o legislador) (cfr. n.º 1 do artigo 84.º)[704];

ii) A reserva de lei quanto à classificação de bens (ou respectivas tipologias[705]) do domínio público, além daqueles que a própria CRP já como tal classifica ou nele integra;

iii) A reserva de lei quanto à definição dos bens que integram o domínio público do Estado, das regiões autónomas e das autarquias locais (o que suscita a questão da exclusão de quaisquer outras entidades da titularidade de bens dominiais[706]) (cfr. n.º 2 do artigo 84.º);

iv) A reserva de lei quanto à definição do regime, condições de utilização e limites dos bens do domínio público (independentemente das entidades que os titulem como tal) (cfr. n.º 2 do artigo 84.º).

---

[703] Cfr. Ac. TC n.º 103/99, de 10 de Fevereiro de 1999, in BMJ, n.º 484, 1999, pp. 133 ss. Cfr. também Ac. TC n.º 150/2006, de 22 de Fevereiro de 2006, *DR*, II Série, n.º 85, de 3 de Maio de 2006.

[704] Sobre a distinção entre *bens* e *coisas*, no âmbito da teoria do domínio público, cfr. ANA RAQUEL GONÇALVES MONIZ, *O Domínio Público – O Critério e o Regime Jurídico da Dominialidade*, Coimbra, 2005, pp. 101 ss.

[705] Sobre este aspecto, cfr. *infra*, I, § 4.º.

[706] Cfr. *infra*, I, § 3.º, 3.1.1.

Mas, como se nota, a CRP não disciplina imediatamente aquelas "dimensões típicas" do conceito de domínio público, dimensões essas que parecem representar a essência do respectivo regime. Muito embora a referência a tais dimensões provenha da apropriação pela CRP de um conceito pré-constitucional – o que levanta algumas questões mas sem perplexidades, sendo conhecidos semelhantes fenómenos de recepção – há que questionar a presença da norma em apreço no texto constitucional[707].

Um primeiro dado é relativo à inserção sistemática do artigo 84.º. Situado no Título I (Princípios gerais) da Parte II (Organização económica), o preceito em causa vem na sequência do estabelecimento do princípio fundamental da "propriedade pública dos recursos naturais e de meios de produção, de acordo com o interesse colectivo"[708], bem como dos artigos 82.º e 83.º, relativos aos sectores de propriedade dos meios de produção e à apropriação pública destes. Não há, entre todas estas normas uma perfeita unidade de sentido (como muitas vezes tal unidade não existe no seio das próprias normas) mas, considerando também a localização de permeio do artigo 81.º (incumbências prioritárias do Estado), bem como o conjunto das normas que sucedem o próprio artigo 84.º (dedicadas, em geral, ao lugar das cooperativas, das empresas privadas e do investimento, enfim, à iniciativa económica não pública), pode aventar-se um sentido interpretativo a partir do elemento sistemático: a existência de um domínio público constitui um princípio geral da organização económico-social, e uma necessidade face ao imperativo de algumas incumbências prioritárias do Estado, funcionando como elemento material mediato de conformação dos próprios sectores de propriedade dos meios de produção[709].

---

[707] Também sobre este aspecto, cfr. JORGE MIRANDA/RUI MEDEIROS, *Constituição ...*, II, pp. 74-75.

[708] Cfr. alínea *d)* do artigo 80.º e respectiva anotação.

[709] Compreendemos que JORGE MIRANDA questione se o preceito em causa "não ficaria melhor no título sobre Administração Pública da parte III" (cfr. *Manual ...*, III, p. 251). Porém, parece-nos claro que, tendo o legislador constituinte optado pela existência de uma Parte especificamente dedicada à organização económica, e dadas as consequências que a norma produz a esse nível, é este o seu melhor lugar. Tal não prejudicaria, com certeza, que no âmbito da Administração Pública a CRP tratasse de aspectos relativos ao domínio público, *v.g.*, no que respeita aos poderes das entidades públicas titulares de domínio público sobre os respectivos bens, em geral, caso tal se pretendesse constitucionalizado.

Tenha-se presente que o artigo 84.° é introduzido na revisão constitucional de 1989[710], aquando da estabilização do núcleo essencial da matéria relativa aos sectores de propriedade dos meios de produção[711]. Por outro lado, em termos substanciais, nota-se que o artigo 84.° se dirige a três aspectos essenciais, como já indiciado: (i) a integração de certos bens no domínio público *ex constitutione*; (ii) o estabelecimento, no geral, de uma reserva de lei quanto à classificação de outros bens dominiais, bem como aos vários aspectos do respectivo regime jurídico; (iii) e a disciplina constitucional da respectiva titularidade. No que respeita ao primeiro aspecto, embora não exista um critério uno justificativo da integração no domínio público dos bens referidos nas alíneas *a)* a *e)* do n.° 1 do artigo 84.°[712], nem tão-pouco da respectiva função, pode afirmar-se, em termos genéricos, a presença de uma utilidade colectiva que os perpassa (o que já fez parte da justificação para a exclusão da respectiva titularidade por parte de outras entidades que não o Estado, as regiões autónomas e as autarquias locais, que é o terceiro aspecto[713]). Quanto ao segundo aspecto, note-se que a reserva de lei presente no artigo 84.°, e que tem expressão na alínea *v)* do n.° 1 do artigo 165.°, acompanha várias outras, quer respeitantes aos direitos, liberdades e garantias, quer respeitantes a matérias de importância primária no âmbito da Constituição económica e que têm repercussões ao nível do direito de propriedade e do modelo jus-económico em geral[714].

Ora, a nota essencial do regime dos bens do domínio público é a respectiva subtracção ao comércio jurídico, radicada no n.° 2 do artigo 202.° do Código Civil[715], o que leva RUI MACHETE a afirmar que o moderno ins-

---

[710] Cfr. *infra*, III, § 8.°.
[711] Cfr. anotação ao artigo 82.° (em especial, III, § 9.° e § 10.°).
[712] Salientando também este aspecto, cfr. JORGE MIRANDA/RUI MEDEIROS, *Constituição* ..., II, p. 80.
[713] Sobre esta problemática, cfr. *infra*, I, § 3.°, 3.1.1.
[714] A título de exemplo, as alíneas *e)* (regime geral da requisição e expropriação por utilidade pública), *j)* (definição dos sectores de propriedade dos meios de produção), *l)* (meios e formas de intervenção, expropriação, nacionalização e privatização dos meios de produção e solos por motivo de interesse público e critérios de indemnização), e *x)* (regime dos meios de produção integrados no sector cooperativo e social de propriedade), para além da alínea *b)* (direitos, liberdades e garantias), todas do n.° 1 do artigo 165.°.
[715] Veja-se hoje o Decreto-Lei n.° 280/2007, de 7 de Agosto (gestão dos bens imóveis dos domínios públicos do Estado, das regiões autónomas e das autarquias locais,

tituto do domínio público, de origem francesa "constitui, no campo político, uma clara manifestação da autoridade do Estado, e no domínio económico evidencia a cautela em, através da inalienabilidade, preservar a ambição da "bourgeoisie conquérante": bens que são de todos devem poder ser utilizados por todos"[716]. Ainda que *domínio público* possa não se identificar (de pleno) com *propriedade pública*[717], e que no estatuto da dominialidade seja possível encontrar diversos *vectores*[718], parece poder afirmar-se, com ANA RAQUEL GONÇALVES MONIZ, que "determinar que as coisas públicas hão-de estabelecer uma relação de pertinência com entidades públicas cumpre a função fundamental do estatuto da dominialidade – a protecção dos bens cuja utilidade social implica que escapem ao comércio privado e à propriedade (privada) dos particulares, mesmo onerada com a afectação a uma finalidade pública"[719].

Assim, tomando em consideração tudo o que se vem de dizer, pode afirmar-se que a recepção pela CRP do conceito *domínio público* pretende uma normatividade: impossibilitar ou permitir (ao legislador) impossibilitar a apropriação por quaisquer sujeitos jurídicos, com excepção daqueles a quem a CRP permite (ou mesmo obriga) que sejam titulares de poderes de *dominium*, dos bens sobre os quais recai o estatuto da dominialidade, dada a função social destes (pela sua *utilização* ou *utilidade* para todos).

Veja-se que, por incompatibilidade com a respectiva função, a CRP proíbe a apropriação (*v.g.* privada) dos bens do domínio público, mas não que sobre os mesmos possam constituir-se quaisquer direitos ou relações jurídicas: é o que acontece quando aos particulares é permitida a utilização concorrente ou excludente (privativa) do domínio público.

E quanto a este aspecto, assinalava já RUI MACHETE que a "absoluta incomerciabilidade dos bens públicos é nefasta à sua utilização eficiente no processo produtivo" – se "o direito da dominialidade pública era tradicionalmente um direito centrado na conservação, é hoje um direito virado

---

e regime jurídico da gestão dos bens imóveis do domínio privado do Estado e dos institutos públicos).

[716] Cfr. *O Domínio Público e a Rede Eléctrica Nacional*, in *Estudos de Direito Público*, Coimbra, 2004, p. 207.

[717] Sobre esta problemática, cfr. ANA RAQUEL GONÇALVES MONIZ, *O Domínio Público* ..., pp. 304 ss.

[718] Cfr. ANA RAQUEL GONÇALVES MONIZ, *O Domínio Público* ..., pp. 317 ss.

[719] Cfr. *O Domínio Público* ..., pp. 319-320, onde a Autora não deixa de salientar, também, que "o *dominium* afigura-se mais amplo que a *proprietas*".

para a exploração e aproveitamento das potencialidades económicas dos bens classificados como públicos"[720].

Em termos constitucionais, a recepção do conceito de domínio público, pode dizer-se, visa o núcleo essencial da inalienabilidade, consistindo, portanto, numa *garantia* que pode bem apelidar-se de *institucional*[721]. Porém, sendo o conceito de domínio público dogmaticamente sedimentado num momento pré-constitucional, provindo da lei e dos labores doutrinal e jurisprudencial, a inclusão na CRP de um preceito como o constante do artigo 84.° não pode deixar de obrigar a uma leitura da respectiva norma no contexto da própria normatividade constitucional. Não é correcto afirmar, sem mais, que o domínio público "entra" na CRP acompanhado de todas as suas linhas mestras de regime infra e pré-constitucional (tanto num sentido lógico como cronológico). Tal pode presumir-se, sim, dado que a CRP recebe um conceito histórico-juridicamente existente, mas há-de buscar-se a validade e eficácia dos preceitos infra-constitucionais disciplinadores do regime do domínio público à luz da sua constitucionalização.

Continuando, a inalienabilidade justifica-se como nota dominante do regime da dominialidade por força da função dos bens envolvidos e das consequências que para a mesma adviriam da admissão-regra da possibilidade de alienação de bens do domínio público. Mas a conformidade com a CRP do regime infra-constitucional dos bens do domínio público só poderá encontrar-se pela análise da função de cada um desses bens, sob pena de, levando longe de mais as restrições à respectiva *disponibilidade*, se colocar em risco a sua própria função constitucional.

Note-se que, neste âmbito, a classificação de bens como dominiais tem que se articular com o modelo constitucional jus-económico, em particular com a disciplina dos sectores de propriedade dos meios de produção e com as regras da apropriação pública, numa perspectiva que não pode ser puramente formal: a sujeição de determinado bem do património privado do Estado a um regime de inalienabilidade idêntico ao dos bens dominiais pode importar uma fraude à Constituição, e nessa medida a norma contida no artigo 84.° constitui, simultaneamente, uma garantia ins-

---

[720] Cfr. *O Domínio Público* ..., respectivamente, pp. 208 e 215.

[721] Neste sentido, cfr. ANA RAQUEL GONÇALVES MONIZ, *O Domínio Público* ..., p. 119; DIOGO FREITAS DO AMARAL, *Curso de Direito Administrativo*, II, Coimbra, 2001, pp. 542-543, em nota.

titucional de domínio público e material (negativa) do modelo constitucional jus-económico.

Neste sentido, não nos parece que o artigo 84.° constitua, propriamente, uma limitação ao direito de propriedade presente no artigo 62.° da CRP[722]. Com efeito, em termos estruturais, e na perspectiva da CRP, tal direito permanece inalterado, não sendo o seu regime afectado pela presença do artigo 84.°. Este apenas tem por consequência a insusceptibilidade de *apropriação* (privada) de certos bens, isto é, onde a propriedade não poderá chegar, o que significa não um limite mas uma exclusão. Naturalmente, a extensão exponencial da classificação de bens como dominiais poderia esvaziar a própria função da norma contida no artigo 62.°: mas não teríamos então uma singela afectação deste preceito, mas antes uma contrariedade face ao modelo constitucional jus-económico que é conformado por toda uma plêiade de outras normas e princípios. Digamos que, nessa medida, poderá ser mais imediata a afectação do direito de iniciativa económica, salvaguardada pelo artigo 61.°, porque a classificação de bens como dominiais restringe as possibilidades do seu aproveitamento no "processo produtivo"[723].

§ 2.°. **Os bens dominiais**

2.1. *A classificação dos bens dominiais pela CRP*

Existem vários critérios doutrinais definidores do domínio público. Entre os mais comuns estão os que distinguem o *domínio público natural* e o *domínio público artificial*, o *domínio público necessário* e o *domínio público acidental*[724]; e mais recentemente, *domínio público material* e *domínio público formal*[725].

---

[722] Em sentido idêntico, cfr. ANA RAQUEL GONÇALVES MONIZ, *O Domínio Público* ..., pp. 289 ss. Em sentido aparentemente diverso, cfr. RUI MANCHETE, *O Domínio Público* ..., p. 247.

[723] Utilizando a expressão de RUI MANCHETE (cfr. *supra*).

[724] Cfr. J. J. GOMES CANOTILHO/VITAL MOREIRA, *Constituição* ..., I, p. 1002; MARCELO CAETANO, *Manual de Direito Administrativo*, II, 9.ª Ed., Reimp., Coimbra, 1980, pp. 896 ss.

[725] Cfr. ANA RAQUEL GONÇALVES MONIZ, *O Domínio Público* ..., pp. 280 ss.

Naturalmente, a CRP não adoptou qualquer critério doutrinal para a classificação de bens como pertencentes ao domínio público[726]. E, se tal não surpreende, não nos parece também que suscite dúvida, hoje, que é a *utilidade pública* o fundamento para a classificação como dominial de determinado bem ou categoria de bens[727], fundamento esse que está inequivocamente presente na norma constitucional em causa.

É, no entanto, relevante aferir se existe um critério imanente a tal utilidade pública no artigo 84.° da CRP, isto é, se aos bens que, segundo esta norma, integram o domínio público, existe algo de comum ou unificador no que respeita a essa utilidade pública que apresentam, ou se, pelo contrário, a utilidade pública que os caracteriza é tão diversa que as alíneas *a)* a *e)* do artigo 84.° não são mais do que um elenco atomista[728]. A ser assim – o que, a verificar-se (convém não perder de vista) é já uma opção constituinte – é maior a liberdade do legislador na composição infra-constitucional do domínio público. Com efeito, a existir um critério substancial imanente à utilidade pública dos bens classificados como domínio público pela CRP no artigo 84.°, coloca-se a questão da respectiva função limitadora do legislador na classificação de outros bens dominiais, cuja utilidade pública, ainda que sujeita a uma apreciação compatível com uma discricionariedade político-legislativa, sempre teria que partilhar do critério substancial presente no texto constitucional. Mais, neste caso, a função estruturante do artigo 84.° seria primária, pelo que apenas em segundo plano, complementar, haveria que recorrer a outras normas e princípios constitucionais para aferir da constitucionalidade de determinada norma classificadora de um bem dominial.

Ora, da análise do artigo 84.° não surpreendemos tal unidade. A utilidade pública justificante da classificação de bens como dominiais pela Constituição não é monocolor. Nesta norma, encontramos bens dominiais

---

[726] Apresentando a classificação dos bens dominiais como o "*acto pelo qual se declara que certa e determinada coisa possui os caracteres próprios de uma dada categoria legal de bens dominiais*", cfr. DIOGO FREITAS DO AMARAL, *Classificação das coisas públicas*, in Estudos de Direito Público e Matérias Afins, I, Coimbra, 2004, p. 563.

[727] Neste sentido, cfr. MARCELO CAETANO, Manual ..., II, pp. 886 ss.; ANA RAQUEL GONÇALVES MONIZ, *O Domínio Público* ..., em especial p. 300.

[728] Sobre este aspecto, novamente, cfr. JORGE MIRANDA/RUI MEDEIROS, *Constituição* ..., II, p. 80 (com importante remissão para MARCELLO CAETANO, *O problema da dominialidade dos bens afectos à exploração de serviços públicos*, in Estudos de Direito Administrativo, Lisboa, 1974, pp. 75 ss.).

classicamente ligados à soberania do Estado (ainda que não integralmente, os casos constantes das alíneas *a)* e *b)*); outros ligados às comunicações e mobilidade dos cidadãos (alíneas *d)* e *e)*); outros ainda à preservação do património natural (com razões várias) (parcialmente, alíneas *a)* e *c)*). Embora seja possível o cruzamento das utilidades de todos estes bens dominiais – já que, regra geral e com diferentes intensidades, todos partilham mais do que uma utilidade – o que prevalece como elemento que lhes é comum são as consequências ao nível do regime jurídico da respectiva classificação, e não outra coisa. Isto é, o que confere unidade ao elenco de bens dominiais constitucionalmente classificados como tal é a sua submissão a um regime jurídico comum, onde avulta a inalienabilidade.

Neste sentido, constatando-se a atomicidade da classificação dos bens dominiais pela CRP, portanto sem obediência a um critério substancial uno de utilidade pública, e tendo em conta que a inalienabilidade consiste, no essencial, na impossibilidade jurídica de determinados aproveitamentos económicos desses bens por via da apropriação (privada), portanto *ius excludendi alios*, então a verificação da conformidade constitucional de leis que classifiquem bens como dominiais reclama a consideração primária de outras normas e princípios da CRP. A conformidade com a CRP da classificação dominial de determinado bem há-de avaliar-se, pois, de acordo as normas e princípios que estabelecem o modelo constitucional jus-económico, e não apenas os presentes na Parte II, mas também com os que resultam dos direitos fundamentais, designadamente, em matéria de iniciativa económica.

2.2. *O elenco dos bens pertencentes ao domínio público*

2.2.1. *a) As águas territoriais com os seus leitos e os fundos marinhos contíguos, bem como os lagos, lagoas e cursos de água navegáveis ou flutuáveis, com os respectivos leitos*

A alínea *a)* do n.º 1 do artigo 84.º refere-se ao designado *domínio público hídrico*[729], que abrange o *domínio público marítimo* e o *domínio*

---

[729] Que se distingue do *domínio hídrico*, o qual integra, para além do domínio público, também o domínio hídrico privado (cfr. Lei n.º 54/2005, de 15 de Novembro – que estabelece a titularidade dos recursos hídricos -, e Lei n.º 58/2005, de 29 de Dezembro – Lei da Água).

público hidráulico (que, por sua vez, inclui o *domínio público fluvial* e o *domínio público lacustre*). Em momento anterior ao da inclusão deste preceito no texto constitucional, as alíneas *a)* a *c)* do artigo 4.º do Decreto--Lei n.º 477/80, de 15 de Outubro (inventário do património do Estado) integravam já no domínio público "as águas territoriais com os seus leitos, as águas marítimas interiores com os seus leitos e margens e a plataforma continental", "os lagos, lagoas e cursos de água navegáveis ou flutuáveis com os respectivos leitos e margens e, bem assim, os que por lei forem reconhecidos como aproveitáveis para a produção de energia eléctrica ou para irrigação", e "outros bens do domínio público hídrico referidos no Decreto n.º 5787-IIII, de 10 de Maio de 1919, e no Decreto-Lei n.º 468/71, de 5 de Novembro"[730].

No âmbito do domínio público marítimo, uma primeira referência às águas territoriais. Segundo J. J. GOMES CANOTILHO e VITAL MOREIRA, a alínea *a)* do n.º 1 do artigo 84.º "refere-se às águas marítimas", abrangendo o *mar territorial* (a extensão de 12 milhas marítimas, contadas das linhas de base) e as *águas arquipelágicas*[731-732]. Já não integram o domínio público a zona económica exclusiva[733] e a zona contígua[734]. Atrás das águas exteriores situam-se as *águas interiores*, também elas pertencentes

---

[730] O primeiro comummente designado "Lei das Águas", e o segundo encerrando o regime jurídico dos terrenos do domínio público hídrico.

[731] Cfr. *Constituição* ..., I, p. 1002. Para a definição das águas territoriais, cfr. a Lei n.º 34/2006, de 28 de Julho (que revogou a Lei n.º 33/77, de 28 de Maio), e os artigos 3.º e ss. da Convenção de Montego Bay (Convenção das Nações Unidas sobre o Direito do Mar, aprovada pela Resolução da AR n.º 60-B/97, e ratificada pelo Decreto presidencial n.º 67-A/97, ambos os diplomas de 14 de Outubro). Sobre as linhas de base, cfr. FAUSTO DE QUADROS/PAULO OTERO/JORGE BACELAR GOUVEIA, *Portugal e o Direito do Mar*, Ministério do Negócios Estrangeiros, Lisboa, 2004, pp. 19 ss.; FERNANDO LOUREIRO BASTOS, *A Internacionalização* ..., pp. 270 ss.

[732] Sobre a inclusão (ou não) das *águas arquipelágicas* no âmbito das águas territoriais exteriores, cfr. ANA RAQUEL GONÇALVES MONIZ, *O Domínio Público* ..., p. 172, em nota. Em sentido afirmativo (v. nota anterior) cfr. J. J. GOMES CANOTILHO/VITAL MOREIRA, *Constituição* ..., I, p. 1002. Ainda, FERNANDO LOUREIRO BASTOS, *A Internacionalização* ..., pp. 277 ss.

[733] Sobre a zona económica exclusiva, cfr. FERNANDO LOUREIRO BASTOS, *A Internacionalização* ..., pp. 309 ss.

[734] Cfr. ANA RAQUEL GONÇALVES MONIZ, *O Domínio Público* ..., pp. 174-175, em nota e bibliografia aí referida. Em especial sobre a zona contígua, cfr. FAUSTO DE QUADROS/PAULO OTERO/JORGE BACELAR GOUVEIA, *Portugal* ..., pp. 71 ss.

ao domínio público, que se situam no interior da linha de base[735]. Em segundo lugar, uma referência à *parte sólida* do domínio público marítimo, os "terrenos envolventes e funcionalmente conexionados com as massas de água"[736] ou, na expressão da CRP, os fundos marinhos contíguos. Aqui se integra a *plataforma continental*[737], que compreende o leito e o subsolo das áreas submarinas que se estendem além do mar territorial, na extensão do prolongamento natural do território terrestre e até ao bordo exterior da margem continental, "ou até uma distância de 200 milhas marítimas das linhas de base a partir das quais se mede a largura do mar territorial, nos casos em que o bordo exterior da margem continental não atinja essa distância"[738]. E aqui poderão integrar-se também as *margens*, nos termos da Lei n.º 54/2005, de 15 de Novembro[739-740], mas já além da tipologia constitucional[741].

Pertencem ainda ao domínio público hídrico os lagos, lagoas e cursos de água navegáveis ou flutuáveis, com os respectivos leitos: eis o

---

[735] Cfr. artigo 8.º da Convenção de Montego Bay, alínea *a)* do artigo 4.º do Decreto-Lei n.º 477/80, de 15 de Outubro, e ainda o artigo 3.º da Lei n.º 54/2005, de 15 de Novembro (que revogou o artigo 1.º do Decreto n.º 5787-IIII, de 10 de Maio de 1919).

[736] Cfr. ANA RAQUEL GONÇALVES MONIZ, *O Domínio Público* ..., p. 175.

[737] Sobre a plataforma continental, cfr. FERNANDO LOUREIRO BASTOS, *A Internacionalização* ..., pp. 280 ss.; JORGE MIRANDA/RUI MEDEIROS, *Constituição* ..., II, p. 76.

[738] Cfr. artigo 76.º da Convenção de Montego Bay (e, sobre os direitos do Estado costeiro sobre a mesma, cfr. artigo 77.º, com relevo para o *ius excludendi alios*). No direito interno, cfr. Lei n.º 34/2006, de 28 de Julho (que revogou a Lei n.º 2080, de 21 de Março de 1956); Decreto-Lei n.º 49369, de 11 de Novembro de 1969; e ainda o Decreto-Lei n.º 109/94, de 26 de Abril. Sobre a ausência da expressão *plataforma continental* do texto constitucional, cfr. JAIME VALLE, *A Plataforma Continental – Alguns Aspectos do seu Actual Regime Jurídico*, in *Revista Jurídica*, n.º 25, AAFDL, Lisboa, 2002, p. 48; ANA RAQUEL GONÇALVES MONIZ, *O Domínio Público* ..., p. 178.

[739] Que revogou parcialmente o Decreto-Lei n.º 468/71, de 5 de Novembro. Quanto à parte deste diploma que ainda permaneceu em vigor, cfr. as disposições revogatórias da Lei n.º 58/2005, de 29 de Dezembro (Lei da Água).

[740] Cfr. MARCELLO CAETANO, *Manual* ..., II, p. 901; ANA RAQUEL GONÇALVES MONIZ, *O Domínio Público* ..., pp. 178 ss.

[741] Sobre o conceito de domínio público marítimo, e no sentido de que este não pode pertencer senão ao Estado, cfr. Ac. TC n.º 131/2003, de 11 de Março de 2003, *DR*, I Série, n.º 80, de 4 de Abril de 2003; e o respectivo comentário de PEDRO LOMBA, *Regiões Autónomas e Transferência de Competências sobre o Domínio Natural*, in JC, n.º 2, Abril-Junho 2004, pp. 57 ss. Sobre a matéria, cfr. ainda JORGE MIRANDA/RUI MEDEIROS, *Constituição* ..., II, pp. 92 ss.

domínio público hidráulico que, como vimos, em termos tipológicos, se divide em *domínio público fluvial* e *domínio público lacustre*. Os conceitos de *navegabilidade* e *flutuabilidade* não deixaram de merecer a atenção do legislador[742], e não estamos tão certos da bondade do seu tradicionalismo[743]. Note-se que são apenas estas as águas classificadas como dominiais pela CRP, sem prejuízo de existirem outras cuja dominialidade resulta da lei, designadamente, perante a tipificação das águas particulares constante do artigo 1386.° do Código Civil[744]. Por fim, integram ainda o domínio público hidráulico "os respectivos leitos" e margens[745].

2.2.2. *b) As camadas aéreas superiores ao território acima do limite reconhecido ao proprietário ou superficiário*

Conforme a doutrina comummente refere, o chamado *domínio público aéreo*[746] tem limites inferiores e superiores. Estes últimos detêm-se no limite da atmosfera, para lá do qual vigora um regime semelhante ao do alto mar[747]. Já os limites inferiores coincidem com os limites superiores

---

[742] Cfr. Lei n.° 54/2005, de 15 de Novembro.

[743] Cfr. J. J. GOMES CANOTILHO/VITAL MOREIRA, *Constituição* ..., p. 1003.

[744] Sobre esta problemática, cfr. ANA RAQUEL GONÇALVES MONIZ, *O Domínio Público* ..., pp. 189 ss.

[745] O que, mais uma vez, obriga o intérprete a recorrer à lei. Segundo DIOGO FREITAS DO AMARAL e JOSÉ PEDRO FERNANDES (em comentário ao Decreto-Lei n.° 468/71, de 5 de Novembro), o domínio público hídrico inclui "os terrenos que interessam ou podem interessar à cabal produção ou defesa da utilidade pública dessas águas, como, *v.g.*, os leitos e as margens" (cfr. *Comentário à Lei dos Terrenos do Domínio Hídrico*, Coimbra, 1978, pp. 33-34).

[746] Considerando o espectro radioeléctrico como *elemento conatural* do domínio público aéreo, cfr. J. J. GOMES CANOTILHO/VITAL MOREIRA, *Constituição* ..., I, p. 1003. No sentido da respectiva autonomização, cfr. ANA RAQUEL GONÇALVES MONIZ, *O Domínio Público* ..., pp. 201 ss., e como aí refere a Autora, cfr. ainda JORGE MIRANDA, *Manual* ..., III, p. 251, que, efectivamente, parece considerar o domínio público radioeléctrico como *ex lege* e não *ex constitutione*.

[747] Esta delimitação é, contudo e já de si, problemática. Neste domínio, cfr. Tratado sobre os Princípios Que Regem as Actividades dos Estados na Exploração e Utilização do Espaço Exterior, Incluindo a Lua e Outros Corpos Celestes, assinado em Washington, Londres e Moscovo, em 27 de Janeiro de 1967, cujo texto foi aprovado para adesão pelo Decreto-Lei n.° 286/71, de 30 de Junho. Sobre a matéria, cfr. J. J. GOMES CANOTILHO/VITAL MOREIRA, *Constituição* ..., I, p. 1003; ANA RAQUEL GONÇALVES MONIZ, *O Domínio*

do direito do proprietário ou superficiário, numa fórmula constitucional que, aliás, no que respeita a delimitação exacta, nada acrescenta ao disposto para a propriedade de imóveis no n.º 2 do artigo 1344.º do Código Civil, nos termos do qual o proprietário não pode proibir "os actos de terceiro que, pela altura ou profundidade a que têm lugar, não haja interesse em impedir".

Bem se vê, pois, que assim como a lei civil determina o *interesse* (do proprietário) como critério delimitador do exercício do seu direito – ou *do* direito, propriamente dito –, a CRP utiliza o mesmo critério, muito embora a *ratio legis* seja distinta: enquanto a lei civil tem subjacente a regulamentação de relações jurídicas civis, a CRP protege outro tipo de realidade, com tradução jurídica no conceito de *utilidade pública*. Não há, porém, no direito positivo, qualquer delimitação rigorosa: o próprio Decreto-Lei n.º 477/80, de 15 de Outubro, não vai além da referência às "camadas aéreas superiores aos terrenos e às águas do domínio público, bem como as situadas sobre qualquer imóvel do domínio privado para além dos limites fixados na lei em benefício do proprietário do solo" (cfr. alínea *f)* do artigo 4.º). Parece, pois, que estamos num círculo vicioso[748].

Ora, a *ratio* da constitucionalização da classificação dominial das camadas aéreas ("superiores ao território acima do limite reconhecido ao proprietário ou superficiário") encontra-se, como dissemos, na respectiva *utilidade pública*. Mas, há-de ser uma utilidade pública de tal relevo que justifica essa mesma constitucionalização, caso contrário bastaria o disposto no Código Civil. No caso, encontramos uma utilidade pública dupla, ou melhor, dois grandes motivos que, do ponto de vista da utilidade pública, justificam, pela sua intensidade, que a própria CRP procedesse a esta

---

Público ..., pp. 195 ss.; PAULA VEIGA, *Direito do Espaço Extra-Atmosférico: Nota sobre uma Nova Área do Direito*, in BFDUC, Vol. LXXX, 2004, pp. 403 ss.

[748] Na sua extensão horizontal, o domínio público aéreo estender-se-á das fronteiras terrestres a leste, ao limite do mar territorial. Neste sentido também, cfr. J. J. GOMES CANOTILHO/VITAL MOREIRA, *Constituição* ..., p. 412. É aqui relevante atentar nos artigos 1.º e 2.º da Convenção de Chicago, de 1944, Sobre Aviação Civil Internacional (aprovada para ratificação pelo Decreto-Lei n.º 36.158, de 17 de Fevereiro de 1947), nos termos dos quais, respectivamente, "Os Estados contratantes reconhecem que cada Estado tem a soberania completa e exclusiva sobre o espaço que cobre o seu território", e "Para os efeitos da presente Convenção, constituem território de um Estado as regiões terrestres e as águas territoriais adjacentes que estejam sob a soberania, jurisdição, protecção ou mandato desse Estado".

classificação: por um lado, a soberania nacional; por outro, o tráfego aéreo internacional.

A soberania, para além de outras considerações, é aqui funcionalizada para a repressão de aeronaves que entrem no espaço aéreo nacional, nos casos em que o permite, designadamente, o Direito Internacional[749]. Mas sabe-se que, enquanto poder de *jurisdição*, o exercício da soberania não se encontra limitado pelo regime de propriedade dos bens[750].

Já o tráfego aéreo internacional, pelo seu circunstancialismo fáctico – em função da altitude a que ocorre –, está claramente para lá do que o proprietário tem interesse em impedir, significando que a lei civil encerra já o critério normativo bastante para este efeito (ainda que em relação com a questão da soberania, que referimos anteriormente).

A CRP não resolve, com objectividade, a delimitação inferior do domínio público aéreo, o que suscita interrogações de resolução complexa, também em função da dificuldade de uma clara identificação do interesse subjacente à norma constitucional em causa. Vemos que, à partida, parece existir uma prevalência do interesse particular do proprietário ou superficiário nessa delimitação. Com efeito, se é acima do limite a estes reconhecido que se situa o domínio público aéreo, de acordo com a alínea *b)* do n.º 1 do artigo 84.º, tal reconhecimento reclama a intervenção da lei, no caso a lei civil, que pede a ponderação do interesse do proprietário.

Ora, na avaliação desse interesse podem utilizar-se critérios jurídicos e critérios extra-jurídicos (científicos ou empíricos) juridiceizados. Neste último caso, avaliaríamos condicionalismos técnicos, por exemplo, relativos à engenharia e à vinculação situacional de solos, com o fito de saber quais as possibilidades e aptidão natural de determinados solos para a construção, o que, em última análise, conduz à conclusão de que o domínio público aéreo sobranceiro à propriedade privada não começa sempre à mesma altitude, visto que o seu limite inferior variaria consoante, *v.g.*, fosse possível em determinado terreno erigir um edifício de trinta ou qua-

---

[749] Para além da Convenção de Chicago, de 1944, Sobre Aviação Civil Internacional, cfr. o respectivo Protocolo de Emenda de Montreal, de 1984, aprovado para ratificação pela Resolução da AR n.º 3/91, de 18 de Janeiro, e ratificado pelo Decreto n.º 1/91, da mesma data.

[750] Cfr. JORGE MIRANDA, *Manual* ..., III, pp. 249 ss.; ANA RAQUEL GONÇALVES MONIZ, *O Domínio Público* ..., pp. 324 ss.

renta andares, ou de apenas dois ou três. Recorrendo a critérios jurídicos, sabemos que a potencialidade edificativa dos solos se encontra subordinada ao disposto em instrumentos de gestão territorial, de natureza regulamentar, e que ordenam uma infindável panóplia de interesses e fins, onde aqueles critérios extra-jurídicos (designadamente, a vinculação situacional dos solos) não são, regra geral, determinantes por si só. Mais, sendo tais instrumentos de planeamento de natureza regulamentar, e não se destinando a lei em que os mesmos se fundam à definição dos bens que integram o domínio público, somos confrontados com o problema da violação do princípio da reserva de lei que aqui rege.

Este problema foi já, de certa forma, afrontado no Ac. TC n.º 437/2003, de 30 de Setembro de 2003, *DR*, II Série, n.º 29, de 4 de Fevereiro de 2004. Embora essa não fosse a questão central, sustentava o STA que, em virtude das limitações ao *ius aedificandi* introduzidas por instrumentos de planeamento urbanístico, constituía domínio público o espaço aéreo acima dos telhados ou terraços das construções particulares, para efeitos de aplicação de taxas pela instalação de publicidade. Invocando vária jurisprudência constitucional, o TC contradisse tal tese, e, a nosso ver, bem. Já no âmago da questão de constitucionalidade em causa naquele aresto, veio o TC a assentar a improcedência da "invocação dos limites ao direito de propriedade resultantes das restrições urbanísticas, bem como a alegada existência de uma ocupação do espaço público. [§] Quanto a esta, estando em causa a afixação de um *reclamo* e de um *friso* luminosos na *fachada de um prédio urbano* (e não, por exemplo, qualquer faixa ou pendão que atravesse a rua, ou se suporte, por exemplo, numa instalação pública, como um poste de iluminação), tem de concordar-se com o Ministério Público, quando afirma que tal afixação não constitui qualquer "ocupação" *minimamente relevante* do "espaço público" – que só poderia ser o espaço aéreo. Aliás, como também salienta o recorrente, por tal lógica poder-se-ia "tributar" com "taxas" qualquer saliência arquitectónica ou outra instalação de prédio particular que também sobressaísse do edificado e "invadisse" (mesmo que em poucos centímetros da fachada) ligeiramente tal "espaço aéreo do domínio público". Esta alegada intromissão, pela afixação de um reclamo e de um friso na fachada – intromissão, aliás, dada como facto notório pelo tribunal recorrido –, não apresenta, pois, à luz dos princípios constitucionais da proporcionalidade e da adequação, o *mínimo de relevância* indispensável".

2.2.3. *c) Os jazigos minerais, as nascentes de águas mineromedicinais, as cavidades naturais subterrâneas existentes no subsolo, com excepção das rochas, terras comuns e outros materiais habitualmente usados na construção*

Estamos perante o designado *domínio público geológico* ou *mineiro*[751]. É interessante atentar no contexto constitucional em que surge a presente norma, contexto esse que é dado, proximamente, pelo princípio da propriedade pública dos recursos naturais, constante da alínea *d)* do artigo 80.°[752].

Os jazigos minerais, as nascentes de águas mineromedicinais e as cavidades naturais subterrâneas existentes no subsolo não esgotam o elenco possível de recursos naturais submetidos àquele princípio da propriedade pública. Por outras palavras, tal princípio permanece rector da actividade do legislador, simultaneamente ao lado e para além do disposto no artigo 84.°, o que é relevante tanto para a interpretação da alínea *c)* (e, em rigor, também da alínea *a)*), como da própria alínea *f)*.

Concordamos com ANA RAQUEL GONÇALVES MONIZ quando afirma que a classificação daqueles bens como dominiais se prende com o seu carácter não renovável e com a sua decisiva importância económica[753]. Mas somos tentados a afirmar que foi a sua decisiva importância económica que prevaleceu no espírito do legislador constituinte, perante a qual a irrenovabilidade é um ponto de reforço[754]. Como vimos já, em termos gerais, a presença do artigo 84.° na CRP representa mais uma limitação à iniciativa económica privada do que propriamente uma limitação ao direito de propriedade[755]. De modo que pode dizer-se consequente, e

---

[751] Cfr. também a alínea *g)* do artigo 4.° do Decreto-Lei n.° 477/80, de 15 de Outubro.

[752] Cfr. anotação respectiva (I, § 2.°, 2.4): temos aqui presentes as considerações então expendidas.

[753] Cfr. *O Domínio Público* ..., p. 219.

[754] Para uma distinção entre recursos renováveis e não renováveis, cfr. FERNANDO LOUREIRO BASTOS, *A Internacionalização* ..., pp. 153 ss.

[755] Cfr. *supra*, I, § 1.°. A ideia de que por via da alínea *c)* – e também da alínea *b)* – do artigo 84.° da CRP se comprime a "clássica concepção absoluta da propriedade sem limites que ia «desde o inferno ao céu»" (cfr. J. J. GOMES CANOTILHO/VITAL MOREIRA, *Constituição* ..., I, p. 1003) não parece, pois, a que melhor se adequa à *ratio* fundamental do preceito (até porque, como vimos *supra* a propósito da alínea *b)*, onde *começa o céu* não é questão isenta de dúvidas ...).

ainda em termos gerais, a relação normativa que se estabelece entre a alínea c) deste artigo 84.° e o n.° 3 do artigo 86.° também da CRP (definição legal de sectores básicos vedados à iniciativa económica privada ou equivalente) manifesta-se com clareza, infra-constitucionalmente, no disposto no artigo 3.° da Lei n.° 88-A/97, de 25 de Julho (acesso da iniciativa económica privada a determinadas actividades económicas), nos termos do qual "A exploração dos recursos do subsolo e dos outros recursos naturais que, nos termos constitucionais, são pertencentes ao Estado será sempre sujeita ao regime de concessão ou outro que não envolva a transmissão de propriedade dos recursos a explorar, mesmo quando a referida exploração seja realizada por empresas do sector público ou de economia mista"[756-757].

Não se contesta a bondade da dominialidade destes bens *ex constitutione* – sobretudo porque a sobre-operatividade do princípio da propriedade pública dos recursos naturais (e enquadrado este pelos princípios da garantia dos direitos económicos, sociais e culturais e do desenvolvimento económico-social[758]) não veda a dominialização de outros *ex lege*, antes fornece um padrão valorativo-principiológico para a interpretação, designadamente, da alínea f) deste artigo 84.°. O que se conclui, porém, é que o disposto na alínea c) do artigo 84.° constitui uma positivação concretizadora apenas pontual daquele princípio, e com pouca elasticidade intrínseca, sendo a sua função, essencialmente, limitadora da iniciativa económica privada. Neste contexto, aliás, pode afirmar-se que a excepção constante da parte final do preceito – os materiais habitualmente utilizados na construção – liberta uma parcela ou sector importante da actividade económica privada, o que não significa a ausência de regulação pública nesse domínio com vista à preservação dos vários interesses sociais envolvidos.

---

[756] Esta última distinção, nestes exactos termos, carece hoje de sentido (cfr. anotação ao artigo 82.°, I, § 2.°).

[757] Cfr. ainda o artigo 3.° da mesma Lei, nos termos do qual "A proibição do acesso da iniciativa privada às actividades referidas nos artigos anteriores impede a apropriação por entidades privadas dos bens de produção e meios afectos às actividades aí consideradas, bem como as respectivas exploração e gestão, fora dos casos expressamente previstos no presente diploma, sem prejuízo da continuação da actividade das empresas com participação de capitais privados existentes à data da entrada em vigor da presente lei e dentro do respectivo quadro actual de funcionamento".

[758] Cfr. anotação ao artigo 80.°, I, § 1.°, em especial, 1.2. a 1.4.

2.2.4. *d) As estradas*

É comum afirmar-se que por *estradas* se entende aqui a totalidade das vias públicas, "desde os caminhos municipais às autoestradas"[759], constituindo universalidades que incluem uma série de outros bens[760].

A dominialidade das estradas é interessante de observar, pela *ratio* subjacente, e pelo contributo que daí se retira para concluir pela atomicidade do artigo 84.°, seja quanto ao fundamento da dominialidade dos bens referidos nas suas várias alíneas, seja quanto ao que este importa para as consequências de regime jurídico (demonstrando que, por vezes, é imperativo retirar do texto constitucional mais do que a mera incomerciabilidade).

Com efeito, as estradas são um meio absolutamente essencial para a mobilidade das pessoas (e considerando-o aqui na confinação ao território do Estado), seja pela simples condição que representam para a sua movimentação, seja pelo que tal movimentação representa no contexto social e económico, assumindo então a qualidade de *vias de comunicação*. A respectiva existência é, portanto, uma condição fáctica para a realização dos direitos fundamentais, começando na própria *liberdade*, onde não é ainda necessário considerar a finalidade da utilização destas *coisas públicas*. Adiante vem a complexificação, pela consideração da sua instrumentalidade para toda a organização económico-social, onde podem encontrar-se momentos de conclusão a tal nível, por exemplo: a essencialidade das vias de comunicação para a máxima liberdade de exercício do direito fundamental de iniciativa económica privada.

Do que vimos de dizer, mostra-se uma relação imediata entre as estradas (facto) e a realização dos direitos fundamentais, que justifica a respectiva dominialidade, pelo que tal classificação à partida importa. Mas, justamente, tal relação imediata deixa entrever que não basta o estatuto da dominialidade – enquanto incomerciabilidade *ex constitutione* – para a garantir. Concretizando, não seria tarefa hercúlea demonstrar a inconstitucionalidade de uma norma que sujeitasse a utilização de toda e qualquer via pública ao pagamento de portagem. Encarada tal medida

---

[759] Cfr. J. J. GOMES CANOTILHO/VITAL MOREIRA, *Constituição* ..., I, p. 1004; ANA RAQUEL GONÇALVES MONIZ, *O Domínio Público* ..., p. 231.

[760] Cfr. alínea *h)* do artigo 4.° do Decreto-Lei n.° 477/80, de 15 de Outubro.

como restritiva de direitos fundamentais, haveria que convocar, designadamente, o princípio da proporcionalidade na respectiva resolução[761]. E, se o fundamento último da dominialidade são justamente os direitos fundamentais – e não, em rigor, a soberania do Estado –, há então que considerar quais desses direitos estão em causa ou subjacentes à dominialização de certos bens, o que, se pode em tese conferir coerência a tal estatuto, atomiza o regime da dominialidade desses mesmos bens. Significa isto que, dependendo dos direitos fundamentais que subjazem à dominialização deste ou daquele bem – e da relação de essencialidade que se estabeleça entre aqueles e a dominialização destes – se pode buscar na própria Constituição o fundamento e limite, para além da estrita incomerciabilidade, do regime infra-constitucional da respectiva utilização e exploração[762].

2.2.5. *e) As linhas férreas nacionais*

Não é isenta de dúvidas a formulação da presente alínea[763]. O qualificativo *nacionais* inculca a ideia de que apenas as linhas férreas que apresentem *utilidade pública nacional* seriam integradas no domínio público *ex constitutione*. As restantes, cuja utilidade pública não fosse nacional mas apenas regional ou municipal, só poderiam considerar-se dominiais por disposição legal infra-constitucional. J. J. GOMES CANOTILHO e VITAL MOREIRA sustentam que se pretende "certamente excluir os ramais particulares, mas não está excluída a possibilidade de vias férreas municipais ou regionais, que não se vê porque não hão-de integrar também o domínio público"[764]. Ora, parece-nos, a não exclusão de tal possibilidade não significa que a dominialidade das linhas férreas regionais ou municipais resulte da própria CRP, mas apenas a possibilidade, como dizíamos, da respectiva classificação por acto legislativo. Pode questionar-se a restrição

---

[761] Sobre o princípio da proporcionalidade na sujeição de categorias ou tipos de bens ao estatuto da dominialidade, cfr. JORGE MIRANDA/RUI MEDEIROS, *Constituição* ..., II, p. 84.
[762] Sobre o pagamento de portagens, cfr. Ac. TC n.º 640/95, de 15 de Novembro de 1995, in BMJ, n.º 451, 1995, pp. 656 ss.
[763] Sem que curemos, de momento, da problemática em torno da *universalidade*.
[764] Cfr. *Constituição* ..., I, p. 1004.

da dominialidade, na CRP, às linhas férreas nacionais; mas já não nos parece possível estender a aplicação do preceito a outras[765-766-767].

2.2.6. f) Outros bens como tal classificados por lei

A alínea *f)* do n.° 1 do artigo 84.° da CRP esclarece inequivocamente que podem existir outros bens dominiais para além daqueles que o texto constitucional classifica como tal, em subordinação, porém, ao princípio da reserva de lei[768]. O que é, no entanto, especialmente problemático é saber que critérios e limites a CRP estabelece à dominialização de bens, e com que densidade são os mesmos estabelecidos, cientes, para mais, de que a *utilidade pública* parece ser a constância que se destaca da atomicidade que perpassa a classificação dos bens dominiais presente nas alíneas *a)* a *e)* do n.° 1 do artigo 84.°.

Em primeiro lugar, há que recordar a subordinação da existência e funcionalização do domínio público à garantia e realização dos direitos fundamentais. Estando neles o cerne do Estado de Direito, a opção (constitucional ou infra-constitucional) pela submissão de determinados bens ao regime jurídico dominial só pode admitir-se quando e na medida em que daí resulte uma vantagem àquele nível. Mesmo o postulado da soberania surge aqui subordinado à mesma ordem valorativa, o que se revela na existência de um domínio público militar infra-constitucional, por ventura com tanta ou mais intensidade do que nos casos expressos no artigo 84.° a que subjaz a necessidade de garantia da jurisdição do Estado.

Em segundo lugar, a que corresponde já um nível de concretização maios denso, o modelo constitucional jus-económico constitui também ele limite e fundamento para a estatuição da dominialidade[769]. Aqui, se assumem primacial importância os princípios da garantia dos direitos econó-

---

[765] Sobre o domínio público ferroviário cfr. Decreto-Lei n.° 276/2003, de 4 de Novembro.

[766] Sobre servidões de passagem, no âmbito do domínio público ferroviário, cfr. Ac. TC n.° 659/99, de 7 de Dezembro de 1999, *DR*, II Série, n.° 46, de 24 de Fevereiro de 2000.

[767] Sobre esta problemática, cfr. ainda JORGE MIRANDA/RUI MEDEIROS, *Constituição* ..., II, pp. 79-80.

[768] Cfr. *infra*, I, § 4.°.

[769] Cfr., a este propósito, anotação aos artigos 80.° e 83.°, I.

micos, sociais e culturais e do desenvolvimento económico-social[770], não são menos relevantes o princípio da coexistência dos sectores de propriedade dos meios de produção[771], o princípio da liberdade de iniciativa e de organização empresarial no âmbito de uma economia mista[772], e o princípio da propriedade pública dos recursos naturais e de meios de produção, de acordo com o interesse colectivo[773]. Quanto a este último, recorda-se, a CRP é tendencialmente bem mais objectiva no que respeita aos recursos naturais do que aos meios de produção, o que indica um maior favor constitucional quanto à dominialização dos primeiros (e consiste, já por si, numa opção constitucional a propósito da garantia e concretização dos direitos fundamentais a este nível).

Necessário é ainda ter presente que a prossecução das incumbências prioritárias do Estado constantes do artigo 81.° podem ou não reclamar a dominialidade de certos bens, como podem ou não reclamar a intervenção ou apropriação pública de meios de produção: há aqui um juízo de adequação subordinado aos princípios antecedentes.

Mas atentemos no próprio artigo 84.° da CRP, como momento normativo de concretização máxima do domínio público no texto constitucional, no sentido de saber se da(s) norma(s) que o mesmo encerra resulta critério ou limite à dominialização de bens.

Confrontando o estatuto e regime dos bens dominiais com o modelo constitucional jus-económico, a que nos vimos referindo, podemos concluir pela *excepcionalidade do domínio público*: a regra constitucional é a da liberdade de apropriação (*maxime*, por entidades privadas) de quaisquer bens, sendo a excepção a respectiva impossibilidade em virtude da incomerciabilidade resultante do estatuto dominial de certos bens. Para além do modelo constitucional jus-económico, podemos ainda apontar neste sentido a própria estrutura do artigo 84.°: a atomicidade que o caracteriza e, numa outra perspectiva, a categorização que o mesmo encerra, por *coisas* e não por *utilidades públicas*, permite afirmar que, *ex constitutione*, apenas integram o domínio público determinados bens ou suas categorias, e não quaisquer bens que se destinem à satisfação ou garantia desta ou daquela utilidade pública. É certo que, com algum esforço interpretativo é

---

[770] Cfr. anotação ao artigo 80.°, I, § 1.°, em especial, 1.2. a 1.4.
[771] Inscrito na alínea *b)* do artigo 80.° (cfr. anotação respectiva, I, § 2.°, 2.2.).
[772] Inscrito na alínea *c)* do artigo 80.° (cfr. anotação respectiva, I, § 2.°, 2.3.).
[773] Inscrito na alínea *d)* do artigo 80.° (cfr. anotação respectiva, I, § 2.°, 2.4.).

possível surpreender utilidades públicas subjacentes ou justificantes da integração de certos bens ou suas categorias no domínio público por parte do artigo 84.°[774]. Mas é também certo que a opção constitucional, como dizíamos, não foi pela enunciação dessas mesmas utilidades justificantes, mas antes por determinados bens ou respectivas categorias, o que degrada o valor normativo-vinculante dessas mesmas utilidades.

Em suma, o conteúdo das alíneas *a)* a *e)* do artigo 84.° constitui um ponto de apoio importante quando, ao abrigo da alínea *f)*, o legislador pretenda integrar no domínio público bens ou categorias de bens conexos com os ali enunciados. Porém, tendo em mente o que vimos de dizer, o juízo de conformidade dessa integração com a Constituição, atendendo a que a utilidade pública subjacente é sempre um imperativo, nunca pode abdicar da consideração dos elementos de apoio a que inicialmente nos referimos no presente ponto.

Finalmente, com vista a avaliar a (possível) abrangência material da alínea *f)* do artigo 84.°, é de reflectir ainda num aspecto: o de saber se o artigo 84.° da CRP, nas suas alíneas *a)* a *e)*, trabalha já com o conceito de universalidade pública. A ser afirmativa a resposta a tal questão, então a alínea *f)* destina-se apenas a que o legislador possa integrar no domínio público outros bens sem qualquer relação com os enunciados nas alíneas antecedentes, o que reduz a importância do elenco constante dessas mesmas alíneas para a interpretação da alínea *f)* no que respeita ao critério e limites constitucionais da dominialização. A ser negativa a resposta, então a alínea *f)* habilita o legislador a concretizar (constitutivamente) as categorias dominiais ali enunciadas, aumentado o relevo do disposto nas alíneas *a)* a *e)* como elemento interpretativo para aqueles efeitos.

Ora bem, a excepcionalidade do domínio público, conforme apontámos *supra*, torna difícil assumir a doutrina da universalidade pública na interpretação da CRP, nos termos em que a mesma é classicamente trabalhada na sequência do ensino de MARCELLO CAETANO[775]. Com efeito, e tomando como exemplo as estradas, se estas assumem um papel fundamental de utilidade pública para a garantia e concretização dos direitos fundamentais, já outros bens que lhes surgem associados podem ou não integrar o domínio público consoante o *modo* pelo qual se pretenda con-

---

[774] Cfr. *supra*, I, § 2.°, 2.1.
[775] Cfr. *Manual* ..., II, pp. 889 e ss.

cretizar essa mesma utilidade pública. Ora, parece-nos que tais opções devem ser tomadas pelo legislador e não pela própria CRP, que se preocupou, justamente, com o *fundamental*: garantir a essência da utilidade pública inerente às estradas. Note-se, aliás, que esta retracção constitucional tem por fundamento aquela excepcionalidade mas, sobretudo, a excepcionalidade de um domínio público *ex constitutione*, que tanto mais limita a margem de manobra do legislador respeitante ao modo de gestão dos bens dominiais quanto maior for a extensão daquele. Neste particular, merecem cuidada análise os argumentos aduzidos por RUI MACHETE em contraponto aos de MARCELLO CAETANO, especialmente quando afirma que o conceito de universalidade pública não pode ser utilizado sem "apoio do dado legislativo em cada aplicação concreta"[776]. E não nos parece que a CRP tenha aqui pretendido fazer uso desse mesmo conceito, pelas razões apontadas e por uma outra de fundo, complementar: o artigo 84.º é introduzido no texto da CRP na recta final da respectiva desideologização e valorização da iniciativa económica privada que, como vimos, encontra fortes limitações pela existência de um domínio público *ex constitutione*.

§ 3.º. Reserva de lei e competência legislativa: titularidade e regime dos bens do domínio público[777]

3.1. A titularidade dos bens do domínio público

3.1.1. Vinculações substanciais

Parece constituir ideia relativamente estabelecida na doutrina portuguesa a de que apenas pessoas colectivas públicas de população e territó-

---

[776] Cfr. *O Domínio Público* ..., pp. 234 ss.
[777] Na expressão "regime" incluímos aqui também as "condições de utilização e limites", de acordo com a parte final do n.º 2 do artigo 84.º da CRP. Porém, a alínea *v)* do n.º 1 do artigo 165.º apenas refere como pertencente à reserva relativa de competência legislativa da AR a *definição* e *regime* dos bens do domínio público. Textualmente, portanto, não há uma identificação plena entre o disposto nesta última norma e o disposto no artigo 84.º no que diz respeito à conformação da reserva de lei. Note-se, porém, que para JORGE MIRANDA e RUI MEDEIROS (de quem nos aproximamos, como se depreende da frase inicial da presente nota) a reserva de competência legislativa da AR neste domínio (por

rio (entes públicos territoriais) podem ser titulares de bens do domínio público[778]. Observando que o n.º 2 do artigo 84.º da CRP apenas se refere ao domínio público do Estado, das regiões autónomas e das autarquias locais, J. J. GOMES CANOTILHO e VITAL MOREIRA concluem (aparentemente) pela *necessidade* de um domínio público estadual, regional e autárquico, por um lado, e pela impossibilidade de outros entes que não aqueles (ainda que públicos) serem titulares de bens do domínio público[779]. Não estamos, porém, tão certos que assim seja quanto ao segundo aspecto; sobretudo, que tal resulte da CRP[780-781].

No que respeita àquele primeiro aspecto – a necessária existência de um domínio público tanto estadual como regional e autárquico[782] –

---

interpretação conjugada da alínea *f)* do n.º 1 e do n.º 2 do artigo 84.º, e da alínea *v)* do n.º 1 do artigo 165.º) abrange a "definição (1) dos limites do domínio público, (2) do regime jurídico propriamente dito do domínio público (incluindo as regras sobre a aquisição, modificação e cessação da dominialidade) e (3) da utilização das coisas do domínio público." (cfr. *Constituição* ..., II, p. 85). Já para J. J. GOMES CANOTILHO e VITAL MOREIRA a reserva de lei parlamentar que resulta da alínea *v)* do n.º 1 do artigo 165.º é mais restrita do que a reserva de lei constante do n.º 2 do artigo 84.º, uma vez que aquela primeira norma se limita à *definição* e *regime* dos bens do domínio público: em consequência, "os demais aspectos [condições de utilização e limites]" cairiam no domínio da competência concorrencial entre a AR e o Governo (cfr. *Constituição* ..., I, p. 1007).

[778] Em resenha, cfr. ANA RAQUEL GONÇALVES MONIZ, *O Domínio Público* ..., pp. 392 ss.

[779] Cfr. *Constituição* ..., I, pp. 1004-1005 (daí que os Autores falem numa "cisão entre titularidade e a posse desses mesmos bens" – entes públicos que não colectividades territoriais apenas poderiam ver bens dominiais afectos ao seu uso, mas não deles serem titulares). Nesta linha, quanto a bens imóveis, cfr. o Decreto-Lei n.º 280/2007, de 7 de Agosto (gestão dos bens imóveis dos domínios públicos do Estado, das regiões autónomas e das autarquias locais, e regime jurídico da gestão dos bens imóveis do domínio privado do Estado e dos institutos públicos). Em sentido idêntico, cfr. JOSÉ PEDRO FERNANDES, *Domínio público*, in DJAP, IV, Lisboa, 1991, pp. 173 ss.; *Mutação dominial*, in DJAP, VI, Lisboa, 1994, pp. 100 ss.

[780] Mas J. J. GOMES CANOTILHO e VITAL MOREIRA admitem hoje que esta sua posição "seja controvertida, pois esta reserva de domínio público não resulta literalmente da Constituição, ancorando-se sobretudo numa tradição doutrinal" (cfr. *Constituição* ..., I, p. 1004).

[781] Suscitando esta problemática, cfr. MARCELO REBELO DE SOUSA/JOSÉ DE MELO ALEXANDRINO, *Constituição* ..., pp. 198-199.

[782] Especificamente sobre o domínio público local, cfr. ANA RAQUEL GONÇALVES MONIZ, *Domínio público local: noção e âmbito*, in *Domínio Público Local*, Escola de Direito da Universidade do Minho/CEJUR – Centro de Estudos Jurídicos do Minho, Junho

tendemos a concordar, sobretudo perante a existência de um domínio público *ex constitutione*, nos termos das alíneas *a)* a *e)* do n.º 1 do artigo 84.º. Tendo as autonomias político-administrativas dos entes territoriais descentralizados justificação, acima de tudo, nos interesses próprios das respectivas populações, e destinando-se a existência de bens dominiais à garantia e efectivação dos direitos fundamentais, é possível afirmar que tal instrumentalidade deve consagrar-se numa outra: a do reforço daquelas mesmas autonomias pela garantia de estatuto compatível dos entes descentralizados, em cujo âmbito a titularidade de bens do domínio público representa um importante papel[783].

No que toca ao segundo aspecto focado – a exclusividade da titularidade de bens do domínio público por parte de pessoas colectivas públicas de população e território – não temos posição concordante com a citada. Em tese, pode desde logo afirmar-se que a titularidade de bens do domínio público é tão instrumental quanto a respectiva existência ou carácter dominial desses mesmos bens. Donde, salvo o devido respeito por posições excludentes daquela cepa, parece-nos que sustentar que apenas o Estado, as regiões autónomas e as autarquias locais podem ser titulares de bens do domínio público equivale a uma petição de princípio centralista, dentro da própria moldura da descentralização administrativa, a que a própria CRP não dá guarda. Veja-se, por exemplo, conforme dá nota ANA RAQUEL GONÇALVES MONIZ, que em Espanha, desde 1983, a lei admite a existência de bens do domínio público na titularidade das universidades quando os mesmos estejam afectos às respectivas funções – o que casaria plenamente com a autonomia das universidades consagrada na CRP[784] – e que em França o *Conseil d'Etat* admite mesmo, desde 1979, a titularidade de bens do domínio público

---

de 2006, pp. 7 ss. Sobre o domínio público das regiões autónomas e das autarquias locais, cfr. JOSÉ PEDRO FERNANDES, *Domínio público*, pp. 189 ss.

[783] Considerando que o disposto no n.º 2 do artigo 84.º, na qualidade de *norma preceptiva não exequível por si mesma com alcance descentralizador*, é uma "verdadeira norma garantia da autonomia municipal" e que a "omissão ou manifesta insuficiência das medidas legislativas importará inconstitucionalidade por omissão", cfr. ANDRÉ FOLQUE, *A Tutela ...*, p. 47-48 (em nota).

[784] Sobre a autonomia universitária, cfr. LUÍS PEDRO PEREIRA COUTINHO, *As Faculdades Normativas Universitárias no Quadro do Direito Fundamental à Autonomia Universitária – O caso das universidades públicas*, Coimbra, 2004, pp. 56 ss.

por parte dos *établissements publics* (ainda que de carácter industrial ou comercial)[785].

É certo que o n.º 2 do artigo 84.º parece apontar naquele sentido excludente, já que, numa interpretação literal, apenas surgem referidos o Estado, as regiões autónomas e as autarquias locais, e entender de modo diverso – num sentido estritamente literal, frisamos – importaria que a integração de bens do domínio público na titularidade de pessoas colectivas públicas distintas daquelas não estaria já sujeita a reserva de lei, o que, por todos os motivos, não é de aceitar. Mas é também certo que o intérprete não pode bastar-se com a consideração literal das normas da Constituição, sob pena de, aí sim, se perder a respectiva totalidade de sentido.

Em primeiro lugar, é tudo menos inquestionável que apenas os entes públicos territoriais disponham dos meios necessários para a defesa (de polícia) dos bens dominiais, podendo questionar-se até com mais propriedade se – e com que extensão – tais entes dispõem realmente de tais meios à luz da CRP.

Em segundo lugar, não impedindo a CRP que a separação entre titularidade e exercício de poderes sobre bens dominiais conduza a que, na prática, no tocante a certos bens, apenas a titularidade permaneça com aqueles entes públicos territoriais, estaríamos bem próximos da fraude à Constituição, não fosse a manutenção dessa titularidade habilitante para que o ente público territorial avoque aqueles poderes cedidos a outrem. Mas o mesmo resultado se consegue por outras formas e pela via legislativa, sem fechar o preceito constitucional em causa naqueles termos.

Retomando, se a titularidade de bens do domínio público constitui um expediente jurídico instrumental, há que buscar a forma pela qual tal instrumento melhor cumpre os seus fins. Quando estejam em causa princípios fundamentais da organização administrativa – como a descentralização e a desconcentração da Administra Pública, nos termos dos artigos 6.º e 267.º da CRP – há que proceder à sua concretização no tom mais conforme ao seu próprio conteúdo constitucional, cuja proximidade face aos valores essenciais do Estado de Direito democrático é bem mais forte do que aquela que se consegue descobrir por detrás de uma regra

---

[785] Cfr. *O Domínio Público* ..., pp. 396 ss.

(literalmente imperfeita) atinente à titularidade de bens do domínio público[786].

3.1.2. *Vinculações formais*

Em termos formais, a definição da titularidade dos bens do domínio público pertence à reserva relativa de competência legislativa da AR, de acordo com a alínea *v)* do n.º 1 do artigo 165.º da CRP. Por consequência, há-de ser através de lei da AR ou de decreto-lei autorizado do Governo que se procede à integração de determinado bem ou categoria de bens na titularidade das entidades que dos mesmos podem ser titulares.

Tal é inequívoco no que respeita à titularidade de bens dominiais por parte do Estado, por um lado, e das autarquias locais e de outras entidades públicas (a sustentar-se posição idêntica à que propugnamos no ponto anterior) situadas no território continental, por outro. É ainda isento de dúvida quando se trate da transferência de bens do domínio público do Estado para a titularidade daquelas entidades ou das regiões autónomas.

Há, no entanto, situações relacionadas com estas últimas que reclamam uma análise mais atenta, designadamente, quando se trata de saber se as regiões autónomas podem legislar em matéria de titularidade de bens do domínio público (*v.g.*, se as mesmas podem transferir bens do domínio público que estejam na sua titularidade para a de outras entidades públicas). Em suma, se o n.º 2 do artigo 84.º estabelece uma reserva de lei em matéria de titularidade de bens do domínio público, cabe questionar em que medida (e se) a mesma se articula com a competência legislativa das regiões autónomas.

O problema não é de resolução simples e não pode, portanto, ter resposta cabal nestas curtas linhas[787]. Alguns tópicos podem, no entanto ser fornecidos.

---

[786] Em sentido semelhante ao por nós aqui sustentado, cfr. ANA RAQUEL GONÇALVES MONIZ, *O Domínio Público* ..., pp. 399-400, onde a Autora afirma, referindo-se ao n.º 2 do artigo 84.º, que "o enunciado constitucional [constitui] apenas um tributo (aliás, confessado, como resulta dos trabalhos preparatórios) à doutrina que tradicionalmente vingava entre nós". Também no sentido da possibilidade de *titularidade dominial de entes administrativos menores sem base territorial*, cfr. JORGE MIRANDA/RUI MEDEIROS, *Constituição* ..., II, pp. 90 ss.

[787] Até porque são aqui decisivos aspectos que se prendem, designadamente, com a autonomia e poderes legislativos das regiões autónomas, com os respectivos estatutos

Em termos quase idênticos, dispõem o ERAM[788] e o ERAA[789] que integram o domínio público regional os bens do domínio público situados no arquipélago, pertencentes ao Estado, bem como aos antigos distritos autónomos, com excepção dos bens afectos à defesa nacional e a serviços públicos não regionalizados, desde que não classificados como património cultural[790].

Por seu turno, a alínea v) do n.º 1 do artigo 165.º consta na alínea b) do n.º 1 do artigo 227.º da CRP como excepção às autorizações legislativas que a AR pode conceder às regiões autónomas, parecendo assim que a definição e regime dos bens do domínio público faz parte das matérias sobre as quais as Assembleias Legislativas das regiões autónomas não podem ser autorizadas a legislar.

Em primeiro lugar, portanto, colocar-se-ia o problema de saber se ao legislar sobre a titularidade dos bens do domínio público que se encontram na sua titularidade, as Assembleias Legislativas das regiões autónomas não violariam o estatuto político-administrativo da respectiva região, conhecido que é o seu valor reforçado: poderiam as regiões autónomas, por via de um decreto legislativo regional, transferir para a titularidade de outra entidade pública (v.g., para as autarquias locais) bens do domínio público que entram na sua titularidade por via estatutária? Propendemos para uma resposta negativa. Os estatutos político-administrativos são leis da República, pertencentes à reserva absoluta de competência legislativa da AR[791]: é, por conseguinte, ao Parlamento que pertence a essência da competência política (e legislativa) de definição infra-constitucional da autonomia regional, para a qual é necessária a existência de um domínio público na titularidade das regiões autónomas. Pese embora a iniciativa legislativa estatutária seja reservada às regiões autónomas, nos termos do artigo 226.º da CRP, não são estas, em rigor, que decidem o seu nível de autonomia a jusante do legislador constituinte e que é vertido nos respectivos estatutos político-administrativos: esta é uma consequência da forma

---

e com as relações entre actos legislativos (cfr. anotações aos artigos 112.º, 161.º, 165.º e 225.º ss.).

[788] Cfr. artigo 144.º.

[789] Cfr. artigo 112.º.

[790] Sobre estas disposições dos estatutos político-administrativos das regiões autónomas, cfr. JORGE MIRANDA/RUI MEDEIROS, Constituição ..., II, pp. 92-93.

[791] Cfr. alínea b) do artigo 161.º da CRP.

de Estado unitário (regionalizado). Assim, parece-nos que as regiões autónomas não podem dispor da titularidade de bens do dominiais que lhes advenham por via estatutária.

Mas, do nosso ponto de vista, o elenco de bens dominais a que os estatutos político-administrativos se referem é um *minus* necessário, subsistindo além disso a possibilidade de as regiões autónomas legislarem sobre a titularidade de outros bens do domínio público. Todavia, aqui há que confrontar a sua própria competência legislativa, nos termos do artigo 227.º da CRP. Como enunciámos, a alínea *b)* do n.º 1 do artigo 227.º exclui a possibilidade de autorizações legislativas regionais, entre outras, quanto às matérias constantes da alínea *v)* do n.º 1 do artigo 165.º. À partida tal poderia inculcar a ideia de que as regiões autónomas estariam impossibilitadas, em qualquer caso, de legislar sobre a titularidade de bens do domínio público. Não nos parece, porém, que seja assim, que seja essa a *ratio legis* da referida alínea *b)* do n.º 1 do artigo 227.º e, por conseguinte, a sua melhor leitura. Evidentemente, o que está em causa não é impossibilitar as Assembleias Legislativas das regiões autónomas de legislar sobre a definição (e regime de bens) do domínio público com efeitos externos ao seu próprio território, o que extravasaria a sua autonomia e seria incoompreensível à luz, designadamente, dos artigos 6.º, 225.º e 228.º da CRP. Mas vedar por completo às regiões autónomas a possibilidade de as mesmas legislarem em matéria da titularidade do domínio público também não parece adequado em face dessa mesma autonomia, sobretudo quando os bens do domínio público regional se destinam a satisfazer necessidades, a garantir e concretizar os direitos fundamentais das populações respectivas, enfim, a concretizar o próprio fundamento da autonomia regional. Sem prejuízo de maiores aprofundamentos nos lugares próprios[792], parece-nos que a alínea *b)* do n.º 1 do artigo 227.º pretende excluir a possibilidade de as regiões autónomas serem autorizadas a legislar, designadamente, sobre a titularidade de bens do domínio público do Estado ou das autarquias locais situados no território regional (no que respeita ao domínio público autárquico tal exclusão não se prende, exclusivamente, com as relações normativas em comentário, mas também com uma outra questão: tal como o domínio público é matéria de *estatuto do*

---

[792] Como já dissemos, cfr., nos lugares prórpios as anotações, designadamente, ao artigo 6.º e artigos 225.º ss.

Estado, e como tal consta da CRP, e de estatuto das regiões autónomas, como tal constando dos respectivos estatutos político-administrativos, também em relação às autarquias deve entender-se que o domínio público diz respeito ao respectivo estatuto, que é matéria da reserva relativa de competência legislativa da AR, nos termos da alínea *q)* do n.º 1 do artigo 165.º, sobre a qual não podem ser concedidas autorizações legislativas às regiões autónomas, nos termos da já referida alínea *b)* do n.º 1 do artigo 227.º da CRP).

Assim, inclinamo-nos para advogar que as regiões autónomas possam ser autorizadas a legislar em matéria de titularidade de bens que integrem o seu domínio público, a jusante dos respectivos estatutos político-administrativos, e quando tal se conexione com matérias de relevo para a sua autonomia enunciadas nesses estatutos, nos termos do artigo 228.º da CRP[793].

No Ac. TC n.º 131/2003 (cit.) decidiu-se que "a Assembleia da República, ao remeter, nos casos previstos no n.º 8 do artigo 3.º, a aplicação da regra contida no respectivo n.º 7 – isto é, a fixação do limite da margem em termos diversos do disposto nos n.ºs 2 a 5 do citado artigo 3.º – para «deliberação» casuística dos respectivos Governos Regionais, sem fixar quaisquer critérios substanciais, abdicou da própria fixação dos critérios de definição dos limites da margem nos casos nele previstos, o que não é constitucionalmente admissível. [§] Consequentemente, há que concluir que a norma constante do n.º 8 do artigo 3.º do Decreto-Lei n.º 468/71, de 5 de Novembro, na redacção que lhe é dada pelo artigo 1.º do decreto n.º 30/IX, viola o princípio da reserva de lei decorrente das disposições conjugadas dos artigos 165.º, n.º 1, alínea v), e 84.º, n.º 2, da CRP."

3.2. O regime dos bens do domínio público

3.2.1. Vinculações substanciais

Como alertámos já, com a expressão *regime dos bens do domínio público* referimo-nos a toda a parte final do n.º 2 do artigo 84.º ("regime, condições de utilização e limites).

---

[793] Sobre a competência legislativa das regiões autónomas em matéria de domínio público, cfr. ANA RAQUEL GONÇALVES MONIZ, *O Domínio Público* ..., pp. 121 ss.; PEDRO LOMBA, *Regiões Autónomas* ..., pp. 57 ss.

No sentido de que o regime de bens do domínio público, para efeitos de definição do âmbito da reserva parlamentar de competência legislativa "compreende as regras que regulam a aquisição do carácter dominial, a utilização das coisas dominiais e a cessação da dominialidade" (embora em termos não exclusivos), cfr. Ac. TC n.º 103/99 (cit.). Já no Ac. TC n.º 288//2004, de 27 de Abril de 2004, *DR*, II Série, n.º 135, de 9 de Junho de 2004, veio a sustentar-se que "(...) a introdução de uma específica isenção de taxas e quaisquer outros encargos para ocupação e utilização de vias de comunicação do domínio público, quando se mostrem necessárias à implantação das infra-estruturas de telecomunicações, para a passagem de diferentes partes da instalação ou para equipamentos necessários à exploração do objecto da concessão do serviço público de telecomunicações, como a prevista na norma em apreço, não é de considerar abrangida na reserva de competência da Assembleia da República, também na parte em que esta se refere à definição do regime dos bens do domínio público".

Naturalmente, não é total a margem de liberdade do legislador na conformação destes diversos aspectos do regime dos bens do domínio público. Como vimos já indiciando, porém, não se apresenta de todo isento de dúvidas o estabelecimento de uma grelha de vinculações que seja comum aos vários bens ou tipos de bens referidos nas várias alíneas do n.º 1, de uma parte, nem tão pouco a quaisquer outros a cuja integração no domínio público o legislador possa proceder ao abrigo da alínea *f)* desse mesmo n.º 1, por outra parte.

Tendo em mente os comentários que deixámos *supra*[794], tendemos a concordar, genericamente, com J. J. GOMES CANOTILHO e VITAL MOREIRA quando afirmam que o legislador não pode ignorar ou eliminar certas "dimensões típicas" do regime (em sentido estrito) dos bens do domínio público[795]. Porém, se se trata sempre de decorrências da incomerciabilidade dos bens dominiais, estamos perante uma matriz comum e básica destes que, por si só, não garante o cumprimento da função da dominialidade: por cada bem ou tipo de bens do domínio público há que buscar vinculações específicas.

Tais vinculações são especialmente importantes (talvez até em maior medida) no que respeita às condições de utilização dos bens dominiais. Conforme os mesmos Autores assentam, cabe à lei determinar se para os

---

[794] Cfr. I, § 1.º e § 2.º.
[795] Cfr. *Constituição* ..., I, p. 1005; e *supra*, I, § 1.º.

bens do domínio público será permitido um *uso geral*, um *uso particular*, um *uso especial* ou um *uso excepcional*, e em que termos (e se) os mesmos podem ser objecto de exploração económica[796]. Mas também aqui, como deixámos já dito, é imperativo observar quais os direitos fundamentais que os bens dominiais se destinam a garantir ou a concretizar e de que forma: aqui, diríamos, o problema não está tanto na natureza dos bens dominiais ou numa sua suposta aptidão natural, mas antes na natureza dos próprios direitos fundamentais, situados estes no contexto de vida (político, social, económico, cultural, etc.) dos seus titulares[797].

No que respeita aos limites do domínio público, a função da lei consiste, essencialmente, na respectiva delimitação face à propriedade privada ou outras formas equivalentes de titularidade[798]. Em determinados casos, tal apresenta especiais dificuldades (*v.g.*, no caso do domínio público aéreo[799]).

3.2.2. Vinculações formais

Em termos formais, como no tocante à titularidade, o regime dos bens do domínio público (incluindo as respectivas condições de utilização e limites) pertence à reserva relativa de competência legislativa da AR, de acordo com a alínea *v)* do n.º 1 do artigo 165.º da CRP. Por consequência, também aqui há-de ser através de lei da AR ou de decreto-lei autorizado do Governo que se procede à respectiva fixação.

---

[796] Cfr. *Constituição* ..., I, p. 1006.

[797] Sobre a fixação de taxas, e respectivos critérios, pela utilização do domínio público, cfr. Ac. TC n.º 640/95 (cit.); Ac. TC n.º 20/2003, de 15 de Janeiro de 2003, *DR*, II Série, n.º 50, de 28 de Fevereiro de 2003; Ac. TC n.º 204/2003, de 28 de Abril de 2003, *DR*, II Série, n.º 141, de 21 de Junho de 2003; Ac. TC n.º 329/2003, de 7 de Julho de 2003, *DR*, II Série, n.º 77, de 31 de Março de 2004; Ac. TC n.º 365/2003, de 14 de Julho de 2003, *DR*, II Série, n.º 246, de 23 de Outubro de 2003; Ac. TC n.º 437/2003 (cit.); Ac. TC n.º 396/2006, de 28 de Junho de 2006, http://www.tribunalconstitucional.pt/tc/acordaos/20060396.html.

[798] Com efeito, parece-nos que o Direito Internacional, neste contexto, tem apenas uma função de delimitação da jurisdição do Estado (e direitos correspondentes) sobre o seu território e áreas adjacentes, não regulando o regime da respectiva titularidade em termos internos (cfr. *infra*, II, § 4.º). Cfr. J. J. GOMES CANOTILHO/VITAL MOREIRA, *Constituição* ..., I, p. 1007.

[799] Cfr. *supra*, I, § 2.º, 2.2.2.

No Ac. TC n.º 866/96, de 4 de Julho de 1996, *DR*, I Série, n.º 292, de 18 de Dezembro de 1996, o TC decidiu pela não inconstitucionalidade de normas de um decreto-lei do Governo (sem que houvesse qualquer autorização legislativa para o efeito) que determinavam que "águas e terrenos do domínio público fluvial e lacustre existentes no interior das zonas do regime cinegético especial se consideram abrangidas pelas mesmas", e que os diplomas instituidores de zonas do regime especial podem determinar que "as águas e terrenos do domínio público fluvial e lacustre existentes no seu perímetro sejam abrangidas, na totalidade ou em parte, pela respectiva zona de caça". Considerou o TC que tais normas constituíam o desenvolvimento de uma verdadeira lei de bases (embora não auto-qualificada como tal) que já estabelecia a proibição de caçar em certas zonas do domínio público, das quais aquelas não constavam. Sucede, porém, que as normas do decreto-lei em causa, directa ou indirectamente, dispõem sobre a utilização desses bens do domínio público (não só por parte dos caçadores, como no que respeita à exclusão de outras utilizações incompatíveis com essa por parte de outras pessoas). Por outro lado, a reserva de competência legislativa constante da alínea *v)* do n.º 1 artigo 165.º da CRP é uma reserva de densificação total (posto que se não queda pelo *regime geral* ou pelas *bases* do regime jurídico em causa), pelo que o Governo apenas poderia legislar sobre esta matéria munido de uma autorização legislativa da AR[800-801].

Mais uma vez, é tema problemático o da competência legislativa das regiões autónomas nesta matéria. Valem aqui, *mutatis mutandis*, as considerações expendidas *supra* a propósito da titularidade do domínio público[802], descontada a apontada limitação decorrente dos estatutos político-administrativos (que nada dispõem sobre o regime destes bens, pro-

---

[800] Neste sentido, cfr. também JORGE MIRANDA/RUI MEDEIROS, *Constituição* ..., II, p. 85, com referência ao Ac. TC n.º 131/2003 (cit.).

[801] Este Ac. TC n.º 866/96 (cit.) declarou ainda a inconstitucionalidade, com força obrigatória geral, entre outras, das normas dos artigos 71.º a 76.º do Decreto-Lei n.º 251/92, de 12 de Novembro (era este o diploma que ali estava em causa), "na parte em que, em processo especial, impõem a integração nas zonas de caça associativas e turísticas de terrenos relativamente aos quais os respectivos interessados não produziram uma efectiva manifestação de vontade no sentido dessa integração, por violação dos artigos 2.º e 62.º, n.º 1" da CRP. Sobre esta problemática, em análise e crítica do referido aresto, cfr. JOSÉ MANUEL SÉRVULO CORREIA, *Zonas de Caça Associativa e Consentimento dos Proprietários*, in *Estudos em Homenagem ao Professor Doutor Pedro Soares Martínez*, I, Coimbra, 2000, pp. 753 ss., *maxime* pp. 764 ss.

[802] Cfr. I, § 3.º, 3.1.2.

priamente dito). Ponto é, reafirma-se, que estejam em causa matérias de relevo para a autonomia regional enunciadas nos estatutos, nos termos do artigo 228.° da CRP[803].

Parece-nos, contudo, que nos casos em que se admita que o Estado atribua às regiões autónomas determinados poderes sobre bens do domínio público estadual, estas possam fazer uso da sua competência regulamentar, ao abrigo da alínea d) do n.° 1 do artigo 227.° da CRP, para, em subordinação à lei, disciplinar o respectivo exercício[804].

Declarando "a inconstitucionalidade, com força obrigatória geral – por violação dos preceitos conjugados dos artigos 229.°, alínea a), e 168.°, n.° 1, alínea x), da Constituição, na versão de 1982 –, de todas as normas do Decreto Legislativo Regional n.° 30/83/A, de 28 de Outubro [que atribuía à Região Autónoma dos Açores a propriedade de todos os objectos, nomeadamente os de valor histórico, arqueológico e artístico, que viessem a ser encontrados "nas águas territoriais da Região e da respectiva zona económica exclusiva", que não tivessem proprietário conhecido ou se pudessem presumir abandonados, e regulava os contratos de concessão para exploração desses mesmos objectos], e do Decreto Regulamentar Regional n.° 1//86/A, de 14 de Janeiro", que regulamentava os contratos de concessão para a pesquisa de espólios com interesse histórico, arqueológico e artístico existentes "nas águas jurisdicionais da Região", cfr. Ac. TC n.° 280/90, de 23 de Outubro de 1990, *DR*, I Série, n.° 1, de 2 de Janeiro de 1991.

Aí afirmava o TC que "dispor sobre a propriedade dos objectos que se encontrem em bens do domínio público do Estado – nos quais se incluem essas águas –, assim como permitir a celebração de contratos de concessão para pesquisa de objectos nas mesmas águas, faz parte do «regime dos bens do domínio público», da competência da Assembleia da República, nos termos da citada alínea x) do n.° 1 do artigo 168.° da Constituição. Só à Assembleia da República, ou ao Governo devidamente autorizado, competia, pois, legislar na matéria"[805].

---

[803] Sobre este aspecto, mais uma vez, cfr. ANA RAQUEL GONÇALVES MONIZ, *O Domínio Público* ..., pp. 121 ss.; PEDRO LOMBA, *Regiões Autónomas* ..., pp. 61 ss.

[804] Será o caso, como aponta PEDRO LOMBA, de determinados poderes sobre bens que importem à defesa nacional, mas que não vão bulir com a respectiva essência, justificante da sua necessária permanência na titularidade do Estado (cfr. *Regiões Autónomas* ..., pp. 64-65).

[805] Cfr. também a interessante posição crítica do Juiz Conselheiro BRAVO SERRA, na sua declaração de voto, em torno da qualificação de tais bens como património cultural, entre os quais haveria que distinguir aqueles que são de interesse nacional ou estritamente regional.

Do mesmo modo, no Ac. TC n.º 330/99, de 2 de Junho de 1999, *DR*, I Série, n.º 151, de 1 de Julho de 1999, o TC pronunciou-se pela inconstitucionalidade, "por violação do artigo 227.º, n.º 1, alínea a), conjugado com os artigos 84.º, n.º 2, e 165.º, n.º 1, alínea v), da Constituição, de todas as normas do Decreto Legislativo Regional n.º 15/99, sobre «Regime da Extracção de Areia no Mar dos Açores», aprovado pela Assembleia Legislativa Regional dos Açores em 21 de Abril de 1999", em virtude de se estar perante domínio público do Estado e não regional[806].

II. DIREITO INTERNACIONAL E EUROPEU

§ 4.º. Direito Internacional

Conforme se assinalou já pontualmente, o relevo do Direito Internacional no que respeita à matéria do domínio público não se prende propriamente com a definição do respectivo regime jurídico, mas com a delimitação do território ou áreas de jurisdição do Estado e direitos deste sobre os mesmos. Não se trata, pois, de estabelecer, em termos internos, a respectiva titularidade e regime jurídico, que constituem opções político-jurí-

---

[806] Em declaração de voto, a Juíza Conselheira MARIA DOS PRAZERES PIZARRO BELEZA considerou, porém, que estaria em causa, como determinante de inconstitucionalidade orgânica, não a reserva de competência legislativa da AR, mas a ausência de interesse específico regional, nos seguintes termos: "Na sequência da enumeração (directa e por remissão) dos bens do domínio público constante do n.º 1, o n.º 2 do artigo 84.º remete para lei, além da distinção entre os que pertencem ao domínio público do Estado, das Regiões Autónomas e das autarquias locais, a regulamentação do «seu regime, condições de utilização e limites». [§] Conjugando-se este n.º 2, simultaneamente, com a alínea v) do n.º 1 do artigo 165.º e com a alínea f) do artigo 228.º, concluo que é reserva de lei da Assembleia da República, apenas, a definição do regime no que a dominialidade tem de essencial; quanto ao mais, nomeadamente quanto à regulamentação das condições de utilização dos bens, como é o caso, pode constar, quer de decreto-lei do Governo [aprovado ao abrigo da alínea a) do n.º 1 do artigo 198.º], quer de decreto legislativo regional, desde que, nesta última hipótese, respeite a matérias de «interesse específico para as regiões» [alínea a) do n.º 1 do artigo 227.º]. [§] Penso, porém, que o decreto n.º 15/99 não versa matéria de interesse específico da Região Autónoma dos Açores, não obstante enquadrar-se o seu conteúdo na alínea f) do artigo 228.º (recursos hídricos e minerais). É que só poderia considerar-se do interesse específico da Região se respeitasse a bens do domínio público regional respectivo".

dicas internas, vertidas na lei interna (constitucional ou infra-constitucional), mas antes de delimitar o espaço em que o Estado pode fazê-lo, no âmbito da sua soberania.

Deste modo, valem aqui, *mutatis mutandis*, as considerações expendidas noutros lugares a propósito da neutralidade do Direito Internacional no que respeita ao regime da propriedade no interior dos Estados (neutralidade essa que, em rigor, não é absoluta, dado que os dispositivos de Direito Internacional, designadamente, em matéria de direitos fundamentais, podem representar uma limitação, ainda que indirecta, à liberdade de estatuição do Direito interno)[807].

Para além dos instrumentos de Direito Internacional já referidos a propósito das alíneas *a)* e *b)* do n.º 1 do artigo 84.º (domínio público hídrico e aéreo)[808], é ainda relevante observar, no que respeita ao domínio hídrico, outros relativos aos rios e bacias hidrográficas internacionais[809].

§ 5.º. Direito Europeu

O Direito Europeu tão pouco dispõe sobre o regime da propriedade no interior dos vários Estados, consagrando também um princípio de neutralidade nesta matéria. Todavia, como noutros lugares já evidenciámos, tal neutralidade é relativizada ou matizada pela necessidade de cumprimento do Direito Europeu, perante o que o regime da propriedade não pode constituir obstáculo definitivo ou intransponível[810].

É necessário ter agora presente que, como vindos afirmando, o estabelecimento de um domínio público consubstancia mais uma limitação à liberdade de iniciativa económica privada do que ao direito de proprie-

---

[807] Cfr. anotações ao artigo 82.º, II, § 6.º, e ao artigo 83.º, II, § 5.º.

[808] Cfr. *supra*, I, § 2.º, respectivamente, 2.2.1. e 2.2.2.

[809] A respectiva enunciação pode encontrar-se nos Decretos Regulamentares que aprovaram os Planos de Bacia Hidrográfica do Guadiana (n.º 16/2001, de 5 de Dezembro), do Minho (n.º 17/2001, de 5 de Dezembro), do Tejo (n.º 18/2001, de 7 de Dezembro), e do Douro (n.º 19/2001, de 10 de Dezembro). Sobre esta temática, veja-se a obra colectiva, *Águas – O Regime Jurídico Internacional dos Rios Transfronteiriços*, org. de J. J. Gomes Canotilho, Coimbra, 2006 (com vastos contributos doutrinários, legais e jurisprudenciais).

[810] Cfr. anotações ao artigo 80.º, II, § 4.º; ao artigo 82.º, II, § 7.º; e ao artigo 83.º, II, § 6.º.

dade, propriamente dito, o que é susceptível de afectar os princípios fundamentais da ordem jurídica comunitária[811].

III. MEMÓRIA CONSTITUCIONAL

§ 6.º. **As constituições portuguesas anteriores à Constituição de 1976**

Anteriormente à Constituição de 1933, nenhum outro texto constitucional dedicou qualquer norma ao estabelecimento de bens ou categorias de bens pertencentes ao domínio público; tão pouco qualquer enunciado normativo genérico que permitisse, em termos constitucionais, avançar na unificação de um conceito[812]. De resto, as referências ao território, bem como aquelas que afirmam – como logo nas Bases da Constituição de 1822 – que a Nação "não pode ser património de ninguém" (ou de expressão equivalente), encontram justificação na limitação do poder monárquico, e não propriamente no desígnio de estabelecer um regime jurídico das *coisas públicas*.

A **Constituição de 1822**, no n.º XII do artigo 103.º, estatuía como atribuição das Cortes, sem dependência de sanção real, "Regular a administração dos bens nacionais, e decretar a sua alienação em caso de neces-

---

[811] É neste contexto que ANA RAQUEL GONÇALVES MONIZ nota que "A ideia de limitação do estatuto da dominialidade aos bens relativamente aos quais a disciplina jurídica privativa desse estatuto se torna necessária encontra hoje particular acolhimento no âmbito das infra-estruturas tradicionalmente concebidas como dominiais; com efeito, a já referida liberalização dos sectores em causa e a crescente influência do Direito Comunitário permitiram considerar que, nesta matéria, se não revela já decisiva a titularidade pública do bem, mas sim o regime jurídico (menos exigente) de vinculação da rede a um fim determinado (semelhante ao dos bens afectos a concessões), acompanhada do livre acesso da mesma a todos os operadores económicos, de acordo com uma gestão imparcial e não descriminatória." (cfr. *O Domínio Público* ..., pp. 290-291). Existe aqui algum paralelo com a problemática da definição e regime jurídico internos da empresa pública, no que isso pode importar para efeitos de (in)cumprimento do Direito Comunitário (cfr. artigo 82.º, II, § 7.º).

[812] Neste sentido, cfr. ANA RAQUEL GONÇALVES MONIZ, *O Domínio Público* ..., p. 68. Conforme nota a Autora, existe até uma indeterminação conceitual neste domínio, o que torna difícil, a partir dos textos constitucionais, entender uma *normatividade fundamental* sobre a matéria.

sidade". Adiante, o n.º IV do artigo 159.º estabelecia a responsabilidade dos Secretários de Estado perante as Cortes "Por qualquer dissipação ou mau uso dos bens públicos"[813].

O § 13.º do artigo 15.º da **Carta Constitucional**, em termos similares, estabelecia como atribuição das Cortes "Regular a Administração dos Bens do Estado, e decretar a sua alienação". E também em termos similares à Constituição de 1822, estabelecia a Carta a responsabilidade dos Ministros de Estado "Por qualquer dissipação dos bens públicos", no § 6.º do artigo 103.º.

A **Constituição de 1838** fixava, de modo também idêntico, a competência das Cortes para "Regular a administração dos Bens Nacionais e decretar a sua alienação" (n.º XV do artigo 37.º), e a responsabilidade dos Ministros e Secretários de Estado pela "dissipação ou mau uso dos bens públicos" (n.º VI do artigo 116.º). A irrevogabilidade da venda "dos Bens Nacionais feita na conformidade das leis", estabelecida no § 3.º do artigo 23.º surgia como garantia do direito de propriedade, que é, aliás, o escopo geral do preceito.

Também a **Constituição de 1911** se quedou pela atribuição de competência ao Congresso da República para regular a administração e decretar a alienação dos bens nacionais (n.os 22.º e 23.º do artigo 26.º).

Já a **Constituição de 1933** dedicou especificamente o Título XI da Parte I ao "Domínio Público e Privado do Estado". Aí dispunha o artigo 49.º pertencerem ao domínio público do Estado:

"1.º – Os jazigos minerais, as nascentes de águas minero-medicinais e outras riquezas naturais do subsolo;

2.º – As águas marítimas, com os seus leitos;

3.º – Os lagos, lagoas e cursos de água navegáveis ou flutuáveis, com os respectivos leitos ou álveos e bem assim os que, por decreto especial, forem reconhecidos de utilidade pública como aproveitáveis para produção de energia eléctrica, nacional ou regional, ou para irrigação;

4.º – As valas abertas pelo Estado;

---

[813] Os n.os IV e V do artigo 223.º da Constituição de 1822 colocavam sob a administração das câmaras um conjunto de bens e estabelecimentos, mas sem que possam, do nosso ponto de vista, daí retirar-se consequências quanto ao respectivo estatuto patrimonial.

5.º – As camadas aéreas superiores ao território, para além dos limites que a lei fixar em benefício do proprietário do solo;

6.º – As linhas férreas de interesse público de qualquer natureza, as estradas e caminhos públicos;

7.º – As zonas territoriais reservadas para a defesa militar;

8.º – Quaisquer outros bens sujeitos por lei ao regime do domínio público.

§ 1.º – Os poderes do Estado sobre os bens do domínio público e o uso destes por parte dos cidadãos são regulados pela lei e pelas convenções internacionais celebradas por Portugal, ficando sempre ressalvados para o Estado os seus direitos anteriores e para os particulares os direitos adquiridos, podendo estes porém ser objecto de expropriação determinada pelo interesse público e mediante justa indemnização.

§ 2.º – Das riquezas indicadas no n.º 1 são expressamente exceptuadas as rochas e terras comuns e os materiais vulgarmente empregados nas construções.

§ 3.º – O Estado procederá à delimitação dos terrenos que, constituindo propriedade particular, confinem com bens do domínio público."

Por sua vez, o artigo 50.º atribuía a administração dos bens do domínio privado do Estado, no "Continente e Ilhas Adjacentes", em regra, ao Ministério das Finanças[814].

O artigo 51.º estatuía a impossibilidade de alienação de quaisquer bens ou direitos do Estado que interessassem "ao seu prestígio ou superiores conveniências nacionais". E o artigo 52.º colocava "sob a protecção do Estado os monumentos artísticos, históricos e naturais, e os objectos artísticos oficialmente reconhecidos como tais", proibindo-se a respectiva alienação em favor de estrangeiros.

---

[814] No que respeita especificamente às colónias, cfr. artigo 39.º do Acto Colonial, e artigos 161.º a 164.º e 167.º da Constituição de 1933, na sequência da revisão constitucional realizada pela Lei n.º 2048, de 11 de Junho de 1951. As restrições às concessões e outras formas de utilização de certos bens do domínio público que se encontram no Acto Colonial (cfr., v.g. artigos 7.º ss.) justificam-se pelo contexto internacional das mesmas. Sobre o assunto, genericamente, cfr. RUI GUERRA DA FONSECA, *As Companhias Majestáticas de Colonização do Final do Século XIX*, in O Direito, Ano 133.º, III (Julho/Set.), pp. 659 ss., e IV (Out./Dez.), 2001, pp. 863 ss.

A própria administração dos bens do domínio público era objecto de atenção particular, nos termos dos artigos 59.º e seguintes. Este primeiro preceito, aliás, considerava de interesse colectivo "todas as empresas que visem ao aproveitamento e exploração das coisas que fazem parte do domínio público do Estado", determinando a sua submissão a regimes especiais "de administração, concurso, superintendência ou fiscalização do Estado", o que encontrava justificação na afectação desses bens, em regra, a um serviço público[815].

Adiante, o artigo 70.º estabelecia uma reserva de lei quanto aos princípios gerais no domínio da administração e exploração dos *bens* (e empresas) do Estado.

De realçar, portanto, que apenas com a Constituição de 1933 o constitucionalismo português se dedica ao domínio público *qua tale*[816], sendo o período anterior caracterizado pela ausência de regime jurídico-constitucional propriamente dito, sobre a matéria, e pela imprecisão terminológica[817].

§ 7.º. Conteúdo originário da redacção do preceito na Constituição de 1976 e sucessivas versões decorrentes das revisões constitucionais

O preceito contido no artigo 84.º da CRP é originário da revisão constitucional de 1989[818].

Com efeito, a **Constituição de 1976, na sua redacção originária**, não continha qualquer referência ao domínio público. A expressão surge pela primeira vez na sequência da revisão constitucional de 1982, e ainda assim apenas para incluir na reserva relativa de competência legislativa da

---

[815] Com especial interesse, vejam-se as alterações a estes preceitos introduzidas na revisão constitucional de 1971.

[816] Sobre a constitucionalização do domínio público com a Constituição de 1933, cfr. também JORGE MIRANDA/RUI MEDEIROS, *Constituição* ..., II, pp. 71-72. Sobre os bens do domínio público ("extensão da dominialidade") na vigência da Constituição de 1933, cfr. AFONSO RODRIGUES QUEIRÓ, *Lições de Direito Administrativo*, II, Coimbra, 1959, pp. 44 ss.

[817] Para uma visão analítica desta problemática, reflectindo, designadamente, sobre o contributo do Código de Seabra para a sua inflexão, cfr. ANA RAQUEL GONÇALVES MONIZ, *O Domínio Público* ..., pp. 64 ss.

[818] Cfr. artigo 54.º da Lei Constitucional n.º 1/89, de 8 de Julho.

AR a definição e regime dos bens do domínio público (era então a alínea *x)* do n.º 1 do artigo 168.º, actual alínea *v)* do n.º 1 do artigo 165.º)[819].

Com a **revisão constitucional de 1989**, a matéria relativa ao domínio público passa a ocupar o artigo 84.º, que anteriormente alojava a das cooperativas e experiências de autogestão[820].

O artigo 84.º mantém a redacção que originariamente lhe foi dada na revisão constitucional de 1989, não tendo sofrido de então para cá qualquer alteração.

§ 8.º. **Apreciação do sentido das alterações do preceito**

Não tendo o actual artigo 84.º sofrido qualquer alteração desde a sua introdução no texto constitucional, em 1989, não existem considerações a expender neste ponto[821].

IV. PAÍSES DE EXPRESSÃO PORTUGUESA

§ 9.º. **Brasil**

A CRFB contém preceito similar ao do artigo 84.º da CRP – é o artigo 20.º –, sendo de destacar duas observações. Desde logo, a (imediata) inserção da norma no Capítulo II ("Da União") do Título III ("Da Organização do Estado"), e não, como entre nós, no âmbito da Constituição económica, o que realça o estatuto da dominialidade como elemento de organização do Estado, e não essencialmente económico, no contexto do federalismo. Depois, para notar que se trata de preceito anterior ao artigo 84.º da CRP, que apenas surgiu com a revisão constitucional de 1989[822].

---

[819] Cfr. n.º 6 do artigo 128.º da Lei Constitucional n.º 1/82, de 30 de Setembro.

[820] Por força das profundas alterações, materiais e sistemáticas, que a Parte II sofreu na revisão constitucional de 1989 (cfr. artigos 48.º ss. da Lei Constitucional n.º 1/89, de 8 de Julho).

[821] Porém, sobre a *questão constitucional* e utilização da expressão *domínio público* no texto constitucional até à revisão de 1989, cfr. JORGE MIRANDA/RUI MEDEIROS, *Constituição* ..., II, pp. 73-74.

[822] Cfr. *supra*, III, § 7.º e § 8.º.

É a seguinte a redacção da norma:

"Art. 20.º
São bens da União:
I – os que atualmente lhe pertencem e os que lhe vierem a ser atribuídos;
II – as terras devolutas indispensáveis à defesa das fronteiras, das fortificações e construções militares, das vias federais de comunicação e à preservação ambiental, definidas em lei;
III – os lagos, rios e quaisquer correntes de água em terrenos de seu domínio, ou que banhem mais de um Estado, sirvam de limites com outros países, ou se estendam a território estrangeiro ou dele provenham, bem como os terrenos marginais e as praias fluviais;
IV – as ilhas fluviais e lacustres nas zonas limítrofes com outros países; as praias marítimas; as ilhas oceânicas e as costeiras, excluídas, destas, as que contenham a sede de Municípios, exceto aquelas áreas afetadas ao serviço público e a unidade ambiental federal, e as referidas no art. 26, II;
V – os recursos naturais da plataforma continental e da zona econômica exclusiva;
VI – o mar territorial;
VII – os terrenos de marinha e seus acrescidos;
VIII – os potenciais de energia hidráulica;
IX – os recursos minerais, inclusive os do subsolo;
X – as cavidades naturais subterrâneas e os sítios arqueológicos e préhistóricos;
XI – as terras tradicionalmente ocupadas pelos índios.
§ 1.º – É assegurada, nos termos da lei, aos Estados, ao Distrito Federal e aos Municípios, bem como a órgãos da administração direta da União, participação no resultado da exploração de petróleo ou gás natural, de recursos hídricos para fins de geração de energia elétrica e de outros recursos minerais no respectivo território, plataforma continental, mar territorial ou zona econômica exclusiva, ou compensação financeira por essa exploração.
§ 2.º – A faixa de até cento e cinqüenta quilômetros de largura, ao longo das fronteiras terrestres, designada como faixa de fronteira, é considerada fundamental para defesa do território nacional, e sua ocupação e utilização serão reguladas em lei."[823]

---

[823] Isto traduz-se, bem entendido, na repartição de atribuições e competências entre a União, os Estados Federados e os Municípios (cfr. artigos 21.º ss. da CRFB). Referindo-se aos bens dos Estados Federados, cfr. artigo 26.º da CRFB. A propósito da iniciativa económica pública, cfr. anotação ao artigo 86.º, IV, § 11.º.

§ 10.º. **Angola**

A LCRA trata da *propriedade do Estado* (não a distinguindo do domínio público) no respectivo artigo 12.º. Aí se dispõe que:

"Artigo 12.º
1. Todos os recursos naturais existentes no solo e no subsolo, nas águas interiores, no mar territorial, na plataforma continental e na zona económica exclusiva são propriedade do Estado, que determina as condições do seu aproveitamento, utilização e exploração.
2. O Estado promove a defesa e conservação dos recursos naturais, orientando a sua exploração e aproveitamento em benefício de toda a comunidade.
3. A terra, que constitui propriedade originária do Estado, pode ser transmitida para pessoas singulares ou colectivas, tendo em vista o seu racional e integral aproveitamento, nos termos da lei.
4. O Estado respeita e protege a propriedade das pessoas, quer singulares quer colectivas, e a propriedade e a posse das terras pelos camponeses, sem prejuízo da possibilidade de expropriação por utilidade pública, nos termos da lei."[824]

§ 11.º. **Moçambique**

A CRM dedica o seu artigo 98 ao domínio público do Estado, distinguindo-o de *propriedade do Estado*, categoria mais vasta. Dispõe tal preceito como se segue:

"Artigo 98
(Propriedade do Estado e domínio público)
1. Os recursos naturais situados no solo e no subsolo, nas águas interiores, no mar territorial, na plataforma continental e na zona económica exclusiva são propriedade do Estado.
2. Constituem domínio público do Estado:
a) a zona marítima;
b) o espaço aéreo;
c) o património arqueológico;
d) as zonas de protecção da natureza;

---

[824] Sobre a utilização e exploração da propriedade pública, veja-se ainda o n.º 2 do artigo 11.º (cfr. anotação ao artigo 86.º, IV, § 12.º).

e) o potencial hidráulico;
f) o potencial energético;
g) as estradas e linhas férreas;
h) as jazidas minerais;
i) os demais bens como tal classificados por lei.

3. A lei regula o regime jurídico dos bens do domínio público, bem como a sua gestão e conservação, diferenciando os que integram o domínio público do Estado, o domínio público das autarquias locais e o domínio público comunitário, com respeito pelos princípios da imprescritibilidade e impenhorabilidade."

É nítida a similitude – embora com diferenças assinaláveis – com o disposto no artigo 84.° da CRP, mesmo no que toca à estrutura da norma.

Atenção particular merece a propriedade da terra, dispondo a CRM que:

"Artigo 109
(Terra)
1. A terra é propriedade do Estado.
2. A terra não deve ser vendida, ou por qualquer outra forma alienada, nem hipotecada ou penhorada.
3. Como meio universal de criação da riqueza e do bem-estar social, o uso e aproveitamento da terra é direito de todo o povo moçambicano.

Artigo 110
(Uso e aproveitamento da terra)
1. O Estado determina as condições de uso e aproveitamento da terra.
2. O direito de uso e aproveitamento da terra é conferido às pessoas singulares ou colectivas tendo em conta o seu fim social ou económico.

Artigo 111
(Direitos adquiridos por herança ou ocupação da terra)
Na titularização do direito de uso e aproveitamento da terra, o Estado reconhece e protege os direitos adquiridos por herança ou ocupação, salvo havendo reserva legal ou se a terra tiver sido legalmente atribuída a outra pessoa ou entidade."

§ 12.º. **Cabo Verde**

Sobre o domínio público na CRCV, veja-se o disposto nos n.ᵒˢ 7, 8 e 9 do artigo 90.º[825].

§ 13.º. **Guiné-Bissau**

A CRGB define os bens que são propriedade do Estado no n.º 2 do artigo 12.º, sem a distinguir, porém, de *domínio público*:

"ARTIGO 12º
1. ....:
   a) ....;
   b) ....;
   c) ....;
2. São propriedade do Estado o solo, o subsolo, as águas, as riquezas minerais, as principais fontes de energia, a riqueza florestal e as infra-estruturas sociais."[826]

São ainda de realçar as normas contidas nos artigos 9.º e 10.º, respeitantes ao exercício da soberania do Estado guineense sobre o seu território, recursos naturais e zona económica exclusiva, que denotam uma concepção daquele poder típico do Estado associada à ideia de *direito real*.

E note-se ainda o disposto no n.º 1 do artigo 13.º, que estabelece que "O Estado pode dar, por concessão, às cooperativas e outras pessoas jurídicas singulares ou colectivas a exploração da propriedade estatal desde que sirva o interesse geral e aumente as riquezas sociais".

§ 14.º. **São Tomé e Príncipe**

A CRDSTP não contém disposição idêntica à constante do artigo 84.º da CRP.

---

[825] Cfr. anotação ao artigo 80.º, IV, § 11.º.

[826] O n.º 1 deste preceito respeita às *formas de propriedade* (cfr. anotação ao artigo 82.º, IV, § 15.º).

§ 15.º. **Timor-Leste**

A CRDTL dispõe sobre os bens que, constitucionalmente, constituem *propriedade do Estado*, também sem a distinguir da categoria *domínio público*:

"**Artigo 139.º**
(Recursos naturais)
1. Os recursos do solo, do subsolo, das águas territoriais, da plataforma continental e da zona económica exclusiva, que são vitais para a economia, são propriedade do Estado e devem ser utilizados de uma forma justa e igualitária, de acordo com o interesse nacional.
2. As condições de aproveitamento dos recursos naturais referidas no número anterior devem servir para a constituição de reservas financeiras obrigatórias, nos termos da lei.
3. O aproveitamento dos recursos naturais deve manter o equilíbrio ecológico e evitar a destruição de ecossistemas."

ARTIGO 85.º
(Cooperativas e experiências de autogestão)

1. O Estado estimula e apoia a criação e a actividade de cooperativas.
2. A lei definirá os benefícios fiscais e financeiros das cooperativas, bem como condições mais favoráveis à obtenção de crédito e auxílio técnico.
3. São apoiadas pelo Estado as experiências viáveis de autogestão.

Quadro tópico:
I. COOPERATIVAS E EXPERIÊNCIAS DE AUTOGESTÃO
§ 1.º. O PROJECTO COOPERATIVO DA CRP;
1.1. A *ideia* do sector cooperativo para refundação da ordem sócio--económica;
1.2. A livre iniciativa cooperativa e os princípios cooperativos;
1.3. A expressão constitucional de ramos do subsector cooperativo;
§ 2.º. O ESTADO E O SUBSECTOR COOPERATIVO;
2.1. O papel estimulante do Estado;
2.2. Em especial, os estímulos necessários: benefícios fiscais, financeiros, de recurso ao crédito e auxílio técnico;
2.3. O papel interventor do Estado: as *régies cooperativas*;
§ 3.º. AS EXPERIÊNCIAS DE AUTOGESTÃO;
3.1. Conformação constitucional da iniciativa autogestionária;
3.2. A viabilidade das experiências autogestionárias e os apoios do Estado;
§ 4.º. RESERVA DE LEI E COMPETÊNCIA LEGISLATIVA;
4.1. A competência do Parlamento;
4.2. A competência do Governo;
4.3. A competência das Assembleias Legislativas das regiões autónomas.

II. DIREITO INTERNACIONAL E EUROPEU
§ 5.º. Direito Internacional;
§ 6.º. Direito Europeu.

III. MEMÓRIA CONSTITUCIONAL
§ 7.º. As constituições portuguesas anteriores à Constituição de 1976;

§ 8.º. Conteúdo originário da redacção do preceito na Constituição de 1976 e sucessivas versões decorrentes das revisões constitucionais;

§ 9.º. Apreciação do sentido das alterações do preceito.

IV – PAÍSES DE EXPRESSÃO PORTUGUESA
§ 10.º. Brasil;
§ 11.º. Angola;
§ 12.º. Moçambique;
§ 13.º. Cabo Verde;
§ 14.º. Guiné-Bissau;
§ 15.º. São Tomé e Príncipe;
§ 16.º. Timor-Leste.

I. COOPERATIVAS E EXPERIÊNCIAS DE AUTOGESTÃO

§ 1.º. O projecto cooperativo da CRP

1.1. A ideia *do sector cooperativo para refundação da ordem sócio--económica*

A *ideia cooperativa* traz em si um projecto, ou pelo menos um contributo, para a refundação da ordem sócio-económica, forjado na observação do que poderemos apelidar de disfunções e injustiças sociais geradas tanto no seio do capitalismo liberal como da economia pública totalizante. Ainda antes do alvor da Constituição de 1976, escrevia J. M. Sérvulo Correia, numa passagem que não resistimos a citar, que "as cooperativas nem desapareceram da cena económica nem conseguiram mudar a estrutura sócio-económica do mundo mediante a realização da utópica república cooperativa. Revelaram-se, contudo, um poderoso meio de defesa das classes economicamente fracas e na economia dos nossos dias, que não é já liberal mas sim dirigida, assumem um papel cada vez mais importante, deslocando-se a sua esfera de actuação progressivamente para os pequenos e médios produtores"[827]. Pode dizer-se, sinteticamente, que foi esse o espírito que enformou o legislador constituinte em 1976, sobretudo tendo em conta o posicionamento constitucional, ao tempo, da iniciativa económica privada[828].

Como observa JORGE MANUEL COUTINHO DE ABREU, na senda de FAUQUET – e sem que tal se espelhe efectivamente no direito português, e sem que o carácter empresarial esteja sempre presente – a cooperativa é uma organização que tem na essência o substracto pessoal, onde a regra "um homem um voto" corporiza o princípio democrático: "criada e gerida para satisfazer directamente as necessidades dos associados-utentes", acaba por ser "uma "empresa de serviço" (não uma "empresa de relação" – como a capitalista –, gerida "em função da soma dos lucros a retirar", e em que a "satisfação das necessidades dos utentes é uma condição, não é um fim")"[829].

Neste sentido, o *favor* constitucional ainda hoje dispensado às cooperativas – que começa, em termos lógicos e para efeitos da normatividade constitucional respeitante à organização económico-social, na alínea *f)* do artigo 80.º[830] – não se afastou, essencialmente, da sua justificação inicial: uma alternativa a formas de organização económica que perseguem o lucro[831]. Sucede, porém, que o reposicionamento normativo da iniciativa económica privada e dos sectores privado e público no âmbito dos sectores de propriedade dos meios de produção – reposicionamento esse que consistiu numa tradução normativa ao nível constitucional da própria rea-

---

[827] Cfr. *Cooperação, Cooperativismo e Doutrina Cooperativa*, Separata de *Estudos Sociais e Cooperativos*, Ano IV, n.º 15, 1965, p. 75, *apud* EDUARDO PAZ FERREIRA, *Direito* ..., p. 182.

[828] Cfr. JOAQUIM DA SILVA LOURENÇO, *O Cooperativismo* ..., pp. 373 ss.

[829] Cfr. *Da Empresarialidade* ..., p. 165. Valorizando na iniciativa cooperativa a vertente da democracia participativa, "inseparável da democracia económica, social e cultural", e afirmando que "a sua protecção (...), é ditada não tanto pela relativa maior fragilidade das empresas quanto por razões sociais e políticas ligadas à própria ideia de Direito da Constituição", cfr. JORGE MIRANDA/RUI MEDEIROS, *Constituição* ..., p. 623.

[830] Cfr. anotação respectiva ao artigo 80.º, I, § 2.º, 2.6.

[831] Neste sentido também, cfr. EDUARDO PAZ FERREIRA, *Direito* ..., p. 182. Muito embora, como afirmam JORGE MIRANDA e RUI MEDEIROS (na senda de J. M. SÉRVULO CORREIA) o cooperativismo não seja já hoje visto "como uma espécie de terceira via entre o capitalismo e o colectivismo ou como um meio de construção do socialismo", mas antes tutelado "no quadro de um regime de livre iniciativa e propriedade privada" (cfr. *Constituição* ..., II, p. 98).

lidade jurídico-económica – acabaram por acantonar a iniciativa cooperativa à sua dimensão real. O mesmo é dizer que, em rigor e do ponto de vista normativo, a Constituição abdicou de qualquer projecto profundo que nela pudesse entrever-se de refundação da ordem sócio-económica com base no cooperativismo[832]. A permanência da norma em análise no texto constitucional é, bem visto, o melhor testemunho disso, mas também de que a CRP não abdicou das cooperativas como uma alternativa à realidade económica dominante e carente de protecção.

Resta saber se a(s) norma (s) contida neste artigo 85.° cumpre ainda a sua função, ou se, mercê de realidades várias, a sua força normativa se degradou, não pela afectação da sua validade ou vigência, mas da sua eficácia.

1.2. *A livre iniciativa cooperativa e os princípios cooperativos*

As especiais condições com que a CRP favorece as cooperativas assentam no pressuposto do livre exercício da iniciativa cooperativa, ao abrigo do n.° 2 do artigo 61.°, mas também na conformação dessa mesma iniciativa aos princípios cooperativos. Já nos referimos, em momento anterior, ao seu valor[833]. Recorde-se, porém, que livre iniciativa cooperativa e liberdade empresarial (ou de actividade, em geral) cooperativa são realidades que, juridicamente, não se identificam de pleno[834].

---

[832] Recorde-se a redacção originária do n.° 2 do artigo 83.° ("Nacionalizações efectuadas depois de 25 de Abril de 1974"), nos termos do qual "As pequenas e médias empresas indirectamente nacionalizadas, fora dos sectores básicos da economia, poderão, a título excepcional, ser integradas no sector privado, desde que os trabalhadores não optem pelo regime de autogestão ou de cooperativa" (note-se o *favor* de que gozava a autogestão, mesmo em face da solução cooperativa). Hoje, passadas as múltiplas vicissitudes, resta o n.° 2 do artigo 296.° da CRP ("Reprivatização de bens nacionalizados depois de 25 de Abril de 1974"), uma norma – a todos os títulos – distinta: "As pequenas e médias empresas indirectamente nacionalizadas situadas fora dos sectores básicos da economia poderão ser reprivatizadas nos termos da lei" (cfr. anotação respectiva).

[833] Cfr. anotação ao artigo 80.°, I, § 2.°, 2.6.1.

[834] Cfr. anotação ao artigo 61.°. A título de exemplo, tenha-se presente o disposto no n.° 2 do artigo 75.° ("Ensino público, particular e cooperativo"), nos termos do qual "O Estado reconhece e *fiscaliza* o ensino particular e cooperativo, nos termos da lei" (it. nosso). Sobre os princípios cooperativos e a liberdade de associação nas cooperativas, cfr. Ac. TC n.° 38/84 (cit.).

Conforme se expôs já[835], os princípios cooperativos correspondem aos formulados pela Aliança Cooperativa Internacional nos Congressos de Paris (1937) e de Viena (1966) e que se encontram acolhidos no artigo 3.º do Código Cooperativo: adesão livre ou "porta aberta" (alíneas *a), b)* e *c)*), democraticidade interna (alíneas *d), e)* e *f)*), limitação da remuneração dos títulos de capital (alínea *g)*), repartição dos excedentes proporcionalmente às transacções efectuadas pelos cooperadores com a cooperativa ou ao trabalho por eles prestado (alínea *h)*), fomento do ensino e técnicas cooperativos (alínea *i)*), colaboração inter-cooperativa (alínea *j)*)[836].

Ora, apenas as *verdadeiras* cooperativas, constituídas de acordo com estes princípios, podem beneficiar deste regime de *favor* constitucional, o que significa que também só quanto a elas o Estado se encontra obrigado ao respectivo cumprimento.

Neste sentido, decidiu já o TC[837]: "Não são, pois, essas «cooperativas» [as não *verdadeiras*, que não respeitam os princípios cooperativos] cuja criação e actividade o Estado deve estimular e apoiar, nos termos do n.º 1 do artigo 84.º, nem é a elas que o Estado está obrigado a conceder benefícios fiscais nem a conceder auxílio técnico ou crédito em condições mais favoráveis (cf. artigo 84.º, n.º 2). Essas «cooperativas» também não fazem parte do sector cooperativo (cf. artigo 89.º, n.º 4), nem, consequentemente, constituem base do desenvolvimento da propriedade social (cf. artigo 90.º, n.º 1). Não é também a criação dessas «cooperativas» que o Estado deve apoiar para, desse modo, prosseguir a realização dos objectivos da reforma agrária (cf. artigo 100.º) nem com vista a assegurar o direito à habitação [cf. artigo 65.º, n.º 2, alínea c)]. E também não é a elas que o Estado deve dispensar os auxílios previstos nas várias alíneas do n.º 2 do artigo 102.º".

Mais duvidoso é que o Estado possa estender os privilégios das *verdadeiras* cooperativas a estas outras que não dirigem a sua actividade de acordo com os princípios cooperativos. Apesar de o TC já ter decidido em sentido positivo, sempre permanece uma questão: não se tratando de verdadeiras cooperativas, que estarão portanto integradas (*v.g.*) no sector privado, não deveria o respectivo tratamento ser idêntico ao das restantes

---

[835] Cfr. anotação ao artigo 80.º, I, § 2.º, 2.6.1.
[836] Cfr. também anotação ao artigo 61.º.
[837] Cfr. Ac. TC n.º 321/89 (cit.).

empresas privadas, nos termos do artigo 86.º da CRP? Com efeito, a CRP não veda – pelo contrário – a existência de incentivos estaduais à actividade empresarial privada. Mas já não nos parece que o Estado o possa fazer nos mesmos termos em que incentiva a actividade cooperativa.

Com efeito, no aresto citado *supra*[838], o TC firmou que: "Quando o legislador provê acerca do modo de dispensar às cooperativas os benefícios a que elas têm constitucionalmente direito, está a desincumbir-se de uma obrigação que sobre ele impende. Quando ele se decide a fazer beneficiar de todos ou de alguns desses direitos outras organizações que, visando a prossecução de interesses públicos, não observam na sua constituição e funcionamento, ao menos em toda a sua integralidade, os princípios cooperativos, exerce ele a sua legítima liberdade de conformação. Não pode, com efeito, negar-se ao legislador o direito de dispensar às «cooperativas» que não observam os princípios cooperativos um tratamento a que só está obrigado para com as cooperativas verdadeiras. Questão é tão-só que esse tratamento de favor se não traduza num privilégio de todo injustificado e discriminatório nem seja desincentivador da constituição de cooperativas. Se o regime instituído se apresentar materialmente fundado, se tiver a justificá-lo motivos razoáveis e não for desincentivador da constituição de cooperativas, nada há de censurável nesse proceder legislativo. Num tal caso, não é violado o artigo 61.º, n.º 2, da Constituição nem qualquer outro preceito ou princípio constitucional, máxime o princípio da igualdade. O facto, pois, de determinada cooperativa não respeitar os princípios cooperativos, só por si, não torna inconstitucional a lei que permita a sua existência."[839].

Neste Ac. o TC fixou ainda que: "Tais organizações – ou seja, as organizações que não observem os princípios cooperativos – também não podem apresentar-se como se fossem cooperativas autênticas. Assim, por exemplo, não podem adoptar designação que seja susceptível de as confundir com as verdadeiras cooperativas. Antes na própria designação há-de ficar bem claro que se não trata de cooperativas verdadeiras e próprias, mas de organizações que com elas apenas têm similitude ou parentesco. É que o nomen iuris «cooperativa» transporta consigo uma tal carga de sentido que é razoável entender que a protecção constitucional dispensada a esse tipo de organizações se estende ao próprio nome em termos de o seu uso sem qualquer outra especificação dever ficar reservado às cooperativas autênticas e proibido às organizações que com estas apenas se aparentam."

---

[838] Cfr. Ac. TC n.º 321/89 (cit.).
[839] Questão já tratada a propósito do artigo 82.º (cfr. anotação respectiva, I, § 4.º, 4.1.).

1.3. *A expressão constitucional de ramos do subsector cooperativo*

Os especiais apoios (em termos gerais) cuja concessão às cooperativas o Estado se encontra vinculado a dispensar não dependem da actividade em concreto que as mesmas realizem. Pode, no entanto, afirmar-se que a referência no texto constitucional a determinados sectores em que a CRP reconhece a especial relevância da actividade cooperativa é susceptível de indiciar a legitimidade de uma discriminação positiva das cooperativas que neles operem, designadamente, em matéria de ensino (n.º 4 do artigo 43.º), habitação e autoconstrução (alínea *d)* do n.º 2 do artigo 65.º), redimensionamento ou integração do minifúndio (artigo 95.º), e para efeitos de auxílio do Estado no domínio da política agrícola (alínea *d)* do n.º 2 do artigo 97.º)[840]. Assim, e sobretudo no que respeita aos três últimos sectores referidos, a CRP parece deixar menos margem de conformação legislativa no que respeita ao estabelecimento de incentivos quando se trata de cooperativas do que de empresas do sector privado[841], ou mesmo de empresas em autogestão[842].

Não pode, no entanto, deixar de se levar em conta, por um lado, a garantia que representa, para este efeito, a reserva de lei estabelecida no n.º 2; por outro lado, a necessidade de assegurar, na diferença, o cumprimento do princípio da igualdade e da proporcionalidade (nas suas várias vertentes) na distinção do *favor* entre áreas de actuação cooperativa. E tendo em conta este último aspecto, não basta, naturalmente, aquele indício (de favor) decorrente do texto constitucional nos sectores referidos: é imperiosa a sua verificação em concreto, designadamente, à luz da vertente da necessidade no âmbito do princípio da proporcionalidade. Caso contrário, é a própria liberdade de iniciativa cooperativa que pode estar em causa[843-844].

---

[840] Neste sentido também, cfr. J. J. GOMES CANOTILHO/VITAL MOREIRA, *Constituição* ..., I, p. 1010.

[841] Atente-se nas diferenças face ao disposto no artigo 86.º.

[842] Cfr. J. J. GOMES CANOTILHO/VITAL MOREIRA, *Constituição* ..., I, p. 1010.

[843] No sentido de que o papel do Estado deve pautar-se aqui pelos princípios da igualdade, da imparcialidade e da não discriminação, cfr. J. J. GOMES CANOTILHO/VITAL MOREIRA, *Constituição* ..., I, p. 1009.

[844] Abordando aspectos diversos sobre diferentes ramos da actividade cooperativa, cfr. RUI NAMORADO, *Cooperatividade* ..., em especial pp. 117 ss.

§ 2.º. O Estado e o subsector cooperativo

2.1. *O papel estimulante do Estado*

Ao estabelecer que o Estado "estimula" e "apoia" a criação e a actividade de cooperativas[845], e evitando juízos de redundância, a melhor leitura do disposto no n.º 1 do artigo 85.º da CRP parece ser a de que, com a primeira daquelas expressões, se pretende referir medidas indirectas que suscitem o interesse pelo exercício da actividade cooperativa; e, com a segunda, medidas directas que, em concreto, visem facilitar esse mesmo exercício. Pode bem, pois, considerar-se que o "estímulo" haverá de decorrer de medidas de natureza legislativa, enquanto o "apoio" poderá consistir em medidas de natureza administrativa, assim se envolvendo neste *favor* constitucional tanto a função legislativa quanto a administrativa. Em rigor, tal significa que tanto o poder legislativo quanto o poder administrativo se encontram vinculados à protecção (em sentido lato) do sector cooperativo, no âmbito da garantia de existência deste entre os demais sectores de propriedade dos meios de produção[846].

Bem entendido, os estímulos e apoios do Estado não podem desaguar "em formas de ingerência na constituição ou na vida das cooperativas", caso em que de um cooperativismo estimulado passaríamos a um "cooperativismo tutelado" ou "cooperativismo de Estado"[847-848].

---

[845] O que exclui as formas de iniciativa correspondentes aos restantes subsectores do sector cooperativo e social (cfr. J. J. GOMES CANOTILHO/VITAL MOREIRA, *Constituição* ..., I, p. 1009). Apontando o "contexto histórico" como possibilidade de explicação desta restrição, mas admitindo que a mesma possa ser "matizada", cfr. JORGE MIRANDA/RUI MEDEIROS, *Constituição* ..., II, pp. 100-101.

[846] Sobre este ponto, cfr. anotação ao artigo 80.º, I, § 2.º, 2.2., e anotação ao artigo 82.º, I, § 5.º.

[847] Cfr. J. J. GOMES CANOTILHO/VITAL MOREIRA, *Constituição* ..., I, p. 1009.

[848] Cfr. anotação ao artigo 80.º, I, § 2.º, 2.6. Tal não significa, porém, que o Estado não possa ou não se encontre mesmo vinculado a exercer certas formas de controle sobre determinadas actividades das cooperativas: imposto pela própria CRP, vimos já o caso constante do n.º 2 do artigo 75.º, respeitante à fiscalização do ensino particular e cooperativo. No já referido Ac. TC n.º 38/84 (cit.) decidiu-se: "Falta apenas referir que o n.º 1 do artigo 84.º incumbe ao Estado o dever de fomentar (estimular e apoiar, na redacção actual) a criação e a actividade de cooperativas. [§] Começando por este último preceito, não se vê em que é que ele possa ter sido violado por uma norma, como a do n.º 2 do artigo 4.º do

Um aspecto interessante respeitante à leitura da CRP neste domínio – e à leitura da lei em conformidade com a CRP – prende-se com a possibilidade de vedação de sectores a empresas privadas, nos termos do n.º 3 do artigo 86.º, e, em consequência saber se tal equivale e uma reserva de sector público, com exclusão do sector cooperativo. O problema foi já tratado por PAULO OTERO[849]. Conforme a própria Comissão Constitucional já afirmava no seu Parecer n.º 8/80, "a vedação da actividade por entidades privadas pode não querer dizer reversão ou reserva do sector público – não fica, porventura, excluída a iniciativa cooperativa ou iniciativa económica em obediência aos princípios cooperativos"; e semelhante posição não era estranha a parte da doutrina[850]. Mas, por outro lado, "Pode bem suceder que o legislador, visando estimular a actuação das cooperativas, permita o exercício a estas entidades da actividade em sectores vedados à iniciativa privada, passando a existir, deste modo, uma área da actividade económica apenas susceptível de intervenção por entidades integrantes dos sectores público e cooperativo-social. Mais: a Constituição não impede que os sectores vedados à iniciativa económica privada sejam objecto de uma reserva exclusiva a favor de entidades cooperativas, excluindo também deles a actividade por parte de entidades do sector público"[851].

Todavia, questiona PAULO OTERO, será que a lei ao fixar os sectores vedados à actividade de empresas privadas pode reservar em termos absolutos ou exclusivos o exercício de tais actividades a entidades integrantes do sector público, excluindo qualquer intervenção de entidades do sector cooperativo e social[852]? Em primeiro lugar, "assumindo a iniciativa e a actividade cooperativa, tal como a iniciativa económica privada, uma natureza análoga aos direitos, liberdades e garantias previstos no Título II da Parte I da Constituição, deve entender-se que a susceptibilidade de legalmente ser vedada às cooperativas a actividade em certos sectores carecerá sempre de expressa habilitação constitucional. Tendo a limitação prevista no artigo 86.º, n.º 3, como destinatárias as empresas privadas, não se mostra a mesma passível de aplicação analógica às coo-

---

Decreto-Lei n.º 426/80, que manda definir por portaria do Ministro da Educação e Ciência a composição e funcionamento de órgãos de uma universidade".

[849] Cfr. *Vinculação* ..., pp. 104 ss.
[850] Cfr. *Vinculação* ..., p. 105, em nota.
[851] Cfr. *Vinculação* ...p. 105.
[852] Cfr. *Vinculação* ..., p. 106.

perativas, tanto mais que se trata de uma limitação a liberdades fundamentais, vigorando aqui em casos limites de dúvida interpretativa o princípio *in dubio pro libertate* ou o princípio da máxima efectividade dos direitos fundamentais, daí que uma lei que crie sectores de actividade reservados em exclusivo à iniciativa pública, excluindo expressamente as entidades cooperativas, seja materialmente inconstitucional"[853]. E não pode entender-se como integrante das cooperativas a expressão "outras entidades da mesma natureza", referida na parte final do n.º 3 do artigo 86.º da CRP: não só as cooperativas não têm a mesma natureza das empresas privadas, fazendo parte de distintos sectores de propriedade dos meios de produção, como a expressão em causa mantém utilidade além destas, aí se integrando outras entidades privadas sem natureza empresarial (*v.g.*, associações sem forma societária e fundações que desenvolvam actividades económicas). Esta parece ser a interpretação mais conforme ao legado histórico da CRP e ao complexo valorativo-normativo que nela se destaca a respeito do favorecimento constitucional das cooperativas[854-855].

2.2. *Em especial, os estímulos necessários: benefícios fiscais, financeiros, de recurso ao crédito e auxílio técnico*

Os benefícios fiscais, financeiros, as condições mais favoráveis no recurso ao crédito e o auxílio técnico são, todos eles, estímulos necessários à actividade cooperativa: a ausência do respectivo estabelecimento

---

[853] É diferente a situação respeitante à autogestão (cfr. *infra*, I, § 3.º, 3.1.).

[854] Sobre esta problemática veja-se ainda adiante a referência ao Ac. TC n.º 321/89 (cit.)(cfr. *infra*, I, § 2.º, 2.3.).

[855] Em sentido idêntico, cfr. EDUARDO PAZ FERREIRA, *Direito* ..., p. 183-184; JORGE MIRANDA/RUI MEDEIROS, *Constituição* ..., I, p. 622 (ressalvando que apenas as cooperativas *verdadeiras* não podem ser "entidades da mesma natureza", nos termos do n.º 3 do artigo 86.º). Em sentido divergente, MANUEL AFONSO VAZ, *Direito* ..., p. 210. No sentido, também, de que a regra do n.º 3 do artigo 86.º não pode *aplicar-se analogicamente* às cooperativas, mas sustentando, contrariamente ao exposto *supra*, que "não deve excluir-se a possibilidade de haver actividades reservadas em exclusivo ao sector público, o que abrangerá obviamente as empresas de todos os demais sectores, inlcuindo as empresas cooperativas e em autogestão", cfr. J. J. GOMES CANOTILHO/VITAL MOREIRA, *Constituição* ..., I, pp. 1010-1011.

legal determinará inconstitucionalidade por omissão, nos termos do artigo 283.º da CRP[856].

As expressões textuais aqui utilizadas pela CRP devem ser interpretadas com uma certa latitude, mercê dos próprios objectivos que a norma serve. Em alguns casos – os *benefícios financeiros*, as *condições mais favoráveis à obtenção de crédito* e o *auxílio técnico* – elas são, à partida, imprecisas, por não corresponderem a conceitos rigorosamente firmados na ordem jurídica, o que remete para o legislador a respectiva conformação com uma margem de decisão político-legislativa muito lata.

Já a expressão *benefícios fiscais* convocaria um maior rigor jurídico-conceitual no âmbito da dogmática do Direito Fiscal. Todavia, não nos parece que tenha sido objectivo da CRP limitar aos benefícios fiscais em sentido estrito ou próprio o regime fiscal mais favorável às cooperativas. Não só não se descortina razão para tal, como é até de considerar que a redução desse regime aos benefícios fiscais em sentido estrito ou próprio poderia não cumprir a função de especificação que o n.º 2 desempenha face ao n.º 1 deste artigo 85.º, e mesmo o princípio constante da alínea *f)* do artigo 80.º[857]. Neste sentido, *benefícios fiscais* devem aqui ser entendidos latamente, por exemplo, como *desagravamentos fiscais*[858-859].

---

[856] Faz-se aqui apelo à noção de "fomento", característica do Direito Administrativo da Economia (cfr. LUÍS S. CABRAL DE MONCADA, *Direito* ..., pp. 493 ss.).

[857] A este respeito, acompanhamos JORGE MIRANDA e RUI MEDEIROS quando afirmam que o legislador se encontra aqui vinculado, não a um conteúdo certo, mas a adoptar "medidas que cubram plenamente o âmbito da norma constitucional" (cfr. *Constituição* ..., II, p. 99).

[858] Utilizamos aqui a expressão nos termos em que o faz JOSÉ CASALTA NABAIS, quando considera que "os benefícios fiscais se enquadram numa noção mais ampla – a noção de *desagravamentos fiscais* – que integra: de um lado, as *não sujeições tributárias* (ou desagravamentos fiscais *stricto sensu*), cuja modalidade mais significativa é constituída pelas chamadas *exclusões tributárias* (que estão para as não sujeições tributárias como as isenções estão para os benefícios fiscais); de outro, os benefícios fiscais." (cfr. *Direito Fiscal*, 4.ª Ed., Coimbra, 2007, p. 426). Note-se que o Autor trata este problema no âmbito do *Direito Económico Fiscal*, que considera "como o conjunto de normas jurídicas que regula a utilização dos instrumentos fiscais, isto é, dos impostos e dos benefícios fiscais, com o principal objectivo de obter resultados extrafiscais, morémente em sede de política económica e social. Ou por outras palavras, a disciplina jurídica da extrafiscalidade." (cfr. p. 419). Afirma ainda o Autor que "a extrafiscalidade, justamente porque se integra no direito económico e não no direito fiscal e, por conseguinte, se apresenta dominado por ideias tais como as de flexibilidade e selecção, não é, nem pode ser, objecto dos exigentes

da constituição de cooperativas." "Inconstitucional é também o n.º 3 do artigo 1.º do diploma legal em apreço, mas tão-só na parte em que permite que *régies* cooperativas em que, sem observância dos princípios cooperativos, o Estado ou outras pessoas colectivas de direito público surgem associados com utentes dos bens e serviços produzidos, detendo estes a maioria do capital, exerçam actividades que a Constituição ou a lei vedem à iniciativa privada. [...] São três os sectores de propriedade dos meios de produção: sector público, sector privado e sector cooperativo (cf. artigo 89.º, n.ºs 1 a 4, da Constituição). Para o efeito de saber em que sector se integra uma determinada organização económica, o que releva é a titularidade do respectivo capital e o seu modo social de gestão (cf. n.º 1 do citado artigo 89.º).

Como o sector cooperativo «é constituído pelos bens e unidades de produção possuídos e geridos pelos cooperadores, em obediência aos princípios cooperativos» (cf. n.º 4 do mesmo artigo 89.º), é manifesto que as *régies* cooperativas de que trata o Decreto-Lei n.º 31/84 não se integram em tal sector. É que, desde logo, como se viu, um dos princípios cooperativos é o princípio da igualdade dos cooperadores (regra da democracia), segundo o qual cada associado, seja qual for o montante de capital com que entrou para a cooperativa e o valor das operações por ele efectuadas, tem apenas direito a um voto. Ora já vimos que nas *régies* aqui em causa o número de votos dos cooperadores nas assembleias gerais é proporcional ao capital que tiverem realizado (cf. artigo 12.º), ao que acresce que o Estado e as outras pessoas colectivas de direito público membros da cooperativa participam na respectiva gestão na proporção do respectivo capital (cf. artigo 8.º, n.º 1). [§] Não respeitando estas régies cooperativas todos os princípios cooperativos – designadamente, não respeitam as regras relativas à sua gestão, pois nelas, contrariamente ao que reclama a ideia primeira da cooperação, se dá prevalência ao capital em vez de se conceder o papel principal à pessoa de cada cooperador –, elas só podem integrar-se no sector público ou no sector privado. Integrar-se-ão no sector público se o Estado ou as outras pessoas colectivas de direito público detiverem a maioria do capital, caso em que a gestão, por força do citado artigo 8.º, n.º 1, será liderada por entidade pública. E fará parte do sector privado se o capital for maioritariamente privado, caso em que a gestão será liderada por entidade privada [...]. [§] Por conseguinte, uma *régie* cooperativa em que o Estado ou outras pessoas colectivas de direito público se hajam associado com utentes dos bens e serviços produzidos, ou seja, com cidadãos individualmente considerados, detendo estes a maioria do capital e pertencendo-lhes, por isso mesmo, o domínio da gestão, uma *régie* assim integra-se no sector privado da economia. Isto só não seria eventualmente assim se, ao menos quanto a estes, se observassem os princípios cooperativos. Tal, porém, no caso, não sucede. [§] Pois bem: por força do que dispõe o artigo 85.°, n.° 3, da Constituição, há sectores económicos – os chamados sectores básicos [...] nos quais é vedada a actividade às empresas privadas e a outras entidades da mesma natureza. [§] Ora os sectores vedados à iniciativa privada há que tê-los por vedados também às *régies* cooperativas que não se integram no sector público nem ao sector cooperativo. Para essas *régies* cooperativas hão-de valer, naturalmente, as proibições constitucionalmente dirigidas às empresas privadas. [§] A norma do n.° 3 do artigo 1.° vem permitir que *régies* cooperativas em que particulares detêm a maioria do capital exerçam, não obstante isso, qualquer actividade que a Constituição ou a lei vedem à iniciativa privada. [§] Deste modo, a norma em causa esvazia o sentido do princípio da vedação decorrente do artigo 85.°, n.° 3, da Constituição. [§] Tal norma, nesse mesmo segmento – ou seja, na parte em que permite que as *régies* cooperativas de maioria de capital privado, que não observem os princípios cooperativos, exerçam actividades que a lei vede à iniciativa privada –, viola também o artigo 168.°, n.° 1, alínea *j)*, da Constituição.

Na verdade, a «definição [...] dos sectores básicos nos quais é vedada a actividade às empresas privadas e a outras entidades da mesma natureza» só a pode o Governo fazer munido de autorização legislativa – autorização de que, no caso, ele não dispunha.".

Mas, em segundo, lugar, há que observar também que a criação destas cooperativas de interesse público não pode colocar em risco a aplicação do regime do artigo 85.° da CRP. Isto é, as cooperativas de interesse público não podem ter um efeito desincentivador sobre a iniciativa e actividade cooperativas em sentido próprio ou verdadeiro, não podem contribuir para a erosão do estímulo e apoio que o Estado se encontra obrigado a propiciar às verdadeiras cooperativas. Assim como os benefícios fiscais a conceder às cooperativas se pautam por critérios jurídicos de necessidade e adequação (no seio de uma ponderação de proporcionalidade), sendo proibidos o excesso e o arbítrio[863], o mesmo deve suceder no que respeita à criação de cooperativas de interesse público. É que, consoante a respectiva extensão e domínios de actuação (desde logo), a participação pública em cooperativas pode constituir um sucedâneo inconstitucional

---

[863] Sobre os princípios conformadores em matéria de benefícios fiscais, cfr. JOSÉ CASALTA NABAIS, *O Dever Fundamental de Pagar Impostos*, Coimbra, 2004, pp. 629 ss., em especial pp. 661 ss.; *Direito Fiscal*, pp. 425 ss.

das formas de estímulo e apoio previstas no n.º 2 do artigo 85.º da CRP, quando lhes elimine a aplicabilidade, colocando em risco a liberdade de iniciativa e actividade cooperativas devido à ingerência pública directa.

Raciocínio e conclusões semelhantes podem ter lugar no que respeita à concessão de benefícios fiscais às cooperativas de interesse público em tudo idênticos aos concedidos às verdadeiras cooperativas. Tal concessão pode justificar-se ou não. Não é, assim, o estabelecimento de uma norma geral nesse sentido que em princípio merece juízo de censura do ponto de vista constitucional, mas antes a ausência de critérios legais que, em conjugação com outros disciplinadores da própria criação de cooperativas de interesse público, seja já um primeiro momento de concretização infra--constitucional daqueles princípios de adequação e necessidade. Essa ausência de regulação é susceptível de conduzir a uma actuação dos poderes públicos contrária ao papel de estímulo e apoio a que o artigo 85.º os vincula.

Porém, decidiu-se no Ac. TC n.º 321/89 (cit.) que "o facto de o artigo 14.º dispor que «as cooperativas de interesse público usufruem dos benefícios fiscais aplicáveis às cooperativas do mesmo sector de actividade» também não é susceptível de violar a regra do artigo 61.º, n.º 2, da Constituição. Na verdade, tendo-se assentado em que o legislador podia, sem inconstitucionalidade, atribuir-lhe o estatuto de privilégio de que gozam as cooperativas do ponto de vista constitucional, é de todo irrelevante que a atribuição desse estatuto se faça por simples remissão para o estatuto das cooperativas, como no caso sucede, ou, antes, por enumeração dos direitos e benefícios atribuídos".

§ 3.º. As experiências de autogestão

3.1. *Conformação constitucional da iniciativa autogestionária*

Foi já em diversos momentos observada a residualidade da iniciativa autogestionária no actual texto e contexto da CRP[864].

Além de tais considerações, e no seguimento do que se deixou exposto *supra* a propósito do papel estimulante do Estado no tocante à ini-

---

[864] Cfr., em especial, anotações ao artigo 61.º, e 82.º, I, § 4.º, 4.3.

ciativa e actividade cooperativas[865], cabe neste momento alertar para que o regime de favorabilidade que do artigo 85.º resulta para aquelas não é idêntico ou extensível à iniciativa autogestionária.

Vimos a propósito que, entre outros argumentos, aquelas obrigações de estímulo e apoio do Estado não se compadeciam com a vedação de sectores às cooperativas sem uma expressa habilitação constitucional nesse sentido. É distinto, porém, o quadro normativo constitucional da iniciativa autogestionária neste âmbito. Como PAULO OTERO salientou já, a iniciativa autogestionária, de acordo com o n.º 5 do artigo 61.º, é reconhecida apenas *nos termos da lei*, diversamente do que sucede com as iniciativas privada e cooperativa. Como tal, "além de não gozar de uma aplicabilidade directa, a Constituição remete para a lei os exactos termos em que uma tal iniciativa autogestionária deve ser reconhecida". Como tal, "encontrando--se hoje as empresas em autogestão integradas no sector cooperativo e social, e não no sector público – tal como sucedia até à revisão constitucional de 1989 –, a exclusão do acesso das empresas em autogestão aos sectores vedados à iniciativa privada" ou a quaisquer outros não carece de expressa habilitação constitucional, "bastando que a lei o consagre": ponto é que "o conjunto de tais exclusões não se traduza numa verdadeira supressão prática de um espaço de exercício de tal direito fundamental"[866].

3.2. *A viabilidade das experiências autogestionárias e os apoios do Estado*

Nos termos do n.º 3 do artigo 85.º, incumbe ao Estado apoiar as experiências viáveis de autogestão. No seguimento da contextualização da iniciativa autogestionária no texto constitucional, conforme apontámos no ponto anterior e nas remissões aí referidas, cumpre observar, desde logo, que, diversamente do que sucede com as iniciativa e actividade cooperativas, no que respeita à autogestão a incumbência do Estado consiste apenas em *apoiar* e não já também, como ali, em estimular. Por outro lado, tal apoio só tem lugar perante *experiências viáveis de autogestão*.

---

[865] Cfr. *supra*, I, § 2.º, 2.1.
[866] Cfr. PAULO OTERO, *Vinculação* ..., pp. 106-107, em nota.

Assim, em primeiro lugar, a ausência de uma incumbência de estímulo por parte do Estado pode inculcar a ideia de desnecessidade de um regime jurídico da autogestão, que se bastaria com um *apoio* de natureza essencialmente administrativa[867]. Tal entendimento não é, contudo, de sufragar. Apesar da residualidade da iniciativa autogestionária, esta não deixa de constituir um direito fundamental de natureza análoga aos direitos, liberdades e garantias previstos no Título II da Parte I, e, como tal, protegida pelos princípios fundamentais da organização económico-social constantes do artigo 80.°[868].

Em segundo lugar, se a utilização da palavra *experiências* denota uma confirmação textual da já referida residualidade, "nem por isso o direito de autogestão pode deixar de ser reconhecido quando as condições da empresa o propiciem ou, porventura mesmo, o exijam", fundada que é nos princípios da democracia económica e participativa[869].

O problema está, pois, em saber em que consiste e como se afere a viabilidade de uma experiência ou iniciativa autogestionária. Nem a CRP o esclarece, nem existe lei a densificá-lo, mas a *contenção*[870] ou até *desfavor*[871] da expressão constitucional não liberta o intérprete de o procurar. Ora, tal aferição há-de ter em conta, em primeiro lugar, a inconstitucionalidade da ablação do direito de propriedade privada para a entregar à exploração colectiva[872], o que significa que não é constitucionalmente

---

[867] Note-se, porém, neste âmbito, a extinção do Instituto Nacional das Empresas em Autogestão (INEA), pelo Decreto-Lei n.° 451/91, de 4 de Dezembro.

[868] Sobretudo quando a Lei n.° 68/78, de 18 de Outubro (que, relativa à orgânica das empresas em autogestão, se aplicava apenas "às empresas e estabelecimentos comerciais, industriais, agrícolas ou pecuárias em que, por uma evolução de facto não regularizada ainda nos termos gerais de direito, os trabalhadores assumiram a gestão entre 25 de Abril de 1974 e a data da entrada em vigor da presente lei, sob forma cooperativa, autogestionária ou qualquer outra, tenham ou não sido credenciados por qualquer Ministério" – cfr. artigo 1.°), parece ter caducado há muito. Neste sentido, cfr. JORGE MIRANDA/RUI MEDEIROS, *Constituição* ..., I, p. 623; e aparentemente em sentido idêntico, cfr. Ac. TC n.° 597/99, de 2 de Novembro de 1999, *DR*, II Série, n.° 44, de 22 de Fevereiro de 2000. Sobre esta Lei e a autogestão, cfr. ainda Ac. TC n.° 76/84, de 11 de Julho de 1984, in BMJ, n.° 352, 1986, pp. 159 ss.

[869] Cfr. JORGE MIRANDA/RUI MEDEIROS, *Constituição* ..., I, p. 623.

[870] Cfr. J. J. GOMES CANOTILHO/VITAL MOREIRA, *Constituição* ..., I, p. 1010.

[871] Cfr. JORGE MANUEL COUTINHO DE ABREU, *Da Empresarialidade* ..., p. 189, em nota.

[872] Cfr. anotação ao artigo 82.°, I, § 4.°, 4.3.

possível realizar aquela aferição de viabilidade no seio, *v.g.*, de uma qualquer empresa, ainda que esta experimente uma situação de dificuldade económica. Mas já poderá justificar-se tal aferição perante um quadro em que a propriedade privada (ou a necessidade – inconstitucional – da respectiva ablação) não constitua obstáculo à exploração colectiva por trabalhadores, *v.g.*, na sequência de uma situação de falência ou abandono, quando se demonstre que, independentemente da titularidade (que pode ser pública) tal modelo de exploração ou gestão assegura melhor que outro a concretização dos princípios da organização económico-social. Já no que respeita aos critérios substanciais de tal aferição, parece-nos que os mesmos se não poderão basear apenas em estritas considerações económico-financeiras – como nelas se não baseia a equação da incumbência do Estado em estimular e apoiar as cooperativas –, mas também noutras relativas ao desenvolvimento económico-social e à garantia quer do próprio direito fundamental em causa, quer da coexistência dos vários sectores de propriedade dos meios de produção.

§ 4.º. Reserva de lei e competência legislativa

4.1. *A competência do Parlamento*

Em geral, o estímulo e apoio do Estado à actividade das cooperativas, nos termos do n.º 1 do artigo 85.º, não está sujeito a reserva de lei, como não o está também o *apoio* às experiências viáveis de autogestão, nos termos do n.º 3[873]. Tenha-se presente, porém, que fazendo parte da reserva relativa de competência legislativa da AR o "regime dos meios de produção integrados no sector cooperativo e social de propriedade" (cfr. alínea *x)* do n.º 1 do artigo 165.º da CRP), aqui se inclui, designadamente, a criação de qualquer regime jurídico da autogestão (que, como vimos, inexiste).

O problema coloca-se, essencialmente, no âmbito do n.º 2 dessa mesma norma, onde se dispõe que *a lei definirá* os benefícios fiscais e financeiros das cooperativas, assim como as condições mais favoráveis à obtenção de crédito e auxílio técnico: tratar-se-á de uma reserva de lei parlamentar?

---

[873] Cfr. também a anotação ao artigo 86.º, I, § 5.º, 5.2.

No que respeita à definição dos benefícios fiscais de que as cooperativas gozam, ainda que na acepção lata proposta *supra* para efeitos desta norma[874], o problema é o da respectiva inclusão no âmbito do n.º 2 do artigo 103.º e da alínea *i)* do n.º 1 do artigo 165.º da CRP ("criação de impostos e sistema fiscal (...)"[875].

  Decidiu-se já no Ac. TC n.º 321/89 (cit.): "Em matéria de regime de impostos, aquilo que é reserva de lei segundo o artigo 106.º, n.º 2, é reserva de lei da AR segundo o artigo 168.º (Cf., no mesmo sentido, os acórdãos deste Tribunal n.ºs 205/87 e 461/87, publicados no Diário da República, 1.ª série, de 3 de Julho de 1987 e de 15 de Janeiro de 1988, respectivamente). [§] Pois bem: o artigo 14.º veio justamente dispor que «as cooperativas de interesse público usufruem dos benefícios fiscais aplicáveis às cooperativas do mesmo sector, para além de outros que especificamente lhes venham a ser atribuídos». Ou seja: veio estender às *régies* cooperativas os benefícios fiscais de que gozam «todas as cooperativas de 1.º grau e de grau superior», por força do disposto no Decreto-Lei n.º 456/80, de 9 de Outubro, editado, ao abrigo do artigo 32.º da Lei n.º 8-A/80, de 26 de Maio, para cumprimento do artigo 100.º do Código Cooperativo, que dispõe que «os benefícios fiscais e financeiros das cooperativas serão objecto de legislação autónoma». [§] O artigo 14.º versa, assim, matéria que se inscreve na reserva de competência legislativa da Assembleia da República. O Governo carecia, por isso, de autorização para o editar. O certo, porém, é que ele não dispunha de tal autorização. Daí que, como começou por dizer-se, tal artigo 14.º seja inconstitucional, por violar a alínea *i)* do n.º 1 do artigo 168.º da Constituição.".

  Já no que respeita às restantes matérias referidas no n.º 2 do artigo 85.º – benefícios financeiros das cooperativas e condições mais favoráveis à obtenção de crédito e auxílio técnico – é outra a complexidade da questão, na medida em que as mesmas não são objecto de referência expressa em qualquer das alíneas do n.º 1 do artigo 165.º da CRP (ou outra norma de reserva parlamentar). Embora seja questão altamente controvertida e que aqui não pode resolver-se com carácter definitivo, tendemos a considerar como argumentos no sentido de tais matérias poderem ser integradas no âmbito da reserva relativa de competência legislativa da AR, os seguintes:

---

[874] Cfr. *supra*, I, § 2.º, 2.2.
[875] Cfr. a anotação ao artigo 103.º.

a) Em primeiro lugar, os benefícios financeiros das cooperativas e condições mais favoráveis à obtenção de crédito e auxílio técnico constituem verdadeiras condições essenciais, como tal consideradas pelo texto constitucional, para a garantia do direito fundamental de livre iniciativa cooperativa (cfr. n.º 2 do artigo 61.º) e para o desenvolvimento das respectivas actividades *no quadro da lei* (cfr. n.º 3 do artigo 61.º). Sabendo-se que se trata de um direito fundamental de natureza análoga aos direitos liberdades e garantias, poderão eventualmente tais matérias ter-se por integradas na alínea *b)* do n.º 1 do artigo 165.º da CRP[876];

b) Em segundo lugar, e ainda que não em bloco, tais matérias podem ser determinantes do próprio regime dos meios de produção integrados no sector cooperativo e social de propriedade dos meios de produção, nos termos da alínea *x)* do n.º 1 do artigo 165.º da CRP[877].

Isto, obviamente, no que não importar expressão financeira orçamental, dado que aí vale a reserva absoluta de competência legislativa da AR na aprovação do Orçamento[878].

4.2. *A competência do Governo*

Tendo em conta o que se expôs no último ponto, no que respeita às matérias constantes do n.º 2 do artigo 85.º, só mediante autorização legislativa pode o Governo legislar sobre elas, nos termos do artigo 165.º e da alínea *b)* do n.º 1 do artigo 198.º da CRP. Para além disso, é concorrencial a competência legislativa[879].

---

[876] Sobre esta complexa problemática, cfr. J. J. GOMES CANOTILHO/VITAL MOREIRA, *Constituição* ..., I, pp. 373 ss.

[877] Afirmando a reserva de lei quanto ao disposto no n.º 2 do (actual) artigo 85.º, sem, contudo, a fazer equivaler a reserva de lei parlamentar, cfr. PAULO OTERO, *O Poder* ..., II, p. 570. No sentido de que a reserva de lei parlamentar quanto ao regime do sector cooperativo e social inclui "a protecção específica a que ele tem direito constitucionalmente", por força do disposto na alínea *f)* do artigo 80.º da CRP, cfr. J. J. GOMES CANOTILHO/VITAL MOREIRA, *Constituição* ..., 3.ª Ed., p. 677. Sobre esta matéria, cfr. ainda anotação ao artigo 82.º, I, § 4.º, 4.1.

[878] Cfr. as anotações aos artigos 105.º e 106.º, *passim*.

[879] Cfr. ainda, sobre este problema, a anotação ao artigo 86.º, I, § 5.º, 5.2.

4.3. *A competência das Assembleias Legislativas das regiões autónomas*

Nas regiões autónomas, as respectivas Assembleias Legislativas não estão impedidas de legislar sobre estímulos e apoios às cooperativas, contanto que se trate de aspectos de relevante âmbito regional, nos termos da alínea *a)* do n.º 1 do artigo 227.º e do n.º 1 do artigo 228.º da CRP.

Todavia, a exclusão das matérias previstas nas alíneas *b)* e *x)* do n.º 1 do artigo 165.º por parte da alínea *b)* do n.º 1 do artigo 227.º limita a respectiva competência legislativa, sem prejuízo da possibilidade de adaptação do sistema fiscal às especificidades regionais (cfr. alínea *i)* do n.º 1 do artigo 227.º) constituir uma permissão constitucional para que aquelas actuem em matéria de benefícios fiscais das cooperativas[880].

II. DIREITO INTERNACIONAL E EUROPEU

§ 5.º. **Direito Internacional**

No que respeita ao Direito Internacional vale aqui, em síntese, tanto o que a propósito se disse no artigo 82.º[881], como, no que toca aos princípios cooperativos, as considerações expendidas a propósito da alínea *f)* do artigo 80.º. Designadamente, quanto a este último aspecto, é necessário ter presente a problemática em torno do respectivo valor (*rectius*, do que a CRP lhes empresta)[882].

§ 6.º. **Direito Europeu**

O Direito Europeu não é alheio ao relevo sócio-económico das cooperativas, conceptualmente tratadas no universo das *Empresas da*

---

[880] Cfr. alíneas *dd)* e *ee)* do artigo 7.º-A do EPARAA, e alíneas *ff)* e *gg)* do artigo 40.º do EPARAM.
[881] Cfr. a respectiva anotação, II, § 6.º.
[882] Cfr. anotação ao artigo 80.º, I, § 2.º, 2.6.1.

Economia Social (*EES*) (sociedades cooperativas, mutualidades, associações e fundações)[883-884].

As principais questões que neste âmbito se colocam prendem-se com a admissibilidade dos estímulos e apoios do Estado à iniciativa e actividade cooperativas frente ao regime comunitário de auxílios concedidos pelo Estado, nos termos do artigo 87.º (designadamente, do seu n.º 3) e seguintes do TCE, no âmbito das regras de concorrência[885].

Em boa verdade, dado o posicionamento do Direito Europeu em face da Constituição Económica portuguesa[886], é de admitir, por essa via, uma redução do espaço de liberdade política, legislativa e administrativa nacional neste domínio de implementação do artigo 85.º da CRP, com reflexas limitações ao nível da concretização do direito fundamental de iniciativa e actividade cooperativas.

III. MEMÓRIA CONSTITUCIONAL

§ 7.º. **As constituições portuguesas anteriores à Constituição de 1976**

Anteriormente à Constituição de 1976, apenas a Constituição de 1933 aludia ao posicionamento do Estado perante as cooperativas – e, ainda assim, indirectamente –, referindo-se o artigo 41.º à obrigação estadual de promoção e favorecimento das "instituições de solidariedade, previdência, cooperação e mutualidade".

---

[883] Cfr. Regulamento (CE) n.º 1435/2003 do Conselho, de 22 de Julho de 2003, relativo ao Estatuto da Sociedade Cooperativa Europeia (SCE), publicado no JOUE n.º L 207, de 18 de Agosto de 2003; também Directiva n.º 2003/72/CE do Conselho, de 22 de Julho de 2003, que completa o estatuto da sociedade cooperativa europeia no que respeita ao envolvimento dos trabalhadores, publicada no JOUE n.º L 207 de 18 de Agosto de 2003.

[884] Sobre as cooperativas no contexto da integração europeia, cfr. RUI NAMORADO, *Cooperatividade* ..., pp. 53 ss. Veja-se também a anotação ao artigo 82.º, II, § 7.º.

[885] Sobre esta problemática, cfr. Acórdão do Tribunal de Justiça das Comunidades Europeias, de 29 de Abril de 2004, proferido no Processo C-278/00, in *Colectânea da Jurisprudência*, 2004, p. I-03997 (República Helénica contra Comissão das Comunidades Europeias. Auxílios de Estado – Liquidação de dívidas de cooperativas agrícolas pelos poderes públicos).

[886] Cfr. anotação ao artigo 80.º, II, § 4.º.

§ 8.º. **Conteúdo originário da redacção do preceito na Constituição de 1976 e sucessivas versões decorrentes das revisões constitucionais**

Na **redacção originária da Constituição de 1976**, a matéria relativa ao cooperativismo estava situada no artigo 84.º (o artigo 85.º tinha então por objecto e epígrafe a "Iniciativa privada"), nos seguintes termos:

"ARTIGO 84.º
(Cooperativismo)
1. O Estado deve fomentar a criação e a actividade de cooperativas, designadamente de produção, de comercialização e de consumo.
2. Sem prejuízo do seu enquadramento no Plano, e desde que observados os princípios cooperativos, não haverá restrições à constituição de cooperativas, as quais podem livremente agrupar-se em uniões, federações e confederações.
3. A constituição e o funcionamento das cooperativas não dependem de qualquer autorização.
4. A lei definirá os benefícios fiscais e financeiros das cooperativas, bem como condições mais favoráveis à obtenção de crédito e auxílio técnico."

Por sua vez, a autogestão era tratada, essencialmente, no artigo 90.º, integrado no Título II da Parte II ("Estruturas da propriedade dos meios de produção")[887].

Na **revisão constitucional de 1982**, o artigo 71.º da Lei Constitucional n.º 1/82, de 30 de Setembro, introduziu várias alterações ao preceito, algumas das quais justificadas pelas alterações aos (então) artigos 89.º e 90.º[888]. Foi alterada a epígrafe; dada nova redacção ao n.º 1; suprimidos os n.os 2 e 3, passando o n.º 4 a constituir o novo n.º 2; e aditado um novo n.º 3; nos seguintes termos:

"ARTIGO 84.º
(Cooperativas e experiências de autogestão)
1. O Estado estimula e apoia a criação e a actividade de cooperativas.
2. A lei definirá os benefícios fiscais e financeiros das coope-

---

[887] Cfr. anotação ao artigo 82.º, III, § 9.º e § 10.º.
[888] Cfr. anotação ao artigo 82.º, III, § 9.º e § 10.º.

rativas, bem como condições mais favoráveis à obtenção de crédito e auxílio técnico.
3. São apoiadas pelo Estado as experiências viáveis de autogestão."

Assim se fixou a redacção actual da norma.

Na **revisão constitucional de 1989**, apenas se renumerou o artigo – que passou a ser o 86.°, ficando o artigo 84.° reservado para a nova norma respeitante ao domínio público (cfr. artigos 53.° e 55.° da Lei Constitucional n.° 1/89, de 8 de Julho).

A **revisão constitucional de 1992** não trouxe qualquer alteração.

E a **revisão constitucional de 1997**, limitou-se, novamente a uma renumeração: o já então artigo 86.° passou a ser o actual 85.°, uma vez que este último ("Nacionalizações efectuadas depois de 25 de Abril de 1974") foi inserido no artigo 296.° (cfr. artigo 54.° e 55.° da Lei Constitucional n.° 1/97, de 20 de Setembro).

Nem a **quinta revisão constitucional, de 2001**, nem a **sexta revisão constitucional, de 2004**, nem a **sétima revisão constitucional, de 2005**, trouxeram qualquer outra alteração.

§ 9.°. **Apreciação do sentido das alterações do preceito**

No que respeita às cooperativas, não pode dizer-se que tenham sido muito profundas as alterações substanciais que a matéria sofreu desde a redacção originária da Constituição de 1976. Com efeito, excepção feita à substituição, na revisão constitucional de 1982, da obrigação do Estado em *fomentar* a criação e actividade cooperativas "designadamente, de produção, de comercialização e de consumo", pela obrigação de *estimular e apoiar* essas mesmas iniciativas e actividades (mas agora sem qualquer determinação sectorial), o regime de *favor constitucional* para com este tipo de entidades mantém-se desde a versão originária do texto constitucional.

Já no que toca à autogestão, a inserção do actual n.° 3 neste artigo 85.°, na revisão constitucional de 1982, é um testemunho e acompanha a respectiva remissão para a residualidade, sobretudo com a revisão constitucional de 1989[889].

---

[889] Cfr. as remissões constantes do ponto anterior. Note-se que aquando da revisão constitucional de 1997 foram apresentados projectos que (i) eliminavam o n.° 3, (ii) elimi-

Em suma, as actualizações interpretativas que o preceito reclama resultam mais das sucessivas alterações à restante normatividade constitucional conexa (*v.g.*, a respeito dos sectores de propriedade dos meios de produção) do que das suas próprias.

IV. PAÍSES DE EXPRESSÃO PORTUGUESA

§ 10.º. Brasil

Também a CRFB estende ao cooperativismo um estatuto de favor constitucional. Isto constata-se, *v.g.*, na análise do artigo 174.º, relativo ao planeamento económico[890].

§ 11.º. Angola

Não se encontra na LCRA norma idêntica à constante do artigo 85.º da CRP.

§ 12.º. Moçambique

Não se encontra na CRM norma idêntica à constante do artigo 85.º da CRP.

§ 13.º. Cabo Verde

Não se encontra na CRCV norma idêntica à constante do artigo 85.º da CRP.

---

navam o artigo por completo, (iii) e que pretendiam acrescentar incisos ao n.º 2, reforçando o elenco de estímulos necessários (cfr. ALEXANDRE SOUSA PINHEIRO/MÁRIO JOÃO BRITO FERNANDES, *Comentário* ..., p. 231).

[890] Com referência mais detida a esta norma, cfr. anotação ao artigo 90.º, IV, § 10.º.

§ 14.º. Guiné-Bissau

Não se encontra na CRGB norma idêntica à constante do artigo 85.º da CRP.

§ 15.º. São Tomé e Príncipe

Sobre as cooperativas, e em particular sobre o respectivo *favor constitucional*, dispõe a CRDSTP no seu artigo 45.º, nos seguintes termos:

> "Artigo 45.º
> **Cooperativas**
> 1. É garantido o direito de livre constituição de cooperativas.
> 2. O Estado estimula e apoia a criação e a actividade cooperativas."

Como bem se vê, o n.º 2 tem redacção igual ao n.º 1 do artigo 85.º da CRP.

§ 16.º. Timor-Leste

Não se encontra na CRDTL norma idêntica à constante do artigo 85.º da CRP.

ARTIGO 86.º
(Empresas privadas)

1. O Estado incentiva a actividade empresarial, em particular das pequenas e médias empresas, e fiscaliza o cumprimento das respectivas obrigações legais, em especial por parte das empresas que prossigam actividades de interesse económico geral.
2. O Estado só pode intervir na gestão de empresas privadas a título transitório, nos casos expressamente previstos na lei e, em regra, mediante prévia decisão judicial.
3. A lei pode definir sectores básicos nos quais seja vedada a actividade às empresas privadas e a outras entidades da mesma natureza.

Quadro tópico:

I. AS EMPRESAS PRIVADAS
§ 1.º. A EMPRESA PRIVADA COMO ELEMENTO DA ORGANIZAÇÃO ECONÓMICA;
§ 2.º. LIBERDADE DE INICIATIVA ECONÓMICA PRIVADA E INTERVENÇÃO ESTADUAL;
2.1. O Estado incentivador da actividade empresarial;
2.2. As pequenas e médias empresas;
2.3. O Estado fiscalizador da actividade empresarial privada: subordinação do poder económico ao poder político democrático;
2.4. Iniciativa económica privada e actividades de interesse económico geral;
§ 3.º. LIBERDADE DE INICIATIVA ECONÓMICA PRIVADA E INTERVENÇÃO ESTADUAL DIRECTA;
3.1. A intervenção do Estado na gestão das empresas privadas: fundamento constitucional;
3.2. A liberdade do legislador na conformação da intervenção do Estado na gestão das empresas privadas;
§ 4.º. A VEDAÇÃO DE SECTORES BÁSICOS;
4.1. O carácter facultativo da existência de sectores vedados à iniciativa económica privada;

4.2. O significado constitucional de *sector vedado à iniciativa económica privada*;
§ 5.º. RESERVA DE LEI E COMPETÊNCIA LEGISLATIVA;
5.1. A competência do Parlamento;
5.2. A competência do Governo;
5.3. A competência das Assembleias Legislativas das regiões autónomas.

II. DIREITO INTERNACIONAL E EUROPEU
§ 6.º. DIREITO INTERNACIONAL;
§ 7.º. DIREITO EUROPEU.

III. MEMÓRIA CONSTITUCIONAL
§ 8.º. AS CONSTITUIÇÕES PORTUGUESAS ANTERIORES À CONSTITUIÇÃO DE 1976;
§ 9.º. CONTEÚDO ORIGINÁRIO DA REDACÇÃO DO PRECEITO NA CONSTITUIÇÃO DE 1976 E SUCESSIVAS VERSÕES DECORRENTES DAS REVISÕES CONSTITUCIONAIS;
§ 10.º. APRECIAÇÃO DO SENTIDO DAS ALTERAÇÕES DO PRECEITO.

IV. PAÍSES DE EXPRESSÃO PORTUGUESA
§ 11.º. BRASIL;
§ 12.º. ANGOLA;
§ 13.º. MOÇAMBIQUE;
§ 14.º. CABO VERDE;
§ 15.º. GUINÉ-BISSAU;
§ 16.º. SÃO TOMÉ E PRÍNCIPE;
§ 17.º. TIMOR-LESTE.

I. AS EMPRESAS PRIVADAS

§ 1.º. **A empresa privada como elemento da organização económica**

É isento de qualquer dúvida que as empresas privadas constituem a realidade institucional fundamental do regime jus-económico português. Conforme se foi já apontando em diversos lugares[891], a evolução constitucional da consideração da iniciativa económica privada – que tem na Parte II da CRP uma tradução essencial na configuração dos diversos sec-

---

[891] Cfr., em especial, anotações aos artigos 80.º, 82.º e 83.º.

tores de propriedade dos meios de produção – espelha o acompanhamento da realidade económica a este nível normativo, e, dada a função, valor e finalidade da Constituição, tal equivale à assunção por parte da Lei Fundamental de um regime jus-económico não apenas assente na realidade económica, mas fazendo do que nela constitui a essência o núcleo principiológico-normativo fundamental da organização económico-social. Não se trata, porém, apenas – ou nem talvez fundamentalmente – de uma rendição *da norma* ao *sein*, de uma conformação constitucional às regras da realidade económica, mas de reafirmar e reforçar a normatividade do texto constitucional, quando este se apoia na realidade dinâmica existente, para a partir dela construir, normativamente, o núcleo essencial do regime jus--económico português.

A empresa privada é, neste sentido, a realidade institucional fundamental da própria liberdade de iniciativa económica privada.

Neste contexto, pode bem afirmar-se que o artigo 86.° é um dos núcleos normativos essenciais do próprio regime económico constitucional. Dada a sua substância, o preceito em causa constitui uma das concretizações mais abrangentes, relevantes e profundas dos próprios princípios fundamentais da organização económico-social a partir do artigo 80.° da CRP.

Como garantia e disciplina organizacional da liberdade de iniciativa económica privada, ela própria essencial no âmbito dos direitos económicos, sociais e culturais (tanto pelo seu lugar próprio, como pelo que representa como garantia dos restantes), o disposto no artigo 86.° constitui uma concretização do princípio (não expresso no artigo 80.°) da garantia daqueles direitos[892]. E, disciplinando a actividade da realidade institucional básica do modelo jus-económico – a empresa privada – concretiza

---

[892] J. J. GOMES CANOTILHO e VITAL MOREIRA, ainda na 3.ª Ed. da sua *Constituição* ..., portanto, previamente à revisão constitucional de 1997 (cfr. *infra*, III, § 9.° e § 10.°), colocavam a tónica da função desta norma na definição de limites à iniciativa económica privada (cfr. p. 421); oferecem hoje uma perspectiva bem mais moderada (cfr. *Constituição* ..., I, p. 1013). Por nós, privilegiamos uma leitura que acentue a respectiva função garantística: mais do que *remeter a empresa privada ao seu devido lugar*, não permitindo o seu (suposto) alastramento pernicioso, vemos tais limites como uma forma de impedir que a mesma se autoconsuma, ou, noutra perspectiva, que a liberdade de empresa conduza ao desvirtuar do próprio sector privado dos meios de produção pela erosão da democracia económico-social. É, pois, na função estruturante do artigo 80.° que nos apoiamos (cfr. a respectiva anotação, I, § 1.°, 1.1.), bem como na função interpretativa do artigo 9.° da CRP, em particular, da respectiva alínea *d)*.

também o princípio (igualmente não expresso no artigo 80.°) do desenvolvimento económico-social.

Por outro lado, a relevância fáctica da empresa privada no âmbito da organização económico-social conduz à possibilidade de a mesma ditar regras de conteúdo económico, possam elas ser qualificadas de jurídicas ou não, o que suscita o problema da subordinação do poder económico ao poder político democrático. O poder de ditar regras – mesmo jurídicas – não é privativo dos órgãos do Estado. Porém, a legitimidade para as ditar não pode decorrer de uma situação económica (fáctica) de vantagem sobre os respectivos destinatários, antes tem que radicar noutras normas jurídicas que, atendendo à substância e aos limites formais da CRP, provêm dos órgãos do Estado. Está em causa, pois, a concretização do princípio ínsito na alínea *a)* do artigo 80.° da CRP.

Da mesma forma, sendo legítimo falar de uma *função social da empresa* – que não se identifica de pleno com a função social da propriedade[893] – o disposto no artigo 86.° constitui uma concretização fundamental dos princípios constantes das alíneas *b), c)* e *f)* do artigo 80.° da CRP. Tendo em conta o que já se afirmou[894], a disciplina constitucional da empresa privada constitui uma forma de garantia do próprio sector privado dos meios de produção e, por consequência, dos restantes também. Se o disposto no artigo 86.° constitui uma forma de garantir que o sector privado se não autoconsome, transmutando-se noutra realidade que não a que a CRP tutela, por reflexo se garante a existência (nos termos constitucionalmente previstos) dos restantes. É claro que as limitações à iniciativa económica privada podem favorecer tanto o sector público como o sector cooperativo e social. Mas talvez mais importante do que tais limitações, para a subsistência destes e coexistência de todos será relevante a garantia de um sector privado caracterizado pela democracia económico-social (aí se situa a problemática em torno das pequenas e médias empresas), dado que, pensando essencialmente no sector cooperativo e social, o colapso do sector privado conduziria à afectação das condições económicas que permitem a existência daquele (bem entendido, no contexto do regime jus--económico pelo qual a CRP optou, e sem considerar possibilidades de alteração ou mesmo transição constitucional).

---

[893] A propósito da relação da empresa com o trabalho, cfr. ANTÓNIO L. SOUSA FRANCO/GUILHERME D'OLIVEIRA MARTINS, *A Constituição* ..., pp. 300 ss.

[894] Cfr. a penúltima nota.

Ainda, é manifesto que o disposto no artigo 86.° cria uma disciplina jurídica orientada para a concretização de diversas incumbências prioritárias do Estado previstas no artigo 81.°, designadamente, as previstas nas alíneas *b)*, *d)*, *f)*, *i)*, *l)* e *m)*.

§ 2.°. Liberdade de iniciativa económica privada e intervenção estadual

2.1. *O Estado incentivador da actividade empresarial*

Desde a revisão constitucional de 1997[895], a obrigação constitucional do Estado perante a actividade empresarial é de *incentivo*, e já não de protecção (sobretudo das pequenas e médias empresas), o que em boa medida resulta das vinculações em sede de Direito Europeu e da progressiva substituição do legislador nacional pelo comunitário, neste âmbito.

O fundamento desta obrigação de incentivo por parte do Estado está na essencialidade do tecido empresarial para sobrevivência da economia do país, e, em termos normativos, na garantia dos princípios da Constituição económica[896]. Em termos substanciais, os incentivos à actividade empresarial destinam-se a concretizar os objectivos constitucionalmente fixados para as políticas agrícola (artigo 93.°), comercial (artigo 99.°) e industrial (artigo 100.°), aí encontrando bons elementos adjuvantes da interpretação do n.° 1 deste artigo 86.°, ainda que possa questionar-se a bondade da inclusão daquelas normas no texto constitucional[897]. De certa forma, e antecipando, o disposto no artigo 86.° confere relevo normativo a tais preceitos.

Os incentivos do Estado aqui em causa tanto podem revestir natureza legislativa como administrativa (considerando os primeiros como aqueles cuja implementação não reclama uma actuação administrativa concretizadora), o que, se apela à ideia de *fomento* como incumbência do Estado normalmente tratada no âmbito do Direito Administrativo da Economia, vai para além dela[898]. Tais incentivos não são objecto de uma categorização

---

[895] Cfr. *infra*, III, § 9.° e § 10.°.
[896] Cfr. *supra*, I, § 1.°.
[897] Cfr. as anotações respectivas.
[898] No Direito Administrativo da Economia a actividade de fomento é normalmente restringida àquela sua parcela que reveste natureza administrativa em sentido próprio. Daí

pela CRP nos mesmos termos em que o são os estímulos e apoios necessários às cooperativas, nos termos do n.º 2 do artigo 85.º. Assim, embora possamos dizer que os incentivos agora em causa podem ser da mesma natureza daqueles – benefícios fiscais e financeiros, condições mais favoráveis à obtenção de crédito e auxílio técnico – ou de outra natureza (como aqueles também o podem ser), já não é possível afirmar a possível verificação de inconstitucionalidade por omissão perante a ausência de qualquer incentivo daquelas categorias: enquanto que, *v.g.*, os benefícios fiscais das cooperativas são de existência imperativa, por força do n.º 2 do artigo 85.º, já não é imperativo que os incentivos do Estado à actividade empresarial se traduzam em benefícios fiscais ou quaisquer outros. Isto dificulta, naturalmente, a observação do ordenamento jurídico com vista a concluir pela inconstitucionalidade por omissão, dada a imprecisão do n.º 1 do artigo 86.º. Ainda que recorramos quer à função estruturante dos princípios fundamentais da organização económico-social, quer à função integradora das normas contidas nos já referidos artigos 93.º, 99.º e 100.º da CRP, dificilmente se poderá concluir pela inconstitucionalidade da inexistência de certos incentivos à actividade empresarial. O problema que aqui se poderá colocar com mais relevância é o da adequação das medidas às necessidades que as mesmas visam prover. Ora, no que respeita à fiscalização da constitucionalidade por omissão, mercê dos respectivos critérios de verificação, essa tarefa é especialmente complexa ou mesmo impossível. Já no domínio da fiscalização da constitucionalidade por acção é perfeitamente admissível que se conclua pela inconstitucionalidade de uma norma que, estabelecendo incentivos à actividade empresarial, *v.g.*, discrimine sectores de actividade de modo arbitrário, ou faça depender esses mesmos incentivos de condições desproporcionais à consecução do respectivo resultado, o que pode sustentar-se na violação das já referidas normas e dos artigos 13.º e 18.º, nomeadamente.

Os incentivos do Estado podem traduzir-se em meios característicos do fomento económico (em sentido lato), por exemplo, benefícios fiscais, avales, subsídios, entre outros[899]. No âmbito das medidas de natureza

---

que Luís S. Cabral de Moncada se refira ao fomento económico como "actividade administrativa de satisfação de necessidades de carácter público, protegendo ou promovendo actividades de sujeitos privados ou outros que directa ou indirectamente as satisfaçam." (cfr. *Direito* ..., p. 493).

[899] Cfr. Luís S. Cabral de Moncada, *Direito* ..., pp. 493 ss.

administrativa, os incentivos do Estado devem traduzir-se tanto em actividade administrativa (administração em sentido objectivo) como em organização administrativa (Administração em sentido subjectivo). Também aqui se encontra um complexo cruzamento e complementariedade entre os princípios fundamentais da organização económico-social e os princípios constitucionais relativos à Administração Pública (cfr. artigos 266.º e seguintes da CRP)[900].

2.2. *As pequenas e médias empresas*

O n.º 1 do artigo 86.º estabelece, para o Estado, uma obrigação geral de incentivo à actividade empresarial e "em particular das pequenas e médias empresas". Assim, a obrigação de incentivo do Estado estende-se a *toda* a actividade empresarial, mas com *particularidades* no que toca às pequenas e médias empresas, particularidades essas que se distinguirão tanto pela substância dos incentivos, como pela intensidade do papel do Estado neste domínio. A CRP assume, à partida, a maior fragilidade das pequenas e médias empresas no contexto geral do regime jus-económico, e do sector privado de propriedade dos meios de produção, em particular.

A CRP não estabelece o que entender por *pequena e média empresa*, embora seja normal que entre os critérios para a respectiva definição normativa encontremos o do número de trabalhadores, do volume de negócios e das relações com outras empresas baseadas na titularidade de capital[901]. Maior cautela é necessária na utilização de critérios ligados à actividade exercida, que pode gerar problemas ao nível do princípio da igualdade[902].

Saliente-se que o tratamento de favor de que as pequenas e médias empresas beneficiam é-o no contexto das empresas integradas no sector

---

[900] No âmbito da actividade administrativa de incentivo à actividade empresarial avulta a figura dos contratos económicos. Sobre esta problemática, cfr. EDUARDO PAZ FERREIRA, *Da Dívida Pública e das Garantias dos Credores do Estado*, Coimbra, 1995, pp. 261 ss., em especial pp. 334 ss.; JOSÉ MANUEL SÉRVULO CORREIA, *Legalidade e Autonomia Contratual nos Contratos Administrativos*, Coimbra, 1987, pp. 422 ss. e p. 475; LUÍS S. CABRAL DE MONCADA, *Direito ...*, pp. 531 ss.

[901] Cfr. J. J. GOMES CANOTILHO/VITAL MOREIRA, *Constituição ...*, I, p. 1014; LUÍS S. CABRAL DE MONCADA, *Direito ...*, pp. 514 ss.

[902] Veja-se o problema em torno das empresas comerciais (cfr. LUÍS S. CABRAL DE MONCADA, *Direito ...*, p. 517).

privado de propriedade dos meios de produção, e no contexto do artigo 86.º da CRP. Quer isto dizer que, em termos jurídicos, o *favor* de que as pequenas e médias empresas beneficiam não é equiparável àquele que privilegia as cooperativas, nos termos do n.º 2 do artigo 85.º, dado que são diferentes os fundamentos de um e outro regime, e que também para as empresas agora em causa se verifica a ausência de categorias de incentivos constitucionalmente necessários[903]. Deve ser, pois, ao abrigo deste artigo 86.º, que as falsas cooperativas (quando integradas no sector privado) vêem incentivada a sua actividade, como empresas privadas que em rigor são[904]. As particularidades de regime de incentivos das pequenas e médias empresas hão-de privilegiá-las, pois, em face das grandes empresas e não das verdadeiras cooperativas.

A discriminação positiva genérica que as pequenas e médias empresas encontram no n.º 1 do artigo 86.º justifica-se pela sua dupla qualidade de, por um lado, constituírem realidades institucionais necessárias ao desenvolvimento económico-social nacional, e, por outro lado, apresentarem especiais fragilidades no contexto do mercado[905]. Estão em causa, pois, os princípios fundamentais da organização económico-social apontados *supra*[906], mas também o "assegurar do funcionamento eficiente dos mercados, de modo a garantir a equilibrada concorrência entre as empresas, a contrariar as formas de organização monopolistas e a reprimir os abusos de posição dominante e outras práticas lesivas do interesse geral"[907].

Sem exagero, pode bem afirmar-se que o modelo constitucional jus-económico, orientado para a protecção dos já referidos princípios da garantia dos direitos económicos, sociais e culturais, e do desenvolvimento económico-social, depende da concretização do artigo 86.º, e muito em particular do seu n.º 1.

---

[903] Cfr. anotação ao artigo 85.º, I, § 1.º e § 2.º.
[904] Cfr. anotação ao artigo 85.º, I, § 1.º e § 2.º.
[905] Cfr. J. J. GOMES CANOTILHO/VITAL MOREIRA, *Constituição* ..., I, pp. 1013-1014; LUÍS S. CABRAL DE MONCADA, *Direito* ..., pp. 443 ss.
[906] Cfr. I, § 1.º.
[907] Cfr. alínea *f)* do artigo 81.º e respectiva anotação.

2.3. O Estado fiscalizador da actividade empresarial privada: subordinação do poder económico ao poder político democrático

O significado do inciso constitucional nos termos do qual o Estado fiscaliza o cumprimento das obrigações legais por parte das empresas privadas (pequenas e médias empresas incluídas, naturalmente), nos termos do n.º 1 do artigo 86.º, não é, simplesmente, estabelecer a vinculação ou subordinação daquelas à lei, porquanto tal resulta já de outras normas e princípios constitucionais, designadamente, do princípio do Estado de Direito democrático. Do mesmo modo, não se trata de uma simples concretização do princípio expresso na alínea *a)* do artigo 80.º, estabelecendo que as empresas privadas, enquanto expressão do poder económico, se encontram subordinadas ao poder político democrático, seja este veiculado pela lei ou por outros actos jurídico-públicos. Concordamos com J. J. GOMES CANOTILHO e VITAL MOREIRA quando afirmam que a "função jurídico-constitucional desta norma é, desde logo, a de afastar qualquer dificuldade à admissibilidade dessas medidas, que pudesse resultar da garantia constitucional da liberdade de iniciativa privada"[908]. Porém, em nossa opinião, é mais ampla – e simultânea e parcialmente diversa – a função da norma[909].

Com efeito, em Estado social ou Estado de bem-estar é não só compreensível como necessária a existência de especiais vinculações jurídicas da actividade empresarial em nome da protecção dos direitos fundamentais, seja para defesa dos consumidores, para defesa do ambiente, das condições laborais, ou do próprio modelo jus-económico no que diz respeito ao desenvolvimento económico-social, globalmente considerado. Mas note-se que não são aqui estabelecidas quaisquer dessas vinculações ou limitações ao exercício da iniciativa económica privada, contrariamente ao que sucede no n.º 2 do artigo 86.º, e potencialmente no seu n.º 3, na própria CRP, e, infra-constitucionalmente quando considerado, por exemplo, o regime jurídico do licenciamento industrial.

---

[908] Cfr. *Constituição* ..., I, p. 1015.

[909] Situação particular é a das empresas privadas que exerçam poderes públicos, as quais, nos termos do n.º 6 do artigo 267.º da CRP, *podem* ser sujeitas, *nos termos da lei*, a fiscalização administrativa. Sobre esta matéria, cfr. por todos PEDRO GONÇALVES, *Entidades Privadas com Poderes Públicos*, Coimbra, 2005, *passim*.

É o Estado o principal destinatário da norma em apreço, e a sua função primacial é, justamente, estabelecer sem dúvida que sobre ele impende a obrigação *ex constitutione* de levar a cabo aquela tarefa de *fiscalização*. É muito ampla a liberdade do legislador no estabelecimento das *obrigações legais* a que se encontra vinculada a actividade empresarial, ou as empresas privadas, se se preferir[910]. Mas, em rigor, não é da norma em apreço que tal amplitude resulta. Como dizíamos, o seu sentido e *ratio* imediatos consistem em atribuir ao Estado uma obrigação de fiscalização, e que é, essencialmente de natureza administrativa. Com efeito, embora não se afaste o relevo do Direito Penal Económico nesta sede[911], é fundamentalmente o Direito Administrativo da Economia que o legislador constitucional teve em mente.

Como tal, são essencialmente medidas de polícia administrativa (em particular, económica)[912] que aqui estão em causa, que o Estado se encontra obrigado a tomar[913], afirmando-se um lugar constitucional da regulação. Aqui cabe o estabelecimento e implementação de regras para actividade económica, destinadas a garantir o seu funcionamento equilibrado, de acordo com determinados objectivos públicos. Existindo várias amplitudes de concretização do conceito, a maioritária será talvez aquela que apresenta a regulação como intervenção estadual na economia por outras formas que não a participação directa na actividade económica (condicionamento, coordenação e disciplina da actividade privada). Em termos funcionais, a regulação vai da aprovação de normas (legais, regulamentares, códigos de conduta) à sua implementação concreta (autorizações, licenças, contratos), e à fiscalização e punição; daí dizer-se que as comissões reguladoras possuem as três funções: legislativa, executiva e judicial ou parajudicial. A regulação encontra várias justificações teórico-racionais, à luz do princípio democrático, desde a teoria do interesse público (concepção tradicional e corrente, segundo a qual são os interesses gerais que justificam a regulação, como aliás toda a actividade económica pública), à teoria da protecção das actividades reguladas (para a qual a regulação deriva

---

[910] Cfr. J. J. GOMES CANOTILHO/VITAL MOREIRA, *Constituição* ..., I, p. 1014.
[911] Cfr. J. J. GOMES CANOTILHO/VITAL MOREIRA, *Constituição* ..., I, p. 1015.
[912] Sobre estas noções, cfr. LUÍS S. CABRAL DE MONCADA, *Direito* ..., pp. 382 ss.
[913] Propendemos aqui, também, para uma noção abrangente de "Estado" (cfr. anotação ao artigo 81.º, I, § 1.º, 1.3).

dos interesses dos regulados, restringindo a concorrência excessiva e defendendo-os contra actividades concorrentes)[914].

2.4. *Iniciativa económica privada e actividades de interesse económico geral*

O especial relevo que o n.º 1 do artigo 86.º atribui às empresas que prossigam actividades de interesse económico geral insere-se no influxo do Direito Europeu que o nosso ordenamento interno vem sofrendo. Ao referir-se a *actividades* e não a *serviços* a CRP terá, porventura, pretendido afastar-se da problemática em torno da definição conceptual e teoria do serviço público, o que se percebe dada a indeterminação dessa figura e, bem assim, de outras que operam no mesmo espaço jurídico (como, *v.g.*, *serviços de interesse geral, serviços de interesse económico geral* e *serviço universal*), sobretudo no âmbito do Direito Europeu. As instituições comunitárias têm vindo a aprofundar e a apurar a noção de serviços de interesse económico geral – noção essa que não consta do Direito Europeu primário nem derivado –, entendendo a Comissão europeia que assim se "designam as actividades de serviços comerciais que consubstanciam missões de interesse geral e que, por esse motivo, estão sujeitas pelos Estados membros a obrigações específicas inerentes ao serviço público. Trata-se, em especial, do caso dos serviços em rede nos sectores dos transportes, da energia e da comunicação"[915].

Tendo em conta, portanto, que, regra geral, estão em causa actividades empresariais que, pela sua natureza, se dirigem à satisfação de necessidades *essenciais* de *todos* os cidadãos, o Estado está *especialmente* obrigado à respectiva fiscalização, no sentido de assegurar o cumprimento dos

---

[914] Sobre esta temática, cfr. VITAL MOREIRA, *Auto-Regulação Profissional e Administração Pública*, Coimbra, 1997, pp. 17 ss.; *Estudos de Regulação*, I, org. VITAL MOREIRA, Coimbra, 2004; VITAL MOREIRA/FERNANDA MAÇÃS, *Autoridades Reguladoras Independentes*, Coimbra, 2003, pp. 9 ss.

[915] Cfr. ANA MARIA GUERRA MARTINS, *A emergência* ..., p. 82. Sobre estes conceitos, cfr. *Livro Branco sobre os serviços de interesse geral (Comunicação da Comissão ao Parlamento Europeu, ao Conselho, ao Comité Económico e Social Europeu e ao Comité das Regiões)*, COM(2004) 374, Bruxelas, 12.5.2004.

princípios de serviço universal pelos quais as mesmas se regem[916]. Veja--se, aliás, o disposto no artigo 16.º do TCE, de acordo com o qual "Sem prejuízo do disposto nos artigos 73.º, 86.º, e 87.º, e atendendo à posição que os serviços de interesse económico geral ocupam no conjunto dos valores comuns da União e ao papel que desempenham na promoção da coesão social e territorial, a comunidade e os seus Estados-Membros, dentro do limite das respectivas competências e dentro do âmbito de aplicação do presente Tratado, zelarão por que esses serviços funcionem com base em princípios e em condições que lhes permitam cumprir essas missões".

Em termos textuais, a especialidade destas actividades refere-se aqui à respectiva fiscalização, e não ao seu incentivo, muito embora o mesmo seja de admitir dada a sua importância.

De resto, a especialidade da fiscalização por parte do Estado não deve traduzir-se num maior rigor na fixação de normas e sua aplicação ou fiscalização em sentido estrito às entidades que prossigam actividades de interesse económico geral, mas sim, (i) no estabelecimento de normas especiais para tais actividades, e (ii) e na afectação de meios especiais para a respectiva fiscalização. Pode ainda ver-se aqui uma preferência constitucional e, portanto, um critério normativo para a disponibilização de recursos por parte do Estado, perante a respectiva escassez.

Um exemplo desta especialidade pode encontrar-se no n.º 3 do artigo 36.º do RJSEE, que ordena a aplicação das normas previstas nos seus artigos 9.º, 12.º e 13.º e no seu Capítulo II às empresas privadas encarregues da gestão de serviços de interesse económico geral por força de concessão ou da atribuição de direitos especiais ou exclusivos. Ora, o referido artigo 9.º estatui a possibilidade de derrogações às regras da concorrência para estas entidades, quando a sua submissão às mesmas ponha em causa a sua missão; o artigo 12.º é relativo ao controlo financeiro (legalidade, economia, eficiência e eficácia) a cargo do Tribunal de Contas e da Inspecção-Geral de Finanças; e o artigo 13.º disciplina os deveres especiais de informação. Quanto ao Capítulo II, integralmente dedicado às empresas públicas encarregadas de serviços de interesse económico geral, contém normas sobre os respectivos princípios orien-

---

[916] Sobre esta problemática também, e em particular sobre os princípios do serviço universal, cfr. RODRIGO GOUVEIA, *Os Serviços* ..., pp. 25 ss.

tadores (artigo 20.º), contratos com o Estado (artigo 21.º) e participação dos utentes (artigo 22.º)[917].

§ 3.º. **Liberdade de iniciativa económica privada e intervenção estadual directa**

3.1. *A intervenção do Estado na gestão das empresas privadas: fundamento constitucional*

No geral, o problema do fundamento da intervenção do Estado na gestão de empresas privadas foi já objecto de observação[918]. O que é relevante, de momento, é a inserção desta norma do contexto do artigo 86.º, bem como o respectivo regime jurídico-constitucional[919].

Ao referir-se à intervenção do Estado na gestão de empresas privadas, o n.º 2 do artigo 86.º da CRP reforça duas ideias centrais do modelo constitucional jus-económico. Em primeiro lugar, a conformação da iniciativa económica privada ao interesse geral, em decorrência do estabelecido no n.º 1 do artigo 61.º. E em segundo lugar – como a segunda face de uma mesma moeda –, a importância ou função social da empresa privada no contexto daquele modelo e da economia nacional. Como

---

[917] Conforme alertámos no ponto anterior, é particular a situação de empresas privadas que exerçam poderes públicos, as quais podem, nos termos da lei, ser sujeitas a fiscalização administrativa. Não é incomum, porém, que as empresas privadas que prossigam actividades de interesse económico geral exerçam poderes públicos (sem cuidar agora de quais os mesmos sejam ou possam ser à luz da CRP, ou da forma pela qual os mesmos são atribuídos), instrumentais para a prossecução do seu objecto. Nestes casos, embora possa distinguir-se entre o exercício de poderes públicos tendentes à fiscalização do "cumprimento das obrigações legais" destas empresas – radicado no n.º 1 do artigo 86.º - e aquele outro tendente à fiscalização do exercício de poderes públicos que as mesmas possam desempenhar – radicado no n.º 6 do artigo 267.º -, estando em causa, portanto, diferentes regimes jurídicos de fiscalização, o exercício de poderes de fiscalização ao abrigo do n.º 6 do artigo 267.º sempre deverá ter em conta os princípios fundamentais em matéria de organização económico-social quando a entidade privada fiscalizada seja uma empresa (posto que no âmbito de aplicação subjectiva desta última norma se incluem quaisquer entidades privadas).

[918] Cfr. anotação ao artigo 83.º.

[919] Sobre a intervenção do Estado na gestão de empresas privadas, cfr. Ac. TC n.º 257/92 (cit.).

destacam JORGE MIRANDA e RUI MEDEIROS, não existe na CRP qualquer estatuição de intervenção do Estado na gestão de cooperativas[920], o que, se encontra justificação na respectiva função e natureza, não poderá deixar de ser considerado como um reconhecimento do relevo das empresas privadas, ou não haveria necessidade de semelhante regime jurídico. Tal é ainda mais evidente hoje, dado o posicionamento do sector privado de propriedade dos meios de produção como sector regra, e da sedimentação da iniciativa económica privada entre os direitos fundamentais de natureza análoga aos direitos, liberdades e garantias. Em suma, a possibilidade de intervenção do Estado na gestão de empresas privadas constitui um reconhecimento por parte da CRP da respectiva centralidade no âmbito do regime económico[921], o que deve ser considerado na interpretação do regime jurídico em causa, mas sempre com os olhos no regime jurídico-constitucional da iniciativa económica privada.

O disposto no n.º 2 do artigo 86.º da CRP constitui um dos momentos normativos da Lei Fundamental que permite afirmar que o pendor liberalizante que se vem acentuando no modelo jus-económico constitucional não é senão uma tendência que se surpreende do reposicionamento da iniciativa económica privada e do sector de propriedade dos meios de produção, sem que tal corresponda, porém, à sua libertação face aos princípios fundamentais em matéria de organização económico-social e, também, face à restante concretização principiológica do próprio Estado de Direito democrático português.

3.2. *A liberdade do legislador na conformação da intervenção do Estado na gestão das empresas privadas*

Dispõe o n.º 2 do artigo 86.º da CRP que o Estado só pode intervir na gestão de empresas privadas (i) a título transitório, (ii) nos casos expressamente previstos na lei, (iii) e, em regra, mediante prévia decisão judicial. A tripartição que fazemos do inciso constitucional em apreço apenas pode facilitar a respectiva leitura, e pré-delimitar algumas das questões problemáticas que se suscitam. Antes, por exemplo, fica o problema de

---

[920] Cfr. *Constituição* ..., I, p. 622.
[921] Neste sentido, a propósito da vedação de sectores, cfr. JORGE MIRANDA/RUI MEDEIROS, *Constituição* ..., II, p. 114.

saber o que entender por *intervir na gestão*. Tendo em conta, designadamente, o que deixámos dito *supra* a propósito do papel fiscalizador do Estado[922], e a autonomização do regime constante do n.º 2 face ao disposto no n.º 1 do presente artigo 86.º, podemos afirmar que a intervenção que aqui está em causa é a chamada intervenção directa (que, para o que ora nos importa, consiste na intervenção pública além da mera fixação de normas de regulação económica[923]).

Atenta a configuração constitucional do sector privado dos meios de produção – assente na alternativa propriedade *ou* gestão[924] –, considera PAULO OTERO que "a intervenção directa do Estado na gestão de empresas privadas, sem provocar qualquer transferência do meio de produção do sector privado para o sector público, não deixa de se traduzir numa severa forma de intervenção pública limitativa do direito de propriedade e da liberdade económica privadas"[925]. Assim, "a definição constitucional do sector público, sem prejuízo da sua evolução histórica traduzir uma evidente redução do respectivo peso em relação ao sector privado, mostra-se ainda hoje passível de encobrir fenómenos de intervenção pública que, sem comportarem formalmente pela Constituição um alargamento dos meios de produção integrantes do sector público ou sem transferirem os meios de produção privados para o sector público, envolvem sempre formas diversificadas de limitação ou descaracterização daquilo que se pode considerar o sector privado típico ou normal"[926].

Neste sentido, se em qualquer caso não pode ter-se por ilimitada a permissão de intervenção do Estado na gestão de empresas privadas, há que articulá-la, em particular, com a garantia de coexistência dos vários sectores de propriedade dos meios de produção, que seria completamente frustrada se o sector privado dos meios de produção se reduzisse ou fosse principalmente constituído por empresas de propriedade privada e gestão pública ou de propriedade pública e gestão privada: isto é, "a garantia de existência de um sector privado dos meios de produção passa, principalmente, por aqueles cuja propriedade *e* gestão pertencem a entidades privadas, não tendo o legislador liberdade para transformar o sector privado

---

[922] Cfr. *supra*, I, § 2.º, 2.3 e 2.4.
[923] Cfr. anotação ao artigo 83.º, I, *maxime* § 1.º.
[924] Cfr. anotação ao artigo 82.º, I, § 3.º.
[925] Cfr. PAULO OTERO, *Vinculação* ...p. 65.
[926] Cfr. PAULO OTERO, *Vinculação* ...p. 65.

princípio, se traduzirá na substituição do Estado ao órgão de fiscalização da empresa) é distinta do dever geral de fiscalização que cabe ao Estado nos termos do n.º 1 do artigo 86.º: não está agora em causa assegurar apenas o cumprimento da lei por parte de empresas privadas, mas, além disso, que as mesmas atinjam objectivos que se reputam essenciais, dada a sua função sócio-económica, no âmbito dos princípios fundamentais em matéria de organização económico-social. Em segundo lugar, é necessário ter presente, como afirmámos, a noção de empresa pública hoje existente no ordenamento jurídico português: se o direito (do Estado) de designar ou destituir a maioria dos membros dos órgãos de administração ou fiscalização da empresa é suficiente para que mesma se qualifique como empresa pública[936], não é esse o fito do n.º 2 do artigo 86.º, com a consequente submissão das empresas intervencionadas ao regime jurídico das empresas públicas (por exemplo, no que toca à respectiva missão: uma empresa intervencionada – ou a intervenção propriamente dita – não pode destinar-se a contribuir para o equilíbrio económico e financeiro do conjunto do sector público, pois o sector privado não está *ao serviço* do sector público[937]).

Em terceiro lugar, a intervenção do Estado na gestão de empresas privadas está sujeita, *em regra, a prévia decisão judicial*, o que se justifica em face da afectação do direito de propriedade e liberdade de iniciativa económica privada. Sublinhe-se que a regra que pode admitir excepção não deve ser a da existência de uma decisão judicial, mas de uma *prévia* decisão judicial, o que significa que, embora a lei possa dispensar uma decisão judicial anterior habilitante da intervenção do Estado, não pode dispensá-la em absoluto: o interesse público pode justificar a necessidade de medidas imediatas de natureza administrativa, mas não que as mesmas não sejam sujeitas a um controlo judicial contemporâneo ou posterior, constitucionalmente imposto[938-939].

---

[936] Nos termos do artigo 3.º do RJSEE. Cfr. anotação ao artigo 82.º, I, § 2.º, em especial, 2.2.1.

[937] Cfr. artigo 4.º do RJSEE.

[938] Sobre este preceito, salientando que se está perante a possibilidade de substituição da Administração no exercício de funções privadas, com exemplos, cfr. PAULO OTERO, *O Poder ...*, I, pp. 75 ss. Aí o Autor remete para obra sua anterior onde contesta a posição de JORGE M. COUTINHO DE ABREU, segundo o qual esta forma de intervenção estadual seria constitucionalmente admissível como forma de tutela do direito "ao trabalho e à segurança no emprego perante a nulidade de despedimentos colectivos resultantes do encerramento

No Ac. TC n.º 166/94 (cit.)[940], afirmou-se que "Poder-se-ia, do ditame ínsito no falado n.º 2 do artigo 87.º [actual 86.º], extrair uma argumentação segundo a qual, ponderando a existência de uma recomendação constitucional no sentido de a intervenção [temporária] do Estado na gestão das empresas privadas ter de ser precedida de decisão judicial, não se justificar que, em casos que desembocam na liquidação dessas empresas, fosse permitida uma actuação da Administração visando esse fim sem a precedência da intervenção dos tribunais. [§] Um tal argumento, desde logo, faleceria se se entender que a Constituição não exige, no n.º 2 do artigo 87.º que a intervenção a que esse preceito se reporta seja sempre posterior a uma decisão judicial dela autorizadora. [§] De todo o modo, o que está verdadeiramente em causa no n.º 2 do artigo 87.º é uma vertente da consagração da liberdade de gestão inerente à liberdade de empresa, o que o mesmo é dizer uma liberdade na condução dos destinos económicos e sociais das empresas que, pela intervenção estadual, se vê fortemente – se não totalmente – cerceado. [§] Ora, em casos como *sub iudicio* – isto é, em casos como os dos estabelecimentos bancários em que, como se viu, o seu objecto social é, e tão só, o exercício do comércio bancário – não se pondo em causa que assiste à Administração o poder de retirar a licença para o desenvolvimento dessa actividade, e sem a qual ela não pode ser prosseguida, não é configurável que, uma vez despojado o estabelecimento da licença, possa, por qualquer forma, ser exercida uma gestão social e económica dessa empresa que ficou, por isso, sem objecto social. [§] Não há, aqui, em consequência, que ter em conta uma salvaguarda daquele tipo de liberdade que a recomendação constitucional do n.º 2 do artigo 87.º pretendeu efectuar, e isto não olvidando que se trata, nesta matéria, do exercício de uma actividade cujo início e desenvolvimento são já em si fortemente condicionados.".

Não se pretendendo um comentário exaustivo a esta parte do Ac., cabe recordar, em primeiro, lugar, que a existência de uma decisão judicial pré-

---

de uma empresa, na sequência de dissolução da sociedade por deliberação dos sócios" (cfr. *Conceito e Fundamento da Hierarquia Administrativa*, Coimbra, 1992, p. 232).

[939] Não se trata aqui, em nossa opinião, de uma mera *recomendação* ao legislador, se bem entendemos as palavras de J. J. GOMES CANOTILHO e VITAL MOREIRA (cfr. *Constituição* ..., I, p. 1017). Ao definir a regra da prévia decisão judicial, a CRP vincula o legislador à excepcionalidade da hipótese contrária: não só a excepção deve ser isso mesmo em termos *quantitativos* como, mais importante ainda, fica o legislador vinculado a estabelecer um regime jurídico infra-constitucional que não permita a transformação da excepção em regra, pela facilidade que possa assistir à Administração na apreciação dos casos justificantes.

[940] Cfr. também o Ac. TC n.º 279/94, de 23 de Março de 1994, http://www.tribunalconstitucional.pt/tc/acordaos/19940279.html.

via à intervenção do Estado na gestão de uma empresa privada não é uma singela recomendação constitucional, antes constituindo o legislador ordinário na obrigação de prever e regular os casos em que aquela possa ser dispensada[941]. Em segundo lugar, só no quadro dessa mesma lei pode a Administração actuar sem previamente se munir de uma decisão judicial habilitante, não lhe sendo possível alcandorar-se numa sua decisão anterior – como, *v.g.*, a de cassação de uma licença indispensável ao exercício da actividade da empresa – para em seguida decidir pela intervenção na gestão da empresa. É até de muito duvidosa constitucionalidade que tal lei possa atribuir à Administração competência para intervir na gestão de uma empresa nas condições referidas, pois remeteria para uma decisão administrativa prévia a condição de legalidade de ausência de recurso aos tribunais: seria a Administração a decidir se um acto seu seria ou não objecto de legitimação jurisdicional prévia. Para além do exposto, tem razão LUÍS NUNES DE ALMEIDA quando, na sua declaração de voto, afirma que "a liquidação da sociedade ainda pressupõe necessariamente, a prática de actos de gestão. E, por outro lado, se a mera intervenção transitória na gestão deve, em regra, ser precedida de decisão judicial, então a liquidação da empresa, que implica a cessação definitiva do direito de propriedade de que ela é objecto, há-de necessariamente ser precedida de uma tal decisão, por se estar no domínio da privação de direitos fundamentais".

§ 4.º. A vedação de sectores básicos

4.1. *O carácter facultativo da existência de sectores vedados à iniciativa económica privada*

Na sequência da revisão constitucional de 1997, a existência de sectores básicos vedados a empresas privadas (e a *outras entidades da mesma natureza*) deixou de ser constitucionalmente imperativa, passando a constituir uma mera faculdade do decisor legislativo[942]. Ampliou-se, assim, a liberdade de conformação do legislador ordinário nesta matéria, onde antes existia uma garantia de sector público empresarial dada a obrigação do legislador em criá-la[943].

---

[941] Cfr. a nota anterior.
[942] Cfr. *infra*, III, § 9.º e § 10.º.
[943] Cfr. PAULO OTERO, *Vinculação* ..., pp. 95-96.

No entanto, o actual carácter meramente facultativo da existência de sectores básicos vedados à iniciativa económica privada não significa necessariamente uma neutralidade constitucional neste domínio. Como aponta PAULO OTERO, a CRP continua a manifestar uma certa preferência pela existência de sectores vedados, já que, se não os impõe ao legislador, também os não proíbe, "e nem sequer sugere uma progressiva abertura à iniciativa privada de tais sectores, descansando antes na impossibilidade de qualquer inconstitucionalidade superveniente da actual lei definidora dos sectores básicos"[944]. No mesmo sentido, "sabendo que qualquer lei respeitante à abertura de sectores vedados tem de envolver um consenso político alargado entre o órgão legislativo e o Presidente da República, isto atendendo ao facto de aqui o veto político presidencial só ser ultrapassável por maioria agravada no caso de lei da Assembleia da República (CRP, artigo 136.°, n.° 3, alínea b)) ou revestir natureza absoluta perante decreto-lei autorizado (CRP, artigo 136.°, n.° 4), a Constituição mostra agrado pela solução de desconstitucionalizar a expressa obrigatoriedade de existência de sectores vedados, sabendo das dificuldades políticas e constitucionais para a sua efectiva abolição pelo legislador ordinário, deixando ainda aberta a porta a uma possível ampliação futura dos actuais sectores vedados" (e isto mesmo sem considerar a habilitação constitucional à criação por via legislativa de sectores vedados, decorrente de outras normas constitucionais)[945].

4.2. *O significado constitucional de sector vedado à iniciativa económica privada*

O significado constitucional de *sector vedado à iniciativa económica privada* passa pela análise das limitações que se impõem ao legislador ordinário neste domínio (posto que a já referida facultatividade na definição de sectores básicos vedados não equivale a inexistência de quaisquer limites). Vejamos em síntese[946].

Em primeiro lugar, a actividade das empresas privadas apenas pode ser interdita em sectores económicos considerados *básicos*, o que obriga o legislador à respectiva definição.

---

[944] Cfr. *Vinculação* ..., p. 96.
[945] Cfr. PAULO OTERO, *Vinculação* ..., pp. 96-97.
[946] Seguimos de perto o exposto por PAULO OTERO, *Vinculação* ...pp. 98 ss.

Em segundo lugar, apenas podem ser considerados básicos sectores que, de um ponto de vista substancial, sejam os mais importantes para a economia ou envolvam recursos ou serviços essenciais, o que não quer dizer que todos estes tenham que ser considerados sectores básicos[947] (se a caracterização de determinado sector como básico depende de critérios políticos – para cuja concretização os económicos são instrumentais –, não é menos verdadeiro que determinadas actividades económicas, pela sua natureza, apresentam uma especial conexão com exercício de poderes de soberania do Estado, com a satisfação de direitos fundamentais ou com a tutela de outros bens constitucionalmente protegidos).

Em terceiro lugar, nem todos os sectores básicos legalmente definidos como tal podem ser vedados à iniciativa privada: tal exclusão não pode colocar em causa o lugar do sector privado de propriedade dos meios de produção no âmbito de uma economia mista, pelo que não existe relação silogística entre sectores básicos e exclusão da iniciativa económica privada (nem parece conforme com a CRP que a definição de sectores básicos se destine exclusivamente à limitação por exclusão da iniciativa económica privada).

No Ac. TC n.º 444/93 (de 14 de Julho de 1993, in BMJ, n.º 429, 1993, pp. 234 ss.), quando ainda era constitucionalmente imperativa a existência de sectores básicos vedados à actividade empresarial privada, decidiu-se que: "III – *O conceito de «sectores básicos» é um conceito aberto à liberdade de conformação do legislador, dotado de considerável fluidez e indeterminação, não sendo pertinente idententificá-lo* a priori *com quaisquer categorias da ciência económica ou fazê-lo derivar de qualquer pretensa «natureza das coisas».* [§] IV – *A liberdade de conformação do legislador ordinário não é, porém, absoluta ou total, não sendo legítimo, por fraudatório da lei fundamental, levar tão longe a vedação de certas actividades económicas à actividade privada que se desvirtue ou subverta o próprio sentido do sector privado, enquanto elemento essencial do modelo económico misto delineado pela Constituição, nem ficar tão perto nessa vedação que se retire todo o sentido ou esvazie de conteúdo útil o princípio constitucional.* [Quanto a este último inciso, a situação é hoje diferente, por força da facultatividade da existência de sectores vedados à actividade privada.] V – *A norma constante do actual artigo 87.º, n.º 3, da Constituição não*

---

[947] Sobre este problema, cfr. também JORGE MIRANDA/RUI MEDEIROS, *Constituição* ..., II, pp. 112 ss.; J. J. GOMES CANOTILHO/VITAL MOREIRA, *Constituição* ..., I, pp. 1017 ss.

impõe, como limite à liberdade de conformação do legislador, que se confinem aos serviços públicos básicos de colectividade, não lucrativos ou insuficientemente rendíveis, os sectores vedados à actividade das empresas privadas."
Este Ac. segue, no essencial, a doutrina do Ac. TC n.° 186/88 (de 11 de Agosto de 1988, in BMJ, n.° 379, 1988, pp. 346 ss.), onde se toma também posição sobre os poderes de fiscalização constitucional das normas que estabelecem o carácter básico de determinados sectores e respectiva vedação à actividade económica privada. Considerando estar em presença de opções políticas para cuja consagração legislativa o legislador goza, por isso, de ampla margem de liberdade, o TC assentou aí que "só será legítimo «cassar» tais decisões quando as mesmas se revelem – segundo um juízo de razoabilidade (ou, para usar o paradigma de certa orientação metodológica, segundo «o consenso de todos os que pensam racionalmente e com rectitude») – como clara e inquestionavelmente «fraudatórias» da Constituição, seja por via de uma desconforme e de todo o ponto incompreensível extensão dos sectores vedados, seja, ao contrário, por via de uma praticamente nula vedação."[948-949].

Por fim, o alargamento dos sectores vedados, determinante para futuro da exclusão de actividade privada no seu âmbito, deve garantir os direitos fundamentais já adquiridos pelos sujeitos jurídicos que ao tempo exerçam actividade nessas áreas, acautelando-se a sua permanência[950] ou a correspondente indemnização pela cessação da actividade.

É muito ampla, pois, a liberdade de conformação do legislador neste domínio. Vedar a actividade de empresas privadas em sectores básicos não significa, tendo em conta o preceituado no n.° 3 do artigo 86.°, necessariamente, a completa exclusão de qualquer actividade ou participação pri-

---

[948] Sobre os sectores básicos vedados à actividade privada, cfr. também Ac. TC n.° 38/84 (cit.); Ac. TC n.° 108/88 (cit.); Ac. TC n.° 157/88 (cit.); Ac. TC n.° 321/89 (cit.).

[949] O problema do controlo jurisdicional da vedação de sectores é complexo, dada a possibilidade de degenerar, com efeito, em controlo político, em violação do princípio da separação de poderes. Mas suscita também outras questões, que aqui não podem desenvolver-se, atinentes ao significado e autonomia das normas constitucionais e do próprio Direito Constitucional, no fundo, um problema de Teoria da Constituição. Admitindo que "em situações de extensão abusiva do âmbito dos sectores básicos da economia" tal possa ser controlado pelos órgãos de fiscalização da constitucionalidade, cfr. JORGE MIRANDA/ RUI MEDEIROS, *Constituição ...*, II, p. 113.

[950] Veja-se o disposto no artigo 3.° da Lei n.° 88-A/97, de 25 de Julho.

vada, podendo tratar-se apenas da instituição de especiais limitações ao exercício dessa mesma actividade. Aliás, nos termos da Lei n.° 88-A/97, de 25 de Julho[951], não existe hoje qualquer sector de actividade económica do qual esteja excluída em absoluto a iniciativa económica privada, antes se impondo, sectorialmente, a obrigatoriedade do vínculo de concessão, a subscrição da maioria do capital social das empresas que operem nesses sectores por parte de entidades do sector público, a impossibilidade de apropriação privada de certos bens ou meios de produção, ou outro tipo de formas de controlo (surgindo estas limitações isolada ou conjuntamente).

Por tudo o que se deixou dito, e considerando o que vimos já afirmando sobre a arquitectura do modelo constitucional jus-económico[952], pode afirmar-se até uma preferência constitucional por modelos de limitação da actividade económica privada no âmbito de sectores básicos ou *vedados* que não importem a sua exclusão absoluta, mas apenas a sua compressão pela iniciativa económica pública ou pela presença de poderes públicos determinantes da condução dessa mesma actividade (deixando agora de parte considerações específicas a propósito do problema da apropriação privada de certos bens ou meios de produção). Tal equivale a um favorecimento constitucional da operatividade de empresas públicas com participação de capital privado e da figura da concessão como vínculo privilegiado de associação de entidades privadas ao desempenho de tarefas públicas no âmbito dos sectores básicos da economia[953].

Ainda uma palavra sobre a última parte do n. 3 do artigo 86.°. Não é isento de dúvidas o significado da expressão "outras entidades da mesma natureza". Se para nós aí se não integram, por exemplo, as verdadeiras cooperativas, já poderão incluir-se quaisquer entidades privadas sem natureza empresarial, como associações ou fundações[954].

---

[951] Que regula o acesso da iniciativa económica privada a determinadas actividades económicas, revogando a anterior lei de delimitação de sectores (Lei n.° 46/7, de 8 de Julho); e que é uma lei, de certa forma, *antecipatória*, dado ser anterior à revisão constitucional de 1997 (cfr. EDUARDO PAZ FERREIRA, *Direito* ..., p. 205).

[952] Cfr. em especial, anotações aos artigos 80.°, 81.°, 82.°, 83.°, 84.° e 85.°.

[953] Contra esta ideia, a propósito dos serviços de interesse económico geral e dos serviços públicos prestacionais, cfr. J. J. GOMES CANOTILHO/VITAL MOREIRA, *Constituição* ..., I, pp. 1019-1020.

[954] Cfr. anotação ao artigo 85.°, I, § 2.°, 2.1 e 2.3. Sobre esta problemática, referindo o caso das *régies* cooperativas, cfr. Ac. TC n.° 321/89 (cit.).

§ 5.º. Reserva de lei e competência legislativa

5.1. A competência do Parlamento

O artigo 86.º encerra normas distintas, como vimos de ver, razão pela qual se impõe o respectivo tratamento diferenciado no que ao presente parágrafo diz respeito.

Quanto ao disposto no n.º 2, é total a reserva de lei da AR, salvo autorização ao Governo, dado que, por um lado, estão em causa meios e formas de intervenção pública em meios de produção, e que podem, inclusive, ser geradores de danos susceptíveis de indemnização (alínea *l*) do n.º 1 do artigo 165.º da CRP), e que, por outro, está em causa também a possibilidade de restrição ao direito fundamental de iniciativa económica privada (análogo aos direitos liberdades e garantias), e acesso ao direito e tutela jurisdicional efectiva, nos termos do artigo 20.º (alínea *b)* do n.º 1 do artigo 165.º da CRP)[955].

No que respeita ao n.º 3, é também total a reserva de lei da AR, salvo autorização ao Governo, dado que, imediatamente, está em causa a definição dos sectores básicos nos quais é vedada a actividade às empresas privadas e a outras entidades da mesma natureza, e, mediatamente, a própria definição ou limites entre os vários sectores de propriedade dos meios de produção (alínea *j)* do n.º 1 do artigo 165.º da CRP)[956].

Por último, o regime dos incentivos à actividade empresarial referidos no n.º 1 do artigo 86.º poderá ou não estar sujeito a reserva de lei parlamentar, nos termos do artigo 165.º da CRP, o que sucederá, por exemplo, tratando-se de benefícios fiscais. No geral, porém, estaremos no domínio da competência legislativa concorrencial[957].

5.2. A competência do Governo

No que respeita ao disposto nos n.ºs 2 e 3 do artigo 86.º, o Governo apenas pode legislar a coberto de autorização legislativa, conforme resulta do exposto no ponto anterior[958].

---

[955] Cfr. anotação ao artigo 83.º, § 4.º.
[956] A propósito, cfr. ainda o que se disse *supra*, I, § 4.º, 4.1., sobre a superação do veto político presidencial.
[957] Cfr. anotação ao artigo 85.º, I, § 4.º, 4.1.
[958] Cfr. ainda a alínea *b)* do n.º 1 do artigo 198.º da CRP.

O problema mais complexo prende-se com o incentivo à actividade empresarial, a que o Estado se encontra obrigado nos termos do n.º 1 daquele mesmo preceito, cujo regime jurídico não se encontra sujeito a uma expressa reserva de lei por parte da CRP. Sobretudo, tendo em conta que boa parte desses incentivos se podem traduzir em actividade administrativa prestacional ou prestadora. Neste domínio[959], muito depende na noção e função da reserva de lei que se propugne[960]. Por nós, propendemos para considerar – como já em diversos momentos de indiciou – que o Governo pode exercer a sua função administrativa directamente suportado na CRP, sem necessidade de uma omnipresente interposição legislativa, designadamente, através da edição de normas regulamentares directamente fundadas na Constituição (alínea *g)* do artigo 199.°)[961]. Tal significa que o Governo não se encontra, regra geral, obrigado à forma de decreto-lei para editar normas jurídicas relativas a incentivos à actividade empresarial (naturalmente, enquanto o parlamento não legislar sobre a matéria)[962].

5.3. *A competência das Assembleias Legislativas das regiões autónomas*

Nos termos da alínea *b)* do n.º 1 do artigo 227.º da CRP, as Assembleias Legislativas das regiões autónomas podem legislar, mediante autorização legislativa da AR, em matérias da competência desta, com as excepções aí previstas, entre as quais não se contam as alíneas *j)* e *l)* do n.º 1 do artigo 165.º. Assim, parece que aquelas podem, no âmbito regio-

---

[959] O problema não é, aliás, exclusivo da norma em causa: note-se a remissão que fizemos aquando da anotação ao artigo 85.º (cfr. I, § 4.º, 4.2.).

[960] Para um panorama geral da doutrina portuguesa sobre este problema, cfr. MARCELO REBELO DE SOUSA/ANDRÉ SALGADO MATOS, *Direito* ..., I, pp. 157 ss.; PAULO OTERO, *O Poder* ..., II, pp. 568 ss.; *Legalidade* ..., pp. 290 ss., e 733 ss.

[961] Cfr. PAULO OTERO, *O Poder* ..., II, pp. 568 ss.; *Legalidade* ..., pp. 290 ss., e 733 ss.

[962] Entendemos que a situação em apreço é distinta da do n.º 2 do artigo 85.º: para além de neste último caso existir uma expressa reserva de lei, o relevo fundamental das matérias aí tratadas para o direito de iniciativa cooperativa (além de outras razões então apontadas) pode constituir argumento de convocação da competência legislativa parlamentar, relativamente reservada, nos termos da alínea *b)* do n.º 1 do artigo 165.º da CRP (cfr. anotação ao artigo 85.º, I, § 4.º, 4.1.).

nal e tendo em conta o disposto nos respectivos estatutos (n.º 1 do artigo 228.º da CRP), definir sectores básicos vedados à actividade de empresas privadas e outras entidades da mesma natureza, bem como legislar sobre meios e formas de intervenção pública em meios de produção. Todavia, por forma a assegurar a coerência do sistema e, sobretudo, o princípio da igualdade e o modelo constitucional jus-económico, impõe-se cautela quanto à extensão dessa competência legislativa: note-se que as Assembleias Legislativas das regiões autónomas não podem legislar em matéria de direitos, liberdades e garantias, ou outros direitos fundamentais de natureza análoga (alínea *b)* do n.º 1 do artigo 227.º).

Quanto ao mais, as Assembleias Legislativas da regiões autónomas podem legislar, no geral, em matéria de incentivos à actividade empresarial, nos termos da alínea *a)* do n.º 1 do artigo 227.º e do n.º 1 do artigo 228.º da CRP[963].

II. DIREITO INTERNACIONAL E EUROPEU

§ 6.º. Direito Internacional

O papel incentivador do Estado para com a actividade empresarial tem relevo no âmbito do Direito Internacional a vários títulos.

Desde logo, tais incentivos não devem perturbar as vinculações do Estado português no âmbito da Organização Mundial de Comércio[964].

Isso não significa, porém, que os Estados estejam impedidos de incentivar a actividade empresarial, até porque, como estabelece o artigo 7.º da Carta de Direitos e Deveres Económicos dos Estados, aprovada no âmbito das Nações Unidas, "Todo o Estado tem a responsabilidade primordial de promover o desenvolvimento económico, social e cultural do seu povo. Para esse efeito, cada Estado tem o direito e a responsabilidade de escolher os seus objectivos e meios de desenvolvimento, de mobilizar e utilizar cabalmente os seus recursos, de levar a cabo reformas económi-

---

[963] Cfr., designadamente, alínea *j)* do artigo 7.º-A do EPARAA, e alínea *ee)* do artigo 40.º do EPARAM (sem prejuízo de outras de âmbito material relevante).

[964] Sobre os princípios fundamentais (e respectivas derrogações) do sistema GATT/OMC, cfr. PEDRO INFANTE MOTA, *O Sistema GATT/OMC* ..., pp. 107 ss.

cas e sociais progressivas e de assegurar a plena participação do seu povo no processo e nos benefícios do desenvolvimento. (...)".

Assim, a tendência que se surpreende a este nível é para considerar que o apoio dos Estados à actividade empresarial constitui um instrumento de grande importância para assegurar os direitos fundamentais dos cidadãos e o desenvolvimento económico-social[965], enfim, a própria democracia económico-social, mas que tal não deve constituir um entrave à abertura e progressiva liberalização do mercado mundial.

§ 7.º. Direito Europeu

O problema do relacionamento incentivador do Estado com as empresas privadas, ao nível do Direito Europeu, assume particular relevância no âmbito dos auxílios de Estado, regulados no TCE nos artigos 87.º e seguintes[966]. Trata-se, em termos substanciais, de uma "vértebra" absolutamente essencial da "espinha dorsal" do Direito Comunitário constitucional: integrados no direito da concorrência, os auxílios de Estado constituem ainda "o fundamento de uma *política comunitária* – juridicamente enquadrada – *de auxílios públicos*", sendo também "complementares das disposições do *direito do mercado comum* que protegem as liberdades económicas fundamentais da Comunidade face às intervenções dos Estados membros"[967].

Não podemos, naturalmente, tratar nestas linhas a complexa problemática substantiva ou procedimental dos auxílios de Estado. É, no entanto, importante, pela sua relevância, reproduzir o artigo 87.º do TCE:

"Artigo 87.º

1. Salvo disposição em contrário do presente Tratado, são incompatíveis com o mercado comum, na medida em que afectem as

---

[965] Cfr., por exemplo, as várias disposições da CSE respeitantes ao direito ao trabalho.

[966] Sobre os auxílios de Estado, entre tantos, cfr. ANTÓNIO CARLOS DOS SANTOS, *Auxílios de Estado e Fiscalidade*, Coimbra, 2003, em especial, pp. 123 ss.; ANTÓNIO CARLOS DOS SANTOS/MARIA EDUARDA GONÇALVES/MARIA MANUEL LEITÃO MARQUES, *Direito* ..., pp. 235 ss. e 389 ss.; EDUARDO PAZ FERREIRA, *Direito* ..., pp. 528 ss.; LUÍS MORAIS, *O Mercado Comum e os Auxílios Públicos*, Coimbra, 1993, pp. 25 ss.; LUÍS S. CABRAL DE MONCADA, *Direito* ..., pp. 456 ss.

[967] Cfr. ANTÓNIO CARLOS DOS SANTOS, *Auxílios* ..., pp. 154 ss.

trocas comerciais entre os Estados-Membros, os auxílios concedidos pelos Estados ou provenientes de recursos estatais, independentemente da forma que assumam, que falseiem ou ameacem falsear a concorrência, favorecendo certas empresas ou certas produções.

2. São compatíveis com o mercado comum:

a) Os auxílios de natureza social atribuídos a consumidores individuais com a condição de serem concedidos sem qualquer discriminação relacionada com a origem dos produtos;

b) Os auxílios destinados a remediar os danos causados por calamidades naturais ou por outros acontecimentos extraordinários;

c) Os auxílios atribuídos à economia de certas regiões da República Federal da Alemanha afectadas pela divisão da Alemanha, desde que sejam necessários para compensar as desvantagens económicas causadas por esta divisão.

3. Podem ser considerados compatíveis com o mercado comum:

a) Os auxílios destinados a promover o desenvolvimento económico de regiões em que o nível de vida seja anormalmente baixo ou em que exista grave situação de subemprego;

b) Os auxílios destinados a fomentar a realização de um projecto importante de interesse europeu comum, ou a sanar uma perturbação grave da economia de um Estado-Membro;

c) Os auxílios destinados a facilitar o desenvolvimento de certas actividades ou regiões económicas, quando não alterem as condições das trocas comerciais de maneira que contrariem o interesse comum;

d) Os auxílios destinados a promover a cultura e a conservação do património, quando não alterem as condições das trocas comerciais e da concorrência na Comunidade num sentido contrário ao interesse comum;

e) As outras categorias de auxílios determinadas por decisão do Conselho, deliberando por maioria qualificada, sob proposta da Comissão.

Regista-se, aliás, uma grande margem de discricionariedade de apreciação por parte da Comissão quanto aos auxílios que possam ser considerados compatíveis com o mercado comum, sendo relevante frisar, com ANTÓNIO CARLOS DOS SANTOS, que aquela instituição comunitária "é muito restritiva em relação a auxílios de emergência e sempre se manifestou contra os auxílios que servem apenas para adiar a reestruturação das empresas"[968].

Em termos substanciais, apesar de alguma imprecisão conceitual, a noção de auxílio de Estado abrange, independentemente do seu suporte jurídico, realidades tão distintas quanto "os clássicos subsídios ou subvenções caracterizados por atribuição financeira, patrimonial ou material sem contrapartida equivalente, mas também os auxílios que se traduzem para o Estado em diminuição de receitas, isto é num sacrifício financeiro (isenções de impostos ou taxas, bonificações de juros, garantias especialmente favoráveis, aquisições gratuitas ou muito favoráveis de imóveis, indemnizações por perdas operacionais, garantias de dividendos, contratação pública preferencial, taxas de redesconto preferenciais, reembolso de custos em caso de sucesso, garantias estatais a operações de crédito, injecções de capital, participações accionistas estatais, percepção diferida de encargos sociais, renúncia, por parte do Estado, à remuneração do capital investido em empresas públicas ou participações sociais, etc.)", entre outras medidas de efeito equivalente[969], quando sejam colocadas em causa as trocas comerciais entre os Estados-membros (no que, como dissemos, a Comissão tem ampla margem de apreciação, e o Tribunal de Justiça um entendimento amplo, guiado pela teleologia das normas envolvidas e dos grandes princípios do Direito Europeu constitucional ou primário).

Mesmo a noção de Estado é aqui alargada à de *poderes públicos*, que atinge as próprias empresas públicas.

Ora, a matéria dos auxílios de Estado é, justamente, um dos exemplos que, tomando em conta a relação do Direito Europeu com o nosso ordenamento interno, sobretudo no que respeita à Constituição económica[970], permite afirmar a supraconstitucionalidade do Direito Comunitário primário[971]. Estando em causa as possibilidades de relacionamento do Estado (*rectius*, dos poderes públicos) com empresas privadas – o núcleo institucional essencial do regime económico português –, relacionamento esse que se traduz em incentivos ditados por opções políticas tomadas pelos

---

[968] Cfr. *Auxílios* ..., p. 154.
[969] Cfr. ANTÓNIO CARLOS DOS SANTOS/MARIA EDUARDA GONÇALVES/MARIA MANUEL LEITÃO MARQUES, *Direito* ..., pp. 392-393.
[970] Cfr. PAULO OTERO, *Legalidade* ..., pp. 577 ss.
[971] Cfr. PAULO OTERO, *Legalidade* ..., p. 606.

órgãos de soberania, sejam elas vertidas em actos normativos de natureza legislativa ou administrativa, ou em outros tipos de actos jurídicos, opções essas que são limitadas e conformadas pela própria CRP, designadamente tendo em conta o regime dos direitos fundamentais e o modelo constitucional jus-económico, pode falar-se de uma verdadeira subalternização da Constituição face ao Direito Europeu, tanto mais acentuada quanto mais ampla a discricionriedade de apreciação das instâncias comunitárias na avaliação da compatibilidade dos auxílios de Estado com o mercado comum[972].

Neste sentido, legitimando-se a necessidade de uma interpretação da CRP conforme ao Direito Comunitário primário, pode afirmar-se que mesmo a intervenção do Estado na gestão das empresas privadas não pode degenerar em medida de efeito equivalente a qualquer auxílio público, assim como o não pode a concretização legislativa da definição de sectores básicos nos quais a iniciativa privada sofre restrições de acesso, no caso de tais restrições se traduzirem, indirectamente, em benefícios para determinados agentes económicos que possam falsear as trocas comerciais entre os Estados-membros[973].

Por outro lado – agora fora do estrito domínio da problemática dos auxílios de Estado –, a fiscalização por parte do Estado do cumprimento das obrigações legais por parte das empresas privadas[974] estende-se ao cumprimento do próprio Direito Comunitário, transformando o Estado em *Administração comunitária*[975].

---

[972] No que respeita às pequenas e médias empresas em particular, cfr. LUÍS S. CABRAL DE MONCADA, *Direito* ..., pp. 511 ss.

[973] Cfr. também MANUEL PORTO, *A lógica de intervenção nas economias: do Tratado de Roma à Constituição Europeia*, in *Colóquio Ibérico: Constituição Europeia – Homenagem ao Doutor Francisco Lucas Pires*, BFDUC, Coimbra, 2005, pp. 636 ss.

[974] Com especificidades no que toca às encerregues de serviços de interesse económico geral, que servem elas próprias outros princípios fundamentais do Direito Europeu, como o da coesão económica e social.

[975] Sobre o tema, cfr. PAULO OTERO, *A Administração Pública Nacional como Administração Comunitária* ..., pp. 818 ss. Cfr. também a anotação ao artigo 80.º, I, § 2.º, 2.5.2.

III. MEMÓRIA CONSTITUCIONAL

§ 8.º. As constituições portuguesas anteriores à Constituição de 1976

Apenas na Constituição de 1933 se podem encontrar normas cuja substância mostra afinidade com o actual artigo 86.º da CRP[976]. Assim, o artigo 32.º estabelecia como obrigação do Estado favorecer "as actividades económicas particulares que, em relativa igualdade de custo, forem mais rendosas, sem prejuízo do benefício social e da protecção devida às pequenas indústrias domésticas".

Adiante, o artigo 33.º estabelecia a possibilidade de o Estado intervir na "gerência das actividades económicas particulares", mas apenas "quando haja de financiá-las e para conseguir benefícios sociais superiores aos que seriam obtidos sem a sua intervenção". O § único deste preceito estabelecia ainda que ficavam "igualmente sujeitas à condição prevista na última parte deste artigo as explorações de fim lucrativo do Estado, ainda que trabalhem em regime de livre concorrência"[977]. A revisão constitucional de 1971[978] alteraria a redacção do preceito, que então passou a estabelecer que o "Estado só poderá tomar a seu cargo, em regime de exclusivo ou não, actividades económicas de primacial interesse colectivo" nas mesmas condições estabelecidas para a intervenção na gerência das actividades económicas particulares[979].

---

[976] Note-se porém, na Constituição de 1838, a competência régia para conceder "privilégios exclusivos a favor da indústria, na conformidade das Leis" (artigo 82.º, IX). Já na Constituição de 1911 se dispunha que apenas o "Poder Legislativo e os corpos administrativos, nos casos de reconhecida utilidade pública, poderão conceder exclusivo de qualquer exploração comercial ou industrial" (artigo 3.º, 26.º).

[977] Despiciendo não era também o disposto no artigo 34.º, nos termos do qual o Estado se encontrava obrigado a promover "a formação e desenvolvimento da economia nacional corporativa, visando a que os seus elementos não tendam a estabelecer entre si concorrência desregrada e contrária aos justos objectivos da sociedade e deles próprios, mas a colaborar mutuamente como membros da mesma colectividade".

[978] Cfr. Lei n.º 3/71, de 16 de Agosto.

[979] Afirmando que "já não tem fundamento constitucional uma autorização geral de ingerência do Estado na gestão de certas empresas, que a doutrina tradicional na senda da Constituição de 1933, na teorização feita por MARCELO CAETANO, designava por «*empresas [privadas] de interesse colectivo*», que justificava regimes de intervenção permanente na gestão dessas empresas privadas, por exemplo através da nomeação de administradores

§ 9.°. **Conteúdo originário da redacção do preceito na Constituição de 1976 e sucessivas versões decorrentes das revisões constitucionais**

Na **redacção originária da Constituição de 1976**, a matéria relativa às empresas privadas constava do artigo 85.°, a propósito da iniciativa privada. Interessam aqui em particular, portanto, os n.os 2 e 3:

"ARTIGO 85.°
(Iniciativa privada)
1. Nos quadros definidos pela Constituição, pela lei e pelo Plano pode exercer-se livremente a iniciativa económica privada enquanto instrumento do progresso colectivo.
2. A lei definirá os sectores básicos nos quais é vedada a actividade às empresas privadas e a outras entidades da mesma natureza.
3. O Estado fiscalizará o respeito da Constituição, da lei e do Plano pelas empresas privadas, podendo intervir na sua gestão para assegurar o interesse geral e os direitos dos trabalhadores, em termos a definir pela lei."

Na **revisão constitucional de 1982**, o artigo 72.° da Lei Constitucional n.° 1/82, de 30 de Setembro, alterou a epígrafe do preceito; eliminou o n.° 1, substituindo-o (por força da alteração ao artigo 61.°, onde foi realojada a iniciativa económica privada); reorganizou os n.os 2 e 3: o n.° 2 passou a ser o n.° 3, e o n.° 3 passou a n.° 2, sendo alterada a sua redacção. Ficou nestes termos a redacção final:

"ARTIGO 85.°
(Empresas privadas)
1. O Estado fiscaliza o respeito da Constituição e da lei pelas empresas privadas e protege as pequenas e médias empresas económica e socialmente viáveis.
2. O Estado *pode intervir transitoriamente na gestão das empresas privadas para assegurar o interesse geral e os direitos dos trabalhadores, em termos a definir pela lei.*

---

e de delegados ou comissários do Estado" (e considerando que com tal não se confunde, *v.g.*, o fenómeno das *golden shares*), cfr, J. J. GOMES CANOTILHO/VITAL MOREIRA, *Constituição ...*, I, p. 1016.

3. A lei definirá os sectores básicos nos quais é vedada a actividade às empresas privadas e a outras entidades da mesma natureza."[980].

Na **revisão constitucional de 1989**, o artigo 56.º da Lei Constitucional n.º 1/89, de 8 de Julho, renumerou o artigo – que passou ser o 87.º – e eliminou do n.º 1 a expressão "socialmente". Foi ainda alterado o n.º 2 nos seguintes termos:

"ARTIGO 87.º
(Empresas privadas)
1. ....
2. O Estado *só* pode intervir na gestão de empresas privadas a título transitório, *nos casos expressamente previstos na lei e, em regra, mediante prévia decisão judicial*[981].
3. ....

A **revisão constitucional de 1992** não trouxe qualquer alteração.

Na **revisão constitucional de 1997**, o artigo 56.º da Lei Constitucional n.º 1/97, de 20 de Setembro, trouxe, novamente, várias alterações ao preceito. Para além de o renumerar mais uma vez – passou a ser o artigo 86.º –, alterou substancialmente a redacção do n.º 1; ajustou o texto do n.º 2; e, no n.º 3, a expressão "definirá os" foi substituída pela expressão "pode definir", e a expressão "é" foi substituída pela expressão "seja". Assim ficou a redacção final:

"ARTIGO 86.º
(Empresas privadas)
1. O Estado *incentiva a actividade empresarial, em particular das pequenas e médias empresas*, e *fiscaliza o cumprimento das respectivas obrigações legais, em especial por parte das empresas que prossigam actividades de interesse económico geral.*
2. O Estado só pode intervir na gestão de empresas privadas a título transitório, nos casos expressamente previstos na lei e, em regra, mediante prévia decisão judicial.

---

[980] Os itálicos são nossos e assinalam as alterações.
[981] Os itálicos são nossos e assinalam as alterações de relevo não meramente textual.

3. A lei *pode definir* sectores básicos nos quais *seja* vedada a actividade às empresas privadas e a outras entidades da mesma natureza[982]."

Assim se fixou a actual redacção do preceito, já que nem a **quinta revisão constitucional, de 2001**, nem a **sexta revisão constitucional, de 2004**, nem a **sétima revisão constitucional, de 2005,** trouxeram qualquer outra alteração.

§ 10.º. **Apreciação do sentido das alterações do preceito**

Na redacção originária da Constituição de 1976, as empresas privadas eram tratadas a propósito da iniciativa económica privada, não sendo consideradas propriamente como elemento institucional fundamental da organização económica, subordinadas ao Plano e ao progresso colectivo.

Com a revisão constitucional de 1982, as empresas privadas ganharam autonomia no seio da organização económico-social: à distinção sistemática entre iniciativa económica privada e empresas privadas estava subjacente uma outra, substancial e de natureza, entre o direito fundamental (de iniciativa económica privada) e o seu suporte institucional como elemento da organização económico-social (a empresa privada). Tal distinção justificou e permitiu a atribuição ao Estado de uma obrigação geral de fiscalização da actividade das empresas como realidade organizacional (e não propriamente da iniciativa económica) e de protecção àquelas cuja debilidade o justificasse (as pequenas e médias empresas).

Essa autonomia não era ainda, contudo, sinónimo de um lugar central no âmbito da organização económica. Com efeito, o n.º 2 do artigo 83.º estabelecia ainda que as pequenas e médias empresas indirectamente nacionalizadas, fora dos sectores básicos da economia, poderiam, a título excepcional, ser integradas no sector privado, desde que os trabalhadores não optassem pelo regime de autogestão ou de cooperativa, o que leva JORGE MIRANDA a afirmar que, até 1989, a Constituição dava preferência à iniciativa cooperativa na exploração de pequenas e médias empresas indirectamente nacionalizadas fora dos sectores básicos da economia[983].

---

[982] Os itálicos são nossos e assinalam as alterações de maior relevo.
[983] Cfr. *Manual* ..., IV, p. 520.

A revisão constitucional de 1989 trouxe a sujeição da intervenção do Estado nas empresas privadas a uma mais exigente reserva de lei em ambas as vertentes, de precedência mas, sobretudo, de reserva de densificação normativa total, posto que agora só nos casos (e formas) *expressamente* previstos na lei a mesma pode ter lugar. E introduziu também o elemento garantístico da regra da prévia decisão judicial para o efeito, como manifestação da protecção do direito fundamental de iniciativa económica privada, afirmando a limitação dos poderes públicos na intervenção económica, designadamente, quando essa intervenção, ao nível organizativo, seja susceptível de colocar em causa o núcleo essencial de direitos fundamentais.

Só com a revisão constitucional de 1997, porém, se pode dizer que foram definitivamente superados os resquícios socialistas no que diz respeito ao posicionamento das empresas privadas no âmbito da organização económica. No particular domínio do preceito em causa, regista-se, em primeiro lugar, a assunção constitucional da obrigação do Estado em incentivar toda a actividade empresarial, o que se insere no amadurecimento da concretização do Estado Social de Direito (incluso com a manutenção da especialidade das pequenas e médias empresas). Em segundo lugar, a facultatividade de existência de sectores básicos vedados à actividade empresarial privada, cuja imperatividade se mantinha desde a redacção originária da Constituição de 1976.

Este último aspecto é de particular importância. Além do seu significado *em si*, isto é, do que em termos substanciais representa para a organização económica e para o alargamento da iniciativa económica privada[984], a devolução para o legislador da decisão sobre a existência de sectores (básicos) vedados à iniciativa económica privada ou nos quais esta é condicionada embora sem exclusão total, entronca, por um lado, no processo de desideologização (ou *re*-ideologização) constitucional, e, por outro, tão ou mais importante, no movimento de recentramento da Constituição económica como matriz de princípios de organização económico--social, caracterizada pela perenidade e adaptabilidade, cuja concretização deve caber ao legislador ordinário, mais apto ao acompanhamento da realidade e respectiva ordenação, e não ao legislador constitucional. A alteração ao n.º 3 do artigo 86.º realizada na revisão constitucional de 1997, na

---

[984] Cfr. *supra*, I, § 4.º.

sequência das alterações ao regime jurídico-constitucional dos sectores de propriedade dos meios de produção nas revisões constitucionais de 1989 e 1997, e do desaparecimento do princípio da irreversibilidade das nacionalizações, contribuiu em muito para *acabar com o frenesim constitucional*[985] no âmbito da Constituição económica[986].

IV. PAÍSES DE EXPRESSÃO PORTUGUESA

§ 11.º. **Brasil**

A CRFB reserva à União várias competências no domínio das actividades económicas – artigo 21.º –, que vão da vedação sectorial ao exercício da iniciativa económica privada, à necessidade de autorização (*lato sensu*) e fiscalização do respectivo exercício em certos sectores. Vejam-se, *v.g.*, os seguintes casos:

"Art. 21.º
"Compete à União:
....
VI – autorizar e fiscalizar a produção e o comércio de material bélico;
....
X – manter o serviço postal e o Correio Aéreo Nacional;
XI – explorar, diretamente ou mediante autorização, concessão ou permissão, os serviços de telecomunicações, nos termos da lei, que disporá sobre a organização dos serviços, a criação de um órgão regulador e outros aspectos institucionais;
XII – explorar, diretamente ou mediante autorização, concessão ou permissão:
a) os serviços de radiodifusão sonora e de sons e imagens;
b) os serviços e instalações de energia elétrica e o aproveitamento energético dos cursos de água, em articulação com os Estados onde se situam os potenciais hidroenergéticos;

---

[985] A expressão é Jorge Miranda, e deu título ao artigo do Autor *Acabar com o Frenesim Constitucional*, in *Nos 25 Anos da Constituição da República Portuguesa*, AAFDL, Lisboa, 2001, pp. 651 ss.
[986] Sobre as alterações ao n.º 3 do artigo 86.º da revisão constitucional de 1997, cfr. Alexandre Sousa Pinheiro/Mário João Brito Fernandes, *Comentário* ..., pp. 232 ss.

c) a navegação aérea, aeroespacial e a infra-estrutura aeroportuária;

d) os serviços de transporte ferroviário e aquaviário entre portos brasileiros e fronteiras nacionais, ou que transponham os limites de Estado ou Território;

e) os serviços de transporte rodoviário interestadual e internacional de passageiros;

f) os portos marítimos, fluviais e lacustres;

....

XXIII – explorar os serviços e instalações nucleares de qualquer natureza e exercer monopólio estatal sobre a pesquisa, a lavra, o enriquecimento e reprocessamento, a industrialização e o comércio de minérios nucleares e seus derivados, atendidos os seguintes princípios e condições:

a) toda atividade nuclear em território nacional somente será admitida para fins pacíficos e mediante aprovação do Congresso Nacional;

b) sob regime de permissão, são autorizadas a comercialização e a utilização de radioisótopos para a pesquisa e usos médicos, agrícolas e industriais;

c) sob regime de permissão, são autorizadas a produção, comercialização e utilização de radioisótopos de meia-vida igual ou inferior a duas horas;

d) a responsabilidade civil por danos nucleares independe da existência de culpa;

....

XXV – estabelecer as áreas e as condições para o exercício da atividade de garimpagem, em forma associativa."[987].

Todavia, já no âmbito do Capítulo I ("Dos Princípios Gerais da Atividade Econômica") do Título VII ("Da Ordem Econômica e Financeira") se encontram múltiplas outras normas de relevo neste domínio. Desde logo, no artigo 173.º dispõe-se que:

"Art. 173.º

Ressalvados os casos previstos nesta Constituição, a exploração direta de atividade econômica pelo Estado só será permitida quando necessária

---

[987] Isto traduz-se, bem entendido, na repartição de atribuições e competências entre a União, os Estados Federados e os Municípios (cfr. artigos 21.º ss. da CRFB). O § 2.º do artigo 25.º da CRFB estabelece, por exemplo, que a estes cabe "explorar diretamente, ou mediante concessão, os serviços locais de gás canalizado, na forma da lei, vedada a edição de medida provisória para a sua regulamentação".

aos imperativos da segurança nacional ou a relevante interesse coletivo, conforme definidos em lei.
....988

§ 4.° – A lei reprimirá o abuso do poder econômico que vise à dominação dos mercados, à eliminação da concorrência e ao aumento arbitrário dos lucros.[989]

§ 5.° – A lei, sem prejuízo da responsabilidade individual dos dirigentes da pessoa jurídica, estabelecerá a responsabilidade desta, sujeitando-a às punições compatíveis com sua natureza, nos atos praticados contra a ordem econômica e financeira e contra a economia popular."

Adiante, cumpre ainda referir as normas contidas nos artigos 175.° a 179.°, que disciplinam a intervenção económica pública, importando, por consequência, uma compressão da iniciativa económica privada. No artigo 175.° dispõe-se que "Incumbe ao poder público, na forma da lei, diretamente ou sob regime de concessão ou permissão, sempre através de licitação, a prestação de serviços públicos" (a parte restante do preceito estabelece a reserva de lei quanto a diversos aspectos do correspondente regime jurídico). O artigo 176.° disciplina o regime de concessões de exploração (*lato sensu*) de recursos minerais e de energia hidráulica, juntamente com disposições relativas à respectiva propriedade. Por sua vez, o artigo 177.° tem por objecto actividades económicas que constituem monopólio da União, disciplinando múltiplos aspectos do respectivo regime jurídico (onde se incluem algumas excepções a tal regra). Já o disposto no artigo 178.° refere-se à reserva de lei em matéria de ordenação de transportes[990].

Nota particular – pela similitude com o disposto no n.° 1 do artigo 86.° da CRP – merece o disposto no artigo 179.°, nos termos do qual:

"Art. 179.°

A União, os Estados, o Distrito Federal e os Municípios dispensarão às microempresas e às empresas de pequeno porte, assim definidas em lei, tratamento jurídico diferenciado, visando a incentivá-las pela simplificação

---

[988] As partes aqui omitidas dizem respeito ao estatuto das empresas públicas (cfr. anotação ao artigo 82.°, IV, § 11.°).

[989] Note-se a similitude desta norma com a incumbência prioritária do Estado como tal estabelecida na alínea *e)* do artigo 81.° da CRP. Cfr. também a anotação ao artigo 81.°, IV, § 8.°.

[990] Em relação a vários destes domínios, no que toca à propriedade pública, cfr. anotação ao artigo 84.°, IV, § 9.°.

de suas obrigações administrativas, tributárias, previdenciárias e creditícias, ou pela eliminação ou redução destas por meio de lei."

§ 12.º. Angola

As empresas privadas são objecto do artigo 11.º da LCRA. Determina este preceito que:

"Artigo 11.º
1. A lei determina os sectores e actividades que constituem reserva do Estado.
2. Na utilização da propriedade pública, o Estado deve garantir a sua eficiência e rentabilidade, de acordo com os fins e objectivos que se propõe.[991]
3. O Estado incentiva o desenvolvimento da iniciativa e da actividade privada, mista, cooperativa e familiar, criando as condições que permitam o seu funcionamento, e apoia especialmente a pequena e média actividade económica, nos termos da lei.[992]
4. ...."[993]

§ 13.º. Moçambique

A CRM dedica às empresas privadas os seus artigos 106 e 107, sendo de notar, quanto ao primeiro, o lugar das empresas de pequena dimensão:

"Artigo 106
(Produção de pequena escala)
O Estado reconhece a contribuição da produção de pequena escala para a economia nacional e apoia o seu desenvolvimento como forma de valorizar as capacidades e a criatividade do povo.

---

[991] Sobre a propriedade do Estado, cfr. anotação ao artigo 84.º, IV, § 10.º.
[992] Sobre os sectores de propriedade dos meios de produção, cfr. anotação ao artigo 82.º, IV, § 12.º.
[993] O n.º 4 desta norma refere-se especificamente ao investimento estrangeiro (cfr. anotação ao artigo 87.º, IV, § 10.º).

"Artigo 107
(Empresariado nacional)
1. O Estado promove e apoia a participação activa do empresariado nacional no quadro do desenvolvimento e da consolidação da economia do país.
2. O Estado cria os incentivos destinados a proporcionar o crescimento do empresariado nacional em todo o país, em especial nas zonas rurais."[994]

§ 14.º. Cabo Verde

A CRCV não contém disposição idêntica à do artigo 86.º da CRP.

§ 15.º. Guiné-Bissau

A CRGB não contém disposição idêntica à do artigo 86.º da CRP.

§ 16.º. São Tomé e Príncipe

A CRDSTP contém preceito idêntico ao constante do n.º 1 do artigo 86.º da CRP. Trata-se do n.º 1 do artigo 48.º:

"Artigo 48.º
Empresas privadas
1. O Estado fiscaliza o respeito da lei pelas empresas privadas e protege as pequenas e médias empresas económica e socialmente viáveis.
2. ...."[995]

§ 17.º. Timor-Leste

Muito embora sem paralelo formal com a norma constante do artigo 86.º da CRP (em particular do respectivo n.º 1), deve aqui desta-

---

[994] Cfr. também as anotações aos artigos 93.º, IV, § 11.º, e 100.º, IV, § 11.º.

[995] O n.º 2 deste preceito refere-se ao investimento estrangeiro (cfr. anotação ao artigo 87.º, IV, § 14.º).

car-se o disposto no artigo 140.° da CRDTL, nos termos do qual o "Estado deve promover os investimentos nacionais e criar condições para atrair investimentos estrangeiros, tendo em conta os interesses nacionais, nos termos da lei".

ARTIGO 87.º
(Actividade económica e investimentos estrangeiros)

A lei disciplinará a actividade económica e os investimentos por parte de pessoas singulares ou colectivas estrangeiras, a fim de garantir a sua contribuição para o desenvolvimento do país e defender a independência nacional e os interesses dos trabalhadores.

Quadro tópico:

I. ACTIVIDADE ECONÓMICA E INVESTIMENTOS ESTRANGEIROS

§ 1.º. EXIGÊNCIA CONSTITUCIONAL DE UMA DISCIPLINA LEGAL ESPECIAL PARA O ACESSO À ACTIVIDADE ECONÓMICA E INVESTIMENTOS ESTRANGEIROS;

1.1. O sentido da exigência constitucional;

1.2. Linhas gerais da concretização legislativa da exigência constitucional;

§ 2.º. O REAL CONTEÚDO NORMATIVO DO ARTIGO 87.º;

§ 3.º. RESERVA DE LEI E COMPETÊNCIA LEGISLATIVA;

3.1. A competência do Parlamento;

3.2. A competência do Governo;

3.3. A competência das Assembleias Legislativas das regiões autónomas.

II. DIREITO INTERNACIONAL E EUROPEU

§ 4.º. DIREITO INTERNACIONAL;

§ 5.º. DIREITO EUROPEU.

III. MEMÓRIA CONSTITUCIONAL

§ 6.º. AS CONSTITUIÇÕES PORTUGUESAS ANTERIORES À CONSTITUIÇÃO DE 1976;

§ 7.º. CONTEÚDO ORIGINÁRIO DA REDACÇÃO DO PRECEITO NA CONSTITUIÇÃO DE 1976 E SUCESSIVAS VERSÕES DECORRENTES DAS REVISÕES CONSTITUCIONAIS;

§ 8.º. APRECIAÇÃO DO SENTIDO DAS ALTERAÇÕES DO PRECEITO.

IV. PAÍSES DE EXPRESSÃO PORTUGUESA
§ 9.º. Brasil;
§ 10.º. Angola;
§ 11.º. Moçambique;
§ 12.º. Cabo Verde;
§ 13.º. Guiné-Bissau;
§ 14.º. São Tomé e Príncipe;
§ 15.º. Timor-Leste.

I. ACTIVIDADE ECONÓMICA E INVESTIMENTOS ESTRANGEIROS

§ 1.º. **Exigência constitucional de uma disciplina legal especial para o acesso à actividade económica e investimentos estrangeiros**

1.1. *O sentido da exigência constitucional*

Como resulta da letra do artigo 87.º, a CRP pressupõe que a actividade económica e investimentos estrangeiros são susceptíveis de (i) colocar em causa a independência nacional, e (ii) os interesses dos trabalhadores, posto que (iii) o respectivo resultado pode não se orientar no sentido do desenvolvimento do país. Deste modo, a exigência constitucional – porque de exigência se trata dada a imperatividade da fórmula "a lei disciplinará"[996] – é a de, em termos genéricos, estabelecer um regime jurídico que direccione a actividade e investimentos estrangeiros naquele sentido (ou, pelo menos, proteja de uma direcção contrária). Em termos normativos – embora não necessária e aprioristicamente quantitativos ou qualitativos – está em causa a exigência constitucional de um condicionamento da actividade e investimentos estrangeiros.

O regime jurídico do artigo 87.º surge na sequência do disposto na alínea *a)* do artigo 9.º – de acordo com a qual constitui tarefa fundamental do Estado "garantir a independência nacional e criar as condições políticas, económicas, sociais e culturais que a promovam" – mas também da respectiva alínea *d)* – nos termos da qual constitui também tarefa fundamental do Estado "promover o bem-estar e a qualidade de vida do povo e

---

[996] Cfr. J. J. Gomes Canotilho/Vital Moreira, *Constituição* ..., I, p. 1022.

a igualdade real entre os portugueses, bem como a efectivação dos direitos económicos, sociais, culturais e ambientais, mediante a transformação e modernização das estruturas económicas e sociais". Sustentando a ideia de que a defesa da independência nacional "não consiste apenas na defesa da independência do Estado, enquanto entidade política, contra a ocupação ou anexação por outro Estado", J. J. GOMES CANOTILHO e VITAL MOREIRA interligam ambas as normas – do artigo 9.º e do artigo 87.º – através da afirmação, em anotação àquela primeira norma, de que a independência nacional reclama "uma *estratégia* de desenvolvimento económico e social, ecologicamente sustentável (al. *e*), territorialmente equilibrado (als. *e* e *f* e art. 81.º/*d*), internacionalmente aberto (art. 81.º/*f*), concorrencialmente dinâmico (art. 81.º/*e*) e científico e tecnologicamente evoluído (art. 81.º/*f*) [com remissão expressa para o presente artigo 87.º]". O que, aliás, reiteram e reforçam ao afirmar que independência não significa "*autarcia*", mas "pressupõe e exige *cooperação* e intercâmbio internacional, em pé de igualdade e no quadro de vantagens mútuas [também com remissão expressa para o artigo 87.º]"[997]. De todo o modo, não deixam de observar a importância da referênica à *independência nacional* no artigo 87.º, pois que "os investimentos estrangeiros, designadamente em sectores básicos, podem envolver o risco de sujeição da economia nacional a centros de decisão estrangeiros, pondo em causa a capacidade de autodeterminação nacional, quer no plano económico, quer no plano político"[998].

Não há hoje dúvida de que, apesar das superficiais alterações textuais que o artigo 87.º sofreu da redacção originária da Constituição de 1976 até à actualidade[999], o seu significado normativo presente não é idêntico ao inicial. Sem prejuízo do disposto no artigo 9.º, e também na alínea *g)* do artigo 81.º – nos termos da qual constitui incumbência prioritária do Estado no âmbito económico e social "desenvolver as relações económicas com todos os povos, salvaguardando sempre a independência nacional e os interesses dos portugueses e da economia do país"[1000] – a leitura da

---

[997] Cfr. *Constituição* ..., I, p. 277.
[998] Cfr. *Constituição* ..., I, p. 1023. Com perspectiva geral sobre a *questão europeia* e aquilo que apelida de *tendências do constitucionalismo global*, cfr. J. J. GOMES CANOTILHO, *"Brancosos"* ..., pp. 199 ss.
[999] Cfr. *infra*, III, § 7.º e § 8.º.
[1000] Cfr. anotação ao artigo 81.º, I, § 2.º, 2.7.

norma contida no artigo 87.º da CRP não pode hoje (e de há muito) ser de pendor proteccionista. Como dizíamos, se o *facto* a tal conduz, o *direito* (Constitucional e Europeu[1001]) não deixa alternativa[1002].

Nos termos do n.º 1 do artigo 15.º, os estrangeiros (e apátridas) que se encontrem ou residam em Portugal gozam dos direitos e estão sujeitos aos deveres dos cidadãos portugueses. As excepções que no artigo 15.º se encontram a tal regra geral prendem-se, no essencial, com direitos de natureza política, que aqui não estão em causa, e não com quaisquer outros como, por exemplo, os direitos ao trabalho (n.º 1 do artigo 59.º), de iniciativa económica (artigo 61.º) e de propriedade privada (artigo 62.º). Deste modo, pode afirmar-se que a equiparação entre estrangeiros e portugueses[1003] corresponde a uma *paridade civil*, que se estende também a outros direitos[1004], e que leva JORGE MIRANDA e RUI MEDEIROS a afirmar que "as pessoas singulares e colectivas não nacionais (ou que não tenham residência habitual ou sede em Portugal) que pretendam exercer uma actividade económica ou investir no País beneficiam do princípio da equiparação e, em particular, são titulares do direito fundamental à iniciativa económica privada"[1005].

Assim, o regime constante do artigo 87.º constitui uma habilitação constitucional à restrição de direitos fundamentais de estrangeiros – sejam pessoas singulares, sejam pessoas colectivas –, designadamente, dos direitos de propriedade e de iniciativa económica[1006], aparentemente em consonância com o disposto no n.º 2 do artigo 15.º (que permite excepções àquela equiparação através da reserva constitucional ou legal de determi-

---

[1001] Cfr. *infra*, II, § 5.º.
[1002] Cfr. PAULO OTERO, *Legalidade* ..., pp. 577 ss.
[1003] Cfr. JORGE MIRANDA, *Manual* ..., III, pp. 145 ss.
[1004] Cfr. J. J. GOMES CANOTILHO/VITAL MOREIRA, *Constituição* ..., I, pp. 356 ss.
[1005] Cfr. *Constituição* ..., II, p. 118 (no original, o texto é sublinhado na sua quase totalidade). Parece não haver total coincidência de posições entre estes Autores e J. J. GOMES CANOTILHO e VITAL MOREIRA, na parte em que estes últimos distinguem entre "*liberdade de iniciativa económica de estrangeiros residentes*" e "*liberdade de investimentos estrangeiros* (...) de entidades sediadas no estrangeiro" (estas últimas apenas gozariam de uma protecção constitucional *implícita*, decorrente do Direito Internacional e do Direito Europeu)(cfr. *Constituição* ..., I, pp. 1022-1023).

[1006] Neste sentido, embora com referência directa apenas ao direito de propriedade, cfr. Ac. TC n.º 15/2005, de 18 de Janeiro de 2005, *DR*, II Série, n.º 63, de 31 de Março de 2005 (com referência a outro aresto).

nados direitos e deveres exclusivamente para cidadãos portugueses[1007]) e no n.º 2 do artigo 18.º[1008]. O problema está em que, por um lado (geral), tais excepções, quantitativa e qualitativamente, não podem inverter ou frustrar o princípio da equiparação[1009], ponderação essa que há-de fazer-se a respeito de cada direito em concreto, e não em abstracto considerando toda a moldura jurídica dessa mesma equiparação que perpassa todo o ordenamento jurídico: isto é, relevante para aferir da inversão do princípio da equiparação é saber se, no que toca aos direitos de propriedade e iniciativa económica privada, as excepções para estrangeiros não são tais que desdigam o princípio a esse nível (não sendo legítimo afirmar que o princípio se mantém intocado quando aqueles direitos são em absoluto coarctados aos estrangeiros mas todos os outros não encontram qualquer restrição – não funciona aqui uma regra de "vasos comunicantes"). Por outro lado (particular), torna-se necessário averiguar que vinculações substanciais impõe a CRP nesta matéria, ora operando como restrições expressamente permitidas *ex constitutione,* ora como impossibilidades jurídicas à introdução de restrições legais aos direitos dos estrangeiros.

No primeiro caso desta última categoria de situações – restrições expressamente permitidas *ex constitutione* – encontramos o inciso do n.º 2 do artigo 15.º que não permite aos estrangeiros o exercício de funções públicas que não tenham carácter predominantemente técnico. O significado de *funções públicas que não tenham carácter predominantemente técnico* não é de fácil apuramento[1010], mas, no âmbito da actividade e organização económicas, podemos considerar a possibilidade de aí estar abrangido o exercício de poderes de autoridade necessários à manutenção de certos serviços públicos, com a consequente possibilidade de exclusão de empresas estrangeiras do respectivo exercício. Antecipando, note-se que, embora revestindo complexidades várias, o próprio TCE, em matéria

---

[1007] Sobre estas reservas, cfr. JORGE MIRANDA, Manual ..., III, pp. 147 ss. Note-se, conforme o Autor frisa, que até à revisão constitucional de 1982, a imprensa periódica e não periódica não podia ser objecto de propriedade por parte de estrangeiros (cfr. p. 148).

[1008] Sobre o problema da reserva de lei e competência legislativa neste domínio, cfr. *infra*, I, § 3.º.

[1009] Cfr. JORGE MIRANDA, Manual ..., III, p. 146-147.

[1010] Sobre o problema cfr. JORGE MIRANDA, Manual ..., III, pp. 149 ss.; JORGE MIRANDA/RUI MEDEIROS, Constituição ..., I, p. 133; J. J. GOMES CANOTILHO/VITAL MOREIRA, Constituição ..., I, p. 358.

liguem, mesmo ocasionalmente, ao exercício de autoridade pública e que, pela sua natureza, forma ou condições de realização, possam afectar a ordem, a segurança ou a saúde públicas ou respeitem, de modo directo ou indirecto, à produção ou ao comércio de armas, munições e material de guerra. Tal regime surge na sequência da adesão de Portugal às Comunidades Europeias, e da derrogação das normas legais que estabelecem limitações ao investimento estrangeiro por parte de pessoas (singulares ou colectivas) de outros Estados-membros, quando estas limitações se baseiam, exclusivamente, em razões de nacionalidade[1018]. Assim, permite-se o estabelecimento a nacionais e estrangeiros (sejam pessoas singulares ou colectivas) em todos os sectores económicos abertos à actividade privada, de acordo, hoje, com o disposto na Lei n.º 88-A/97, de 25 de Julho[1019]. Todavia, tratando-se de actividade ligada, ainda que apenas ocasionalmente, ao exercício de poderes de autoridade pública, ou de projectos de investimento que, pela sua natureza, forma ou condições de realização, possam afectar a ordem, a segurança ou a saúde públicas, só através de "contrato de concessão temporária" é possível o estabelecimento de estrangeiros[1020]. Ao mesmo regime ficam sujeitos os projectos de investimento que impliquem, principal ou acessoriamente, a detenção, a posse, a utilização ou a exploração de bens do domínio público não renováveis[1021].

[1018] Cfr. o preâmbulo do diploma, onde, aliás, expressivamente, se realça que "o maior ou menor poder de decisão de interesses estrangeiros sobre a economia do País não se estimula nem se limita pela simples demarcação, tantas vezes só formal e de aparência, entre o capital e a gestão de portugueses e de não portugueses".

[1019] Ressalvando-se, porém, limitações e condicionamentos fixados ou previstos em acordos e tratados internacionais a que Portugal se encontre vinculado (cfr. artigo 1.º).

[1020] Cfr. artigo 2.º, que remete para decreto-lei a concretização das condições particulares deste regime para cada sector económico. No que respeita aos projectos de investimento que, de modo directo ou indirecto, respeitem à produção ou ao comércio de armas, munições e a material de guerra (contemplados na alínea c) do n.º 1), cfr. as alterações introduzidas (na sequência da Lei n.º 88-A/97, de 25 de Julho) pelo Decreto-Lei n.º 396/98, de 17 de Dezembro (alterado, por apreciação parlamentar, pela Lei n.º 164/99, de 14 de Setembro) e pelo Decreto-Lei n.º 397/98, de 17 de Dezembro (alterado, por apreciação parlamentar, pela Lei n.º 153/99, de 14 de Setembro).

[1021] Cfr. artigo 3.º. Note-se que, além da revogação expressa e nominada de variados diplomas, o artigo 4.º estabelece que "Ficam revogadas todas as disposições legais que, de modo directo ou indirecto, limitam ou condicionam o direito de estabelecimento por critérios baseados na nacionalidade dos investidores ou dos gestores das empresas respectivas".

Por seu turno, o Decreto-Lei n.º 203/2003, de 10 de Setembro, veio instituir o regime contratual único das operações de investimento estrangeiro (e revogar a exigência do respectivo registo *a posteriori*), por forma a adequar o nosso ordenamento interno "às mais recentes orientações da União Europeia e da OCDE, que apontam para a não discriminação do investimento em razão da nacionalidade"[1022]. Todavia, não se trata, em rigor, de estabelecer um regime especial para o investimento estrangeiro, mas antes de pôr termo à distinção entre investimento estrangeiro e investimento nacional, como logo se surpreende do âmbito de aplicação do diploma[1023], e é enunciado no próprio preâmbulo.

É interessante atentar no preâmbulo do diploma, não pelo seu valor interpretativo – e menos ainda pelo seu pendor político, que é necessário descontar –, mas pela visão integrada da problemática em causa que o mesmo fornece: "[...] o regime contratual de investimento, a que se alude no diploma, é um regime especial de contratação de apoios e incentivos exclusivamente aplicável a grandes investimentos e que, por conseguinte, não exclui o regime geral de investimento que se rege pela legislação em vigor, nomeadamente no que se refere à regulamentação referente aos incentivos atribuídos pelo Estado Português, através dos fundos comunitários, ao abrigo do III Quadro Comunitário de Apoio. Em matéria de promoção e captação de investimento, estão a desenvolver-se novas abordagens com vista a atrair mais e melhor investimento para Portugal. Ao nível dos grandes projectos de investimento, essa reorientação implica que o esforço da Agência Portuguesa para o Investimento (API), criada pelo Decreto-Lei n.º 225/2002, de 30 de Outubro, se concentre mais em investimentos que visem a produção de bens e serviços internacionalmente transaccionáveis. Tais investimentos deverão ainda ser geradores de mais valor acrescentado, criar elos mais elevados na cadeia de valor, reforçar directa ou indirectamente as capacidades de inovação, de investigação e desenvolvimento de produto, resultar numa melhoria da qualidade dos bens e serviços prestados, ou reunir condições para um melhor aproveitamento dos recursos endógenos existentes a nível nacional. Enfim, deverão traduzir-se em mais e melhor desenvolvimento e internacionalização da economia nacional. Entende-se por grandes projectos de investimento, na senda do que está consagrado no n.º 2 do artigo 5.º dos Estatutos da API, os que apresentem um valor superior a 25 milhões de euros ou que, embora não atinjam esse valor, sejam pro-

---

[1022] Cfr. o preâmbulo do diploma.
[1023] Cfr. artigo 1.º.

movidos por uma empresa cuja facturação anual consolidada seja superior a 75 milhões de euros ou por uma entidade de natureza não empresarial cujo orçamento anual seja superior a 40 milhões de euros, independentemente do sector de actividade ou da nacionalidade do investidor. *Desta forma, desaparece a distinção entre investimento estrangeiro e investimento nacional, passando a existir em Portugal um regime contratual único, aplicável a todos os grandes projectos de investimento, quer de origem nacional quer estrangeira.* [...] As vantagens do regime contratual de investimento assentam no facto de o mesmo permitir, por um lado, uma negociação directa entre o investidor e um único representante da Administração Pública e, por outro, na possibilidade de se celebrar um contrato de investimento (contrato principal) que consagra conjuntamente a atribuição dos incentivos financeiros, fiscais e, eventualmente, de outra natureza, conforme previsto nos Estatutos da API. Nestes termos, o cumprimento dos objectivos negociados é aferido concertadamente para efeitos de todos os incentivos concedidos. Os contratos que sejam apensos ao contrato de investimento submetem-se, pois, à disciplina jurídica do primeiro por forma que eventuais renegociações, sanções ou rescisões sejam coordenadas pela API, enquanto única entidade que, em representação do Estado, negoceia e assina o contrato de investimento. A avaliação do mérito de grandes projectos de investimento é competência exclusiva da API, não tendo qualquer outra entidade pública que proceder a novas avaliações do mérito, sem prejuízo de consultas para o efeito da iniciativa da API. A avaliação do mérito dos grandes projectos de investimento rege-se por princípios fundamentais de adequação caso a caso que não são compatíveis com modelos ou fórmulas prefixados de medição de mérito. Por esta razão, o regime contratual de investimento é instrumento por excelência da API. De facto, é frequente que os grandes investidores conduzam processos iterativos de negociação simultânea em vários países, baseando a sua decisão final nas melhores contrapartidas que possam alcançar. Para o efeito, a relativa rigidez de predeterminadas medições do mérito revelar-se-ia imprópria, porque redutora e inibidora de um processo negocial que sempre se caracteriza por elevadas exigências de profissionalismo dos negociadores e competitividade das contrapartidas. [...] Ademais, a razoabilidade e a proporcionalidade de cada contrato de investimento estão sujeitas a decisão final do Governo, nos termos previstos no artigo 5.º, a qual pressupõe, naturalmente, a recolha de prévias anuências ao longo das negociações. [...] a revogação do regime de registo a posteriori, procedimento administrativo dificilmente justificável no actual quadro de globalização e que se veio a revelar pouco eficaz e útil face ao esforço que representava para o Estado e para os agentes públicos e privados envolvidos, enquadra-se num conjunto de medidas que visam reduzir os chamados «custos de contexto», tal como definido no artigo 7.° dos Estatutos da API. As operações de investimento estrangeiro, para efeitos de tratamento estatístico, no âmbito da Directiva Comunitária n.° 88/361/CE, de 24 de Julho, passarão pois a ser apenas as que como tal são registadas e divulgadas pelo Banco de Portugal".

Verifica-se, assim, que os grandes projectos de investimento (estrangeiros ou nacionais), passam a ser objecto de um regime geral de contrato de investimento entre o Estado e "os investidores e as pessoas singulares ou colectivas que neles participem, directa ou indirectamente"[1024], no âmbito do qual assume particular importância a concessão de contrapartidas por parte do Estado, que podem consistir, cumulativamente ou não, em incentivos financeiros, reembolsáveis ou a fundo perdido, benefícios fiscais, e co-financiamento do projecto através da intervenção de capital de risco e de desenvolvimento, de origem pública. Excepcionalmente, poderão ainda ser concedidas outras, "para atenuar custos de contexto" (comparticipação em custos de formação profissional, compensação de custos de escassez de especialidades profissionais, compensação de custos de distância às fontes de saber e de inovação, e realização pelo Estado e outras entidades do sector público de investimentos públicos em infra--estruturas)[1025].

Do ponto de vista substantivo, tem relevo realçar o recurso ao contrato como instrumento de relacionamento entre a Administração e os particulares no âmbito, não do acesso mas, da regulamentação da iniciativa económica em concreto quando estejam em causa investimentos que, a final, revestem interesse nacional.

Por outro lado, é de frisar também que, o regime jurídico infra-constitucional em matéria de investimentos estrangeiros, na sequência da sua equiparação, em regra, ao investimento e iniciativa económica nacionais, consiste hoje, sobretudo, num conjunto de princípios e normas de concretização legislativa do disposto no artigo 86.° da CRP, designadamente a propósito da obrigação do Estado em incentivar fiscalizar a actividade

---

[1024] Cfr. artigo 4.° (sem prejuízo de regimes especiais para sectores específicos, que pela sua natureza, forma ou condições de realização possam afectar a ordem, a segurança ou a saúde públicas, ou que respeitem à produção e comércio de armas, munições e material de guerra, ou que envolvam o exercício da autoridade pública – cfr. artigo 11.°).

[1025] Cfr. artigo 3.°.

empresarial,[1026]. Como vimos a apurar, aquela equiparação – e esta consequência – deriva da subordinação do legislador nacional ao Direito Europeu e Internacional, o que obriga a procurar o real espaço normativo daquela última norma constitucional: é o aspecto que se abordará no parágrafo seguinte.

§ 2.º. O real conteúdo normativo do artigo 87.º

Dado o influxo do Direito Europeu, sobretudo, e a sua força jurídica em face da normatividade constitucional[1027], o disposto no artigo 87.º da CRP está sujeito – e realmente sofre – uma redução do seu espaço normativo, ou, noutra perspectiva, uma diminuição ou "adormecimento" parcial da sua força normativa.

Podendo considerar-se que o Direito Europeu concretiza a própria regra de equiparação entre direitos dos nacionais e dos estrangeiros presente no artigo 15.º da CRP[1028], "de fora para dentro da Constituição", a regra de equiparação entre actividade económica e investimentos nacionais e estrangeiros que hoje se encontra no nosso ordenamento jurídico infra-constitucional[1029] não é mais do que a tradução legal daquele princípio geral de igualdade, em cumprimento da própria normatividade fundamental[1030].

As excepções que encontrámos, além de confirmarem essa mesma regra, são permitidas (em regra) pelo n.º 2 do artigo 15.º e pelo próprio Direito Europeu – o que significa que mesmo aqui este último concretiza ou abre espaço de concretização legislativa interna para a excepção à regra. Aflorámos *supra* o problema do significado da expressão *funções*

[1026] Sobre a interpretação do artigo 87.º no sentido do favorecimento da actividade económica e investimentos estrangeiros, e seu cruzamento com o disposto no artigo 86.º, cfr. JORGE MIRANDA/RUI MEDEIROS, *Constituição* ..., II, pp. 118-119; J. J. GOMES CANOTILHO/VITAL MOREIRA, *Constituição* ..., I, pp. 1022 ss.

[1027] Cfr. *supra*, I, § 1.º, 1.1.

[1028] Cfr. *supra*, I, § 1.º, 1.1.

[1029] Cfr. *supra*, I, § 1.º, 1.2.

[1030] Temos aqui em mente, sobretudo, actividades económicas e investimentos estrangeiros por parte de nacionais de Estados-membros da União Europeia, mas boa parte das considerações que se seguem servem, *mutatis mutandis*, a estrangeiros de fora da dela.

públicas que não tenham carácter predominantemente técnico no contexto do n.º 2 do artigo 15.º, e apontámos para que, no âmbito da actividade e organização económicas, se consideraria a possibilidade de aí estar abrangido o exercício de poderes de autoridade necessários à manutenção de certos serviços públicos, com a consequente possibilidade de exclusão de empresas estrangeiras do respectivo exercício (com menção ao artigo 45.º do TCE)[1031]. O legislador foi, porém, um pouco além, certamente ainda sob a influência de um conceito de soberania que já não pode operar validamente e que, portanto, já não pode ler-se no artigo 87.º. Valendo um princípio de igualdade entre actividade económica e investimentos nacionais e estrangeiros, a excepção quando esteja em causa o exercício de poderes de autoridade pública, de acordo com o n.º 2 do artigo 15.º da CRP e do artigo 45.º do TCE, encontra justificação numa certa ideia de soberania que os Estados-membros pretenderam salvaguardar. Contudo, embora sejam neste momento indiferentes as razões dessa opção dos Estados-membros, não é indiferente a razão para a invocação em concreto dessa mesma excepção. Por outras palavras, os Estados-membros não podem refugiar-se numa invocação formal daquela excepção, nem na invocação de cláusulas gerais com ela relacionadas e que ainda possam integrá-la quando, sem justificação substancial, seja posta em causa aquela regra de igualdade: só pode ser tratado de forma diferente o que é efectivamente diferente, e na medida em que tais diferenças sejam juridicamente relevantes. Assim, só quando possa estar realmente em causa a soberania do Estado é de admitir a operacionalidade da excepção, já que esta última não se destina a privilegiar os nacionais em detrimento dos estrangeiros, mas antes a assegurar a independência e qualidade de vida dos primeiros, perante o que o exercício de poderes de autoridade é, naturalmente, instrumental.

É neste sentido que entendemos dever ser interpretado o disposto no artigo 87.º, e a jusante as excepções ao princípio da equiparação consagradas na lei. Não se justifica, desde logo, que CRP exija, no artigo 87.º, que a lei discipline a actividade económica e investimentos estrangeiros *a fim de garantir a sua contribuição para o desenvolvimento do país*: por força daquele princípio de equiparação, consagrado tanto no artigo 15.º da CRP como no Direito Europeu, não parece hoje legítimo exigir de um

---

[1031] Cfr. *supra*, I, § 1.º, 1.1. Sobre esta problemática, cfr. PEDRO GONÇALVES, *Entidades Privadas* ..., pp. 92, *passim*.

investidor estrangeiro que a sua actividade contribua mais do que a de um nacional para o desenvolvimento do país, pelo que neste particular a força normativa da CRP se esboroou por completo. Por seu turno, a *garantia dos interesses dos trabalhadores* (*maxime*, dos trabalhadores de empresas estrangeiras que operem em território nacional) tão pouco parece legitimar – segundo o mesmo enunciado jurídico fundamental – meios especiais de protecção quando estejam em causa empresas estrangeiras a operar em território nacional: não há distinção, para este efeito, entre empresas nacionais e estrangeiras, estando ambas sujeitas aos poderes de fiscalização e intervenção do Estado, nos termos do artigo 86.º[1032].

Resta, no artigo 87.º, o segmento normativo relativo à *garantia da independência nacional*. Não está em causa, em princípio, a possibilidade de uma empresa ou grupo "tomarem conta do Estado", eliminando as suas instituições políticas, mas antes a susceptibilidade de o poder económico (estrangeiro) afectar a respectiva autonomia de decisão político-jurídica, autonomamente e por si ou como instrumento ao serviço de outro Estado (o que, em parte, se justifica perante a rejeição internacional e europeia de quaisquer formas de colonialismo económico). Esta é uma razão de fundo, que não é susceptível, por si só, de justificar o regime material excepcional presente no artigo 45.º do TCE (e no n.º 2 do artigo 15.º da CRP). É necessário acrescentar, pois, uma outra: encarando-se os poderes de autoridade pública como decorrência directa da soberania dos Estados, estes não podem ser obrigados a habilitar o respectivo exercício por parte de quaisquer sujeitos jurídicos. E ainda que haja de haver um procedimento concursal para a escolha da entidade que vá exercer determinada actividade económica, quando esteja em causa o exercício de poderes de autoridade pública, os Estados mantêm autonomia para a fixação de requisitos prévios em razão da nacionalidade.

Mais uma vez, a defesa da independência nacional que o artigo 87.º reclama não se bastará com uma invocação formal[1033]. É necessário que

---

[1032] Não significa isto que não devam levar-se em conta particularidades da actividade económica e investimentos estrangeiros, como é por exemplo o caso da facilidade de deslocalização de empresas, que aqui ocorre proeminentemente, e com mais intensidade que no caso das empresas nacionais. O problema é de leitura conjugada das normas contidas nos artigos 13.º, 18.º, 86.º e 87.º (em termos mais imediatos).

[1033] E talvez por isso, como recordam MARCELO REBELO DE SOUSA e JOSÉ DE MELO ALEXANDRINO, "têm aumentado as vozes objectando à invocação da independência nacio-

ela possa ser colocada efectivamente em causa – designadamente, pelo sector de actividade económica em questão, quando o mesmo tenha uma ligação imediata à soberania do Estado –, ou que o regime jurídico a estabelecer regulamente o exercício de poderes de autoridade pública, para que seja cumprida a Constituição (e o próprio Direito Europeu).

Neste sentido, são constitucionalmente aceitáveis restrições (sem curar agora da respectiva medida) ou especialidades de regime no que toca à actividade e investimentos estrangeiros, face aos nacionais, quando esteja em causa, *v.g.*, a produção ou o comércio de armas, munições e material de guerra (por se tratar de um sector de actividade económica imediatamente ligado o exercício de poderes típicos de soberania), ou o exercício de poderes de autoridade pública (independentemente do sector de actividade de que se trate).

Já se vê com mais dificuldade a conformidade com a CRP da distinção entre actividade económica e investimentos estrangeiros e nacionais quando estejam em causa projectos ou actividades que *pela sua natureza, forma ou condições de realização, possam afectar a ordem, a segurança ou a saúde públicas*. Com efeito, quando não esteja aí em causa o exercício de poderes de autoridade – e não se vendo como, a não ser assim, possamos estar perante uma ligação imediata à soberania do Estado – a possibilidade de restrições ou especialidades de regime nesses domínios parte de um *pré-juízo* que, a nosso ver, não é constitucionalmente aceitável, por tudo o que já dissemos: o de que a actividade e investimento estrangeiro apresenta aí maiores riscos, ou é mais difícil de controlar. No primeiro caso, estaríamos perante uma medida de proteccionismo nacional, posto que não é essa qualidade que faz diminuir aquele risco. No segundo caso, perante um reconhecimento de falência ou deficiência reguladora e fiscalizadora do próprio Estado que não pode aceitar-se, à luz do disposto no artigo 86.º da CRP[1034].

---

nal no contexto do Direito Comunitário, nomeadamente no domínio da concentração de empresas" (cfr. *Constituição* ...p. 201). Um dos projectos apresentados aquando da revisão constitucional de 1997 pretendia a substituição da expressão "e defender a independência nacional e os interesses dos trabalhadores" por, simplesmente, "defender os interesses nacionais" (cfr. ALEXANDRE SOUSA PINHEIRO/MÁRIO JOÃO BRITO FERNANDES, *Comentário* ..., p. 234).

[1034] Note-se ainda que, de acordo com o Decreto-Lei n.º 203/2003, de 10 de Setembro, os projectos a que o mesmo se aplica (nacionais e estrangeiros) estão sujeitos às regras gerais de auxílios do Estado e de concorrência (cfr. artigos 3.º e 10.º).

Em última análise, portanto, uma parte muito substancial da força normativa do disposto no artigo 87.º deve ter-se por obliterada pelo artigo 86.º da CRP.

§ 3.º. Reserva de lei e competência legislativa

3.1. *A competência do Parlamento*

Por força do princípio da equiparação entre nacionais e estrangeiros em matéria de actividade económica e investimentos[1035], e dado que estão em causa, fundamentalmente, os direitos de iniciativa económica e de propriedade privada (artigos 61.º e 62.º da CRP), direitos fundamentais de natureza análoga aos direitos, liberdades e garantias, por força do disposto no artigo 17.º da CRP, parece-nos que existem argumentos no sentido de entender a reserva de lei presente no artigo 87.º como uma reserva de lei parlamentar, nos termos da alínea *b)* do n.º 1 do artigo 165.º da CRP, sobretudo para os casos em que se imponha qualquer restrição à actividade económica e investimentos estrangeiros[1036-1037]. É, no entanto, questão muito controvertida[1038].

3.2. *A competência do Governo*

O Governo não se encontra impedido de criar normas jurídicas disciplinadoras da actividade económica e investimentos estrangeiros. Ponto é que, para quem adopte a posição enunciada no ponto anterior, sendo o objecto imediato de tais normas condições essenciais ao exercício dos direitos fundamentais de iniciativa económica e propriedade privada (ou

---

[1035] Cfr. *supra*, § 1.º e § 2.º.

[1036] Neste sentido, mas referindo-se em geral ao disposto no artigo 15.º da CRP, cfr. JORGE MIRANDA, *Manual* ..., III, p. 147; JORGE MIRANDA/RUI MEDEIROS, *Constituição* ..., I, p. 133.

[1037] Questão distinta é a da compressão da competência legislativa material da AR – como, aliás, do Governo e das Assembleias Legislativas das regiões autónomas – por força do Direito Europeu.

[1038] Cfr. J. J. GOMES CANOTILHO/VITAL MOREIRA, *Constituição* ..., I, p. 1024. Cfr. ainda anotações aos artigos 85.º (I, § 4.º, 4.1) e 86.º (I, § 5.º, 5.1).

outros, muito embora sejam estes os mais relevantes ou mais directamente implicados), só quando munido de autorização legislativa poderá o Governo legislar sobre a matéria (artigo 165.° da CRP).

Quanto a outros aspectos, situados na área de competência legislativa concorrencial, poderá o Governo legislar sobre eles ao abrigo da alínea *a)* do n.° 1 do artigo 198.° CRP, não estando afastada a possibilidade de uma normação de natureza regulamentar[1039].

3.3. *A competência das Assembleias Legislativas das regiões autónomas*

No que toca à competência legislativa das Assembleias Legislativas das regiões autónomas vale, *mutatis mutandis* e na sequência do exposto nos dois pontos anteriores, o que se afirmou a propósito do artigo 86.°[1040]: não podendo as mesmas legislar em matéria de direitos fundamentais (alínea *b)* do n.° 1 do artigo 227.° da CRP), não se encontram impedidas de legislar, para além disso e no âmbito regional (artigo 228.° da CRP), sobre actividade económica e investimentos estrangeiros[1041].

II. DIREITO INTERNACIONAL E EUROPEU

§ 4.°. Direito Internacional

A matéria relativa à actividade económica e investimentos estrangeiros não é de todo alheia ao Direito Internacional, dadas as suas implicações ao nível do desenvolvimento económico-social e do próprio comércio internacional. Como tal, têm desde logo relevo as decisões e acordos celebrados no âmbito da OCDE[1042], bem como vinculações do Estado português no âmbito da Organização Mundial de Comércio[1043].

[1039] Quanto a este último aspecto, cfr. anotação ao artigo 86.°, I, § 5.°, 5.2.

[1040] Cfr. a respectiva anotação, I, § 5.°, 5.3.

[1041] Cfr., designadamente, alínea *cc)* do artigo 7.°-A do ERAA, e alínea *cc)* do artigo 40.° do ERAM.

[1042] Às quais, de resto, o próprio Decreto-Lei n.° 203/2003, de 10 de Setembro alude no preâmbulo. Cfr. ainda J. J. GOMES CANOTILHO/VITAL MOREIRA, *Constituição* ..., I, p. 1024.

De outra banda, é de atentar no artigo 18.° da CSE que, embora muito orientado para as questões laborais, dispõe que por forma a assegurar o exercício efectivo do direito a actividades lucrativas no território de qualquer das outras Partes Contratantes, estas se obrigam a "aplicar os regulamentos existentes com espírito liberal", a "simplificar as formalidades em vigor e reduzir ou a suprimir os direitos de chancelaria e outros impostos que os trabalhadores ou seus patrões têm de pagar", a "suavizar, individual ou colectivamente, os regulamentos que regem o emprego de trabalhadores estrangeiros".

Ainda, é relevante o disposto no artigo 2.° da Carta de Direitos e Deveres Económicos dos Estados, aprovada no âmbito das Nações Unidas, nos termos do qual "Todo o Estado tem e exerce livremente soberania plena e permanente, incluindo posse, uso e disposição, sobre toda a sua riqueza, recursos naturais e actividades económicas" (n.° 1). Assim, todo o Estado tem o direito de "Regulamentar e exercer autoridade sobre os investimentos estrangeiros dentro da sua jurisdição nacional com base nas suas leis e regulamentos e em conformidade com os seus objectivos e prioridades nacionais. Nenhum Estado deverá ser obrigado a outorgar um tratamento preferencial aos investidores estrangeiros" (alínea *a)* do n.° 2); e de "Regulamentar e supervisionar as actividades de empresas transnacionais que operem dentro da sua jurisdição nacional e adoptar medidas para se assegurar de que essas actividades se ajustam às suas leis, regulamentos e disposições e estão de acordo com as suas políticas económicas e sociais. As empresas transnacionais não intervirão nos assuntos internos do Estado em que se instalem. Todo o Estado deverá, tendo em conta plenamente os seus direitos soberanos, cooperar com outros Estados no exercício do direito a que se refere esta alínea" (alínea *b)* do n.° 2)[1044].

§ 5.°. Direito Europeu

Como temos vindo a frisar, o Direito Europeu – e desde logo o primário – apresenta fortes vinculações substanciais para os Estados-mem-

---

[1043] Sobre os princípios fundamentais (e respectivas derrogações) do sistema GATT/OMC, cfr. PEDRO INFANTE MOTA, *O Sistema GATT/OMC* ..., pp. 107 ss.

[1044] Socorremo-nos da versão textual em PAULA ESCARAMEIA, *Colectânea de Leis de Direito Internacional*, 3.ª Ed., Lisboa, 2003, p. 608.

bros em matéria de actividade económica e investimentos estrangeiros. A linha geral consiste em eliminar restrições colocadas pelos Estados-membros à actividade e investimentos por parte de nacionais de outros Estados-membros. Neste particular, é especialmente relevante a matéria respeitante à liberdade de estabelecimento e prestação de serviços, bem como à liberdade de circulação de capitais[1045].

O TCE proíbe as restrições à liberdade de estabelecimento dos nacionais de um Estado-membro no território de outro Estado-membro, aí se abrangendo as restrições à constituição de agências, sucursais ou filiais pelos nacionais de um Estado-membro estabelecidos no território de outro Estado-membro. Tal liberdade integra tanto o acesso às actividades não assalariadas e seu exercício, como também a constituição e gestão de empresas, aqui avultando as sociedades, nas condições definidas na legislação do país de estabelecimento para os seus próprios nacionais[1046].

Neste sentido, ao Conselho e à Comissão é atribuída a missão de velar pelo cumprimento de tais regras, no âmbito das suas competências, designadamente, "Eliminando os procedimentos e práticas administrativas decorrentes, quer da legislação nacional quer de acordos anteriormente concluídos entre os Estados-Membros, cuja manutenção constitua obstáculo à liberdade de estabelecimento"; "Tornando possível a aquisição e exploração de propriedades fundiárias, situadas no território de um Estado-Membro, por um nacional de outro Estado-Membro, na medida em que não sejam lesados os princípios estabelecidos no n.o 2 do artigo 33.º"

[1045] De relevo não tão directo é a liberdade de circulação de trabalhadores (cfr. artigos 39.º ss. do TCE). Sobre a problemática destas liberdades, cfr. ANA MARIA GUERRA MARTINS, *Curso* ..., pp. 540 ss.; MANUEL CARLOS LOPES PORTO, *Teoria* ..., p. 309 ss. E, a cfr. por todos, MIGUEL POIARES MADURO, *A Constituição Plural – Constitucionalismo e União Europeia*, Cascais, 2006, pp. 97 ss.

[1046] Cfr. artigo 43.º. As sociedades aqui em questão são, nos termos do artigo 48.º do TCE, as "sociedades constituídas em conformidade com a legislação de um Estado-Membro e que tenham a sua sede social, administração central ou estabelecimento principal na Comunidade" que são, para efeitos do disposto no Capítulo II do Título III da Parte III, equiparadas às pessoas singulares, nacionais dos Estados-membros. Dispõe ainda a mesma norma que "Por «sociedades» entendem-se as sociedades de direito civil ou comercial, incluindo as sociedades cooperativas, e as outras pessoas colectivas de direito público ou privado, com excepção das que não prossigam fins lucrativos". De realçar, a importância da jurisprudência comunitária na elaboração do conceito de sociedade presente no artigo 48.º (sobre este aspecto cfr. ANA MARIA GUERRA MARTINS, *Curso* ..., pp. 554-555).

(relativamente à política agrícola comum); "Aplicando a supressão gradual das restrições à liberdade de estabelecimento em todos os ramos de actividade considerados, por um lado, quanto às condições de constituição de agências, sucursais ou filiais no território de um Estado-Membro e, por outro, quanto às condições que regulam a admissão de pessoal do estabelecimento principal nos órgãos de gestão ou de fiscalização daquelas"; "Coordenando as garantias que, para protecção dos interesses dos sócios e de terceiros, são exigidas nos Estados-Membros às sociedades, na acepção do segundo parágrafo do artigo 48.°, na medida em que tal seja necessário, e a fim de tornar equivalentes essas garantias"; e "Certificando-se de que as condições de estabelecimento não sejam falseadas pelos auxílios concedidos pelos Estados-Membros"[1047].

No domínio da liberdade de prestação de serviços, são proibidas as restrições em relação aos nacionais dos Estados-membros estabelecidos num Estado da Comunidade que não seja o destinatário da prestação, considerando-se serviços as prestações realizadas normalmente mediante remuneração (na medida em que não sejam reguladas pelas disposições relativas à livre circulação de mercadorias, capitais e pessoas), designadamente, actividades de natureza industrial, comercial, actividades artesanais e profissões liberais[1048]. De realçar que, concretizando o princípio da igualdade, dispõe o artigo 54.° do TCE que, enquanto não forem suprimidas as restrições à livre prestação de serviços, os Estados-membros aplicá-las-ão sem qualquer distinção de nacionalidade ou residência a todas as entidades incluídas no âmbito de aplicação do 1.° § do artigo 49.°.

É certo que o artigo 45.° do TCE, já tantas vezes referido, estabelece a inaplicabilidade destas regras quando estejam em causa actividades ligadas, ainda que ocasionalmente, ao exercício de poderes de autoridade pública, excepção essa que pode ser estendida a outros casos (cfr. n.° 2). E que, por outro lado, o artigo 46.° dispõe que o regime em causa não prejudica a aplicabilidade das disposições legislativas, regulamentares e administrativas que prevejam um regime especial para os estrangeiros e sejam justificadas por razões de ordem pública, segurança pública e saúde pública. Estas normas, aliás, são também aplicáveis no domínio da liberdade de prestação de serviços[1049]. Deve notar-se, contudo, que apesar da

---

[1047] Cfr., respectivamente, alíneas *c), e), f), g)* do n.° 2 do artigo 44.° do TCE.
[1048] Cfr. artigos 49.° e 50.° do TCE.
[1049] Cfr. artigo 55.° do TCE.

profusão normativa comunitária sobre estas matérias, o Tribunal de Justiça das Comunidades vem sustentando uma interpretação restritiva destas excepções: não só não devem as mesmas basear-se numa decisão unilateral dos Estados-membros sem qualquer controlo dos órgãos comunitários, como as situações concretas justificativas devem apresentar ameaças reais e de suficiente gravidade para afectar interesses fundamentais da sociedade[1050]. Por outro lado, apesar de o Tribunal de Justiça admitir outras excepções, à margem da letra do TCE, justificadas por *razões imperiosas de interesse geral*, que podem ser de variada ordem, a margem de liberdade dos Estados neste domínio acaba consideravelmente reduzida em face da rigidez com que as mesmas são jurisprudencialmente avaliadas à luz dos princípios da necessidade e proporcionalidade[1051].

São igualmente proibidas todas as restrições à liberdade de circulação de capitais e pagamentos entre Estados-membros e entre estes e países terceiros[1052-1053]. Tal não prejudica o direito de os Estados-membros "Aplicarem as disposições pertinentes do seu direito fiscal que estabeleçam uma distinção entre contribuintes que não se encontrem em idêntica situação no que se refere ao seu lugar de residência ou ao lugar em que o seu capital é investido"[1054], nem tão pouco de "Tomarem todas as medidas indispensáveis para impedir infracções às suas leis e regulamentos, nomeadamente em matéria fiscal e de supervisão prudencial das instituições financeiras, preverem processos de declaração dos movimentos de

---

[1050] Cfr. ANA MARIA GUERRA MARTINS, *Curso* ..., pp. 559-560.

[1051] Cfr. ANA MARIA GUERRA MARTINS, *Curso* ..., pp. 561-562.

[1052] Cfr. artigo 56.º do TCE. Sobre a liberdade de circulação de capitais e pagamentos, cfr. ANA MARIA GUERRA MARTINS, *Curso* ..., pp. 560-561.

[1053] Muito embora as relações com países terceiros apresentem dificuldades especiais, justificando algumas diferenciações (cfr. artigo 57.º do TCE).

[1054] Sobre o regime fiscal do investimento estrangeiro em Portugal, cfr. JOSÉ CASALTA NABAIS, *Investimento Estrangeiro* ..., pp. 373 ss. (com referência ao disposto na actual alínea *f)* do artigo 81.º, e à alínea *e)* do artigo 100.º da CRP, cfr. p. 374); RICARDO HENRIQUES DA PALMA BORGES, *Em Torno do "Investimento Estrangeiro e Contratos Fiscais": Uma Visão sobre a Competitividade Fiscal Portuguesa*, in *15 Anos da Reforma Fiscal de 1988/89 - Jornadas de Homenagem ao Professor Doutor Pitta e Cunha*, Associação Fiscal Portuguesa/Instituto de Direito Económico, Financeiro e Fiscal da Faculdade de Direito de Lisboa, Coimbra, 2006, pp. 396 ss. Referindo o disposto no artigo 87.º da CRP, como fundamento constitucional de desagravamentos fiscais em sede de IRS, cfr. GUILHERME WALDEMAR D'OLIVEIRA MARTINS, *Os Benefícios Fiscais* ..., p. 33.

capitais para efeitos de informação administrativa ou estatística, ou tomarem medidas justificadas por razões de ordem pública ou de segurança pública". E, se o disposto em matéria de liberdade de circulação de capitais e pagamentos não prejudica a aplicação de restrições ao direito de estabelecimento compatíveis com o Tratado, todas estas medidas e procedimentos não podem desembocar em discriminações arbitrárias, nem em restrições dissimuladas à livre circulação de capitais e pagamentos[1055]. Valem aqui, ainda, as considerações expendidas *supra* a propósito do regime previsto nos artigos 45.º e 46.º do TCE[1056-1057].

Perante este quadro, necessariamente geral, bem se vê em que medida o legislador nacional se encontra condicionado pelo Direito Europeu. Mas, mais do que tal vinculação, interessa-nos frisar a redução do espaço normativo do artigo 87.º da CRP, espaço esse ocupado pelo Direito Comunitário primário, e o acentuar da pluridimensionalidade vinculativa do disposto no artigo 86.º[1058]: em lugar da diferenciação entre actividade económica e investimentos estrangeiros, o Direito Europeu exige hoje uma especial intervenção dos Estados-membros no sentido da respectiva equiparação, e assim tanto ao nível dos incentivos como da fiscalização, confirmando-os como *longa manus* da *Administração comunitária*[1059].

III. MEMÓRIA CONSTITUCIONAL

§ 6.º. As constituições portuguesas anteriores à Constituição de 1976

A disciplina da actividade económica e investimento estrangeiro em Portugal não mereceu assento constitucional até à Constituição de

---

[1055] Cfr. artigo 58.º do TCE.
[1056] O que reforça o que deixámos dito *supra*, I, § 2.º, a propósito da utilização das cláusulas de excepção no nosso ordenamento interno, constitucional e infra-constitucional.
[1057] Cfr. ainda ANA MARIA GUERRA MARTINS, *Curso* ..., pp. 562-563.
[1058] Cfr. *supra*, I, § 1.º e § 2.º.
[1059] Sobre o tema, cfr. PAULO OTERO, *A Administração Pública Nacional como Administração Comunitária* ..., pp. 818 ss. Cfr. também a anotação ao artigo 80.º, I, § 2.º, 2.5.2, e ao artigo 86.º, II, § 7.º.

1933[1060] (não considerando aqui a problemática em torno dos direitos dos estrangeiros em particular). Mas mesmo a Constituição de 1933 não reservou para esta temática um regime jurídico destinado a disciplinar, *proprio sensu,* tais actividades em Portugal, antes colocando a tónica nas relações entre a economia nacional com as de outros Estados. Dispunha o artigo 30.º que "O Estado regulará as relações da economia nacional com a dos outros países em obediência ao princípio de uma adequada cooperação, sem prejuízo das vantagens comerciais a obter especialmente de alguns ou da defesa indispensável contra ameaças ou ataques externos". Adiante, o artigo 52.º proibia a alienação a estrangeiros de monumentos artísticos, históricos e naturais, e de objectos artísticos oficialmente reconhecidos como tais. Por outro lado, a sujeição das empresas de interesse colectivo a regimes especiais de gestão em função das necessidades (entre outras) da defesa nacional deixava entrever a possibilidade de exclusão ou forte condicionamento da actividade e investimento estrangeiros nestes domínios (artigo 59.º)[1061-1062].

§ 7.º. Conteúdo originário da redacção do preceito na Constituição de 1976 e sucessivas versões decorrentes das revisões constitucionais

Na **redacção originária da Constituição de 1976**, a matéria relativa à actividade económica e investimentos estrangeiros constava do artigo 86.º, com redacção, aliás, semelhante à actual:

[1060] Note-se, contudo, que, na Constituição de 1838, ao monarca era atribuída competência para "fazer tratados de aliança, de subsídios e de comércio e ratificá-los depois de aprovados pelas Cortes" (artigo 82.º, XV). A problemática da actividade económica e investimento estrangeiro não era, porém, estranha ao ordenamento jurídico português, tendo merecido larga atenção, designadamente, a propósito das companhias de colonização, por razões que se prendiam, naturalmente, com a afectação da soberania (cfr. RUI GUERRA DA FONSECA, *As Companhias* ..., em especial, pp. 713 ss.).

[1061] Também no Acto Colonial se continham variadas disposições sobre o acesso de capital estrangeiro às concessões e subconcessões de terrenos (sobre o relevo do Acto Colonial no âmbito da colonização por companhias concessionárias, cfr. RUI GUERRA DA FONSECA, *As Companhias* ..., em especial, pp. 875 ss.).

[1062] Cfr. ANTÓNIO CARLOS DOS SANTOS/MARIA EDUARDA GONÇALVES/MARIA MANUEL LEITÃO MARQUES, *Direito* ..., pp. 254-255.

"ARTIGO 86.º
(Actividade económica e investimentos estrangeiros)
A lei disciplinará a actividade económica e os investimentos por parte de pessoas singulares ou colectivas estrangeiras, a fim de garantir a sua contribuição para o desenvolvimento do país, de acordo com o Plano, e defender a independência nacional e os interesses dos trabalhadores."

Na **revisão constitucional de 1982**, o artigo 73.º da Lei Constitucional n.º 1/82, de 30 de Setembro, suprimiu a expressão "de acordo com o Plano", assim se fixando a redacção actual.

Na **revisão constitucional de 1989**, o artigo 57.º da Lei Constitucional n.º 1/89, de 8 de Julho, limitou-se a renumerar o preceito – que passou ser o artigo 88.º.

A **revisão constitucional de 1992** não trouxe qualquer alteração.

E na **revisão constitucional de 1997**, o artigo 57.º da Lei Constitucional n.º 1/97, de 20 de Setembro, limitou-se também à respectiva renumeração, passando o preceito a ocupar o seu lugar actual – no artigo 87.º.

O preceito não sofreu qualquer outra alteração desde então.

§ 8.º. **Apreciação do sentido das alterações do preceito**

A única alteração de redacção que o preceito em causa sofreu teve lugar aquando da revisão constitucional de 1982, libertando a actividade e investimentos estrangeiros das vinculações do Plano, o que encontra justificação nas alterações a este último propósito[1063].

Indirectamente, como se viu, porém, o seu sentido evolutivo decorre, essencialmente, do influxo do Direito Europeu[1064].

[1063] Cfr. as anotações aos artigos 90.º e 91.º.
[1064] Cfr. *supra*, II, § 5.º.

IV. PAÍSES DE EXPRESSÃO PORTUGUESA

§ 9.º. Brasil

A CRFB contém uma disposição geral semelhante à do artigo 87.º da CRP. Trata-se do disposto no artigo 172.º, segundo o qual "A lei disciplinará, com base no interesse nacional, os investimentos de capital estrangeiro, incentivará os reinvestimentos e regulará a remessa de lucros".

Mas contém também uma disposição especial, sem paralelo como tal na CRP, no domínio da política agrícola, fundiária e reforma agrária: dispõe o artigo 190.º que "A lei regulará e limitará a aquisição ou o arrendamento de propriedade rural por pessoa física ou jurídica estrangeira e estabelecerá os casos que dependerão de autorização do Congresso Nacional".

§ 10.º. Angola

A matéria relativa ao investimento estrangeiro é objecto do n.º 4 do artigo 11.º, essencialmente dedicado às empresas privadas[1065]:

"Artigo 11.º
1. ....
2. ....
3. ....
4. O Estado protege o investimento estrangeiro e a propriedade de estrangeiros, nos termos da lei.

§ 11.º. Moçambique

A CRM dedica ao investimento estrangeiro o seu artigo 108:

"Artigo 108
(Investimento estrangeiro)
1. O Estado garante o investimento estrangeiro, o qual opera no quadro da sua política económica.

[1065] Sobre esta norma, cfr. anotação ao artigo 86.º, IV, § 12.º.

2. Os empreendimentos estrangeiros são autorizados em todo o território nacional e em todos os sectores económicos, excepto naqueles que estejam reservados à propriedade ou exploração exclusiva do Estado."

§ 12.°. **Cabo Verde**

Sobre o investimento estrangeiro na CRCV, veja-se o n.° 5 do artigo 90.°[1066].

§ 13.°. **Guiné-Bissau**

No que respeita ao investimento estrangeiro, dispõe o n.° 2 do artigo 13.° da CRGB que:

"Artigo 13.°
1. ....
2. O Estado promove o investimento do capital estrangeiro desde que seja útil ao desenvolvimento económico e social do País."

§ 14.°. **São Tomé e Príncipe**

A CRDSTP refere-se ao investimento estrangeiro no n.° 2 do artigo 48.°:

"Artigo 48.°
Empresas privadas
1. ....[1067]
2. O Estado pode autorizar o investimento estrangeiro, contanto que seja útil ao desenvolvimento económico e social do País."

[1066] Cfr. anotação ao artigo 80.°, IV, § 11.°.

[1067] O n.° 1 deste preceito refere-se ao papel do Estado frente às empresas privadas (cfr. anotação ao artigo 86.°, IV, § 16.°).

§ 15.º. Timor-Leste

No que respeita ao investimento estrangeiro na CRDTL, e distinto posicionamento do Estado perante este e o investimento nacional, veja-se o disposto no respectivo artigo 140.º[1068]. Acessoriamente, tenha-se presente que o n.º 4 do artigo 54.º da CRDTL reserva a propriedade privada da terra para os cidadãos nacionais, parecendo que tal regra valerá, por identidade de razão, para as pessoas colectivas.

[1068] Cfr. anotação ao artigo 86.º, IV, § 17.º.

ARTIGO 88.º
(Meios de produção em abandono)

1. Os meios de produção em abandono podem ser expropriados em condições a fixar pela lei, que terá em devida conta a situação específica da propriedade dos trabalhadores emigrantes.
2. Os meios de produção em abandono injustificado podem ainda ser objecto de arrendamento ou de concessão de exploração compulsivos, em condições a fixar por lei.

Quadro tópico:

I. MEIOS DE PRODUÇÃO EM ABANDONO
§ 1.º. MEIOS DE PRODUÇÃO EM ABANDONO E O PRINCÍPIO DA PLENA UTILIZAÇÃO DAS FORÇAS PRODUTIVAS: A *RATIO CONSTITUTIONIS* SUBJACENTE À NORMA DO ARTIGO 88.º;
§ 2.º. ABANDONO E ABANDONO INJUSTIFICADO;
2.1. Sentido da distinção;
2.2. (cont.) Constituição material e juízo valorativo do *abandono injustificado*;
2.3. Expropriação, e arrendamento e concessão de exploração compulsivos: distinção e regime jurídico-constitucional;
§ 3.º. O ABANDONO DE MEIOS DE PRODUÇÃO E A CONSIDERAÇÃO DA SITUAÇÃO DOS TRABALHADORES EMIGRANTES;
§ 4.º. RESERVA DE LEI E COMPETÊNCIA LEGISLATIVA;
4.1. A competência do Parlamento;
4.2. A competência do Governo;
4.3. A competência das Assembleias Legislativas das regiões autónomas.

II. DIREITO INTERNACIONAL E EUROPEU
§ 5.º. DIREITO INTERNACIONAL;
§ 6.º. DIREITO EUROPEU.

III. MEMÓRIA CONSTITUCIONAL
§ 7.º. AS CONSTITUIÇÕES PORTUGUESAS ANTERIORES À CONSTITUIÇÃO DE 1976;

§ 8.º. CONTEÚDO ORIGINÁRIO DA REDACÇÃO DO PRECEITO NA CONSTITUIÇÃO DE 1976 E SUCESSIVAS VERSÕES DECORRENTES DAS REVISÕES CONSTITUCIONAIS;
§ 9.º. APRECIAÇÃO DO SENTIDO DAS ALTERAÇÕES DO PRECEITO.
IV. PAÍSES DE EXPRESSÃO PORTUGUESA
§ 10.º. BRASIL;
§ 11.º. ANGOLA;
§ 12.º. MOÇAMBIQUE;
§ 13.º. CABO VERDE;
§ 14.º. GUINÉ-BISSAU;
§ 15.º. SÃO TOMÉ E PRÍNCIPE;
§ 16.º. TIMOR-LESTE.

I. MEIOS DE PRODUÇÃO EM ABANDONO

§ 1.º. **Meios de produção em abandono e o princípio da plena utilização das forças produtivas: a *ratio constitutionis* subjacente à norma do artigo 88.º**

Já nos referimos ao princípio da plena utilização das forças produtivas, em termos gerais, a propósito da alínea *c)* do artigo 81.º[1069]. É conveniente, porém, ter de momento presentes duas ideias rectoras que então acentuámos: (i) em primeiro lugar, a ideia de que todas as obrigações do Estado plasmadas nas normas da Parte II da CRP têm por função, mais ou menos directamente, assegurar a plena utilização das forças produtivas; (ii) em segundo lugar, a ideia de que o regime constitucional dos meios de produção em abandono, constante do aqui sob análise artigo 88.º, constitui apenas uma das concretizações normativas daquele princípio, juntamente com o regime da intervenção e apropriação públicas, de uma banda, e com o estabelecido a respeito dos estímulos e incentivos às actividades cooperativa e autogestionária (artigo 85.º), à actividade empresarial no âmbito do sector privado (artigo 86.º), e à disciplina da actividade económica e investimentos estrangeiros (artigo 87.º), de outra banda. A convocação de ambas estas ideias a propósito do regime jurídico-constitucional dos meios de produção em abandono pretende, no essencial, realçar que

---
[1069] Cfr. anotação ao artigo 81.º, I, § 2.º, 2.3.

em qualquer caso se está perante instrumentos normativos funcionalizados para a realização do mesmo princípio ou, se se preferir, no plural, dos mesmos princípios fundamentais em matéria de organização económico--social, onde avultam os princípios gerais (não expressos) da garantia dos direitos económicos, sociais e culturais, e do desenvolvimento económico--social, bem como o princípio da subordinação do poder económico ao poder político democrático[1070].

Neste sentido, há que procurar o significado normativo do regime previsto no artigo 88.º que melhor se adequa àquela sua função, o que, se não significa necessariamente complementaridade face àquelas outras normas constitucionais, importa pelo menos a ponderação da sua convivência para fins comuns.

Quase tudo o que se afirmou a propósito da intervenção e apropriação públicas (artigo 83.º) tem aqui relevo, pelo que para lá se remete na íntegra (*mutatis mutandis*, naturalmente).

Subjacente à norma contida no artigo 88.º está a função social da propriedade dos meios de produção[1071]. Constituindo estes um elemento fáctico essencial para o funcionamento do regime económico, a CRP assume a indesejabilidade da sua não afectação concreta à produção de riqueza e, consequentemente, ao desenvolvimento económico-social.

Por si só, tal assunção não merece crítica. Realmente, distante que vai o carácter absoluto do direito de propriedade herdado do liberalismo, e condicionada a iniciativa económica ao interesse geral, cabe ao Estado, perante a evidência da escassez dos bens, pugnar pelo seu máximo aproveitamento. Daí que assegurar a plena utilização das forças produtivas integre o elenco das suas incumbências prioritárias, nos termos da alínea *c)* do artigo 81.º da CRP.

Todavia, o problema essencial que o regime constante do artigo 88.º da CRP suscita não se prende com aquele fundamento último, mas com um juízo intermédio – entre aquele fundamento e a norma – que é determinado não pela função social da propriedade, mas por consequências que dela só podem resultar quando adoptado previamente um pré-conceito de propriedade determinado por razões ideológicas ou sociológicas. Naturalmente, qualquer texto constitucional desagua num repositório de pré-con-

---

[1070] Cfr. anotação ao artigo 80.º, I, § 1.º, 1.3.
[1071] Também neste sentido, cfr. J. J. GOMES CANOTILHO/VITAL MOREIRA, *Constituição* ..., I, p. 1026.

ceitos em consequência da função do legislador constituinte, repositório esse cuja complexidade, normativização e coerência dependerão do próprio pluralismo político. Contudo, após o momento nomogenético, é necessário encontrar o seu melhor significado no contexto de valores e princípios estruturais da constituição.

A CRP apresenta já em momentos anteriores normas concretizadoras da incumbência prioritária do Estado em assegurar a plena utilização das forças produtivas: temos em mente, *v.g.*, o disposto no artigo 83.º – que se refere não apenas à apropriação pública de meios de produção, mas também à intervenção do Estado sem ablação do direito de propriedade –, e os artigos 85.º e 86.º – que, genericamente, se referem aos estímulos e incentivos que ao Estado cabe estender à iniciativa cooperativa e à iniciativa privada, e ainda às especiais obrigações que àquele cabem na fiscalização da actividade económica privada. Assim, "antes do artigo 88.º", a intervenção (em termos gerais) do Estado sobre os meios de produção não estava vinculada a qualquer situação específica destes, cabendo ao legislador a melhor avaliação sobre os meios a utilizar para assegurar a plena utilização das forças produtivas[1072]. Pode, no entanto, extrair-se do texto constitucional uma preferência pela intervenção do Estado, se não reguladora, pelo menos sem actuação directa sobre a titularidade de bens de produção, entre outras razões, pelas seguintes:

i) a natureza análoga do direito de propriedade e do direito de iniciativa económica aos direitos liberdades e garantias (nos termos do artigo 17.º da CRP), estando as respectivas restrições sujeitas ao regime do artigo 18.º;

ii) a garantia dos direitos económicos, sociais e culturais (onde se integra o direito de propriedade) constituir princípio geral fundamental da organização económico-social[1073];

iii) a articulação entre os princípios fundamentais da coexistência dos vários sectores de propriedade dos meios de produção e da liberdade de iniciativa e organização empresarial no âmbito de uma economia mista (alíneas *b)* e *c)* do artigo 80.º)[1074];

[1072] No sentido de que o artigo 88.º autonomiza "um fundamento específico para a intervenção em sentido amplo dos poderes públicos em meios de produção", cfr. JORGE MIRANDA/RUI MEDEIROS, *Constituição* ..., II, p. 121.

[1073] Cfr. anotação ao artigo 80.º, I, § 1.º, 1.3.

[1074] Cfr. anotação ao artigo 80.º, § 2.º, 2.2. e 2.3.

iv) o princípio da propriedade pública *dos* recursos naturais e apenas *de* meios de produção, e ainda assim *de acordo com o interesse colectivo* (alínea *d*) do artigo 80.°)[1075];

v) o lugar do sector privado como sector-regra no seio dos sectores de propriedade dos meios de produção[1076];

vi) a existência de uma obrigação do Estado em incentivar e fiscalizar a iniciativa económica privada (artigo 86.°);

vii) a concretização da intervenção do Estado ao abrigo do artigo 83.° através do disposto no n.° 2 do artigo 86.° (nos termos do qual o Estado só pode intervir na gestão de empresas privadas a título transitório, nos casos expressamente previstos na lei, e em sujeição à regra da decisão judicial prévia)[1077].

O disposto no artigo 88.° vem, porém, estabelecer a possibilidade de uma intervenção do Estado sobre a titularidade de meios de produção (ou direitos que lhe são inerentes) em caso de abandono ou abandono injustificado[1078]: no primeiro caso, possibilitando a respectiva expropriação, e no segundo ainda o seu arrendamento ou concessão de exploração compulsivos[1079]. Ora, tendo em conta o que já dissemos *supra*, entre o que se encontra a remissão para os comentários ao artigo 83.°, é acertado que estendamos concordância, em termos genéricos, ao sustentado por J. J. GOMES CANTILHO e VITAL MOREIRA quando afirmam que a autonomia da norma contida no artigo 88.° não está "somente" na permissão constitucional de "desapropriação (...) ou de arrendamento e exploração compulsivos" de meios de produção, que radica já, *v.g.*, no artigo 83.°, "mas também na recusa constitucional de uma liberdade de manter meios de produção em abandono". Os mesmos Autores consideram, assim, que se estabelece um implícito *"dever de exploração"*, conformando o direito de propriedade garantido na CRP, bem como a liberdade de iniciativa económica no sentido da não protecção da *"liberdade de não iniciativa"*[1080].

[1075] Cfr. anotação ao artigo 80.°, I, § 2.°, 2.4.
[1076] Cfr. anotação o artigo 82.°.
[1077] Cfr. anotação ao artigo 86.°, I, § 3.°.
[1078] Conceitos que abordaremos *infra*, I, § 2.°.
[1079] Distinguido estas possibilidades do confisco, cfr. MANUEL AFONSO VAZ, *Direito ...*, pp. 200-201.
[1080] Cfr. *Constituição ...*, I, p. 1026. Esclarecem os Autores que o uso da expressão *desapropriação* se justifica porque "o conceito de «expropriação» está aqui utilizado em

Ora, o regime jurídico-constitucional que o artigo 88.° encerra deve entender-se como concretização do disposto no artigo 83.°, dotando o Estado da faculdade de corrigir a liberdade de iniciativa económica e o direito de propriedade[1081] quando o respectivo exercício seja desconforme com os princípios fundamentais da organização económico-social. O ponto é que esses mesmos princípios são positivados em conformidade com o respeito por aquela liberdade e direito, obrigando o intérprete a um delicado equilíbrio jus-fundamental. Por outras palavras, embora em planos normativos distintos, o princípio da plena utilização das forças produtivas que pode extrair-se da alínea *c)* do artigo 81.° da CRP não é mais *absoluto* do que o direito de propriedade ou do que a liberdade de iniciativa económica privada. E não é simplesmente porque o primeiro é exercido "nos termos da Constituição" (n.° 1 do artigo 62.°) e a segunda "tendo em conta o interesse geral" (n.° 1 do artigo 61.°) que o princípio da plena utilização das forças produtivas ganha aqui *termos de Constituição* ou de *interpretação autêntica concretizadora do interesse geral* absoluta ou essencialmente condicionantes daquelas cláusulas constitucionais. Aquele equilíbrio de que falávamos implica, portanto, a análise do regime jurídico constante do artigo 88.°, tendo presente, designadamente, a preferência do texto constitucional pela intervenção pública não ablativa do direito de propriedade (cfr. *supra*)[1082] e, mais profundamente, os princípios da proporcionalidade e da dignidade da pessoa humana[1083].

---

sentido genérico". Parece-nos que tal salvaguarda se prende com a especificidade que pretendem para a figura da "expropriação de meios de produção", nomeadamente, para efeitos indemnizatórios (cfr. p. 1027). Sobre este problema, cfr. anotação ao artigo 83.°, I, *maxime* § 3.°.

[1081] Privada ou outra, pois não são apenas os meios de produção objecto de propriedade privada que aqui estão em causa (cfr. JORGE MIRANDA/RUI MEDEIROS, *Constituição* ..., II, p. 121; J. J. GOMES CANOTILHO/VITAL MOREIRA, *Constituição* ..., I, p. 1027). Sobre o abandono de baldios, para efeitos do disposto no (actual) artigo 88.°, cfr. Ac. TC n.° 240/91 (cit.), já citado em anotação à alínea *c)* do artigo 81.° (II, § 2.°, 2.3.).

[1082] Uma concretização legislativa do regime hoje constante do artigo 88.° da CRP, anterior ainda à revisão constitucional de 1989, era o da Lei n.° 109/88, de 26 de Setembro (reforma agrária) (posteriormente alterada pela Lei n.° 46/90, de 22 de Agosto): aí se dispunha que os "prédios rústicos declarados por portaria do Ministro da Agricultura, Pescas e Alimentação em situação de abandono ou mau uso" podiam ser objecto de arrendamento forçado ou expropriação, em termos a regulamentar por decreto-lei (cfr. artigo 35.°), regulando-se igualmente o respectivo destino quando fosse o caso (artigos 37.° ss.), o que suscitava o problema de saber quem seriam os beneficiários (constitucionalmente admissíveis)

§ 2.º. Abandono e abandono injustificado

2.1. *Sentido da distinção*

Os meios de produção em abandono (injustificado ou não) a que a CRP se refere no artigo 88.º são meios de produção não explorados ou, nessa perspectiva, não aproveitados. A norma não tem por objecto, pois, bens abandonados no sentido a que se refere a lei civil[1084], já que estes são *res nullius*, cuja propriedade se adquire por ocupação, e que, por natureza, são insusceptíveis de expropriação[1085], bem como de arrendamento ou exploração compulsivos.

Assim, o abandono só pode ter-se, juridicamente, pela abstenção do exercício de direitos inerentes ao direito de propriedade – usar e fruir –, de um bem caracterizado como meio de produção, dada a sua anterior afectação a um fim económico. Em princípio tal abstenção de exercício de direitos haverá de ser total, não bastando a verificação da afectação do bem a um fim diferente do fim produtivo anterior (se uma determinada fábrica encerra, o seu proprietário é, em princípio, livre de destinar o respectivo imóvel a um uso pessoal não produtivo).

Dizemos em princípio porque é à lei que caberá a densificação da noção de abandono (e de abandono injustificado), definição essa que constitui condição legal para a expropriação, nos termos do n.º 1 do artigo 88.º, ou ainda para o arrendamento ou concessão de exploração compulsivos, nos termos do n.º 2. Tal densificação passará, necessariamente, pelos critérios de verificação da situação objectiva de não exploração (categorização de situações, decurso de certo lapso de tempo, declaração do proprietário, entre outros possíveis).

---

dos bens expropriados ou objecto de arrendamento forçado (problema que, aliás, reveste hoje ainda maior complexidade, face às alterações progressivamente sofridas pelo texto constitucional). Esta Lei está hoje revogada pela Lei n.º 86/95, de 1 de Setembro (Lei de bases do desenvolvimento agrário), que já não contempla aquelas medidas de intervenção do Estado, intervenção essa que aí assume hoje um timbre de incentivo, realçando o lugar matricial do disposto no artigo 86.º da CRP.

[1083] Salientando este aspecto a propósito do regime do n.º 2 do artigo 88.º, mas em formulação que nos permite generalizar ao restante conteúdo normativo do preceito, cfr. JORGE MIRANDA/RUI MEDEIROS, *Constituição* ..., II, p. 124.

[1084] Neste sentido também, cfr. JORGE MIRANDA/RUI MEDEIROS, *Constituição* ..., II, p. 121-122.

[1085] Neste sentido, cfr. PEDRO SOARES MARTINEZ, *Comentários* ..., pp. 140-141.

O problema que nos parece central – e que contribui para uma pré-definição constitucional do conceito – prende-se com a distinção presente no artigo 88.º entre *abandono* e *abandono injustificado*. Antes da revisão constitucional de 1989, a distinção entre abandono e abandono injustificado prendia-se com o direito à indemnização pela expropriação, que não existia no segundo caso.

Assim se decidiu no Ac. TC n.º 597/99 (cit.): "Essa indemnização (isto é, a indemnização devida por nacionalização ou socialização, nos termos do artigo 82.º, n.º 1, da Constituição) – sublinhou este Tribunal no referido Acórdão n.º 39/88 e repetiu-o no Acórdão n.º 452/95 (publicado no Diário da República, 2.ª série, de 21 de Novembro de 1995) – tinha que obedecer a um princípio de justiça – o que vale por dizer que tinha que cumprir as exigências mínimas de justiça que vão implicadas na ideia de Estado de direito. Ou seja, "tinha que ser razoável ou, pelo menos, aceitável", e não "meramente irrisória" ou "simbólica". [§] Ora, para o caso da desapropriação das empresas ou estabelecimentos, mediante socialização dos mesmos, nos termos da norma constante do artigo 47.º da Lei n.º 68/78, aqui *sub iudicio*, a lei prevê o pagamento de uma indemnização. [§] Como se viu atrás, a alínea b) do n.º 1 do artigo 31.º da Lei n.º 68/78 dispõe, na verdade, que "a nua-titularidade confere ao seu titular" a faculdade "de ser indemnizado nos termos gerais de direito se for privado da nua-titularidade, salvo nos casos de autogestão justificada nos termos do artigo 2.º"". [§] Quer isto dizer que o proprietário, que foi desapropriado da nua-titularidade da sua empresa ou estabelecimento tem, em princípio, direito a ser indemnizado, "nos termos gerais de direito". Este critério (indemnização a fixar "nos termos gerais de direito") é aquele que o mencionado artigo 82.º, n.º 1, *in fine*, impunha que o legislador definisse. [§] Os proprietários que foram desapropriados da nua-titularidade das suas empresas ou estabelecimentos só não têm direito a ser indemnizados "nos termos gerais de direito" nos casos seguintes: a) quando, no momento da constituição da autogestão, se verificavam os pressupostos da falência fraudulenta; b) quando, por culpa do proprietário, ficou comprometida gravemente a viabilidade económica da empresa ou do estabelecimento; c) quando o proprietário revelou manifesto desinteresse equivalente ao abandono [n.º 3, alíneas a), b) e c), do artigo 2.º]. Trata-se de situações em que a autogestão era justificada. E, então, o não pagamento de indemnização podia abonar-se com o disposto no n.º 2 do citado artigo 87.º da Constituição, que preceituava que, "no caso de abandono injustificado, a expropriação não confere direito a indemnização". E concluiu o TC que "A norma constante do artigo 47.º da Lei n.º 68/78, de 16 de Outubro, aqui sub iudicio, não é inconstitucional, desde que interpretada no sentido de que a "desapropriação a favor do Estado da nua-titularidade das empresas ou estabelecimentos em autogestão, cujos proprietários os não reivindicaram, nem exigiram judicialmente a restituição da sua posse, no prazo de 120 dias a contar da entrada em vigor da dita Lei n.° 68/78, ou que, tendo-o feito, viram soçobrar as respectivas acções, confere a esses proprietários o direito de serem indemnizados" "nos termos gerais de direito", salvo se a autogestão era justificada nos termos do artigo 2.° da mesma lei".

Depois da revisão constitucional de 1989, a distinção manteve-se não já para aquele efeito, mas apenas para possibilitar o arrendamento ou concessão de exploração forçados no caso de abandono injustificado, além da expropriação. Veremos adiante algumas perplexidades desta distinção tendo em conta a sua materialização de regime[1086]. Podemos, todavia, adiantar que, apesar de injusta, a distinção anterior à revisão constitucional de 1989 era, apesar de tudo mais compreensível.

Ao distinguir entre abandono e abandono injustificado, a CRP parece pretender distinguir entre situações em que a abstenção do uso e fruição de determinado meio de produção para esse fim tem ou não tem uma justificação económica objectiva. Neste último caso, a inexistência dessa justificação determina um juízo de censura sobre a conduta abstencionista do proprietário. As razões que podem justificar o abandono são muito diversas: podem dizer respeito a contextos de mercado (preços de venda, de matérias primas, etc.), ao proprietário (inépcia, falta de espírito de investimento, etc.) ou ao próprio bem (que pode ter esgotado a sua capacidade produtiva)[1087]. Tal não significa, contudo, que todas pesem do mesmo modo para a concretização legal dos conceitos de abandono e abandono injustificado.

Desta forma, a verificação de uma situação objectiva de abandono de meios de produção legitima uma intervenção expropriativa do Estado, com o fim de os devolver à sua função *natural* instrumental para a realização do regime económico, enfim, dos princípios fundamentais da organização económica e social, em especial, do desenvolvimento económico-social. Mas quando a situação objectiva de abandono não se sustente em razões económicas, de racionalidade económica, a CRP pretende ir além da reintegração do meio de produção no sistema produtivo.

[1086] Cfr. *infra*, I, § 2.°, 2.3.
[1087] Cfr. J. J. GOMES CANOTILHO/VITAL MOREIRA, *Constituição* ..., I, p. 1027; PEDRO SOARES MARTINEZ, *Comentários* ..., pp. 141-142.

Mas isto não basta ainda. Expusemos *supra*[1092] razões para a preferência constitucional por uma intervenção pública não ablativa do direito de propriedade, conduzindo a interpretar com cautela o princípio da propriedade pública *de* meios de produção (alínea *d)* do artigo 80.°). Note-se agora que não resulta do artigo 88.° uma obrigação pública de expropriação de quaisquer meios de produção em abandono, mas apenas uma mera faculdade. O que se compreende se considerarmos que a CRP não pode deixar de ter em conta que nem todos os meios de produção em abandono apresentam uma utilidade pública suficientemente justificante da expropriação, seja pela consideração objectiva do seu valor económico-social, seja porque, em qualquer caso, se trata de uma ablação do direito de propriedade que só é admissível quando não desproporcionada em face do valor económico-social dos bens em causa, objectivamente considerado, e tendo em conta as vantagens económico-sociais que com a expropriação se prevê atingir. E cabe ao legislador a tarefa de densificação normativa desse delicado equilíbrio, norteado pela não centralidade constitucional da propriedade pública dos meios de produção (e pela funcionalização da *liberdade* de iniciativa económica pública, distinta da liberdade – agora *proprio sensu* – de iniciativa económica privada).

O sentido da expropriação de meios de produção em abandono é, tenhamos sempre presente, assegurar a plenitude da utilização das forças produtivas. E surge, neste contexto, como um mecanismo correctivo da falência circunstancial da liberdade de iniciativa económica: posto que a propriedade pública é sempre funcional, a expropriação de meios de produção em abandono serve a iniciativa económica pública, também ela funcional. É esta perspectiva correctiva que melhor assegura a unidade e continuidade do papel do Estado face à iniciativa económica privada, e também cooperativa e social, na sequência do disposto, designadamente, nos artigos 85.° e 86.° da CRP, e que também está presente na norma contida no artigo 83.°. Tal não é irrelevante para justificação do regime jurídico constante do n.° 2 do artigo 88.° quando permite o arrendamento e concessão de exploração compulsivos.

No caso de abandono justificado, a CRP apenas autoriza a expropriação, nos termos do n.° 1 do artigo 88.°. Já no caso do abandono injustificado, além da expropriação, a CRP autoriza também o arrendamento e

---

[1092] Cfr. I, § 1.°, e aí remetemos para as anotações ao artigo 83.°.

concessão de exploração compulsivos. Para J. J. GOMES CANOTILHO e VITAL MOREIRA tal distinção de regimes fica a dever à clareza e à congruência, dado que o arrendamento e concessão de exploração compulsivos, "medidas menos radicais" (que a expropriação), "deveriam estar previstas justamente para os casos de abandono *não injustificado*"[1093]. Assumem os Autores, portanto, que a expropriação, porque ablativa do direito de propriedade, é mais grave para o proprietário do que o arrendamento ou concessão de exploração compulsivos, figuras que permitem ao proprietário manter o seu direito que, embora desprovido de todas as faculdades que se transferem com o arrendamento ou concessão de exploração, ainda assim é rentabilizável, dado que pelo arrendamento ou pela concessão o proprietário será compensado patrimonialmente através de uma renda ou prestação calculada em função do produto da utilização dos seus meios de produção.

Não é, porém, líquido que assim seja. A intervenção pública não ablativa do direito de propriedade assume-se, em regra, como menos penalizadora do proprietário – daí que tenhamos afirmado a preferência por medidas desta natureza, em face das ablativas – mas por vezes pode assim não ser. É lícito pressupor que o proprietário de meios de produção, antes de os deixar numa situação de abandono, os tentará rentabilizar patrimonialmente, no âmbito da sua liberdade de iniciativa económica, seja pela afectação a outros fins (mesmo não produtivos), seja deles dispondo, em última análise, pela respectiva alienação. A situação objectiva do abandono só se verificará quando ao *proprietário médio (de meios de produção)* outras alternativas patrimonialmente mais vantajosas se não ofereçam, do ponto de vista da racionalidade económica. E não é imperativo, como já frisámos, que tais alternativas passem necessariamente pela manutenção da finalidade produtiva dos bens que, até então, eram qualificáveis como meios de produção. Eis porque afirmámos *supra* que a expropriação surge aqui como mecanismo correctivo da liberdade de iniciativa económica: o Estado entra, através dela, na titularidade de um bem (meio de produção) que ao seu proprietário não foi possível rentabilizar economicamente, por forma mantê-lo afecto a uma finalidade económico-socialmente relevante, compensando o proprietário pelo *terminus* do seu direito. Por outras palavras, todos os interesses saem, em princípio, compostos: o

---

[1093] Cfr. *Constituição* ..., I, p. 1027-1028.

interesse público, dado que o meio de produção abandonado apresenta ainda relevo e potencialidade económico-social; e o interesse privado do proprietário, que, enfim, encontra no acto expropriativo (*rectius*, na correspondente indemnização) a compensação devida.

Pode assim entender-se que o carácter injustificado do abandono – para efeitos do n.º 2 do artigo 88.º – resulta da falta de diligência do proprietário que seria exigível ao *proprietário médio (de meios de produção)*, no sentido da melhor rentabilização económica desses bens prévia ao abandono. E pergunta-se então, porquê beneficiar tal proprietário menos diligente com uma intervenção não ablativa do direito de propriedade. Todavia, em rigor, não se trata de um benefício. O que a CRP presume é que o proprietário de meios de produção que os abandona injustificadamente pretende realmente abandoná-los, não sendo o abandono um resultado da ausência de opções de rentabilização (exigíveis ao *proprietário médio (...)*). E, nesse pressuposto, não quer beneficiá-lo através da expropriação, *rectius*, da indemnização correspondente: obriga-o a permanecer na titularidade dos bens ou meios de produção, mas agora onerados com um arrendamento ou concessão de exploração (por isso compulsivos). Muito embora o proprietário seja então periódica e progressivamente compensado, perde, na prática pelo menos, a faculdade de dispor dos seus bens que, onerados com tal arrendamento ou concessão de exploração, dificilmente ele conseguirá alienar. Mais, em consequência, perde ainda a liberdade de iniciativa e organização empresarial ou produtiva desses mesmos bens ou meios de produção[1094-1095].

Assim, nos casos de abandono injustificado, a opção que a CRP permite, entre a expropriação, o arrendamento ou a concessão de exploração compulsivos, mostra uma *ratio legis* essencialmente punitiva do proprie-

---

[1094] O sentido que buscamos para a norma e que aqui exploramos vislumbra-se, de certa forma, nos debates parlamentares da revisão constitucional de 1989, a propósito da alteração ao então artigo 87.º (e cuja transcrição pode encontrar-se hoje no *site* www.parlamento.pt).

[1095] Daí que Jorge Miranda e Rui Medeiros levantem também dúvida quanto ao carácter menos gravoso do arrendamento ou concessão de exploração compulsivos – pelo menos se ao proprietário não for dada a possibilidade de "exigir como alternativa a expropriação" (cfr. *Constituição* ..., II, p. 123-124). Sustentando a possibilidade de instituição de "medidas menos severas para prevenir o abandono ou puni-lo", e exemplificando com o "*agravamento fiscal* dos prédios abandonados", cfr. J. J. Gomes Canotilho/Vital Moreira, *Constituição* ..., I, p. 1028.

tário não diligente. Só assim não seria caso tal opção pudesse justificar-se pela melhor garantia do direito de propriedade ou da liberdade de iniciativa económica (o que, como vimos, em rigor não acontece), ou pela melhor salvaguarda dos princípios fundamentais da organização económico-social (entre os quais podemos considerar o da plenitude da utilização das forças produtivas como decorrência do princípio do desenvolvimento económico-social). Mas também neste último caso não se vê como assim possa ser.

Parece, pois, que o n.º 2 do artigo 88.º encerra um regime jurídico (no mínimo) pouco compatível com a actual Constituição material, dado o seu carácter essencialmente punitivo (que se mantém desde o texto constitucional originário, apesar da alteração sofrida em 1989: de certa forma, mantém-se um regime idêntico ao de então, embora com nova roupagem e consequências[1096]). Aliás, de acordo com PAULO OTERO, desta possibilidade de arrendamento ou de concessão de exploração compulsivos em caso de abandono injustificado "não se pode extrair que a lei tenha a liberdade de atribuir à Administração a faculdade de se substituir ao consentimento do proprietário de tais bens. Pelo contrário, a solução que nos parece correcta, segundo a Constituição, será que o legislador deverá consagrar um meio judicial de obter o suprimento do consentimento do particular titular" dos meios de produção em causa[1097].

[1096] MARCELO REBELO DE SOUSA e JOSÉ DE MELO ALEXANDRINO, tratando o regime constante do n.º 1 do artigo 88.º como de responsabilidade civil por acto lícito, idêntico ao do artigo 83.º, consideram que "não cabe nos valores constitucionais vigentes a expropriação sem indemnização, mesmo no caso de meios de produção em abandono", já no domínio da redacção actual do preceito (cfr. *Constituição* ..., p. 201). Cabe, assim, perguntar se tal afirmação não tem hoje ainda pleno cabimento quando se analisa o regime constante do n.º 2. Sustentando a necessária especialidade dos critérios indemnizatórios para as situações previstas no artigo 88.º da CRP, que não devem ser confundidos "com o regime geral do Código das Expropriações", cfr. MARIA LÚCIA C. A. AMARAL PINTO CORREIA, *Responsabilidade* ..., pp. 584-585. Sobre este aspecto, cfr. Ac. TC n.º 39/88 (cit.); Ac. TC n.º 148/2004, de 10 de Março de 2004, *DR*, II Série, n.º 125, de 28 de Maio de 2004; Ac. TC n.º 337/2006 (cit.). Em comentário ao referido Ac. TC n.º 39/88 (cit.), cfr. DIOGO FREITAS DO AMARAL, *As Nacionalizações em Portugal* ..., pp. 549 ss.

[1097] Cfr. *O Poder* ..., I, p. 75 (em nota).

§ 3.º. O abandono de meios de produção e a consideração da situação dos trabalhadores emigrantes

A consideração por parte da CRP, no n.º 1 do artigo 88.º, da situação específica dos trabalhadores *emigrantes* constitui uma concretização do disposto no artigo 14.º, nos termos do qual "os cidadãos portugueses que se encontrem ou residam no estrangeiro gozam da protecção do Estado para o exercício dos direitos e estão sujeitos aos deveres que não sejam incompatíveis com a ausência do país"[1098].

No caso vertente, os direitos protegidos são o direito de propriedade e a liberdade (negativa) de iniciativa económica[1099]. E, bem se vê, a CRP considera que o *dever* que para os proprietários de meios de produção resulta do disposto no artigo 88.º pode não ter a mesma intensidade tratando-se de emigrantes.

Quanto a este último ponto, duas notas. Em primeiro lugar, note-se que não falamos de *dever de exploração*[1100] dado que, como realçámos *supra*[1101], o que está em causa é a ausência de qualquer utilização dos bens de produção, dado que o proprietário não é obrigado a dar-lhes um destino necessariamente produtivo. Em segundo lugar, aqui especificamente mais importante, não está em causa a ausência de qualquer dever do emigrante proprietário de meios de produção quanto à sua utilização. Com efeito, como salientam JORGE MIRANDA e RUI MEDEIROS a propósito do artigo 14.º da CRP, tanto o exercício de direitos por parte dos emigrantes como a sujeição aos deveres nas mesmas condições dos portugueses em território nacional tem por limite um juízo de *incompatibilidade* que, segundo os Autores "significa impossibilidade ou grave dificuldade e a ausência tem de ser entendida não apenas no sentido físico mas ainda no sentido jurídico-político de não presença de autoridades portuguesas executivas"[1102].

[1098] Cfr. a anotação ao artigo 14.º. Igualmente, cfr. JORGE MIRANDA/RUI MEDEIROS, *Constituição* ..., I, 128 ss.; J. J. GOMES CANOTILHO/VITAL MOREIRA, *Constituição* ..., I, pp. 351 ss.

[1099] Mais uma razão, pois, para a interpretação cautelosa que sugerimos já quanto à posição de J. J. GOMES CANOTILHO e VITAL MOREIRA a propósito da não protecção da "*liberdade de não iniciativa*" (económica)(cfr. *supra*, I, § 2.º, 2.2.).

[1100] Como o fazem J. J. GOMES CANOTILHO e VITAL MOREIRA (cfr. *supra*, I, § 1.º).

[1101] Cfr. I, § 1.º e 2.º.

[1102] Cfr. *Constituição* ..., I, p. 129.

Para o que ora nos interessa, atente-se em que o n.º 1 do artigo 88.º da CRP não eliminou, pura e simplesmente, os emigrantes do seu âmbito subjectivo de aplicação, o que, aliás, poderia ser gravemente violador do princípio da igualdade por levar longe demais e já sem justificação aquela discriminação positiva. A CRP toma assim em conta que, em geral, é *específica* a situação dos emigrantes (sendo necessária aqui uma interpretação lata e actualizada da expressão *trabalhadores*), mas também pode assim não ser. Um exemplo: não faz, em princípio, qualquer sentido que a lei permita a um emigrante que invoque tal estatuto formal para se furtar ao seu âmbito de aplicação subjectiva (e do artigo 88.º) quando o mesmo emigrante possui em Portugal outros meios de produção em utilização. Nem sempre assim será, mas em regra poderá ser, pelo que neste ponto a lei deve fixar os critérios e apreciação da real situação do emigrante. O que dizemos é, de certa forma indiciado pela ausência de qualquer referência aos emigrantes no n.º 2 da norma em causa: isto é, para eles o abandono deve, em regra, ser avaliado através de critérios parcialmente distintos, que levem em conta aquela *impossibilidade*; mas pode ainda verificar-se abandono, nos termos do n.º 1, de acordo com essa diferença de critérios; e pode o mesmo ser injustificado, nos termos do n.º 2, à luz de critérios que podem já partir distintos do n.º 1.

Este segmento do preceito deve ser interpretado com cautela. Fruto dos meios tecnológicos hoje ao dispor dos cidadãos – e da sua condição económica – pode hoje ser mais *incompatível* ou onerosa a utilização de meios de produção em Portugal quando o seu proprietário resida numa zona periférica do país, do que residindo ele no estrangeiro. A lei deve, pois, seguir critérios reais e actuais, sob pena de acentuar a desigualdade que a CRP pretendeu preservar[1103].

[1103] Assim, não sendo inequívoco, pelo contexto, se se trata ou não de "gralha", têm razão ANTÓNIO L. SOUSA FRANCO e GUILHERME D'OLIVEIRA MARTINS quando afirmam que a "lei há-de ter em conta a situação dos trabalhadores *migrantes*" (cfr. *A Constituição ...*, p. 184, it. nosso). Cfr. igualmente ANTÓNIO L. SOUSA FRANCO, *Noções ...*, p. 220. Sobre este dever de ponderação em geral, cfr. JORGE MIRANDA/RUI MEDEIROS, *Constituição ...*, II, pp. 122-123.

§ 4.º. Reserva de lei e competência legislativa

4.1. *A competência do Parlamento*

A *lei* referida nos n.ºs 1 e 2 do artigo 88.º é lei formal da AR: as matérias aqui em causa integram-se na alínea *l)* do n.º 1 do artigo 168.º da CRP, uma vez que estão em causa meios e formas de intervenção e expropriação (ou nacionalização) de meios de produção por motivos de interesse público, e ainda os critérios das correspondentes indemnizações[1104]. Vale, portanto, *mutatis mutandis*, o que deixámos dito a propósito do artigo 83.º[1105].

4.2. *A competência do Governo*

Também no que toca à competência do Governo vale, *mutatis mutandis*, o que deixámos dito a propósito do artigo 83.º[1106].

4.3. *A competência das Assembleias Legislativas das regiões autónomas*

Igualmente, vale aqui, *mutatis mutandis*, o que dissemos a propósito do artigo 83.º[1107].

II. DIREITO INTERNACIONAL E EUROPEU

§ 5.º. Direito Internacional

No domínio do Direito Internacional, vejam-se os comentários ao artigo 83.º[1108].

[1104] Hoje sem necessidade de qualquer analogia (cfr. ANTÓNIO L. SOUSA FRANCO/ /GUILHERME D'OLIVEIRA MARTINS, *A Constituição* ..., p. 184). Noutro sentido, cfr. J. J. GOMES CANOTILHO/VITAL MOREIRA, *Constituição* ..., I, p. 1028.

[1105] Cfr. a respectiva anotação, I, § 4.º, 4.1.

[1106] Cfr. a respectiva anotação, I, § 4.º, 4.2.

[1107] Cfr. a respectiva anotação, I, § 4.º, 4.3.

[1108] Cfr. a respectiva anotação, II, § 5.º. A propósito da situação dos emigrantes, cfr. na parte relevante, o comentário ao artigo 14.º.

§ 6.º. **Direito Europeu**

Também no que respeita ao Direito Europeu, vejam-se os comentários ao artigo 83.º[1109].

III. MEMÓRIA CONSTITUCIONAL

§ 7.º. **As constituições portuguesas anteriores à Constituição de 1976**

Uma vez que nos encontramos, em termos latos, perante a intervenção pública sobre meios de produção, têm aqui cabimento as considerações expendidas a propósito do artigo 83.º da CRP[1110]. Debalde se procurará nos textos constitucionais do liberalismo norma semelhante à que hoje consta do artigo 88.º da CRP. É certo, como então se viu[1111], que, tanto os textos constitucionais do período monárquico – 1822, 1826 e 1838 –, como a Constituição de 1911 legitimavam, *grosso modu*, a ablação do direito de propriedade através de expropriação por interesse público. Contudo, tal interesse público não se fundava sequer na necessidade de uma ordenação económico-social reclamante da intervenção pública sobre os meios de produção, e, mais concretamente, menos ainda no aspecto específico da utilização das forças produtivas.

Mesmo a Constituição de 1933 não incluía norma idêntica à do artigo 88.º da CRP, muito embora aí fosse possível colher fundamento constitucional para uma intervenção pública bem mais próximo do actual. Saliente-se, neste particular, o disposto nos artigos 29.º, 31.º, 33.º e 35.º. Porém, quando não se tratasse de uma intervenção directa "na gerência das actividades económicas particulares" (artigo 33.º), as tarefas do Estado de concretização do princípio constante do artigo 29.º (a organização económica da Nação funcionalizada para a realização do "máximo de produção e riqueza socialmente útil") passariam, no essencial, pela coordenação e regulação (artigos 31.º e 35.º). Daí que pudesse extrair-se da Constituição

---

[1109] Cfr. a respectiva anotação, II, § 6.º. A propósito da situação dos emigrantes, cfr. na parte relevante, o comentário ao artigo 14.º.

[1110] Cfr. anotação respectiva, III, § 7.º.

[1111] Cfr. anotação ao artigo 83.º, III, § 7.º.

de 1933 o fundamento para uma intervenção pontual do tipo hoje sugerido pelo artigo 88.º, embora com muito mais dificuldade uma intervenção desse tipo de carácter sistemático, como pretendeu o legislador constituinte da Constituição de 1976[1112].

§ 8.º. Conteúdo originário da redacção do preceito na Constituição de 1976 e sucessivas versões decorrentes das revisões constitucionais

Na **redacção originária da Constituição de 1976**, a matéria relativa aos meios de produção em abandono constava do artigo 87.º, nos seguintes termos:

"ARTIGO 87.º
(Meios de produção em abandono)
1. Os meios de produção em abandono podem ser expropriados em condições a fixar pela lei, que terá em devida conta a situação específica da propriedade dos trabalhadores emigrantes.
2. No caso de abandono injustificado, a expropriação não confere direito a indemnização."

Na **revisão constitucional de 1982** o preceito não sofreu alteração alguma.

Já na **revisão constitucional de 1989**, o artigo 58.º da Lei Constitucional n.º 1/89, de 8 de Julho, renumerou o preceito – que passou a ser o artigo 89.º –, e deu nova redacção ao n.º 2:

"ARTIGO 89.º
(Meios de produção em abandono)
1. ....
2. Os meios de produção em abandono injustificado podem ainda ser objecto de arrendamento ou de concessão de exploração compulsivos, em condições a fixar por lei."

A **revisão constitucional de 1992** não trouxe também qualquer alteração.

[1112] Cfr. ainda a anotação ao artigo 86.º, III, § 8.º.

E na **revisão constitucional de 1997**, o artigo 57.º da Lei Constitucional n.º 1/97, de 20 de Setembro, limitou-se também à respectiva renumeração, passando o preceito a ocupar o seu lugar actual – no artigo 88.º.
O preceito não sofreu qualquer outra alteração desde então.

§ 9.º. **Apreciação do sentido das alterações do preceito**

Como se viu, a única alteração substancial que o preceito sofreu teve lugar aquando da revisão constitucional de 1989, tendo sido então alterado o n.º 2 da redacção originária, pondo-se termo à inexistência de indemnização em caso de abandono injustificado[1113]. Naturalmente, tal alteração integra-se, também ela, no processo de desideologização da Constituição, constituindo um (novo) reforço do sector privado[1114], mas, sobretudo, do direito de propriedade e da liberdade de iniciativa económica, acompanhando a Constituição económica, mais uma vez, o processo de reforço constitucional dos direitos fundamentais[1115].

IV. PAÍSES DE EXPRESSÃO PORTUGUESA

§ 10.º. **Brasil**

A CRFB trata a questão do *abandono* a propósito da reforma agrária, não em geral:

"Artigo 184.º
Compete à União desapropriar por interesse social, para fins de reforma agrária, o imóvel rural que não esteja cumprindo sua função social, mediante prévia e justa indenização em títulos da dívida agrária, com cláusula de preservação do valor real, resgatáveis no prazo de até vinte anos,

---

[1113] Segundo ANTÓNIO MENEZES CORDEIRO tratava-se de uma excepção *obrigatória* ao princípio da justa indemnização (cfr. *A Constituição* ..., p. 421).
[1114] Neste sentido, cfr. ANTÓNIO L. SOUSA FRANCO/GUILHERME D'OLIVEIRA MARTINS, *A Constituição* ..., pp. 258-259, em nota.
[1115] Cfr. *supra*, I, § 1.º e § 2.º.

a partir do segundo ano de sua emissão, e cuja utilização será definida em lei.

§ 1.º As benfeitorias úteis e necessárias serão indenizadas em dinheiro.

§ 2.º O decreto que declarar o imóvel como de interesse social, para fins de reforma agrária, autoriza a União a propor a ação de desapropriação.

§ 3.º Cabe à lei complementar estabelecer procedimento contraditório especial, de rito sumário, para o processo judicial de desapropriação.

§ 4.º O orçamento fixará anualmente o volume total de títulos da dívida agrária, assim como o montante de recursos para atender ao programa de reforma agrária no exercício.

§ 5.º São isentas de impostos federais, estaduais e municipais as operações de transferência de imóveis desapropriados para fins de reforma agrária.

Artigo 185.º
São insuscetíveis de desapropriação para fins de reforma agrária:
I – a pequena e média propriedade rural, assim definida em lei, desde que seu proprietário não possua outra;
II – a propriedade produtiva.
Parágrafo único. A lei garantirá tratamento especial à propriedade produtiva e fixará normas para o cumprimento dos requisitos relativos a sua função social.

Artigo 186.º
A função social é cumprida quando a propriedade rural atende, simultaneamente, segundo critérios e graus de exigência estabelecidos em lei, aos seguintes requisitos:
I – aproveitamento racional e adequado;
II – utilização adequada dos recursos naturais disponíveis e preservação do meio ambiente;
III – observância das disposições que regulam as relações de trabalho;
IV – exploração que favoreça o bem-estar dos proprietários e dos trabalhadores."

§ 11.º. **Angola**

A LCRA não contém preceito idêntico ao do artigo 88.º da CRP.

§ 12.º. **Moçambique**

A CRM não contém preceito idêntico ao do artigo 88.º da CRP.

§ 13.º. **Cabo Verde**

A CRCV não contém preceito idêntico ao do artigo 88.º da CRP.

§ 14.º. **Guiné-Bissau**

A CRGB não contém preceito idêntico ao do artigo 88.º da CRP.

§ 15.º. **São Tomé e Príncipe**

A CRDSTP não contém preceito idêntico ao do artigo 88.º da CRP.

§ 16.º. **Timor-Leste**

A CRDTL não contém preceito idêntico ao do artigo 88.º da CRP.

Artigo 89.º
(Participação dos trabalhadores na gestão)

Nas unidades de produção do sector público é assegurada uma participação efectiva dos trabalhadores na respectiva gestão.

Quadro tópico:

I. A PARTICIPAÇÃO DOS TRABALHADORES NA GESTÃO DE UNIDADES DE PRODUÇÃO DO SECTOR PÚBLICO
§ 1.º. UMA MANIFESTAÇÃO DO VALOR DA DEMOCRACIA PARTICIPATIVA;
§ 2.º. A *RATIO* CONSTITUCIONAL À LUZ DOS PRINCÍPIOS FUNDAMENTAIS DA ORGANIZAÇÃO ECONÓMICO-SOCIAL;
§ 3.º. MODELOS POSSÍVEIS DE PARTICIPAÇÃO DOS TRABALHADORES NA GESTÃO;
§ 4.º. DESTINATÁRIOS E DIMENSÃO VINCULANTE DA IMPOSIÇÃO CONSTITUCIONAL DE *EFECTIVIDADE* DA PARTICIPAÇÃO DOS TRABALHADORES NA GESTÃO;
§ 5.º. A POSITIVAÇÃO INFRA-CONSTITUCIONAL – NOTA BREVE;
§ 6.º. A CIRCUNSCRIÇÃO ÀS *UNIDADES DE PRODUÇÃO DO SECTOR PÚBLICO*;
6.1. A exclusão dos restantes sectores de produção;
6.2. A exclusão do sector público administrativo.

II. DIREITO INTERNACIONAL E EUROPEU
§ 7.º. DIREITO INTERNACIONAL;
§ 8.º. DIREITO EUROPEU.

III. MEMÓRIA CONSTITUCIONAL
§ 9.º. AS CONSTITUIÇÕES PORTUGUESAS ANTERIORES À CONSTITUIÇÃO DE 1976;
§ 10.º. CONTEÚDO ORIGINÁRIO DA REDACÇÃO DO PRECEITO NA CONSTITUIÇÃO DE 1976 E SUCESSIVAS VERSÕES DECORRENTES DAS REVISÕES CONSTITUCIONAIS;
§ 11.º. APRECIAÇÃO DO SENTIDO DAS ALTERAÇÕES DO PRECEITO.

IV. PAÍSES DE EXPRESSÃO PORTUGUESA
§ 12.º. BRASIL;

§ 13.º. ANGOLA;
§ 14.º. MOÇAMBIQUE;
§ 15.º. CABO VERDE;
§ 16.º. GUINÉ-BISSAU;
§ 17.º. SÃO TOMÉ E PRÍNCIPE;
§ 18.º. TIMOR-LESTE.

I. A PARTICIPAÇÃO DOS TRABALHADORES NA GESTÃO DE UNIDADES DE PRODUÇÃO DO SECTOR PÚBLICO

§ 1.º. **Uma manifestação do valor da democracia participativa**

A CRP não resume a democracia participativa à participação política dos cidadãos, conforme resulta, desde logo, da alínea *c)* do artigo 9.º, que consagra como tarefa fundamental do Estado "defender a democracia política" e, em termos genéricos, "assegurar e incentivar a participação democrática dos cidadãos na resolução dos problemas nacionais" que, naturalmente, não se confinam a problemas de natureza estritamente política. Aliás, a autonomização da democracia participativa que surge no artigo 2.º da CRP, na sequência da realização da democracia económica, social e cultural, como dimensões fundamentais do Estado de direito democrático, logo deixa entrever que o fenómeno político não é o único que reclama a participação dos cidadãos ou, talvez melhor, das *pessoas*. Parece até poder afirmar-se que a CRP não quis adoptar uma concepção abrangente de *política* e por consequência de *participação política*, como forma de dar substância e lugar autónomos a todas as formas de participação que podem ter lugar no âmbito do Estado de Direito democrático, evitando fórmulas totalizantes da democracia.

A esta luz, a participação dos trabalhadores na gestão de unidades produtivas constitui uma manifestação do próprio Estado de Direito democrático[1116]. Não apenas porque, conceitualmente ou em abstracto, consista em *participação*, mas porque a mesma tem lugar no âmbito da *empresa*, figura a todos os títulos essencial do modelo constitucional jus-econó-

---

[1116] Cfr. Ac. TC n.º 117/86 (cit).

mico[1117]. A institucionalização da organização económica (e social) através da empresa, seja ela pública, privada ou de outra natureza, embora essencial, não deve constituir uma forma de apagamento da *pessoa*, da mesma forma que a institucionalização do Estado o não pode importar. Por outras palavras, enquanto a dignidade da pessoa humana constitui valor absolutamente essencial e pré-constitucional, que não pode admitir o apagamento da *pessoa* pelo *cidadão*, também a organização económica através da *empresa* não pode deixar a *pessoa limitada ao cidadão*, titular de direito de participação estritamente política. Como realidade institucional fundamental de uma das vertentes da organização social em sentido lato – a organização económica – a empresa deve ser aberta à realização pessoal dos indivíduos que a compõem. Se tal asserção comporta múltiplas dimensões, garantias, vinculações, a participação na respectiva gestão é uma delas, embora nem sempre idêntica, dado que a gestão há-de corresponder aqui, em termos gerais, ao poder de decisão para a determinação do rumo da empresa e, indirecta e parcialmente, do rumo dos que a compõem. Em última análise, estamos perante um problema de autodeterminação, que haverá de conformar-se com outros valores e princípios constitucionais, designadamente, iniciativa económica e propriedade privadas. É que, sob pena de inversão do sentido da garantia que é a participação, esta não pode também ter por consequência a frustração do regime da titularidade dos bens de produção e de outros direitos fundamentais – o que poderia acontecer, por exemplo, ainda que indirectamente, por hiperbolização da participação dos trabalhadores na gestão de toda e qualquer empresa[1118]. Poderia tornar-se, então, àquela concepção abrangente de *política* de que a CRP parece ter pretendido afastar-se, como bem sugerem, aliás, as sucessivas alterações ao preceito em análise[1119].

§ 2.º. A *ratio* constitucional à luz dos princípios fundamentais da organização económico-social

A participação dos trabalhadores na gestão de unidades de produção do sector público, constituindo uma manifestação do valor da democracia

---

[1117] Acentuando esta essencialidade na relação com o *trabalho*, cfr. ANTÓNIO L. SOUSA FRANCO/GUILHERME D'OLIVEIRA MARTINS, *A Constituição* ..., pp. 300 ss.
[1118] Cfr. *infra*, § 6.º.
[1119] Cfr. *infra*, § 10.º e § 11.º.

participativa, como vimos de ver, não deixa de constituir também e mais imediatamente uma concretização de princípios fundamentais da organização económico-social.

Com efeito, o agora disposto no artigo 89.º constitui uma concretização do princípio constante da alínea g) do artigo 80.º (participação das organizações representativas dos trabalhadores e das organizações representativas das actividades económicas na definição das principais medidas económicas e sociais).

A localização sistemática do preceito, porém, não pode induzir em erro. Substancialmente integrável no valor (e princípio) da democracia participativa, e concretização a jusante do princípio de organização económico--social ínsito na alínea g) do artigo 80.º, a participação garantida pelo artigo 89.º constitui um verdadeiro direito fundamental, e não de outro tipo. Mais: não se trata simplesmente de um direito estruturalmente integrável nos direitos económicos, sociais e culturais, mas antes nos direitos, liberdades de garantias dos trabalhadores. Recorde-se o disposto na alínea f) do n.º 5 do artigo 54.º, que atribui às comissões de trabalhadores o direito de promover a eleição de representantes dos trabalhadores para os órgãos sociais de empresas pertencentes ao Estado ou a outras entidades públicas, nos termos da lei. É complexa a interligação entre ambas as categorias de direitos fundamentais a este nível. Seguro é que não estamos já em presença de um mero princípio organizativo. Como afirma JORGE MIRANDA, "Para a Constituição não importa qualquer efectivação dos direitos económicos, sociais e culturais. Importa, por coerência com os princípios fundamentais da liberdade, do pluralismo e da participação [arts. 2.º e 9.º, alíneas b) e c), entre tantos], uma efectivação não autoritária e não estatizante, aberta à promoção pelos próprios interessados e às iniciativas vindas da sociedade civil"[1120].

Este afastamento em relação aos direitos económicos, sociais e culturais aparta o disposto no artigo 89.º do regime específico destes – designadamente das construções dogmáticas em torno do "ajustamento do socialmente desejável ao economicamente possível", da "subordinação da efectividade concreta a uma reserva do possível"[1121] – para o aproximar do regime dos direitos liberdades e garantias[1122].

[1120] Cfr. *Manual* ..., IV, p. 389; *Regime específico dos direitos económicos* ..., p. 350.

[1121] Sobre estas e outras construções, cfr. JORGE MIRANDA, *Manual* ..., IV, pp. 392 ss.; *Regime específico dos direitos económicos* ..., pp. 352 ss.; J. J. GOMES CANOTILHO, *Constituição Dirigente* ..., pp. 363 ss.

§ 3.º. Modelos possíveis de participação dos trabalhadores na gestão

O texto do artigo 89.º não exige, expressamente, que a participação dos trabalhadores na gestão das empresas do sector público se efectue através da titularidade de mandato nos respectivos órgãos de gestão ou administração. Porém, extraindo-se deste comando constitucional que se trata de uma *participação* e que a mesma deve ser *efectiva*, há que ver quais as respectivas exigências e consequências.

Por outro lado, é imperativo tomar em conta que o preceito em causa não é o único com relevo constitucional para deslindar tal problema, sendo de considerar neste âmbito, designadamente, o próprio princípio democrático.

A *participação* na gestão implica, necessariamente, a intervenção dos trabalhadores nos processos de tomada de decisão respectivos, para cujos actos é competente o órgão de gestão ou administração. E, devendo essa participação ser *efectiva*, tal implica que a mesma deve caracterizar-se pela possibilidade jurídica de determinar o sentido das decisões do órgão de gestão ou administração. Assim, não se trata pura e simplesmente de auscultar os trabalhadores no âmbito do processo decisório – caso em que ficaria na disponibilidade do órgão de gestão ou administração acatar o que fosse por estes sugerido – mas antes de garantir que os mesmos possam determinar – não de forma unilateral, evidentemente – esse mesmo processo decisório. Não se vê, em princípio, outro sentido juridicamente relevante para a qualificação da participação como efectiva.

Ora, tal não parece compadecer-se com uma mera representação dos trabalhadores no órgão de gestão ou administração sem direito a voto; como não parece também cumprir-se pela detenção por parte dos trabalhadores de uma situação jurídica activa similar exercida fora daquele órgão (seria o caso, *v.g.*, quando os projectos decisórios do órgão de gestão ou administração fossem submetidos a voto dos trabalhadores com a mesma relevância ou força jurídica como se o mesmo tivesse lugar no âmbito daquele órgão).

[1122] Afirma MÁRIO RAPOSO que se trata de um preceito constitucional "de aplicação directa, por traduzir um direito fundamental dos trabalhadores" (cfr. *Sobre a intervenção dos trabalhadores nos órgãos sociais de sociedades de capitais maioritariamente públicos*, in RMP, Ano 13.º, n.º 49, Jan./Mar. 1992, p. 97).

No primeiro caso, a participação não seria efectiva, no sentido apontado, dado que *representação* não significaria então titularidade (e inerente direito a voto)[1123].

No segundo caso, ainda que pudesse encontrar-se uma efectividade similar àquela que se conseguiria no âmbito do órgão de gestão ou administração, era a participação propriamente dita que sofreria penalização. Com efeito, tal participação não estaria integrada na colegialidade do órgão de gestão ou administração, o que afastaria os trabalhadores do processo prévio à tomada (do projecto) de decisão, com o debate que lhe é inerente. Se tal poderia cumprir formalmente o exigido pelo artigo 89.º, consistiria numa sua leitura desligada da restante normação constitucional, sobretudo quando considerado o princípio democrático em que radica a garantia de participação em análise e respectivo relevo no âmbito dos princípios enformadores da organização económico-social[1124].

> Contra uma leitura formalista do artigo 89.º da CRP (ao tempo, o n.º 2 do artigo 90.º – cfr. *infra*, III, § 10.º) se pronunciaram os Juízes Conselheiros VITAL MOREIRA e MAGALHÃES GODINHO nas suas declarações de voto no Ac. TC n.º 117/86 (cit). Ambos pugnando pela inconstitucionalidade material das normas aí em análise, aquele último afirmava-o "na medida em que obrigam para a eleição do representante dos trabalhadores para o conselho de administração das empresas públicas ao voto favorável de mais de metade dos trabalhadores da empresa, ou seja da maioria dos trabalhadores representados. [§] Ora, tal exigência, que nenhuma norma constitucional autoriza, é desproporcionada e manifestamente susceptível de impedir a concretização do direito que se pretendeu conferir a um lugar no conselho de administração, por isso mesmo que, dadas as frequências normais aos actos eleitorais dos plenários de trabalhadores, como a experiência indica, só muito dificilmente se tornaria viável, sobretudo sempre que haja mais de uma lista, como é natural que suceda, a obtenção de uma tal maioria".

No mesmo sentido interpretativo aponta a relação normativa com o disposto na alínea *f)* do n.º 5 do artigo 54.º, onde a CRP atribui às comissões de trabalhadores o direito de promover a eleição de representantes

---

[1123] No mesmo sentido, cfr. ALEXANDRE SOUSA PINHEIRO/MÁRIO JOÃO BRITO FERNANDES, *Comentário* ..., p. 235.

[1124] Cfr. *supra*, I, § 1.º e § 2.º.

dos trabalhadores para os órgãos sociais das empresas pertencentes ao Estado ou a outras entidades públicas, nos termos da lei. Embora aqui não surja especificado o órgão de gestão ou administração – posto que também para os restantes órgãos podem ser designados representantes – a conjugação deste preceito com o disposto no artigo 89.º reforça o que se afirmou *supra*[1125].

Não basta, pois, para assegurar o direito fundamental consagrado no artigo 89.º uma qualquer forma de participação dos trabalhadores na empresa, nem em qualquer órgão da mesma: tal participação, para ser efectiva – e o ser efectivamente –, há-de ter lugar pela titularidade de mandato de representantes dos trabalhadores no órgão de gestão ou administração, não bastando, por exemplo, a sua presença no órgão de fiscalização[1126].

§ 4.º. Destinatários e dimensão vinculante da imposição constitucional de *efectividade* da participação dos trabalhadores na gestão

O destinatário primeiro do direito consagrado no artigo 89.º é, naturalmente, o legislador. A este compete verter e regular em lei o direito de participação em causa. Independentemente dos moldes concretos em que tal consagração infra-constitucional haja de ser feita, ela deve sê-lo para todas as empresas do sector público, seja estadual, regional ou autárquico. Neste âmbito, tomando em conta a definição constitucional do sec-

---

[1125] Não deve causar atrapalho interpretativo o facto de a alínea *f)* do n.º 5 do artigo 54.º se referir às comissões de trabalhadores, e o artigo 89.º directamente aos trabalhadores. Acompanhamos J. J. GOMES CANOTILHO e VITAL MOREIRA quando consideram que, não existindo comissão de trabalhadores, esta iniciativa poderá "partir de qualquer grupo de trabalhadores interessado" (cfr. *Constituição* ..., I, p. 1030). Sobre questão idêntica no domínio da vigência da Lei n.º 46/79, de 12 de Dezembro, cfr. ainda MÁRIO RAPOSO, *Sobre a intervenção* ..., pp. 98-99. E ainda JORGE MIRANDA/RUI MEDEIROS, *Constituição* ..., II, pp. 126-127.

[1126] No mesmo sentido, e considerando ainda que a CRP não autoriza a exclusão desta participação em "certas áreas do sector público", nem tão-pouco a respectiva limitação "a certos domínios", cfr. J. J. GOMES CANOTILHO/VITAL MOREIRA, *Constituição* ..., I, pp. 1029-1030. Diferentemente, quanto a este último aspecto, cfr. JORGE MIRANDA/RUI MEDEIROS, *Constituição* ..., II, p. 129. Acentuando a importância da presença dos trabalhadores no órgão de gestão para este efeito, cfr. Ac. TC n.º 117/86 (cit.).

tor público, bem como a noção de empresa pública com a qual a CRP deve operar[1127], estarão hoje definitivamente afastadas dúvidas quanto à aplicabilidade do preceito às sociedades de capitais públicos ou mistos[1128].

O legislador está, pois, vinculado ao estabelecimento das formas e mecanismos adequados a dar implementação ao disposto no artigo 89.° da CRP, em dois momentos, a saber: (i) quando estabeleça normas gerais respeitantes ao estatuto das empresas do sector público ou à posição dos trabalhadores no seu âmbito (como seria o caso das bases gerais do estatuto das empresas públicas); (ii) e quando aprove estatutos de empresas públicas através de acto de natureza legislativa (decreto-lei ou decreto legislativo regional)[1129].

Mais duvidoso é saber se as entidades a que o artigo 89.° respeita estão directamente vinculadas à CRP na ausência daquelas normas legislativas ou em face da sua inconstitucionalidade. No primeiro caso, inexistindo norma legal geral ou estatutária, as empresas, como entidades integradas na Administração (independentemente da sua forma)[1130], estão vinculadas ao cumprimento das disposições constitucionais dotadas de aplicabilidade directa, pelo que se encontram obrigadas à respectiva adopção, tenha o seu estatuto particular forma de acto legislativo ou outra. No segundo caso, o problema é o da vinculação da Administração aos direitos fundamentais em face de normas infra-constitucionais deles violadoras, para o que se remete[1131].

[1127] Cfr. anotação ao artigo 82.°, I, § 2.°.

[1128] Embora a doutrina há muito se viesse batendo por tal abrangência deste comando constitucional. Neste sentido, cfr. J. J. GOMES CANOTILHO/VITAL MOREIRA, Constituição ..., 3.ª Ed., p. 426; JORGE MANUEL COUTINHO DE ABREU, Da Empresarialidade ..., pp. 159-161; MÁRIO RAPOSO, Sobre a intervenção ..., pp. 95 ss. Sobre este problema ainda, cfr. infra, I, § 5.°.

[1129] No sentido de "poder concluir-se que toda a normação cujo objecto consista na representação ou na participação dos trabalhadores nos órgãos de gestão da empresa se enquadra na categoria de legislação do trabalho", para efeitos do disposto na alínea d) do n.° 5 do artigo 55.° e da alínea a) do n.° 2 do artigo 56.° da CRP, cfr. Ac. TC n.° 218/89 (cit.). Em sentido contrário, cfr. declarações de voto, nesse mesmo Ac., dos Senhores Juízes Conselheiros MAGALHÃES GODINHO, LUÍS NUNES DE ALMEIDA e MESSIAS BENTO.

[1130] Cfr. anotação ao artigo 82.°, I, § 2.°, 2.2.2.

[1131] Sobre esta problemática, cfr., em particular, PAULO OTERO, Legalidade ..., pp. 667 ss. e 740-741, e bibliografia aí referenciada; ANDRÉ SALGADO DE MATOS, A Fiscalização Administrativa da Constitucionalidade, Coimbra, 2004, pp. 163 ss. Pronunciando-se pela necessidade de "mediação legislativa" para a exequibilidade da alínea f) do n.° 5 do artigo 54.° e artigo 89.° da CRP, e no sentido da inconstitucionalidade por omissão dos decretos-leis que aprovam os estatutos dos chamados "hospitais S.A." sem consagrarem o

§ 5.º. A positivação infra-constitucional – nota breve

No quadro actual, merece referência breve a positivação infra-constitucional do direito consagrado no artigo 89.º da CRP.

As anteriores bases gerais do estatuto das empresas públicas, aprovadas pelo Decreto-Lei n.º 260/76, de 8 de Abril, na redacção do Decreto-Lei n.º 29/84, de 20 de Janeiro, consagravam expressamente a participação dos trabalhadores na respectiva gestão, através da sua representação no conselho de administração[1132].

Já a subsequente e bem mais recente Lei n.º 58/98, de 18 de Agosto (Lei das empresas municipais, intermunicipais e regionais, hoje revogada pela Lei n.º 53-F/2006, 29 de Dezembro – cfr. *infra*), se limitava a dispor que a forma de participação efectiva dos trabalhadores na gestão das empresas deverá ser especificada nos respectivos estatutos, "nos termos da lei"[1133]. Porém, não se encontrava a jusante qualquer outra norma a tal respeitante; pelo contrário: nas disposições atinentes aos conselhos de administração, não só não existia qualquer referência à participação dos trabalhadores, como se deparava ainda com preceitos dificilmente compatíveis com tal participação (como era o caso de a nomeação dos administradores pertencer na íntegra às entidades públicas participantes no capital, no caso das empresas públicas, ou às assembleias gerais, nos casos das empresas de capitais públicos ou maioritariamente públicos).

Ainda mais recentemente, na sequência de autorização legislativa concedida pela Lei n.º 47/99, de 16 de Junho, foi aprovado o RJSEE. Apesar de a referida autorização legislativa contemplar, na sua extensão as "modalidades e condições da participação dos trabalhadores na gestão ou no controlo da actividade das empresas"[1134], o Decreto-Lei autorizado

---

número de representantes dos trabalhadores no conselho de administração, cfr. JORGE MANUEL COUTINHO DE ABREU, *Sociedade Anónima, A Sedutora (Hospitais, S.A., Portugal, S.A.)*, in Miscelâneas, n.º 1, Instituto do Direito das Empresas e do Trabalho, Coimbra, 2003, p. 36.

[1132] Cfr. artigos 6.º e 8.º, este último com referência à Lei n.º 46/79, de 12 de Setembro (Comissões de trabalhadores). Em anotação a ambas as normas, cfr. JOSÉ SIMÕES PATRÍCIO, *Bases Gerais das Empresas Públicas*, 3.ª Ed., AAFDL, Lisboa, 1991, pp. 27 ss. Tratando este como um exemplo de uma *harmoniosa síntese entre a liberdade e o poder*, cfr. MARIA DA GLÓRIA FERREIRA PINTO DIAS GARCIA, *Da Justiça Administrativa em Portugal – Sua origem e evolução*, Lisboa, 1994, p. 599 (em nota).

[1133] Cfr. alínea *f)* do n.º 1 do artigo 6.º.

[1134] Cfr. alínea *g)* do artigo 3.º.

nada dispõe sobre a matéria[1135]. Se tal já suscita questões de constitucionalidade, por confronto com o disposto no artigo 89.º da CRP, os estatutos particulares das várias empresas públicas que vão sendo criadas, designadamente por decreto-lei, nada dispondo também, regra generalíssima, sobre a matéria, surgem claramente feridos de inconstitucionalidade, por violação daquele mesmo preceito constitucional[1136].

E o mesmo se diga a respeito da Lei n.º 53-F/2006, de 29 de Dezembro, já referida *supra*, que aprovou o novo regime jurídico do sector empresarial local: nela tão-pouco se encontra qualquer disposição atinente à participação dos trabalhadores na gestão, à semelhança do RJSEE. Pode mesmo dizer-se que esta nova lei, quanto a este aspecto, representa um retrocesso em relação à sua antecessora, a Lei n.º 58/98, de 18 de Agosto (cfr. *supra*).

Por último, uma referência à legislação especificamente respeitante às comissões de trabalhadores. Tal regime constava, como referido, da Lei n.º 46/79, de 12 de Setembro, hoje revogada pela Lei n.º 35/2004, de 29 de Julho, que, aprovada na sequência do novo Código do Trabalho, regula múltiplos aspectos deste, entre os quais a matéria respeitante à constituição, estatutos e eleição das comissões de trabalhadores. Entre outros aspectos de relevo, nota-se que, entre os direitos das comissões e subcomissões de trabalhadores se conta o de eleger representantes dos trabalhadores para os órgãos sociais apenas das entidades públicas empresariais[1137], o que suscita vários problemas. Parece que o legislador apenas reconheceu as entidades públicas empresariais como "unidades do sector público produtivo" em que é imperativo assegurar a participação efectiva dos trabalhadores na gestão, o que não se mostra de acordo com a abrangência do artigo 89.º e com a noção de empresa pública constitucional-

---

[1135] Como já se havia notado noutro momento (cfr. RUI GUERRA DA FONSECA, *Autonomia Estatutária* ..., p. 192).

[1136] No mesmo sentido, tanto em momento anterior à entrada em vigor do RJSEE, no tocante às sociedades de capitais públicos e maioritariamente públicos, como posterior, a propósito dos chamados "hospitais S.A.", cfr. JORGE MANUEL COUTINHO DE ABREU, respectivamente, *Da empresarialidade* ..., pp.160-161, e *Sociedade Anónima* ..., pp. 34 ss. Para VITAL MOREIRA o problema deverá ainda ter outras implicações constitucionais, na medida em que o Autor aponta a participação dos trabalhadores na gestão de empresas públicas como uma manifestação do princípio da descentralização (cfr. *Administração Autónoma e Associações Públicas*, Coimbra, 1997, p. 161).

[1137] Cfr. artigos 354.º e 362.º.

mente relevante[1138]. Assim, nas empresas públicas de forma societária, a situação jurídica dos trabalhadores e suas comissões no tocante à participação na gestão seria idêntica àquela que detêm nas empresas do sector privado, o que colide com o artigo 89.º da CRP, determinando a inconstitucionalidade das normas em causa[1139]. Por outro lado, nota-se a ausência de qualquer referência específica à eleição de representantes dos trabalhadores para o órgão de gestão ou administração das empresas, contrariamente ao regime revogado que o regulava expressa e especificamente[1140].

Dos exemplos que se expõem, conclui-se por um sistemático incumprimento do disposto no artigo 89.º da CRP[1141]. Tratar-se-á, eventualmente, de uma norma, por muitos, pouco apreciada do texto constitucional[1142], cujo cumprimento parece ferido de petição de princípio. Todavia, é imperioso ter presente a natureza de direito fundamental de participação que a mesma encerra, isoladamente e em conjugação com o disposto na alínea f) do n.º 5 do artigo 54.º. Mais, mesmo quando se pretende apontar a norma contida no artigo 89.º como um resquício "de outros tempos" do texto constitucional português, não pode olvidar-se que o seu sistemático incumprimento – dada a natureza do direito aí consagrado – pode constituir um "cavalo de Tróia" do nominalismo constitucional no âmbito dos direitos fundamentais, e a esse nível um factor de erosão indesejável, afectando mesmo a força jurídica do artigo 288.º da CRP.

[1138] Cfr. anotação ao artigo 82.º, I, § 2.º.
[1139] Neste mesmo sentido, cfr. J. J. GOMES CANOTILHO/VITAL MOREIRA, Constituição ..., I, p. 1030.
[1140] Cfr. artigo 31.º da Lei n.º 46/79, de 12 de Setembro.
[1141] MARCELO REBELO DE SOUSA e JOSÉ DE MELO ALEXANDRINO afirmam que "Este preceito, estabilizado desde 1989, é daqueles cuja implementação pela lei ordinária tem sido mais irregular, desigual e frouxa. Em muitos casos, suscitando situações de verdadeira inconstitucionalidade por acção ou por omissão." (cfr. Constituição ..., p. 202).
[1142] Já se propôs, aliás, o seu expurgo da CRP (cfr. ALEXANDRE SOUSA PINHEIRO/ /MÁRIO JOÃO BRITO FERNANDES, Comentário ..., p. 235).

§ 6.º. **A circunscrição às unidades de produção do sector público**

6.1. *A exclusão dos restantes sectores de produção*

O artigo 89.º da CRP restringe às "unidades de produção do sector público" a imperatividade da participação efectiva dos trabalhadores na respectiva gestão. Estão, pois, excluídas as empresas pertencentes aos restantes sectores de propriedade dos meios de produção, onde assume especial relevo o sector privado[1143].

Afastada tal imposição em termos constitucionais, J. J. Gomes Canotilho e Vital Moreira já sustentavam que nada impede a respectiva consagração por via legislativa, interpretando o silêncio da CRP como uma autorização para o efeito, "a título de limite ou restrição da liberdade de empresa privada, nos termos constitucionalmente previstos" (apontando o artigo 62.º da CRP, ao que deve acrescentar-se o 61.º)[1144].

Genericamente pode concordar-se com tal afirmação. A questão estará em assegurar a proporcionalidade de medidas legislativas de tal natureza e conteúdo, entre a restrição do direito de propriedade e de iniciativa económica privada e os direitos fundamentais dos trabalhadores, na justa medida de cumprimento do princípio democrático e dos princípios fundamentais da organização económico-social[1145-1146]. Mas é necessário

---

[1143] Cfr. Ac. TC n.º 152/2001, de 4 de Abril de 2001, *DR*, II, n.º 114, de 17 de Maio de 2001.

[1144] Cfr. *Constituição ...*, 3.ª Ed., p. 426-427.

[1145] Sentido, aliás, para que também se dirigiram aqueles Autores já na última edição daquela sua obra, e que os leva à conclusão de que isso "limitará muito o âmbito e a intensidade de tal participação" (cfr. *Constituição ...*, I, p. 1030). Por seu turno, considerando que "salvo havendo consentimento dos interessados, a imposição, por via legislativa, da participação de representantes dos trabalhadores em órgãos sociais de empresas privadas constitui uma restrição da liberdade de empresa que só muito dificilmente por ser justificada", cfr. Jorge Miranda/Rui Medeiros, *Constituição ...*, II, p. 129.

[1146] Tem interesse, a este propósito, atentar nos artigos 461.º e ss. do Código do Trabalho, bem como nos artigos 327.º e ss. da Lei n.º 35/2004, de 29 de Julho, respeitantes às comissões de trabalhadores, designadamente, no que toca ao controlo de gestão. Veja-se, porém, a distinção apontada por J. J. Gomes Canotilho e Vital Moreira: "Enquanto o controlo de gestão significa a fiscalização «externa» da gestão por parte dos trabalhadores, no caso da cogestão os trabalhadores tornam-se con-titulares e co-responsáveis pela gestão, ainda que a título marginal." (cfr. *Constituição ...*, I, p. 1029). Sobre esta distinção, cfr. ainda Jorge Miranda/Rui Medeiros, *Constituição ...*, II, pp. 126-127.

ter presente que a CRP dá aqui guarida essencial ao próprio fundamento da propriedade em termos constitucionais.

6.2. A exclusão do sector público administrativo

Ao restringir a imperatividade de participação efectiva dos trabalhadores na gestão às "unidades de produção do sector público", a CRP deixa de fora do âmbito de aplicação do artigo 89.º o sector público administrativo ou, dito de outra forma, todos aqueles serviços que, pertencendo ao sector público, não são "unidades de produção". Esta exclusão não se funda, em rigor, na especial natureza ou relevância das "unidades de produção" do sector público para este efeito, mas noutras razões menos evidentes[1147].

Desde logo, o funcionamento dos serviços administrativos não empresariais, regido pelo Direito Administrativo e por relações de hierarquia administrativa dificultaria a implementação da participação em análise. Não pode, porém, afirmar-se tal como decisivo, na medida em que no seio das empresas públicas isso também pode verificar-se, designadamente no que toca a relações de hierarquia que, embora possam não ser de natureza administrativa, têm efeitos equivalentes para o que ora importa.

Sucede, todavia, que os serviços administrativos não são, na maior parte dos casos, geridos por órgãos colegiais, o que impossibilita a representação dos trabalhadores a tal nível para efeitos de participação na respectiva gestão[1148]. E quando o são, regra geral, tão pouco a lei permite a participação dos trabalhadores no respectivo órgão directivo, escudada na restrição normativa do próprio artigo 89.º[1149].

[1147] J. J. GOMES CANOTILHO e VITAL MOREIRA consideram que a norma em causa respeita a todas as unidades de produção do sector público, independentemente do seu estatuto, abrangendo mesmo, portanto, *estabelecimentos públicos empresariais sob forma administrativa*, que podem ser institutos públicos e *régies* directas ou indirectas (cfr. *Constituição ...*, I, p. 1030).

[1148] Sobre o caso particular das universidades públicas, cfr. anotação ao artigo 77.º.

[1149] A Lei quadro dos institutos públicos (Lei n.º 3/2004, de 15 de Janeiro) estabelece, no regime comum destes, que a sua direcção/gestão está a cargo de um conselho directivo, cujos membros são integralmente nomeados por despacho conjunto do Primeiro-Ministro e do ministro da tutela (cfr. artigos 18.º e 19.º), sem qualquer referência à representação dos trabalhadores nesse ou noutro órgão social.

É certo que a actual tendência para a empresarialização (ainda que apenas formal) de serviços administrativos se traduz (ou deveria traduzir) a este nível num reforço das garantias de participação dos trabalhadores. Trata-se, porém, de uma mera contingência.

II. DIREITO INTERNACIONAL E EUROPEU

§ 7.º. Direito Internacional

No Direito Internacional não se encontra qualquer vinculação respeitante à participação dos trabalhadores na gestão das empresas, públicas ou outras. Trata-se de um elemento de conformação do princípio democrático e da organização económico-social entregue à autonomia dos Estados, o que é também consentâneo com o princípio da neutralidade no que respeita ao regime da propriedade[1150].

§ 8.º. Direito Europeu

Também o Direito Europeu, à semelhança do Direito Internacional, não dispõe especificamente sobre esta matéria[1151].

[1150] Cfr. anotação ao artigo 82.º, II, § 6.º. A propósito dos direitos dos representantes dos trabalhadores tem interesse, embora aqui lateralmente, a Convenção n.º 135 da OIT.

[1151] Sobre o princípio da neutralidade, cfr. anotação ao artigo 82.º, II, § 7.º. A relação dos trabalhadores com as empresas não é, porém, estranha ao Direito Europeu (cfr. Directiva n.º 94/45/CE, do Conselho, de 22 de Setembro, relativa à instituição de um conselho de empresa europeu ou de um procedimento de informação e consulta dos trabalhadores nas empresas ou grupos de empresas de dimensão comunitária), embora este não proteja a situação daqueles em moldes semelhantes ao regime do artigo 89.º da CRP.

III. MEMÓRIA CONSTITUCIONAL

§ 9.º. **As constituições portuguesas anteriores à Constituição de 1976**

A norma do artigo 89.º da CRP não encontra paralelo nos textos constitucionais portugueses anteriores à Constituição de 1976. Se tal não se estranha no que toca às constituições de teor liberal, também não causa surpresa a propósito da Constituição de 1933, não apenas pelo seu pendor autoritário, mas também pela concepção subjacente de *participação*, inserida num contexto de corporativismo invertido ou de Estado.

Especificamente a propósito da Constituição de 1933, note-se que não se proibia a existência de qualquer regime jurídico infra-constitucional que consagrasse norma semelhante à contida no artigo 89.º da CRP. Com efeito, segundo o artigo 36.º do texto de 1933, "O trabalho, quer simples quer qualificado ou técnico, pode ser associado à empresa pela maneira que as circunstâncias aconselharem". Mas seria mais do que forçado pretender ver aí uma normatividade (ainda que apenas de sentido) semelhante à do regime em apreço. Como é sabido, do ponto de vista estritamente normativo, a Constituição de 1933 também não proibia a constituição de partidos políticos – e nem por isso os mesmos podiam constituir-se, dado o respectivo regime legal e prática político-administrativa. Não pretendemos com tal afirmação assemelhar ambas as situações, aliás bem distintas, mas tão somente acentuar o carácter meramente nominal de múltiplas disposições da Constituição de 1933, que, no caso em apreço, não permitiria uma interpretação da norma constitucional no sentido do actual artigo 89.º da CRP.

As razões mais profundas para a apontada ausência de paralelismo entroncam, enfim, em aspectos já assinalados noutros lugares[1152].

[1152] Cfr., designadamente, os parágrafos homónimos do presente nas anotações aos artigos 80.º, 81.º, 82.º e 83.º.

§ 10.°. **Conteúdo originário da redacção do preceito na Constituição de 1976 e sucessivas versões decorrentes das revisões constitucionais**

A matéria actualmente constante do artigo 89.° constava, na **redacção originária** da Constituição de 1976, e com diferente formulação, dos n.ᵒˢ 2 e 3 do artigo 90.°

"ARTIGO 90.°
(Desenvolvimento da propriedade social)
1. Constituem a base do desenvolvimento da propriedade social, que tenderá a ser predominante, os bens e unidades de produção com posse útil e gestão dos colectivos de trabalhadores, os bens comunitários com posse útil e gestão das comunidades locais e o sector cooperativo.
2. *São condições do desenvolvimento da propriedade social as nacionalizações, o plano democrático, o controlo de gestão e o poder democrático dos trabalhadores.*
3. *As unidades de produção geridas pelo Estado e outras pessoas colectivas públicas devem evoluir, na medida do possível, para formas autogestionárias.*

Na **primeira revisão constitucional, de 1982**, o artigo 75.° da Lei Constitucional n.° 1/82, de 30 de Setembro, alterou os n.ᵒˢ 2 e 3. No n.° 2, a expressão "o poder democrático dos trabalhadores" foi substituída pela expressão "a intervenção democrática dos trabalhadores". E ao n.° 3 foi dada nova redacção. Nesta parte, assim ficou a redacção do proceito:

"ARTIGO 90.°
(Desenvolvimento da propriedade social)
1. ....
2. São condições de desenvolvimento da propriedade social as nacionalizações, o plano democrático, o controlo de gestão e a intervenção democrática dos trabalhadores.
3. As unidades de produção pertencentes ao Estado e a outras pessoas colectivas públicas devem evoluir para formas de gestão que assegurem uma participação crescente dos trabalhadores."

Na **segunda revisão constitucional, em 1989**, o artigo 61.° da Lei Constitucional n.° 1/89, de 8 de Julho, alterou profundamente o preceito, tendo sido eliminados os n.ᵒˢ 1 e 2, e passando o n.º 3, com nova redacção, a constituir o corpo do artigo. Também a epígrafe foi alterada:

"ARTIGO 90.º
(Participação dos trabalhadores na gestão)
Nas unidades de produção do sector público é assegurada uma participação efectiva dos trabalhadores na respectiva gestão."

A **terceira revisão constitucional, de 1992** não trouxe qualquer alteração ao preceito.

A **quarta revisão constitucional, de 1997**, limitar-se-ia a renumerar o artigo, que passou a ser o 89.º[1153].

E assim se fixou a actual redacção do preceito, uma vez que nem a **quinta revisão constitucional, de 2001**, nem a **sexta revisão constitucional, de 2004**, nem tão-pouco a **sétima revisão constitucional, de 2005**, lhe introduziram qualquer alteração.

§ 11.º. **Apreciação do sentido das alterações do preceito**

O eixo central das sucessivas alterações a que o preceito constitucional em causa foi sendo sujeito pode resumir-se da seguinte forma: a Constituição passou a preferir, à gestão *pelos* trabalhadores, a gestão *com* os trabalhadores. Isso se nota, desde logo, na revisão constitucional de 1982, com a substituição da expressão "poder democrático dos trabalhadores" pela "intervenção democrática dos trabalhadores" (cfr. n.º 2 do então artigo 90.º). No mesmo tom, as unidades de produção geridas pelo Estado e outras pessoas colectivas públicas, que deveriam evoluir, na medida do possível, *para formas autogestionárias*, passavam a dever evoluir para formas de gestão que *assegurassem uma participação crescente dos trabalhadores* (cfr. n.º 3 daquele mesmo preceito)[1154].

No entanto, há que notar, a restrição às "unidades de produção geridas pelo Estado e outras pessoas colectivas públicas" radicava num sen-

---

[1153] Cfr. artigo 57.º da Lei Constitucional n.º 1/97, de 20 de Setembro.

[1154] Note-se que o abandono da expressão "controlo de gestão" no texto constitucional não a erradicou do léxico jurídico infra-constitucional: a já referida Lei n.º 35/2004, de 29 Julho, continua a utilizá-la a propósito das comissões de trabalhadores (cfr. artigos 359.º ss.). Cfr. também *supra*, I, § 6.º, 6.1.

TÍTULO II[1158]
PLANOS

Artigo 90.º
(Objectivos dos planos)

Os planos de desenvolvimento económico e social têm por objectivo promover o crescimento económico, o desenvolvimento harmonioso e integrado de sectores e regiões, a justa repartição individual e regional do produto nacional, a coordenação da política económica com as políticas social, educativa e cultural, a defesa do mundo rural, a preservação do equilíbrio ecológico, a defesa do ambiente e a qualidade de vida do povo português.

Quadro tópico

I. OBJECTIVOS DOS PLANOS
§ 1.º. A FUNÇÃO JURÍDICO-CONSTITUCIONAL DO PLANEAMENTO NO CONTEXTO DOS PRINCÍPIOS E INCUMBÊNCIAS PRIORITÁRIAS DO ESTADO NO DOMÍNIO DA ORGANIZAÇÃO ECONÓMICO-SOCIAL;
§ 2.º. OS OBJECTIVOS DOS PLANOS NO CONTEXTO DAS MODALIDADES E ESTRUTURA DO PLANEAMENTO NA ORDEM JURÍDICA PORTUGUESA;
§ 3.º. FORÇA JURÍDICA DOS PLANOS;
3.1. Vinculatividade directa;
3.2. Vinculatividade indirecta;
§ 4.º. OS OBJECTIVOS DOS PLANOS DE DESENVOLVIMENTO ECONÓMICO--SOCIAL E SUA RELAÇÃO COM OS DIREITOS FUNDAMENTAIS.

[1158] Na redacção originária da Constituição de 1976, era o Título III da Parte II, com a epígrafe "Plano" (o Título II era então dedicado às "Estruturas de Propriedade dos Meios de Produção" – cfr. anotação ao artigo 82.º, III, § 9.º). Na revisão constitucional de 1989, o artigo 62.º da Lei Constitucional n.º 1/89, de 8 de Julho, eliminou aquele Título II (as estruturas de propriedade dos meios de produção deixaram de se enquadrar num título autónomo), passando o Título III a ser o II, com a epígrafe "Planos".

II. DIREITO INTERNACIONAL E EUROPEU
§ 5.°. Direito internacional;
§ 6.°. Direito Europeu.

III. MEMÓRIA CONSTITUCIONAL
§ 7.°. As constituições portuguesas anteriores à Constituição de 1976;
§ 8.°. Conteúdo originário da redacção do preceito na Constituição de 1976 e sucessivas versões decorrentes das revisões constitucionais;
§ 9.°. Apreciação do sentido das alterações do preceito.

IV. PAÍSES DE EXPRESSÃO PORTUGUESA
§ 10.°. Brasil;
§ 11.°. Angola;
§ 12.°. Moçambique;
§ 13.°. Cabo Verde;
§ 14.°. Guiné-Bissau;
§ 15.°. São Tomé e Príncipe;
§ 16.°. Timor-Leste.

I. OBJECTIVOS DOS PLANOS

§ 1.°. **A função jurídico-constitucional do planeamento no contexto dos princípios e incumbências prioritárias do Estado no domínio da organização económico-social**

Já noutros lugares nos referimos à temática constitucional do planeamento, em particular do planeamento económico-social, designadamente, a propósito da alínea *e)* do artigo 80.° – nos termos da qual constitui princípio fundamental da organização económico-social o *planeamento democrático do desenvolvimento económico-social*[1159] – e da alínea *j)* do artigo 81.° da CRP – segundo a qual constitui incumbência prioritária do Estado, no âmbito económico-social, *criar os instrumentos jurídicos e técnicos necessários ao planeamento democrático do desenvolvimento económico--social*[1160]. Para lá remetemos.

[1159] Cfr. anotação ao artigo 80.°, I, § 2.°, 2.5.
[1160] Cfr. anotação ao artigo 81.°, I, § 2.°, 2.10.

Concentrando-nos agora no disposto no artigo 90.°, vemos que aqui a CRP estabelece vários objectivos dos planos – e já não *do Plano*, como até à revisão constitucional de 1989[1161] –, portanto, finalidades que tais instrumentos jurídicos devem prosseguir. São vários os problemas e observações que tal estabelecimento suscita. Vejamos alguns dos mais importantes.

O disposto no artigo 90.° – como, aliás, qualquer outra norma constitucional, nunca é demais recordá-lo – não pode ser objecto de uma leitura isolada, mas antes contextualizada na sistemática constitucional, ela própria (em princípio) corpo normativo organizado de valores e princípios constitucionalmente assumidos segundo uma ordem tendencial de importância para a vida da comunidade. Assim, os objectivos que a CRP expressamente reservou para os planos de desenvolvimento económico e social coagulam esta mesma ordem sistemática, significando isso que a novidade ou autonomia da norma em causa não está tanto nesses objectivos, propriamente ditos, mas no que tal fixação importa para os instrumentos jurídicos que ora tratamos.

Com efeito, atentando no elenco de objectivos que o artigo 90.° consagra (e vejamos a sua partição, por clareza),

     i) promover o crescimento económico,
     ii) o desenvolvimento harmonioso e integrado de sectores e regiões,
     iii) a justa repartição individual e regional do produto nacional,
     iv) a coordenação da política económica com as políticas social, educativa e cultural,
     v) a defesa do mundo rural,
     vi) a preservação do equilíbrio ecológico,
     vii) a defesa do ambiente,
     viii) e a qualidade de vida do povo português,

vemos que os mesmos não privilegiam a concretização de quaisquer direitos fundamentais em especial (nomeadamente, de entre os económicos, sociais e culturais), nem tão pouco se ligam em particular a esta ou aquela incumbência prioritária do Estado (tendo em mente o disposto no artigo 81.° da CRP). Podem descobrir-se, é certo, alguns contextos normativos

---

[1161] Cfr. *infra*, III, § 8.°.

de conexão mais evidente ou aproximada: é o caso do da referência à *defesa do ambiente e qualidade de vida do povo português*, que de imediato parece convocar o direito previsto no artigo 66.° da CRP, bem como da criação dos *instrumentos jurídicos e técnicos necessários ao planeamento democrático do desenvolvimento económico-social*, incumbência prioritária do Estado nos termos da alínea *j)* do já referido artigo 81.°, instrumental face ao disposto no artigo 90.°; é o caso, ainda, se atentarmos na sequência textual dos objectivos elencados no artigo 90.°, que se identificam de perto com as incumbências prioritárias do Estado previstas nas alíneas *d), m), n)* e *a)* do artigo 81.° da CRP[1162].

Contudo, se aquela primeira conexão não significa privilégio de alguns direitos fundamentais em relação a outros, a segunda também não importa que apenas algumas das incumbências prioritárias do Estado no âmbito económico e social sejam prosseguidas através dos planos (ou que apenas aquela referida traduza a ponte entre ambas as normas).

Quanto ao primeiro aspecto, dedicar-lhe-emos maior atenção *infra*[1163].

Quanto ao segundo aspecto – mais confinado a uma certa lógica interna da própria Constituição económica –, observemos o seguinte. A existência de planos de desenvolvimento económico e social constitui uma necessidade perante o princípio do planeamento democrático do desenvolvimento económico e social inscrito na alínea *e)* do artigo 80.°, e também perante o limite material de revisão constitucional constante da alínea *g)* do artigo 288.° da CRP (a existência de planos económicos no âmbito de uma economia mista)[1164]. Esta relação normativa ajuda ao cumprimento daquele mesmo princípio, que não se basta com a existência formal daqueles instrumentos de planeamento. Com efeito, o cumprimento (efectivo) do princípio inscrito na alínea *e)* do artigo 80.° consubstancia-se no seu contributo para a realização dos restantes, consagrados nas restantes alíneas do mesmo preceito constitucional (e que nos abstemos de repetir). Deste ponto de vista, os planos de desenvolvimento económico e

---

[1162] Referindo também algumas conexões desta ordem, cfr. JORGE MIRANDA/RUI MEDEIROS, *Constituição* ..., II, p. 132; J. J. GOMES CANOTILHO/VITAL MOREIRA, *Constituição* ..., I, p. 1032.

[1163] Cfr. I, § 4.°.

[1164] Sobre a conjugação de ambas estas normas, cfr. anotação ao artigo 80.°, I, § 2.°, 2.5.

social devem ser orientados, consequentemente, para a realização ou incremento dos princípios gerais da organização económica, previstos no Título I da Parte II da CRP, e que encontramos nos artigos 80.° a 89.°, embora segundo a geometria variável das necessidades colectivas em função do tempo e do lugar: eles desempenham um papel relevante na decisão pública de conformação concreta dos sectores de propriedade dos meios de produção, designadamente, do sector público, (artigo 82.°); na decisão sobre a intervenção e apropriação públicas que podem inserir-se num contexto estrutural (artigos 83.° e 88.°); na própria conformação da iniciativa económica, seja pela decisão legislativa quanto aos bens que hão-de integrar o domínio público, pelas formas de estímulo e apoio à actividade cooperativa em geral, às empresas privadas, e mesmo em matéria de investimentos estrangeiros (artigos 84.° a 87.°).

Ainda, se a alínea *j)* do artigo 81.° atribui ao Estado a incumbência prioritária de criar os instrumentos necessários ao planeamento democrático do desenvolvimento económico e social, tal não é senão uma tarefa instrumental e que realça o relevo do planeamento económico e social no contexto que vimos de expor. Por outro lado, a relação entre as incumbências prioritárias do Estado, previstas no artigo 81.° da CRP, e os planos de desenvolvimento económico e social, é global e bidireccional: não há tarefas desse elenco que não reclamem planeamento, assim como não há objectivos destes planos que não se identifiquem, mais ou menos plenamente, com aquelas tarefas.

Por outras palavras, não é o singelamente (e textualmente) disposto no artigo 90.° que define a função dos planos no âmbito da Constituição económica, mas antes todo o complexo principiológico-normativo geral e fundamental desta. Assim, onde os objectivos dos planos expressos no artigo 90.° fiquem aquém da conformação da sua função constitucional, conforme a mesma resulta de tal complexo, há-de o disposto nessa mesma norma ser objecto de *interpretação conforme à Constituição*, que pode ditar, designadamente, a necessidade de interpretação extensiva e evolutiva[1165].

[1165] Deverão ser razões semelhantes (supomos), que se prendem com o carácter necessariamente dinâmico da interpretação jurídica dos objectivos dos planos, que levam ANTÓNIO L. SOUSA FRANCO e GUILHERME D'OLIVEIRA MARTINS a duvidar da bondade do estabelecimento desses objectivos também na Lei Quadro do Planeamento (artigo 3.° da Lei n.° 43/91, de 27 de Julho) (cfr. *A Constituição* ..., p. 247).

Não significa isto a ausência de qualquer função normativa do disposto no artigo 90.º da CRP. Desde logo, os objectivos aí enunciados constituem uma matriz para a aferição da conformidade dos planos com a Constituição, que, pelo já exposto, não condiciona o julgador, antes podendo facilitar-lhe tal tarefa. Por outro lado, a permanência no texto constitucional de uma norma dedicada aos objectivos dos planos (e não apenas à respectiva elaboração e execução, como é o artigo 91.º) reforça o seu significado *no âmbito de uma economia mista*, para usar a expressão da alínea *g)* do artigo 288.º, o que obriga a reflectir sobre a força jurídica destes instrumentos[1166-1167].

§ 2.º. Os objectivos dos planos no contexto das modalidades e estrutura do planeamento na ordem jurídica portuguesa

O artigo 90.º da CRP refere-se aos *planos de desenvolvimento económico e social*. Por seu turno, o subsequente artigo 91.º refere-se a *planos nacionais* e às *grandes opções do plano*. Parece, pois, que a CRP dedicou o Título II da Parte II exclusivamente aos planos "*de nível nacional*", aprovados pelo poder central, pelos órgãos de soberania[1168].

Sucede que, para além destes, a ordem jurídica portuguesa contempla outros instrumentos de planeamento: segundo um critério territorial, menos abrangentes; segundo um critério subjectivo, aprovados por entidades distintas do Estado[1169]; segundo um critério material, de âmbito mais restrito ou específico.

Sem que nos preocupemos em seguir específica e sistematicamente tal enunciação categorial, podemos desde logo apontar os planos regionais, incumbência das regiões autónomas, que a própria CRP refere na alí-

---

[1166] Cfr. *infra*, I, § 3.º, e anotação ao artigo 91.º.

[1167] Salientando que o planeamento beneficia, com esta norma e outras que com ela se relacionam (cfr. *supra*), de uma "verdadeira *garantia institucional*", cfr. J. J. GOMES CANOTILHO/VITAL MOREIRA, *Constituição* ..., I, p. 1032. Duvidando que "os órgãos de controlo da constitucionalidade possam extrair deste artigo vinculações específicas para invalidar as opções que em matéria de planeamento venham a ser adoptadas pelos órgãos competentes", cfr. JORGE MIRANDA/RUI MEDEIROS, *Constituição* ..., II, p. 132.

[1168] Neste sentido, cfr. J. J. GOMES CANOTILHO/VITAL MOREIRA, *Constituição* ..., I, p. 1033.

[1169] Ainda que este possa ter alguma intervenção, *v.g.*, ratificativa.

nea *p)* do n.° 1 do artigo 227.°[1170] e no n.° 1 do artigo 232.°[1171]. Também o planeamento autárquico é objecto de referência constitucional, a propósito da descentralização administrativa, no n.° 2 do artigo 237.°[1172]. Por outro lado, a CRP refere ainda outras realidades de planeamento, como, por exemplo, o planeamento económico-social de incidência sectorial (alínea *d)* do n.° 5 do artigo 54.°), e o planeamento urbanístico e do ordenamento do território, no âmbito do chamado planeamento técnico (artigos 65.° e 66.°)[1173].

A questão que nesta sede se coloca, pois, é a de saber se os objectivos dos planos, a que o artigo 90.° se refere, são privativos dos *planos de desenvolvimento económico e social* nacionais ou se, pelo contrário, tais objectivos se estendem a quaisquer instrumentos jurídicos de planeamento, incluso ao chamado planeamento técnico. Tendo em conta o que afirmámos *supra*[1174], parece-nos ser a segunda a posição que melhor se articula com os princípios fundamentais da organização económico-social decorrentes do artigo 80.° (em particular da sua alínea *e)*), bem como com a *ratio legis* subjacente ao artigo 81.° da CRP. Neste sentido, pode concordar-se com J. J. GOMES CANOTILHO e VITAL MOREIRA quando afirmam que a referência aos *planos*, no artigo 90.° significa um *sistema de planeamento multinível*[1175]. E se a sistemática do planeamento – no que ela importa de articulação e conformidade de uns instrumentos com os outros, mesmo segundo um princípio de hierarquia – aponta já no sentido daquela conclusão, não pode desconsiderar-se, neste contexto, a função de cada

---

[1170] Segundo o qual constitui um "poder" das regiões autónomas "Aprovar o plano de desenvolvimento económico e social, o orçamento regional e as contas da região e participar na elaboração dos planos nacionais".

[1171] Segundo o qual a aprovação do plano de desenvolvimento económico e social (regional) é da exclusiva competência das Assembleias Legislativas das regiões autónomas.

[1172] Nos termos do qual compete às assembleias das autarquias locais aprovar as opções do plano e o orçamento.

[1173] Cfr. anotação ao artigo 80.°, I, § 2.°, 2.5, e anotação ao artigo 81.°, I, § 2.°, 2.10. Sobre estas diversas formas de planeamento, cfr. ANTÓNIO CARLOS SANTOS/MARIA EDUARDA GONÇALVES/MARIA MANUEL LEITÃO MARQUES, *Direito* ..., pp. 229 ss.; ANTÓNIO L. SOUSA FRANCO, *Noções* ..., pp. 316 ss.; EDUARDO PAZ FERREIRA, *Direito* ..., pp. 315 ss.; FERNANDO ALVES CORREIA, *Manual* ..., pp. 235 ss.; LUÍS S. CABRAL DE MONCADA, *Direito* ..., pp. 558 ss.

[1174] Cfr. I, § 1.°.

[1175] Cfr. *Constituição* ..., I, p. 1033.

plano perante aqueles referidos princípios. Deste modo, a vinculação de cada instrumento de planeamento aos fins que o princípio do planeamento democrático do desenvolvimento económico e social importa, passando pelos objectivos consagrados no artigo 90.º, há-de medir-se pela sua função, podendo tal vinculação ser de geometria variável (ao contrário do que sucede com os *planos de desenvolvimento económico e social* nacionais, cuja vinculação é global): exemplificando, um plano director municipal de uma grande cidade não está vinculado a prosseguir o objectivo de defesa do mundo rural (pelo menos na mesma medida) que um plano director municipal de um município rural; da mesma forma que, num município rural, o respectivo plano director municipal não está vinculado àquela defesa nos mesmos termos em que o está um plano de pormenor.

Resulta do que se diz uma vinculação à principiologia da CRP dos vários instrumentos de planeamento, independentemente da sua modalidade. Tal encontra justificação na sua relação com os direitos fundamentais[1176].

§ 3.º. Força jurídica dos planos

3.1. *Vinculatividade directa*

A força jurídica dos planos – ou, como então se designava, do *Plano* – é alvo de reflexão e polémica doutrinal desde o alvor da Constituição de 1976, em boa parte devido ao disposto no então artigo 92.º que, sob a epígrafe "Força jurídica", estabelecia a *imperatividade* do Plano para o sector público estadual, e a sua *obrigatoriedade*, "por força de contratos-programa, para outras actividades de interesse público" (n.º 1), afirmando-se também que o Plano definiria o enquadramento a que haveriam de submeter-se as empresas dos outros sectores (n.º 2). Na revisão constitucional de 1982, alterar-se-ia este último número, que passou a dispor, em acréscimo, o carácter meramente indicativo do Plano para os sectores público não estadual, privado e cooperativo[1177]. A revisão constitucional de 1989, por seu turno, eliminou esta norma do texto

---

[1176] Cfr. *infra*, I, § 4.º.
[1177] Para a inserção sistemática desta norma, cfr. anotação ao artigo 91.º, III, § 7.º.

constitucional. Não ficou por aí, contudo, a discussão em torno da problemática da força jurídica ou imperatividade dos planos[1178].

Actualmente, cremos ser diferente a toada desta discussão, então tão marcada pela reminiscência das figuras de planeamento típicas dos regimes socialistas, toada essa que começa num costume *contra legem*, entre 1976 e 1982, no sentido da prevalência de um regime económico capitalista, expresso, entre outros momentos, nas grandes opções do plano, como realça MARCELO REBELO DE SOUSA[1179]. Com efeito, não só assistimos ao expurgo da norma constitucional referente à força jurídica dos planos, e também à reelaboração (parcial) do sistema constitucional de actos normativos, como ainda a uma reconfiguração global da própria Constituição económica e seu relacionamento com os direitos fundamentais e com a Constituição política (em sentido estrito)[1180].

O problema da força jurídica dos planos – e neste particular da sua vinculatividade directa – surge a propósito do estabelecimento no texto constitucional de objectivos substanciais destes instrumentos jurídicos[1181]. Tendo presente o que afirmámos já sobre o relacionamento do disposto no artigo 90.º com as restantes normas da Constituição económica, designadamente, as constantes dos artigos 80.º e 81.º[1182], podemos fixar uma ideia geral: não teria sentido que os planos constituíssem apenas *soft law*, sem vinculatividade directa, quando a CRP os instrumentaliza para a concretização dos princípios gerais da organização económico-social. A questão está em saber, porém, quais os sujeitos jurídicos directamente vinculados, e em que consiste essa mesma vinculação. Excluindo desta análise o chamado planeamento técnico, vejamos algumas coordenadas do problema.

[1178] Sobre esta matéria, cfr. ANTÓNIO L. SOUSA FRANCO, *Noções* ..., pp. 325 ss.; ANTÓNIO L. SOUSA FRANCO/GUILHERME D'OLIVEIRA MARTINS, *A Constituição* ..., pp. 245 ss.; ANTÓNIO CARLOS SANTOS/MARIA EDUARDA GONÇALVES/MARIA MANUEL LEITÃO MARQUES, *Direito* ..., pp. 226 ss.; CRISTINA QUEIROZ, *O Plano* ..., Vol. XXXI, *maxime* pp. 298 ss.; EDUARDO PAZ FERREIRA, *Direito* ..., pp. 314-315; J. J. GOMES CANOTILHO/VITAL MOREIRA, *Constituição* ..., I, pp. 1033-1034; MANUEL AFONSO VAZ, *Direito* ..., pp. 357 ss.; MARCELO REBELO DE SOUSA, *A Constituição de 1976* ..., em especial, pp. 14 ss.; LUÍS S. CABRAL DE MONCADA, *Direito* ..., pp. 566 ss.

[1179] Cfr. *A Constituição de 1976* ..., p. 10.

[1180] Cfr. anotação ao artigo 80.º.

[1181] Sem prejuízo de outras considerações que se expendem em anotação ao artigo 91.º (I, § 1.º e § 2.º).

[1182] Cfr. *supra*, I, § 1.º e § 2.º.

Verificamos que os planos nacionais são elaborados de harmonia com as grandes opções do plano (n.º 1 do artigo 91.º), assim como o Orçamento (n.º 2 do artigo 105.º). Temos, portanto, uma vinculação da lei orçamental à lei das grandes opções do plano, assim como uma vinculação dos planos a esta mesma lei[1183]. Sabemos também que quer a proposta de lei das grandes opções do plano, quer a proposta de lei orçamental, constituem reserva de iniciativa governamental. E que a aprovação dos planos, por se tratar de matéria incluída na função administrativa[1184], está reservada ao Governo. Sem curar agora das alterações que em sede parlamentar podem ser introduzidas na lei das grandes opções do plano e na lei orçamental a título de iniciativa legislativa superveniente, o sistema exposto indica a existência de uma autovinculação governamental sequencial, que parece começar na iniciativa da lei das grandes opções do plano, que condicionará a iniciativa orçamental, condicionando o Orçamento os planos que o Governo venha depois a aprovar[1185]. Mas, na realidade, tal autovinculação conhece um momento prévio a estes, já que a Lei Quadro do Planeamento estabelece como primeiro princípio da elaboração dos planos a respectiva vinculação ao programa do Governo "e às orientações de política de desenvolvimento económico e social estabelecidas" por este[1186].

Todo este sistema ruiria caso o Governo e a Administração directa, pelo menos, não se encontrassem vinculados aos planos por si aprovados, no trajecto final de todo um processo juridicamente vinculante[1187].

O problema não está, porém, na vinculatividade formal dos planos: deixando de parte as grandes opções do plano, constituindo aqueles mani-

---

[1183] Melhor se verá em que termos em anotação ao artigo 91.º, I, § 1.º e § 2.º.

[1184] Neste sentido, cfr. MARCELO REBELO DE SOUSA, *A Constituição de 1976* ..., p. 25.

[1185] Sobre estes aspectos, cfr. anotação ao artigo 91.º, I, § 1.º e § 2.º.

[1186] Cfr. alínea *a)* do n.º 1 do artigo 4.º da Lei n.º 43/91, de 27 de Julho.

[1187] Daí que J. J. GOMES CANOTILHO e VITAL MOREIRA afirmem que os planos vinculam "o *Governo* e a *Administração*, no caso dos planos nacionais, e as regiões e os municípios, no caso dos planos regionais e municipais". E frisam ainda que os planos devem "possuir eficácia jurídica adequada. [pelo que] Não seria muito lógico que o plano anual ou os restantes não vinculassem o Governo ou as outras entidades públicas que os propõem e são responsáveis pelo seu cumprimento." (cfr. *Constituição* ..., I, pp. 1033--1034).

festação da função administrativa, devem revestir forma adequada à sua natureza de norma regulamentar[1188], com a vinculatividade formal que lhe é inerente.

O problema é, pois, anterior, e remonta, em última análise, à substância do programa do Governo, após a respectiva apreciação no Parlamento (sem que o mesmo tenha sido rejeitado, nos termos do n.º 4 do artigo 192.º da CRP). Em rigor, é nesse momento que o Governo estabelece os termos substanciais iniciais das suas futuras iniciativas legislativas quanto às grandes opções do plano, ao Orçamento, e em última análise quanto à substância dos planos que aprovará a final. Sendo certo que a iniciativa legislativa superveniente, dentro do Parlamento, pode trazer alterações àquelas iniciativas governamentais, que a serem aprovadas podem alterar o quadro daquela autovinculação governamental, elas ficam condicionadas (e tal autovinculação também) à composição da própria maioria parlamentar. O que permite afirmar que, em regra, o Governo escolhe a substância da sua autovinculação aos planos, na medida em que a escolha da própria substância destes está, essencialmente, dependente da vontade governamental.

Deste ponto de vista, e atalhando razões, parece que é na CRP – a partir do disposto no artigo 90.º, e da unidade normativa de sentido que este estabelece com as restantes normas do Título I da Parte II, em particular com o disposto em sede de princípios fundamentais da organização económico-social, no artigo 80.º, e de incumbências prioritárias do Estado, no artigo 81.º – que se encontra o verdadeiro padrão de vinculatividade substantiva do Governo em relação aos planos que o mesmo elabora, porque daí decorre, não o seu conteúdo, mas os objectivos que os mesmos têm que cumprir. Isto é, o disposto no artigo 90.º, se não obriga o Governo à disposição de um certo conteúdo dos planos, obriga a que tal conteúdo seja apto à realização dos objectivos aí enunciados, ou melhor, ao sentido normativo que os mesmos realizam com aquelas outras normas. O que tem cabimento, *mutatis mutandis*, quanto às grandes opções do plano (já que as mesmas constam de lei da AR).

Não descartamos a possibilidade de que a vinculação do Estado aos planos possa ajuizar-se em função de princípios gerais de di-

---

[1188] Forma de decreto regulamentar, segundo MARCELO REBELO DE SOUSA (cfr. *A Constituição de 1976* ..., p. 25).

reito[1189]. Parece-nos, contudo, que o recurso a tais princípios será de pouca operatividade sem um padrão material de aferição, nos termos expostos.

Quanto a outros sujeitos jurídicos distintos do Estado – designadamente, entidades administrativas pertencentes à Administração indirecta –, cremos, igualmente, que a eliminação do artigo 92.º na revisão constitucional de 1989 significou um leque mais vasto de possibilidades vinculantes do que até então. Com efeito, com o desaparecimento daquela norma do texto constitucional, a vinculatividade dos planos para aquelas entidades passou a ter que ser visto de acordo com a função constitucional de tais instrumentos jurídicos, em termos materiais, mas também com o disposto na lei a tal propósito[1190]. Não vemos hoje qualquer impedimento constitucional de fundo a que os planos de desenvolvimento económico e social possam apresentar aspectos vinculativos – no que se apresentar relevante e proporcional (mesmo numa perspectiva de necessidade e adequação) – para as empresas públicas, por exemplo, respeitado que seja o respectivo regime de bases[1191]. Em geral, o poder de superintendência do Governo sobre a Administração indirecta pode consubstanciar-se na edição de normas vinculativas para essas entidades, integradas em planos de desenvolvimento económico e social, ainda que por via de orientações estratégicas destinadas ao exercício da função accionista do Estado. Tal justifica-se, sobretudo, quanto mais instrumental puder considerar-se a personalidade jurídica de qualquer dessas entidades (*v.g.*, uma empresa pública) face às atribuições do Estado – ou, noutra perspectiva, quanto menos essas entidades possam ser distinguidas do Estado, senão pelo elemento formal da sua personalidade jurídica[1192].

Em geral, contudo, não podem aqui obnubilar-se as consequências jurídicas do princípio constitucional da descentralização (político-administrativa ou simplesmente administrativa), nem tão pouco da liberdade de iniciativa e de organização empresarial no âmbito de uma economia mista

---

[1189] Como a *boa-fé* e a *realização do interesse público* (neste sentido, cfr. MANUEL AFONSO VAZ, *Direito* ..., pp. 358-359).

[1190] Pode afirmar-se que, em certa medida, o problema da vinculatividade dos planos para estas entidades sofreu desconstitucionalização.

[1191] Cfr. anotação ao artigo 82.º, I, § 2.º.

[1192] Sobre esta problemática no âmbito das empresas públicas, cfr. RUI GUERRA DA FONSECA, *Autonomia Estatutária* ..., em especial, pp. 223 ss.

(alínea c) do artigo 80.° da CRP). Eis porque, em suma, os planos nacionais não vinculam directamente entidades da Administração autónoma nem entidades privadas. Quanto a estas últimas, aliás, a Lei Quadro do Planeamento estabeleceu como princípio da elaboração dos planos a "supletividade de intervenção do Estado face ao livre funcionamento da iniciativa privada e de mercados abertos e concorrenciais"[1193].

3.2. Vinculatividade indirecta

O que dissemos no ponto imediatamente antecedente não deve, porém, levar à conclusão pela inexistência de qualquer índice de vinculatividade dos planos para aquelas entidades que a eles não se encontram directamente vinculadas. Com efeito, os planos nacionais (assim como, *mutatis mutandis*, os planos regionais ou municipais) podem comportar dimensões de vinculatividade indirecta para entidades pertencentes à Administração autónoma, como também para entidades dos sectores não públicos de propriedade dos meios de produção.

Isto sucede porque, em boa parte, os planos de desenvolvimento económico e social, na sequência do Orçamento de Estado, estabelecem medidas destinadas à Administração autónoma que, assim, vêem condicionada a sua própria autonomia de planeamento e actuação; e porque tais instrumentos estabelecem também outras medidas de concretização de estímulos e apoios ao sector privado e ao sector cooperativo, mediante figuras contratuais ou outras, medidas essas que, ao vincularem directamente as entidades envolvidas, transportam para elas uma vinculatividade indirecta daqueles planos[1194].

[1193] Cfr. alínea f) do artigo 4.° da Lei n.° 43/91, de 27 de Julho.

[1194] Apesar de a CRP ser hoje diferente (por força da eliminação do já referido artigo 92.°) cremos que permanece válida a ideia de MARCELO REBELO DE SOUSA, no sentido de que podem ser abrangidas por um regime de "imperatividade mediativizada por contrato-programa todas as pessoas colectivas de direito privado que são chamadas a cooperar no exercício da função administrativa do Estado-Colectividade (...)" (cfr. *A Constituição de 1976* ..., p. 22). Sobre esta temática, cfr. também LUÍS S. CABRAL DE MONCADA, *Direito* ..., pp. 566 ss. Sobre as limitações aos contratos económicos decorrentes dos princípios constitucionais da administração pública, cfr. JOSÉ MANUEL SÉRVULO CORREIA, *Os Contratos Económicos Perante a Constituição*, in *Nos Dez Anos da Constituição*, org. JORGE MIRANDA, Lisboa, 1987, pp. 96 ss.

Em última análise, porém, a medida desta vinculação indirecta depende de raciocínio idêntico ao que no ponto antecedente se traçou para a vinculação directa do Estado.

§ 4.º. Os objectivos dos planos de desenvolvimento económico-social e sua relação com os direitos fundamentais

Do que até ao momento se expôs nos parágrafos antecedentes, em particular considerando a conclusão que demos ao § 2.º, pôde já inferir-se que consideramos os planos de desenvolvimento económico e social como instrumentos jurídicos cuja existência é constitucionalmente imperativa – e cujo conteúdo deve ser delineado em função de vinculações constitucionais substanciais – em função dos direitos fundamentais, em particular, dos direitos económicos, sociais e culturais. Se tivermos presentes, designadamente, os dois princípios fundamentais não expressos da organização económico-social – o princípio da garantia dos direitos económicos, sociais e culturais, e o princípio do desenvolvimento económico-social[1195] – outro enquadramento da sua função não nos parece constitucionalmente aceitável.

Nesta perspectiva, são os direitos fundamentais – e em particular os direitos económicos, sociais e culturais – que concedem aos princípios da organização económico-social verdadeiro substracto constitucional, e que lhes permitem ser rectores de toda a Constituição económica, designadamente, no que diz respeito à actividade de planeamento. Exemplificando, será difícil sustentar que determinado plano não cumpre o objectivo de defesa do mundo rural, nos termos do artigo 90.º, sem referência àqueles princípios e sem que estes tenham por função, nesse momento, a disciplina do regime económico para a garantia e concretização de determinados direitos fundamentais (por exemplo, o direito ao trabalho ou à habitação e urbanismo, *no contexto do mundo rural* e da especial concretização que os mesmos aí reclamam).

Há, no entanto, uma *nova* problemática neste âmbito. Dependendo, hoje em dia, boa parte da garantia e concretização daqueles direitos fundamentais do cumprimento do Direito Europeu, os planos realizam tam-

---

[1195] Sobre ambos, cfr. anotação ao artigo 80.º, I, § 1.º, 1.3.

bém aí uma função essencial e que, em rigor, consiste na realização da própria Constituição[1196].

II. DIREITO INTERNACIONAL E EUROPEU

§ 5.º. Direito Internacional

O Direito Internacional não apresenta relevo específico directo no domínio do planeamento económico-social.

§ 6.º. Direito Europeu

O planeamento nacional – em sentido subjectivo, isto é, na perspectiva da sua realização pelos Estados-membros, seja pelo Estado enquanto pessoa colectiva, seja por outras entidades nacionais competentes – constitui uma condição, no âmbito do Direito Europeu, para o acesso aos fundos comunitários, sobretudo depois do Acto Único Europeu, com a introdução no TCE da ideia ou princípio da coesão económica e social[1197]. Com efeito, sendo um dos princípios de acesso a tais fundos o princípio da programação, aí está implicada uma tarefa de planeamento económico-social dos Estados-membros, planeamento esse que obedece, para além das leis nacionais, às orientações estabelecidas pelas instâncias comunitárias, em particular pela Comissão[1198].

Sendo tais fundos hoje essenciais à concretização dos direitos fundamentais dos cidadãos, a obrigação de planeamento por parte dos Estados--membros ganha novo fôlego e importância, designadamente em face da incapacidade do Estado em, por si, promover as condições para a concretização daqueles direitos, que continuam constitucionalmente vinculantes. Perante tal constatação, se é configurável a hipótese de tais obrigações de planeamento constituírem tarefas obrigatórias para Estados-membros cujas constituições as não prevejam expressamente, por força da recepção

---

[1196] Cfr. *infra*, II, § 6.º.
[1197] Neste sentido, cfr. EDUARDO PAZ FERREIRA, *Direito* …, pp. 317 ss.
[1198] Cfr. EDUARDO PAZ FERREIRA, *Direito* …, pp. 320 ss.

do Direito Europeu nos respectivos ordenamentos internos (mesmo ao nível constitucional), em Estados-membros cujas constituições as prevejam expressamente, como é o nosso caso, as respectivas normas constitucionais não podem deixar de ser interpretadas à luz do próprio Direito Europeu. E não necessariamente por causa do especial posicionamento deste face ao Direito Constitucional dos Estados-membros, mas porque as próprias constituições – e aqui em particular a CRP – a isso obrigam, por força da necessidade de garantia e concretização dos direitos fundamentais, para o que os apoios comunitários (em geral) são hoje de enorme relevo[1199-1200-1201].

III. MEMÓRIA CONSTITUCIONAL

§ 7.º. As constituições portuguesas anteriores à Constituição de 1976

As constituições portuguesas anteriores à Constituição de 1976 não consagravam a figura dos *planos* ou do *plano* como instrumento jurídico de intervenção do Estado na vida económico-social. Muito embora na Constituição de 1933 se descobrisse fundamento para a existência de planos de desenvolvimento económico-social, designadamente nos seus arti-

---

[1199] Cfr. anotação ao artigo 80.º, I, § 2.º, 2.5, e ao artigo 81.º, I, § 2.º, 2.10.

[1200] A este propósito, EDUARDO PAZ FERREIRA afirma que "O planeamento nacional fica, assim, fortemente condicionado pela disciplina comunitária da matéria, devendo sujeitar-se não só às exigências formais, mas também reflectir os acordos que se tenham estabelecido entre os decisores políticos nacionais e os comunitários." (cfr. *Direito ...*, pp. 323-324). Por seu turno, ANTÓNIO L. SOUSA FRANCO e GUILHERME D'OLIVEIRA MARTINS salientavam já que "O planeamento estratégico nacional, integrado nas acções de âmbito supranacional, regressa, assim, à ordem do dia nos anos noventa – já não numa lógica dirigista, mas de acordo com a necessidade de racionalizar recursos e de mobilizar energias disponíveis. Nesse sentido, torna-se necessário encontrar novas formas de articulação e harmonização entre planos e mercado e conceber o planeamento como um factor de regulação económica e social – ultimamente ligado à concertação social, à contratação económica e à coordenação de acções com vista ao desenvolvimento económico-social." (cfr. *A Constituição ...*, pp. 249-250).

[1201] Sobre o relacionamento entre o ordenamento jurídico português e o comunitário em matéria de fundos estruturais, em particular o FEDER, cfr. Ac. TC n.º 184/89, de 1 de Fevereiro de 1989, in *DR*, I Série, n.º 57, de 9 de Março de 1989.

gos 29.° e seguintes, a sua existência não era constitucionalmente imperativa *qua tale*. O que não significa que tais instrumentos não existissem: pelo contrário, o Estado Novo fez uso do planeamento como forma de ordenação económico-social[1202].

§ 8.°. **Conteúdo originário da redacção do preceito na Constituição de 1976 e sucessivas versões decorrentes das revisões constitucionais**

Na **redacção originária da Constituição de 1976**, a matéria sobre que versa a norma em causa constava do artigo 91.°, com a seguinte redacção:

"ARTIGO 91.°
(Objectivos do Plano)
1. Para a construção de uma economia socialista, através da transformação das relações de produção e de acumulação capitalistas, a organização económica e social do país deve ser orientada, coordenada e disciplinada pelo Plano.
2. O Plano deve garantir o desenvolvimento harmonioso dos sectores e regiões, a eficiente utilização das forças produtivas, a justa repartição individual e regional do produto nacional, a coordenação da política económica com a política social, educacional e cultural, a preservação do equilíbrio ecológico, a defesa do ambiente e a qualidade de vida do povo português.

Na **revisão constitucional de 1982**, o artigo 76.° da Lei Constitucional n.° 1/82, de 30 de Setembro, mantendo a numeração e epígrafe do preceito, eliminou a parte inicial do n.° 1 ("Para a construção de uma

---

[1202] Cfr. ANTÓNIO L. SOUSA FRANCO, *Noções* ..., I, p. 314; AUGUSTO DE ATAÍDE, *Elementos para um Curso de Direito Administrativo da Economia*, Lisboa, 1970, pp. 197 ss.; ANTÓNIO CARLOS SANTOS/MARIA EDUARDA GONÇALVES/MARIA MANUEL LEITÃO MARQUES, *Direito* ..., p. 227; EDUARDO PAZ FERREIRA, *Direito* ..., pp. 303-304; MANUEL AFONSO VAZ, *Direito* ..., p. 343 (em nota); ANTÓNIO L. SOUSA FRANCO e GUILHERME D'OLIVEIRA MARTINS chegam mesmo a afirmar que "apesar das proclamações verbais da Constituição actual, os planos entre nós só foram importantes durante o Estado Novo ("Planos de Fomento")" (cfr. *A Constituição* ..., p. 246).

economia socialista, através da transformação das relações de produção e de acumulação capitalistas (...)", que assim ficou com a seguinte redacção:

"ARTIGO 91.°
(Objectivos do Plano)
1. A organização económica e social do país é orientada, coordenada e disciplinada pelo Plano.
2. ...."

Na **revisão constitucional de 1989**, o artigo 63.° da Lei Constitucional n.° 1/89, de 8 de Julho, alterou a epígrafe do preceito, eliminou o n.° 1, e determinou que o n.° 2 – com alterações – passasse a constituir o corpo único do artigo, nos seguintes termos:

"ARTIGO 91.°
(Objectivos *dos planos*)
Os planos de desenvolvimento económico e social terão por objectivo promover o crescimento económico, o desenvolvimento harmonioso *de* sectores e regiões, a justa repartição individual e regional do produto nacional, a coordenação da política económica com as políticas social, educacional e cultural, a preservação do equilíbrio ecológico, a defesa do ambiente e a qualidade de vida do povo português."[1203].

A **revisão constitucional de 1992** não trouxe qualquer alteração ao preceito.

Na **revisão constitucional de 1997**, o artigo 58.° da Lei Constitucional n.° 1/97, de 20 de Setembro, renumerou o preceito – que passou a ser o actual artigo 90.° –, e alterou a sua redacção nos seguintes termos:

"*ARTIGO 90.°*
(Objectivos dos planos)
Os planos de desenvolvimento económico e social *têm* por objectivo promover o crescimento económico, o desenvolvimento harmonioso *e integrado* de sectores e regiões, a justa reparti-

---

[1203] Os itálicos são nossos, assinalando alterações (não se consideram algumas expressões eliminadas).

ção individual e regional do produto nacional, a coordenação da política económica com as políticas social, *educativa* e cultural, *a defesa do mundo rural*, a preservação do equilíbrio ecológico, a defesa do ambiente e a qualidade de vida do povo português."[1204].

Assim se fixou a actual redacção da norma, dado que nem a **quinta revisão constitucional, de 2001**, nem a **sexta revisão constitucional, de 2004**, nem tão-pouco a **sétima revisão constitucional, de 2005,** lhe trouxeram qualquer alteração.

§ 9.º. **Apreciação do sentido das alterações do preceito**

Para além da desideologização da norma, bem patente na revisão constitucional de 1982, é de assinalar a substituição do *Plano* pelos *planos de desenvolvimento económico e social* na revisão constitucional de 1989. Tal alteração entronca no processo de desconstitucionalização do *Plano*, enquanto figura jurídica constitucionalmente estabelecida (embora composta), no sentido de aumentar a liberdade do legislador infra-constitucional no estabelecimento da estrutura do planeamento. A final, porém, o que se pretendeu parece ter sido uma desvalorização do planeamento por atomicidade[1205].

Em sentido contrário aponta, no entanto, o apuro dos objectivos dos planos na revisão constitucional de 1997, e a alteração do tempo verbal – de *terão* para *têm* – o que, para além da correcção em termos de técnica legislativa, diminui a sua "dimensão prospectiva"[1206].

[1204] Os itálicos são nossos, assinalando as alterações (todas elas novas – não por substituição –, à excepção do verbo inicial que substituiu o tempo futuro pelo presente).

[1205] Sobre a desvalorização do plano ao longo das várias revisões constitucionais, cfr. Luís S. CABRAL DE MONCADA, *Direito* ..., pp. 560-562.

[1206] Cfr. ALEXANDRE SOUSA PINHEIRO/MÁRIO JOÃO BRITO FERNANDES, *Comentário* ..., p. 235 (que aí igualmente afirmam a *defesa do mundo rural* como novidade mais digna de nota). Segundo MARCELO REBELO DE SOUSA e JOSÉ DE MELO ALEXANDRINO, as alterações introduzidas na revisão constitucional de 1997 não iludem, enfim, "a crise do planeamento económico e social no ordenamento jurídico português." (cfr. *Constituição* ..., p. 203).

Com ANTÓNIO L. SOUSA FRANCO e GUILHERME D'OLIVEIRA MARTINS, pode dizer-se que "a flexibilidade consagrada na revisão constitucional de 1989 permite abrir portas a uma utilização mais adequada e útil do planeamento, no contexto de um Estado regulador e subsidiário"[1207].

IV. PAÍSES DE EXPRESSÃO PORTUGUESA

§ 10.º. Brasil

Nos termos do artigo 21.º, IX, da CRFB, compete à União "elaborar e executar planos nacionais e regionais de ordenação do território *e de desenvolvimento econômico e social*"[1208]. Mais adiante, já no Capítulo I ("Dos Princípios Gerais da Atividade Econômica") do Título VII ("Da Ordem Econômica e Financeira"), dispõe o artigo 174.º que:

"Art. 174.º
Como agente normativo e regulador da atividade econômica, o Estado exercerá, na forma da lei, as funções de fiscalização, incentivo e planejamento, sendo este determinante para o setor público e indicativo para o setor privado.
§ 1.º – A lei estabelecerá as diretrizes e bases do planejamento do desenvolvimento nacional equilibrado, o qual incorporará e compatibilizará os planos nacionais e regionais de desenvolvimento.
§ 2.º – A lei apoiará e estimulará o cooperativismo e outras formas de associativismo.
§ 3.º – O Estado favorecerá a organização da atividade garimpeira em cooperativas, levando em conta a proteção do meio ambiente e a promoção econômico-social dos garimpeiros.
§ 4.º – As cooperativas a que se refere o parágrafo anterior terão prioridade na autorização ou concessão para pesquisa e lavra dos recursos e jazi-

---

[1207] Cfr. *A Constituição* ..., p. 250. Sobre o sentido geral das revisões constitucionais, em matéria de planeamento, cfr. pp. 245 ss.

[1208] O itálico é nosso. Sobre as regiões, cfr. artigo 43.º da CRFB; e na doutrina, cfr. MANOEL GONÇALVES FERREIRA FILHO, *Curso de Direito Constitucional*, 30.ª Ed., São Paulo, 2003, pp. 71-72.

das de minerais garimpáveis, nas áreas onde estejam atuando, e naquelas fixadas de acordo com o art. 21.º, XXV, na forma da lei."[1209].

Existem ainda outras normas com relevo neste domínio[1210].

§ 11.º. **Angola**

A LCRA apenas se refere ao planeamento a propósito da competência da Assembleia Nacional e do Governo (alínea *d)* do artigo 88.º – "Aprovar, sob proposta do Governo, o Plano Nacional (...)").

§ 12.º. **Moçambique**

A CRM dispõe sobre os objectivos do *Plano* no seu artigo 128. Esta disposição contém ainda outras normas que não se confinam à fixação de objectivos, estendendo-se à relevância jurídica do Plano e respectivo procedimento de aprovação[1211].

"Artigo 128
(Plano Económico e Social)
1. O Plano Económico e Social tem como objectivo orientar o desenvolvimento económico e social no sentido de um crescimento sustentável, reduzir os desequilíbrios regionais e eliminar progressivamente as diferenças económicas e sociais entre a cidade e o campo.
2. O Plano Económico e Social tem a sua expressão financeira no Orçamento do Estado.
3. A proposta do Plano Económico e Social é submetida a Assembleia da República acompanhada de relatórios sobre as grandes opções globais e sectoriais, incluindo a respectiva fundamentação."

[1209] Os §§ 2.º, 3.º e 4.º introduzem o favorecimento do cooperativismo do âmbito do planeamento. Em especial, o § 4.º apresenta relevo a propósito das competências do Estado no domínio das actividades económicas (cfr. anotação ao artigo 86.º, IV, § 11.º).

[1210] Cfr. anotação ao artigo 91.º, IV, § 9.º, e anotação ao artigo 105.º, IV, § 14.º.

[1211] Cfr. ainda anotação ao artigo 91.º, IV, § 11.º.

§ 13.º. Cabo Verde

Em matéria de planeamento económico-social, a CRCV dispõe apenas, no seu artigo 91.º, que:

> "Artigo 91.º
> **(Planos de desenvolvimento)**
> O desenvolvimento económico e social de Cabo Verde pode ser orientado por planos de médio prazo e de carácter indicativo."

§ 14.º. Guiné-Bissau

A CRGB apenas se refere ao planeamento a propósito da competência da Assembleia Nacional Popular (alínea *g)* do n.º 1 do artigo 85.º – "aprovar o Orçamento Geral de Estado e o Plano Nacional de Desenvolvimento, bem como as respectivas leis") e do Governo (alínea *c)* do n.º 1 do artigo 100.º – "preparar o Plano de Desenvolvimento Nacional e o Orçamento Geral de Estado e assegurar a sua execução").

§ 15.º. São Tomé e Príncipe

A CRDSTP apenas se refere ao planeamento a propósito da competência da Assembleia Nacional (alínea *h)* do artigo 97.º – "aprovar os planos de desenvolvimento e a respectiva lei"), e do Governo (alínea *b)* do artigo 111.º – "preparar os planos de desenvolvimento (…) e assegurar a sua execução").

§ 16.º. Timor-Leste

A CRDTL apenas se refere ao planeamento a propósito da competência da Assembleia Nacional Popular para a aprovação do Plano (alínea *d)* do n.º 3 do artigo 95.º), e do Governo para a respectiva preparação e execução, bem como para a aprovação dos planos (alínea *d)* do n.º 1 do artigo 115.º, e alínea *f)* do artigo 116.º).

ARTIGO 91.º
(Elaboração e execução dos planos)

1. Os planos nacionais são elaborados de harmonia com as respectivas leis das grandes opções, podendo integrar programas específicos de âmbito territorial e de natureza sectorial.
2. As propostas de lei das grandes opções são acompanhadas de relatórios que as fundamentem.
3. A execução dos planos nacionais é descentralizada, regional e sectorialmente.

Quadro tópico:
I. ELABORAÇÃO E EXECUÇÃO DOS PLANOS
§ 1.º. As grandes opções dos planos;
1.1. A iniciativa e a fundamentação das propostas de lei;
1.2. O processo legislativo tendente à aprovação;
1.3. O carácter paramétrico das grandes opções dos planos;
1.3.1. A relação com os planos;
1.3.2. A relação com o Orçamento;
§ 2.º. Os planos nacionais;
2.1. A elaboração e aprovação dos planos nacionais;
2.2. A execução dos planos nacionais;
§ 3.º. Sentido do princípio democrático na elaboração e execução do planeamento nacional;
3.1. Plurisubjectividade do processo de elaboração dos planos nacionais;
3.2. Descentralização regional e sectorial na execução dos planos;
3.3. Fiscalização da execução dos planos nacionais.
II. DIREITO INTERNACIONAL E EUROPEU
§ 4.º. Direito Internacional;
§ 5.º. Direito Europeu.
III. MEMÓRIA CONSTITUCIONAL
§ 6.º. As constituições portuguesas anteriores à Constituição de 1976;

§ 7.º. Conteúdo originário da redacção do preceito na Constituição de 1976 e sucessivas versões decorrentes das revisões constitucionais;
§ 8.º. Apreciação do sentido das alterações do preceito.
IV. PAÍSES DE EXPRESSÃO PORTUGUESA
§ 9.º. Brasil;
§ 10.º. Angola;
§ 11.º. Moçambique;
§ 12.º. Cabo Verde;
§ 13.º. Guiné-Bissau;
§ 14.º. São Tomé e Príncipe;
§ 15.º. Timor-Leste.

I. ELABORAÇÃO E EXECUÇÃO DOS PLANOS

§ 1.º. **As grandes opções dos planos**

1.1. *A iniciativa e a fundamentação das propostas de lei*

O artigo 91.º é inequívoco quanto à precedência e valor paramétrico das grandes opções dos planos face ao planos, o mesmo se podendo dizer a propósito do Orçamento que, nos termos do n.º 2 do artigo 105.º da CRP, "é elaborado de harmonia com as grandes opções em matéria de planeamento (...)". Adiante veremos alguns aspectos da dimensão e profundidade dessa parametricidade[1212]. De momento, dada aquela precedência, atentemos no processo de formação das grandes opções do planos.

As grandes opções do planos recebem a forma de lei da AR, o que resulta do disposto no n.º 2 do artigo 91.º, bem como na alínea g) do artigo 161.º (competência política e legislativa da AR) e no n.º 3 do artigo 166.º (forma dos actos). Trata-se, todavia, de um caso de iniciativa legislativa reservada ao Governo o que, se é desde logo indiciado pela utilização da expressão *propostas* no texto do n.º 2 do mesmo artigo 91.º, fica resolvido pela já referida alínea g) do artigo 161.º e alínea c) do artigo 200.º. Por seu turno, a própria Lei Quadro do Planeamento[1213] reitera não apenas o

---

[1212] Cfr. I, § 1.º, 1.3.
[1213] Lei n.º 43/91, de 27 de Julho. Sobre a relação normativa entre esta Lei e as leis das grandes opções, cfr. Carlos Blanco de Morais, *As Leis Reforçadas – As Leis Refor-*

carácter de lei parlamentar das grandes opções do planos[1214] como o carácter reservado ao Governo da respectiva iniciativa legislativa[1215]. Recorde-se, contudo, que tal reserva de iniciativa legislativa respeita apenas à iniciativa *originária*: não faria sentido que aos deputados e grupos parlamentares fosse vedada a iniciativa superveniente[1216]. Mais, não tem aqui qualquer aplicação o disposto no n.º 2 do artigo 167.º da CRP, porque não se trata de introduzir qualquer alteração ao Orçamento em vigor.

Quanto a nós, a apresentação da proposta de lei das grandes opções dos planos é obrigatória (como de resto o é a do Orçamento do Estado) dado que o Orçamento é elaborado de harmonia com as grandes opções em matéria de planeamento[1217], o que significa uma precedência das grandes opções dos planos face àquele[1218]. Note-se, contudo, que não existe aqui norma idêntica ou semelhante à constante do n.º 2 do artigo 106.º da CRP, nos termos da qual a proposta de lei de Orçamento "é apresentada e votada nos prazos fixados na lei, a qual prevê os procedimentos a adoptar quando aqueles não puderem ser cumpridos". Analisando a Lei Quadro do Planeamento, verifica-se também a ausência de qualquer regulação quanto à apresentação da proposta de lei das grandes opções dos planos, designadamente, em matéria de prazo. Porém, dada a precedência lógica da lei das grandes opções face ao Orçamento, outra solução não se vê senão a de colocar o termo máximo do prazo para a apresentação da respectiva proposta por parte do Governo, no limite, no momento da apresentação da proposta de lei do Orçamento. Face à inexistência de norma constitucional expressa ou mesmo de norma expressa na Lei Quadro do Planeamento, há

çadas Pelo Procedimento no Âmbito dos Critérios Estruturantes das Relações Entre Actos Legislativos, Coimbra, 1998, p. 802

[1214] Cfr., designadamente, alínea *b)* do artigo 4.º, alínea *a)* do n.º 2, e alínea *a)* do n.º 3 do artigo 6.º e artigo 9.º.

[1215] Cfr. alínea *a)* do n.º 3 do artigo 6.º, e n.º 2 do artigo 9.º. Sobre a reserva de iniciativa legislativa governamental como agravamento principal da tramitação agravada da lei das grandes opções, cfr. CARLOS BLANCO DE MORAIS, *As Leis Reforçadas* ..., p. 803.

[1216] Cfr. JORGE MIRANDA, *Manual* ..., V, pp. 252 ss.; JORGE MIRANDA/RUI MEDEIROS, *Constituição* ..., II, p. 138; J. J. GOMES CANOTILHO/VITAL MOREIRA, *Constituição* ..., I, p. 1036.

[1217] Cfr. n.º 2 do artigo 105.º da CRP e respectiva anotação (I, § 3.º, 3.1), e anotação ao artigo 90.º, I, § 3.º.

[1218] Sobre este aspecto, cfr. JORGE MIRANDA, *Manual* ..., V, p. 257. Igualmente, cfr. MARCELO REBELO DE SOUSA/JOSÉ DE MELO ALEXANDRINO, *Constituição* ..., p. 204.

que preencher tal lacuna a partir da Lei de Enquadramento Orçamental[1219], nos termos da qual a proposta de lei do Orçamento deve ser apresentada pelo Governo à AR até ao dia 15 de Outubro de cada ano[1220]: será esse o termo para a apresentação da proposta de lei das grandes opções.

Neste particular, é de atentar no disposto nos artigos 215.º e seguintes do RAR, especificamente dedicados ao processo parlamentar de aprovação das grandes opções dos planos nacionais e do Orçamento de Estado. O RAR unifica o respectivo processo por razões de pragmaticidade legislativa – tendo em conta, designadamente, a prática instalada de acoplação de ambos os processos – mas não elimina a identidade de cada uma das leis em causa. Com efeito, depois de o artigo 215.º dispor que "A proposta de lei das grandes opções dos planos nacionais e a proposta de lei do Orçamento do Estado referentes a cada ano económico são apresentadas à Assembleia no prazo legalmente fixado", o artigo 216.º prossegue numa clara distinção entre ambas ao afirmar, no seu n.º 1, que "Admitida *qualquer* das propostas, o Presidente da Assembleia ordena a sua publicação no *Diário* (…)"[1221]. E, para além de outros aspectos que aí vincam a identidade própria de cada uma das leis (ou propostas), um existe que reforça a já referida precedência da lei das grandes opções: nos termos do artigo 220.º do RAR, a proposta de lei das grandes opções e a do Orçamento são votadas na generalidade, *sucessivamente*, no termo do respectivo debate[1222-1223].

[1219] Lei n.º 91/2001, de 20 de Agosto, com as alterações introduzidas pela Lei Orgânica n.º 2/2002, de 28 de Agosto, pela Lei n.º 23/2003, de 2 de Julho, e pela Lei n.º 48/2004, de 24 de Agosto.

[1220] Cfr. n.º 1 do artigo 38.º, sendo naturalmente aplicáveis, a ser o caso e *mutatis mutandis*, o disposto nos respectivos n.os 2 e 3.

[1221] O primeiro itálico é nosso.

[1222] Salientava já MARCELO REBELO DE SOUSA que "a Constituição não proíbe um paralelismo ou mesmo simultaneidade na elaboração do Orçamento do Estado e da Lei do Plano anual. Tão somente estabelece a prioridade desta relativamente ao Orçamento do Estado na discussão e votação na Assembleia da República; antes dessa discussão e votação parlamentar podem coincidir no tempo ambos os processos." (cfr. *A Constituição de 1976* …, p. 15). Sobre esta problemática, cfr. CARLOS BLANCO DE MORAIS, *As Leis Reforçadas* …, pp. 790 ss.

[1223] Sobre esta problemática ao nível do planeamento e orçamento nas regiões autónomas, cfr. Ac. TC n.º 206/87, de 17 de Junho de 1987, in *DR*, I Série, n.º 156, de 10 de Julho de 1987.

Mais complexa é a questão de saber quais os efeitos da não apresentação atempada da proposta de lei das grandes opções dos planos. Sendo certo que tal pode configurar um caso de inconstitucionalidade por omissão, não são claras as respectivas consequências, designadamente, se tal preclude a possibilidade de apresentação da proposta de lei do Orçamento. Porém, não exigindo a CRP a anualidade das grandes opções dos planos, a respectiva plurianualidade pode constituir, para além de uma opção política vantajosa do ponto de vista substancial do planeamento, uma forma de promover a independência formal de ambas as leis, das grandes opções e do Orçamento: ponto é que cada Orçamento se suporte sempre numa lei das grandes opções vigente[1224-1225].

O n.º 2 do artigo 91.º da CRP obriga ainda o Governo a uma particular fundamentação da proposta de lei das grandes opções, que deve ser acompanhada de relatórios onde sejam expostas as razões do respectivo conteúdo (há um certo paralelo com a proposta de lei do Orçamento[1226]). Tal obrigação é ainda reiterada na Lei Quadro do Planeamento, importando vinculações de forma para a composição do conteúdo da lei das grandes opções: de acordo os n.ºs 2 e 4 do artigo 2.º, respectivamente, as grandes opções dos planos "devem fundamentar a orientação estratégica da política de desenvolvimento económico e social", estabelecendo-se ainda que a "lei das grandes opções correspondentes a cada plano é acom-

---

[1224] Note-se que, enquanto entre os anos 2000 e 2005 as grandes opções foram sempre anuais (cfr. Lei n.º 3-A/2000, de 4 de Abril – Grandes Opções do Plano para 2000; Lei n.º 30-B/2000, de 29 de Dezembro – Grandes Opções do Plano para 2001; Lei n.º 109-A/2001, de 27 de Dezembro – Grandes Opções do Plano para 2002; Lei n.º 32-A/2002, de 30 de Dezembro – Grandes Opções do Plano para 2003; Lei n.º 107-A/2003, de 31 de Dezembro – Grandes Opções do Plano para 2004; Lei n.º 55-A/2004, de 30 de Dezembro – Grandes Opções do Plano para 2005), a Lei n.º 52/2005, de 31 de Agosto, aprovou as Grandes Opções do Plano para 2005-2009, apesar de consagrar medidas de política e investimentos para as implementar logo no período de 2005-2006. CARLOS BLANCO DE MORAIS considera que "o fim da anualidade obrigatória dos planos nacionais, parece determinar também, a título consequente, a desnecessidade de aprovação de leis anuais contendo regras sobre as grandes opções de planeamento correspondentes, sendo a eficácia temporal destas últimas deixada no campo da liberdade programática do Governo e da Assembleia da República." (cfr. *As Leis Reforçadas* ..., p. 797).

[1225] Sobre a problemática aqui em causa, cfr. *infra*, I, § 1.º, 1.3.2., e anotação ao n.º 2 do artigo 105.º.

[1226] Como notam também J. J. GOMES CANOTILHO/VITAL MOREIRA, *Constituição* ..., I, p. 1036.

panhada de um relatório fundamentado em estudos preparatórios e define as opções globais e sectoriais". Adiante, o n.º 2 do artigo 9.º deixa inequívoco que aquele relatório deve acompanhar a proposta, e que a fundamentação da mesma deve ser elaborada "com base" naqueles estudos preparatórios. Se tais elementos que acompanham a proposta de lei se destinam a dotar a AR das informações necessárias à respectiva discussão e votação, responsabilizam particularmente, aos diversos níveis do processo legislativo, os respectivos intervenientes, tanto na fundamentação como na objecção quanto às respectivas deficiências[1227].

1.2. O processo legislativo tendente à aprovação

O processo legislativo tendente à aprovação das leis das grandes opções dos planos obedece às disposições genéricas constantes da CRP em matéria de procedimento legislativo, bem como ao especialmente disposto nos artigos 215.º e seguintes do RAR, como já referimos[1228]. Não vamos neste momento explorar todo esse percurso procedimental, mas tão só acentuar uma das suas dimensões: a da participação. Ainda que a ela tenhamos que tornar[1229], é conveniente que lhe dediquemos desde já atenção, especificamente a propósito das grandes opções dos planos.

O artigo 91.º da CRP não se refere especificamente à participação no procedimento tendente à aprovação das leis das grandes opções dos planos. É no subsequente artigo 92.º que encontramos a imperatividade de participação do Conselho Económico e Social na elaboração das propostas das grandes opções dos planos e dos planos de desenvolvimento económico e social. Por seu turno, a própria Lei Quadro do Planeamento estabelece a participação social "nos termos da lei" como princípio de elaboração dos planos[1230], participação essa que (a par da apreciação dos

---

[1227] Consideram JORGE MIRANDA e RUI MEDEIROS que a fundamentação aqui em causa, distinta da constitucionalmente exigida para os actos administrativos (n.º 3 do artigo 268.º), "não cumpre primordialmente uma função garantística" e, assim, que "não parece que a falta de relatório possa determinar a invalidade da consequente lei parlamentar" (cfr. *Constituição* ..., II, p. 140). Esta última posição merece-nos as maiores reservas e não parece muito consonante com a razão de ser que os Autores apontam à própria fundamentação.
[1228] Cfr. *supra*, I, § 1.º, 1.1.
[1229] Cfr. *infra*, I, § 3.º, e anotação ao artigo 92.º.
[1230] Cfr. alínea g) do artigo 4.º.

relatórios de execução dos planos) se faz "através do Conselho Económico e Social"[1231]: a este órgão compete dar parecer sobre a proposta de lei das grandes opções "antes de aprovada e apresentada pelo Governo à Assembleia da República"[1232]. Tal formulação sugere que o Governo deve colher o parecer do Conselho Económico e Social antes ainda de aprovar a proposta de lei em Conselho de Ministros[1233-1234].

Todavia, em aparente contradição com tal formulação, dispõe o n.º 3 do artigo 216.º do RAR que é "publicado no *Diário* [da Assembleia] e remetido à comissão o parecer que o Conselho Económico e Social tenha enviado à Assembleia", quando o mesmo já deveria estar na posse do Governo aquando da aprovação da proposta de lei em Conselho de Ministros, nos termos da CRP e da Lei Quadro do Planeamento. Naturalmente, tanto a CRP como a Lei Quadro prevalecem sobre o RAR, mas não é de todo incompatível o sentido das normas em causa. Sendo certo que tanto o n.º 1 do artigo 92.º da CRP, como o n.º 3 do artigo 9.º da Lei Quadro impõem que o Governo esteja munido do parecer do Conselho Económico e Social aquando da aprovação da proposta de lei, sendo por consequência o mesmo já conhecido aquando da remessa dessa proposta à AR, nada impede que o Conselho Económico e Social se faça ouvir novamente e directamente junto do Parlamento, como sugere o n.º 3 do artigo 216.º do RAR. Esta harmonização normativa parece ser a que melhor se adequa com o próprio princípio de participação social subjacente já que (i) o Governo não parece estar obrigado a remeter à AR o parecer do Conselho Económico e Social, por um lado, mas tão só os elementos já referidos[1235], e que (ii) a proposta de lei apresentada pelo Governo pode distanciar-se, a final, mais ou menos pontualmente, daquela que fora submetida àquele órgão de concertação, justificando-se que o mesmo se pronuncie novamente e (iii) directamente junto do Parlamento, órgão ao qual incumbe, no final, a aprovação da lei[1236].

[1231] Cfr. artigo 7.º.

[1232] Cfr. n.º 3 do artigo 9.º da mesma Lei Quadro do Planeamento.

[1233] Cfr. alínea *c)* do artigo 200.º da CRP.

[1234] O que explica também que a Lei Quadro do Planeamento expressamente incumba o Governo da regulamentação da estrutura dos órgãos técnicos responsáveis pela coordenação geral do processo de planeamento (cfr. artigo 8.º).

[1235] Cfr. *supra*, I, § 1.º 1.1.

[1236] Este é o entendimento que melhor se articula também com as observações de CARLOS BLANCO DE MORAIS quando nota que o parecer do Conselho Económico e Social

Mencionámos já o disposto na Lei Quadro do Planeamento, segundo o qual a participação no processo de elaboração dos planos (expressão genérica que pode bem abranger as grandes opções) se faz através do Conselho Económico e Social[1237]. Tendo em conta também as restantes disposições constitucionais e infra-constitucionais que já referimos também, pareceria que a participação social na elaboração das grandes opções do plano se esgotaria ou apenas poderia ser veiculada por aquele órgão, entendimento esse que poderia ser favorecido pela respectiva composição[1238]. Não nos parece, contudo, que assim seja. Não só estaríamos em presença de um tipo de corporatividade da participação social no planeamento que a CRP parece rejeitar globalmente[1239], como tal dificilmente se coadunaria com o disposto, designadamente, em matéria de direitos, liberdades e garantias dos trabalhadores. Recorde-se que constituem direitos das comissões de trabalhadores participar na elaboração dos planos económico-sociais que contemplem o sector respectivo[1240], como constituem direitos das associações sindicais pronunciar-se sobre os planos económico-sociais e acompanhar a respectiva execução[1241]. Dada a natureza destes direitos fundamentais – e apesar de às associações sindicais assistir expressamente também o direito de se fazerem representar nos organismos de concertação social – não seria aceitável que o respectivo exercício ficasse condicionado a uma exigência corporativa desta ordem, cuja integração orgânica é um direito e não (apenas) um dever[1242]. Assim, se nem a CRP nem a Lei Quadro do Planeamento consagram a participação imperativa destas organizações de trabalhadores, por si, no procedimento legislativo parlamentar tendente à aprovação da lei das grandes opções, nada impede a respectiva participação voluntária, seja junto do Governo, seja junto do Parlamento, das várias comissões que têm intervenção neste pro-

---

não reveste carácter vinculativo, o que permite ao Governo apresentar uma proposta de lei distante das sugestões ali veiculadas e, tratando-se de Governo minoritário, ainda à AR aprovar uma lei também ela apartada da proposta originária (cfr. *As Leis Reforçadas* ..., p. 803-804).

[1237] Cfr. artigo 7.º.
[1238] Sobre este aspecto, cfr. anotação ao artigo 92.º, I, § 1.º, 1.2.
[1239] Cfr. anotação ao artigo 80.º, I, § 2.º, 2.7, e anotação ao artigo 89.º, I, § 1.º e § 2.º.
[1240] Cfr. alínea *d)* do n.º 2 do artigo 54.º da CRP.
[1241] Cfr. alínea *c)* do n.º 2 do artigo 56.º da CRP.
[1242] Cfr. alínea *d)* do n.º 2 do artigo 56.º da CRP.

cedimento legislativo[1243]. Se a ausência dessa participação não desemboca em inconstitucionalidade ou ilegalidade – como é o caso, em princípio, da preterição do parecer do Conselho Económico e Social[1244] – já violará a Lei Fundamental barrar essa mesma participação àquelas organizações de trabalhadores[1245-1246].

1.3. *O carácter paramétrico das grandes opções dos planos*

1.3.1. *A relação com os planos*

Ao dispor que os "planos nacionais são elaborados de harmonia[1247] com as respectivas leis das grandes opções", o n.º 1 do artigo 91.º deixa clara a parametricidade destas face àqueles. Veja-se a concretização normativa dessa mesma parametricidade e do significado de *grandes opções* na Lei Quadro do Planeamento quando dispõe que as "grandes opções dos

---

[1243] Cfr., designadamente, artigo 217.º do RAR.

[1244] Tratando-se nesse caso de uma inconstitucionalidade formal (neste sentido, cfr. CARLOS BLANCO DE MORAIS, *As Leis Reforçadas* ..., p. 803).

[1245] Como observa MARCELO REBELO DE SOUSA, ao tempo referindo-se ainda ao Conselho Nacional do Plano, não se esgota na sua competência (hoje do Conselho Económico e Social) a concretização do princípio da democracia participativa, no desenvolvimento do artigo 2.º da CRP, e designadamente em matéria de planeamento (cfr. *A Constituição de 1976* ..., pp. 15-16). Sobre estes aspectos, no domínio da fase de apreciação (externa) do procedimento legislativo parlamentar, cfr. JORGE MIRANDA, *Manual* ..., V, pp. 268 ss.). O problema que aqui se suscita pode ser equacionado também a propósito das regiões autónomas e das autarquias locais. Note-se, aliás, que quanto às primeiras, há ainda que observar o seu direito de audição, nos termos do n.º 2 do artigo 229.º da CRP, sobre o qual o TC já se pronunciou, declarando "a inconstitucionalidade, com força obrigatória geral, por violação do disposto nos artigos 227.º, n.º 1, alínea v), e 229.º, n.º 2, da Constituição da República, do trecho do capítulo IV (2.ª Opção) do documento anexo à Lei n.º 30-B/2000, de 29 de Dezembro (Grandes Opções do Plano para 2001), relativo às «Regiões Autónomas», na medida da sua incidência na Região Autónoma da Madeira" (cfr. Ac TC n.º 10/2001, de 14 de Dezembro de 2001, *DR*, I Série, n.º 301, de 31 de Dezembro de 2001).

[1246] Sobre a problemática tratada neste ponto, cfr. ainda JORGE MIRANDA/RUI MEDEIROS, *Constituição* ..., II, p. 138 ss.; J. J. GOMES CANOTILHO/VITAL MOREIRA, *Constituição* ..., I, pp. 1038-1039.

[1247] E note-se aqui que a expressão *de harmonia* é a mesma utilizada no n.º 2 do artigo 105.º da CRP, quando a Constituição se refere à relação entre o Orçamento e as grandes opções em matéria de planeamento.

planos devem fundamentar a orientação estratégica da política de desenvolvimento económico e social"[1248], e que os "planos de desenvolvimento económico e social de médio prazo *reflectem* a estratégia de desenvolvimento económico e social definida pelo Governo, tanto a nível global como sectorial e regional, no período de cada legislatura"[1249], definição essa que começa no próprio programa do Governo. Por seu turno, os "planos anuais enunciam as medidas de política económica e social a concretizar pelo Governo no ano a que respeitam, com a sua expressão sectorial e regional, bem como a programação da execução financeira, prevista no Orçamento de Estado"[1250].

Do mesmo passo, a alínea *b)* artigo 4.° da mesma Lei Quadro estabelece como princípio de elaboração dos planos a "precedência da definição por lei das grandes opções relativas a cada plano" (bem como a "vinculação dos planos ao programa do Governo e às orientações de política de desenvolvimento económico e social estabelecidas pelo Governo", na alínea *a)* do mesmo artigo).

É, assim, inequívoca a parametricidade da lei das grandes opções face ao plano, independentemente da forma que este haja de revestir[1251], o que determina a sua compatibilidade com aquela lei, sob pena de ilegalidade[1252].

A parametricidade que se situa a montante dos planos não se resume, contudo, à lei das grandes opções, à Lei Quadro do Planeamento e à CRP. Mais complexa, existe sim, como afirma MARCELO REBELO DE SOUSA, "uma relação de subordinação do Orçamento do Estado à Lei do Plano anual, e do Plano anual a qualquer daqueles dois documentos" (*mutatis mutandis*)[1253].

1.3.2. *A relação com o Orçamento*

A problemática da relação entre as grandes opções e o Orçamento do Estado – isto é, da parametricidade daquela lei face a esta última – mere-

---

[1248] Cfr. n.° 2 do artigo 2.°.
[1249] Cfr. n.° 3 do artigo 2.°.
[1250] Cfr. n.° 4 do artigo 2.°.
[1251] Sobre esta questão específica, cfr. *infra*, I, § 2.°.
[1252] Cfr. JORGE MIRANDA/RUI MEDEIROS, *Constituição* ..., II, p. 141; J. J. GOMES CANOTILHO/VITAL MOREIRA, *Constituição* ..., I, p. 1036.
[1253] Cfr. *A Constituição de 1976* ..., p. 15. Cfr. ainda a anotação ao artigo 90.°.

cerá ainda nota a propósito do disposto no n.º 2 do artigo 105.º[1254]. Porém, no presente contexto, não podemos deixar de formular algumas observações a propósito.

Abordámos já a subordinação dos planos às leis das respectivas grandes opções, bem como ao Orçamento de Estado e relação com o próprio programa do Governo[1255]. Ainda que estes diversos níveis de vinculação não sejam idênticos em todas as suas dimensões, note-se que, a não se admitir o valor paramétrico da lei das grandes opções face ao Orçamento, os planos surgem como o único nível normativo, dos enunciados, sujeito a vinculações decorrentes de todos os outros, o que não parece adequar-se ao disposto na CRP, nem tão pouco à Lei Quadro do Planeamento. Com efeito, não tem sentido que o planeamento – expresso, em última análise, nos planos – se subordine unicamente à expressão "quantitativa e específica"[1256] do Orçamento, resultado que, enfim, se atinge se este não se encontrar subordinado à própria lei das grandes opções. Mais, a ser assim, os planos podem encontrar-se numa relação normativa complexa e com momentos de incompatibilidade intrínseca, por força da sua simultânea vinculação à lei das grandes opções e ao Orçamento, caso este não se subordinasse àquela. Se tal parece contrariar o disposto no n.º 2 do artigo 105.º da CRP, não é menos inaceitável, dado o disposto no artigo 90.º, que o Orçamento não esteja, afinal, subordinado ao *planeamento democrático do desenvolvimento económico e social*[1257]. Na medida em que pode falar-se de uma autovinculação do Governo em matéria de planeamento[1258], tal resultaria numa exclusão do Orçamento de Estado dessa mesma autovinculação e, dada a natureza e função constitucional deste último instrumento, à irrelevância prática do próprio planeamento como tarefa governamental de natureza jurídico-política[1259].

[1254] Cfr. anotação respectiva.
[1255] Cfr. *supra*, I, § 1.º, 1.3.1.
[1256] A expressão é JORGE MIRANDA (cfr. Manual ..., V, p. 363).
[1257] Cfr. alínea *e)* do artigo 80.º e anotação respectiva.
[1258] Cfr. anotação ao artigo 90.º, I, § 3.º.
[1259] Considerando que a partir de 1989 "a pulverização experimentada pelo Plano, gerou uma prática legislativa de planeamento que revelou ser desvitalizadora do poder vinculante das respectivas regras directivas sobre outros actos legislativos, como é o caso da Lei do Orçamento.", cfr. CARLOS BLANCO DE MORAIS, *As Leis Reforçadas* ..., pp. 788-789.

Note-se que a autovinculação sequencial que se inicia no programa do Governo encontra acolhimento na jurisprudência constitucional (embora sem a levar às últimas consequências). No Ac. TC n.º 148/94 (cit.), a propósito do sistema de propinas, afirmava-se que "A Constituição não só não estabelece prioridades entre estas e outras incumbências constitucionais como não as estabelece entre tais políticas constitucionalmente obrigatórias e outras políticas que são deixadas à livre escolha dos eleitores e dos partidos políticos e que se definem vinculativamente no Programa do Governo (artigos 191.º e 192.º), nas grandes opções dos planos e no Orçamento do Estado [artigo 164.º, alínea *h)*] e nas leis." (o sublinhado é nosso)[1260].

§ 2.º. Os planos nacionais

2.1. *A elaboração e aprovação dos planos nacionais*

Na actual redacção da CRP[1261], os planos nacionais são a única figura geral de planeamento – além das grandes opções – prevista neste Título II da Parte II, no âmbito do sistema de planeamento económico-social[1262]. Já não existe no texto constitucional qualquer referência,

---

[1260] Veja-se, por exemplo, que para FRANCISCO LUCAS PIRES, "o Programa do Governo, o Plano e o Orçamento entrosam a Legislação e a Administração, sob a égide de uma função política una que abraça a Assembleia e o Governo na sua origem e se projecta sobre os mais recônditos aspectos de actividade do Estado e da Sociedade." (cfr. *Teoria da Constituição de 1976* ..., p. 215). Com pontos comuns é a posição de JORGE MIRANDA, que, reconhecendo que a CRP atribui ao programa do Governo um relevo que só encontra par na CRCV, não deixa de afirmar que o mesmo "Não pode ser desligado da Constituição – sobretudo de uma Constituição com tão copiosas normas programáticas como a nossa, não só porque as tarefas fundamentais do Estado vinculam todos os poderes públicos mas também porque, especificamente, o Governo é o órgão de condução da política geral do país (...)." Num momento em que a CRP se referia ainda expressamente ao programa do Governo a propósito do planeamento (no artigo 92.º – *Natureza dos planos* – introduzido na revisão constitucional de 1989, para logo ser eliminado em 1997 – cfr. *infra*, III, § 7.º), JORGE MIRANDA afirmava que "o programa do Governo vem a ser a base da elaboração dos planos de desenvolvimento económico e social e, quanto ao plano anual, a base da elaboração do Orçamento do Estado", estabelecendo-se "a sucessão lógica e cronológica de *programa do Governo – planos – orçamento* e, por outro lado, a coerência entre a Assembleia da República (...) e o Governo (...)." (cfr. *Programa do Governo*, in DJAP, VI, Lisboa, 1994, pp. 553 ss.).

[1261] Sobre as redacções anteriores cfr. *infra*, III, § 7.º e § 8.º.

[1262] Sem prejuízo da referência a outras figuras de planeamento que surgem ao longo do texto constitucional, seja ao nível do chamado planeamento técnico (definidor

nomeadamente, ao carácter temporal e duração dos planos, tendo sido tais aspectos objecto de desconstitucionalização a favor da Lei Quadro do Planeamento. Aí, sim, encontramos ainda as figuras dos planos de desenvolvimento económico e social de médio prazo e anuais que, de acordo com o disposto no n.° 1 do artigo 91.° em comentário, podem conter programas específicos de âmbito territorial e de natureza sectorial, programas esses que, em rigor, são muitas vezes eles próprios planos regionais ou sectoriais[1263]. Desta forma, a CRP já não obriga à existência de um certo tipo de planos no âmbito do planeamento nacional, o que, conferindo alguma maleabilidade ao próprio sistema de planeamento, também contribuiu para a legitimação do decaimento dos planos nacionais gerais propriamente ditos, cujo lugar é ocupado seja pelas grandes opções, a montante, seja por planos meramente regionais ou sectoriais, a jusante[1264].

Nos termos da CRP, a competência para a elaboração dos planos pertence ao Governo, no âmbito da sua competência administrativa, nos termos da alínea *a)* do artigo 199.°[1265], e no seio daquele especificamente ao Conselho de Ministros, conforme esclarece a alínea *e)* do n.° 1 do artigo 200.°.

A Lei Quadro do Planeamento estabelece os princípios básicos (e não taxativos) a que obedece a elaboração dos planos:

"ARTIGO 4.°
Princípios de elaboração dos planos
A elaboração dos plano rege-se, nomeadamente, pelos seguintes princípios:

---

de regras de ordenamento do território, urbanísticas ou outras – cfr. artigos 65.° e 66.°), do planeamento económico-social nas regiões autónomas (cfr. alínea *p)* do n.° 1 do artigo 227.°) ou a nível autárquico (cfr. n.° 2 do artigo 237.° e artigo 258.°).

[1263] Cfr. artigo 2.° da Lei Quadro do Planeamento.

[1264] Para MARCELO REBELO DE SOUSA e JOSÉ DE MELO ALEXANDRINO o plano – mesmo a sua existência – está dependente da vontade do Governo, excepção feita à lei das grandes opções: esta não pode deixar de existir e formar-se de acordo com o procedimento legislativo que lhe é próprio, mas o plano, propriamente dito, pode não ver sequer a luz do dia (cfr. *Constituição* ..., p. 204). Em sentido algo diverso, quanto à imperatividade constitucional de existência de planos, cfr. ALEXANDRE SOUSA PINHEIRO/MÁRIO JOÃO BRITO FERNANDES, *Comentário* ..., p. 237.

[1265] Cfr. igualmente a alínea *b)* do n.° 3 do artigo 6.° e o artigo 10.° da Lei Quadro do Planeamento.

a) Vinculação dos planos ao programa do Governo e às orientações de política de desenvolvimento económico e social estabelecidas pelo Governo;

b) Precedência da definição por lei das grandes opções relativas a cada plano;

c) Coordenação dos planos anuais e do Orçamento do Estado dos instrumentos comunitários;

d) Articulação dos planos anuais com os planos de desenvolvimento económico e social de médio prazo;

e) Disciplina orçamental e da compatibilização com os objectivos macroeconómicos;

f) Supletividade de intervenção do Estado face ao livre funcionamento da iniciativa privada e de mercados abertos e concorrenciais;

g) Participação social, nos termos da presente lei."

Todos estes princípios seriam dignos de nota e comentário. Referindo-nos especificamente a dois deles – os constantes das alíneas *a)* e *f)* – podemos considerar o seguinte. A vinculação dos planos ao programa do Governo suscita a complexa questão da relevância jurídica dessa relação de subordinação. Sendo o programa do Governo um acto político, dificilmente se poderá sustentar que a respectiva violação por parte dos planos assuma a qualidade e consequências jurídicas da *ilegalidade*[1266]. Não é também linear que o desrespeito por tal vinculação seja gerador de uma inconstitucionalidade indirecta de outro tipo, embora nos pareça que a CRP não afasta terminantemente essa hipótese. Nesse caso, ainda que seja difícil extrair consequências jurídicas que se projectem na (in)validade dos planos, é de considerar a relevância política da desconformidade entre os planos e o programa do Governo – porque este de um acto político se trata –, designadamente, para efeitos de responsabilização política do Governo[1267]. Quanto à supletividade de intervenção do Estado face ao livre funcionamento da iniciativa privada e de mercados abertos e concorrenciais, há que convocar o próprio modelo constitucional jus-económico,

---

[1266] Cfr. MARCELO REBELO DE SOUSA, *A Constituição de 1976* ..., p. 24.

[1267] No sentido de que não existe "(na verdadeira acepção do termo) garantia jurídica do cumprimento do programa pelo próprio Governo. Apenas existem garantias políticas (...)", cfr. JORGE MIRANDA, *Programa do Governo*, p. 559.

designadamente, conforme o vimos comentando a propósito dos diversos preceitos do Título I da Parte II: trata-se de atribuir ao planeamento – quando o mesmo se destine a definir estratégias e medidas de intervenção pública na economia – uma função correctiva, norteada pelos princípios da subsidiariedade e da proporcionalidade, mas não uma *desintervenção* pública de tipo liberal.

Também na elaboração dos planos – e não apenas das respectivas grandes opções – se faz valer o princípio da democracia participativa, designadamente, através do Conselho Económico e Social, cujo parecer prévio à aprovação governamental é condição de legalidade daqueles[1268].

Um problema que se suscita a este propósito é o da forma que devem tomar os planos, o que em última análise reflecte a respectiva natureza: tomarão forma regulamentar ou legislativa (decreto-lei)? A questão não é, aliás, de mero relevo teórico. Entre outros aspectos, note-se que, a assumir natureza regulamentar, os planos não podem ser sujeitos a apreciação parlamentar, nos termos do artigo 169.º da CRP, sem prejuízo da competência de fiscalização genérica por parte da AR, ao abrigo do disposto na alínea *a)* do artigo 162.º (e da competência parlamentar de apreciação da execução dos planos nacionais, nos termos da alínea *e)* do mesmo artigo). Quanto a nós, propendemos para considerar que os planos não devem assumir forma legislativa, por não ser legislativa a sua natureza, na essência. A CRP, aliás, fornece argumentos nesse sentido. Em primeiro lugar, a competência para a elaboração dos planos surge integrada na competência administrativa do Governo (artigo 199.º), cujos actos, em geral, devem assumir formas típicas da função administrativa e não da função político-legislativa[1269]. Em segundo lugar, a CRP distingue a competência do Conselho de Ministros para a aprovação de decretos-leis e para a aprovação de planos (respectivamente, alíneas *d)* e *e)* do n.º 1 do artigo 200.º)[1270], o que, se não é decisivo – por contraponto com aquele primeiro argumento – constitui mais um elemento interpretativo no sentido que propugnamos.

[1268] Cfr. n.º 1 do artigo 92.º da CRP, e artigo 7.º e n.º 2 do artigo 10.º da Lei Quadro do Planeamento.

[1269] Sobre este problema no domínio da criação de empresas públicas, cfr. RUI GUERRA DA FONSECA, *Autonomia Estatutária* ..., pp. 139 ss. *passim*. Em sentido algo diverso, cfr. PAULO OTERO, *Da Criação* ..., *passim*.

[1270] Salientando também este aspecto, cfr. JORGE MIRANDA/RUI MEDEIROS, *Constituição* ..., II, p. 141.

É, aliás, a tese de MARCELO REBELO DE SOUSA, para quem também o plano e o desenvolvimento do Orçamento se integram na função administrativa e não já na função legislativa, razão pela qual os planos devem assumir a forma de decreto regulamentar[1271]. Tendemos a rejeitar, por consequência, aquelas posições que apontam para a necessidade de os planos revestirem forma de decreto-lei, pelas razões apontadas, mas também porque não entendemos as leis das grandes opções dos planos como meras leis de bases que reclamem desenvolvimento por parte do Governo, necessariamente, sob a forma de decreto-lei[1272]: mais do que bases elas fixam grandes opções com tradução orçamental e necessidade de implementação administrativa através de tarefas de planeamento a jusante; e não parece que possa dizer-se que o planeamento envolva uma tarefa criativa *ex novo*, originária, assimilável àquela que se encontra na elaboração de decretos-leis de desenvolvimento por parte do Governo, no âmbito da sua parcela da função político-legislativa.

2.2. *A execução dos planos nacionais*

A CRP atribui ao Governo a competência para executar os planos: isso resulta directamente do disposto na alínea *a)* do artigo 199.º, mas também da competência governamental para a execução do Orçamento do

---

[1271] Cfr. *A Constituição de 1976* ..., p. 25. Em sentido idêntico, cfr. CARLOS BLANCO DE MORAIS, *As Leis Reforçadas* ..., pp. 801 e 805. Afirmando não ser "seguro se o plano deve revestir a forma de decreto-lei ou de decreto regulamentar", cfr. J. J. GOMES CANOTILHO/VITAL MOREIRA, *Constituição* ..., I, p. 1036. Questão que não pode aqui analisar-se é a do confronto entre as figuras do decreto regulamentar e da resolução do conselho de ministros (esta última tão em moda), bem como da liberdade de opção por uma delas por parte do Governo para dar forma aos planos. O problema é complexo e relevante, designadamente, para efeitos dos n.ºs 6 e 7 do artigo 112.º da CRP, bem como no que respeita à promulgação e assinatura por parte do Presidente da República (cfr. alínea *b)* do artigo 134.º da CRP).

[1272] Neste último sentido, cfr. J. J. GOMES CANOTILHO/VITAL MOREIRA, *Constituição* ..., 3.ª Ed., p. 780; ANTÓNIO CARLOS SANTOS/MARIA EDUARDA GONÇALVES/MARIA MANUEL LEITÃO MARQUES, *Direito* ..., p. 228; LUÍS S. CABRAL DE MONCADA, *Direito* ..., p. 573; MANUEL AFONSO VAZ, *Direito* ..., p. 349. Afirmando que a relação entre leis das grandes opções dos planos e os planos "não se reconduz àquela que existe entre lei de bases e decreto-lei de desenvolvimento", cfr. JORGE MIRANDA/RUI MEDEIROS, *Constituição* ..., II, p. 141.

Estado, prevista na alínea *b)* do mesmo artigo, para a qual os planos representam instrumentos relevantes, como o demonstra justamente o disposto no artigo 5.º da Lei Quadro do Planeamento:

"ARTIGO 5.º
Princípios relativos à execução dos planos
A execução dos planos rege-se pelos seguintes princípios:
a) Compatibilização com o Orçamento do Estado e com todos os instrumentos de planeamento nacional vigentes;
b) Execução descentralizada, a nível regional e sectorial, da execução dos planos;
c) Coordenação da execução dos planos."

A concretização da execução dos planos dependerá, naturalmente, do respectivo conteúdo. Daí que, em matéria de execução dos planos, a própria Lei Quadro do Planeamento se não limite a uma mera reiteração geral do já disposto na CRP, antes afirmando que ao Governo compete, neste domínio, concretizar as medidas previstas nos planos, coordenar a respectiva execução descentralizada e elaborar os relatórios referentes à execução[1273].

Também no domínio da execução dos planos tem concretização o princípio da participação, designadamente, através do Conselho Económico e Social[1274].

Todavia, tais enunciados não esgotam a conformação normativa da competência do Governo em matéria de execução dos planos. Desde logo, porque em face do disposto na alínea *g)* do artigo 199.º, compete a este órgão de soberania "praticar todos os actos e tomar todas as providências necessárias à promoção do desenvolvimento económico-social e a à satisfação das necessidades colectivas", o que em termos administrativos importa uma obrigação governamental de desenvolver e concretizar por quaisquer meios constitucional e legalmente colocados ao seu dispor o conteúdo dos planos. Depois, e mais especificamente, porque o desempenho de tal função pode implicar o desencadear da própria função político--legislativa do Governo, não se confinando a medidas ou actos de natureza meramente administrativa.

[1273] Cfr. alíneas *c)* a *e)* do n.º 3 do artigo 4.º e artigo 11.º da Lei Quadro do Planeamento.
[1274] Cfr. artigos 7.º e 11.º da Lei Quadro do Planeamento.

Percebe-se, contudo, que a subsistência na CRP do conteúdo do artigo 91.º encontra justificação essencial na articulação entre o planeamento e o princípio democrático, em termos jus-fundamentais, dada a extensão da desconstitucionalização progressiva que esta matéria foi sofrendo (o que se revela tanto no conteúdo actual da Lei Quadro do Planeamento como nas sucessivas alterações ao texto constitucional neste domínio[1275]. Alguns pontos merecerão a nossa atenção no parágrafo subsequente.

§ 3.º. Sentido do princípio democrático na elaboração e execução do planeamento nacional

3.1. Plurisubjectividade do processo de elaboração dos planos nacionais

Já em diversos momentos nos referimos à plurisubjectividade dos processos de planeamento, tanto a propósito das leis das grandes opções como dos próprios planos[1276]. Tal característica do processo de planeamento constitui um imperativo constitucional decorrente do princípio do Estado de Direito democrático (artigo 2.º da CRP), que se projecta no elenco de tarefas fundamentais do Estado (designadamente, a partir da alínea c) do artigo 9.º da CRP). Do ponto de vista da Constituição económica formal, esse mesmo imperativo encontra acolhimento nos princípios fundamentais da organização económico-social presentes no artigo 80.º, designadamente no princípio da subordinação do poder económico ao poder político democrático (alínea a)), no princípio do planeamento democrático do desenvolvimento económico e social (alínea e)) e também na participação das organizações representativas dos trabalhadores e das organizações representativas das actividades económicas na definição das principais medidas económicas e sociais (alínea g))[1277], e constitui um pressuposto constitucional do desenvolvimento das incumbências prioritárias do Estado previstas no artigo 81.º.

[1275] Cfr. infra, III, § 7.º e 8.º.
[1276] Cfr. supra, I, § 1.º e § 2.º.
[1277] Cfr. anotações respectivas.

Este imperativo constitucional encontra refracções no próprio texto constitucional, alguns dos quais já mereceram a nossa atenção: é o caso dos direitos das comissões de trabalhadores (alínea *d)* do n.º 5 do artigo 54.º), das associações sindicais (alínea *c)* do n.º 2 do artigo 56.º), mas também das regiões autónomas e das regiões administrativas, às quais assiste o direito (e o dever) de participar na elaboração dos planos nacionais, aqui se incluindo as grandes opções, naturalmente (alínea *p)* do n.º 1 do artigo 227.º e artigo 258.º)[1278].

3.2. Descentralização regional e sectorial na execução dos planos

Por força do disposto no n.º 3 do artigo 91.º, a execução dos planos nacionais está subordinada a um princípio de descentralização regional e sectorial. Para J. J. GOMES CANOTILHO e VITAL MOREIRA, a CRP pretende aqui referir-se a *desconcentração* e não *descentralização* em sentido próprio: não se trataria, portanto, nas palavras dos Autores, da "atribuição de tarefas de execução do planeamento central a outras entidades públicas além do Estado" mas da "entrega da sua execução a serviços estaduais de planificação, de âmbito regional ou sectorial"[1279].

Propugnamos, contudo, opinião diversa. Para nós, o termo *descentralização* tem um significado constitucional próprio, que parte desde logo do princípio do Estado de Direito democrático (artigo 2.º da CRP) e da conformação da forma de Estado na Constituição portuguesa (artigo 6.º da CRP). Como decorrência do princípio democrático do ponto de vista político-administrativo, a descentralização implica personalidade jurídica distinta da do Estado, justificada pela existência de fins distintos dos deste, portanto próprios de agregados populacionais específicos ou de comunidades locais, se se preferir, e com a correspondente autonomia decisória, nos vários níveis ou tipos em que do ponto de vista jurídico é possível dividi-la[1280]. Donde, não vemos razão para presumir que o legislador constitucional não se expressou convenientemente neste inciso. Pelo con-

---

[1278] Sobre a aplicação deste princípio ao planeamento regional, nas regiões autónomas, cfr. Ac. TC n.º 140/85 (cit.).

[1279] Cfr. *Constituição* ..., I, p. 1037.

[1280] Sobre esta problemática, cfr. RUI GUERRA DA FONSECA, *Autonomia Estatutária* ..., pp. 81 ss. *passim.*

trário. Sendo a execução dos planos nacionais uma tarefa de natureza administrativa, a respectiva organização institucional – isto é, da administração em sentido subjectivo dedicada à execução dos planos – estaria já vinculada aos princípios da descentralização e desconcentração administrativas por força do disposto no artigo 267.º da CRP, designadamente do respectivo n.º 2. Assim, a justificação para a reiteração da descentralização regional e sectorial na execução dos planos nacionais presente no n.º 3 do artigo 91.º encontra-se, não apenas no valor constitucional do princípio da descentralização em sentido próprio, mas no facto de, à partida, a execução dos planos nacionais estar, realmente, entregue à administração dependente do Governo (desconcentrada). Com efeito, sendo os planos aqui referidos *nacionais*, pareceria natural que tal tarefa coubesse (em exclusivo) à administração governamental, razão pela qual o legislador constitucional entendeu estabelecer expressamente o contrário: a execução dos planos nacionais constitui uma competência do Governo (alínea *a)* do artigo 199.º da CRP), mas que não é excludente da competência de outras entidades verdadeiramente descentralizadas, ainda que sob a coordenação daquele órgão de soberania (o que encontra acolhimento na redacção daquela alínea *a)* do artigo 199.º, que fixa como competência do Governo não propriamente executar os planos mas antes *fazê-los executar).*

Este nosso entendimento encontra também fundamento no disposto na Lei Quadro do Planeamento. Desde logo, este diploma vinca o papel coordenador do Governo ao estabelecer que este "regulamentará, por decreto-lei, a estrutura dos órgãos técnicos que respondem pela coordenação geral do processo de planeamento e sua interligação com os recursos comunitários para fins estruturais, que asseguram a articulação da elaboração dos planos e do Orçamento do Estado e que preparam e acompanham a execução dos planos sectoriais"[1281]. Por outro lado, fixa que "Até à instituição das regiões administrativas [que são, como se sabe nos termos do n.º 1 do artigo 236.º, autarquias locais, portanto, entidades descentralizadas em sentido próprio], incumbe às comissões de coordenação regional preparar e acompanhar a execução dos planos regionais incluídos no Plano"[1282]. Existe, pois, o claro propósito constitucional e legal de des-

---

[1281] Cfr. artigo 8.º.
[1282] Cfr. artigo 12.º.

centralizar a execução dos planos nacionais, na sua vertente regional e sectorial, o que é, aliás, sublinhado pelos princípios relativos à execução dos planos constantes daquela Lei Quadro, nas alíneas *b)* e *c)* do respectivo artigo 5.º: "execução descentralizada, regional e sectorial, da execução dos planos" e "coordenação da execução dos planos". Não se trata, bem entendido, de afastar a competência do Governo, mas antes de a coordenar com a de entidades descentralizadas quando os planos atinjam os seus próprios fins, o que é, afinal, o cerne do princípio da descentralização (político-)administrativa como decorrência do princípio democrático[1283].

3.3. Fiscalização da execução dos planos nacionais

A fiscalização da execução dos planos nacionais constitui, igualmente, uma vertente fundamental do princípio democrático em matéria de planeamento. A CRP refere expressamente a fiscalização política da execução dos planos ao estabelecer a competência da AR para a apreciação dos relatórios de execução dos planos nacionais, prevista na alínea *e)* do artigo 161.º, embora a fiscalização parlamentar vá, neste domínio, além dessa apreciação, por força do disposto na alínea *a)* do mesmo artigo, nos termos da qual lhe cabe "vigiar pelo cumprimento da Constituição e das leis e apreciar os actos do Governo e da Administração"[1284].

Não pode excluir-se, porém, a fiscalização jurisdicional. Com efeito, os planos estão subordinados às leis que os vinculam – designadamente, a lei das grandes opções e o Orçamento[1285] – e que assim constituem um padrão de legalidade para aferir da validade dos planos. Por outro lado, sendo eles próprios instrumentos normativos – nomeadamente de natureza regulamentar[1286] – vinculam a Administração, e o respectivo incumpri-

---

[1283] Também no sentido de que a CRP não se refere aqui a desconcentração mas a descentralização, embora advogando "uma concepção ampla de descentralização" para o efeito, cfr. JORGE MIRANDA/RUI MEDEIROS, *Constituição* ..., II, pp. 146-147. Sobre esta problemática, cfr. ANTÓNIO L. SOUSA FRANCO/GUILHERME D'OLIVEIRA, *A Constituição* ..., p. 345.

[1284] A alínea *c)* do n.º do artigo 56.º da CRP atribui às associações sindicais o direito de *acompanhar* a execução dos planos económico-sociais, acompanhamento esse que, numa acepção muito ampla e imprópria (que não é a do texto *supra*) poderá ser visto como uma forma de fiscalização.

[1285] Cfr. *supra*, I, § 1.º e § 2.º.

[1286] Cfr. *supra*, I, § 2.º, 2.1.

mento é susceptível de determinar a ilegalidade dos actos administrativos que os concretizem.

Sobre a normatividade das grandes opções dos planos o TC no seu Ac. n.º 10/2001 (cit.), perguntou-se já "se as Grandes Opções do Plano – ou, mais precisamente, as proposições do anexo à respectiva Lei, que contém aquelas – constituem «normas» para efeitos de fiscalização de constitucionalidade por parte do Tribunal". A tal questão respondeu o TC que "uma vez que as Grandes Opções do Plano constam do «Anexo» a uma «lei» da Assembleia da República, anexo que faz parte integrante desse diploma [cf., no caso, o artigo 7.º da Lei n.º 30-B/2000, e, em geral, o artigo 91.º, n.º 1, o artigo 161.º, alínea g), e o artigo 166.º, n.º 3, da Constituição da República], eis quanto basta para, por este lado, não deverem excluir-se as correspondentes proposições do âmbito das «normas» passíveis do controlo do Tribunal. E isso – pode acrescentar-se – qualquer que seja a qualificação «dogmática» que deva conferir-se, em último termo, a essa lei: nomeadamente, se se trata de uma simples lei de *indirizzo* político ou de uma lei «objectiva» (para usar a terminologia dicotómica de L. Cabral de Moncada, *A Problemática Jurídica do Planeamento Económico*, Coimbra, 1985, pp. 193 e segs.), ou então uma lei «de conteúdo misto» (como qualificou, em geral, as «leis do plano» – tendo-as como leis com um conteúdo simultaneamente «normativo» e «administrativo» – A. Rodrigues Queiró, *Lições de Direito Administrativo*, Coimbra, 1976, p. 343). A este respeito – é um símile que inevitavelmente ocorre – passar-se-á com a lei das Grandes Opções do Plano o mesmo que com a lei do Orçamento: qualquer que seja a qualificação dogmática que em definitivo lhe caiba (v., sobre o ponto, o lugar por último citado, ou ainda J. M. Cardoso da Costa, «Sobre as autorizações legislativas da lei do Orçamento», in *Estudos em Homenagem ao Prof. Teixeira Ribeiro*, 1981, notas 8 e 22 e no texto), é indiscutível que também as disposições, mesmo de puro conteúdo orçamental, que integram esta última são «normas», para efeitos do controlo por este Tribunal (e assim, de resto, este o tem «praticado», sem discrepância ou hesitação)".

O TC considerou, ainda, de modo que quanto a nós importa transcrever, que "A dúvida ou o problema aventado só pode residir assim numa outra ordem de considerações, para que se poderá encontrar expressão ainda no enunciado acima transcrito, mas que, em boa verdade, até ao presente o Tribunal não considerou. Tratar-se-á de saber se não deverá, de todo o modo, reconhecer-se a possibilidade de vir a deparar-se, num acto formal do poder normativo (*v. g.*, uma lei da Assembleia da República), com proposições que não chegam afinal a possuir alcance preceptivo ou vinculativo, assumindo antes um carácter, seja meramente «descritivo», seja simplesmente «indicativo», seja «proclamatório» ou «prospectivo» – isto é (e utilizando o dito enunciado) que não chegam a perfilar-se como uma «regra de conduta» (ou um «critério de decisão»). Se o caso se der, hão-se considerar-se tais proposições ainda como «normas», ao menos para efeito de controlo pelo Tribunal Constitucional? E não é esse o caso que se dá com as Grandes Opções do Plano, ou, ao menos, com parte das proposições que integram o anexo à correspondente lei, em que aquelas se acham contidas – e, entre estas, com alguma ou algumas das agora questionadas? [§] É de liminar evidência que o documento anexo à Lei sobre as Grandes Opções do Plano se apresenta como um «texto» de estrutura e formulação muito diversas e claramente contrastantes com aquelas de que se reveste tipicamente um diploma legislativo ou regulamentar. Mas não só isso: pode ainda dizer-se que os seus mesmos propósito ou intenção e alcance se diferenciam dos daqueles diplomas (e o contraste «externo» referido não será, afinal, senão o reflexo de tal diferenciação «intrínseca»), já que tais propósito e alcance se cifram, não propriamente no estabelecimento de determinações estritamente vinculativas, mas antes na fixação de objectivos e no delineamento de programas e projectos de actuação estadual que, em boa verdade, podem vir a ser cumpridos e executados, ou não (e, no primeiro caso, em maior ou menor medida) – mas sempre sem que possa vir a tirar-se daí qualquer consequência «jurídica». Por outro lado, o delineamento de tais programas e projectos tão-pouco impede que, no decurso do período em causa, outros ainda possam vir a ser adoptados e postos em execução pelo Governo. [§] Simplesmente, há uma outra e específica dimensão do alcance das Grandes Opções do Plano – e, consequentemente, do «documento» que as contém – que não pode olvidar-se: e essa é a de que, seja como for, elas condicionam, e condicionam directamente, nos termos da Constituição, a elaboração e o conteúdo de outros actos estaduais, a saber, os planos nacionais e o Orçamento: com efeito, de acordo com o disposto no n.º 1 do artigo 91.º da Constituição da República, os «planos nacionais são elaborados de harmonia com as respectivas leis das grandes opções»; e, de acordo, por sua vez, com o preceituado no n.º 2 do artigo 105.º da Constituição da República, também o Orçamento do Estado deve ser elaborado «de harmonia com as grandes opções em matéria de planeamento». [§] Não importa esclarecer em definitivo se, assim sendo, a lei que aprova as Grandes Opções do Plano há-de considerar-se uma «lei de valor reforçado», por se dever incluí-la entre as que são «pressuposto normativo necessário de outras leis ou [as] que por outras devem ser respeitadas», (...). E também não importará concluir, porventura, que o «condicionamento» a que as leis das Grandes Opções do Plano sujeitam outros actos estaduais possui uma «intensidade mínima» ou «fraca» (...); ao que poderá acrescentar-se que no mesmo sentido converge o progressivo e patente decréscimo da relevância constitucional e da «normatividade» (em sentido material) do plano, que se foi operando na Constituição da República, ao ritmo das suas sucessivas revisões]. [§] Seja como for, facto é que as Grandes Opções do Plano, pese a sua dimensão marcadamente «prospectiva», não deixam de revestir-se de uma certa, ainda que bastante limitada, «vinculatividade» jurídica imediata, enquanto condicionantes de outros actos do poder público (face a cujos autores – poderá pois dizer-se se perfilam, assim, como uma «regra de conduta»). Eis quanto basta para que inscrevendo-se elas, ou o «documento» que as contém, por outro lado, num acto que assume a «forma» de lei – as mesmas Opções não devam excluir-se do âmbito do conceito de «norma», relevante para efeitos de controlo do Tribunal Constitucional. [§] Só que, quanto vem de referir-se aplica-se apenas, e justamente, às Grandes Opções do Plano: essas «opções», uma vez aprovadas pela Assembleia da República, é que passam a condicionar a elaboração de planos e – sobretudo – a elaboração do Orçamento. [§] Ora, acontece que o conteúdo do documento de que constam as Grandes Opções do Plano não se esgota no enunciado destas, mas inclui, além dele, o respectivo enquadramento e justificação – em correspondência, de resto, com o que se exige no artigo 91.°, n.° 2, da Constituição da República, o qual dispõe que «as propostas de lei das grandes opções são acompanhadas de relatórios que as fundamentem». Assim – e tomando como exemplo justamente a Lei n.° 30-B/2000 e o respectivo «documento anexo» – pode verificar-se que é no capítulo IV deste último, subordinado justamente à epígrafe «Grandes Opções do Plano e principais linhas da acção governativa», que se depara com o enunciado e a detalhada concretização de tais «opções»; a ele se segue ainda um outro, em que se descreve, genericamente, a Política de investimentos do Estado; e nos três que o antecedem (ao dito capítulo IV), começa por versar-se (assim rezam as correspondentes epígrafes) «A situação económica em Portugal, depois a presidência portuguesa da UE – uma nova estratégia para a Europa e, por fim, as Transformações estruturais em foco». [§] Pois bem: afigura-se que o conteúdo de todos estes outros capítulos, assim exemplificados, do «documento anexo» à Lei das Grandes Opções do Plano não chega verdadeiramente a assumir densidade ou dimensão «normativa» (em sentido material), ainda que mínima: do que aí se trata (nomeadamente nos três primeiros capítulos) é antes da indicação, relato, análise e valoração dos dados e projecções, de natureza macroeconómica, social e política, que são a envolvente da decisão sobre as «opções» a tomar, e as condicionam e justificam, bem como dos objectivos políticos estratégicos (a mais longo prazo) que tais opções traduzem ou em que se inserem. Assim, não se vê que, nessa parte, o «documento anexo» em causa se revista de mais do que um alcance «descritivo» e, em algum ponto, «proclamatório» ou «prospectivo» – um alcance, em suma, que (salvas as devidas proporções) se dirá aproximar-se do dos relatórios ou preâmbulos justificativos dos diplomas legais. [§] Mas, assim sendo, então parece falecer justificação para que, nessa mesma parte, o conteúdo do «documento anexo» à Lei das Grandes Opções do Plano seja havido como um complexo de «normas» (apesar de integrar «formalmente» um diploma legal) passíveis ainda de controlo de constitucionalidade pelo Tribunal Constitucional: e a razão decisiva para tanto estará em que este último é um controlo de «validade» (implicando necessariamente um juízo «jurídico-normativo»), enquanto que aquele conteúdo propositivo do «documento» em apreço só é verdadeiramente susceptível, ou de um controlo de «veracidade» (actual ou futuro), ou então de um juízo puramente «político» (isto será assim, desde logo, quanto ao «fundo»; mas parece que daí haverá de retirar-se conclusão paralela quanto à «forma» ou ao «procedimento»). [§] (…) Posto isto – ou seja, a acolher-se a orientação que acaba de adiantar-se conclui-se, então, que, relativamente aos trechos do «documento anexo» à Lei n.º 30-B/2000 impugnados pelo requerente, só haverá que apreciar o indicado em segundo lugar, constante justamente do capítulo IV do mesmo documento, e respeitante ao que, no âmbito da 2.ª opção do Plano, ficou assinado ao Governo que promovesse nas Regiões Autónomas (cf. *supra*, n.º 1.). [§] Quanto ao primeiro indicado desses trechos – o respeitante ao «Programa Operacional Plurifundos da Região Autónoma da Madeira» –, já não deverá ele ser analisado pelo Tribunal, por carecer (num mínimo que seja) de alcance «normativo»: com efeito, tal trecho inscreve--se no capítulo do «Documento anexo», em que simplesmente se procede à descrição, valoração e projecção dos dados (dados de facto) da situação económica (envolventes e condicionantes da decisão sobre as opções a tomar) e limita-se a dar conta de um desses dados. Concretamente: o que sucede é que, na descrição e valoração dos dados da situação económica portuguesa, em que tinham de fazer-se as opções do plano para 2001, se inclui (necessária e naturalmente) uma especial e desenvolvida referência ao «Quadro comunitário de apoio para 2000-2001», negociado com a União Europeia, e em vigor no período a que aquelas se reportam (é a matéria do subcapítulo 3 do dito capítulo), com a detalhada indicação dos seus «eixos estratégicos» e «programas operacionais»; ora, contando-se entre estes últimos o assinalado e questionado «programa operacional plurifundos» da Madeira, é ele incluído (também necessariamente) em tal indicação".

II. DIREITO INTERNACIONAL E EUROPEU

§ 4.°. Direito internacional

Remetemos para o comentário ao artigo 90.°[1287].

§ 5.°. Direito europeu

Já nos referimos à importância do Direito Europeu no domínio do planeamento[1288]. É importante frisar, contudo, que os instrumentos normativos disciplinadores das várias políticas comunitárias constituem um nível de vinculatividade externo à CRP, mas que deve ser tido em conta no âmbito do sistema de planeamento. As próprias leis das grandes opções encontram-se materialmente condicionadas pelo disposto em tais instrumentos, e por conseguinte também os planos e o próprio Orçamento. Neste particular, e tendo em conta o que dissemos já a propósito da autovinculação governamental neste domínio e sobre a relevância do programa do Governo[1289], há que ter presente que os instrumentos político-legislativos nacionais sofrem uma relativização considerável. Mesmo do ponto de vista dos actos estritamente políticos, como é o caso do programa do Governo, e quando se equaciona a sua relevância jurídica, há que ter presente a respectiva relativização ou susceptibilidade de alteração substancial (indirecta) seja por força dos normativos comunitários (isto é, fontes normativas de Direito Comunitário, originário ou derivado), seja por força de actos de teor também essencialmente político tomados no âmbito das instituições europeias, designadamente do Conselho, que a qualquer momento podem obrigar o Governo a alterar o sentido das políticas fixadas no seu programa, nos termos em que o mesmo haja sido apreciado na AR, ao abrigo do disposto no artigo 192.° da CRP.

Por outro lado, mercê, fundamentalmente, do relevo dos fundos estruturais para o estabelecimento das soluções de planeamento nacional,

---

[1287] Cfr. II, § 5.°.
[1288] Cfr. anotação ao artigo 90.°, II, § 6.°.
[1289] Cfr. *supra*, I, § 1.° e § 2.°, onde remetemos igualmente para a anotação ao artigo 90.°.

a própria Lei Quadro do Planeamento prevê – como também já referido – a respectiva integração na estrutura organizativa técnica do planeamento nacional[1290]. Pode mesmo dizer-se que uma parte considerável da elaboração e da própria fiscalização da execução dos planos é realizada pela Administração portuguesa *na qualidade* de Administração comunitária, ou mesmo directamente por esta última, no que respeita à utilização dos fundos estruturais[1291].

III. MEMÓRIA CONSTITUCIONAL

§ 6.º. **As constituições portuguesas anteriores à Constituição de 1976**

As constituições portuguesas anteriores à actual não contêm disposições específicas sobre os processos de elaboração e execução de planos, pelo que remetemos para os comentários vertidos no âmbito do artigo 90.º da CRP[1292].

§ 7.º. **Conteúdo originário da redacção do preceito na Constituição de 1976 e sucessivas versões decorrentes das revisões constitucionais**

Na **redacção originária da Constituição de 1976**, a matéria ora em causa constava do artigo 94.º, com a seguinte redacção:

"ARTIGO 94.º
(Elaboração e execução)
1. Compete à Assembleia da República aprovar as grandes opções correspondentes a cada Plano e apreciar os respectivos relatórios de execução.
2. A elaboração do Plano é coordenada por um Conselho Nacional do Plano e nela devem participar as populações, através das autar-

---

[1290] Cfr. artigo 8.º.
[1291] Sobre o relacionamento entre o ordenamento jurídico português e o comunitário em matéria de fundos estruturais, em particular o FEDER, cfr. Ac. TC n.º 184/89 (cit.).
[1292] Cfr. III, § 7.º.

quias e comunidades locais, as organizações das classes trabalhadoras e entidades representativas de actividades económicas.

3. O implemento do Plano deve ser descentralizado, regional e sectorialmente, sem prejuízo da coordenação central, que compete, em última instância, ao Governo."

No entremeio, situavam-se então os artigos 92.° e 93.°, com as seguintes epígrafes e redacções:

"ARTIGO 92.°
(Força jurídica)
1. O Plano tem carácter imperativo para o sector público estadual e é obrigatório, por força de contratos-programa, para outras actividades de interesse público.

2. O Plano define ainda o enquadramento a que hão-de submeter-se as empresas dos outros sectores.

ARTIGO 93.°
(Estrutura)
A estrutura do Plano compreende, nomeadamente:

a) Plano a longo prazo, que define os grandes objectivos da economia portuguesa e os meios para os atingir;

b) Plano a médio prazo, cujo período de vigência deve ser o da legislatura e que contém os programas de acção globais, sectoriais e regionais para esse período;

c) Plano anual, que constitui a base fundamental da actividade do Governo e deve integrar o orçamento do Estado para esse período."

E, seguidamente, o artigo 95.°, com a seguinte epígrafe e redacção:

"ARTIGO 95.°
(Regiões Plano)
1. O país será dividido em regiões Plano com base nas potencialidades e nas características geográficas, naturais, sociais e humanas do território nacional, com vista ao seu equilibrado desenvolvimento e tendo em conta as carências e os interesses das populações.

2. A lei determina as regiões Plano e define o esquema dos órgãos de planificação regional que as integram."[1293].

Na **revisão constitucional de 1982**, o artigo 79.º da Lei Constitucional n.º 1/82, de 30 de Setembro, aditou um novo n.º 2 ao preceito, sendo este último substituído por dois novos números – 3 e 4; e o n.º 3 passou a constituir o n.º 5; tudo nos seguintes termos:

"ARTIGO 94.º
(Elaboração e execução)
1. ....
2. A proposta de lei do Plano será acompanhada de relatório sobre as grandes opções globais e sectoriais, incluindo a respectiva fundamentação com base nos estudos preparatórios.
3. Na elaboração do Plano participam as populações, através das autarquias e comunidades locais, as organizações representativas dos trabalhadores e as organizações representativas das actividades económicas.
4. A participação na elaboração do Plano faz-se, nomeadamente, por intermédio do Conselho Nacional do Plano, sendo a organização e funcionamento deste definidos por lei.
5. [*anterior n.º 3*]."

Foram também introduzidas várias alterações nos artigos 92.º e 93.º (cfr. artigos 77.º e 78.º da Lei Constitucional n.º 1/82, de 30 de Setembro).

Na **revisão constitucional de 1989**, o artigo 66.º da Lei Constitucional n.º 1/89, de 8 de Julho, renumerou o preceito – que passou a constituir o artigo 93.º – e alterou a respectiva epígrafe. Foi ainda alterada a redacção dos vários números, sendo eliminados os n.os 3 e 4, nos seguintes termos:

"*ARTIGO 93.º*
(Elaboração dos planos)
1. Compete à Assembleia da República aprovar as grandes opções correspondentes a cada *plano* e apreciar os respectivos relatórios de execução.

[1293] Sobre as alterações ao artigo 95.º, cfr. anotação ao artigo 92.º, III, § 7.º.

2. A proposta de lei *das grandes opções correspondentes a cada plano* será acompanhada de relatório sobre as grandes opções globais e sectoriais, incluindo a respectiva fundamentação com base nos estudos preparatórios."[1294].

O anterior artigo 93.º foi eliminado pelo artigo 67.º da Lei Constitucional n.º 1/89, de 8 de Julho.

Ainda, o artigo 68.º da Lei Constitucional n.º 1/89, de 8 de Julho, aditou um novo artigo 94.º, cujo corpo era constituído pelo n.º 5 do anterior 94.º, com alterações:

"ARTIGO 94.º
(Execução dos planos)
A execução dos planos deve ser descentralizada, regional e sectorialmente, sem prejuízo da sua coordenação pelo Governo.".

Foi também eliminado o anterior artigo 92.º, surgindo em seu lugar um preceito novo (cfr. artigos 64.º e 65.º da Lei Constitucional n.º 1/89, de 8 de Julho):

"Artigo 92.º
(Natureza dos planos)
Os planos de desenvolvimento económico e social de médio prazo e o plano anual, que tem a sua expressão financeira no Orçamento do Estado e contém as orientações fundamentais dos planos sectoriais e regionais, a aprovar no desenvolvimento da política económica, são elaborados pelo Governo de acordo com o seu programa.".

A **revisão constitucional de 1992** não trouxe qualquer alteração ao preceito.

Na **revisão constitucional de 1997**, o artigo 59.º da Lei Constitucional n.º 1/97, de 20 de Setembro, eliminou os artigos 92.º, 93.º e 94.º, e o artigo 60.º inseriu várias normas deles constantes num novo artigo 91.º, com a seguinte epígrafe e redacção:

[1294] Os itálicos são nossos e assinalam as alterações.

"ARTIGO 91.º
(Elaboração e execução dos planos)
1. Os planos nacionais são elaborados de harmonia com as respectivas leis das grandes opções, podendo integrar programas específicos de âmbito territorial e de natureza sectorial.
2. As propostas de lei das grandes opções são acompanhadas de relatórios que as fundamentem.
3. A execução dos planos nacionais é descentralizada, regional e sectorialmente.".

Assim se fixou a actual redacção da norma, dado que nem a **quinta revisão constitucional, de 2001**, nem a **sexta revisão constitucional, de 2004**, nem tão-pouco a **sétima revisão constitucional, de 2005,** lhe trouxeram qualquer alteração.

§ 8.º. Apreciação do sentido das alterações do preceito

As alterações sofridas pela CRP no domínio do planeamento são extensas, como se vê[1295], e que tocam os mais diversos aspectos. Em termos gerais, a figura jurídica dos planos – ou, talvez melhor, o sistema de planeamento económico-social – foi sendo progressivamente objecto de desconstitucionalização. Tal encontra desde logo uma justificação de desideologização da CRP: como impressivamente assinala EDUARDO PAZ FERREIRA, "*Sintomaticamente*, aquele que poderia ser o instrumento decisivo de construção de uma sociedade socialista, o plano económico, que ganhou pela primeira vez tratamento constitucional entre nós, não foi rodeado das características que lhe permitiriam prosseguir os ambiciosos objectivos enunciados no n.º 1 do artigo 91.º [hoje artigo 90.º]"[1296].

Por outro lado, a desconstitucionalização da figura jurídica dos planos fica a dever-se à própria influência do Direito Europeu, não apenas por causa da sua difícil compatibilização com aquela carga ideológica que associava o plano à transição para o socialismo, como, sobretudo, em virtude da subalternidade da autonomia nacional de planeamento

---

[1295] Cfr. *supra*, III, § 7.º e anotação ao artigo 90.º, III, § 8.º e § 9.º.
[1296] Cfr. *A Constituição Económica* ...p. 389.

face às vinculações comunitárias, mesmo no que respeita à definição de regiões-plano.

Neste sentido, embora possa notar-se uma certa *ocupação* do espaço do planeamento por parte do Orçamento, ela não infirma aquela tendência, visto que mesmo a liberdade de disposição orçamental dos Estados-membros encontra hoje limitações fundamentais no Direito Europeu[1297].

IV. PAÍSES DE EXPRESSÃO PORTUGUESA

§ 9.º. Brasil

Além do artigo 174.º da CRFB[1298], existem outras normas constitucionais que emprestam grande relevo ao planeamento no domínio orçamental: são os artigos 165.º e seguintes, que, justamente por isso, são objecto de referência a propósito do Orçamento[1299].

§ 10.º. Angola

A LCRA apenas se refere ao planeamento a propósito da competência da Assembleia Nacional e do Governo (alínea *e)* do artigo 88.º – "Aprovar, sob proposta do Governo, os relatórios de execução do Plano Nacional (...)).

[1297] Sobre a evolução do sistema de planeamento e as revisões constitucionais, cfr. ALEXANDRE SOUSA PINHEIRO/MÁRIO JOÃO BRITO FERNANDES, *Comentário* ..., pp. 236 ss.; ANTÓNIO L. SOUSA FRANCO, *Noções* ..., I, p. 314 ss.; ANTÓNIO L. SOUSA FRANCO/GUILHERME D'OLIVEIRA, *A Constituição* ..., pp. 248-249; ANTÓNIO CARLOS SANTOS/MARIA EDUARDA GONÇALVES/MARIA MANUEL LEITÃO MARQUES, *Direito* ..., pp. 227 ss.; EDUARDO PAZ FERREIRA, *Direito* ..., pp. 304 ss.; LUÍS S. CABRAL DE MONCADA, *Direito* ..., pp. 560 ss.; MANUEL AFONSO VAZ, *Direito* ..., pp. 344 ss. Antes da revisão constitucional de 1989, cfr. CRISTINA QUEIROZ, *O Plano* ..., Vol. XXXI, pp. 263 ss.

[1298] Cfr. anotação ao artigo 90.º, IV, § 10.º.

[1299] Cfr. anotação aos artigos 105.º, IV, § 14.º, e 106.º, IV, § 10.º.

§ 11.º. **Moçambique**

Além do estabelecimento dos objectivos do Plano e de outras dimensões normativas já contidas no respectivo artigo 128[1300], a CRM contém ainda uma disposição específica atinente à respectiva elaboração e execução. Trata-se do artigo 129:

"Artigo 129
(**Elaboração e execução do Plano Económico e Social**)
1. O Plano Económico e Social é elaborado pelo Governo, tendo como base o seu programa quinquenal.
2. A proposta do Plano Económico e Social é submetida à Assembleia da República e deve conter a previsão dos agregados macro-económicos e as acções a realizar para a prossecução das linhas de desenvolvimento sectorial e deve ser acompanhada de relatórios de execução que a fundamentam.
3. A elaboração e execução do Plano Económico e Social é descentralizada, provincial e sectorialmente."

§ 12.º. **Cabo Verde**

Em matéria de planeamento económico-social, veja-se o disposto no artigo 91.º da CRCV[1301].

§ 13.º. **Guiné-Bissau**

Veja-se a anotação ao artigo 90.º da CRP[1302].

§ 14.º. **São Tomé e Príncipe**
Veja-se a anotação ao artigo 90.º da CRP[1303].

[1300] Cfr. anotação ao artigo 90.º, IV, § 12.º.
[1301] Cfr. anotação ao artigo 90.º, IV, § 13.º.
[1302] Cfr. IV, § 14.º.
[1303] Cfr. IV, § 15.º.

§ 15.º. **Timor-Leste**

Veja-se a anotação ao artigo 90.º da CRP[1304].

[1304] Cfr. IV, § 16.º.

ARTIGO 92.º
(Conselho Económico e Social)

1. O Conselho Económico e Social é o órgão de consulta e concertação no domínio das políticas económica e social, participa na elaboração das propostas das grandes opções e dos planos de desenvolvimento económico e social e exerce as demais funções que lhe sejam atribuídas por lei.
2. A lei define a composição do Conselho Económico e Social, do qual farão parte, designadamente, representantes do Governo, das organizações representativas dos trabalhadores, das actividades económicas e das famílias, das regiões autónomas e das autarquias locais.
3. A lei define ainda a organização e o funcionamento do Conselho Económico e Social, bem como o estatuto dos seus membros.

Quadro tópico:

I. O CONSELHO ECONÓMICO E SOCIAL
§ 1.º. COORDENADAS DO REGIME JURÍDICO-CONSTITUCIONAL DO CONSELHO ECONÓMICO E SOCIAL;
1.1. Funções de consulta e concertação e função de participação no planeamento económico-social;
1.2. Aspectos orgânicos;
1.3. A competência legislativa de densificação da organização e funcionamento do Conselho Económico e Social;
§ 2.º. A PROBLEMÁTICA DO ESTATUTO JURÍDICO-CONSTITUCIONAL DO CONSELHO ECONÓMICO E SOCIAL.

II. DIREITO INTERNACIONAL E EUROPEU
§ 3.º. DIREITO INTERNACIONAL;
§ 4.º. DIREITO EUROPEU.

III. MEMÓRIA CONSTITUCIONAL
§ 5.º. AS CONSTITUIÇÕES PORTUGUESAS ANTERIORES À CONSTITUIÇÃO DE 1976;

§ 6.°. CONTEÚDO ORIGINÁRIO DA REDACÇÃO DO PRECEITO NA CONSTITUIÇÃO DE 1976 E SUCESSIVAS VERSÕES DECORRENTES DAS REVISÕES CONSTITUCIONAIS;
§ 7.°. APRECIAÇÃO DO SENTIDO DAS ALTERAÇÕES DO PRECEITO.
IV. PAÍSES DE EXPRESSÃO PORTUGUESA
§ 8.°. BRASIL;
§ 9.°. ANGOLA;
§ 10.°. MOÇAMBIQUE;
§ 11.°. CABO VERDE;
§ 12.°. GUINÉ-BISSAU;
§ 13.°. SÃO TOMÉ E PRÍNCIPE;
§ 14.°. TIMOR-LESTE.

I. O CONSELHO ECONÓMICO E SOCIAL

§ 1.°. **Coordenadas do regime jurídico-constitucional do Conselho Económico e Social**

1.1. *Funções de consulta e concertação e função de participação no planeamento económico-social*

O CES, criado na revisão constitucional de 1989 em substituição do anterior Conselho Nacional do Plano[1305], é, em termos genéricos, um órgão de consulta[1306] no domínio económico-social, designadamente, do Parlamento e do Governo nas suas funções político-legislativa e administrativa[1307]. Dizemos em termos genéricos, desde logo, porque a CRP auto-

---

[1305] Cfr. *infra*, III, § 6.° e § 7.°.
[1306] Estatuto que adiante melhor se verá (cfr. *infra*, I, § 2.°).
[1307] J. J. GOMES CANOTILHO e VITAL MOREIRA afirmam que o CES, enquanto órgão consultivo, não é "privativo de um determinado órgão de soberania", podendo ser consultado tanto pela AR como pelo Governo (cfr. *Constituição* ..., I, p. 1043). Acrescentaríamos, designadamente, também pelo Presidente da República: não sendo este um órgão com funções de governo, e não sendo o CES exclusivamente um órgão de consulta por parte de órgãos de governo, não vemos para tal qualquer impedimento (pelo contrário, dado o estatuto do Presidente da República e a necessidade de este ser informado sobre qualquer assunto da vida da República que não se encontre a coberto de normas que lhe restrinjam o acesso – como é o caso, *v.g.*, do segredo de justiça). Referindo-se ao CES como um *órgão de fiscalização ou controlo dos poderes legislativo, político ou governamental*, cfr. MARIA

nomiza, no n.º 1 do artigo em comentário, as funções de *consulta* das de *concertação*, referindo-se ainda à de *participação* no âmbito do planeamento económico-social (e, em termos abertos, a outras funções que lhe sejam legalmente cometidas). Igualmente, a Lei que contempla o estatuto do CES[1308] estabelece que este "é o órgão de consulta e concertação no domínio das políticas económica e social e participa na elaboração dos planos de desenvolvimento económico e social"[1309]: trata-se de uma repetição do texto constitucional, embora com expressão mais feliz[1310].

A competência do CES é delimitada com mais rigor, dentro dos limites da CRP, na sua Lei estatutária:

"ARTIGO 2.º
Competência
1. Compete ao Conselho Económico e Social:

a) Pronunciar-se sobre os anteprojectos das grandes opções e dos planos de desenvolvimento económico e social, antes de aprovados pelo Governo, bem como sobre os relatórios da respectiva execução;

b) Pronunciar-se sobre as políticas económica e social, bem como sobre a execução das mesmas;

c) Apreciar as posições de Portugal nas instâncias das Comunidades Europeias, no âmbito das políticas económica e social, e pronunciar-se sobre a utilização nacional dos fundos comunitários, estruturais e específicos;

d) Pronunciar-se sobre as propostas de planos sectoriais e espaciais de âmbito nacional e em geral sobre as políticas de reestruturação e de desenvolvimento sócio-económico que o Governo entenda submeter-lhe;

e) Apreciar regularmente a evolução da situação económica e social do País;

DA GLÓRIA FERREIRA PINTO DIAS GARCIA, *Da Justiça Administrativa* ..., p. 542 (em nota). Aliás, para a Autora a composição e competência do CES (cfr. *infra*) são exemplos de uma *harmoniosa síntese entre a liberdade e o poder* (cfr. p. 599, em nota).

[1308] Lei n.º 108/91, de 17 de Agosto, com as alterações que lhe foram introduzidas pela Lei n.º 80/98, de 24 de Novembro, pela Lei n.º 128/99, de 20 de Agosto, pela Lei n.º 12/2003, de 20 de Maio, e ainda pela Lei n.º 37/2004, de 13 de Agosto.

[1309] Cfr. artigo 1.º.

[1310] Cfr. *infra*, III, § 6.º.

f) Apreciar os documentos que traduzam a política de desenvolvimento regional;
g) Promover o diálogo e a concertação entre os parceiros sociais;
h) Aprovar o seu regulamento interno.
2. ...."[1311].

No domínio particular da concertação, ao CES compete – através da Comissão Permanente de Concertação Social, que o integra[1312] – "promover o diálogo e a concertação entre os parceiros sociais, contribuir para a definição das políticas de rendimentos e preços, de emprego e formação profissional"[1313].

No que toca à participação do CES do planeamento económico-social, remetemos para o que ficou dito já, tanto a propósito da alínea *e)* do artigo 80.º (princípios fundamentais)[1314], como do artigo 91.º[1315].

Há, contudo, que atentar na dicotomia, ao nível constitucional, de competência do CES – entre concertação e participação nos procedimentos de planeamento.

No que respeita a este segundo segmento – a participação na elaboração das propostas das grandes opções e dos planos de desenvolvimento económico e social – a CRP instituiu uma densidade normativa considerável. Como vimos já, a intervenção participativa do CES é aí constitucionalmente obrigatória (o que encontra acolhimento na Lei Quadro do Planeamento), determinando a inconstitucionalidade formal das

---

[1311] Nos termos do n.º 2 deste mesmo artigo 2.º estabelece-se que "O Conselho Económico e Social, no quadro das suas competências, tem também o direito de iniciativa nos termos do artigo 15.º desta lei". Este artigo 15.º determina a regulamentação desta Lei por decreto-lei – que viria a ser o Decreto-Lei n.º 90/92, de 21 de Maio, alterado pelo Decreto-Lei n.º 105/95, de 20 de Maio. O artigo 2.º deste diploma esclarece em que consiste aquele *direito de iniciativa*: não se trata, bem entendido, de qualquer direito de iniciativa legislativa, designadamente parlamentar (o que violaria o disposto no n.º 1 do artigo 167.º da CRP), mas de aprovar propostas próprias, cuja aprovação requer uma maioria de dois terços dos membros do plenário. O CES não é, portanto, um órgão juridicamente caracterizado pela passividade.

[1312] Sobre este aspecto cfr. *infra*, I, § 1.º, 1.2.

[1313] Cfr. n.º 1 do artigo 9.º da já referida Lei estatutária.

[1314] Cfr. I, § 2.º, 2.5.

[1315] Cfr., designadamente, I, § 1.º, 1.2.

normas jurídicas aprovadas em incumprimento deste comando constitucional[1316].

Quanto ao primeiro segmento – o CES como o órgão de consulta e concertação no domínio das políticas económica e social – a densidade normativa da CRP é muito menor, o que dificulta a apreensão do seu sentido exacto. Procurando esse mesmo sentido, e notando aquela falta de densidade, J. J. GOMES CANOTILHO e VITAL MOREIRA consideram o CES como o mais importante órgão de concertação – "ao mais alto nível (envolvendo Governo, trabalhadores e entidades patronais)" –, o que não seria impeditivo da criação legal de outros de nível sectorial, regional ou local[1317]. Tal perspectiva merece, em geral, o nosso acordo, havendo, no entanto, que precisar algumas consequências[1318]:

i) Em primeiro lugar, no domínio das políticas económica e social de âmbito nacional, o papel do CES como órgão de concertação não pode ser afastado nem secundarizado pelo favorecimento de uma participação principal de quaisquer outros órgãos de natureza idêntica (de nível sectorial, regional ou local)[1319]: ao ser o único órgão de concertação constitucionalizado, o CES concretiza uma dimensão do princípio da democracia participativa (decorrente dos artigos 2.°, 9.° e 80.° da CRP) que, se de modo algum inviabiliza o pluralismo ao nível da concertação, a defende simultaneamente de qualquer excesso pulverizador de órgãos participantes, ao jeito napoleónico, que possa colocar em perigo aquele mesmo princípio (a recusa terminante do *divide et impera*);

ii) Em segundo lugar, e em sequência, na medida em que pode afirmar-se que a concertação social constitui um imperativo constitucional decorrente do já referido princípio da democracia participativa e, em última análise, do princípio do Estado de Direito democrático[1320], e que o CES surge como um momento institucionalizador

---

[1316] Cfr. anotação ao artigo 91.°; também J. J. GOMES CANOTILHO/VITAL MOREIRA, *Constituição* ...I, p. 1039.

[1317] Cfr. *Constituição* ..., I, pp. 1041 e 1043.

[1318] Sobre as questões orgânicas relativas à concertação, no âmbito do CES, cfr. *infra*, I, § 1.°, 1.2.

[1319] Sobre esta problemtática, cfr. também JORGE MIRANDA/RUI MEDEIROS, *Constituição* ..., II, pp. 148-149.

[1320] Sendo aflorado em vários preceitos constitucionais como, *v.g.* e para além dos já referidos em i), o artigo 48.°, alínea *d)* do n.° 5 do artigo 54.°, n.° 1 e em geral o n.° 2

r) Um representante das associações de jovens empresários;

s) Dois representantes de organizações representativas da agricultura familiar e do mundo rural;

t) Um representante das associações representativas da área da igualdade de oportunidades para mulheres e homens;

u) Um representante de cada uma das associações de mulheres com representatividade genérica;

v) Um representante das associações de mulheres representadas no conselho consultivo da Comissão para a Igualdade e os Direitos das Mulheres, colectivamente consideradas;

x) Um representante das organizações representativas das pessoas com deficiência, a designar pelas associações respectivas;

z) Dois representantes das organizações representativas do sector financeiro e segurador;

aa) Um representante das organizações representativas do sector do turismo;

bb) Cinco personalidades de reconhecido mérito nos domínios económico e social, designadas pelo plenário.

2. ...."

O que se surpreende é, pois, uma tentativa de representação no CES dos principais interesses sócio-económicos – incluindo dimensões de organização política nesse quadro, como é o caso das regiões autónomas e das autarquias locais[1323] –, e sem sobre-representação de interesses que podem ter-se por equivalentes (ou, pelo menos, daqueles interesses cuja relação não cabe à lei estabelecer), como é o caso das organizações de trabalhadores e das organizações empresariais[1324]. Nos termos do n.° 3

[1323] O que não significa, como referem JORGE MIRANDA e RUI MEDEIROS, que se trate nestes casos de *representação política* (porque esta "pressupõe sufrágio universal, directo, secreto e periódico"), mas apenas de "representação institucional" (cfr. *Constituição* ..., II, p. 149). Considerando, a propósito das autarquias locais, o disposto no n.° 2 do artigo 92.° como *norma preceptiva não exequível por si mesma com alcance descentralizador*, e que a "omissão ou manifesta insuficiência das medidas legislativas importará inconstitucionalidade por omissão", cfr. ANDRÉ FOLQUE, *A Tutela* ..., p. 47-48 (em nota)

[1324] A que também já nos referimos (cfr. anotação ao artigo 80.°, I, § 2.°, 2.7.1). Note-se que a participação dos trabalhadores, dos consumidores e das regiões autónomas (sem curar agora da problemática em torno das autarquias locais) é normalmente apontada como decorrendo directamente de normas constitucionais atributivas do respectivo direito,

daquela mesma norma, o mandato dos membros do CES corresponde (tendencialmente) ao período de legislatura da AR e cessa com a tomada de posse dos novos membros[1325].

O presidente é eleito pela AR, por maioria de dois terços dos deputados presentes, desde que superior à maioria absoluta dos deputados em efectividade de funções, nos termos da alínea *h)* do artigo 163.º da CRP, maioria cuja exigência pretende furtar ao partido conjunturalmente dominante (ainda que com maioria absoluta dos deputados) a possibilidade de, por si só, determinar aquela escolha[1326]. As questões mais relevantes em torno deste órgão colocam-se, porém, a propósito da Comissão Permanente de Concertação Social.

A Comissão Permanente de Concertação Social substituiu o anterior Conselho de Concertação Social, órgão autónomo que funcionava junto da Presidência do Conselho de Ministros[1327]. Foi, aliás, um dos objectivos da criação do CES a integração num único órgão das atribuições e com-

---

além, naturalmente, do estabelecido no n.º 2 do artigo 92.º (que, aliás, não contempla os consumidores) (cfr. alínea *d)* do n.º 5 do artigo 54.º, alíneas *c)* e *d)* do n.º 2 do artigo 56.º, n.º 3 do artigo 60.º, e alínea *p)* do n.º 1 do artigo 227.º, da CRP). Mas não é líquido que a representação dos restantes interesses constitua apenas uma decisão política do legislador ordinário, sem vinculação constitucional. Sobre esta problemática, cfr. também J. J. GOMES CANOTILHO/VITAL MOREIRA, *Constituição* ...I, p. 1042.

[1325] Do ponto de vista da ciência política, essencialmente, embora com relevo jurídico, naturalmente, é analisar a presença, entre aqueles 67 membros, de interesses próximos susceptíveis de determinar tendências gerais nas votações, sobretudo tendo em conta a representatividade do poder político, e em particular do Governo. Neste particular, note-se que CARLOS BLANCO DE MORAIS presta especial atenção à titularidade do direito de designação dos membros do CES: daí que reforce que "Nove vogais são designados pelo Governo", somando aos oito representantes do Governo o representante do sector empresarial do Estado (cfr. CARLOS BLANCO DE MORAIS, *As Autoridades Administrativas Independentes na Ordem Jurídica Portuguesa*, in *Revista da Ordem dos Advogados*, 2001, I, Lisboa, p. 140). É justamente em virtude da presença de "representantes de órgãos do poder político" que JORGE MIRANDA e RUI MEDEIROS recusam qualificar o CES como autoridade administrativa independente (cfr. *Constituição* ..., II, p. 149).

[1326] Cfr. anotação correspondente ao artigo 163.º. No sentido apontado, cfr. J. J. GOMES CANOTILHO/VITAL MOREIRA, *Constituição* ...I, p. 1043. Destacando, a propósito do modo de designação, a função de garantia da independência do presidente do CES "e o seu papel de elemento consensulizador e moderador entre os demais membros do Conselho", cfr. JORGE MIRANDA/RUI MEDEIROS, *Constituição* ..., II, p. 149.

[1327] Nos termos do Decreto-Lei n.º 74/84, de 2 de Março, alterado pelo Decreto-Lei n.º 8/86, de 16 de Janeiro.

petências de vários até então separados, e que foram extintos na sequência da entrada em vigor da Lei estatutária do CES: é o caso do já referido Conselho Nacional do Plano, do Conselho de Rendimentos e Preços, e do Conselho Permanente de Concertação Social[1328]. Tal integração suscitou alguma polémica, sobretudo no respeitante à integração no CES do Conselho Permanente de Concertação Social, agora "Comissão", não só pela substância das suas funções como, sobretudo, por questões de orgânica interna[1329]. Vejamos.

Actualmente, é a seguinte a composição da Comissão[1330]: i) quatro membros do Governo, a designar por despacho do Primeiro-Ministro; ii) dois representantes, a nível de direcção, da Confederação Geral dos Trabalhadores Portugueses – Intersindical Nacional, um dos quais o seu secretário-geral; iii) dois representantes, a nível de direcção, da União Geral de Trabalhadores, um dos quais o seu secretário-geral; iv) o presidente da Confederação dos Agricultores Portugueses; v) o presidente da Confederação do Comércio e Serviços de Portugal; vi) o presidente da Confederação da Indústria Portuguesa; vii) o presidente da Confederação do Turismo Português[1331]. A Comissão é presidida pelo Primeiro-Ministro (ou pelo ministro no qual aquele delega esta sua competência)[1332], e nela tem assento, bem como nos seus grupos de trabalho especializados, o presidente do CES, podendo usar da palavra e intervir nos debates sempre que o entenda, embora sem direito a voto[1333]. E aqui estão, pois, os principais ingredientes da já referida polémica, que suscitou uma intervenção bastante crítica da parte de JORGE MIRANDA, questionando o tipo de presença (e não apenas a representação) governamental; criticando a subalternização do presidente do CES ao Primeiro-Ministro no âmbito da Comissão; e, enfim, por estes motivos, denunciando a governamentaliza-

---

[1328] Cfr. artigo 16.º daquela Lei, bem como o disposto no Decreto-Lei n.º 90/92, de 21 de Maio. Apontando este aspecto, cfr. J. J. GOMES CANOTILHO/VITAL MOREIRA, Constituição ..., I, p. 1041.

[1329] Cfr. JORGE MIRANDA, Conselho Económico e Social ..., pp. 25 ss.

[1330] Resultante das alterações introduzidas na Lei estatutária do CES pela Lei n.º 12/2003, de 20 de Maio.

[1331] Cfr. artigo 9.º da Lei estatutária do CES (as alterações resumem-se a um decréscimo transversal do número de representantes e à adição do presidente da Confederação do Turismo Português).

[1332] Cfr. n.º 3 do referido artigo 9.º.

[1333] Cfr. n.º 5 do artigo 6.º do Decreto-Lei n.º 90/92, de 21 de Maio.

ção de um órgão consultivo que, dadas as suas funções, deveria ser independente. Não se quedando por aí, JORGE MIRANDA considera ainda *manifesta* a violação de princípios constitucionais, afirmando que entra em colisão "com o princípio da liberdade sindical e, em geral, com a liberdade de associação e de organização – prefixar a lei quais as entidades representativas de trabalhadores e de empregadores"; e, acentuando ainda aquela subalternização do presidente do CES ao Primeiro-Ministro no seio da Comissão, tendo em conta a forma de designação daquele (pelo Parlamento), conclui pela subversão do princípio da separação de poderes, decorrente dos artigos 2.° e 111.° da CRP[1334].

Quanto a nós, não sentimos dificuldade em acompanhar esta observação de governamentalização do CES, e, em geral, as críticas apresentadas. A tal se tornará com brevidade[1335].

1.3. *A competência legislativa de densificação da organização e funcionamento do Conselho Económico e Social*

No que respeita à competência legislativa sobre o estatuto do CES (e seus membros), a CRP apenas é expressa na inclusão da *composição* deste órgão no âmbito das matérias pertencentes à reserva relativa de competência legislativa da AR (alínea *m)* do n.° 1 do artigo 165.°). Desta forma, se para legislar sobre a *composição* do CES o Governo sempre necessitaria de uma autorização legislativa da AR, quaisquer outros aspectos do estatuto daquele órgão constitucional integrariam a área de competência legislativa concorrencial[1336].

Todavia, esta não é a única norma constitucional susceptível de determinar o âmbito da competência legislativa respeitante ao CES e seus titulares. As alíneas *l)* e *m)* do artigo 164.° da CRP integram na reserva absoluta de competência legislativa do Parlamento, respectivamente, as

---

[1334] Cfr. *Conselho Económico e Social* ..., pp. 27 ss.
[1335] Cfr. *infra*, I, § 2.°.
[1336] Afirmando que alínea *m)* do n.° 1 do artigo 165.° abrange, para além da composição, a organização e regime de funcionamento do CES, cfr. JORGE MIRANDA/RUI MEDEIROS, *Constituição* ..., II, p. 150. Restringindo, aparentemente, a reserva relativa de competência legislativa da AR à composição do CES, no sentido do texto, cfr. J. J. GOMES CANOTILHO/VITAL MOREIRA, *Constituição* ...I, p. 1042.

"*eleições dos titulares* dos órgãos do poder local ou outras realizadas por sufrágio directo e universal, *bem como dos restantes órgãos constitucionais*", e o "*estatuto dos titulares* dos órgãos de soberania e do poder local, *bem como dos restantes órgãos constitucionais* ou eleitos por sufrágio directo e universal"[1337]. Entre estes *restantes órgãos constitucionais* conta-se, sem dúvida, o CES[1338], que – além do seu presidente, cujo regime de eleição está, no essencial, já constitucionalizado – conta com titulares eleitos[1339].

Perante o exposto, pode bem afirmar-se uma certa falta de coerência do texto constitucional no que respeita à repartição da competência legislativa, entre AR e Governo, sobre os aspectos infra-constitucionais do regime jurídico do CES. Com efeito, enquanto a eleição dos seus membros que assim são designados (pelo menos) e respectivo estatuto podem constituir reserva absoluta da competência legislativa da AR, já a sua composição pode ser objecto de decreto-lei autorizado, o que, embora indirectamente e não na totalidade, é susceptível de reduzir a importância daquela reserva absoluta parlamentar. Estando em causa um órgão constitucional que, pelas suas funções, se quereria independente – sentido em que, aliás, se orienta a disciplina constitucional da designação do respectivo presidente[1340] – esperar-se-ia uma maior abrangência – e precisão – da reserva legislativa parlamentar absoluta. Mas não apenas isso. Em face da possibilidade de *captura governamental* do CES, teria todo o sentido o estabelecimento de uma maioria parlamentar agravada de aprovação do regime jurídico deste órgão – à semelhança, mais uma vez, do regime de designação do respectivo presidente –, como acontece, *v.g.*, no que toca à lei respeitante à entidade de regulação da comunicação social[1341].

[1337] Os itálicos são nossos.
[1338] Neste sentido, cfr. J. J. GOMES CANOTILHO/VITAL MOREIRA, *Constituição* ..., 3.ª Ed., p. 666.
[1339] Muito embora possa discutir-se o verdadeiro sentido e alcance da expressão "eleições", na alínea *l)* do artigo 164.º.
[1340] Cfr. *supra*, I, § 1.º, 1.2.
[1341] Cfr. alínea *a)* do n.º 6 do artigo 168.º da CRP.

§ 2.º. **A problemática do estatuto jurídico-constitucional do Conselho Económico e Social**

O CES é comumente apresentado pela generalidade da doutrina como um órgão consultivo e (pelo menos tendencialmente) independente. Tais traços caracterizadores provêm, desde logo, da enunciação das suas funções no texto constitucional: órgão consultivo, e não deliberativo, porque os seus actos consistem, essencialmente, em pareceres não vinculativos (embora muitas vezes obrigatórios) e não em decisões com eficácia externa, que competem a outros órgãos, designadamente, titulares da função legislativa (muito embora seja difícil integrar nesta categorização a função de concertação)[1342]; e órgão independente porque não sujeito a qualquer poder de direcção, orientação ou controlo de outro, designadamente, de natureza política ou administrativa[1343].

Em termos sintéticos – pois não é aqui objectivo nosso terminar a caracterização do CES – podemos dizer que o carácter consultivo (e de concertação) deste órgão se justifica pelas matérias sobre as quais o mesmo se debruça, que reclamam a adopção de actos jurídicos com eficácia externa, de natureza legislativa ou administrativa, cuja competência cabe a outros órgãos em razão da sua legitimidade político-jurídica para o efeito, legitimidade que o CES não tem nem deve ter; e que se pretende o seu carácter independente justamente por se tratar de um órgão técnico

---

[1342] No sentido de que os *"poderes deliberativos ou decisórios* [são aqueles] dos quais resulte a aprovação de *pareceres vinculativos*, de *actos administrativos*, ou mesmo de *regulamentos dotados de eficácia externa*, e de consequente "jus imperii", cfr. CARLOS BLANCO DE MORAIS, *As Autoridades Administrativas* ..., p. 105.

[1343] Cfr. DIOGO FREITAS DO AMARAL, *Curso* ..., I, pp. 308 ss. (que integra este órgão na administração consultiva). No sentido de que se trata de um órgão independente de vocação geral do Estado-Administração, cuja função é "essencialmente política", mas desempenhando também "competência administrativa consultiva", cfr. MARCELO REBELO DE SOUSA, *Lições* ..., pp. 242-243. CARLOS BLANCO DE MORAIS fala, para caracterizar a independência das autoridades administrativas que o sejam, em ausência de *"vínculos de subordinação a qualquer órgão jurídico-público, ou a interesses organizados que respeitem ao domínio sobre o qual incide a sua actividade"* (cfr. *As Autoridades Administrativas* ..., p. 103), nesta categoria integrando o CES (cfr. pp. 128 ss.). Integrando o CES na Administração consultiva, cfr. ainda J. J. GOMES CANOTILHO/VITAL MOREIRA, *Constituição* ...I, p. 1043; VITAL MOREIRA, *Organização Administrativa (Programa, conteúdos e métodos de ensino)*, Coimbra, 2001, p. 88. E cfr. também *supra*, I, § 1.º, 1.2.

(especialmente na vertente consultiva) e representativo de interesses sócio-económicos que não devem ser *capturados* (essencialmente na vertente da concertação) em nome da veracidade dos consensos atingidos no seu seio e que se destinam a enformar o resultado decisório dos órgãos que possuem esta competência. Se o que a CRP procurou foi uma dimensão institucional, material e também formal da democracia participativa, esta não deve sobrepor-se à democracia representativa, mas esta última não deve também *capturar* a primeira[1344]. Sucede neste caso que tais objectivos – directamente decorrentes de princípios constitucionais fundamentais – podem bem encontrar-se em processo de subversão.

Como se viu já[1345], o CES detém uma função geral de participação consultiva ou concertadora prévia à adopção de medidas de natureza legislativa ou administrativa nos domínios económico e social. Trata-se de uma participação orgânica, atendendo à respectiva composição, que dá corpo às teorias neocorporativas no âmbito da democracia participativa, da decisão pública (seja ela de natureza política ou simplesmente administrativa). Em síntese, o que se procura é o máximo de informação técnica prévia à adopção de actos jurídicos com eficácia externa e tendencialmente geral, mas também – e com especial intensidade – o máximo de consenso sócio-político prévio à adopção de tais actos por parte dos respectivos destinatários, através dos seus representantes. De certa forma, pode aqui falar-se de uma síntese que pretende superar, por um lado, o modelo liberal de democracia representativa assente na díade Estado/Sociedade, e, por outro, os modelos de democracia orgânica de tipo piramidal tendencialmente estatizadores dos diferentes níveis e formas de organização social[1346].

[1344] Sobre esta tensão, cfr. PAULO OTERO, *A «desconstrução» da democracia constitucional*, in *Perspectivas Constitucionais*, II, org. JORGE MIRANDA, Coimbra, 1997, pp. 629 ss.

[1345] Cfr. *supra*, I, § 1.º.

[1346] Sobre esta problemática, entre tantos, cfr. PAULO OTERO, *A Democracia ...*, pp. 220 ss. e bibliografia aí citada; *Legalidade ...*, pp. 139 ss., 946 ss. e bibliografia aí citada; *Lições ...*, I, 1.º Tomo, p. 79. Em geral, sobre o problema do consenso na actividade legislativa em contexto de Estado Social, cfr. CARLOS BLANCO DE MORAIS, *As Leis Reforçadas ...*, pp. 946 ss.; em especial no domínio da concertação económico-social, cfr. EDUARDO PAZ FERREIRA, *Direito ...*, pp. 335 ss.; e em geral, nas origens da Constituição de 1976, referindo-se ainda ao Conselho Nacional do Plano, cfr. ANTÓNIO DA SILVA LEAL, *Os Grupos Sociais ...*, em especial pp. 277 ss. Ainda, cfr. obra colectiva coordenada por LUÍS FILIPE COLAÇO ANTUNES, *Autoridade e Consenso no Estado de Direito*, Coimbra, 2002, *passim*.

Além de vários outros problemas que podem colocar-se a propósito da organização e funcionamento do CES – e, especificamente, da Comissão Permanente de Concertação Social[1347] – existem vários pontos que suscitam a reflexão em torno da problemática do estatuto jurídico-constitucional do CES, ou melhor, da realidade e efectividade desse mesmo estatuto, designadamente no que toca à sua independência e função participativa.

No domínio da participação do CES ao nível do planeamento económico-social, é de assinalar que o decréscimo do relevo geral do planeamento – presente, *v.g.*, na inexistência de planos de desenvolvimento económico-social por abstenção governamental[1348] – constitui uma desconsideração indirecta de uma parte substancial da função deste órgão.

É, porém, nos domínios específicos da repartição de competências legislativas e da concertação que se colocam as observações mais pertinentes. Quanto a este último, tendo presente o que se disse *supra* a propósito da composição da Comissão Permanente de Concertação Social, pode afirmar-se, com PAULO OTERO, que "o modelo de "democracia neocorporativa" tende a conferir uma centralidade negocial ao órgão executivo do Estado, isto sobre matérias integrantes da esfera decisória do parlamento, tornando-se um outro meio de subversão da separação de poderes e de nominalismo constitucional: o executivo negoceia com os parceiros sociais; o executivo subscreve os acordos de concertação social e responsabiliza-se ainda por obter a implementação do alcançado "consenso social" junto dos restantes órgãos de soberania que, por consequência, se encontram enfraquecidos na sua autonomia decisória". E, como adianta ainda, "Transformando o executivo em interlocutor do Estado junto dos

---

[1347] Evidenciámos *supra* (I, § 1.º, 1.2) a crítica de JORGE MIRANDA que considera *manifesta* a violação de princípios constitucionais, afirmando (recorde-se) que entra em colisão "com o princípio da liberdade sindical e, em geral, com a liberdade de associação e de organização – prefixar a lei quais as entidades representativas de trabalhadores e de empregadores" (em mente, a composição da dita Comissão, nos termos do artigo 9.º da Lei estatutária do CES). Afirma ainda o Autor que, se existe pragmatismo na escolha legal das confederações aí indicadas, pela sua "significativa expressão e actuação no tecido socioeconómico do país, pode pôr-se em causa o grau de representatividade aritmética conferido e pode contestar-se que seja a lei a estipular quem, dentre os elementos dessas confederações, deve figurar como membro da Comissão." (cfr. *Conselho Económico e Social ...*, p. 28).

[1348] Cfr. anotação ao artigo 91.º.

diversos grupos de interesses, representando ainda o papel de mediador e árbitro dos inevitáveis conflitos, a democracia participativa e a própria legalidade administrativa correm o risco de ser governamentalizadas e enquadradas no âmbito dos mecanismos políticos do "Estado de partido governamental" registando-se ainda a susceptibilidade de uma Administração instrumentalizadora das tensões entre os diferentes grupos rivais de interesses poder determinar um modelo de legalidade administrativa parcial e conflituoso, isto é, sujeito às vicissitudes negociais determinadas pela conveniência e oportunidade políticas do executivo e totalmente à margem do quadro constitucional da separação de poderes ou até mesmo de uma real e objectiva prossecução do interesse público"[1349].

Quanto àquele primeiro aspecto – o da repartição das competências legislativas sobre o estatuto do CES –, vimos já que, além da eleição e estatuto dos seus membros (matérias que poderão integrar a reserva absoluta de competência legislativa da AR), a sua composição e restantes aspectos do seu regime jurídico caem, respectivamente, na reserva relativa de competência legislativa parlamentar e na área de competência legislativa concorrencial[1350]. Isto significa, atalhando razões, a susceptibilidade do Governo – directamente ou através do seu partido de suporte parlamentar – dispor sobre o estatuto e funcionamento do CES (e, claro, da Comissão Permanente de Concertação Social) nos termos que melhor entender, sobretudo perante a tendência de generalização de maiorias absolutas que se vai sedimentando no nosso sistema político-constitucional. Uma vez que não é difícil perspectivar grandes tendências de posição dos vários membros a propósito das magnas questões que se colocam no âmbito do CES e em particular daquela Comissão, tal poder dispositivo do Governo ou do seu partido de suporte parlamentar sobre a composição deste órgão e seus órgãos pode frustrar por completo o seu estatuto constitucional. De todo o modo, basta essa susceptibilidade para fazer surgir as maiores dúvidas quanto ao seu estatuto de independência.

Tudo aponta, assim, para que a independência do CES, *sugerida* pela CRP, funcione "a favor do Governo", subvertendo-se não só a função constitucional daquele órgão consultivo como do próprio Parlamento. As únicas garantias de independência que a CRP oferece são a forma de designação do seu presidente e a fixação de um elenco de organizações ou

---

[1349] Cfr. *Legalidade* ..., pp. 142-143.
[1350] Cfr. *supra*, I, § 1.º, 1.3.

interesses que terão obrigatoriamente representação no CES[1351]. Mas, deste nosso ponto de vista, insuficientes. Não admira, portanto, que boa parte da doutrina considere que existe uma grande lacuna de um órgão independente de consulta, de competência ou vocação genérica, que o CES não resolve, receando mesmo a *visão hierárquica dos titulares designados pelo Governo*[1352]. Não deixa de ser interessante notar que, como órgão *independente* e manifestação de uma *desconcentração absoluta*[1353], o CES se encontra submetido a uma influência governamental ainda mais perniciosa para o princípio do Estado de Direito democrático: uma vez que tal influência não se materializa em poderes juridificados (como os de direcção, orientação ou controlo) mas antes numa situação de susceptível domínio propiciado por normas jurídicas que não têm essa mesma finalidade, aquela influência dificilmente poderá ser judicialmente sindicável (deixando de parte o controlo de constitucionalidade das normas que estabelecem o estatuto e funcionamento do CES – mas, como também já foi observado, até ao momento não houve lugar a qualquer apreciação ou decisão dessa natureza[1354]).

Atente-se nas considerações proferidas pelo TC a propósito do regime jurídico do serviço doméstico (Ac. TC n.° 373/91, de 17 de Outubro de 1991, *DR*, I Série, n.° 255, de 6 de Novembro de 1991): "O que fere primordialmente a atenção é o facto de o Governo legislar sobre a globalidade de todo o regime do contrato de serviço doméstico, inovando, alterando e actualizando, o que representa invasão em área de um direito fundamental da reserva relativa da AR. [o TC tinha aqui em mente a alínea *b)* do então artigo 168.° da CRP, hoje artigo 165.°] Na perspectiva que temos por correcta – e à luz das considerações já expandidas – um decreto-lei não autorizado que, como é o caso do presente decreto, disponha sobre a contratação a termo e a suspensão do contrato por impedimento prolongado respeitante ao trabalhador, em termos inovatórios ou tão-só de readaptação

---

[1351] Cfr. *supra*, I, § 1.°, 1.2.
[1352] Cfr. MARCELO REBELO DE SOUSA, *Lições* ..., p. 280. No projecto de constituição de JORGE MIRANDA, o *Conselho Económico e Social* era já colocado numa posição mais equidistante entre Parlamento e Governo, surgindo, a par do Conselho de Estado, no subtítulo reservado aos *órgãos auxiliares dos órgãos governativos*; e nas suas reuniões podiam participar membros do Governo que – aparentemente – não fariam parte do órgão (cfr. *Um Projecto de Constituição*, Braga, 1975, p. 117 ss.).
[1353] Cfr. PAULO OTERO, *O Poder* ..., II, pp. 720 ss.
[1354] Cfr. JORGE MIRANDA, *Conselho Económico e Social* ...p. 28.

do regime anterior, é um diploma organicamente inconstitucional mesmo que, numa apreciação geral, o texto seja mais favorável aos trabalhadores.
[§] 2.5 – Não encerraremos este ponto sem aludir ao facto de o preâmbulo do decreto subentender uma suposta macroconcertação, a nível do Conselho Económico e Social (CES). É facto irrelevante, pois à AR não pode ser retirada competência reservada para legislar não obstante o consenso porventura alcançado entre Governo e parceiros sociais, sob pena de se ter alcançado a fórmula expedita para, contrariando a repartição de poderes e a teorética em que esta assenta, se atingir irremediavelmente o sistema de equilíbrios existente. [§] O CES, a este respeito, limitar-se-á, a partir da premissa «estabilidade no emprego», a concluir um processo visando a concertação social entre interesses organizados, consecução de «políticas» económicas e sociais e adaptação de novas tecnologias. Constitui, em primeira linha, a expressão de uma metodologia de actuação, através de acordos e entendimentos, com vista à obtenção de determinados objectivos e encerrará as virtualidades dos consensos e os problemas de instrumentalização política do direito, funcionando melhor quanto menos pontual for e mais genericamente se assumir, na opinião de Boaventura Sousa Santos («A concertação económica e social: a construção do diálogo social em Portugal», in *Revista Crítica de Ciências Sociais*, n.º 31, 1991, pp. 11 e seguintes), sem afectar, de qualquer modo, o quadro constitucional de competência para legislar.".

É acertada a afirmação do TC (que veio a pronunciar-se pela inconstitucionalidade do diploma, tanto material como orgânica, neste último caso por violação do disposto na actual alínea b) do artigo 165.º da CRP) no sentido de que a concertação social no âmbito do CES não é susceptível de alterar, por si só, a repartição constitucional de competência legislativa entre AR e Governo, designadamente quando estejam em causa matérias integradas na reserva parlamentar. É, todavia, uma afirmação geral teórica, sim, mas também de circunstância (caso contrário poderia ser-lhe apontada uma certa candura): o verdadeiro relevo do consenso colhido no âmbito do CES ver-se-ia no momento em que a AR decidisse, a pedido do Governo, do objecto, sentido e extensão da autorização legislativa, caso aquele momento concertador fosse (e podia sê-lo) anterior. Se o Governo tivesse pretendido condicionar o parlamento por essa via, tê-lo-ia, provavelmente, conseguido.

II. DIREITO INTERNACIONAL E EUROPEU

§ 3.º. Direito internacional

A existência e regime jurídico do CES não constituem imperativos de Direito Internacional, embora possamos considerar estar-se em presença de uma concretização do princípio democrático (nas suas várias vertentes) sempre reafirmado em tão numerosos e diversos instrumentos de natureza internacional.

Para além das matérias de que se ocupam, as semelhanças entre o CES e o Conselho Económico e Social das Nações Unidas são, sobretudo, aparentes, embora a preocupação normativa da Carta das Nações Unidades com um princípio de pró-actividade deste seu órgão pareça ter ido bem mais além do que foi o nosso legislador nacional com o estatuto do CES[1355].

§ 4.º. Direito Europeu

O CES apresenta bastantes semelhanças com o Comité Económico e Social, já existente na versão original do Tratado de Roma, e hoje regulado nos artigos 257.º e seguintes do TCE. A este órgão comunitário já nos referimos com detalhe noutro lugar, a propósito da alínea g) do artigo 80.º, pelo que para lá remetemos[1356]. Note-se que tais semelhanças se devem, essencialmente, à natureza consultiva de ambos os órgãos, e em domínios materiais idênticos, bem como à representatividade que os interesses sócio-económicos aí encontram[1357].

[1355] Cfr. artigos 61.º ss. da Carta das Nações Unidas.

[1356] Cfr. anotação ao artigo 80.º, I, § 2.º, 2.7., em particular, 2.7.2.

[1357] Referindo-se ao Comité Económico e Social no âmbito do que intitula de *tendência expansiva da concertação económica*, cfr. EDUARDO PAZ FERREIRA, *Direito* ..., p. 345; e *A Constituição Económica de 1976* ..., pp. 402 ss.

III. MEMÓRIA CONSTITUCIONAL

§ 5.º. As constituições portuguesas anteriores à constituição de 1976

No constitucionalismo português do século XIX não se encontra qualquer órgão do tipo do CES, o que é bem compreensível em face das traves mestras da doutrina liberal[1358]. Porém, no prenúncio sidonista do corporativismo, a breve alteração ditatorial da Constituição de 1911 instituiu a representação senatorial (28 senadores em 77) de categorias profissionais (agricultura, indústria, comércio, serviços públicos, profissões liberais, artes e ciências), senadores esses eleitos pelas respectivas organizações sócio-profissionais[1359], e a que JORGE MIRANDA chama "a primeira forma de institucionalização constitucional do pluralismo social e dos grupos de interesses entre nós"[1360].

Mais tarde, o corporativismo de Estado introduzido pela Constituição de 1933 e pela prática do regime, instituiria uma Câmara Corporativa, junto da Assembleia Nacional, "composta de representantes de autarquias locais e dos interesses sociais, considerados estes nos seus ramos fundamentais de ordem administrativa, moral, cultural e económica (...)" (artigo 102.º).

Muito embora possa entrever-se alguma proximidade (ou raiz histórica) entre estas experiências e o CES, parece-nos que ela é tão só aparente e induzida – como bem espelha a citada frase de JORGE MIRANDA – pelo facto de já então se experimentar uma representação sócio-económica (ou profissional) nos ou junto dos órgãos de soberania. E se em termos funcionais – desde logo entre a Câmara Corporativa e o CES – parece existir também alguma semelhança, ela é também, em nossa opinião mais aparente do que real. Em duas notas, podemos afirmar que enquanto a Câmara Corporativa tinha por função constitucional "relatar e dar parecer por escrito sobre todas as propostas ou projectos de lei que forem presentes à

[1358] Neste sentido, cfr. JORGE MIRANDA, *Conselho Económico e Social* ..., p. 23.

[1359] Cfr. artigos 2.º e 131.º ss. do Decreto n.º 3997, de 30 de Março de 1918 (que pode encontrar-se em JORGE MIRANDA, *As Constituições Portuguesas* ..., pp. 251 ss.). Sobre este aspecto, assinalando a precedência deste sistema face ao primeiro conselho económico do constitucionalismo europeu, criado pela Constituição de Weimar de 1919, cfr. JORGE MIRANDA, *Conselho Económico e Social* ..., p. 23.

[1360] Cfr. *Manual* ..., I, p. 298.

Assembleia Nacional, antes de ser nesta iniciada a discussão" (artigo 103.º), portanto uma função mais abrangente do que a do CES, tal só pode ser correctamente compreendido, considerando a orientação política do regime, *à espera de substituir a Assembleia Nacional pela própria Câmara Corporativa*, como refere JORGE MIRANDA[1361].

§ 6.º. **Conteúdo originário da redacção do preceito na Constituição de 1976 e sucessivas versões decorrentes das revisões constitucionais**

O CES foi introduzido no texto constitucional pela revisão constitucional de 1989, em lugar do anterior Conselho Nacional do Plano.

Com efeito, na **redacção originária da Constituição de 1976**, previa o n.º 2 do artigo 94.º que:

"ARTIGO 94.º
(Elaboração e execução)
1. ....
2. A elaboração do Plano é coordenada por um Conselho Nacional do Plano e nela devem participar as populações, através das autarquias e comunidades locais, as organizações das classes trabalhadoras e entidades representativas de actividades económicas.
3. ...."[1362].

Na **revisão constitucional de 1982**, o artigo 79.º da Lei Constitucional n.º 1/82, de 30 de Setembro, aditou um novo n.º 2 ao preceito, sendo este último substituído por dois novos números – 3 e 4; e o n.º 3 passou a constituir o n.º 5:

"ARTIGO 94.º
(Elaboração e execução)
1. ....
2. ....

[1361] Cfr. *Manual* ..., I, p. 314. Sobre esta temática, cfr. também DIOGO FREITAS DO AMARAL, *Curso* ..., I, pp. 295-296; JORGE MIRANDA/RUI MEDEIROS, *Constituição* ..., II, p. 149; J. J. GOMES CANOTILHO/VITAL MOREIRA, *Constituição* ...I, p. 1041.

[1362] Sobre as alterações globalmente sofridas por este preceito, cfr. anotação ao artigo 91.º, III, § 7.º: na redacção originária, o artigo 92.º era dedicado à força jurídica do Plano.

3. Na elaboração do Plano participam as populações, através das autarquias e comunidades locais, as organizações representativas dos trabalhadores e as organizações representativas das actividades económicas.

4. A participação na elaboração do Plano faz-se, nomeadamente, por intermédio do Conselho Nacional do Plano, sendo a organização e funcionamento deste definidos por lei.

5. [*anterior n.° 3*]."[1363]

Na **revisão constitucional de 1989**, o artigo 69.° da Lei Constitucional n.° 1/89, de 8 de Julho, eliminou o anterior artigo 95.° (até então dedicado às Regiões Plano), colocando no seu lugar um novo preceito, com a mesma numeração:

"ARTIGO 95.°
(Conselho Económico e Social)

1. O Conselho Económico e Social é o órgão de consulta e concertação no domínio das políticas económica e social, participa na elaboração dos planos de desenvolvimento económico e social e exerce as demais funções que lhe sejam atribuídas por lei.

2. A lei define a composição do Conselho Económico e Social, do qual farão parte, designadamente, representantes do Governo, das organizações representativas dos trabalhadores, das organizações representativas das actividades económicas, das regiões autónomas e das autarquias locais.

3. A lei define ainda a organização e o funcionamento do Conselho Económico e Social, bem como o estatuto dos seus membros."[1364]

A **revisão constitucional de 1992** não trouxe qualquer alteração ao preceito.

Na **revisão constitucional de 1997**, o artigo 61.° da Lei Constitucional n.° 1/97, de 20 de Setembro, renumerou o artigo 95.° – que pas-

---

[1363] Cfr. anotação ao artigo 91.°, III, § 7.°.

[1364] Sobre outras alterações a normas constitucionais vizinhas, e em particular ao artigo 91.°, que consagra a existência do Conselho Nacional do Plano, cfr. anotação ao artigo 91.°, III, § 7.°.

sou a ser o actual 92.° – introduzindo-lhe também algumas alterações de redacção

"*ARTIGO 92.°*
(Conselho Económico e Social)
1. O Conselho Económico e Social é o órgão de consulta e concertação no domínio das políticas económica e social, participa na elaboração *das propostas das grandes opções e* dos planos de desenvolvimento económico e social e exerce as demais funções que lhe sejam atribuídas por lei.
2. A lei define a composição do Conselho Económico e Social, do qual farão parte, designadamente, representantes do Governo, das organizações representativas dos trabalhadores, das organizações representativas das actividades económicas *e das famílias*, das regiões autónomas e das autarquias locais.
3. A lei define ainda a organização e o funcionamento do Conselho Económico e Social, bem como o estatuto dos seus membros."[1365].

Assim se fixou a actual redacção da norma, dado que nem a **quinta revisão constitucional, de 2001**, nem a **sexta revisão constitucional, de 2004**, nem tão-pouco a **sétima revisão constitucional, de 2005,** lhe trouxeram qualquer alteração.

[1365] Parece haver discrepância entre o texto aprovado na comissão parlamentar e o texto final. Por questões de legística, tal pode nem sempre ser juridicamente relevante mas, no caso vertente, assim não é. Com efeito, na sequência da expressão *das propostas das grandes opções* deveria constar "bem como", o que tornaria inequívoco que o CES participa tanto na elaboração das leis das grandes opções como dos planos. A expressão que ficou no texto constitucional foi a copulativa *e* que não se encontrava no artigo 61.° da Lei de revisão constitucional de 1997, mas que apenas surge já na redacção final anexa em republicação da Constituição. Como tal, o texto aprovado pela comissão não é idêntico ao do artigo 61.° da Lei de revisão; e este não é o mesmo da redacção final da CRP: caso o texto do artigo 61.° tivesse sido cabalmente respeitado na redacção final, a copulativa *e* não existiria, e (constitucionalmente) apenas competiria ao CES participar na *elaboração das propostas das grandes opções [e] dos planos de desenvolvimento económico e social*, e não também dos planos propriamente ditos.

§ 7.º. Apreciação do sentido das alterações do preceito

Oriundo da versão originária da Constituição de 1976, o Conselho Nacional do Plano seria substituído pelo Conselho Económico e Social aquando da revisão constitucional de 1989. A revisão de 1982, porém, já tinha começado a erosão do seu papel *coordenador* da elaboração do Plano[1366].

Sobre o Conselho Nacional do Plano escreveu ANTÓNIO L. SOUSA FRANCO que, em termos práticos tudo se restringia "a pareceres apressados e meramente formais sobre as grandes opções e os planos anuais, em parte pela própria inoperância do órgão e pela reduzida importância que o Governo lhe tem atribuído, em parte porque pouco ou nada significa um órgão participativo de cúpula sem estruturas participativas de base."[1367]. *Mutatis mutandis*, em geral, tais observações mantêm actualidade, descontado o primeiro inciso. Segundo JORGE MIRANDA, a diferença essencial entre o Conselho Nacional do Plano e o CES "consiste em que este recebe uma definição genérica no âmbito económico e social, ao passo que aquele se concentrava apenas no Plano (apesar de o planeamento – nos textos, não na prática – assumir então uma importância muito maior do que actualmente)."[1368].

Muito embora possa afirmar-se que as novidades introduzidas com a revisão constitucional de 1997 fortalecem a participação ao nível do planeamento, designadamente no que respeita à participação do CES na elaboração das propostas das grandes opções[1369], tal reforço não é bastante para contrariar a dinâmica descendente a que este órgão vem sendo votado, tanto pela sua *governamentalização* como, em geral, pela desva-

---

[1366] Na 1.ª edição da sua obra *Constituição da República Porguesa – Anotada* (1978) J. J. GOMES CANOTILHO e VITAL MOREIRA, em anotação ao artigo 94.º, qualificavam o Conselho Nacional do Plano de "órgão central da orgânica do planeamento", estatuto esse que, afirmavam, acabava posto em causa pela atribuição legal de competência ao Governo para elaborar o plano, degradando aquele órgão "a mero «órgão de participação»" (cfr. p. 224). Sobre o Conselho Nacional do Plano, cfr. LUÍS S. CABRAL DE MONCADA, *Direito ...*, pp. 573 ss.

[1367] Cfr. *Noções ...*, p. 320.

[1368] Cfr. *Conselho Económico e Social ...*, p. 25. Sobre o Conselho Nacional do Plano, cfr. DIOGO FREITAS DO AMARAL, *Curso ...*, I, 1.ª Ed., pp. 286 ss.

[1369] Cfr. ALEXANDRE SOUSA PINHEIRO/MÁRIO JOÃO BRITO FERNANDES, *Comentário ...*p. 238.

lorização do próprio planeamento. Pode, aliás, dizer-se que as sucessivas revisões constitucionais mostraram desinteresse pela revalorização da função constitucional do CES enquanto órgão geral de consulta nos domínios social e económico, bem como enquanto órgão de concertação no domínio dessas mesmas políticas. A norma constitucional em causa – o artigo 92.º – pretende ainda reflectir um estatuto constitucional do CES amiúde negado pela prática política e administrativa, o que contribui para um "nominalismo constitucional" que afecta negativamente não apenas este órgão, como a Constituição económica em geral, de forma reflexa[1370].

IV. PAÍSES DE EXPRESSÃO PORTUGUESA

§ 8.º. Brasil

O artigo 10.º da CRFB assegura "a participação dos trabalhadores e empregadores nos colegiados dos órgãos públicos em que os seus interesses profissionais ou previdenciários sejam objeto de discussão e deliberação". Mas parece que são excluídos da Comissão mista prevista no artigo 166.º, § 1.º[1371].

§ 9.º. Angola

A LCRA não contém norma idêntica à constante do artigo 92.º da CRP.

§ 10.º. Moçambique

A CRM não contém norma idêntica à constante do artigo 92.º da CRP.

§ 11.º. Cabo Verde

A CRCV contempla a existência de um Conselho Económico e Social, em termos similares ao que consta do artigo 92.º da CRP. Todavia,

---

[1370] Cfr. *supra*, I, § 2.º.
[1371] Cfr. anotação ao artigo 106.º.

em lugar de tal órgão surgir sistematicamente associado ao planeamento económico-social e no âmbito da Constituição económica[1372], o seu estatuto constitucional é o de *órgão auxiliar dos órgãos do poder político* (Capítulo II do Título IX da Parte V):

"**Artigo 254.º**
(Conselho Económico e Social)

1. O Conselho Económico e Social é o órgão consultivo de concertação em matéria de desenvolvimento económico e social podendo desempenhar outras funções que lhe sejam atribuídas por lei.

2. O Conselho Económico e Social integra, na sua composição, representantes de todas as ilhas, das organizações das comunidades caboverdianas no exterior, das associações nacionais de municípios, das associações públicas e de organizações representativas da sociedade civil.

3. O Conselho Económico e Social funciona em plenário e por conselhos ou comissões especializados, incluindo, obrigatoriamente, um Conselho das Comunidades e um Conselho para o Desenvolvimento Regional.

4. O Conselho Económico e Social inclui, ainda, um Conselho de Concertação Social.

5. A lei regula a organização, a composição, a competência e o funcionamento do Conselho Económico e Social."[1373].

§ 12.º. Guiné-Bissau

A CRGB não contém norma idêntica à constante do artigo 92.º da CRP.

§ 13.º. São Tomé e Príncipe

A CRDSTP não contém norma idêntica à constante do artigo 92.º da CRP.

§ 14.º. Timor-Leste

A CRDTL não contém norma idêntica à constante do artigo 92.º da CRP.

[1372] Cfr. anotação ao artigo 90.º, IV, § 13.º.
[1373] Cfr. ainda a disposição transitória constante do artigo 293.º.

TÍTULO III[1374]
POLÍTICAS AGRÍCOLA, COMERCIAL E INDUSTRIAL

Artigo 93.º
(Objectivos da política agrícola)

1. São objectivos da política agrícola:

a) Aumentar a produção e a produtividade da agricultura, dotando-a das infra-estruturas e dos meios humanos, técnicos e financeiros adequados, tendentes ao reforço da competitividade e a assegurar a qualidade dos produtos, a sua eficaz comercialização, o melhor abastecimento do país e o incremento da exportação;

b) Promover a melhoria da situação económica, social e cultural dos trabalhadores rurais e dos agricultores, o desenvolvimento do mundo rural, a racionalização das estruturas fundiárias, a modernização do tecido empresarial e o acesso à propriedade ou à posse da terra e demais meios de produção directamente utilizados na sua exploração por parte daqueles que a trabalham;

c) Criar as condições necessárias para atingir a igualdade efectiva dos que trabalham na agricultura com os demais trabalhadores e evitar que o sector agrícola seja desfavorecido nas relações de troca com os outros sectores;

[1374] Na redacção originária da Constituição de 1976 era o Título IV da Parte II, sob a epígrafe "Reforma Agrária". Na revisão constitucional de 1982, o artigo 80.º da Lei Constitucional n.º 1/82, de 30 de Setembro, alterou a epígrafe para "Política agrícola e reforma agrária". Na revisão constitucional de 1989, o artigo 70.º da Lei Constitucional n.º 1/89, de 8 de Julho, determinou que este passasse a ser o Título III da Parte II, sob a epígrafe "Políticas agrícola, comercial e industrial" (por força da renumeração Título II – as estruturas de propriedade dos meios de produção deixaram de se enquadrar num título autónomo –, passando o anterior Título III a ser o II, com a epígrafe "Planos").

d) Assegurar o uso e a gestão racionais dos solos e dos restantes recursos naturais, bem como a manutenção da sua capacidade de regeneração;
e) Incentivar o associativismo dos agricultores e a exploração directa da terra.
2. O Estado promoverá uma política de ordenamento e reconversão agrária e de desenvolvimento florestal, de acordo com os condicionalismos ecológicos e sociais do país.

Quadro tópico

I. OBJECTIVOS DA POLÍTICA AGRÍCOLA
§ 1.º. O VALOR JURÍDICO DOS OBJECTIVOS CONSTITUCIONAIS DA POLÍTICA AGRÍCOLA;
1.1. A política agrícola como vertente da Constituição material;
1.2. Dialéctica inter-sistémica: sistema jurídico-político, sistema económico-social e realidade natural;
1.3. O influxo do Direito Comunitário (remissão);
1.4. A sistematização dos objectivos da política agrícola;
1.5. Relações com outras políticas constitucionalmente exigidas;
1.6. (cont.) Relação entre os objectivos da política agrícola e os objectivos da política comercial;
§ 2.º. VINCULAÇÃO DOS PODERES PÚBLICOS AOS OBJECTIVOS DA POLÍTICA AGRÍCOLA;
2.1. Vinculação do legislador;
2.2. Vinculação da Administração;
§ 3.º. ARTICULAÇÃO DA POSITIVAÇÃO CONSTITUCIONAL DOS OBJECTIVOS DA POLÍTICA AGRÍCOLA COM OS PRINCÍPIOS FUNDAMENTAIS DA ORGANIZAÇÃO ECONÓMICO-SOCIAL E COM OS DIREITOS FUNDAMENTAIS;
3.1. Os princípios fundamentais;
3.2. Os direitos fundamentais: algumas conexões, em especial com o direito de propriedade privada.

II. DIREITO INTERNACIONAL E EUROPEU
§ 4.º. DIREITO INTERNACIONAL;
§ 5.º. DIREITO EUROPEU.

III. MEMÓRIA CONSTITUCIONAL
§ 6.º. AS CONSTITUIÇÕES PORTUGUESAS ANTERIORES À CONSTITUIÇÃO DE 1976;
§ 7.º. CONTEÚDO ORIGINÁRIO DA REDACÇÃO DO PRECEITO NA CONSTI-

TUIÇÃO DE 1976 E SUCESSIVAS VERSÕES DECORRENTES DAS REVISÕES CONSTI-
TUCIONAIS;
§ 8.º. APRECIAÇÃO DO SENTIDO DAS ALTERAÇÕES DO PRECEITO.
IV – PAÍSES DE EXPRESSÃO PORTUGUESA
§ 9.º. BRASIL;
§ 10.º. ANGOLA;
§ 11.º. MOÇAMBIQUE;
§ 12.º. CABO VERDE;
§ 13.º. GUINÉ-BISSAU;
§ 14.º. SÃO TOMÉ E PRÍNCIPE;
§ 15.º. TIMOR-LESTE.

I. OBJECTIVOS DA POLÍTICA AGRÍCOLA

§ 1.º. **O valor jurídico dos objectivos constitucionais da política agrícola**

1.1. *A política agrícola como vertente da Constituição material*

A política agrícola constitui matéria constitucional desde a redacção originária da Constituição de 1976, ao tempo tratada no âmbito e com o objectivo da *reforma agrária*[1375]. A revisão constitucional de 1982 eliminou esta última expressão e conceito do texto constitucional[1376], mas manteve a *questão agrícola* como parte substancial da Constituição económica. Independentemente de se poder perscrutar o sentido e consequências da exclusão daquele conceito do âmbito da normatividade constitucional[1377], o certo é que a CRP manteve a temática agrícola num lugar central – pelo menos do ponto de vista formal – da Constituição económica. Demonstra-o, em termos sistemáticos, a manutenção do Título III da Parte II e, dentro deste, o facto de terem sido reservados para questões relacio-

---

[1375] Cfr. ANTÓNIO MENEZES CORDEIRO, *Direitos Reais*, Lisboa, 1993 (Reimp. orig. 1979), pp. 104 ss. JOAQUIM DA SILVA LOURENÇO, *Reforma Agrária*, in *Estudos sobre a Constituição*, I, Lisboa, 1977, pp. 213 ss.; JORGE MIRANDA/RUI MEDEIROS, *Constituição ...*, II, pp. 154-155.

[1376] Cfr. *infra*, III, § 7.º.

[1377] Questão que foi merecendo debate na própria jurisprudência constitucional: cfr., *v.g.*, Ac. TC n.º 225/95 (cit.). Cfr. J. J. GOMES CANOTILHO/VITAL MOREIRA, *Constituição ...*, I, pp. 1049-1050.

nadas com a política agrícola seis dos seus oito artigos (mais concretamente, artigos 93.º a 98.º); como o demonstra também a inclusão entre as incumbências prioritárias do Estado (artigo 81.º) de algumas eminentemente ligadas à política agrícola, designadamente, a eliminação progressiva das diferenças económicas e sociais entre a cidade e o campo e entre o litoral e o interior (alínea *d*)), dos latifúndios e reordenamento do minifúndio (alínea *h*)), e mesmo o planeamento e gestão racional dos recursos hídricos (alínea *n*)); como o testemunha ainda a defesa do mundo rural entre os objectivos dos planos (artigo 90.º)[1378].

O lugar reservado para a política agrícola no âmbito da CRP pretende, sem dúvida, conceder-lhe uma elevada dignidade de *projecto constitucional* substantivo, de projecto político do Estado-Colectividade que, ao primeiro olhar ou pelo menos do ponto de vista da estrita normatividade constitucional, colocaria a agricultura como uma actividade económica de tal importância nacional para a caracterização do modelo constitucional jus-económico que lhe era reservada uma parte considerável da normação fundamental.

Hoje, porém, é lícito questionar que assim seja. Fruto de variadas circunstâncias de facto, mas também de direito (contando-se entre as determinantes o influxo do Direito Europeu), é duvidoso que possa continuar a falar-se de tal centralidade do *projecto agrícola* no seio da CRP, tanto por causa da actividade económica em si mesmo considerada como pela perda de efectividade normativa de preceitos constitucionais que lhe dizem respeito. Há mesmo quem fale de uma "reconstrução mítica do mundo agrícola"[1379], o que pode contrapor-se à figura do *continente agrícola ou agrário* no *universo da constituição económica*[1380], cada vez mais "despovoado".

1.2. *Dialéctica inter-sistémica: sistema jurídico-político, sistema económico-social e realidade natural*

Como é sabido, as normas constitucionais – como de resto quaisquer normas jurídicas –, elementos integrantes de um sistema racional com características e dinâmica próprias como é o sistema jurídico, interagem

---

[1378] Remetemos para as respectivas anotações.
[1379] Cfr. ALEXANDRE SOUSA PINHEIRO/MÁRIO JOÃO BRITO FERNANDES, *Comentário* ..., p. 240.
[1380] Cfr. J. J. GOMES CANOTILHO/VITAL MOREIRA, *Constituição* ..., I, p. 1047.

com outro tipo de realidades, sejam elas normativo-racionais ou de outra natureza, pertencentes a outros sistemas (designadamente sociais); e interagem com outras normas jurídicas pertencentes a outros subsistemas jurídicos. Bem entendido, a teoria sistémica do direito – bem como, em geral, qualquer teoria sistémica – é passível de críticas, e não é este o lugar para assumir posição sobre a matéria. Porém, aquela perspectiva integradora é neste momento útil para tecer algumas considerações em torno da *Constituição agrícola*[1381].

Sobretudo desde a revisão constitucional de 1982, acentuou-se um ambiente político adverso ao espírito substancial das normas constitucionais relativas à política agrícola. A reforma agrária, tal como constitucionalmente projectada, encontrou resistências de fundo em vários partidos políticos determinantes no panorama português, resistência essa reflexa de uma outra, de natureza social mais vasta. Tais resistências, mais ou menos visíveis, não deixaram de ter relação com a própria realidade económica no seu conjunto, e em particular com uma das vertentes da respectiva projecção jurídica – a iniciativa económica privada –, e com a realidade social, onde é relevante considerar a questão demográfica. Por outro lado, a própria realidade natural é susceptível de alterar o substracto de facto que as normas jurídicas sobre esta matéria se destinavam a moldar (estejam em causa as características dos solos, as existências de recursos hídricos ou quaisquer outros factores naturais).

Não está em causa a análise dessas interacções com o fito de concluir quais foram determinantes de quais, estabelecendo relações de causalidade, mas apenas uma mera observação: paulatinamente, nos vários domínios da vida social, aquela materialidade central da Constituição agrícola foi-se alterando e mesmo perdendo a face, sobretudo a jusante dos objectivos da política agrícola, isto é, no que respeita, designadamente, à problemática em torno dos latifúndios, minifúndios e formas de exploração de terra alheia. Do ponto de vista jurídico-político, pode afirmar-se a existência de alguns aspectos ou momentos centrais em que se vislumbra tal percurso: (i) desde logo, nas alterações em sede de revisão constitucional das várias normas respeitantes à política agrícola, em particular da norma agora em apreço[1382]; em segundo lugar, nas linhas fundamentais da juris-

---

[1381] Sobre a autonomização do *direito agrário*, cfr. ANTÓNIO MENEZES CORDEIRO, *Direitos Reais*, pp. 171 ss.
[1382] Cfr. *infra*, III, § 7.º e § 8.º.

prudência constitucional, que, seguramente sem pretender desvalorizar a política agrícola no seio da CRP, em muito foi contribuindo para a alteração da respectiva face de tendência colectivista[1383]; em terceiro lugar, a revogação da chamada *Lei de Bases da Reforma Agrária*[1384] pela *Lei de Bases do Desenvolvimento Agrário*[1385].

1.3. *O influxo do Direito Comunitário (remissão)*

Muito embora este aspecto vá merecer ainda consideração noutros lugares[1386], é conveniente assinalar desde já que a integração europeia que Portugal assumiu vem implicando uma secundarização geral da Constituição económica portuguesa, processo esse particularmente visível na matéria ora em apreço por força das imposições da Política Agrícola Comum. Há mesmo quem afirme o provável carácter supérfluo da enumeração constitucional dos objectivos da política agrícola (e, bem assim, dos da política comercial ou industrial)[1387].

Do nosso ponto de vista, a enumeração de tais objectivos não é totalmente sem sentido útil[1388]. Porém, quer sobre estes, quer sobre as restantes normas da Constituição agrícola, o Direito Europeu produz um efeito de erosão que, ou *com*, o que se afirmou já[1389], expulsa definitivamente a matéria em causa daquela centralidade constitucional originariamente pretendida (sem curar das soluções normativas materiais)[1390].

[1383] Cfr., designadamente, Ac. TC n.º 187/88, de 17 de Agosto de 1988, in BMJ, n.º 379, 1988, pp. 373 ss.; Ac. TC n.º 225/95 (cit.).

[1384] Lei n.º 109/88, de 26 de Setembro, com as alterações introduzidas pela Lei n.º 46/90, de 22 de Agosto.

[1385] Lei n.º 86/95, de 1 de Setembro.

[1386] Cfr. *infra*, II, § 5.º, e anotação ao artigo 97.º, I, § 1.º, 1.1.

[1387] Cfr. EDUARDO PAZ FERREIRA, *A Constituição Económica de 1976* ..., p. 410.

[1388] Cfr. *infra*, I, § 2.º e § 3.º.

[1389] Cfr. *supra*, I, § 1.º, 1.2.

[1390] Considerando que com a *Lei de Bases do Desenvolvimento Agrário* (Lei n.º 86//95, de 1 de Setembro) "é colocado um ponto final em todo o processo de *reforma agrária* e são transpostas para o Direito português as grandes linhas da *Reforma Mac Sharry* da Política Agrícola Comum, aliás ultimada aquando da Presidência portuguesa da Comunidade no primeiro semestre de 1992", cfr. MANUEL DAVID MASSENO, *Apontamentos sobre a Constituição Agrária Portuguesa*, in *Perspectivas Constitucionais*, I, org. JORGE MIRANDA, Coimbra, 1996, p. 430, em, nota).

1.4. *A sistematização dos objectivos da política agrícola*

A sistematização dos objectivos da política agrícola, conforme a mesma é formalizada neste artigo 93.°, não significa, propriamente, uma hierarquia dos mesmos[1391], embora nos possamos inclinar para a presença de um tendencial critério de importância (o que é sugerido, por exemplo, pela troca de posição sistemática entre as alíneas *a)* e *b)* do n.° 1 na revisão constitucional de 1989[1392]): significa isto que uns não precludem os outros, embora em abstracto seja de considerar uma obrigação mais intensa do Estado em cuidar daqueles que o legislador constitucional preferiu (o que é visível no exemplo referido). Do mesmo passo, não pode afastar-se que o Direito Europeu[1393] releve para efeitos dessa preferência, seja estrutural seja conjunturalmente.

Em termos substanciais, é múltiplo o significado do conteúdo das várias alíneas do n.° 1, significado esse que se adensa e do mesmo passo se contextualiza quando consideramos as relações normativas entre estes objectivos e as incumbências prioritárias do Estado, presentes no artigo 81.°, algumas das mais evidentes já apontadas[1394]. Notemos, porém, o seguinte. Assim como o estabelecimento daquelas incumbências possui uma ligação umbilical à concretização do princípio da dignidade da pessoa humana em Estado Social, de bem-estar, ligação essa intermediada pelos princípios fundamentais da organização económico-social[1395], também aqui essa ligação está presente: autonomamente, porque se trata de um domínio particular da Constituição económica, mas também como concretização daquelas incumbências gerais (e desde logo daquela que se encontra na alínea *a)* do artigo 81.°: "promover o aumento do bem-estar social e económico e da qualidade de vida das pessoas, em especial das mais desfavorecidas, no quadro de uma estratégia de desenvolvimento sustentável").

Ensaiando uma categorização geral dos objectivos da política agrícola enunciados naquelas várias alíneas do n.° 1 deste artigo 93.°, pode-

---

[1391] Neste sentido também, mas falando na ausência de qualquer "primazia" (e não hierarquia) entre os vários objectivos presentes nesta norma, cfr. JORGE MIRANDA/RUI MEDEIROS, *Constituição* ..., II, p. 155.
[1392] Cfr. *infra*, III, § 7.° e § 8.°.
[1393] Cfr. *infra*, II, § 5.°, e anotação ao artigo 97.°, I, § 1.°, 1.1.
[1394] Cfr. *supra*, I, § 1.°, 1.1.
[1395] Cfr. anotação ao artigo 81.°, em especial, I, § 1.°.

mos afirmar que alguns deles se orientam num sentido tendencialmente mais objectivo, enquanto outros se inclinam num sentido mais subjectivo: os primeiros visam mais a actividade agrícola propriamente dita, enquanto os segundos se dirigem com maior incidência à situação subjectiva das pessoas (trabalhadores rurais ou agricultores). Naquela primeira categoria podemos integrar, em geral e tendencialmente, os objectivos constantes das alíneas *a)* e *d)*; na segunda, os objectivos constantes das alíneas *b), c)* e *e)*.

Se, em última análise, estão em causa os princípios fundamentais da organização económico-social e, de modo ainda mais profundo, os próprios direitos fundamentais e a dignidade da pessoa humana[1396], tendo em conta o que vimos de dizer, tal não afasta que possa considerar-se que o legislador constitucional orienta os objectivos da política agrícola para uma intervenção do Estado mais intensamente centrada na actividade agrícola em sentido objectivo, do que directamente sobre a situação jurídica dos agricultores ou trabalhadores rurais.

1.5. *Relações com outras políticas constitucionalmente exigidas*

Ao estabelecer a obrigação do Estado de promover uma política de ordenamento e reconversão agrária e de desenvolvimento florestal que esteja de acordo com os condicionalismos ecológicos e sociais do país, o n.º 2 do artigo 93.º fixa a necessidade de ponderação dos valores subjacentes a tais tarefas – que são, em rigor, concretizados pelos próprios objectivos da política agrícola enunciados no n.º 1 – em conjugação com aqueles outros, de natureza ecológica e social, também eles com assento constitucional em diversos momentos.

Bem entendido, a expressão *condicionalismos ecológicos e sociais* é de tal modo abrangente que comporta a ponderação de quaisquer valores constitucionalmente protegidos que dela se aproximem. No que respeita aos *condicionalismos sociais*, podem estar em causa quaisquer direitos fundamentais, embora pareça que o legislador constitucional terá tido em mente, fundamentalmente, direitos económicos, sociais e culturais. No que respeita aos *condicionalismos ecológicos*, parece que estarão em causa,

---

[1396] Cfr. *infra*, § 3.º.

grosso modu, questões ambientais: no âmbito do direito ao ambiente e qualidade de vida, a CRP atribui ao Estado várias incumbências cuja interligação com os objectivos de política agrícola é notória (*v.g.*, alíneas *a), b), c), d)* e *f)* do n.º 2 do artigo 66.º).

Ora, se tais ponderações são sempre necessárias de acordo com o princípio da proporcionalidade – porque em última análise concretizam certos direitos fundamentais, concretização essa que dificilmente se não fará sem qualquer afectação negativa de outros (ainda que indirectamente) –, parece-nos que o legislador constitucional terá aqui dado particular relevo à relação entre a política agrícola e outras constitucionalmente exigidas, que com ela sejam mais susceptíveis de conflituar. Será o caso, por exemplo, das políticas ambiental, de recursos hídricos, energética, de urbanismo, de ordenamento do território, para mencionar apenas algumas.

No Ac. TC n.º 106/2003, de 19 de Fevereiro de 2003 (*DR*, II Série, n.º 95, de 23 de Abril de 2003), em que estava em apreciação a constitucionalidade do disposto na alínea *a)* do artigo 1381.º do Código Civil[1397] (aliás, também relevante no que respeita à relação entre os objectivos da política agrícola e o direito de propriedade[1398]), o TC sufragou um entendimento segundo o qual: "(…) os preceitos constitucionais que os recorrentes consideram violados, todos inseridos na parte II da Constituição, "Organização económica", estabelecem, o primeiro [artigo 81.º, alínea *g)*], como incumbência prioritária do Estado, "eliminar os latifúndios e reordenar o minifúndio", o segundo [artigo 93.º, n.º 1, alínea *a)*], como objectivo da política agrícola, "aumentar a produção e a produtividade da agricultura, dotando-a das infra-estruturas e dos meios humanos, técnicos e financeiros adequados, tendentes ao reforço da competitividade e a assegurar a qualidade dos produtos, a sua eficaz comercialização, o melhor abastecimento do País e o incremento da exportação" e, o último (artigo 95.º), a obrigação de o Estado promover "nos termos da lei, o redimensionamento das unidades de exploração agrícola com dimensão inferior à adequada do ponto de vista dos objectivos da política agrícola, nomeadamente através de incentivos jurídicos, fiscais e creditícios à sua integração estrutural ou meramente econó-

---

[1397] Que, no domínio do fraccionamento e emparcelamento de prédios rústicos, exclui o direito de preferência de proprietários de terrenos confinantes, estabelecido no artigo 1380.º, "quando algum dos terrenos constitua parte componente de um prédio urbano ou se destine a algum fim que não seja a cultura".

[1398] Cfr. *infra*, I, § 3.º, 3.2.

mica, designadamente cooperativa, ou por recurso a medidas de emparcelamento". [§] Se todos estes princípios conferem ao legislador uma larga margem de conformação para atingir os fins constitucionalmente visados, na dependência de conjunturas e opções políticas diversas, seguramente que eles o não vinculam, com o objectivo de aumentar ou melhorar a produção e a produtividade agrícolas e de dotar a agricultura dos meios necessários para o efeito ou de redimensionar o minifúndio, a conferir, em qualquer caso e circunstância, um direito de preferência dos proprietários de prédios rústicos confinantes quando algum dos terrenos se destine a fim que não seja o da cultura agrícola. [§] A norma em causa insere-se, aliás, como se disse, na regulação de fraccionamento e emparcelamento dos prédios rústicos, constituindo uma opção política do legislador, constitucionalmente admissível. [§] E isto, decisivamente, até porque as incumbências constitucionais do Estado se não limitam ao sector agrícola, impondo-se que ele as concilie de modo social e economicamente integrado, para obter um desenvolvimento harmónico e equilibrado de todos os sectores de actividade. [§] Ora, de entre as tarefas que ao Estado incumbe, não são das menores as que, para assegurar o direito à habitação, estão plasmadas no artigo 65.º, n.º 2, da Constituição; e o desempenho dessas incumbências legitima que, de acordo com planos de ordenamento do território, se possa condicionar a aprovação de medidas que promovessem a melhoria do sector agrícola e, particularmente, o redimensionamento do minifúndio.".

Todavia, não é pelo facto de se tratar de *políticas* que aquela ponderação sob o princípio da proporcionalidade perde sentido: como dizíamos, estando em causa, em qualquer circunstância, a afectação (positiva ou negativa) de direitos fundamentais, a assunção de um espaço de liberdade de opção legislativa alheia a tal ponderação equivale a uma fuga à juridicidade constitucional substantiva.

1.6. *(cont.) Relação entre os objectivos da política agrícola e os objectivos da política comercial*

Relação particular existe entre as políticas agrícola e comercial (artigo 99.º), pois em boa parte elas são complementares e até mesmo simbióticas, na medida em que a agricultura portuguesa não é, essencialmente, uma actividade de estrita subsistência: a própria CRP encara-a numa perspectiva comercial, de mercado, ou não teria cabimento o objectivo fixado na alínea *a)* do n.º 1 deste artigo 93.º (*aumentar a produção e a produtividade da agricultura*, dotando-a das infra-estruturas e dos meios humanos, técnicos e financeiros adequados, tendentes ao *reforço da competitividade* e a assegurar a qualidade dos produtos, *a sua eficaz comercialização*, o melhor abastecimento do país e *o incremento da exportação*)[1399].

Por outro lado, os objectivos da política comercial espelham, todos eles, a concretização de incumbências prioritárias do Estado, estabelecidas no artigo 81.º, como melhor se verá[1400].

Desta forma, embora a CRP distinga as políticas agrícola e comercial, autonomizando os respectivos objectivos, existe uma *política comercial agrícola* na confluência de ambas, o que obriga o Estado a uma ponderação conjunta daqueles objectivos.

§ 2.º. **Vinculação dos poderes públicos aos objectivos da política agrícola**

2.1. *Vinculação do legislador*

O artigo 93.º (não sendo aqui relevante distinguir os n.os 1 e 2), como *norma-fim* ou como *norma-tarefa*[1401] (sendo possível distinguir segmentos que mais se aproximam de uma ou de outra classificação), importa uma vinculação do legislador ao respectivo conteúdo que, em termos de natu-

---

[1399] Como afirmava ANTÓNIO L. SOUSA FRANCO, em geral a propósito da economia portuguesa e aqui com pleno cabimento (hoje mais que ontem), "trata-se certamente de uma *economia industrial* – isto é, integrada nas estruturas e sistemas dominados por certo número de características comuns: economias dominadas por uma tecnologia científica e progressiva, por mobiles pessoais ou colectivos baseados na busca do bem-estar e não na mera subsistência; economias mundializadas e abertas, não fechadas; economias voluntaristas de transformação, não economias rotineiras de conservação ... Historicamente e antropologicamente, é uma evidência que Portugal – embora com caracteres arcaicos – se situa na área das economias industriais do mundo, que aliás tende a homogeneizar a economia internacional e a definir os seus padrões globais." (cfr. *Sistema Financeiro e Constituição Financeira no Texto Constitucional de 1976*, in *Estudos sobre a Constituição*, III, coord. JORGE MIRANDA, Lisboa, 1979, p. 559). Cfr. também JORGE MIRANDA/RUI MEDEIROS, *Constituição ...*, II, p. 155.

[1400] Cfr. anotação ao artigo 99.º.

[1401] Cfr. Ac. TC n.º 305/90, de 27 de Novembro de 1990, in BMJ, n.º 401, 1990, pp. 167 ss.

Tal é particularmente relevante dadas as funções que apontámos aos princípios fundamentais da organização económico-social e sua relação com os direitos fundamentais[1405].

3.2. Os direitos fundamentais: algumas conexões, em especial com o direito de propriedade privada

O conteúdo substantivo dos objectivos da política agrícola positivados no artigo 93.º – e temos em mente, sobretudo, o conteúdo das várias alíneas do n.º 1 – demonstra uma particular preocupação do legislador constitucional com alguns direitos fundamentais de quem desenvolve uma actividade agrícola. Essa preocupação estende-se também àqueles que, não sendo *agentes económicos agrícolas*, de alguma forma beneficiam ou vêem os seus direitos e interesses tocados pelo resultado dessa actividade: é o caso dos consumidores, no que respeita à qualidade dos produtos (alínea *a)* do n.º 1 do artigo 93.º e n.º 1 do artigo 60.º da CRP); e é o caso da comunidade em geral (ou das comunidades particulares mais próximas desta ou daquela actividade agrícola), no que respeita ao desenvolvimento do mundo rural, do uso e gestão racionais dos solos e dos restantes recursos naturais "de acordo com os condicionalismos ecológicos e sociais do país" (alíneas *b)* e *d)* do n.º 1 e n.º 2 do artigo 93.º).

Se se surpreende aqui esta tensão entre direitos e interesses individuais e colectivos, continua a ressaltar uma especial preocupação constitucional com os direitos fundamentais dos agricultores e dos trabalhadores rurais. A CRP parece, pois, assumir uma especial debilidade da actividade agrícola enquanto actividade económica, capaz de prover ao bem-estar dos seus agentes apenas com um apoio estadual diferenciado; enfim, uma verdadeira desigualdade de facto de tal intensidade que justifica a sua previsão constitucional: e disso não existirá melhor manifestação do que a inclusão entre os objectivos da política agrícola da criação das "condições necessárias para atingir a igualdade efectiva dos que trabalham na agricultura com os demais trabalhadores e evitar que o sector agrícola seja desfavorecido nas relações de troca com os outros sectores" (alínea *c)* do n.º 1 do artigo 93.º). Essa desigualdade, ou a potencialidade da respectiva con-

---

[1405] Cfr. anotação ao artigo 80.º, I, § 1.º.

cretização, parece ser erigida em desigualdade social geral – portanto, transversal aos vários direitos económicos, sociais e culturais.

O problema é complexo, na medida em que pode hoje questionar-se, com propriedade, a razão, fundamento, legitimidade e mesmo *constitucionalidade* da manutenção no texto constitucional desta desigualdade quando, segundo um mesmo critério, outros sectores sociais e económicos nele poderiam figurar também como especialmente desfavorecidos.

Todavia, de um ponto de vista geral de relação com os direitos fundamentais, os objectivos da política agrícola são ainda direccionados para enformar em especial um direito fundamental: o direito de propriedade. No texto actual das várias alíneas do n.º 1 do artigo 93.º existem duas expressões que mais directamente apontam nesse sentido: assim o "acesso à propriedade ou à posse da terra e demais meios de produção directamente utilizados na sua exploração por parte daqueles que a trabalham" (alínea *b)*); e o incentivo ao "associativismo dos agricultores e a exploração directa da terra" (alínea *e)*). Do nosso ponto de vista, tendo em conta as sucessivas alterações do texto constitucional[1406], podem encontrar-se aqui, no artigo 93.º, alguns *termos da Constituição* que condicionam o direito de propriedade privada, na sequência do artigo 62.º, mas não ao ponto de legitimar a ablação desse mesmo direito com o fito de o entregar (ou algumas das suas faculdades) ao agricultores e trabalhadores rurais. Como se viu já noutros momentos[1407], a CRP não adopta, actualmente, uma postura de favorecimento senão para com as cooperativas[1408]; e o sector privado, erigido em sector-regra não é alvo de distinções constitucionais segundo actividades a que estejam ligados os respectivos meios. Desaparecida a reforma agrária enquanto projecto constitucional, não nos parece tão-pouco que o estatuto constitucionalmente diferenciado dos agricultores e trabalhadores rurais justifique uma excepcionalidade sectorial do regime regra do modelo constitucional jus-económico em matéria de sectores de propriedade dos meios de produção e condicionamento do direito de propriedade.

[1406] Cfr. *infra*, III, § 7.º e 8.º.

[1407] Cfr. anotação ao artigo 80.º, I, § 2.2.; ao artigo 82.º, I, § 3.º, § 4.º e § 5.º; e aos artigos 85.º e 86.º.

[1408] Afirmando que o *favor constitucional* de que goza a agricultura apenas é comparável "ao atribuído ao sector cooperativo", cfr. MANUEL DAVID MASSENO, *Apontamentos* ..., p. 424.

Aquelas expressões devem, portanto, e em geral, ser entendidas como facilitação da aquisição da terra e de meios de produção associados por parte de agricultores ou trabalhadores agrícolas dentro da lógica de mercado assumida pelo modelo constitucional, seja, por exemplo, em matéria de recurso ao crédito, de fixação de critérios para o abandono de meios de produção, ou de criação de cooperativas agrícolas[1409].

No Ac. TC n.º 332/2002, de 10 de Julho de 2002 (*DR*, II Série, n.º 236, de 12 de Outubro de 2002), estando em causa a constitucionalidade do disposto na da alínea *b)* do artigo 30.º da Lei n.º 109/88, de 26 de Setembro (na redacção da Lei n.º 46/90, de 22 de Agosto) (nos termos da qual podia ser determinada a reversão dos prédios ou de parte dos prédios rústicos expropriados, mediante portaria conjunta do Primeiro-Ministro e do Ministro da Agricultura, Pescas e Alimentação, quando se comprovasse que "Antes de 1 de Janeiro de 1990 e independentemente de acto administrativo com esse objecto, regressaram à posse material e exploração de facto dos anteriores titulares ou às dos respectivos herdeiros"), sustentou-se o seguinte (entre outras considerações): "(…) teria o Estado, neste cenário, de ter promovido o regresso do prédio (ou de parte dele) aos seus anteriores proprietários, mesmo que estes não tivessem a sua posse material e não o explorassem de facto (e não entrando agora, por isso se situar fora do âmbito deste recurso, na questão de saber se é de considerar posse útil a que se traduz na dação de arrendamento do prédio a outrem por parte de quem da respectiva propriedade foi expropriado)? A resposta a esta questão deverá sofrer resposta negativa. [§] Na verdade, estabelece a lei fundamental que são objectivos da política agrícola, entre outros, o acesso à propriedade ou à posse da terra e demais meios de produção directamente utilizados na sua exploração por parte daqueles que a trabalham, e que as terras expropriadas serão entregues a título de propriedade ou de posse, nos termos da lei, a pequenos agricultores [cf., na actual versão da Constituição, os seus artigos 93.º, n.º 1, alínea *b)*, e 94.º, no n.º 2]. [§] E foi precisamente este objectivo que foi prosseguido pelo Estado na presente situação, ao proceder à expropriação das terras aos ora recorrentes e ao dá-las de arrendamento ao ora recorrido particular, que se encontrava na posse da mesma, explorando-a já antes da expropriação ter sido levada a cabo.".

É, todavia, de ter presente que aquele *objectivo* não corresponde já, actualmente, à sua formulação originária; melhor, é um objectivo diferente:

[1409] Em sentido semelhante, cfr. JORGE MIRANDA/RUI MEDEIROS, *Constituição* …, II, p. 156.

o *acesso à propriedade ou à posse da terra e demais meios de produção directamente utilizados na sua exploração por parte daqueles que a trabalham* ocupou o lugar, com a revisão constitucional de 1989, da *transferência progressiva da posse útil da terra e dos meios de produção directamente utilizados na sua exploração para aqueles que a trabalham*. Pelo menos, *transferência progressiva* e *acesso* não se equivalem[1410].

Também em matéria de expropriações os objectivos da política agrícola têm apresentado relevo na jurisprudência constitucional. No Ac. TC n.º 377/99, de 22 de Junho de 1999 (*DR*, II Série, n.º 49, de 28 de Fevereiro de 2000), afirmou-se que "(...) a Constituição protege o direito de propriedade, no artigo 61.º, havendo que determinar que dimensões deste direito são análogas aos direitos, liberdades e garantias, também para o efeito de submissão à reserva de lei. [§] Ora, no que toca ao *jus aedificandi*, verifica-se que tal direito é sempre de realização condicionada. Como se salientou no Acórdão n.º 329/99 (ainda inédito – processo n.º 492/98): "A especial situação da propriedade – seja a decorrente da sua própria natureza ou, antes, a que se liga à sua inserção na paisagem – importa uma vinculação também especial (uma vinculação situacional), que mais não é do que uma manifestação da hipoteca social que onera a propriedade privada do solo". [§] **Tal hipoteca social manifesta-se, designadamente, na submissão do solo, prevista constitucionalmente, à "política de ordenamento e reconversão agrária e de desenvolvimento florestal, de acordo com os condicionalismos ecológicos e sociais do País" (n.º 2 do actual artigo 93.º da Constituição) e, no quadro da política agrícola, ao seu uso e gestão racional, bem como à manutenção da sua capacidade de regeneração [alínea *d)* do n.º 1 do mesmo artigo]**, a planos de ordenamento geral do território e de urbanização [alínea *a)* do n.º 2 do artigo 65.º da Constituição], a regras de ocupação, uso e transformação dos solos urbanos (n.º 4 do mesmo artigo) e a regras de ordenamento ambiental e de qualidade de vida (n.º 2 do artigo 66.º da Constituição)."[1411-1412]

[1410] Cfr. *infra*, III, § 7.º e § 8.º. Na jurisprudência constitucional, sobre a afectação do direito de propriedade privada legitimada pelos objectivos da política agrícola (direito do rendeiro à remissão do contrato), cfr. Ac. TC n.º 159/2007, 6 de Março de 2007, *DR*, II Série, n.º 81, de 26 de Abril de de 2007.

[1411] O sublinhado é nosso.

[1412] Ainda, no domínio da relevância da integração de solos em Reserva Agrícola Nacional e Reserva Ecológica Nacional para efeitos da respectiva classificação como aptos ou não para construção e aferição da justa indemnização por expropriação (muito embora nem sempre com referência aos objectivos da política agrícola), cfr., entre outros, Ac. TC

No sentido de que o arrendamento rural constitui matéria de organização económica, e em particular de política agrícola, não submetido ao regime constitucional dos direitos, liberdades e garantias (ou de natureza análoga), para efeito da proibição de retroactividade da lei (n.º 3 do artigo 18.º da CRP), cfr. Ac. TC n.º 156/95, de 15 de Março de 1995, in BMJ, n.º 446, 1995, pp. 545 ss.; Ac. TC n.º 222/98, de 4 de Março de 1998, in BMJ, n.º 475, 1998, pp. 48 ss.; Ac. TC n.º 38/2004, de 14 de Janeiro de 2004, DR, II Série, n.º 73, de 14 de Abril de 2005.

Em sentido idêntico, mas decidindo pela inconstitucionalidade da norma em apreço por violação do princípio da tutela da confiança como dimensão do princípio do Estado de Direito (artigo 2.º da CRP), cfr. Ac. TC n.º 95/92, de 17 de Março de 1992, in BMJ, n.º 415, 1992, pp. 190 ss.

II. DIREITO INTERNACIONAL E EUROPEU

§ 4.º. Direito Internacional

O Direito Internacional não apresenta normas ou princípios susceptíveis de colisão directa com os estabelecidos no artigo 93.º da CRP[1413]: enquanto estes tiverem por fito a realização dos direitos económicos, sociais e culturais, e a própria organização da propriedade[1414], pode afirmar-se ora uma relação de complemento, ora uma neutralidade.

As questões mais complexas poderão situar-se a jusante, em matéria de comércio internacional, onde a concretização infra-constitucional

---

n.º 267/97, de 19 de Março de 1997, in BMJ, n.º 465, 1997, pp. 236 ss.; Ac. TC n.º 20/2000, de 11 de Janeiro de 2000, http://www.tribunalconstitucional.pt/tc/acordaos/20000020.html; Ac. TC n.º 243/2001, de 23 de Maio de 2001, DR, II Série, n.º 153, de 4 de Julho de 2001; Ac. TC n.º 275/2004, de 20 de Abril de 2004, DR, II Série, n.º 134, de 8 de Junho de 2004; Ac. TC n.º 398/2005, de 14 de Julho de 2005, DR, II Série, n.º 212, de 4 de Novembro de 2005; Ac. TC n.º 417/2006, de de 11 de Julho de 2006, DR, II Série, n.º 238, de 13 de Dezembro de 2006; Ac. TC n.º 234/2007, de 30 de Março de 2007, DR, II, Série, n.º 100, de 24 de Maio de 2007; Ac. TC n.º 238/2007, de 30 de Março de 2007, DR, II Série, n.º 101, de 25 de Maio de 2007; Ac. TC n.º 276/2007, de 2 de Maio de 2007, DR, II, Série, n.º 116, de 19 de Junho de 2007.

[1413] Em geral, remete-se para as anotações aos artigos 80.º, II, § 3.º, e 81.º, II, § 3.º.
[1414] Cfr. anotação ao artigo 82.º, II, § 6.º.

daqueles objectivos não pode colocar em crise os compromissos assumidos pelo Estado português[1415].

§ 5.º. Direito Europeu

Sem que tenhamos que retomar aqui considerações gerais em torno da relação da Constituição económica com o Direito Europeu[1416], é imperioso notar que a política agrícola, senão a principal[1417], uma das principais políticas da União Europeia[1418], é um dos domínios em que mais se faz sentir uma subalternidade da Constituição económica portuguesa e, por consequência, das restantes normas da CRP que com ela entram em relação directa – designadamente, no que toca à competência legislativa e autonomia administrativa. Justamente a este propósito, escrevia já MANUEL DAVID MASSENO que à adesão de Portugal às Comunidades "sucedeu um período no qual a *Lei de Bases* [*da Reforma Agrária,* ao tempo ainda a Lei n.º 77/77, de 29 de Setembro] foi substituída pelos actos comunitários em matéria agrícola, se não de Direito pelo menos de facto. Podemos até afirmar que a *nova Lei de Bases* passou a ser o Regulamento C.E.E. n.º 797, do Conselho de 12 de Março, na ausência de uma política agrícola nacional que não se limitasse a adoptar a normativa europeia (...)"[1419].

[1415] Cfr. anotação ao artigo 99.º, II, § 4.º.
[1416] Cfr. anotações aos artigos 80.º, II, § 4.º, e 81.º, II, § 4.º.
[1417] Neste sentido, cfr. MANUEL CARLOS LOPES PORTO, *Teoria da Integração ...*, p. 315.
[1418] Sobre a política agrícola comum, numa visão essencialmente sócio-económica, cfr. ARLINDO CUNHA, *A Política Agrícola Comum na Era da Globalização*, Coimbra, 2004, *passim.*; FRANCISCO CORDOVIL/BRUNO DIMAS/RUI ALVES/DANIEL BAPTISTA, *A Política Agrícola e Rural Comum e a União Europeia*, Cascais, 2004, *passim*. Cfr. ainda MARIA EDUARDA AZEVEDO, *A Política Agrícola Comum*, Coimbra, 1996, *passim.*; ALEXANDRA VON BÖHM-AMOLLY, *Portugal e a política comum das estruturas agrícolas – balanço dos primeiros anos de adesão,* in *Estudos Jurídicos e Económicos em Homenagem ao Prof. Doutor António de Sousa Franco*, I, FDUL, Coimbra, 2006, pp. 33 ss.; MARIÁ MARCELE ALMEIDA ARANHA, *A Política Agrícola Comum e a Disciplina do Apoio Interno do Acordo sobre a Agricultura da Rodada Uruguai*, Coimbra, 2007, *passim*. Ainda, ALVES PARDAL, *Novo enquadramento jurídico do financiamento da política agrícola comum,* in *Estudos Jurídicos e Económicos em Homenagem ao Prof. Doutor António de Sousa Franco*, I, FDUL, Coimbra, 2006, pp. 93 ss.
[1419] Cfr. *Apontamentos ...*, pp. 429-430.

A questão agrícola é alvo de minuciosa atenção no TCE. Logo no artigo 32.º se estabelece que o mercado comum abrange a agricultura e o comércio de produtos agrícolas, isto é, "os produtos do solo, da pecuária e da pesca, bem como os produtos do primeiro estádio de transformação que estejam em relação directa com estes produtos" (n.º 1), e que o "funcionamento e o desenvolvimento do mercado comum para os produtos agrícolas devem ser acompanhados da adopção de uma política agrícola comum" (n.º 4).

Central é aqui o disposto no artigo 33.º, que estabelece os objectivos da política agrícola comum:

"Artigo 33.º

1. A política agrícola comum tem como objectivos:

a) Incrementar a produtividade da agricultura, fomentando o progresso técnico, assegurando o desenvolvimento racional da produção agrícola e a utilização óptima dos factores de produção, designadamente da mão-de-obra;

b) Assegurar, deste modo, um nível de vida equitativo à população agrícola, designadamente pelo aumento do rendimento individual dos que trabalham na agricultura;

c) Estabilizar os mercados;

d) Garantir a segurança dos abastecimentos;

e) Assegurar preços razoáveis nos fornecimentos aos consumidores.

2. Na elaboração da política agrícola comum e dos métodos especiais que ela possa implicar, tomar-se-á em consideração:

a) A natureza particular da actividade agrícola decorrente da estrutura social da agricultura e das disparidades estruturais e naturais entre as diversas regiões agrícolas;

b) A necessidade de efectuar gradualmente as adaptações adequadas;

c) O facto de a agricultura constituir, nos Estados-Membros, um sector intimamente ligado ao conjunto da economia."

Para atingir tais objectivos, o TCE determina (artigo 34.º) a criação de uma organização comum de mercados agrícolas, segundo diversas formas, seja o estabelecimento de regras comuns em matéria de concorrência, a coordenação obrigatória das várias organizações nacionais de mercado, uma organização europeia de mercado (n.º 1), sendo admissíveis todas as medidas necessárias para atingir os objectivos constantes do artigo 33.º, designadamente, "regulamentações dos preços; subvenções tanto à produção como à comercialização dos diversos produtos; medidas de armazenamento e de reporte; e mecanismos comuns de estabilização das importações ou das exportações." (n.º 2). Estabelece-se ainda que "A organização comum deve limitar-se a prosseguir os objectivos definidos no artigo 33.º e deve excluir toda e qualquer discriminação entre produtores ou consumidores da Comunidade."; mais, "Uma eventual política comum de preços deve assentar em critérios comuns e em métodos de cálculo uniformes.". O n.º 3 prevê ainda a criação de fundos agrícolas de orientação e garantia.

O artigo 35.º estabelece, por seu turno, que a política agrícola passe pela "coordenação eficaz dos esforços empreendidos nos domínios da formação profissional, da investigação e da divulgação da agronomia, que pode incluir projectos ou instituições financiados em comum", e por "acções comuns destinadas a promover o consumo de certos produtos".

Dos artigos 36.º, 37.º e 38.º conclui-se ainda pela existência de uma larguíssima margem interpretativa do princípio da subsidiariedade por parte das instituições comunitárias, nomeadamente Comissão e Conselho, e por um claro favorecimento da organização comum da política agrícola em detrimento das organizações nacionais de mercado.

Neste contexto, qual o lugar dos objectivos da política agrícola fixados pelo artigo 93.º da CRP? Naturalmente, eles continuam a vincular os poderes públicos nacionais enquanto não se mostrarem contrários à juridicidade da política agrícola comunitária. Mas a partir do momento em que nesta se tomam opções materiais de fundo, há uma compressão automática da potencialidade operativa daqueles. Por exemplo, afirma MANUEL CARLOS LOPES PORTO que no artigo 33.º do TCE se surpreende uma "clara hesitação entre dois objectivos básicos: o objectivo de se promover uma agricultura eficiente e o objectivo de se assegurar o rendimento da população agrícola (mantendo-a no campo)"[1420]. Mas conclui no sentido de que se avançou "claramente no sentido do segundo", assentando a política agrícola em três princípios: o da "*unicidade do mercado*", da "*preferência comunitária*" e da "*solidariedade financeira*" (significando este último,

---

[1420] Cfr. *Teoria da Integração* ...p. 316. Sobre estas questões, cfr. também ARLINDO CUNHA, *A Política Agrícola* ..., pp. 229 ss.

designadamente, que "é o Orçamento da União (o conjunto dos países) a garantir a política seguida, cobrindo todos os seus custos (na componente de preços e mercados, não na componente sócio-estrutural): designadamente em compras de apoio, armazenamento dos produtos (muitos deles perecíveis …) e subsídios à exportação"[1421].

Ora, é notória a redução da margem de manobra legislativa e administrativa dos Estados, e com ela da operatividade dos objectivos da política agrícola internamente fixados[1422]. Dir-se-ia, assim, que é na relação com os aspectos mais neutros da CRP (ou em que ainda subsiste, pelo menos, a afirmação do princípio da neutralidade) – a própria organização económica e a propriedade – que tais objectivos mantêm verdadeira vocação normativa[1423].

III. MEMÓRIA CONSTITUCIONAL

§ 6.°. **As constituições portuguesas anteriores à Constituição de 1976**

Em nenhum dos textos constitucionais portugueses anteriores à Constituição de 1976 se encontra preceito semelhante ao sob comentário, fixando objectivos para a política agrícola. Isso não significa, contudo, que a agricultura não tenha sido alvo de qualquer atenção constitucional até então. O que se verifica, porém, é que no período liberal as referências à agricultura surgem no contexto da garantia da propriedade e da liberdade de iniciativa económica; e no período do constitucionalismo corporativista a actividade agrícola é pressuposta e enquadrada no âmbito das restantes actividades económicas, subordinada ao *interesse nacional* e representada entre as corporações profissionais.

A **Constituição de 1822** limitava-se a incluir a promoção da agricultura entre as atribuições das câmaras municipais (artigo 223.°, II).

[1421] Cfr. *Teoria da Integração* …, p. 318.

[1422] A. J. AVELÃS NUNES salienta mesmo que "Perante o elenco de *políticas comuns* (…) esvazia-se em boa medida o significado das *políticas sectoriais* da responsabilidade dos governos nacionais (política agrícola, política industrial, política comercial)." (cfr. *A Constituição Europeia: a constitucionalização do neoliberalismo*, Coimbra, 2006, p. 128). Cfr. ainda anotação ao artigo 97.°, I, § 1.°, 1.1.

[1423] Continuando em posição crítica, cfr. MANUEL PORTO, *A lógica* …, pp. 639 ss.

A **Carta Constitucional de 1826** (que desconstitucionalizou a matéria relativa às atribuições das câmaras – artigo 135.°) não se referia expressamente à agricultura, embora possamos tê-la por implicitamente contemplada no § 23.° do artigo 145.°, que dispunha que "Nenhum género de trabalho, cultura indústria ou comércio pode ser proibido, uma vez que não se oponha aos costumes públicos, à segurança e saúde dos Cidadãos"[1424].

A **Constituição de 1838** mantém o padrão fixado pela Carta Constitucional, tanto no que toca à referida desconstitucionalização (artigo 130.°), como à liberdade de iniciativa económica (artigo 23.°, § 3.°), não contendo qualquer referência expressa à agricultura.

E o mesmo se diga em relação à **Constituição de 1911**. Note-se, contudo, que a agricultura não se contava entre as actividades económicas susceptíveis de *concessão de exclusivo* (artigo 3.°, 26.°). Uma referência expressa à agricultura surgiria apenas com a alteração ditatorial de 1918, promovida por Sidónio Pais, com a representação senatorial das profissões agrícolas[1425].

A **Constituição de 1933** refere-se expressamente às explorações agrícolas quando estabelece para o Estado "o direito e a obrigação" de defender a economia nacional das que tenham "carácter parasitário ou [sejam] incompatíveis com os interesses superiores da vida humana" (artigo 31.°, 2.°). Todavia, a actividade agrícola releva no âmbito de toda a chamada Constituição económica, embora sem referências expressas[1426], e também da Constituição social e política (designadamente, a propósito da composição da Câmara Corporativa[1427-1428].

[1424] Sobre as fontes desta norma, cfr. MANUEL DAVID MASSENO, *Apontamentos* ..., p. 417.

[1425] Cfr. anotação ao artigo 92.°, III, § 5.°.

[1426] Remetemos, portanto, para as anotações aos artigos precedentes da CRP – designadamente artigo 80.° a 88.° -, nos títulos relativos à *Memória Constitucional*, homónimos do presente.

[1427] Cfr. anotação ao artigo 92.°, III, § 5.°.

[1428] MANUEL DAVID MASSENO afirma "o carácter estadista e, económica e socialmente, conservador do corporativismo português, que se reflectiu numa legislação agrícola e fundiária orientada à prossecução dos interesses imediatos dos grandes proprietários de terras do centro e sul do país, que se encontravam entre os principais sustentáculos dos Regime." (cfr. *Apontamentos* ..., pp. 418-419).

§ 7.º. **Conteúdo originário da redacção do preceito na Constituição de 1976 e sucessivas versões decorrentes das revisões constitucionais**

Na **redacção originária da Constituição de 1976** a matéria em causa era tratada no artigo 96.º, sob a epígrafe "Objectivos da reforma agrária"[1429], nos seguintes termos:

"ARTIGO 96.º
(Objectivos da reforma agrária)
A reforma agrária é um dos instrumentos fundamentais para a construção da sociedade socialista e tem como objectivos:
a) Promover a melhoria da situação económica, social e cultural dos trabalhadores rurais e dos pequenos e médios agricultores pela transformação das estruturas fundiárias e pela transferência progressiva da posse útil da terra e dos meios de produção directamente utilizados na sua exploração para aqueles que a trabalham, como primeiro passo para a criação de novas relações de produção na agricultura;
b) Aumentar a produção e a produtividade da agricultura, dotando-a das infra-estruturas e dos meios humanos, técnicos e financeiros adequados, tendentes a assegurar o melhor abastecimento do país, bem como o incremento da exportação;
c) Criar as condições necessárias para atingir a igualdade efectiva dos que trabalham na agricultura com os demais trabalhadores e evitar que o sector agrícola seja desfavorecido nas relações de troca com os outros sectores."

Na **revisão constitucional de 1982**, o artigo 81.º da Lei Constitucional n.º 1/82, de 30 de Setembro, alterou a epígrafe do artigo; incluiu as diversas alíneas num novo n.º 1 (que passou também a ter um novo proémio), com alterações pontuais; acrescentou uma nova alínea (*d*)); e também um novo n.º 2:

"[...]
(Objectivos da política agrícola)
1. *A política agrícola tem como objectivos*:

[1429] Veja-se *supra* a nota relativa às alterações do próprio Título (hoje) III, inicialmente também sob a epígrafe "Reforma agrária".

a) Promover a melhoria da situação económica, social e cultural dos trabalhadores rurais e dos pequenos e médios agricultores pela transformação das estruturas fundiárias e pela transferência progressiva da posse útil da terra e dos meios de produção directamente utilizados na sua exploração para aqueles que a trabalham [tendo sido suprimida a expressão *como primeiro passo para a criação de novas relações de produção na agricultura*];
b) ....;
c) ....;
d) Assegurar o uso e a gestão racionais dos solos e dos restantes recursos naturais, bem como a manutenção da sua capacidade de regeneração.
2. A reforma agrária é um dos instrumentos fundamentais da realização dos objectivos da política agrícola."[1430].

Na **revisão constitucional de 1989**, o artigo 71.º da Lei Constitucional n.º 1/89, de 8 de Julho, introduziu várias alterações ao preceito, desde a alteração do proémio, à troca de posição sistemática entre as alíneas *a)* e *b)* (com alterações ao texto da nova alínea *b)*); passando ainda pela introdução de uma nova alínea (*e)*) e pela alteração ao texto do n.º 2:

"[...]
(Objectivos da política agrícola)
1. *São objectivos da política agrícola*:
a) Aumentar a produção e a produtividade da agricultura, dotando-a das infra-estruturas e dos meios humanos, técnicos e financeiros adequados, tendentes a assegurar o melhor abastecimento do país, bem como o incremento da exportação;
b) Promover a melhoria da situação económica, social e cultural dos trabalhadores rurais e dos agricultores, a racionalização das estruturas fundiárias e o acesso à propriedade ou à posse da terra e demais meios de produção directamente utilizados na sua exploração por parte daqueles que a trabalham;
c) ....;
d) ....;
e) Incentivar o associativismo dos agricultores e a exploração directa da terra.

[1430] Os itálicos assinalam as alterações.

2. *O Estado promoverá uma política de ordenamento e reconversão agrária, de acordo com os condicionalismos ecológicos e sociais do país.*"[1431].

A **revisão constitucional de 1992** não trouxe qualquer alteração ao preceito.

Na **revisão constitucional de 1997**, o artigo 62.° da Lei Constitucional n.° 1/97, de 20 de Setembro, renumerou o preceito – que assim passou a ser o actual artigo 93.° – introduziu alterações em várias das alíneas do n.° 1 e no n.° 2:

"*ARTIGO 93.°*
(Objectivos da política agrícola)
1. São objectivos da política agrícola:
a) Aumentar a produção e a produtividade da agricultura, dotando-a das infra-estruturas e dos meios humanos, técnicos e financeiros adequados, tendentes *ao reforço da competitividade e* a assegurar *a qualidade dos produtos, a sua eficaz comercialização,* o melhor abastecimento do país e o incremento da exportação;
b) Promover a melhoria da situação económica, social e cultural dos trabalhadores rurais e dos agricultores, *o desenvolvimento do mundo rural,* a racionalização das estruturas fundiárias, *a modernização do tecido empresarial* e o acesso à propriedade ou à posse da terra e demais meios de produção directamente utilizados na sua exploração por parte daqueles que a trabalham;
c) ....;
d) Assegurar o uso e a gestão racionais dos solos e dos restantes recursos naturais, bem como a manutenção da sua capacidade de regeneração;
e) ....
2. O Estado promoverá uma política de ordenamento e reconversão agrária *e de desenvolvimento florestal,* de acordo com os condicionalismos ecológicos e sociais do país."[1432].

Assim se fixou a actual redacção da norma, dado que nem a **quinta revisão constitucional, de 2001**, nem a **sexta revisão constitucional, de**

[1431] Os itálicos assinalam as alterações.
[1432] Os itálicos assinalam as expressões novas.

2004, nem tão-pouco a **sétima revisão constitucional, de 2005,** lhe trouxeram qualquer alteração.

Tome-se nota de que, no contexto da reforma da *Constituição agrícola* e da eliminação da reforma agrária do texto constitucional, foram desaparecendo ou sendo integrados noutros alguns preceitos constantes da versão originária da Constituição de 1976. Assim com os artigos 99.°, 100.° e 103.°:

"ARTIGO 99.°
(**Pequenos e médios agricultores**)
1. A reforma agrária efectua-se com garantia da propriedade da terra dos pequenos e médios agricultores enquanto instrumento ou resultado do seu trabalho e salvaguardando os interesses dos emigrantes e dos que não tenham outro modo de subsistência.
2. A lei determina os critérios de fixação dos limites máximos das unidades de exploração agrícola privada.

ARTIGO 100.°
(**Cooperativas e outras formas de exploração colectiva**)
A realização dos objectivos da reforma agrária implica a constituição por parte dos trabalhadores rurais e dos pequenos e médios agricultores, com o apoio do Estado, de cooperativas de produção, de compra, de venda, de transformação e de serviços e ainda de outras formas de exploração colectiva por trabalhadores.

....

ARTIGO 103.°
(**Ordenamento, reconversão agrária e preços**)
O Estado promoverá uma política de ordenamento e de reconversão agrária, de acordo com os condicionalismos ecológicos e sociais do país, e assegurará o escoamento dos produtos agrícolas no âmbito da orientação definida para as políticas agrícola e alimentar, fixando no início de cada campanha os respectivos preços de garantia."

A revisão constitucional de 1989 eliminou definitivamente estes preceitos, embora não custe reconhecer por vezes, como dizíamos, a sua integração noutros que subsistiram (como é o caso da primeira parte daquele originário artigo 103.°, que deu origem ao actual n.° 2 do artigo 93.°, oriundo justamente da revisão constitucional de 1989).

§ 8.º. Apreciação do sentido das alterações do preceito

Ao longo das várias revisões constitucionais, as alterações mais evidentes sofridas pelo preceito em comentário prendem-se com a eliminação (conceptual e de regime) da reforma agrária, como programa constitucional de socialização ou comunitarização da propriedade agrícola e dos meios de produção que estão associados à respectiva actividade.

A observação de tal orientação de fundo não é, porém, suficiente para explicar o percurso realizado pelos objectivos da política agrícola ao longo das várias revisões constitucionais: há que seccioná-lo, também em tendências que a tal se não resumem. Assim:

i) Há uma preocupação constitucional de *racionalização* (expressão, aliás, empregue no próprio preceituado) da utilização da terra e dos meios de produção agrícolas, não apenas em si ou no âmbito da actividade agrícola enquanto actividade económica, mas também em articulação com outras políticas ou valores constitucionais (designadamente de natureza ambiental);

ii) Assiste-se ao esforço normativo de tratar a actividade agrícola como actividade económica entre as demais, num contexto de mercado que carece de desenvolvimento e competitividade (sobretudo nas revisões constitucionais de 1989 e 1997);

iii) Adaptam-se os objectivos da política agrícola ao regime regra da organização dos sectores de propriedade dos meios de produção: a assunção do sector privado como sector regra, patente na troca sistemática das alíneas *a)* e *b)* do n.º 1, na revisão constitucional de 1989, sem legitimar excepcionalidade constitucional neste âmbito[1433].

[1433] MARCELO REBELO DE SOUSA e JOSÉ DE MELO ALEXANDRINO sublinham "o teor global privatista e empresarial, comum a toda esta parte da Constituição, na versão de 1997 (cfr. *Constituição* ..., p. 206). Cfr. ainda ALEXANDRE SOUSA PINHEIRO/MÁRIO JOÃO BRITO FERNANDES, *Comentário* ..., pp. 240-241; e até à revisão constitucional de 1989, ANTÓNIO L. SOUSA FRANCO/GUILHERME D'OLIVEIRA MARTINS, *A Constituição* ..., pp. 295 ss. Analisando as alterações sofridas pelo preceito em sede de revisão constitucional, e observando a sua vulnerabilidade "à plasticidade do paradigma constitucional em que assenta", cfr. Ac. TC n.º 305/90 (cit).

IV. PAÍSES DE EXPRESSÃO PORTUGUESA

§ 9.º. Brasil

A CRFB possui também uma autonomização sistemática da Constituição agrícola: é o Capítulo III ("Da Política Agrícola e Fundiária e da Reforma Agrária") do Título VII ("Da Ordem Económica e Financeira"), que se estende do artigo 184.º ao 191.º[1434]. Embora não se encontre aí uma norma realmente similar à do artigo 93.º da CRP, pode descobrir-se algum paralelo deste quanto a objectivos de política agrícola no artigo 186.º da CRFB, que dispõe sobre a função social da propriedade rural, relevante para efeitos de *desapropriação por interesse social* (artigo 184.º). Aí se dispõe o seguinte:

"Art. 186.º
A função social é cumprida quando a propriedade rural atende, simultaneamente, segundo critérios e graus de exigência estabelecidos em lei, aos seguintes requisitos:
I – aproveitamento racional e adequado;
II – utilização adequada dos recursos naturais disponíveis e preservação do meio ambiente;
III – observância das disposições que regulam as relações de trabalho;
IV – exploração que favoreça o bem-estar dos proprietários e dos trabalhadores."

O paralelo que se estabelece entre normas deste Capítulo e as constantes dos artigos 93.º a 98.º da CRP é, porém, circunstancial, dado o contexto de *reforma agrária* que a CRFB ainda espelha e que a CRP já abandonou.

§ 10.º. Angola

Ainda que indirectamente, em relação à *questão agrícola*, é relevante atentar no disposto nos n.ºs 3 e 4 do artigo 12.º da LCRA, respeitante à propriedade do Estado[1435].

[1434] Cfr. a anotação ao artigo 88.º, IV, § 10.º.
[1435] Cfr. anotação ao artigo 84.º, IV, § 10.º.

§ 11.º. Moçambique

A CRM dá forte atenção à questão agrícola quando dispõe no seu artigo 103 que:

"Artigo 103
(Agricultura)
1. Na República de Moçambique a agricultura é a base do desenvolvimento nacional.
2. O Estado garante e promove o desenvolvimento rural para a satisfação crescente e multiforme das necessidades do povo e o progresso económico e social do país."

Não se trata, porém, de uma norma de fixação de objectivos propriamente afim da constante do artigo 93.º da CRP, podendo assimilar-se àquelas que se debruçam sobre tarefas ou *incumbências prioritárias* do Estado[1436].

É ainda de notar o disposto no n.º 2 do artigo 105, que recorda o objectivo presente na alínea *e)* do n.º 1 do artigo 93.º da CRP:

"Artigo 105
(Sector familiar)
1. Na satisfação das necessidades essenciais da população, ao sector familiar cabe um papel fundamental.
2. O Estado incentiva e apoia a produção do sector familiar e encoraja os camponeses, bem como os trabalhadores individuais, a organizarem-se em formas mais avançadas de produção."

Mas deve ter-se ainda em conta o regime constitucional de propriedade da terra[1437].

§ 12.º. Cabo Verde

A CRCV não contém norma idêntica à constante do artigo 93.º da CRP.

[1436] Cfr. anotação ao artigo 81.º, IV, § 10.º.
[1437] Cfr. anotação ao artigo 84.º, IV, § 11.º.

§ 13.º. **Guiné-Bissau**

A CRGB não contém norma idêntica à constante do artigo 93.º da CRP.

§ 14.º. **São Tomé e Príncipe**

A CRDSTP não contém norma idêntica à constante do artigo 93.º da CRP.

§ 15.º. **Timor-Leste**

A CRDTL não contém norma idêntica à constante do artigo 93.º da CRP.

Artigo 94.º
(Eliminação dos latifúndios)

1. O redimensionamento das unidades de exploração agrícola que tenham dimensão excessiva do ponto de vista dos objectivos da política agrícola será regulado por lei, que deverá prever, em caso de expropriação, o direito do proprietário à correspondente indemnização e à reserva de área suficiente para a viabilidade e a racionalidade da sua própria exploração.

2. As terras expropriadas serão entregues a título de propriedade ou de posse, nos termos da lei, a pequenos agricultores, de preferência integrados em unidades de exploração familiar, a cooperativas de trabalhadores rurais ou de pequenos agricultores ou a outras formas de exploração por trabalhadores, sem prejuízo da estipulação de um período probatório da efectividade e da racionalidade da respectiva exploração antes da outorga da propriedade plena.

Quadro tópico:
    I. ELIMINAÇÃO DOS LATIFÚNDIOS
    § 1.º. Valor constitucional da eliminação dos latifúndios – causa de utilidade pública;
        1.1. Eliminação do latifúndio ou dos latifundiários?
        1.2. A subordinação aos objectivos da política agrícola;
        1.3. Da *reforma agrária* a uma nova *Constituição material agrária*: desuso ou interpretação da Constituição "oficial" *conforme à Constituição "não oficial"*?
    § 2.º. Regime jurídico-constitucional da reconfiguração do direito de propriedade sobre os latifúndios;
        2.1. Expropriação e admissibilidade de outras formas jurídicas;
        2.2. A indemnização;
        2.3. Igualdade e proporcionalidade: a situação pós-expropriação do proprietário;

§ 3.º. Utilidade colectiva e beneficiários da expropriação;
3.1. Pequenos agricultores;
3.2. Favorecimento do sector cooperativo?
3.3. *A entrega a título de propriedade ou de posse*;
§ 4.º. Vinculação e liberdade de concretização do comando constitucional;
§ 5.º. Reserva de lei e competência legislativa;
5.1. A competência do Parlamento;
5.2. A competência do Governo;
5.3. A competência das Assembleias Legislativas das regiões autónomas.

II. DIREITO INTERNACIONAL E EUROPEU
§ 6.º. Direito Internacional;
§ 7.º. Direito Europeu.

III. MEMÓRIA CONSTITUCIONAL
§ 8.º. As constituições portuguesas anteriores à Constituição de 1976;
§ 9.º. Conteúdo originário da redacção do preceito na Constituição de 1976 e sucessivas versões decorrentes das revisões constitucionais;
§ 10.º. Apreciação do sentido das alterações do preceito.

IV. PAÍSES DE EXPRESSÃO PORTUGUESA
§ 11.º. Brasil;
§ 12.º. Angola;
§ 13.º. Moçambique;
§ 14.º. Cabo Verde;
§ 15.º. Guiné-Bissau;
§ 16.º. São Tomé e Príncipe;
§ 17.º. Timor-Leste.

I. ELIMINAÇÃO DOS LATIFÚNDIOS

§ 1.º. Valor constitucional da eliminação dos latifúndios – causa de utilidade pública

1.1. *Eliminação do latifúndio ou dos latifundiários?*

A eliminação dos latifúndios, norma presente no texto constitucional desde a sua versão originária[1438], suscita hoje reflexão em torno do seu actual sentido normativo jus-fundamental. No contexto da reforma agrária, era claro que, além da racionalização do uso do solo no âmbito da actividade agrícola, se pretendia uma reformulação global da estrutura da propriedade em Portugal, no contexto da socialização dos meios de produção e solos[1439]. A este propósito, era absolutamente inequívoca a redacção originária do então artigo 97.º[1440], e, como bem observavam J. J. GOMES CANOTILHO e VITAL MOREIRA, já na sequência da revisão constitucional de 1989, a tal "não é alheio um juízo histórico sobre o papel dos senhores da terra em Portugal" (asserção que, aliás, mantêm ainda hoje)[1441]. Sucede, porém, que não nos parece que este último remate mantenha razão de ser e actualidade na sequência dessa mesma revisão constitucional: a eliminação da reforma agrária do texto constitucional retirou esse suporte valorativo à eliminação do latifúndio, substituindo-o por um novo padrão jus-fundamental. É, aliás, claro também o distanciamento do legislador ordinário face a tal concepção, principalmente com a aprovação da *Lei de Bases do Desenvolvimento Agrário*, que revogou a *Lei de Bases da Reforma Agrária*[1442].

Deixando de parte, como é necessário, apreciações políticas (sejam objectivas, sejam subjectivas), é mister ter presente que a eliminação dos latifúndios, naquele contexto, se enquadrava num objectivo máximo de

---

[1438] Cfr. *infra*, III, § 9.º.
[1439] Para uma apreciação da *questão dos latifúndios* no contexto da reforma agrária, cfr. Ac. TC n.º 225/95 (cit.). Igualmente, Ac. TC n.º 187/88 (cit.); Ac TC n.º 80/91, de 10 de Abril de 1991, in BMJ, n.º 406, 1991, pp. 201 ss. Cfr. também JOAQUIM DA SILVA LOURENÇO, *Reforma Agrária*, pp. 220 ss.
[1440] Cfr. *infra*, III, § 9.º.
[1441] Cfr. *Constituição ...*, 3.ª Ed., p. 439; e na recente 4.ª Ed., I, p. 1052.
[1442] Cfr. Lei n.º 86/95, de 1 de Setembro.

transformação ou mesmo refundação social que se não entendia possível sem abalar a própria estrutura da propriedade. Daí que, nesse contexto, perante tal assunção expressa do texto constitucional, fossem carentes de sentido jurídico – embora não "constitucional" –, indagações à partida feridas de um juízo negativo sobre conceitos como *latifúndio* e *grandes proprietários e empresários ou accionistas*: SOARES MARTINEZ afirmava mesmo a inadmissibilidade de "penalizar cidadãos pelo facto de terem nascido ricos ou pelo facto de terem enriquecido. Até porque tal pena colide com o preceituado no artigo 13.º desta mesma Constituição (…)"[1443].

Todavia, era inequívoco, como dizíamos, que ao tempo a eliminação dos latifúndios era também uma eliminação dos latifundiários: à reestruturação da propriedade juntava-se a reestruturação social, promovida desde logo no texto constitucional.

Hoje não é assim. O disposto no artigo 94.º deve ser interpretado no seu contexto normativo-constitucional. Concordamos que aqui coagulam princípios fundamentais da organização económica, e que daqui deriva "uma verdadeira e própria *imposição constitucional*"[1444]: mas já não aquela que implica uma excepcionalidade ao regime jurídico-constitucional dos sectores de propriedade dos meios de produção, no âmbito da Constituição agrícola.

1.2. *A subordinação aos objectivos da política agrícola*

Em termos sistemáticos, desde logo, não vê como pode a eliminação dos latifúndios alhear-se da matriz estabelecida actualmente pelos objectivos da política agrícola presentes no artigo 93.º da CRP. Ainda que a norma sob comentário não veja alterações ou actualizações formais desde a revisão constitucional de 1989[1445], o mesmo não acontece com o disposto naquela outra: a revisão constitucional de 1997 introduziu diversas alterações ao estabelecido em matéria de objectivos da política agrícola que, claramente, apontam no sentido da empresarialização desta actividade, considerando-a uma actividade económica entre as demais. Mais,

---

[1443] Cfr. *Comentários* …, p. 136.
[1444] Cfr. J. J. GOMES CANOTILHO/VITAL MOREIRA, *Constituição* …, I, p. 1052.
[1445] Cfr. *infra*, III, § 9.º.

detectámos aí uma viragem objectivista na concepção da actividade agrícola presente da CRP, orientada para o favorecimento da iniciativa económica neste âmbito, como forma de incrementar princípios fundamentais da organização económica e social, desde logo o princípio do desenvolvimento económico e social[1446]. No que respeita ao direito de propriedade, o "acesso à propriedade ou posse da terra e demais meios de produção directamente utilizados na sua exploração por parte daqueles que a trabalham" (alínea *b)* do n.º 1 do artigo 93.º), não se erigindo em cláusula de excepcionalidade face à conformação do direito de propriedade e sectores de propriedade dos meios de produção[1447] – onde o sector privado é o sector-regra – destina-se a vincular o Estado à consecução ou fomento de condições que permitam aos agricultores e trabalhadores rurais o acesso à propriedade privada (designadamente, sobre a terra que trabalham e os meios de produção que utilizam) mas, neste mesmo sentido, não legitimando a ablação pura e simplesmente instrumental da propriedade de outrem.

Na redacção actual, o n.º 1 do artigo 94.º começa por afirmar que o "redimensionamento das unidades de exploração agrícola que tenham dimensão excessiva do ponto de vista dos objectivos da política agrícola será regulado por lei (...)". Bem entendido, essa *dimensão excessiva* é dificilmente objectivável – tarefa que, aliás, cabe ao legislador – mas encontra, por expressa imposição constitucional, um padrão de orientação nos objectivos estabelecidos no artigo 93.º. Uma vez que, como vimos, a reestruturação da propriedade já não se encontra aí sustentada como o era sob a capa da reforma agrária, aquela *dimensão* há-de considerar-se *excessiva*, do ponto de vista constitucional, quando contrarie os objectivos de "aumentar a produção e a produtividade da agricultura (...)", do "desenvolvimento do mundo rural, [e] a racionalização das estruturas fundiárias", "evitar que o sector agrícola seja desfavorecido nas relações de troca com outros sectores", de "incentivar o associativismo dos agricultores e a exploração directa da terra" (respectivamente, alíneas *a), b), c)* e *d)* do n.º 1 do artigo 93.º da CRP).

Neste sentido, a confusão terminológica que por vezes se aponta ao artigo 94.º – entre o *latifúndio* presente na epígrafe e a *exploração agrí-*

[1446] Cfr. anotação ao artigo 93.º, *passim*.
[1447] Cfr. anotação ao artigo 93.º, I, § 3.º.

cola de dimensão excessiva[1448] – não merece grande aprofundamento[1449]. Ela é tributária do combate a uma concepção de *domínio* no âmbito da actividade agrícola que a CRP foi paulatinamente afastando (embora no texto constitucional tenham permanecido apêndices), e pode conduzir a resultados contrários aos próprios objectivos da política agrícola: designadamente, quando se sustente que o latifúndio, não necessariamente coincidente com *exploração agrícola de dimensão excessiva*, carece tanto de redimensionamento quanto esta. Existiriam, assim, dois critérios fundamentais para o redimensionamento da propriedade agrícola (que não minifundiária): o da dimensão socialmente excessiva (ligado à estruturação da propriedade privada), e o da dimensão racionalmente excessiva (ligado a racionalização da produção agrícola em economia de mercado)[1450]. O compromisso entre ambos poderia conduzir à não realização dos objectivos de política agrícola, ou à cedência de um perante o outro. O que realmente aconteceu, em favor do segundo, e ficou constitucionalmente consagrado no artigo 93.º da CRP[1451].

1.3. Da reforma agrária a uma nova Constituição material agrária: desuso ou interpretação da Constituição "oficial" conforme à Constituição "não oficial"?

Na sequência do que se deixou dito nos pontos precedentes e na anotação ao artigo 93.º, pode afirmar-se que a CRP não vê hoje a *questão agrícola* como um problema a resolver através da reestruturação da propriedade, mas como um problema económico geral com diversas vertentes. O direito de propriedade surge, neste âmbito, não como um entrave, mas como um dado a tomar em conta na concretização dos objectivos da política agrícola. De todo o modo, se subjacente a esta está o princípio do desenvolvimento económico-social, o direito de propriedade não é intocável, em função desses objectivos. Sucede, porém, que a *causa de utilidade*

[1448] Cfr. J. J. GOMES CANOTILHO/VITAL MOREIRA, *Constituição* ..., I, p. 1054.

[1449] Sobre este aspecto, cfr. JORGE MIRANDA/RUI MEDEIROS, *Constituição* ..., II, pp. 162-163.

[1450] Diferentemente, cfr. J. J. GOMES CANOTILHO/VITAL MOREIRA, *Constituição* ..., I, p. 1054.

[1451] Sobre a relação da eliminação dos latifúndios com os objectivos da política agrícola, cfr. também JORGE MIRANDA/RUI MEDEIROS, *Constituição* ..., II, pp. 161 ss.

pública justificante da respectiva ablação ou reconfiguração já não tem por ponto essencial a refundação de estruturas de domínio social, típica da luta de classes, mas antes, como ali se viu, a *dimensão excessiva das explorações agrícolas* frente aos objectivos da política agrícola presentes no artigo 93.° da CRP.

Se, neste contexto, podemos falar de uma interpretação *conforme à Constituição* da própria norma constitucional presente no artigo 94.°, não é de desconsiderar o seu desuso parcial, desuso esse que, embora não conduza necessariamente à respectiva caducidade, legitima que se conclua pelo seu adormecimento (parcial): daí que MARCELO REBELO DE SOUSA e JOSÉ DE MELO ALEXANDRINO afirmem que "No fundo, a aplicação deste preceito – ressalvando alguns litígios ainda pendentes em tribunal – esgotou-se ao longo da última década."[1452].

Com efeito, a alteração introduzida na revisão constitucional de 1989[1453] tornou facultativa para o legislador a previsão de mecanismos expropriatórios, estabelecendo, contudo, vinculações para o caso de tal opção legislativa. Note-se: a segunda parte do n.° 1 do artigo 94.° obriga a que o legislador consagre, "em caso de expropriação, o direito do proprietário à correspondente indemnização e à reserva de área suficiente para a viabilidade e a racionalidade da sua própria exploração"; e o n.° 2 do preceito só se compreende nesse caso[1454]. Porém, da redacção actual do preceito não resulta que a expropriação seja um mecanismo privilegiado de realização dos objectivos da política agrícola[1455].

Em sentido aparentemente discordante, afirmou-se no Ac. TC n.° 225//95 (cit.) que "ao legislador não será consentido, tomando em consideração quer a redacção da Constituição anterior à segunda revisão quer a resultante desta, vedar a expropriação dos latifúndios – alcance imediatamente preceptivo do princípio em causa com sentido proibitivo que imediatamente vincula o legislador – e ou inverter a orientação geral da política agrícola,

---

[1452] Cfr. *Constituição* ..., p. 207.
[1453] Cfr. *infra*, III, § 9.° e § 10.°.
[1454] Estando em causa um acto lícito de ablação do direito de propriedade, sempre ao abrigo do princípio da proporcionalidade, deve entender-se a possibilidade de ablação de direitos menores (neste sentido, cfr. MARCELO REBELO DE SOUSA/JOSÉ DE MELO ALEXANDRINO, *Constituição* ..., p. 207).
[1455] Em sentido idêntico, cfr. JORGE MIRANDA/RUI MEDEIROS, *Constituição* ..., II, p. 162.

levando à reconstituição da situação anterior, ou intencionalmente criar obstáculos ao desenvolvimento e prossecução dessa mesma política".

Contudo, em rigor, do que se trata não é de uma autorização ao legislador para ir contra a CRP, mas de um alargamento da sua margem de conformação legislativa quanto à aplicação do próprio preceito constitucional. Inconstitucional seria, decerto, uma lei que expressamente proibisse a expropriação de explorações agrícolas de dimensão excessiva. Parece, aliás e afinal, ser esse o sentido daquele aresto quando se debruça, justamente, sobre a liberdade do legislador nesta matéria.

Por outro lado, quando haja de recorrer-se à expropriação para a realização daqueles mesmos objectivos, pode questionar-se a imperatividade do regime jurídico que consagra a entrega das terras expropriadas nos termos do n.º 2, na medida em que tal entrega possa não favorecer a concretização dos objectivos de política agrícola presentes no artigo 93.º (como deve também ter-se presente que o Direito Europeu em matéria de política agrícola apresenta vinculações substanciais que podem não se compadecer com as consequências do regime do n.º 2).

Atentando na *Lei de Bases do Desenvolvimento Agrário*[1456], é patente o abandono, por parte do legislador, da expropriação como mecanismo jurídico de implementação dos objectivos da política agrícola[1457]. Dir-se-ia mesmo que, em face das necessidades reais da agricultura portuguesa e da latitude que o artigo 93.º concede ao legislador na implementação desses objectivos[1458], a orientação dominante vai hoje mais no sentido de legitimar uma intervenção pública, alcandorada no interesse geral, limitativa da liberdade de iniciativa económica (n.º 1 do artigo 61.º da CRP) do que da propriedade. Aliás, tentando uma consideração realista da aplicabilidade do preceito em causa, será difícil, nesta senda, hipotetizar situações concretas em que a dimensão excessiva da *propriedade* seja contrária aos objectivos de política agrícola. Desde logo porque, em termos

---

[1456] Lei n.º 86/95, de 1 de Setembro, sobre a qual se desconhece qualquer pedido de fiscalização abstracta da constitucionalidade.

[1457] Cfr., sobretudo, artigos 33.º e seguintes. O facto de serem mantidos em vigor diplomas disciplinadores da entrega de terras expropriadas no âmbito da reforma agrária (artigo 45.º) não infirma esta conclusão, visto que importava não criar um vazio jurídico face a situações existentes. Mas o artigo 45.º aponta claramente no sentido da conclusão por nós enunciada.

[1458] Cfr. JORGE MIRANDA/RUI MEDEIROS, *Constituição* ..., II, pp. 162 ss.

reais, Portugal se defronta com o problema contrário, isto é, o do subdimensionamento da propriedade agrícola frente ao objectivo de racionalização da utilização dos solos agrícolas (problema que, aliás, é objecto de atenção constitucional a propósito do redimensionamento do minifúndio – artigo 95.° da CRP). Depois porque, em condições que podemos apelidar de normais, a dimensão excessiva de uma determinada propriedade agrícola se afere em função do próprio tipo de exploração que ela comporta, o que, em princípio, tenderá a ser resolvido pelo proprietário, segundo critérios de economicidade, através da reafectação do uso desses mesmos solos[1459].

A garantia constitucional do direito de propriedade e a (progressiva) consideração da agricultura como actividade económica entre as demais, embora com especificidades normativamente consideradas no artigo 93.° da CRP, aponta, portanto, no sentido de que a intervenção pública a este propósito se concentre mais no condicionamento da liberdade de iniciativa económica privada do que nas estruturas de propriedade.

No Ac. TC n.° 225/95 (cit.), sustentava-se já que "Hoje, num contexto de coexistência dos diversos sectores de propriedade dos meios de produção e em que a nenhum deles é assinalada uma tendencial predominância, ou sequer especial desenvolvimento, a Lei de Bases da Reforma Agrária, da qual está agora em apreciação uma série de normas, não pode porém dizer-se que se insira num quadro constitucionalmente neutro e totalmente entregue à liberdade de iniciativa privada e ao jogo das leis do mercado. Ao Estado continuam a impor-se incumbências significativas, especialmente em sede de ordenamento e reconversão agrária (cf. o n.° 2 do artigo 96.° da Constituição), mas os instrumentos de que pode servir-se o legislador estão direccionados para objectivos que, se não são radicalmente dissemelhantes, passam, pelo menos, pelo reconhecimento de valores que antes se encontravam subalternizados, designadamente a coexistência dos vários sectores de propriedade e a titularidade da propriedade privada.".

[1459] Não sendo de entrar aqui em linha de conta com o *abandono*, situação para a qual releva outra norma constitucional – o artigo 88.° (cfr. as respectivas anotações). Cfr. também JORGE MIRANDA/RUI MEDEIROS, *Constituição* ..., II, p. 163; J. J. GOMES CANOTILHO/VITAL MOREIRA, *Constituição* ..., I, p. 1052.

§ 2.º. Regime jurídico-constitucional da reconfiguração do direito de propriedade sobre os latifúndios

2.1. Expropriação e admissibilidade de outras formas jurídicas

O que dissemos *supra* a propósito do *adormecimento* desta norma constitucional[1460] retira algum interesse ao aprofundamento do regime jurídico-constitucional da reconfiguração do direito de propriedade sobre os latifúndios. Uma breve nota, porém, justifica-se.

A partir do momento em que a reestruturação da propriedade agrícola deixa de constituir um objectivo constitucional *a se*[1461] ou específico no âmbito da reforma agrária, a expropriação, como medida ablativa do direito de propriedade, necessita de uma nova concatenação com os restantes princípios constitucionais relevantes; e aqui não apenas com os princípios fundamentais em matéria de organização económica e social (artigo 80.º da CRP) mas com princípios gerais do ordenamento jurídico-constitucional, sendo aqui de particular interesse o princípio da proporcionalidade. Bem entendido, a intervenção pública na execução dos objectivos de política agrícola – legislativa, num primeiro momento, e administrativa, depois – há-de conter-se nos limites dos princípios estruturantes do Estado social e democrático de Direito, numa perspectiva, ou do Estado de bem-estar, noutra, onde assume primacial importância esse mesmo princípio da proporcionalidade ou da proibição do excesso[1462].

Em termos gerais, de princípio, pode, pois, afirmar-se que só deve chegar-se à ablação do direito de propriedade quando outro tipo de intervenção pública menos gravosa para os direitos dos particulares não for suficiente para a concretização dos objectivos da política agrícola. Do mesmo modo, concluindo-se pela necessidade de medidas ablativas, elas só devem atingir o direito de propriedade em pleno quando a ablação de outro direito real menor não for suficiente, naquela mesma perspectiva, ou quando a ablação desse outro direito real menor significar, para o expro-

---

[1460] Cfr. *supra*, I, § 1.º, 1.3.
[1461] O que não se confunde com a questão da "expropriação como objectivo *a se*" (cfr. Ac. TC n.º 225/95 (cit.)).
[1462] Cfr. JORGE REIS NOVAIS, *Os Princípios* ..., pp. 161 ss.

priado, uma desvantagem económica excessiva face à propriedade que se mantém[1463].

Deste ponto de vista, a expropriação (como medida ablativa) é apenas uma das formas de intervenção pública, designadamente frente a outras (meramente condicionantes).

2.2. *A indemnização*

A indemnização, a cuja previsão o n.º 1 do artigo 94.º obriga o legislador em caso de expropriação, constitui uma garantia do direito de propriedade decorrente do disposto no n.º 2 do artigo 62.º da CRP, que hoje não conhece excepção no nosso ordenamento jurídico-constitucional. Não há razão, portanto, para admitir uma legitimação do legislador à fixação de critérios indemnizatórios que reflictam uma ideia de justiça diferente da que decorre daquele último preceito constitucional[1464].

> No Ac. TC n.º 337/2006 (cit.), estando em causa a constitucionalidade de normas definidoras de critérios de indemnização devida por nacionalizações no âmbito da reforma agrária, decidiu-se que "a norma do artigo 1.º, n.º 1, alínea *a)*, da Portaria n.º 197-A/95, de 17 de Março, ao estabelecer que «para efeitos da avaliação definitiva do património fundiário expropriado ou nacionalizado, que não tenha sido devolvido, prevista no artigo 10.º do Decreto-Lei n.º 199/88, de 31 de Maio, devem ser considerados [...] para a terra, os rendimentos líquidos médios das diferentes classes de aptidão constantes do quadro anexo n.º 1 e as taxas de capitalização que constam do anexo IX ao Decreto-Lei n.º 199/88, de 31 de Maio» não ofende o disposto no artigo 94.º da Constituição, pressuposta que está a actualização desse valor mediante a aplicação das taxas de juro previstas no n.º 2 do mesmo artigo.". Sobre esta matéria, cfr. ainda Ac. TC n.º 148/2004 (cit.), referido naquela mesma decisão.

[1463] Sobre este aspecto, cfr. também a anotação ao artigo 88.º, I, § 2.º, 2.3.

[1464] Sobre esta problemática, remetemos para os comentários ao artigo 83.º, designadamente, I, § 3.º. Cfr. ainda MARIA LÚCIA C. A. AMARAL PINTO CORREIA, *Responsabilidade* ..., pp. 584-585; JORGE MIRANDA/RUI MEDEIROS, *Constituição* ..., II, p. 164. Ainda, para um confronto entre as figuras da expropriação e da nacionalização, para este efeito, cfr. ANTÓNIO L. SOUSA FRANCO/GUILHERME D'OLIVEIRA MARTINS, *A Constituição* ..., pp. 178 ss.; J. J. GOMES CANOTILHO/VITAL MOREIRA, *Constituição* ..., I, pp. 1053-1054.

perativas de trabalhadores rurais ou de pequenos agricultores ou a outras formas de exploração por trabalhadores. Bem visto, um dos problemas que tal suscita é a definição do que entender por pequeno agricultor, tendo já sido notada uma certa desarticulação interna do próprio texto constitucional, que refere os médios agricultores no artigo 97.º ("Auxílio do Estado") mas não aqui. A jurisprudência constitucional, contudo, sustenta aqui uma concepção ampliativa, no sentido de incluir estes últimos no âmbito de previsão da norma em comentário[1470].

Mas são verosímeis, neste particular, outros problemas, que suscitam não poucas questões complexas: e se a entrega das terras expropriadas a estas categorias de beneficiários não permitir resultados compatíveis com os objectivos da política agrícola (sendo neste campo particularmente relevante o Direito Europeu em matéria de política agrícola comum)? Dir-se-á, por ventura, que a lei deve estabelecer mecanismos que, sem preferir em abstracto esta ou aquela categoria de beneficiários[1471], permita essa adequação aos objectivos da política agrícola, existindo sempre o mecanismo de salvaguarda previsto na última parte do n.º 2 do artigo 94.º (a "estipulação de um período probatório da efectividade e da racionalidade da respectiva exploração antes da outorga da propriedade plena"). Porém, não só este último mecanismo parece dificilmente compaginável com as exigências de uma política agrícola de mercado (expressamente consagrada assim no artigo 93.º da CRP), como aquela adequação (e a verificação da falência daquelas efectividade e racionalidade) pode conduzir à necessidade de emparcelamentos subsequentes à pulverização da propriedade expropriada. E perante tais complexidades, o intérprete é colocado perante a verosimilhança da negação intrínseca da própria norma em causa, que não é resolvida pelo assentar do direito de reversão do proprietário expropriado[1472].

[1470] Cfr. Ac. TC n.º 225/95 (cit). Igualmente, JORGE MIRANDA/RUI MEDEIROS, *Constituição* ..., II, pp. 165-166. Ainda sobre as noções de *trabalhador rural* e *pequeno agricultor*, cfr. J. J. GOMES CANOTILHO/VITAL MOREIRA, *Constituição* ..., I, pp. 1056-1057.

[1471] Preferência que a CRP não parece permitir (cfr. JORGE MIRANDA/RUI MEDEIROS, *Constituição* ..., II, p. 166). Sobre esta problemática, cfr. também J. J. GOMES CANOTILHO/VITAL MOREIRA, *Constituição* ..., I, p. 1055.

[1472] Cfr. JORGE MIRANDA/RUI MEDEIROS, *Constituição* ..., II, p. 167-168. Negando a existência de direito de reversão neste domínio, cfr. J. J. GOMES CANOTILHO/VITAL MOREIRA, *Constituição* ..., I, p. 1056.

3.2. Favorecimento do sector cooperativo?

Na sequência do ponto anterior, observe-se que as cooperativas de trabalhadores rurais ou de pequenos agricultores partilham do *favor constitucional* que a CRP estende à cooperativas em geral, nos termos do n.º 1 do artigo 85.º, segundo o qual o Estado deve estimular e apoiar as respectivas criação e actividade[1473]. É lícito, portanto, questionar, naquela mesma sequência, se as cooperativas gozam de uma preferência constitucional, que se projecte no n.º 2 do artigo 94.º[1474].

As terras entregues às cooperativas, seja a título de propriedade seja a título de posse, serão geridos por estas, integrando o subsector cooperativo, nos termos da alínea *a)* do n.º 4 do artigo 82.º da CRP. Ora, tal situação, objectivamente considerada, na sequência da expropriação (ou expropriações) pode redundar numa situação fundiária de tanta ou maior extensão do que aquela que existia previamente à expropriação (ou expropriações). Tendo em conta que a *dimensão excessiva do ponto de vista dos objectivos da política agrícola* constitui a causa de utilidade pública justificante da expropriação[1475], ela pode ser negada com a entrega das terras àquelas cooperativas (ou pelo modo de gestão assumido), o que poderia levar a concluir pela inconstitucionalidade da própria expropriação.

3.3. *A entrega a título de propriedade ou de posse*

Não deixa também de suscitar algumas questões complexas a distinção entre a entrega das terras a título de propriedade ou de posse, nos termos previstos no n.º 2 do artigo 94.º, sobretudo quando em conexão com o período probatório previsto na última parte do preceito. Sendo duvidoso, embora equacionável, que o mesmo se aplique a ambas as situações[1476], pergunta-se, o que sucede em caso de *propriedade* ou *posse* mal sucedidas do ponto de vista da efectividade e racionalidade da exploração?

[1473] Cfr. anotação ao artigo 85.º, I, em especial § 1.º e § 2.º.
[1474] Cfr. a anotação ao ponto anterior e respectivas notas.
[1475] Cfr. *supra*, I, § 1.º.
[1476] Cfr. JORGE MIRANDA/RUI MEDEIROS, *Constituição* ..., II, p. 167. Falando da posse como "antecâmara da propriedade plena, servindo de período probatório da racionalidade da nova exploração e, em geral, da sua melhor adequação ao prosseguimento dos objectivos económicos, sociais e ecológicos da política agrícola", cfr. J. J. GOMES CANOTILHO/VITAL MOREIRA, *Constituição* ..., I, p. 1055.

Pode defender-se a existência de um *direito de reversão* do proprietário expropriado[1477], mas tal não afasta o juízo objectivo de dimensão excessiva da propriedade, do ponto de vista dos objectivos da política agrícola. E neste caso, experimentar-se-ão outros beneficiários? Em rigor, tal só tem sentido quando haja lugar a um juízo negativo sobre a conduta dos anteriores beneficiários, do ponto de vista do aproveitamento das terras em causa[1478]. Mas um novo período probatório dificilmente se compatibiliza com os objectivos da política agrícola. É possível ainda sustentar que, transitoriamente apenas, possa o Estado entrar na titularidade dessas terras (porque a CRP não parece admitir a sua inclusão entre os beneficiários da expropriação[1479]): mas, devido a essa transitoriedade, não se altera aquele quadro.

§ 4.º. **Vinculação e liberdade de concretização do comando constitucional**

Entre a incumbência prioritária do Estado estabelecida na alínea *h)* do artigo 81.º, os objectivos da política agrícola constantes do artigo 93.º e a(s) norma(s) contida(s) no artigo 94.º ora sob comentário, parece existir um *eixo normativo constitucional*, no sentido de obrigar o Estado a eliminar o latifúndio (e/ou explorações agrícolas de dimensão excessiva), ao abrigo dos objectivos da política agrícola, e com as imposições constitucionais do respectivo regime de eliminação, constantes deste artigo 94.º da CRP. Tal *eixo*, contudo, comporta problemas complexos[1480] que toldam a efectiva compreensão da vinculação do legislador.

[1477] Cfr. JORGE MIRANDA/RUI MEDEIROS, *Constituição* ..., II, p. 167. Cfr. igualmente o Ac. TC n.º 332/2002 (cit.), onde, porém, do nosso ponto de vista, falta a apreciação do direito de reversão do proprietário que haja sido expropriado em concretização da eliminação dos latifúndios (e não nos termos gerais do n.º 2 do artigo 62.º da CRP). Como já referimos no ponto anterior, negando a existência de direito de reversão nestes casos, cfr. J. J. GOMES CANOTILHO/VITAL MOREIRA, *Constituição* ..., I, p. 1056.

[1478] E que seria situação distinta da do abandono, nos termos do artigo 88.º - porque a ser caso de abandono seria essa regra constitucional que operaria.

[1479] Cfr. JORGE MIRANDA/RUI MEDEIROS, *Constituição* ..., II, p. 166; J. J. GOMES CANOTILHO/VITAL MOREIRA, *Constituição* ..., I, pp. 1055 e 1057.

[1480] Cfr. *supra*, I, § 1.º, § 2.º e § 3.º.

Remetendo para o comentário que fizemos a propósito da alínea *h)* do artigo 81.°[1481], bem como a propósito do artigo 93.°, e o exposto nos pontos antecedentes ao presente desta mesma anotação, tenhamos em conta que a expressão latifúndio tem por subjacente uma axiologia já abandonada pela CRP. Deste modo, é a dimensão excessiva das explorações agrícolas, cuja aferição se realiza através dos objectivos da política agrícola, que aqui está em causa.

Sucede, porém, que, contrariamente ao *latifúndio* (que a Constituição pode dar a si mesma por existente, uma vez que a respectiva construção assenta num conceito de valor sobre a propriedade[1482]), as explorações agrícolas de dimensão excessiva não constituem uma inevitabilidade, isto é, apenas existem quando verificados na prática determinados critérios. Ora, tais critérios não são dados pela CRP, que apenas fornece um padrão objectivo (no artigo 93.°) para a respectiva fixação legislativa posterior. Significa isto que o legislador possui uma enorme margem na fixação de tais critérios, o que coloca a complexa questão de saber se tal margem pode chegar à sua imprevisão deliberada, quando o legislador entenda que essa fixação não apresenta utilidade do ponto de vista dos objectivos da política agrícola. Bem visto, e ainda que se responda negativamente à questão anteriormente formulada, a margem de densificação aqui deixada ao legislador permite-lhe *adormecer* a norma constitucional, o que está bem patente na *Lei de Bases do Desenvolvimento Agrário* em vigor[1483].

[1481] Cfr. anotação respectiva, I, § 2.°, 2.8.

[1482] Do nosso ponto de vista, é justamente um conceito de valor que está em causa. Quando no Ac. TC n.° 225/95 (cit.) se afirma, sobre o já assente pela Comissão Constitucional, que "Em vão se procurará na Constituição uma definição que nesta matéria vincule a dimensões pré-fixadas o poder de conformação do legislador. Tão-pouco se encontrará uma definição constitucional de latifúndio ou de grande exploração capitalista. Conforme se escreveu no Parecer da Comissão Constitucional n.° 24/77 (in *Pareceres da Comissão Constitucional*, 3.° vol., p. 101), a determinação de conceito de latifúndio «não releva do puro juízo jurídico mas fundamentalmente de critérios técnicos e de decisões políticas que competem ao legislador ordinário – e só a ele –, contanto que não fique frustrado o conteúdo essencial dos comandos constitucionais»." – é de um conceito de valor que se fala, pois a expressão *latifúndio* implica um pré-juízo sobre a propriedade que não se prende com a sua dimensão objectiva mas com as respectivas consequências sociais (não decorrendo, portanto, de critérios estritamente técnicos).

[1483] No sentido da inconstitucionalidade desta lei (por omissão ou mesmo por acção) dada inexistência de qualquer regime jurídico respeitante ao "redimensionamento do latifúndio", cfr. J. J. GOMES CANOTILHO/VITAL MOREIRA, *Constituição* ..., I, p. 1052.

§ 5.º. Reserva de lei e competência legislativa

5.1. *A competência do Parlamento*

A referência à *lei* em ambos os n.ºˢ do artigo 94.º corresponde, efectivamente, a uma reserva relativa de lei parlamentar, o que se conclui do estabelecido nas alíneas *l)* e *n)* do n.º 1 do artigo 165.º da CRP.

Começando por esta última, que estabelece como integrando a reserva relativa de competência legislativa da AR as bases da política agrícola, "incluindo a fixação dos limites máximos e mínimos das unidades de exploração agrícola", parece-nos inequívoco que aí se contempla a fixação dos critérios para a avaliação da dimensão excessiva das explorações agrícolas, de acordo com os objectivos enunciados no artigo 93.º da CRP.

Quanto ao restante regime previsto no artigo 94.º – isto é, regime da expropriação, indemnização respectiva e destino dos bens expropriados –, o mesmo parece integrar-se na alínea *l)* do n.º 1 do artigo 165.º: "Meios e formas de intervenção, expropriação, nacionalização e privatização dos meios de produção e solos por motivo de interesse público, bem como critérios de fixação, naqueles casos, de indemnizações").

Paralelamente ao que sucede no domínio do artigo 83.º ("Requisitos de apropriação pública"), *mutatis mutandis*, também aqui aquela reserva parece ser, em ambos os casos de densificação total: no âmbito da alínea *l)* do n.º 1 do artigo 165.º valem as considerações expendidas a propósito daquele preceito[1484]; no âmbito da alínea *n)* do n.º 1 do artigo 165.º, a expressão *fixação* ("dos limites máximos e mínimos das unidades de exploração agrícola") não parece deixar margem para que se trate aqui apenas das *bases dessa fixação*, mas antes de uma *fixação efectiva daqueles limites máximos e mínimos*. De todo o modo, propendemos ainda para considerar que a utilização dessa mesma fixação para efeitos de concretização do disposto no artigo 94.º da CRP não poderia escapar àquela reserva parlamentar por força da própria alínea *l)*, uma vez que está em causa um elemento essencial para a definição da causa de utilidade pública da expropriação.

[1484] Cfr. anotação ao artigo 83.º, I, § 4.º, 4.1.

5.2. A competência do Governo

A competência legislativa do Governo é aqui uma competência autorizada, nos termos do artigo 165.º da CRP. Mais uma vez, *mutatis mutandis*, valem os comentários a propósito do artigo 83.º[1485].

5.3. A competência das Assembleias Legislativas das regiões autónomas

Também no que se refere à competência legislativa regional valem os comentários a propósito do artigo 83.º, *mutatis mutandis*, tendo em conta que as matérias constantes da alínea *n)* do n.º 1 do artigo 165.º também se não encontram entre as excepções previstas na alínea *b)* do n.º 1 do artigo 227.º[1486].

II. DIREITO INTERNACIONAL E EUROPEU

§ 6.º. Direito Internacional

No que respeita ao Direito Internacional, remetemos igualmente para o comentário ao artigo 83.º[1487].

§ 7.º. Direito Europeu

No Direito Europeu, têm particular relevo os objectivos da política agrícola, como padrão de aferição da conformidade de eventuais critérios legislativos atinentes à dimensão excessiva das explorações agrícolas. Parece que tais objectivos não favorecem o fraccionamento da propriedade e a redução da dimensão das explorações agrícolas[1488]. Havendo aqui questões ligadas à estrutura da propriedade (que convocam o princípio da

---

[1485] Cfr. I, § 4.º, 4.2.
[1486] Cfr. anotação ao artigo 83.º, I, § 4.º, 4.3.
[1487] Cfr. II, § 5.º.
[1488] Cfr. anotação ao artigo 93.º, II, § 5.º.

neutralidade comunitária) e à problemática da indemnização, é de atentar também nas anotações aos artigos 82.º e 83.º[1489].

III. MEMÓRIA CONSTITUCIONAL

§ 8.º. **As constituições portuguesas anteriores à Constituição de 1976**

Nenhuma das constituições portuguesas anteriores à actual consagrou disposição semelhante à actualmente constante do artigo 94.º – o que é natural, dada a respectiva contextualização originária no âmbito da reforma agrária, entretanto excluída do texto constitucional. Isto não significa, porém, a ausência de qualquer legitimação constitucional em tocar o direito de propriedade privada no domínio agrário[1490].

§ 9.º. **Conteúdo originário da redacção do preceito na Constituição de 1976 e sucessivas versões decorrentes das revisões constitucionais**

Na **redacção originária da Constituição de 1976**, a matéria em causa constava do artigo 97.º, sob a mesma epígrafe, nos seguintes termos:

"ARTIGO 97.º
(Eliminação dos latifúndios)
1. A transferência da posse útil da terra e dos meios de produção directamente utilizados na sua exploração para aqueles que a trabalham será obtida através da expropriação dos latifúndios e das grandes explorações capitalistas.
2. As propriedades expropriadas serão entregues, para exploração, a pequenos agricultores, a cooperativas de trabalhadores rurais ou de pequenos agricultores ou a outras unidades de exploração colectiva por trabalhadores.

[1489] Cfr., respectivamente, II, § 7.º, e II, § 6.º.

[1490] Cfr. anotação ao artigo 93.º, III, § 6.º. Sobre o direito de propriedade na Constituição de 1838, a propósito da "transformação da estrutura fundiária do país no sentido da legislação burguesa liberal", cfr. J. J. GOMES CANOTILHO, *Direito Constitucional ...*, p. 152.

3. As operações previstas neste artigo efectuam-se nos termos que a lei da reforma agrária definir e segundo o esquema de acção do Plano."

A **revisão constitucional de 1982** não introduziu qualquer alteração ao preceito.

Já a **revisão constitucional de 1989**, trouxe alterações substanciais: o artigo 72.º da Lei Constitucional n.º 1/89, de 8 de Julho, alterou a redacção dos n.ᵒˢ 1 e 2, e eliminou o n.º 3, assim fixando a actual redacção do artigo, intocado desde então, senão pela **revisão constitucional de 1997** (artigo 63.º da Lei Constitucional n.º 1/97, de 20 de Setembro) que apenas o renumerou, passando a ser o actual artigo 94.º.

§ 10.º. **Apreciação do sentido das alterações do preceito**

Conforme bem expressava a redacção originária do preceito, *a transferência da posse útil da terra e dos meios de produção directamente utilizados na sua exploração para aqueles que a trabalham* (n.º 1) constituía um imperativo constitucional enquadrado na reforma agrária, ela própria um programa constitucional cujo sentido era dado pelo princípio da transição para o socialismo, com a reconfiguração das estruturas de propriedade dos meios de produção. Com o desaparecimento deste n.º 1, bem como da eliminação dos latifúndios de entre os limites materiais de revisão constitucional, também na revisão constitucional de 1989, o disposto no n.º 2 – que também sofreu alterações profundas –, enquadrado na sua nova redacção, ganhou um novo sentido que, como fomos apontando ao longo dos vários pontos do comentário *supra*, não é isento de complexas dúvidas interpretativas.

Por seu turno, o desaparecimento do n.º 3 constitui mais um elemento de desvalorização do planeamento a nível constitucional[1491].

As alterações introduzidas na revisão constitucional de 1989 inserem-se, portanto, no contexto da eliminação da reforma agrária, da refundação da Constituição económica, aproximando a actividade agrícola das

---

[1491] Cfr. anotações aos artigos 90.º e 91.º, *passim*.

restantes actividades económicas em contexto de mercado, e da valorização do sector privado nesse mesmo âmbito[1492].

Todavia, a liberdade concedida ao legislador na concretização deste preceito constitucional, contribuindo para o seu *adormecimento*[1493], denuncia formas e processos de revisão constitucional que conduzem, na prática, à desvalorização da função normativa de preceitos que, sem deixarem de estar incluídos no texto constitucional, perdem essa sua vocação (que fica, em rigor, à mercê do legislador).

IV. PAÍSES DE EXPRESSÃO PORTUGUESA

§ 11.º. Brasil

A CRFB não contém norma idêntica à constante do artigo 94.º da CRP, apesar de dedicar várias à política agrícola e fundiária e reforma agrária (artigos 184.º a 191.º)[1494]. Naturalmente, no Brasil é muito diferente o contexto da *grande propriedade*. Veja-se, no entanto, o disposto no artigo 188.º:

> "Art. 188.º
> A destinação de terras públicas e devolutas será compatibilizada com a política agrícola e com o plano nacional de reforma agrária.
> § 1.º A alienação ou a concessão, a qualquer título, de terras públicas com área superior a dois mil e quinhentos hectares a pessoa física ou jurídica, ainda que por interposta pessoa, dependerá de prévia aprovação do Congresso Nacional.
> § 2.º Excetuam-se do disposto no parágrafo anterior as alienações ou as concessões de terras públicas para fins de reforma agrária."

[1492] Cfr. Ac. TC n.º 225/95 (cit).
[1493] Cfr. *supra*, I, *passim*.
[1494] Cfr., *v.g.*, as anotações aos artigos 88.º, IV, § 10.º, 93.º, IV, § 9.º, e 95.º, IV, § 10.º.

§ 12.º. **Angola**

A LCRA não contém norma idêntica à constante do artigo 94.º da CRP.

§ 13.º. **Moçambique**

A CRM não contém norma idêntica à constante do artigo 94.º da CRP.

§ 14.º. **Cabo Verde**

A CRCV não contém norma idêntica à constante do artigo 94.º da CRP.

§ 15.º. **Guiné-Bissau**

A CRGB não contém norma idêntica à constante do artigo 94.º da CRP.

§ 16.º. **São Tomé e Príncipe**

A CRDSTP não contém norma idêntica à constante do artigo 94.º da CRP.

§ 17.º. **Timor-Leste**

A CRDTL não contém norma idêntica à constante do artigo 94.º da CRP.

ARTIGO 95.º
(Redimensionamento do minifúndio)

Sem prejuízo do direito de propriedade, o Estado promoverá, nos termos da lei, o redimensionamento das unidades de exploração agrícola com dimensão inferior à adequada do ponto de vista dos objectivos da política agrícola, nomeadamente através de incentivos jurídicos, fiscais e creditícios à sua integração estrutural ou meramente económica, designadamente cooperativa, ou por recurso a medidas de emparcelamento.

Quadro tópico:

I. REDIMENSIONAMENTO DO MINIFÚNDIO
§ 1.º. VALOR CONSTITUCIONAL DO REDIMENSIONAMENTO DO MINIFÚNDIO;
1.1. A subordinação aos objectivos da política agrícola;
1.2. A salvaguarda da função social da propriedade minifundiária;
§ 2.º. REGIME JURÍDICO-CONSTITUCIONAL DO REDIMENSIONAMENTO DO MINIFÚNDIO;
2.1. Unificação jurídica: o lugar do emparcelamento;
2.2. Unificação económica: o favorecimento do associativismo agrário;
2.3. Preferência constitucional pelo modelo cooperativo?
§ 3.º. VINCULAÇÃO E LIBERDADE DE CONCRETIZAÇÃO DO COMANDO CONSTITUCIONAL;
3.1. Os poderes públicos destinatários do comando constitucional;
3.2. Configuração material e formal do nível de imperatividade do comando constitucional;
§ 4.º. RESERVA DE LEI E COMPETÊNCIA LEGISLATIVA;
4.1. A competência do Parlamento;
4.2. A competência do Governo;
4.3. A competência das Assembleias Legislativas das regiões autónomas.

II. DIREITO INTERNACIONAL E EUROPEU
§ 5.º. DIREITO INTERNACIONAL;
§ 6.º. DIREITO EUROPEU.

III. MEMÓRIA CONSTITUCIONAL

§ 7.°. As constituições portuguesas anteriores à Constituição de 1976;

§ 8.°. Conteúdo originário da redacção do preceito na Constituição de 1976 e sucessivas versões decorrentes das revisões constitucionais;

§ 9.°. Apreciação do sentido das alterações do preceito.

IV. PAÍSES DE EXPRESSÃO PORTUGUESA

§ 10.°. Brasil;
§ 11.°. Angola;
§ 12.°. Moçambique;
§ 13.°. Cabo Verde;
§ 14.°. Guiné-Bissau;
§ 15.°. São Tomé e Príncipe;
§ 16.°. Timor-Leste.

I. REDIMENSIONAMENTO DO MINIFÚNDIO

§ 1.°. **Valor constitucional do redimensionamento do minifúndio**

1.1. *A subordinação aos objectivos da política agrícola*

O significado constitucional de *minifúndio*, de acordo com disposto no artigo 95.° da CRP, é *unidade de exploração agrícola com dimensão inferior à adequada do ponto de vista dos objectivos da política agrícola*. Parece que não existe aqui ambiguidade, como aquela assinalada a propósito do artigo 94.°, entre *latifúndio* e *exploração agrícola de dimensão excessiva do ponto de vista dos objectivos da política agrícola*[1495].

Os objectivos da política agrícola a que o preceito se refere são, *prima facie*, os constantes do artigo 93.°, o que, todavia, não afasta que outros possam ser fixados na lei, *praeter constitutionem*, densificando o padrão de legalidade para efeitos de redimensionamento do minifúndio.

Atentando nos objectivos da política agrícola constantes do n.° 1 do artigo 93.° da CRP, o redimensionamento da propriedade minifundiária deve prosseguir, desde logo, o objectivo de *aumentar a produção e a pro-*

[1495] Cfr. anotação ao artigo 94.°, I, em especial § 1.°.

dutividade da agricultura, no sentido do incremento da competitividade e sustentabilidade da actividade agrícola (alínea *a)*), e a *promoção da melhoria da situação económica, social e cultural dos trabalhadores rurais e dos agricultores, o desenvolvimento do mundo rural e [instrumental] racionalização das estruturas fundiárias* (alínea *b)*). Estes são objectivos substanciais enunciados naquele preceito, não podendo esquecer-se que se está diante de uma visão integrada de várias políticas públicas levadas ao texto constitucional: estão em causa *o uso e a gestão racionais dos solos e dos restantes recursos naturais, a manutenção da sua capacidade de regeneração* (alínea *d)*), e a articulação entre *o ordenamento e reconversão agrária e florestal, de acordo com os condicionalismos económicos e sociais do país* (n.º 2 do artigo 93.º)[1496].

A exiguidade da exploração agrícola minifundiária resulta, assim, de um juízo complexo e pluridimensional, onde entroncam factores, fundamentalmente, de ordem económica, social e ambiental.

Este, do nosso ponto de vista, o quadro constitucional material básico para tal juízo. Outros objectivos da política agrícola relacionam-se já mais de perto com as formas (e respectivas consequências) de redimensionamento da propriedade minifundiária.

1.2. *A salvaguarda da função social da propriedade minifundiária*

Ao assentar que o redimensionamento das unidades de exploração agrícola com dimensão inferior à adequada do ponto de vista dos objectivos da política agrícola se fará *sem prejuízo do direito de propriedade*, o artigo 95.º da CRP transporta para esta tarefa do Estado a necessária consideração da função social da propriedade minifundiária. Se, em geral, na decorrência do disposto no artigo 62.º e *nos termos da Constituição*, a função social da propriedade importa as mais das vezes a possibilidade de introdução de restrições às respectivas faculdades de uso, fruição e disposição, parece-nos que, neste particular, o legislador constitucional pretendeu valorizar uma vertente positiva dessa função social, no sentido da salvaguarda da respectiva integridade.

[1496] Cfr. anotação ao artigo 93.º, I, § 1.º, em especial 1.5., e Ac. TC n.º 106/2003 (cit.) aí referido.

Não significa isto a impossibilidade de introdução de restrições à propriedade minifundiária, como é em geral reconhecido[1497], quando o reclamem os objectivos da política agrícola e o próprio redimensionamento, sobretudo atendendo a que tais objectivos são necessariamente objecto de uma leitura integrada. Significa antes que a CRP atribui elevada importância à propriedade de explorações agrícolas ainda que com dimensão exígua face aos objectivos da política agrícola, no sentido de afastar, em regra, a respectiva ablação como instrumento de redimensionamento: daí que se afirme que a CRP não permite o recurso à expropriação como forma de redimensionamento do minifúndio[1498].

Entre os objectivos da política agrícola encontram-se a promoção do acesso à propriedade ou à posse da terra por parte daqueles que a trabalham, bem como o incentivo à respectiva exploração directa (alíneas *b)* e *d)* do n.º 1 do artigo 93.º). Como já se disse, tais objectivos não legitimam hoje a ablação da propriedade privada em favor de agricultores e trabalhadores agrícolas, senão num contexto objectivo de dimensão excessiva das explorações agrícolas[1499]. Mas já defendem, em regra, a manutenção da propriedade agrícola de dimensão exígua no contexto do respectivo redimensionamento. Numa perspectiva unitária do ordenamento jurídico-constitucional, importa ter presente que a salvaguarda do direito de propriedade pretende, simultaneamente, defender outros direitos fundamentais (tanto dos proprietários como de terceiros – os trabalhadores rurais, em primeiro plano) como, por exemplo, a liberdade de iniciativa económica e o direito ao trabalho. Em suma, a salvaguarda do direito de propriedade presente no artigo 95.º liga-se umbilicalmente à *melhoria da situação económica, social e cultural dos trabalhadores*

[1497] Cfr. JORGE MIRANDA/RUI MEDEIROS, *Constituição* ..., II, p. 170; J. J. GOMES CANOTILHO/VITAL MOREIRA, *Constituição* ..., I, pp. 1059-1060.

[1498] Cfr. JORGE MIRANDA/RUI MEDEIROS, *Constituição* ..., II, p. 170; J. J. GOMES CANOTILHO/VITAL MOREIRA, *Constituição* ..., I, p. 1060. O que não significa que a propriedade minifundiária não possa ser objecto de expropriação nos termos gerais, que não para aquele efeito, como em publicação anterior notavam já J. J. GOMES CANOTILHO e VITAL MOREIRA quando, na sequência da distinção entre expropriação e nacionalização, afirmavam que "a garantia da propriedade minifundiária (art. 98.º) vale apenas contra a nacionalização, mas não, obviamente, contra a expropriação em sentido estrito" (cfr. *Fundamentos* ..., p. 169).

[1499] Cfr. anotação ao artigo 94.º, I, em especial § 1.º.

rurais e agricultores, e ao princípio do desenvolvimento económico--social[1500].

Um dos momentos interpretativos em que a salvaguarda do direito de propriedade releva está na exemplificação das medidas apontadas pela CRP como apropriadas ao redimensionamento do minifúndio, na parte final do artigo 95.°: o preceito não deixa dúvidas quanto ao carácter meramente exemplificativo dessas medidas. E assim sendo, a expressa salvaguarda do direito de propriedade que abre o texto do preceito constitui um condicionamento duplo para os poderes públicos, desde logo para o legislador:

i) Fica clara, em primeiro lugar, uma preferência constitucional por medidas de redimensionamento que não afectem o direito de propriedade ou outros direitos inerentes que constituem o respectivo conteúdo, com uma consequência dupla:

a) Devem preferir-se quaisquer outras medidas tendentes ao redimensionamento – desde logo, no âmbito do catálogo constitucional apresentado – que não afectem o direito de propriedade naqueles termos;

b) E quando haja de adoptar-se medidas que afectem ou sejam susceptíveis de afectar o direito de propriedade naqueles termos, elas hão-de merecer interpretação restritiva defensora desse mesmo direito;

ii) Do mesmo passo, sendo a defesa do direito de propriedade aqui motivada por especificidades ao nível da função social da propriedade minifundiária, essa mesma função há-de ser tomada em conta como elemento interpretativo – em sentido teleológico – de quaisquer actos jurídicos (normativos ou outros) que visem o redimensionamento do minifúndio.

[1500] Cfr. anotação ao artigo 80.°, I, § 1.°, 1.3.

§ 2.º. **Regime jurídico-constitucional do redimensionamento do minifúndio**

2.1. *Unificação jurídica: o lugar do emparcelamento*

O emparcelamento consiste numa *integração* da propriedade, definido no n.º 1 do artigo 1382.º do Código Civil como "o conjunto de operações de remodelação predial destinadas a pôr termo à fragmentação e dispersão dos prédios rústicos pertencentes ao mesmo titular, com o fim de melhorar as condições técnicas e económicas da exploração agrícola". O n.º 2 do mesmo preceito logo estabelece, contudo, a fixação em legislação especial dos termos em que devem ser realizadas tais operações. É extensa a história desta mesma legislação especial em Portugal, no período anterior à entrada em vigor da Constituição de 1976, e até ao regime jurídico hoje em vigor que remonta a 1984[1501].

O Decreto-Lei n.º 384/88, de 25 de Outubro[1502], estabelece diversas formas de emparcelamento, derrogando aquela regra geral consistente na pertença dos prédios ao mesmo titular, e remetendo medidas expropriatórias para um lugar residual. Mas são ainda previstos outros tipos de operações cujo fito é, em execução do estabelecido no artigo 95.º da CRP, "superar a fragmentação e a dispersão da propriedade rústica e da empresa agrícola"[1503] – porque para além desses mecanismos, se prevêem ainda (taxativamente) os casos em que é possível fraccionar prédios rústicos (ou seus conjuntos) "que formem uma exploração agrícola economicamente viável" (artigo 20.º)[1504].

Dado o que dissemos no ponto antecedente a propósito da salvaguarda da função social da propriedade, compreende-se a extrema resi-

---

[1501] Cfr. ANTÓNIO MENEZES CORDEIRO, *Direitos Reais*, pp. 533 ss.; PIRES DE LIMA/ /ANTUNES VARELA, *Código Civil Anotado*, III, 2.ª Ed. (Reimp.), Coimbra, 1987, pp. 277 ss.

[1502] Aprovado ao abrigo da autorização legislativa constante da Lei n.º 79/88, de 7 de Julho, e posteriormente desenvolvido pelo Decreto-Lei n.º 103/90, de 22 de Março (alterado pelo Decreto-Lei n.º 59/91, de 30 de Janeiro).

[1503] Sobre o direito de preferência na alienação de prédios confinantes no âmbito deste diploma, cfr. INOCÊNCIO GALVÃO TELLES, *Direito de preferência na alienação de prédios confinantes. (A propósito da nova legislação sobre emparcelamento rural)*, in *O Direito*, Ano 124.º, I-II (Janeiro-Junho), 1992, pp. 7 ss.

[1504] Cfr. JOSÉ DE OLIVEIRA ASCENSÃO, *Direito Civil – Reais*, 5.ª Ed., Coimbra, 1993, pp. 579 ss. Igualmente, J. J. GOMES CANOTILHO/VITAL MOREIRA, *Constituição ...*, I, p. 1060; JORGE MIRANDA/RUI MEDEIROS, *Constituição ...*, II, p. 171-172.

dualidade (se tanto) das medidas expropriativas. Mas compreende-se também, em geral, o recurso à figura do emparcelamento. Neste particular, tenha-se em conta que é a função social da propriedade minifundiária que remete para o último lugar das medidas exemplificadas no artigo 95.º o emparcelamento; mas é também essa mesma função social que justifica a referência à figura nesta norma constitucional. Se a CRP não proíbe a propriedade minifundiária[1505], admite, por outro lado, que o respectivo emparcelamento em consonância com os objectivos da política agrícola é uma das formas de valorizar e garantir aquela mesma função social. Ainda assim, há que tomar em conta algumas observações:

i) Em primeiro lugar, o emparcelamento apenas poderá ocorrer quando outras medidas (designadamente as elencadas no próprio artigo 95.º da CRP) não sejam suficientes para garantir o cumprimento dos objectivos da política agrícola, o que desde logo resulta:

a) Do lugar sistemático do emparcelamento no preceito constitucional em causa, que, em bom rigor, homenageia o facto de se estar perante uma medida afectante do direito de propriedade, submetido às garantias gerais deste direito fundamental de natureza análoga aos direitos, liberdades e garantias, designadamente, no que respeita ao princípio da proporcionalidade em caso de restrição (artigo 18.º da CRP);

b) Da cobertura que o artigo 95.º empresta à ideia de que o emparcelamento não é já uma medida de incentivo, mas antes de intervenção do Estado sobre o direito de propriedade e eventualmente condicionante da liberdade de iniciativa económica que, sendo a favor dos próprios titulares dos prédios envolvidos, só deve ser utilizada quando a autonomia privada destes, inerente ao direito de propriedade e *incentivada*, não se mostre razoável para a salvaguarda dos objectivos constitucionais[1506];

[1505] Cfr. JORGE MIRANDA/RUI MEDEIROS, *Constituição* ..., II, p. 171.

[1506] Cfr. *infra*, I, § 3.º. Note-se a este propósito que o artigo 30.º do regime jurídico do arrendamento rural (Decreto-Lei n.º 385/88, de 25 de Outubro, na redacção que lhe foi dada pelo Decreto-Lei n.º 524/99, de 19 de Dezembro) permite que os prédios adquiridos para fins de emparcelamento possam ser arrendados por prazos inferiores aos prazos mínimos gerais.

ii) Em segundo lugar, a função social da propriedade minifundiária não é, bem entendido, um valor absoluto, antes devendo ser compaginado com outros constitucionalmente protegidos que com ele sejam susceptíveis de entrar em conflito. O disposto no artigo 95.º da CRP é um repositório normativo dessa conflitualidade intra-constitucional, não apenas entre o direito de propriedade minifundiária e os objectivos da política agrícola, mas também:
   a) Entre os próprios objectivos da política agrícola presentes no artigo 93.º, o qual, se obriga o Estado a promover o acesso à *propriedade rural*, não lhe permite olvidar outros objectivos aí fixados, designadamente, estabelecendo prioridades;
   b) Entre os objectivos da política agrícola e outros objectivos de outras políticas constitucionalmente exigidas[1507].

iii) Por fim, o que se diz *supra* a propósito do emparcelamento vale, *mutatis mutandis*, para as medidas restritivas do fraccionamento da propriedade[1508].

2.2. Unificação económica: o favorecimento do associativismo agrário

Ao referir-se a *incentivos jurídicos, fiscais e creditícios* à *integração estrutural ou meramente económica* da propriedade minifundiária, o artigo 95.º da CRP pretende favorecer o associativismo agrário, importe ele (i) o exercício conjunto de uma actividade económica agrícola sem qualquer afectação do direito de propriedade dos agricultores associados sobre os seus minifúndios, mas daí advindo vantagens económicas para os associados (integração meramente económica); ou (ii) a afectação do direito de propriedade (ou de outros direitos reais menores) dos agricultores sobre os seus minifúndios, por iniciativa própria, e tendo em vista o benefício económico de uma actividade conjunta (integração estrutural).

[1507] Cfr. anotação ao artigo 93.º, em especial I, § 1.º.

[1508] Veja-se o disposto em matéria de destaque no artigo 6.º do Decreto-Lei n.º 555/99, de 16 de Dezembro (com as alterações introduziddas pela Lei n.º 13/2000, de 20 de Julho, pelo Decreto-Lei n.º 177/2001, de 4 de Junho, pela Lei n.º 15/2002, de 22 de Fevereiro, pela Lei n.º 4 -A/2003, de 19 de Fevereiro, pelo Decreto -Lei n.º 157/2006, de 8 de Agosto, e pela Lei n.º 60/2007, de 4 de Setembro).

Em qualquer caso, há lugar a uma unificação económica (em sentido lato) da propriedade minifundiária, que se localiza na sequência não apenas da salvaguarda da função social da propriedade, mas também do incentivo à actividade empresarial cooperativa ou privada (n.° 1 do artigo 85.° e n.° 1 do artigo 86.° da CRP) e da liberdade de associação (artigo 46.° da CRP).

A preferência por incentivos desta natureza e com este fim (face ao emparcelamento, por exemplo), constitui uma objectivação da direcção dos objectivos da política agrícola num sentido de mercado e de valorização no seu âmbito da iniciativa económica privada e cooperativa.

2.3. Preferência constitucional pelo modelo cooperativo?

Na sequência do ponto anterior, há que observar no artigo 95.° um dos momentos de *favor constitucional* estendido à iniciativa cooperativa como forma de associativismo económico. Ao expressar aqui a *integração estrutural ou meramente económica, designadamente cooperativa*, como forma de redimensionamento das unidades de exploração agrícola com dimensão inferior à adequada do ponto de vista dos objectivos da política agrícola, a CRP dá concretização à valorização da iniciativa económica cooperativa que noutros momentos afirmara[1509].

Nos termos em que é constitucionalmente construído o subsector cooperativo, de acordo com a alínea *a)* do n.° 4 do artigo 82.° (meios de produção *possuídos* e *geridos* por cooperativas), e atenta a formulação do disposto neste artigo 95.° (integração estrutural ou meramente económica), não nos parece que a CRP pretenda aqui pugnar pela transferência da propriedade minifundiária para a titularidade em termos de propriedade para cooperativas (o que, em rigor, corresponderia a um emparcelamento, como vimos, residual).

Por outro lado, tendo em conta que se trata de *incentivar* a iniciativa cooperativa, nos termos dos n.ᵒˢ 1 e 2 do artigo 85.°, estarão em causa verdadeiras cooperativas e não cooperativas com participação pública: mais a mais quando também estes incentivos se devem entender *sem prejuízo do*

[1509] Cfr. anotação ao artigo 82.°, I, § 4.°, 4.1 e § 5.°, e ao artigo 85.°, I, em especial § 1.° e § 2.°. Sobre este aspecto, na redacção originária da Constituição, cfr. JOAQUIM DA SILVA LOURENÇO, *Reforma Agrária*, pp. 236 e 250 ss.

direito de propriedade, o que não favorece a detenção de propriedade agrícola minifundiária por parte do Estado, sendo neste caso as reservas ou bancos de terras existências correctivas e complementares, destinadas à respectiva entrega, seja ao sector privado, seja, *in casu*, ao subsector cooperativo[1510].

§ 3.°. Vinculação e liberdade de concretização do comando constitucional

3.1. *Os poderes públicos destinatários do comando constitucional*

O primeiro destinatário do comando constitucional inserido no artigo 95.° da CRP é, naturalmente, o legislador. A este compete, desde logo, promover o redimensionamento das unidades de exploração agrícola com dimensão inferior à adequada do ponto de vista dos objectivos da política agrícola, concretizando normativamente os termos de tal promoção.

Mas não é o legislador o único destinatário do comando constitucional em causa. Sendo incumbência do "Estado" o reordenamento do minifúndio, nos termos da alínea *h)* do artigo 81.°, fraca seria a densidade normativa dessa *norma-tarefa* ou *norma-fim* caso a sua obrigatoriedade se esgotasse no legislador ou nele esbarrasse como barreira transponível apenas pela sua decisão de legislar, garantida pelo mecanismo da fiscalização da constitucionalidade por omissão. Em geral, valem aqui as considerações expendidas a propósito do artigo 81.° da CRP[1511].

3.2. *Configuração material e formal do nível de imperatividade do comando constitucional*

O papel do Estado no redimensionamento do minifúndio é, em regra e essencialmente, incentivador e não interventivo: há aqui, inequivocamente, uma preferência constitucional por medidas daquela primeira natu-

---

[1510] Cfr. anotação ao artigo 82.°, I, § 4.°, 4.1 e § 5.°, e ao artigo 85.°, I, em especial § 1.° e § 2.°.

[1511] Cfr. a respectiva anotação, I, § 1.°, 1.3.

reza, em detrimento das restantes, de natureza interventiva[1512], na sequência, aliás, não só do estabelecido no artigo 83.º, mas também do disposto nos artigos 85.º e 86.º da CRP[1513]. Isto não significa, porém, uma diminuição da obrigatoriedade, desde logo, da respectiva previsão legislativa: com efeito, tanto aquelas medidas de incentivo como outras de natureza interventiva – caso do emparcelamento – devem encontrar consagração e concretização legal, como formas de garantir a implementação dos objectivos da política agrícola, independentemente da respectiva concretização administrativa, a jusante, que se pautará pelos juízos necessários e inerentes a essa função do Estado.

Coisa diferente é a obrigatoriedade de aplicação dessas mesmas medidas por parte do Estado ou dos particulares proprietários de explorações agrícolas minifundiárias. E aqui há que distinguir. Para o Estado, a obrigatoriedade das medidas de incentivo situa-se no âmbito da respectiva previsão legislativa e consagração de mecanismos de natureza administrativa que possibilitem a respectiva concretização, a solicitação dos particulares proprietários: com efeito, os incentivos jurídicos, fiscais e creditícios consistirão, em princípio, em situações de vantagem (direitos) que operam quando aqueles decidam, no âmbito da sua autonomia, desencadear processos de redimensionamento da sua propriedade. Já no que respeita a medidas de natureza interventiva (de que é exemplo o emparcelamento), devem as mesmas ter-se por obrigatórias para o Estado, pautadas, porém, pelos critérios que fomos referindo nos pontos antecedentes. Com efeito, estando em causa o redimensionamento das unidades de exploração agrícola com dimensão inferior à adequada *do ponto de vista dos objectivos da política agrícola*, afastar a obrigatoriedade daquelas medidas para o Estado – ou colocá-las apenas no âmbito da autonomia dos particulares, disso demitindo o Estado – constituiria uma degradação do valor normativo dos objectivos da política agrícola fixados no artigo 93.º da CRP, o que não deve aceitar-se. Não parece, porém, que exista óbice a que a intervenção do Estado seja aqui, em regra, subsidiária: tal interpretação é favorecida não apenas pela construção do próprio preceito contido no artigo 95.º da CRP, como, em geral, pela conformação constitucional da

---

[1512] Sobre a intervenção do Estado sobre os meios de produção (qualidade que os solos aqui assumem), cfr. anotação ao artigo 83.º, I, § 1.º, e § 2.º.

[1513] Cfr. anotações respectivas.

regra de intervenção e apropriação pública dos meios de produção contida no artigo 83.°[1514].

E óbice parece não existir também à obrigatoriedade para os particulares de certas medidas tendentes ao redimensionamento da propriedade minifundiária, no sentido, por exemplo, da imposição do emparcelamento, embora de forma residual[1515]. Todavia, se é necessário assegurar a salvaguarda do direito de propriedade, nos termos da parte inicial do artigo 95.° e conformação constitucional dessa mesma salvaguarda[1516], a modelação em concreto de tal obrigatoriedade suscita múltiplos problemas, não apenas relacionados com a aplicação em geral do princípio da proporcionalidade, mas também com as consequências do respectivo incumprimento (além da intervenção subsidiária do Estado) e da imperatividade de acompanhamento dessa obrigatoriedade com medidas de incentivo (designadamente, fiscal e creditício).

§ 4.°. Reserva de lei e competência legislativa

4.1. A competência do Parlamento

Propendemos para considerar que a matéria constante do artigo 95.° está quase integralmente sujeita a reserva de lei parlamentar. Valem, por um lado, as considerações expendidas a propósito do artigo 94.° no que respeita à fixação dos limites mínimos das unidades de exploração agrícola, e à intervenção pública que constitui o emparcelamento[1517].

Aparentemente, ficariam de fora desta reserva parlamentar os incentivos jurídicos e creditícios à integração estrutural ou meramente económica de minifúndios[1518]. Quanto aos incentivos fiscais, há que ter em conta o princípio da reserva de lei em matéria de impostos[1519].

[1514] Cfr. anotação respectiva.
[1515] Sobre a obrigatoriedade das medidas de redimensionamento do minifúndio, cfr. J. J. GOMES CANOTILHO/VITAL MOREIRA, Constituição ..., I, p. 1060.
[1516] Cfr. supra, I, § 1.°, 1.2, e § 2.°, 2.1.
[1517] Cfr. I, § 5.°, 5.1.
[1518] Vejam-se ainda as anotações ao artigo 85.°, I, § 4.°, 4.1., e ao artigo 86.°, I, § 5.°, 5.1.
[1519] Cfr. anotação ao artigo 103.°, I, § 2.°.

4.2. *A competência do Governo*

A competência legislativa do Governo é essencialmente uma competência autorizada, nos termos em que expusemos para aqueles preceitos referidos no ponto antecedente, com exclusão das matérias referidas no respectivo último parágrafo, que, pertencentes à área de competência legislativa concorrencial, podem ser objecto de decreto-lei do Governo ao abrigo da alínea *a)* do n.º 1 do artigo 198.º da CRP[1520]. Quanto aos incentivos fiscais, mais uma vez, há que ter em conta o princípio da reserva de lei em matéria de impostos[1521].

4.3. *A competência das Assembleias Legislativas das regiões autónomas*

No que respeita à competência legislativa regional, remetemos igualmente para os comentários a propósito dos artigos 94.º, 85.º e 86.º[1522].

II. DIREITO INTERNACIONAL E EUROPEU

§ 5.º. **Direito Internacional**

No que respeita ao Direito Internacional, remetemos para o comentário ao artigo 94.º[1523].

§ 6.º. **Direito Europeu**

No que toca ao Direito Europeu, remetemos também para os comentários a propósito dos artigos 93.º e 94.º, *mutatis mutandis*[1524]. Deve notar-se, no entanto, que os objectivos da política agrícola comum favore-

---

[1520] Cfr. anotações aos artigos 94.º, I, § 5.º, 5.2., e 85.º, I, § 4.º, 4.2.
[1521] Cfr. anotação ao artigo 103.º, I, § 2.º.
[1522] Cfr., respectivamente, I, § 5.º, 5.3., e I, § 4.º, 4.3., e I, § 5.º, 5.3.
[1523] Cfr. II, § 6.º.
[1524] Cfr., respectivamente, II, § 5.º, e II, § 7.º.

cem, ainda que indirectamente, a racionalização das estruturas agrárias, o que, também por via indirecta, favorece o redimensionamento dos minifúndios[1525].

III. MEMÓRIA CONSTITUCIONAL

§ 7.º. As constituições portuguesas anteriores à Constituição de 1976

Nenhuma das constituições portuguesas anteriores à actual consagrou disposição semelhante à actualmente constante do artigo 94.º[1526].

§ 8.º. Conteúdo originário da redacção do preceito na Constituição de 1976 e sucessivas versões decorrentes das revisões constitucionais

Na **redacção originária da Constituição de 1976**, a matéria em causa constava do artigo 98.º, nos seguintes termos:

"ARTIGO 98.º
(Minifúndios)
Sem prejuízo do direito de propriedade, a reforma agrária procurará nas regiões minifundiárias obter um adequado redimensionamento das explorações, mediante recurso preferencial à integração cooperativa das diversas unidades ou ainda, sempre que necessário, ao seu emparcelamento ou arrendamento por mediação do organismo coordenador da reforma agrária."

Na **revisão constitucional de 1982**, o artigo 82.º da Lei Constitucional n.º 1/82, de 30 de Setembro, mantendo a epígrafe e numeração do preceito, alterou alguns incisos do respectivo texto:

"[…]
(Minifúndios)
Sem prejuízo do direito de propriedade, a reforma agrária procurará nas regiões minifundiárias obter um adequado redimensiona-

---

[1525] No que respeita às cooperativas, cfr. anotação ao artigo 85.º, II, § 6.º.
[1526] Cfr. anotações ao artigo 93.º, III, § 6.º, e ao artigo 94.º, III, § 8.º.

mento das explorações *mediante incentivos* à integração cooperativa das diversas unidades ou ainda, sempre que necessário, *por recurso a medidas de emparcelamento, arrendamento ou outras formas de intervenção adequadas.*"[1527].

Na **revisão constitucional de 1989**, o artigo 73.º da Lei Constitucional n.º 1/89, de 8 de Julho, substituiu a epígrafe do artigo e voltou a introduzir várias alterações no respectivo texto (na prática, aqui sim, uma verdadeira substituição):

"[...]
(Redimensionamento do minifúndio)
Sem prejuízo do direito de propriedade, *o Estado promoverá, nos termos da lei, o redimensionamento das unidades de exploração agrícola com dimensão inferior à adequada do ponto de vista dos objectivos da política agrícola, nomeadamente através de incentivos jurídicos, fiscais e creditícios à sua integração estrutural ou meramente económica, designadamente cooperativa, ou por recurso a medidas de emparcelamento.*"[1528].

Assim se fixou a actual redacção do preceito, intocado desde então, senão pela **revisão constitucional de 1997** (artigo 63.º da Lei Constitucional n.º 1/97, de 20 de Setembro) que apenas o renumerou, passando a ser o actual artigo 95.º.

§ 9.º. **Apreciação do sentido das alterações do preceito**

As alterações que o preceito sofreu ao longo das várias revisões que o tocaram mostram, no essencial, duas tendências, enquadráveis, aliás, no processo de eliminação da reforma agrária, da objectivização dos objectivos da política agrícola constantes do artigo 93.º, e da lógica geral de favorecimento do mercado e da iniciativa económica privada que a Constituição económica vem sofrendo desde a primeira revisão constitucional, em 1982. A primeira dessas tendências começa a delinear-se logo nessa pri-

---

[1527] Os itálicos são nossos e assinalam as alterações.
[1528] Os itálicos são nossos e assinalam as alterações.

meira revisão constitucional, com o incremento do papel incentivador do Estado, em detrimento do seu papel interventivo. A segunda tendência, acentuada na revisão constitucional de 1989, consiste no abrandamento do recurso a mecanismos imperativos de redimensionamento que sejam condicionantes da propriedade privada (note-se a eliminação, em 1989, da referência ao arrendamento e a *outras formas de intervenção adequadas*).

IV. PAÍSES DE EXPRESSÃO PORTUGUESA

§ 10.º. Brasil

No artigo 185.º da CRFB[1529], trata-se a defesa da pequena e média propriedade frente à *desapropriação para fins de reforma agrária*, com consideração pela respectiva capacidade produtiva e situação do proprietário.

§ 11.º. Angola

A LCRA não contém norma idêntica à constante do artigo 95.º da CRP.

§ 12.º. Moçambique

A CRM não contém norma idêntica à constante do artigo 95.º da CRP.

§ 13.º. Cabo Verde

A CRCV não contém norma idêntica à constante do artigo 95.º da CRP.

[1529] Sobre a respectiva inserção sistemática, cfr. anotação ao artigo 93.º, IV, § 9.º.

§ 14.º. **Guiné-Bissau**

A CRGB não contém norma idêntica à constante do artigo 95.º da CRP.

§ 15.º. **São Tomé e Príncipe**

A CRDSTP não contém norma idêntica à constante do artigo 95.º da CRP.

§ 16.º. **Timor-Leste**

A CRDTL não contém norma idêntica à constante do artigo 95.º da CRP.

Artigo 96.º
(Formas de exploração de terra alheia)

1. Os regimes de arrendamento e de outras formas de exploração de terra alheia serão regulados por lei de modo a garantir a estabilidade e os legítimos interesses do cultivador.

2. São proibidos os regimes de aforamento e colonia e serão criadas condições aos cultivadores para a efectiva abolição do regime de parceria agrícola.

Quadro tópico:

    I. FORMAS DE EXPLORAÇÃO DE TERRA ALHEIA
    § 1.º. A PROTECÇÃO DO CULTIVADOR;
    1.1. A minimização da sujeição do cultivador a relações de domínio económico;
    1.2. (cont.) Sistemática: a eliminação do latifúndio, o redimensionamento do minifúndio e a disciplina jurídico-constitucional da exploração de terra alheia;
    § 2.º. EFEITOS SOBRE O DIREITO ORDINÁRIO;
    2.1. O regime do arrendamento rural;
    2.2. A proibição dos regimes de aforamento e colonia;
    2.3. A pretensão de abolição efectiva do regime de parceria agrícola;
    § 3.º. RESERVA DE LEI E COMPETÊNCIA LEGISLATIVA;
    3.1. A competência do Parlamento;
    3.2. A competência do Governo;
    3.3. A competência das Assembleias Legislativas das regiões autónomas.

    II. DIREITO INTERNACIONAL E EUROPEU
    § 4.º. DIREITO INTERNACIONAL;
    § 5.º. DIREITO EUROPEU.

    III. MEMÓRIA CONSTITUCIONAL
    § 6.º. AS CONSTITUIÇÕES PORTUGUESAS ANTERIORES À CONSTITUIÇÃO DE 1976;

volvimento económico-social)[1532]. O que deve procurar-se é, outrossim, a dimensão específica de normatividade da *garantia de estabilidade e dos legítimos interesses do cultivador*, nos termos do n.º 1 do artigo 96.º: pode perguntar-se, pois, se tal dever de protecção não decorreria já dos valores, princípios e normas constitucionais referidos *supra*.

Do nosso ponto de vista, tal dimensão normativa específica é hoje difícil de descortinar. A melhor garantia constitucional da estabilidade e dos interesses legítimos do cultivador parece encontrar-se hoje nos princípios fundamentais da República portuguesa – designadamente, nos princípios do Estado de Direito democrático e da socialidade[1533] – nos direitos fundamentais, e na relação estabelecida entre estes e o conteúdo normativo do Título I da Parte II da CRP. Note-se, por exemplo, que em matéria de direito à habitação o legislador constituinte não sentiu necessidade de qualquer dimensão normativa semelhante a propósito da posição jurídico-económica do arrendatário habitacional (artigo 65.º da CRP). O princípio da dignidade da pessoa humana é aqui determinante.

Do mesmo passo, se se trata, inequivocamente, de "suprimir várias formas [de exploração de terra alheia] tradicionais, designadamente as que implicavam a coexistência de diferentes direitos de carácter real sobre a terra (como era o caso do aforamento e da colonia) ou a associação do proprietário e do cultivador na exploração (como era o caso da parceria agrícola)", já não nos parece que o objecto da norma seja, propriamente, a "redução" e "racionalização" das formas de exploração de terra alheia[1534]. Em primeiro lugar, porque se a proibição do aforamento e da colonia[1535] (e o desaparecimento tendencial da parceria agrícola) podem constituir uma momentânea redução do número de figuras jurídicas que possibilitam a exploração de terra alheia, nem por isso tal possibilidade fica inexoravelmente reduzida ao arrendamento rural: a CRP refere-se expressamente, no n.º 1 do artigo 96.º, a *outras formas* de exploração, o que consubstan-

---

[1532] Cfr, anotação ao artigo 80.º, I, § 1.º, em especial 1.3.
[1533] Sobre ambos, cfr. JORGE REIS NOVAIS, *Princípios* ..., pp. 49 ss.; J. J. GOMES CANOTILHO, *Direito Constitucional* ..., pp. 243 ss.
[1534] Neste sentido, cfr. J. J. GOMES CANOTILHO/VITAL MOREIRA, *Constituição* ..., I, p. 1062.
[1535] Verdadeiras "sobrevivências de relações pré-liberais de domínio e de produção agrícola", nas palavras de J. J. GOMES CANOTILHO e VITAL MOREIRA (cfr. *Constituição* ..., I, p. 1062).

cia, por um lado, uma verdadeira permissão constitucional de criação de outras figuras jurídicas de exploração de terra alheia, e por outro lado uma recusa do legislador constituinte em estabelecer uma tipicidade constitucional dessas mesmas figuras. Em segundo lugar, e tendo em conta também esta atipicidade das formas de exploração de terra alheia, parece-nos que a respectiva racionalização decorrerá não essencialmente do disposto no artigo 96.º da CRP, mas antes dos objectivos da política agrícola plasmados no artigo 93.º da CRP, tendo-se aqui em conta a sua evolução[1536].

Nada do que se vem de dizer pretende colocar em crise – note-se – a opção do legislador constituinte pelas proibições e abolição constantes do n.º 2, nem tão pouco a necessidade de que a regulamentação legal do arrendamento rural e de outras formas de exploração de terra alheia garanta (com efectividade) a estabilidade e legítimos interesses do cultivador (n.º 1). Pretende-se apenas colocar em questão a dimensão normativa específica deste último inciso constitucional: ainda reminiscente do princípio socialista (já eliminado do texto constitucional), porque tributário de um consonante projecto de reestruturação dos meios de produção, a garantia da estabilidade e dos legítimos interesses do cultivador, nos termos em que surge no n.º 1 do artigo 96.º, constitui, por si só, um fraco padrão de aferição da constitucionalidade de normas jurídicas dado que desapareceu da CRP o seu contexto normativo originário. Os princípios e normas constitucionais referidos *supra* constituem hoje um padrão de aferição mais objectivo e cujas densidade e extensão (e mesmo do seu tratamento jurisprudencial e ao nível da teoria da constituição) apresentam um nível incomparavelmente mais garantístico. Mas vejamos o ponto seguinte.

1.2. *(cont.) Sistemática: a eliminação do latifúndio, o redimensionamento do minifúndio e a disciplina jurídico-constitucional da exploração de terra alheia*

No contexto originário da Constituição de 1976, a exploração de terra alheia gozava já de um claro desfavor constitucional. O princípio da socialização dos meios de produção e solos, o lugar do sector privado de propriedade dos meios de produção, e o princípio *da terra a quem a trabalha*

[1536] Cfr. anotação ao artigo 93.º, *passim*.

no âmbito da reforma agrária denotavam-no já. Depois, a determinação da extinção dos regimes do aforamento e colonia, e da criação de condições para a abolição efectiva do regime da parceria agrícola reforçavam essa orientação. E, nesta linha, a salvaguarda da estabilidade e legítimos interesses do cultivador na legislação sobre arrendamento (rural) e outras formas de exploração de terra alheia confirmava-o.

Desaparecido do texto constitucional aquele contexto inicial, assistiu--se a uma progressiva valorização do sector privado dos meios de produção e da iniciativa económica privada no domínio da Constituição económica, reorientando-se o próprio modelo constitucional jus-económico[1537]. Também no domínio da Constituição agrária tais transformações se fizeram sentir, desde logo, no âmbito dos objectivos da política agrícola, onde se integra o "acesso à propriedade ou à posse da terra e demais meios de produção directamente utilizados na sua exploração por parte daqueles que a trabalham" (alínea *b*) do n.º 1 do artigo 93.º): dissemos já que a actual leitura deste inciso constitucional se dirige no sentido de favorecer o acesso à propriedade privada por parte dos agricultore[1538]. E vimos já também manifestações e consequências desse princípio no âmbito da eliminação dos latifúndios (artigo 94.º[1539]) e do redimensionamento do minifúndio (artigo 95.º[1540]).

Mas é justamente a renovação deste contexto constitucional que torna mais clara a ligação umbilical entre a propriedade e a liberdade de iniciativa económica, privada e também cooperativa. Com efeito, desaparecido o projecto constitucional de socialização dos meios de produção e solos, o *acesso do cultivador à titularidade da terra* não deve ser visto numa perspectiva estática – de estrita valorização da propriedade em si mesma e respectiva titularidade – mas dinâmica, como condição para a efectividade da liberdade de iniciativa económica (o que está em boa parte presente na proibição dos regimes de aforamento e colonia e no projecto de abolição da parceria agrícola[1541]).

[1537] Esta problemática foi já sendo analisada a propósito de vários preceitos constitucionais. Cfr, designadamente, anotações aos artigos 80.º, 82.º, 83.º e 86.º, *passim*.
[1538] Cfr. anotação ao artigo 93.º, I, § 1.º e § 3.º, e II, § 5.º, e III, § 7.º e § 8.º.
[1539] Cfr. anotação respectiva, *passim*.
[1540] Cfr. anotação respectiva, *passim*.
[1541] Cfr. *infra*, I, § 2.º.

Propendemos, pois, para considerar que, depois do desaparecimento do referido contexto constitucional inicial, e tendo em conta estas últimas modificações, a garantia da estabilidade e dos legítimos interesses do cultivador permanece no texto constitucional, no n.º 1 do artigo 96.º, como uma manifestação da preferência constitucional pela exploração da terra por parte do respectivo proprietário ou como um elemento de favorecimento do acesso dos agricultores à propriedade da terra, sim, mas com o objectivo de melhor assegurar a sua liberdade de iniciativa económica no âmbito da actividade agrícola. Já não através da socialização dos meios de produção e solos e de medidas ablativas do direito de propriedade, designadamente dos grandes proprietários[1542], mas de outros mecanismos jurídicos, que, sem deixar de tomar em conta – quando seja o caso – a necessária e justa composição de interesses entre senhorio e arrendatário, designadamente, (i) favoreçam a aquisição da propriedade arrendada por parte do arrendatário[1543]; (ii) tutelem a situação deste em face de estímulos ao exercício da actividade agrícola por parte do proprietário de raiz[1544].

Há, pois, uma unidade de sentido entre o disposto no artigo 94.º a propósito da eliminação dos latifúndios, no artigo 95.º a propósito do redimensionamento do minifúndio, e aqui no artigo 96.º a propósito das formas de exploração de terra alheia: a valorização da propriedade privada, tanto pela sua protecção como pelo respectivo favorecimento ou incentivo, e que, no contexto específico da norma ora sob comentário, tem justamente o fito de contribuir para a melhoria da situação económico-social dos agricultores através da garantia da sua liberdade de iniciativa económica[1545], para o que em parte é instrumental o cumprimento dos objectivos da política agrícola fixados no artigo 93.º da CRP (porque noutra parte

---

[1542] Cfr. anotação ao artigo 94.º, *passim*.

[1543] É o caso, *v.g.*, do direito de preferência do arrendatário na aquisição do prédio arrendado (cfr. Decreto-Lei n.º 385/88, de 25 de Outubro, com as alterações introduzidas pelo Decreto-Lei n.º 524/99, de 10 de Dezembro).

[1544] É o caso, *v.g.*, do disposto em matéria de prazos do contrato de arrendamento e possível denúncia por parte do senhorio quando este, cumpridos os requisitos legais, pretenda explorar directamente a terra (cfr. Decreto-Lei n.º 385/88, de 25 de Outubro, com as alterações introduzidas pelo Decreto-Lei n.º 524/99, de 10 de Dezembro).

[1545] São aqui de invocar, além de princípios fundamentais da organização económico-social que já referimos, várias alíneas do artigo 81.º da CRP (designadamente, alíneas *a)* a *f)*).

o cumprimento de tais objectivos é reclamado pelo interesse geral, o que, aliás, reforça a função social da propriedade agrícola).

§ 2.º. **Efeitos sobre o direito ordinário**

2.1. *O regime do arrendamento rural*

Foram já adiantados aspectos relevantes para o enquadramento e compreensão da figura do arrendamento, nos termos do n.º 1 do artigo 96.º, designadamente, no que respeita ao significado ou dimensão normativa do inciso respeitante à garantia da estabilidade e legítimos interesses do cultivador[1546]. Vejamos alguns outros aspectos, naturalmente relacionados com aqueles.

A CRP refere-se singelamente ao arrendamento, não o qualificando. É, porém, entendimento comum que se trata aqui do arrendamento rural – como *forma de exploração da terra (alheia)*, sendo esse regime jurídico em particular que é objecto de vinculação e interpretação conforme à Constituição, para efeitos do disposto no artigo 96.º da CRP. Tem sentido que assim seja, já que nos movemos no âmbito do que vimos chamando Constituição agrária, pelo que será o arrendamento para efeitos agrícolas que aqui releva.

O regime jurídico do arrendamento rural consta hoje do Decreto-Lei n.º 385/88 de 25 de Outubro[1547-1548], sendo o mesmo aí definido como a "locação de prédios rústicos para fins de exploração agrícola ou pecuária, nas condições de uma regular utilização"; ademais, tal qualificação presume-se quando o arrendamento recaia sobre prédios rústicos e do contrato e respectivas circunstâncias não resulte destino diferente[1549]. Sucede

---

[1546] Cfr. *supra*, I, § 1.º. Sobre este aspecto, e com referência a outra jurisprudência, cfr. ainda Ac. TC n. 305/90 (cit.).

[1547] Com as alterações que lhe foram introduzidas pelo Decreto-Lei n.º 524/99, de 10 de Dezembro.

[1548] Para uma breve história legislativa do arrendamento rural em Portugal, cfr. Ac. TC n.º 95/92 (cit.); Ac. TC n.º 386/98, de 19 de Maio de 1998, http://www.tribunalconstitucional.pt/tc/acordaos/19980386.html. Igualmente, cfr. ANTÓNIO MENEZES CORDEIRO, *Direitos Reais*, pp. 118-119 e 693 ss.; JOAQUIM SILVA LOURENÇO, *Reforma Agrária*, pp. 254-255.

[1549] Cfr. n.os 1 e 2 do artigo 1.º.

Artigo 96.º – Formas de exploração de terra alheia

que, nos termos legais actuais, o arrendamento rural abrange, além do terreno e vegetação permanente de natureza não florestal, "as construções destinadas habitualmente aos fins próprios da exploração normal dos prédios locados e também à habitação do arrendatário"[1550]. Em especial, esta última parte bem sugere a necessidade da melhor distinção legislativa entre o arrendamento rural e o arrendamento urbano. Isto porque apenas em relação ao arrendamento rural – ou, teleologicamente, para fins agrícolas – esta parte da CRP parece favorecer especialmente o acesso à propriedade dos bens locados (sendo um dos significados específicos da garantia da estabilidade e dos legítimos interesses do cultivador[1551]). Cautela, no entanto: não se trata de uma vinculação constitucional a mecanismos singelos de acesso à propriedade[1552], mas de um verdadeiro favorecimento geral da própria actividade agrícola enquanto actividade económica[1553].

No Ac. TC n.º 386/98 (cit.) considerou-se, a propósito do disposto no n.º 1 do artigo 96.º da CRP (então artigo 99.º), que "Esta norma constitu-

---

[1550] Cfr. n.º 1 do artigo 2.º.

[1551] Cfr. *supra*, I, § 1.º.

[1552] Como é o caso do direito de preferência do arrendatário na aquisição do prédio arrendado, classicamente existente também no domínio do arrendamento urbano, com ligação à função social da propriedade em termos que não se identificam de pleno com a função social da propriedade agrícola no que toca ao respectivo fundamento.

[1553] Note-se, neste sentido, o disposto na *Lei de Bases do Desenvolvimento Agrário* (Lei n.º 86/95, de 1 de Setembro): Enquanto que o n.º 1 do artigo 38.º dispõe que "O regime de arrendamento rural deve garantir ao proprietário a rentabilidade do capital fundiário e assegurar ao rendeiro a estabilidade necessária ao exercício da actividade agrícola", e que o n.º 2 estabelece que "Com vista a um mais fácil acesso dos arrendatários à propriedade da terra, deverão ser criados incentivos específicos" (sublinhado nosso); o n.º 2 do artigo 14.º assentava já que "A propriedade privada e a exploração directa da terra e dos recursos que lhe estão associados é reconhecida como a forma mais adequada à modernização sustentada do sector agrícola, devendo o Estado incentivar o acesso à propriedade da terra por parte dos agricultores, em particular quando titulares de explorações agrícolas de tipo familiar". Não é, portanto, apenas a propriedade da terra que está em causa, mas o próprio modelo e condições de exercício da actividade económica agrícola. Se assim podemos, de certa forma, estender a nossa concordância a J. J. Gomes Canotilho e Vital Moreira quando afirmam a existência de uma preferência constitucional pelo "agricultor sobre o proprietário não agricultor", já não acompanhamos a afirmação dos Autores da preferência constitucional "pela exploração directa da terra sobre o direito de propriedade" (cfr. *Constituição* ..., p. I, 1063): a preferência constitucional é, a nosso ver, pela exploração directa da terra *com* direito de propriedade.

cional impõe que o regime do arrendamento rural e de qualquer outra forma de exploração da terra alheia deve ser regulado por lei com vista a realizar uma dupla finalidade: por um lado, garantir a estabilidade da relação e, por outro, defender os legítimos interesses do cultivador, assim se racionalizando tais formas de exploração, impondo uma disciplina legal do arrendamento balizada pelos fins expressamente referenciados. [...] [§] A redução a escrito dos contratos de arrendamento, mesmo dos já existentes, é manifestamente uma medida legislativa que se destina a proteger os interesses do contraente mais fraco, no caso, o rendeiro e cultivador da terra. Com efeito, a exigência legal de reduzir à forma escrita todos os contratos de arrendamento rural tem certamente na sua base – como, em geral, a adopção de quaisquer formalidades solenes –, a obtenção de uma maior clareza do respectivo conteúdo e a consecução de uma maior facilidade de prova em juízo, para além da consequente melhor ponderação do acto que celebram".

Mas, como o próprio TC parece reconhecer, e embora parta do disposto na referida norma constitucional, não estamos perante dimensões garantísticas especificamente decorrentes dela (muito embora também não se haja procurado verdadeiramente o respectivo fundamento)[1554].

A CRP contempla ainda a possibilidade de existência de *outras formas de exploração de terra alheia*, no n.º 1 do artigo 96.º. Sem atentar de momento noutros problemas que tal possibilidade coloca[1555], há que observar, em primeiro lugar, que quaisquer outras formas de exploração de terra alheia estão também sujeitas às vinculações materiais da Constituição económica[1556], e dentro desta da Constituição agrária, com particular relevo para as decorrentes dos objectivos da política agrícola: neste particular, como fomos notando a propósito do arrendamento, é o favorecimento do acesso à propriedade agrícola enquanto elemento da actividade económica agrícola que em primeiro plano releva. Por outro lado, a possibilidade de existência de outras formas de exploração de terra alheia além do arrendamento, constitucionalmente atípicas, abre ao legislador (pelo

---

[1554] Sobre a não submissão do arrendamento rural ao regime constitucional dos direitos, liberdades e garantias (ou de natureza análoga), para efeito da proibição de retroactividade da lei, por constituir matéria de organização económica, e em particular de política agrícola, cfr. jurisprudência referida na anotação ao artigo 93.º, I, § 3.2. Na jurisprudência constitucional (direito do rendeiro à remissão do contrato), cfr. Ac. TC n.º 159/2007 (cit.).
[1555] Cfr. *infra*, I, § 3.º.
[1556] Cfr. JORGE MIRANDA/RUI MEDEIROS, *Constituição* ..., II, p. 174.

menos) a possibilidade de um favorecimento da autonomia privada na actividade agrícola, enquanto actividade económica, na medida em que não restringe a uma única forma jurídica o modo de relacionamento entre proprietário e agricultor (quando ambos não coincidam). Por outras palavras, a CRP permite ao legislador que estabeleça a possibilidade destes sujeitos, enquanto agentes económicos, optarem pela modalidade jurídica que melhor satisfaça os seus interesses (e o interesse geral que encontra um primeiro momento de concretização nos objectivos da política agrícola[1557]). Esta possibilidade, porém, encontra limites não apenas nos objectivos da política agrícola (e restante Constituição económica, em geral), mas também no n.º 2 do artigo 96.º[1558].

2.2. A proibição dos regimes de aforamento e colonia

O aforamento (ou emprazamento ou enfiteuse) consistia no "desmembramento do direito de propriedade em dois domínios, denominados directo e útil"[1559]: o senhorio, titular do domínio directo, recebia o foro, prestação anual, como contrapartida do uso, fruição e disposição por parte do foreiro ou enfiteuta, que detinha o domínio útil[1560]. Figura jurídica de elevada complexidade, as principais críticas ao aforamento ou enfiteuse, na sequência da nova ideia de direito nascente da Revolução, concentraram-se no seu carácter perpétuo e na consequente perpetuidade de "uma situação em que um dos beneficiados [o senhorio] não desempenhava, de facto, qualquer função útil"[1561], o que levou a considerá-la como "uma das mais características formas dominiais pré-capitalistas, de propriedade fraccionada ou imperfeita"[1562] ou como um *vínculo feudal*[1563]. No mo-

---

[1557] Como afirmam JORGE MIRANDA e RUI MEDEIROS, não se trata aqui de regimes jurídicos meramente tolerados, mas antes "plenamente conformes à Constituição em vigor" (cfr, *Constituição* ..., II, p. 176).

[1558] Cfr. *infra*, I, § 2.º, 2.2 e 2.3.

[1559] Conforme dispunha, antes da sua revogação, o n.º 1 do artigo 1491.º do Código Civil.

[1560] Sobre esta figura jurídica, cfr. ANTÓNIO MENEZES CORDEIRO, *Direitos Reais*, pp. 119-121, e bibliografia aí citada; JOSÉ DE OLIVEIRA ASCENSÃO, *Direito Civil – Reais*, pp. 639 ss., e bibliografia aí citada.

[1561] Cfr. ANTÓNIO MENEZES CORDEIRO, *Direitos Reais*, p. 121.

[1562] Cfr. J. J. GOMES CANOTILHO/VITAL MOREIRA, *Constituição* ..., I, p. 1063. Sobre

mento da entrada em vigor da Constituição de 1976, porém, já havia sido extinto o aforamento, tanto de prédios rústicos como urbanos[1564], concentrando-se a propriedade plena na esfera jurídica do enfiteuta[1565].

A colonia[1566], própria ou exclusiva da Ilha da Madeira, consistia na exploração da terra por parte do colono, que dispunha dos direitos de uso e fruição, e adquiria a propriedade sobre as benfeitorias realizadas, mediante o pagamento de uma contrapartida ao proprietário da terra – a demídia, que correspondia a metade das colheitas realizadas. O proprietário podia a todo o tempo pôr termo à relação de colonia[1567], expulsando o colono, sendo a este então unicamente devida a indemnização pelas benfeitorias. A colonia era um direito real de origem consuetudinária, e nunca perdeu essa característica, dado que nunca foi objecto de tipificação legal, mas apenas de mero reconhecimento pela lei[1568]. Ainda antes da Constituição de 1976, fora proibida a constituição de novas relações de colonia[1569], mas só através do Decreto Regional n.º 13/77/M, de 18 de Outu-

---

aquele último aspecto, atinente à natureza da enfiteuse, cfr. JOSÉ DE OLIVEIRA ASCENSÃO, *Direito Civil – Reais*, pp. 645 ss.

[1563] Cfr. JORGE MIRANDA/RUI MEDEIROS, *Constituição ...*, II, p. 177.

[1564] Respectivamente, através dos Decretos-Leis n.ºs 195-A/76, de 16 de Março, e 233/76, de 2 de Abril. Quanto ao primeiro dos diplomas, ANTÓNIO MENEZES CORDEIRO salienta que, aquando da respectiva aprovação, "já estava aprovada pela Assembleia Constituinte a disposição que mandava extinguir a enfiteuse, embora a Constituição não tivesse sido promulgada" (cfr. *Direitos Reais*, p. 121).

[1565] Sobre estes aspectos e problemática em torno da indemnização pela extinção do direito do senhorio, cfr. JOSÉ DE OLIVEIRA ASCENSÃO, *Direito Civil – Reais*, p. 640; ANTÓNIO MENEZES CORDEIRO, *Direitos Reais*, p. 121. J. J. GOMES CANOTILHO e VITAL MOREIRA consideram que, não se tendo previsto qualquer indemmnização "do foreiro ao senhorio", houve "um verdadeiro confisco do direito deste" (cfr. *Constituição ...*, I, p. 1063).

[1566] Cfr. ANTÓNIO MENEZES CORDEIRO, *Direitos Reais*, pp. 121-122; JOSÉ DE OLIVEIRA ASCENÇÃO, *Direito Civil – Reais*, pp. 649 ss.; JORGE MIRANDA/RUI MEDEIROS, *Constituição ...*, II, p. 177; J. J. GOMES CANOTILHO/VITAL MOREIRA, *Constituição ...*, I, pp. 1063-1064. Sobre a colonia, com amplas referências a outra jurisprudência constitucional (da Comissão Constitucional e do TC), cfr. Ac. TC n.º 404/87, de 29 de Julho de 1987, in BMJ, n.º 369, 1987, pp. 296 ss.; Ac. TC n.º 85/88, de 13 de Abril de 1988, in BMJ, n.º 376, 1988, pp. 225 ss.

[1567] O que, segundo JOSÉ DE OLIVEIRA ASCENÇÃO, constituía a diferença essencial face à enfiteuse (cfr. *Direito Civil – Reais*, p. 650).

[1568] Neste sentido, JOSÉ DE OLIVEIRA ASCENÇÃO, *Direito Civil – Reais*, p. 652.

[1569] Cfr. Decreto-Lei n.º 47.937, de 15 de Setembro de 1967.

bro, a figura seria efectivamente abolida, dando aos colonos a propriedade das respectivas terras[1570].

As razões apontadas para a determinação constitucional originária da extinção dos regimes de aforamento e colonia[1571] e para a subsistência no actual texto constitucional da respectiva proibição não são, parece-nos, em tudo idênticas. A determinação originária da extinção de ambas as figuras, decorrente já então do princípio da dignidade da pessoa humana, dada a situação de exploração do trabalhador rural que ambos os regimes representavam e propiciavam (daí a utilização de expressões qualificativas como *pré-liberal, pré-capitalista* e *feudal*, como vimos *supra*), não era o único valor ou princípio constitucional justificante. Com efeito a determinação da extinção dos regimes de aforamento e colonia – pese embora ter tido lugar antes da entrada em vigor da Constituição, no primeiro caso, e proibida a constituição de novas relações jurídicas, no segundo, também antes da entrada em vigor da Constituição – inseria-se também no contexto da reforma agrária e da alteração global das relações de produção que lhe eram inerentes. Note-se a este propósito que JOAQUIM DA SILVA LOURENÇO (aliás, também ele deputado à Assembleia Constituinte) sustentava que a matéria relativa a formas de exploração de terra alheia devia ter-se por integrada no âmbito da alínea *r)* do então artigo 167.º da Constituição ("Reserva de competência legislativa" da AR[1572] – bases da reforma agrária – "pela implicação directa que efectivamente tem na distribuição do rendimento social-agrícola"[1573]; sendo posição semelhante a de J. J. GOMES CANOTILHO e VITAL MOREIRA, que afirmavam que naquela alínea *r)* do então artigo 167.º se deviam "abranger os princípios-base de todas as matérias referidas nos arts. 96.º a 104.º"' (constando ao tempo a matéria relativa às formas de exploração de terra alheia do artigo 101.º[1574-1575]).

[1570] ANTÓNIO MENEZES CORDEIRO, *Direitos Reais*, p. 122; JOSÉ DE OLIVEIRA ASCENÇÃO, *Direito Civil – Reais*, p. 163 e 652; J. J. GOMES CANOTILHO/VITAL MOREIRA, *Constituição* ..., I, p. 1064.

[1571] Cfr. *infra*, III, § 7.º e § 8.º.

[1572] Não existia ainda bipartição entre reserva absoluta e relativa de competência legislativa da AR, em termos semelhantes aos hoje constantes dos artigos 164.º e 165.º da CRP, estrutura normativa originária da revisão constitucional de 1982.

[1573] Cfr. *Reforma Agrária*, p. 254.

[1574] Cfr. *infra*, III, § 7.º e 8.º.

[1575] Na 1.ª Ed. da sua *Constituição* ..., p. 335.

Não nos parece, do mesmo passo, que aquela extinção e actual proibição se justifiquem apenas por aspectos particulares de regime. Se, por exemplo, a precariedade da colonia decorrente da possibilidade da respectiva extinção a qualquer momento por desejo do senhorio, constituía um aspecto altamente negativo pela instabilidade inerente e que podia ter-se por contrária ao princípio da dignidade da pessoa humana, a perpetuidade da enfiteuse não partilhava a mesma justificação: não existe hoje qualquer impedimento à constituição de usufruto (que, como se sabe, pode ser vitalício) para fins agrícolas, nos termos dos artigos 1439.° do Código Civil (parecendo até que tal possibilidade terá sido prefigurada pelo legislador no artigo 1447.°).

Será, portanto, ainda hoje o princípio da dignidade da pessoa humana, com as refracções constitucionais respeitantes, entre outras, ao princípio da igualdade, ao direito ao trabalho, e, noutra perspectiva os próprios objectivos da política agrícola, que justificam a proibição dos regimes de aforamento e colonia[1576]. Tal assento é importante na medida em que permite sedimentar duas ideias: (i) em primeiro lugar, que a proibição dos regimes do aforamento e colonia, embora apenas a esses expressamente dirigida, mostra uma intenção constitucional de declarar contrários à CRP quaisquer outros regimes jurídicos semelhantes de exploração agrícola que ponham em causa o princípio da dignidade da pessoa humana[1577]; (ii) em segundo lugar, que tal contrariedade face à Lei Fundamental já não se prende com a reforma agrária e inerentes alterações das relações de produção, pelo que, apesar disso, a proibição se mantém válida naquele outro contexto. Em rigor, pois, do que se trata é da tentativa de uma particular conformação daquele princípio da dignidade da pessoa humana no âmbito das formas de exploração de terra alheia, mas que só parece encontrar particularidade nas consequências sócio-económicas da concretização de regimes jurídicos semelhantes aos do aforamento e colonia. Uma vez que questionámos a consagração constitucional da desigualdade dos agricultores – na perspectiva da actualidade desse diferenciação face a outros[1578] – questão que aqui fica apenas enunciada é a do relevo ou eficácia *extra* Constituição agrícola do tipo de proibição em comentário.

[1576] Cfr. também JORGE MIRANDA/RUI MEDEIROS, *Constituição* ..., II, p. 176.
[1577] Cfr. também JORGE MIRANDA/RUI MEDEIROS, *Constituição* ..., II, p. 176.
[1578] Cfr. anotação ao artigo 93.°, I, § 3.°, 3.2.

2.3. *A pretensão de abolição efectiva do regime de parceria agrícola*

O n.º 2 do artigo 96.º estabelece ainda como obrigação do Estado a criação de condições aos cultivadores para a efectiva abolição do regime de parceria agrícola. Ora, a parceria agrícola já havia sido legalmente extinta aquando da entrada em vigor da Constituição de 1976[1579], e no próprio diploma de aprovação do Código Civil[1580] dispusera-se que ao contrato de parceria agrícola seriam aplicáveis, de futuro, as disposições que regulavam o arrendamento rural[1581]. Questões várias[1582], porém, determinaram a recuperação da figura no diploma respeitante ao arrendamento rural (distinguindo-se aquela deste, essencialmente, no que toca à renda), entendendo-se que estavam proibidos novos contratos de parceria, mas recuperando-se os antigos[1583].

Na sequência do estabelecido na parte final do n.º 2 do artigo 96.º da CRP, o legislador determinou que a parceria agrícola se manteria até que o Governo aprovasse, mediante decreto-lei, normas transitórias adequadas à efectiva extinção da figura[1584], o que não veio ainda a acontecer.

Perante isto, pode sustentar-se estarmos em presença de uma omissão inconstitucional, dada a completa inércia do legislador[1585]. E numa dupla vertente. Em primeiro lugar, uma vez que a determinação constitucional é de criação de *condições* aos cultivadores para a efectiva abolição da parceria agrícola, tais condições deveriam obter impulso legislativo. Ainda que possam entender-se como condições de facto impulsionadas por acto legislativo e até dependentes de actuação administrativa, transportando portanto uma certa programaticidade, tal acto deveria estabelecer a substituição da parceria agrícola por outras formas de exploração da terra, ainda que tal transformação, em concreto, houvesse de depender de certas condições de facto. Por outras palavras, "a criação de condições" que o n.º 2 do artigo 96.º impõe não resume o dever público a uma certa conformação

---

[1579] Cfr. Decreto-Lei n.º 201/75, de 15 de Abril.
[1580] Cfr. artigo 11.º do Decreto-Lei n.º 47.344, de 25 de Novembro de 1966.
[1581] Cfr. J. J. GOMES CANOTILHO/VITAL MOREIRA, *Constituição* ..., I, p. 1064.
[1582] Ligando este aspecto à problemática das indemnizações, cfr. JORGE MIRANDA/RUI MEDEIROS, *Constituição* ..., II, pp. 179-180.
[1583] Cfr. artigos 31.º a 34.º do Decreto-Lei n.º 385/88, de 25 de Outubro, na redacção que lhe foi dada pelo Decreto-Lei n.º 524/99, de 10 de Dezembro.
[1584] Cfr. artigo 34.º do referido regime do arrendamento rural.
[1585] Cfr. J. J. GOMES CANOTILHO/VITAL MOREIRA, *Constituição* ..., I, p. 1064.

da realidade fáctica (passando para os cultivadores o ónus de conseguir a extinção da parceria agrícola, por exemplo, por desuso). Se a CRP assenta aqui um juízo valorativo negativo sobre a figura jurídica da parceria agrícola[1586], e se não seriam permitidos contratos novos desta natureza, então o legislador não pode senão ficar obrigado à própria extinção da figura jurídica em causa, o que é a segunda vertente da omissão inconstitucional.

Talvez por isso notem MARCELO REBELO DE SOUSA e JOSÉ DE MELO ALEXANDRINO que "A permanência inalterada deste preceito de 1982 suscita a perplexidade sobre a efectividade do Direito no caso das situações referidas no n.º 2 e, em especial, na parceria agrícola. Dir-se-ia que, quase vinte anos depois, a Constituição ainda teme não poder impor-se a situações de facto remanescentes."[1587-1588-1589].

[1586] Juízo que, segundo J. J. GOMES CANOTILHO e VITAL MOREIRA, se funda no favorecimento do proprietário, uma vez que este recebia "uma parte do aumento da produtividade conseguido pelo parceiro cultivador" (cfr. *Constituição* ..., I, p. 1064).

[1587] Cfr. *Constituição* ..., p. 208.

[1588] É debatido na doutrina se a extinção da *parceria pecuária* é igualmente exigida por esta norma constitucional: existem argumentos a favor (cfr. J. J. GOMES CANOTILHO/VITAL MOREIRA, *Constituição* ..., I, p. 1065; JOAQUIM DA SILVA LOURENÇO, *Reforma Agrária*, p. 255) e contra (cfr. JORGE MIRANDA/RUI MEDEIROS, *Constituição* ..., II, pp. 177--178). Note-se que não são contratos exactamente idênticos, e que a remuneração dos parceiros proprietário e pensador não corresponde também ao regime da renda da parceria agrícola (cfr. artigos 1121.º ss. do Código Civil). Sobre a parceria pecuária, cfr. ANTÓNIO MENEZES CORDEIRO, *Direitos Reais*, pp. 695 ss.

[1589] JORGE MIRANDA e RUI MEDEIROS afirmam que o disposto n.º 2 do artigo 96.º vale igualmente para os casos em que seja o Estado ou outra entidade pública o proprietário da terra (cfr. *Constituição* ..., II, p. 180). Mas o problema começa antes, na medida em que o Estado ou outras entidades públicas não devem ser titulares de terrenos agrícolas senão a título transitório, para os transferirem para a titularidade dos agricultores: nesse sentido apontam desde logo os objectivos da política agrícola, e em particular o constante da alínea *b*) do n.º 1 do artigo 93.º (cfr. a respectiva anotação, bem como anotação ao artigo 94.º, I, § 3.º, 3.3.; ao artigo 95.º, *passim*, em especial I, § 2.º, 2.3.; e ao artigo 80.º, I, § 2.º, 2.4.).

§ 3.º. Reserva de lei e competência legislativa

3.1. *A competência do Parlamento*

O regime geral do arrendamento rural constitui reserva relativa de competência legislativa da AR, nos termos da alínea *h)* do n.º 1 do artigo 165.º da CRP. Significa isto, portanto, não uma reserva de densificação total, mas "um nível menos exigente", "em que compete à Assembleia definir o regime *comum* ou *normal*, sem prejuízo de regimes especiais que podem ser definidos pelo Governo ou, se for caso disso, pelas Assembleias Legislativas regionais"[1590].

O problema está em saber se, além do arrendamento, as *outras formas de exploração de terra alheia* referidas no n.º 1 do artigo 96.º estão abrangidas por aquela reserva parlamentar. Por outras palavras, se quando o n.º 1 do artigo 96.º da CRP estabelece que os "regimes de arrendamento e de outras formas de exploração de terra alheia serão regulados por lei (...)", utiliza a expressão *lei* com referência àquela norma de reserva parlamentar. Há que tomar em conta que, tanto o arrendamento como outras formas de exploração, neste contexto, vão bulir com o âmago do direito de propriedade, com a liberdade de iniciativa económica e, por esta via, eventualmente com vários outros direitos fundamentais. É conhecido o problema da extensão do regime orgânico dos direitos liberdades e garantias a outros direitos fundamentais de natureza análoga, e é nesse contexto que esta questão em princípio merecerá resposta[1591].

3.2. *A competência do Governo*

Tendo em conta o que vimos de dizer no ponto antecedente, a competência legislativa do Governo é, no que respeita ao arrendamento, uma competência autorizada, nos termos dos artigos 165.º e 198.º (alínea *b)* do n.º 1) da CRP, salvo a jusante do que se considere *regime geral*: aí estamos já no domínio da competência legislativa concorrencial.

Quanto ao regime de *outras formas de exploração de terra alheia*, a questão é a que se colocou no ponto antecedente.

[1590] Cfr. JORGE MIRANDA, *Manual* ..., V, p. 237.

[1591] Cfr. anotações aos artigos 85.º e seguintes, nos parágrafos homónimos do presente.

3.3. *A competência das Assembleias Legislativas das regiões autónomas*

Uma vez que a alínea *h)* do n.º 1 do artigo 165.º não é excepcionada na alínea *b)* do n.º 1 do artigo 227.º da CRP, e de acordo com o disposto no artigo 228.º, parece ser hoje possível que as Assembleias Legislativas das regiões autónomas introduzam derrogações ao regime geral do arrendamento rural, quando para tal autorizadas pela AR. Quando não se trate de regime geral, tal competência resultará, aparentemente, da alínea *a)* do n.º 1 do artigo 227.º[1592].

Mais problemático é o caso de *outras formas de exploração de terra alheia*, na medida em que tal reclama uma interpretação da alínea *b)* do n.º 1 do artigo 165.º, e da alínea *b)* do n.º 1 do artigo 227.º da CRP, em conjunto com disposições estatutárias existentes (sem que esteja em causa, naturalmente, a submissão destas últimas às primeiras)[1593].

II. DIREITO INTERNACIONAL E EUROPEU

§ 4.º. Direito Internacional

Não há particular relevância do Direito Internacional nesta matéria, senão no que respeita aos direitos fundamentais[1594].

§ 5.º. Direito Europeu

Tão pouco o Direito Europeu apresenta aqui relevo específico, além da sua importância ao nível dos direitos fundamentais e da política agrícola em geral[1595].

[1592] Cfr. alínea *r)* do artigo 8.º do EPARAA, e alínea *h)* do artigo 40.º do EPARAM.
[1593] Cfr. nota anterior.
[1594] Cfr. anotação ao artigo 93.º, II, § 4.º.
[1595] Cfr. anotação ao artigo 93.º, II, § 5.º.

III. MEMÓRIA CONSTITUCIONAL

§ 6.°. **As constituições portuguesas anteriores à Constituição de 1976**

Nas constituições portuguesas anteriores à Constituição de 1976 não se encontra disposição semelhante[1596].

§ 7.°. **Conteúdo originário da redacção do preceito na Constituição de 1976 e sucessivas versões decorrentes das revisões constitucionais**

Na **redacção originária da Constituição de 1976**, a matéria em causa constava do artigo 101.°, sob a epígrafe que ainda hoje se mantém. O actual texto do n.° 1 corresponde ao da versão originária, embora o do n.° 2 fosse um pouco distinto. Estabelecia este, então, que:

"ARTIGO 101.°
(Formas de exploração de terra alheia)
1. ....
2. Serão extintos os regimes de aforamento e colonia e criadas condições aos cultivadores para a efectiva abolição do regime da parceria agrícola."

Na **revisão constitucional de 1982**, o artigo 83.° da Lei Constitucional n.° 1/82, de 30 de Setembro, alterou o n.° 2, fixando-se então a sua actual redacção.

Na **revisão constitucional de 1989**, o artigo 74.° da Lei Constitucional n.° 1/89, de 8 de Julho, renumerou o preceito, que passou a ser o artigo 99.° (ocupando o lugar do primitivo artigo 99.°, eliminado ["Pequenos e médios agricultores"][1597]).

A **revisão constitucional de 1992** não trouxe qualquer alteração ao preceito.

E na **revisão constitucional de 1997**, o artigo 63.° da Lei Constitucional n.° 1/97, de 20 de Setembro, limitou-se a renumerar o preceito – que assim passou a ser o actual artigo 96.°.

[1596] Cfr., porém, anotação ao artigo 93.°, III, § 6.°.
[1597] Cfr. anotação ao artigo 93.°, III, § 7.°.

Nem a **quinta revisão constitucional, de 2001**, nem a **sexta revisão constitucional, de 2004**, nem tão-pouco a **sétima revisão constitucional, de 2005,** lhe trouxeram qualquer alteração.

§ 8.º. Apreciação do sentido das alterações do preceito

A única alteração a apreciar é a substituição da obrigação do Estado em extinguir os regimes de aforamento e colonia, pela respectiva proibição. Já abordámos esta problemática[1598]. Pode, no entanto, acrescentar-se: a obrigação de extinção vinculava o Estado à eliminação daquelas figuras da ordem jurídica, através de medidas legislativas e outras, dela se retirando ainda uma *proibição de retrocesso*; a proibição destina-se especificamente a impedir qualquer repristinação, mas também, como vimos, a criação de novos regimes jurídicos materialmente equivalentes.

IV. PAÍSES DE EXPRESSÃO PORTUGUESA

§ 9.º. Brasil

A CRFB não contém norma idêntica à constante do artigo 96.º da CRP.

§ 10.º. Angola

A LCRA não contém norma idêntica à constante do artigo 96.º da CRP.

§ 11.º. Moçambique

A CRM não contém norma idêntica à constante do artigo 96.º da CRP.

[1598] Cfr. *supra*, I, § 2.º, 2.2.

§ 12.º. **Cabo Verde**

A CRCV não contém norma idêntica à constante do artigo 96.º da CRP.

§ 13.º. **Guiné-Bissau**

A CRGB não contém norma idêntica à constante do artigo 96.º da CRP.

§ 14.º. **São Tomé e Príncipe**

A CRDSTP não contém norma idêntica à constante do artigo 96.º da CRP.

§ 15.º. **Timor-Leste**

A CRDTL não contém norma idêntica à constante do artigo 96.º da CRP.

Artigo 97.º
(Auxílio do Estado)

1. Na prossecução dos objectivos da política agrícola o Estado apoiará preferencialmente os pequenos e médios agricultores, nomeadamente quando integrados em unidades de exploração familiar, individualmente ou associados em cooperativas, bem como as cooperativas de trabalhadores agrícolas e outras formas de exploração por trabalhadores.
2. O apoio do Estado compreende, designadamente:
a) Concessão de assistência técnica;
b) Criação de formas de apoio à comercialização a montante e a jusante da produção;
c) Apoio à cobertura de riscos resultantes dos acidentes climatéricos e fitopatológicos imprevisíveis ou incontroláveis;
d) Estímulos ao associativismo dos trabalhadores rurais e dos agricultores, nomeadamente à constituição por eles de cooperativas de produção, de compra, de venda, de transformação e de serviços e ainda de outras formas de exploração por trabalhadores.

Quadro tópico:

I. AUXÍLIO DO ESTADO
§ 1.º. Os auxílios do Estado à actividade agrícola no âmbito da Constituição económica;
1.1. Os objectivos da política agrícola: Constituição económica *interna* e permeabilidade ao Direito Comunitário – a relação de compatibilidade invertida;
1.2. A preferência constitucional pela exploração directa da terra de base empresarial;
§ 2.º. Vinculação e liberdade de concretização do comando constitucional;
2.1. Os poderes públicos destinatários do comando constitucional;

2.2. Configuração material e formal do nível de imperatividade do comando constitucional;

§ 3.º. O ELENCO CONSTITUCIONAL DE APOIOS DO ESTADO;

3.1. *a) Concessão de assistência técnica*;

3.2. *b) Criação de formas de apoio à comercialização a montante e a jusante da produção*;

3.3. *c) Apoio à cobertura de riscos resultantes dos acidentes climatéricos e fitopatológicos imprevisíveis ou incontroláveis*;

3.4. *d) Estímulos ao associativismo dos trabalhadores rurais e dos agricultores, nomeadamente à constituição por eles de cooperativas de produção, de compra, de venda, de transformação e de serviços e ainda de outras formas de exploração por trabalhadores*;

3.5. Outras formas de apoio.

II. DIREITO INTERNACIONAL E EUROPEU

§ 4.º. DIREITO INTERNACIONAL;

§ 5.º. DIREITO EUROPEU.

III. MEMÓRIA CONSTITUCIONAL

§ 6.º. AS CONSTITUIÇÕES PORTUGUESAS ANTERIORES À CONSTITUIÇÃO DE 1976;

§ 7.º. CONTEÚDO ORIGINÁRIO DA REDACÇÃO DO PRECEITO NA CONSTITUIÇÃO DE 1976 E SUCESSIVAS VERSÕES DECORRENTES DAS REVISÕES CONSTITUCIONAIS;

§ 8.º. APRECIAÇÃO DO SENTIDO DAS ALTERAÇÕES DO PRECEITO.

IV. PAÍSES DE EXPRESSÃO PORTUGUESA;

§ 9.º. BRASIL;

§ 10.º. ANGOLA;

§ 11.º. MOÇAMBIQUE;

§ 12.º. CABO VERDE;

§ 13.º. GUINÉ-BISSAU;

§ 14.º. SÃO TOMÉ E PRÍNCIPE;

§ 15.º. TIMOR-LESTE.

I. AUXÍLIO DO ESTADO

§ 1.º. Os auxílios do Estado à actividade agrícola no âmbito da Constituição económica

1.1. *Os objectivos da política agrícola: Constituição económica interna e permeabilidade ao Direito Comunitário – a relação de compatibilidade invertida*

A temática constitucional interna dos auxílios de Estado no domínio agrícola deve ser vista em duas perspectivas, que podemos qualificar, de momento, como substancial e formal. A perspectiva substancial diz respeito à relação entre os auxílios de Estado e os objectivos da política agrícola estabelecidos no artigo 93.º da CRP, num primeiro momento, e a restante materialidade da Constituição económica, num segundo momento. A perspectiva formal diz respeito às *razões constituintes* do estabelecimento do poder-dever em que consistem os auxílios de Estado.

Ambas estas perspectivas, porém, não podem hoje ser vistas com alheamento do Direito Comunitário, sabendo-se que a problemática dos auxílios de Estado é questão central no âmbito do *modelo europeu*, em função da necessidade de proteger a concorrência e de controlar a despesa pública (e independentemente da discussão em torno da aptidão das restrições aos auxílios de Estado para o controlo desta última)[1599].

Na primeira daquelas perspectivas – substancial –, e no âmbito do primeiro momento enunciado, é não só evidente como constitucionalmente expresso que os auxílios de Estado constituem uma peça fundamental e vinculada aos objectivos da política agrícola fixados no artigo 93.º da CRP. O n.º 1 do artigo 97.º enuncia tal vinculação, que sempre se verificaria, ainda que o texto constitucional o não referisse expressamente. Não se descortinando uma hierarquia naqueles objectivos, mas tão só, quando muito, uma preferência (ao que não é alheio o Direito Europeu)[1600], os auxílios de Estado no domínio agrícola não se encontram especialmente afectos a objectivos determinados da política agrícola, mas à sua globalidade. A liberdade do Estado é, pois, muito ampla, tanto (i) na

---

[1599] Cfr. ANTÓNIO CARLOS SANTOS, *Auxílios de Estado ...*, p. 128.
[1600] Cfr. anotação ao artigo 93.º, I, § 1.º, em especial 1.4.

escolha dos objectivos a prosseguir em dado momento, como (ii) no tipo de apoios a conceder para a concretização desses objectivos, o que se compreende dada a natureza essencialmente política da opção. No que respeita ao segundo momento desta primeira perspectiva – a relação com restante materialidade da Constituição económica –, há que tomar em conta as relações normativas estabelecidas pelo próprio artigo 93.º com outras normas e princípios constitucionais, designadamente da Constituição económica: o mesmo é dizer que a integração na Constituição económica da norma contida no presente artigo 97.º começa naquela relação[1601].

Na segunda perspectiva – formal – referimos as *razões constituintes* do estabelecimento do poder-dever em que consistem os auxílios de Estado. A positivação de uma norma constitucional deste tipo e teor apresenta uma ligação umbilical à soberania do Estado, não simplesmente por se tratar se uma opção do legislador constitucional, mas porque, na respectiva integração na Constituição (em particular, económica) "repousa, em última instância, a legitimidade de o Estado atribuir incentivos ou benefícios (auxílios) a operadores económicos"[1602]. Por outras palavras, a positivação de uma norma constitucional respeitante a auxílios do Estado (no domínio agrícola) constitui um elemento fortemente caracterizador do próprio regime económico e do modelo de Estado (enquanto *poder* e enquanto *colectividade*), independentemente da forma como tal é levado à prática e como esta é susceptível de, reversivamente, redefinir esse mesmo modelo[1603].

Sucede, porém, que em matéria de auxílios de Estado se assiste a uma verdadeira relação de compatibilidade invertida entre a CRP e o Direito Comunitário, dada a *permeabilidade*[1604] daquela por este último. Em primeiro lugar porque a política agrícola é *comum*, portanto, conduzida conjuntamente por todos os Estados-membros, e institucionalmente através do Conselho, com o objectivo de eliminar actuações unilaterais e acordos

---

[1601] Cfr. anotação ao artigo 93.º, I.

[1602] Cfr. ANTÓNIO CARLOS SANTOS, *Auxílios de Estado* ..., p. 125.

[1603] Ilustrando exemplificativamente, ANTÓNIO CARLOS SANTOS, citando Chérot, afirma que "a própria intervenção através da concessão de auxílios é, hoje em dia, em grande medida, "característica de um Estado liberal que não quer ou não pode impor autoritariamente as suas soluções, mas que tenta incitar" (cfr. *Auxílios de Estado* ..., p. 126).

[1604] Veja-se o sentido em que vimos utilizando a expressão (distinguindo de *vulnerabilidade*) na anotação ao artigo 80.º, II, § 3.º.

multilaterais à margem dessa política *comum*. E, deste ponto de vista, o que era matéria típica da soberania estadual (auxílios do Estado no domínio agrícola definidores do regime económico) é agora matéria essencialmente contratualizada no contexto europeu, limitando a já referida margem de liberdade política dos órgãos de soberania, em particular do Governo[1605]. Em segundo lugar, as regras relativas aos auxílios de Estado no domínio agrícola[1606], por essa mesma razão, sobrepõem-se, em geral, ao estabelecido sobre a matéria nas constituições dos diversos Estados-membros, uma vez que estes as não podem invocar para contrariar o TCE no que respeita a auxílios públicos, senão na margem permitida pelo próprio Tratado. Desta forma, a abertura das normas contidas nos artigos 93.° e 97.° da CRP, pensada para conceder ampla margem de liberdade política aos órgãos do Estado ao nível da implementação dos objectivos da política agrícola e em particular da sua concretização através de auxílios públicos, acaba por favorecer aquela inversão de compatibilidade: aos órgãos de soberania é possível estabelecer vinculações do Estado português em matéria de política agrícola comum que, ainda que não contrariem o sentido da CRP, o moldam inevitavelmente na sua concretização.

Sendo os auxílios de Estado os instrumentos de política agrícola ou *medidas de previsão constitucional e carácter público* mais susceptíveis de concretizar, hoje, os objectivos da política agrícola no que respeita à intervenção do Estado (tendo em mente os restantes para tal especificamente pensados pelos legislador constitucional: a eliminação dos latifúndios (artigo 94.°), o redimensionamento do minifúndio (artigo 95.°) e as disposições relativas à exploração de terra alheia (artigo 96.°)), pode bem afirmar-se que, por via da sua subordinação ao Direito Comunitário, também os objectivos da política agrícola presentes no artigo 93.° sofrem uma interpretação e concretização conforme àquele. É bem patente, por conseguinte, a inversão da suposta relação de compatibilidade entre auxílios de Estado e objectivos constitucionais da política agrícola, e a erosão da autonomia nacional neste domínio.

[1605] Segundo ANTÓNIO CARLOS SANTOS, isto distinguiria a agricultura (política comum) e a moeda única (política unificada) das políticas sociais e de fiscalidade (cfr. *Auxílios de Estado* ..., p. 131 ss.).
[1606] Cfr. *infra*, II, § 5.°.

1.2. A preferência constitucional pela exploração directa da terra de base empresarial

Ao dispor que os auxílios de Estado apoiarão *preferencialmente* "os pequenos e médios agricultores, nomeadamente quando integrados em unidades de exploração familiar, individualmente ou associados em cooperativas, bem como as cooperativas de trabalhadores agrícolas e outras formas de exploração por trabalhadores", o n.º 1 do artigo em comentário pode prestar-se a alguns equívocos, caso não se tenha presente o conteúdo do artigo 93.º quanto aos objectivos da política agrícola.

O primeiro aspecto a referir nesta sede é o de que os auxílios de Estado no domínio agrícola constituem apoios de que pode beneficiar qualquer categoria de agricultores ou trabalhadores agrícolas que tenham iniciativa económica no domínio agrícola. Com efeito, o estabelecimento no n.º 1 do artigo 97.º de uma regra de *preferência* por determinadas categorias, não deixa de legitimar a opção dos poderes públicos em apoiar os *não preferidos*, o que pode até, atendendo ao circunstancialismo da realidade, constituir um primeiro patamar de igualdade entre todos os potenciais beneficiários da norma em causa. Assim, a afirmação, em abstracto, de que o Estado pode apoiar todos "mas não pode com isso prejudicar a obrigação preferencial para com as categorias aqui mencionadas", assim como "dentro das categorias indicadas pode não os tratar todos por igual, mas não pode excluir à partida nenhuma delas"[1607], deve tomar em conta que tal assume particular relevo perante a generalidade de certas medidas ou apoios, generalidade essa que acaba por ser filtrada pela norma constitucional em causa no sentido de então operar aquela preferência. Mas já não parece que essa preferência possa ser critério geral para opções políticas em toda a circunstância (caso em que, aliás, já não seria apenas uma preferência): sendo, por exemplo, necessários apoios específicos para determinado sector da actividade agrícola, não parece poder retirar-se daquela preferência a impossibilidade da sua atribuição quando a mesma prejudique (por escassez de recursos, por exemplo) medidas gerais para toda a actividade agrícola (onde essa preferência operaria sem dúvida). A preferência mantém-se como critério, contudo, no âmbito do apoio sectorial.

[1607] Cfr. J. J. GOMES CANOTILHO/VITAL MOREIRA, *Constituição* ..., I, p. 1067.

O segundo aspecto a referir – para o que não são irrelevantes, aliás, as considerações *supra* – é o de que esta preferência favorece, na realidade, uma exploração directa da terra de base empresarial, privada ou cooperativa. Tal conclusão resulta da actual formulação da norma, interpretada em consonância com os objectivos da política agrícola presentes no artigo 93.º, bem como da sua evolução ao longo das várias revisões constitucionais[1608]. Tais objectivos, como vimos já, inseridos no contexto da Constituição económica, favorecem o acesso à propriedade da terra como elemento do exercício da actividade agrícola como actividade económica e, por via desta, a racionalização objectiva dessa actividade no conjunto nacional, e por essa via também a melhoria da situação sócio-económica dos agricultores[1609]. Neste contexto, os pequenos e médios agricultores[1610] são os que mais apoios reclamam para tal, assim como a sua associação – em cooperativas ou empresas privadas – constitui um instrumento privilegiado pela CRP para o efeito. Por conseguinte, resulta claro que a preferência constitucional se associa a uma determinada forma de exploração da terra: a exploração directa em termos económicos, para o que tem especial relevância o objectivo estabelecido na alínea *a)* do n.º 1 do artigo 93.º.

Por outro lado, se a introdução da alínea *d)* no n.º 2 aquando da revisão constitucional de 1989 – "Estímulos ao associativismo dos trabalhadores rurais e dos agricultores, nomeadamente à constituição por eles de cooperativas de produção, de compra, de venda, de transformação e de serviços e ainda de outras formas de exploração por trabalhadores" – reforça o sentido de economicidade empresarial da actividade agrícola, as alterações às alíneas *b)* e *c)* do n.º 2 na revisão constitucional de 1997 reclamam uma dinâmica de iniciativa económica própria dos agricultores e suas organizações, sobre as quais assentam as apoios do Estado, que já não são substituições deste à iniciativa não pública[1611]. Por outras palavras, os auxílios ou apoios do Estado reclamam hoje, em geral, um impulso económico não público, o que só se compreende num contexto de empresa-

---

[1608] Sem prejuízo dos aspectos pontuais aqui referidos, cfr. *infra*, III, § 8.º.

[1609] Cfr. anotações aos artigos 93.º, 95.º e 96.º, *passim*.

[1610] Sobre a distinção entre pequenos e médios agricultores (que aqui pouco relevo apresentará), cfr. Ac. TC n.º 225/95 (cit.); JORGE MIRANDA/RUI MEDEIROS, *Constituição ...*, II, p. 184.

[1611] Cfr. *infra*, III, § 8.º.

rialização da actividade agrícola, enquanto actividade económica, aliás, na linha geral do actual modelo constitucional jus-económico.

Não deixa ainda de ser interessante notar que, apesar de os objectivos da política agrícola que a CRP enuncia no artigo 93.º não serem apenas (e por ventura até não essencialmente) de *natureza social*[1612], são estes, em tese, os que mais parecem apresentar-se como susceptíveis de concretização através de auxílios do Estado, atentas as condicionantes de Direito Comunitário[1613].

Ainda, se não parece razoável retirar do texto do n.º 1 do artigo 97.º qualquer preferência constitucional por algumas das categorias aí referidas em relação às demais (por exemplo, uma preferência pelos pequenos e médios agricultores referidos *supra* em i) em relação às cooperativas referidas em ii), e destas em relação a outras formas de associação em iii))[1614], já não pode abstrair-se das restantes normas da Constituição económica, mais uma vez, para interpretar o preceito, no que respeita ao estímulo e apoio do Estado na criação e actividade das cooperativas (n.º 1 do artigo 85.º) e no incentivo à actividade empresarial privada, com especial atenção às pequenas e médias empresas (n.º 1 do artigo 86.º)[1615]. Mais uma vez, esta leitura integrada da CRP aponta no sentido que demos *supra* à preferência constitucional constante do artigo 97.º.

§ 2.º. **Vinculação e liberdade de concretização do comando constitucional**

2.1. *Os poderes públicos destinatários do comando constitucional*

Como *norma-tarefa*, o artigo 97.º não se distingue, essencialmente e para este efeito, de outras normas constitucionais pertencentes à mesma categoria, como sejam, designadamente, os artigos 81.º e 93.º[1616]. Neste

---

[1612] Ressalvando este aspecto, cfr. JORGE MIRANDA/RUI MEDEIROS, *Constituição* ..., II, p. 183.

[1613] Cfr. *infra*, II, § 5.º.

[1614] Cfr. *supra*.

[1615] Cfr. as anotações a estes artigos. Referindo também este aspecto, cfr. JORGE MIRANDA/RUI MEDEIROS, *Constituição* ..., II, pp. 184-185.

[1616] Cfr., em especial, anotação ao artigo 81.º, I, § 1.º, 1.3., e ao artigo 93.º, I, § 2.º.

sentido, sustenta-se uma interpretação lata da noção de Estado presente no artigo 97.º, abrangendo as regiões autónomas e as autarquias locais[1617], mas também outras entidades susceptíveis de integrar a noção de poderes públicos. E isto por razões que, em boa parte, se deixaram já na anotação àqueles preceitos constitucionais, mas não só.

Dissemos *supra*[1618] que os auxílios de Estado constituem hoje as *medidas de previsão constitucional* mais susceptíveis de concretizar os objectivos da política agrícola, do ponto de vista da intervenção dos poderes públicos. Pois bem, tendo em conta que a descentralização político-administrativa, enquanto princípio constitucional (artigo 6.º e n.º 1 do artigo 267.º da CRP), só o é verdadeiramente quando acompanhada de descentralização económica, e que são muito vastas as atribuições de outras entidades públicas que não o Estado ao nível da intervenção pública sócio-económica (designadamente, regiões autónomas e autarquias locais), negar que estas estejam também vinculadas à norma constitucional em apreço, como *norma-tarefa* (ou a outras pertencentes a esta mesma categoria), equivale a negar que a descentralização constitua um verdadeiro princípio constitucional operante nesta sede. As normas que estabeleçam atribuições relevantes para este efeito no que aquelas entidades diz respeito devem, pois, merecer aqui interpretação conforme à Constituição.

Por outro lado, dadas as influências do Direito Europeu sobre a norma constitucional em questão[1619], e que em especial para este efeito é aí muito ampla a noção de *Estado*, no que toca à aferição da legalidade comunitária em matéria de auxílios públicos, não só se pode falar também por esta via numa ampliação da noção de Estado aqui presente, como também na conveniência de adopção dessa mesma noção lata, como mecanismo preventivo da responsabilidade do Estado português por violação do Direito Comunitário[1620].

[1617] Neste sentido também, cfr. JORGE MIRANDA/RUI MEDEIROS, *Constituição* ..., II, p. 182.

[1618] Cfr. I, § 1.º, 1.1.

[1619] Cfr. *supra*, I, § 1.º, 1.1., e *infra*, II, § 5.º.

[1620] Sobre esta noção lata de Estado, cfr. PAULO OTERO, *Legalidade* ..., pp. 457 ss. e 743 ss.; a propósito das empresas públicas, cfr. RUI GUERRA DA FONSECA, *Autonomia Estatutária* ..., em especial, pp. 118-119. Especificamente a propósito dos auxílios de Estado, refere ANTÓNIO CARLOS SANTOS o "caso da *Caisse Nationale de Crédit Agricole*, onde uma decisão de conceder uma "ajuda de solidariedade" a favor de agricultores com menos rendimentos adoptada pelo Conselho de administração foi imputada ao Estado em

2.2. Configuração material e formal do nível de imperatividade do comando constitucional

A liberdade, designadamente política conferida ao legislador, na concretização dos objectivos da política agrícola através de auxílios de Estado, sendo muito ampla, não significa uma imperatividade menor do comando constitucional em presença. Com efeito, sendo o *auxílio de Estado* um elemento caracterizador do próprio modelo de Estado, não é compatível com a CRP a respectiva inexistência. Isto é, o legislador, desde logo[1621], não pode abdicar do estabelecimento de normas que consagrem a existência de auxílios de Estado.

É, no entanto, duvidoso se a todo o momento devem estar previstos na ordem jurídica portuguesa apoios susceptíveis de ser integrados em cada uma das categorias referidas no n.º 2 do artigo 97.º, que não se encontram, aliás, numa qualquer relação de alternatividade. Por outro lado, não só é configurável que as medidas aí integráveis não sejam previstas do mesmo modo para todas as categorias de destinatários, como o é também que existam apenas para algumas delas quando tal seja sustentável ao abrigo dos princípios da igualdade e da proporcionalidade.

Não deve, portanto, afastar-se terminantemente a possibilidade de inconstitucionalidade por omissão[1622]. Mas não deve também o legislador abdicar de um juízo constante de adequação, necessidade e mesmo legalidade face ao Direito Comunitário na previsão dos ditos apoios. Aliás, tendo em conta que hodiernamente muitos são os apoios comunitários ao sector agrícola que em várias circunstâncias são susceptíveis de minimizar a necessidade da intervenção do Estado, pode perfeitamente justificar-se que este decida pela não existência de determinados apoios integráveis em

---

virtude de o Ministro da Agricultura ter poderes de supervisão sobre esta instituição. A decisão da *Caisse Nationale* não era assim definitiva, devendo ser aprovada pelas autoridades francesas." (cfr. *Auxílios de Estado* ..., p. 188).

[1621] Sobre a inexistência de reserva de lei neste domínio, mas considerando que estas medidas (como outras) não devem "ser concedidas se não com base em lei ou em regulamento legalmente habilitado", cfr. J. J. GOMES CANOTILHO/VITAL MOREIRA, *Constituição* ..., I, p. 1068. Cfr. ainda anotação ao artigo 81.º, I, § 1.º, 1.3.

[1622] Ainda que possam não estar em causa verdadeiros "direitos dos beneficiários ao auxílio do Estado" (direitos fundamentais)(cfr. J. J. GOMES CANOTILHO/VITAL MOREIRA, *Constituição* ..., I, p. 1068). Cfr. ainda JORGE MIRANDA/RUI MEDEIROS, *Constituição* ..., II, p. 187.

qualquer daquelas categorias, a um ponto que, não fosse aquela substituição, poderia ser considerado um cumprimento estritamente formal da CRP neste domínio.

§ 3.º. **O elenco constitucional de apoios do Estado**

3.1. *a) Concessão de assistência técnica*

A concessão de assistência técnica, se acarreta a existência de estruturas administrativas competentes e pretende por em evidência a necessidade de modernização tecnológica na agricultura[1623] – o que habilita a falar aqui de uma Administração económica (tanto em sentido subjectivo como em sentido objectivo) vocacionada para a actividade agrícola – esclarece que o apoio público há-de consistir, neste âmbito, numa actividade verdadeiramente técnico-material e não meramente jurídica (actos jurídicos) que criem condições para o efeito, assim se estabelecendo uma obrigação de verdadeiros serviços públicos[1624].

3.2. *b) Criação de formas de apoio à comercialização a montante e a jusante da produção*

Esta categoria de apoios espelha uma ligação imediata aos objectivos da política agrícola consagrados nas alíneas *a)* ("eficaz comercialização, melhor abastecimento do país e incremento da exportação") e *b)* ("Criar as condições necessárias para atingir a igualdade efectiva dos que trabalham na agricultura com os demais trabalhadores e evitar que o sector agrícola seja desfavorecido nas relações de troca com os outros sectores") do artigo 93.º da CRP[1625]. Mais, reforça a qualificação da actividade agrícola como actividade económica, designadamente orientada para o comércio, o que

---

[1623] Cfr. JORGE MIRANDA/RUI MEDEIROS, *Constituição* ..., II, p. 185.
[1624] Cfr. J. J. GOMES CANOTILHO/VITAL MOREIRA, *Constituição* ..., I, p. 1067. Falando de uma actividade administrativa *de natureza técnica e não jurídica* no âmbito da conceptualização do serviço público, cfr. PEDRO GONÇALVES, *A Concessão de Serviços Públicos*, Coimbra, 1999, pp. 35 ss.
[1625] O que não significa que não esteja ao serviço também dos restantes objectivos consagrados no artigo 93.º.

convoca a consideração, também, dos objectivos da política comercial positivados no artigo 99.º, a eles fidelizando também a matéria dos auxílios de Estado.

A formulação actual desta alínea é oriunda da revisão constitucional de 1997, e as alterações então introduzidas[1626] denotam uma intenção constitucional de desfavorecer uma intervenção directa do Estado neste domínio, designadamente no que toca à criação de entidades administrativas (públicas ou privadas) com atribuições desta natureza. Podem, inclusivamente, colocar-se problemas de compatibilidade com o Direito Comunitário, na medida em que apoios dessa natureza são susceptíveis de introduzir perturbações na liberdade de circulação de produtos em igualdade de circunstâncias[1627].

3.3. c) Apoio à cobertura de riscos resultantes dos acidentes climatéricos e fitopatológicos imprevisíveis ou incontroláveis

A actual formulação desta alínea, oriunda também ela da revisão constitucional de 1997[1628], deixa claro que não cabe ao Estado assumir a totalidade dos riscos resultantes de acidentes climatéricos e fitopatológicos[1629]. Porém, se apenas quando tais acidentes possam considerar-se imprevisíveis ou incontroláveis a norma constitucional tem operatividade – o que por si só implica a assunção de risco e responsabilidade por parte dos agentes económicos agrícolas – não deve afastar-se a possibilidade de aplicação desta norma quando esteja em causa outro tipo de acidentes naturais (imprevisíveis e incontroláveis, também). Questão distinta – mas que, do nosso ponto de vista não deve também merecer exclusão liminar sem uma apreciação em concreto – é a que se prende com a operatividade da norma em caso de acidentes não naturais em que não é possível a efec-

---

[1626] Cfr. *infra*, III, § 7.º e § 8.º.

[1627] Sem referência ao Direito Comunitário, considerando que ao legislador assiste "total liberdade para adoptar os instrumentos que, no seu juízo democrático, considere mais adequados", cfr. JORGE MIRANDA/RUI MEDEIROS, *Constituição* ..., II, p. 186.

[1628] Cfr. *infra*, III, § 7.º e § 8.º.

[1629] Já perante a anterior redacção desta alínea ("Socialização dos riscos resultantes dos acidentes climatéricos e fitopatológicos imprevisíveis ou incontroláveis") a assunção da responsabilidade total por parte do Estado era posta em causa (cfr. J. J. GOMES CANOTILHO/VITAL MOREIRA, *Constituição* ..., 3.ª Ed., p. 448).

tivação de uma responsabilização pessoal nos termos gerais de direito, e que, pelas suas implicações globais, seja susceptível de afectar os objectivos da política agrícola constantes do artigo 93.º.

Uma vez que o texto constitucional não se refere singelamente à *cobertura de riscos* (nem tão pouco à cobertura *dos* riscos, solução mais abrangente no sentido da assunção por parte do Estado senão da totalidade, da respectiva maior parte) mas antes a *apoio* à cobertura de riscos, descobre-se uma preferência por uma intervenção pública em que as contrapartidas financeiras directas têm um lugar subsidiário face a outras (como, por exemplo, facilidades no acesso ao crédito ou nas respectivas condições de pagamento)[1630-1631].

3.4. ***d) Estímulos ao associativismo dos trabalhadores rurais e dos agricultores, nomeadamente à constituição por eles de cooperativas de produção, de compra, de venda, de transformação e de serviços e ainda de outras formas de exploração por trabalhadores***

Se pode aqui identificar-se uma obrigação de apoio do Estado no sentido de favorecer uma exploração directa da terra de base empresarial[1632], deve notar-se que tal apoio há-se ser sempre um *estímulo*, independentemente da forma associativa pela qual os trabalhadores rurais e agricultores optem. É certo que o disposto na alínea *d)* do n.º 1 do artigo 97.º pretende favorecer formas integradas no terceiro sector de propriedade dos meios de produção[1633]. Mas atenta a liberdade de escolha da forma associativa que a parte inicial do texto da alínea parece comportar, e sabendo-se que a

---

[1630] No sentido de que a expressão *cobertura de riscos* "aponta para uma actividade a desenvolver essencialmente através de contratos de seguro", cfr. ALEXANDRE SOUSA PINHEIRO/MÁRIO JOÃO BRITO FERNANDES, *Comentário* ..., p. 243. Exemplificando, justamente, com o "apoio à subscrição de seguros agrícolas", cfr. J. J. GOMES CANOTILHO/VITAL MOREIRA, *Constituição* ..., I, p. 1067.

[1631] Sobre a atribuição de subsídio para a actividade de ajuda comunitária cofinanciado aos produtores de milho e sorgo, embora à luz do princípio da igualdade e sem relevo directo para efeitos da norma sob comentário, cfr. Ac. TC n.º 1055/96, de 10 de Outubro de 1996, http://www.tribunalconstitucional.pt/tc/acordaos/19961055.html.

[1632] Cfr. *supra*, I, § 1.º, 1.2.

[1633] Cfr. J. J. GOMES CANOTILHO/VITAL MOREIRA, *Constituição* ..., I, p. 1067.

CRP distingue entre o *estímulo e apoio* à criação e actividade cooperativas (n.º 1 do artigo 85.º) e o (mero) *incentivo* à actividade empresarial privada (n.º 1 do artigo 86.º)[1634], parece haver base para sustentar que, neste domínio específico, a CRP, ao utilizar indiscriminadamente a expressão *estímulo,* permite estender a certas formas empresariais típicas da iniciativa económica privada favor idêntico àquele de que beneficia, designadamente, a iniciativa cooperativa[1635].

3.5. Outras formas de apoio

A utilização da expressão *designadamente* no corpo do n.º 2 do artigo 97.º demonstra que os apoios referidos nas alíneas que o integram são exemplificativos, no sentido em que ao legislador, desde logo, é admitida a fixação de outros. Tal conclusão, contudo, não deve obnubilar que *constitucionais* são apenas os aí expressa ou implicitamente previstos. E assim, dada a *força maior* da CRP, há-de considerar-se que estes constituem, face aos não constitucionalmente previstos (designadamente, de estrita previsão legal infra-constitucional), não apenas preferências do legislador constitucional, mas verdadeiros imperativos no momento da decisão político-legislativa que vá além daqueles (o que não afasta, antes vinca, o que fomos dizendo *supra* no que respeita à adequação e necessidade[1636]).

II. DIREITO INTERNACIONAL E EUROPEU

§ 4.º. Direito Internacional

O posicionamento internacional do Estado português em matéria de política agrícola está hoje praticamente anulado pela Comunidade Euro-

---

[1634] Cfr. anotações respectivas.

[1635] No sentido de que a expressão *estímulos* convoca aqui a dimensão negativa da liberdade de associação, significando a impossibilidade de um associativismo (ainda que cooperativo) de promoção estatal (como o era o corporativismo na vigência da Constituição de 1933, subentendemos da argumentação), cfr. JORGE MIRANDA/RUI MEDEIROS, *Constituição* ..., II, p. 186.

[1636] Cfr. I, § 1.º e § 2.º.

peia, em termos institucionais, em função da natureza *comum* da política agrícola europeia (em termos materiais)[1637]. No entanto, em geral, são de tomar em conta as vinculações decorrentes da OMC[1638].

§ 5.º. Direito Europeu

Estabelece o artigo 36.º do TCE que as disposições do capítulo relativo às regras da concorrência (Capítulo I do Título VI) só se aplicam à produção e ao comércio dos produtos agrícolas na medida em que tal seja determinado pelo Conselho (no âmbito e de acordo com o disposto nos n.ºs 2 e 3 do artigo 37.º, e com os objectivos fixados no artigo 33.º[1639]). Entre aquelas regras contam-se as disposições relativas a auxílios concedidos pelos Estados (artigos 87.º a 89.º).

O mesmo artigo 36.º do TCE estabelece ainda que o Conselho pode, *nomeadamente*, autorizar a concessão de auxílios para a protecção de explorações de situação desfavorável devido a condições estruturais ou naturais (alínea *a)*) e no âmbito de programas de desenvolvimento económico (alínea *b)*).

Como aponta ANTÓNIO CARLOS SANTOS, na aplicação do disposto no artigo 87.º à agricultura tem sido frequente o recurso à alínea *b)* do respectivo n.º 2, que considera compatíveis com o mercado comum os auxílios "destinados a remediar os danos causados por calamidades naturais ou por outros acontecimentos extraordinários, caso em que se trata de repor as condições de concorrência preexistentes prejudicadas por ocorrências de natureza não económica"[1640]. E no que respeita às chamadas derroga-

---

[1637] Cfr. em especial artigos 34.º e 37.º do TCE.
[1638] Sobre a agricultura no âmbito da OMC, cfr. PEDRO INFANTE MOTA, *O Sistema GATT/OMC* ..., pp. 33 ss., e em geral sobre os princípios fundamentais e principais excepções pp. 107 ss. Também MARIÁ MARCELE ALMEIDA ARANHA, *A Política Agrícola Comum* ..., 2007, *passim*. Numa visão económica, cfr. ARLINDO CUNHA, *A Política Agrícola* ..., pp. 185 ss.
[1639] Cfr. anotação ao artigo 93.º, II, § 5.º.
[1640] Cfr. *Auxílios de Estado* ..., p. 233. O Autor nota ainda, sintomaticamente, que "O facto de estarmos perante numa norma que prevê derrogações que funcionam *ipso jure*, em que os auxílios são automaticamente válidos, não exigindo qualquer autorização especial da Comissão, não implica que esta não deva verificar se os Estados interpretaram bem ou não as condições da derrogação. Talvez por isso, na prática, por precaução, os Estados

ções *ad hoc* consentidas pelo n.º 3 do artigo 87.º (por decisão do Conselho, deliberando por maioria qualificada, sob proposta da Comissão), delas apenas tem beneficiado a agricultura e a construção naval[1641].

Resulta, pois, que os auxílios de Estado no domínio agrícola se encontram perfeitamente submetidos à política agrícola comum, bem como às regras da concorrência, pela forma que o Conselho o decidir. Embora da norma citada possa retirar-se que a agricultura não está submetida às regras gerais materiais da concorrência de aplicação automática noutros sectores[1642] (o que, aliás, também se verifica em termos constitucionais internos, designadamente, pela análise dos objectivos da política e da própria constitucionalização dos auxílios de Estado[1643]), falando-se mesmo de uma *lex specialis* no que toca a auxílios ao sector agrícola[1644], não é menos verdade que, neste domínio, a CRP pode não encontrar concretização conforme à sua potencialidade normativa própria, por força das vinculações que decorrem do Direito Europeu.

Mas não é menos verdade que, quando o Direito Europeu solicita essa mesma concretização constitucional, ainda que indirectamente, muitas vezes se verifica a respectiva impossibilidade ou falência, por razões económico-financeiras internas, ou outras, o que não pode deixar de ser tido em conta para a avaliação daquela potencialidade. Neste caso, não se trata, propriamente, de uma secundarização da CRP perante a sobreposição do Direito Europeu, mas da sua desaplicação por razões factuais quando aquele lhe solicita uma aplicação de primeiro plano – porque nesses casos a aplicação do Direito Europeu passa pela concretização de uma norma constitucional (*norma-tarefa*), concretização para a qual o próprio Estado (*rectius,* os poderes públicos) não encontra condições.

---

optam, na dúvida, muitas vezes por notificar a Comissão e respeitar os procedimentos constantes do artigo 88.º do Tratado".

[1641] Cfr. *Auxílios de Estado* ..., p. 234.

[1642] Com documentos relevantes sobre matéria de concorrência e auxílios de Estado no domínio da agricultura, cfr. http://europa.eu.int/scadplus/leg/pt/s12006.htm.

[1643] Como também notam JORGE MIRANDA e RUI MEDEIROS, *Constituição* ..., I, p. 183.

[1644] Cfr. ANTÓNIO CARLOS SANTOS, *Auxílios de Estado* ..., p. 145; em especial sobre os auxílios sectoriais, cfr. pp. 244-245.

III. MEMÓRIA CONSTITUCIONAL

§ 6.º. **As constituições portuguesas anteriores à Constituição de 1976**

Não tendo a actividade agrícola sido objecto de atenção especial por parte das constituições portuguesas anteriores à Constituição de 1976[1645], tão-pouco nelas se encontra norma paralela à constante do artigo 97.º da CRP. Na Constituição de 1933, porém, vários são os preceitos legitimadores de actividade estatal de auxílio à iniciativa privada, embora sem especificidade (ao nível constitucional) para a actividade agrícola (é o caso, designadamente, dos artigos 29.º, 31.º, 32.º e 33.º, que já foram referenciados a propósito de outros preceitos da CRP[1646]).

§ 7.º. **Conteúdo originário da redacção do preceito na Constituição de 1976 e sucessivas versões decorrentes das revisões constitucionais**

Na **redacção originária da Constituição de 1976** a matéria em causa era tratada no artigo 102.º, sob a mesma epígrafe:

"ARTIGO 102.º
(Auxílio do Estado)
1. Os pequenos e médios agricultores, individualmente ou agrupados em cooperativas, as cooperativas de trabalhadores agrícolas e as outras formas de exploração colectiva por trabalhadores têm direito ao auxílio do Estado.
2. O auxílio do Estado, segundo os esquemas da reforma agrária e do Plano, compreende, nomeadamente:
a) Concessão de crédito e assistência técnica;
b) Apoio de empresas públicas e de cooperativas de comercialização a montante e a jusante da produção;
c) Socialização dos riscos resultantes dos acidentes climatéricos e fitopatológicos imprevisíveis ou incontroláveis."

[1645] Cfr. anotação ao artigo 93.º, III, § 6.º.
[1646] Cfr. anotações homónimas da presente aos artigos 80.º a 86.º.

Na **revisão constitucional de 1982**, o artigo 84.º da Lei Constitucional n.º 1/82, de 30 de Setembro, alterou o proémio do n.º 2, e aditou uma nova alínea *d)*:

"[...]
(Auxílio do Estado)
1. ....
2. O auxílio do Estado, *de acordo com o Plano*, compreende, nomeadamente:
a) ....;
b) ....;
c) ....;
d) Estímulo e apoio ao associativismo dos trabalhadores rurais e dos agricultores."[1647].

Na **revisão constitucional de 1989**, o artigo 76.º da Lei Constitucional n.º 1/89, de 8 de Julho, introduziu alterações profundas ao preceito: (i) renumerou-o, passando a ser o artigo 100.º; (ii) alterou o disposto no n.º 1[1648]; alterou o proémio do n.º 2; e (iii) introduziu diversas alterações nas suas várias alíneas; no seguintes termos:

"*ARTIGO 100.º*
(Auxílio do Estado)
"*1. Na prossecução dos objectivos da política agrícola o Estado apoiará preferencialmente os pequenos e médios agricultores, nomeadamente quando integrados em unidades de exploração familiar, individualmente ou associados em cooperativas, bem como as cooperativas de trabalhadores agrícolas e outras formas de exploração por trabalhadores.*
2. O apoio do Estado compreende, designadamente:
a) Concessão de assistência técnica;
b) ....;
c) ....;
d) Estímulos ao associativismo dos trabalhadores rurais e dos agricultores, nomeadamente à constituição por eles de cooperativas

---

[1647] Os itálicos, nossos, assinalam as alterações e incisos novos.

[1648] Nele integrando diversos aspectos oriundos do anterior artigo 100.º, agora extinto ("Cooperativas e outras formas de exploração colectiva").

de produção, de compra, de venda, de transformação e de serviços e ainda de outras formas de exploração por trabalhadores."[1649].

A **revisão constitucional de 1992** não trouxe qualquer alteração ao preceito.

Na **revisão constitucional de 1997**, o artigo 64.° da Lei Constitucional n.° 1/97, de 20 de Setembro, renumerou novamente o artigo – que passou a ser o actual 97.° – e introduziu alterações ao texto das alíneas *c)* e *d)* do n.° 2:

"ARTIGO 97.°
(Auxílio do Estado)
1. ....;
2. ....:
a) ....;
b) Criação de formas de apoio à comercialização a montante e a jusante da produção;
c) Apoio à cobertura de riscos resultantes dos acidentes climatéricos e fitopatológicos imprevisíveis ou incontroláveis;
d) ...."[1650].

Assim se fixou a actual redacção da norma, dado que nem a **quinta revisão constitucional, de 2001**, nem a **sexta revisão constitucional, de 2004**, nem tão-pouco a **sétima revisão constitucional, de 2005**, lhe trouxeram qualquer alteração.

§ 8.°. Apreciação do sentido das alterações do preceito

São três as linhas fundamentais do sentido das alterações sofridas pelo artigo 97.° desde a sua formulação original: (i) mais uma vez, a desideologização do texto constitucional; (ii) a orientação privatista da actividade agrícola, considerando-a como uma actividade económica entre as demais (embora com aspectos particulares); (iii) e a desintervenção do Estado na actividade económica agrícola.

[1649] Os itálicos, nossos, assinalam as alterações e incisos novos.
[1650] Os itálicos, nossos, assinalam as alterações e incisos novos.

Estas três linhas começam a tomar forma logo na revisão constitucional de 1982, que elimina a referência à reforma agrária e acrescenta a alínea *d)* do n.º 2, no sentido do reforço do associativismo agrícola (ainda então se falava em *estímulo e apoio*[1651]). Na revisão constitucional de 1989 incrementa-se a visão objectiva da actividade agrícola enquanto actividade económica, e reforça-se a importância do sector privado pela permissão da inclusão de formas associativas que nele se integram entre as que podem beneficiar de *estímulo*. Tendência essa aprofundada na revisão constitucional de 1997, em que a intervenção directa do Estado – através do *apoio de empresas públicas e de cooperativas de comercialização*, bem como da *socialização dos riscos* (...) – é substituída por uma intervenção indirecta de fomento[1652].

IV. PAÍSES DE EXPRESSÃO PORTUGUESA

§ 9.º. Brasil

Sobre a matéria dos auxílios de Estado à actividade agrícola na CRFB, veja-se o disposto a propósito da participação na respectiva definição[1653], e, noutras dimensões típicas de *reforma agrária*, ao nível da distribuição da propriedade, ainda os artigos 188.º, 189.º e 191.º[1654].

§ 10.º. Angola

A LCRA não contém norma idêntica à constante do artigo 97.º da CRP.

[1651] Cfr. *supra*, I, § 3.º, 3.4.
[1652] Cfr. também MARCELO REBELO DE SOUSA/JOSÉ DE MELO ALEXANDRINO, *Constituição* ..., p. 209; ALEXANDRE SOUSA PINHEIRO/MÁRIO JOÃO BRITO FERNANDES, *Comentário* ..., p. 243.
[1653] Cfr. anotação ao artigo 98.º, IV, § 8.º.
[1654] Cfr. anotação ao artigo 94.º, IV, § 11.º, e remissões daí constantes.

§ 11.º. **Moçambique**

A respeito do associativismo no sector agrícola, veja-se o disposto no n.º 2 do artigo 105[1655].

§ 12.º. **Cabo Verde**

A CRCV não contém norma idêntica à constante do artigo 97.º da CRP.

§ 13.º. **Guiné-Bissau**

A CRGB não contém norma idêntica à constante do artigo 97.º da CRP.

§ 14.º. **São Tomé e Príncipe**

A CRDSTP não contém norma idêntica à constante do artigo 97.º da CRP.

§ 15.º. **Timor-Leste**

A CRDTL não contém norma idêntica à constante do artigo 97.º da CRP.

[1655] Cfr. anotação ao artigo 93.º, IV, § 11.º.

ARTIGO 98.º
(Participação na definição da política agrícola)

Na definição da política agrícola é assegurada a participação dos trabalhadores rurais e dos agricultores através das suas organizações representativas.

Quadro tópico:

I. PARTICIPAÇÃO NA DEFINIÇÃO DA POLÍTICA AGRÍCOLA

§ 1.º. A PARTICIPAÇÃO DOS TRABALHADORES RURAIS E DOS AGRICULTORES NA DEFINIÇÃO DA POLÍTICA AGRÍCOLA NO CONTEXTO CONSTITUCIONAL DA DEMOCRACIA PARTICIPATIVA;

§ 2.º. REGIME CONSTITUCIONAL DA PARTICIPAÇÃO DOS TRABALHADORES RURAIS E DOS AGRICULTORES NA DEFINIÇÃO DA POLÍTICA AGRÍCOLA;

2.1. O mito e a realidade: a influência do Direito Comunitário;
2.2. A participação corporativa;
2.3. Formas de participação e poderes públicos destinatários do comando constitucional;
2.4. A participação no procedimento legislativo;
2.5. A participação no procedimento administrativo regulamentar.

II. DIREITO INTERNACIONAL E EUROPEU

§ 3.º. DIREITO INTERNACIONAL;
§ 4.º. DIREITO EUROPEU.

III. MEMÓRIA CONSTITUCIONAL

§ 5.º. AS CONSTITUIÇÕES PORTUGUESAS ANTERIORES À CONSTITUIÇÃO DE 1976;

§ 6.º. CONTEÚDO ORIGINÁRIO DA REDACÇÃO DO PRECEITO NA CONSTITUIÇÃO DE 1976 E SUCESSIVAS VERSÕES DECORRENTES DAS REVISÕES CONSTITUCIONAIS;

§ 7.º. APRECIAÇÃO DO SENTIDO DAS ALTERAÇÕES DO PRECEITO.

IV. PAÍSES DE EXPRESSÃO PORTUGUESA

§ 8.º. BRASIL;

§ 9.º. ANGOLA;
§ 10.º. MOÇAMBIQUE;
§ 11.º. CABO VERDE;
§ 12.º. GUINÉ-BISSAU;
§ 13.º. SÃO TOMÉ E PRÍNCIPE;
§ 14.º. TIMOR-LESTE.

I. PARTICIPAÇÃO NA DEFINIÇÃO DA POLÍTICA AGRÍCOLA

§ 1.º. **A participação dos trabalhadores rurais e dos agricultores na definição da política agrícola no contexto constitucional da democracia participativa**

A participação dos trabalhadores rurais e agricultores na definição da política agrícola constitui, inequivocamente, um corolário do princípio democrático, que dá expressão à respectiva vertente que é a democracia participativa. Como noutro lugar já houve o ensejo de tratar esta problemática em geral[1656], apenas um breve enquadramento cabe agora fazer, enquadramento esse que não deixa de suscitar algumas questões.

Numa ligação directa aos princípios fundamentais da CRP, a participação de que o artigo 98.º trata constitui uma concretização do princípio do Estado de Direito democrático inscrito no artigo 2.º, concretização essa que encontra de permeio, como ali dizíamos, a vertente da democracia participativa[1657], que ao Estado incumbe assegurar como tarefa fundamental, nos termos do artigo 9.º, em particular do disposto na respectiva alínea c).

Mas estas não são as únicas relações normativo-constitucionais que o artigo 98.º estabelece, ou, por outras palavras, se aquela ligação directa existe, não é a única: poderia ter sido opção do legislador constituinte/ /constitucional que tal relação normativa (para falar em normas, entre as contidas nos artigos 2.º, 9.º e 98.º) não encontrasse elementos intersticiais. Mas não foi o caso. Sabemos já que entre o primeiro conjunto de normas – encerrando princípios fundamentais da CRP – e a norma ora sob comentário, existe um acervo normativo relevante.

[1656] Cfr. anotação ao artigo 80.º, I, § 2.º, 2.7.
[1657] Também J. J. GOMES CANOTILHO/VITAL MOREIRA, *Constituição* ..., I, p. 1069.

Desde logo, no que respeita à legislação do trabalho e aos planos económico-sociais, são conhecidas as disposições constitucionais que atribuem às comissões de trabalhadores e associações sindicais verdadeiros direitos fundamentais análogos aos direitos, liberdades e garantias, de participação e acompanhamento da respectiva elaboração (respectivamente, alínea d) do n.º 5 do artigo 54.º, e alíneas a) e c) do n.º 2 do artigo 56.º). Significa isto, pois, que sobre tais matérias, quando relevantes para o respectivo sector, os trabalhadores rurais possuem já um verdadeiro direito fundamental que, aparentemente, não necessitaria de segundo momento de salvaguarda – porque, em boa verdade, a legislação do trabalho e aspectos do planeamento económico-social, quando relevantes para o sector agrícola (em particular, quando estejam em causa medidas especiais para ele), constituem já concretizações de aspectos económico-sociais da política agrícola.

Mas a CRP erige ainda em princípio fundamental da organização económico-social, na alínea g) do artigo 80.º, a "participação das organizações representativas dos trabalhadores e das organizações representativas das actividades económicas na definição das principais medidas económicas e sociais". Tal princípio, que antes da revisão constitucional de 1997 constituía incumbência prioritária do Estado inserta no artigo 81.º, se implica, como aqui no artigo 98.º, uma obrigação do Estado em assegurar essa participação, não deixa de comportar dimensões substantivas de vinculatividade para essa obrigação[1658]. Como princípio geral da organização económico-social, a respectiva concretização reclamaria já a participação tanto dos trabalhadores rurais como dos agricultores, respectivamente, nos vários domínios da adopção de medidas económico-sociais e, em particular no domínio da agricultura.

É certo que a concretização do princípio, de carácter aparentemente muito geral, poderia ter sido deixada à pura e simples liberdade do legislador; mas tão-pouco foi essa a opção da CRP. Ao estatuir o CES como "órgão de consulta e concertação no domínio das políticas económica e social", e dele fazendo parte, imperativamente, representantes das organizações representativas dos trabalhadores e das actividades económicas[1659], difícil seria – no mínimo – sustentar a constitucionalidade da respectiva lei estatutária que não consagrasse a representação no seu âmbito

---

[1658] Cfr. anotação ao artigo 80.º, I, § 2.º, 2.7.
[1659] Cfr. anotação ao artigo 92.º, § 1.º.

dos trabalhadores rurais e dos agricultores. E, com efeito, lá se encontram (oito) representantes das organizações representativas dos trabalhadores, a designar pelas confederações respectivas – que representam também trabalhadores rurais; bem como (oito) representantes das organizações empresariais, a designar pelas associações de âmbito nacional – que representam também os agricultores; e ainda (dois) representantes de organizações representativas da agricultura familiar e do mundo rural[1660].

Perante este quadro normativo, ainda que em determinadas situações possa haver *concurso* de normas constitucionais[1661], a dimensão normativa verdadeiramente própria do artigo 98.º é a imperatividade constitucional de formas de participação dos trabalhadores rurais e agricultores *especificamente* no âmbito da definição da política agrícola. Isto é, não se trata de um mero *sublinhado constitucional* ou de uma norma interpretativa do princípio geral na alínea *g)* do artigo 80.º – o que, aliás, não se adequaria perante os distintos âmbitos de aplicação objectiva e subjectiva. Se o disposto na alínea *g)* do artigo 80.º e o disposto no artigo 98.º parecem estar numa relação de generalidade/especialidade, respectivamente, é o elemento normativo substancial essencial desta especialidade que importa considerar: a *definição da política agrícola* (em face da *definição das principais medidas económicas e sociais*).

A CRP não restringe a participação aqui considerada às *bases da política agrícola*. E não se encontra argumento jurídico que favoreça uma interpretação restritiva desta norma constitucional nesse sentido[1662]. Mas também não assegura aquela participação na tomada de qualquer medida – seja legislativa, seja administrativa – respeitante à política agrícola: ape-

---

[1660] Cfr. anotação ao artigo 92.º, I, § 1.º, 1.2.

[1661] Utilizando esta expressão, e exemplificando com o caso da legislação laboral específica para o sector agrícola, cfr. JORGE MIRANDA/RUI MEDEIROS, *Constituição ...*, II, p. 188.

[1662] Sendo, aliás, discutível que não esteja aqui em causa um verdadeiro direito fundamental de natureza análoga aos direitos, liberdades e garantias, como acontece com os já referidos direitos resultantes da alínea *d)* do n.º 5 do artigo 54.º, e das alíneas *a)* e *c)* do n.º 2 do artigo 56.º (em sentido aparentemente negativo, cfr. JORGE MIRANDA/RUI MEDEIROS, *Constituição ...*, II, p. 189); igualmente, Ac. TC n.º 225/95 (cit.); sem o afirmar claramente, mas retirando do incumprimento deste preceito as mesmas consequências do incumprimento daqueles, cfr. J. J. GOMES CANOTILHO/VITAL MOREIRA, *Constituição ...*, I, p. 1069.

nas na *definição* da política agrícola é assegurada a participação dos trabalhadores rurais e agricultores[1663].

Do nosso ponto de vista, não é apenas na definição das *principais medidas económicas e sociais* no âmbito da política agrícola que a CRP assegura a participação dos trabalhadores rurais e agricultores, conforme sustentam JORGE MIRANDA e RUI MEDEIROS, por conjugação do disposto na alínea *g)* do artigo 80.º e no artigo 98.º[1664-1665]. As duas normas, como apontámos *supra*, encontram-se numa relação de generalidade/especialidade, respectivamente, sendo que a primeira firma um princípio geral, enquanto que a segunda estabelece uma concretização especial no domínio da política agrícola, tanto em termos substanciais como subjectivos. E perante tal relação normativa, o facto de a norma geral ser mais recente que a norma especial não tem, em princípio, o resultado de restringir o âmbito de aplicação desta última.

Já J. J. GOMES CANOTILHO e VITAL MOREIRA afirmam que o âmbito da participação constante do artigo 98.º é vasto ao ponto de abranger *todas* as medidas de definição da política agrícola[1666]. Mas tal deixa no escuro o critério para delimitar em que consiste a *definição* da política agrícola, expressão chave para assentar a dimensão normativa específica desta norma.

Inclinamo-nos para considerar que por *definição da política agrícola* deve entender-se a adopção de medidas *inovadoras* na concretização dos objectivos da política agrícola consagrados no artigo 93.º da CRP. O critério da *inovação* não é unívoco ou de indubitável apreensão *a priori in abstractum* – como sucede, aliás, com qualquer critério jurídico substancial[1667]. Pode, certamente, presumir-se tal carácter inovador quando esteja

---

[1663] Note-se aqui a importância do elemento histórico-evolutivo: na redacção originária do preceito, a participação a propósito da reforma agrária era assegurada tanto na sua definição como na sua *execução* (cfr. *infra*, III, § 6.º).

[1664] Cfr. *Constituição ...*, II, pp. 190-191.

[1665] Sobre o sentido da expressão *principais medidas económicas e sociais* na alínea *g)* do artigo 80.º, cfr. a respectiva anotação, I, § 2.º, 2.7.1.

[1666] Cfr. *Constituição ...*, I, p. 1070.

[1667] Dificuldades em parte semelhantes enfrentam-se na utilização desde mesmo critério no âmbito da definição da competência dos governos de gestão (definição essa que, tradicionalmente na doutrina e jurisprudência portuguesas, não se basta com esse critério – sobre esta problemática, cfr. anotação ao artigo 186.º; e JORGE MIRANDA, *A Competência do Governo na Constituição de 1976*, in *Estudos sobre a Constituição*, III, coord. Jorge

em causa a aprovação de uma lei de bases da política agrícola ou dos respectivos decretos-leis de desenvolvimento – como, em princípio, das respectivas alterações (embora aqui as inovações substanciais possam ser questionáveis, consoante o respectivo teor). E, tendencialmente, serão inovadoras quaisquer medidas legislativas se atentarmos, à partida, na própria função dos actos em causa – mas poderá assim não ser. Assim como, se o carácter (tradicionalmente) secundário da função administrativa faria considerar *a priori* a inexistência de medidas verdadeiramente inovadoras contidas em actos de natureza administrativa – designadamente, regulamentar –, bem se sabe que assim não é: seja, em termos formais, por exemplo, pela possibilidade que assiste ao Governo de aprovar regulamentos directamente fundados na CRP (designadamente, na alínea *g)* do artigo 199.º), seja, em termos substanciais, pela verdadeira inovação ao nível de direitos e deveres que actos de natureza regulamentar podem comportar, embora suportados em habilitação legal. Embora referindo-se apenas às funções política e legislativa – e no contexto das competências de governos de gestão – cremos com cabimento aqui a frase de JORGE MIRANDA que afirma que "Não é a natureza jurídica das competências que conta, é o alcance político [e jurídico, acrescentaríamos] dos actos em concreto"[1668].

Note-se, porém, que, para evitar a frustração deste comando constitucional, deve adoptar-se, como decorrência do princípio *in dubio pro libertate*, um subprincípio segundo o qual, em caso de dúvida, as medidas se tenham por inovadoras para efeitos da participação na respectiva definição.

Não esquecemos que a *definição* da *política* agrícola deve ter lugar através de actos de natureza legislativa. Mas, sendo a imperatividade da norma em apreço justificada pela materialidade do princípio do Estado de Direito democrático – nos termos em que o referimos *supra* –, entendemos

---

Miranda, Lisboa, 1979, pp. 649 ss.; JORGE MIRANDA/RUI MEDEIROS, *Constituição* ..., II, p. 646; DIOGO FREITAS DO AMARAL, *Governos de Gestão*, 2.ª Ed., Cascais, 2002, pp. 28 ss.; JAIME VALLE, *A Participação do Governo no Exercício da Função Legislativa*, Coimbra, 2004, p. 256, *passim.*; J. J. GOMES CANOTILHO/VITAL MOREIRA, *Constituição* ..., 3.ª Ed., pp. 742 ss.; na jurisprudência constitucional, com referências a arestos anteriores, cfr. Ac. TC n.º 65/2002, de 8 de Fevereiro de 2002, in ALEXANDRE SOUSA PINHEIRO, *Direito Constitucional* ..., II, pp. 569 ss.).

[1668] Cfr. *A Competência do Governo* ..., p. 651.

que a CRP não pode favorecer uma interpretação que permita a frustração da *ratio legis* subjacente através da manipulação da forma dos actos por parte do Governo, designadamente, quando se sabe que este recorre à aprovação de diplomas de natureza regulamentar em casos em que não é possível (ou seguro) concluir pela respectiva inconstitucionalidade por se tratar de matéria de acto legislativo.

§ 2.º. Regime constitucional da participação dos trabalhadores rurais e dos agricultores na definição da política agrícola

2.1. O mito e a realidade: a influência do Direito Comunitário

A efectividade da participação dos trabalhadores rurais e agricultores na definição da política agrícola está hoje fortemente condicionada pelo Direito Comunitário, isto em dois momentos distintos: (i) na elaboração do próprio Direito Comunitário derivado respeitante à política agrícola, (ii) e na elaboração do direito interno ou nacional em face das pré-determinações do Direito Comunitário. Sobre aquele primeiro aspecto debruçar-nos-emos *infra*.

A influência crescente do Direito Comunitário sobre os mais diversos domínios da Constituição económica portuguesa, provocando uma "expropriação" ou "erosão" das competências, designadamente, legislativas dos órgãos do Estado português (embora seja problemática que se alastra pelas restantes funções do Estado), foi já objecto de referência a propósito do princípio inscrito na alínea *g)* do artigo 80.º[1669]. Se aí ensaiámos uma valorização do direito português a propósito da previsão de mecanismos constitucionais de democracia participativa – como o é, na qualidade de princípio geral, o constante da alínea *g)* do artigo 80.º, e o são, em maior concretização os constantes do artigo 92.º (CES) e neste artigo 98.º – tal não deve toldar a observação da crescente dificuldade na sua efectivação.

Com efeito, o decréscimo da autonomia decisória dos órgãos do Estado incumbidos das funções política e administrativa importa a consequente perda de relevância prática da participação democrática e criativa

---

[1669] Cfr. anotação ao artigo 80.º, I, § 2.º, 2.7.3.

dos interesses sócio-económicos que nessa medida intervenham a montante no processo decisório, justamente pelo decréscimo da possibilidade de, a final, traduzir os resultados dessa participação em actos jurídico--públicos imputáveis ao Estado.

No domínio da agricultura, a influência, pré-determinações e mesmo secundarização da Constituição económica portuguesa pelo Direito Europeu[1670] são susceptíveis de volver em *mitológica* a participação dos trabalhadores rurais e agricultores na definição da política agrícola, tal qual ela surge constitucionalmente positivada e garantida. Tendo já sido por nós apontada uma dimensão material específica desta participação em face do princípio geral em que radica e mesmo de outras formas (onde releva o CES)[1671], aqui pretensamente mais garantística[1672], verifica-se, logicamente, o paradoxo da sua maior afectação negativa (em termos comparativos).

Mas esta afectação negativa deve ser temperada pela aplicação da própria CRP, desde logo porque (i) a participação dos trabalhadores rurais e agricultores aqui consagrada em nada contraria o Direito Comunitário, pelo contrário; (ii) e porque se trata da garantia de uma concretização própria do direito português do princípio democrático. Na medida do jurídico--politicamente possível à luz da CRP, esta deve ser interpretada no sentido da salvaguarda daquela garantia.

Sabendo-se que boa parte do nosso direito interno no domínio agrícola está subordinada não apenas ao Direito Comunitário originário, mas também derivado, a participação dos trabalhadores rurais e agricultores na adaptação deste último à realidade nacional deve ser salvaguardada. Recorrendo ao enunciado critério da *inovação* que propusemos *supra*[1673], há que apontar o seguinte:

    i) Situando-se o seu lugar de operatividade mais imediata e consensual ao nível da função legislativa, a garantia constante do artigo 98.º da CRP deve ter plena aplicação em caso de transposição de actos jurídicos da União Europeia para a ordem jurídica interna,

---

[1670] Cfr. anotações aos artigos 93.º a 97.º, *passim*, e em particular, artigo 93.º, II, § 5.º; 94.º, II, § 7.º; 95.º, II, § 6.º; 97.º, *passim*, e em especial II, § 5.º.

[1671] Cfr. *supra*, I, § 1.º.

[1672] Cfr. os pontos seguintes do presente § 2.º.

[1673] Cfr. I, § 1.º.

que nos termos do n.° 8 do artigo 112.° assume a forma de acto legislativo: nos casos em que assim é (*v.g.*, com as directivas), os órgãos do Estado mantêm autonomia de *inovação jurídico-política* (mais ou menos reduzida), espaço esse no qual deve ser assegurada de pleno a garantia constitucional em causa;

ii) Estando em causa a adaptação à realidade nacional de actos de Direito Comunitário derivado que não deixem aos Estados-membros autonomia de *inovação jurídico-política* através de actos legislativos, mas apenas autonomia de *inovação jurídico-administrativa* através de actos de natureza administrativa, deve admitir-se, como regra geral, uma interpretação do disposto no artigo 98.° da CRP conforme aos respectivos artigos 2.° e 9.°, no sentido do alargamento desta garantia constitucional de participação: embora possa estar-se já além da *definição da política agrícola* propriamente dita, encontramo-nos perante a única margem decisória passível de caracterização como materialmente inovadora; e não só já admitimos a extensão da garantia constitucional em causa à função administrativa[1674], como o efeito do Direito Comunitário sobre o nosso ordenamento interno deve implicar uma leitura da CRP no sentido da menor afectação das garantias constitucionais.

2.2. *A participação corporativa*

A razão pela qual a CRP apenas garante neste artigo 98.° a participação dos trabalhadores rurais e agricultores na definição da política agrícola *através das suas organizações representativas* não é substancialmente distinta da já apontada a propósito da formulação idêntica da alínea *g)* do artigo 80.°[1675].

Além de razões óbvias de racionalidade (eficiência e eficácia) na actuação dos órgãos públicos decisores na definição da política agrícola, apenas sublinharemos neste momento dois aspectos.

[1674] Cfr. *supra*, I, § 1.°. No sentido de que, embora a norma em apreço não assegure a participação dos trabalhadores rurais e dos agricultores na *execução* mas tão-só na *definição* da política agrícola, embora admitindo que o legislador não está impedido de o consagrar (no que assume particular relevo a regulação e auto-regulação), cfr. J. J. GOMES CANOTILHO/VITAL MOREIRA, *Constituição* ..., I, p. 1070.

[1675] Cfr. anotação respectiva, I, § 2.°, 2.7.1.

Em primeiro lugar, que a norma em causa é uma norma garantia e não restritiva de garantias, isto é, (i) a CRP apenas garante a participação dos trabalhadores rurais e agricultores *através* das suas organizações representativas, (ii) mas tal não tem por efeito impossibilitar ou inconstitucionalizar a participação de trabalhadores rurais e agricultores não agremiados corporativamente. Parece-nos o melhor entendimento, desde logo à luz da vertente negativa da liberdade de associação (artigo 46.º da CRP). Sucede apenas que essa agremiação constitui um ónus dos trabalhadores rurais e agricultores, não propriamente para beneficiarem de um direito, mas apenas da garantia oferecida pelo disposto no artigo 98.º. Naturalmente, a jusante dessa garantia constitucional, depende da liberdade de conformação do legislador qualquer forma de participação. Tem aqui relevo, como justificação de fundo, notar que os termos da garantia constitucional, neste particular, pretendem certamente evitar que a atomicidade participativa degenere em negação do próprio princípio da democracia participativa, por carência de efectividade[1676].

Por outro lado, frisa-se ainda, a participação através de organizações representativas não implica a respectiva personalidade jurídica[1677].

2.3. *Formas de participação e poderes públicos destinatários do comando constitucional*

A CRP não especifica por que forma(s) se há-de processar a participação dos trabalhadores rurais e agricultores, através das suas organizações representativas, na definição da política agrícola. É, todavia, claro que essa participação – para *o* ser verdadeiramente – tem que ter lugar num momento procedimental prévio à adopção das medidas jurídico-públicas definidoras da política agrícola. Seja qual for a natureza desse acto definidor (e, portanto, independentemente também da natureza do respectivo procedimento prévio), o relevante é que a intervenção participativa tenha lugar, não apenas num momento prévio à produção de efeitos daquele acto, mas num momento em que o órgão decisor não tenha ainda formado a sua vontade. Neste sentido (em geral), está em causa uma verdadeira condição de validade e não um mero requisito de eficácia.

[1676] Cfr. anotação ao artigo 80.º, I, § 2.º, 2.7.1.
[1677] Cfr. anotação ao artigo 80.º, I, § 2.º, 2.7.1.

Em termos preliminares, digamos que não se vê impedimento a que a participação garantida pelo artigo 98.º possa ocorrer, em termos institucionais, no âmbito do CES[1678]: a respectiva Lei estatutária[1679] consagra a possibilidade de existência de comissões especializadas, que podem ser aptas à participação de que aqui se trata. Mas já não nos parece que isso seja suficiente para a concretização da garantia constitucional em causa[1680].

Ao legislador, *prima facie*, incumbe concretizar esta garantia de participação. Entre outras formas de participação na política agrícola, a *Lei de Bases do Desenvolvimento Agrário*[1681] estabelece que "Devem funcionar junto da Administração Pública órgãos de consulta, nomeadamente interprofissionais, que assegurem a participação das organizações representativas dos intervenientes nas actividades agrárias, na definição da política agrícola e, designadamente, na regulamentação da presente lei"[1682].

Tratando-se de uma lei de bases, o respectivo desenvolvimento governamental deveria regular e densificar esta disposição. Mas, a nosso ver, a ausência de tal regulação não legitima, em geral, a ausência – *rectius,* a recusa por parte dos poderes públicos – de participação dos trabalhadores rurais e agricultores na definição da política agrícola, através das suas organizações representativas. Se tal carência legislativa ao nível do desenvolvimento daquele regime de bases (aliada à insuficiência da lei de bases)[1683] poderá determinar inconstitucionalidade por omissão – não, obviamente, por carência de desenvolvimento da lei de bases, mas por

---

[1678] Cfr. anotação ao artigo 92.º.

[1679] Lei n.º 108/91, de 17 de Agosto, com as alterações que lhe foram introduzidas pela Lei n.º 80/98, de 24 de Novembro, pela Lei n.º 128/99, de 20 de Agosto, pela Lei n.º 12/2003, de 20 de Maio, e ainda pela Lei n.º 37/2004, de 13 de Agosto.

[1680] Neste sentido, implicitamente, cfr. J. J. GOMES CANOTILHO/VITAL MOREIRA, *Constituição* ..., I, p. 1070. Não cremos, portanto, que a questão esteja em o artigo 98.º não excluir "que a participação se faça através de órgãos consultivos em que estejam suficientemente representados – e em termos não discriminatórios – os diferentes interesses dos trabalhadores rurais e dos agricultores" (cfr. JORGE MIRANDA/RUI MEDEIROS, *Constituição* ..., II, p. 189), mas antes na insuficiência dessa modalidade.

[1681] Lei n.º 86/95, de 1 de Setembro.

[1682] Cfr. artigo 10.º (que tem por epígrafe "Órgãos consultivos").

[1683] MARCELO REBELO DE SOUSA e JOSÉ DE MELO ALEXANDRINO fazem notar que "Este é outro dos preceitos recorrentemente invocados nas reclamações dirigidas, a justo título, contra a insuficiência da lei ordinária ou da actuação administrativa." (cfr. *Constituição* ..., p. 210).

falta de disciplina legal ordinária que a CRP solicita –, não há qualquer justificação para que os poderes públicos neguem a participação daquelas entidades, nos termos do artigo 98.°, quando as mesmas se auto-organizem e auto-regulem para o efeito[1684], contanto que o figurino que adoptem não seja susceptível de contrariar o próprio princípio do Estado de Direito democrático[1685], e não coloque em crise outras normas ou princípios constitucionais.

Desta forma, além do legislador, e sem prejuízo de outros considerandos, é configurável que a Administração seja colocada na posição de destinatário directo da norma constitucional em apreço.

2.4. *A participação no procedimento legislativo*

A forma, por excelência, de participação dos trabalhadores rurais e agricultores na definição da política agrícola, através das suas organizações representativas, é a apreciação e expressão de carácter consultivo no âmbito do procedimento legislativo.

Concentrando-nos apenas no processo legislativo parlamentar (embora a garantia constitucional aqui em causa seja extensível ao processo legislativo governamental e regional), parece ter sido esquecido este segmento da CRP. Com efeito, se o próprio texto constitucional não dá a esse nível qualquer concretização ao disposto no artigo 98.° (nem parece que tivesse que o fazer), e se a lei ordinária não vai além de um parco preceito genérico na *Lei de Bases do Desenvolvimento Agrário*[1686], seria de esperar maior cuidado do RAR, designadamente. Mas em vão. Aí, salvaguardam-se os direitos das comissões de trabalhadores e associações sindicais no âmbito da legislação do trabalho, no procedimento legislativo comum (o que apenas parcialmente aproveitará à garantia constante do artigo 98.° da CRP)[1687]; a intervenção do CES no âmbito do procedimento

---

[1684] Sobre a auto-administração profissional na agricultura, e em particular sobre os organismos de auto-regulação oficial agrícola em Portugal, cfr. VITAL MOREIRA, *Auto-Regulação Profissional* ..., pp. 369 ss. Também J. J. GOMES CANOTILHO/VITAL MOREIRA, *Constituição* ..., I, p. 1070.

[1685] Sobre esta relação com o princípio do Estado de Direito democrático, cfr. *supra*, I, § 1.°, e anotação à alínea *g)* do artigo 80.°, I, § 2.°, em especial 2.7.1.

[1686] Cfr. *supra*, I, § 2.°, 2.3.

[1687] Cfr. artigo 146.°, e *supra*, I, § 1.°.

legislativo das grandes opções dos planos nacionais e Orçamento[1688], conta geral do Estado, relatórios de execução dos planos e outras contas públicas[1689-1690]. Mas nada sobre a participação dos trabalhadores rurais e agricultores, ao abrigo do disposto neste artigo 98.º.

Ora, independentemente do juízo que o RAR possa merecer por tal omissão, é necessário ter presente que a aprovação de qualquer acto legislativo em que se proceda a uma *definição*[1691] da política agrícola sem a participação dos trabalhadores e agricultores, nos termos do artigo 98.º, não deixa de padecer de inconstitucionalidade[1692] – contanto que essa participação não tenha sido promovida pelo poder legislativo, ou que a respectiva ausência não seja imputável exclusivamente às organizações representativas dos trabalhadores rurais e agricultores quando em termos adequados lhes tenha sido dada a correspondente possibilidade.

2.5. A participação no procedimento administrativo regulamentar

Tendo em conta que admitimos a possibilidade de que a definição da política agrícola, designadamente para efeitos do aqui disposto no artigo 98.º, possa ter lugar através de actos típicos da função administrativa, designadamente regulamentos[1693], o disposto nos artigos 117.º e 118.º do CPA constitui uma importante refracção, ainda que indirecta, da garantia presente na norma constitucional em comentário[1694]. Não importando de

---

[1688] Cfr. artigo 216.º.
[1689] Cfr. artigo 225.º.
[1690] Cfr. anotação ao artigo 92.º.
[1691] Cfr. *supra*, I, § 1.º.
[1692] Neste sentido também, cfr. J. J. GOMES CANOTILHO/VITAL MOREIRA, *Constituição* ...I, p. 1069. Embora fazendo uso do critério das *principais* medidas económicas e sociais adoptadas no âmbito da política agrícola (que já comentámos *supra*, I, § 1.º), cfr. ainda JORGE MIRANDA/RUI MEDEIROS, *Constituição* ..., II, p. 191.
[1693] Cfr. *supra*, I, § 1.º.
[1694] Por razões práticas, recordamos a respectiva redacção:

"ARTIGO 117.º
Audiência dos interessados
1 – Tratando-se de regulamento que imponha deveres, sujeições ou encargos, e quando a isso se não oponham razões de interesse público, as quais serão sempre fundamentadas, o órgão com competência regulamentar deve ouvir, em regra, sobre

momento uma análise extensiva da interpretação de ambos os preceitos[1695], vejamos aspectos da respectiva interpretação em cumprimento da garantia constitucional presente no artigo 98.° da CRP, quando se esteja em presença de regulamentos que importem, em termos substanciais a definição de traços da política agrícola.

No que respeita ao disposto no artigo 117.° do CPA, a participação das organizações representativas dos trabalhadores rurais e agricultores no âmbito da audiência dos interessados em procedimento regulamentar, está, de acordo com o n.° 1, aparentemente subordinada aos "termos definidos em legislação própria". Poderia tal significar que perante a ausência dessa legislação, não existiria dever administrativo de promover a dita audiência prévia das "entidades representativas dos interesses afectados". Ora, quando na ausência dessa mesma legislação haja lugar a auto-organização e auto-regulação das entidades representativas dos trabalhadores rurais e agricultores, que assim se dirijam ou se dêem a conhecer à Administração, afirmámos já a vinculação directa desta a assegurar a garantia constante do artigo 98.°, não havendo nesse caso justificação jurídica para o afastamento da audiência prévia por motivo de ausência legislativa[1696].

o respectivo projecto, nos termos definidos em legislação própria, as entidades representativas dos interesses afectados, caso existam.

2 – No preâmbulo do regulamento far-se-á menção das entidades ouvidas.

ARTIGO 118.°
Apreciação pública
1 – Sem prejuízo do disposto no artigo anterior e quando a natureza da matéria o permita, o órgão competente deve, em regra, nos termos a definir na legislação referida no artigo anterior, submeter a apreciação pública, para recolha de sugestões, o projecto de regulamento, o qual será, para o efeito, publicado na 2.ª série do Diário da República ou no jornal oficial da entidade em causa.

2 – Os interessados devem dirigir por escrito as suas sugestões ao órgão com competência regulamentar, dentro do prazo de 30 dias contados da data da publicação do projecto de regulamento.

3 – No preâmbulo do regulamento far-se-á menção de que o respectivo projecto foi objecto de apreciação pública, quando tenha sido o caso."

[1695] Pois seriam extensas e complexas as questões a ver. Em comentário a ambos, cfr. MÁRIO ESTEVES DE OLIVEIRA/PEDRO COSTA GONÇALVES/J. PACHECO DE AMORIM, *Código* ..., pp. 523 ss.; JOSÉ MANUEL SANTOS BOTELHO/AMÉRICO PIRES ESTEVES/JOSÉ CÂNDIDO PINHO, *Código do Procedimento Administrativo – Anotado e Comentado*, 5.ª Ed., Coimbra, 2002, pp. 538 ss.

[1696] Cfr. *supra*, I, § 2.°, 2.3.

E caso não haja lugar a tal auto-organização das entidades interessadas? Já se sustentou que a Administração pode, "*motu proprio* [..] sujeitar-se a essas formalidades", quando inexista aquela legislação própria[1697]. Mas, questionamos, estar-se-á perante uma verdadeira faculdade administrativa? Propendemos para uma resposta negativa, muito embora se reconheça o fundamento da dúvida sobre a "imediata exequibilidade do preceito"[1698]. Sustentar que se está perante uma mera faculdade da Administração equivale a afirmar a facultatividade do cumprimento de uma garantia constitucional. Se bem que a norma constante do artigo 98.° da CRP se dirija, *prima facie*, ao legislador[1699], nem por isso a respectiva concretização depende estritamente da criatividade e autonomia inerentes à função política deste. A demonstrá-lo está, aliás, a possibilidade de as próprias organizações em causa se lhe substituírem (em parte), conforme apontámos já. Ora, se nada impede que a Administração desencadeie, por sua iniciativa, a audiência prévia no âmbito do procedimento regulamentar, antes existem princípios e normas dos quais pode retirar-se a respectiva imperatividade para a concretização da CRP, mesmo na ausência de lei especial para este efeito: suportando-nos no quadro geral da inscrição da garantia constitucional em causa no princípio do Estado de Direito democrático, e sem pretender esgotar o problema, há que atentar na garantia geral de participação expressa nos n.os 1 e 5 do artigo 267.° da CRP (que não está integralmente subordinada a *interpositio legislatoris*), no princípio da unidade de acção da Administração presente no n.° 2; e nos princípios gerais da actividade administrativa contidos no próprio CPA – o princípio da igualdade, com subordinação da Administração à lei e ao *direito* (artigo 3.°), da prossecução do interesse público e da protecção dos direitos e interesses dos cidadãos (artigo 4.°), da colaboração da Administração com os particulares (artigo 7.°) e da participação (artigo 8.°). É, pois, o princípio da juridicidade que está em causa, orientando a Administração para a substituição da lei pela CRP, vinculando-a à adopção das medidas necessárias para o cumprimento desta[1700].

[1697] Cfr. MÁRIO ESTEVES DE OLIVEIRA/PEDRO COSTA GONÇALVES/J. PACHECO DE AMORIM, *Código* ..., p. 524.

[1698] Cfr., tanto a propósito do artigo 117.° como 118.° do CPA, JOSÉ MANUEL SANTOS BOTELHO/AMÉRICO PIRES ESTEVES/JOSÉ CÂNDIDO PINHO, *Código* ..., pp. 539-540.

[1699] Cfr. *supra*, I, § 2.°, 2.3.

[1700] Sobre esta problemática em geral, cfr. PAULO OTERO, *Legalidade* ..., pp. 733 ss. O que se vem de dizer assume ainda maior pujança quando se considere que a garantia

Já o disposto no artigo 118.º tem relevo a propósito da participação atomista ou não corporativa dos trabalhadores rurais e agricultores. Embora, como vimos, esta forma de participação não esteja a coberto da garantia constitucional do artigo 98.º[1701], não é de afastar a possibilidade de que, em geral, a mesma encontre protecção no restante (e outro) argumentário aduzido *supra* a propósito do artigo 117.º do CPA – *mutatis mutandis*, dadas as diferenças entre o instituto da audiência prévia e da apreciação pública[1702].

II. DIREITO INTERNACIONAL E EUROPEU

§ 3.º. Direito Internacional

O relevo do Direito Internacional para efeitos do disposto no artigo 98.º prende-se, sobretudo, com os direitos fundamentais e com o princípio do Estado de Direito democrático. Questão específica é a da participação, nos termos do artigo 98.º da CRP, prévia a vinculações internacionais do Estado português quando definidoras da política agrícola[1703].

§ 4.º. Direito Europeu

Conforme notámos *supra*[1704], interessa-nos aqui a problemática em torno da participação dos trabalhadores rurais e agricultores na elaboração do Direito Comunitário derivado a propósito da política agrícola comum[1705]. Esta temática desenvolve-se em dois eixos distintos.

---

expressa no artigo 98.º da CRP encerra um verdadeiro direito fundamental de natureza análoga aos direitos, liberdades e garantias (cfr. *supra*, I, § 1.º).

[1701] Cfr. *supra*, I, § 2.º, 2.3.

[1702] Sobre este aspecto, cfr. MÁRIO ESTEVES DE OLIVEIRA/PEDRO COSTA GONÇALVES/J. PACHECO DE AMORIM, *Código* ..., p. 531.

[1703] Sobre este aspecto, *mutatis mutandis*, cfr. o ponto seguinte.

[1704] Cfr. I, § 2.º, 2.1.

[1705] Sobre os efeitos do Direito Comunitário, no domínio da política agrícola, sobre a Constituição económica (agrária) portuguesa, cfr., em especial, anotação ao artigo 93.º, II, § 5.º, e ao artigo 97.º, II, § 5.º.

Artigo 98.º – Participação na definição da política agrícola 701

Em primeiro lugar, a participação das organizações representativas dos trabalhadores rurais e agricultores junto dos órgãos comunitários realiza-se através da sua representação no Comité Económico e Social (artigos 257.º e seguintes do TCE), que conta com representantes dos agricultores e trabalhadores em geral, e compreende uma secção especializada em matérias agrícolas. Este órgão mereceu já a nossa análise noutro local, justamente a propósito do princípio geral de participação inscrito na alínea *g)* do artigo 80.º, pelo que para lá se remete[1706]. Deve, no entanto, referir-se que a política agrícola é uma das que reclama, sobre certos aspectos, a intervenção do Comité (n.º 2 do artigo 37.º do TCE).

Há ainda a observar que, como já notámos também em geral a propósito do disposto na alínea *g)* do artigo 80.º[1707], competindo aos Estados--membros propor os membros do Comité – artigo 259.º do TCE –, a conjugação desta disposição com a garantia constante do artigo 98.º da CRP, de acordo com o enquadramento que lhe vimos dando, transforma, em termos constitucionais internos, aquela proposta numa verdadeira obrigação do Estado na concretização da CRP.

Em segundo lugar, há que reafirmar o efeito pulverizador do Direito Europeu na garantia constante do artigo 98.º da CRP. Assim é devido à "expropriação" ou "erosão" da autonomia decisória dos órgãos do Estado[1708], mas também à diluição da representação dos trabalhadores rurais e agricultores no seio do Comité (podendo neste âmbito suscitar-se as mesmas reservas de suficiência de participação que referimos a propósito do CES[1709]). O cabal cumprimento da CRP, nesta parte, reclamaria dos órgãos do Estado diligências consultivas às organizações representativas dos trabalhadores rurais e agricultores, prévias à adopção de quaisquer medidas definidoras da política agrícola no âmbito da União Europeia em representação do Estado português (*v.g.*, conferências intergovernamentais e conselhos de ministros especializados). Porém, neste particular, mais uma vez se constata a ausência de legislação própria, e a possibilidade de omissão legislativa inconstitucional.

[1706] Cfr. anotação ao artigo 80.º, I, § 2.º, 2.7.2.
[1707] Cfr. I, § 2.º, 2.7.2.
[1708] Cfr. *supra*, I, § 2.º, 2.1.
[1709] Cfr. *supra*, I, § 2.º, 2.3.

III. MEMÓRIA CONSTITUCIONAL

§ 5.°. As constituições portuguesas anteriores à Constituição de 1976

Não se encontra disposição semelhante à do artigo 98.° em qualquer constituição portuguesa anterior à Constituição de 1976. A representação político-institucional dos interesses agrícolas teve assento constitucional, expresso ou implícito, durante o interregno sidonista de 1918, e depois com a Constituição de 1933[1710], mas a existência de uma norma semelhante à sob comentário, com o valor constitucional que transporta como decorrência do princípio do Estado de Direito democrático, dificilmente caberia na conformação do regime característico de ambos os períodos. Tão-pouco a actividade agrícola foi objecto de atenção constitucional particular até 1976[1711].

§ 6.°. Conteúdo originário da redacção do preceito na Constituição de 1976 e sucessivas versões decorrentes das revisões constitucionais

Na **redacção originária da Constituição de 1976**, a matéria em causa era objecto de tratamento no artigo 104.°, no contexto da reforma agrária:

"ARTIGO 104.°
(Participação na reforma agrária)
Na definição e execução da reforma agrária, nomeadamente nos organismos por ela criados, deve ser assegurada a participação dos trabalhadores rurais e dos pequenos e médios agricultores, através das suas organizações próprias, bem como das cooperativas e outras formas de exploração colectiva por trabalhadores."

A **revisão constitucional de 1982** não trouxe qualquer alteração ao preceito.

[1710] Cfr. anotação ao artigo 92.°, III, § 5.°.
[1711] Cfr. anotação ao artigo 93.°, III, § 6.°.

Na **revisão constitucional de 1989**, o artigo 78.° da Lei Constitucional n.° 1/89, de 8 de Julho, renumerou o artigo – que passou a ser o 101.° –, e alterou a respectiva epígrafe e texto, nos seguintes termos:

"ARTIGO 101.°
(Participação na definição da política agrícola)
Na definição da política agrícola é assegurada a participação dos trabalhadores rurais e dos agricultores através das suas organizações representativas."

Assim se fixou a actual redacção do preceito, posto que a **revisão constitucional de 1992** não lhe trouxe qualquer alteração; que na **revisão constitucional de 1997**, o artigo 65.° da Lei Constitucional n.° 1/97, de 20 de Setembro, se limitou a renumerar o artigo – que assim ficou o actual 98.°; e que nenhuma alteração adveio da **quinta revisão constitucional, de 2001**, da **sexta revisão constitucional, de 2004**, ou da **sétima revisão constitucional, de 2005**.

§ 7.°. **Apreciação do sentido das alterações do preceito**

Nas alterações sofridas pelo preceito na revisão constitucional de 1989 – que lhe fixou a actual redacção –, são de assinalar duas tendências fundamentais.

Em primeiro lugar, na senda da desideologização da Constituição (que se mostra também na generalidade dos preceitos precedentes[1712]), desapareceu a referência à reforma agrária e, significativamente, deixou de reservar-se aos *pequenos e médios* agricultores, *bem como às cooperativas e outras formas de exploração colectiva por trabalhadores*, a participação na definição da política agrícola. De 1989 em diante, e de acordo com o princípio democrático (artigo 2.°) e da igualdade (artigo 13.°), todos os agricultores (além dos trabalhadores rurais, para os quais a garantia permaneceu inalterada) têm direito à participação, através de organizações

---

[1712] Remetendo-se, pois, para as anotações homónimas desta aos artigos antecedentes.

representativas. A alteração insere-se, também, no contexto da actualização dos objectivos da política agrícola[1713].

Em segundo lugar, a participação ao nível da política agrícola deixou de estender-se à respectiva execução – como era com a reforma agrária – para se quedar pela sua definição. Isso não impede que o legislador consagre formas de participação na execução da política agrícola – como, aliás, o fez em diversos preceitos da *Lei de Bases do Desenvolvimento Agrário*[1714]. Bem visto, tal participação na execução da política agrícola, se não se encontra garantida pelo disposto no artigo 98.º da CRP, resultará já de um modelo de Administração (tanto em sentido subjectivo como objectivo) participada, imposto por outras normas e princípios constitucionais e legais.

IV. PAÍSES DE EXPRESSÃO PORTUGUESA

§ 8.º. Brasil

O artigo 187.º da CRFB[1715] trata da participação da definição da política agrícola, mas expressamente com um conteúdo e dimensão mais densos que os constantes do artigo 98.º da CRP. Ali se dispõe que:

"Art. 187.º
A política agrícola será planejada e executada na forma da lei, com a participação efetiva do setor de produção, envolvendo produtores e trabalhadores rurais, bem como dos setores de comercialização, de armazenamento e de transportes, levando em conta, especialmente:
I – os instrumentos creditícios e fiscais;
II – os preços compatíveis com os custos de produção e a garantia de comercialização;
III – o incentivo à pesquisa e à tecnologia;
IV – a assistência técnica e extensão rural;
V – o seguro agrícola;

[1713] Cfr. anotação ao artigo 93.º, *passim*. Acentuando este aspecto também, cfr. JORGE MIRANDA/RUI MEDEIROS, *Constituição* ..., II, p. 189.

[1714] Cfr. artigos 7.º ss. Sobre este aspecto, cfr. também J. J. GOMES CANOTILHO//VITAL MOREIRA, *Constituição* ..., I, p. 1070.

[1715] Sobre a respectiva inserção sistemática, cfr. anotação ao artigo 93.º, IV, § 9.º.

VI – o cooperativismo;
VII – a eletrificação rural e irrigação;
VIII – a habitação para o trabalhador rural.

§ 1.º – Incluem-se no planejamento agrícola as atividades agroindustriais, agropecuárias, pesqueiras e florestais.

§ 2.º – Serão compatibilizadas as ações de política agrícola e de reforma agrária."

§ 9.º. Angola

A LCRA não contém norma idêntica à constante do artigo 98.º da CRP.

§ 10.º. Moçambique

A CRM não contém norma idêntica à constante do artigo 98.º da CRP.

§ 11.º. Cabo Verde

A CRCV não contém norma idêntica à constante do artigo 98.º da CRP.

§ 12.º. Guiné-Bissau

A CRGB não contém norma idêntica à constante do artigo 98.º da CRP.

§ 13.º. São Tomé e Príncipe

A CRDSTP não contém norma idêntica à constante do artigo 98.º da CRP.

§ 14.º. Timor-Leste

A CRDTL não contém norma idêntica à constante do artigo 98.º da CRP.

DA POLÍTICA COMERCIAL COM OS PRINCÍPIOS FUNDAMENTAIS DA ORGANIZAÇÃO ECONÓMICO-SOCIAL E COM OS DIREITOS FUNDAMENTAIS;

3.1. Os princípios fundamentais;

3.2. Os direitos fundamentais: algumas conexões, em especial com a protecção da concorrência e dos consumidores.

II. DIREITO INTERNACIONAL E EUROPEU

§ 4.°. Direito Internacional;
§ 5.°. Direito Europeu.

III. MEMÓRIA CONSTITUCIONAL

§ 6.°. As constituições portuguesas anteriores à Constituição de 1976;
§ 7.°. Conteúdo originário da redacção do preceito na Constituição de 1976 e sucessivas versões decorrentes das revisões constitucionais;
§ 8.°. Apreciação do sentido das alterações do preceito.

IV. PAÍSES DE EXPRESSÃO PORTUGUESA

§ 9.°. Brasil;
§ 10.°. Angola;
§ 11.°. Moçambique;
§ 12.°. Cabo Verde;
§ 13.°. Guiné-Bissau;
§ 14.°. São Tomé e Príncipe;
§ 15.°. Timor-Leste.

I. OBJECTIVOS DA POLÍTICA COMERCIAL

§ 1.°. **O valor jurídico dos objectivos constitucionais da política comercial**

1.1. *A política comercial como vertente da Constituição económica material*

Os objectivos da política comercial positivados no artigo 99.° da CRP correspondem a uma verdadeira – embora algo acanhada, pela sua posição sistemática no seio da Constituição económica, e ainda assim parcial – sublimação do próprio modelo constitucional jus-económico. Uma primeira leitura do respectivo elenco logo transmite uma certa *ideia* de *figurino de mercado*. Embora tal exercício possa fazer-se pela escolha de *palavras fortes*, é metodologia sempre questionável, a vários títulos: mas existe, realmente, uma constelação de *palavras-ideias determinantes* que importa considerar. Numa primeira impressão – ainda perfunctória – pode dizer-se que resulta do artigo 99.º da CRP uma ideia de *mercado justo-racionalizado, em concorrência aberta, mas garantístico dos direitos fundamentais dos agentes económicos e consumidores*[1716]. Esta ideia inicial, resultante de uma apreciação genérica do texto constitucional, permite distanciar quase radicalmente a *questão comercial* actualmente presente nesta norma da CRP, da respectiva formulação nas normas afins da redacção originária da Constituição de 1976[1717]: mas, olhando com atenção, vemos que é na intervenção do Estado (ou pública, em termos mais gerais) que se encontra a transição mais digna de nota. E tendo em conta que os contornos da intervenção pública não resultam directa e imediatamente do disposto neste artigo 99.º, mas de outras normas constitucionais, são os direitos fundamentais, com a enformação que lhes é dada pelos princípios gerais da organização económica e social, e como tal projectados sobre estes objectivos da política comercial, que lhes dão o seu sentido material mais vincado[1718].

Sendo o *mercado* um dos objectos centrais da Constituição económica – na qualidade de dado de facto pré-constitucional sobre o qual aquela pretende actuar – pode afirmar-se que os princípios e normas que lhe são especialmente dirigidas se situam no âmago regulativo da própria CRP. Como se vê ao longo dos vários preceitos inseridos na Parte II – sem excepção – o *mercado* constitui, quando não o seu objecto imediato, pelo menos o seu objecto mediato a propósito das limitações introduzidas pelo texto constitucional à liberdade de iniciativa económica.

É certo que nem todas as relações económicas que a CRP regula ou pressupõe são relações comerciais, mas é certo também que, na generalidade, quaisquer actividades económicas possuem uma vertente comercial, razão pela qual a política comercial toca, em geral, directa ou indirectamente, toda a actividade económica.

Neste sentido se pode falar da política comercial como uma *vertente da Constituição económica material*: o seu objecto está de tal forma ligado

---

[1716] Cfr. também J. J. GOMES CANOTILHO/VITAL MOREIRA, *Constituição* ..., I, pp. 1071-1072.

[1717] Cfr. *infra*, III, § 7.º.

[1718] Sobre esta relação, cfr. *infra*, I, § 3.º.

ao âmago regulativo da Lei Fundamental que a mesma seria descaracterizada perante a ausência de normas constitucionais que a tivessem por objecto. Essa opção constitucional material surpreende-se logo no artigo 2.º, quando se coloca a realização da democracia económica, social e cultural como objectivo da República Portuguesa enquanto Estado de Direito democrático; e bem assim no artigo 9.º, em especial na sua alínea d), quando entrega ao Estado, como tarefa fundamental, a promoção do bem--estar e da qualidade de vida do povo, a igualdade real entre os portugueses, e a efectivação dos direitos económicos, sociais, culturais e ambientais, através da transformação e modernização das estruturas económicas e sociais.

O que é aqui lícito questionar é a específica *dimensão constituinte* de uma norma com o conteúdo expresso no artigo 99.º da CRP. Com efeito, os objectivos (quase) tópicos da política comercial constantes das suas alíneas não apresentam diferenciação significativa em face de várias incumbências prioritárias do Estado, como tal constituídas pelo artigo 81.º. E sabe-se que tais incumbências – *prioritárias* – merecem tal qualificativo por consubstanciarem *tarefas* ou *fins* cuja positivação se justifica por cristalizarem objectivos político-constitucionais fundamentais, isto é, direcções políticas pré-governativas às quais estão subjacentes normas como a constante do artigo 99.º. Como vimos, no que respeita aos objectivos da política agrícola, há dimensões específicas no artigo 93.º que vão além do disposto no artigo 81.º (embora com relações estreitas)[1719]. Mas já a respeito deste artigo 99.º, a sua autonomia em face do disposto no próprio artigo 81.º parece bastante menor. Senão vejamos:

i) A alínea *f)* do artigo 81.º incumbe o Estado de "Assegurar o funcionamento eficiente dos mercados, de modo a garantir a equilibrada concorrência entre as empresas, a contrariar as formas de organização monopolistas e a reprimir os abusos de posição dominante e outras práticas lesivas do interesse geral". Esta complexa e pluridimensional incumbência, bem pode dizer-se, cobre vários dos objectivos presentes no artigo 99.º, designadamente, na alínea *a)*, na alínea *b)* e na alínea *c)*[1720];

[1719] Cfr. anotação ao artigo 93.º, I, § 1.º, 1.1, *passim*.
[1720] Cfr. anotação ao artigo 81.º, I, § 2.º, 2.6.

ii) A alínea *g)* do artigo 81.° incumbe o Estado de "Desenvolver as relações económicas com todos os povos, salvaguardando sempre a independência nacional e os interesses dos portugueses e da economia do país". Em boa parte, tal incumbência cobre o objectivo presente na alínea *d)* do artigo 99.°[1721-1722];

iii) A alínea *i)* do artigo 81.° incumbe o Estado de "Garantir a defesa dos interesses e os direitos dos consumidores". Tal incumbência cobre o objectivo estabelecido na alínea *e)* do artigo 99.°[1723].

Sem prejuízo do que vem de observar-se, não se exclui que os objectivos da política comercial presentes no artigo 99.° apresentam outras relações normativas, mais ou menos imediatas, com as restantes alíneas do artigo 81.°. Assim como podem descortinar-se outras dimensões específicas naqueles objectivos que não sejam erigidas em incumbências prioritárias do Estado nem nelas se contenham. Mas, assim sendo, o valor constitucional específico dos objectivos da política comercial positivados no artigo 99.° da CRP não estará tanto na sua vinculatividade substancial como *tarefas* ou *fins*, mas mais no estabelecimento da política comercial como uma *vertente de governo* constitucionalmente necessária enquanto tal[1724].

1.2. *Dialéctica inter-sistémica: sistema jurídico-político e sistema económico-social*

Em boa parte, valem aqui (*mutatis mutandis*) as considerações gerais que se fizeram no ponto quase homónimo do presente a propósito do

---

[1721] Cfr. anotação ao artigo 81.°, I, § 2.°, 2.7.

[1722] Parecendo valorizar uma dimensão específica da alínea *d)* do artigo 99.° em face da referida incumbência prioritária do Estado presente na alínea *g)* do artigo 81.°, no que toca à "integração internacional da economia portuguesa", cfr. ANTÓNIO CARLOS SANTOS/MARIA EDUARDA GONÇALVES/MARIA MANUEL LEITÃO MARQUES, *Direito* ..., p. 78.

[1723] Cfr. anotação ao artigo 81.°, I, § 2.°, 2.9.

[1724] De certa forma, pode ver-se na introdução desta norma constitucional, com a revisão constitucional de 1989 (cfr. *infra*, III, § 9.°) – paralelamente ao estabelecimento do actual artigo 100.° ("Objectivos da política industrial") – uma "preocupação de equilíbrio sistémico, atenuando assim o peso que o texto primitivo conferia à agricultura" (cfr. ANTÓNIO CARLOS SANTOS/MARIA EDUARDA GONÇALVES/MARIA MANUEL LEITÃO MARQUES, *Direito* ..., p. 78 [igualmente citados em JORGE MIRANDA/RUI MEDEIROS, *Constituição* ..., II, p. 193]).

artigo 93.º, em matéria de objectivos da política agrícola[1725]. Ao optar por um modelo jus-económico de economia de mercado de pendor liberalizante, a CRP reagiu às iniciais opções do legislador constituinte no que respeita ao comércio no âmbito da Constituição económica[1726]. E não está em causa apenas o progressivo abandono da intervenção directa do Estado no mercado como agente económico em detrimento de uma intervenção indirecta de regulação normativa externa. Dir-se-ia que é a própria perspectiva que a CRP adopta em relação ao mercado – e em especial no que respeita às trocas comerciais –, como objecto de normas jurídicas, que sofreu mudanças profundas. Já não se pretende controlá-lo, mas apenas condicioná-lo em alguns momentos; já não se pretende dirigi-lo, mas antes corrigi-lo noutros; já não se pretende afastar as suas "leis naturais", mas antes delas tirar partido para a concretização do próprio modelo constitucional jus-económico.

Tendo em conta que o *fenómeno económico* é um *fenómeno social* (sob as mais diversas perspectivas, mas interessando-nos aqui, primacialmente, a estrutural-organizativa), parece que a CRP se orientou progressivamente no sentido da assunção da insuficiência do (sistema) jurídico-político para o controlo efectivo e cabal do (sistema) económico-social. Mais do que qualquer sentido de cunho liberal que possa aqui pretender imputar-se, ideologicamente premeditado, é de notar, do ponto de vista do Direito, uma luta da CRP pela sua própria sobrevivência enquanto norma, pela recusa do anquilosamento da Constituição económica e, consequentemente, da Constituição política na parte em que esta incumbe os poderes públicos da disciplina de aspectos económicos. É o aproveitamento da força normativa não jurídica das regras do mercado por parte das regras jurídicas, como o único efeito dinamizador que a CRP antolha capaz de levar o jurídico-político ao seio do económico-social. Sobretudo perante a observação da internacionalização (ou globalização) do *objecto económico*, que o leva para lá da influência das regras jurídicas do Estado.

Bem entendido, no fundo é a temática da soberania que ressurge no contexto da integração económica e política. Mas de um ponto de vista mais imediato, são os elementos fundamentais do sistema político que estão em causa: desde logo, o posicionamento dos órgãos de soberania (e

---

[1725] Cfr. anotação ao artigo 93.º, I, § 1.º, 1.2.
[1726] Cfr. *infra*, III, § 7.º e 8.º.

dos próprios partidos políticos) perante o Estado-Colectividade, considerando a efectividade dos seus poderes normativamente consagrados.

A generalidade dos objectivos da política comercial consagrados no artigo 99.º da CRP constitui, deste ponto de vista, uma *autodefesa constitucional*, pela moldabilidade que propicia, remetendo o máximo de concretização para os órgãos do Estado, desde logo para o legislador.

1.3. *O influxo do Direito Comunitário: integração económica e política comercial – a concorrência, as liberdades comunitárias e a secundarização da Constituição económica portuguesa (remissão)*

A generalidade dos objectivos da política comercial, na sequência do que se referiu no ponto antecedente, permite à CRP uma convivência relativamente pacífica com o Direito Comunitário, seja o exponencial Direito Comunitário derivado[1727], seja desde logo o originário.

Como é sabido, a integração europeia, em termos económicos (e não só), assenta no princípio material de uma economia de mercado aberto e de livre concorrência, para o que é essencial a salvaguarda e incremento das chamadas *quatro liberdades* – de circulação de mercadorias, pessoas, serviços e capitais. Já nos debruçámos sumariamente sobre o respectivo relevo[1728]. E sem prejuízo de outras considerações[1729], há que observar o relativo descomprometimento da CRP a este propósito. Com efeito, entre os objectivos fixados no artigo 99.º, não se encontram directrizes susceptíveis de, à partida, bulir com o Direito Comunitário. Pelo contrário, quer no que respeita à integração económica em geral, quer no que toca à política comercial comum (embora pareça situar-se a este nível a mais intensa necessidade de contenção das dimensões normativas da alínea *d)* do artigo 99.º)[1730], estamos perante a consagração constitucional interna de verdadeiros princípios fundamentais materiais do *Direito Constitucional da União Europeia*.

[1727] Neste sentido, cfr. MARCELO REBELO DE SOUSA/JOSÉ DE MELO ALEXANDRINO, *Constituição* ..., p. 210.
[1728] Cfr. anotação ao artigo 80.º, II, § 4.º.
[1729] Cfr. *infra*, II, § 5.º.
[1730] Cfr. *infra*, II, § 5.º.

O problema, tenhamos presente, não se coloca apenas em geral a propósito das contradições entre o Direito Comunitário (originário e derivado) e o nosso Direito interno existente (constitucional ou infra-constitucional). Mas, verdadeiramente, na adaptação criativa deste àquele quando tal seja reclamado dos Estados-membros (designadamente, aquando da transposição de directivas).

1.4. *A sistematização dos objectivos da política comercial*

Em geral, valem aqui também, *mutatis mutandis,* as considerações expendidas a propósito da sistematização dos objectivos da política agrícola[1731]. A influência do Direito Comunitário torna mais obscura qualquer preferência entre os objectivos fixados, mas não é de afastar que a relação entre os direitos fundamentais e os princípios gerais da organização económico-social[1732] produza efeitos a este nível.

Quanto aos objectivos da política comercial propriamente ditos, pode afirmar-se que os mesmos reflectem boa parte da dimensão regulativa da Constituição económica[1733].

A *concorrência salutar dos agentes mercantis* (alínea *a)*) relaciona-se – e constitui mesmo uma síntese – da incumbência prioritária do Estado referida na alínea *f)* do artigo 81.º, que referimos já *supra*[1734]: são aqui dimensões fundamentais a *equilibrada* concorrência entre as empresas, o combate às formas de organização *monopolistas*, e a repressão dos *abusos de posição dominante*. A concorrência salutar entre os agentes mercantis passa, porém, por múltiplas outras medidas inominadas contra *práticas lesivas do interesse geral*. A expressão *concorrência salutar* não é, porém, unívoca. Se está certamente em causa o combate à *concorrência desleal*[1735], não é seguro o significado do qualificativo *salutar*. À partida, parece que devem ter-se por contrárias à saúde da concorrência as situações que a alínea *f)* do artigo 81.º pretende evitar. Mas no que respeita a um ponto de apoio geral, parece também que a expressão se contrapõem

---

[1731] Cfr. anotação ao artigo 93.º, I, § 1.º, 1.4.
[1732] Cfr. *supra*, I, § 1.º, 1.1., e *infra*, I, § 2.º, 2.1., e § 3.º.
[1733] Cfr. *supra*, I, § 1.º, 1.1.
[1734] Cfr. I, § 1.º, 1.1. E anotação ao artigo 81.º, I, § 2.º, 2.6.
[1735] Neste sentido, cfr. J. J. GOMES CANOTILHO/VITAL MOREIRA, *Constituição* ..., I, p. 1072.

aqui à *patologia*, que há-de ter-se por situação contrária ao Direito, designadamente, contrária aos direitos fundamentais conforme os mesmos surgem enformados pela própria Constituição económica.

A *racionalização dos circuitos de distribuição* (alínea *b*)) não é também expressão clara. Mas poderá, à partida, considerar-se estar aqui em causa tanto a redução dos custos de distribuição[1736], como o encurtamento dos respectivos tempos. Questão que vem sendo suscitada a propósito é a da intervenção do Estado a este nível. A história do preceito aponta no sentido da impossibilidade de substituição dos particulares pelo Estado[1737] – à semelhança, aliás, do que sucede em matéria de auxílios do Estado no domínio da política agrícola[1738]. Central será aqui a actividade de infra-estruturação (vias de comunicação) a cargo dos poderes públicos. Mais, em face da internacionalização do comércio, estes devem estar atentos às condições propiciadas nos países seus vizinhos ou próximos, assumindo aqui particular relevo questões de concorrência fiscal.

O *combate às actividades especulativas e às práticas comerciais restritivas* (alínea *c*)) partilha justificação com o objectivo da alínea *a)* e sua relação com o disposto na alínea *f)* do artigo 81.°, mas vai além dessa mesma justificação. Já não são fundamentalmente os agentes mercantis que estão em causa (ou apenas eles directamente), mas igualmente os próprios consumidores (finais e intermédios). Daí que entre as medidas essenciais para a concretização desde objectivo se conte a regulação dos preços[1739].

No Ac. TC n.° 471/97 (de 2 de Julho, http://www.tribunalconstitucional.pt/tc/acordaos/19970471.html), analisaram-se os acordos de distribuição exclusiva como práticas restritivas da concorrência, à luz do princípio da igualdade. Não estava aí em causa que tais acordos fossem práticas restritivas da concorrência, mas apenas se os mesmos poderiam encontrar justificação. Aí decidiu o TC que "no plano normativo, a consagração de um sistema de proibição-regra de acordos e práticas concertadas restritivas de

---

[1736] Neste sentido, cfr. J. J. GOMES CANOTILHO/VITAL MOREIRA, *Constituição* ..., I, p. 1072.

[1737] Cfr. JORGE MIRANDA/RUI MEDEIROS, *Constituição* ..., II, pp. 193-194.

[1738] Cfr. anotação ao artigo 97.°, III, § 8.°.

[1739] Neste sentido, cfr. J. J. GOMES CANOTILHO/VITAL MOREIRA, *Constituição* ..., I, p. 1072. Sobre a regulação dos preços, cfr. ANTÓNIO CARLOS SANTOS/MARIA EDUARDA GONÇALVES/MARIA MANUEL LEITÃO MARQUES, *Direito* ..., pp. 405 ss.

concorrência com a correspondente nulidade dos respectivos acordos, e a admissão de derrogações à proibição, através da justificação de certas práticas por força de um balanço económico positivo, quer no direito nacional, quer no direito comunitário, pode acarretar juízos diferentes sobre o balanço económico de certas práticas restritivas, atenta a diversidade das realidades económicas sobre as quais são feitos esses balanços (num caso, uma economia nacional com duas empresas dominantes em certo sector produtivo; no outro caso, a economia do conjunto dos países comunitários, nas suas relações transnacionais). Mas isso afasta, em si mesmo, a possibilidade de se falar na violação do princípio da igualdade, dada a desigualdade de cada uma das situações apreciadas no âmbito de ordens jurídicas diversas, não havendo qualquer discriminação em função da nacionalidade".

Note-se que apesar de referir os objectivos constantes das alíneas *a)* e *c)* do artigo 99.º da CRP ao sintetizar a história legislativa da concorrência em Portugal, o TC não utiliza tais normas por uma única vez, seja como padrão de validade constitucional seja como mero elemento argumentativo.

Não estando em questão a decisão do TC, observam-se aspectos argumentativos no suporte da jurisprudência constitucional – como este último –, que não contribuem para uma visão integrada, global, da CRP, que lhe empreste uma unidade de sentido nos mais diversos campos. A propósito do Direito Comunitário, por exemplo, apressa-se o TC a concluir que se trata de questão a resolver exclusivamente com base no Direito interno: mas amiúde recorre àquele, sem explicar se sustenta uma interpretação conforme do segundo ao primeiro.

O *desenvolvimento e a diversificação das relações económicas externas* (alínea *d)*), na sua relação com o disposto na alínea *g)* do artigo 81.º[1740], deve ser visto em várias perspectivas, entre as quais se destacam: (i) a relação entre o Estado português e outros Estados; (ii) a relação entre agentes económicos públicos nacionais não estaduais e outros agentes económicos públicos estrangeiros; (iii) a relação entre o Estado português e agentes económicos nacionais não públicos (privados ou cooperativos) na relação destes com agentes económicos públicos estrangeiros; (iv) a relação entre o Estado português e agentes económicos estrangeiros não públicos (privados ou cooperativos); e (v) a relação entre agentes económicos nacionais e estrangeiros privados ou cooperativos. Naturalmente, são possíveis ainda outros cruzamentos entre as enunciadas categorias de sujeitos

---

[1740] Cfr. *supra*, I, § 1.º, 1.1., e anotação ao artigo 81.º, I, § 2.º, 2.7.

ou agentes. Em qualquer caso, os poderes públicos nacionais (seja o Estado ou outros) estão sempre vinculados pelo dever de tomar em conta a salvaguarda da independência nacional, dos interesses dos portugueses e da economia do País (alínea g) do artigo 81.º). Este último enunciado põe em relevo o contraste ou conflito potencial entre valores nacionais – coagulando na independência nacional – e individuais – os direitos fundamentais. Donde, no desenvolvimento e diversificação das relações económicas externas, o Estado deve ponderar, constantemente, essa tensão eventual, resolvendo os conflitos a propósito, designadamente, com recurso ao princípio da proporcionalidade. Mas não são estas as únicas vinculações (em geral) que a CRP coloca à concretização deste objectivo da política comercial. Tendo em conta o quadro traçado *supra*, é ainda de ter presente: (i) o estabelecido no artigo 7.º em matéria de relações internacionais; (ii) a garantia do princípio da descentralização político-administrativa ou somente desta última natureza, consoante o caso, quando estejam em causa relações estabelecidas por entidades públicas nacionais descentralizadas (pertencentes à Administração autónoma); (iii) o particular estímulo e apoio à criação e actividade cooperativas que incumbe ao Estado, quando estejam em causa relações comerciais que envolvam entidades desta natureza[1741-1742].

O Ac. TC n.º 164/86 (de 15 de Meio de 1986, *DR*, I Série, n.º 130, de 7 de Junho de 1986) respondeu negativamente à questão de saber se podem as regiões autónomas legislar sobre comércio internacional, afirmando que: "Uma das incumbências do Estado é, de facto, «regular as operações de comércio externo», justamente para «desenvolver e diversificar as relações económicas externas e salvaguardar a independência nacional» (cf. o artigo 109.º, n.º 2, da Constituição) [norma que já hoje não existe no texto constitucional – cfr. *infra*, III, § 7.º e § 8.º]. A regulamentação do comércio externo é, desde logo, essencial para garantir a independência nacional. Esta exige, com efeito, um conjunto de «condições políticas, económicas e culturais que a promovam» (cf. o artigo 9.º, alínea a), da Constituição). Designadamente, e entre o mais, requer se regulamentem as relações comerciais com o exterior. Essa regulamentação das relações económicas com o exterior há-de ocupar, por isso, um lugar importante na actividade de política externa. [§] Concluir deste modo é dizer que a emissão de normas regula-

---

[1741] Cfr. anotação ao artigo 80.º, I, § 2.º, 2.6., e anotação ao artigo 85.º, I, em especial § 1.º e § 2.º.

[1742] Sobre vinculações de Direito Internacional e Direito Europeu, cfr. *infra*, II.

mentares dos actos de comércio externo – máxime da exportação de bens e serviços – se acha reservada aos órgãos de soberania, não podendo aí intervir os órgãos de poder regional. [§] Tal matéria não faz parte da reserva de lei (cf. os artigos 167.º e 168.º da Constituição) [hoje, artigos 164.º e 165.º], nem é daquelas sobre que só o Governo possa legislar (artigo 201.º [hoje, 198.º], n.º 2, da Constituição). Isso, porém, só significa que tanto a Assembleia da República como o Governo podem legislar sobre ela. É o domínio em que a competência legislativa de ambos os órgãos de soberania (Assembleia da República e Governo) é concorrente. [§] Sendo o Governo «o órgão de condução da política geral do País» – trate-se de política interna ou, antes, de política externa –, razoável é, por isso, entender que a ele cabe a adopção de medidas conducentes à regulamentação das relações económicas internacionais. Mas então seria de todo irrazoável que os órgãos de poder regional pudessem editar normas que, eventualmente, fossem desconsonantes com o sentido de tais medidas. [§] De resto, também o princípio da unidade do Estado, consagrado no artigo 6.º da Constituição, aponta para que a política de exportações e importações seja definida a nível nacional e, assim, para serem os órgãos de soberania a editar a legislação que aí se mostrar necessária".

É hoje algo distinto o quadro constitucional e legislativo ao tempo subjacente a esta decisão do TC (que declarou a inconstitucionalidade, com força obrigatória geral, na norma regulamentar aí sob apreciação). Mas tenha-se presente que a jurisprudência constitucional sempre se orientou, maioritariamente, para uma interpretação restritiva do interesse específico regional e consequentemente da competência legislativa regional[1743]. Há, no entanto, que reflectir sobre a artificialidade da identificação absoluta entre "comércio internacional" e "independência nacional" – o que, tendo em conta as alterações introduzidas pela revisão constitucional de 2004 no que respeita às regiões autónomas, é hoje mais relevante que ontem. A relativização dos conceitos de soberania e independência nacional reclamam uma visão substancialista ao nível das competências legislativas das regiões autónomas. Nas relações comerciais – no *mercado* – está um dos factores que afectam aquelas realidades jurídico-políticas, mas não em qualquer circunstância: as relações comerciais de nível internacional de âmbito regional nem sempre se mostram susceptíveis de afectar interesses (verdadeiramente) nacionais, a unidade do Estado--Colectividade.

[1743] Cfr. JORGE MIRANDA, *Manual* ..., V, pp. 398 ss.

A *protecção dos consumidores* (alínea *e)*) constitui último objectivo da política comercial enunciado no artigo 99.°, na decorrência do disposto no artigo 60.° e alínea *i)* do artigo 81.°: remetemos para o comentário a este último preceito[1744].

1.5. Relação entre os objectivos da política comercial e os objectivos da política agrícola

Tendo em conta a evolução dos objectivos da política agrícola presentes no artigo 93.° da CRP, no sentido de consagrar esta como uma actividade económica entre as demais (embora com especificidades)[1745], e que a actividade agrícola se destina também (senão essencialmente) ao comércio, a CRP reclama uma interpretação integrada daquele preceito com o disposto no artigo 99.° sob comentário. Sustentámos existir uma *política comercial agrícola* na confluência de ambas, obrigando o Estado a uma ponderação conjunta dos respectivos objectivos[1746]. Há, no entanto, que considerar, em geral, a relação normativa entre ambos os preceitos. A política comercial tem um âmbito material mais vasto do que a política agrícola: basta ter presente que actividade comercial tanto pode consistir numa actividade *a se*, única desenvolvida por determinados agentes económicos, como numa parcela de uma outra actividade económica (mormente, agrícola ou industrial). Considerando em particular a actividade agrícola, vimos que o legislador constitucional ainda hoje a rodeia de especiais cautelas, reservando ao poder público especiais poderes de intervenção para concretização dos objectivos respectivos[1747]. É, portanto, configurável uma relação de generalidade/especialidade entre os objectivos da política comercial e da política agrícola (quando não mesmo de generalidade/excepcionalidade: ambos os casos encontram acolhimento no Direito Comunitário, inclusivamente[1748]).

[1744] Cfr. I, § 2.°, 2.9.
[1745] Cfr. anotação ao artigo 93.°, *passim*.
[1746] Cfr. anotação ao artigo 93.°, I, § 1.°, 1.6.
[1747] Cfr. anotações aos artigos 93.° a 98.°.
[1748] Veja-se a anotação ao artigo 93.°, II, § 5.°, e ao artigo 97.°, *passim*, e em especial II, § 5.°.

1.6. Relação entre os objectivos da política comercial e os objectivos da política industrial

O que se disse no ponto antecedente a propósito da relação entre os objectivos da política agrícola e da política comercial pode, *mutatis mutandis*, dizer-se da relação entre esta última e a política industrial. Embora existam diferenças – por exemplo, ao nível do Direito Comunitário –, a CRP permite surpreender especialidades da política industrial que devem ser tomadas em conta quando se trate da *política comercial industrial*. Note-se, exemplificativamente, o objectivo da política industrial constante da alínea *d)* do artigo 100.°: aqui, o *apoio* às pequenas e médias empresas e, em geral, às iniciativas e empresas geradoras de emprego e fomentadoras de exportação ou de substituição de importações; no artigo 99.°, a inexistência de referência a qualquer *apoio*, pelo que as pequenas e médias empresas comerciais, *v.g.*, apenas beneficiarão do *incentivo* geral que ao Estado incumbe nos termos do n.° 1 do artigo 86.°[1749].

§ 2.°. Vinculação dos poderes públicos aos objectivos da política comercial

2.1. *Vinculação do legislador*

O legislador é, naturalmente, o primeiro destinatário desta norma constitucional. A ele competirá estabelecer adequados regimes jurídicos, mais ou menos pormenorizados, à concretização dos objectivos enunciados nas várias alíneas do artigo 99.°. Mas, se como dissemos *supra*[1750], são os direitos fundamentais com a enformação que lhes é dada pelos princípios gerais da organização económico-social que dão aos objectivos da política agrícola a sua real dimensão material, é configurável a hipótese de tal dimensão introduzir ordenações de preferência (já não uma hierarquia) entre os vários objectivos[1751]. Tal hipótese prende-se com a necessidade de regulação infra-constitucional dos direitos fundamentais e dos referidos princípios da organização económico-social[1752], ou com a imediatividade

---

[1749] Cfr. anotação ao artigo 100.°, I, § 1.°, 1.5.
[1750] Cfr. I, § 1.°, 1.1.
[1751] Cfr. *supra*, I, § 1.°, 1.4.
[1752] Cfr. *infra*, I, § 3.°.

da relação entre aqueles e os objectivos constantes do artigo 99.°: em síntese, parece-nos sustentável que onde estes objectivos mostrem uma ligação mais imediata ou umbilical a certos direitos fundamentais – sobretudo, económicos, sociais e culturais, mas não só –, direitos fundamentais esses a que o legislador constitucional haja emprestado particular relevo, patente na sua protecção e formalização principiológica ao nível da Constituição económica, aí se fará sentir uma mais forte vinculação do legislador. E mais forte tanto ao nível da exigência material dos regimes jurídicos (no sentido da sua compleição) como, logo num primeiro momento, da exigência da sua existência.

É de assinalar a este propósito que a concorrência e a protecção dos consumidores parecem ser os eixos substantivos mais fortes no seio dos objectivos da política comercial, seja porque se apresentam transversal e imediatamente conexionados com certos direitos fundamentais – exemplificativamente, no domínio da comunicação social (artigos 38.° e 39.°), dos direitos dos trabalhadores (artigo 59.°), dos direitos dos consumidores (artigo 60.°), da liberdade de iniciativa económica privada e cooperativa (artigo 61.°), da saúde (artigo 64.°), da habitação e urbanismo (artigo 65.°), e mesmo do ensino (artigos 74.° e 75.°) –, seja pela sua recepção e relevo entre os princípios gerais da organização económico-social[1753].

Como vimos *supra*[1754], a relação entre o disposto neste artigo 99.° e no artigo 81.° é caracterizada por uma menor autonomia normativa substancial do primeiro face ao segundo, quando considerada em comparação a relação similar que se estabelece entre o disposto naquele mesmo artigo 81.° e no artigo 93.° (objectivos da política agrícola)[1755]. Isso não afasta o relevo para o presente comentário do que se afirmou a propósito deste último (incluindo as remissões aí feitas para o comentário ao artigo 81.°): no caso do artigo 99.°, estamos ainda perante uma *norma-fim*, mas cujas *tarefas* implicadas dele não resultam tão directa, clara e autonomamente sem recurso ao artigo 81.°. Por consequência, embora não possa, evidentemente, afastar-se a possibilidade dada a natureza da norma em causa, poderá ser mais difícil a conclusão pela inconstitucionalidade (por acção ou omissão) exclusivamente baseada no disposto no artigo 99.°[1756].

[1753] Cfr. *infra*, I, § 3.°.
[1754] Cfr. I, § 1.°, 1.1.
[1755] Cfr. anotação ao artigo 93.°, I, § 2.°, 2.1.
[1756] Admitindo, em função da natureza de "típica «norma programática»" do artigo

De salientar ainda que a matéria da política comercial não encontra consagração específica no domínio da reserva de competência legislativa da AR (contrariamente ao que sucede com a política agrícola, cujas bases integram a respectiva reserva relativa, nos termos da alínea *n)* do n.º 1 do artigo 165.º da CRP). Como tal, se a regra é, então, a da competência legislativa concorrencial, nem por isso aspectos determinados e relacionados com a política comercial deixam de poder estar integrados naquela reserva relativa, designadamente, em matéria fiscal, de vedação de sectores, de intervenção pública, de garantias dos administrados, e mesmo de bases gerais do estatuto das empresas públicas (respectivamente, alíneas *i), j), l), s)* e *u)* do n.º 1 do artigo 165.º): trata-se, porém, de questão que pode revelar-se bastante problemática, do ponto de vista interpretativo[1757].

2.2. *Vinculação da Administração*

Apesar da forma como caracterizámos, no ponto antecedente e remissões aí constantes, a relação normativa entre o artigo 99.º e o artigo 81.º, por confronto com a relação similar estabelecida entre este último e o artigo 93.º, vale aqui também a referência remissiva ao artigo 81.º que então fizemos[1758]. Note-se, no entanto, que conforme sustentámos a pro-

---

99.º, a possibilidade de inconstitucionalidade por omissão, e não excluindo que possa haver lugar a inconstitucionalidade por acção em face da respectiva violação, cfr. J. J. GOMES CANOTILHO/VITAL MOREIRA, *Constituição* ..., I, p. 1073.

[1757] Veja-se o caso das autoridades administrativas independentes. Discute-se na doutrina se a respectiva criação está ou não sujeita a reserva relativa de lei parlamentar, na sequência da introdução do actual n.º 3 do artigo 267.º da CRP pela revisão constitucional de 1997, uma vez que o artigo 165.º não contempla esta matéria. No sentido de que a criação de autoridades administrativas independentes está sujeita a reserva relativa de competência legislativa da AR quando se trate da "*disciplina de órgãos dotados de competências decisórias, que assumam funções de garante de direitos de liberdade, ou que regulamentem e autorizem vertentes do seu modo de exercício*", mas já não necessariamente quando estejam em causa "instâncias dotadas de poderes puramente consultivos, ou de fiscalização puramente exortativa", ou que operem em matérias dos domínios económico e financeiro "*caso não exista uma reserva parlamentar explícita sobre um domínio em particular*", cfr. CARLOS BLANCO DE MORAIS, *As Autoridades Administrativas* ..., pp. 113-114. Note-se que a Autoridade da Concorrência foi criada pelo Decreto-Lei n.º 10/2003, de 18 de Janeiro, no uso de autorização legislativa (Lei n.º 24/2002, de 31 de Outubro).

[1758] Cfr. anotação ao artigo 93.º, I, § 2.º, 2.2., e ao artigo 81.º, I, § 1.º, em especial 1.3.

pósito deste, a vinculatividade de normas desta natureza varia na proporção da respectiva determinabilidade e densidade, que já vimos ser reduzida na norma ora em apreço.

De todo o modo, o disposto no artigo 99.º tem especial relevância para as entidades administrativas cujas atribuições concretizem e reclamem execução dos objectivos da política comercial aqui presentes: uma vez que a criação de entidades administrativas (independentemente da sua personalidade jurídica, pública ou privada) com atribuições no domínio da política comercial consubstanciará em qualquer caso uma concretização destes objectivos, as mesmas não poderão, sob pena de violação da CRP, orientar a execução das suas atribuições ao arrepio do disposto no artigo 99.º (e das disposições relevantes do artigo 81.º). Especialmente relevante nesta sede é a Autoridade da Concorrência, de vocação geral, bem como outras entidades reguladoras sectoriais[1759-1760].

Em geral, retira-se do disposto no artigo 99.º da CRP, não um princípio de não intervenção pública, mas o contrário[1761]. Se há um abandono da intervenção directa do Estado enquanto agente económico, a fixação dos objectivos da política comercial neste preceito reclama uma intervenção pública regulatória[1762], não apenas de natureza normativa, mas de

---

[1759] A Autoridade da Concorrência – como se viu no ponto antecedente - foi criada pelo Decreto-Lei n.º 10/2003, de 18 de Janeiro. O respectivo artigo 6.º refere algumas daquelas entidades reguladoras sectoriais, para efeitos do seu relacionamento com a Autoridade da Concorrência.

[1760] Mais problemática será a situação de entidades privadas (leia-se, cuja criação é determinada por outras entidades *verdadeiramente* privadas) que colaboram com a Administração na prossecução de interesses públicos. É o caso das câmaras de comércio e indústria que, como afirma PEDRO GONÇALVES, "ficam obrigadas a exercer as funções e competências públicas em que ficam investidas em benefício de todos os agentes económicos da sua área territorial, independentemente de serem ou não seus associados; trata-se de uma exigência decorrente do princípio de que as competências públicas que lhes são conferidas não podem beneficiar apenas os respectivos associados." (cfr. *Entidades Privadas ...*, Coimbra, 2005, pp. 826-827). Nestes casos, porém, na parte em que as suas atribuições se identificam com interesses públicos, julgamos que não há razão para as distinguir das entidades administrativas em sentido próprio, pois a lei associa-as à concretização dos objectivos constitucionais da política comercial, para tal investindo-as em competências públicas. Sobre estas entidades, cfr. VITAL MOREIRA, *Auto-Regulação ...*, pp. 297 ss.

[1761] Cfr. *supra*, I, § 1.º, 1.1. Neste sentido também, e referindo-se ainda ao âmbito subjectivo de vinculatividade do preceito, cfr. J. J. GOMES CANOTILHO/VITAL MOREIRA, *Constituição ...*, I, p. 1072.

[1762] Cfr. JORGE MIRANDA/RUI MEDEIROS, *Constituição ...*, II, p. 195.

intervenção administrativa de controlo das actividades económicas (administração económica – tanto em sentido objectivo como subjectivo).

§ 3.º. **Articulação da positivação constitucional dos objectivos da política comercial com os princípios fundamentais da organização económico-social e com os direitos fundamentais**

3.1. *Os princípios fundamentais*

No que respeita à relação entre os objectivos da política comercial e os princípios fundamentais da Constituição económica que se extraem do artigo 80.º, tem mais uma vez cabimento o que afirmámos a propósito dos objectivos da política agrícola[1763].

Deve notar-se, contudo, que é mais imediata a relação e função de concretização dos objectivos da política comercial em face daqueles princípios do que o é tal relação ao nível dos objectivos da política agrícola (em boa parte, a isso se deve a maior autonomia, determinabilidade e densidade do artigo 93.º frente ao disposto no artigo 81.º). Essa maior imediatividade decorre de uma também maior centralidade material da *questão comercial* (ou do *mercado*, se se preferir) do que da *questão agrícola* ao nível da Constituição económica[1764].

A formulação dos objectivos da política comercial denota, logo à partida, a intenção constitucional de manifestar aqui um momento de forte subordinação do poder económico ao poder político democrático (alínea *a)* do artigo 80.º). Ciente das dificuldades e consequências do abandono do mercado às suas próprias regras, é claro o intento da CRP em disciplinar aspectos essenciais do respectivo funcionamento: a *concorrência salutar dos agentes mercantis*, o *combate às actividades especulativas e às práticas comerciais restritivas* e a *protecção dos consumidores* demonstram-no[1765].

Vejam-se a este propósito as medidas legislativas instituídas pelo Decreto-Lei n.º 370/93, de 29 de Outubro (com as alterações introduzidas pelo Decreto-Lei n.º 140/98, de 16 de Maio, e pelo Decreto-Lei n.º 10/2003,

---

[1763] Cfr. anotação ao artigo 93.º, I, § 3.º, 3.1.
[1764] Cfr. *supra*, I, § 1.º, em especial 1.1. e 1.2., e anotação ao artigo 93.º, I, § 1.º, 1.1.
[1765] Cfr. anotação ao artigo 80.º, I, § 2.º, 2.1. Cfr. também *supra*, I, § 1.º, 1.2.

de 18 de Janeiro – este último que criou a Autoridade da Concorrência), sobre aplicação de preços ou de condições de venda discriminatórios, tabelas de preços e condições de venda, venda com prejuízo, e recusa de venda de bens ou de prestações de serviços.

Os próprios princípios da coexistência dos sectores público, privado e cooperativo, bem como da liberdade de iniciativa económica[1766] e de organização empresarial no âmbito de uma economia mista (alíneas *b)* e *c)* do artigo 80.°) encontram nos objectivos da política comercial concretização relevante. Tendo sido constitucionalmente abandonado, em geral, um intervencionismo estatal através de empresas públicas para o que hoje é a *racionalização dos circuitos de distribuição* e o *desenvolvimento e a diversificação das relações económicas externas*[1767], cresceu o espaço da liberdade de iniciativa privada e cooperativa, designadamente a este nível, o que constitui uma conformação garantística de ambos aqueles princípios[1768]. Não significa isto, em princípio, uma absoluta impossibilidade jurídica de criação de qualquer empresa pública neste domínio, mas a subordinação da actuação pública a um princípio de proporcionalidade nas suas diversas vertentes, e à regra geral da livre concorrência num mercado aberto: o Estado poderá criar empresas públicas quando a sua intervenção económica directa se justifique e actuando segundo critérios verdadeiramente empresariais[1769].

Os objectivos da política comercial apresentam ainda relevo a propósito de outros princípios fundamentais, como o do planeamento democrático do desenvolvimento económico e social[1770-1771].

[1766] Cfr. JORGE MIRANDA/RUI MEDEIROS, *Constituição* ..., II, pp. 197 ss.
[1767] Cfr. *infra*, III, § 7.° e 8.°.
[1768] Cfr. anotação ao artigo 80.°, I, § 2.°, 2.2. e 2.3. Cfr. também anotação ao artigo 82.°, I, § 5.°.
[1769] Sobre o caso do serviço público de televisão, no âmbito da abertura à iniciativa económica privada da respectiva actividade, cfr. Ac. TC n.° 54/99, de 26 de Janeiro de 1999, http://www.tribunalconstitucional.pt/tc/acordaos/19990054.html.
[1770] Cfr. anotação ao artigo 80.°, I, § 2.°, 2.5. (em especial, 2.5.2.).
[1771] Sobre a sujeição das empresas públicas às regras da concorrência, cfr. anotação ao artigo 82.°, *passim*.

3.2. Os direitos fundamentais: algumas conexões, em especial com a protecção da concorrência e dos consumidores

Colocando-nos na perspectiva dos valores tutelados pelos objectivos da política comercial, parece-nos que ocupam lugar de particular relevo a protecção da concorrência e dos consumidores.

Não significa isto o alheamento face a outros valores igualmente importantes – e mesmo erigidos em princípios estruturantes da República portuguesa, como a soberania e independência nacionais. E sendo extremamente complexa a relativização hodierna destes, bem como a aptidão dos objectivos da política comercial para contribuir para a sua efectiva realização, não pode ignorar-se que a concretização destes últimos constitui um contributo indeclinável para a sedimentação da paz jurídica nas relações que se estabelecem no âmbito do Estado-Colectividade.

Os objectivos da política comercial são *fins* cuja prossecução deve constituir uma garantia ou uma implementação de direitos e deveres fundamentais. E de entre os valores tutelados pelo artigo 99.°, a concorrência e a protecção dos consumidores parecem ser daqueles que mais imediatamente apresentam essa dimensão potencial. Esta observação, bem entendido, parte da análise do catálogo constitucional de direitos e deveres fundamentais, tendo já sido por nós enunciados domínios relevantes: assim no domínio da comunicação social (artigos 38.° e 39.°), dos direitos dos trabalhadores (artigo 59.°), dos direitos dos consumidores (artigo 60.°), da liberdade de iniciativa económica privada e cooperativa (artigo 61.°), da saúde (artigo 64.°), da habitação e urbanismo (artigo 65.°), e até do ensino (artigos 74.° e 75.°). Naturalmente, seria diferente (embora não radicalmente) esta apreciação em face de um texto constitucional que se limitasse a direitos, liberdades e garantias.

Está em causa a protecção de produtores e consumidores, mas também, mais amplamente, da generalidade dos cidadãos e dos seus direitos, num contexto real em que não apenas bens e serviços mas também a realização de imaterialidades (como a liberdade de imprensa) se encontram hoje subordinadas a uma lógica de mercado. Em última análise, é na *confluência* dos direitos fundamentais com os princípios fundamentais da organização económico-social e concretizações ao nível das incumbências prioritárias do Estado (artigo 81.°) que se descobre o contributo concretizador dos objectivos da política comercial para a realização da dignidade da pessoa humana e para a "construção de uma sociedade livre, justa e solidária" (artigo 1.º da CRP)[1772].

Foi sustentando-se, ainda que implicitamente, naquela *confluência*, que a jurisprudência constitucional – Ac. TC n.º 388/2005 (cit.)[1773] analisou a possibilidade da Caixa Geral de Depósitos (sociedade anónima de capitais integralmente públicos e, portanto, *empresa pública* para efeitos da legislação ordinária, de Direito Comunitário e também constitucionais[1774]) recorrer ao processo de execução fiscal para recuperação dos seus créditos: "Tendo o legislador cometido à CGD a satisfação destas necessidades públicas ["colaborar na realização da política de crédito do Governo e, designadamente, no incentivo e mobilização da poupança para o financiamento do desenvolvimento económico e social, na acção reguladora dos mercados monetário e financeiro e na distribuição selectiva do crédito"; "cooperar na resolução do problema habitacional, mediante o crédito para construção ou aquisição de residência própria, o financiamento à construção civil para edificação de habitações destinadas à venda ou arrendamento em condições acessíveis e a aplicação de fundos da Caixa Nacional de Previdência na construção ou aquisição de casas para funcionários do Estado e dos corpos administrativos"], não se mostra, de modo algum, abusivo, arbitrário ou manifestamente desproporcionado que, simultânea e diferentemente do que se passa relativamente às outras entidades bancárias, a tenha aliviado de certos encargos processuais com a cobrança dos créditos com que, pelo menos em parte, satisfazia essas necessidades públicas. [§] De resto, a atribuição dessas prerrogativas processuais não deixa de constituir, precisamente, uma expressão de afirmação da subordinação constitucional do poder económico ao poder político, na medida em que elas representam uma contrapartida pelo prosseguimento por parte da CGD dos interesses públicos que são predeterminadamente definidos pelo legislador, em concretização de valores que a Constituição de 1976 não deixou de igualmente assumir como direitos sociais ou como injunções constitucionais (cf. artigos 65.º e 101.º da Constituição da República Portuguesa, na versão actual). [§] Por outro lado,

---

[1772] No domínio da actividade de televisão, com referência à coesão nacional e à promoção cultural em todo o território nacional (embora indirectamente para a finalidade da decisão, que aliás não tomou conhecimento do pedido), cfr. Ac. TC n.º 54/99 (cit.).; e na sequência deste último, cfr. Ac. TC n.º 673/99, de 15 de Dezembro de 199, http://www.tribunalconstitucional.pt/tc/acordaos/19990673.html.

[1773] Com referência a este mesmo Ac. no âmbito da definição de *poder económico* (para efeitos da respectiva subordinação ao poder político democrático), cfr. anotação ao artigo 80.º, I, § 2.º, 2.1.2.

[1774] Cfr. anotação ao artigo 82.º, I, § 2.º, em especial 2.2.1.

não se descortina, na atribuição legislativa à CGD da possibilidade de poder requerer a execução coactiva dos seus créditos em processo de execução fiscal, qualquer posição de agravamento substantivo da situação do devedor, dado que este – no caso, a recorrente – continua apenas a estar obrigado a cumprir a obrigação nos mesmos termos em que o estaria se a execução houvesse de obedecer, como hoje acontece, ao regime do processo comum de execução. [§] Mesmo a admitir-se sem discussão a possibilidade de as entidades bancárias "poderem contribuir para a destruição de pequenas empresas que careçam de recorrer aos seus serviços" (para utilizar as palavras da recorrente), ela em nada se altera só porque a CGD tem a possibilidade de lançar mão do processo de execução fiscal e outras empresas têm de socorrer-se do processo comum. [§] O que poderia sair afectado, a não haver razões para atribuir um meio processual tido por menos oneroso para o credor, seriam os princípios constitucionais da igualdade e da concorrência salutar entre as entidades bancárias [artigos 13.° e 99.°, alínea a), da Constituição da República Portuguesa]. [§] Todavia, um tal resultado hipotético será completamente estranho à situação jurídico-material dos devedores, como a da recorrente (lembre-se, a propósito, que o Tribunal Constitucional sempre se pronunciou pela negativa quanto àquela questão – cf., a título de exemplo, os Acórdãos n.os 371/94, 508/94, 509/94 e 579/94, todos disponíveis em www.tribunalconstitucional.pt). [§] A posição de o legislador subtrair à CGD a possibilidade de requerer a declaração de falência do devedor, no caso de se verificarem os pressupostos estabelecidos na lei respectiva, só pelo facto de ter direito de utilizar um processo de execução tendencialmente menos oneroso do que o processo de execução comum, seria, ao contrário do que sustenta a recorrente, querer colocá-la em uma posição mais gravosa do que a conferida aos outros credores, não obstante estes não estarem obrigados a prosseguir políticas públicas de satisfação de interesses colectivos, na medida em que se lhe retirava a possibilidade de poder usufruir do regime de extinção dos privilégios creditórios, de que acima se falou, e de, eventualmente, poder vir a ser paga do seu crédito com precedência aos credores munidos apenas desses privilégios.".

Neste sentido, e tendo em conta a centralidade material do *mercado* no âmbito da Constituição económica portuguesa (como já por diversas vezes referido nos pontos antecedentes), a protecção da concorrência e a protecção dos consumidores revelam-se objectivos gerais pelos quais o Estado está obrigado a pugnar, dada a respectiva difusão na garantia da generalidade dos direitos fundamentais[1775].

[1775] Sobre este aspecto também, cfr. JORGE MIRANDA/RUI MEDEIROS, *Constituição ...*, II, pp. 195 ss.

II. DIREITO INTERNACIONAL E EUROPEU

§ 4.º. Direito Internacional

A CRP atribui importância considerável às relações internacionais de natureza comercial[1776]. Naturalmente, são aqui relevantes as vinculações assentes no âmbito da OMC[1777], mas também outros compromissos que estão ou possam ser assumidos pelo Estado português no seio de organizações de âmbito internacional para tal privilegiadas (como é o caso da CPLP).

Porém, as vinculações oriundas do Direito Europeu no domínio da política comercial comum limitam consideravelmente a autonomia internacional do Estado português e restantes Estados-membros[1778].

Às entidades privadas fica, portanto, cada vez mais reservado um lugar fundamental no *desenvolvimento e diversificação das relações económicas externas*, com as inerentes consequências ao nível da relativização, designadamente, da soberania nacional para este efeito, e reflexamente, da subordinação do poder económico ao poder político democrático (que já não é exclusivamente o poder do Estado, mas também das instâncias comunitárias)[1779].

§ 5.º. Direito Europeu

Não é possível em breves linhas apresentar sequer o quadro geral das vinculações ou influências decorrentes do Direito Europeu para a política comercial portuguesa, conforme a mesma encontra ponto de partida normativo no artigo 99.º da CRP. Dos aspectos já referidos[1780] pode inferir-se que não existe praticamente qualquer matéria ao nível do Direito Europeu que não apresente aqui relevância. Desde logo, no que respeita ao Direito Comunitário originário, sendo os seus princípios estruturantes fun-

---

[1776] Cfr. *supra*, I, § 1.º, 1.4.
[1777] Cfr. PEDRO INFANTE MOTA, *O Sistema GATT/OMC* ..., pp. 107 ss.
[1778] Cfr. o ponto seguinte.
[1779] Cfr. o ponto seguinte, bem como *supra*, I, § 1.º, 1.2.
[1780] Mormente *supra*, I, § 1.º, 1.3.

damentais orientados para a criação e disciplina de "um mercado comum e de uma união económica e monetária"[1781], outra conclusão não é possível. Façamos notar, contudo, alguns aspectos nucleares, pressupondo uma remissão para comentários gerais a outros artigos[1782].

Entre as políticas da Comunidade, Parte III do TCE, foi reservado um Título autónomo (IX) para a política comercial comum. No artigo 131.º pode ler-se que "Ao instituírem entre si uma união aduaneira, os Estados--Membros propõem-se contribuir, no interesse comum, para o desenvolvimento harmonioso do comércio mundial, para a supressão progressiva das restrições às trocas internacionais e para a redução das barreiras alfandegárias". Ainda de acordo com este preceito "A política comercial comum tomará em conta a incidência favorável que a supressão de direitos aduaneiros entre os Estados-Membros possa ter no aumento da capacidade concorrencial das empresas destes Estados". Esta política comercial comum é tratada como um dos domínios de atribuições exclusivas da Comunidade (embora até ao momento tal qualificação seja meramente jurisprudencial)[1783], e contém ainda outras determinações substanciais limitativas da autonomia dos Estados no domínio do comércio internacional. Com efeito, nos termos do n.º 1 do artigo 132.º do TCE, "Sem prejuízo dos compromissos assumidos pelos Estados-Membros no âmbito de outras organizações internacionais, os regimes de auxílios concedidos pelos Estados--Membros às exportações para países terceiros serão progressivamente harmonizados na medida em que tal for necessário para evitar que a concorrência entre as empresas da Comunidade seja falseada", para o que o Conselho adoptará directrizes sob proposta da Comissão. Mais, dispõe o n.º 1 do artigo 133.º que a política comercial comum "assenta em princípios uniformes, designadamente no que diz respeito às modificações pautais, à celebração de acordos pautais e comerciais, à uniformização das medidas de liberalização, à política de exportação, bem como às medidas de protecção do comércio, tais como as medidas a tomar em caso de *dumping* e de subvenções"[1784], estabelecendo o subsequente artigo 134.º

[1781] Cfr. artigo 2.º do TCE.

[1782] Muito em particular, cfr. anotação ao artigo 80.º, II, § 4.º, e anotação ao artigo 81.º, II, § 4.º.

[1783] Cfr. ANA MARIA GUERRA MARTINS, *Curso* ..., p. 284; FAUSTO DE QUADROS, *Direito da União* ..., pp. 195 ss.

[1784] Para uma análise desta norma, cfr. MARIA JOÃO PALMA, *A política comercial após o Tratado de Nice: tensões e incoerências em torno do artigo 133.º do Tratado da*

mecanismos tendentes a garantir a execução da política comercial comum por parte dos Estados.

O propósito do TCE, em que a Comunidade se assume como um bloco económico[1785], chegar à política comercial comum como atribuição exclusiva daquela, importa uma extraordinária compressão da soberania dos Estados-membros. Mas se, nesta vertente, tal compressão é sobretudo visível no domínio internacional extra-comunitário, não será muito diferente ao nível intra-comunitário[1786]. Todas as matérias que são objecto de políticas comunitárias – destacando-se, de acordo com os vários títulos da Parte III do TCE, a livre circulação de mercadorias, a própria agricultura, as quatro liberdades, os transportes, a política económica e monetária, o emprego, a cooperação aduaneira, a indústria, etc.[1787] – importam regras limitativas do poder de disposição dos Estados sobre a concretização dos seus próprios objectivos de política comercial. Se prestarmos especial atenção às regras comuns relativas à concorrência, disposições fiscais e aproximação de legislações (Título VI), comprovamos a aplicabilidade directa de normas imediatamente compressoras dos ordenamentos jurídicos nacionais: no domínio da concorrência, é o próprio TCE que sanciona com a nulidade quaisquer acordos ou decisões incompatíveis com o mercado comum nos termos do artigo 81.º[1788]. Se atentarmos na matéria da defesa dos consumidores – que também erigimos como valor fundamental protegido pelo artigo 99.º da CRP[1789] – descobrimos também uma política de validade transversal face às restantes, apenas sendo permitido aos Estados a manutenção ou introdução de medidas de protecção mais estritas do que as definidas pelas instituições europeias, e ainda assim

---

Comunidade Europeia, in *Estudos Jurídicos e Económicos em Homenagem ao Prof. Doutor António de Sousa Franco*, III, FDUL, Coimbra, 2006, em especial pp. 104 ss.

[1785] Cfr. PEDRO INFANTE MOTA, *Os Blocos Económicos Regionais e o Sistema Comercial Multilateral. O Caso da Comunidade Europeia*, Separata da RFDUL, Vol. XL, n.os 1 e 2, 1999, *passim*. Sobre a integração europeia no contexto do comércio internacional, cfr. MANUEL CARLOS LOPES PORTO, *Teoria da Integração* ..., pp. 21 ss.

[1786] Cfr. anotação ao artigo 81.º, II, § 4.º.

[1787] Sobre as várias políticas comunitárias, cfr. MANUEL CARLOS LOPES PORTO, *Teoria da Integração* ..., pp. 269 ss., e *A lógica* ..., pp. 625 ss.; PAULO DE PITTA E CUNHA, *Direito Europeu – Instituições e Políticas da União*, Coimbra, 2006, pp. 127 ss.

[1788] Sobre a concorrência e a fiscalidade no âmbito da integração europeia, cfr. ANTÓNIO CARLOS SANTOS, *Auxílios de Estado* ..., pp. 41 ss.

[1789] Cfr. *supra*, I, § 3.º, 3.2.

sujeitas a uma cláusula de compatibilidade com Tratado e notificação à Comissão (artigo 153.°).

Fundamentalmente, já não está na autonomia decisória dos órgãos (de soberania) do Estado a criação de regimes jurídicos inovadores ao nível da política comercial, tantas e tão profundas são as vinculações (directas ou indirectas) trazidas pelo Direito Europeu[1790]. É, essencialmente, na *concretização* dessas vinculações que a autonomia estadual se mostra, e aí releva o quadro normativo complexo de relação entre o disposto no artigo 99.° e nas restantes normas da CRP[1791]. Uma categoria de casos em que tal autonomia se revela é a de questões de concorrência que não afectam o mercado comum europeu[1792].

III. MEMÓRIA CONSTITUCIONAL

§ 6.°. **As constituições portuguesas anteriores à Constituição de 1976**

À semelhança do que se observou a propósito dos objectivos da política agrícola[1793], as constituições portuguesas anteriores à Constituição de 1976 não contiveram qualquer preceito afim do hoje constante do artigo 99.° da CRP. Salvo referências pontuais, o comércio não foi alvo de uma atenção constitucional própria e sistemática. O que se verifica, como com a agricultura, é que no período liberal tais referências surgem no contexto da garantia da propriedade e da liberdade de iniciativa económica; e no período do constitucionalismo corporativista enquadradas no âmbito das actividades económicas, em subordinação ao *interesse nacional*, com representação entre as corporações profissionais.

[1790] Retome-se a afirmação de A. J. AVELÃS NUNES, para quem "Perante o elenco de *políticas comuns* (…) esvazia-se em boa medida o significado das *políticas sectoriais* da responsabilidade dos governos nacionais (política agrícola, política industrial, política comercial)." (cfr. *A Constituição Europeia* …, p. 128).

[1791] Cfr. *supra*, I, *passim*.

[1792] Neste sentido, cfr. JORGE MIRANDA/RUI MEDEIROS, *Constituição*, II, p. 195.

[1793] Cfr. anotação ao artigo 93.°, III, § 6.°.

A **Constituição de 1822** limitava-se a incluir entre as atribuições das câmaras municipais a promoção do comércio e o estabelecimento de "feiras e mercados nos lugares mais convenientes" (artigo 223.°, II e III)[1794].

A **Carta Constitucional de 1826** (que desconstitucionalizou a matéria relativa às atribuições das câmaras – artigo 135.°), justamente no quadro traçado *supra*, referia-se ao comércio no § 23.° do artigo 145.°, que dispunha que "Nenhum género de trabalho, cultura indústria ou comércio pode ser proibido, uma vez que não se oponha aos costumes públicos, à segurança e saúde dos Cidadãos"[1795]. Note-se ainda a inclusão entre as "atribuições" das Cortes da determinação do "padrão dos Pesos e Medidas" (artigo 15.°, § 15.°)[1796].

A **Constituição de 1838** mantém o padrão fixado pela Carta Constitucional, tanto no que toca à referida desconstitucionalização (artigo 130.°), como à liberdade de iniciativa económica (artigo 23.°, § 3.°), com referência expressa ao comércio. Mantém-se a competência legislativa das Cortes no que respeita à determinação do padrão dos pesos e medidas (artigo 37.°, XVII[1797]).

Também a **Constituição de 1911** garantia "o exercício de todo o género de (...) comércio, salvo as restrições da lei por utilidade pública", estabelecendo-se ainda que "Só o Poder Legislativo e os corpos administrativos, nos casos de reconhecida utilidade pública, poderão conceder o exclusivo de qualquer exploração comercial ou industrial" (artigo 3.°, 26.°). Entre as competências do Congresso da República permanecia a fixação do padrão dos pesos e medidas (artigo 26.°, 10.°)[1798]. Referência expressa ao comércio foi feita também, com a alteração ditatorial de 1918, promovida por Sidónio Pais, com a representação senatorial das profissões comerciais[1799].

[1794] De natureza diferente é a referência constante dos artigos 103.°, VI, e 123.°, XIV, nos termos dos quais competia, respectivamente, às Cortes e ao Rei, "Aprovar" e "Fazer" os tratados de "aliança ofensiva ou defensiva, de subsídios, e de comércio, antes de serem ratificados".

[1795] Paralelamente à nota anterior, cfr. na Carta o artigo 75.°, § 8.°.

[1796] Ainda hoje o padrão de pesos e medidas constitui matéria da reserva relativa de competência legislativa da AR, nos termos da alínea *o)* do n.° 1 do artigo 165.° da CRP (cfr. anotação respectiva).

[1797] Neste mesmo artigo, sobre as matérias de natureza internacional referidas na penúltima e antepenúltima notas, cfr. IX; e o artigo 82.°, XV.

[1798] E na senda das notas anteriores, sobre matéria internacional, cfr. artigo 47.°, 7.°.

[1799] Cfr. anotação ao artigo 92.°, III, § 5.°.

A **Constituição de 1933** refere-se à "liberdade de escolha de profissão ou género de trabalho, indústria ou comércio, salvas as restrições legais requeridas pelo bem comum e os exclusivos que só o Estado e os corpos administrativos poderão conceder nos termos da lei, por motivo de reconhecida utilidade pública" (artigo 8.°, 7.°). Se, como dissemos, o comércio releva no âmbito de toda a chamada Constituição económica[1800], e também da Constituição social e política (designadamente, a propósito da composição da Câmara Corporativa[1801], encontram-se ainda assim algumas referência expressas[1802]. Desde logo no artigo 30.°, que fala das vantagens comerciais a obter especialmente de alguns países (ou defesa contra ameaças ou ataques deles provindos) como excepção à regra da igualdade tendencial na cooperação internacional. E no artigo 31.°, 2.°, que estabelece para o Estado "o direito e a obrigação" de defender a economia nacional das explorações comerciais que tenham "carácter parasitário ou [sejam] incompatíveis com os interesses superiores da vida humana"[1803].

§ 7.°. Conteúdo originário da redacção do preceito na Constituição de 1976 e sucessivas versões decorrentes das revisões constitucionais

Na **redacção originária, a Constituição de 1976** continha um Título autónomo no âmbito da Parte II dedicado ao comércio – o Título VI, sob a epígrafe "Circuitos Comerciais" –, composto por dois preceitos:

"ARTIGO 109.°
(Preços e circuitos de distribuição)
1. O Estado intervém na formação e no controlo dos preços, incumbindo-lhe racionalizar os circuitos de distribuição e eliminar os desnecessários.
2. É proibida a publicidade dolosa.

[1800] Remetemos, portanto, para os comentários aos artigos precedentes – designadamente, artigos 80.° a 88.° -, nos títulos relativos à *Memória Constitucional*.

[1801] Cfr. anotação ao artigo 92.°, III, § 5.°.

[1802] O que não acontece nos mesmos termos no domínio da agricultura (cfr. anotação ao artigo 93.°, III, § 6.°).

[1803] O padrão dos pesos e medidas constituía necessariamente matéria de lei (cfr. artigo 93.°, alínea *d*)).

ARTIGO 110.°
(Comércio externo)
Para desenvolver e diversificar as relações comerciais externas e salvaguardar a independência nacional, incumbe ao Estado:
 a) Promover o controlo das operações de comércio externo, nomeadamente criando empresas públicas ou outros tipos de empresas;
 b) Disciplinar e vigiar a qualidade e os preços das mercadorias importadas e exportadas."

Na **revisão constitucional de 1982**, foram introduzidas diversas alterações, pelos artigos 88.°, 89.° e 90.° da Lei Constitucional n.° 1/82, de 30 de Setembro. Em primeiro lugar, foi alterada a epígrafe do Título VI, que passou a ser "Comércio e protecção do consumidor". Em segundo lugar, agregaram-se os anteriores artigos 109.° e 110.° (este passou a constituir o n.° 2 daquele, agora revogado), e com alterações. Por último, foi ainda aditado um novo artigo 110.°, sob a epígrafe "Protecção do consumidor":

"ARTIGO 109.°
(Comércio)
1. O Estado intervém *na racionalização dos circuitos de distribuição e na formação e no controlo dos preços, a fim de combater actividades especulativas, evitar práticas comerciais restritivas e os seus reflexos sobre os preços, e adequar a evolução dos preços de bens essenciais aos objectivos da política económica e social.*
2. *Para desenvolver e diversificar as relações económicas externas e salvaguardar a independência nacional, incumbe ao Estado regular as operações de comércio externo, nomeadamente através de empresas públicas ou outros tipos de empresas.*

ARTIGO 110.°
(Protecção do consumidor)
1. Os consumidores têm direito à formação e à informação, à protecção da saúde, da segurança e dos seus interesses económicos e à reparação de danos.
2. A publicidade é disciplinada por lei, sendo proibidas todas as formas de publicidade oculta, indirecta ou dolosa.
3. As associações de consumidores e as cooperativas de consumo têm direito, nos termos da lei, ao apoio do Estado e a ser ouvidas sobre as questões que digam respeito à defesa dos consumidores."

Na **revisão constitucional de 1989**, os artigos 88.°, 89.° e 90.° da Lei Constitucional n.° 1/89, de 8 de Julho, eliminaram aquele Título VI, bem como os artigos 109.° e 110.° que o integravam (que passaram a alojar as matérias relativas à elaboração do Orçamento e sua fiscalização, no Título IV). E o artigo 79.° dessa mesma Lei Constitucional aditou um novo artigo – o 102.° – sob a epígrafe "Objectivos da política comercial".

Assim se fixou a redacção do preceito que ainda hoje se mantém. A **revisão constitucional de 1992** não lhe trouxe qualquer alteração, e na **revisão constitucional de 1997**, o artigo 65.° da Lei Constitucional n.° 1/ /97, de 20 de Setembro, limitou-se a renumerá-lo, que assim ficou o actual artigo 99.°.

Nem a **quinta revisão constitucional, de 2001**, nem a **sexta revisão constitucional, de 2004**, nem tão-pouco a **sétima revisão constitucional, de 2005**, lhe trouxeram qualquer alteração.

§ 8.°. Apreciação do sentido das alterações do preceito

Com a revisão constitucional de 1982 aligeirou-se não apenas uma intervenção do Estado na actividade comercial de pendor proteccionista[1804], mas começou também a delinear-se o seu papel mais regulador. A revisão constitucional de 1989, ao fixar a redacção actual do preceito, neutralizou o seu conteúdo, que assim se tornou altamente moldável, quer às alterações do texto constitucional a respeito dos direitos fundamentais, quer ao Direito Comunitário[1805].

IV. PAÍSES DE EXPRESSÃO PORTUGUESA

§ 9.°. Brasil

A CRFB não contém norma idêntica à constante do artigo 99.° da CRP.

[1804] Em 1979, ANTÓNIO L. SOUSA FRANCO falava do "controlo do comércio externo" como um princípio com consagração constitucional "mas sem tradução actual concreta ou geral" (cfr. *Sistema Financeiro* ..., p. 561).

[1805] Sobre a evolução deste preceito, cfr. ANTÓNIO L. SOUSA FRANCO/GUILHERME D'OLIVEIRA MARTINS, *A Constituição* ..., pp. 305 ss.

§ 10.º. **Angola**

A LCRA não contém norma idêntica à constante do artigo 99.º da CRP.

§ 11.º. **Moçambique**

A CRM não contém norma idêntica à constante do artigo 99.º da CRP.

§ 12.º. **Cabo Verde**

A CRCV não contém norma idêntica à constante do artigo 99.º da CRP.

§ 13.º. **Guiné-Bissau**

A CRGB não contém norma idêntica à constante do artigo 99.º da CRP.

§ 14.º. **São Tomé e Príncipe**

A CRDSTP não contém norma idêntica à constante do artigo 99.º da CRP.

§ 15.º. **Timor-Leste**

A CRDTL não contém norma idêntica à constante do artigo 99.º da CRP.

Artigo 100.º
(Objectivos da política industrial)

São objectivos da política industrial:
a) O aumento da produção industrial num quadro de modernização e ajustamento de interesses sociais e económicos e de integração internacional da economia portuguesa;
b) O reforço da inovação industrial e tecnológica;
c) O aumento da competitividade e da produtividade das empresas industriais;
d) O apoio às pequenas e médias empresas e, em geral, às iniciativas e empresas geradoras de emprego e fomentadoras de exportação ou de substituição de importações;
e) O apoio à projecção internacional das empresas portuguesas.

Quadro tópico:

I. OBJECTIVOS DA POLÍTICA INDUSTRIAL

§ 1.º. O VALOR JURÍDICO DOS OBJECTIVOS CONSTITUCIONAIS DA POLÍTICA INDUSTRIAL;

1.1. A política industrial como vertente da Constituição económica material;

1.2. Dialéctica inter-sistémica: sistema jurídico-político e sistema económico-social;

1.3. O influxo do Direito Comunitário: a integração económica, a política industrial e a secundarização da Constituição económica portuguesa (remissão);

1.4. A sistematização dos objectivos da política industrial e a importância de outras políticas sectoriais;

1.5. Relação entre os objectivos da política comercial e os objectivos da política industrial;

1.6. Relação entre os objectivos da política industrial e os objectivos da política agrícola;

§ 2.º. Vinculação dos poderes públicos aos objectivos da política industrial;
2.1. Vinculação do legislador;
2.2. Vinculação da Administração;
§ 3.º. Articulação da positivação constitucional dos objectivos da política industrial com os princípios fundamentais da organização económico-social e com os direitos fundamentais;
3.1. Os princípios fundamentais;
3.2. Os direitos fundamentais: algumas conexões.

II. DIREITO INTERNACIONAL E EUROPEU
§ 4.º. Direito Internacional;
§ 5.º. Direito Europeu.

III. MEMÓRIA CONSTITUCIONAL
§ 6.º. As constituições portuguesas anteriores à Constituição de 1976;
§ 7.º. Conteúdo originário da redacção do preceito na Constituição de 1976 e sucessivas versões decorrentes das revisões constitucionais;
§ 8.º. Apreciação do sentido das alterações do preceito.

IV. PAÍSES DE EXPRESSÃO PORTUGUESA
§ 9.º. Brasil;
§ 10.º. Angola;
§ 11.º. Moçambique;
§ 12.º. Cabo Verde;
§ 13.º. Guiné-Bissau;
§ 14.º. São Tomé e Príncipe;
§ 15.º. Timor-Leste.

I. OBJECTIVOS DA POLÍTICA INDUSTRIAL

§ 1.º. O valor jurídico dos objectivos constitucionais da política industrial

1.1. *A política industrial como vertente da Constituição económica material*

Com a introdução deste preceito constitucional, aquando da revisão constitucional de 1989, e até hoje inalterado[1806], a actividade económica industrial foi assumida como um dos aspectos substanciais centrais da organização económico-social, ao lado da agricultura e do comércio, que foram objecto de atenção por parte do legislador constitucional desde a redacção originária da Constituição de 1976.º[1807]. De certa forma, pode apontar-se aqui uma tentativa de modernização ou adequação à realidade pré-jurídica do próprio texto constitucional, assim como uma intenção de equilíbrio intra-constitucional entre as actividades agrícola, comercial, e agora industrial, também no sentido da relativização daquela primeira[1808].

De forma um pouco distinta do que apontámos ao disposto no artigo 99.º[1809], os objectivos da política industrial plasmados no artigo 100.º, enquanto *norma-fim*, trazem novos sentidos materiais a várias das alíneas do artigo 81.º, inovações essas que consistem, no essencial, na respectiva orientação para aquilo a que, a propósito do artigo 99.º, chamámos uma *vertente de governo* constitucionalmente necessária enquanto tal. Isto sucede porque o disposto em múltiplas alíneas do artigo 81.º consistia já, imediatamente, na atribuição ao Estado de tarefas reguladoras do mercado – que aí surgia, portanto, como objecto normativo imediato –, enquanto que a actividade industrial apenas pontualmente e em geral era aí entrevista. Por exemplo: *assegurar a plena utilização das forças produtivas* (alínea *c*) do artigo 81.º)[1810] é uma tarefa do Estado que ganha concreti-

---

[1806] Cfr. *infra*, III, § 7.º e § 8.º.
[1807] Cfr. anotações aos artigos 93.º a 99.º.
[1808] Cfr. anotação ao artigo 99.º, I, § 1.º, 1.1., onde se faz referência à posição de ANTÓNIO CARLOS SANTOS/MARIA EDUARDA GONÇALVES/MARIA MANUEL LEITÃO MARQUES, *Direito* ..., p. 78.
[1809] Cfr. a respectiva anotação, I, § 1.º, 1.1.
[1810] Cfr. anotação ao artigo 81.º, I, § 2.º, 2.3.

zação e orientação perante o objectivo de *aumentar a produção industrial num quadro de modernização e ajustamento de interesses sociais e económicos* (...) (alínea *a)* do artigo 100.º)[1811]; *assegurar uma política científica e tecnológica favorável ao desenvolvimento do país* e *adoptar uma política nacional de energia* (alíneas *l)* e *m)* do artigo 81.º)[1812] são tarefas agora com dimensões concretizadas para os vários objectivos da política industrial[1813].

Pode, pois, dizer-se que a *questão industrial* foi constitucionalmente assumida como um aspecto essencial da organização económico-social; e pela leitura dos vários objectivos constantes do artigo 100.º, não custa identificá-la como um elemento essencial para a *promoção do aumento do bem-estar social e económico e da qualidade de vida das pessoas* (alínea *a)* do artigo 81.º)[1814].

1.2. Dialéctica inter-sistémica: sistema jurídico-político e sistema económico-social

Devem neste âmbito tomar-se em conta as considerações expendidas a propósito do artigo 99.º[1815]. Todavia, o teor dos objectivos inscritos no artigo 100.º parece postular, simultaneamente, uma maior necessidade e possibilidade de intervenção pública não meramente regulatória ou de controlo, mas de fomento.

Tal, cremos, deve-se a uma avaliação do poder político constituinte que, de certa forma, contrapõe a actividade comercial à industrial. Ambas partilhando o contexto do *mercado*, a segunda – enquanto actividade de *produção de bens* – estruturante da economia nacional para a seguinte *integração internacional* (alínea *a)* do artigo 100.º)[1816]. Note-se a dife-

---

[1811] Assegurar a plena utilização das forças produtivas é incumbência prioritária que, com alterações, provém da redacção originária da Constituição de 1976 (cfr. anotação ao artigo 81.º, III, § 6.º).

[1812] Cfr. anotação ao artigo 81.º, I, § 2.º, 2.11. e 2.12.

[1813] Tarefas essas constitucionalizadas, no essencial, pela revisão constitucional de 1982 (cfr. anotação ao artigo 81.º, III, § 6.º).

[1814] Além, portanto, de uma lógica de subsistência (cfr. anotação ao artigo 93.º, I, § 1.º, 1.6.). Cfr. também anotação ao artigo 81.º, I, § 2.º, 2.1.

[1815] Cfr. anotação respectiva, I, § 1.º, 1.2.

[1816] Chamando a atenção para que apenas nesta perspectiva *de integração internacional* se podem compreender hoje verdadeiramente os objectivos da política industrial,

rença, por exemplo, do ponto de vista da independência nacional: enquanto a actividade comercial precisa de vigilância, a actividade industrial reclama fomento.

Esta avaliação do sistema económico-social e sua relação específica com a actividade industrial projecta sobre a função política constituída uma obrigação de previsão de mecanismos adequados à concretização dos objectivos da política industrial que, em termos de Direito Administrativo, reclama uma intervenção pública mais prestadora, tão ou mais activa que normativa. Na relação com o disposto no artigo 81.°, esta pode considerar-se uma dimensão específica do disposto no artigo 100.°, mostrando que o modelo de administração (tanto em sentido objectivo como subjectivo) radica, em primeira e última análise, na própria CRP, e não é monolítico, antes variando de acordo com as realidades substantivas a que se destina.

1.3. *O influxo do Direito Comunitário: a integração económica, a política industrial e a secundarização da Constituição económica portuguesa (remissão)*

Esta referência remissiva[1817] partilha, em geral, das observações já expendidas a propósito do artigo 99.° (e das remissões para as anotações a outros preceitos que aí se encontram)[1818]. Note-se que mesmo a componente social presente nos objectivos do artigo 100.° não se afasta do que são os valores e princípios fundamentais do Direito Europeu[1819]. E é sintomático, aliás, que este preceito tenha sido introduzido na revisão constitucional de 1989 (portanto, depois da adesão de Portugal às Comunidades), e desde então se mantenha inalterado.

---

cfr. JORGE MIRANDA/RUI MEDEIROS, *Constituição* ..., II, p. 201; J. J. GOMES CANOTILHO/VITAL MOREIRA, *Constituição* ..., I, p. 1076.

[1817] Cfr. *infra*, II, § 5.°.
[1818] Cfr. anotação respectiva, I, § 1.°, 1.3.
[1819] Cfr. anotação ao artigo 80.°, II, § 4.°.

1.4. A sistematização dos objectivos da política industrial e a importância de outras políticas sectoriais

Mais uma vez, as considerações gerais que se teceram a propósito dos objectivos da política agrícola[1820] e da política comercial[1821] têm aqui relevo, *mutatis mutandis*.

Em primeiro lugar, note-se que o *aumento da produção industrial* (alínea *a)* do artigo 100.°) é duplamente enquadrado: (i) pela *modernização e ajustamento de interesses sociais e económicos*, e (ii) pela *integração internacional da economia portuguesa*. Tal significa que o aumento da produção industrial, embora um objectivo em si na lógica do mercado, se deve processar, simultaneamente, como forma de modernização da estrutura social mas sem favorecer a conflitualidade de interesses subjacentes; e com o fito da internacionalização da economia portuguesa, num contexto definitivamente *não doméstico*. O mesmo se pode dizer a propósito do *aumento da competitividade e da produtividade das empresas industriais* (alínea *c)*). A síntese é, naturalmente, complexa, desde logo ao nível da situação dos trabalhadores[1822]: mas o objectivo parece ser o da integração internacional destes também, pela sua modernização.

O *reforço da inovação industrial e tecnológica* (alínea *b)* do artigo 100.°) constitui tanto um objectivo instrumental para outros – designadamente, os previstos nas alíneas *a)* e *c)*[1823] – quanto um objectivo *a se*, considerando a sua relação com a *promoção do bem-estar e da qualidade de vida das pessoas* (alínea *a)* do artigo 81.°).

O *apoio às pequenas e médias empresas e, em geral, às iniciativas e empresas geradoras de emprego e fomentadoras de exportação ou de substituição de importações* (alínea *d)*) entronca no objectivo primeiramente referido na alínea *a)*, bem como no respectivo enquadramento. Sem prejuízo de outros considerandos[1824], este objectivo enquadra a tarefa que ao Estado é cometida pelo n.° 1 do artigo 86.° ("O Estado incentiva a actividade empresarial, em particular das pequenas e médias empresas (…)")[1825]. Mas

---

[1820] Cfr. anotação ao artigo 93.°, I, § 1.°, 1.4.
[1821] Cfr. anotação ao artigo 99.°, I, § 1.°, 1.4.
[1822] Cfr. J. J. Gomes Canotilho/Vital Moreira, *Constituição* …, I, pp. 1076-1077.
[1823] Cfr. J. J. Gomes Canotilho/Vital Moreira, *Constituição* …, I, p. 1076.
[1824] Cfr. *infra*, I, § 3.°.
[1825] Cfr. anotação ao artigo 86.°, I, § 2.°.

aqui, a expressão *apoio* em lugar de *incentivo*, sugere uma intervenção pública mais favorecedora (e por meios directos) (i) das pequenas e médias empresas que se dediquem à indústria, (ii) bem como de outras que de modo relevante concretizem o emprego e fortaleçam a economia nacional (havendo aqui que ponderar a respectiva relevância no contexto nacional)[1826].

No sentido de que concretizam este objectivo "as medidas de recuperação das empresas nomeadamente as de gestão controlada, [que] visam sobretudo, senão mesmo exclusivamente, alcançar a respectiva viabilidade económica e, consequentemente, assegurar os postos de trabalho de quem aí exerce a sua actividade profissional e garantir os investimentos feitos nas empresas e a sua produtividade", cfr. Ac. STJ de 7 de Outubro de 1999, in BMJ, n.º 490, 1999, pp. 205 ss.

O *apoio à projecção internacional das empresas portuguesas* (alínea *e)*) constitui uma especificação de objectivos anteriores, designadamente os referidos nas alíneas *a)* e *d)*. Trata-se de promover as empresas portuguesas no âmbito internacional, desde logo no que a publicidade (na estrita lógica do mercado) não lhes proporciona. Um exemplo da prossecução deste objectivo pelo poder político (que não se traduz, portanto, em actos jurídicos) encontra-se no acompanhamento do PR, em múltiplas viagens oficiais deste, por parte de representantes do sector empresarial nacional. Note-se, contudo, que a tradução da prossecução deste objectivo em actos não jurídicos não afasta a necessidade de observância dos princípios estruturantes da República portuguesa, designadamente, do princípio da igualdade[1827].

Atentando no texto dos vários objectivos da política industrial, a CRP orienta-se no sentido não da substituição do Estado às empresas, mas de uma actividade pública complementar da iniciativa económica privada. Expressões como *o aumento*, *o reforço* e *o apoio* sugerem que há um patamar mínimo de livre empresa que o Estado não deve substituir, mas catapultar.

[1826] Inclinamo-nos, portanto, para considerar que não se trata de uma simples repetição do estatuído no n.º 1 do artigo 86.º da CRP (neste sentido cfr. J. J. GOMES CANOTILHO/VITAL MOREIRA, *Constituição* ..., I, p. 1077), mas de uma especialidade para este tipo de empresas. Cfr. também JORGE MIRANDA/RUI MEDEIROS, *Constituição* ..., II, pp. 201-202.

[1827] Referindo-se ao disposto nesta alínea *e)* do artigo 100.º no contexto do regime fiscal do investimento estrangeiro, cfr. JOSÉ CASALTA NABAIS, *Investimento Estrangeiro* ..., p. 374.

Ainda, é notório que os objectivos da política industrial aqui positivados supõem a existência de outras políticas públicas que, embora não autonomizadas pela CRP enquanto tal, constituem políticas sectoriais instrumentais sem as quais a política industrial não encontrará condições de desenvolvimento. É o caso, *v.g.*, das políticas de investigação e desenvolvimento tecnológico, de educação e formação profissional ou energética e de ambiente[1828].

1.5. Relação entre os objectivos da política comercial e os objectivos da política industrial

Como evidenciámos a propósito do artigo 99.°, na confluência dos objectivos da política comercial e da política industrial pode identificar-se uma *política comercial industrial*; e retomando parte do que antecipadamente afirmámos no ponto antecedente quanto ao objectivo previsto na alínea *d)* deste artigo 100.°, tal não é completamente desprovido de relevância jurídica[1829].

1.6. Relação entre os objectivos da política industrial e os objectivos da política agrícola

É possível procurar também uma *política industrial agrícola* na confluência dos objectivos da política agrícola estabelecidos no artigo 93.° e da política industrial aqui no artigo 100.°, no sentido de um apoio particular às actividades industriais instrumentais ou complementares da actividade agrícola. Mas a respectiva conformação fica para o poder político e legislativo, havendo, no entanto, que considerar que a CRP pretende "evitar que o sector agrícola seja desfavorecido nas relações de troca com os outros sectores" (alínea *c)* do n.° 1 do artigo 93.°)[1830].

[1828] Cfr. anotação ao artigo 81.°.

[1829] Cfr. anotação ao artigo 99.°, I, § 1.°, 1.6.

[1830] Para uma visão do sector agrícola entre os demais, designadamente comercial e industrial, cfr. Ac. TC n.° 225/95 (cit.).

§ 2.º. **Vinculação dos poderes públicos aos objectivos da política industrial**

2.1. *Vinculação do legislador*

As considerações expendidas a propósito do artigo 99.º valem também aqui, *mutatis mutandis*[1831]. Em termos substanciais, porém, merecem especial atenção as ligações a outras políticas públicas e outros aspectos referidos *supra*[1832].

2.2. *Vinculação da Administração*

Também aqui relevam, em geral e *mutatis mutandis*, os comentários a propósito do disposto no artigo 99.º[1833]. Note-se, porém, que enquanto ali apontámos como tom central da intervenção pública a de natureza regulatória, aqui assume especial importância a actividade de fomento[1834], sem que secundarizemos a de controlo[1835]. Assumem primacial importância, neste contexto, organismos como a Agência para o Investimento e Comércio Externo de Portugal, E.P.E.[1836].

[1831] Cfr. anotação respectiva, I, § 2.º, 2.1.
[1832] Cfr. I, § 1.º.
[1833] Cfr. I, § 2.º, 2.2.
[1834] Cfr. *supra*, I, § 1.º, 1.1. a 1.4.
[1835] Cfr. *infra*, § 3.º.
[1836] Entidade pública empresarial criada pelo Decreto-Lei n.º 245/2007, de 25 de Junho (que sucede à Agência Portuguesa para o Investimento, E.P.E., que havia sido criada pelo Decreto-Lei n.º 225/2002, de 30 de Outubro, bem como ao ICEP Portugal — Investimento, Comércio e Turismo, instituto público que havia sido criado pelo Decreto-Lei n.º 264/2000, de 18 de Outubro, alterado pelo Decreto-Lei n.º 35-A/2003, de 18 de Outubro, e pelo Decreto-Lei n.º 77/2004, de 31 de Março).

§ 3.º. Articulação da positivação constitucional dos objectivos da política industrial com os princípios fundamentais da organização económico-social e com os direitos fundamentais

3.1. Os princípios fundamentais

Os objectivos da política industrial estabelecidos no artigo 100.º da CRP apresentam várias conexões com princípios fundamentais da organização económico-social previstos nos artigo 80.º. Para além dos princípios implícitos (da garantia dos direitos económicos, sociais e culturais, e do desenvolvimento económico-social[1837]), outros são relevantes para perspectivar o resultado que pode obter-se da concretização destes objectivos[1838].

O princípio da *coexistência do sector público, do sector privado e do sector cooperativo e social de propriedade dos meios de produção* (alínea *b)* do artigo 80.º) implica que a prossecução dos objectivos da política industrial se deve orientar no sentido da garantia dos sectores de propriedade dos meios de produção não públicos, por um lado, mas também que essa mesma prossecução pode fazer-se através do sector público (empresas públicas) – o que pode ter particular relevo no âmbito das alíneas *a)* e *b)* do artigo 100.º[1839].

Assim se delineia também *uma economia mista*, mas a *liberdade de iniciativa e de organização empresarial no seu âmbito* reclama uma subsidiariedade da intervenção pública ao nível produtivo, essencialmente de fomento, como já referido[1840].

Estes alguns exemplos. É necessário, porém, alargar esta perspectiva às restantes normas do Título I da Parte II da CRP, designadamente, ao disposto nos artigos 81.º, 82.º, 83.º, 86.º, 87.º e 89.º. E, por outro lado, aos próprios princípios estruturantes da República portuguesa. Com efeito, a actividade industrial não possui apenas uma dimensão e relevo económico e social, sendo susceptível de diversas implicações do ponto de vista ambiental, da segurança dos cidadãos, do ordenamento do território, e da própria segurança nacional.

[1837] Cfr. anotação ao artigo 80.º, I, § 1.º, 1.3.

[1838] Tenham-se presentes as funções dos princípios fundamentais da organização económico-social (cfr. anotação ao artigo 80.º, I, § 1.º, 1.1.).

[1839] Cfr. anotação ao artigo 80.º, I, § 2.º, 2.2.

[1840] Cfr. anotação ao artigo 80.º, I, § 2.º, 2.3.

Veja-se, a título de exemplo, o regime geral do exercício da actividade industrial (Decreto-Lei n.º 69/2003, de 10 de Abril, com as alterações introduzidas pelo Decreto-Lei n.º 233/2004, de 14 de Dezembro, pelo Decreto-Lei n.º 174/2006, de 25 de Agosto, e pelo Decreto-Lei n.º 183/2007, de 9 de Maio), e o regime especial de acesso à actividade industrial de armamento (artigo 4.º da Lei n.º 88-A/97, de 25 de Julho, e Decreto-Lei n.º 396/98, de 17 de Dezembro, com as alterações introduzidas pelo Decreto-Lei n.º 164/99, de 14 de Setembro)[1841].

3.2. Os direitos fundamentais: algumas conexões

Como também afirmámos a propósito do artigo 99.º, é o quadro de direitos fundamentais e o seu enquadramento específico a partir dos princípios fundamentais da organização económico-social que melhor nos permite alcançar a materialidade das normas estabelecedoras de objectivos para as várias políticas. Mas importa também considerar os direitos fundamentais autonomamente.

Vários direitos fundamentais merecem aqui protecção e concretização numa perspectiva integrada com os objectivos da política comercial[1842]. Mas vários são também aqueles cuja protecção ou concretização apresentam conexões mais próximas com a actividade industrial. O desenvolvimento industrial constitui um factor determinante, desde logo, da busca de qualificações profissionais, condicionando o mercado de trabalho. Como tal, o Estado deve estar particularmente atento a essa dinâmica – que constitui um resultado da própria liberdade de iniciativa económica – no âmbito da concretização do direito ao ensino e da liberdade de escolha de profissão (visto que esta não possui apenas uma dimensão negativa). E revertendo esta observação, há que notar que uma deficiente leitura do papel do Estado neste domínio será também constrangedora da liberdade de iniciativa económica e de escolha de profissão, o que, na perspectiva que ora nos ocupa, afecta a concretização dos objectivos da política industrial.

Interligações semelhantes se podem desenhar, v.g., a propósito do direito ao trabalho e do direito ao ambiente e à qualidade de vida.

[1841] Também, JORGE MIRANDA/RUI MEDEIROS, Constituição ..., II, p. 202.
[1842] Cfr. anotação ao artigo 99.º, I, § 3.º, 3.2.

O que há, portanto, que destacar é que a concretização dos objectivos da política industrial constitui, fundamentalmente, a concretização de direitos fundamentais segundo um determinado modelo jus-económico constitucionalmente regulado.

II. DIREITO INTERNACIONAL E EUROPEU

§ 4.º. **Direito Internacional**

Sobre este aspecto, veja-se, *mutatis mutandis*, a anotação ao artigo 99.º[1843] e ponto seguinte.

§ 5.º. **Direito Europeu**

No que respeita ao Direito Europeu, a que já nos referimos *supra* de forma remissiva[1844], relevam também as considerações expendidas a propósito do artigo 99.º[1845]. O "reforço da capacidade concorrencial da indústria da comunidade", bem como a "promoção da investigação e do desenvolvimento tecnológico" constituem aspectos essenciais à concretização dos fins da Comunidade (alíneas *m)* e *n)* do artigo 3.º do TCE).

O Tratado, porém, reservou à política industrial o Título XVI da sua Parte III, constituído por um artigo único – o artigo 157.º. Tal norma, no seu n.º 1, dispõe que a "Comunidade e os Estados-Membros zelarão por que sejam asseguradas as condições necessárias ao desenvolvimento da capacidade concorrencial da indústria da Comunidade", e estabelece vários objectivos para o efeito, "no âmbito de um sistema de mercados abertos e concorrenciais", existindo neste domínio um grande paralelo substancial com o disposto no artigo 100.º da CRP. Esses objectivos, nos termos do n.º 2, são (i) "acelerar a adaptação da indústria às alterações estruturais"; (ii) "incentivar um ambiente favorável à iniciativa e ao desenvolvimento das empresas do conjunto da Comunidade, e nomeadamente

---

[1843] Cfr. II, § 4.º.
[1844] Cfr. I, § 1.º, 1.3.
[1845] Cfr. II, § 5.º.

das pequenas e médias empresas"; (iii) "incentivar um ambiente favorável à cooperação entre empresas"; (iv) "fomentar uma melhor exploração do potencial industrial das políticas de inovação, de investigação e de desenvolvimento tecnológico".

O n.º 2 deste artigo 157.º estabelece uma obrigação de os Estados--membros se consultarem mutuamente e em articulação com a Comissão, coordenando as suas acções (coordenação essa que a Comissão promoverá como entender necessário). Mas o n.º 3 (cuja redacção é a do Tratado de Nice) mostra uma ambição ou desígnio de integração superior, ao dispor que a Comunidade contribuirá para a realização daqueles objectivos enunciados *supra* "através das políticas e acções por si desenvolvidas em aplicação de outras disposições do presente Tratado". Como limite parece estar apenas que "A Comunidade não pode invocar o presente título para introduzir quaisquer medidas que possam conduzir a distorções de concorrência ou que comportem disposições fiscais ou relativas aos direitos e interesses dos trabalhadores assalariados".

Relevante neste domínio também é a política de investigação e desenvolvimento tecnológico. Nos termos do n.º 1 do artigo 163.º do TCE, "A Comunidade tem por objectivo *reforçar as bases científicas e tecnológicas da indústria comunitária e fomentar o desenvolvimento da sua capacidade concorrencial internacional*, bem como promover as acções de investigação consideradas necessárias ao abrigo de outros capítulos do presente Tratado"[1846]. Concretizando, dispõe o n.º 2 da mesma norma que, para tal, "a Comunidade incentivará, em todo o seu território, as empresas, incluindo as pequenas e médias empresas, os centros de investigação e as universidades nos seus esforços de investigação e de desenvolvimento tecnológico de elevada qualidade; apoiará os seus esforços de cooperação, tendo especialmente por objectivo dar às empresas a possibilidade de explorarem plenamente as potencialidades do mercado interno, através, nomeadamente, da abertura dos concursos públicos nacionais, da definição de normas comuns e da eliminação dos obstáculos jurídicos e fiscais a essa cooperação". O artigo 164.º do TCE estabelece várias acções a desenvolver pela Comunidade na prossecução destes objectivos, para tal sendo adoptado um plano pluri-anual que obedece a complexas regras (artigos 166.º e seguintes). Retenha-se, todavia, o dis-

---

[1846] Itálico nosso.

posto no artigo 165.º, nos termos do qual "A Comunidade e os Estados-Membros coordenarão a sua acção em matéria de investigação e de desenvolvimento tecnológico, de forma a assegurar a coerência recíproca das políticas nacionais e da política comunitária" (n.º 1), sendo que a Comissão pode tomar todas as iniciativas adequadas a promover essa mesma coordenação, "em estreita colaboração com os Estados-Membros" (n.º 2)[1847].

III. MEMÓRIA CONSTITUCIONAL

§ 6.º. As constituições portuguesas anteriores à Constituição de 1976

Como se observou a propósito dos objectivos das políticas agrícola e comercial[1848], as constituições portuguesas anteriores à Constituição de 1976 não contiveram qualquer preceito afim do hoje constante do artigo 100.º da CRP. Salvo referências pontuais, a indústria não foi alvo de uma atenção constitucional própria e sistemática. O que se verifica, como com a agricultura e com o comércio, é que no período liberal tais referências surgem no contexto da garantia da propriedade e da liberdade de iniciativa económica; e também no período do constitucionalismo corporativista enquadradas no âmbito das actividades económicas, em subordinação ao *interesse nacional*, com representação entre as corporações profissionais. Diga-se que no caso da Constituição de 1933, a actividade económica industrial constituía maior preocupação que as restantes.

A **Constituição de 1822** limitava-se a atribuir ao monarca o poder de conceder "privilégios exclusivos a favor da indústria, em conformidade das leis" (artigo 123.º, IX), e a incluir a sua promoção entre as atribuições das câmaras municipais (artigo 223.º, II).

A **Carta Constitucional de 1826** (que desconstitucionalizou a matéria relativa às atribuições das câmaras – artigo 135.º), justamente no quadro traçado *supra*, referia-se ao comércio no § 23.º do artigo 145.º, que

---

[1847] Sobre a política industrial e a política de investigação e desenvolvimento tecnológico, cfr. MANUEL CARLOS LOPES PORTO, *Teoria da Integração* ..., pp. 342 ss.; *A lógica* ..., pp. 642 ss.

[1848] Cfr. anotação ao artigo 93.º, III, § 6.º, e anotação ao artigo 99.º, III, § 6.º.

dispunha que "Nenhum género de trabalho, cultura indústria ou comércio pode ser proibido, uma vez que não se oponha aos costumes públicos, à segurança e saúde dos Cidadãos".

A **Constituição de 1838** mantém o padrão fixado pela Carta Constitucional, tanto no que toca à referida desconstitucionalização (artigo 130.º), como à liberdade de iniciativa económica (artigo 23.º, § 3.º), com referência expressa à indústria. À competência do monarca retornou a concessão de "privilégios exclusivos a favor da indústria, na conformidade das Leis" (artigo 82.º, VIII).

Também a **Constituição de 1911** garantia "o exercício de todo o género de (...) indústria (...), salvo as restrições da lei por utilidade pública", estabelecendo-se ainda que "Só o Poder Legislativo e os corpos administrativos, nos casos de reconhecida utilidade pública, poderão conceder o exclusivo de qualquer exploração comercial ou industrial" (artigo 3.º, 26.º). Referência expressa à indústria foi feita também, com a alteração ditatorial de 1918, promovida por Sidónio Pais, com a representação senatorial das respectivas profissões (abrangendo os transportes, a caça e a pesca, bem como as "extracções minerais"[1849].

A **Constituição de 1933** refere-se à "liberdade de escolha de profissão ou género de trabalho, indústria ou comércio, salvas as restrições legais requeridas pelo bem comum e os exclusivos que só o Estado e os corpos administrativos poderão conceder nos termos da lei, por motivo de reconhecida utilidade pública" (artigo 8.º, 7.º). A indústria releva em toda a chamada Constituição económica[1850], e também da Constituição social e política (designadamente, a propósito da composição da Câmara Corporativa)[1851]. No artigo 29.º estabelece-se que a "organização económica da Nação deverá realizar o máximo de produção e riqueza socialmente útil", e no artigo 31.º, 2.º, que o Estado tem "o direito e a obrigação" de defender a economia nacional das explorações comerciais que tenham "carácter parasitário ou [sejam] incompatíveis com os interesses superiores da vida humana". O artigo 32.º determinava também a "protecção devida às pequenas indústrias domésticas". São estas apenas algumas referências expressas à indústria, o que não secundariza o que dissemos *supra*: a indús-

---

[1849] Cfr. anotação ao artigo 92.º, III, § 5.º.
[1850] Remetemos, portanto, para as anotações aos artigos precedentes – designadamente artigo 80.º a 88.º -, nos títulos relativos à *Memória Constitucional*.
[1851] Cfr. anotação ao artigo 92.º, III, § 5.º.

tria (mais que o comércio e a agricultura) situa-se verdadeiramente no âmago da Constituição económica de 1933, como actividade estrutural da economia nacional. E esse relevo surpreende-se também a propósito das "administrações de interesse colectivo (artigos 59.º e seguintes), embora só possa entender-se em toda a linha com a análise da legislação infra-constitucional, designadamente sobre o condicionamento industrial.

§ 7.º. Conteúdo originário da redacção do preceito na Constituição de 1976 e sucessivas versões decorrentes das revisões constitucionais

O preceito em análise teve **origem da revisão constitucional de 1989** (aditado pelo artigo 80.º da Lei Constitucional n.º 1/89, de 8 de Julho): era então o artigo 103.º e não tinha paralelo no texto anterior.

O seu texto é ainda o mesmo, já que a **revisão constitucional de 1992** não lhe trouxe qualquer alteração, e na **revisão constitucional de 1997**, o artigo 65.º da Lei Constitucional n.º 1/97, de 20 de Setembro, limitou-se a renumerá-lo, que assim ficou o actual artigo 100.º.

Nem a **quinta revisão constitucional, de 2001**, nem a **sexta revisão constitucional, de 2004**, nem tão-pouco a **sétima revisão constitucional, de 2005,** lhe trouxeram qualquer alteração.

§ 8.º. Apreciação do sentido das alterações do preceito

Este preceito não sofreu quaisquer alterações desde a sua introdução na revisão constitucional de 1989.

IV. PAÍSES DE EXPRESSÃO PORTUGUESA

§ 9.º. Brasil

A CRFB não contém norma idêntica à constante do artigo 100.º da CRP.

§ 10.º. **Angola**

A LCRA não contém norma idêntica à constante do artigo 100.º da CRP.

§ 11.º. **Moçambique**

A CRM refere-se à actividade industrial no seu artigo 104, mas apenas para fixar que:

"Artigo 104
(Indústria)
Na República de Moçambique a indústria é o factor impulsionador da economia nacional."

Indirectamente, releva ainda para compreensão desta norma constitucional o disposto no artigo 105 ("Sector familiar")[1852].

§ 12.º. **Cabo Verde**

A CRCV não contém norma idêntica à constante do artigo 100.º da CRP.

§ 13.º. **Guiné-Bissau**

A CRGB não contém norma idêntica à constante do artigo 100.º da CRP.

§ 14.º. **São Tomé e Príncipe**

A CRDSTP não contém norma idêntica à constante do artigo 100.º da CRP.

[1852] Cfr. as anotações aos artigos 93.º, IV, § 11.º, e 86.º, IV, § 12.º.

§ 15.º. **Timor-Leste**

A CRDTL não contém norma idêntica à constante do artigo 100.º da CRP.

TÍTULO IV[1853]
SISTEMA FINANCEIRO E FISCAL

ARTIGO 101.º
(Sistema financeiro)

O sistema financeiro é estruturado por lei, de modo a garantir a formação, a captação e a segurança das poupanças, bem como a aplicação dos meios financeiros necessários ao desenvolvimento económico e social.

Quadro tópico:

I. SISTEMA FINANCEIRO
§ 1.º. ESTADO DE BEM-ESTAR E SISTEMA FINANCEIRO;
    1.1. O sistema financeiro como elemento da Constituição económica;
    1.2. *Garantia* na formação, captação e *segurança* das poupanças;
    1.3. Aplicação dos *meios* financeiros *necessários* ao *desenvolvimento* económico e social;
    1.4. O sistema fiscal e o Orçamento (remissão);
    1.5. Sob a égide do Direito Comunitário;
§ 2.º. ESTRUTURA CONSTITUCIONAL DO SISTEMA FINANCEIRO;
    2.1. Configuração material do sistema financeiro;
    2.2. Descentralização e sistema financeiro;
    2.3. Estrutura objectivo-material do sistema financeiro;
    2.4. Estrutura orgânico-subjectiva do sistema financeiro;
§ 3.º. RESERVA DE LEI E ESTRUTURAÇÃO DO SISTEMA FINANCEIRO;
    3.1. A competência do Parlamento;
    3.2. A competência do Governo;

[1853] Na redacção originária da Constituição de 1976 era o Título V da Parte II, já sob a actual epígrafe. Na revisão constitucional de 1989, o artigo 81.º da Lei Constitucional n.º 1/89, de 8 de Julho, determinou que este passasse a ser o Título IV da Parte II, por força de outros rearranjos sistemáticos (cfr. a primeira nota da anotação ao artigo 93.º).

3.3. A competência das Assembleias Legislativas das regiões autónomas;
3.4. A exclusão do referendo em matérias financeiras;
§ 4.º. REGULAÇÃO DO SISTEMA FINANCEIRO;
4.1. Objectivos e formas da regulação do sistema financeiro;
4.2. Estrutura institucional de regulação do sistema financeiro.

II. DIREITO INTERNACIONAL E EUROPEU
§ 5.º. DIREITO INTERNACIONAL;
§ 6.º. DIREITO EUROPEU.

III. MEMÓRIA CONSTITUCIONAL
§ 7.º. AS CONSTITUIÇÕES PORTUGUESAS ANTERIORES À CONSTITUIÇÃO DE 1976;
§ 8.º. CONTEÚDO ORIGINÁRIO DA REDACÇÃO DO PRECEITO NA CONSTITUIÇÃO DE 1976 E SUCESSIVAS VERSÕES DECORRENTES DAS REVISÕES CONSTITUCIONAIS;
§ 9.º. APRECIAÇÃO DO SENTIDO DAS ALTERAÇÕES DO PRECEITO.

IV. PAÍSES DE EXPRESSÃO PORTUGUESA
§ 10.º. BRASIL;
§ 11.º. ANGOLA;
§ 12.º. MOÇAMBIQUE;
§ 13.º. CABO VERDE;
§ 14.º. GUINÉ-BISSAU;
§ 15.º. SÃO TOMÉ E PRÍNCIPE;
§ 16.º. TIMOR-LESTE.

I. SISTEMA FINANCEIRO

§ 1.º. **Estado de bem-estar e sistema financeiro**

1.1. *O sistema financeiro como elemento da Constituição económica*

O que seja o sistema financeiro é questão que de há muito ocupa a doutrina[1854]. ANTÓNIO L. SOUSA FRANCO entendia-o como um "*subsistema em que se decompõe o sistema económico*"[1855] e, na busca da sua concre-

---

[1854] Cfr., por todos, ANTÓNIO L. SOUSA FRANCO, *Sistema Financeiro* ..., pp. 487 ss.
[1855] Cfr. *Sistema Financeiro* ..., p. 488.

ção, dizia-o "*constituído pelo conjunto de elementos que*, em abstracto (em teoria) ou em concreto (em Portugal, século XX), *determinam*" o "fenómeno financeiro", identificando este com a *actividade financeira*, consistente na "*utilização de bens ou meios económicos próprios por parte de uma entidade pública, a fim de satisfazer necessidades da colectividade social*"[1856]. É uma noção geral[1857].

Na respectiva concretização para uma noção constitucional operativa, sedimentou-se a ideia de que o sistema financeiro, em termos *subjectivos*, não se resumia ao sector público, antes abrangendo a generalidade da constelação institucional de entidades "com intervenção directa na actividade financeira"[1858], concepção material e alargada que, se já não encontra hoje qualquer justificação na expansão do sector público, pode denotar uma certa influência anglo-saxónica[1859]. E, em termos *objectivos*, integrando as normas e institutos jurídicos disciplinadores dessa mesma actividade financeira[1860].

A delimitação do sistema financeiro, para efeitos constitucionais – ou, pelo menos a discussão em torno do(s) respectivo(s) critério(s) – tem relevância porque, e agora a propósito do disposto neste artigo 101.°, a CRP lhe fixa objectivos materiais (na segunda parte do preceito), e lhe determina uma reserva de lei na estruturação (na primeira parte[1861]). E assim também para a delimitação da Constituição financeira, que tem o sistema financeiro por objecto[1862].

[1856] Cfr. *Sistema Financeiro* ..., p. 490.

[1857] Como o é a apresentada por ANTÓNIO BRAZ TEIXEIRA, para o qual a actividade financeira é aquela "que se desenvolve em dois sentidos distintos mas complementares – realização de despesas, obtenção de receitas – unificados pelo fim comum visado – satisfação de necessidades públicas" (cfr. *Finanças Públicas e Direito Financeiro*, 2.ª Reimp., AAFDL, Lisboa, 1992, p. 4). Sobre a actividade financeira, cfr. ainda JOSÉ JOAQUIM TEIXEIRA RIBEIRO, *Lições de Finanças Públicas*, 5.ª Ed. (Reimp.), Coimbra, 1997, pp. 19 ss.

[1858] Cfr. J. J. GOMES CANOTILHO/VITAL MOREIRA, *Constituição* ..., I, p. 1080, que exemplificam com "os bancos, as sociedades de investimento, as caixas de crédito, as empresas seguradoras, o mercado de valores mobiliários, etc.".

[1859] Neste sentido, cfr. PEDRO SOARES MARTINEZ, *Comentários* ..., p. 161.

[1860] Neste sentido, cfr. J. J. GOMES CANOTILHO/VITAL MOREIRA, *Constituição* ..., I, p. 1080; JORGE MIRANDA/RUI MEDEIROS (com EDUARDO PAZ FERREIRA), *Constituição* ..., II, p. 205; AMADEU JOSÉ FERREIRA, *Direito dos Valores Mobiliários*, AAFDL, Lisboa, 1997, pp. 15 ss.; EDUARDO PAZ FERREIRA, *Direito* ..., pp. 415-416.

[1861] E sobre este ponto em particular, cfr. *infra*, I, § 3.°.

[1862] Entendida "como o conjunto dos princípios básicos, marcados por constitucio-

Do nosso ponto de vista, o sistema financeiro não pode compreender-se desintegrado da Constituição económica, da mesma forma que o não pode a Constituição financeira[1863]. Sendo função da Constituição económica garantir e conformar direitos fundamentais no âmbito e frente à actividade económica, e sendo a actividade financeira parte desta – instrumental para aquela garantia e conformação –, não se vê que possa, *constitucionalmente*, ser de outro modo. Não equivale isto a afastar a autonomia da Constituição financeira dentro da Constituição económica[1864]. Pelo

---

nalidade formal ou simplesmente material, que presidem à organização e funcionamento do sistema financeiro" (cfr. ANTÓNIO L. SOUSA FRANCO, *Finanças Públicas e Direito Financeiro*, I, 4.ª Ed. (Reimp.), Coimbra, 1993, p. 244; igualmente, *Sistema Financeiro ...*, pp. 490 ss.). J. J. GOMES CANOTILHO e VITAL MOREIRA tratam a Constituição financeira, "*lato sensu*", como o conjunto "dos princípios constitucionais que regem os sistemas monetário e financeiro (*stricto sensu*), fiscal e orçamental, bem como as respectivas políticas" (cfr. *Fundamentos ...*, pp. 170-171). EDUARDO PAZ FERREIRA (cfr. *Em Torno das Constituições Financeira e Fiscal e dos Novos Desafios na Área das Finanças Públicas*, in *Nos 25 Anos da Constituição da República Portuguesa – Evolução Constitucional e Perspectivas Futuras*, AAFDL, Lisboa, 2001, p. 302) distingue entre "uma constituição financeira formal, que corresponde às normas que regulam a obtenção de receitas e a sua afectação às despesas, e uma constituição financeira material, que comporta orientações fundamentais quanto à utilização dos instrumentos financeiros a que o legislador constitucional quis vincular quer o legislador ordinário quer os futuros responsáveis pela gestão financeira" (que poderão ser, cremos, os "decisores financeiros" de que falava ANTÓNIO L. SOUSA FRANCO, *Finanças Públicas ...*, I, pp. 267 ss.).

[1863] Sobre a Constituição financeira no âmbito da Constituição económica, cfr. ANTÓNIO L. SOUSA FRANCO, *Sistema Financeiro ...*, pp. 490 ss.; *Finanças Públicas ...*, pp. 243 ss. (onde afirmava que "A *constituição financeira* está sempre estreitamente conexa com a *constituição política*, por depender da organização do Estado e da articulação dos seus poderes com os direitos e deveres dos cidadãos; e deve ser também coerente, nos meios, com a *constituição económica*, nos fins com a *constituição social e cultural*."); EDUARDO PAZ FERREIRA, *Em Torno ...*, pp. 299 ss.; J. J. GOMES CANOTILHO/VITAL MOREIRA, *Fundamentos ...*, pp. 170 ss.;

[1864] Autonomia essa, por exemplo, defendida por EDUARDO PAZ FERREIRA, "na medida em que se trata de um conjunto de normas com especial relevância no domínio das relações entre o Estado e os particulares e que são unificadas por uma ideia de garantia" – garantia que, ainda nas palavras do Autor, se reporta "à defesa dos particulares contra aquilo que seria o excesso da tributação pedida pelo Estado, com consequências drásticas na limitação do espaço de autonomia individual e na propriedade privada, mas não se pode ignorar a outra vertente, que é a que passa pela adequada afectação dos recursos públicos, através da definição de regras que impeçam formas de perversão ou má utilização desses mesmos recursos." (cfr. *Em Torno ...*, p. 301).

contrário: é justamente essa autonomia, designadamente de institutos, que justifica a inserção do princípio do desenvolvimento económico-social (não expresso, mas existente no artigo 80.°[1865]) no actual artigo 101.° da CRP aquando da revisão constitucional de 1989[1866].

Foi já afirmado com clareza que não é possível extrair (*apenas*, diríamos) desta norma constitucional os objectivos ou *finalidades específicas* do sistema financeiro, reconstrução essa que reclama a análise do artigo 2.° (*natureza do Estado*), do artigo 9.° (*tarefas fundamentais*) e dos artigos 80.° e 81.° da CRP[1867]. De certa forma, o enquadramento do sistema financeiro pelo princípio do desenvolvimento económico-social radica até no empenhamento "na construção de uma sociedade livre, justa e solidária" (artigo 1.° da CRP), que se refere ao Estado-Colectividade mais que ao Estado-Poder.

Por aqui se sustenta, portanto, aquela abrangência do sistema financeiro a que a CRP alude no seu artigo 101.°, tanto em sentido objectivo como subjectivo. Mas tal não importa uma visão monolítica do mesmo. Não é idêntico o posicionamento jurídico-constitucional (nem infra-constitucional) das várias entidades que pode considerar-se integrarem o sistema financeiro: ao Estado incumbe a respectiva estruturação segundo certos objectivos; e para o sector privado, por exemplo, a maior importância desta norma é a legitimação dessa estruturação segundo critérios global-

---

[1865] Cfr. anotação ao artigo 80.°, I, § 1.°, 1.3.
[1866] Cfr. *infra*, III, § 8.° e § 9.°.
[1867] Neste sentido, cfr. ANTÓNIO L. SOUSA FRANCO, *Sistema Financeiro* ..., p. 557. Para o Autor (recordem-se as observações *supra*), tal ficar-se-ia a dever ao facto de, ao tempo o artigo 105.°, usar "um conceito amplo de «financeiro», tratando como «sistema financeiro» o conjunto das instituições de financiamento da economia [...], e definindo-lhe as funções no projecto de transformação económica que a constituição pretende integrar.". Reportando-se ainda à redacção originária do preceito, mas com actualidade *mutatis mutandis*, afirmava que "É evidente que o sistema financeiro público é também uma forma de captar poupanças, mobilizando-as (livre ou forçadamente) para a «expansão das forças produtivas, com vista à progressiva e efectiva socialização da economia» (n.° 1 do art. 105.°, *in fine*). Talvez a ele, como instituição de financiamento *lato sensu*, se apliquem mais estes objectivos, eminentemente políticos e públicos, do que a instituições de tipo empresarial público, e ainda menos a gestão privada. [...] Tudo isto tem pois que ver com o fenómeno financeiro e o sistema financeiro, enquanto é também «financial», enquanto se interliga aos sistemas monetário e financeiro da economia. Enquanto as finanças exercem essa função e padecem tal integração, aplicar-se-lhe-ão estes fins e objectivos; mas eles são comuns a instituições alheias ao sistema das finanças públicas." (cfr. p. 556).

mente fixados na Constituição económica, onde igualmente se colhe o interesse público geral (primário) subjacente às respectivas actividades. Note-se que daqui não pode inferir-se a inserção do sector privado no sector financeiro *público* (proíbe-o a garantia da coexistência dos vários sectores de propriedade), nem tão-pouco uma regra de exercício (ainda que indirecto) de tarefas públicas inerentes à sustentação do sistema financeiro por parte de entidades do sector privado[1868]. O que temos é a constitucionalidade de regras enformadoras da actividade económica não pública com relevo financeiro, de acordo com os objectivos que, ainda que apenas parcialmente, se extraem do disposto no artigo 101.° da CRP[1869-1870].

Mas o que se vem de dizer não resulta – digamo-lo – directa ou autonomamente (apenas) do disposto no artigo 101.°, mas de muitas outras normas constitucionais, onde naturalmente avultam as precedentes da Constituição económica (e não deve aqui confundir-se a autonomia do preceito em análise com a autonomia da Constituição financeira, nas suas

---

[1868] Referindo-se à problemática da *responsabilidade social das empresas*, cfr. CARLOS COSTA PINA, *Instituições e Mercados Financeiros*, Coimbra, 2005, pp. 27 ss.

[1869] Em parte, pelo menos, é certamente a assinalada incompleição da norma contida no artigo 101.° que leva MARCELO REBELO DE SOUSA e JOSÉ DE MELO ALEXANDRINO a questionar a respectiva permanência na CRP, como *preceito sem sentido jurídico útil*, ou *programático sem programa* (cfr. *Constituição* ..., p. 212).

[1870] É, pois, conveniente, que desde já se tenham presentes as diferenças entre finanças públicas e privadas. Segundo ANTÓNIO BRAZ TEIXEIRA, enquanto as finanças privadas "respeitam apenas aos aspectos monetários do financiamento dos agentes económicos, i. e., à *moeda* e ao *crédito*", as finanças públicas "referem-se à actividade económica de um ente público, a qual visa afectar determinados *bens* à satisfação de necessidades que lhe estão confiadas". E assim, outras diferenças se poderiam apontar: no que respeita aos meios económicos, as finanças públicas têm por receitas impostos e taxas, enquanto as finanças privadas "assentam, exclusivamente, na troca de bens e nos correspondentes preços"; quanto ao fim, a satisfação, ali, de necessidades públicas, contrapor-se-ia aqui ao lucro; e no que toca à relação entre receitas e despesas, se nas finanças privadas são as receitas que determinam as despesas, nas finanças públicas, *em regra*, procurar-se-iam "as receitas tidas como necessárias para cobrir as despesas reputadas essenciais e indispensáveis para a realização dos fins que se pretende prosseguir com aquela actividade." (cfr. *Finanças Públicas* ..., pp. 8-9). Bem entendido, hoje mais que nunca estas características são apenas tendencialmente diferenciadoras, do ponto de vista técnico, designadamente em face da privatização (sobretudo quando meramente formal) de funções públicas. Mas o elemento finalístico não pode ser perdido de vista, sob pena de ruptura do sentido do próprio Estado, e consequentemente dos direitos fundamentais. Sobre a distinção entre finanças públicas e privadas, cfr. ainda JOSÉ JOAQUIM TEIXEIRA RIBEIRO, *Lições* ..., pp. 34 ss.

componentes tributária, orçamental ou creditícia). É, pois, questionável a autonomia (dimensões jurídico-políticas próprias) da norma em questão[1871].

1.2. *Garantia na formação, captação e segurança das poupanças*

O objectivo de *garantia* na formação, captação e *segurança* das poupanças corresponde, certamente, a uma concretização da incumbência prioritária do Estado de assegurar o funcionamento eficiente dos mercados (nos termos da alínea *f)* do artigo 81.°), e reclama um particular cuidado na regulação pública dos mercados financeiros[1872], mas importa outras implicações. Vejamos algumas.

Em termos substanciais, a garantia na formação de poupanças traduz-se na criação de condições para que os sujeitos económicos possam, com liberdade, realizar as opções económicas inerentes[1873]. Entre tais condições, avultam, desde logo, dois momentos ou dimensões essenciais: (i) dos rendimentos do trabalho e (ii) da respectiva tributação. Neste sentido, e entre outros, o direito à segurança no emprego (artigo 53.°), a generalidade dos direitos dos trabalhadores (n.° 1 do artigo 59.°), o salário mínimo nacional (alínea *a)* do n.° 2 do artigo 59.°), e a estatuição constitucional das especiais garantias dos salários (n.° 3 do artigo 59.°) constituem garantias na/para a formação das poupanças. Como garantia constitui também, na segunda dimensão, o carácter único e progressivo do imposto sobre o rendimento pessoal, "tendo em conta as necessidades e os rendimentos do agregado familiar" (n.° 1 do artigo 104.°).

[1871] Numa noção ampla de sistema financeiro a propósito do artigo 101.° da CRP, e com considerandos que em parte se identificam com os nossos, cfr. CARLOS COSTA PINA, *Instituições ...*, pp. 24 ss.

[1872] Neste sentido, cfr. JORGE MIRANDA/RUI MEDEIROS (com EDUARDO PAZ FERREIRA), *Constituição ...*, II, p. 205. Cfr. também J. J. GOMES CANOTILHO/VITAL MOREIRA, *Constituição ...*, I, p. 1080.

[1873] A regra da *liberdade* de *poupar* pode encontrar excepções: será o caso das contribuições obrigatórias para os sistemas de segurança social, cujas garantias devem ultrapassar riscos inerentes ao mercado. Sobre a segurança social como actividade financeira e como instrumento de política económico-social, cfr. ANTÓNIO L. SOUSA FRANCO, *Finanças do Sector Público – Introdução aos Subsectores Institucionais (Aditamento de Actualização)*, Reimp., AAFDL, Lisboa, 2003, pp. 43 ss.

A garantia na captação das poupanças reclama tanto um funcionamento do sector financeiro privado pautado pela liberdade de iniciativa e de organização empresarial (alínea *c)* do artigo 80.°), como a existência de subsistemas públicos que o assegurem em caso de inaptidão daquele para o efeito, do ponto de vista dos princípios fundamentais da organização económico-social (aqui com particular relevo para os princípios da garantia dos direitos fundamentais, do desenvolvimento económico-social, e da subordinação do poder económico ao poder político democrático[1874]).

A garantia da segurança das poupanças implica, em particular, dois tipos de actividade normativa pública, na estruturação do sistema financeiro. Em primeiro lugar, ao nível da disciplina legal dos contratos financeiros. Em segundo lugar, ao nível da regulação e supervisão, e além da actividade normativa[1875]. É mister não esquecer que aqui não se está já, essencialmente, no domínio do *bem-estar económico e social geral*, mas, fundamentalmente, da *garantia dos direitos patrimoniais individuais*[1876] ou, na perspectiva do princípio da protecção da confiança, no âmbito do princípio da socialidade, da "segurança jurídica que deve acompanhar a fruição dos direitos de natureza económica, social e cultural já subjectivizados e adquiridos na esfera jurídica dos particulares e reconhecidos enquanto tal pelo Estado"[1877].

Facilmente, portanto, se identificam aqui várias concretizações de incumbências prioritárias do Estado, nos termos do artigo 81.°, além da constante na já referida alínea *f)*:

> i) Está em causa a promoção do "aumento do bem-estar social e económico e da qualidade de vida das pessoas, em especial das mais desfavorecidas, no quadro de uma estratégia de desenvolvimento sustentável" (alínea *a)*)[1878];

[1874] Cfr. anotação ao artigo 80.°, I, § 1.°, 1.3.

[1875] O que, segundo JORGE MIRANDA e RUI MEDEIROS (com EDUARDO PAZ FERREIRA) "constitui, de facto, a forma mais importante de concretização da directiva constitucional que foi encontrada pelo legislador ordinário" (cfr. *Constituição* ..., II, p. 207).

[1876] Sobre estas duas dimensões, cfr. JORGE MIRANDA/RUI MEDEIROS (com EDUARDO PAZ FERREIRA), *Constituição* ..., II, p. 205-206.

[1877] Cfr. JORGE REIS NOVAIS, *Os Princípios* ..., p. 303.

[1878] Sobre as finanças públicas no contexto do Estado de bem-estar, cfr. JOSÉ JOAQUIM TEIXEIRA RIBEIRO, *Lições* ..., pp. 43 ss.

ii) Bem como promover "a justiça social, assegurar a igualdade de oportunidades e operar as necessárias correcções das desigualdades na distribuição da riqueza e do rendimento, nomeadamente através da política fiscal" (alínea *b)*);

iii) Promover também "a coesão económica e social de todo o território nacional, orientando o desenvolvimento no sentido de um crescimento equilibrado de todos os sectores e regiões e eliminando progressivamente as diferenças económicas e sociais entre a cidade e o campo e entre o litoral e o interior" (alínea *d)*), e a "correcção das desigualdades derivadas da insularidade das regiões autónomas" (alínea *e)*) – designadamente, incentivando a actividade financeira empresarial quando se afigure necessário (n.º 1 do artigo 86.º) ou assumindo a respectiva iniciativa pública;

iv) Sem esquecer a garantia da defesa dos interesses e direitos dos consumidores (alínea *i)* do artigo 81.º).

A este propósito, veja-se o Ac. TC n.º 139/2004 (cit.) que, debruçando-se sobre a norma do *Regime Geral das Instituições de Crédito e Sociedades Financeiras*[1879] que proíbe a utilização de expressões como "banco" na designação social de empresas que não sejam instituições de crédito ou sociedades financeiras, afirmou, suportando-se na alínea *f)* do artigo 81.º e no artigo 60.º da CRP, que "pode dizer-se que a restrição para as entidades não bancárias é o reverso da imposição de tais designações às entidades bancárias, sendo que o princípio da verdade da firma (a que o "direito português dá prevalência quase absoluta", como reconhece o parecer junto aos autos), em geral ao serviço da defesa e protecção dos consumidores e dos restantes agentes económicos, se torna aqui instrumental do direito dos consumidores à informação, do cumprimento de específicas incumbências do Estado e do Banco de Portugal, e da segurança das poupanças. As finalidades visadas com a limitação imposta à constituição da firma de entidades não bancárias não são, pois, desadequadamente prosseguidas por ela.".

1.3. *Aplicação dos meios financeiros necessários ao desenvolvimento económico e social*

Não é claro o significado deste inciso, ao estatuir que a estruturação do sistema financeiro deve garantir a *aplicação dos meios financeiros*

[1879] Cfr. *infra*, I, § 2.º, 2.3.

necessários ao desenvolvimento económico e social[1880]. A sua dimensão específica não é esta última em singelo porquanto, como vimos já, o princípio do desenvolvimento económico-social enforma a totalidade da norma[1881].

Do nosso ponto de vista, é duplo o significado. Em primeiro lugar, tendo em conta a abrangência do sistema financeiro[1882], e as anteriores dimensões garantísticas do preceito[1883], orientar o Estado no sentido da constante avaliação jurídico-política da relevância dos vários meios financeiros para o desenvolvimento económico-social – o que, sem comprimir a liberdade de iniciativa económica privada[1884], mas antes incentivando--a, pode justificar a diferenciação de meios de garantia na formação, captação e segurança das poupanças, consoante os meios financeiros em concreto, ou destes em relação a outros bens patrimoniais[1885].

Em segundo lugar, evitar o imobilismo financeiro público. E aqui tratar-se-á de uma injunção ao Estado no sentido de aplicar os meios financeiros ao seu dispor ao desenvolvimento económico-social numa acepção substancial, querendo dizer: não tendo em conta um entendimento formal ou distante do princípio (que, em última análise e nessa linha poderia entender-se como justificante, *v.g.*, da estrita manutenção do aparelho público), mas antes a obrigação pública da constante avaliação dos ganhos económico-sociais para o Estado-Colectividade.

A expressão *necessários* convoca ainda a consideração do princípio da proporcionalidade nas suas várias vertentes, disciplinando tanto a acção como a abstenção[1886].

[1880] J. J. GOMES CANOTILHO e VITAL MOREIRA limitam-se a afirmar que "está em causa sobretudo o sistema de crédito (crédito ao investimento, crédito ao consumo) e o mercado de valores mobiliários (nomeadamente a bolsa de valores)." (cfr. *Constituição* ..., I, p. 1081).

[1881] Cfr. os pontos antecedentes.

[1882] Cfr. *supra*, I, § 1.º, 1.1.

[1883] Cfr. *supra*, I, § 1.º, 1.2.

[1884] Chamando a atenção para este aspecto, cfr. JORGE MIRANDA/RUI MEDEIROS (com EDUARDO PAZ FERREIRA), *Constituição* ..., II, p. 208.

[1885] Relativamente ao respectivo regime fiscal, *v.g.*, cfr. Ac. TC n.º 57/95, de 16 de Fevereiro de 1995, in BMJ, n.º 446, 1995, pp. 225 ss.

[1886] Embora sem referência à enformação do sistema financeiro, mas abordando a temática dos meios financeiros disponíveis para a concretização do direito à habitação (artigo 65.º da CRP), especialmente para os jovens (alínea *c*) do n.º 1 do artigo 70.º), no

Referindo-se aos *fins do sistema financeiro* e sua relevância jurídica no âmbito dos poderes de fiscalização das contas públicas por parte do Tribunal de Contas, o Juíz Conselheiro ANTERO ALVES MONTEIRO DINIZ formulou a seguinte declaração de voto vencido no Ac. TC n.º 461/87, de 16 de Dezembro de 1987, *DR*, I Série, n.º 12, de 15 de Janeiro de 1988 (com referência a posições divergentes): "Os fins do sistema financeiro e do sistema fiscal, estabelecidos de modo juridicamente cogente pelos artigos 105.º, n.º 1, e 106.º, n.º 1 [hoje, respectivamente, artigos 101.º e 103.º], da Constituição, não são apenas susceptíveis de um contrato político, mas também de um juízo de avaliação objectiva que pertence ao TC [Tribunal de Contas] quando fiscaliza preventivamente a «legalidade financeira» ou julga as contas que a lei manda submeter-lhe. [§] À luz dos desenvolvimentos anteriores bem pode dizer-se que a apreciação da eficiência da gestão económica, financeira e patrimonial do GGFMJ [Gabinete de Gestão Financeira do Ministério da Justiça] se reconduz àquele juízo de avaliação objectiva em que o acto de julgamento se há-de concretizar, sob pena de ser despojado do seu conteúdo essencial por impossibilidade manifesta de pronúncia sobre a legalidade ou ilegalidade das despesas em causa, cujos pressupostos de regularidade deixarão de estar sujeitos à verificação e avaliação do julgador. [§] É assim de todo inadequado afirmar-se que a apreciação da eficiência da gestão «importa juízos de oportunidade, utilidade e conveniência acerca da utilização dos respectivos recursos e da administração do respectivo património». [§] Semelhante entendimento radica numa interpretação literal do texto constitucional e não atende ao facto de o julgamento das contas, enquanto julgamento da legalidade das despesas, se integrar num processo dinâmico, orientado e disciplinado por regras próprias de autorização, execução e concretização. O acto de julgamento apenas se justifica enquanto se traduza em efectiva fiscalização orçamental, e esta, no domínio da legalidade financeira, apenas é viável e exequível se ao órgão de julgamento for consentido o controle dos requisitos de que aquela depende e, repete-se, nada têm a ver com a oportunidade ou mérito da despesa".

âmbito da apreciação da constitucionalidade da revogação dos regimes de crédito bonificado e crédito jovem bonificado, relativamente à contratação de novas operações de crédito, destinadas à aquisição, construção e realização de obras de conservação ordinária, extraordinária e de beneficiação de habitação própria permanente, cfr. Ac. TC n.º 590//2004, de 6 de Outubro de 2004, *DR*, II Série, n.º 283, de 3 de Dezembro de 2004.

1.4. *O sistema fiscal e o Orçamento (remissão)*

Os sistemas fiscal e orçamental ou, noutra perspectiva, as Constituições fiscal e orçamental (a par com a creditícia), constituem elementos constitucionais fundamentais da compleição do sistema financeiro, muito embora com ele não se identifiquem. ANTÓNIO L. SOUSA FRANCO, por exemplo, considerava que as "finalidades do *sistema fiscal*", enquanto subsistema do sistema financeiro, não são "generalizáveis [para este], ao menos de forma simplista e imediata"[1887].

Mas assim, pode afirmar-se que os objectivos do sistema financeiro que vimos analisando nos pontos antecedentes são partilhados pela Constituição fiscal e orçamental, bem entendido, com a conformação que o legislador constitucional lhes dá nas suas normas próprias. Há que tê-lo presente na interpretação dos artigos 103.º e seguintes da CRP.

1.5. *Sob a égide do Direito Comunitário*

Em breve observação remissiva para um ponto subsequente[1888], não pode deixar de ter-se em mente, desde já, que o Direito Comunitário importa profundas limitações à conformação infra-constitucional dos objectivos do sistema financeiro. Não se trata de uma limitação no âmbito estrito do disposto no artigo 101.º da CRP, assim como não se trata de uma limitação contida às restantes normas do Título IV da Parte II ("Sistema financeiro e fiscal"). É certo que aqui terão particular relevo as limitações trazidas pela chamada *constituição financeira europeia*, ao nível da autonomia orçamental dos Estados-membros, com especiais refracções nos domínios fiscal e da dívida pública. Mas a problemática é mais vasta.

Tais limitações inserem-se no contexto das vinculações de Direito Comunitário que recaem sobre a própria Constituição económica como tal, e mesmo sobre a Constituição política. São teleologicamente orientadas nesse sentido, isto é, da integração do mercado europeu, em cujo âmbito o controlo orçamental e da dívida pública assumem um carácter instrumental. Desta forma, importantes vinculações de Direito Comunitário que se foram observando a propósito de diversas normas e institutos

---

[1887] Cfr. *Sistema Financeiro* ..., p. 556-557.
[1888] Cfr. *infra*, II, § 6.º.

jurídicos integrados na Constituição económica nacional[1889] assumem aqui expressão quando se integrem ou toquem o sistema financeiro. E não deixa, a propósito, de ser interessante observar que o Direito Comunitário acaba por ter um papel relevante no incremento da integração do sistema financeiro na Constituição económica, como se o Estado, no âmbito da Constituição política, se auto-constrangesse a esse reconhecimento[1890].

§ 2.º. Estrutura constitucional do sistema financeiro

2.1. Configuração material do sistema financeiro

Como se referiu já[1891], o artigo 101.º da CRP não oferece suporte normativo suficiente para uma configuração material do sistema financeiro. Há que buscar apoio, portanto, em outras normas constitucionais. Mas também nesse percurso, digamo-lo desde já, se não encontrarão expressões determinantes. Relevam, bem entendido, diversas disposições constitucionais:

i) A garantia da liberdade de iniciativa económica privada (n.º 1 do artigo 61.º), que apela a um princípio geral de liberdade no funcionamento do mercado, ou mais exactamente aqui, para a mobilidade de recursos financeiros no âmbito da autonomia privada dos sujeitos económicos;

ii) A garantia do direito à propriedade privada (artigo 62.º), no aproveitamento dos recursos por ela gerados;

iii) O caso particular da segurança social (artigo 63.º);

iv) Os princípios da coexistência dos diversos sectores de propriedade dos meios de produção e da liberdade de iniciativa e organização empresarial no âmbito de uma economia mista (respectivamente, alíneas b) e c) do artigo 80.º);

[1889] E temos em mente todos os artigos precedentes, isto é, do 80.º ao 100.º, pelo que remetemos para os respectivos pontos de comentário respeitantes ao Direito Europeu (com saliência para os dos artigos 80.º e 81.º).

[1890] Note-se, por exemplo, que ao tratar as fontes do *Direito do Sistema Financeiro*, CARLOS COSTA PINA apresenta "em primeiro lugar [portanto, aparentemente *ex aequo*] a própria Constituição e as fontes de Direito Internacional, *maxime* Comunitário – originário (Tratados) e derivado (Regulamentos, Directivas e Decisões)." (cfr. *Instituições* ..., p. 57).

[1891] Cfr. *supra*, I, § 1.º, 1.1.

v) A incumbência prioritária do Estado em assegurar o funcionamento eficiente dos mercados (...) (alínea f) do artigo 81.º);
vi) E com mais proximidade, as disposições relativas ao Banco de Portugal (artigo 102.º) e ao sistema fiscal e Orçamento (artigos 103.º e seguintes).

Sucede, porém, como é bom de ver, que da conjugação destas disposições (bem como de outras que se referem especificamente às finanças regionais e locais) não se constrói uma configuração material do sistema financeiro.
Em termos substanciais, é usual dividir o sistema financeiro em categorias de *mercado*[1892], consoante a materialidade das actividades económicas respectivas que se traduz na *intermediação financeira*[1893]. Pode falar-se, assim, dentro dos mercados financeiros, de um sector *bancário*, de um sector *financeiro em sentido estrito*, e, consoante também as perspectivas, autonomizar o sector do *mercado dos valores mobiliários*, o sector *segurador* ou outros[1894]. Mas, como é bom de ver, tal recorte só é possível com recurso às fontes de direito infra-constitucionais, e tal conclusão, além de complexas questões metodológicas de interpretação constitucional, confronta a CRP com a sua próprio força normativa e operativa[1895].

[1892] Sobre os mercados financeiros, cfr. CARLOS COSTA PINA, *Instituições* ..., pp. 484 ss.

[1893] Que EDUARDO PAZ FERREIRA explica como sendo "a actividade desenvolvida por certas entidades que canalizam os fundos resultantes da poupança para outras entidades que necessitam de obter meios para investir ou até para consumir." (cfr. *Direito* ..., p. 416). Sobre a intermediação financeira, cfr. CARLOS COSTA PINA, *Instituições* ..., pp. 331 ss.

[1894] Cfr. EDUARDO PAZ FERREIRA, *Direito* ..., pp. 416 ss. Sobre as transformações no sistema financeiro, cfr. JOSÉ MANUEL GONÇALVES SANTOS QUELHAS, *Sobre a Evolução Recente do Sistema Financeiro*, Coimbra, 1996, *passim*. O terreno é dogmaticamente movediço: por exemplo, AMADEU JOSÉ FERREIRA recusa a possibilidade de todo o Direito dos Valores Mobiliários poder "ser recortado no interior do sistema financeiro, mas apenas a parte respeitante aos mercados e à intermediação a eles orientada", contrariamente ao Direito Bancário (cfr. *Direito dos Valores Mobiliários*, p. 17).

[1895] A questão não é própria do sistema financeiro: recorde-se a problemática com alguns cânones idênticos a propósito do conceito constitucional de *empresa pública* (cfr. anotação ao artigo 82.º, I, § 2.º, 2.2.1.).

Assim, se a expressão *meios financeiros* só pode ser entendida com recurso a dados normativos infra-constitucionais (e outros, de natureza não jurídica, pré-constitucionais), o elemento jus-constitucional agregador – e não *construtor* – do sistema financeiro é a sua teleologia: em geral, a orientação para o princípio do desenvolvimento económico-social; e em particular, aqui mais relevante, a *garantia na formação, captação e a segurança das poupanças*, "imperativo constitucional" em que coagulam problemas transversais aos vários subsectores do sector financeiro[1896].

Não há, portanto, que procurar uma exaustiva estruturação material--constitucional do sistema financeiro, mas antes as vinculações que podem extrair-se da sua constância constitucional[1897].

2.2. Descentralização e sistema financeiro

Um dos problemas suscitados pela consagração constitucional de directrizes materiais para o sistema financeiro consiste na respectiva articulação com o princípio da descentralização, seja ela político-administrativa (no caso das regiões autónomas), seja ela apenas administrativa (como classicamente é referida a propósito das autarquias locais[1898]). Trata-se, enfim, da compatibilização com uma das vertentes essenciais do princípio democrático (artigos 2.º e 6.º da CRP). O problema suscita-se ao nível constitucional, dado que a CRP consagra a existência de um sector financeiro estadual, de um sector financeiro regional (artigos 225.º e seguintes) e de um sector financeiro local (*v.g.*, artigo 238.º) (deixando de parte a administração independente)[1899].

O sistema financeiro a que o artigo 101.º se reporta não se restringe, como temos vindo a observar nos pontos antecedentes, ao sector público, em termos orgânico-subjectivos – e perante tal abrangência, deverá entender-se que, no âmbito do sector público, não está em causa apenas o sec-

---

[1896] Neste último sentido, cfr. EDUARDO PAZ FERREIRA, *Direito* ..., pp. 416.
[1897] Cfr. *supra*, I, § 1.º.
[1898] Veja-se a propósito o comentário ao artigo 80.º, I, § 2.º, 2.1.3.
[1899] Sobre as finanças regionais e locais, cfr. ANTÓNIO L. SOUSA FRANCO, *Sistema Financeiro* ..., pp. 543 ss.; *Finanças Públicas* ..., p. 246 e 264 ss.; *Finanças do Sector Público* ..., pp. 275 ss., e 537 ss.; EDUARDO PAZ FERREIRA, *Em Torno* ..., pp. 305 ss. Sobre a desconcentração e descentralização financeiras, cfr. EDUARDO PAZ FERREIRA, *Ensinar Finanças Públicas numa Faculdade de Direito*, Coimbra, 2005, pp. 124 ss.

tor público estadual[1900]. Em termos objectivo-materiais[1901], a abrangência do sistema financeiro encerra interesses verdadeiramente gerais de âmbito nacional: daí a obrigação que impende sobre o Estado de estruturar por lei o sistema financeiro *de modo a garantir a formação, a captação e a segurança das poupanças, bem como a aplicação dos meios financeiros necessários ao desenvolvimento económico e social*. Se estas directrizes materiais se dirigem, desde logo e além da tarefa legislativa, ao sector financeiro estadual, de vocação geral, não vemos motivo para que não se dirijam igualmente a outros subsectores financeiros públicos, também, eles de vocação tendencialmente geral, embora de âmbito territorialmente restrito: é o caso dos subsectores financeiros regionais e locais.

Também eles se encontram subordinados ao princípio do desenvolvimento económico-social, como aos restantes princípios da organização económico-social e, em geral, às incumbências públicas prioritárias, ainda que com intermediação legislativa[1902]; também eles estão vinculados à cláusula de bem-estar estruturante do modelo constitucional português[1903]. Desta forma, a estruturação por lei dos subsistemas financeiros regional e local não está isenta daquelas directrizes materiais, como o não está a respectiva implementação por parte das regiões autónomas e das autarquias locais.

O problema está em que a justificação constitucional da descentralização político-administrativa ou simplesmente administrativa, assente no princípio democrático, verdadeiramente significante e expressa pela existência de uma administração autónoma[1904], equivale a um nível de autonomia decisória financeira[1905] sem o qual a descentralização política ou administrativa não passam de letra morta. No caso das regiões autónomas, essa autonomia tem, desde logo, nível político-legislativo. No caso das autarquias locais, meramente administrativo. Mas tendo em conta o que foi dito, há que assentar alguns corolários:

[1900] Cfr. também *infra*, I, § 2.°, 2.4.
[1901] Cfr. *infra*, I, § 2.°, 2.3.
[1902] Cfr. anotação ao artigo 80.°, I, § 1.°, 1.4., e anotação ao artigo 81.°, I, § 1.°, 1.3.
[1903] Cfr. PAULO OTERO, *O Poder* ..., II, pp. 586 ss.; *Legalidade* ..., *passim*.
[1904] Cfr. RUI GUERRA DA FONSECA, *Autonomia Estatutária* ..., pp. 81 ss., *passim*, e bibliografia aí citada.
[1905] Em especial sobre as formas de autonomia financeira, cfr. ANTÓNIO L. SOUSA FRANCO, *Finanças do Sector Público* ..., pp. 493 ss.

i) Em primeiro lugar, na estruturação dos subsistemas financeiros públicos verdadeiramente descentralizados, o poder legislativo está vinculado:
   a) Ao estabelecimento de regras materiais que, na sequência do disposto no artigo 101.° da CRP, os vinculem às suas directrizes, no âmbito das respectivas atribuições;
   b) Ao respeito pelo respectivo estatuto constitucional descentralizado, onde avulta a autonomia decisória financeira;
ii) Em segundo lugar, na implementação da sua autonomia decisória financeira, as entidades descentralizadas estão vinculadas à constante procura do cumprimento daquelas directrizes constitucionais, no âmbito da definição legal das suas atribuições, o que configura não apenas uma habilitação mas um verdadeiro dever constitucionalmente consagrado de criatividade na interpretação da lei conforme à Constituição: tal dever encontra-se no âmago da própria fundamentação da sua autonomia[1906-1907].

2.3. *Estrutura objectivo-material do sistema financeiro*

É complexo o conteúdo da actividade financeira, e que determina a respectiva estruturação institucional, pelo que se torna útil para efeitos do presente ponto adiantar alguns aspectos do seguinte. Numa noção de sistema financeiro que qualifica de material, ANTÓNIO MENEZES CORDEIRO

[1906] Sobre o princípio da descentralização administrativa e princípio pluralista no contexto do modelo de Estado de bem-estar, cfr. PAULO OTERO, *O Poder* ..., II, pp. 673 ss. Interessantes reflexões que convocam a consideração da autonomia decisória financeira das autarquias locais no âmbito do princípio da descentralização administrativa podem ver-se em MARTA REBELO, *Obrigações Municipais*, Coimbra, 2004, *passim*; NAZARÉ COSTA CABRAL, *O Recurso ao Crédito nas Autarquias Locais Portuguesas*, AAFDL, Lisboa, 2003, *passim*. Em âmbito diferente, mas com relevância para a apreciação da autonomia dos entes descentralizados a propósito da sua participação em empresas públicas, cfr. RUI GUERRA DA FONSECA, *Autonomia Estatutária* ..., em especial, pp. 223 ss.

[1907] Sobre a autonomia decisória financeira das regiões autónomas, na jurisprudência constitucional mais recente, cfr. Ac. TC n.° 532/2000, de 6 de Dezembro de 2000, *DR*, I Série, n.° 297, de 27 de Dezembro de 2000; Ac. TC n.° 567/2004, de 22 de Setembro de 2004, *DR*, II Série, n.° 275, de 23 de Novembro de 2004. Sobre a autonomia das autarquias locais no que respeita a derramas, Ac. TC n.° 606/95, de 8 de Novembro de 1995, in BMJ, n.° 451, 1995, pp. 583 ss.

apresenta-o como "o conjunto ordenado das entidades especializadas no tratamento do dinheiro". E prossegue: "Emblematicamente, o tratamento do dinheiro, no sentido mais amplo, é feito pelo banqueiro. O sistema financeiro, será, assim, o conjunto ordenado dos bancos ou entidades similares e das instâncias que, sobre eles, exerçam um controlo". A respectiva delimitação normativa, que cabe ao Estado, estabeleceria o sistema financeiro formal, sendo desejável a coincidência entre ambas as noções, material e formal. Mas o Autor não deixa de colocar em relevo que, hoje, pela expressão *sistema financeiro* se pretende designar "ao lado dos bancos propriamente ditos, outras instituições de crédito e, ainda, as sociedades financeiras": o que não o impede de considerar que "Todas elas podem, no entanto, ser reconduzidas a uma noção ampla de "banco" ou de "banqueiro"[1908].

Tais instituições encontram hoje a sua tipologia no *Regime Geral das Instituições de Crédito e Sociedades Financeiras*[1909], que as define a partir de um conceito material: "São instituições de crédito as empresas cuja actividade consiste em receber do público depósitos ou outros fundos reembolsáveis, a fim de os aplicarem por conta própria mediante a concessão de crédito."; e "São também instituições de crédito as empresas que tenham por objecto a emissão de meios de pagamento sob a forma de moeda electrónica."[1910]. Assim, são consideradas instituições de crédito, além das várias legalmente tipificadas, quaisquer outras empresas que, correspondendo àquela noção, como tal sejam legalmente qualificadas[1911]. E são sociedades financeiras, também além das aí legalmente tipificadas, *outras que a lei venha a qualificar como tal*[1912-1913].

[1908] Cfr. *Manual de Direito Bancário*, 3.ª Ed., Coimbra, 2006, pp. 57-58.

[1909] Decreto-Lei n.º 298/92, de 31 de Dezembro, com múltiplas alterações: Decreto-Lei n.º 246/95, de 14 de Setembro; Decreto-Lei n.º 232/96, de 5 de Dezembro; Decreto-Lei n.º 222/99, de 22 de Junho; Decreto-Lei n.º 250/2000, de 13 de Outubro; Decreto-Lei n.º 285/2001, de 3 de Novembro; Decreto-Lei n.º 201/2002, de 26 de Setembro; Decreto-Lei n.º 319/2002, de 28 de Dezembro; Decreto-Lei n.º 252/2003, de 17 de Outubro; Decreto-Lei n.º 145/2006, de 31 de Julho; e Decreto-Lei n.º 104/2007, de 3 de Abril.

[1910] Respectivamente, n.os 1 e 2 do artigo 2.º.

[1911] Cfr. artigo 3.º.

[1912] Cfr. artigo 6.º.

[1913] Cfr. ANTÓNIO MENEZES CORDEIRO, *Manual de Direito Bancário*, pp. 783 ss.; CARLOS COSTA PINA, *Instituições* ..., p. 203 ss.; EDUARDO PAZ FERREEIRA, *Direito* ..., pp. 421 ss.

O que se torna interessante notar a este propósito são as características gerais da *estruturação por lei* do sistema financeiro: (i) a tipificação (aberta) das entidades que o compõem com recurso a uma noção material; (ii) e um princípio geral de exclusividade de exercício das actividades ali referidas pelas entidades que o compõem.

Autonomia material parece atingir o mercado de valores mobiliários que, segundo EDUARDO PAZ FERREIRA, "cumpre uma função económica semelhante à tradicionalmente desenvolvida pelo sistema bancário, com a diferença de que os sujeitos económicos que carecem de fundos (entidades emitentes) recorrem directamente à captação das poupanças junto do público (investidores), sem prejuízo do envolvimento nessas operações de intermediários financeiros que, no entanto, não praticam actos bancários". Ainda segundo o Autor, este "fenómeno da titularização ou da mobiliarização traduz-se na criação de valores negociáveis pelo público que os pode adquirir e alienar em mercados para tanto organizados e que ganham características de despersonalização, na medida em que se alimentam permanentemente da existência de aforradores que procuram obter remuneração para as suas poupanças e de investidores que buscam a liquidez de que necessitam"[1914]. A matéria encontra disciplina essencial no *Código dos Valores Mobiliários*[1915], que "regula os valores mobiliários [os constantes do artigo 1.º, entre outros como tal qualificados por disposição legal], as ofertas públicas a eles relativas, os mercados onde os valores mobiliários são negociados, a liquidação e a intermediação de operações sobre valores mobiliários, bem como o respectivo regime de supervisão e sancionatório" (artigo 2.º).

E autonomia parece lograr também o sector segurador, que encontra normação fundamental no regime das respectivas condições de acesso[1916-1917].

[1914] Cfr. *Direito* ..., p. 433.

[1915] Decreto-Lei n.º 486/99, de 13 de Novembro, com diversas alterações: Lei n.º 3-B/2000, de 4 de Abril; Decreto-Lei n.º 61/2002, de 20 de Março; Decreto-Lei n.º 38/2003, de 8 de Março; Decreto-Lei n.º 107/2003, de 4 de Junho; Decreto-Lei n.º 183/2003, de 19 de Agosto; e Decreto-Lei n.º 66/2004, de 24 de Março; Decreto-Lei n.º 52/2006, de 15 de Março; Decreto-Lei n.º 219/2006, de 2 de Novembro.

[1916] Decreto-Lei n.º 94-B/98, de 17 de Abril, com diversas alterações: Decreto-Lei n.º 8-C/2002, de 11 de Janeiro; Decreto-Lei n.º 169/2002, de 27 de Julho; Decreto-Lei n.º 72-A/2003, de 14 de Abril; Decreto-Lei n.º 90/2003, de 30 de Abril; Decreto-Lei n.º 251/2003, de 14 de Outubro; Decreto-Lei n.º 76-A/2006, de 29 de Março; Decreto-Lei n.º 145/2006, de 31 de Julho; e Decreto-Lei n.º 291/2007, de 21 de Agosto.

Mas a isto se não resume o sistema financeiro português[1918], designadamente quando tomamos o sistema financeiro público, no sentido de *actividade financeira por parte de entidades públicas*[1919]. Esta não consiste na *gestão do dinheiro* para a prossecução de objectivos privados/individuais, mas de objectivos públicos/colectivos. E se parte da actividade financeira pública consiste na regulação/normação de interesses privados, nem sempre assim é, pois aí se encontram tarefas não normativas e que têm por objecto dinheiros públicos. Ou mesmo a gestão de dinheiros privados cujo fundamento se pretende num interesse público último de intervenção pública económica directa (como é no caso da banca pública).

2.4. *Estrutura orgânico-subjectiva do sistema financeiro*

As observações do ponto antecedente conduzem à necessária consideração de um outro aspecto de integração da Constituição financeira na Constituição económica: trata-se da estruturação orgânico-subjectiva do sistema financeiro, sobre a qual já se adiantaram observações várias naquele mesmo ponto. Este não se esgota no sector privado, como não se esgota no sector público (e dentro deste, como já apontado[1920], não se queda pelo Estado).

Em geral, cabe aqui invocar o que se disse já a propósito dos princípios da coexistência de sectores de produção e da liberdade de iniciativa e de organização empresarial[1921], da configuração constitucional dos vários sectores de propriedade dos meios de produção[1922], bem como da inter-

---

[1917] Cfr. CARLOS COSTA PINA, *Instituições* ..., pp. 294 ss.; EDUARDO PAZ FERREIRA, *Direito* ..., pp. 453 ss. Propugnando, justamente, a autonomia do mercado de valores mobiliários e sector segurador em relação ao bancário, e afirmando não poder retirar-se da CRP uma preferência por qualquer dos sectores, cfr. JORGE MIRANDA/RUI MEDEIROS (com EDUARDO PAZ FERREIRA), *Constituição* ..., II, p. 206.

[1918] Para a respectiva evolução, na perspectiva deste ponto, cfr. ANTÓNIO MENEZES CORDEIRO, *Manual de Direito Bancário*, pp. 68 ss.

[1919] Cfr. *supra*, I, § 1.°, 1.1.

[1920] Cfr. *supra*, I, § 2.°, 2.2.

[1921] Cfr. anotação ao artigo 80.°, I, § 2.°, respectivamente 2.2 e 2.3. Sobre a actividade bancária no contexto das nacionalizações e da abertura ao sector privado, cfr. Ac. TC n.° 25/85, de 6 de Fevereiro de 1985, in BMJ, n.° 360 (Suplemento), 1986, pp. 51 ss.

[1922] Cfr. anotação ao artigo 82.°.

venção pública[1923]. E tendo em conta tais pressupostos – típicos da Constituição económica – perspectivar a sua tendencial delimitação.

Como é bom de ver, uma parte substancial do sistema financeiro (do Estado-Colectividade) desenvolve-se no ambiente ou meio próprio do *mercado*, onde entidades privadas actuam segundo um princípio de liberdade, ainda que condicionada por normas jurídicas editadas pelos poderes públicos (é o caso do sector bancário referido no ponto antecedente). Trata-se, pois, de actividades económicas típicas do sector privado.

Por outro lado, uma parte também ela substancial do sistema financeiro não consiste numa actividade de mercado – porque não sujeita à lógica essencial da troca. A gestão de dinheiros públicos obedece, regra geral, a normas e princípios jurídicos distintos dos que postulam o princípio da liberdade no mercado. Trata-se, então, de actividades ou tarefas económico-financeiras típicas do sector público, aqui avultando normas e princípios de Direito Administrativo, para além do Direito Constitucional[1924].

Isto não significa a impossibilidade de existência, designadamente, de entidades de natureza empresarial que sejam qualificáveis como empresas públicas, com personalidade jurídica de direito privado, que actuem no mercado nos mesmos termos em que actuam entidades privadas típicas[1925], conquanto essa mesma existência encontre justificação de base constitucional[1926]. Como não significa a impossibilidade da colaboração de entidades privadas em sentido próprio no desempenho de tarefas financeiras públicas. Significa, sim, a complexidade orgânico-subjectiva do sistema financeiro português, e com ela a pluridimensionalidade normativa do disposto no artigo 101.º da CRP.

[1923] Cfr. anotação ao artigo 83.º, I, § 1.º, ao artigo 86.º, e ainda ao artigo 99.º.

[1924] Para uma classificação do sector público financeiro, cfr. ANTÓNIO L. SOUSA FRANCO, *Finanças do Sector Público* ..., pp. 5 ss., e 467 ss.

[1925] Cfr. as anotações referidas nas notas anteriores, em particular ao artigo 82.º. Sobre o sector empresarial do Estado como subsector financeiro, cfr. ANTÓNIO L. SOUSA FRANCO, *Finanças do Sector Público* ..., em especial pp. 233 ss., e 537.

[1926] Bem como o respectivo regime jurídico estatutário. Sobre a utilização por parte da Caixa Geral de Depósitos do regime da execução fiscal para recuperação de créditos, justificada pelo interesse público que a mesma serve e com invocação a propósito do artigo 101.º da CRP, cfr. Ac. TC n.º 388/2005 (cit.), e a respectiva referência na anotação ao artigo 99.º (objectivos da política comercial), I, § 3.º, 3.2.

Enquanto o sector público financeiro e o sector privado publicizado se encontram directamente subordinados ao princípio da prossecução do interesse público e outros constitucional e legalmente imperativos para a Administração pública, no âmbito geral das suas atribuições, ainda que meramente técnica ou de gestão privada[1927], o sector privado típico só poderá estar sujeito a semelhantes vinculações de fundo quando e apenas enquanto colaborar com a Administração no desempenho de tarefas públicas. Tendo em conta o disposto no artigo 101.º da CRP – e recordando aspectos já referidos *supra*[1928] – enquanto a *garantia da formação, da captação e da segurança das poupanças, bem como da aplicação dos meios financeiros necessários ao desenvolvimento económico e social*, com as relações normativas de nível constitucional que o preceito estabelece com outros[1929], constitui uma directriz material constante para todo o sector público e privado publicizado na prossecução das suas atribuições e finalidades, porque consiste numa concretização constitucional do interesse público, já para o sector privado tal directriz é tendencialmente eventual e carece de mediação legislativa (a *estruturação por lei* do sistema financeiro) porque comprime a liberdade de iniciativa económica e de organização empresarial (o mesmo se podendo dizer, *mutatis mutandis*, em relação ao sector cooperativo e social)[1930].

[1927] Cfr. n.º 5 do artigo 2.º do CPA.
[1928] Cfr. I, § 2.º, 2.2.
[1929] Cfr. *supra*, I, § 1.º.
[1930] Mas o disposto no artigo 101.º não deixa de constituir uma habilitação constitucional para a introdução de limitações normativas à liberdade de iniciativa económica no âmbito do sistema financeiro. J. J. GOMES CANOTILHO e VITAL MOREIRA consideram que a inexistência de distinção, nesta norma constitucional, entre instituições de natureza pública e instituições de natureza privada ou cooperativa "apenas traduz a relevância pública destas, independentemente do seu estatuto, justificando, consequentemente, a sua sujeição a um regime específico de controlo estadual e de regulação pública, o que se manifesta desde logo no regime de acesso à actividade financeira" (cfr. *Constituição* ..., I, p. 1080). Embora estes aspectos ainda vão ser objecto de atenção *infra* (cfr. I, § 4.º) não pode deixar de ter--se presente que a compressão da liberdade de iniciativa económica no sector financeiro não obedece a cânones essencialmente distintos dos que pautam tal compressão noutros sectores: necessário é que, a todo o momento, tal possa justificar-se à luz dos princípios e normas constitucionais, e sempre por referência aos direitos fundamentais com a enformação que a Constituição económica lhes dá.

§ 3.°. Reserva de lei e estruturação do sistema financeiro

3.1. *A competência do Parlamento*

A reserva de lei estabelecida na primeira parte do artigo 101.° da CRP compreende ambas as dimensões objectiva e subjectiva do sistema financeiro[1931]. Não é, porém, evidente em que consista a *estruturação* propriamente dita. Pode admitir-se que, em termos subjectivos, está em causa a determinação das entidades que integram o sistema financeiro e suas regras de funcionamento; e que em termos objectivos, estando em causa a actividade financeira propriamente dita, tal equivalha ao estabelecimento dos meios ou instrumentos financeiros e diversas dimensões dos respectivos regimes jurídicos. Mas não pode olvidar-se o reflexo da segunda parte do disposto no artigo 101.°, não apenas no que respeita às vinculações materiais que daí resultam, mas igualmente no que toca a uma vinculação fundamental do legislador: o estabelecimento de normas *garantísticas*, tanto respeitantes a relações contratuais (garantias patrimoniais) como à actividade financeira de natureza não contratual (por exemplo, no que toca ao incumprimento de obrigações de direito público (garantias gerais do interesse público subjacente)[1932].

Importa, pois, atentar na competência legislativa parlamentar para a estruturação do sistema financeiro, tendo em conta as normas de reserva legislativa da AR, podendo aqui distinguir-se três situações:

    i) Em primeiro lugar, normas que encerram uma verdadeira reserva material directa de estruturação do sistema financeiro ou de algumas das suas dimensões particulares. É o caso, *v.g.*:

        a) Do regime de finanças das regiões autónomas (alínea *t)* do artigo 164.°);

        b) Das bases do sistema de segurança social (alínea *f)* do n.° 1 do artigo 165.°);

        c) Da criação de impostos e sistema fiscal e regime geral das taxas e contribuições financeiras a favor de entidades públicas (alínea *i)* do n.° 1 do artigo 165.°);

[1931] Cfr. *supra*, I, § 1.°, 1.1. Neste sentido também, cfr. J. J. GOMES CANOTILHO//VITAL MOREIRA, *Constituição* ..., I, p. 1080.

[1932] Cfr. também CARLOS COSTA PINA, *Instituições* ..., p. 57.

d) Do sistema monetário (alínea *o)* do n.º 1 do artigo 165.º)[1933];

e) Do regime das finanças locais (alínea *q)* do n.º 1 do artigo 165.º);

f) Da definição e regimes dos bens do domínio público (alínea *v)* do n.º 1 do artigo 165.º);

ii) Em segundo lugar, normas que reservam à AR a competência para a aprovação de determinados actos legislativos especialmente vocacionados para a estruturação do sistema financeiro ou alguns dos seus aspectos, mas que a isso se não resumem ou não dispõem directa e substancialmente sobre essa estruturação em sentido próprio. É o caso, *v.g.*:

a) Dos estatutos político-administrativos das regiões autónomas (alínea *b)* do artigo 161.º);

b) Das leis das grandes opções dos planos nacionais e do Orçamento (alínea *g)* do artigo 161.º);

c) Do regime geral da elaboração e organização dos orçamentos do Estado, das regiões autónomas e das autarquias locais (alínea *r)* do artigo 164.º);

d) Do regime de autonomia financeira dos serviços de apoio do Presidente da República;

e) Do regime dos planos de desenvolvimento económico e social (alínea *m)* do n.º 1 do artigo 165.º);

f) Do estatuto das autarquias locais (alínea *q)* do n.º 1 do artigo 165.º);

g) Das garantias dos administrados (alínea *s)* do n.º 1 do artigo 165.º);

iii) Em terceiro lugar, normas que reservam à AR a competência legislativa sobre matérias que, embora não directamente respeitantes à estruturação do sistema financeiro, podem com ela conexionar-se, dependendo da estruturação que o legislador em concreto pretenda. É o caso, *v.g.*:

a) Dos direitos, liberdades e garantias (alínea *b)* do n.º 1 do artigo 165.º);

[1933] CARLOS COSTA PINA inclui o estatuto do Banco de Portugal no âmbito da reserva de competência legislativa da AR atinente ao sistema monetário (cfr. *Instituições ...*, pp. 23-24). Sobre este aspecto, cfr. anotação ao artigo 102.º.

b) Da definição dos crimes, penas e medidas de segurança e respectivos pressupostos (alínea *c)* do n.º 1 do artigo 165.º);

c) Da definição dos sectores de propriedade dos meios de produção, incluindo a dos sectores básicos nos quais seja vedada a actividade às empresas privadas e outras entidades da mesma natureza (alínea *j)* do n.º 1 do artigo 165.º);

d) Dos meios e formas de intervenção nos meios de produção por motivo de interesse público (alínea *l)* do n.º 1 do artigo 165.º);

e) Das bases gerais do estatuto das empresas públicas (alínea *u)* do n.º 1 do artigo 165.º);

f) Do regime dos meios de produção integrados no sector cooperativo e social (alínea *x)* do n.º 1 do artigo 165.º).

Em rigor, apenas os casos descritos em i) consubstanciam uma verdadeira reserva de competência legislativa parlamentar *quanto à estruturação do sistema financeiro*. Mas sem os referidos em ii) e iii) não é possível discernir a extensão da reserva parlamentar susceptível de influir nas mais diversas dimensões e formas dessa mesma estruturação.

Um aspecto que deve ainda ser referido – e que assume especial importância nos casos de reserva parlamentar, embora a eles se não resuma – prende-se com as *dificuldades* da reserva de lei no âmbito da estruturação do sistema financeiro, e que resultam de causas várias como, *v.g.*, a sua complexidade e a necessidade de adequação à realidade. A título de exemplo, a propósito do Direito Administrativo do Mercado de Valores Mobiliários foi já observado "o verdadeiro sentido de desprezo a que é votada a ideia de reserva de lei" em vários momentos do *Código dos Valores Mobiliários*, "remetendo-se várias vezes para normas regulamentares a imposição de novas limitações ao exercício de direitos, liberdades ou garantias fundamentais dos particulares" segundo juízos discricionários[1934]: não é situação única, ou em geral pouco comum neste domínio.

[1934] Cfr. PAULO OTERO, *Alguns Problemas do Direito Administrativo do Mercado dos Valores Mobiliários*, Separata de *Direito dos Valores Mobiliários*, I, Coimbra, 1999, p. 257.

3.2. A competência do Governo

A competência legislativa do Governo estende-se por toda a área de competência legislativa concorrencial, sem esquecer a sua competência autorizada e de desenvolvimento (n.º 1 do artigo 198.º). Mas deve ter-se presente que lhe assiste uma reserva absoluta de competência legislativa quanto às matérias que, sendo de estruturação do sistema financeiro, correspondam a aspectos da sua própria organização e funcionamento (n.º 2 do artigo 198.º).

3.3. A competência das Assembleias Legislativas das regiões autónomas

São extensas as competências legislativas das Assembleias Legislativas das regiões autónomas no que respeita a aspectos de estruturação do sistema financeiro de âmbito regional. Se na sequência da revisão constitucional de 2004 há agora que realizar o cruzamento de competências reclamado pela alínea *b)* do n.º 1 do artigo 227.º[1935], não podem olvidar-se algumas das restantes alíneas deste mesmo preceito, designadamente, a propósito da adaptação do sistema fiscal nacional às especificidades regionais (alínea *i)*), e da disposição de receitas fiscais (alínea *j)*). Por outro lado, as regiões autónomas têm ainda o poder de "participar na definição e execução das políticas fiscal, monetária, financeira e cambial, de modo a assegurar o controlo regional dos meios de pagamento em circulação e o financiamento dos investimentos necessários ao seu desenvolvimento económico-social" (alínea *r)*)[1936].

[1935] Segundo CARLOS COSTA PINA, a revisão constitucional de 2004 teve o mérito de esclarecer a proibição de as regiões autónomas legislarem em matéria de sistema monetário (cfr. *Instituições ...*, p. 22).

[1936] Ainda para CARLOS COSTA PINA, a revisão constitucional de 2004 poderia ter aproveitado a oportunidade para esclarecer a substância deste poder relativamente às políticas monetária e cambial, dado que seria hoje "um poder desprovido de objecto em virtude de as mesmas escaparem à intervenção de órgãos políticos (estaduais ou infra-estaduais), tendo exclusivamente lugar no quadro dos poderes do Banco Central Europeu e do Sistema Europeu de Bancos Centrais, nos quais assenta institucionalmente a União Económica e Monetária." (cfr. *Instituições ...*, p. 22). Duas observações a propósito: (i) em primeiro lugar, *mutatis mutandis,* é comentário extensivo à própria norma de competência legislativa da AR (alínea *o)* do n.º 1 do artigo 165.º), sobre a qual se imporia também um

Já nos referimos ao problema da descentralização político-administrativa[1937]. Mas não pode desconsiderar-se a existência de aspectos de estruturação do sistema financeiro que não podem deixar de ser objecto de regulamentação legislativa de nível nacional (ainda que sem prejuízo de adaptação de alguns deles à realidade regional, onde se justifique). Há que atender, pois, quer ao princípio da unidade do Estado (artigo 6.°), especialmente no que este projecta ao nível dos direitos fundamentais, quer aqui ao princípio da igualdade.

3.4. A exclusão do referendo em matérias financeiras

Entre as matérias que se encontram excluídas de referendo, contam-se as "questões e os actos de conteúdo orçamental, tributário ou financeiro" (alínea *b)* do n.° 4 do artigo 115.° da CRP) (e em concreto as leis das grandes opções dos planos nacionais e o próprio Orçamento, por força da subsequente alínea *c)*), bem como a matéria do regime de finanças das regiões autónomas (alínea *d)* do mesmo artigo – com remissão para as matérias previstas no artigo 164.°).

A ausência de referendo sobre questões financeiras é usualmente justificada com o fim de "evitar populismos fáceis"[1938], o que não significa que não possam ser sujeitas a referendo *questões com implicações financeiras*[1939].

---

esclarecimento; (ii) em segundo lugar, uma dimensão possível e específica para esta norma é da participação das regiões autónomas no processo de construção europeia e da política nacional europeia, além do que a alínea *x)* do n.° 1 do artigo 227.° da CRP já prevê, isto é, ao lado dos órgãos de soberania e sem envolvência em *delegações* ou participação em instituições europeias (que aquela norma já contempla): por exemplo, acompanhando a AR na pronúncia desta sobre matérias pendentes de decisão em órgãos no âmbito da União Europeia que incidam na esfera da sua competência legislativa reservada e tenham relevo regional (alínea *n)* do artigo 161.°) e que se relacionem com as políticas monetária e cambial (cfr. *supra*, I, § 3.°, 3.1); ou, em termos mais gerais, pronunciar-se junto da AR sobre o acompanhamento e apreciação desta da participação de Portugal no processo de construção da União Europeia, estando em causa matérias de política monetária e cambial com relevo regional.

[1937] Cfr. *supra*, I, § 2.°, 2.2.
[1938] A expressão é de JORGE MIRANDA/RUI MEDEIROS, *Constituição* ..., II, p. 301. No mesmo sentido, cfr. J. J. GOMES CANOTILHO/VITAL MOREIRA, *Constituição* ..., 3.ª Ed., pp. 533-534.
[1939] Neste sentido, J. J. GOMES CANOTILHO/VITAL MOREIRA, *Constituição* ..., 3.ª Ed., p. 534.

Daqui não decorre, como é bom de ver, uma proibição geral de sujeição a referendo de quaisquer matérias que digam respeito ao sistema financeiro, mas apenas, em regra, sobre questões que digam respeito às finanças públicas. Parece ser essa a finalidade da norma, pelo menos conforme a doutrina a tem entendido.

Note-se que na mira deste preceito constitucional está também evitar uma auto-desresponsabilização financeira por parte do Estado por recurso ao referendo. Mas na medida em que a conformação, em geral, do sistema financeiro corresponde à concretização de direitos fundamentais, não pode aqui admitir-se a exclusão geral do referendo, sem prejuízo da exclusão da decisão financeira pública.

§ 4.º. **Regulação do sistema financeiro**

4.1. *Objectivos e formas da regulação do sistema financeiro*

A regulação do sistema financeiro em Portugal[1940] prossegue, naturalmente, os objectivos decorrentes do disposto no artigo 101.º da CRP, conforme os mesmos resultam da respectiva conjugação com o disposto noutras normas e princípios constitucionais[1941]: *garantir a formação, a captação e a segurança das poupanças, bem como a aplicação dos meios financeiros necessários ao desenvolvimento económico e social*, e muito em particular *assegurando o funcionamento eficiente dos mercados, de modo a garantir a equilibrada concorrência entre as empresas, a contrariar as formas de organização monopolistas e a reprimir os abusos de posição dominante e outras práticas lesivas do interesse geral* (alínea *f*) do artigo 81.º da CRP[1942]).

[1940] Sobre esta matéria, em Portugal, entre tantos, cfr. ANTÓNIO CARLOS SANTOS/ MARIA EDUARDA GONÇALVES/MARIA MANUEL LEITÃO MARQUES, *Direito* ..., pp. 413 ss.; ANTÓNIO MENEZES CORDEIRO, *Manual de Direito Bancário,* em especial pp. 739 ss.; CARLOS COSTA PINA, *Instituições* ..., pp. 99 ss., e 557 ss. (em relação com a concorrência); EDUARDO PAZ FERREIRA, *Direito* ..., pp. 429 ss., e em geral pp. 393 ss.; EDUARDO PAZ FERREIRA, *Ensinar Finanças Públicas* ..., pp. 157 ss., e 234 ss.; MARIA MANUEL LEITÃO MARQUES/JOÃO PAULO SIMÕES DE ALMEIDA/ANDRÉ MATOS FORTE, *Concorrência e Regulação*, Coimbra, 2005, pp. 137 ss.; VITAL MOREIRA/FERNANDA MAÇÃS, *Autoridades* ..., pp. 215 ss. E J. J. GOMES CANOTILHO/VITAL MOREIRA, *Constituição* ..., I, pp. 1081-1082.

[1941] Cfr. *supra*, I, § 1.º.

[1942] Cfr. anotação respectiva, I, § 2.º, 2.6.

O que há que tomar em conta é que, por força daquelas relações normativas que o artigo 101.º estabelece com outras normas e princípios constitucionais, por um lado, e por força da sua evolução jurídica e fáctica de implementação exponencial na realidade actual do mercado, por outro, a *regulação* constitui hoje um pilar absolutamente essencial da tutela de direitos fundamentais dos cidadãos. E tal essencialidade deve ser pensada e tratada como tal. O progressivo avanço dos mecanismos regulatórios, substituindo a intervenção directa do Estado, importa múltiplas consequências: se "implica normalmente a necessidade de repensar a própria utilização dos instrumentos financeiros e fiscais"[1943], não deixa de colocar questões ao nível da sua aptidão para uma efectiva garantia dos direitos fundamentais. Recorde-se que a normatividade administrativa não está sujeita a fiscalização preventiva da constitucionalidade (artigo 278.º da CRP), e que a tendencial independentização das entidades reguladoras tem o efeito geral da submissão das normas por si editadas a um mero controlo judicial de legalidade *a posteriori*. Por outro lado, conhecidas que são as dificuldades de participação no procedimento administrativo regulamentar[1944], tudo suscita a problemática da criação de instâncias reguladoras com competência normativa distante do princípio democrático, que em rigor a CRP postula para qualquer norma.

Não é demais, portanto, recordar que a actividade reguladora, como garantística dos direitos fundamentais – tarefa que, em geral, cabe ao Estado ou aos poderes públicos, em termos mais gerais – deve obedecer aos princípios fundamentais do Direito Público, em particular do Direito Administrativo, razão pela qual, atendendo à respectiva materialidade, consiste em vertente fundamental do Direito Administrativo da Economia[1945].

É, no entanto, conveniente distinguir entre *regulação* e *supervisão*, sobretudo quando à primeira se imprime um sentido de *regulamentação*.

[1943] Cfr. EDUARDO PAZ FERREIRA, *Em Torno* ..., p. 337.

[1944] A que já nos referimos a propósito da participação na definição da política agrícola, mas pode aqui ser observado também (cfr. anotação ao artigo 98.º, I, § 2.º 2.5.).

[1945] Na garantia dos direitos fundamentais neste domínio é também essencial o Direito Penal económico. Sobre a criminalização do abuso de informação no domínio do mercado de valores mobiliários, com referência à obra de FREDERICO DA COSTA PINTO, *O Novo Regime dos Crimes e Contra-Ordenações no Código dos Valores Mobiliários*, Coimbra, 2000, cfr. Ac. TC n.º 494/2003, de 22 de Outubro de 2003, *DR*, II Série, n.º 275, de 27 de Novembro de 2003.

Se aqui está em causa, essencialmente, o "enquadramento normativo da actividade das instituições e do funcionamento dos mercados", a *supervisão* consiste, fundamentalmente, "nos poderes atribuídos às autoridades competentes com vista à verificação do cumprimento tanto das normas prudenciais e de conduta – «*maxime*» protecção dos consumidores – que vinculam aquelas, como da observância de padrões («*standards*») e boas práticas aplicáveis"; e com especial menção para a *supervisão prudencial*, que tem por padrão "regras de natureza não estritamente jurídica, funcionalmente dirigidas a preservar, quer a liquidez, quer a solvabilidade das instituições, em ordem a uma situação de estabilidade individual e sistémica"[1946].

Estamos claramente no domínio da concretização da obrigação de fiscalização da actividade empresarial que incumbe ao Estado, nos termos do n.º 1 do artigo 86.º[1947], suscitando, porém, problemas que importa não descurar. A relevância emprestada a normas de natureza não jurídica[1948] suscita complexos problemas, quer ao nível da respectiva formação, quer da sua recepção jurídica. E por consequência, da subordinação do poder económico ao poder político democrático – sobretudo naquela primeira vertente –, bem como da sua aptidão para a garantia de direitos fundamentais – essencialmente na segunda vertente[1949].

Observe-se a argumentação expendida no Ac. TC n.º 166/94 (cit.), que, invocando conjugadamente o princípio da subordinação do poder económico ao poder político democrático (alínea *a*) do artigo 80.º[1950]), a incumbência prioritária do Estado de "reprimir os abusos do poder económico e todas as práticas lesivas do interesse geral (hoje alínea *f*) do artigo 81.º[1951]), e ainda o disposto no actual artigo 101.º da CRP, decidiu que "dados estes princípios, é perfeitamente curial concluir-se que o Estado assuma um papel fortemente interventor na actividade financeira, tendo em vista a prossecução e alcance dos elencados objectivos constitucionais. Daí

[1946] Cfr. CARLOS COSTA PINA, *Instituições* ..., pp. 142-143.
[1947] Cfr. anotação respectiva, I, § 2.º, 2.3.
[1948] Cfr. PAULO OTERO, *Legalidade* ..., em especial pp. 763 ss.
[1949] A internacionalização dos mercados financeiros coloca, evidentemente, questões complexas relativamente à capacidade reguladora do Estado, o que dificulta o cumprimento da CRP a este nível (cfr. *infra*, II, § 5.º e 6.º). Salientando este aspecto também, JORGE MIRANDA/RUI MEDEIROS (com EDUARDO PAZ FERREIRA), *Constituição* ..., II, p. 207.
[1950] Cfr. anotação ao artigo 80.º, I, § 2.º, 2.1.
[1951] Cfr. anotação ao artigo 81.º, I, § 2.º, 2.6., e anotação ao artigo 99.º, *passim*.

que nesse papel caiba, sem que para tanto se haja de efectuar qualquer esforço interpretativo ou de integração, a possibilidade de o legislador ordinário impor a intervenção do Estado, por intermédio do seu órgão de condução de política geral do País e ao qual cabe praticar todos os actos e tomar todas as providências necessárias visando o desenvolvimento económico-social e a satisfação das necessidades colectivas, no sentido de autorizar a constituição de instituições que, limpidamente, têm o maior relevo num aspecto por demais importante no sistema económico em geral e no sistema financeiro em particular. [§] Deste modo, e porque a intervenção autorizadora para a constituição de instituições que exercem a actividade bancária [...] por parte do Governo é algo que não é descredenciado constitucionalmente, há-de concluir-se, igualmente, que aqueloutra intervenção consubstanciada na revogação da autorização anteriormente deferida, nas situações em que, se virtualmente ocorressem aquando do pedido de autorização, esta não seria concedida, também não é postergada por qualquer proibição constitucional.".

Este aresto decidiu ainda que "a liquidação coactiva determinada pela Administração respeitantemente aos estabelecimentos bancários em questão [caixas económicas] e não sujeita a intervenção de uma entidade jurisdicional, por si, não ofende o diploma fundamental. [§] Esta conclusão não é contraditória com o decidido por este Tribunal nos seus acórdãos n.ºs 443/91 e 179/92, que visaram a apreciação de normas concretas do procedimento liquidatário e nos quais não foi afirmado ser constitucionalmente ilegítima a totalidade do sistema legal que o prevê e regula.". A questão não foi pacífica, porém, (cfr. a declaração de voto vencido do Juiz Conselheiro Luís Nunes de Almeida), e recorda a susceptibilidade de problemas relativos à separação de poderes que a execução da Constituição financeira material pode importar[1952].

[1952] Sublinhando o "difícil recorte entre o exercício de actividades materialmente típicas da função administrativa ou da função jurisdicional" no âmbito dos principais traços do Direito Administrativo do Mercado dos Valores Mobiliários, cfr. Paulo Otero, *Alguns Problemas* ..., p. 256, e ss.; *A Competência da Comissão do Mercado de Valores Mobiliários para Controlar a Legalidade de Actos Jurídicos Provenientes de Entidades Privadas*, Separata da *Revista da Ordem dos Advogados*, 2000, II, Lisboa, pp. 674 ss. Chamando a atenção para a questão da separação de poderes, em geral, cfr. Eduardo Paz Ferreira, *Em Torno* ..., p. 316. Sobre este problema, cfr. também Ac. TC n.° 449/93, de 15 de Julho de 1993, in BMJ, n.° 429, 1993, pp. 314 ss.; Ac. TC n.° 453/93, de 15 de Julho de 1993, in BMJ, n.° 429, 1993, pp. 351 ss.; Ac. STJ de 21 de Janeiro de 1993, in BMJ, n.° 423, 1993, pp. 429 ss. Cfr. ainda a referência ao Ac. TC n.° 166/94 (cit.) na anotação ao artigo 86.°, I, § 3.°, 3.2. (liberdade do legislador na conformação da intervenção do Estado na gestão das empresas privadas).

4.2. Estrutura institucional de regulação do sistema financeiro

Na CRP, a estrutura institucional de regulação (e utilizamos aqui a expressão num sentido muito lato[1953]) do sistema financeiro encontra as seguintes consagrações principais (deixando agora de parte, *v.g.*, o especialmente respeitante às regiões autónomas):

i) O Banco de Portugal: é o único órgão constitucional, que não de soberania, e simultaneamente a única entidade administrativa cuja existência a CRP consagra, cuja competência específica essencial consiste na regulação (em sentido lato) do sistema financeiro (artigo 102.°[1954]);

ii) A AR: compete-lhe a aprovação das leis das grandes opções dos planos nacionais e do Orçamento de Estado, e autorizar o Governo a contrair e a conceder empréstimos e a realizar outras operações de crédito que não sejam de dívida flutuante, definindo as respectivas condições gerais, bem como estabelecer o limite máximo dos avales a conceder em cada ano pelo Governo (respectivamente, alíneas *g)* e *h)* do artigo 161.°); compete-lhe ainda, sem prejuízo daquela sua competência legislativa e de outras, vigiar pelo cumprimento da Constituição e das leis e apreciar os actos do Governo e da Administração (alínea *a)* do artigo 162.°), onde se incluem os respeitantes ao sistema financeiro; e ainda tomar as contas do Estado e demais entidades públicas cuja lei determine (nos termos da alínea *d)* do artigo 162.°)[1955];

iii) O Governo: sem prejuízo das suas restantes competências de nível político e legislativo (artigos 197.° e 198.° da CRP), compete-lhe fazer executar o Orçamento, os regulamentos necessários à boa execução das leis e, além dos seus poderes de direcção, superintendência e tutela administrativas, ainda praticar todos os actos e

---

[1953] Sobre os vários sentidos do termo *regulação*, cfr. VITAL MOREIRA, *Auto-Regulação ...*, pp. 34 ss.

[1954] Cfr. anotação respectiva.

[1955] Cfr. anotações respectivas. Sobre a fiscalização pela AR da Administração Pública, em geral, cfr. JOSÉ FONTES, *Do Controlo Parlamentar da Administração Pública*, Lisboa, 1999, *passim*; sobre a fiscalização da AR sobre as finanças públicas, cfr. ANTÓNIO RIBEIRO GAMEIRO, *O Controlo Parlamentar das Finanças Públicas em Portugal (1976-2002)*, Coimbra, 2004, *passim*.

tomar todas as providências necessárias à promoção do desenvolvimento económico-social e à satisfação das necessidades colectivas (respectivamente, alíneas *b), c), d)* e *g)* do artigo 199.º CRP); em última análise, é mesmo a competência de defesa da legalidade democrática (alínea *f)* do mesmo artigo) que lhe impõe tarefas de regulação do sistema financeiro, assegurando a subordinação do poder económico ao poder político democrático (alínea *a)* do artigo 80.º)[1956];

iv) O Tribunal de Contas: dispõe a CRP, antes de enunciar algumas das suas competências específicas, que é o órgão supremo de fiscalização da legalidade das despesas públicas e de julgamento das contas que a lei mandar submeter-lhe (artigo 214.º)[1957].

Existem outras entidades sem previsão constitucional, destacando-se a *Comissão do Mercado de Valores Mobiliários*[1958], o *Instituto de Seguros de Portugal* e o *Conselho Nacional de Supervisores*.

Os problemas mais complexos que a CRP a este propósito coloca prendem-se com o estatuto constitucional das autoridades independentes.

[1956] Cfr. anotações respectivas. Sobre a particular posição do Ministro das Finanças, cfr. PAULO OTERO, *A Intervenção do Ministro das Finanças sobre os Actos do Governo de Aumento de Despesas ou Diminuição de Receitas*, in *Estudos em Homenagem ao Professor Doutor Pedro Soares Martínez*, II, Coimbra, 2000, em especial pp. 171 ss.

[1957] Cfr. anotação respectiva. Sobre o Tribunal de Contas, cfr. também os vários estudos dedicados de JOSÉ F. F. TAVARES, *Estudos de Administração Pública*, Coimbra, 2004; e *O Tribunal de Contas e o Controlo do Sector Empresarial*, in *Estudos Sobre o Novo Regime do Sector Empresarial do Estado*, Org. Eduardo Paz Ferreira, Coimbra, 2000, pp. 185 ss. Igualmente, FERNANDO XAREPE SILVEIRO, *O Tribunal de Contas, as sociedades comerciais e os dinheiros públicos*, Coimbra, 2003, em especial, pp. 51 ss. Ainda, EDUARDO PAZ FERREIRA, *Ensinar Finanças Públicas ...*, pp. 161 ss.

[1958] No âmbito da gestão do mercado de valores mobiliários merecem ainda referência as *sociedades gestoras de mercado regulamentado* que sucederam às *associações de bolsa*, entidades privadas com funções de auto-regulação e que exercem poderes públicos: sobre esta temática, cfr. PEDRO GONÇALVES, *Entidades Privadas ...*, pp. 536 ss., e 827 ss.; PAULO OTERO, *O Poder ...*, I, pp. 57 ss.; *Alguns Problemas ..., passim.*; *A Competência da Comissão do Mercado de Valores Mobiliários ..., passim.*; VITAL MOREIRA, *Auto-Regulação ...*, pp. 343 ss.

II. DIREITO INTERNACIONAL E EUROPEU

§ 5.º. Direito Internacional

No domínio do Direito Internacional, podem apontar-se como de primordial importância para a conformação do sistema financeiro português o Acordo relativo à criação do EEE, o *Banco Mundial*, o FMI, e o sistema GATT/OMC[1959]. Em relação ao primeiro, têm especial relevo as proibições às restrições ao direito de estabelecimento, à liberdade de prestação de serviços, e aos movimentos de capitais. Neste último caso podem existir medidas de protecção. Mas existe ainda um sistema de cooperação no âmbito da política económica e monetária ainda que consistente apenas em troca de informações[1960]. Quanto aos restantes, pretendem compatibilizar a liberalização do comércio internacional e a estabilidade monetária[1961].

Do ponto de vista da Constituição, porém, e não apenas *ao nível* mas também *por via* da internacionalização do sistema financeiro – como parte fundamental do sistema económico e, portanto, da Constituição económica – as questões suscitadas no âmbito do Direito Internacional são bem mais profundas do que as vinculações materiais que daqueles instrumentos internacionais decorrem.

Realmente, a internacionalização das questões económicas e dos mercados financeiros tem a aptidão de transformar o sistema financeiro num verdadeiro *Cavalo de Tróia* no seio da CRP, e não apenas da Constituição económica, produzindo efeitos conhecidos ao nível da ordem jurídica interna dos Estados. Constata-se a incapacidade dos ordenamentos jurídicos nacionais para regular por si tais fenómenos, atendendo à respectiva generalização, pulverização dos centros de decisão económica e efeito dominó da actuação dos agentes económicos. Em última análise, constatando o Estado a sua incapacidade para o desempenho das tarefas que lhe são constitucionalmente atribuídas no âmbito do desenvolvimento económico-social e dos direitos fundamentais em geral no contexto de um modelo de Estado de bem-estar, para a autarcia em geral, são imediatos os efeitos desagregadores sobre a sua ordem jurídica interna. O problema,

---

[1959] Cfr. anotação ao artigo 80.º, II, § 3.º.
[1960] Cfr. CARLOS COSTA PINA, *Instituições* ..., pp. 31-32.
[1961] Cfr. CARLOS COSTA PINA, *Instituições* ..., pp. 32 ss.

diga-se, não está – mesmo do ponto de vista constitucional – na *internacionalização* do Estado enquanto tal, e na simples afectação da *substância da soberania* em termos formais; mas antes nos efeitos dessa afectação ao nível da garantia dos direitos fundamentais. De certa forma, verifica-se um paradoxo a este nível: a *internacionalização* dos direitos fundamentais é, simultaneamente, um factor indispensável do respectivo incremento e um perigo para as suas garantias. E nesta última vertente, pelo menos parte do problema está na inaptidão dessas mesmas garantias: moldadas ao nível do direito interno sob o dogma da soberania do Estado, desagregam-se necessariamente com ela, e ainda sem adequados mecanismos de substituição.

Neste âmbito, cabe desde logo falar de um *descentramento estadual da legalidade*, particularmente relevante no domínio da integração económica internacional: "o Estado vê-se esvaziado ou expropriado de poderes de decisão sobre certas matérias e, simultaneamente, perde autonomia sobre o sentido decisório de matérias relativamente às quais continua ainda a possuir a respectiva titularidade". No que toca ao processo de integração no domínio da União Europeia – porque não adiantá-lo já –, tal descentramento é ainda acompanhado de um outro elemento: a partilha de poderes decisórios entre o Estado e os órgãos comunitários obedecendo ao princípio do primado do Direito Comunitário[1962]. E neste contexto, o sistema de garantias dos direitos fundamentais encontra obstruções claras – em termos verdadeiramente substanciais, e não meramente formais: designadamente, estão em causa as dimensões garantísticas do princípio democrático, tanto políticas como jurídicas, ali *v.g.* pelo distanciamento entre as fontes do Direito e a sua legitimação popular, aqui muito por deficiências técnicas várias (*v.g.* lacunas) dos ordenamentos jurídicos nacionais[1963].

Nesta lógica, dentro da constelação dos próprios órgãos do Estado, colocando em crise o princípio da separação de poderes na sua configuração constitucional concreta e a própria legitimidade democrática da Constituição, verifica-se que "a internacionalização das economias e a própria globalização das sociedades, dos seus problemas e das inerentes soluções, isto sem esquecer a especial incidência do processo de aprofundamento da construção da União Europeia, veio reforçar o protagonismo do executivo e desvalorizar a autonomia decisória do parlamento: a política do "facto

---

[1962] Cfr. PAULO OTERO, *Legalidade* ..., pp. 150 ss.

[1963] E deixando de parte questões não jurídicas – embora com relevo jurídico – ligadas ao desconhecimento e manuseio das fontes internacionais.

consumado" antes de qualquer intervenção parlamentar, a inevitabilidade do alinhamento político-legislativo do parlamento por uma orientação política internacionalmente seguida e a prática do assumir pelo executivo de compromissos internacionais sobre matérias da esfera reservada do parlemento – incluindo até em sentido contrário ao próprio texto constitucional vigente, tal como tem sucedido no âmbito comunitário – conduziram à expropriação ou ao esvaziamento da autonomia decisória do parlamento". E é mesmo a competência exclusiva do Parlamento em matéria de revisão constitucional que é subalternizada pela intervenção do executivo, sobretudo no quadro do processo de construção da União Europeia[1964-1965].

§ 6.°. Direito Europeu

Sobejamente conhecida e reafirmada é hoje a submissão quase total do sistema financeiro nacional ao Direito Europeu, tanto originário como derivado. Isto sucede tanto no domínio mais restrito das finanças públicas, como do sistema financeiro em geral (na noção material ampla que propugnámos subjacente ao artigo 101.° da CRP).

Em matéria de finanças públicas, verifica-se hoje uma redução drástica da liberdade de decisão orçamental do Estado (que, aliás, se reflecte na liberdade de decisão orçamental das restantes entidades públicas, desig-

---

[1964] Cfr. PAULO OTERO, *Legalidade* ..., pp. 144-145.

[1965] Estas questões têm levado a considerar a necessidade de pensar os problemas da legitimidade democrática na própria ordem jurídica internacional, e muito em especial no âmbito do Direito Internacional Económico, colocando-se em crise o *valor constitucional das constituições*, equacionando a sua refundação, e pretendendo-se mesmo transportar para dentro de instrumentos ou organizações de Direito Internacional Económico (designadamente, da OMC) valores, princípios e procedimentos ligados à democracia política que lhes permitam corrigir os *déficits constitucionais dos Estados*, mesmo por *substituição* das constituições nacionais. A este propósito – e excepcionalmente, dada a opção anunciada pela ausência de referência a bibliografia estrangeira não lusófona, indicamos dois estudos: DEBORAH Z. CASS, *The Constitutionalization of the World Trade Organization*, Oxford, 2005, *passim*; THOMAS COTTIER/MAYA HERTIG, *The Prospects of 21st Century Constitutionalism*, in *Max Planck Yearbook of United Nations Law*, Vol. 7, 2003, pp. 261 ss. Em Portugal, veja-se o estudo de MIGUEL MOURA E SILVA, *O desenvolvimento do conceito de Direito Internacional Económico*, in *Estudos Jurídicos e Económicos em Homenagem ao Prof. Doutor António de Sousa Franco*, III, FDUL, Coimbra, 2006, pp. 325 ss.

nadamente, regiões autónomas e autarquias locais, dado que as vinculações comunitárias não se restringem ao Estado enquanto pessoa colectiva). Tomando em conta o conteúdo e nível de concretização do Título VII da Parte III do TCE – "A política económica e monetária" – afirma-se mesmo que "a forma como o processo de integração europeia tem evoluído levou a que, no plano económico, se abrisse uma distinção entre a política monetária, objecto de uma federalização técnica, com a entrega da sua condução ao Banco Central Europeu, enquanto que as políticas económicas se mantiveram no nível da intergovernamentalidade"[1966].

É, por conseguinte, inequívoco que as linhas essenciais da decisão financeira nacional – desde logo orçamental – encontram no Direito Europeu a sua origem e padrão normativo, tanto no TCE como no *Pacto de Estabilidade e Crescimento*[1967], e em rigor também nos actos unilaterais do Banco Central Europeu (a solo ou no âmbito do Sistema Europeu de Bancos Centrais[1968]). As limitações reais à competência decisória dos Estados saíram, pois, da sua esfera político-jurídica, o que é bem patente em domínios como o do endividamento público, o que consubstancia, curiosamente, uma limitação que aqueles não quiseram presente, em geral, nas suas próprias constituições, mas aceitam agora de proveniência externa[1969]. E aqui, note-se ainda, uma proveniência externa que se legitima mais na *necessidade técnica* das soluções impostas que na solidificação da democraticidade na construção europeia: não são representativos – mas pelo contrário de legitimidade democrática indirecta – os organismos europeus que detêm a verdadeira competência decisória. A falta de condições políticas para a construção de um processo europeu com incremento de competências da União a este respeito – eventualmente preferível face à indefinição subsequente ao *confisco* dos poderes dos Estados[1970] – gera

---

[1966] Cfr. EDUARDO PAZ FERREIRA, *Ensinar Finanças Públicas* ..., p. 131.

[1967] Alertando para a designação errónea de *Pacto*, por se tratar em rigor de Direito Comunitário derivado, portanto unilateral, cfr. CARLOS COSTA PINA, *Instituições* ..., p. 74. Esta observação reforça a argumentação da sustentação da subordinação do próprio Direito Constitucional nacional ao Direito Comunitário derivado (e não apenas ao originário).

[1968] Cfr. anotação ao artigo 102.° da CRP. Esta é uma das características essenciais da actual fase da União Económica e Monetária (cfr. CARLOS COSTA PINA, *Instituições* ..., p. 72).

[1969] Cfr. EDUARDO PAZ FERREIRA, *Em Torno* ..., p. 309.

[1970] Neste sentido, cfr. EDUARDO PAZ FERREIRA, *Ensinar Finanças Públicas* ..., p. 134.

uma crescente rendição dos poderes políticos nacionais a regras técnicas com força jurídica não democraticamente legitimadas, provindas de instâncias decisórias sem uma legitimidade democrática sólida e próxima, e em relação às quais não é possível, no contexto estadual ou outro, uma responsabilização política efectiva e eficaz (*accountability*)[1971].

No âmbito do sistema financeiro em geral – abrangendo o sector privado – o Direito Europeu lidera a respectiva conformação. Os serviços financeiros no espaço comunitário vêem o seu regime essencial talhado pelo Direito Comunitário (originário e derivado) respeitante à liberdade de estabelecimento, prestação de serviços e de circulação de capitais (artigos 43.° e seguintes do TCE), segundo um princípio geral de liberdade, com o qual, em regra, as políticas financeiras públicas não devem bulir (designadamente, através da expansão do sector público)[1972].

Em suma, pode identificar-se uma verdadeira secundarização da aptidão normativa da CRP para a disciplina básica de estruturação do sistema financeiro[1973]. Mas, diga-se também, tal não equivale à inutilidade da existência de normas constitucionais nesta parte. Elas podem mesmo reputar-se essenciais para a decisão jurídico-política onde a respectiva competência material se mantém, e não apenas por causa das directrizes materiais que daí se possam imediatamente extrair: especial importância têm (i) na perspectivação total da própria Constituição, que não consiste num con-

---

[1971] Sobre estas matérias, cfr. EDUARDO PAZ FERREIRA, *Ensinar Finanças Públicas ...*, p. 134; MANUEL CARLOS LOPES PORTO, *A lógica ...*, pp. 645 ss.; PAULO DE PITTA E CUNHA, *A Constituição Europeia – Um Olhar Crítico sobre o Projecto*, 2.ª Ed., Coimbra, 2004, p. 54. No entanto, como assinala este último Autor, a tendência federal poderá vir a ficar-se por um *federalismo imperfeito ou incompleto* - na falta da dimensão financeira -, sendo preocupante a perspectiva da alteração do sistema de votos no Conselho do Banco Central Europeu (favorecendo "os grandes", e em que alguns Estados, em rotatividade, não votarão), em si mesma e pelo precedente que pode significar para outras instituições europeias (cfr. pp. 49 ss.).

[1972] CARLOS COSTA PINA, *Instituições ...*, pp. 36 ss.

[1973] Parecendo render-se à falta de controlo do Estado sobre elementos estruturais do sistema financeiro (embora sem se lhe referir directamente) necessários a uma certa concretização de direitos fundamentais (direito à habitação (artigo 65.° da CRP), especialmente para os jovens (alínea *c)* do n.° 1 do artigo 70.°), no âmbito da apreciação da constitucionalidade da revogação dos regimes de crédito bonificado e crédito jovem bonificado, relativamente à contratação de novas operações de crédito, destinadas à aquisição, construção e realização de obras de conservação ordinária, extraordinária e de beneficiação de habitação própria permanente), cfr. Ac. TC n.° 590/2004 (cit).

junto indiferenciado de normas, e que permite um *bloco normativo resistente* e director dos poderes públicos, especialmente nos domínios de competência *não expropriada*[1974]; (ii) na determinação das competências dos poderes públicos, também segundo uma visão integrada[1975]; (iii) na limitação (ainda que com mitigações) dos poderes destes no âmbito da vinculação internacional do Estado português, e na interpretação dos próprios mecanismos de responsabilidade política.

III. MEMÓRIA CONSTITUCIONAL

§ 7.º. **As constituições portuguesas anteriores à Constituição de 1976**

Sem prejuízo da existência de múltiplas disposições relevantes para a (re)composição do sistema financeiro tal qual o mesmo está normativamente presente nos textos constitucionais anteriores à Constituição de 1976[1976], neles não se encontra disposição semelhante à constante do artigo 101.º da CRP. Só com a Constituição de 1933 é possível extrair do texto constitucional um sentido normativo paralelo (em termos formais) ao pretendido pelo legislador constitucional do pós 25 de Abril de 1974 com o preceito ora sob comentário (e suas anteriores versões[1977]).

Com efeito, as **constituições do liberalismo – monárquico e republicano –**, dispõem, em múltiplos momentos, *v.g.*, sobre competência orçamental, sistema monetário[1978], despesas e receitas públicas e respectivo destino, dívida pública, etc., mas não contêm qualquer preceito que encerre a intenção normativa de conceder uma coerência global ao sistema financeiro. O que não é de estranhar, quando se entenda o sistema financeiro como um subsistema do sistema económico[1979], e que ganha verda-

---

[1974] Cfr. *supra*, I, § 1.º.
[1975] Cfr. *supra*, I, § 3.º.
[1976] Em elenco exaustivo, cfr. ANTÓNIO L. SOUSA FRANCO, *Sistema Financeiro* ..., p. 494 ss.
[1977] Cfr. os pontos seguintes.
[1978] Relativamente às normas sobre o sistema monetário, cfr. CARLOS COSTA PINA, *Instituições* ..., p. 23. Mais interessante, como nota o Autor, é a competência do Congresso da República, na Constituição de 1911, para "*Criar bancos de emissão, regular a emissão bancária e tributá-la*" (artigo 26.º, 11.º).

deira coerência no âmbito de uma constituição económica sistemática, como vimos estranha ao período liberal[1980]. Não significa isto a impossibilidade de (re)construção jurídica dos sistemas financeiros do liberalismo, mas tão só que tal tarefa não passará pela análise de normas atributivas de um sentido geral ou de uma *missão* a tais sistemas. Por outro lado, sendo o princípio (jurídico-político) do desenvolvimento económico-social estranho aos textos constitucionais liberais, o sentido dos respectivos sistemas financeiros nunca é prospectivo como o constante do artigo 101.º da CRP.

Não assim com a **Constituição de 1933**[1981]. Apesar da inexistência de um preceito formalmente paralelo ao actual artigo 101.º da CRP, a presença de normas sobre incumbências prioritárias do Estado (artigo 6.º) e sobre a "organização económica da Nação" (que "deverá realizar o máximo de produção e riqueza socialmente útil, e estabelecer uma vida colectiva de que resultem poderio para o Estado e justiça entre os cidadãos" – artigo 29.º), entre as demais normas da Constituição económica formal (Título VIII da Parte I, onde se integra aquela última), permite enquadrar a função do sistema financeiro, que encontra no Título XIV da Parte I ("Das Finanças do Estado") a sua consagração formal sistemática. Sucede que, mercê de várias circunstâncias e elementos, que aqui não podem desenvolver-se (mas que bulem com o modelo de soberania, da relação Estado/pessoa, e portanto dos próprios direitos fundamentais) a unidade do sistema financeiro não abdica aqui do elemento integrador *Nação*, distintamente do que hoje se verifica[1982-1983].

[1979] Cfr. ANTÓNIO L. SOUSA FRANCO, *Sistema Financeiro* ..., p. 488.

[1980] Cfr. anotação ao artigo 80.º, III, § 5.º, e anotação ao artigo 81.º, III, § 5.º.

[1981] Cfr. anotação ao artigo 80.º, III, § 5.º, e anotação ao artigo 81.º, III, § 5.º.

[1982] É interessante notar, também com CARLOS COSTA PINA, a competência da Assembleia Nacional para a "*criação de bancos ou instituições de emissão e as normas a que deve obedecer a circulação fiduciária*" (artigo 93.º, *e*)) (cfr. *Instituições* ..., p. 23). Esta última competência foi-lhe subtraída, como o Autor refere, aquando da revisão constitucional de 1951. Mas com a revisão constitucional de 1971 procedeu-se a nova alteração: restringiu-se a reserva competência da Assembleia Nacional à "*Criação de institutos de emissão*", mas alargou-se também ao "*Sistema monetário*".

[1983] Sobre as finanças portuguesas no período liberal, monárquico e republicano, e do Estado Novo, cfr. ANTÓNIO L. SOUSA FRANCO, *Finanças Públicas* ..., I, pp. 124 ss.; ANTÓNIO BRAZ TEIXEIRA, *Finanças Públicas* ..., pp. 57 ss.

§ 8.°. **Conteúdo originário da redacção do preceito na Constituição de 1976 e sucessivas versões decorrentes das revisões constitucionais**

Na **redacção originária da Constituição de 1976**, a matéria em causa era objecto do artigo 105.°, sob a epígrafe "Sistema financeiro e monetário", que abrangia ainda o estatuto do Banco de Portugal:

"ARTIGO 105.°
(Sistema financeiro e monetário)
1. O sistema financeiro será estruturado por lei, de forma a garantir a captação e a segurança das poupanças, bem como a aplicação de meios financeiros necessários à expansão das forças produtivas, com vista à progressiva e efectiva socialização da economia.
2. O Banco de Portugal, como banco central, tem o exclusivo da emissão de moeda e, de acordo com o Plano e as directivas do Governo, colabora na execução das políticas monetária e financeira."

Na **revisão constitucional de 1982**, o artigo 85.° da Lei Constitucional n.° 1/82, de 30 de Setembro, alterou a redacção do n.° 1:

"[...]
(Sistema financeiro e monetário)
1. O sistema financeiro *é* estruturado por lei, de modo a garantir a *formação*, a captação e a segurança das poupanças, bem como a aplicação de meios financeiros necessários à expansão das forças produtivas, *de acordo com os objectivos definidos no Plano*.
2. ...."[1984].

Na **revisão constitucional de 1989**, o artigo 82.° da Lei Constitucional n.° 1/89, de 8 de Julho, determinou que o n.° 1 do preceito (com alterações) passasse a constituir o corpo único do novo artigo 104.°, e com nova epígrafe:

"*ARTIGO 104.°*
(Sistema financeiro)
O sistema financeiro é estruturado por lei, de modo a garantir a formação, a captação e a segurança das poupanças, bem como a apli-

---

[1984] Os itálicos são nossos e assinalam as alterações.

cação *dos* meios financeiros necessários *ao desenvolvimento económico e social.*"[1985-1986].

Assim se fixou a redacção actual do preceito, já que a **revisão constitucional de 1992** não lhe trouxe qualquer alteração, e na **revisão constitucional de 1997**, o artigo 65.° da Lei Constitucional n.° 1/97, de 20 de Setembro, limitou-se a renumerá-lo, que assim ficou o actual artigo 101.°.

Nem a **quinta revisão constitucional, de 2001**, nem a **sexta revisão constitucional, de 2004**, nem tão-pouco a **sétima revisão constitucional, de 2005**, lhe trouxeram qualquer alteração.

§ 9.°. **Apreciação do sentido das alterações do preceito**

A revisão constitucional de 1982 marcou o primeiro momento de desideologização do preceito. A substituição da "progressiva e efectiva socialização da economia" pelos "objectivos definidos no Plano" como elemento orientador da afectação dos "meios financeiros necessários à expansão das forças produtivas" retira do texto constitucional uma direcção material, substituindo-a por um elemento formal: valerá agora a conformação infra-constitucional do conteúdo do Plano (o que só em termos estritamente normativos significaria um recrudescimento desta figura jurídica, sem correspondência na prática[1987]).

A revisão constitucional de 1989 inseriria o princípio do desenvolvimento económico-social (princípio não expresso mas resultante do artigo 80.°[1988]) no seio do preceito em análise, confirmando e solidificando a sua integração na própria Constituição económica, e de acordo com as actualizações de que esta foi sendo alvo[1989]. Mas daqui não deve retirar-se a

---

[1985] Os itálicos são nossos e assinalam as alterações. Note-se que a expressão "*dos*" antes de "meios financeiros" não resultou de alteração expressa, mas assim ficou na versão final.

[1986] A matéria relativa ao estatuto do Banco de Portugal passou então a integrar um preceito autónomo, ao tempo o artigo 105.° (cfr. anotação ao artigo 102.°).

[1987] Cfr. anotações aos artigos 90.° e 91.°, *passim*.

[1988] Cfr. anotação ao artigo 80.°, I, § 1.°, 1.3.

[1989] Sobre o sentido da expressão "expansão das forças produtivas", eliminada nesta revisão constitucional, cfr. PEDRO SOARES MARTINEZ, *Comentários* ..., p. 161.

desvinculação do sistema financeiro face ao planeamento do desenvolvimento económico e social: a estruturação do sistema financeiro deve obedecer às directrizes materiais deste que concretizem o disposto no próprio artigo 101.º da CRP.

IV. PAÍSES DE EXPRESSÃO PORTUGUESA

§ 10.º. Brasil

A CRFB contém uma disposição similar à do artigo 101.º da CRP: é a norma contida no artigo 192.º. Trata-se da norma única do Capítulo IV ("Do Sistema Financeiro Nacional") do Título VII ("Da Ordem Econômica e Financeira"). Deve notar-se a integração sistemática desta norma, por esta via claramente separada do exclusivismo das finanças públicas, reguladas no Capítulo II do Título VI ("Da Tributação e do Orçamento"), mostrando, como na CRP, o sistema financeiro como parte integrante da Constituição económica[1990]. Dispõe como se segue:

"Art. 192.º
O sistema financeiro nacional, estruturado de forma a promover o desenvolvimento equilibrado do País e a servir aos interesses da coletividade, em todas as partes que o compõem, abrangendo as cooperativas de crédito, será regulado por leis complementares que disporão, inclusive, sobre a participação do capital estrangeiro nas instituições que o integram."

Mas a referida *regulação por lei*, relembrando a *estruturação por lei* do artigo 101.º da CRP, encontra no Capítulo das finanças públicas uma importante concretização. O artigo 163.º (no âmbito das normas gerais referentes a essa matéria) dispõe sobre o princípio da legalidade (reserva de lei) nos seguintes termos:

"Art. 163.
Lei complementar disporá sobre:
I – finanças públicas;
II – dívida pública externa e interna, incluída a das autarquias, fundações e demais entidades controladas pelo poder público;

[1990] Cfr. *supra*, I, § 1.º.

III – concessão de garantias pelas entidades públicas;
IV – emissão e resgate de títulos da dívida pública;
V – fiscalização financeira da administração pública direta e indireta;
VI – operações de câmbio realizadas por órgãos e entidades da União, dos Estados, do Distrito Federal e dos Municípios;
VII – compatibilização das funções das instituições oficiais de crédito da União, resguardadas as características e condições operacionais plenas das voltadas ao desenvolvimento regional."[1991].

§ 11.º. Angola

A LCRA não contém norma idêntica à constante do artigo 101.º da CRP.

§ 12.º. Moçambique

A CRM contém uma norma sobre o sistema financeiro, cuja similitude com o disposto no artigo 101.º da CRP é patente. É também a primeira norma de um Capítulo (o IV do Título IV) cuja epígrafe é "Sistema Financeiro e Fiscal":

"Artigo 126
(Sistema financeiro)
O sistema financeiro é organizado de forma a garantir a formação, a captação e a segurança das poupanças, bem como a aplicação dos meios financeiros necessários ao desenvolvimento económico e social do país."

§ 13.º. Cabo Verde

A CRCV não contém disposição dedicada ao sistema financeiro, embora se refira à segurança social no artigo 69.º, no âmbito dos direitos e deveres económicos, sociais e culturais.

[1991] Relativamente à segurança social, cfr. ainda o Capítulo II do Título VIII ("Da Ordem Social").

§ 14.º. **Guiné-Bissau**

A CRGB não contém qualquer disposição sobre o sistema financeiro. No que respeita à segurança social veja-se, porém, o disposto no n.º 3 do artigo 46.º.

§ 15.º. **São Tomé e Príncipe**

A respeito da segurança social, e contemplando a possibilidade de iniciativa económica privada no âmbito do sistema, dispõe o n.º 2 do artigo 44.º da CRDSTP.

§ 16.º. **Timor-Leste**

A CRDTL contém disposição específica sobre o sistema financeiro. Trata-se do artigo 142.º, a primeira norma do Título II ("Sistema financeiro e fiscal") da Parte IV[1992]:

"Artigo 142.º
(Sistema financeiro)
O sistema financeiro é estruturado por lei de modo a garantir a formação, captação e segurança das poupanças, bem como a aplicação dos meios financeiros necessários ao desenvolvimento económico e social."[1993]

[1992] Sobre esta organização sistemática, cfr. anotação ao artigo 80.º, IV, § 14.º.
[1993] Relativamente ao sistema de segurança social, cfr. n.ºs 2 e 3 do artigo 56.º da CRDTL.

Artigo 102.º
(Banco de Portugal)

O Banco de Portugal é o banco central nacional e exerce as suas funções nos termos da lei e das normas internacionais a que o Estado Português se vincule.

Quadro tópico:
   I. BANCO DE PORTUGAL
      § 1.º. FUNÇÃO JURÍDICO-CONSTITUCIONAL DO BANCO DE PORTUGAL;
      1.1. O Banco de Portugal como *banco central nacional*;
      1.2. A vinculação internacional do Estado português: em especial, a União Económica e Monetária – o Banco de Portugal no Sistema Europeu de Bancos Centrais;
      § 2.º. AS ATRIBUIÇÕES ESSENCIAIS DO BANCO DE PORTUGAL;
      § 3.º. VINCULAÇÃO E LIBERDADE DE CONFORMAÇÃO LEGISLATIVA DO ESTATUTO JURÍDICO DO BANCO DE PORTUGAL.

   II. DIREITO INTERNACIONAL E EUROPEU
      § 4.º. DIREITO INTERNACIONAL;
      § 5.º. DIREITO EUROPEU.

   III. MEMÓRIA CONSTITUCIONAL
      § 6.º. AS CONSTITUIÇÕES PORTUGUESAS ANTERIORES À CONSTITUIÇÃO DE 1976;
      § 7.º. CONTEÚDO ORIGINÁRIO DA REDACÇÃO DO PRECEITO NA CONSTITUIÇÃO DE 1976 E SUCESSIVAS VERSÕES DECORRENTES DAS REVISÕES CONSTITUCIONAIS;
      § 8.º. APRECIAÇÃO DO SENTIDO DAS ALTERAÇÕES DO PRECEITO.

   IV. PAÍSES DE EXPRESSÃO PORTUGUESA
      § 9.º. BRASIL;
      § 10.º. ANGOLA;
      § 11.º. MOÇAMBIQUE;
      § 12.º. CABO VERDE;
      § 13.º. GUINÉ-BISSAU;
      § 14.º. SÃO TOMÉ E PRÍNCIPE;
      § 15.º. TIMOR-LESTE.

I. BANCO DE PORTUGAL

§ 1.º. Função jurídico-constitucional do Banco de Portugal

1.1. *O Banco de Portugal como banco central nacional*

O Banco de Portugal (BP) é qualificado como *banco central* (a expressão *nacional* só foi aditada na revisão constitucional de 1992) desde a redacção originária da Constituição de 1976[1994]. Tradicionalmente, tal qualificativo reporta-se a uma multiplicidade de funções, que o colocam no cerne do sistema financeiro/monetário, ligadas quer à emissão de moeda, à detenção de reservas e à relação bancária com o Estado, quer à sua participação no âmbito da política financeira e monetária[1995].

Bem entendido, tal qualificação *tradicional* não pode entender-se desligada do momento genético e evolução estatutário-funcional do BP no ordenamento jurídico português, sobretudo a subsequente à década de sessenta do século XX[1996]. Mas o que é certo é que hoje – e sobretudo a partir da revisão constitucional de 1997[1997] – a CRP se abstém de qualquer concretização ou densificação normativa própria do que tal estatuto significa[1998].

Ainda que a qualificação *tradicional* possa contribuir – e contribui – para uma certa pré-compreensão do significado da norma, a remissão para a lei e normas internacionais a que o Estado português se vincule para a definição das funções do BP coloca questões fundamentais. É bem sabido que a actual *neutralidade* e *remissividade* do artigo 102.º da CRP se deve ao processo de integração europeia e união económica e monetária nesse âmbito[1999]. Mas é conveniente desde já alertar para que aquela qualifica-

---

[1994] Cfr. *infra*, III, § 7.º e § 8.º.

[1995] Referindo este sentido *tradicional*, cfr. J. J. GOMES CANOTILHO/VITAL MOREIRA, *Constituição* ..., I, p. 1083.

[1996] Cfr. *infra*, III, § 6.º.

[1997] Cfr. *infra*, III, § 7.º e § 8.º.

[1998] Cfr. também J. J. GOMES CANOTILHO/VITAL MOREIRA, *Constituição* ..., I, p. 1085.

[1999] Ressaltando este aspecto para assinalar a *neutralidade* e *remissividade* da norma em questão, ou mesmo a sua *redundância* face ao disposto no n.º 6 do artigo 7.º e n.º 3 do artigo 8.º da CRP (ainda na redacção da revisão constitucional de 1997), cfr. MARCELO REBELO DE SOUSA/JOSÉ DE MELO ALEXANDRINO, *Constituição* ..., p. 212; e quanto

ção *tradicional* não possui a mesma potencialidade pré-compreensiva perante a remissão constitucional para normas internacionais, que teria em caso de uma simples remissão para a lei (interna). Neste último caso, a conceptualização subjacente à própria norma suportar-se-ia numa realidade jurídica relativamente previsível por invocação do elemento histórico. A remissão para normas internacionais consubstancia, portanto, uma abertura da CRP que degrada – ainda – a exactidão do seu sentido normativo em caso de conceitos historicamente arreigados[2000].

Em suma, se aquela qualificação *tradicional* fornece ainda uma certa noção (nebulosa) da função de *banco central*, os respectivos contornos não podem ser apreendidos sem a análise da lei, mas primariamente das vinculações internacionais do Estado português, dados os efeitos vinculativos que estas produzem sobre aquela. E não se admita, então, que a função da qualificação *tradicional* se mantém como antes: porque os verdadeiros contornos da função do BP, resultantes de normas formalmente extra-constitucionais, podem levá-lo bem para lá do que normalmente se entende por *banco central*, designadamente, quando se surpreenda a sua intromissão na função política e especial blindagem (estatutária) face aos órgãos do poder político com assento constitucional específico no âmbito da Constituição política formal (Parte III da CRP, artigos 108.º e seguintes).

Conhecida que é a existência de especiais vinculações tanto estatutárias como respeitantes à actividade substancial do BP decorrentes do Direito Comunitário e da sua integração no Sistema Europeu de Bancos Centrais (SEBC), aí importa desde já antentar.

1.2. *A vinculação internacional do Estado português: em especial, a União Económica e Monetária – o Banco de Portugal no Sistema Europeu de Bancos Centrais*

A referência remissiva às *normas internacionais a que o Estado português se vincule*, constante do artigo 102.º da CRP, dirige-se, fundamen-

---

àquele primeiro traço, ALEXANDRE SOUSA PINHEIRO/MÁRIO JOÃO BRITO FERNANDES, *Comentário ...*, p. 246.

[2000] Não se hipervalorize, porém, o valor da remissão *formal* para as normas internacionais. Efeitos similares podem ocorrer na ausência de remissão expressa desta ordem: é o que sucede (em parte) com o conceito constitucional de *empresa pública* (cfr. anotação o artigo 82.º, I, § 2.º, 2.2.1.).

talmente, ao Direito Comunitário[2001], tanto originário como derivado, e essencialmente no âmbito da política económica e monetária (artigos 98.º e seguintes do TCE). Tenhamos presente, por ser aqui especialmente relevante, o disposto no n.º 4 do artigo 8.º da CRP[2002], nos termos do qual "As disposições dos tratados que regem a União Europeia e as normas emanadas das suas instituições, no exercício das respectivas competências, são aplicáveis na ordem interna, *nos termos definidos pelo direito da União*, com respeito pelos princípios fundamentais do Estado de direito democrático."[2003].

Importa, portanto, analisar algumas das principais consequências desta vinculação ao Direito Comunitário. Neste momento, dedicaremos particular atenção a casos relativos ao estatuto do BP, ficando a matéria respeitante à sua actividade (atribuições) para o parágrafo seguinte[2004].

O BP faz parte do SEBC, nos termos do n.º 1 do artigo 107.º do TCE. Desta forma, está imediatamente sujeito às disposições do TCE que se lhe dedicam, bem como ao Direito Comunitário derivado que o inclua no seu âmbito de aplicação subjectiva (ainda que indirectamente). Por Direito Comunitário derivado deve aqui entender-se tanto aquele que é produzido pelas instituições primárias da Comunidade – tendo em mente, *prima facie*, o Conselho, a Comissão, o Parlamento Europeu e o Tribunal de Justiça – como aquele que é produzido por órgãos ou entidades (supostamente) secundários (e não complementares), entre os quais avulta, em especial o BCE, como entidade da União (económica e monetária), competente para a adopção de actos jurídicos vinculativos[2005]. Ora, por força de várias disposições tanto do TCE como do Estatuto do SEBC/BCE (que lhe é anexo em forma de Protocolo), o BP encontra uma parte muito substancial do seu estatuto – para não dizer mesmo *essencial* – directamente

---

[2001] Cfr. *infra*, II, § 4.º e § 5.º.
[2002] Aditado na revisão constitucional de 2004 (cfr. anotação respectiva).
[2003] O itálico é nosso.
[2004] Por forma a evitar constantes remissões para o parágrafo que reservamos especificamente para a análise do Direito Comunitário, e que de ora em diante serão necessárias amiúde, desde já para lá fazemos uma remissão genérica – cfr. *infra*, II, § 5.º - sem prejuízo de uma ou outra pontual.
[2005] Sobre este aspecto, cfr. *infra*, II, § 5.º. Cfr. também o artigo 3.º da Lei Orgânica do Banco de Portugal (Lei n.º 5/98, de 31de Janeiro, com as alterações introduzidas pelo Decreto-Lei n.º 118/2001, de 17 de Abril, pelo Decreto-Lei n.º 50/2004, de 10 de Março, e pelo Decreto-Lei N.º 39/2007, de 20 de Fevereiro).

regulada pelo Direito Comunitário. Sem prejuízo de estarem em causa aspectos relevantes para efeitos de condicionamento da liberdade de conformação estatutária do BP por parte do legislador nacional[2006], verifica-se que o Direito Comunitário é susceptível de, a tal nível de vinculação directa, determinar o verdadeiro conteúdo das funções de *banco central* do BP, bem como o seu real estatuto jurídico, com inegáveis reflexos constitucionais.

E o principal aspecto que a este nível estatutário se pode mencionar é o da imposição por parte do Direito Comunitário de uma verdadeira independência do BP. Tal estatuto de independência decorre directamente do Tratado e do Estatuto do SEBC/BCE através de disposições gerais[2007], e implica que os bancos nacionais não podem solicitar ou receber instruções de quaisquer órgãos comunitários ou nacionais – incluindo o Governo –, e comprometendo-se estes a respeitar tal princípio de não influência. Estando os Estados-membros vinculados a garantir que tal estatuto de independência não é posto em causa pela sua legislação nacional, um dos aspectos mais marcantes prende-se com a nomeação do governador do BP: o Direito Comunitário estabelece um limite mínimo de cinco anos para o respectivo mandato, e determina que a sua demissão antes do termo do mandato apenas possa ter lugar em virtude de falta de condições necessárias ao desempenho das suas funções ou de falta grave (má conduta – esta necessariamente ligada às funções do próprio Banco, no âmbito das suas atribuições, o que implica a consideração de normas não jurídicas, mas de conduta). E pertence ao Tribunal de Justiça a competência para julgar o recurso de ilegalidade da decisão de demissão do governador do BP, e não aos tribunais nacionais.

A Lei Orgânica do BP consagra, aliás, este mesmo sistema por remissão expressa para o Estatuto do SEBC/BCE[2008]. Assim, apesar de o governador do BP ser nomeado pelo Conselho de Ministros, sob proposta do Ministro das Finanças[2009], ao Governo não assiste o poder de o demitir por razões que não aquelas (*v.g.*, de natureza política), contrariamente ao que sucede no caso de outras entidades – e sobretudo tendo em conta as funções do BP[2010].

[2006] Cfr. *infra*, I, § 3.º.
[2007] Cfr. respectivamente, artigo 108.º, e artigo 7.º - *infra*, II, § 5.º.
[2008] Cfr. artigo 33.º.
[2009] Cfr. artigo 27.º da Lei Orgânica do Banco de Portugal.
[2010] Cfr. o parágrafo seguinte.

Também em relação ao seu orçamento e contas o BP beneficia de independência: não está sujeito à fiscalização prévia do Tribunal de Contas nem à fiscalização sucessiva no que diz respeito às matérias relativas à sua participação no desempenho das atribuições cometidas ao SEBC (regime também aplicável aos fundos que funcionam junto do BP ou em cuja administração este participe). Trata-se, mais uma vez, de regime directamente decorrente do Estatuto do SEBC/BCE, e que a Lei Orgânica do BP se limitou, na prática, a reproduzir[2011]. Neste contexto, mal se compreende o poder do Ministro das Finanças de aprovar "o relatório, o balanço e as contas anuais de gerência, depois de discutidos e apreciados pelo conselho de administração e com o parecer do conselho de auditoria". Em princípio, tal aprovação deveria também confinar-se às matérias que não digam respeito à participação do BP no desempenho das atribuições cometidas ao SEBC. A timidez da lei, porém, está bem patente na aprovação tácita daqueles instrumentos, decorridos que sejam 30 dias após a data do seu recebimento, na ausência de despacho do Ministro das Finanças[2012].

§ 2.º. **As atribuições essenciais do Banco de Portugal**

O leque de atribuições do BP não consta da CRP, havendo que recorrer à respectiva Lei Orgânica bem como ao Direito Comunitário para a sua delimitação. Uma análise breve daquela Lei Orgânica permite identificar funções do BP no domínio da emissão monetária, da intervenção no domínio da política monetária e cambial, do exercício da supervisão, das relações monetárias internacionais, e ainda em geral do desempenho de atribuições do SEBC.

Em geral, da análise das respectivas normas[2013], resulta inequívoca, *ainda e sempre*, a submissão ao disposto, desde logo, no TCE e no Estatuto do SEBC/BCE[2014]. É o Direito Comunitário que, ao estabelecer as atribui-

---

[2011] Cfr., respectivamente, artigos 26.º e 27.º, e 54.º. É regime idêntico, aliás, ao do próprio BCE.
[2012] Cfr. artigo 54.º.
[2013] Que aqui se não pormenorizará extensivamente.
[2014] Cfr. *infra*, II, § 5.º.

ções do SEBC, determina as funções dos bancos centrais dos vários Estados-membros, enquanto nele integrados, com duas consequências primordiais:

    i) Em primeiro lugar, aos bancos centrais nacionais cumpre, no âmbito nacional, assegurar a prossecução das atribuições do SEBC que não estejam reservadas ao BCE;

    ii) Em segundo lugar, ainda que os bancos centrais nacionais possam ser detentores de outras atribuições para além daquelas que resultam da sua participação no SEBC (atribuídas pelo legislador nacional), verifica-se que as mesmas:

        a) Não podem ser exercidas de forma contrária às atribuições decorrentes da sua participação no SEBC;

        b) Não podem ser exercidas num plano de primazia que postergue o desempenho das suas outras atribuições decorrentes da sua participação do SEBC.

É o que decorre tanto de normas expressas de Direito Comunitário[2015], como do princípio da lealdade comunitária a que Portugal se encontra vinculado, por força do disposto nos n.os 5 e 6 do artigo 7.º da CRP, mas é também quanto decorre do artigo 12.º da Lei Orgânica do BP, nos termos do qual "Compete especialmente ao Banco, *sem prejuízo dos condicionalismos decorrentes da sua participação no SEBC*:

    c) Gerir as disponibilidades externas do País ou outras que lhe estejam cometidas;

    d) Agir como intermediário nas relações monetárias internacionais do Estado;

    e) Velar pela estabilidade do sistema financeiro nacional, assegurando, com essa finalidade, designadamente a função de refinanciador de última instância;

    f) Aconselhar o Governo nos domínios económico e financeiro, no âmbito das suas atribuições."[2016].

Ainda no âmbito das disposições gerais, a Lei Orgânica do BP estabelece a competência deste para a recolha e elaboração das estatísticas monetárias, financeiras, cambiais e da balança de pagamentos, designada-

---

[2015] Cfr. *infra*, II, § 5.º.
[2016] O itálico é nosso.

mente no âmbito da sua colaboração com o BCE, para o que pode exigir a qualquer entidade, pública ou privada, que lhe sejam fornecidas directamente as informações necessárias (ou por outros motivos relacionados com as suas atribuições)[2017]. Ao BP compete também regular, fiscalizar e promover o bom funcionamento dos sistemas de pagamentos, designadamente no âmbito da sua participação no SEBC[2018].

No domínio da **emissão monetária**, o BP está absolutamente vinculado às determinações do BCE[2019], possuindo ainda competência sancionatória de natureza contra-ordenacional[2020].

No que respeita à **política económica e financeira**, e no "âmbito da sua participação no SEBC, compete ao Banco a orientação e fiscalização dos mercados monetário e cambial"[2021], cabendo-lhe para o efeito, "de acordo com as normas adaptadas pelo BCE:

a) Adoptar providências genéricas ou intervir, sempre que necessário, para garantir os objectivos da política monetária e cambial, em particular no que se refere ao comportamento das taxas de juro e de câmbio;

b) Receber as reservas de caixa das instituições a elas sujeitas e colaborar na execução de outros métodos operacionais de controlo monetário a que o BCE decida recorrer;

c) Estabelecer os condicionalismos a que devem estar sujeitas as disponibilidades e as responsabilidades sobre o exterior que podem ser detidas ou assumidas pelas instituições autorizadas a exercer o comércio de câmbios."[2022].

O BP exerce também "a **supervisão** das instituições de crédito, sociedades financeiras e outras entidades que lhe estejam legalmente sujei-

---

[2017] Cfr. artigo 13.º.
[2018] Cfr. artigo 14.º.
[2019] Cfr. *infra*, II, § 5.º
[2020] Cfr. artigos 6.º e seguintes da Lei Orgânica do Banco de Portugal.
[2021] Cfr. artigo 15.º da Lei Orgânica do Banco de Portugal.
[2022] Cfr. n.º 1 do artigo 16.º da Lei Orgânica do Banco de Portugal. O n.º 2 da mesma norma contém ainda uma cláusula geral, nos termos da qual "Sem prejuízo das sanções legalmente previstas, o Banco poderá adoptar as medidas que se mostrem necessárias à prevenção ou cessação de actuações contrárias ao que for determinado nos termos do número anterior e, bem assim, à correcção dos efeitos produzidos por tais actuações.".

tas, nomeadamente estabelecendo directivas para a sua actuação e para assegurar os serviços de centralização de riscos de crédito, nos termos da legislação que rege a supervisão financeira"[2023-2024]. Além de ser matéria sobre a qual o Direito Comunitário derivado é profícuo, o BCE detém ainda competência consultiva a este respeito (podendo ser consultado, desde logo, pelos bancos centrais nacionais)[2025].

O BP é ainda detentor de competências no âmbito das **relações monetárias internacionais**. É a "autoridade cambial da República Portuguesa", e nessa qualidade lhe compete em especial autorizar e fiscalizar os pagamentos externos que nos termos do TCE tal reclamem, bem como definir os princípios reguladores das operações sobre ouro e divisas[2026-2027]. Pode também celebrar (em nome próprio ou em nome do Estado e por conta e ordem deste) "com estabelecimentos congéneres, públicos ou privados, domiciliados no estrangeiro, acordos de compensação e pagamentos ou quaisquer contratos" que se destinem a servir aqueles fins. E no âmbito da gestão das disponibilidades sobre o exterior, pode "redescontar títulos da

---

[2023] Cfr. artigo 17.º da Lei Orgânica do Banco de Portugal (o sublinhado é nosso). Também artigos 91.º e seguintes do Regime Geral das Instituições de Crédito e Sociedades Financeiras (Decreto-Lei n.º 298/92, de 31 de Dezembro, com múltiplas alterações: Decreto-Lei n.º 246/95, de 14 de Setembro; Decreto-Lei n.º 232/96, de 5 de Dezembro; Decreto-Lei n.º 222/99, de 22 de Junho; Decreto-Lei n.º 250/2000, de 13 de Outubro; Decreto-Lei n.º 285/2001, de 3 de Novembro; Decreto-Lei n.º 201/2002, de 26 de Setembro; Decreto-Lei n.º 319/2002, de 28 de Dezembro; Decreto-Lei n.º 252/2003, de 17 de Outubro; Decreto-Lei n.º 145/2006, de 31 de Julho; e Decreto-Lei n.º 104/2007, de 3 de Abril).

[2024] Sobre a competência sancionatória contra-ordenacional do BP no âmbito da supervisão, cfr. Ac. TC n.º 41/2004, de 14 de Janeiro de 2004, *DR*, II Série, n.º 43, de 20 de Fevereiro de 2004; Ac. TC n.º 380/99, de 22 de Junho de 1999, in BMJ, n.º 488, 1999, pp. 136 ss.; E referindo o BP como garante do sistema financeiro, cfr. Ac. TC n.º 449/93 (cit.); Ac. TC n.º 139/2004 (cit.); Cfr. também anotação ao artigo 101.º, em especial I, § 1.º, 1.2., e § 4.º.

[2025] Cfr. artigo 25.º do Estatuto SEBC/BCE. Cfr. também JORGE MIRANDA/RUI MEDEIROS (com EDUARDO PAZ FERREIRA), *Constituição ...*, II, pp. 211-212, que consideram a supervisão como a actividade mais significativa do BP. Ainda EDUARDO PAZ FERREIRA, *Direito ...*, pp. 419 ss. Para J. J. GOMES CANOTILHO e VITAL MOREIRA esta função do BP pode ser legalmente atribuída a outra entidade, uma vez que não está constitucionalmente garantida enquanto função do BP (cfr. *Constituição ...*, I, p. 1085).

[2026] Cfr. artigos 20.º e 21.º da Lei Orgânica do Banco de Portugal.

[2027] Sobre a competência do BP no domínio dos ilícitos cambiais, cfr. Ac. TC n.º 57/2003, de 4 de Fevereiro de 2003, *DR*, II Série, n.º 92, de 19 de Abril de 2003.

sua carteira, dar valores em garantia e realizar no exterior outras operações adequadas"[2028].

Em geral, no âmbito do **desempenho das atribuições do SEBC**, a Lei Orgânica do BP estabelece (não taxativamente) um elenco de operações de natureza bancária que o mesmo pode praticar, e outras que lhe estão vedadas (também não taxativamente)[2029].

Entre as normas respeitantes às funções do BP, encontra-se ainda disciplinada a sua relação com o Estado. Ao BP é vedado "conceder descobertos ou qualquer outra forma de crédito ao Estado e serviços ou organismos dele dependentes, a outras pessoas colectivas de direito público e a empresas públicas ou quaisquer entidades sobre as quais o Estado, as Regiões Autónomas ou as autarquias locais possam exercer, directa ou indirectamente, influência dominante", assim como garantir quaisquer obrigações do Estado ou daquelas entidades, "bem como a compra directa de títulos de dívida" por estes emitidos[2030]. São restrições impostas pelo Direito Comunitário[2031].

A análise das atribuições do BP permite, assim, constatar que as mesmas decorrem, no seu núcleo essencial, de vinculações originadas pelo Direito Comunitário. Por outras palavras, as atribuições e estatuto do BP constituem uma consequência do estabelecimento do SEBC, muito mais do que da autonomia do legislador nacional. Se tal constatação é altamente relevante para a qualificação do BP[2032], importa ainda deixar duas palavras. Uma primeira para observar que, tais vinculações de Direito Comunitário – tanto em termos de estatuto como de atribuições materiais do BP enquanto parte integrante do SEBC – fazem dele uma entidade com competências ao nível da definição (ou participação na definição, no âmbito do SEBC) da política monetária e vários aspectos da política financeira. Em termos materiais no que respeita às funções do Estado, tal permite ao BP concorrer com os órgãos de soberania detentores da função política (designadamente, AR e Governo) no âmbito específico das suas atribuições. Uma segunda palavra – na sequência da primeira – para notar que essa

---

[2028] Cfr. artigo 22.º da Lei Orgânica do Banco de Portugal. E também *infra*, II, § 4.º.
[2029] Cfr., respectivamente, artigos 24.º e 25.º.
[2030] Cfr. artigo 18.º da Lei Orgânica do Banco de Portugal. O subsequente artigo 19.º estabelece algumas excepções.
[2031] Cfr. *infra*, II, § 5.º.
[2032] Cfr. o parágrafo seguinte, e ainda *infra*, II, § 5.º.

concorrência não é negada pela competência do BP no que toca ao aconselhamento do Governo nos domínios económico e financeiro, no âmbito das suas atribuições[2033]. Tal competência consultiva será exercida, em domínios essenciais, como interlocução entre o Governo e o BCE ou o SEBC num âmbito mais geral, e não pode contrariar as atribuições do BP conforme resultam dessa sua integração[2034]. Em suma, o aconselhamento ao Governo não diminui a função do BP enquanto entidade decisória no âmbito da política monetária, antes traduz uma possibilidade de influência deste sobre a autonomia política do Governo respeitante às políticas económica e financeira, no sentido da respectiva adequação àquela primeira. Trata-se de competência, portanto, susceptível de diminuir, embora juridicamente de modo não imediatamente vinculativo, a margem decisória do Governo, e de aumentar a participação do BP na função política[2035].

§ 3.º. **Vinculação e liberdade de conformação legislativa do estatuto jurídico do Banco de Portugal**

A remissão para a lei no que toca à definição das funções do BP coloca a delicada questão da vinculação e liberdade de conformação legislativa do respectivo estatuto jurídico, dada a sua qualificação como *órgão constitucional em sentido próprio*[2036], e a remissão para as normas internacionais a que o Estado português se vincule.

Ambos os termos não são hoje separáveis. Não é possível enquadrar o BP como órgão constitucional sem analisar as suas funções, dado que estas resultam, no essencial, de imposições externas à CRP e que esta não pode ignorar. Como também não é possível encarar tais funções externamente impostas sem levar em linha de conta que se trata de um órgão cons-

---

[2033] Cfr. *supra*.
[2034] Cfr. *supra*.
[2035] Sobre as atribuições e regime jurídico do BP, cfr. ainda ANTÓNIO CARLOS SANTOS/MARIA EDUARDA GONÇALVES/MARIA MANUEL LEITÃO MARQUES, *Direito* ..., pp. 462 ss.; MARIA MANUEL LEITÃO MARQUES/JOÃO PAULO SIMÕES DE ALMEIDA/ANDRÉ MATOS FORTE, *Concorrência* ..., pp. 162 ss.; VITAL MOREIRA/FERNANDA MAÇÃS, *Autoridades* ..., pp. 215 ss.
[2036] Utilizando esta expressão, cfr. J. J. GOMES CANOTILHO/VITAL MOREIRA, *Constituição* ..., I, p. 1085.

titucional – estatuto que o legislador constitucional não parece pretender abandonar.

A vinculação e liberdade de conformação legislativa do estatuto jurídico do BP assume, portanto, uma importância acrescida. Estando em causa um órgão constitucional, que poderes detém ainda o legislador ordinário[2037] para determinar, em termos materiais, o respectivo estatuto? E em termos formais, existirá aqui alguma reserva de competência legislativa a favor de algum dos órgãos de soberania com função legislativa (AR ou Governo)?

Comecemos pelo primeiro aspecto: a configuração da liberdade de conformação legislativa material do estatuto do BP. Vimos nos pontos antecedentes que são muito extensas e pormenorizadas as vinculações que o Direito Comunitário estabelece para os Estados-membros no que respeita ao estatuto e funções dos seus bancos centrais, entre os quais se conta o BP. Tais vinculações consistem tanto em injunções ao legislador nacional como em limites para este decorrentes da aplicabilidade directa do Direito Comunitário que directamente dispõe sobre aquelas funções e estatuto. Tendo em mente as vinculações que foram abordadas nos pontos antecedentes – e que não são todas, como alertámos, mas apenas algumas das essenciais – podemos hoje afirmar que o legislador nacional se encontra impedido de, por qualquer forma, designadamente legislativa, afectar o estatuto de independência do BP conforme o Direito Comunitário o impõe, como impedido está também de colocar em causa as funções do banco central na definição e execução da política monetária e financeira que dela decorra, enquanto integrado no SEBC, que hoje centraliza tais funções a nível comunitário.

Encontra-se, por vezes, relutância em integrar o BP na categoria das autoridades administrativas independentes, dados os poderes que o Governo sobre ele ainda mantém, designadamente ao nível da nomeação do governador, vice-governadores e administradores, do espaço ainda existente para a possibilidade da sua demissão, e sobre o relatório, balanço e contas[2038]. Mas não nos parece que seja argumento decisivo: (i) por um

---

[2037] Questões mais complexas se colocam quanto ao legislador constitucional: aqui o problema é o do poder de alcance da própria revisão constitucional no que respeita ao estatuto do BP.

[2038] Cfr. *supra*, I, § 1.º, 1.2. Neste sentido, cfr. CARLOS BLANCO DE MORAIS, que sustenta estar-se em presença de um *órgão autónomo* ou *semi-independente* (*As Autoridades Administrativas* ..., p. 125).

lado, a eventual demissão do governador (v.g.) não pode sujeitar-se a critérios políticos simples[2039], estando sujeita a impugnação junto do Tribunal de Justiça[2040], nem tem, também por isso, a virtualidade de inflectir a concretização das atribuições do BP, na medida em que estas são essencialmente determinadas no âmbito do SEBC ou pelo BCE; (ii) por outro lado, o controlo governamental sobre o relatório, balanço e contas do BP dificilmente poderá reportar-se à concretização daquelas mesmas atribuições[2041]. Resta o poder governamental para as referidas nomeações, sobretudo conhecido que é o *gentlemen's agreement* segundo o qual o governador do BP pertence ou é favorável ao partido do Governo, enquanto a escolha do presidente do conselho de administração da Caixa Geral de Depósitos é determinada pelo maior partido da oposição parlamentar. Se há aqui uma aproximação entre Governo e BP que leva, sem dúvida, a questionar o estatuto de verdadeira independência do segundo, não pode também esquecer-se a fraca possibilidade que tal representa em face das determinações do BCE ou do SEBC no que respeita ao núcleo essencial das atribuições do BP. Além do ponto de vista dogmático, a influência de tal poder de nomeação ao nível da independência do BP é mais aparente ou de pouco peso do que o inverso: se pode afastá-lo da categoria jurídico-dogmática das autoridades administrativas independentes em sentido próprio, não é susceptível de colocar em causa as razões substanciais centrais pelas quais normalmente se reclama tal estatuto para certa entidade[2042].

Posto isto[2043], há que constatar que o BP é a autoridade nacional juridicamente melhor colocada para a definição e execução da política monetária e financeira (na parte em que esta se relacione directamente com aquela), como *longa manus* do SEBC e do próprio BCE, detendo, portanto, uma parcela fundamental do que é hoje a função política para efei-

---

[2039] Parecendo admitir que o regime de demissão do governador e administradores (cfr. *supra*, I, § 1.º, 1.2.) é suficiente para assegurar a independência do BP, cfr. Ac. TC n.º 254/2002, de 11 de Junho de 2002, *DR*, I Série, n.º 146, de 27 de Junho de 2002.
[2040] Cfr. *supra*, I, § 1.º, 1.2.
[2041] Cfr. *supra*, I, § 1.º, 1.2.
[2042] Pode sustentar-se, contudo, que este poder de nomeação deveria envolver outras entidades, designadamente, o PR e a AR. Neste sentido, cfr. JORGE MIRANDA/RUI MEDEIROS (com EDUARDO PAZ FERREIRA), *Constituição* ..., II, p. 211.
[2043] E cfr. ainda *infra*, II, § 5.º.

tos de concretização da própria Constituição económica e, em última instância, dos direitos fundamentais por esta enformados. O essencial do seu estatuto de independência e leque de atribuições, decorrente do Direito Comunitário, é assim definido pelo acervo de *normas internacionais a que o Estado português se vinculou*, consubstanciando então o BP um órgão constitucional cujo estatuto essencial (*lato sensu*) é determinado por normas de Direito Comunitário. Nesta afirmação não pode, aliás, deixar de se ter em conta que a actual redacção do artigo 102.° da CRP (oriunda da revisão constitucional de 1997)[2044] é anterior ao actual n.° 4 do artigo 8.° (que surgiu com a revisão constitucional de 2004), o que pode interpretar-se como uma aplicação do Direito Comunitário, desde então e especificamente na definição do estatuto do BP, como hoje decorre em geral daquela última norma constitucional[2045].

Em suma, o BP assume-se na CRP como um órgão/entidade constitucional de estatuto essencialmente comunitário, independente, e detentor de uma parcela substancial de função política específica no âmbito das suas atribuições, para além da administrativa[2046].

[2044] Cfr. *infra*, III, § 7.° e § 8.°.

[2045] Note-se, por exemplo, que CARLOS COSTA PINA fala de *autonomia* do BP com a revisão constitucional de 1992, e já de *independência* com a revisão constitucional de 1997, atribuindo a esta última uma "importante função clarificadora" justamente a propósito da referência expressa aquelas *normas internacionais* (cfr. *Instituições* ..., p. 23).

[2046] Excluída está, portanto, a sua inclusão entre a Administração indirecta (do Estado) (neste sentido também, cfr. J. J. GOMES CANOTILHO/VITAL MOREIRA, *Constituição* ..., I, p. 1085), como entre a Administração autónoma, dada a inexistência de interesses próprios subjacentes que possam contrastar com os gerais do Estado. A natureza do BP não tem sido inequívoca (cfr. *infra*, III, § 6.°). O artigo 1.° da respectiva Lei Orgânica define-o hoje como "pessoa colectiva de direito público, dotada de autonomia administrativa e financeira e de património próprio", o que, a par das suas atribuições e estatuto de independência que vimos analisando, o afasta da natureza de empresa pública (que já teve expressamente) ou de instituto público. Como vimos já também, há quem negue a sua integração na categoria das autoridades administrativas independentes (cfr. *supra*, mas certos autores não hesitam em fazê-lo. Neste último sentido, cfr. JORGE MIRANDA/RUI MEDEIROS (com EDUARDO PAZ FERREIRA), *Constituição* ..., II, p. 211; VITAL MOREIRA/FERNANDA MAÇÃS, *Autoridades* ..., p. 245; MARIA MANUEL LEITÃO MARQUES/JOÃO PAULO SIMÕES DE ALMEIDA/ANDRÉ MATOS FORTE, *Concorrência* ..., p. 163 e outros elementos aí referidos (mas que ainda assim integram o BP na "categoria mais ampla dos institutos públicos"). J. J. GOMES CANOTILHO e VITAL MOREIRA consideram que se está em presença de "uma entidade pública independente", e mesmo de "uma típica *autoridade reguladora independente*", subordinada "no fundamental a um regime de direito administrativo" (cfr. *Constituição* ..., I, pp. 1084-1085).

É tendo presente o que se vem de dizer que importa atender à questão da competência legislativa relativa ao estatuto do BP, designadamente no sentido de saber se se trata de matéria reservada à AR. A CRP não contém qualquer disposição que expressamente inclua o estatuto (e usamos aqui a expressão mais uma vez em sentido lato) do BP entre o leque de matérias reservadas à competência legislativa da AR. Já se sustentou que o estatuto do BP se deve ter por incluído no *sistema monetário*, e portanto no âmbito da reserva relativa da AR (alínea *o)* do n.º 1 do artigo 165.º da CRP)[2047]. Embora se trate de argumento discutível (e por ventura não exaustivo), existem motivos para considerar que o legislador constitucional não teve em mente apenas a dimensão objectiva do *sistema* monetário, mas também a sua dimensão subjectiva, da qual o BP faz inequivocamente parte: é o que sucede com o *sistema* financeiro, consagrado no artigo 101.º da CRP, que abrange ambas as dimensões[2048].

Por outro lado, as alíneas *l)* e *m)* do artigo 164.º subordinam à reserva absoluta de competência legislativa da AR, respectivamente, a *eleição* e o *estatuto* dos titulares dos órgãos constitucionais, como é o caso do BP[2049].

Mas note-se ainda que, nos termos da alínea *p)* do mesmo artigo 164.º, à reserva absoluta de competência legislativa da AR pertence o regime de designação dos membros de órgãos da União Europeia (com excepção da Comissão). Ora, o BP é membro do SEBC, sendo este um órgão da União Europeia[2050].

E não é ainda de desconsiderar o facto de estarmos perante *"a disciplina de órgãos dotados de* [algumas] *competências decisórias, que assumam funções de garante de direitos de liberdade, ou que regulamentem e autorizem vertentes do seu modo de exercício (...)"*, apesar de, em termos constitucionais, o estatuto de independência do BP o não integrar por si só entre as matérias sujeitas a reserva de lei parlamentar[2051].

[2047] Neste sentido, cfr. CARLOS COSTA PINA, *Instituições* ..., p. 23-24 (que considera ainda em reforço dessa posição o facto de as funções essenciais do BP serem tradicionalmente de âmbito parlamentar).

[2048] Cfr. anotação ao artigo 101.º, I, § 1.º, 1.1.

[2049] Embora possa aqui discutir-se o sentido do termo *eleição*, conforme apontámos a propósito do CES, que suscita problemas semelhantes nesta parte (cfr. anotação ao artigo 92.º, I, § 1.º, 1.3., e § 2.º). Referindo-se também à alínea *m)* do artigo 164.º, cfr. CARLOS COSTA PINA, *Instituições* ..., p. 24.

[2050] Cfr. *infra*, II, § 5.º.

[2051] Cfr. CARLOS BLANCO DE MORAIS, *As Autoridades Administrativas* ..., p. 113.

II. DIREITO INTERNACIONAL E EUROPEU

§ 4.º. Direito Internacional

Por força do processo de integração europeia, no actual estado da união económica e monetária, e tendo em conta as atribuições da Comunidade em matéria de política monetária[2052], a relevância do Direito Internacional para a actividade do BP sai mediatizada pelas competências das instituições comunitárias e pela substância dos actos de Direito Comunitário derivado, que tendem a absorver os aspectos jus-internacionais mais relevantes.

Especificamente quanto àquele primeiro aspecto, note-se a competência das instituições comunitárias (com intervenção do BCE) para a vinculação internacional da Comunidade através de acordos sobre questões monetárias e financeiras (veja-se o artigo 111.º do TCE, que introduz até derrogações várias ao disposto no artigo 300.º[2053]). Aliás, a participação do BP em organizações ou instituições monetárias internacionais está sujeita à aprovação do BCE (que nelas também pode participar)[2054].

Quanto ao segundo aspecto assinalado, a apropriação material de aspectos jus-internacionais por parte de actos de Direito Comunitário derivado tende, realmente, a secundarizar a relevância directa de fontes internacionais neste domínio. É o caso, por exemplo, em matéria de supervisão, das regras do *Comité de Basileia* para o sector bancário, o que não significa, contudo, a sua total irrelevância específica[2055-2056].

[2052] Cfr. o ponto seguinte.

[2053] Referindo-se ao funcionamento desta última norma do TCE a propósito da substituição dos Estados-membros pela UE no âmbito de negociações comerciais internacionais, cfr. PAULO DE PITTA E CUNHA, *A Globalização e as Integrações Regionais*, in *Revista da Ordem dos Advogados*, 2006, I, Lisboa, pp. 85-86.

[2054] Cfr. artigo 6.º, 6.2. do Estatuto do SEBC/BCE, e artigo 23.º da Lei Orgânica do Banco de Portugal.

[2055] Cfr. CARLOS COSTA PINA, *Instituições* ..., pp. 178 ss. (onde chama a atenção para o facto de não se tratar de uma organização supranacional e carente de poderes vinculativos "detidos pelas autoridades nacionais" – cfr. p. 185); ANTÓNIO MENEZES CORDEIRO, *Manual de Direito Bancário*, pp. 752 ss.

[2056] Cfr. ainda anotação ao artigo 80.º, II, § 3.º, e anotação ao artigo 101.º, II, § 5.º.

§ 5.º. Direito Europeu

Como é sabido, a criação de uma união económica e monetária (artigo 2.º do TCE), que implica a observância de determinados princípios orientadores por parte tanto dos Estados-membros como da Comunidade – *preços estáveis, finanças públicas e condições monetárias sólidas e balança de pagamentos sustentável* (n.º 3 do artigo 4.º do TCE)[2057], constituiu a razão da criação do SEBC e do BCE (artigo 8.º do TCE)[2058].

O estatuto do BCE e do SEBC – este constituído pelo BCE e pelos bancos centrais nacionais (n.º 1 do artigo 107.º do TCE) – encontra assento normativo essencial nos artigos 105.º e seguintes do TCE, bem como no respectivo Protocolo, anexo ao Tratado[2059]. Eis alguns aspectos essenciais do respectivo regime jurídico[2060].

[2057] Além de outros já referidos – cfr. anotação ao artigo 80.º, II, § 4.º.

[2058] Sobre o SEBC/BCE no âmbito da *moeda única*, cfr. MANUEL CARLOS LOPES PORTO, *Teoria* ..., pp. 431 ss. Salientando, neste âmbito, o *totalitarismo* (a expressão é nossa) da estabilidade dos preços, cfr. A. J. AVELÃS NUNES, *A Constituição Europeia* ..., p. 94. Também afirmando que a União Económica e Monetária teve por efeito a "focalização" das funções dos bancos centrais "essencialmente na manutenção da estabilidade dos preços", cfr. J. J. GOMES CANOTILHO/VITAL MOREIRA, *Constituição* ..., I, p. 1084.

[2059] Sem prejuízo de outras normas sistematicamente anteriores e igualmente relevantes. É o caso do n.º 1 do artigo 98.º do TCE, que proíbe a concessão de créditos sob a forma de descobertos ou qualquer outra pelo BCE (ou pelos bancos centrais nacionais dos Estados-membros, onde se inclui o BP), em benefício de instituições ou organismos da Comunidade, governos centrais, autoridades regionais, locais ou outras autoridades públicas, incluindo outros organismos do sector público ou empresas públicas, bem como a compra directa de títulos de dívida a tais entidades, seja pelo BCE seja pelos bancos centrais nacionais. Entre razões económico-financeiras imediatas ligadas aos referidos objectivos da união económica e monetária, aqui está também uma garantia de independência do BCE e dos bancos centrais nacionais (cfr. *infra*).

[2060] Sobre esta matéria, cfr. ANTÓNIO MENEZES CORDEIRO, *Manual de Direito Bancário*, pp. 681 ss.; ANTÓNIO MOURA PORTUGAL, *Independência e Controlo do Banco Central Europeu – Contributo para a correcta definição dos seus poderes normativos*, in BMJ, n.º 479, 1998, pp. 5 ss.; CARLOS COSTA PINA, *Instituições* ..., pp. 76 ss., e 154 ss.; ANTÓNIO CARLOS SANTOS/MARIA EDUARDA GONÇALVES/MARIA MANUEL LEITÃO MARQUES, *Direito* ..., pp. 460 ss.; ANA MARIA GUERRA MARTINS, *Curso* ..., pp. 347-348; FAUSTO DE QUADROS, *Direito da União* ..., pp. 304-305; LUÍS MÁXIMO DOS SANTOS, *Os limites da independência do BCE à luz do Acórdão do Tribunal de Justiça de 10 de Julho de 2003*, in *Estudos Jurídicos e Económicos em Homenagem ao Prof. Doutor António de Sousa Franco*, II, FDUL, Coimbra, 2006, pp. 899 ss.; MARIA LUÍSA DUARTE, *Direito* ..., pp. 183 ss.; *O Banco Central Europeu e o sistema judicial da União Europeia: supremacia de-*

Estabelece o n.º 1 do artigo 105.º do TCE que o objectivo primordial do SEBC é a manutenção da estabilidade dos preços, sem prejuízo do que deverá apoiar as políticas económicas da Comunidade em obediência aos objectivos do artigo 2.º – para logo se fixar também que o SEBC actua "de acordo com o princípio de uma economia de mercado aberto e de livre concorrência, incentivando a repartição eficaz dos recursos e observando os princípios definidos no artigo 4.º [do TCE]". O SEBC tem por atribuições essenciais (i) a definição e execução da política monetária da Comunidade, (ii) a realização de operações cambiais[2061], (iii) a detenção e gestão das reservas cambiais oficiais dos Estados-membros, (iv) e a promoção do bom funcionamento dos sistemas de pagamentos (n.º 2 do artigo 105.º do TCE).

Entre as competências do BCE destacam-se:

    i) Ser consultado (obrigatoriamente) relativamente à adopção de actos comunitários em matérias respeitantes às suas atribuições (n.º 4 do artigo 105.º do TCE);

    ii) Ser consultado (obrigatoriamente) pelas autoridades nacionais, em termos a definir pelo Conselho, "sobre qualquer projecto de disposição legal nos domínios das suas atribuições" (n.º 4 do artigo 105.º);

    iii) Emissão de pareceres sobre essas mesmas matérias, por sua iniciativa, junto das instâncias comunitárias ou nacionais (n.º 4 do artigo 105.º);

    iv) O exclusivo de autorizar a emissão de notas de banco na Comunidade (n.º 1 do artigo 106.º);

    v) Autorizar o volume de emissão de moeda metálica por parte dos Estados-membros (n.º 2 do artigo 106.º)[2062].

Mas a vastidão das atribuições do SEBC justifica, por exemplo, que ao BCE possam ser conferidas "atribuições específicas no que diz respeito

---

cisória e controlo da legalidade, in *Estudos Jurídicos e Económicos em Homenagem ao Prof. Doutor António de Sousa Franco*, III, FDUL, Coimbra, 2006, pp. 149 ss.; MIGUEL GORJÃO- HENRIQUES, *Direito* ..., pp. 199 ss.; PAULO DE PITTA E CUNHA, *Direito Institucional da União Europeia*, Coimbra, 2004, p. 76.

[2061] Que sejam compatíveis com o disposto no artigo 111.º.

[2062] Cfr. igualmente artigos 1.º a 5.º do Protocolo relativo ao estatuto do SEBC/BCE.

às políticas relativas à supervisão prudencial das instituições de crédito e de outras instituições financeiras, com excepção das empresas de seguros" (n.º 5 do artigo 106.º do TCE).

Pois bem, sendo o SEBC, em rigor, o verdadeiro órgão de *definição e execução da política monetária da Comunidade*[2063], importa, muito brevemente, abordar dois aspectos que foram sendo referenciados nos pontos antecedentes: o seu estatuto de independência e os seus poderes de ditar actos jurídicos imperativos. Note-se, não é apenas o BCE que está em causa, mas o próprio SEBC, aí se incluindo os bancos centrais nacionais: o artigo 109.º do TCE estabelece uma obrigação para os Estados-membros de compatibilização das legislações nacionais (incluindo os estatutos dos bancos centrais nacionais) com o TCE e com os estatutos do SEBC.

Entre os órgãos do BCE[2064] contam-se o conselho[2065], composto pelos membros da comissão executiva e pelos governadores dos bancos centrais nacionais; a comissão executiva, composta pelo presidente, pelo vice-presidente e quatro vogais, sendo estes últimos – com proeminência, naturalmente para o presidente[2066] – "nomeados, de entre personalidades de reconhecida competência e com experiência profissional nos domínios monetário ou bancário, de comum acordo, pelos Governos dos Estados--Membros, a nível de Chefes de Estado ou de Governo, sob recomendação do Conselho e após este ter consultado o Parlamento Europeu e o Conselho do BCE" (artigo 112.º do TCE)[2067]. O seu mandato é de oito anos, sem possibilidade de renovação. Ora, com o objectivo de garantir a independência do SEBC e do BCE na definição e execução da política monetária da Comunidade, o TCE estabelece (em disposição que importa citar) que "No exercício dos poderes e no cumprimento das atribuições e deveres que lhes são conferidos pelo presente Tratado e pelos Estatutos do SEBC, o BCE, os bancos centrais nacionais, ou qualquer membro dos respectivos órgãos de decisão não podem solicitar ou receber instruções das institui-

---

[2063] Que já hoje é entendida como atribuição exclusiva da Comunidade, e assim certamente ficará positivado no futuro.

[2064] Sobre a orgânica do BCE, cfr. ANTÓNIO MOURA PORTUGAL, *Independência* ..., pp. 18 ss.

[2065] Tendo cada membro um voto (cfr. artigo 10.º).

[2066] Autonomizado como órgão no Estatuto do SEBC/BCE.

[2067] Sobre a *questão política* em torno da nomeação do presidente do BCE, cfr. ANTÓNIO MOURA PORTUGAL, *Independência* ..., p. 45.

ções ou organismos comunitários, dos Governos dos Estados-Membros ou de qualquer outra entidade. As instituições e organismos comunitários, bem como os Governos dos Estados-Membros, comprometem-se a respeitar este princípio e a não procurar influenciar os membros dos órgãos de decisão do BCE ou dos bancos centrais nacionais no exercício das suas funções." (artigo 108.º)[2068].

O que se pretende, pois, é a criação, não apenas de uma entidade independente[2069] (o BCE), mas verdadeiramente de um *sistema orgânico--administrativo completo de execução independente das Administrações estaduais e da própria Administração directa Comunitária*[2070]. Mais, substancialmente trata-se de um verdadeiro órgão político: o SEBC, ao qual incumbe a definição e execução da política monetária, é dirigido pelos órgãos decisórios do BCE (o conselho e a comissão executiva) (n.º 3 do artigo 107.º do TCE).

Quanto ao mencionado segundo aspecto, verifica-se a existência de amplos poderes por parte do BCE para a adopção de actos vinculativos para o desempenho das atribuições cometidas ao SEBC. Com efeito, nos termos do artigo 110.º do TCE, o BCE adopta regulamentos (confinados àquelas atribuições e com delimitações materiais, mas obrigatórios em todos os seus elementos e directamente aplicáveis em todos os Estados-membros), decisões necessárias ao desempenho daquelas mesmas atribuições (obrigatórias em todos os seus elementos para os destinatários nelas designados), e ainda recomendações e pareceres (não vinculativos). O BCE detém ainda poderes sancionatórios, podendo aplicar multas ou sanções pecuniárias temporárias às empresas, caso as mesmas incumpram as obrigações que lhes advenham daqueles regulamentos ou decisões (nas condições e limites a fixar pelo Conselho – n.º 3 do artigo 110.º do TCE).

Ora, sem prejuízo de complexas questões que se colocam a propósito destes actos jurídicos e que se relacionam, *v.g.*, com a expressa remissão para o regime dos actos dos chamados órgãos primários da Comunidade e com a respectiva publicação (n.º 2 do artigo 110.º do TCE), bem como com a questão de saber do carácter taxativo ou meramente exemplificativo

---

[2068] Cfr. ainda o artigo 7.º do Estatuto do SEBC/BCE, cuja epígrafe é, justamente, "Independência".

[2069] Sobre as várias formas de autonomia do BCE, cfr. ANTÓNIO MOURA PORTUGAL, *Independência* ..., p. 42 ss.

[2070] Cfr. PAULO OTERO, *A Administração Pública Nacional* ..., p. 819.

daquele elenco de actos para que o BCE tem competência à luz do Tratado e do seu Estatuto[2071], é necessário considerar tais poderes no âmbito do estatuto de independência do BCE e do SEBC. E não sendo aqui escopo uma análise completa de todo este quadro, teremos que bastar-nos com aspectos conclusivos[2072].

Por força do estatuto de independência do SEBC e do BCE frente às instituições comunitárias e aos poderes públicos dos Estados-membros, bem como das atribuições daquela última entidade e, em geral, daquele sistema administrativo (enquanto conjunto de entidades, formado pelo BCE e pelos bancos centrais nacionais), é legítimo afirmar que se está em presença de uma administração independente (a mais independente de todas das instituições comunitárias não primárias) com atribuições de natureza política. Quanto a este último aspecto, retenha-se que as atribuições do SEBC e do BCE eram atribuições clássicas dos parlamentos e governos nacionais, que, aliás, não chegaram a pertencer com a mesma intensidade e com os mesmos contornos a quaisquer outras instituições comunitárias, mesmo primárias: isto é, com a criação do SEBC e do BCE produziu-se um salto de transferência de atribuições e competências sem paralelo anterior para qualquer órgão ou instituição comunitária, mesmo primária[2073-2074].

[2071] Sobre esta problemática, cfr. ANTÓNIO MOURA PORTUGAL, *Independência* ..., pp. 45 ss.

[2072] E remetemos para os elementos bibliográficos que vimos referindo, onde com mais pormenor se discutem aspectos intercalares compreensivos.

[2073] ANTÓNIO MOURA PORTUGAL parece entender a exclusão da adopção de directivas do elenco de actos jurídicos para que o BCE tem competência como uma limitação ao poder deste, apesar de, como refere, o BCE poder adoptar *orientações* (cfr. *Independência* ..., p. 26 e p. 31). Embora estas últimas pareçam assemelhar-se às primeiras, tenhamos presente que as directivas concedem aos Estados-membros, em regra, uma considerável latitude na transposição, o que constitui um assento das autonomias nacionais. A inexistência de qualquer referência a actos desta natureza no artigo 110.º do TCE denota, claramente, uma preferência do Tratado pela competência do BCE para a condução da política monetária através de actos jurídicos que obrigam em toda a linha, designadamente, os bancos centrais nacionais, o que é um reforço da posição do BCE frente às instituições nacionais e mesmo comunitárias.

[2074] A. J. AVELÃS NUNES (cfr. *A Constituição Europeia* ..., p. 20) considera o BCE uma instituição supranacional tipicamente federal, ele próprio afirmando, aliás, que "o Eurosistema foi dotado de um núcleo central de soberania" (p. 37). Tal estatuto do BCE é apontado pelo Autor como uma marca do *ideário monetarista da união económica e monetária*, "o banco central com maior grau de independência em todo o mundo e, como ver-

Em segundo lugar, observe-se, trata-se de uma entidade ou conjunto de entidades sem legitimação democrática directa, mas em rigor com funções políticas, o que suscita problemas que, pela sua complexidade aqui se não podem tratar. Mas se parecem insatisfatórios os mecanismos institucionais de responsabilização existentes, não é quanto a nós mais satisfatória a pretensão da legitimação do poder do SEBC e do BCE através da *opinião pública*, por mais *atenta e interessada* que possa ser[2075]. A ideia reveste algum interesse, e faz recordar os processos de sedimentação da *auctoritas* em face (ou na base?) da *potestas*, tão experimentada em várias vertentes do constitucionalismo americano, mas também tão fracassada em muitas outras dos constitucionalismos europeus. O problema é que tais cambiantes de sedimentação casam mal com órgãos/entidades (i) com funções substancialmente políticas e com implicações imediatas na política geral (ainda que de atribuições delimitadas), (ii) em que o processo de designação dos titulares não tem uma legitimação democrática directa, (iii) e que têm funções de conteúdo técnico muito específico. Este último aspecto é, aliás, bastante relevante, na medida em que a *opinião pública* legitimadora tende a identificar-se com os destinatários mais imediatos das medidas tomadas, e que por facilidade podemos aproximar do *poder económico*, que a CRP subordina ao poder político democrático[2076-2077].

---

dadeiro *banco federal*, goza de maiores poderes do que o FED norte-americano, cabendo aos BCN [bancos centrais nacionais] um protagonismo inferior ao dos bancos centrais dos Estados federados da União americana": os bancos centrais nacionais "passam a ser uma espécie de *repartições periféricas* do SEBC, sem atribuições e objectivos próprios autonomamente determinados no âmbito da soberania nacional dos estados do *Eurosistema* (…)" (cfr. pp. 118 ss.).

[2075] Cfr. ANTÓNIO MOURA PORTUGAL, *Independência* …, pp. 52 ss.

[2076] Cfr. anotação ao artigo 80.°, I, § 2.°, 2.1.

[2077] Neste âmbito, existe algum paralelo com a argumentação expendida por MIGUEL POIARES MADURO quando, a propósito do princípio do pluralismo (no domínio da tese do *direito contrapontual* – entre o ordenamento jurídico da União Europeia e os ordenamentos jurídicos nacionais), afirma que "um dos défices de legitimidade que o ordenamento jurídico europeu enfrenta é o de tender a ser maioritariamente dominado por um conjunto restrito de litigantes", que tendem a ser favorecidos *na construção* [ou mesmo como *construtores*, diríamos] *do direito da União Europeia*, dados os "custos de transacção e de informação que o contencioso envolve": "são maioritariamente empresas multinacionais, suportadas por estratégias de litigação transnacionais" (cfr. *A Constituição Plural* …, p. 42).

Ora, da análise que vimos de fazer, bem como de outros momentos em que nos pontos antecedentes nos referimos ao TCE e ao Estatuto do SEBC/BCE, podemos concluir pela quase total subordinação do BP (e do Estado português em matéria de política monetária) ao sistema SEBC/ /BCE[2078]. Assim é quanto aos estatutos do BP, bem com em relação ao direito material por ele aplicado, que resulta essencialmente de disposições de Direito Comunitário cuja produção essencial ocorre no âmbito daquele sistema. Bem pode, pois, reafirmar-se que, neste contexto, o BP constitui parte de um sistema orgânico complexo, mas actuando em Portugal (também ou mesmo essencialmente) como *Administração indirecta da Administração independente da União Europeia* (quando desempenha as suas atribuições de acordo com as determinações gerais do SEBC e do BCE), senão mesmo como *Administração independente directa da União Europeia* (enquanto integrante do SEBC e que desempenha as suas atribuições em execução de decisões provindas do BCE, e por si determinadas no âmbito do SEBC)[2079-2080].

[2078] Em geral sobre as relações SEBC/BCE/bancos centrais, cfr. CARLOS COSTA PINA, *Instituições* ..., pp. 76 ss. Sublinhando que "a UEM e a criação do sistema europeu de bancos centrais e do BCE implicou a redução das atribuições do BP no que respeita à função emissora e de autoridade monetária", cfr. J. J. GOMES CANOTILHO/VITAL MOREIRA, *Constituição* ..., I, p. 1083.

[2079] Sobre estas categorizações, cfr. PAULO OTERO, *A Administração Pública Nacional* ..., pp. 818 ss.

[2080] Apesar de, no conselho do BCE, cada membro deter um voto, como já vimos, recorde-se a preocupação de PAULO DE PITTA E CUNHA com a perspectiva de alteração desse sistema de votos (que favorece "os grandes", e em que alguns Estados, em rotatividade, não votarão), em si mesma e pelo precedente que pode significar para outras instituições europeias (cfr. *A Constituição Europeia* ..., pp. 49 ss.). É também a propósito de tal precedente (no caso, quanto aos tribunais comunitários) que MANUEL PORTO vem sustentar que "uma muito melhor aceitação política das decisões tomadas" decorre da representação de todos os Estados-membros no conselho do BCE, embora admitindo a necessidade de ponderação dos respectivos votos "ligada à dimensão das economias" (o que considera como realismo) (cfr. *A participação dos países na União Europeia*, in *O Direito*, Ano 137.º, IV-V, 2005, pp. 783-784). Sobre esta temática, cfr. ainda A. J. AVELÃS NUNES, *A Constituição Europeia* ..., p. 67.

III. MEMÓRIA CONSTITUCIONAL

§ 6.º. As constituições portuguesas anteriores à Constituição de 1976

Não existe preceito paralelo ao artigo 102.º da CRP em qualquer das constituições portuguesas anteriores[2081].

Muito brevemente, refira-se que o Banco de Portugal só foi criado em 1846[2082], por fusão do Banco de Lisboa com a Companhia Confiança Nacional, e até 1887 o seu exclusivo de emissão de notas confinou-se ao distrito de Lisboa, momento a partir do qual passou a emitir notas para os restantes *distritos do Reino* (mas aí sem exclusividade). O estatuto de *banco central* chegar-lhe-ia apenas em 1887, ganhando então as atribuições de *banqueiro do Estado e caixa geral do Tesouro*, bem como o exclusivo da emissão de notas *no continente do Reino e ilhas adjacentes*[2083]. Tal estatuto sairia reforçado a partir de 1960.

O Banco de Portugal foi uma entidade privada até à respectiva nacionalização em 1974[2084], momento a partir do qual a sua natureza específica – além da de entidade pública – não mais parece ter sido consensual, entre a de instituto público ou de empresa pública[2085].

[2081] Apesar de referências à competência para a criação de bancos ou instituições emissoras de moeda (cfr. anotação ao artigo 101.º, III, § 7.º).

[2082] Sobre a realidade anterior, cfr. ANTÓNIO MENEZES CORDEIRO, *Manual de Direito Bancário*, pp. 68 ss.

[2083] Sobre a emissão de notas nos territórios coloniais por parte de sociedades bancárias das companhias majestáticas e respectiva relação com o Banco Nacional Ultramarino, cfr. RUI GUERRA DA FONSECA, *As Companhias Majestáticas* ..., III, p. 690, 699, e IV, p. 885.

[2084] Cfr. Decreto-Lei n.º 452/74, de 13 de Setembro.

[2085] Sobre a evolução histórica do Banco de Portugal, cfr., entre tantos, ANTÓNIO MENEZES CORDEIRO, *Manual de Direito Bancário*, pp. 68 ss., e 684 ss., e extensa bibliografia aí referenciada; CARLOS COSTA PINA, *Instituições* ..., pp. 150 ss.; ANTÓNIO CARLOS SANTOS/MARIA EDUARDA GONÇALVES/MARIA MANUEL LEITÃO MARQUES, *Direito* ..., pp. 460 ss. Referindo-se à nacionalização do BP, cfr. Ac. TC n.º 108/88 (cit)., bem como a declaração de voto vencido do Juiz Conselheiro VITAL MOREIRA, sustentando a impossibilidade da respectiva reprivatização, dado aquele ser "necessariamente, uma instituição pública, posta exclusivamente ao serviço do interesse público, o que manifestamente não se compadece com a sua transformação em sociedade mista, com a participação de capital privado e com a intervenção de uma lógica empresarial essencialmente alheia à lógica pública". Igualmente, J. J. GOMES CANOTILHO/VITAL MOREIRA, *Constituição* ..., I, p. 1085.

§ 7.º. **Conteúdo originário da redacção do preceito na Constituição de 1976 e sucessivas versões decorrentes das revisões constitucionais**

Na **redacção originária da Constituição de 1976**, o estatuto constitucional do Banco de Portugal encontrava-se integrado no artigo 105.º ("Sistema financeiro e monetário"), constando do respectivo n.º 2:

"ARTIGO 105.º
(Sistema financeiro e monetário)
1. ....
2. O Banco de Portugal, como banco central, tem o exclusivo da emissão de moeda e, de acordo com o Plano e as directivas do Governo, colabora na execução das políticas monetária e financeira."[2086].

Na **revisão constitucional de 1982**, a matéria relativa ao Banco de Portugal constante deste n.º 2 não sofreu qualquer alteração[2087].

Na **revisão constitucional de 1989**, o artigo 83.º da Lei Constitucional n.º 1/89, de 8 de Julho, determinou que o artigo 105.º passasse a usar a epígrafe "Banco de Portugal", ficando-lhe integralmente reservado, e sendo o respectivo corpo, com alterações, o anterior n.º 2 deste mesmo artigo 105.º[2088]:

"*ARTIGO 105.º*
(Banco de Portugal)
O Banco de Portugal, como banco central, tem o exclusivo da emissão de moeda *e colabora na execução das políticas monetária e financeira, de acordo com a lei do Orçamento, os objectivos definidos nos planos e as directivas do Governo.*"[2089].

Na **revisão constitucional de 1992**, o artigo 4.º da Lei Constitucional n.º 1/92, de 25 de Novembro, alterou o texto do preceito, no seguintes termos:

[2086] Cfr. anotação ao artigo 101.º, III, § 8.º.
[2087] Embora outras tenham tido lugar quanto ao disposto no n.º 1 (cfr. anotação ao artigo 101.º, III, § 8.º).
[2088] O sistema financeiro passou a integrar o artigo 104.º (cfr. anotação ao artigo 101.º, III, § 8.º).
[2089] Os itálicos são nossos e assinalam as alterações.

"[...]
(Banco de Portugal)
O Banco de Portugal, como banco central *nacional*, colabora *na definição* e execução das políticas monetária e financeira *e emite moeda, nos termos da lei*."[2090].

Na **revisão constitucional de 1997**, o artigo 66.º da Lei Constitucional n.º 1/97, de 20 de Setembro, renumerou o artigo – que passou a ser o actual 102.º –, e alterou a respectiva redacção:

"*ARTIGO 102.º*
(Banco de Portugal)
O Banco de Portugal *é o* banco central nacional *e exerce as suas funções nos termos da lei e das normas internacionais a que o Estado Português se vincule*."[2091].

Assim se fixou a redacção actual do preceito, já que nem a **quinta revisão constitucional, de 2001**, nem a **sexta revisão constitucional, de 2004**, nem tão-pouco a **sétima revisão constitucional, de 2005**, lhe trouxeram qualquer alteração.

§ 8.º. Apreciação do sentido das alterações do preceito

O estatuto constitucional do BP evoluiu no sentido progressivo da sua independência. A sua participação na política económica e financeira começou por ser exclusivamente respeitante à respectiva execução[2092] e sob a orientação essencial do Governo. Com a revisão constitucional de 1992, o estatuto do BP passa da autonomia à independência, desaparecendo a influência governamental da concretização das suas atribuições, que agora se estendem à própria definição da política monetária e finan-

---

[2090] Os itálicos são nossos e assinalam as alterações.
[2091] Os itálicos são nossos e assinalam as alterações. Note-se, contudo, que a redacção final do preceito não é exactamente aquela que resulta do artigo 66.º da Lei de revisão constitucional: a expressão "como banco central" não deveria ter sido alterada para "*é o banco central*" (o que só ocorre já na versão final da Constituição, assim como "*e exerce*", onde a copulativa substitui a vírgula).
[2092] Cfr. J. J. GOMES CANOTILHO/VITAL MOREIRA, *Fundamentos* ..., p. 172.

ceira[2093]. Bem pode afirmar-se que então se firmou uma excepção constitucional à regra geral que erige o Governo em órgão superior de toda a Administração Pública (artigo 182.º da CRP)[2094].

Com a revisão constitucional de 1997[2095] fica claro que o legislador constitucional abdica de qualquer definição própria do estatuto do BP, que assim fica essencialmente subordinado às *normas internacionais*, compostas fundamentalmente pelo Direito Europeu ou por outras normas internacionais que no âmbito deste ganhem forma[2096]: tratou-se, como se viu, de uma solução constitucional *imposta* pelo Direito Europeu[2097]. E não deixe de notar-se que esta *desconstitucionalização* do estatuto do BP é movimento exactamente inverso ao que se verifica no âmbito do Direito Europeu com o SEBC e o BCE. A partir deste momento, a CRP abre o estatuto do BP a quaisquer alterações que o Direito Europeu produza, permitindo que este defina a função do órgão constitucional em causa, inclusivamente concedendo-lhe atribuições e independência características da função política, o que normalmente resulta de constituições e não de normas de outro tipo, podendo ser entendido também como uma excepção constitucional ao posicionamento do Governo como órgão de condução da política geral do país[2098].

[2093] Sobre a revisão constitucional de 1992, e especificamente a propósito do BP, cfr. EDUARDO PAZ FERREIRA, *A Constituição Económica de 1976* ..., pp. 405-406.

[2094] Sobre os efeitos do Direito Comunitário sobre a posição constitucional do Governo, cfr. PAULO OTERO, *A Administração Pública Nacional* ..., pp. 830 ss.

[2095] Cfr. ALEXANDRE SOUSA PINHEIRO/MÁRIO JOÃO BRITO FERNANDES, *Comentário* ..., pp. 246-247.

[2096] Cfr. *supra*, II, § 4.º.

[2097] Cfr. *supra*, III, § 5.º.

[2098] Cfr. *supra*, I, § 2.º e 3.º. A este propósito, é interessante reter a afirmação de ANTÓNIO MOURA PORTUGAL quando, a propósito do sistema de actos jurídicos para que o BCE detém competência, afirma que tal "levantará por certo inúmeras e complexas dúvidas, sobretudo em países como Portugal, onde o sistema constitucional e a tradicional divisão de poderes se revelam pouco compatíveis com o crescente reconhecimento de competências normativas a este «quarto órgão de soberania»." (cfr. *Independência* ..., p. 34).

IV. PAÍSES DE EXPRESSÃO PORTUGUESA

§ 9.º. Brasil

De acordo com o artigo 21.º, VII e VIII, da CRFB, à União compete emitir moeda e "administrar as reservas cambiais do País e fiscalizar as operações de natureza financeira, especialmente as de crédito, câmbio e capitalização, bem como as de seguros e de previdência privada"[2099]. Mais adiante, na Secção I ("Normas Gerais") do Capítulo II ("Das Finanças Públicas") do Título VI "(Da Tributação e do Orçamento"), o artigo 164.º da CRFB esclarece a exclusividade da competência do Banco Central na emissão de moeda, dispondo ainda sobre outras das suas competências nos seguintes termos:

"Art. 164.º
A competência da União para emitir moeda será exercida exclusivamente pelo Banco Central.
§ 1.º – É vedado ao Banco Central conceder, direta ou indiretamente, empréstimos ao Tesouro Nacional e a qualquer órgão ou entidade que não seja instituição financeira.
§ 2.º – O Banco Central poderá comprar e vender títulos de emissão do Tesouro Nacional, com o objetivo de regular a oferta de moeda ou a taxa de juros.
§ 3.º – As disponibilidades de caixa da União serão depositadas no Banco Central; as dos Estados, do Distrito Federal, dos Municípios e dos órgãos ou entidades do poder público e das empresas por ele controladas, em instituições financeiras oficiais, ressalvados os casos previstos em lei."

§ 10.º. Angola

A LCRA não contém norma idêntica à constante do artigo 102.º da CRP.

[2099] Isto traduz-se, bem entendido, na repartição de atribuições e competências entre a União, os Estados Federados e os Municípios (cfr. artigos 21.º ss. da CRFB).

§ 11.º. **Moçambique**

A CRM dispõe também sobre o estatuto do Banco Central moçambicano, curiosamente de modo tão lacónico quanto o artigo 102.º da CRP:

> "Artigo 132
> **(Banco Central)**
> 1. O Banco de Moçambique é o Banco Central da República de Moçambique.
> 2. O funcionamento do Banco de Moçambique rege-se por lei própria e pelas normas internacionais a que a República de Moçambique esteja vinculada e lhe sejam aplicáveis."

§ 12.º. **Cabo Verde**

A CRCV dispõe sobre o estatuto do Banco de Cabo Verde no seu artigo 92.º, nos seguintes termos:

> "Artigo 92.º
> **(Banco de Cabo Verde)**
> O Banco de Cabo Verde é o banco central, detém o exclusivo da emissão de moeda, colabora na definição das políticas monetária e cambial do Governo e executa-as de forma autónoma, exercendo as suas funções nos termos da lei e das normas e compromissos internacionais a que o Estado de Cabo Verde se vincule."

§ 13.º. **Guiné-Bissau**

A CRGB não contém norma idêntica à constante do artigo 102.º da CRP.

§ 14.º. **São Tomé e Príncipe**

A CRDSTP não contém norma idêntica à constante do artigo 102.º da CRP.

§ 15.º. **Timor-Leste**

A CRDTL reservou o seu artigo 143.º para o estatuto constitucional do banco central timorense, sem, contudo, proceder à sua criação *ex constitutione*:

"Artigo 143.º
(Banco central)
1. O Estado deve criar um banco central nacional co-responsável pela definição e execução da política monetária e financeira.
2. A lei define as funções e a relação entre o banco central, o Parlamento Nacional e o Governo, salvaguardando a autonomia de gestão da instituição financeira.
3. O banco central tem a competência exclusiva de emissão da moeda nacional."

Artigo 103.º
(Sistema fiscal)

1. O sistema fiscal visa a satisfação das necessidades financeiras do Estado e outras entidades públicas e uma repartição justa dos rendimentos e da riqueza.
2. Os impostos são criados por lei, que determina a incidência, a taxa, os benefícios fiscais e as garantias dos contribuintes.
3. Ninguém pode ser obrigado a pagar impostos que não hajam sido criados nos termos da Constituição, que tenham natureza retroactiva ou cuja liquidação e cobrança se não façam nos termos da lei.

Quadro tópico:

I. SISTEMA FISCAL
§ 1.º. ESTADO DE BEM-ESTAR E SISTEMA FISCAL;
1.1. O sistema fiscal como elemento da Constituição económica;
1.2. Essencialidade jurídico-política do sistema fiscal: a ideia do preço dos direitos fundamentais;
1.3. Continuação: a convocação plena da ideia de justiça política da Constituição material (justiça distributiva e justiça social);
1.4. Finalidades do sistema fiscal;
1.4.1. A satisfação das necessidades financeiras do Estado e outras entidades públicas;
1.4.2. A repartição justa dos rendimentos e da riqueza;
1.4.3. Perspectiva monista e perspectiva dualista das finalidades do sistema fiscal;
1.5. Sob a égide do Direito Comunitário: as políticas europeias relativas à fiscalidade no âmbito da integração económica e monetária, e seus reflexos sobre o sistema fiscal português;
§ 2.º. CONCEITO E CONFIGURAÇÃO CONSTITUCIONAL DO SISTEMA FISCAL;
2.1. O conceito constitucional de sistema fiscal;
2.1.1. Os impostos;
2.1.2. Outros tributos;

2.1.3. O problema da parafiscalidade;
2.2. Descentralização e sistema fiscal;
2.2.1. O sistema fiscal estadual;
2.2.2. O subsistema fiscal das regiões autónomas;
2.2.3. O subsistema fiscal das autarquias locais;
2.3. Questões relativas aos princípios constitucionais rectores do sistema fiscal;
2.3.1. O princípio da igualdade;
2.3.2. O princípio da legalidade fiscal;
2.3.2.1. A tipicidade fiscal;
2.3.2.2. Continuação: o problema da abrangência do princípio da legalidade quanto à liquidação e cobrança de impostos;
2.3.3. Segurança jurídica e retroactividade dos impostos;
2.3.4. O direito de resistência ao pagamento do imposto inconstitucional;
2.3.5. Reserva de lei parlamentar e garantia da concretização do princípio da igualdade;
§ 3.°. PROBLEMAS INERENTES À CONFIGURAÇÃO CONSTITUCIONAL GLOBAL DO SISTEMA FISCAL;
3.1. A exclusão do referendo em matérias fiscais;
3.2. Transformação da administração (sentidos subjectivo e objectivo) e a parafiscalidade;
3.3. Eficiência e eficácia do sistema fiscal.

II. DIREITO INTERNACIONAL E EUROPEU
§ 4.°. DIREITO INTERNACIONAL;
§ 5.°. DIREITO EUROPEU.

III. MEMÓRIA CONSTITUCIONAL
§ 6.°. AS CONSTITUIÇÕES PORTUGUESAS ANTERIORES À CONSTITUIÇÃO DE 1976;
§ 7.°. CONTEÚDO ORIGINÁRIO DA REDACÇÃO DO PRECEITO NA CONSTITUIÇÃO DE 1976 E SUCESSIVAS VERSÕES DECORRENTES DAS REVISÕES CONSTITUCIONAIS;
§ 8.°. APRECIAÇÃO DO SENTIDO DAS ALTERAÇÕES DO PRECEITO.

IV. PAÍSES DE EXPRESSÃO PORTUGUESA
§ 9.°. BRASIL;
§ 10.°. ANGOLA;
§ 11.°. MOÇAMBIQUE;
§ 12.°. CABO VERDE;
§ 13.°. GUINÉ-BISSAU;
§ 14.°. SÃO TOMÉ E PRÍNCIPE;
§ 15.°. TIMOR-LESTE.

I. SISTEMA FISCAL

§ 1.º. Estado de bem-estar e sistema fiscal

1.1. *O sistema fiscal como elemento da Constituição económica*

Assim como afirmámos a integração do sistema financeiro no âmbito da Constituição económica, como seu elemento essencial, há que reafirmá-lo a propósito do sistema fiscal: *mutatis mutandis*, boa parte das razões para esta afirmação são também elas comuns às que militaram a respeito do sistema financeiro[2100]. Mas, entenda-se a Constituição fiscal como integrante da Constituição financeira, ou com mais ou menos autonomia face a esta (cujo grau não importa agora)[2101], o certo é que a Constituição económica reservou expressamente para o sistema fiscal uma vocação, expressa em diversas das suas normas, que importa considerar de modo autónomo. Aliás, testemunha-o a própria autonomia dogmática do Direito Fiscal e a especificidade do Direito Constitucional Fiscal[2102].

Em termos sistemáticos, deve começar por notar-se que não pode ter-se por neutra a opção do legislador constituinte – pois ela remonta à versão originária da Constituição de 1976 – em localizar o sistema fiscal no âmbito da Parte II da CRP. Embora seja opção – como qualquer outra – passível de contestação (como aliás já o foi), o significado da inclusão do sistema fiscal no contexto principiológico-normativo da sistematicidade

---

[2100] Cfr. anotação ao artigo 101.º, I, § 1.º, 1.1.
[2101] Cfr. J. J. GOMES CANOTILHO/VITAL MOREIRA, *Fundamentos* ..., p. 172. Ou ainda o sistema fiscal como integrante do sistema financeiro – cfr. ANTÓNIO L. SOUSA FRANCO, *Sistema Financeiro* ..., pp. 526 ss.; *Finanças Públicas* ..., I, pp. 243 ss.
[2102] Os últimos anos têm assistido a uma invocação do Direito Constitucional material no domínio dos vários ramos de direito dogmaticamente autonomizados, como tentativa de realçar o relevo próprio da Constituição e do Direito Constitucional no estabelecimento dos princípios fundamentais das várias disciplinas. Longe de uma *fragmentação tendencial* da Constituição, parece-nos estar em causa uma revalorização constante da essencialidade dos direitos fundamentais na estruturação da nossa ordem jurídica. Exemplificativamente, de entre as obras que se colocam nesta perspectiva, além de várias outras já referidas, cfr. VASCO PEREIRA DA SILVA, *O Contencioso Administrativo – Como «Direito Constitucional Concretizado» ou «Ainda por Concretizar»?*, Coimbra, 1999; e mais recentemente, MARIA FERNANDA PALMA, *Direito Constitucional Penal*, Coimbra, 2006.

da Constituição económica não autoriza outra leitura geral que não a da subordinação das normas relativas ao sistema fiscal aos princípios fundamentais da organização económico-social (artigo 80.°[2103]).

Ainda a este propósito, veja-se que o sistema fiscal se localiza a jusante dos aspectos substanciais que a Constituição económica reputa essenciais – constantes do Título I da Parte II –, aspectos esses que devem ser tidos em conta no planeamento do desenvolvimento económico-social – Título II – e apresentando ainda instrumentalidade face às diversas políticas referidas no Título III.

Se partirmos do elemento sistemático para o da substância das normas constitucionais, vamos encontrar diversas referências à fiscalidade em normas da Constituição económica – descontadas as constantes dos artigos 103.° e seguintes – que nos fornecem exemplos do que possa ou deva ser o respectivo papel na concretização dos princípios fundamentais da organização económico-social:

i) Na alínea *b)* do artigo 81.°, a incumbência prioritária do Estado de "Promover a justiça social, assegurar a igualdade de oportunidades e operar as necessárias correcções das desigualdades na distribuição da riqueza e do rendimento, *nomeadamente através da política fiscal*"[2104];

ii) No n.° 2 do artigo 85.°, a estatuição de que a "lei definirá *os benefícios fiscais* e financeiros das cooperativas, bem como condições mais favoráveis à obtenção de crédito e auxílio técnico"[2105];

iii) No artigo 95.°, a determinação de que "o Estado promoverá, nos termos da lei, o redimensionamento das unidades de exploração agrícola com dimensão inferior à adequada do ponto de vista dos objectivos da política agrícola, nomeadamente através de incentivos jurídicos, *fiscais* e creditícios à sua integração estrutural ou meramente económica, designadamente cooperativa, ou por recurso a medidas de emparcelamento"[2106].

[2103] Cfr. o comentário respectivo, *passim*.
[2104] Cfr. anotação ao artigo 81.°, I, § 2.°, 2.2. Associando a alínea *b)* do artigo 81.° ao disposto no artigo 90.°, e ao n.° 1 deste artigo 103.° da CRP, cfr. JORGE MIRANDA, *Pensões no sector bancário e direito à segurança social (Parecer)*, in JC, n.° 7, Julho-Setembro, 2005, p. 12.
[2105] Cfr. anotação ao artigo 85.°, I, § 2.°, 2.2.
[2106] Cfr. anotação ao artigo 95.°, I, § 2.° e § 3.°.

Se recuarmos à Parte I da CRP, vamos igualmente encontrar – curiosamente apenas entre os direitos e deveres económicos, sociais e culturais – referências à fiscalidade, em momentos cuja ligação umbilical à Constituição económica se expressa de forma mais ou menos imediata. É o caso:

i) Da alínea *h)* do n.° 2 do artigo 66.°, que estabelece a incumbência do Estado, no domínio do ambiente e qualidade de vida, de "Assegurar que a *política fiscal* compatibilize desenvolvimento com protecção do ambiente e qualidade de vida"[2107];

ii) Da alínea *f)* do n.° 2 do artigo 67.°, que, para a protecção da família, incumbe o Estado de "Regular os *impostos* e os benefícios sociais, de harmonia com os encargos familiares".

Os enunciados são apenas exemplos expressos no texto constitucional. Mas – e sem curar para já de modo próprio das finalidades do sistema fiscal conforme são apontadas no n.° 1 do artigo 103.° – não custa descobrir outras e múltiplas relações do sistema fiscal com, desde logo, os princípios fundamentais da organização económico-social (artigo 80.°) e com o elenco de incumbências prioritárias do Estado (artigo 81.°). Podemos enunciar algumas a título também meramente exemplificativo:

i) O sistema fiscal encerra uma manifestação essencial da subordinação do poder económico ao poder político democrático (alínea *a)* do artigo 80.°), designadamente, tomando as funções gerais dos impostos, e em particular da tributação das empresas (n.° 2 do artigo 104.°), no que diz respeito à sustentabilidade do Estado de bem-estar (o que convoca ainda os princípios não expressos do desenvolvimento económico-social e da garantia dos direitos fundamentais)[2108];

ii) A coexistência dos diversos sectores de propriedade dos meios de produção (alínea *b)* do artigo 80.°), nos termos em que a CRP a conforma[2109], depende do sistema fiscal: ao nível do sector cooperativo e social, através do estatuto de especial favor que a CRP

[2107] Veja-se, designadamente, o que dissemos a propósito do princípio de propriedade pública dos recursos naturais (alínea *d)* do artigo 80.°), e das incumbências prioritárias do Estado constantes das alíneas *m)* e *n)* do artigo 81.°.

[2108] Cfr. anotação ao artigo 80.°, I, § 1.°, 1.3.

[2109] Cfr. anotação o artigo 80.°, I, § 2.°, 2.2., e anotação ao artigo 82.°, I, § 5.°.

concede às cooperativas (artigo 85.°); entre o sector público e o sector privado, pela necessidade de um regime fiscal tendencialmente semelhante para empresas públicas e empresas privadas sob pena de distorção do respectivo posicionamento no mercado;

iii) A *efectiva* liberdade de iniciativa e de organização empresarial no âmbito de uma economia mista (alínea *c)* do artigo 80.°), implica a arquitectura de um sistema fiscal que não atrofie, antes favoreça, o *exercício* dessa mesma liberdade, o que significa que o sistema fiscal se subordina ao regime económico valorativa e principiologicamente previsto na CRP[2110].

Semelhante exercício se pode levar a cabo, como dizíamos, a propósito das incumbências prioritárias do Estado, na respectiva autonomização em relação aos referidos princípios fundamentais. Além do disposto na alínea *b)* do artigo 81.°, a que já nos referimos *supra*, não pode deixar de considerar-se o sistema fiscal como um elemento essencial para a promoção do "aumento do bem-estar social e económico e da qualidade de vida das pessoas, em especial das mais desfavorecidas, no quadro de uma estratégia de desenvolvimento sustentável" (alínea *a)* do artigo 81.°)[2111]. Note-se, mais uma vez, que não está de momento em causa a conformação constitucional do sistema fiscal, como sistema *dos impostos*[2112], nem ainda a distinção entre as finalidades que a CRP atribui ao sistema fiscal no n.° 1 do artigo 103.°[2113]. Ainda que possa isolar-se a "satisfação das necessidades financeiras do Estado e outras entidades públicas" e a "repartição justa dos rendimentos e da riqueza" para a distinção entre *fiscalidade* e *extrafiscalidade*, do que não pode duvidar-se é que ambas as categorias de finalidades enunciadas têm por objectivo último o bem-estar, na conformação que lhe é dada pelos direitos fundamentais e respectiva consideração ao nível da Constituição económica[2114].

[2110] Cfr. anotação ao artigo 80.°, I, § 2.°, 2.3. Acentuando a relação entre sistema fiscal e liberdade económica, cfr. José Casalta Nabais, *Estado Fiscal, Cidadania Fiscal e Alguns dos Seus Problemas*, in *Estudos de Direito Fiscal*, Coimbra, 2005, pp. 54 ss.; *O Dever Fundamental ...*, pp. 204 ss.

[2111] Cfr. anotação ao artigo 81.°, I, § 2.°, 2.1.

[2112] Cfr. *infra*, I, § 2.°.

[2113] Cfr. *infra*, I, § 1.°, 1.4.

[2114] Em termos claros, afirmavam J. J. Gomes Canotilho e Vital Moreira que "A ideia fundamental que preside à constituição fiscal está de acordo com os princípios gerais

Este aspecto – da integração do sistema fiscal na Constituição económica – vem sendo algo esquecido, o que em boa parte fica a dever-se ao conteúdo da jurisprudência constitucional sobre a matéria, que mais se tem debruçado sobre as vertentes formais ou orgânicas do princípio da legalidade tributária, do que sobre os princípios materiais que o enformam[2115].

1.2. Essencialidade jurídico-política do sistema fiscal: a ideia do preço dos direitos fundamentais

Do que vem dizer-se no ponto anterior, resulta a necessidade de considerar uma outra ideia: a de que o sistema fiscal constitui um elemento jurídico-político essencial do Estado, portanto além das estritas finalidades que lhe aponta o n.º 1 do artigo 103.º. Esta essencialidade assenta, ela própria, na ideia de que os impostos são o preço a pagar pelos direitos fundamentais[2116], "o preço a pagar por termos uma comunidade organizada baseada na ideia de liberdade"[2117]. Não se trata aqui, porém, dos direitos fundamentais de cada um ou em sentido subjectivo, mas dos direitos fundamentais em sentido institucional, cujo sistema jurídico-político é o suporte básico do Estado-Colectividade. Como tal, a expressão *preço* não se encontra aqui também ela como contra-prestação em sentido próprio, mas como contrapartida à qual não se associa uma vantagem específica

---

que regem a constituição económica. Trata-se da ideia da promoção da igualdade material (…), com a correlativa exigência da *progressividade* e da generalidade dos impostos (…), no sentido de que há-de pagar proporcionalmente mais quem tem mais. Assim se articula directamente a constituição fiscal com a constituição económica (como parte que é desta)." (cfr. *Fundamentos* …, p. 172). Também JORGE MIRANDA/RUI MEDEIROS (com EDUARDO PAZ FERREIRA), não hesitam em afirmar que "as normas da Constituição fiscal material, tal como se encontram hoje desenhadas, são totalmente conformes à ideia de ordenação económica, tão corrente nos nossos dias." (cfr. *Constituição* …, II, p. 217).

[2115] Sobre esta problemática, cfr. JOSÉ MANUEL CARDOSO DA COSTA, *O enquadramento constitucional do Direito dos impostos em Portugal: a jurisprudência do Tribunal Constitucional*, in *Perspectivas Constitucionais*, II, org. JORGE MIRANDA, Coimbra, 1997, pp. 397 ss.; JOSÉ CASALTA NABAIS, *Jurisprudência do Tribunal Constitucional em Matéria Fiscal*, in *Estudos de Direito Fiscal*, Coimbra, 2005, pp. 435 ss.

[2116] Cfr. por todos JOSÉ CASALTA NABAIS, *O Dever Fundamental* …, em especial pp. 233 ss.

[2117] Cfr. JOSÉ CASALTA NABAIS, *A Face Oculta dos Direitos Fundamentais: Os Deveres e os Custos dos Direitos*, in *Estudos de Direito Fiscal*, Coimbra, 2005, p. 35.

(aliás, como se sabe, um elemento essencial para a distinção entre a figura do imposto e outros tributos, designadamente as taxas).

Se esta ideia vem sendo utilizada para mostrar a preferência por um *Estado fiscal* face a um *Estado tributário*[2118], ela descobre-se também com peso determinante na análise da constitucionalidade dos impostos mas, até ao momento, sem grande intensidade. Com efeito, a ausência de uma relação de bilateralidade entre os impostos e as utilidades públicas que os mesmos visam proporcionar, contrariamente ao que se verifica quanto às taxas, tem conduzido no sentido de afastar princípios materiais da análise da constitucionalidade dos impostos, entregando-os à liberdade política do legislador, tendo por consequência o decréscimo da sua sindicabilidade[2119]. Uma das consequências daquela ausência de bilateralidade, quase epifânica, tem sido o afastamento do princípio da proporcionalidade como padrão da constitucionalidade dos impostos, que fica reservado para as taxas e outros tributos de essência bilateral[2120].

Mas isto corresponde, em bom rigor – e não temos em mente apenas a questão em torno do princípio da proporcionalidade –, à assunção de um défice de materialidade constitucional matricial para o julgamento dos impostos. E que não deixa de ser algo paradoxal, uma vez que debilita – para não dizer que destrói – a possibilidade de aferição da constitucionalidade dos impostos em face daquela que *deve ser* a sua função essencial. Sobre o dogma da separação de poderes, que impede os tribunais – designadamente, o TC – de se imiscuírem na função político-legislativa, erige-se, portanto, uma barreira invisível entre os impostos e a sua função essencial em termos de *dever ser*.

Duvidamos, assim, que não esteja ainda presente na justiça constitucional – neste particular – uma concepção da separação de poderes demasiado arreigada ao liberalismo político, e até sustentada nas impossibilidades técnico-cognitivas da jurisprudência constitucional. Afirmava ANTÓNIO L. SOUSA FRANCO, com lucidez que é de citar, que "Entre factores que podem levar a sentir um sistema como pesado figuram o sentimento de injustiça do sistema fiscal, a falta de consensualidade sobre os objectivos do Estado, o desconhecimento e má informação sobre a política

---

[2118] Cfr. JOSÉ CASALTA NABAIS, *Estado Fiscal* ..., pp. 48 ss.
[2119] Cfr. JOSÉ MANUEL CARDOSO DA COSTA, *O enquadramento* ..., p. 419.
[2120] Cfr. JOSÉ CASALTA NABAIS, *Direito Fiscal*, pp. 20 ss.

fiscal, a sensação de má distribuição das despesas públicas, a má qualidade dos serviços e a ineficácia da Administração, e mesmo factores mais objectivos como o mais baixo rendimento individual disponível ou a insatisfação geral com a sociedade, o Estado ou o Governo"[2121]. Não são, naturalmente, todos eles sequer factores que a jurisprudência constitucional deva ter em conta, ou em termos não jurídicos – como aquela insatisfação. Mas bem ilustram que a criação de impostos e seus elementos essenciais devem ser analisados à luz de princípios constitucionais materiais, onde radica a essência da sua função; designadamente, princípios fundamentais da Constituição económica.

1.3. Continuação: a convocação plena da ideia de justiça política da Constituição material (justiça distributiva e justiça social)

Na senda do que vimos de dizer, assente-se que o sistema fiscal deve coagular uma síntese da ideia de *justiça política*, aqui plenamente convocável. As ideias de justiça distributiva e de justiça social, heranças aristotélico-tomistas definidoras dos ordenamentos jurídicos euro-atlânticos[2122], estão aqui bem presentes. A primeira infere-se da finalidade de repartição justa dos rendimentos e da riqueza (n.º 1 do artigo 103.º), mas não se queda por aí, na medida em que o fim último da satisfação das necessidades financeiras do Estado e outras entidades públicas é *dar a cada um conforme as suas necessidades*: aí está a realização dos direitos fundamentais pela "construção de uma sociedade livre, justa e solidária" (artigo 1.º da CRP). A segunda descobre-se essencialmente no artigo 104.º, do qual pode retirar-se um princípio geral *de cada um conforme as suas possibilidades*, que não é mais do que o critério da capacidade contributiva num contexto de Estado social de Direito, e que entronca naquele mesmo princípio de solidariedade[2123].

Contrariamente ao abandono ou adormecimento destas categorias de justiça no nosso ordenamento constitucional, sustentamos não apenas a

---

[2121] Cfr. *Finanças Públicas* ..., II, p. 175.

[2122] Sobre estas modalidades clássicas de justiça, às quais se acrescenta a justiça comutativa ou sinalagmática, cfr. JOSÉ ADELINO MALTEZ, *Princípios* ..., II, pp. 177 ss.

[2123] Sobre solidariedade no contexto da fiscalidade, cfr. JOSÉ CASALTA NABAIS, *Solidariedade Social* ..., pp. 82 ss.

sua presença como ainda a respectiva essencialidade para atribuir coerência material ao princípio da justiça ínsito no artigo 1.º da CRP e suas refracções[2124]. E são categorias operativas, não apenas ao nível deste preceito inicial do nosso texto constitucional, como da própria Constituição económica em matéria de sistema fiscal. Não só pode afirmar-se que os princípios fundamentais da organização económico-social as supõem e concretizam, como isso mesmo se comprova pela respectiva refracção no elenco de incumbências prioritárias do Estado.

Estas conexões não podem ser esquecidas, na medida em que o sistema fiscal constitui um instrumento privilegiado do *justo político* e, portanto, um dos instrumentos essenciais para a realização do Estado de direito democrático. Adensamos, pois, a necessidade de confrontação dos elementos do sistema fiscal com critérios materiais que expressam as suas finalidades últimas[2125].

1.4. Finalidades do sistema fiscal

Tendo em conta que, além da teleologia que os princípios gerais da CRP importam para a consideração do sistema fiscal, o próprio artigo 103.º lhe fixa finalidades próprias, importa considerá-las, no contexto dos pontos antecedentes.

1.4.1. A satisfação das necessidades financeiras do Estado e outras entidades públicas

A satisfação das necessidades financeiras do Estado e de outras entidades públicas é usualmente apontada como a primeira finalidade dos impostos e, portanto, do sistema fiscal: aqui se apresenta a "regra da natu-

---

[2124] O que pode ainda generalizar-se para outros aspectos da ordem jurídica actual (cfr. algumas reflexões nossas em RUI GUERRA DA FONSECA, *Notas sobre o ensino do Direito Romano*, in RFDUL, Vol. XLIV, n.ºs 1 e 2, 2003, pp. 143 ss.).

[2125] Mais uma vez se recorde a lição de ANTÓNIO L. SOUSA FRANCO: "No plano dos princípios inspiradores de qualquer sistema fiscal, a ideia de justiça fiscal deve de alguma forma ter prioridade sobre qualquer outra; até (que mais não fosse) porque ela condiciona a própria eficiência e rendimento do sistema, na medida em que uma distribuição injusta estimulará a fraude e a evasão fiscais e distorcerá comportamentos." (cfr. *Finanças Públicas ...*, II, p. 177). Isto convoca ainda a consideração do princípio da igualdade, a que se tornará *infra* (cfr. I, § 2.º, 2.4.1).

reza fiscal dos impostos e das normas jurídicas que os disciplinam"[2126]. O que parece resultar, portanto, deste inciso normativo é que a finalidade primeira dos impostos é fazer face às despesas públicas, para o que constituirão a principal receita, embora não a única[2127].

Desde já há que observar que esta finalidade do sistema fiscal, conquanto não estritamente formal, não explica por si só a respectiva função[2128]. É evidente que a despesa pública não é um fim em si mesmo, mas apenas imediato e instrumental em face de outros mais profundos de ordenação justa do Estado-Colectividade que a CRP pretende[2129]. Neste sentido, deve proceder-se com cautela ao afirmar que aqui está a essência da fiscalidade. É que esquecer o estrito imediatismo da satisfação das necessidades financeiras públicas, e que a mesma é simplesmente uma positivação sintética dos fins profundos do sistema fiscal pode conduzir a um resultado interpretativo indesejável, e que já foi aflorado. Traduz-se este na relativização da vinculação do legislador fiscal aos princípios jurídicos estruturantes da República portuguesa e aos princípios fundamentais da organização económico-social, resultante da estranheza à função jurisdicional – nomeadamente, constitucional – da avaliação das necessidades financeiras públicas (bem como da incapacidade técnica dos órgãos jurisdicionais para o efeito).

Quanto à dimensão normativa específica desta finalidade do sistema fiscal, digamos que apesar de a CRP não fazer distinção quanto às entidades públicas que ao lado do Estado possam ver as suas necessidades financeiras satisfeitas pelo sistema fiscal, tal não significa que para o efeito todas as entidades públicas se apresentem aqui em igualdade de circunstâncias. Com efeito, se a inexistência de qualquer distinção expressa se pode justificar pelos fins públicos que quaisquer entidades públicas prosseguem (aí colhendo o sentido do seu estatuto pessoal), existe uma clara

---

[2126] Cfr. JOSÉ CASALTA NABAIS, *A Constituição Fiscal de 1976, Sua Evolução e Seus Desafios*, in *Estudos de Direito Fiscal*, Coimbra, 2005, p. 134.

[2127] A CRP não impõe, assim, que os impostos cubram, todas as necessidades financeiras públicas (cfr. J. J. GOMES CANOTILHO/VITAL MOREIRA, *Constituição* ..., I, p. 1089).

[2128] Ainda que em conjugação com a finalidade subsequente (de que se tratará no ponto seguinte), para o que ANTÓNIO L. SOUSA FRANCO, de certa forma, logo chamou a atenção, ainda na versão originária da Constituição de 1976 (cfr. *Sistema Financeiro* ..., pp. 534 ss.).

[2129] Cfr. *supra*, I, § 1.º, 1.1. a 1.3.

distinção entre as regiões autónomas e as autarquias locais, por um lado, e as restantes entidades públicas fora da administração estadual, por outro. Enquanto as regiões autónomas dispõem de um estatuto tributário próprio constitucionalmente fixado[2130], e as autarquias locais podem dispor de poderes tributários segundo a própria CRP também o possibilita[2131], o mesmo não acontece com outras entidades públicas pertencentes à administração autónoma – como é o caso das associações públicas. Deste modo, se em relação às regiões autónomas e autarquias locais esta finalidade do sistema fiscal, nos termos em que está formulada e em conjugação com outras normas constitucionais que se referirão *infra*, constitui uma verdadeira garantia de satisfação das suas necessidades financeiras (de autonomia, porque não dizê-lo)[2132], implicando que o sistema fiscal seja estruturado também com o objectivo de as satisfazer essencialmente, já em relação às restantes entidades da administração autónoma tal juízo não é possível em geral. O que se compreende dado que os seus fins próprios não são fins gerais mas materialmente particulares em função de interesses específicos de natureza profissional ou outra. Diferentemente será em relação à Administração independente[2133].

A este propósito, ainda um aspecto a referir, e que se prende com a privatização da Administração pública. Neste domínio, a regra deve ser a de que a privatização de entidades públicas – desde logo quando tenham natureza empresarial – implica que a satisfação das correspondentes necessidades financeiras deixe de ser suportada pelo sistema fiscal, uma vez que tal privatização as coloca numa situação de tendencial paridade com as entidades privadas, designadamente num contexto de mercado, o que poderia importar, entre outras consequências, graves distorções do ponto de vista da concorrência.

1.4.2. *A repartição justa dos rendimentos e da riqueza*

O significado da *repartição justa dos rendimentos e da riqueza*, como finalidade do sistema fiscal, não é de apreensão imediata. Está-lhe subja-

---

[2130] Cfr. *infra*, I, § 2.°, 2.2.2.
[2131] Cfr. *infra*, I, § 2.°, 2.2.3.
[2132] Como afirmam J. J. GOMES CANOTILHO e VITAL MOREIRA, "não podendo nem umas nem outras ser «expropriadas» dessas receitas por parte do Estado" (cfr. *Constituição ...*, I, p. 1089).
[2133] Cfr. *infra*, I, § 2.°, 2.2.1.

cente o princípio da igualdade na repartição da carga fiscal[2134], mas não apenas. A expressão do texto constitucional aponta para um sentido mais profundo e consequente.

A repartição que aqui está em causa é dos *rendimentos* e da *riqueza*, que constituem os dois dados económicos fundamentais (que não se confundem totalmente com a incidência real ou objectiva) das categorias de impostos que a CRP trata no artigo 104.º: sobre os rendimentos (n.os 1 e 2) e sobre o património e o consumo (n.os 3 e 4). Ora, *rendimentos* e *riqueza* são dois conceitos imprecisos (mais o segundo que o primeiro), mas que em termos jurídicos se traduzirão em direitos com conteúdo patrimonial. Dado que a CRP parece fazer equivaler *propriedade* a *património*, posto que para efeitos constitucionais parece importar um conceito lato e operativo de direito de propriedade não resumido ao direito real[2135], estaremos, no caso do sistema fiscal também, perante um imperativo de repartição justa *da propriedade*.

Por outro lado, a expressão *repartição* – em lugar de outras que poderiam ser utilizadas como, *v.g.*, *distribuição* – aponta para que não se esteja pura e simplesmente perante um critério disciplinador do momento descendente dos recursos públicos – quando o Estado *dá a cada um segundo as suas necessidades* –, mas antes do próprio momento ascendente – *de cada um segundo as suas possibilidades*.

Ainda, a ideia de que se trata de uma repartição *justa*, e já não *igualitária*, como era na versão original da Constituição de 1976[2136], diminui a autonomia da norma constitucional em causa. Se o *igualitarismo* permite uma abordagem mais aritmética, e portanto valorativamente menos complexa, o critério da *justiça* não sobrevive aqui sem recurso a outras normas que encerram princípios constitucionais estruturantes e que mostram valores fundamentais do Estado de Direito democrático português. Recuando necessariamente ao princípio da dignidade da pessoa humana, torna-se

---

[2134] A que se tornará propriamente *infra*, I, § 2.º, 2.3.1.

[2135] A questão foi já abordada a propósito do artigo 83.º, pelo que se remete para a respectiva anotação (*passim*). Mas recordamos aqui a posição sustentada por MARIA LÚCIA C. A. AMARAL PINTO CORREIA, *Responsabilidade* ..., em especial pp. 536 ss., onde sustenta que o termo propriedade na Constituição deve ser equivalente a *património* (englobando os salários, as acções, as patentes, as marcas, os direitos de autor, os direitos a subsídios estatais e as pensões de reforma – p. 548).

[2136] Cfr. *infra*, III, § 7.º e § 8.º.

necessário avaliar as suas refracções constitucionais para determinar aquele critério do *justo*, o que passa, necessariamente, pelos próprios princípios fundamentais em matéria de organização económica e social.

Por outras palavras, a ideia de *preservação* (e não apenas de distribuição) *patrimonial* que está no inciso constitucional em análise poderia adquirir um significado essencialmente liberal, não fosse uma certa ideia do *justo* que reclama a leitura do preceito em conjugação com a globalidade constitucional.

Só assim se funda neste preceito a progressividade do sistema fiscal como "elemento intrínseco do *Estado social* configurado na Constituição", e que deve preservar-se como característica essencial do sistema, ainda que não presente em todos os impostos[2137].

1.4.3. Perspectiva monista e perspectiva dualista das finalidades do sistema fiscal

A distinção entre as finalidades do sistema fiscal positivadas no n.º 1 do artigo 103.º – a *satisfação entre as necessidades financeiras do Estado e outras entidades públicas*, de um lado, e a *repartição justa dos rendimentos e da riqueza*, por outro – suporta a distinção entre *impostos fiscais* – que visam essencialmente satisfazer aquela primeira finalidade, portanto com o "fim principal ou exclusivo [de] proporcionar receitas" – e *impostos extrafiscais* – mais direccionados para a segunda finalidade, sendo então o seu fim principal "o de intervir na (ou sobre a) sociedade"[2138], ainda que possa falar-se aqui de uma *extrafiscalidade imanente*[2139].

Há, nesta distinção, uma perspectiva que apelidaremos de dualista das finalidades do sistema fiscal. A primeira seria a finalidade primária e

---

[2137] Cfr. J. J. Gomes Canotilho/Vital Moreira, *Constituição* ..., I, p. 1089.

[2138] Cfr. António L. Sousa Franco, *Finanças Públicas* ..., II, p. 169.

[2139] Isto é, aquela "acompanha a generalidade das normas de direito fiscal, sejam estas normas de tributação ou normas de não tributação, a qual se revela quer na presença de efeitos económicos e sociais na generalidade de tais normas fiscais, quer no relevo que o legislador fiscal frequentemente atribui às finalidades extrafiscais como finalidades secundárias ou acessórias dos impostos", por contraste com a extrafiscalidade em sentido próprio, "a utilização dos impostos ou dos benefícios fiscais com o objectivo principal de obtenção de resultados económicos e sociais, portanto, como um instrumento de política económica ou social" (cfr. José Casalta Nabais, *A Constituição Fiscal de 1976* ..., pp. 134-135).

a segunda a finalidade secundária do sistema fiscal. Sem que nos debrucemos por ora sobre a distinção entre fiscalidade e extrafiscalidade – distinção da qual se vêm retirando consequências principais ao nível do princípio da legalidade[2140] –, há que observar que tal dualismo assenta em várias dualidades que estão em crise, por um lado, e num tipo de Estado social que não o está menos, por outro. Para nos concentrarmos apenas neste segundo aspecto, note-se que a desintervenção estadual, no percurso para o Estado regulador, diminuiria, em termos teóricos, as necessidades financeiras daquele, o que seria acompanhado e mesmo incrementado pela crescente privatização da Administração pública e da própria Administração fiscal. A função primária do sistema fiscal estaria, assim, num movimento de decaimento, secundarizando-se. Mas é também sabido que as necessidades financeiras públicas não têm tido diminuição – pelo contrário – o que suscita perplexidade: a função mantém-se primária apesar da secundarização da finalidade. Ora, perante isto, a dificuldade de questionar a constitucionalidade dos impostos fiscais por *desnecessidade* leva a questionar a própria dimensão normativa da norma em causa.

Pode ainda questionar-se a natureza verdadeiramente secundária da *repartição justa dos rendimentos e da riqueza*. É que, como vimos, a dimensão social do sistema fiscal[2141] provém aqui do *justo*, que rege tanto o momento contributivo como o momento do benefício descendente (*a cada um segundo as suas necessidades*), sendo este último que justifica o primeiro ou, por outras palavras, a satisfação das necessidades financeiras do Estado e outras entidades públicas. Perguntamos, portanto, se em lugar daquele dualismo, não estaremos caminhando para um monismo do sistema fiscal, em que mais do que falar em finalidades primárias e secundárias, se justifica tratar de fins imediatos e mediatos, o que aliás parece ser motivado pelo próprio Direito Comunitário.

[2140] Cfr. *infra*, I, § 2.º, 2.1.

[2141] Acentuando o papel do Direito, e em especial do sistema fiscal no âmbito do sistema económico, "como instrumento de distribuição ou redistribuição da riqueza, enquanto mecanismo de dinamização de uma função de protecção social", e sublinhando neste contexto a importância da progressividade do imposto sobre o rendimento pessoal, cfr. PAULO OTERO, *Lições* ..., I, 1.º Tomo, pp. 125 e 162.

1.5. Sob a égide do Direito Comunitário: as políticas europeias relativas à fiscalidade no âmbito da integração económica e monetária, e seus reflexos sobre o sistema fiscal português

Muito embora este aspecto venha a merecer atenção mais detida adiante[2142], deve desde já ter-se presente que as vinculações estabelecidas pelo Direito Comunitário em matéria de sistema fiscal têm, essencialmente, motivações económicas de integração, o que, na sequência do que dissemos no ponto anterior, favorece a consideração do sistema fiscal como parte integrante da Constituição económica, subordinado aos respectivos princípios e à influência que estes sofrem pelo próprio Direito Comunitário. Com efeito, não é preocupação essencial deste a satisfação das necessidades financeiras do Estado e outras entidades públicas, senão na medida em que tal se afigure necessário ao processo de integração europeia.

Neste sentido, pode afirmar-se que a perda de soberania fiscal dos Estados-membros – por ventura, ainda uma das áreas em que tal afectação é menor[2143] – favorece, em termos substanciais, aquela que hoje é apontada como finalidade secundária do sistema fiscal português. É, aliás, sintomático o tratamento sistemático do TCE, no Título VI da Parte III: "As regras comuns relativas à concorrência, à fiscalidade e à aproximação de legislações".

§ 2.º. Conceito e configuração constitucional do sistema fiscal

2.1. O conceito constitucional de sistema fiscal

O que seja o conceito de *sistema fiscal* para efeitos constitucionais é matéria objecto de controvérsia. É questão de enorme relevância prática, desde logo porque com reflexos – entre outros – ao nível da reserva de lei, por conjugação do disposto no artigo 103.º com o disposto na alínea *i)* do n.º 1 do artigo 165.º, que integra na reserva relativa de competência legislativa da AR a *criação de impostos e sistema fiscal e regime geral das taxas e demais contribuições financeiras a favor das entidades públicas.*

[2142] Cfr. *infra*, II, § 5.º.
[2143] Cfr. *infra*, II, § 5.º.

Enquanto para alguns o sistema fiscal é (apenas) o conjunto dos impostos e respectiva articulação[2144], para outros ele abrange ainda outros tributos como, v.g., as taxas[2145].

2.1.1. Os impostos

O sistema fiscal abrange, naturalmente, todos os impostos que ao legislador seja constitucionalmente permitido criar[2146]. Está, pois, em causa a configuração objectivo-material do sistema fiscal, onde devem ter-se por integrados quaisquer institutos jurídicos que, não sendo impostos, sejam elementos cuja função consiste na respectiva articulação ou teleologicamente positivados para o seu funcionamento coerente[2147].

[2144] Designadamente, ANTÓNIO L. SOUSA FRANCO, *Finanças Públicas* ..., pp. 167-168; JOSÉ CASALTA NABAIS, *Direito Fiscal*, pp. 33 ss. A posição de J. J. GOMES CANOTILHO e VITAL MOREIRA é hoje mais clara - no sentido de que o sistema fiscal "é o conjunto dos impostos" (cfr. *Constituição* ..., I, p. 1088) –, tendo os Autores eliminado a referência às "demais figuras tributárias" (cfr. *Constituição* ..., 3.ª Ed., p. 457).

[2145] Neste último sentido se dirigirão NUNO SÁ GOMES, bem como DIOGO LEITE DE CAMPOS e MÓNICA LEITE DE CAMPOS (*apud* JOSÉ CASALTA NABAIS, *Direito Fiscal*, pp. 33 ss.). Cfr. também CARLOS BAPTISTA LOBO, *Reflexões sobre a (necessária) equivalência económica das taxas*, in *Estudos Jurídicos e Económicos em Homenagem ao Prof. Doutor António de Sousa Franco*, I, FDUL, Coimbra, 2006, p. 424.

[2146] Cfr. *infra*, I, § 2.º, 2.3.

[2147] Na jurisprudência constitucional, sobre a noção de *imposto*, e respectiva distinção face à *taxa*, cfr. Ac. TC n.º 256/2005, de 24 de Maio de 2005, http://www.tribunalconstitucional.pt/tc/acordaos/20050256.html (taxas devidas por operações fora de bolsa); Ac. TC n.º 109/2004, de 11 de Fevereiro de 2004, http://www.tribunalconstitucional.pt/tc/acordaos/20040109.html, e Ac. TC n.º 34/2004, de 14 de Janeiro, http://www.tribunalconstitucional.pt/tc/acordaos/20040034.html, e Ac. TC n.º 453/2003, de 14 de Outubro de 2003, http://www.tribunalconstitucional.pt/tc/acordaos/20030453.html, e Ac. TC n.º 437/2003 (cit.), e Ac. TC n.º 346/2001, de 10 de Julho de 2001, http://www.tribunalconstitucional.pt/tc/acordaos/20010346.html, e Ac. TC n.º 32/2000, de 12 de Janeiro de 2000, http://www.tribunalconstitucional.pt/tc/acordaos/20000032.html, e Ac. TC n.º 63/99, de 2 de Fevereiro, http://www.tribunalconstitucional.pt/tc/acordaos/19990063.html, e Ac. TC n.º 558/98, de 29 de Setembro de 1998, http://www.tribunalconstitucional.pt/tc/acordaos/19980558.html, todos relativos a taxas municipais pela afixação de anúncios em propriedade privada, onde o TC sedimentou (embora nem sempre de forma unânime) o entendimento segundo o qual não pode falar-se em taxa quando não haja lugar, em contrapartida, à utilização de um bem semipúblico, "ainda que se esteja perante a eliminação de um obstáculo ao exercício de certa actividade (ou seja, perante uma "licença") (cfr. JOSÉ MANUEL CARDOSO DA COSTA, *Ainda a distinção entre «taxa» e «imposto» na jurisprudên-*

Mas, a nosso ver, o sistema fiscal não se esgota na respectiva configuração objectivo-material, havendo que considerar também a sua confi-

---

cia constitucional, in *Homenagem a José Guilherme Xavier de Basto*, Coimbra, 2006, p. 561. Cfr. ainda Ac. TC n.° 274/2004, de 20 de Abril de 2004, http://www.tribunalconstitucional.pt/tc/acordaos/20040274.html, e Ac. TC 410/2000, de 3 de Outubro de 2000, http://www.tribunalconstitucional.pt/tc/acordaos/20000410.html, e Ac. TC n.° 357/99, de 15 de Junho de 1999, *DR*, II Série, n.° 52, de 2 de Março de 2000, todos relativos a taxas de urbanização. Cfr. ainda Ac. TC n.° 610/2003, de 10 de Dezembro de 2003, http://www.tribunalconstitucional.pt/tc/acordaos/20030610.html (emolumentos notariais), e sobre a mesma matéria, com posição diferente, Ac. TC n.° 115/2002, de 12 de Março de 2002, http://www.tribunalconstitucional.pt/tc/acordaos/20020115.html; Ac. TC n.° 365/2003 (cit.)(taxas pela ocupação de subsolos do domínio público municipal – condutas de transporte de combustíveis); Ac. TC n.° 20/2003 (cit.)(taxas pela ocupação de domínio público municipal – postos de abastecimento de combustíveis); Ac. TC n.° 349/2002, de 15 de Julho de 2002, http://www.tribunalconstitucional.pt/tc/acordaos/20020349.html (taxa de justiça); Ac. TC n.° 22/2000, de 12 de Janeiro de 2000, http://www.tribunalconstitucional.pt/tc/acordaos/20000022.html (tarifa respeitante a lixo industrial); Ac. TC n.° 354/98, de 12 de Maio de 1998, *DR*, II Série, n.° 161, de 15 de Julho de 1998 (contribuições para serviço público de radiodifusão); Ac. TC n.° 1139/96, de 6 de Novembro de 1996, *DR*, II Série, n.° 34, de 10 de Fevereiro de 1997, e da mesma data e com publicação no mesmo local, Ac. TC n.° 1140/96 (tarifas municipais relativas à recolha de lixo); pela Ac. TC n.° 1108/96, de 30 de Outubro de 1996, *DR*, II Série, n.° 294, de 20 de Dezembro de 1996; Ac. TC n.° 183/96, de 14 de Fevereiro de 1996, in *DR*, II Série, n.° 120, de 23 de Maio de 1996 (contribuições para a segurança social); Ac. TC n.° 640/95 (cit.)(portagens na Ponte 25 de Abril); Ac. TC n.° 382/94, de 11 de Maio de 1994, in *DR*, II Série, n.° 208, de 8 de Setembro de 1994 (adicional à taxa de justiça); entre outros, Ac. TC n.° 236/94 (cit.)(Plano Geral de Urbanização da Cidade de Lisboa - estacionamento); Ac. TC n.° 363/92, de 12 de Novembro de 1992, *DR*, II Série, n.° 83, de 8 de Abril de 1992 (contribuições para a segurança social); Ac. TC n.° 159/92, de 5 de Maio de 1992, in BMJ, n.° 417, 1992, pp. 139 ss. (taxa de radiodifusão); Ac. TC n.° 194/92, de 21 de Maio de 1992, *DR*, II Série, n.° 195, de 25 de Agosto de 1992 (direitos niveladores – cfr. também Ac. TC n.° 70/92, de 24 de Fevereiro, *DR*, II Série, n.° 189, de 18 de Agosto de 1992); entre outros, Ac. TC n.° 298/91, de 1 de Julho de 1991, in BMJ, n.° 409, 1991, pp. 37 ss. (taxas para os organismos de coordenação económica); Ac. TC n.° 67/90, de 14 de Março de 1990, *DR*, II Série, n.° 163, de 17 de Julho de 1990; Ac. TC n.° 452/87, de 9 de Dezembro de 1987, *DR*, I Série, n.° 1, de 2 de Janeiro de 1988 (licenciamento de canídeos); Ac. TC n.° 497/89 (cit.)(quotas para a Ordem dos Advogados); Ac. TC n.° 468/89, de 5 de Julho de 1989, *DR*, II Série, n.° 25, de 30 de Janeiro de 1990 (taxa de radiodifusão); Ac. TC n.° 412/89, de 31 de Maio, in *DR*, II Série, n.° 213, de 15 de Setembro de 1989 (taxa de justiça); entre outros, Ac. TC n.° 330/89, de 11 de Abril de 1989, *DR*, II Série, n.° 141, de 22 de Junho de 1989 (taxas moderadoras – Serviço Nacional de Saúde); Ac. TC n.° 76/88, de 7 de Abril de 1988, in *DR*, I Série, n.° 93, de 21 de Abril de 1988 (tarifas de saneamento); Ac. TC n.° 461/87 (cit.); Ac. TC n.° 205/87, de 17 de Junho de 1987, in *DR*, I Série, n.° 150, de 3 de Julho de 1987; Ac.

guração orgânico-subjectiva. Por outras palavras, a Administração fiscal em sentido subjectivo integra também o sistema fiscal, à semelhança do que sucede com o sistema financeiro[2148], aqui entroncando o problema da sua progressiva privatização[2149]. Digamos que é de extrema relevância a consideração desta dimensão do sistema fiscal, na medida, desde logo, em que a estruturação subjectiva da Administração fiscal (onde se compreende a criação de entidades administrativas e respectiva distribuição de atribuições e competências) não pode ser apartada das finalidades que o n.º 1 do artigo 103.º reserva para o sistema fiscal. Com efeito, se o sistema fiscal *visa a satisfação das necessidades financeiras do Estado e outras entidades públicas*, a primeira directriz material que a CRP imporá será a de uma organização do Estado e restantes entidades públicas assente num princípio de necessidade, isto é, apenas haverá que satisfazer tais necessidades *quando elas sejam necessárias*, o que naturalmente não pode consistir numa verificação apenas *a posteriori* da criação de entidades públicas e respectiva distribuição de atribuições e competências, antes sendo um critério material que opera *ex ante*. E assim é porque a instrumentalidade que caracteriza a existência dessas mesmas entidades não permite que, além daquele princípio de necessidade, as necessidades financeiras públicas ponham em causa a *repartição justa dos rendimentos e da riqueza*.

Dir-se-á então que estamos em presença de uma directriz material para toda a Administração e não apenas para a Administração fiscal. Decerto. Mas dado que a Administração fiscal é dotada de atribuições e competências especificamente dirigidas à administração dos impostos, é de todo inaceitável que a sua própria organização não se encontre imedia-

---

TC n.º 82/84, de 18 de Julho de 1994, *DR*, II Série, n.º 26, de 31 de Janeiro de 1985 (quotas para casas do povo – cfr. também Ac. Tc n.º 372/89, de 3 de Maio de 1989, *DR*, II Série, n.º 201, de 1 de Setembro de 1989); Ac. TC n.º 7/84, de 24 de Janeiro de 1984, *DR*, II Série, n.º 102, de 3 de Maio de 1984 (diferenciais de preços); Ac. TC n.º 29/83, de 21 de Dezembro de 1983, *DR*, II Série, n.º 95, de 23 de Abril de 1984 (taxa de radiodifusão). Com análise ou simples referência a boa parte da jurisprudência constitucional aqui citada, cfr. JOSÉ CASALTA NABAIS, *Jurisprudência* ..., pp. 435 ss.; JOSÉ MANUEL CARDOSO DA COSTA, *O enquadramento* ..., pp. 397 ss.; *Ainda a distinção entre «taxa» e «imposto»* ..., pp. 547 ss.

[2148] Cfr. anotação ao artigo 101, I, § 2.º.

[2149] Sobre a privatização da *administração dos impostos*, cfr. JOSÉ CASALTA NABAIS, *A Constituição Fiscal de 1976* ..., pp. 147 ss.

tamente vinculada a tais princípios ou, noutra perspectiva, que essa mesma organização, enquanto tarefa pública, não os prossiga de modo imediato e primário.

Adiantando, este é mais um conteúdo específico da expressão *sistema fiscal* e que o distingue da criação de impostos, para efeitos do disposto na alínea *i)* do n.° 1 do artigo 165.°, no que respeita à conformação da reserva relativa de competência legislativa da AR, designadamente no que toca à privatização da Administração fiscal. Mas deve ser compaginado com a competência exclusiva do Governo: tanto no que respeita à sua própria organização e funcionamento (n.° 2 do artigo 198.°), como há criação em concreto de entidades administrativas, típica da função administrativa que assiste ao Governo e não à AR[2150].

2.1.2. Outros tributos

Como demos nota acima[2151] e é por demais conhecido, é intenso o debate em torno da configuração objectivo-material do sistema fiscal, no sentido de saber se o mesmo integra apenas os impostos ou também outros tributos, designadamente, as taxas. A jurisprudência constitucional já se pronunciou naquele primeiro sentido[2152], mas o debate tem tido em vista, sobretudo, o princípio da legalidade e a reserva de competência legislativa da AR, bem como a relevância do princípio da proporcionalidade em relação a ambas as figuras, imposto e taxa[2153].

Pretendemos apenas pôr em relevo que a exclusão do sistema fiscal de outros tributos que não os impostos não significa, para efeitos constitucionais, a singela irrelevância daquele e seus princípios enformadores para a construção do *sistema tributário* em geral e seus elementos componentes. Conquanto fundamental, a discussão em torno do princípio da legalidade e sua relação com outras figuras tributárias que não os impostos pode implicar – como tantas vezes implica – juízos de (in)constitucionalidade

---

[2150] Sobre esta última problemática, em geral, cfr. JORGE REIS NOVAIS, *Separação de Poderes e Limites da Competência Legislativa da Assembleia da República*, Lisboa, 1997, em especial pp. 39 ss.; PAULO OTERO, *Legalidade* ..., pp. 749 ss.

[2151] Cfr. *supra*, I, § 2.°, 2.1.

[2152] Cfr. Ac. TC n.° 497/89, de 13 de Julho de 1989, *DR*, II Série, n.° 27, de 1 de Fevereiro de 1990.

[2153] Cfr. JOSÉ MANUEL CARDOSO DA COSTA, *O enquadramento* ..., pp. 400 ss.; JOSÉ CASALTA NABAIS, *Jurisprudência* ..., pp. 436 ss.

essencialmente formais, que questionam e resolvem, para usar uma expressão de JOSÉ CASALTA NABAIS, "mais a forma (*lato sensu*) ou a "embalagem" dos impostos do que o seu conteúdo ou *justiça*"[2154].

Tenhamos presente, em primeiro lugar, que assim como o sistema fiscal é parte integrante da Constituição económica e vinculado aos respectivos princípios[2155], assim também acontece com o sistema tributário no seu âmbito mais vasto, na medida em que estão em causa actividades públicas com relevo do ponto de vista do regime económico: caso contrário, difícil seria confrontar o *Estado fiscal* com o *Estado tributário*.

Assim, a proporcionalidade (nas suas várias vertentes) no âmbito dos restantes tributos que não impostos não haverá de consistir apenas no respectivo confronto bilateral com as contraprestações em termos de sinalagmaticidade (onde ela exista, o que nem sempre acontece), mas também com o próprio sistema fiscal. Naturalmente, não será tarefa fácil – senão mesmo impossível, no contexto normal dos processos de fiscalização da constitucionalidade – confrontar um determinado sistema de taxas com o sistema fiscal no seu conjunto. Mas não é nesse tom que o problema se

---

[2154] Cfr. *Jurisprudência* ..., p. 476. Numa passagem adiante, que importa citar, o Autor parece responsabilizar por tais decisões de forma, em boa parte, as entidades ou sujeitos processuais com poder ou legitimidade para suscitar a intervenção do TC em sede de fiscalização da constitucionalidade. Aí afirma que "tendo em conta que as questões que chegam ao TC são necessariamente as que a sociedade levanta, é legítimo interrogarmo-nos: significará este não questionar da justiça dos impostos, tanto para os contribuintes em geral e para as forças sociais (partidos, sindicatos, associações patronais e demais "parceiros sociais") em particular, como para os juristas em geral e para os jusfiscalistas em particular, que os nossos impostos são justos? Ou significará, antes, que, por inércia, anestesia ou resignação, se desistiu de "lutar" por um sistema fiscal (mais) justo? Em suma: reflectirá a jurisprudência do TC, neste domínio, uma situação de justiça fiscal ou a resignação dos cidadãos?" (cfr. p. 476). Partilhamos da reflexão questionante do Autor. Mas alargamos o leque dos sujeitos um pouco mais, tanto às entidades ou órgãos com legitimidade para desencadear processos de fiscalização abstracta da constitucionalidade, como ao próprio TC (que, com variações, em demasia adere ao gosto de tantos tribunais que ainda preferem decisões de forma ou *sobre formas e formalismos* em detrimento de decisões de fundo substancialistas). Neste particular, recorde-se que o TC só pode debruçar-se sobre a constitucionalidade ou a ilegalidade de normas cuja apreciação lhe tenha sido pedida, ou que a decisão recorrida (conforme os casos) tenha aplicado ou a que haja recusado aplicação (consoante se trate, respectivamente, de processos de fiscalização abstracta ou concreta), *mas pode fazê-lo com fundamento na violação de normas ou princípios constitucionais (ou legais) diversos daqueles cuja violação foi invocada* (cfr. n.° 5 do artigo 51.° e artigo 79.°-C, ambos da LTC).

[2155] Cfr. *supra*, I, § 1.°.

coloca, sendo necessário isolar componentes do sistema fiscal. Tomando o caso das autarquias locais, é sabido que uma parte substancial das suas necessidades financeiras é satisfeita através de taxas. Como é sabido também que, nos termos da CRP, é aos impostos que em primeiro lugar cumpre satisfazer essas mesmas necessidades, o que constitui critério para a conformação da carga fiscal a que os cidadãos se encontram sujeitos. Haverá, pois, que perguntar, caso a caso, se o sistema de taxas de determinada autarquia – ou algum dos seus componentes – não constitui uma *duplicação tributária* para os cidadãos, tendo em conta finalidades "não cumpridas" do próprio sistema fiscal. Pois por aí se poderá questionar se não estará em causa uma *repartição justa dos rendimentos e da riqueza* que, podendo não ser finalidade global do sistema tributário, o é de uma sua parte fundamental, o sistema fiscal.

2.1.3. *O problema da parafiscalidade*

Com questões de certa forma semelhantes nos cruzamos no domínio da chamada *parafiscalidade*, composta de tributos que partilham de características dos impostos e das taxas, o que, pela sua natureza, torna duvidosa a respectiva integração no seio do sistema fiscal, apesar da referência a *outras entidades públicas* no n.º 1 do artigo 103.º (que surgiu com a revisão constitucional de 1989[2156]), e vai além das regiões autónomas e das autarquias locais. Estão em causa tributos que "visam financiar certos serviços públicos e certas despesas públicas"[2157].

O entendimento quanto à submissão da parafiscalidade ao princípio da legalidade vem sofrendo variações ao nível doutrinal e jurisprudencial, para o que contribuiram as alterações introduzidas na alínea *i)* do n.º 1 do artigo 165.º da CRP aquando da revisão constitucional de 1997[2158-2159-2160].

[2156] Cfr. *infra*, III, § 7.º e § 8.º.

[2157] Cfr. J. J. GOMES CANOTILHO/VITAL MOREIRA, *Constituição* ..., I, p. 1095. Cfr. ainda J. L. SALDANHA SANCHES, *Manual* ..., pp. 26-27; JOSÉ CASALTA NABAIS, *Direito Fiscal*, pp. 32-33.

[2158] Cfr. a anotação ao artigo 165.º.

[2159] Cfr. J. J. GOMES CANOTILHO/VITAL MOREIRA, *Constituição* ..., 3.ª Ed., p. 460; e *Constituição* ..., I, p. 1095.

[2160] Sobre a parafiscalidade (incluindo a respectiva sujeição a reserva de lei parlamentar), na jurisprudência constitucional, cfr. Ac. TC n.º 1239/96, de 11 de Dezembro de 1996, *DR*, II Série, n.º 23, de 28 de Janeiro de 1997; Ac TC n.º 207/93, de 10 de Março de

Tendo presente e retomando ainda o tipo de argumentos aduzidos nos dois pontos imediatamente antecedentes, note-se que a parafiscalidade tem hoje uma importância fundamental na avaliação constitucional do sistema fiscal (ainda que indirectamente, para quem a não integre neste), o que sucede em boa parte devido à proliferação de entidades administrativas que beneficiam deste tipo de receitas. Pode mesmo dizer-se que a descentralização e a desconcentração (personalizada) administrativas são susceptíveis de alterar a face real e concreta do sistema fiscal. E é aparentemente mais fácil para o juiz constitucional aferir da costitucionalidade de receitas parafiscais – dada a especificidade de fins que as mesmas visam satisfazer – do que fiscais em sentido próprio, dada a generalidade que se contrapõe àquela. Como é também mais fácil analisar, sob essa perspectiva, o sistema tributário dessas entidades, em face das receitas parafiscais de que as mesmas beneficiam.

2.2. *Descentralização e sistema fiscal*

2.2.1. *O sistema fiscal estadual*

O Estado é o primeiro *beneficiário* do chamado *rendimento fiscal*, que, segundo ANTÓNIO L. SOUSA FRANCO, "traduz a medida em que o sistema proporciona ao Estado réditos considerados suficientes para fazer frente a uma parcela significativa (ou à parcela essencial) das despesas públicas e para permitir assim ao Estado cumprir os objectivos que se propõe alcançar nos planos económico, político e sóciocultural"[2161]. Para além da constante análise de rendibilidade de que o sistema fiscal tem que ser objecto em geral[2162], e em especial para a compatibilização e harmonização do sistema estadual com outros subsistemas que apontaremos nos

---

1993, *DR*, I Série, n.º 105, de 6 de Maio de 1993; Ac. TC n.º 387/91, de 22 de Outubro, in *DR*, II Série, n.º 78, de 2 de Abril de 1991. Com análise ou simples referência a boa parte da jurisprudência constitucional aqui citada, cfr. JOSÉ CASALTA NABAIS, *Jurisprudência* ..., pp. 443 ss.; JOSÉ MANUEL CARDOSO DA COSTA, *O enquadramento* ..., pp. 397 ss. Cfr. ainda J. L. SALDANHA SANCHES, *Manual* ..., pp. 26-27.

[2161] Cfr. *Finanças Públicas* ..., II, p. 169.

[2162] E até mesmo para confrontar o *rendimento* com os outros caracteres do sistema fiscal, que, segundo ANTÓNIO L. SOUSA FRANCO, são a *justiça* e a *eficiência fiscal* (cfr. *Finanças Públicas* ..., II, p. 169-170).

pontos seguintes, aqui se suscitam vários problemas, alguns dos quais já tocados em pontos anteriores.

Nesta perspectiva, o que está em causa é, em primeira linha, garantir as necessidades financeiras do Estado, através de impostos estaduais ou de âmbito nacional. Por outras palavras, garantir a autonomia do Estado no plano interno, que se mostra na potencialidade das suas competências decisórias, e mesmo no plano externo (independência).

O problema é, desde logo, que as necessidades financeiras do Estado cada vez equivalem menos a *necessidades de entidades públicas dependentes do Governo*. Registe-se, em primeiro lugar, a crescente privatização da Administração Pública, seja ela meramente formal (do ponto de vista da personalidade jurídica), seja ela substancial (com a atribuição a entidades privadas em sentido próprio da prossecução de tarefas públicas, aliás nem sempre equivalentes às noções clássicas de serviço público). Por outro lado, o crescente número de entidades administrativas independentes, titulares de atribuições públicas que outrora se quedavam na esfera governamental.

A primeira questão que a este propósito se surpreende é a da legitimidade de um sistema fiscal suportador da privatização da Administração Pública ou, se se preferir, do Estado. Até que ponto essa privatização não constitui uma alternativa ao próprio sistema fiscal, é questão que importa equacionar, mesmo ante o carácter parco da Constituição fiscal no estabelecimento de directrizes materiais para o sistema. Se suportar uma Administração privada ou privatizada através do sistema fiscal pode suscitar complexos problemas ao nível do princípio da igualdade – e especificamente da concorrência –, até mesmo tendo em conta *uma repartição justa dos rendimentos e da riqueza*, tal privatização deve importar uma deslocação (quando não mesmo eliminação) de tarefas estaduais, e com isso das necessidades (públicas) a satisfazer.

Por outro lado, a *governamentalização dos impostos* – que a reserva de lei parlamentar não é susceptível de iludir[2163] – não parece coadunada às garantias de independência que as entidades administrativas independentes reclamam, especialmente quando muitas delas prosseguem actividade fiscalizadora, sendo o Estado – o Governo ou entidades dele dependentes – um dos agentes que de perto importa observar.

[2163] Cfr. *infra*, I, § 2.°, 2.3.3.

Mas a este propósito colocam-se ainda outros problemas. Um deles, determinante, prende-se com a reconfiguração das tarefas estaduais, determinada por concepções ideológicas que não importa discutir, por um lado, e pela própria integração internacional, por outro, seja em termos de facto seja em termos jurídicos (aqui tendo primacial importância o Direito Europeu). A lógica *desinterventora* do Estado tenderia a reduzir as suas necessidades financeiras e, neste contexto, legitimamente se perguntaria pela ascensão relativa da finalidade por vezes dita secundária do sistema fiscal: a *repartição justa dos rendimentos e da riqueza*. Mas não parece que seja esta a tendência. Nem tão-pouco que tal se traduza numa harmonização efectiva com os subsistemas fiscais das regiões autónomas e das autarquias locais.

2.2.2. *O subsistema fiscal das regiões autónomas*

De acordo com o disposto na alínea *i)* do n.° 1 do artigo 227.° da CRP, as regiões autónomas exercem poder tributário próprio, *nos termos da lei*, e podem adaptar o sistema fiscal nacional às especificidades regionais, *nos termos de lei quadro* da AR. Dispõem ainda, de acordo com a subsequente alínea *j)* do mesmo preceito, "nos termos dos estatutos e da lei de finanças das regiões autónomas, das receitas fiscais nelas cobradas ou geradas, bem como de uma participação nas receitas tributárias do Estado, estabelecida de acordo com um princípio que assegure a efectiva solidariedade nacional, e de outras receitas que lhes sejam atribuídas e afectá-las às suas despesas".

As situações são distintas: enquanto no primeiro caso está em causa o poder tributário próprio das regiões autónomas, no segundo trata-se apenas da sua capacidade tributária activa[2164]. E se de comum a ambos se encontra a necessária autonomia financeira das regiões autónomas – necessária porque sem ela não existe, em boa verdade, autonomia política –, as questões que se suscitam são diferenciadas.

No que respeita ao poder tributário próprio das regiões autónomas, a grande questão é saber se aquela habilitação constitucional vai no sentido de uma distinção efectiva entre sistemas fiscais – nacional e regional – ou se, pelo contrário, a CRP consagra a existência de um único sistema fiscal

---

[2164] Sobre esta distinção, cfr. JOSÉ CASALTA NABAIS, *Direito Fiscal*, pp. 34 ss. e 57 ss.

no seio do qual se distinguem subsistemas, designadamente o regional. Parece ser esta última a hipótese que recolhe maior consenso, tanto doutrinal quanto jurisprudencial, sem prejuízo de a argumentação (sobretudo jurisprudencial) poder não ser isenta de críticas[2165].

Sem prejuízo do que deve aprofundar-se em torno do disposto na *i)* do n.° 1 do artigo 227.° da CRP, cumpre observar que o artigo 103.° não indicia sequer qualquer distinção no que respeita às finalidades do sistema fiscal pelos subsistemas. Parecendo-nos decisiva a argumentação que parte do princípio da unidade do Estado, inscrito no artigo 6.° da CRP, passando pelo da solidariedade nacional, há que observar que, ao atribuir papel central ao legislador nesta matéria como poder constituído, o próprio texto constitucional nos permite concluir que a *fiscalidade regional* constitui um subsistema e não um sistema fiscal *a se*, designadamente, tomando em conta a generalidade das finalidades apontadas ao sistema fiscal no artigo 103.°. Clarificando: como é bom de ver, a CRP foi propositadamente lacónica e remissiva (para a lei) no que respeita ao poder tributário das regiões autónomas. Com efeito, analisando o texto constitucional, rapidamente se torna evidente que tal poder não é passível de verdadeira delimitação sem recorrer aos *termos da lei* e à *lei quadro* a que a alínea *i)* do n.° 1 do artigo 227.° se refere[2166], actos legislativos esses necessária e imediatamente vinculados à Constituição, nomeadamente, ao disposto no artigo 103.°.

Existe, porém, um reverso. A atribuição constitucional de um poder tributário próprio às regiões autónomas conformado pelo legislador nacional, vincula este último à ponderação da possibilidade de existência de diferenças entre a realidade nacional e a realidade regional – no que consiste, aliás, o fundamento da descentralização político-administrativa regional, nos termos do artigo 225.° da CRP – justificantes, no âmbito do poder tributário próprio destas, de adaptações do sistema fiscal nacional.

[2165] Cfr. GUILHERME W. D'OLIVEIRA MARTINS JR., *Os Poderes Tributários nas Regiões Autónomas: criar ou adaptar, eis a questão ...*, in RFDUL, Vol. XLII, n.° 2, 2001, pp. 1099 ss.

[2166] Sobre este aspecto, e destacando da lei das finanças regionais (ao tempo ainda a Lei n.° 13/98, de 24 de Fevereiro, hoje revogada pela Lei Orgânica 1/2007, de 19 de Fevereiro) os princípios da legalidade, da flexibilidade, da coerência e da suficiência, cfr. JORGE MIRANDA/RUI MEDEIROS (com EDUARDO PAZ FERREIRA), *Constituição* ..., II, pp. 219-220. Veja-se ainda, a este propósito, o trabalho já referido de GUILHERME W. D'OLIVEIRA MARTINS JR., *Os Poderes Tributários* ..., em especial pp. 1109 ss.

Por outras palavras, nasce aqui uma vinculação do legislador nacional que pode desembocar em inconstitucionalidade por omissão (não sendo de afastar liminarmente a possibilidade de inconstitucionalidade por acção) das leis referidas na alínea *i)* do n.º 1 do artigo 227.º, quando as respectivas disposições fiquem aquém do fundamento da própria autonomia regional. Tal tem tanto mais relevo quanto hoje o n.º 2 do artigo 228.º estatui, depois da revisão constitucional de 2004, que perante a "falta de legislação regional própria sobre matéria não reservada à competência dos órgãos de soberania, aplicam-se nas regiões autónomas as normas legais em vigor".

Mas em termos de princípios estruturantes, pode falar-se de unidade do sistema fiscal. Trata-se, em rigor, de uma consequência do princípio da igualdade que se projecta na Constituição fiscal por via dos princípios do desenvolvimento económico-social e da garantia dos direitos fundamentais[2167-2168].

Veja-se ainda o ponto seguinte a propósito do chamado *poder tributário positivo* e *negativo*.

[2167] É, no entanto, de salientar, acompanhando JORGE MIRANDA/RUI MEDEIROS (com EDUARDO PAZ FERREIRA), que "Até agora, as regiões privilegiaram apenas a via do desagravamento fiscal (...)" (cfr. *Constituição* ..., II, p. 220).

[2168] Cfr. *supra*, I, § 1.º, e anotação ao artigo 80.º, I, § 1.º, 1.3. Para diversos exemplos de adaptação do sistema fiscal nacional às regiões autónomas, cfr. J. L. SALDANHA SANCHES, *Manual* ..., pp. 37 ss.; JOSÉ CASALTA NABAIS, *Direito Fiscal*, pp. 34-35. Na jurisprudência constitucional respeitante a esta matéria, e em geral à fiscalidade regional, cfr. Ac. TC n.º 322/89, de 29 de Março de 1989, *DR*, II Série, n.º 140, de 21 de Junho de 1989; Ac. TC n.º 267/87, de 8 de Julho de 1987, *DR*, I Série, 199, de 31 de Agosto de 1987; Ac. TC n.º 209/87, de 25 de Junho de 1987, *DR*, I Série, n.º 155, de 9 de Julho de 1987; Ac. TC n.º 348/86, de 11 de Dezembro de 1986, *DR*, I Série, n.º 7, de 9 de Janeiro de 1987; Ac. TC n.º 141/85, de 25 de Julho de 1985, *DR*, II Série, n.º 198, de 29 de Agosto de 1985; Ac. TC n.º 42/85, de 12 de Março de 1985, *DR*, I Série, n.º 80, de 6 de Abril de 1985; Ac. TC n.º 91/84, de 29 de Agosto, *DR*, I Série, n.º 232, de 6 de Outubro de 1984; Ac. TC n.º 66/84, de 3 de Julho de 1984, *DR*, II Série, n.º 184, de 9 de Agosto de 1984; Ac. TC n.º 11/83, de 12 de Outubro de 1983, in *DR*, I Série, n.º 242, de 20 de Outubro de 1983. Com análise ou simples referência a boa parte da jurisprudência constitucional aqui citada, cfr. JOSÉ CASALTA NABAIS, *Jurisprudência* ..., pp. 472 ss.; JOSÉ MANUEL CARDOSO DA COSTA, *O enquadramento* ..., pp. 406 ss.; *Ainda a distinção entre «taxa» e «imposto»* ..., pp. 547 ss.

2.2.3. O subsistema fiscal das autarquias locais

Em relação às autarquias locais, a CRP dispõe no n.º 4 do artigo 238.º, apenas e em geral, que as mesmas "podem dispor de poderes tributários, nos casos e nos termos previstos na lei". Em relação ao que dispõe a CRP para as regiões autónomas, fica em dúvida, como assinalam J. J. GOMES CANOTILHO e VITAL MOREIRA, se as autarquias locais "podem ser habilitadas a criar impostos próprios ou, somente, a adaptar os impostos nacionais"[2169], o que não pode deixar de relacionar-se com a inexistência de competência legislativa de qualquer das categorias de autarquias locais.

Mas tendo em mente tais diferenças, e que estamos perante Administração autónoma tanto no caso das regiões autónomas como das autarquias locais, valem aqui, *mutatis mutandis*, considerações do ponto antecedente designadamente no que respeita à interposição legislativa entre a CRP e o exercício do poder tributário próprio das autarquias locais.

Há, no entanto, um aspecto que, do nosso ponto de vista, importa considerar com especialidade, e que não é aliás específico para as autarquias locais, antes tendo aspectos comuns com o poder tributário regional, como salvaguardámos no final do ponto antecedente: prende-se com o chamado *poder tributário positivo* em confronto com o *poder tributário negativo* (isto é, o não exercício do poder tributário próprio, que tem por consequência o agravamento da carga fiscal dos cidadãos das restantes autarquias a nível nacional, ou do continente face aos das regiões autónomas, consoante)[2170].

Não vemos que o poder tributário próprio autónomo possa ter outra classificação jurídico-política, à luz da CRP, que não a de *poder-dever*. Não está em causa uma facultatividade, mas um verdadeiro imperativo de exercício. Esse imperativo projecta a sua força sobre dois sujeitos: o Estado e as próprias autarquias. Quanto a estas últimas, o exercício do seu poder tributário próprio constitui um imperativo constitucional decorrente do seu próprio estatuto de autonomia – já que este não constitui um fim em si mesmo, mas um instrumento ao serviço dos interesses próprios e direitos fundamentais das populações respectivas –, bem como da sua submis-

---

[2169] Cfr. *Constituição* ..., I, p. 1090. Para uma distinção entre poder tributário de *criação* e de *adaptação*, cfr. GUILHERME W. D'OLIVEIRA MARTINS JR., *Os Poderes Tributários* ..., pp. 1089 ss.

[2170] Cfr. JOSÉ CASALTA NABAIS, *Direito Fiscal*, pp. 36 ss.

são directa aos princípios constitucionais da organização económico-social[2171], no âmbito da conformação que seja dada pela lei a esse mesmo poder tributário. Quanto ao Estado, impende sobre o legislador a obrigação de estabelecer a melhor conformação desse mesmo poder tributário próprio de acordo com estatuto de autonomia daquelas entidades, e em parte de forma alternativa (não na totalidade, dado o disposto no artigo 254.° da CRP) face à respectiva mera capacidade tributária activa[2172].

2.3. *Questões relativas aos princípios constitucionais rectores do sistema fiscal*

2.3.1. *O princípio da igualdade*

O princípio da igualdade é um dos princípios constitucionais rectores do sistema fiscal, senão mesmo o princípio material que ocupa o primeiro lugar de entre aqueles[2173]. Com efeito, mesmo além do *elemento justo* ou *de uma certa ideia de justiça* que a CRP projecta a partir do disposto no seu artigo 13.° (e mesmo de outras normas-princípio que o antecedem,

---

[2171] Sobre este aspecto, cfr. anotação o artigo 80.°, I, § 1.°, 1.4., e anotação ao artigo 81.°, I, § 1.°, 1.3.

[2172] Na jurisprudência constitucional, além de outros referidos *supra* (I, § 2.°, 2.1.1.), cfr. Ac. TC n.° 711/2006 (cit.); Ac. TC n.° 358/92, de 11 de Novembro de 1992, in *DR*, I Série, n.° 21, de 26 de Janeiro de 1993 (Orçamento do Estado para 1992). Sobre a jurisprudência constitucional respeitante a esta matéria, cfr. JOSÉ MANUEL CARDOSO DA COSTA, *O enquadramento* ..., pp. 412 ss.; JOSÉ CASALTA NABAIS, *Jurisprudência* ..., pp. 474 ss.; *O Regime das Finanças Locais em Portugal*, in *Estudos de Direito Fiscal*, Coimbra, 2005, pp. 573 ss. Sobre o poder tributário das autarquias locais, cfr. ainda JORGE MIRANDA/RUI MEDEIROS (com EDUARDO PAZ FERREIRA), *Constituição* ..., p. 220 (prefigurando o reforço dos poder tributário autárquico dada a "conveniência de introduzir formas de concorrência fiscal, ainda que mitigada, entre diferentes espaços autárquicos"); J. J. SALDANHA SANCHES, *Manual* ..., pp. 40-41.

[2173] Conforme, aliás, assinalam J. J. GOMES CANOTILHO e VITAL MOREIRA, "Em certo sentido, o constitucionalismo nasceu para estabelecer o princípio da legalidade e da igualdade nos impostos (...)", ocupando estes lugar central no constitucionalismo "a par das garantias penais" (cfr. *Constituição* ..., I, p. 1088). Sobre o princípio da igualdade no domínio dos impostos, cfr., entre tantos, ANTÓNIO L. SOUSA FRANCO, *Finanças Públicas* ..., II, pp. 178 ss.; JOSÉ CASALTA NABAIS, *O Dever Fundamental* ..., pp. 435 ss.; JOSÉ JOAQUIM TEIXEIRA RIBEIRO, *Lições* ..., pp. 260 ss.; J. L. SALDANHA SANCHES, *Manual* ..., em especial pp. 47 ss., e 164 ss.

v.g., artigos 1.º, 2.º e 9.º) sobre as restantes normas, princípios e institutos constitucionais, no sentido de uma coerência interna da Lei Fundamental norteada por essa luz, é afirmação ou constatação corrente na nossa doutrina que a implementação e garantia de uma efectiva igualdade fiscal constitui a melhor forma de evitar tanto a evasão como a elisão fiscais, com isso melhorando a consecução das finalidades do sistema fiscal. E em última análise, portanto, da própria justiça fiscal.

Sucede que a CRP não fornece um critério claro de justiça fiscal – ou, no plural, critérios claros de justiça fiscal – no que respeita ao sistema fiscal propriamente dito. Neste aspecto, bem pode dizer-se, a CRP é fragmentária. Colhem-se, evidentemente, alguns componentes da justiça fiscal material ao longo do texto constitucional, como é o caso da progressividade do imposto sobre o rendimento pessoal (n.º 1 do artigo 104.º[2174]), da consideração da situação jurídica fiscal da família (alínea *f*) do n.º 2 do artigo 67.º), mas, em geral não pode dizer-se que os incisos constitucionais que pretendem considerar o problema da igualdade fiscal o façam com sucesso de clareza e mesmo *sucesso normativo* (como será o caso do disposto no n.º 4 do artigo 104.º[2175]).

Do simples cruzamento entre o disposto nos artigos 13.º e 103.º da CRP não parece possível a construção de uma noção de igualdade fiscal generalizável para todo o sistema. Se a *teoria da igualdade* ao longo do constitucionalismo não é de todo dispensável para a descoberta de coagulações ao nível dos impostos[2176], não é menos verdade que o labor da doutrina em torno dos conceitos de *igualdade horizontal* e *igualdade vertical* tem podido fazer-se com considerável distância face ao texto constitucional. De todo o modo, mesmo onde este é expresso, como por exemplo no que respeita à progressividade do imposto sobre o rendimento pessoal, há *insatisfações* constantes que levam a questionar o modelo[2177].

[2174] Cfr. anotação ao artigo 104.º, I, § 2.º, 2.1.2.
[2175] Cfr. anotação ao artigo 104.º, I, § 2.º, 2.4.
[2176] Veja-se a propósito MARTIM DE ALBUQUERQUE, *Da Igualdade – Introdução à Jurisprudência*, Coimbra, 1993, pp. 45 ss., com referência a vários pareceres da Comissão Constitucional e jurisprudência do Tribunal Constitucional em matéria de impostos. Sobre o princípio da igualdade no âmbito do sistema fiscal, cfr. também BENJAMIM SILVA RODRIGUES, *Proporcionalidade e progressividade no IRS*, in *Estudos em Homenagem ao Conselheiro José Manuel Cardoso da Costa*, Tribunal Constitucional, Coimbra, 2003, pp. 861 ss.
[2177] Sobre esta problemática, cfr. *v.g.*, PAULO DE PITTA E CUNHA, *A Integração Europeia no Dobrar do Século*, Coimbra, 2003, pp. 155 ss.; JOÃO JOSÉ AMARAL TOMAZ, *A*

Naturalmente, não podemos aqui isolar um conceito operativo de igualdade fiscal. Mas salientaremos um aspecto que nos parece de suma importância, sobretudo tendo em conta o que já deixámos dito *supra*: a inclusão sistemática do sistema fiscal no âmbito da Constituição económica[2178].

Se partirmos do disposto no artigo 103.º, veremos que apenas o respectivo n.º 1 contém dimensão normativa pretensamente substantiva no que toca à conformação do sistema fiscal. E prosseguindo na análise reparar-se-á que apenas a sua parte final, apelando a *uma repartição justa dos rendimentos e da riqueza*, se orienta verdadeiramente para a introdução do *elemento justo* no sistema fiscal. Sucede que, como também já se indiciou[2179], não se descortina aí um verdadeiro critério material, mas antes uma espécie de tentativa de *recepção* de outros momentos jurídico-constitucionais. Por outras palavras, excluindo o que possa eventualmente identificar-se no artigo 104.º da CRP a propósito dos (sub)critérios de justiça próprios das várias categorias de impostos aí previstas[2180], a justiça do sistema fiscal parece estar, no que lhe é essencial, materialmente determinante, noutros pontos da CRP

Ora, se a análise do regime dos direitos fundamentais é inexorável, não o é menos – e porventura de modo ainda mais imediato – a dos princípios gerais da organização económico-social, e em particular daqueles que o legislador constituinte escolheu como fundamentais, constantes do artigo 80.º da CRP (ainda que implícitos). Não esqueçamos que a relação jurídica fiscal tem como consequência imediata uma afectação do património do sujeito passivo, portanto do seu direito de propriedade constitucionalmente protegido (artigo 62.º), não o devendo fazer ao arrepio dos princípios da garantia dos direitos económicos, sociais e culturais e do desenvolvimento económico-social[2181], que encontram concretização na positivação, no elenco e conformação, das incumbências prioritárias do Estado no artigo 81.º da CRP. Aí vemos a externalização normativa de vários momentos em que se concretiza o princípio da igualdade, num con-

---

Redescoberta do Imposto Proporcional (Flat Tax), in *Homenagem a José Guilherme Xavier de Basto*, Coimbra, 2006, pp. 351 ss.

[2178] Cfr. I, § 1.º.
[2179] Cfr. *supra*, I, § 1.º.
[2180] Cfr. anotação ao artigo 104.º, *passim*.
[2181] Cfr. anotação ao artigo 80.º, I, § 1.º, 1.3.

texto de Estado de bem-estar[2182]. Mas é justamente esta contextualização que revaloriza o equilíbrio entre ambas as finalidades do sistema fiscal – necessidades financeiras do Estado e outras entidades públicas, e uma justa repartição dos rendimentos e da riqueza: se aquelas necessidades são as de um Estado que é (ainda) *social*, de bem-estar, não é apenas o retorno (em geral) dos impostos sob a forma de despesa pública que cumpre aquele segundo objectivo. Pelo contrário, tomando-se em conta o prescrito na alínea *b)* do artigo 81.º como incumbência prioritária do Estado – "Promover a justiça social, assegurar a igualdade de oportunidades e operar as necessárias correcções das desigualdades na distribuição da riqueza e do rendimento, nomeadamente *através da política fiscal*"[2183] – bem se vê que a repartição justa dos rendimentos e da riqueza é uma finalidade a prosseguir pelo próprio sistema fiscal, isto é, pelos impostos[2184].

Parece, no entanto, evidente que o legislador constitucional, apesar de tudo, pretendeu conceder ao legislador ordinário uma margem mais que considerável para o estabelecimento (ou para o não estabelecimento) de uma malha normativa geral de justiça para o sistema fiscal enquanto tal. Caso contrário, teria certamente sido mais incisivo no próprio texto constitucional. Esta a principal razão, a nosso ver, para que o princípio da legalidade fiscal mereça especiais cuidados[2185].

[2182] Cfr. anotação ao artigo 81.º, I.

[2183] Itálico nosso. Cfr. anotação ao artigo 81.º, I, § 2.º, 2.2.

[2184] O referido hiato ou distância entre o disposto nos artigos 13.º e 103.º da CRP – e que a nosso ver, como dizemos, deve ser preenchido com recurso à normativiade da Constituição económica – está bem presente no Ac. TC n.º 308/2001 (de 3 de Julho de 2001, *DR*, I Série, n.º 269, de 20 de Novembro de 2001), que declarou, "com força obrigatória geral, a inconstitucionalidade da norma da alínea *c)* do n.º 1 do artigo 11.º do Código do IRS, na interpretação segundo a qual nela estão abrangidas as pensões de preço de sangue, previstas no Decreto-Lei n.º 466/99, de 6 de Novembro, por violação do artigo 13.º, combinado com o princípio emergente dos artigos 103.º, n.º 1, e 104.º, n.º 1, da Constituição da República.". É aí evidente a consideração de um elemento patrimonial de ligação entre todas essas normas (que se manifesta, por exemplo, ao colher-se o precedente do Ac. TC n.º 453/97, aí citado, e a distinção entre indemnizações por dano emergente ou lucro cessante para efeitos de tributação), embora não expresso na sua dimensão normativa constitucional na argumentação do TC.

[2185] Veja-se a este propósito a afirmação de ANA PAULA DOURADO, suportada na doutrina alemã, segundo a qual "A autonomia dogmática do Direito Fiscal perante o Direito Administrativo, resulta fundamentalmente das chamadas normas fiscais de repartição (da carga tributária), as quais são juridicamente ordenadas, no Estado de Direito, não

2.3.2. O princípio da legalidade fiscal

2.3.2.1. A tipicidade fiscal

O n.º 2 do artigo 103.º estabelece uma reserva de lei para a criação de impostos, lei essa que "determina a incidência, a taxa, os benefícios fiscais e as garantias dos contribuintes": eis a tipicidade fiscal, identificada com a "reserva material ou conteudística de lei"[2186], cuja "função primordial (ou imediata) será a de ordenar/delimitar a esfera das relações entre poder legislativo e executivo"[2187].

Existem várias tendências doutrinais e jurisprudenciais, tanto no que respeita à classificação dogmática das modalidades ou vertentes daquela reserva de lei, como no que toca às consequências e alcance do disposto no n.º 2 do artigo 103.º[2188]. Fala-se, em primeiro, lugar de uma *reserva de*

---

pela sua finalidade global de obtenção de receitas tributárias, mas por critérios de justiça, ou seja, de capacidade contributiva (...)." (cfr. *O princípio da legalidade fiscal na Constituição portuguesa*, in *Perspectivas Constitucionais*, II, org. Jorge Miranda, Coimbra, 1997, p. 453). Na jurisprudência constitucional, sobre o princípio da igualdade e a capacidade contributiva, cfr. Ac. TC n.º 711/2006, de 29 de Dezembro de 2006, *DR*, II Série, n.º 15, de 22 de Janeiro de 2007; Ac. TC n.º 142/2004, de 10 de Março de 2004, in *DR*, II Série, n.º 92, de 19 de Abril de 2004 (IRS); Ac. TC n.º 26/92, de 15 de Janeiro de 1992, *DR*, II Série, n.º 134, de 11 de Junho de 1992 (rendimentos presumidos). Com análise ou simples referência a boa parte da jurisprudência constitucional aqui citada, cfr. JOSÉ CASALTA NABAIS, *Jurisprudência* ..., pp. 435 ss.; JOSÉ MANUEL CARDOSO DA COSTA, *O enquadramento* ..., pp. 397 ss.; *Ainda a distinção entre «taxa» e «imposto»* ..., pp. 547 ss.

[2186] Cfr. JOSÉ CASALTA NABAIS, *O Dever Fundamental* ..., p. 352 (onde o Autor também se debruça sobre a própria expressão *tipicidade*, em sentido crítico).

[2187] Cfr. ANA PAULA DOURADO, *O princípio da legalidade* ..., p. 441.

[2188] Cfr., entre tantos, ANA PAULA DOURADO, *O princípio da legalidade* ..., pp. 443 ss.; JOSÉ CASALTA NABAIS, *O Dever Fundamental* ..., em especial pp. 345 ss.; J. L. SALDANHA SANCHES, *Manual* ..., pp. 32 ss. Na jurisprudência constitucional, sobre a tipicidade fiscal, cfr. Ac. TC n.º 127/2004, de 3 de Março de 2004, in *DR*, II Série, n.º 86, de 12 de Abril de 2004 (taxa sobre comercialização de produtos de saúde); Ac TC n.º 70/2004, de 28 de Janeiro de 2004, in *DR*, II Série, n.º 107, de 7 de Maio de 2004 (imposto sobre produtos petrolíferos)(veja-se a publicação integral do Acórdão e anotação em SÉRGIO VASQUES/JOÃO TABORDA DA GAMA, *Taxa de imposto, legalidade tributária e produtos petrolíferos*, in JC, n.º 9, Janeiro-Março 2006, pp. 43 ss.; Ac. TC n.º 57/95 (cit.); Ac. TC n.º 358/92 (cit.); Ac. TC n.º 493/94, de 12 de Julho de 1994, *DR*, II Série, n.º 290, de 17 de Dezembro de 1994 (Imposto Profissional – incidência). Com análise ou simples referência a boa parte da jurisprudência constitucional aqui citada, cfr. JOSÉ CASALTA NABAIS, *Jurisprudência* ..., pp. 435 ss.; JOSÉ MANUEL CARDOSO DA COSTA, *O enquadramento* ..., pp. 397 ss.; *Ainda a distinção entre «taxa» e «imposto»* ..., pp. 547 ss.

lei formal parlamentar, que obriga ao cruzamento do disposto naquela norma com o âmbito da alínea *i)* do n.º 1 do artigo 165.º da CRP, no sentido de definir qual a reserva relativa de competência legislativa da AR nesta matéria[2189]. E de uma *reserva de acto legislativo*, a que mais nos importa de momento, determinante da utilização de actos de natureza legislativa para a criação/fixação dos elementos típicos do imposto, com exclusão de actos de outra natureza, mormente típicos da função administrativa, bem como da respectiva extensão ou reserva de densificação total (afastando, pois, a possibilidade de fixação por acto de natureza legislativa apenas dos princípios gerais relativos a cada um daqueles elementos típicos, remetendo-se para acto de outra natureza a sua pormenorização normativa)[2190].

Ora, pressupondo os contributos já existentes para a discussão de tão densa problemática, supomos que é na aptidão garantística do acto de natureza legislativa perante o carácter *fundamental* dos impostos que se situa a *pedra de toque* da reserva de lei em matéria fiscal. Tal carácter *fundamental* dos impostos deve ser visto em duas perspectivas jurídico-constitucionais: na perspectiva do *dever*, para utilizar a expressão celebrizada por JOSÉ CASALTA NABAIS, e na perspectiva da afectação de direitos. Se é certo que os impostos representam um custo dos direitos fundamentais[2191], e daí que se fale no *dever fundamental* de os pagar, não o é menos que tal se consegue à custa de direitos fundamentais, designadamente do direito de propriedade e de outros que a este surgem associados ou perante os quais este assume um carácter instrumental. Assim como o desenvolvimento económico-social, enquanto princípio fundamental da organização económico-social, reclama a existência e pagamento de impostos, a consequente afectação do direito de propriedade produz efeitos sobre a liberdade de iniciativa económica privada e sobre todos os outros direitos fundamentais cuja realização pessoal pressupõe disponibilidade patrimonial.

[2189] Cfr. *infra*, I, § 2.º, 2.3.3.

[2190] A título de exemplo, veja-se a posição de J. J. GOMES CANOTILHO e VITAL MOREIRA segundo a qual "não pode deixar de considerar-se como constitucionalmente controversa a possibilidade de a lei conferir às autoridades administrativas (estaduais, regionais ou locais) a faculdade de fixar dentro de limites legais mais ou menos abertos, por exemplo, as taxas de determinados impostos, por via de regulamento ou de acto administrativo discricionário." (cfr. *Constituição* ..., I, p. 1091).

[2191] Cfr. *supra*, I, § 1.º, em especial 1.2.

Por outras palavras, o carácter fundamental dos impostos encerra um complexo, fino e constante equilíbrio entre direitos fundamentais.

Como notámos no ponto imediatamente antecedente, o princípio da igualdade obriga aqui a uma especial ponderação, já que aquele equilíbrio não lhe pode ser alheio do ponto de vista da validade jurídico-constitucional. Mais: (i) é o princípio da igualdade – *rectius*, por via dele – que se realiza a melhor integração entre a Constituição económica e a restante normatividade constitucional para efeitos fiscais, como vimos; (ii) é na igualdade fiscal que assenta a solidez político-jurídica do sistema fiscal enquanto garantia do próprio Estado de Direito democrático.

Independentemente da carga histórico-jurídica do princípio da reserva de acto legislativo nesta sede, é necessário ter presente que os actos legislativos têm um regime jurídico-constitucional mais garantístico que actos de outra natureza, pelo menos para este efeito tendo em conta a importância do princípio da igualdade e que os interesses subjacentes são interesses gerais. No seio desse regime jurídico-constitucional avultam a sujeição a promulgação presidencial, a fiscalização preventiva da constitucionalidade, e a apreciação parlamentar no caso de decretos-leis (ou de decretos legislativos regionais aprovados sob autorização legislativa da AR – n.º 4 do artigo 227.º da CRP)[2192]. Sobretudo nos dois primeiros casos – promulgação/veto e apreciação preventiva da constitucionalidade – radicam formas preventivas de controlo, respectivamente político e jurídico, essenciais perante a fundamentalidade do imposto. Cada vez menos, diríamos, se apresenta decisivo o efeito heterovinvulativo da legalidade, através da hierarquia entre actos normativos encabeçada pela lei, ante a reconfiguração dessa mesma heterovinculatividade tendencialmente em substituição por uma autovincultividade[2193] (e tenha-se a *função primordial* da tipicidade fiscal apontada *supra*). Consequentemente, é nas garantias oferecidas pelo regime dos vários actos jurídico-constitucionais que importa atentar.

Neste sentido, tendo em conta a essencialidade do princípio da igualdade, inclinamo-nos para concordar com a doutrina que integra na reserva

---

[2192] A apreciação parlamentar de decretos-leis vê a sua importância relativizada, bem entendido, em períodos de governos de maioria absoluta.

[2193] Cfr. PAULO OTERO, *Legalidade* ..., em especial pp. 755 ss., onde o Autor não exclui a existência de leis de autorização legislativa retroactivas "visando convalidar os efeitos de decretos-leis emanados a descoberto (total ou parcialmente) de autorização legislativa" (p. 760).

de acto legislativo todos aqueles elementos do imposto directamente relacionados com a carga tributária (*v.g.*, os chamados elementos de conexão – fonte e residência[2194]), com os benefícios fiscais (pela sua consideração básica ao nível do princípio da igualdade, pois o que não pagam uns pagarão os restantes[2195-2196]), e com as garantias dos contribuintes[2197-2198].

Bem entendido, a chamada necessidade de *praticabilidade* do sistema fiscal conduz a uma certa relativização da reserva de acto legislativo a este nível, convocando a necessária intervenção da Administração fiscal a jusante da lei, seja a nível normativo, seja numa aplicação da solução

---

[2194] Cfr. ANA PAULA DOURADO, *O princípio da legalidade* ..., p. 457.

[2195] Sobre a tipicidade e benefícios fiscais, cfr. Ac. TC n.° 231/92, de 30 de Junho de 1992, *DR*, II Série, n.° 255, de 4 de Novembro; Ac. TC n.° 321/89 (cit.) (benefícios fiscais – cooperativas).

[2196] Em JORGE MIRANDA/RUI MEDEIROS (com EDUARDO PAZ FERREIRA) encontra-se sustentada uma posição segundo a qual a sujeição dos benefícios fiscais a reserva de lei *marca a excepcionalidade dessas formas de apoio* (cfr. *Constituição* ..., II, p. 221). Sobre a relação entre os benefícios fiscais e o princípio da igualdade, cfr. GUILHERME WALDEMAR D'OLIVEIRA MARTINS, *Os Benefícios Fiscais* ..., pp. 23 ss., e pp. 89 ss.

[2197] Na jurisprudência constitucional, sobre as garantias dos contribuintes, cfr. Ac. TC n.° 311/2007, de 16 de Maio de 2007, *DR*, II Série, n.° 125, de 2 de Julho de 2007 (responsabilidade fiscal – garantias dos contribuintes – princípio da legalidade); Ac. TC n.° 602/2005, de 2 de Novembro de 2005, http://w3b.tribunalconstitucional.pt/tc/acordaos/20050602.html (sigilo bancário);Ac. TC n.° 312/92, de 6 de Outubro de 1992, *DR*, II Série, n.° 287, de 14 de Dezembro de 1992; Ac. TC n.° 437/89, de 15 de Junho de 1989, *DR*, II Série, n.° 218, de 21 de Setembro; Ac. TC n.° 114/89, de 12 de Janeiro de 1989, *DR*, II Série, n.° 95, de 24 de Abril de 1989. Com análise ou simples referência a boa parte da jurisprudência constitucional aqui citada, cfr. JOSÉ CASALTA NABAIS, *Jurisprudência* ..., pp. 435 ss.; JOSÉ MANUEL CARDOSO DA COSTA, *O enquadramento* ..., pp. 397 ss.; *Ainda a distinção entre «taxa» e «imposto»* ..., pp. 547 ss. Ainda sobre o sigilo bancário (embora não estivesse em causa a violação do disposto no artigo 103.° da CRP), cfr. ainda Ac. TC n.° 442/2007, de 14 de Agosto de 2007, *DR*, I Série, n.° 175, de 11 de Setembro de 2007, com pronúncia "pela inconstitucionalidade dos n.os 2 e 3 do artigo 69.° e dos n.os 2 e 3 do artigo 110.°, ambos do Código de Procedimento e de Processo Tributário, na redacção dada pelo artigo 3.° do Decreto n.° 139/X da Assembleia da República, por violação dos artigos 2.°, 18.°, n.° 2, 20.°, n.os 1 e 4, 26.°, n.° 1, e 268.°, n.° 4, da Constituição da República Portuguesa".

[2198] Considerando que a *prescrição das obrigações tributárias* se integra "no elemento essencial dos impostos designado por *garantias dos contribuintes* a que alude o n.° 2 do artigo 103.° da Constituição da República Portuguesa", cfr. BENJAMIM SILVA RODRIGUES, *A prescrição no Direito Tributário*, in *Problemas Fundamentais do Direito Tributário*, Lisboa, 1999, p. 265.

legislativa (sem interposição normativa de natureza administrativa) aberta[2199], por exemplo, através de conceitos indeterminados[2200-2201]. O que vimos de dizer *supra* dirige o legislador no sentido da maior densificação legislativa possível – sendo esta possibilidade uma possibilidade jurídica, que obriga a considerar a operatividade do próprio sistema fiscal. Mas que não pode ser conseguida com sacrifício do princípio da igualdade: caso contrário, há lugar a uma *dupla condenação* daquela mesma operatividade.

2.3.2.2. Continuação: o problema da abrangência do princípio da legalidade quanto à liquidação e cobrança de impostos

É tema igualmente controvertido se a liquidação e cobrança de impostos está subordinada ao princípio da reserva de acto legislativo nos mesmos termos em que o estão os elementos típicos do imposto, de acordo com o disposto no n.º 2 do artigo 103.º da CRP (conforme vimos no ponto antecedente)[2202]. Por exemplo, JOSÉ CASALTA NABAIS sustenta resposta negativa para essa questão, afirmando que a expressão *lei* que se encontra no n.º 3 do artigo 103.º (nos termos da qual deve fazer-se a liquidação e a cobrança) está no sentido de *norma jurídica* e não de acto legislativo[2203]. Já SOARES MARTINEZ considera que ainda aqui se está perante uma reserva de lei parlamentar[2204], enquanto outros Autores

---

[2199] Neste âmbito, a propósito dos preços de transferência, cfr. Ac. TC n.º 252/2005, de 10 de Maio de 2005, *DR*, II Série, n.º 119, de 23 de Junho de 2005 (a publicação integral deste Ac. pode encontrar-se igualmente junto à respectiva anotação de FRANCISCO SOUSA DA CÂMARA/BRUNO SANTIAGO, *Preços de transferência e princípio da legalidade fiscal*, in JC, n.º 11, Julho-Setembro 2006, pp. 19 ss.).

[2200] Sobre este problema, cfr. ANA PAULA DOURADO, *O princípio da legalidade ...*, pp. 463 ss.; JOSÉ CASALTA NABAIS, *O Dever Fundamental ...*, pp. 366 ss.; J. L. SALDANHA SANCHES, *Manual ...*, pp. 33 ss.

[2201] Na jurisprudência constitucional, sobre o recurso a conceitos indeterminados e o princípio da legalidade, cfr. Ac. TC n.º 308/2001, de 3 de Julho de 2001, *DR*, I Série, n.º 269, de 20 de Novembro de 2001; Ac. TC n.º 756/95, de 20 de Dezembro de 1995, *DR*, II Série, n.º 74, de 27 de Março de 1996.

[2202] Na jurisprudência constitucional, cfr. Ac. TC n.º 461/87 (cit.); Ac. TC n.º 205/87 (cit.); Ac. TC n.º 48/84, de 31 de Maio de 1984, *DR*, II Série, n.º 158, de 10 de Julho de 1984.

[2203] Cfr. *O Dever Fundamental ...*, pp. 366-367.

[2204] Cfr. *Direito Fiscal*, p. 107.

como ANA PAULA DOURADO e J. L. SALDANHA SANCHES submetem a liquidação e cobrança dos impostos apenas à reserva de acto legislativo, embora este segundo Autor, aparentemente mais permissivo[2205], e a primeira Autora levando a reserva a um ponto mais exigente quando ainda esteja em causa a "distribuição de encargos e/ou (...) garantias do contribuinte"[2206].

Em última análise, e olhando a posição desta última Autora, parece que o critério continua a ser substancialista, isto é, o que resulta da interpretação conjugada do disposto no n.º 2 do artigo 103.º com outras normas e princípios constitucionais, como temos vindo a analisar nos pontos precedentes.

2.3.3. Segurança jurídica e retroactividade dos impostos

Após a revisão constitucional de 1997[2207], a proibição da retroactividade dos impostos passou a lograr assento constitucional expresso no âmbito do sistema fiscal (n.º 3 do artigo 103.º), quando antes era trabalhada a partir de outros preceitos constitucionais e legais e com contributo decisivo da jurisprudência constitucional e da doutrina[2208]. Não se julgue, porém, que a positivação constitucional da irretroactividade fiscal resolveu todos os problemas que antes se colocavam a propósito, para o que, aliás, a doutrina transversalmente alerta.

A irretroactividade fiscal é uma manifestação do princípio da segurança jurídica ou da protecção da confiança em matéria fiscal (princípio no âmbito do qual pode ainda tentar-se a autonomização do princípio da boa-

---

[2205] Cfr. *Manual* ..., pp. 33-34.
[2206] Cfr. *O princípio da legalidade* ..., p. 474.
[2207] Cfr. *infra*, III, § 7.º e § 8.º.
[2208] Sobre a retroactividade das normas fiscais, cfr. ALEXANDRE SOUSA PINHEIRO/MÁRIO JOÃO BRITO FERNANDES, *Comentário* ..., pp. 247 ss.; JORGE BACELAR GOUVEIA, *A irretroactividade da norma fiscal na Constituição Portuguesa*, in *Perspectivas Constitucionais*, III, org. Jorge Miranda, Coimbra, 1998, pp. 445 ss.; JORGE MIRANDA/RUI MEDEIROS (com EDUARDO PAZ FERREIRA), *Constituição* ..., II, pp. 221-223; JOSÉ CASALTA NABAIS, *O Dever Fundamental* ..., pp. 394 ss.; *Direito Fiscal*, pp. 148 ss.; *Jurisprudência* ..., pp. 466 ss.; J. J. GOMES CANOTILHO/VITAL MOREIRA, *Constituição* ..., I, pp. 1092--1093; J. L. SALDANHA SANCHES, *Manual* ..., pp. 86 ss.; JOSÉ MANUEL CARDOSO DA COSTA, *O enquadramento* ..., pp. 415 ss.; VASCO BRANCO GUIMARÃES, *Retroactividade da Lei Fiscal – Admissibilidade e Limites*, AAFDL, Lisboa, 1993, pp. 13 ss.

-fé, proibitivo do *venire contra factum proprium*[2209]). Fundamentalmente, o que se pretende evitar é a aplicação de uma norma fiscalmente desfavorável para o contribuinte – portanto, que agrava a carga tributária – a factos passados. Mas logo aqui se enfrentavam – e de certa forma continuam a enfrentar-se – problemas relativos ao carácter pretérito daqueles factos, designadamente entre factos localizados ou continuados, o que reclamava a distinção entre as várias categorias de retroactividade, bem como entre impostos de prestação única e impostos de prestação continuada; como se enfrentavam também imbricadas argumentações para a justificação dessa mesma irretroactividade, entre aqueles que a enraizavam ora no princípio da legalidade fiscal, ora no princípio da protecção da confiança no âmbito do Estado de Direito[2210], ora ainda em outras razões que a doutrina amiudadamente foi tratando. Ainda, da aplicação retroactiva de normas fiscais desfavoráveis deve distinguir-se a revogabilidade de normas fiscais favoráveis (benefícios fiscais).

Ora, o afastamento de todo e qualquer tipo de retroactividade por parte da referida norma constitucional não reúne o apoio da generalidade nem da doutrina, nem da jurisprudência, porquanto se identifica a necessidade de compaginar devidamente o interesse privado dos cidadãos com o interesse público que, por vezes, poderá justificar agravamentos fiscais com um certo grau de retroactividade. Embora a retroactividade apelidada de *verdadeira* ou *própria* pareça estar verdadeiramente afastada, já a chamada retroactividade *falsa* ou *imprópria* continua a encontrar um campo de discussão alargado, a propósito, *v.g.*, das leis fiscais interpretativas (que, como se sabe, se integram nas leis interpretadas), da interpretação administrativa de normas fiscais retroactivamente imposta, e da revogabilidade de benefícios fiscais.

Ora, sem que possa aqui fazer-se a revisitação sistemática do problema em causa, nem tão-pouco a exposição das várias posições doutrinárias e jurisprudenciais sobre a matéria[2211], deixamos alguns pontos de

---

[2209] Cfr. José Casalta Nabais, *O Dever Fundamental* ..., pp. 408 ss.

[2210] Além dos referidos *infra*, cfr. Ac. TC n.º 362/2002, de 17 de Setembro de 2002, in *DR*, I Série, n.º 239, de 16 de Outubro de 2002.

[2211] Na jurisprudência constitucional, sobre a irretroactividade fiscal, cfr.Ac. TC n.º 63/2006, de 24 de Janeiro de 2006, in *DR*, II Série, n.º 45, de 3 de Março de 2006 (contribuição especial – valorização de terrenos); Ac. TC n.º 19/2006, de 6 de Janeiro de 2006, http://w3b.tribunalconstitucional.pt/tc/acordaos/20060019.html (deficientes – benefícios

reflexão. A (ir)retroactividade (imprópria) da lei fiscal deve ser olhada no contexto do próprio sistema fiscal, atendendo às suas finalidades e conteúdo principiológico. Admitindo que o disposto no n.º 3 do artigo 103.º da CRP não veda em absoluto esta modalidade de retroactividade, só a devida ponderação ao nível da proporcionalidade a pode salvar com alguma segurança da inconstitucionalidade. Com efeito, é necessário que a medida em causa se justifique ao abrigo das finalidades do sistema fiscal[2212], e que tal constitua uma real concretização do princípio da igualdade neste âmbito[2213]. Mas ainda que se trate de, efectivamente, *repor a igualdade*, não pode deixar de ser atendido o grau de confiança suscitado nos cidadãos e a relevância do mesmo. Afastada a retroactividade em sen-

---

fiscais); Ac. TC n.º 446/2004, de 23 de Junho de 2004, in *DR*, II Série, n.º 6, de 10 de Janeiro de 2005 (IRS); entre outros, Ac. TC n.º 236/94, de 16 de Março de 1994, in *DR*, I Série, n.º 106, de 7 de Maio de 1994 (Regulamento do Plano Geral de Urbanização da Cidade de Lisboa); Ac. TC n.º 410/95, de 28 de Junho de 1995, *DR*, II Série, n.º 265, de 16 de Novembro; Ac. TC n.º 216/90, de 20 de Junho de 1990, in BMJ, n.º 398, 1990, pp. 207 ss.; Ac. TC n.º 468/89, de 5 de Julho de 1989, *DR*, II Série, n.º 25, de 30 de Janeiro de 1990 (taxa de radiodifusão); Ac. TC n.º 409/89 (cit.)(taxa de radiodifusão); Ac. TC n.º 141/85 (cit.); Ac. TC n.º 66/84 (cit.); Ac. TC n.º 11/83 (cit.)(imposto extraordinário sobre rendimentos). Com análise ou simples referência a boa parte da jurisprudência constitucional aqui citada, cfr. JOSÉ CASALTA NABAIS, *Jurisprudência* ..., pp. 435 ss.; JOSÉ MANUEL CARDOSO DA COSTA, *O enquadramento* ..., pp. 397 ss.; *Ainda a distinção entre «taxa» e «imposto»* ..., pp. 547 ss. Veja-se ainda a posição assumida no Ac. TC n.º 353/2005, de 5 de Abril de 2005, *DR*, II Série, n.º 145, de 29 de Julho de 2005, que, a propósito da retroactividade de normas procedimentais, sustentou que "desde que as normas procedimentais ou adjectivas a que é conferido efeito retroactivo ou retrospectivo não impliquem de todo, directa ou indirectamente, uma repercussão nos elementos essenciais do imposto, ou seja, na incidência (objectiva e subjectiva) e na fixação da respectiva taxa, não se vislumbra em que ponto possa ser «tocada» a proibição constitucional em apreço. (...) são realidades diversas a imposição da «reserva de lei» quanto ao estabelecimento das garantias dos contribuintes, a proibição de pagamento de impostos cuja liquidação e cobrança se não faça nos termos da lei (o que identicamente se extrai do «princípio da legalidade fiscal») e a proibição de existência de impostos de natureza retroactiva. [§] Sendo isto assim, haverá de concluir-se que, expressamente, não veda a Lei Fundamental que às regras referentes ao *procedimento* tributário não possa ser conferido carácter retroactivo, ainda que elas incidam sobre as garantias dos contribuintes". Ainda, confrontando a questão da retroactividade nos domínios penal, fiscal e outros, cfr. Ac. TC n.º 302/2006, de 9 de Maio de 2006, *DR*, II Série, n.º 113, de 12 de Junho de 2006.

[2212] Cfr. *supra*, I, § 1.º.
[2213] Cfr. *supra*, I, § 2.º, 2.3.1.

tido próprio, tais ponderações necessitam ainda de ser realizadas, como antes[2214], a propósito da retroactividade imprópria, sem olvidar a inclusão do sistema fiscal no âmbito da Constituição económica, como temos vindo a notar. Mas vejamos ainda o ponto seguinte.

2.3.4. O direito de resistência ao pagamento do imposto inconstitucional

O *direito de resistência fiscal* previsto no n.º 3 do artigo 103.º[2215], com larga tradição na nossa história constitucional[2216], suscita complexos problemas interpretativos. Por exemplo, J. J. GOMES CANOTILHO e VITAL MOREIRA logo observam a sua difícil compatibilização com "o *privilégio da execução prévia*, inerente ao *sistema de administração executiva*"[2217]. Mas outros aspectos merecem referência.

A formulação do preceito em causa afasta a obrigação de pagamento de impostos quando (i) os mesmos não hajam sido criados nos termos da Constituição; (ii) tenham natureza retroactiva; (iii) cuja liquidação e cobrança não tenham lugar nos termos da lei.

Ora, cumpre questionar, desde logo, o verdadeiro significado do afastamento da obrigação de pagar impostos perante as referidas situações. O desvalor jurídico que recai sobre a norma geradora da obrigação fiscal implica a não produção de efeitos daquela, e por consequência que não se verificam os efeitos típicos da obrigação fiscal (caso contrário, a intervenção dos tribunais não seria dispensável). Bem entendido, haverá aqui que atentar em concreto na violação da CRP que esteja em causa, pois como

---

[2214] Cfr. JOSÉ CASALTA NABAIS, *O Dever Fundamental* ..., p. 407-408 e 421.

[2215] Que J. J. GOMES CANOTILHO e VITAL MOREIRA tratam como "uma espécie de *direito de resistência* à imposição de exacções fiscais inconstitucionais ou ilegais", com expressa remissão para o artigo 21.º da CRP (cfr. *Constituição* ..., I, p. 1092). Sobre esta matéria, especificamente, ou em geral sobre o direito de resistência mas com referências ao direito de resistência no domínio fiscal, para além das indicações bibliográficas fornecidas no ponto anterior a propósito da retroactividade fiscal, cfr. MARIA DA ASSUNÇÃO ANDRADE ESTEVES, *A Constitucionalização do Direito de Resistência*, AAFDL, Lisboa, 1989, em especial, pp. 157 ss.; MARIA MARGARIDA CORDEIRO MESQUITA, *Direito de Resistência e Ordem Jurídica Portuguesa*, Cadernos de Ciência e Técnica Fiscal, Lisboa, 1989, pp. 7 ss.; *Direito de Resistência e Ordem Fiscal*, Coimbra, 1996, *passim*.

[2216] Cfr. *infra*, III, § 6.º.

[2217] Cfr. *Constituição* ..., I, p. 1092.

afirma JORGE MIRANDA, está-se aqui perante uma garantia abrangente que "faz que a preterição das regras sobre criação de impostos envolva tanto inconstitucionalidade formal e orgânica quanto material"[2218].

Esta última ideia é justamente suportada pelo primeiro termo de justificação do direito de resistência aqui consagrado – *impostos que não hajam sido criados nos termos da Constituição* –, distinto do segundo termo, mais restrito – *impostos que tenham natureza retroactiva*[2219]. E quanto ao terceiro termo, o problema reconduz-se, enfim, à questão da tipicidade/legalidade fiscal[2220].

O direito de resistência ao pagamento de *impostos que não hajam sido criados nos termos da Constituição* reforça o carácter fundamental daqueles, nos termos já abordados[2221], e mostra um momento de especial

---

[2218] Cfr. *A Competência Legislativa no Domínio dos Impostos e as Chamadas Receitas Parafiscais*, Separata da RFDUL, Lisboa, 1988, p. 12. JORGE MIRANDA rejeita qualificar como inexistentes normas criadoras de impostos que sejam materialmente inconstitucionais (vícios de conteúdo), referindo-se ainda, a propósito da existência (que defende) de limites absolutos à limitação de efeitos da declaração de inconstitucionalidade com força obrigatória geral, "por virtude de princípios fundamentais" – sendo um deles o da igualdade -, à posição de MARIA MARGARIDA CORDEIRO MESQUITA (*Direito de Resistência e Ordem Fiscal*, pp. 177 ss.) que se manifesta contra a restrição de efeitos no domínio fiscal por tal ir contra o princípio da igualdade e o princípio contido no n.º 3 deste artigo 103.º, segundo o qual ninguém pode ser obrigado ao pagamento de impostos inconstitucionais (cfr. *Manual* ..., VI, pp. 92-93 e 270). Cfr., sobre o desvalor dos actos contrários à Constituição, MARCELO REBELO DE SOUSA, *O Valor Jurídico do Acto Inconstitucional*, I, Lisboa, 1988, em especial pp. 144 ss.; J. J. GOMES CANOTILHO, *Direito Constitucional* ..., pp. 952 ss.

[2219] Quanto a este, note-se a construção de JORGE BACELAR GOUVEIA (cfr. *A irretroactividade* ..., p. 488), que afirma que "Na medida em que a regra da irretroactividade fiscal se integra no específico direito de resistência fiscal [atribuindo-lhe uma natureza análoga à dos direitos, liberdades e garantias – cfr. pp. 483 ss.; e em sentido idêntico, JORGE MIRANDA, *Pensões no sector bancário* ..., p. 6; MARCELO REBELO DE SOUSA/JOSÉ DE MELO ALEXANDRINO, *Constituição* ..., p. 214], ao invés do que sucede com as outras normas constitucionais fiscais que respeitam a aspectos não inseridos naquele direito, o efeito vem a ser o da inexistência jurídica das normas que ofendam essa regra constitucional da irretroactividade. É a ilação que se pode retirar da verificação de um direito de resistência, geral ou específico – que por este meio traduz uma maior intensidade na desvalorização do acto, permitindo mesmo o não acatamento da norma fiscal. O sentido da *inconstitucionalidade reforçada* que deriva desta inserção do direito de resistência fiscal possibilita que o contribuinte atingido, perante o desrespeito dos poderes públicos pela norma da irretroactividade, sempre exerça a resistência passiva, primeiro, e a resistência defensiva, depois.".

[2220] Cfr. *supra*, I, § 2.º, 2.3.2.2.

[2221] Cfr. *supra*, I, § 2.º, 2.3.1.

intensidade dos princípios fundamentais da organização económico-
-social, designadamente, dos princípios do desenvolvimento económico-
-social, da garantia dos direitos fundamentais e da subordinação do poder
económico ao poder político democrático[2222]. Não pode aqui deixar de
ter-se presente que o campo operativo primeiro desta norma constitucional
é a Constituição fiscal, em especial nos seus artigos 103.° e 104.°, com a
conformação que lhe é dada pelas finalidades do sistema fiscal e respectivas decorrências[2223]. Mas esta integra-se na Constituição financeira, e esta
na económica, pelo que o apuro principiológico desta última que se projecta em todas as suas normas releva directamente para a definição daqueles *termos da Constituição*[2224].

2.3.5. *Reserva de lei parlamentar e garantia da concretização do princípio da igualdade*

O problema da reserva de lei parlamentar[2225] é um dos mais trabalhados, senão mesmo o mais trabalhado, pela doutrina e jurisprudência
constitucional-fiscal[2226]. Conforme fizemos já notar em pontos antece-

---

[2222] Cfr. anotação ao artigo 80.°, I, § 1.°, em especial 1.3.

[2223] Cfr. todos os pontos antecedentes, tanto do § 1.° como do § 2.°.

[2224] Com relevância para o problema abordado neste ponto, cfr. ainda *infra*, II, § 4.°
e § 5.°. Considerando que deve entender-se "o conceito de criação [de impostos à margem
da Constituição], quer no sentido positivo, por abranger normas de incidência, quer no sentido negativo, no sentido de prever desagravamentos fiscais, derrogatórios ou conformes à
igualdade tributária", cfr. GUILHERME WALDEMAR D'OLIVEIRA MARTINS, *Os Benefícios Fiscais* ..., p. 90.

[2225] JOSÉ CASALTA NABAIS fala a este respeito em *reserva material de lei formal* (cfr.
O Dever Fundamental ..., p. 345).

[2226] Na jurisprudência constitucional, além de muitos outros referidos *supra* (I,
§ 2.°, 2.1.1.), cfr. Ac. TC n.° 68/2007, de 30 de Janeiro de 2007, *DR*, II Série, n.° 45, de 5
de Março de 2007; Ac. TC n.° 711/2006 (cit.); Ac. TC n.° 19/2006 (cit.)(deficientes – benefícios fiscais); Ac. TC n.° 286/2005, de 25 de Maio de 2005, *DR*, II Série, n.° 129, de 7 de
Julho de 2005 (Código de Processo Tributário, aprovado pelo Decreto-Lei n.° 154/91, de
23 de Abril); Ac TC n.° 70/2004 (cit.) (imposto sobre produtos petrolíferos)(veja-se a
publicação integral do Acórdão e anotação em SÉRGIO VASQUES/JOÃO TABORDA DA GAMA,
Taxa de imposto ..., pp. 43 ss.); Ac. TC n.° 127/2004 (cit.) (taxa sobre comercialização de
produtos de saúde); Ac. TC n.° 96/2000, de 16 de Fevereiro de 2000, in *DR*, I Série, n.° 95,
de 17 de Março de 2000 (imposto – taxa); Ac. TC n.° 183/96 (cit.) (imposto – taxa – contribuições para a segurança social); Ac. TC n.° 382/94 (cit.) (imposto – taxa – adicional à
taxa de justiça); entre outros, Ac. TC n.° 236/94 (cit.) (imposto – taxa – estacionamento);

dentes, é no cruzamento do disposto n.º 2 do artigo 103.º com o disposto na alínea *i)* do n.º 1 do artigo 165.º da CRP que se coloca o problema da abrangência desta última, quando entrega à reserva relativa de competência legislativa da AR a *criação de impostos e sistema fiscal*[2227].

Pressupondo o debate que a comunidade jurídica portuguesa de sempre vem desenvolvendo a propósito, diremos que, a nosso ver, a questão não é formal, mas antes radicalmente substancial, dado que subjacente lhe está o problema do princípio da igualdade no âmbito do sistema fiscal – e é o princípio da igualdade na sua dimensão jurídico-política fundamental, como um dos suportes da própria unidade do Estado e, em última instância, necessariamente decorrente da juridificação da dignidade da pessoa humana. Neste sentido, estendemos a nossa concordância às conclusões de JORGE MIRANDA quando afirma que *a lei prevista no n.º 2 do actual artigo 103.º é a lei da AR ou o decreto-lei autorizado nos termos do artigo 168.º*, já depois de considerar que, mais do que a ideia de autotributação[2228] ou uma razão de hierarquia normativa, está em causa "uma necessidade de

---

Ac. TC n.º 159/92 (cit.)(taxa de radiodifusão); Ac. TC n.º 194/92 e Ac. TC n.º 70/92 (cit.)(direitos niveladores); Ac. TC n.º 497/89 (cit.)(quotas para a Ordem dos Advogados); Ac. TC n.º 412/89 (cit.)(imposto – taxa – taxa de justiça); Ac. TC n.º 321/89 (cit.) (benefícios fiscais – cooperativas); Ac. TC n.º 76/88 (cit.)(imposto – taxa – tarifas de saneamento); Ac. TC n.º 461/87 (cit.) (imposto – taxa); Ac. TC n.º 452/87 (cit.)(imposto – taxa – licenciamento de canídeos); Ac. TC n.º 205/87 (cit.)(imposto – taxa); Ac. TC n.º 7/84 (cit.)(imposto – taxa – diferenciais de preços); Ac. TC n.º 29/83 (cit.)(taxa de radiodifusão). Com análise ou simples referência de boa parte da jurisprudência constitucional aqui citada, cfr. JOSÉ CASALTA NABAIS, *Jurisprudência* ..., pp. 435 ss.; JOSÉ MANUEL CARDOSO DA COSTA, *O enquadramento* ..., pp. 397 ss.; *Ainda a distinção entre «taxa» e «imposto»* ..., pp. 547 ss. Cfr. ainda CARLOS BAPTISTA LOBO, *Reflexões* ..., pp. 429 ss.

[2227] Sobre o conceito de *matéria fiscal* para efeitos de autorizações legislativas inseridas no Orçamento, cfr. Ac. TC n.º 183/92, de 20 de Maio de 1992, *DR*, II Série, n.º 216, de 18 de Setembro de 1992; Ac. TC n.º 387/91 (cit.); Ac. TC n.º 414/89, de 7 de Junho de 1989, *DR*, I Série, n.º 150, de 3 de Julho de 1989; Ac. TC n.º 158/88, de 12 de Julho de 1988, *DR*, I Série, n.º 174, de 29 de Julho de 1988; Ac. TC n.º 187/87, de 2 de Junho de 1987, *DR*, I Série, n.º 137, de 17 de Junho de 1987. Cfr. ainda JOSÉ CASALTA NABAIS, *Jurisprudência* ..., pp. 454-455

[2228] Sobre a ideia e problemática da autotributação, cfr. GUILHERME W. D'OLIVEIRA MARTINS, *O princípio da autotributação: perspectivas e evoluções recentes*, in *Estudos Jurídicos e Económicos em Homenagem ao Prof. Doutor António de Sousa Franco*, II, FDUL, Coimbra, 2006, pp. 114 ss.; DIOGO LEITE CAMPOS, *As três fases de princípios fundamentais do Direito Tributário*, in *Revista da Ordem dos Advogados*, 2007, I, Lisboa, pp. 62 ss.

ajustamento entre a restrição aos direitos e aos interesses dos cidadãos e as exigências do interesse geral", tarefa para a qual o "órgão mais idóneo é uma assembleia, por natureza a deliberar publicamente e que, tanto quanto a natureza do regime político o permita, seja plural, aberta à sociedade civil e sintonizada com os diferentes grupos, forças e aspirações socioeconómicas que nela interfiram. Dessa assembleia poderão resultar impostos mais adequados, dotados de maior certeza jurídica e, portanto, mais bem acolhidos pelos contribuintes e mais eficazes"[2229].

A nosso ver, a *criação de impostos* encontra-se, assim, submetida a reserva (relativa) de lei parlamentar naqueles termos e quanto aos elementos referidos no n.º 2 do artigo 103.º da CRP[2230] (o que não nos leva a rejeitar liminarmente uma flexibilização substancial ao nível do conteúdo da lei no que toca, por exemplo, aos benefícios fiscais, nos termos propostos por alguma doutrina[2231]).

Já quanto ao *sistema fiscal*, propriamente dito, manifestámos *supra* a nossa posição no sentido de um alargamento da concepção tradicional para este efeito, por forma a que aí se incluam – e portanto na reserva de lei parlamentar – novas formas de Administração fiscal, sempre observando a exclusividade da competência governamental no que toca à sua própria organização e funcionamento e os limites entre as funções legislativa e administrativa[2232]. Uma concepção ampliativa da reserva relativa de competência legislativa da AR torna-se tanto mais necessária quanto mais profundas e extensas as *mudanças institucionais e económicas*[2233], e deve ser

---

[2229] Cfr. *A Competência Legislativa* ..., pp. 13-14. Ainda sobre a reserva de lei parlamentar (e, no âmbito da distinção entre imposto e taxa para este efeito, sustentando a inconstitucionalidade por omissão de um regime geral das taxas – alínea *i)* do n.º 1 do artigo 165.º da CRP – com relevo crescente em face da também crescente utilização desta figura como forma de financiamento público – portanto, acrescentamos, com efeito erosivo sobre o sistema fiscal), cfr. JORGE MIRANDA/RUI MEDEIROS (com EDUARDO PAZ FERREIRA), *Constituição* ..., II, pp. 217 ss.

[2230] No mesmo sentido, cfr. J. J. GOMES CANOTILHO/VITAL MOREIRA, *Constituição* ..., I, pp. 1091-1092.

[2231] Cfr., *v.g.*, ANA PAULA DOURADO, *O princípio da legalidade* ..., pp. 453 ss.; JOSÉ CASALTA NABAIS, *O Dever Fundamental* ..., p. 347 (e remissão daí constante para momento anterior do mesmo texto).

[2232] Cfr. *supra*, I, § 2.º, 2.1.

[2233] Cfr. JORGE MIRANDA, *A Competência Legislativa* ..., p. 19.

pensada tomando em conta toda a arquitectura constitucional relevante para o sistema fiscal[2234].

§ 3.º. Problemas inerentes à configuração constitucional global do sistema fiscal

3.1. *A exclusão do referendo em matérias fiscais*

Não sendo este o lugar para desenvolver um comentário ao disposto na alínea *b)* do n.º 4 do artigo 115.º da CRP, que exclui do âmbito do referendo as *questões e os actos de conteúdo orçamental, tributário ou financeiro*[2235], não deixaremos de dizer uma palavra a propósito, na medida em que tal se apresenta relevante no que toca a aspectos referidos nos pontos antecedentes.

São conhecidas as posições explicativas de tal exclusão, enraizada mesmo em experiências constitucionais estrangeiras, e que passam, no essencial, pelo afastamento de *populismos fáceis*[2236], muito embora se aceite o referendo sobre questões que impliquem um aumento das despesas públicas[2237].

Ora, na medida em que o referendo constitui um instrumento de democracia semidirecta, de aprofundamento da democracia no âmbito do

---

[2234] Veja-se ainda *infra*, I, § 3.º, *maxime*, 3.1., e II, § 5.º.

[2235] Cfr. a anotação respectiva.

[2236] A expressão é de Jorge Miranda/Rui Medeiros, *Constituição* ..., II, p. 301. Cfr. ainda J. J. Gomes Canotilho/Vital Moreira, *Constituição* ..., 3.ª Ed., p. 534; José Casalta Nabais, *O Dever Fundamental* ..., pp. 422, com posição muito crítica em relação à solução constitucional (pp. 430 ss.). Paulo Otero encontra justificação para o regime da alínea *b)* do n.º 4 do artigo 115.º na consideração de que *nem sempre o Direito deve captar e reproduzir o exacto sentir da sociedade*, dado que "tem sempre de tomar em consideração interesses colectivos, alguns deles dizendo respeito à própria sobrevivência e desenvolvimento da sociedade, cuja ponderação não pode estar dependente da ideia de "consenso social maioritário"" (muito embora o Autor exemplifique com um caso um pouco extremo, que seria o de referendar a *abolição de todos os impostos*)(cfr. *Lições* ..., I, 1.º Tomo, pp. 80-81).

[2237] Neste último sentido, cfr. J. J. Gomes Canotilho/Vital Moreira, *Constituição* ..., 3.ª Ed., p. 534. Estarão em causa propostas de referendo de iniciativa governamental, mas os Autores não se pronunciam sobre a submissão a referendo de questões que impliquem uma diminuição das receitas (no ano económico em curso e também por iniciativa governamental, dado o disposto no n.º 3 do artigo 167.º da CRP).

Estado de Direito[2238], a exclusão do seu âmbito de matérias fundamentais – como o são as questões orçamentais, tributárias e financeiras – deve ser compensada por adequados esquemas de democracia representativa, por forma a que o pluralismo que sempre se deve descobrir (ainda que ténue) por detrás daquela exclusão[2239] não morra com o seu próprio remédio.

Neste sentido, a concepção ampliativa da reserva de lei parlamentar no domínio dos impostos, que advogamos[2240], constitui um contraponto à exclusão do referendo em matéria fiscal, que encontra nesta mesma exclusão mais uma forte razão jurídico-política.

3.2. *Transformação da administração (sentidos subjectivo e objectivo) e a parafiscalidade*

Os últimos anos têm mostrado alterações muito profundas ao nível administrativo, seja em termos subjectivos – estrutura e organização administrativa – seja em termos objectivos – a tarefa administrativa em termos substanciais.

Naquele sentido subjectivo, destaca-se a crescente privatização da Administração Pública (tanto material ou verdadeira como formal ou imprópria), mas igualmente outros fenómenos ligados a novas formas de desconcentração e descentralização administrativa (esta, quando em sentido próprio ou verdadeiro, isto é, personalidade jurídica distinta da do Estado ou de outras entidades de população e território suportada em fins diferentes dos gerais daquele ou destas últimas, nem sempre acompanhada da descentralização financeira correspondente). Ora, as alterações ao nível da subjectividade administrativa importam um olhar diferente sobre as finalidades do próprio sistema fiscal.

Paralelamente, as alterações ao nível da actividade administrativa, no que mais diz directamente respeito à actividade administrativa fiscal, passam por uma participação crescente do contribuinte nos procedimentos de arrecadação de receitas fiscais, o que traz novos desafios ao próprio prin-

---

[2238] Sobre esta problemática, cfr. a análise de J. J. GOMES CANOTILHO, *"Brancosos"* ..., pp. 301 ss.

[2239] E que no domínio referendário pode consistir em evitar a sua própria manipulação, nas teses do *populismo fácil*.

[2240] Cfr. *supra*, I, § 2.º, 2.3.5.

cípio da legalidade/tipicidade fiscal e à concretização do princípio da igualdade neste âmbito.

Dir-se-ia que a descentralização territorial reclamaria um maior peso dos subsectores fiscais regional e autárquico, e que a descentralização institucional favoreceria a parafiscalidade[2241]. E embora não pareça ser esta a dinâmica geral a que se assiste – por diversos factores, entre os quais o quadro geral de uma descentralização territorial administrativa essencialmente formal por carência de descentralização económico-financeira concomitante, e uma ainda débil descentralização institucional porque demasiado dependente do Estado – parece-nos que:

i) As finalidades do sistema fiscal referidas no n.º 1 do artigo 103.º, pela sua generalidade, parecem confundir Estado unitário com Estado centralizado: têm que tomar em conta as diferentes *finalidades dos subsistemas fiscais*, por forma a que o sistema fiscal não seja, ele mesmo, um entrave aos processos de descentralização[2242];

ii) Ademais, e considerando em especial os fenómenos da parafiscalidade associada à descentralização institucional, há que ter presente que, além das questões ligadas ao princípio da legalidade que usualmente preocupam doutrina e jurisprudência[2243], há que acautelar justamente as finalidades dos sistema fiscal ante o avanço da parafiscalidade: dificilmente esta responderá a uma *repartição justa dos rendimentos e da riqueza*, o que implica repensar o papel do próprio Estado quanto a esta finalidade; sendo para isso central considerar o sistema fiscal no âmbito da Constituição económica.

3.3. *Eficiência e eficácia do sistema fiscal*

Na sequência dos pontos antecedentes, relembremos que ANTÓNIO L. SOUSA FRANCO definia a "*eficiência fiscal* como *a medida em que o sis-*

[2241] Ligando a parafiscalidade à descentralização institucional, cfr. JORGE MIRANDA, *A Competência Legislativa* ..., p. 20.

[2242] Na jurisprudência constitucional, veja-se o Ac. TC n.º 711/2006 (cit.) e as respectivas declarações de voto vencido.

[2243] Cfr. JORGE MIRANDA, *A Competência Legislativa* ..., p. 20 ss.; J. J. GOMES CANOTILHO/VITAL MOREIRA, *Constituição* ..., I, p. 1095; JOSÉ CASALTA NABAIS, *Direito Fiscal* ..., pp. 27 ss.; J. L. SALDANHA SANCHES, *Manual* ..., pp. 26-27.

tema fiscal (ou cada uma das suas espécies) *é adequado às finalidades que por ele haveriam de ser prosseguidas*, relativamente à actuação sobre a estrutura económico-social (eficiência política)"[2244]. Variando os critérios dessa mesma eficiência de acordo com o regime económico constitucionalmente consagrado – designadamente, entre liberalismo e intervencionismo estatal –, e tomando o sistema fiscal *no seu conjunto*, no âmbito da política fiscal, e inserida esta na política financeira, a eficiência do sistema fiscal resultaria "da sua capacidade para servir de estabilizador automático da conjuntura, da sua possibilidade de ser o instrumento discricionário e intencional de uma política definida pelo Governo (ou pelos órgãos do Estado), nomeadamente no domínio das reformas de estrutura"[2245].

Ora, em termos jurídico-constitucionais, pode afirmar-se que o(s) critério(s) de eficiência do sistema fiscal resulta dos princípios fundamentais da organização económico-social, consagrados nos artigo 80.º da CRP, e complementados pelas restantes normas da Constituição económica. Neste sentido, se pode falar-se, em termos genéricos, de um princípio de eficiência do sistema fiscal que consiste na aptidão deste para concretizar, *prima facie*, os princípios do desenvolvimento económico-social e da garantia dos direitos fundamentais[2246], não pode esquecer-se que as obrigações do Estado (públicas, num sentido mais lato, considerando as várias entidades que compõem o sistema fiscal, em sentido subjectivo) não são apenas obrigações de meios. Se nem sempre estão em causa – porque não poderiam estar – obrigações de resultado, no sentido que a jus-civilística costuma atribuir, é seguramente uma exigência do artigo 81.º a consecução de resultados que demonstrem aquela eficiência[2247].

Como tal, cremos que é ainda de apelar à ideia de *eficácia* do sistema fiscal, isto é, a consecução de resultados que são eles próprios a concretização da Constituição económica, havendo então que considerar, desde logo, a força normativa do disposto no artigo 81.º[2248].

[2244] Cfr. *Finanças Públicas* ..., II, p. 198.
[2245] Cfr. *Finanças Públicas* ..., II, p. 200.
[2246] Cfr. anotação ao artigo 80.º, I, § 1.º, 1.3.
[2247] Nisto, *v.g.*, se consubstancia a prevalência da *justiça* face à *eficiência*, apontada por JORGE MIRANDA/RUI MEDEIROS (com EDUARDO PAZ FERREIRA), *Constituição* ..., II, p. 215.
[2248] Cfr. a respectiva anotação. É que, utilizando as palavras de LUÍS PEDRO PEREIRA COUTINHO, "Em Estado de Direito, a realização do Direito não pode significar uma subtracção ao Direito, não parecendo que se possa falar em eficiência à sua margem (pretende-

II. DIREITO INTERNACIONAL E EUROPEU

§ 4.º. Direito Internacional

São muito extensos os efeitos do Direito Internacional Fiscal sobre o sistema fiscal português. Independentemente do seu sistema e (extenso) elenco de fontes, e da relação formal estabelecida com a CRP, e tomando ainda em consideração essencialmente o disposto neste artigo 103.º, pode bem dizer-se que as alterações produzidas ao nível da soberania do Estado pelos processos de integração internacional se reflectem profundamente no sistema fiscal[2249], sobretudo no que respeita à suas funções, mas também em face dos restantes aspectos disciplinados pelo disposto no artigo 103.º da CRP.

Embora tenhamos tendência para relativizar a afirmação, concordamos genericamente com J. L. SALDANHA SANCHES quando afirma que o "conceito de soberania fiscal está inteiramente ligado ao conceito de Estado Nação"[2250]. Acrescentaríamos ainda à ideia de *nacionalidade*. Isto é claro quando observamos as finalidades do sistema fiscal referidas no n.º 1 do artigo 103.º, sobretudo na parte relativa a uma repartição justa dos rendimentos e da riqueza, mas também no que respeita à satisfação das necessidades financeiras do Estado e outras entidades públicas, pois que vai aqui pressuposto que o contribuinte será também beneficiário do desempenho do Estado e dessas outras entidades públicas no âmbito das suas atribuições. Ora, sucede que, hoje, por força da mobilidade dos agentes económicos – e por consequência, dos contribuintes – aquela relação é cada vez menos intensa, isto é, nem todos aqueles que contribuem benefi-

---

-se, pelo contrário, que não haja que falar em eficiência à revelia da norma)." (cfr. *As Duas Subtracções. Esboço de uma Reconstrução da Separação entre as funções de Legislar e de Administrar*, in RFDUL, Vol. XLI, n.º 1, 2000, p. 129). Será a esta luz, então, de analisar a questão da dispersão normativa no domínio do Direito Fiscal, bem como a da "lei fiscal demasiado complicada" (cfr. J. L. SALDANHA SANCHES, *Manual* ..., p. 36). Sobre o problema *clareza* enquanto pressuposto da segurança jurídica, e efeitos da respectiva falta ou deficiência, exemplificando com o Direito Fiscal, cfr. PAULO OTERO, *Lições* ..., I, 1.º Tomo, pp. 195 ss.

[2249] Sobre esta problemática, cfr. JOSÉ CASALTA NABAIS, *A Soberania Fiscal no Actual Quadro da Internacionalização, Integração e Globalização Económicas*, in *Estudos de Direito Fiscal*, Coimbra, 2005, pp. 183 ss.

[2250] Cfr. *Manual* ..., p. 57.

ciarão, nos mesmos moldes gerais, da actividade pública; assim como a justa repartição dos rendimentos e da riqueza não terá comum razão de ser na integralidade do universo dos contribuintes.

Por outro lado, também ao nível do princípio da legalidade o problema se coloca: se pode dizer-se, mais uma vez com J. L. SALDANHA SANCHES, que a "soberania fiscal legislativa vai ser exteriormente limitada pela celebração de acordos (bilaterais) de dupla tributação com outros países"[2251], importa dar mais um passo para constatar a progressiva limitação da autonomia decisória político-legislativa nacional, decorrente não apenas de normas fiscais internacionais, mas de outras relativas a matérias distintas, sobretudo económicas, que limitam reflexamente aquela mesma autonomia. Pode mesmo dizer-se que aqui – como no Direito Europeu[2252] – está o maior perigo para o princípio da reserva de lei parlamentar, pela afectação substancial da autonomia decisória da AR.

Assim, torna-se mais complexa a interpretação do que sejam impostos criados *nos termos da Constituição*, para efeitos do disposto no n.º 3 do artigo 103.º.

Perante esta observação, coloca-se, enfim, o problema do *realismo* do sistema fiscal constitucionalmente previsto e, portanto, da sua verdadeira normatividade. A eficiência e eficácia do sistema fiscal[2253] não encontram na CRP todos os seus parâmetros. Tendo em mente, desde logo, o princípio do desenvolvimento económico-social neste contexto[2254], importa questionar o *lugar do juiz constitucional* na interpretação das finalidades do sistema fiscal: talvez que o espaço de aferição de uma *repartição justa dos rendimentos e da riqueza* já não se confine ao próprio Estado, obrigando à ponderação da realidade jurídico-económico-social de Estados vizinhos e Estados parceiros[2255].

[2251] Cfr. *Manual* ..., p. 58.
[2252] Cfr. o ponto seguinte.
[2253] Cfr. *supra*, I, § 3.º, 3.3.
[2254] Cfr. *supra*, I, § 3.º, 3.3.
[2255] Cfr. RUI GUERRA DA FONSECA, *Estado, soberania e integração: reflexos dos processos de integração sobre o constitucionalismo*, in *Revista Fórum de Direito Tributário*, Belo Horizonte, Ano 4, n.º 21, Maio/Jun. 2006, *maxime*, pp. 72 ss.

§ 5.º. Direito Europeu

Sem prejuízo de múltiplas outras normas espalhadas pelo texto do TCE que dizem respeito à fiscalidade, ou que apresentam relevância fiscal ainda que indirecta, é na Parte III daquele ("As políticas da Comunidade"), incluído no respectivo Título VI ("As regras comuns relativas à concorrência, à fiscalidade e à aproximação das legislações"), que se depara com o Capítulo II, que concentra de forma sistemática no Tratado as "Disposições fiscais" (artigos 90.º a 93.º).

Segundo o artigo 90.º do TCE, "Nenhum Estado-Membro fará incidir, directa ou indirectamente, sobre os produtos dos outros Estados-Membros imposições internas, qualquer que seja a sua natureza, superiores às que incidam, directa ou indirectamente, sobre produtos nacionais similares"; assim como "nenhum Estado-Membro fará incidir sobre os produtos dos outros Estados-Membros imposições internas de modo a proteger indirectamente outras produções". Esta norma pretende apresentar a essência substantiva do papel da fiscalidade no âmbito europeu, e é, de certa forma, desenvolvida pelo disposto nos subsequentes artigos 91.º e 92.º. Mas aquela pretensa essência não fica compreendida sem o elemento formal relativo ao processo decisório, onde ainda vigora[2256] a regra da unanimidade: dispõe o artigo 93.º do TCE que "O Conselho, deliberando por unanimidade, sob proposta da Comissão, e após consulta do Parlamento Europeu e do Comité Económico e Social, adopta as disposições relacionadas com a harmonização das legislações relativas aos impostos sobre o volume de negócios, aos impostos especiais de consumo e a outros impostos indirectos, na medida em que essa harmonização seja necessária para assegurar o estabelecimento e o funcionamento do mercado interno no prazo previsto no artigo 14.º".

Torna-se, assim, clara a subordinação da matéria da fiscalidade aos objectivos e princípios constantes do TCE[2257]. Existe, por conseguinte, algum paralelo com o que se passa ao nível da CRP – isto é, a verificação da Constituição fiscal como parte integrante da Constituição económica –, mas esta ligação é aqui, ao nível do Direito Europeu, mais intensa, visto que o TCE assenta todo ele sobre objectivos económicos explícitos

---

[2256] E, presumivelmente, continuará a vigorar.
[2257] Cfr., *maxime*, as anotações ao artigo 80.º, II, § 4.º, e ao artigo 81.º, II, § 4.º.

(embora, como se sabe, esteja em causa, ainda que implicitamente, um verdadeiro processo de integração política e não de mera integração económica).

As influências do Direito Europeu fiscal sobre o sistema fiscal português são muitas, muito complexas, e de grande extensão e profundidade. Alinhemos alguns dos que nos parecem tópicos essenciais a este propósito.

Em primeiro lugar, no que toca às finalidades do sistema fiscal, tal como delineadas no n.º 1 do artigo 103.º da CRP. A participação de Portugal no processo de integração europeia importa, em bom rigor, que as necessidades financeiras a que esta norma se refere já não se confinam ao Estado português e a outras entidades públicas *nacionais* (acrescentaríamos como implícito ao texto constitucional), já que, como alerta J. L. SALDANHA SANCHES, "uma parte das receitas cobradas pelos Estados são receitas da União Europeia"[2258], que visam satisfazer as necessidades de um sistema institucional próprio, com fins próprios, orçamento próprio e autonomia decisória de conteúdo prestacional a favor dos (outros) Estados-membros.

Em segundo lugar, no que respeita a uma repartição justa dos rendimentos e da riqueza. Se no âmbito internacional este problema pode ser menos evidente, apesar de a questão já poder colocar-se com propriedade[2259], parece cada vez menos sustentável que os sistemas fiscais dos vários Estados-membros não adoptem o próprio espaço europeu como delimitação para a aferição daquela justiça comparativa ao nível dos rendimentos e da riqueza que devem propiciar. E isto por duas razões essenciais que nos limitamos a enunciar: (i) a não ser assim está comprometido o projecto europeu nos termos normativizados no artigo 2.º do TCE; (ii) bem como qualquer pretensão de garantia e implementação dos direitos fundamentais a nível europeu, a partir da própria Carta dos Direitos Fundamentais, assente no princípio da igualdade. E isto para não abordar já a temática – que longe nos levaria – da cidadania europeia.

No que toca ao princípio da legalidade/tipicidade fiscal, as influências não são menores. Não só a expressão *lei* a que se refere o n.º 2 do artigo 103.º já não pode identificar-se apenas com *acto legislativo nacional*, antes tendo que abarcar agora normas de natureza legislativa de pro-

---

[2258] Cfr. *Manual* ..., p. 71.
[2259] Cfr. o ponto anterior.

veniência comunitária, como o respectivo cruzamento com a reserva de lei parlamentar deixa de obedecer aos mesmos parâmetros. Isto por três razões essenciais: (i) porque a posição portuguesa nos processos de decisão comunitária em matéria fiscal, com a sua regra de unanimidade, é uma expressão essencialmente do poder governamental, e, ainda que se assente a necessária transposição de directivas fiscais por lei parlamentar[2260], o seu conteúdo já se encontra à partida condicionado pelo voto do Governo no seio do Conselho[2261]; (ii) e porque a intervenção nestes casos do órgão comunitário de natureza parlamentar, o Parlamento Europeu, é consultiva e não realmente deliberativa, o que constitui um claro afastamento em relação à justificação habitual da reserva de lei parlamentar em matéria fiscal, conduzindo a que se fale a este respeito em *"european taxation without european representation"*[2262]; (iii) porque as resistências das soberanias estaduais a uma hamornização fiscal positiva têm justificado a tarefa de harmonização negativa desenvolvida pelo Tribunal de Justiça das Comunidades, o que ignora as especificidades dos sistemas fiscais nacionais[2263]. Não custa também verificar que, neste contexto, todas as dúvidas são legítimas quanto ao que entender por *impostos que não sejam criados nos termos da Constituição*, para efeitos do disposto no n.º 3 do artigo 103.º[2264].

III. MEMÓRIA CONSTITUCIONAL

§ 6.º. As constituições portuguesas anteriores à Constituição de 1976

Não se encontra preceito semelhante ao actualmente constante do artigo 103.º da CRP nas constituições portuguesa anteriores. São múltiplas

---

[2260] Cfr. J. J. GOMES CANOTILHO/VITAL MOREIRA, *Constituição* ..., I, p. 1092.

[2261] Visto que, embora a AR *deva poder pronunciar-se antes da tomada de decisão no âmbito da UE* (cfr. J. J. GOMES CANOTILHO/VITAL MOREIRA, *Constituição* ..., I, p. 1092), tal não é comum.

[2262] Sobre esta última temática, cfr. JOSÉ CASALTA NABAIS, *A Soberania Fiscal* ..., pp. 198 ss. Referindo-se ao problema do princípio da legalidade a propósito do IVA, cfr. J. L. SALDANHA SANCHES, *Manual* ..., p. 66.

[2263] Cfr. JOSÉ CASALTA NABAIS, *A Soberania Fiscal* ..., pp. 192 ss.

[2264] Cfr. ainda JOSÉ CASALTA NABAIS, *Constituição Europeia e Fiscalidade*, in *Estudos de Direito Fiscal*, Coimbra, 2005, pp. 165 ss.

as referências à fiscalidade que se encontram nos textos constitucionais pretéritos, mas sem que as mesmas produzam uma normativização constitucional consistente de um sistema fiscal, nos termos em que o pretende o artigo 103.º da CRP. Isto não equivale à inexistência de uma Constituição fiscal naqueles textos: algumas das matérias constantes do artigo 103.º da CRP – designadamente, dos seus n.ᵒˢ 2 e 3 – foram sendo objecto de disciplina jurídica fundamental, é certo. Mas não se encontra o estabelecimento de objectivos de um *sistema fiscal* – o que, naturalmente, se deve no período liberal à sua função essencial de suporte financeiro de um Estado funcionalmente mínimo. A Constituição de 1933 é uma excepção: já para além do liberalismo, e apesar da ausência de um preceito realmente paralelo ao constante deste artigo 103.º, é possível reconstruir um sistema fiscal, a partir das suas normas, mesmo em relação com a constituição económica[2265].

A **Constituição de 1822** estabelecia a *contribuição para as despesas do Estado*[2266] como um dos *principais deveres de todo o Português* (artigo 19.º), cabendo às Cortes a fixação anual dos impostos e das despesas públicas (artigo 103.º, IX), além de algumas atribuições das câmaras a este respeito (artigo 223.º). Já nas disposições respeitantes à *Fazenda Nacional* (artigos 224.º e seguintes), fixava-se que "Nenhuma pessoa ou corporação poderá ser isenta das contribuições directas" (artigo 225.º) que, aliás, seriam "proporcionadas às despesas públicas" (artigo 226.º).

A **Carta Constitucional de 1826** não se afastava deste figurino. Destaca-se a iniciativa legislativa privativa da Câmara dos Deputados em matéria de impostos (artigo 35.º, § 1.º). São bastante mais contidas as disposições relativas à *Fazenda Pública* (artigos 136.º a 138.º). Mas entre os direitos (e deveres) fundamentais dos cidadãos, vai ainda que "Ninguém será isento de contribuir para as despesas do Estado, em proporção dos seus haveres" (artigo 145.º, § 14.º). O Acto Adicional de 5 de Julho de 1852 viria a estabelecer que "Os impostos são votados anualmente; as Leis que os estabeleçam obrigam somente por um ano." (artigo 12.º).

A **Constituição de 1838**, na mesma linha essencial do constitucionalismo anterior, inclui entre os direitos e garantias dos cidadãos portugueses norma idêntica à do artigo 145.º, § 14.º da Carta Constitucional – é o artigo 24.º –, bem como a competência das Cortes para votar anualmente

---

[2265] Cfr. anotação ao artigo 80.º, III, § 5.º, e anotação ao artigo 81.º, III, § 5.º.
[2266] Entre as quais se contava a dotação da família real (artigos 133.º ss.).

os impostos (artigo 37.º, XII), de iniciativa reservada à Câmara dos Deputados (artigo 54.º, I). Esta regra de anualidade é reiterada a propósito da *Fazenda Nacional*, no artigo 132.º, que constitui fonte da referida alteração à Carta Constitucional no Acto Adicional de 1852.

A **Constituição de 1911**, em norma que descobre as suas raízes noutras mais gerais de textos constitucionais anteriores, vem estabelecer o *direito de resistência tributária* – hoje constante do n.º 3 do artigo 103.º da CRP –, dispondo que "Ninguém é obrigado a pagar contribuições que não tenha sido votadas pelo Poder Legislativo ou pelos corpos administrativos, legalmente autorizados a lançá-las, e cuja cobrança se não faça pela forma prescrita na lei." (artigo 3.º, § 27.º). Em consonância, fixava-se também a competência do Congresso da República para "votar anualmente os impostos" (artigo 26.º, 3.º), cuja iniciativa legislativa era privativa da Câmara dos Deputados (artigo 23.º, *a)*).

Também a **Constituição de 1933** viria a integrar entre o catálogo de direitos e garantias individuais dos cidadãos o de não pagar impostos que não houvessem sido estabelecidos *de harmonia com a Constituição* (artigo 8.º, 16.º), a par com a obrigação de *contribuir para os encargos públicos, conforme os seus haveres* (artigo 26.º). Mas, como dizíamos *supra*, outras disposições constitucionais se vão agora descobrindo como estruturantes das finalidades de um sistema fiscal, na sequência das incumbências do Estado fixadas no artigo 6.º[2267]. Desde logo, o disposto no artigo 13.º, 3.º, que estabelece que "Em ordem à defesa da família pertence ao Estado e autarquias locais" (...) "Regular os impostos de harmonia com os encargos legítimos da família (...)". Embora as disposições integradas no Título VIII da Parte II ("Da Ordem Económica e Social") não se refiram directamente aos impostos, ao sistema fiscal, a relação entre tais disposições e o já referido artigo 6.º não permitem desligar a *questão fiscal* da constituição económica. Esta perspectiva integrada encontra, aliás, algum acolhimento no disposto no artigo 65.º que, a propósito das "Finanças do Estado" (Título XIV da Parte II) viria estabelecer que "As despesas correspondentes a obrigações legais ou contratuais do Estado ou permanentes por sua natureza ou fins, compreendidos os encargos de juro e amortização da dívida pública, *devem ser tomadas como base da fixação dos impostos e outros rendimentos do Estado*". E adiante, estatuía o artigo 70.º

[2267] Cfr. anotação ao artigo 80.º, III, § 5.º, e anotação ao artigo 81.º, III, § 5.º.

que "A lei fixa os princípios gerais relativos" "Aos impostos" (1.°), e "Às taxas a cobrar no serviços públicos" (2.°). O § 1.° desta mesma norma estabelecia que "Em matéria de impostos a lei determinará: a incidência, a taxa, as isenções a que haja lugar, as reclamações e recursos admitidos em favor do contribuinte.". E o § 2.° que "A cobrança de impostos estabelecidos por tempo indeterminado ou por período certo que ultrapasse uma gerência depende de autorização da Assembleia Nacional."[2268-2269].

Pode, assim, concluir-se que parte das matérias reguladas no artigo 103.° da CRP têm já longa tradição no constitucionalismo português, desde a monarquia liberal ao Estado Novo – essencialmente, no que toca ao princípio da legalidade fiscal e ao direito de resistência. Mas só com a Constituição de 1933 se surpreende a constitucionalização de um sistema fiscal parente da actual, não em termos de estrutura normativa, mas da respectiva subordinação às incumbências fundamentais do Estado (também elas diferentes hoje, naturalmente). Tal só pode ser compreendido à luz da conformação geral do constitucionalismo económico (mesmo quando isso significa abstenção ou imprevisão constitucional)[2270].

[2268] Os §§ 1.° e 2.° do artigo 70.° foram objecto de pequenas alterações na revisão constitucional de 1971 (Lei n.° 3/71, de 16 de Agosto), motivadas por questões de constitucionalidade a propósito do princípio da tipicidade, no âmbito do princípio da legalidade fiscal (cfr. JOSÉ MANUEL CARDOSO DA COSTA, O enquadramento ..., pp. 412-413; ANTÓNIO L. SOUSA FRANCO, Sistema Financeiro ..., p. 527). Nesta mesma revisão constitucional estabelecer-se-ia uma norma de reserva absoluta de competência legislativa da Assembleia Nacional para a aprovação das bases gerais sobre (entre outras matérias) impostos, "nos termos do artigo 70.° (...)" (cfr. ainda o respectivo § 1.° sobre a competência legislativa do Governo).

[2269] Atente-se ainda no disposto no artigo 130.°, nos termos do qual "Os regimes tributários das autarquias locais serão estabelecidos por forma que não seja prejudicada a organização fiscal ou a vida financeira do Estado, nem dificultada a circulação dos produtos e mercadorias entre as circunscrições do País". Deixamos de parte, deliberadamente, a matéria relativa às colónias, a propósito do Acto Colonial.

[2270] Cfr. anotação ao artigo 80.°, III, § 5.°, e anotação ao artigo 81.°, III, § 5.°.

§ 7.º. Conteúdo originário da redacção do preceito na Constituição de 1976 e sucessivas versões decorrentes das revisões constitucionais

Na **redacção originária da Constituição de 1976** o sistema fiscal encontrava previsão no artigo 106.º, com a seguinte redacção:

"ARTIGO 106.º
(Sistema fiscal)
1. O sistema fiscal será estruturado por lei, com vista à repartição igualitária da riqueza e dos rendimentos e à satisfação das necessidades financeiras do Estado.
2. Os impostos são criados por lei, que determina a incidência, a taxa, os benefícios fiscais e as garantias dos contribuintes.
3. Ninguém pode ser obrigado a pagar impostos que não tenham sido criados nos termos da Constituição e cuja liquidação e cobrança se não façam nas formas prescritas na lei."

A **revisão constitucional de 1982** não lhe trouxe qualquer alteração.

Só com a **revisão constitucional de 1989** o preceito viria a sofrer a primeira alteração: o artigo 84.º da Lei Constitucional n.º 1/89, de 8 de Julho, alterou a redacção do n.º 1, no seguintes termos.

"[...]
(Sistema fiscal)
1. O sistema fiscal *visa a satisfação das necessidades financeiras do Estado e outras entidades públicas e uma repartição justa dos rendimentos e da riqueza.*
2. ....
3. ...."[2271].

A **revisão constitucional de 1992** voltou a manter o preceito intocado.

Na **revisão constitucional de 1997**, o artigo 67.º da Lei Constitucional n.º 1/97, de 20 de Setembro, alterou a respectiva numeração, bem como a redacção do n.º 3:

[2271] Os itálicos são nossos e assinalam as alterações.

"ARTIGO 103.º
(Sistema fiscal)
1. ....
2. ....
3. Ninguém pode ser obrigado a pagar impostos que não hajam sido criados nos termos da Constituição, *que tenham natureza retroactiva ou* cuja liquidação e cobrança se não façam nos termos da lei."[2272].

Assim se fixou a actual numeração e redacção do preceito, já que nem a **quinta revisão constitucional, de 2001**, nem a **sexta revisão constitucional, de 2004**, nem tão-pouco a **sétima revisão constitucional, de 2005,** lhe trouxeram qualquer alteração.

§ 8.º. Apreciação do sentido das alterações do preceito

O sentido essencial das alterações sofridas pelo preceito em causa é dado pela revisão constitucional de 1989. Em primeiro lugar, com a inversão sistemática das finalidades do sistema fiscal, que então passou a dar mais importância às chamadas *finalidades fiscais* do sistema – a satisfação das necessidades financeiras[2273]. E em segundo lugar, ainda neste domínio, com o espelho da descentralização política e administrativa (territorial e institucional) – na referência a *outras entidades públicas*. Em terceiro lugar, na lógica ainda da desideologização do texto constitucional, a substituição da repartição *igualitária* da riqueza[2274] por uma repartição *justa*, e já não apenas da riqueza mas também dos rendimentos[2275].

[2272] Os itálicos são nossos e assinalam as inovações.

[2273] Apontando a "grande permeabilidade aos valores extrafinanceiros" do sistema fiscal na redacção originária do preceito, cfr. JORGE MIRANDA/RUI MEDEIROS (com EDUARDO PAZ FERREIRA), *Constituição* ..., II, pp. 215-216.

[2274] Ou com um "objectivo nivelador" (cfr. JORGE MIRANDA/RUI MEDEIROS (com EDUARDO PAZ FERREIRA), *Constituição* ..., II, p. 216).

[2275] Sobre a reforma fiscal de 1988, cfr. a obra colectiva *15 Anos da Reforma Fiscal de 1988/89 – Jornadas de Homenagem ao Professor Doutor Pitta e Cunha*, Associação Fiscal Portuguesa/Instituto de Direito Económico, Financeiro e Fiscal da Faculdade de Direito de Lisboa, Coimbra, 2006.

Por fim, a revisão constitucional de 1997 veio integrar expressamente no texto constitucional a proibição de impostos retroactivos, culminando uma acentuada polémica a propósito[2276].

Se pode tentar extrair-se destas alterações um sentido modernizador do sistema fiscal português ao nível constitucional, não pode deixar de observar-se algum obscurantismo quanto ao seu futuro, ante a evolução do Direito Europeu[2277].

IV. PAÍSES DE EXPRESSÃO PORTUGUESA

§ 9.º. Brasil

O sistema fiscal é tratado no Capítulo I ("Do Sistema Tributário Nacional") do Título VI ("Da Tributação e do Orçamento") da CRFB. Sistematicamente, este Capítulo está organizado nas seguintes Secções: I – "Dos Princípios Gerais"; II – "Das Limitações do Poder de Tributar"; III – "Dos Impostos da União"; IV – "Dos Impostos dos Estados e do Distrito Federal"; V – "Dos Impostos dos Municípios"; VI – "Da Repartição das Receitas Tributárias". Estende-se do artigo 145.º ao 162.º.

O artigo 145.º estabelece as categorias de tributos (onde se incluem as taxas) que aquelas várias entidades podem instituir, bem como os critérios de tributação. Assim, o § 1.º dispõe que "Sempre que possível, os impostos terão caráter pessoal e serão graduados segundo a capacidade econômica do contribuinte, facultado à administração tributária, especialmente para conferir efetividade a esses objetivos, identificar, respeitados os direitos individuais e nos termos da lei, o patrimônio, os rendimentos e as atividades econômicas do contribuinte". E o § 2.º que "As taxas não poderão ter base de cálculo própria de impostos".

Por seu turno, o artigo 146.º, dedicando-se ao princípio da legalidade tributária – que vai depois sendo adensada ao longo dos subsequente preceitos –, estabelece o seguinte:

[2276] Cfr. *supra* as referências constantes em I, § 2.º, 2.3.3.
[2277] Cfr. *supra*, II, § 5.º.

"Art. 146.º
Cabe à lei complementar:
I – dispor sobre conflitos de competência, em matéria tributária, entre a União, os Estados, o Distrito Federal e os Municípios;
II – regular as limitações constitucionais ao poder de tributar;
III – estabelecer normas gerais em matéria de legislação tributária, especialmente sobre:
   a) definição de tributos e de suas espécies, bem como, em relação aos impostos discriminados nesta Constituição, a dos respectivos fatos geradores, bases de cálculo e contribuintes;
   b) obrigação, lançamento, crédito, prescrição e decadência tributários;
   c) adequado tratamento tributário ao ato cooperativo praticado pelas sociedades cooperativas.
   d) definição de tratamento diferenciado e favorecido para as microempresas e para as empresas de pequeno porte, inclusive regimes especiais ou simplificados no caso do imposto previsto no art. 155.º, II, das contribuições previstas no art. 195.º, I e §§ 12.º e 13.º, e da contribuição a que se refere o art. 239.º.
Parágrafo único. A lei complementar de que trata o inciso III, *d*, também poderá instituir um regime único de arrecadação dos impostos e contribuições da União, dos Estados, do Distrito Federal e dos Municípios, observado que:
I – será opcional para o contribuinte;
II – poderão ser estabelecidas condições de enquadramento diferenciadas por Estado;
III – o recolhimento será unificado e centralizado e a distribuição da parcela de recursos pertencentes aos respectivos entes federados será imediata, vedada qualquer retenção ou condicionamento;
IV – a arrecadação, a fiscalização e a cobrança poderão ser compartilhadas pelos entes federados, adotado cadastro nacional único de contribuintes."

O artigo 146.º-A dispõe ainda que "Lei complementar poderá estabelecer critérios especiais de tributação, com o objetivo de prevenir desequilíbrios da concorrência, sem prejuízo da competência de a União, por lei, estabelecer normas de igual objetivo", numa clara assunção constitucional da extrafiscalidade.

O artigo 147.º estabelece critérios de repartição do poder tributário.

O artigo 148.º dispõe sobre a possibilidade de instituição de empréstimos compulsórios.

O artigo 149.° contém disposição sobre contribuições com finalidades económicas e sociais que importa citar:

"Art. 149.

Compete exclusivamente à União instituir contribuições sociais, de intervenção no domínio econômico e de interesse das categorias profissionais ou econômicas, como instrumento de sua atuação nas respectivas áreas, observado o disposto nos arts. 146.°, III, e 150.°, I e III, e sem prejuízo do previsto no art. 195.°, § 6.°, relativamente às contribuições a que alude o dispositivo.

§ 1.° – Os Estados, o Distrito Federal e os Municípios instituirão contribuição, cobrada de seus servidores, para o custeio, em benefício destes, do regime previdenciário de que trata o art. 40.°, cuja alíquota não será inferior à da contribuição dos servidores titulares de cargos efetivos da União.

§ 2.° – As contribuições sociais e de intervenção no domínio econômico de que trata o *caput* deste artigo:

I – não incidirão sobre as receitas decorrentes de exportação;

II – incidirão também sobre a importação de produtos estrangeiros ou serviços;

III – poderão ter alíquotas:

a) ad valorem, tendo por base o faturamento, a receita bruta ou o valor da operação e, no caso de importação, o valor aduaneiro;

b) específica, tendo por base a unidade de medida adotada.

§ 3.° – A pessoa natural destinatária das operações de importação poderá ser equiparada a pessoa jurídica, na forma da lei.

§ 4.° – A lei definirá as hipóteses em que as contribuições incidirão uma única vez."

Na Secção II – limites do poder de tributação –, para além dos anteriormente fixados, estabelecem-se ainda uma série de outros, caracterizados por uma certa dispersão e complexa sistematicidade, mas que encontram justificação (i) na complexidade do sistema tributário brasileiro, em termos materiais, (ii) e na forma de Estado federal. São importantes adensamentos do próprio princípio da legalidade, e que importa citar na íntegra:

"Art. 150.°

Sem prejuízo de outras garantias asseguradas ao contribuinte, é vedado à União, aos Estados, ao Distrito Federal e aos Municípios:

I – exigir ou aumentar tributo sem lei que o estabeleça;

II – instituir tratamento desigual entre contribuintes que se encontrem em situação equivalente, proibida qualquer distinção em razão de ocupação profissional ou função por eles exercida, independentemente da denominação jurídica dos rendimentos, títulos ou direitos;

III – cobrar tributos:
   a) em relação a fatos geradores ocorridos antes do início da vigência da lei que os houver instituído ou aumentado;
   b) no mesmo exercício financeiro em que haja sido publicada a lei que os instituiu ou aumentou;
   c) antes de decorridos noventa dias da data em que haja sido publicada a lei que os instituiu ou aumentou, observado o disposto na alínea b;[2278]

IV – utilizar tributo com efeito de confisco;

V – estabelecer limitações ao tráfego de pessoas ou bens por meio de tributos interestaduais ou intermunicipais, ressalvada a cobrança de pedágio pela utilização de vias conservadas pelo poder público;

VI – instituir impostos sobre:
   a) patrimônio, renda ou serviços, uns dos outros;
   b) templos de qualquer culto;
   c) patrimônio, renda ou serviços dos partidos políticos, inclusive suas fundações, das entidades sindicais dos trabalhadores, das instituições de educação e de assistência social, sem fins lucrativos, atendidos os requisitos da lei;
   d) livros, jornais, periódicos e o papel destinado a sua impressão.[2279]

§ 1.º – A vedação do inciso III, b, não se aplica aos tributos previstos nos arts. 148.º, I, 153.º, I, II, IV e V; e 154.º, II; e a vedação do inciso III, c, não se aplica aos tributos previstos nos arts. 148.º, I, 153.º, I, II, III e V; e 154.º, II, nem à fixação da base de cálculo dos impostos previstos nos arts. 155.º, III, e 156.º, I.

§ 2.º – A vedação do inciso VI, a, é extensiva às autarquias e às fundações instituídas e mantidas pelo poder público, no que se refere ao patrimônio, à renda e aos serviços vinculados a suas finalidades essenciais ou às delas decorrentes.

§ 3.º – As vedações do inciso VI, a, e do parágrafo anterior não se aplicam ao patrimônio, à renda e aos serviços relacionados com exploração de atividades econômicas regidas pelas normas aplicáveis a empreendimentos privados, ou em que haja contraprestação ou pagamento de preços ou tari-

---

[2278] Trata-se aqui da conformação constitucional da irretroactividade dos impostos (tributária), não só mais especificada como também menos permissiva que o regime da CRP.

[2279] Limite à tributação que não pode deixar de aplaudir-se.

fas pelo usuário, nem exoneram o promitente comprador da obrigação de pagar imposto relativamente ao bem imóvel.

§ 4.º – As vedações expressas no inciso VI, alíneas *b* e *c*, compreendem somente o patrimônio, a renda e os serviços relacionados com as finalidades essenciais das entidades nelas mencionadas.

§ 5.º – A lei determinará medidas para que os consumidores sejam esclarecidos acerca dos impostos que incidam sobre mercadorias e serviços.

§ 6.º – Qualquer subsídio ou isenção, redução de base de cálculo, concessão de crédito presumido, anistia ou remissão, relativos a impostos, taxas ou contribuições, só poderá ser concedido mediante lei específica, federal, estadual ou municipal, que regule exclusivamente as matérias acima enumeradas ou o correspondente tributo ou contribuição, sem prejuízo do disposto no art. 155.º, § 2.º, XII, *g*.

§ 7.º – A lei poderá atribuir a sujeito passivo de obrigação tributária a condição de responsável pelo pagamento de imposto ou contribuição, cujo fato gerador deva ocorrer posteriormente, assegurada a imediata e preferencial restituição da quantia paga, caso não se realize o fato gerador presumido.

Art. 151.º

É vedado à União:

I – instituir tributo que não seja uniforme em todo o território nacional ou que implique distinção ou preferência em relação a Estado, ao Distrito Federal ou a Município, em detrimento de outro, admitida a concessão de incentivos fiscais destinados a promover o equilíbrio do desenvolvimento sócio-econômico entre as diferentes regiões do País;

II – tributar a renda das obrigações da dívida pública dos Estados, do Distrito Federal e dos Municípios, bem como a remuneração e os proventos dos respectivos agentes públicos, em níveis superiores aos que fixar para suas obrigações e para seus agentes;

III – instituir isenções de tributos da competência dos Estados, do Distrito Federal ou dos Municípios.

"Art. 152.º

É vedado aos Estados, ao Distrito Federal e aos Municípios estabelecer diferença tributária entre bens e serviços, de qualquer natureza, em razão de sua procedência ou destino."

A grande complexidade do sistema brasileiro está ainda bem patente nas normas que compõem as referidas Secções III, IV e V – repartição do poder tributário entre União, Estados federados, Distrito Federal e Municípios, em razão da tipologia dos impostos[2280] –, bem como na Secção VI, respeitante à repartição das receitas tributárias entre tais entidades. Este último sistema é assaz complexo, de disciplina constitucional minuciosa, muito embora pareça possível observar uma regra de repartição descendente: parte das receitas tributárias das entidades *mais altas* será sempre entregue às *mais baixas*, segundo uma regra geral de proporção (altamente variável, consoante múltiplos critérios).

§ 10.º. **Angola**

A LCRA dedica o seu artigo 14.º ao sistema fiscal, aí dispondo que:

"Artigo 14.º
1. O sistema fiscal visa a satisfação das necessidades económicas, sociais e administrativas do Estado e uma repartição justa dos rendimentos e da riqueza.
2. Os impostos só podem ser criados e extintos por lei, que determina a sua incidência, taxas, benefícios fiscais e garantias dos contribuintes."

À parte aquelas finalidades imediatas do sistema fiscal presentes no n.º 1, é idêntica a redacção à dos n.ºs 1 e 2 do artigo 103.º da CRP. Nota-se a ausência do *direito de resistência fiscal*.

§ 11.º. **Moçambique**

A CRM contém uma disposição sob a epígrafe "Impostos" no artigo 100.º, o último preceito do Capítulo I ("Princípios Gerais") do Título IV ("Organização Económica, Social, Financeira e Fiscal"), onde se dispõe que "Os impostos são criados ou alterados por lei, que os fixa segundo critérios de justiça social.".

Não fica muita clara a razão de autonomização deste preceito, na medida em que adiante a CRM retoma a matéria do sistema fiscal, repetindo o princípio da legalidade fiscal com aquela exacta redacção, e reiterando o critério da justiça social através de texto idêntico ao do n.º 1 do

---

[2280] Cfr. anotação ao artigo 104.º, IV, § 10.º.

artigo 103.º da CRP. Assim é já no Capítulo IV ("Sistema Financeiro e Fiscal"), com o disposto no artigo 127, onde é mais uma vez nítida a similitude com o disposto no artigo 103.º da CRP:

> "Artigo 127
> **(Sistema fiscal)**
> 1. O sistema fiscal é estruturado com vista a satisfazer as necessidades financeiras do Estado e das demais entidades públicas, realizar os objectivos da política económica do Estado e garantir uma justa repartição dos rendimentos e da riqueza.
> 2. Os impostos são criados ou alterados por lei, que determina a incidência, a taxa, os benefícios fiscais e as garantias dos contribuintes.
> 3. Ninguém pode ser obrigado a pagar impostos que não tenham sido criados nos termos da Constituição e cuja liquidação e cobrança não se façam nos termos da lei.
> 4. No mesmo exercício financeiro, não pode ser alargada a base de incidência nem agravadas as taxas de impostos.
> 5. A lei fiscal não tem efeito retroactivo, salvo se for de conteúdo mais favorável ao contribuinte."

§ 12.º. **Cabo Verde**

A CRCV concentra no respectivo artigo 93.º as disposições relativas ao sistema fiscal, também aqui sendo nítida a similitude com o disposto no artigo 103.º da CRP:

> "Artigo 93.º
> **(Sistema fiscal)**
> 1. O sistema fiscal é estruturado com vista a satisfazer as necessidades financeiras do Estado e demais entidades públicas, realizar os objectivos da política económica e social do Estado e garantir uma justa repartição dos rendimentos e da riqueza.
> 2. Os impostos são criados por lei, que determinará a incidência, a taxa, os benefícios fiscais e as garantias dos contribuintes.
> 3. Ninguém pode ser obrigado a pagar impostos que não tenham sido criados nos termos da Constituição ou cuja liquidação e cobrança se não façam nos termos da lei.
> 4. Aprovado o Orçamento do Estado para o ano económico-fiscal, não pode, nesse mesmo ano, ser alargada a base de incidência nem agravada a taxa de qualquer imposto.

5. Pode haver impostos municipais.
6. A lei fiscal não tem efeito retroactivo, salvo se tiver conteúdo mais favorável para o contribuinte."

Ainda de salientar é a inclusão entre o catálogo de deveres fundamentais dos cidadãos (Título IV da Parte II) o de "Pagar as contribuições e impostos estabelecidos nos termos da lei" (alínea *f)* do artigo 84.°).

§ 13.°. **Guiné-Bissau**

A CRGB não contém norma idêntica à constante do artigo 103.° da CRP.

§ 14.°. **São Tomé e Príncipe**

A CRDSTP reservou aos impostos o seu artigo 65.°, inserido no Título IV ("Direitos e Deveres Cívico-Políticos"). Aí dispõe sobre o *dever de pagar impostos* e sobre as finalidades destes (em rigor, do sistema fiscal), aqui em termos semelhantes (mas mais contidos) aos da CRP:

"Artigo 65.°
Impostos
1. Todos os cidadãos têm o dever de contribuir para as despesas públicas, nos termos da lei.
2. Os impostos visam a satisfação das necessidades financeiras do Estado e uma repartição justa dos rendimentos."

§ 15.°. **Timor-Leste**

O sistema fiscal é objecto de disciplina constitucional no artigo 144.° da CRDTL, sendo também notória a influência do disposto nos n.ᵒˢ 1 e 2 do artigo 103.° da CRP:

"Artigo 144.°
(Sistema fiscal)
1. O Estado deve criar um sistema fiscal que satisfaça as necessidades financeiras e contribua para a justa repartição da riqueza e dos rendimentos nacionais.

2. Os impostos e as taxas são criados por lei, que fixa a sua incidência, os benefícios fiscais e as garantias dos contribuintes."

Note-se ainda a existência de uma norma estabelecedora do dever de *todo o cidadão com comprovado rendimento contribuir para as receitas públicas* (artigo 55.°).

ARTIGO 104.º
(Impostos)

1. O imposto sobre o rendimento pessoal visa a diminuição das desigualdades e será único e progressivo, tendo em conta as necessidades e os rendimentos do agregado familiar.
2. A tributação das empresas incide fundamentalmente sobre o seu rendimento real.
3. A tributação do património deve contribuir para a igualdade entre os cidadãos.
4. A tributação do consumo visa adaptar a estrutura do consumo à evolução das necessidades do desenvolvimento económico e da justiça social, devendo onerar os consumos de luxo.

Quadro tópico:

I. IMPOSTOS
§ 1.º. SIGNIFICADO DA EXISTÊNCIA DE UM QUADRO CONSTITUCIONAL DE IMPOSTOS;
§ 2.º. OS TIPOS DE IMPOSTOS EM ESPECIAL;
2.1. O imposto sobre o rendimento pessoal;
2.1.1. A unicidade;
2.1.2. A progressividade;
2.1.3. A consideração do agregado familiar;
2.2. A tributação das empresas;
2.2.1. As *empresas*;
2.2.2. A tributação do *rendimento real*;
2.3. A tributação do património;
2.4. A tributação do consumo;
§ 3.º. PROBLEMAS TRANSVERSAIS AO QUADRO CONSTITUCIONAL DE IMPOSTOS NUM ESTADO DE BEM-ESTAR.

II. DIREITO INTERNACIONAL E EUROPEU
§ 4.º. DIREITO INTERNACIONAL;
§ 5.º. DIREITO EUROPEU.

III. MEMÓRIA CONSTITUCIONAL

§ 6.°. As constituições portuguesas anteriores à Constituição de 1976;

§ 7.°. Conteúdo originário da redacção do preceito na Constituição de 1976 e sucessivas versões decorrentes das revisões constitucionais.

§ 8.°. Apreciação do sentido das alterações do preceito.

IV. PAÍSES DE EXPRESSÃO PORTUGUESA

§ 9.°. Brasil;
§ 10.°. Angola;
§ 11.°. Moçambique;
§ 12.°. Cabo Verde;
§ 13.°. Guiné-Bissau;
§ 14.°. São Tomé e Príncipe;
§ 15.°. Timor-Leste.

I. IMPOSTOS

§ 1.°. **Significado da existência de um quadro constitucional de impostos**

A fixação constitucional de um quadro dos impostos, nos termos em que a CRP o faz no presente artigo 104.°, importa consequências gerais ao nível do sistema fiscal que importa considerar. Com efeito, além dos aspectos de regime que são específicos de cada um dos tipos de imposto aí previstos nos seus vários números, a constância neste preceito constitucional dessa mesma tipologia suscita questões em torno da sua exaustividade e necessidade, questões que se projectam depois numa outra, da unificação ou não de um critério de justiça inerente ao sistema fiscal, e que em última análise poderá ter reflexo no regime constitucional dos vários tipos de imposto.

Pode afirmar-se, em primeiro lugar, que ao fixar estes quatro tipos de imposto – sobre o rendimento pessoal, sobre o rendimento das empresas, sobre o património, e sobre o consumo –, a CRP não exclui outros impostos, "desde que criados de acordo com os requisitos constitucionais", designadamente, os presentes no artigo 103.°[2281]. Note-se, porém, que não

---

[2281] Neste sentido, cfr. J. J. Gomes Canotilho/Vital Moreira, *Constituição* …, I, p. 1099.

parece existir unidade classificativa ou ontológica no artigo 104.º. Com efeito, sendo certo que todos os tipos de imposto aqui referidos são definidos através da respectiva incidência (pessoal, real ou ambas), o imposto sobre o rendimento pessoal (n.º 1) encontra-se verdadeiramente identificado, apenas carecendo de *baptismo*, que é remetido para o legislador: o que dizemos decorre do facto de ser o único tratado como *imposto*, enquanto os restantes tipos são tratados como *tributação*, mas sobretudo da sua unicidade que impossibilita a existência de mais do que um imposto sobre o rendimento pessoal[2282]. Ora, se quanto ao rendimento pessoal tal característica de unicidade se verifica, já o mesmo não acontece em relação aos restantes tipos de imposto, o que importa a conclusão de que, quanto a estes tipos, pode o legislador criar mais do que um imposto. E se assim é, a questão a colocar não é – salvo quanto ao imposto sobre o rendimento pessoal – se a CRP admite *outros impostos*, mas antes *outros tipos de impostos constitucionalmente não previstos*. A questão é relevante na medida em que a atipicidade *dos impostos* funcionará sempre dentro das limitações constitucionais do artigo 104.º para cada um dos tipos, enquanto a *não exaustividade tipológica* permite a criação de impostos sem correspondência com os critérios de incidência presentes neste mesmo artigo 104.º.

Em segundo lugar coloca-se uma outra questão, até certo ponto inversa: será imperativa a existência de, pelo menos, um imposto por cada um dos *tipos* constitucionalmente consagrados no artigo 104.º? Será a regra da unicidade do imposto sobre o rendimento pessoal decisiva? Este, quando existir, é único; mas *tem* que existir? Ou pode o legislador optar pela sua inexistência (ou mesmo abolição)?

Se se sustentar que a CRP não estabelece qualquer preferência entre os vários tipos de imposto[2283], então tender-se-á, pelo menos, para uma resposta genericamente negativa: se do artigo 104.º não é possível extrair qualquer preferência por qualquer tipo de incidência, então poderá o legislador, no limite, escolher os impostos que podem existir ou não, sendo configurável a possibilidade de certo *tipo* de imposto constitucionalmente previsto não ter qualquer consagração/concretização legislativa

---

[2282] Cfr. *infra*, I, § 2.º, 2.1.1.
[2283] Neste sentido, cfr. JORGE MIRANDA/RUI MEDEIROS (com EDUARDO PAZ FERREIRA), *Constituição* ..., II, p. 226.

através da criação de um imposto (ou de normas de incidência identificáveis com esse tipo constitucional).

Quanto a nós, vemos com dificuldade[2284] que ao legislador seja permitida a criação de impostos cuja incidência se não contenha no âmbito do elemento que constitui denominador comum aos vários tipos constantes do artigo 104.º[2285]. E tal denominador comum é a base patrimonial (directa ou indirecta), em sentido lato, da incidência fiscal. Com efeito, dificilmente se compreenderia a fixação de um quadro constitucional da tipologia dos impostos, justificada por razões de igualdade e segurança jurídica, se ao legislador fosse depois possível criar impostos cuja incidência não comungasse dos critérios materiais aqui referidos. O que não invalida, portanto, que lhe seja permitido criar mais do que um imposto sobre o rendimento das empresas, sobre o património ou sobre o consumo. Assim, orientamo-nos no sentido da *exaustividade tipológica* dos impostos prevista no artigo 104.º[2286].

Por outro lado, parece duvidoso que a CRP seja neutra quanto a qualquer preferência (ou respectiva inexistência) pelo tipo de imposto – ou, se se preferir, na senda do que se vem de dizer, quanto ao elemento patrimonial primordial de incidência dos impostos. A identificação – embora sem baptismo, como dissemos – de um imposto sobre o rendimento pessoal, e não uma mera referência tipológica contribui para tal dúvida. Mas, bem entendido, tal identificação pode atribuir-se à respectiva unicidade. É necessário, pois, atentar nas finalidades do próprio sistema fiscal[2287], em particular no significado da repartição justa dos rendimentos e da riqueza. Parece razoável considerar que a consequência da invocação das finalidades do sistema fiscal não seja apenas a constatação do *papel de relevo da tributação do rendimento* no seu seio[2288], antes podendo manifestar uma

---

[2284] Não sendo questão que, obviamente, possa resolver-se, em sentido próprio, nestas breves linhas.

[2285] Cfr. JOSÉ CASALTA NABAIS, *O Dever Fundamental* ..., p. 594.

[2286] Sentido em que milita (embora não decisivamente) a alteração dos tempos verbais na revisão constitucional de 1997 (cfr. *infra*, III, § 7.º), do futuro (*visará, incidirá*) para o presente do indicativo (*visa, incide*); mas ainda há *futuro* no n.º 1 do artigo 104.º ... Incluindo estas alterações (apenas) na *boa técnica legislativa*, cfr. ALEXANDRE SOUSA PINHEIRO/MÁRIO JOÃO BRITO FERNANDES, *Comentário* ..., p. 254.

[2287] Cfr. anotação ao artigo 103.º, I, § 1.º.

[2288] Neste sentido, cfr. JORGE MIRANDA/RUI MEDEIROS (com EDUARDO PAZ FERREIRA), *Constituição* ..., II, p. 226.

verdadeira preferência, em resultado do que tal elemento proporciona ao nível da igualdade fiscal[2289], ao que não será alheia a menção à diminuição das desigualdades sociais visada pelo imposto sobre o rendimento pessoal[2290]: se a solução pode não ser isenta de críticas[2291], parece razoável à luz do texto constitucional. Ora, quando se conclua por tal ausência de neutralidade, é sustentável a existência imperativa do imposto sobre o rendimento pessoal, conclusão que não será extensível, nestes termos, a impostos a incluir na restante tipologia presente no artigo 104.° da CRP.

§ 2.°. **Os tipos de impostos em especial**

2.1. *O imposto sobre o rendimento pessoal*

2.1.1. *A unicidade*

A unicidade do imposto sobre o rendimento pessoal fixada no n.° 1 do artigo 104.° da CRP não tem apenas a singela consequência de impossibilitar a existência de mais do que um imposto (em sentido formal) (além de outras consequências já referidas *supra*[2292]). A principal consequência que pode apontar-se a tal estatuição é a tributação imperativa do rendimento pessoal que constitua base tributária de acordo com um critério material único – e que aqui consiste na *progressividade*[2293]. Caso assim não seja, poderemos ter uma pluralidade de impostos (em sentido material) dentro do mesmo imposto (em sentido formal), violando a regra constitucional da unicidade[2294].

[2289] Sobre este problema, cfr. JOSÉ JOAQUIM TEIXEIRA RIBEIRO, *Lições* ..., pp. 261 ss.; JOSÉ C. GOMES SANTOS, *A equidade fiscal revisitada*, in *Homenagem a José Guilherme Xavier de Basto*, Coimbra, 2006, pp. 407 ss.

[2290] Atribuindo relevo a este elemento, cfr. J. J. GOMES CANOTILHO/VITAL MOREIRA, *Constituição* ..., I, p. 1099.

[2291] Cfr. J. L. SALDANHA SANCHES, *Manual* ..., p. 171.

[2292] Cfr. I, § 1.°.

[2293] Cfr. o ponto seguinte.

[2294] É o problema das *taxas liberatórias*, conforme alertam J. J. GOMES CANOTILHO e VITAL MOREIRA, aplicadas "a determinados rendimentos (por exemplo, rendimentos de capitais), para o efeito tributados separadamente, pois que no caso de o contribuinte só ser titular de tais rendimentos o imposto se torna proporcional e no caso de ele ter outros rendimentos o imposto deixa de ser único e torna-se comparativamente menos progressivo."

Mas o carácter único do imposto pode ainda ser posto em causa pela definição de *rendimento* adoptada pelo legislador, quando o respectivo fraccionamento[2295] determine a sujeição a mais do que um imposto em sentido próprio (distintos critérios materiais)[2296].

2.1.2. A progressividade

Para além de único, estabelece a CRP no n.º 1 do artigo 104.º que o imposto sobre o rendimento pessoal seja *progressivo*. Mas não concretiza de que progressividade se trata, sendo certo que a mesma pode encontrar-se através de diversos modelos[2297]. Parece, portanto, que a concretização da progressividade do imposto sobre o rendimento pessoal haverá de obedecer, no essencial, às determinações do legislador no âmbito da sua autonomia político-legislativa, não sendo tarefa fácil a apreciação dos modelos escolhidos à luz da CRP.

Mas podem apontar-se algumas vinculações constitucionais[2298]. Desde logo, não poderá o legislador bastar-se, para cumprimento do texto constitucional, com uma progressividade mínima, dado que o sistema fiscal visa uma repartição justa dos rendimentos e da riqueza[2299]. E aqui mostra-se a importância, não apenas do princípio do Estado social de Direito[2300], mas da própria integração do sistema fiscal na Constituição económica[2301].

(cfr. *Constituição* ..., p. I, 1099). Cfr. igualmente JOSÉ CASALTA NABAIS, *O Dever Fundamental* ..., pp. 594 ss.; J. L. SALDANHA SANCHES, *Manual* ..., pp. 233 ss.; JOSÉ MANUEL CARDOSO DA COSTA, *O enquadramento* ..., pp. 420 ss. Na jurisprudência constitucional, cfr. Ac. TC n.º 57/95 (cit.).

[2295] JORGE MIRANDA e RUI MEDEIROS (com EDUARDO PAZ FERREIRA) parecem incluir neste caso a própria existência de várias categorias de rendimentos (cfr. *Constituição* ..., II, p. 226).

[2296] Sobre o problema do conceito de rendimento, cfr. J. L. SALDANHA SANCHES, *Manual* ..., pp. 170 ss.

[2297] Cfr. JOSÉ JOAQUIM TEIXEIRA RIBEIRO, *Lições* ..., pp. 273 ss. No confronto com o sistema proporcional, cfr. JOÃO JOSÉ AMARAL TOMAZ, *A redescoberta* ..., pp. 351 ss.

[2298] Sobre esta matéria, cfr. BENJAMIM SILVA RODRIGUES, *Proporcionalidade e progressividade no IRS*, pp. 865

[2299] Neste sentido, cfr. J. L. SALDANHA SANCHES, *Manual* ..., p. 170, que identifica progressividade mínima com "taxa única, quando a lei fiscal garante a não tributação do rendimento correspondente ao mínimo de existência".

[2300] Cfr. JOSÉ CASALTA NABAIS, *O Dever Fundamental* ..., pp. 577 ss.

Saliente-se ainda que a progressividade, sendo requisito expresso de constitucionalidade apenas do imposto sobre o rendimento pessoal e não de outros impostos ou do sistema fiscal no seu conjunto, acaba por determinar uma certa progressividade deste último, não só mercê do peso específico do imposto sobre o rendimento pessoal, como da articulação sistemática deste com outros impostos, o que pode apontar para a preferência constitucional equacionada *supra*[2302-2303].

2.1.3. *A consideração do agregado familiar*

Fixa ainda o n.º 1 do artigo 104.º da CRP que o imposto sobre o rendimento pessoal deve *ter em conta as necessidades e os rendimentos do agregado familiar*. Mais uma vez, a conformação legislativa deste inciso constitucional não foi, à partida, objecto de grandes cuidados no texto constitucional, podendo aí colher-se expressamente, apenas, o contributo da alínea *f)* do n.º 2 do artigo 67.º, de acordo com a qual, para protecção

---

[2301] Cfr. anotação ao artigo 103.º, I, § 1.º (e em especial 1.4.) e § 2.º, 2.3.1. Note-se que para J. J. GOMES CANOTILHO e VITAL MOREIRA, o objectivo específico do imposto sobre o rendimento pessoal – a diminuição das desigualdades – determina a sua necessária progressividade (cfr. *Constituição* ..., I, p. 1099).

[2302] Cfr. *supra*, I, § 1.º. Ainda, J. J. GOMES CANOTILHO/VITAL MOREIRA, *Constituição* ..., I, p. 1089.

[2303] Na jurisprudência constitucional, cfr. Ac. TC n.º 57/95 (cit.)(taxas liberatórias); Ac. TC n.º 48/84 (cit.) e Ac. TC n.º 11/83 (cit.)(imposto extraordinário sobre rendimentos); e sobre o princípio da capacidade contributiva a propósito do IRS, cfr. Ac. TC n.º 142/2004 (cit.) e outra jurisprudência citada na anotação ao artigo 103.º (I, § 2.º, 2.3.1.). O TC pronunciou-se recentemente, numa sequência de acórdãos, sobre a progressividade e a *tributação pelo rendimento líquido* (e ainda sobre o princípio da segurança jurídica) a propósito das deduções específicas dos rendimentos de pensões, nos termos do n.º 5 do artigo 53.º do Código do IRS, norma esta que não foi aí julgada inconstitucional (cfr. Ac. TC n.º 178/2005, de 5 de Abril de 2005, http://www.tribunalconstitucional.pt/tc/acordaos/20050178.html; Ac. TC n.º 182/2005, de 5 de Abril, http://www.tribunalconstitucional.pt/tc/acordaos/20050182.html; Ac. TC n.º 201/2005, de 19 de Abril, http://www.tribunalconstitucional.pt/tc/acordaos/20050201.html; Ac TC n.º 202/2005, de 19 de Abril, http://www.tribunalconstitucional.pt/tc/acordaos/20050202.html; Ac. TC n.º 203/2005, de 19 de Abril, http://www.tribunalconstitucional.pt/tc/acordaos/200502 03.html; Ac. TC n.º 212/2005, de 20 de Abril, http://www.tribunalconstitucional.pt/tc/acordaos/ 20050212.html; Ac. TC n.º 213/2005, de 20 de Abril, http://www.tribunalconstitucional.pt/tc/acordaos/20050213.html. E ainda JOSÉ CASALTA NABAIS, *Jurisprudência* ..., pp. 468-469.

da família, incumbe ao Estado, designadamente, "Regular os impostos e os benefícios sociais, de harmonia com os encargos familiares".

Parece-nos acertada a afirmação de JOSÉ CASALTA NABAIS segundo a qual a conjugação destas normas constitucionais "implica a proibição de discriminações desfavoráveis dos contribuintes casados ou com filhos face aos contribuintes solteiros ou sem filhos, e não a imposição ao legislador da utilização do instrumento fiscal (benefícios fiscais) para o favorecimento da constituição e desenvolvimento da família"[2304]. O que não invalida, cremos, que o legislador possa utilizar o imposto em causa com esta última finalidade[2305], encontrando aí depois os limites inerentes ao princípio da igualdade. Um primeiro objectivo, portanto, é evitar que o casamento "se constitua em facto tributário"[2306], o que implica uma posição de igualdade entre casados e unidos de facto[2307]. Para J. J. GOMES CANOTILHO e VITAL MOREIRA, aliás, a CRP não impõe a tributação unitária dos contribuintes casados, antes permitindo que a tributação continue a ser pessoal/individual mas levando em conta a situação da família: para além da natureza do imposto, militaria neste sentido a referência ao agregado familiar como "elemento a ter em conta"[2308].

Elemento verdadeiramente diferenciador é a existência de filhos (ou outros descendentes) e ascendentes a cargo, na medida em que os mesmos constituam um encargo familiar que permita qualificá-los como *dependentes*. Aqui o problema é, pois, já distinto da situação conjugal, estando em causa a reunião de condições para a concretização dos direitos económicos, sociais e culturais: enquanto a situação conjugal não altera necessariamente o nível de encargos familiares, o mesmo não pode dizer-se em face da existência de dependentes que compõem o agregado familiar[2309].

[2304] Cfr. *Direito Fiscal*, p. 158. Do Autor, cfr. ainda *O Dever Fundamental* ..., pp. 524 ss.

[2305] No mesmo sentido, cfr. JOSÉ CASALTA NABAIS, *Direito Fiscal*, p. 160.

[2306] Cfr. JOSÉ CASALTA NABAIS, *Direito Fiscal*, p. 55 e 160, onde aponta o *splitting* conjugal como mero instrumento de neutralização desse problema.

[2307] JOSÉ CASALTA NABAIS aponta uma discriminação (inconstitucional) entre os casados e os unidos de facto, na medida em que estes podem optar pela tributação conjunta ou separada, enquanto aqueles são sempre tributados conjuntamente, sem opção (veja-se o artigo 14.º do Código do IRS). Cfr. também JORGE MIRANDA e RUI MEDEIROS (com EDUARDO PAZ FERREIRA), *Constituição* ..., II, p. 226.

[2308] Cfr. *Constituição* ..., I, p. 1100.

[2309] Daí que JOSÉ CASALTA NABAIS afirme que "merece censura constitucional a insuficiente consideração pelo nosso ordenamento jurídico-fiscal dos encargos com os

Mas não pode deixar de considerar-se o relevo dos rendimentos destes, quando existam, que não deverão ser mais pesadamente tributados porque incluídos num agregado familiar[2310].

De novo, com nitidez, se divisa a necessária consideração do sistema fiscal – e de cada imposto em particular – no âmbito da Constituição económica[2311]. O impacto económico dos impostos produz efeitos inexoráveis e não ignoráveis sobre os direitos fundamentais, sobretudo económicos, sociais e culturais, âmbito de afectação que não pode desconsiderar o princípio da igualdade. Com efeito, mesmo a tese que apresenta os impostos como *limites imanentes* aos direitos fundamentais[2312] não parece poder afastar que a decisão – ou, talvez melhor, liberdade – económica individual e familiar encontre no sistema fiscal, e em particular no imposto sobre o rendimento pessoal, um elemento de dificuldade a ultrapassar para a realização pessoal dos elementos do agregado familiar[2313-2314].

2.2. *A tributação das empresas*

2.2.1. *As empresas*

Ao referir-se às *empresas* enquanto categoria de sujeito passivo de tributação sobre o rendimento, o n.º 2 do artigo 104.º da CRP faz uso – e

---

filhos e outros dependentes pelo CIRS" (cfr. *Direito Fiscal*, p. 160; e sobre a consideração da família em sede de IRS no âmbito da *conversão dos abatimentos em deduções à colecta*, pp. 514 ss.). Com a mesma ideia, cfr. JORGE MIRANDA/RUI MEDEIROS (com EDUARDO PAZ FERREIRA), *Constituição* ..., II, p. 226.

[2310] Cfr. J. J. GOMES CANOTILHO/VITAL MOREIRA, *Constituição* ..., I, p. 1100.

[2311] Mais uma vez, cfr. anotação ao artigo 103.º, I, em especial § 1.º.

[2312] Cfr. JOSÉ CASALTA NABAIS, *O Dever Fundamental* ..., pp. 74 ss. e p. 400. Igualmente, Ac. TC n.º 236/86, de 9 de Julho, *DR*, II Série, n.º 261, de 12 de Novembro, de 1986 (e diversa jurisprudência a propósito da retroactividade fiscal). Para um confronto entre a *teoria externa* e a *teoria interna* dos limites aos direitos fundamentais, cfr. JORGE REIS NOVAIS, *As Restrições aos Direitos Fundamentais Não Expressamente Autorizadas pela Constituição*, Coimbra, 2003, pp. 292 ss.; do mesmo Autor, de forma sintética, cfr. *Ainda sobre o jus aedificandi (... mas agora como problema de direitos fundamentais)*, Separata de *Estudos Jurídicos e Económicos em Homenagem ao Prof. Doutor António de Sousa Franco*, Coimbra, 2006, pp. 500 ss.

[2313] Referindo-se ao disposto na alínea *f)* do n.º 2 do artigo 67.º e ao n.º 1 do artigo 104.º da CRP no âmbito da consagração constitucional do princípio da dignidade da pessoa humana, cfr. JORGE MIRANDA, *Pensões no sector bancário* ..., pp. 10-11.

[2314] Sobre a consideração fiscal da família, cfr. Ac. TC n.º 57/95 (cit.). Ainda, JOSÉ MANUEL CARDOSO DA COSTA, *O enquadramento* ..., pp. 422 ss.

desde a sua redacção originária[2315] – de um conceito jurídico-económico de apreensão difícil[2316]. Há que observar a este propósito que *empresa* não significa *personalidade jurídica*, e tão-pouco, por consequência, *personalidade colectiva*[2317]. Ainda que possa nem sempre ter estado na mente do legislador constitucional, a utilização da expressão *empresa* neste contexto fiscal – como noutros ao longo da Constituição económica – permite uma adaptação da norma em causa às realidades evolutivas da economia, entre as quais o contorno do seu potencial anquilosamento pelo direito infra--constitucional relativo às formas da personalidade jurídica. Mais, sabendo--se que o Direito Europeu abdica, em regra, da consideração da personalidade jurídica para tratar o fenómeno empresarial, aqui está também um potencial adaptativo do texto constitucional – e por consequência de garantia da respectiva sobrevivência, eficácia ou *não adormecimento*.

Veja-se a propósito o debate sobre a tributação das empresas singulares, no sentido de saber se existe ou não uma exigência constitucional de que as mesmas sejam tributadas nos termos do n.º 1 do artigo 104.º da CRP[2318]. O citado Autor voltou, entretanto, ao tema[2319] para considerar que a distinção a fazer é entre microempresas, pequenas e médias empresas, e grandes empresas, o que parece encontrar justificação desde logo em face do disposto no n.º 1 do artigo 86.º[2320].

Busca-se, portanto, a particular relação entre o sujeito e o objecto do imposto[2321], tendo em conta as finalidades últimas deste, dentro dos termos constitucionalmente próximos ou que a CRP colocou em relação normativa imediata. O que equivale a dizer que a definição do sujeito passivo depende *do que* e *porque* se pretende tributar. Ora o elemento próximo da *empresa* é a tributação *fundamentalmente do seu rendimento real*.

[2315] Cfr. *infra*, III, § 7.º.

[2316] Sobre o conceito jurídico de empresa, cfr. por todos JORGE MANUEL COUTINHO DE ABREU, *Da Empresarialidade* ..., *passim*, e em especial pp. 281 ss.

[2317] Veja-se a este propósito o artigo 2.º do Código do IRC, quanto à respectiva incidência pessoal.

[2318] Cfr. JOSÉ CASALTA NABAIS, *Direito Fiscal*, pp. 172 ss.

[2319] Cfr. JOSÉ CASALTA NABAIS, *Liberdade de gestão fiscal e dualismo na tributação das empresas*, in *Homenagem a José Guilherme Xavier de Basto*, Coimbra, 2006 (o texto é datado de Dezembro de 2004), pp. 439-440.

[2320] Cfr. a anotação respectiva, *passim*, e em especial I, § 2.º, 2.2.

[2321] Sobre a qualificação do *sujeito passivo e o objecto do imposto* na distinção entre IRS e IRC, cfr. J. L. SALDANHA SANCHES, *Manual* ..., pp. 248 ss.

2.2.2. A tributação do rendimento real

A expressão do n.º 2 do artigo 104.º da CRP é que a tributação das empresas incide *fundamentalmente sobre o seu rendimento real* – isto é, o seu lucro efectivo em determinado ano, que se contrapõe ao *rendimento normal*, aquele que, em certo ano, é determinado segundo regras objectivadas que decorrem (i) da média dos rendimentos de anos anteriores em condições normais de actividade empresarial, ou (ii) da consideração dessa mesma normalidade apenas para o ano em causa. Em ambos estes casos, trata-se do que a empresa *poderia* obter num contexto de normalidade empresarial[2322].

Decorre do texto constitucional, pois, que a essência da tributação das empresas é pelo seu rendimento real, o que constitui a melhor aproximação à ideia de um sistema fiscal materialmente justo, já que dali decorre a efectiva capacidade contributiva das mesmas[2323]. Mas esta opção da CRP não é sem problemas; e daí a salvaguarda introduzida pelo advérbio *fundamentalmente*. Como se aponta usualmente, a tributação do rendimento real das empresas implica *um sistema fiável de informação sobre os seus resultados*[2324], o que é difícil na perspectiva da Administração fiscal (por diversas razões), senão mesmo impossível ou *mítico* atendendo a questões contabilísticas[2325]. Fala-se, então, no carácter *dirigente* do disposto no n.º 2 do artigo 104.º da CRP, impondo a tributação pelo rendimento real daquelas empresas que disponham das condições para o demonstrar[2326], o que implica uma obrigação pública de aperfeiçoamento, tanto legislativo quanto administrativo, dos respectivos mecanismos.

[2322] Cfr. J. J. GOMES CANOTILHO/VITAL MOREIRA, *Constituição* ..., I, p. 1100; J. L. SALDANHA SANCHES, *Manual* ..., pp. 261 ss.; JOSÉ CASALTA NABAIS, *Direito Fiscal*, pp. 177 ss.

[2323] Sobre esta problemática, cfr. JOÃO PEDRO SILVA RODRIGUES, *Algumas reflexões em torno da efectiva concretização do princípio da capacidade contributiva*, in *Estudos em Homenagem ao Conselheiro José Manuel Cardoso da Costa*, Tribunal Constitucional, Coimbra, 2003, pp. 906 ss.

[2324] Cfr. J. J. GOMES CANOTILHO/VITAL MOREIRA, *Constituição* ..., I, p. 1100.

[2325] Neste último sentido, falando do *mito do rendimento real*, JOSÉ CASALTA NABAIS, *Direito Fiscal*, pp. 178-179. Sobre problemas jurídico-contabilísticos, e aí considerando a temática da tributação das empresas, inclusivamente a propósito do sigilo bancário, cfr. J. L. SALDANHA SANCHES, *Estudos de Direito Contabilístico e Fiscal*, Coimbra, 2000, pp. 7 ss. E, também com referência a esta questão, cfr. JOÃO PEDRO SILVA RODRIGUES, *Algumas reflexões* ..., pp. 909 ss.

[2326] Cfr. JOSÉ CASALTA NABAIS, *Direito Fiscal*, pp. 179 ss.

Mas, como vimos no ponto antecedente, o objecto da tributação não é independente do respectivo sujeito: a sua definição deve procurar-se no equilíbrio entre a finalidade do imposto e a situação económica do sujeito. Por isso JOSÉ CASALTA NABAIS propõe que "tendo em conta a definição/ /determinação da matéria colectável ou tributável das empresas, devam estas ser distribuídas por microempresas, a tributar com base num rendimento normal, pequenas e médias empresas, a tributar com base num rendimento real a apurar fundamentalmente através de elementos de natureza objectiva, e grandes empresas, estas sim a tributar com base no rendimento real revelado pela contabilidade organizada"[2327].

Eis, pois, mais uma manifestação da integração do sistema fiscal na Constituição económica: está em causa a concretização das incumbências prioritárias do Estado previstas nas alíneas *b)* e *f)* do artigo 81.º da CRP[2328].

2.3. A tributação do património

A formulação do n.º 3 do artigo 104.º da CRP, saída da revisão constitucional de 1997, é, no mínimo, enigmática. Com efeito, continuando a dispor que a tributação do património *deve contribuir para a igualdade dos cidadãos* – o que, em rigor não seria necessário explicitar –, a norma em causa parece, por um lado, legitimar um *novo igualitarismo* (expulso que foi o *projecto igualitário* do n.º 1 do actual artigo 103.º aquando da revisão constitucional de 1989[2329]), o que se articula mal com a redacção e significado actuais do disposto naquela norma constitucional. Por outro lado, persiste em não estatuir que o que está em causa é *atenuar o aumento das desigualdades* – o que seria bem mais consonante com o disposto na alínea *b)* do artigo 81.º –, defeito normativo que J. J. GOMES CANOTILHO e VITAL MOREIRA apontavam à redacção anterior, quando ainda encontrava previsão constitucional o imposto sobre sucessões e doações, e se previa, aliás, a sua progressividade, entretanto também ela erradicada do texto

---

[2327] Cfr. *Liberdade de gestão fiscal* ..., p. 440.

[2328] Na jurisprudência constitucional, sobre esta matéria, cfr. Ac. TC n.º 348/97, de 29 de Abril de 1997, DR, II Série, n.º 170, de 25 de Julho de 1997; Ac. TC n.º 26/92 (cit.). Relacionando a tributação do rendimento real com a tributação do património, cfr. Ac. TC n.º 278/2006, de 2 de Maio de 2006, *DR*, II Série, n.º 110, de 7 de Junho de 2006.

[2329] Cfr. anotação ao artigo 103.º, III, § 7.º e § 8.º.

constitucional[2330]. Assim, perante a inexistência de um princípio constitucional geral de progressividade do sistema fiscal enquanto tal, a CRP permite agora que a tributação do património não seja progressiva[2331].

Claro está que não é isenta de dúvidas a noção de *património* de que aqui se trata. Mas uma noção de *património*[2332] para efeitos de tributação não pode abdicar da consideração e conjugação com a de *rendimento*, sob pena de (i) provocar fenómenos de dupla tributação ou (ii) ausência de tributação, ou, em termos mais gerais, (iii) colocar em causa as finalidades do próprio sistema fiscal no que toca a uma repartição justa dos *rendimentos* e da *riqueza*[2333-2334-2335].

Não parece, portanto, que o n.º 3 do artigo 104.º tenha dimensão normativa específica para além do significado da integração da tributação do património no quadro constitucional de impostos[2336] e da permissão da sua não progressividade.

[2330] Cfr. *Constituição* ..., 3.ª Ed., p. 463. E *infra*, III, § 7.º e § 8.º

[2331] Cfr. J. J. GOMES CANOTILHO/VITAL MOREIRA, *Constituição* ..., I, p. 1101. Criticando este aspecto, cfr. ALEXANDRE SOUSA PINHEIRO/MÁRIO JOÃO BRITO FERNANDES, *Comentário* ..., p. 255-256.

[2332] Cfr. anotação ao artigo 103.º, I, § 1.º, 1.4.2.

[2333] Veja-se a este propósito o Ac. TC n.º 308/2001 (cit.)(tributação de pensões de preço de sangue em sede de IRS). Ainda no sentido de que "o n.º 3 do artigo 104.º da Constituição apenas vincula tal tributação a «contribuir para a igualdade entre os cidadãos.»", cfr. Ac. TC n.º 278/2006 (cit.).

[2334] Sobre a tributação do património, cfr. ainda J. L. SALDANHA SANCHES, *Manual* ..., pp. 51 ss.

[2335] Parece-nos, portanto, que será a este propósito, como manifestação do princípio da igualdade em termos fiscais, que poderá falar-se da "inconstitucionalidade de reformas desse modelo de tributação [de tributação do património] que não abranjam a totalidade do património e que, designadamente, discriminem entre património mobiliário e imobiliário." (cfr. JORGE MIRANDA/RUI MEDEIROS (com EDUARDO PAZ FERREIRA), *Constituição* ..., II, p. 227). Sustentando a inconstitucionalidade do imposto de selo devido pela transmissão gratuita de bens, por violação do princípio da capacidade contributiva (como decorrente ou *corolário* do princípio da legalidade), do princípio da igualdade, e do direito de propriedade privada, cfr. NUNO SÁ GOMES, *Inconstitucionalidade do novo imposto do selo sobre transmissões gratuitas de bens*, in *Estudos Jurídicos e Económicos em Homenagem ao Prof. Doutor António de Sousa Franco*, III, FDUL, Coimbra, 2006, em especial pp. 510 ss.

[2336] Cfr. *supra*, I, § 1.º.

2.4. *A tributação do consumo*

Ao afirmar que a tributação do consumo *visa adaptar a respectiva estrutura à evolução das necessidades do desenvolvimento económico e da justiça social*, o n.º 4 do artigo 104.º da CRP refere-se especificamente[2337] às finalidades económico-sociais dos impostos sobre o consumo. Se a "posição constitucional é a de considerá-los como uma parte do sistema fiscal que, no seu todo, terá de ter a natureza redistributiva exigida pelo n.º 1 do art. 103.º da CRP"[2338], e se tal resultaria já, quanto a nós, da criação de um quadro constitucional dos impostos sistematicamente a jusante daquela mesma norma, portanto a ela subordinado, integrado na Constituição económica[2339], e pressupondo ainda a irrepetibilidade do legislador constitucional, deve então questionar-se se não terá este último pretendido acentuar uma finalidade económica ou extrafiscal dos impostos sobre o consumo[2340]. A ser assim, pode também legitimamente questionar-se a constitucionalidade de um imposto sobre o consumo – ou o agravamento das suas taxas – que prossiga *prima facie* objectivos de satisfação das necessidades financeiras do Estado ou de outras entidades públicas[2341].

Por outro lado, a particular *oneração dos consumos de luxo* pretendida pela parte final do n.º 4 do mesmo artigo 104.º da CRP não é isenta de dúvidas e perplexidades. Desde logo porque a categorização de *consumos de luxo* se apresenta altamente problemática, num quadro constitucional que não contempla *normalização social*, sendo, por conseguinte, duvidosa a aptidão das normas jurídicas para tal qualificação[2342]. Depois

---

[2337] E a CRP "por uma única vez", como assinalam J. J. GOMES CANOTILHO e VITAL MOREIRA (cfr. *Constituição* ..., I, p. 1101).

[2338] Cfr. J. L. SALDANHA SANCHES, *Manual* ..., p. 53.

[2339] Cfr. o ponto seguinte, bem como a anotação ao artigo 103.º, I, § 1.º.

[2340] Considerando que perante a "necessária subordinação do sistema fiscal ao sistema económico, é juridico-constitucionalmente irrelevante a distinção, tradicionalmente assinalada na doutrina, entre *impostos fiscais* (...) e *impostos extrafiscais* (...)", cfr. J. J. GOMES CANOTILHO/VITAL MOREIRA, *Constituição* ..., I, p. 1090.

[2341] Na jurisprudência constitucional, referindo-se à tutela penal das finalidades do sistema fiscal a propósito dos impostos especiais sobre o consumo, mas sem as distinguir para o efeito, cfr. Ac. TC n.º 29/2007, de 17 de Janeiro de 2007, *DR*, II Série, n.º 40, de 26 de Fevereiro de 2007.

[2342] Como afirma J. L. SALDANHA SANCHES, sendo problemático "saber o que é e não é um artigo de luxo numa sociedade em constante mutação cultural e a lógica de funem face das determinações do Direito Europeu a propósito do Imposto sobre o Valor Acrescentado, que afasta taxas agravadas[2343].

§ 3.º. Problemas transversais ao quadro constitucional de impostos num Estado de bem-estar

A integração do sistema fiscal na Constituição económica determina a instrumentalidade deste perante os princípios fundamentais da organização económico-social, mas também perante as incumbências prioritárias do Estado positivadas no artigo 81.º da CRP, nomeadamente nas suas alíneas *a)* ("Promover o aumento do bem-estar social e económico e da qualidade de vida das pessoas, em especial das mais desfavorecidas, no quadro de uma estratégia de desenvolvimento sustentável") e *b)* ("Promover a justiça social, assegurar a igualdade de oportunidades e operar as necessárias correcções das desigualdades na distribuição da riqueza e do rendimento, nomeadamente através da política fiscal"), em articulação com o disposto na alínea *d)* do artigo 9.º[2344].

Neste contexto, muito embora a progressividade não seja apontada como um elemento de justiça constitucionalmente imperativo para todo o sistema fiscal, mas apenas (pelo menos expressamente) para o imposto sobre o rendimento pessoal, nos termos do n.º 1 do artigo 104.º[2345], há que levar em conta que a multiplicidade de critérios de justiça fiscal que a CRP, em tese, possibilita para cada tipo de imposto, não pode colocar em crise a função da progressividade estatuída para o imposto sobre o rendimento pessoal. Sendo possível uma tensão intra-constitucional no seio do quadro constitucional de impostos a este nível, a preferência pela tributa-

---

cionamento do Imposto sobre o Valor Acrescentado que é tanto mais eficiente quanto mais reduzida é a sua banda de taxas" (cfr. *Manual* ..., p. 54). No sentido de que "parece ter expressa consagração constitucional no artigo 104.º, n.º 4, da CRP" a posição da doutrina italiana que "chega mesmo a considerar inconstitucional o sistema de tributação indirecta que não discriminar a favor dos consumos essenciais", cfr. NUNO SÁ GOMES, *Inconstitucionalidade* ..., p. 513.

[2343] Neste sentido, cfr. JOSÉ CASALTA NABAIS, *Direito Fiscal*, p. 184.
[2344] Cfr. anotação ao artigo 103.º, I, em especial § 1.º, e referências nos vários pontos antecedentes na anotação ao presente artigo. Cfr. ainda a anotação ao artigo 81.º, quanto a ambas aquelas alíneas, e § 1.º, 1.3., quanto à noção de *Estado* aí presente.
[2345] Cfr. *supra*, I, § 2.º, 2.1.2.

ção do rendimento[2346], a admitir-se, reforça esta asserção. Com efeito, não basta então a consagração da progressividade deste imposto: é ainda necessário que a articulação do sistema fiscal lhe conceda a proeminência reclamada pela finalidade da progressividade. Isso pode implicar, em termos constitucionais, uma retracção de outras formas de tributação.

Mas o problema não se resume ao sistema fiscal em sentido objectivo[2347]. A Administração fiscal (em sentido subjectivo) é um factor fundamental da justiça fiscal, sendo vários os momentos em que a sua estrutura, competências e meios nos levam a questionar a possibilidade real de um sistema fiscal que cumpra as suas finalidades constitucionais[2348]. Não pode olvidar-se que a estruturação da Administração fiscal está sujeita aos princípios constitucionais rectores da Administração Pública, em particular (para o que ora releva) os constantes dos artigos 266.° e 267.° da CRP, e que mantêm um diálogo normativo com as finalidades do sistema fiscal. Não existe, aliás, *um legislador fiscal* distinto do *legislador administrativo*: tal cisão, além de artificiosa, fracciona a unidade normativa da Constituição, unidade essa que, entre outros princípios e elementos, é postulada pelo princípio da igualdade, e aqui em particular da igualdade fiscal. Não é, por conseguinte, de afastar que a violação dos princípios ínsitos no quadro constitucional de impostos, a jusante do disposto no artigo 103.°, surja em consequência do desrespeito dos princípios constitucionais determinantes da estrutura da Administração Pública.

Recordem-se, pois, a *cláusula constitucional de bem-estar* (enquanto momento normativo subsequente à positivação do princípio da dignidade da pessoa humana) e a imperatividade das incumbências prioritárias do Estado no domínio económico: a unidade que aí vai pressuposta não permite que o *legislador fiscal* se escude nas omissões do *legislador administrativo*, posto que são o mesmo.

[2346] Cfr. *supra*, I, § 1.°.

[2347] Sobre o conceito constitucional de sistema fiscal, cfr. anotação ao artigo 103.°, § 2.°, 2.1.

[2348] A propósito da tributação do património, cfr. afirma J. L. SALDANHA SANCHES, *Manual* ..., pp. 52-53.

II. DIREITO INTERNACIONAL E EUROPEU

§ 4.º. Direito Internacional

A este propósito, e pressupondo os comentários já expendidos no que respeita ao artigo 103.º da CRP[2349], não pode deixar de sublinhar-se o lugar central dos acordos relativos à dupla tributação. Na respectiva celebração, o Estado português está vinculado ao quadro constitucional dos impostos e seus termos, sob pena de inconstitucionalidade. Mas, como se surpreende dos pontos antecedentes, não são muito imediatas as vinculações que a CRP estabelece a este respeito[2350].

§ 5.º. Direito Europeu

Na sequência do já referido em anotação ao artigo 103.º[2351], são várias as vinculações oriundas no Direito Europeu em matéria de impostos. Sendo certa uma forte determinação comunitária – para não dizer essencial – ao nível do Imposto sobre o Valor Acrescentado, que pouca margem deixa aos Estados-membros no que respeita à respectiva adaptação aos objectivos dos seus sistemas fiscais, o mesmo não se verifica noutras áreas de tributação. Assim será no domínio da tributação das empresas, onde se está ainda longe de uma harmonização fiscal compatível com os objectivos de desenvolvimento económico-social que presidem ao TCE[2352], muito embora se venha assistindo a passos importantes desde 1997 com a preparação de um *pacote fiscal* onde se inclui um *código de conduta da fiscalidade das empresas*[2353].

[2349] Cfr. a anotação respectiva, II, § 4.º.

[2350] Como aparentemente o não são também as do Direito Europeu no que respeita à eliminação da dupla tributação na Comunidade (artigo 293.º do TCE)(cfr. PATRÍCIA NOIRET DA CUNHA, *A Tributação Directa na Jurisprudência do Tribunal de Justiça das Comunidades Europeias*, Coimbra, 2006, pp. 268 ss.).

[2351] Cfr. a anotação respectiva, II, § 5.º

[2352] Cfr. GONÇALO AVELÃS NUNES, *Estado social e tributação directa sobre as empresas na União Europeia*, in *Homenagem a José Guilherme Xavier de Basto*, Coimbra, 2006, pp. 235 ss.

[2353] Cfr. CLOTILDE CELORICO PALMA, *O controlo da concorrência fiscal prejudicial na União Europeia*, in *Homenagem a José Guilherme Xavier de Basto*, Coimbra, 2006, pp.

O problema é, aliás, geral no domínio da tributação do rendimento, onde a difícil harmonização da legislação dos Estados-membros tem conduzido a uma sobre-importância da jurisprudência do Tribunal de Justiça das Comunidades, que defende as liberdades comunitárias dos sistemas fiscais daqueles, segundo critérios altamente complexos e de definição difícil[2354]. E ainda que possa sustentar-se que não haja "um desmantelamento geral dos direitos fiscais nacionais"[2355], parece inequívoco que os critérios de justiça material da tributação nos Estados-membros serão cada vez mais ditados pelos imperativos da integração económica do que pela *função constituinte* clássica daqueles[2356].

III. MEMÓRIA CONSTITUCIONAL

§ 6.º. **As constituições portuguesas anteriores à Constituição de 1976**

A **Constituição de 1822** não continha qualquer norma semelhante à constante do artigo 104.º da CRP.

A **Carta Constitucional de 1826** dispunha, entre os direitos (e deveres) dos cidadãos, que "Ninguém será isento de contribuir para as despesas do Estado, *em proporção dos seus haveres*" (artigo 145.º, § 14.º)[2357].

---

127 ss.; GONÇALO ANASTÁCIO, *Concorrência fiscal na União Europeia*, in *Estudos Jurídicos e Económicos em Homenagem ao Prof. Doutor António de Sousa Franco*, II, FDUL, Coimbra, 2006, pp. 80 ss. (e sobre o problema da concorrência fiscal em geral, cfr. pp. 53 ss.). Fundamental sobre esta matéria é, por todos, ANTÓNIO CARLOS SANTOS, *Auxílios de Estado ...*, *passim*.

[2354] Sobre este problema, cfr. PATRÍCIA NOIRET DA CUNHA, *A Tributação Directa ...*, pp. 68 ss.

[2355] Cfr. PATRÍCIA NOIRET DA CUNHA, *A Tributação Directa ...*, p. 285.

[2356] J. J. GOMES CANOTILHO e VITAL MOREIRA consideram que a política fiscal "é certamente o instrumento de política governamental menos afectado até ao momento pela *integração europeia*, dada a perda ou extensa diminuição de autonomia noutras políticas (...)"; mas não deixam de salientar que, apesar disso, a *autonomia fiscal dos Estados-membros, na prática, é bem menor do que parece*, mercê de factores como a falta de harmonização a que já nos referimos e a consequente "*concorrência fiscal* entre os diversos países, com especial incidência na tributação dos lucros das empresas e dos rendimentos de capital" (cfr. *Constituição ...*, I, p. 1102). Sobre os problemas da fiscalidade no contexto da integração europeia, cfr. ainda PAULO DE PITTA E CUNHA, *A Integração Europeia ...*, pp. 155 ss.

[2357] O itálico é nosso.

A **Constituição de 1838**, na mesma linha essencial do constitucionalismo anterior, inclui entre os direitos e garantias dos cidadãos portugueses norma idêntica à do artigo 145.º, § 14.º da Carta Constitucional – é o artigo 24.º.

A **Constituição de 1911** também não continha qualquer norma semelhante à constante do artigo 104.º da CRP.

Já na **Constituição de 1933** se encontra a consideração fiscal da família, no artigo 13.º, 3.º, que estabelece que "Em ordem à defesa da família pertence ao Estado e autarquias locais" (...) "Regular os impostos de harmonia com os encargos legítimos da família (...)". E adiante, estatui o artigo 26.º a obrigação de todo o cidadão de *contribuir para os encargos públicos, conforme os seus haveres* (artigo 26.º)[2358].

§ 7.º. **Conteúdo originário da redacção do preceito na Constituição de 1976 e sucessivas versões decorrentes das revisões constitucionais**

Na **redacção originária da Constituição de 1976** a matéria relativa aos impostos encontrava-se no então artigo 107.º, nos seguintes termos:

"ARTIGO 107.º
(Impostos)

1. O imposto sobre o rendimento pessoal visará a diminuição das desigualdades, será único e progressivo, tendo em conta as necessidades e os rendimentos do agregado familiar, e tenderá a limitar os rendimentos a um máximo nacional, definido anualmente pela lei.

2. A tributação das empresas incidirá fundamentalmente sobre o seu rendimento real.

3. O imposto sobre sucessões e doações será progressivo, de forma a contribuir para a igualdade entre os cidadãos, e tomará em conta a transmissão por herança dos frutos do trabalho.

4. A tributação do consumo visará adaptar a estrutura do consumo às necessidades da socialização da economia, isentando-se dela os bens necessários à subsistência dos mais desfavorecidos e suas famílias e onerando-se os consumos de luxo."

[2358] Cfr. ainda anotação ao artigo 103.º, III, § 7.º.

Na **revisão constitucional de 1982**, o artigo 86.º da Lei Constitucional n.º 1/82, de 30 de Setembro, alterou a redacção dos n.ᵒˢ 1, 3 e 4, nos termos seguintes:

"[…]
(Impostos)
1. O imposto sobre o rendimento pessoal visará a diminuição das desigualdades, será único e progressivo, tendo em conta as necessidades e os rendimentos do agregado familiar, e tenderá a limitar os rendimentos a um máximo nacional, definido anualmente pela lei.
2. ....
3. O imposto sobre sucessões e doações será progressivo, de forma a contribuir para a igualdade entre os cidadãos, e tomará em conta a transmissão por herança dos frutos do trabalho.
4. A tributação do consumo *visa adaptar a estrutura do consumo à evolução das necessidades do desenvolvimento económico e da justiça social, devendo onerar os consumos de luxo*."[2359].

A **revisão constitucional de 1989** e a **revisão constitucional de 1992** não trouxeram qualquer alteração ao preceito.
Já na **revisão constitucional de 1997**, o artigo 68.º da Lei Constitucional n.º 1/97, de 20 de Setembro, renumerou o preceito – que assim se fixou no artigo 104.º – e alterou a redacção dos n.ᵒˢ 1, 2 e 3, nos seguintes termos:

"*ARTIGO 104.º*
(Impostos)
1. O imposto sobre o rendimento pessoal *visa* a diminuição das desigualdades e será único e progressivo, tendo em conta as necessidades e os rendimentos do agregado familiar.
2. A tributação das empresas *incide* fundamentalmente sobre o seu rendimento real.
3. *A tributação do património deve* contribuir para a igualdade entre os cidadãos.
4. ...."[2360].

[2359] As expressões "cortadas" evidenciam o que foi pura e simplesmente eliminado (para maior facilidade de leitura), enquanto os itálicos, também nossos, assinalam as alterações.
[2360] Os itálicos são nossos e assinalam as alterações.

Assim se fixou a actual numeração e redacção do preceito, já que nem a **quinta revisão constitucional, de 2001**, nem a **sexta revisão constitucional, de 2004**, nem tão-pouco a **sétima revisão constitucional, de 2005,** lhe trouxeram qualquer alteração.

§ 8.°. **Apreciação do sentido das alterações do preceito**

Também no domínio do quadro constitucional dos impostos se assistiu aos reflexos da desideologização do texto constitucional. Isto é claro na revisão constitucional de 1982, embora até hoje tenha permanecido o *apêndice* da oneração dos consumos de luxo, no n.° 4 do artigo 104.°. Mas além disso, não pode dizer-se que a matéria em causa tenha sofrido alterações estruturais essenciais, retirando talvez a desconstitucionalização (e posterior extinção) do imposto sobre sucessões e doações com a revisão constitucional de 1997.

Ao invés de uma evolução norteada para as garantias dos contribuintes, nota-se um certo *abandono* constitucional do quadro dos impostos, como que aguardando pelo que o Direito Europeu venha a ditar, num futuro mais ou menos próximo, o que entretanto concede ao legislador (pelo menos de forma aparente) uma margem de liberdade de conformação do sistema fiscal dificilmente compatível com as exigências de um Estado de Direito/bem-estar[2361].

IV. PAÍSES DE EXPRESSÃO PORTUGUESA

§ 9.°. **Brasil**

Já se lançou um olhar sobre a complexidade constitucional do sistema fiscal brasileiro[2362]. No que respeita à tipologia constitucional dos impostos, note-se que CRFB a associa à competência da União (artigos

---

[2361] Numa perspectiva muito crítica em relação à revisão constitucional de 1997 (ou talvez melhor, ao que ela poderia ter sido) quanto a esta norma, cfr. ALEXANDRE SOUSA PINHEIRO/MÁRIO JOÃO BRITO FERNANDES, *Comentário* ..., pp. 254 ss.

[2362] Cfr. anotação ao artigo 103.°, IV, § 9.°.

153.º e 154.º), dos Estados federados e do Distrito Federal (artigo 155.º) e dos Municípios (artigo 156.º)[2363].
Assim, dispõe o artigo 153.º que:

"Art. 153.º
Compete à União instituir impostos sobre:
I – importação de produtos estrangeiros;
II – exportação, para o exterior, de produtos nacionais ou nacionalizados;
III – renda e proventos de qualquer natureza;
IV – produtos industrializados;
V – operações de crédito, câmbio e seguro, ou relativas a títulos ou valores mobiliários;
VI – propriedade territorial rural;
VII – grandes fortunas, nos termos de lei complementar.
...."

Este preceito refere-se ainda a critérios ou limites materiais à tributação específicos para cada uma destas categorias de imposto, sendo de destacar os critérios da generalidade, universalidade e progressividade para o imposto referido em III (§ 2.º, I); a selectividade e ausência de tributação dos produtos destinados ao exterior para o imposto referido em IV (§ 3.º I e III); a determinação de que o imposto referido em VI será estruturado por forma a desincentivar a existência de propriedades improdutivas, e favorecendo os pequenos proprietários que não possuam outros imóveis.

Não há, porém, como esclarece o artigo 154.º, uma tipicidade constitucionalmente fechada dos impostos, embora se fixem critérios para a criação de outros:

"Art. 154.º
A União poderá instituir:
I – mediante lei complementar, impostos não previstos no artigo anterior, desde que sejam não cumulativos e não tenham fato gerador ou base de cálculo próprios dos discriminados nesta Constituição;
II – na iminência ou no caso de guerra externa, impostos extraordinários, compreendidos ou não em sua competência tributária, os quais serão suprimidos, gradativamente, cessadas as causas de sua criação."

[2363] Cfr. a respectiva inserção sistemática na anotação ao artigo 104, IV, § 9.º.

Já nos termos do artigo 155.°,

"Art. 155.°
Compete aos Estados e ao Distrito Federal instituir impostos sobre:
I – transmissão *causa mortis* e doação, de quaisquer bens ou direitos;
II – operações relativas à circulação de mercadorias e sobre prestações de serviços de transporte interestadual e intermunicipal e de comunicação, ainda que as operações e as prestações se iniciem no exterior;
III – propriedade de veículos automotores.
...."

O imposto referido em II suscita a complexa problemática da tributação do consumo no Brasil, estando em curso a implementação de um *imposto sobre o valor agregado*, o que é bem espelhado pelo facto de a restante (e extensa) parte do preceito lhe ser integralmente dedicada.

Por fim, no que toca aos impostos municipais, estabelece o artigo 156.° que:

"Art. 156.°
Compete aos Municípios instituir impostos sobre:
I – propriedade predial e territorial urbana;
II – transmissão *inter vivos*, a qualquer título, por ato oneroso, de bens imóveis, por natureza ou acessão física, e de direitos reais sobre imóveis, exceto os de garantia, bem como cessão de direitos a sua aquisição;
III – serviços de qualquer natureza, não compreendidos no art. 155.°, II, definidos em lei complementar.

§ 1.° – Sem prejuízo da progressividade no tempo a que se refere o art. 182.°, § 4.°, inciso II, o imposto previsto no inciso I poderá:
I – ser progressivo em razão do valor do imóvel; e
II – ter alíquotas diferentes de acordo com a localização e o uso do imóvel.

§ 2.° – O imposto previsto no inciso II:
I – não incide sobre a transmissão de bens ou direitos incorporados ao patrimônio de pessoa jurídica em realização de capital, nem sobre a transmissão de bens ou direitos decorrente de fusão, incorporação, cisão ou extinção de pessoa jurídica, salvo se, nesses casos, a atividade preponderante do adquirente for a compra e venda desses bens ou direitos, locação de bens imóveis ou arrendamento mercantil;
II – compete ao Município da situação do bem.

§ 3.° – Em relação ao imposto previsto no inciso III do *caput* deste artigo, cabe à lei complementar:

I – fixar as suas alíquotas máximas e mínimas;
II – excluir da sua incidência exportações de serviços para o exterior;
III – regular a forma e as condições como isenções, incentivos e benefícios fiscais serão concedidos e revogados."

§ 10.º. **Angola**

A LCRA não contém norma idêntica à constante do artigo 104.º da CRP.

§ 11.º. **Moçambique**

A CRM não contém norma idêntica à constante do artigo 104.º da CRP.

§ 12.º. **Cabo Verde**

A CRCV não contém norma idêntica à constante do artigo 104.º da CRP.

§ 13.º. **Guiné-Bissau**

A CRGB não contém norma idêntica à constante do artigo 104.º da CRP.

§ 14.º. **São Tomé e Príncipe**

Sobre os impostos na CRDSTP dispõe o artigo 65.º[2364].

§ 15.º. **Timor-Leste**

A CRDTL não contém norma idêntica à constante do artigo 104.º da CRP.

[2364] Cfr. anotação ao artigo 103.º, IV, § 14.º

ARTIGO 105.º
(Orçamento)

1. O Orçamento do Estado contém:
a) A discriminação das receitas e despesas do Estado, incluindo as dos fundos e serviços autónomos;
b) O orçamento da segurança social.
2. O Orçamento é elaborado de harmonia com as grandes opções em matéria de planeamento e tendo em conta as obrigações decorrentes de lei ou de contrato.
3. O Orçamento é unitário e especifica as despesas segundo a respectiva classificação orgânica e funcional, de modo a impedir a existência de dotações e fundos secretos, podendo ainda ser estruturado por programas.
4. O Orçamento prevê as receitas necessárias para cobrir as despesas, definindo a lei as regras da sua execução, as condições a que deverá obedecer o recurso ao crédito público e os critérios que deverão presidir às alterações que, durante a execução, poderão ser introduzidas pelo Governo nas rubricas de classificação orgânica no âmbito de cada programa orçamental aprovado pela Assembleia da República, tendo em vista a sua plena realização.

Quadro tópico:

I. ORÇAMENTO
§ 1.º. FUNÇÕES DO ORÇAMENTO COMO INSTRUMENTO DOS SISTEMAS FINANCEIRO E FISCAL;
1.1. O Orçamento como instrumento de unificação do sistema financeiro e do sistema fiscal no âmbito da Constituição económica;
1.2. A aplicação dos princípios relativos ao Orçamento do Estado a outras realidades orçamentais;
§ 2.º. O CONTEÚDO DO ORÇAMENTO;
2.1. As receitas e despesas do Estado e dos fundos e serviços autónomos;

2.2. O orçamento da segurança social;
2.3. O sector público excluído do Orçamento;
§ 3.º. VINCULAÇÕES QUANTO AO CONTEÚDO DO ORÇAMENTO;
3.1. A *harmonia com as grandes opções em matéria de planeamento*;
3.2. O cumprimento das obrigações legais e contratuais;
§ 4.º. OS PRINCÍPIOS FUNDAMENTAIS EM MATÉRIA ORÇAMENTAL;
4.1. O princípio da anualidade orçamental;
4.2. O princípio da plenitude orçamental;
4.3. O princípio da discriminação orçamental;
4.3.1. O subprincípio da especificação;
4.3.2. O subprincípio da não compensação;
4.3.3. O subprincípio da não consignação;
4.4. O princípio do equilíbrio orçamental: equilíbrio formal, equilíbrio material e recurso ao crédito público;
4.5. Outros princípios;
§ 5.º. VINCULAÇÃO E LIBERDADE DO GOVERNO NA EXECUÇÃO DO ORÇAMENTO;
§ 6.º. O CONTEÚDO DA LEI DO ORÇAMENTO – MATÉRIA ORÇAMENTAL E MATÉRIA NÃO ORÇAMENTAL;
§ 7.º. SOBRE A NATUREZA JURÍDICA DO ORÇAMENTO.

II. DIREITO INTERNACIONAL E EUROPEU
§ 8.º. DIREITO INTERNACIONAL;
§ 9.º. DIREITO EUROPEU.

III. MEMÓRIA CONSTITUCIONAL
§ 10.º. AS CONSTITUIÇÕES PORTUGUESAS ANTERIORES À CONSTITUIÇÃO DE 1976;
§ 11.º. CONTEÚDO ORIGINÁRIO DA REDACÇÃO DO PRECEITO NA CONSTITUIÇÃO DE 1976 E SUCESSIVAS VERSÕES DECORRENTES DAS REVISÕES CONSTITUCIONAIS;
§ 12.º. APRECIAÇÃO DO SENTIDO DAS ALTERAÇÕES DO PRECEITO.

IV. PAÍSES DE EXPRESSÃO PORTUGUESA
§ 13.º. BRASIL;
§ 14.º. ANGOLA;
§ 15.º. MOÇAMBIQUE;
§ 16.º. CABO VERDE;
§ 17.º. GUINÉ-BISSAU;
§ 18.º. SÃO TOMÉ E PRÍNCIPE;
§ 19.º. TIMOR-LESTE.

I. ORÇAMENTO

§ 1.º. Funções do Orçamento como instrumento dos sistemas financeiro e fiscal

1.1. O Orçamento como instrumento de unificação do sistema financeiro e do sistema fiscal no âmbito da Constituição económica

O Orçamento prossegue múltiplas funções, entre as quais podem apontar-se três imediatas – e imediatamente relevantes no âmbito constitucional: (i) uma *função económica*, (ii) uma *função política*, (iii) e uma *função jurídica*[2365]. A *função económica* enquadra dois aspectos ou perspectivas essenciais, a saber, de "racionalidade económica" e de "eficácia, como quadro de elaboração de políticas financeiras"[2366]. Já a *função política* (em intermediação com a função jurídica, acrescentamos), que faz do Orçamento uma *autorização*, tem uma dupla finalidade de "garantia dos direitos fundamentais" e de "garantia do equilíbrio e separação de poderes"[2367]. A *função jurídica* do Orçamento, por seu turno, traduz a ideia de *limite* (cujo *fundamento* se colhe na função política) ao exercício do poder administrativo[2368], isto é, uma manifestação do princípio da legalidade (não importando agora buscar distinções entre legalidade administrativa e legalidade financeira)[2369].

Deve realçar-se, contudo, que, no âmbito da sua função política, e num contexto de Estado social de Direito, ou de Estado de bem-estar, o

---

[2365] Cfr. ANTÓNIO L. SOUSA FRANCO, *Finanças Públicas* ..., I, pp. 338 ss.; ANTÓNIO BRAZ TEIXEIRA, *Finanças Públicas* ..., pp. 83 ss. Uma outra classificação, eminentemente financeira, adoptada por JOSÉ JOAQUIM TEIXEIRA RIBEIRO, aponta ao Orçamento as funções de (i) "*relacionação das receitas com as despesas*", (ii) "*fixação das despesas*", e (iii) "*exposição do plano financeiro*"; mas a este último propósito, o Autor não deixa de sublinhar que o "orçamento representa, portanto, o próprio programa financeiro" (cfr. *Lições* ..., pp. 57 ss.).

[2366] Cfr. ANTÓNIO L. SOUSA FRANCO, *Finanças Públicas* ..., I, pp. 338-339.

[2367] Cfr. ANTÓNIO L. SOUSA FRANCO, *Finanças Públicas* ..., I, p. 339.

[2368] Muito embora este *limite* releve também em outras funções do Estado, designadamente na função legislativa, o que pode observar-se em todas as características que dão ao Orçamento o seu valor reforçado enquanto acto legislativo.

[2369] Cfr. ANTÓNIO L. SOUSA FRANCO, *Finanças Públicas* ..., I, pp. 340-341; ANTÓNIO BRAZ TEIXEIRA, *Finanças Públicas* ..., p. 84.

Orçamento "desempenha hoje um importante papel por incorporar necessariamente um programa de política económico-social, de que é privilegiado instrumento"[2370]. Nas palavras de ANTÓNIO L. SOUSA FRANCO, o *poder de autorizar despesas e receitas* "modernamente está relacionado com o *poder de planear*, pois o montante das verbas envolvidas e o seu efeito económico global levam a tornar indissociável o gasto e a receita do Estado e o planeamento económico-social. Podem eles, com prejuízo político e social, ser independentes; podem estar inter-relacionados; pode o poder orçamental ser concebido como uma forma de executar o plano (ou condicionar a respectiva execução). Mas não podem ignorar-se, além do orçamento ser, em si, um *plano* ...": estamos no âmbito dos *poderes económicos do Estado*[2371].

Como se sabe, é a Constituição económica que estabelece o essencial desses *poderes económicos do Estado*[2372]. E se os disciplina ao longo de todo o seu acervo normativo, assentando especiais deveres públicos no respectivo exercício – mormente no artigo 81.° da CRP –, não deixou de estabelecer um elenco particular de princípios fundamentais, no artigo 80.°, entre os quais se encontra o do planeamento democrático do desenvolvimento económico e social, na respectiva alínea *e)*, do qual o Orçamento é corolário[2373]. O Orçamento é, pois, um elemento da Constituição económica, e que responde perante os seus princípios[2374].

Das apontadas funções, decorre o lugar central do Orçamento no âmbito da Constituição económica, como elemento concretizador ao nível do sistema financeiro e do sistema fiscal, também eles parte integrante daquela[2375]. No que respeita ao sistema fiscal, *v.g.*, tenha-se presente o princípio da anualidade do Orçamento como medida para a questão da retroactividade fiscal.

[2370] Cfr. ANTÓNIO BRAZ TEIXEIRA, *Finanças Públicas* ..., pp. 83-84.

[2371] Cfr. ANTÓNIO L. SOUSA FRANCO, *Finanças Públicas* ..., I, p. 340. Considerando o *poder orçamental* como o *"Conjunto de competências políticas, jurídicas e económicas que se congregam no acto-plano Lei do Orçamento, no sentido de lhe concederem valor e força de lei, constitutiva de direitos e deveres"*, cfr. GUILHERME D'OLIVEIRA MARTINS, *Poder orçamental*, in DJAP, VI, Lisboa, 1994, p. 387.

[2372] Cfr. anotação ao artigo 80.°, I, § 1.°.

[2373] Cfr. anotação ao artigo 80.°, I, § 2.°, em especial 2.5.2.

[2374] Sobre o lugar da Constituição orçamental, cfr. MARCELO REBELO DE SOUSA, *A Constituição de 1976* ..., pp. 9 ss.

[2375] Cfr. anotação ao artigo 101.°, I, § 1.°, *passim*, e anotação ao artigo 103.°, I, § 1.°, *passim*.

Ora, é justamente o Orçamento que, como *plano concretizador*, constitui a melhor expressão de unidade do sistema financeiro e do sistema fiscal, unidade essa reclamada pela Constituição económica, sobretudo pelos princípios inscritos no referido artigo 80.º e pelo elenco de incumbências prioritárias do Estado presente no artigo 81.º. É pelo Orçamento que se *autoriza* a utilização dos poderes públicos para a concretização de uma certa *racionalidade económica*, estabelecendo-se uma *legalidade (anual)* para o efeito, que consubstancia, nessa medida de eficácia, a execução dos princípios constitucionais que constroem o regime económico[2376].

1.2. *A aplicação dos princípios relativos ao Orçamento do Estado a outras realidades orçamentais*

A aplicação dos princípios relativos ao Orçamento do Estado a outras realidades orçamentais – designadamente, regionais e locais – é questão que não reúne consenso: se para uns, em regra, não se encontra razão para a respectiva não aplicação[2377], já para outros o disposto no artigo 105.º da CRP se aplica apenas ao Orçamento do Estado, mercê, designadamente, da independência/autonomia orçamental das regiões autónomas[2378].

[2376] De certo modo, aproximamo-nos aqui de J. J. GOMES CANOTILHO e VITAL MOREIRA quando afirmam ser dupla a função constitucional do Orçamento: "por um lado, estabelecer o *plano financeiro do Estado*, de modo a realizar o seu programa de actividades, estabelecendo as respectivas dotações financeiras; por outro lado, autorizar a cobrança de impostos, prevendo as respectivas receitas, e autorizar a realização de despesas, sem cuja dotação orçamental elas não podem ser efectuadas" (cfr. *Constituição* ..., I, p. 1109). Sobre o conceito de orçamento na Constituição de 1976, cfr. ANTÓNIO LOBO XAVIER, *O Orçamento como Lei. Contributo para a compreensão de algumas especificidades do Direito Orçamental Português*, in *Boletim de Ciências Económicas*, Faculdade de Direito da Universidade de Coimbra, n.º XXXIV (1991), pp. 220 ss.

[2377] Cfr. J. J. GOMES CANOTILHO/VITAL MOREIRA, *Constituição* ..., I, pp. 1104-1105 (que afirmam mesmo que "na parte geral da Constituição não deveria haver um tratamento exclusivo do orçamento do Estado"). E na jurisprudência constitucional, cfr. Ac. TC n.º 206/87 (cit.).

[2378] Neste último sentido, cfr. JORGE MIRANDA/RUI MEDEIROS (com EDUARDO PAZ FERREIRA), *Constituição* ..., II, p. 230; EDUARDO PAZ FERREIRA, *Em Torno* ..., pp. 307-308, mas admitindo a aplicação de tais princípios aos orçamentos (das regiões autónomas – é esta a situação específica referida) tratando-se de "valores consolidados na consciência jurídica e como tal princípios estruturantes do direito financeiro".

tros momentos já se notou, e entre outras razões já apontadas, não deixa de ser digno de nota que a coesão da Constituição económica interna seja motivada ou impulsionada pelo próprio Direito Europeu.

§ 2.º. O conteúdo do Orçamento

2.1. *As receitas e despesas do Estado e dos fundos e serviços autónomos*

A alínea *a)* do n.º 1 do artigo 105.º determina que o Orçamento contém a *discriminação das receitas e despesas do Estado, incluindo as dos fundos e serviços autónomos*. Está, portanto, hoje melhor esclarecida a dimensão do princípio da plenitude orçamental[2392]. Integram o Orçamento as despesas e receitas dos chamados serviços integrados – que não disponham de autonomia administrativa e financeira[2393] –, bem como as dos fundos e serviços autónomos que, nos termos do n.º 3 do artigo 2.º da Lei de Enquadramento Orçamental, são aqueles que, cumulativamente, (i) não tenham natureza e forma de empresa, fundação ou associação públicas (mesmo se submetidos ao respectivo regime por outro diploma)(alínea *a)*), (ii) tenham autonomia administrativa e financeira (alínea *b)*), e (iii) disponham de receitas próprias para cobertura das suas despesas (alínea *c)*)[2394-2395].

O sentido da *discriminação das receitas e despesas* é plúrimo, e, juntamente com outras normas, determina princípios fundamentais em matéria orçamental[2396].

[2391] Sobre os limites ao endividamento, na jurisprudência constitucional (sobretudo no que respeita às regiões autónomas), cfr. Ac. TC n.º 532/2000 (cit.); Ac. TC n.º 260/98, de 5 de Março de 1998, *DR*, I Série, n.º 76, de 31 de Março de 1998; Ac. TC n.º 624/97, de 21 de Outubro de 1997, *DR*, II Série, n.º 276, de 28 de Novembro de 1997.

[2392] Cfr. *infra*, I, § 4.º, 4.2.

[2393] Cfr. n.º 2 do artigo 2.º da Lei de Enquadramento Orçamental.

[2394] Sobre os fundos e serviços autónomos, cfr. ANTÓNIO L. SOUSA FRANCO, *Finanças Públicas* ..., I, pp. 146-147, 154-157, e 161 ss. No sentido de que o conceito de *fundos e serviços autónomos* aqui presente "mantém seguramente o sentido que detém no direito financeiro", cfr. J. J. GOMES CANOTILHO/VITAL MOREIRA, *Constituição* ..., I, p. 1105.

[2395] Na jurisprudência constitucional, cfr. Ac. TC n.º Ac. TC n.º 267/88, de 29 de Novembro de 1988, DR, I Série, n.º 293, de 21 de Dezembro de 1988.

[2396] Cfr. *infra*, I, § 4.º.

2.2. O orçamento da segurança social

Nos termos do n.º 2 do artigo 63.º da CRP, "Incumbe ao Estado organizar, coordenar e subsidiar um sistema de segurança social unificado e descentralizado, com a participação das associações sindicais, de outras organizações representativas dos trabalhadores e de associações representativas dos demais beneficiários". A inclusão no Orçamento do Estado do *orçamento da segurança social*, nos termos da alínea *b)* do n.º 1 do artigo 105.º, salienta e institucionaliza aquela incumbência, e responde a necessidades de transparência financeira frente aos problemas da desorçamentação. Mas a autonomia do orçamento da segurança social[2397] também transporta para o plano constitucional "a ideia", nas palavras de J. J. GOMES CANOTILHO e VITAL MOREIRA, "de que o sistema de segurança social deve ser auto-sustentável, gerando as receitas necessárias para pagar as prestações devidas (subsídios, pensões, etc.), sem necessidade de recurso ao orçamento do Estado"[2398].

2.3. O sector público excluído do Orçamento

Nos termos expostos nos pontos antecedentes, estão excluídas do Orçamento do Estado as despesas e receitas das regiões autónomas, das autarquias locais, das empresas públicas, bem como das fundações e associações públicas. No que respeita às regiões autónomas e autarquias locais, esta exclusão encontra justificação essencial na sua própria autonomia, seja a respectiva dimensão sobretudo política ou administrativa[2399], que importa como consequência outros níveis de autonomia, designadamente financeira. São os seus fins próprios e distintos dos do Estado que o justificam, apesar de ser comum a afirmação de que tal releva essencialmente no âmbito do Direito Administrativo – mas aqui é a sua autonomia *constitucionalmente* consagrada que importa. Tal justificação é extensível, em geral e na sua essência (a distinção de fins face aos do Estado) às associa-

---

[2397] Cfr. artigos 2.º e 27.º e seguintes da Lei de Enquadramento Orçamental.
[2398] Cfr. *Constituição* ..., I, p. 1106.
[2399] Cfr. JORGE MIRANDA/RUI MEDEIROS (com EDUARDO PAZ FERREIRA), *Constituição* ..., II, p. 230.

ções públicas[2400], já sendo mais duvidoso que o mesmo valha, em termos gerais, para as fundações públicas.

Já no que toca às empresas públicas a situação é distinta. Os seus fins continuam sendo fins do Estado – ou compósitos, caso este participe no respectivo capital juntamente com outras entidades, designadamente da administração autónoma[2401] –, pelo que a sua *exclusão orçamental* fica a dever-se a razões técnicas, de incompatibilidade com a sujeição ao estrito regime orçamental e regras da contabilidade pública. Se esta situação de *desorçamentação constitucionalmente legitimada* levanta questões em torno do controlo da utilização dos dinheiros públicos[2402], deve colocar-se a propósito o problema da privatização da Administração Pública, e ainda que não para condenar tal expediente em geral, pelo menos para garantir o respectivo controlo[2403], uma vez que a "«fuga para o direito privado» é também (se não é sobretudo) uma **fuga do orçamento**"[2404].

E justamente neste âmbito se pode legitimamente colocar a questão de saber se, da função constitucional do Orçamento, compreendida à luz da integração deste na Constituição económica, não decorrerá também uma limitação à criação deste tipo de entidades daquele excluídas. Sendo usualmente considerável o quantitativo de dinheiros públicos envolvidos na actividade dessas entidades, e que passam à margem do Orçamento[2405], configurando uma desorçamentação que, embora constitucionalmente legítima do ponto de vista formal, pode afectar os princípios orçamentais enquanto tais em função dos volumes financeiros envolvidos, pode, pois, questionar-se: não se contrariará a CRP quando esse mesmo volume atinja nível incompatível com a natureza material do Orçamento e seus princípios? Ou, ante a ausência de critérios constitucionais sólidos para tal juízo,

---

[2400] Assumindo especial importância as ordens profissionais, "dotadas de total independência financeira" (cfr. J. J. GOMES CANOTILHO/VITAL MOREIRA, *Constituição* ..., I, p. 1105).

[2401] Cfr. RUI GUERRA DA FONSECA, *Autonomia Estatutária* ..., pp. 223 ss.

[2402] Cfr. JORGE MIRANDA/RUI MEDEIROS (com EDUARDO PAZ FERREIRA), *Constituição* ..., II, p. 231.

[2403] Cfr. JORGE MIRANDA/RUI MEDEIROS (com EDUARDO PAZ FERREIRA), *Constituição* ..., II, p. 232.

[2404] Cfr. J. J. GOMES CANOTILHO/VITAL MOREIRA, *Constituição* ..., I, p. 1108.

[2405] Uma vez que, em princípio, o Orçamento do Estado apenas mostrará, quando existam, as transferências financeiras para tais entidades (cfr. J. J. GOMES CANOTILHO/ /VITAL MOREIRA, *Constituição* ..., I, pp. 1105 e 1108).

não haverá lugar a inconstitucionalidade por omissão de norma que os estabeleça[2406]?

§ 3.º. Vinculações quanto ao conteúdo do Orçamento

3.1. *A harmonia com as grandes opções em matéria de planeamento*

Já nos referimos a esta temática em momento anterior[2407]. Tendo em mente o que então dissemos, reiteramos a subordinação da lei do Orçamento do Estado às leis das grandes opções dos planos. São conhecidas as posições doutrinárias que o contestam, colocam em dúvida ou relativizam, muito embora nem sempre neguem o valor paramétrico da lei das grandes opções dos planos[2408], bem como outras que marcam ou apontam o sentido por nós propugnado[2409]. Mas pergunta-se: qual o sentido *verdadeiramente* útil/normativo da norma constitucional que dispõe que o *Orçamento é elaborado de harmonia com as grandes opções em matéria de planeamento* (n.º 2 do artigo 105.º) senão o da subordinação? É claro que sempre se veria bondade em que ambas as leis não militassem em sentidos opostos, mas a simples "harmonização coerente dos respectivos conteúdos, no plano político-económico"[2410] não é, do ponto de vista jurídico--constitucional, satisfatória enquanto dimensão de uma norma constitu-

---

[2406] MARCELO REBELO DE SOUSA e JOSÉ DE MELO ALEXANDRINO observam que "A multiplicação de pessoas colectivas públicas nascidas de fundos e serviços autónomos, e integrando a Administração directamente dependente do Estado e sobretudo a Administração dele indirectamente dependente, e mesmo o aparecimento de instituições particulares de interesse público, em idêntico quadro e com idêntico propósito, podem criar problemas sérios à efectivação do disposto na alínea *a)* do n.º 1." (cfr. *Constituição* ..., p. 217).

[2407] Cfr. anotação ao artigo 91.º, I, § 1.º, em especial 1.3.2.

[2408] Cfr. *v.g.*, ANTÓNIO L. SOUSA FRANCO, *Finanças Públicas* ..., I, pp. 405 ss.; CARLOS BLANCO DE MORAIS, *As Leis Reforçadas* ..., pp. 786 ss., mas referindo a irrevogabilidade das grandes opções dos planos por parte do Orçamento; JORGE MIRANDA, *Manual* ..., V, pp. 362-363; JORGE MIRANDA/RUI MEDEIROS (com EDUARDO PAZ FERREIRA), *Constituição* ..., II, p. 231; EDUARDO PAZ FERREIRA, *Em torno* ..., p. 315; TIAGO DUARTE, *A Lei por detrás do Orçamento*, Coimbra, 2007, *maxime* pp. 204 ss.

[2409] Cfr., *v.g.*, J. J. GOMES CANOTILHO/VITAL MOREIRA, *Constituição* ..., I, pp. 1106--1107; JOSÉ JOAQUIM TEIXEIRA RIBEIRO, *Lições* ..., p. 104; MARCELO REBELO DE SOUSA, *A Constituição de 1976* ..., pp. 14 ss.

[2410] Cfr. ANTÓNIO L. SOUSA FRANCO, *Finanças Públicas* ..., I, pp. 406-407.

cional, nos termos em que aquela se apresenta. É certo que "uma ordem jurídica não pode ser simplisticamente reconduzida a uma mera pirâmide de actos jurídicos"[2411]: mas o que está em causa é a instrumentalidade de tal noção piramidal, no caso em apreço, para a concretização da Constituição económica, visto que o Orçamento é, inequivocamente, parte dela. Em primeiro lugar, cumpre observar a existência e dimensões normativas do princípio do planeamento democrático do desenvolvimento económico e social, inscrito na alínea *e)* do artigo 80.°[2412], e as concretizações que lhe são conferidas pelo disposto nos artigos 90.° e 91.° da CRP[2413], apesar do *esquecimento* a que tais normas constitucionais vêm sendo votadas. Em segundo lugar, tenhamos presentes as possíveis incompatibilidades intrínsecas dos planos, perante a necessidade de cumprimento de leis das grandes opções e orçamentos dissonantes[2414]. E neste contexto, alarguemos o problema a outros actos de natureza administrativa, de Direito Público ou de Direito Privado, que se destinem a executar o Orçamento. Neste contexto, veja-se o disposto no artigo 14.° da Lei de Enquadramento Orçamental, e também no n.° 1 do respectivo artigo 15.°, nos termos do qual, no mínimo, é imperativa uma interpretação do Orçamento conforme à lei das grandes opções, o que só se entende perante a parametricidade material desta frente àquele, e da correspondente subordinação do primeiro.

Dada a diferente natureza do conteúdo da lei grandes opções e do Orçamento – aquela qualitativa e genérica, e este quantitativo e específico[2415] (pelo menos tendencialmente) – a sua *contradição jurídica* nem sempre será fácil de descortinar, quando exista, mas neste caso a mesma não se limita a uma *diferente lógica político-económica*[2416]. Quanto a nós, portanto, e no sentido em que usualmente se dirige a citada doutrina que sustenta a subordinação do Orçamento às grandes opções em matéria de planeamento, contraria o plano constitucional a aprovação daquele sem a prévia aprovação desta, como gera ilegalidade que o primeiro contrarie o conteúdo da segunda[2417].

[2411] Cfr. MARCELO REBELO DE SOUSA, *A Constituição de 1976* ..., p. 19.
[2412] Cfr. a anotação respectiva, I, § 2.°, 2.5.
[2413] Cfr. igualmente as anotações respectivas, *passim*.
[2414] Cfr. anotação ao artigo 91.°, I, § 1.°, em especial 1.3.2.
[2415] Cfr. ANTÓNIO L. SOUSA FRANCO, *Finanças Públicas* ..., I, p. 406.
[2416] Contra, cfr. ANTÓNIO L. SOUSA FRANCO, *Finanças Públicas* ..., I, p. 406; JORGE MIRANDA, *Manual* ..., V, p. 363.
[2417] Sobre a relação entre as grandes opções dos planos e o Orçamento, cfr. Ac. TC

Note-se, aliás, que contrariando a prática instalada em Portugal, o Direito Europeu promoveu um recrudescimento do planeamento económico-social[2418], que o Orçamento não parece apto a acompanhar, pelo menos em todas as suas dimensões. Neste sentido, a revalorização do planeamento, e com ele das grandes opções subordinantes do Orçamento, constitui uma forma de posicionamento coerente do Estado português perante o processo de integração europeia, acautelante do (in)cumprimento de vinculações do Direito Europeu, demasiado dependente, porém, há que afirmá-lo, das maiorias parlamentares contingenciais.

3.2. *O cumprimento das obrigações legais e contratuais*

Um outro nível de vinculação resultante do n.º 2 do artigo 105.º é a elaboração do Orçamento *tendo em conta as obrigações decorrentes de lei ou de contrato*[2419]. Se isto não significa que o Estado esteja obrigado a "dar inteira execução financeira a todas as leis", já o vincula a "respeitar as obrigações (em sentido estrito e técnico: situações passivas de crédito) emergentes de lei ou de contrato"[2420]. Não é, porém, inteiramente claro ou imediato o alcance deste inciso constitucional.

Em primeiro lugar, cumpre esclarecer que a expressão *lei* não coincide aqui com *acto de natureza legislativa*. Vão aí incluídos, além dos actos material e/ou formalmente legislativos (o que abrange, naturalmente, as leis-medida), quaisquer outros de onde tais obrigações resultem – designadamente de natureza internacional ou comunitária a que o Estado português se encontre vinculado[2421-2422].

---

n.º 374/2004, de 26 de Maio de 2004, *DR*, II Série, n.º 152, de 30 de Junho de 2004; Ac. TC n.º 10/2001 (cit.). Ainda, Ac. TC n.º 529/2001, de 4 de Dezembro de 2001, http://www.tribunalconstitucional.pt/tc/acordaos/20010529.html, cuja análise crítica pode encontrar-se em TIAGO DUARTE, *A Lei por detrás do Orçamento*, pp. 204-205.

[2418] Cfr. anotações ao artigo 90.º, II, § 6.º, e ao artigo 91.º, II, § 5.º.

[2419] Sobre esta matéria, cfr. Ac. TC n.º 358/92 (cit.). Na doutrina, para uma análise global da questão, cfr. TIAGO DUARTE, *A Lei por detrás do Orçamento*, pp. 229 ss., e outra jurisprudência aí referenciada.

[2420] Cfr. ANTÓNIO L. SOUSA FRANCO, *Finanças Públicas* ..., I, p. 407.

[2421] Cfr. JORGE MIRANDA/RUI MEDEIROS (com EDUARDO PAZ FERREIRA), *Constituição* ..., II, p. 231. J. J. GOMES CANOTILHO e VITAL MOREIRA acrescentam expressamente a este elenco obrigações decorrentes de decisão judicial, e esclarecem que todo este conjunto de vinculações do Orçamento não inclui "apenas os encargos com o pessoal ao serviço do

Em segundo lugar, a expressão *decorrentes* (de lei) não deverá significar apenas obrigações *imediatamente* resultantes de *lei*, mas também legalmente legitimadas ou suportadas na lei, cuja concretização teve lugar através de um acto não normativo constitutivo de direitos: situação típica é a de uma obrigação firmada por acto administrativo, individual e concreto, ao abrigo de uma *lei* no sentido referido *supra* (sob pena de, em consequência, se assistir à afectação de direitos fundamentais – *v.g.*, igualdade e propriedade – que a CRP, manifestamente, não poderia pretender).

Por fim, estão ainda em causa obrigações decorrentes de *contrato*, independentemente da respectiva natureza pública ou privada. Como afirma PAULO OTERO, "Uma tal vinculação do legislador orçamental às obrigações emergentes de contratos[2423], além de traduzir uma zona de imperatividade relativamente ao Governo na preparação da proposta de Orçamento a apresentar junto da Assembleia da República, criando-lhe o dever de inscrever obrigatoriamente as dotações necessárias ao cumprimento de tais obrigações contratuais, falando-se, por isso mesmo, em "despesas obrigatórias" [cfr. artigo 16.º da Lei de Enquadramento Orçamental], representa, simultaneamente, uma área limitativa da liberdade dispositiva da Assembleia da República em matéria orçamental: sob pena de inconstitucionalidade da lei do Orçamento[2424], por violação das obrigações contratuais a que o artigo 105.º, n.º 2, da Constituição manda atender na feitura do Orçamento, nunca pode o legislador desrespeitar essas vinculações"[2425]; mais, "tal vinculação do legislador orçamental às obrigações contratuais permite mesmo afirmar que, verificando-se uma situa-

---

Estado e com a dívida pública mas também as contribuições financeiras impostas ao Estado, por via de lei, de convenção internacional ou do direito comunitário, a favor de outros entes públicos ou organizações internacionais." (cfr. *Constituição* ..., I, p. 1107).

[2422] Sobre vinculações externas ao Orçamento, cfr. Ac. TC n.º 624/97 (cit.).

[2423] Mas que pode estender-se à situação anteriormente descrita, quando estejam em causa obrigações decorrentes de actos administrativos.

[2424] Falando em ilegalidade, cfr. J. J. GOMES CANOTILHO/VITAL MOREIRA, *Constituição* ..., 3.ª Ed., p. 467 (já não sendo os Autores conclusivos na última edição da obra em causa – cfr. *Constituição* ..., I, pp. 1107-1008); JOSÉ JOAQUIM TEIXEIRA RIBEIRO, *Lições* ..., p. 104. Como nós, no sentido da inconstitucionalidade, cfr. ANTÓNIO L. SOUSA FRANCO, *Finanças Públicas* ..., I, p. 407-408; MARCELO REBELO DE SOUSA, *A Constituição de 1976* ..., p. 19. É que, mesmo perante o disposto na Lei de Enquadramento Orçamental (cfr. artigos 16.º e 17.º), a inconstitucionalidade consome a ilegalidade.

[2425] Cfr. *Legalidade* ..., pp. 946-947.

ção de insuficiência de dotações para fazer face a tais despesas, deverá o Governo desencadear as necessárias alterações orçamentais, encontrando--se a Assembleia da República vinculada à sua aprovação"[2426]. Trata-se de uma manifestação do "princípio da contra-corrente no âmbito das relações entre lei e contratos da Administração Pública", "uma subordinação da função legislativa a compromissos assumidos no exercício da função administrativa"[2427].

No fundo, o que está aqui em causa é o dever do Estado em dar expressão orçamental a compromissos por si já assumidos, ainda que tais compromissos tenham sido assumidos pelo Governo, e que o Orçamento seja aprovado pela AR (sob proposta daquele). Com efeito, ambos são órgãos do Estado, e é a este que aqueles compromissos – obrigações – são imputáveis. O problema vai, pois, muito para além das relações entre órgãos de soberania (AR e Governo). Sendo o Orçamento *do Estado*, as vinculações de que ora se trata são uma forma de prevenir a sua responsabilidade e de obviar à necessidade de desencadear tal mecanismo (artigo 22.º da CRP), o que parece consubstanciar, em última análise, uma vinculação garantística de direitos fundamentais[2428].

[2426] Cfr. *Legalidade* ..., p. 947. No mesmo sentido, cfr. ANTÓNIO L. SOUSA FRANCO, *Finanças Públicas* ..., I, p. 408.

[2427] Cfr. PAULO OTERO, *Legalidade* ..., pp. 947-948. Apontando incoerências ao pensamento do Autor a este respeito, por confronto com obra anterior (cfr. *A intervenção do Ministro das Finanças* ..., em especial pp. 186 ss.), cfr. TIAGO DUARTE, *A Lei por detrás do Orçamento*, p. 273 (e outras referências subsequentes). Muito embora não seja este o lugar – nem nosso o lugar – para deslindar tal questão, deixamos uma nota. Parece-nos que o contexto de ambas aquelas obras de PAULO OTERO não é idêntico: é relevante distinguir *actos legislativos já aprovados* de *actos legislativos a aprovar* (o caso do Orçamento, para o que ora importa) quando se trata o problema da *inversão* consistente na subordinação da função legislativa à função administrativa.

[2428] O que, a nosso ver, assume importância acrescida perante o papel global do Governo no procedimento legislativo orçamental (e não apenas quanto à sua reserva de iniciativa) em períodos em que este goza de uma maioria absoluta de suporte parlamentar.

§ 4.º. Os princípios fundamentais em matéria orçamental

4.1. *O princípio da anualidade orçamental*

O princípio da anualidade do Orçamento não se encontra inscrito no artigo 105.º, juntamente com os demais, mas no n.º 1 do artigo 106.º da CRP, que dispõe, desde a revisão constitucional de 1997[2429], que a lei do Orçamento é elaborada, organizada, votada e executada, anualmente, de acordo com a respectiva lei de enquadramento. Tal cisão sistemática ao nível da previsão constitucional dos princípios orçamentais não é mais criticável do que a separação entre as matérias dos artigos 105.º e 106.º, mas por razões de coerência substancial preferimos referir o princípio neste momento.

Como afirmava JOSÉ JOAQUIM TEIXEIRA RIBEIRO, "(...) o futuro é incerto, e tanto mais incerto, geralmente, quanto mais distante. Torna-se ilusório, portanto, prever todo o futuro; daí que o orçamento tenha de confinar-se a determinado período: é a limitação no tempo."[2430].

Mas a regra da anualidade orçamental nem sempre foi pacífica no Direito português, e foi até certo momento extraída (também) da anualidade do Plano[2431]. Na actual expressão constitucional, o princípio da anualidade encontra-se positivado nas suas diversas vertentes, apenas ficando por esclarecer *que* anualidade vincula o Orçamento; por outras

---

[2429] Cfr. anotação ao artigo 106.º, III, § 8.º. Note-se que a revisão constitucional de 1982 eliminou do originário artigo 108.º a regra da anualidade da votação da lei do orçamento (cfr. *infra*, III, § 11.º).

[2430] Cfr. *Lições* ..., p. 50. Dos argumentos apresentados pelo Autor para sustentar que a regra da anualidade (e coincidência com o ano civil) se encontrava tacitamente prescrita no texto constitucional, antes dela constar expressamente do n.º 1 do artigo 106.º do CRP (antes da revisão constitucional de 1997 e depois da de 1982 – veja-se a nota anterior), apenas subsiste, em rigor, fruto das várias revisões constitucionais, o baseado na actual alínea *d)* do artigo 162.º, nos termos do qual compete à AR "Tomar as contas do Estado e das demais entidades públicas que a lei determinar, as quais serão apresentadas até 31 de Dezembro do ano subsequente, com o parecer do Tribunal de Contas e os demais elementos necessários à sua apreciação" (cfr. p. 51).

[2431] Sobre o princípio da anualidade orçamental, e este aspecto em particular, cfr. ANTÓNIO L. SOUSA FRANCO, *Finanças Públicas* ..., I, p. 348; ANTÓNIO BRAZ TEIXEIRA, *Finanças Públicas* ..., pp. 122 ss.; J. J. GOMES CANOTILHO/VITAL MOREIRA, *Constituição* ..., I, p. 1106; JORGE MIRANDA/RUI MEDEIROS (com EDUARDO PAZ FERREIRA), *Constituição* ..., II, p. 236.

palavras, (i) quando começa e acaba o ano económico[2432], e (ii) qual o *horizonte* (das receitas e despesas) *abrangido pela execução orçamental*[2433]. Quanto ao primeiro aspecto, esclarece a Lei de Enquadramento Orçamental que o ano económico coincide com o ano civil[2434]. Quanto ao segundo, tem sido opção no Direito português, no essencial, um sistema de *orçamento de gerência*, incluindo, portanto, "as receitas a cobrar efectivamente durante o ano e as despesas a realizar efectivamente, com independência de qualquer consideração do momento em que juridicamente hajam nascido", admitindo-se um período complementar de execução/fecho das despesas até 14 de Fevereiro[2435-2436].

O princípio da anualidade é de extrema importância: ele mede a eficácia das funções de cada Orçamento, sendo essencial, como se viu já, para a aferição da retroactividade fiscal[2437].

4.2. *O princípio da plenitude orçamental*

O princípio da plenitude orçamental[2438], decorrente do disposto nos n.ºs 1 e 3 do artigo 105.º da CRP, encerra duas vertentes: da *unidade* – o

---

[2432] Salva a já referida interpretação de José Joaquim Teixeira Ribeiro.

[2433] Cfr. António L. Sousa Franco, *Finanças Públicas* ..., I, p. 348.

[2434] Cfr. n.º 4 do artigo 4.º. Embora, como notam J. J. Gomes Canotilho e Vital Moreira, assim seja tradicionalmente (cfr. *Constituição* ..., I, p. 1106).

[2435] Cfr. António L. Sousa Franco, *Finanças Públicas* ..., I, p. 349. O Autor aponta como debilidade dos orçamentos de gerência a maior dificuldade na responsabilização do Governo, que seria a maior vantagem dos orçamentos de exercício (já que aqueles são de execução mais fácil e clara), pois nestes inscrevem-se as receitas e despesas que têm origem no período orçamental "independentemente do momento em que se virão a concretizar".

[2436] Fazem ainda notar J. J. Gomes Canotilho e Vital Moreira que "No entanto, a anualidade do orçamento não impede a existência de programas orçamentais plurianuais, nem a sujeição do orçamento de cada ano a metas orçamentais plurianuais."; e que "coisa diferente é a aprovação do orçamento com atraso ou a sua prorrogação para o ano seguinte por falta de aprovação atempada do novo orçamento" (cfr. *Constituição* ..., I, p. 1106).

[2437] Sobre o princípio da anualidade orçamental, cfr. Ac. TC n.º 358/92 (cit.); Ac. TC n.º 267/88 (cit.); Ac. TC n.º 108/88 (cit.); Ac. TC n.º 461/87 (cit.).

[2438] Sobre o princípio da plenitude orçamental, cuja classificação no essencial seguimos, cfr. António L. Sousa Franco, *Finanças Públicas* ..., I, pp. 349 ss.; J. J. Gomes Canotilho/Vital Moreira, *Constituição* ..., I, p. 1108. Também Jorge Miranda/Rui Medeiros (com Eduardo Paz Ferreira), *Constituição* ..., II, pp. 231-232. Adoptando

Orçamento é apenas um –, e da *universalidade* – o Orçamento prevê todas as receitas e despesas[2439].

O (sub)princípio da *unidade orçamental* determina que as receitas e despesas do Estado, seus fundos e serviços autónomos, e da segurança social, devem perfazer uma *unidade tanto jurídica quanto documental*: "Não pode haver mais do que um orçamento, nem este pode ser dividido por dois ou mais diplomas"[2440]. Para ANTÓNIO L. SOUSA FRANCO tal unidade (jurídica) dificilmente atinge "entre nós consagração satisfatória", e apenas admite excepções (conformes com a CRP) "se delimitarem subjectivamente campos de actividade financeira que não sejam «do Estado»"[2441-2442].

O (sub)princípio da *universalidade*, implicando que todas as receitas e despesas constem do Orçamento, permite a análise do cumprimento do princípio do equilíbrio orçamental[2443], e assegura a inexistência de dotações e fundos secretos (n.º 3 do artigo 105.º), sem prejuízo daqueles em que essa característica decorra de razões de segurança nacional[2444].

São normalmente apontados diversos fundamentos para este princípio orçamental, designadamente, razões inerentes à função política (autorizativa) do Orçamento[2445], de clareza, de racionalidade económica, de expurgo da desorçamentação[2446], entre outros[2447].

---

classificações algo distintas da que aqui seguimos, que balançam entre o destacamento dos princípios da unidade e universalidade, e o entrecruzar de alguns outros referidos *infra*, cfr. ANTÓNIO BRAZ TEIXEIRA, *Finanças Públicas* ..., pp. 126 ss.; JOSÉ JOAQUIM TEIXEIRA RIBEIRO, *Lições* ..., pp. 59 ss.

[2439] Cfr. artigo 5.º da Lei de Enquadramento Orçamental.

[2440] Cfr. J. J. GOMES CANOTILHO/VITAL MOREIRA, *Constituição* ..., I, p. 1108.

[2441] Cfr. *Finanças Públicas* ..., I, p. 351. O Autor não hesita, aliás, em afirmar que "hoje é sem dúvida inconstitucional que qualquer *fundo e/ou serviço autónomo do Estado* cobre receitas ou realize despesas sem prévia autorização do OE: os orçamentos próprios podem ser desenvolvimentos deste, com regras próprias de execução (como, dentro de certos limites, o orçamento da segurança social, incluindo paralelamente as suas instituições autónomas), mas não podem ser seus *acrescentos* (neste caso haveria despesas e receitas não autorizadas, não sendo os *impostos* «estabelecidos nos termos da Constituição», para efeitos do art. 106.º, n.º 3, o que legitima quanto a eles o direito da resistência dos contribuintes; também as despesas e as outras receitas seriam inconstitucionais." (cfr. pp. 350-351).

[2442] Sobre a delimitação subjectiva do âmbito orçamental, cfr. *supra*, I, § 2.º.

[2443] Cfr. *infra*, I, § 4.º, 4.5.

[2444] Cfr. n.º 6 do artigo 8.º da Lei de Enquadramento Orçamental.

[2445] Cfr. *supra*, I, § 1.º.

[2446] Cfr. *supra*, I, § 2.º, 2.3.

Mas vislumbramos ainda um outro fundamento, e que se prende com o significado do Orçamento ao nível do sistema de Governo. O princípio da plenitude orçamental, em ambas as vertentes, e nas várias dimensões de cada uma, impede que o PR suste a sua entrada em vigor que não na totalidade. Com efeito, e tendo em conta sobretudo o (sub)princípio da *unidade*, não é possível ao PR escolher a entrada em vigor de apenas parte do Orçamento, como seria no caso de o mesmo poder dividir-se por mais do que um diploma legislativo, mercê dos regimes do veto político ou por inconstitucionalidade. Em ambos os casos, é todo o diploma legislativo orçamental que fica em suspenso (n.º 2 do artigo 136.º, e artigos 278.º e 279.º da CRP). Esta consequência do princípio da plenitude orçamental, em geral, destaca a competência governamental ao nível da iniciativa e execução do Orçamento, e a competência parlamentar no que toca à respectiva aprovação, afastando o PR de uma interferência específica ao nível da execução, principalmente como seria se este pudesse determinar que apenas parte do Orçamento entraria de imediato em vigor, vinculando a Administração para lá – ou aquém – da coerência pretendida pelo Governo e aprovada pela AR[2448].

4.3. *O princípio da discriminação orçamental*

O princípio da discriminação orçamental colhe-se tanto no n.º 1 do artigo 105.º – a *discriminação* das receitas e despesas do Estado e as dos fundos e serviços autónomos, bem como as da segurança social – como no subsequente n.º 3 – o Orçamento *especifica* as despesas segundo a respectiva classificação orgânica e funcional.

Ainda que em alguns dos seus aspectos possa haver alguma sobreposição com o princípio da plenitude, o princípio da discriminação visa garantir a integridade das funções do Orçamento, nomeadamente, mantendo-lhe a transparência, e assim impedindo a existência de dotações e fundos secretos, por um lado e em especial (n.º 3 do artigo 105.º), e per-

---

[2447] Cfr. ANTÓNIO L. SOUSA FRANCO, *Finanças Públicas* ..., I, p. 352.
[2448] Sobre o princípio da plenitude orçamental, cfr. Ac. TC n.º 267/88 (cit.); Ac. TC n.º 108/88 (cit.); Ac. TC n.º 144/85, de 31 de Julho de 1985, *DR*, I Série, n.º 203, de 4 de Setembro de 1985.

mitindo o respectivo *controlo político* e análise de *racionalidade financeira*, por outro e em geral[2449]. E pode analisar-se em várias vertentes[2450].

4.3.1. O subprincípio da especificação

Segundo o subprincípio da especificação, cada despesa e cada receita devem ser objecto de previsão no Orçamento. Servem-se, assim, de forma imediata os objectivos enunciados no ponto antecedente. Mas, como é bom de ver, a CRP não resolve o problema de saber até que ponto o Orçamento deve *desagregar*[2451] as despesas e receitas, dispondo apenas que as primeiras são especificadas segundo a *respectiva classificação orgânica e funcional*[2452]. Ora, ainda que se retire da CRP a necessidade de *uma certa* desagregação, e que nela se busque ainda *uma certa medida* para essa mesma desagregação – com apoio na história constitucional recente ao nível do fim do dualismo AR/Governo na aprovação do Orçamento, e com a consequente conclusão de que o legislador não é absolutamente livre no estabelecimento do grau de especificação por classificações orgânicas e funcionais[2453] –, parece certo que o texto constitucional não fornece critério explícito para tal, o que acentua uma enorme dependência em face do legislador a este respeito[2454]. Quanto a este aspecto, digamos, razões de praticabilidade desaconselham tanto uma especificação excessiva quanto insuficiente, mas será nos *casos difíceis*, limite, que a CRP terá mais dificuldade em prestar uma função normativa rigorosa. Talvez o momento da fiscalização (artigo 107.º) constitua um bom

---

[2449] Estes últimos aspectos gerais são apontados por ANTÓNIO L. SOUSA FRANCO a propósito da dimensão ou subprincípio da especificação (cfr. *Finanças Públicas* ..., I, p. 353)(seguimos aqui, aliás, a classificação do Autor). Mas são quanto a nós generalizáveis às várias dimensões do princípio da discriminação orçamental. Sobre este princípio, com perspectivas um pouco diversas, cfr. ANTÓNIO BRAZ TEIXEIRA, *Finanças Públicas* ..., pp. 128 ss.; JOSÉ JOAQUIM TEIXEIRA RIBEIRO, *Lições* ..., pp. 59 ss.

[2450] Sobre o princípio da discriminação orçamental, cfr. Ac. TC n.º 206/87 (cit.).

[2451] Cfr. J. J. GOMES CANOTILHO/VITAL MOREIRA, *Constituição* ..., I, p. 1109.

[2452] ANTÓNIO L. SOUSA FRANCO, porém, sustenta que, neste particular, a CRP é mais *normativa* do que aparenta (cfr. *Finanças Públicas* ..., I, p. 353).

[2453] Cfr. J. J. GOMES CANOTILHO/VITAL MOREIRA, *Constituição* ..., I, pp. 1109-1110. Sobre a transição do sistema dualista de aprovação do Orçamento para o sistema monista, cfr., por todos, TIAGO DUARTE, *A Lei por detrás do Orçamento*, pp. 139 ss.

[2454] Veja-se o artigo 8.º da Lei de Enquadramento Orçamental.

barómetro constitucional para este efeito: ela tem que poder ser efectuada tendo o Orçamento por padrão efectivo e não nominal[2455].

4.3.2. O subprincípio da não compensação

Segundo o subprincípio da não compensação, a previsão orçamental das receitas deve ser feita em bruto, sem que lhe sejam deduzidas as despesas inerentes ou outras, assim como as despesas devem surgir apartadas de quaisquer receitas que tenham gerado.

Muito embora este subprincípio possa ser tratado como *corolário lógico* do da especificação[2456], em termos jurídico-constitucionais parece-nos que, quando muito, será um subprincípio implícito[2457].

4.3.3. O subprincípio da não consignação

O subprincípio da não consignação significa que todas as receitas servem para cobrir todas as despesas – o que importa, passe a repetição meramente ilustrativa ou explicativa, que não podem afectar-se certas receitas a certas despesas.

Este subprincípio, quanto a nós, tão-pouco está expresso na CRP a propósito do Orçamento: tendo surgido como forma de contrariar o isolacionismo de certos organismos ou entidades administrativas[2458], acaba, no entanto, por encontrar no princípio da unidade da Administração (n.º 2 do artigo 267.º da CRP) e na configuração da figura do imposto (face à taxa) alguma base constitucional[2459].

[2455] Sobre o princípio da especificação, cfr. Ac. TC n.º 267/88 (cit.); Ac. TC n.º 206/87 (cit.); Ac. TC n.º 144/85 (cit.).
[2456] Neste sentido, cfr. ANTÓNIO L. SOUSA FRANCO, *Finanças Públicas* ..., I, p. 354.
[2457] Mas bem explícito na Lei de Enquadramento Orçamental (cfr. artigo 6.º).
[2458] Cfr. ANTÓNIO L. SOUSA FRANCO, *Finanças Públicas* ..., I, pp. 354-355.
[2459] Sobre o princípio da não consignação, cfr. Ac. TC n.º 461/87 (cit.); Ac. TC n.º 452/87 (cit.).

4.4. O princípio do equilíbrio orçamental: equilíbrio formal, equilíbrio material e recurso ao crédito público

O princípio do equilíbrio orçamental[2460] é absolutamente central entre os demais, e designa, em termos genéricos, uma situação de equivalência entre receitas e despesas. Os sentidos que tal princípio pode assumir são múltiplos, mas, para o que ora nos interessa, é essencial a distinção entre *equilíbrio formal* e *equilíbrio material*.

O *equilíbrio orçamental formal* é aquele que encontra sede constitucional no n.º 4 do artigo 105.º – *o Orçamento prevê as receitas necessárias para cobrir as despesas*. Segundo ANTÓNIO L. SOUSA FRANCO, trata-se de "uma situação contabilística de igualdade entre as receitas e despesas"[2461].

Mas, como normalmente se salienta[2462], a CRP não faz acompanhar tal dimensão formal de uma dimensão material – referindo-se esta última a "uma qualidade mais complexa, já que então se trata de determinar uma relação concreta entre certo tipo de receitas e certo tipo de despesas"[2463]. Tal dimensão material acaba sendo objecto de uma remissão para a lei, parece, quando a CRP reclama da parte desta a *definição das condições a que deverá obedecer o recurso ao crédito público* (n.º 4 do artigo 105.º).

Esta *situação constitucional* – de previsão do equilíbrio orçamental formal com remissão para a lei da respectiva materialidade, mas já com referência ao crédito público – implica que "não é, pois, possível remeter para momento ulterior ao da aprovação do orçamento a definição das receitas – ou outros recursos – que hão-de cobrir as despesas nele previstas"[2464], devendo o Orçamento "indicar o montante preciso da cobertura do défice mediante recurso ao crédito público"[2465].

[2460] Cfr. ANTÓNIO L. SOUSA FRANCO, *Finanças Públicas* ..., I, pp. 365 ss.; ANTÓNIO BRAZ TEIXEIRA, *Finanças Públicas* ..., p. 134 ss.; JOSÉ JOAQUIM TEIXEIRA RIBEIRO, *Lições* ..., pp. 90 ss.

[2461] Acrescentando o Autor que esta é uma "exigência que é bastante fácil de satisfazer desde que se não faça qualquer discriminação quanto aos tipos de receitas (em sentido lato)" (cfr. *Finanças Públicas* ..., I, p. 366).

[2462] Cfr. JORGE MIRANDA/RUI MEDEIROS (com EDUARDO PAZ FERREIRA), *Constituição* ..., II, p. 232; J. J. GOMES CANOTILHO/VITAL MOREIRA, *Constituição* ..., I, pp. 1110-1111.

[2463] Cfr. ANTÓNIO L. SOUSA FRANCO, *Finanças Públicas* ..., I, p. 366. Pode ser, pois, uma igualdade entre despesas e *receitas efectivas* ou *ordinárias* ou *correntes* (cfr. J. J. GOMES CANOTILHO/VITAL MOREIRA, *Constituição* ..., I, pp. 1110-1111).

[2464] Cfr. ANTÓNIO L. SOUSA FRANCO, *Finanças Públicas* ..., I, p. 372.

A este propósito, deve notar-se que a CRP se limita a fixar a competência da AR para "autorizar o Governo a contrair e a conceder empréstimos e a realizar outras operações de crédito que não sejam de dívida flutuante, definindo as respectivas condições gerais (...)" (alínea h) do artigo 161.º). Mas daqui decorre que a CRP não se basta com a inscrição orçamental das receitas provindas do recurso ao crédito, antes sendo necessária a fixação das correspondentes condições (até para dispensar a autorização parlamentar caso a caso, que a CRP não parece pretender, em face do disposto na citada norma constitucional)[2466].

[2465] Cfr. J. J. GOMES CANOTILHO/VITAL MOREIRA, Constituição ..., I, p. 1111.

[2466] Neste sentido também, cfr. J. J. GOMES CANOTILHO/VITAL MOREIRA, Constituição ..., I, p. 1111. Para estes Autores, a remissão para a lei das "condições a que deverá obedecer o recurso ao crédito público" (n.º 4 do artigo 105.º da CRP) corresponde à "devolução para a lei do *regime geral do crédito público*", que não tem de conter-se na lei de enquadramento orçamental (antes podendo ser uma lei específica). Ora, tal regime jurídico consta hoje da Lei n.º 7/98, de 3 de Fevereiro (com as alterações introduzidas pela Lei n.º 87-B/98, de 31 de Dezembro)(referindo-se a diversos dos seus aspectos, cfr. JORGE MIRANDA/RUI MEDEIROS (com EDUARDO PAZ FERREIRA), Constituição ..., II, p. 232). Mas, ainda para aqueles primeiros Autores, seria de assinalar que, apesar da matéria correspondente ao *regime geral do crédito público* não fazer parte dos domínios de reserva de competência legislativa absoluta ou relativa da AR (respectivamente, 164.º e 165.º da CRP), ela deveria integrar-se na sua *reserva de competência legislativa* (embora os ditos Autores não estabeleçam maior especificação), "visto que, sendo essa lei vinculativa da própria AR (ao aprovar a lei do orçamento em matéria de empréstimos e ao aprovar estes em concreto), não seria congruente com o sistema constitucional que ela pudesse ser emitida pelo Governo sem autorização legislativa" (o que indiciaria uma integração na reserva relativa de competência legislativa da AR)(cfr. Constituição ..., I, p. 1111). Realmente, a *lei que define as condições a que deverá obedecer o recurso ao crédito público* (n.º 4 do artigo 105.º) é distinta da lei referida na alínea h) do artigo 161.º, que é meramente autorizativa (cfr. JORGE MIRANDA/RUI MEDEIROS, Constituição ..., II, p. 499; J. J. GOMES CANOTILHO/VITAL MOREIRA, Constituição ..., 3.ª Ed., p. 651). Assim, estaremos perante uma lacuna ao nível da previsão de reserva de competência legislativa do *regime geral do crédito público* – que se integra, aliás, na categoria das leis reforçadas (cfr. JORGE MIRANDA/RUI MEDEIROS, Constituição ..., II, pp. 270 e 499; JORGE MIRANDA, Manual ..., V, p. 360), podendo eventualmente consistir numa *lei-quadro* (cfr. J. J. GOMES CANOTILHO/VITAL MOREIRA, Constituição ..., 3.ª Ed., p. 651). E que não deve integrar-se noutra reserva que não absoluta parlamentar, dado que parece carecer de sentido que, em qualquer circunstância, o Governo pudesse aprovar um diploma legislativo vinculativo de uma competência da AR (alínea h) do artigo 161.º), que por sua vez se destina a vincular o Governo no acesso ao crédito. (Não se confunda o intérprete – até porque não lhe está vinculado – com o facto de a citada Lei n.º 7/98, de 3 de Fevereiro, ter sido aprovada *nos termos dos artigos 161.º, alíneas c) e h) e 166.º, n.º 3, da Constituição.*). Sobre o significado do dis-

A própria Lei de Enquadramento Orçamental estabelece hoje, além de um princípio geral (artigo 9.º), regras relativas ao equilíbrio orçamental material com critérios distintos para o orçamento dos serviços integrados (artigo 23.º), para o orçamento dos serviços e fundos autónomos (artigo 25.º), e para o orçamento da segurança social (artigo 28.º)[2467-2468].

4.5. *Outros princípios*

Além dos referidos nos pontos antecedentes, podem buscar-se no texto constitucional outros princípios. Quanto a nós, tem especial interesse referir dois que são objecto de disciplina na Lei de Enquadramento Orçamental: o princípio da *equidade intergeracional* (artigo 10.º) e o princípio da *publicidade* (artigo 12.º). Duas breves palavras.

Quanto ao primeiro, ele decorre, em nossa opinião, da integração do Orçamento na Constituição económica, sobretudo por referência ao disposto nos artigo 80.º e 81.º e relações normativas estabelecidas por estes preceitos com outras normas da CRP, designadamente, com o disposto na alínea *d)* do artigo 9.º[2469].

Quanto ao segundo, não está em questão, a nosso ver, a publicação da lei do Orçamento enquanto tal[2470], mas as exigências de publicidade do Orçamento enquanto documento político essencial num Estado de Direito democrático. Mas não nos parece, enfim, que seja característica própria do Orçamento, neste último enquadramento.

Merece ainda referência o princípio da *estabilidade orçamental*, que será objecto de atenção *infra*[2471].

---

posto na (actual) alínea *h)* do artigo 161.º da CRP, cfr. EDUARDO PAZ FERREIRA, *Da Dívida Pública* ..., pp. 156 ss.; GUSTAVO LOPES COURINHA, *O processo de emissão da dívida pública*, in *Estudos Jurídicos e Económicos em Homenagem ao Prof. Doutor António de Sousa Franco*, II, FDUL, Coimbra, 2006, pp. 150 ss.

[2467] Cfr. JORGE MIRANDA/RUI MEDEIROS (com EDUARDO PAZ FERREIRA), *Constituição* ..., II, p. 233.

[2468] Sobre o princípio do equilíbrio orçamental, cfr. Ac. TC n.º 267/88 (cit.); Ac. TC n.º 206/87 (cit.).

[2469] Cfr. *supra*, I, § 1.º.

[2470] Diferentemente, cfr. ANTÓNIO L. SOUSA FRANCO, *Finanças Públicas* ..., I, p. 355.

[2471] Cfr. II, § 9.º.

§ 5.º. Vinculação e liberdade do Governo na execução do Orçamento

O n.º 4 do artigo 105.º da CRP prevê que a *lei defina as regras da execução orçamental*, bem como *os critérios que deverão presidir às alterações que, durante a execução, poderão ser introduzidas pelo Governo nas rubricas de classificação orgânica no âmbito da cada programa orçamental aprovado pela AR, tendo em vista a sua plena realização*. É lógica a associação sistemática entre *execução* e *alterações* ao Orçamento, dado que estas últimas decorrem de dificuldades quanto à primeira.

Ora, o regime legal da execução orçamental encontra previsão geral, desde logo, na Lei de Enquadramento Orçamental (artigos 42.º e seguintes). Mas, a jusante, e por cada Orçamento, encontraremos normas próprias disciplinadoras da respectiva execução: (i) logo no próprio Orçamento[2472], (ii) e depois em legislação governamental[2473]. Atendendo ao valor reforçado da Lei de Enquadramento Orçamental perante o Orçamento, e igualmente ao valor reforçado deste perante aquela legislação governamental (que, naturalmente, não o pode contrariar), identificamos, em matéria de execução orçamental, uma cadeia legislativa sequentemente vinculativa em três níveis (descontando, claro, a própria Constituição)[2474]. Assim estabelecido o *princípio da legalidade na execução do Orçamento*, ele projecta-se em toda a actividade administrativa (jurídica ou material), mas também sobre a actividade legislativa posterior à sua entrada em vigor; e o elemento substancial, agregador, que o justifica são os direitos fundamentais (mediados pela Constituição económica de que o Orçamento é elemento[2475]), com o que não colide a distinção, dentro da *tipicidade orçamental*, entre a tipicidade das despesas e a tipicidade das receitas: o carácter qualitativo destas últimas (em confronto com o carácter quantitativo das primeiras) não significa, naturalmente, uma indeterminação quantitativa na afectação dos direitos fundamentais[2476].

[2472] Cfr. alínea *b)* do n.º 1 do artigo 30.º da Lei de Enquadramento Orçamental.
[2473] Cfr. artigo 43.º da Lei de Enquadramento Orçamental.
[2474] Cfr. JORGE MIRANDA/RUI MEDEIROS (com EDUARDO PAZ FERREIRA), *Constituição* ..., II, p. 233-234; J. J. GOMES CANOTILHO/VITAL MOREIRA, *Constituição* ..., I, p. 1112.
[2475] Cfr. *supra*, I, § 1.º.
[2476] Sobre este problema, cfr. ANTÓNIO L. SOUSA FRANCO, *Finanças Públicas* ..., I, pp. 429 ss. O Orçamento é, como sabemos, autorização condicionante da cobrança de impostos.

O Orçamento, porém, não é uma realidade jurídico-política estática: dizemo-lo não por lhe ser inerente uma *execução*, mas porque a implementação do seu conteúdo não se coaduna, tantas vezes, com uma estrita previsão inicial localizada no momento da aprovação da lei orçamental. O chamado *princípio da inalterabilidade governamental do orçamento*[2477] é, deve notar-se, de natureza essencialmente orgânico-formal: salvaguarda-o o regime de aprovação da própria lei orçamental (artigo 106.° da CRP), aplicável às respectivas alterações, e que determina, fundamentalmente, que as mesmas só poderão ser levadas a cabo por proposta (reservada) do Governo e subsequente aprovação (de reserva exclusiva) da AR. Mas deve tomar-se em atenção, também, que é a própria CRP a admitir excepção a tal regime, quando, na parte final do n.° 4 do artigo 105.°, como se viu, admite alterações ao Orçamento, durante a respectiva execução, introduzidas pelo Governo, *nas rubricas de classificação orgânica no âmbito da cada programa orçamental aprovado pela AR, tendo em vista a sua plena realização*[2478]. É certo que o regime de tais alterações – ou, na linguagem constitucional, a fixação dos critérios que lhes presidirão – consta de acto legislativo, que será a própria Lei de Enquadramento Orçamental[2479]. De todo o modo, tomando as alterações ao Orçamento na sua globalidade – isto é, de estrita competência governamental, ou com intervenção deliberativa da AR – por este último regime jurídico se vê que o referido princípio não equivale a *imutabilidade do Orçamento*.

A este propósito, é ainda de salientar que a estruturação do Orçamento por programas (o que nos termos do n.° 3 do artigo 105.° corresponderia a uma mera faculdade ou opção político-legislativa) aumenta a sua *mobilidade* ou, talvez melhor, constitui um elemento de relativização do imobilismo orçamental que resultaria, aparentemente, da aprovação da correspondente lei com as garantias orgânico-formais que a circundam. A estruturação do Orçamento por programas[2480] permite uma maior articulação – ou mais realista – entre aquele e o planeamento económico-

---

[2477] Cfr. J. J. GOMES CANOTILHO/VITAL MOREIRA, *Constituição* ..., I, p. 1112.

[2478] Sobre as classificações orçamentais (funcionais e orgânicas), cfr. Ac. TC n.° 206/87 (cit.); Ac. TC n.° 144/85 (cit.).

[2479] Sobre as alterações orçamentais, cfr. artigos 49.° e seguintes (note-se que o n.° 2 deste artigo 49.° apenas autoriza que do próprio Orçamento constem *regras complementares*).

[2480] Cfr. ANTÓNIO L. SOUSA FRANCO, *Finanças Públicas* ..., I, pp. 421 e 424 ss.

-social, designadamente no que toca, a montante, às leis das grandes opções dos planos[2481]. Mas tal *virtude* diminui, pela própria natureza dos *programas*, a *certeza* na execução orçamental. Ora, a CRP toma-o como uma possibilidade válida e com uma dimensão vinculante que entende razoável: daí que permita ao Governo alterar o orçamento das despesas, "mas apenas quanto às rubricas da classificação orgânica e somente quando isso for necessário para dar integral realização aos *programas* previstos no orçamento, ou seja nos casos em que o orçamento seja estruturado por programas"[2482]. Se é assim, deve então observar-se que, além das vantagens que são apontadas por alguma doutrina[2483], há uma preferência constitucional por orçamentos por programas, mercê da facilitação da ligação entre Orçamento e planeamento, o que, por seu turno, poderá denotar também, por força do regime de alterações aos orçamentos por programas, uma preferência constitucional por que tais alterações não tenham que extravasar a esfera governamental (o que aparenta certo paradoxo com o favorecimento do Parlamento na *questão orçamental* posterior à revisão constitucional de 1982)[2484-2485].

§ 6.º. O conteúdo da lei do Orçamento – matéria orçamental e matéria não orçamental

É antigo o debate na doutrina e na jurisprudência portuguesas sobre a possibilidade de o Orçamento conter matéria não orçamental (*cavaleiros*

[2481] Sobre a relação entre o Orçamento e as grandes opções dos planos, cfr. *supra*, I, § 3.º, 3.1. E nesse contexto, sobre a estruturação do Orçamento por programas, cfr. EDUARDO PAZ FERREIRA, *Ensinar Finanças* ..., pp. 152-153.

[2482] Cfr. J. J. GOMES CANOTILHO/VITAL MOREIRA, *Constituição* ..., I, p. 1112.

[2483] Cfr. ANTÓNIO L. SOUSA FRANCO, *Finanças Públicas* ..., I, pp. 424 ss.

[2484] Distinguindo a este propósito entre *hemisfério principal* e *hemisfério adjectivo* do Orçamento (este último respeitante à parte da lei do Orçamento que pode ser alterada por decreto-lei – "rubricas de classificação orgânica"), cfr. CARLOS BLANCO DE MORAIS, *As Leis Reforçadas* ..., p. 808. Falando, em termos de modernidade financeira, hoje, em "*orçamento-programa-intervenção*" (contraposto ao "*orçamento-registo-limite*" do período das "finanças clássicas", cfr. ANTÓNIO LOBO XAVIER, *O Orçamento como Lei* ..., n.º XXXIII (1990), p. 266.

[2485] Sobre as modernas limitações ao papel do Parlamento em matéria financeira, cfr. PAULO OTERO, *Desparlamentarização, Conteúdo do Orçamento e Problemas de Controlo Constitucional*, in *Fisco*, n.º 41, 1992, pp. 38 ss.

orçamentais). Tal debate não apresenta relevo apenas no que respeita à natureza jurídica do próprio Orçamento[2486], mas também, fundamentalmente, para dar resposta à questão sobre o regime jurídico das normas não orçamentais incluídas naquele: a admitir-se esta última possibilidade, estarão tais normas sujeitas ao regime jurídico-constitucional do Orçamento, ou, pelo contrário, apesar de nele incluídas, permanecerão pautadas pelo regime que lhes é aplicável quando fora da lei orçamental? E adquirem o valor reforçado de que beneficia a lei do Orçamento, ou a sua força de lei formal negativa não é alterada (reforçada) por tal inclusão?

Tais questões têm merecido tantas respostas, com posições divergentes – ou, pelo menos, com diferenças entre elas que não são de pormenor – que não podem resumir-se aqui[2487].

Hoje parece poder assentar-se a inconstitucionalidade da atribuição de conteúdo administrativo à lei do Orçamento[2488]. Mas além disso, os argumentos oscilam, fundamentalmente, na atribuição de maior relevo ora à *lei* em que as normas se inserem, ora, às *normas* que se inserem na lei. Digamos, porém, que quando o suporte da argumentação parte de uma dis-

---

[2486] Cfr. o ponto seguinte.

[2487] Na jurisprudência constitucional, cfr., entre outros, Ac. TC n.º 141/2002, de 9 de Abril de 2002, http://www.tribunalconstitucional.pt/tc/acordaos/20020141.html; Ac. TC n.º 358/92 (cit.). Não se trata, aliás, de um problema restrito ao domínio orçamental. Recentemente, veja-se TIAGO DUARTE, *Quem tem medo dos cavaleiros de lei reforçada?*, in JC, n.º 7, Julho-Setembro, 2005, pp. 36 ss., em anotação ao Ac. TC n.º 428/2005, de 25 de Agosto de 2005 (que vem integralmente citado no texto, e pode também encontrar-se em http://www.tribunalconstitucional.pt/tc/acordaos/20050428.html), no qual o TC reitera a sua jurisprudência constante, aceitando a existência de *cavaleiros de lei reforçada*, designadamente no Orçamento (embora estivessem em causa especificamente *cavaleiros de lei orgânica*), e que tais normas não adquirem o valor e força jurídica da lei *típica* em que se integram, podendo ser modificadas *de acordo com as regras constitucionais pertinentes*. Do mesmo Autor, desenvolvidamente, analisando transversalmente a doutrina portuguesa e jurisprudência constitucional sobre a matéria, cfr. *A Lei por detrás do Orçamento*, pp. 441 ss.

[2488] Neste sentido, cfr. MARCELO REBELO DE SOUSA, *A Constituição de 1976 ...*, pp. 28 ss., onde o Autor afirma que o Orçamento "não pode constitucionalmente chamar a si opções concretas que tenham que ver com a direcção da administração directa do Estado, a superintendência na administração indirecta e o regime de tutela sobre a administração autónoma, nem actuações concretas que respeitem aos funcionários e agentes da Administração Pública." (ao que acrescenta matérias sobre a organização e funcionamento do Governo, dado o disposto, hoje, no n.º 2 do artigo 198.º da CRP)(p. 29). Cfr. também o ponto seguinte.

tinção, no texto da Constituição, entre *lei* e *norma*, podem ser reversíveis os correspondentes pontos de apoio. Daí a necessidade de buscar uma principiologia constitucional subjacente.

Por exemplo, ANTÓNIO LOBO XAVIER admite matéria não orçamental dentro do Orçamento, considerando que a mesma não fica vinculada ao regime jurídico próprio do Orçamento (*v.g.*, no toca à iniciativa legislativa para a respectiva alteração), embora a sua vigência não possa extravasar a da lei orçamental[2489]. Já J. J. GOMES CANOTILHO e VITAL MOREIRA, embora adoptem posição próxima em relação ao primeiro aspecto, consideram, quanto ao segundo, que quanto às matérias não orçamentais a lei do Orçamento é "*lei comum*" que não fica sujeita "à regra da vigência anual"[2490]. Por seu turno, PAULO OTERO considera que o Orçamento "não pode conter o tratamento normativo de matérias sem qualquer relação (directa ou indirecta) com exercício da actividade financeira, sob pena de inconstitucionalidade": a menos que a Constituição o admita expressamente, como é no caso das autorizações legislativas não fiscais incluídas no Orçamento[2491]. E isto em nome da necessidade de unidade de regime jurídico-constitucional das normas incluídas no Orçamento, que deve preservar-se por razões de segurança jurídica e protecção da confiança, mas também com um *intuito limitativo* de uma prática que considera inconstitucional: assim, o regime das normas incluídas na lei orçamental *é em qualquer caso* o da lei orçamental[2492].

Como bem se vê, a questão tem relevo no âmbito de uma outra problemática, que aqui se não tratará especificamente, em torno das autorizações legislativas contidas na lei do Orçamento (n.º 5 do artigo 165.º da CRP[2493-2494-2495-2496].

[2489] Cfr., desenvolvidamente, ANTÓNIO LOBO XAVIER, *O Orçamento como Lei* ..., n.º XXXV (1992), pp. 110 ss.

[2490] Cfr. J. J. GOMES CANOTILHO/VITAL MOREIRA, *Constituição* ..., I, pp. 1112-1113.

[2491] Cfr. *Desparlamentarização* ..., pp. 41-42, onde se cita o voto vencido do Juiz Conselheiro VITAL MOREIRA no Ac. TC n.º 461/87 (cit.) (no qual o TC já admitia a existência de matéria não orçamental no Orçamento), que referia que assim o Orçamento passaria a ser a "*lei de revisão anual geral da ordem jurídica*".

[2492] Cfr. *Desparlamentarização* ..., p. 42-43.

[2493] Cfr. anotação respectiva.

[2494] Sobre este problema, cfr. PAULO OTERO, *Autorizações legislativas e Orçamento do Estado*, in *O Direito*, Ano 124.º, I-II (Janeiro-Junho), 1992, pp. 265 ss.

[2495] A este propósito ainda, CARLOS BLANCO DE MORAIS suscita a "dúvida sobre se a multiplicação de «cavaleiros orçamentais» estranhos à natureza do orçamento não repre-

§ 7.º. Sobre a natureza jurídica do Orçamento

Igualmente aturado é o debate em torno da natureza jurídica do Orçamento. Sob a distinção entre *lei em sentido formal* e *lei em sentido material*, era comum retirar o Orçamento desta última categoria (e pondo hoje de parte, por desactualização, a consideração do mesmo como um acto de natureza administrativa)[2497]. Só que, neste contexto, a "discussão sobre o conceito de lei do orçamento não era senão uma manifestação do problema da *reserva de lei* que a doutrina pretendia estabelecer de uma forma científica"; mas ainda perante tal dualismo (ou mesmo para além dele) *lei em sentido formal/lei em sentido material*, a lei do Orçamento não deixava de ser tratada como um "acto legislativo *sui generis*"[2498], o que gera ainda hoje um "mal-estar latente", uma "dúvida metódica" em torno do que é ou pode ser o respectivo conteúdo[2499]. A doutrina nunca se deu por satisfeita com considerações sobre o Orçamento como *lei de autorização e de aprovação*, ou *lei de organização*, ou *lei de controlo* ou mesmo *lei complexa*[2500].

O problema da natureza jurídica do Orçamento, hoje, não parece que possa resolver-se recorrendo exclusivamente à dogmática tradicional *da*

---

sentará um excesso, ou um abuso" da respectiva "capacidade paramétrica e uma superlativização de um conglomerado normativo cuja importância deve ser proporcional à sua unidade, plenitude e coerência estrutural." (cfr. *As Leis Reforçadas* ..., p. 800).

[2496] Na jurisprudência constitucional, sobre as autorizações legislativas incluídas na lei do Orçamento, além do já citado Ac. TC n.º 461/87, cfr. Ac. TC n.º 358/92 (cit.); Ac. TC n.º 267/88 (cit.); Ac. TC n.º 146/86, de 30 de Abril de 1986, *DR*, II Série, n.º 174, de 31 de Julho de 1986; Ac TC n.º 89/86, de 19 de Março de 1986, *DR*, II Série, n.º 134, de 14 de Junho de 1986; Ac. TC n.º 41/86, de 19 de Fevereiro de 1986, *DR*, II Série, n.º 111, de 15 de Maio de 1986; e em matéria fiscal, Ac. TC n.º 246/2002, de 4 de Junho de 2002, http://www.tribunalconstitucional.pt/tc/acordaos/20020246.html; Ac. TC n.º 53/87, de 4 de Fevereiro de 1987, *DR*, II Série, n.º 81, de 7 de Abril de 1987.

[2497] Sobre este problema cfr. J. J. GOMES CANOTILHO, *A Lei do Orçamento da Teoria da Lei*, in *Estudos em Homenagem ao Prof. Doutor J. J. Teixeira Ribeiro*, II, BFDUC, Coimbra, 1979, pp. 545 ss.; GUILHERME D'OLIVEIRA MARTINS, *Poder orçamental*, pp. 388 ss.; TIAGO DUARTE, *A Lei por detrás do Orçamento*, pp. 295 ss.

[2498] Cfr. J. J. GOMES CANOTILHO, *A Lei do Orçamento* ..., pp. 552-553.

[2499] Cfr. TIAGO DUARTE, *A Lei por detrás do Orçamento*, p. 298.

[2500] Cfr. J. J. GOMES CANOTILHO, *A Lei do Orçamento* ..., pp. 560 ss. Sobre a natureza jurídica do Orçamento, cfr. também ANTÓNIO BRAZ TEIXEIRA, *Finanças Públicas* ..., pp. 95 ss.

lei, isto porque ela própria se encontra dogmaticamente abalada, e tal persistência poderá conduzir a resultados insatisfatórios do ponto de vista teórico e, por consequência, desadequados e inúteis do ponto de vista prático. Não é, aliás, dificuldade estranha a outros problemas do constitucionalismo moderno, na medida em que ao colocar-se em questão o *sujeito – in casu*, o Estado, a permanência da sua substância tradicional – não pode deixar de questionar-se o seu *acto* – aqui, a *lei* e em particular a *lei orçamental*.

Parece evidente que a "desparlamentarização da tradicional competência do parlamento em matéria financeira"[2501] – ainda que possam discutir-se os seus termos –, longe de ser fenómeno que mereça uma simplista condenação, é já hoje um elemento jurídico-político que, do ponto de vista metodológico e principiológico, deve ser tomado em conta para a análise da natureza jurídica do Orçamento. A este propósito, a questão não está tanto, diríamos, numa exacta definição das funções do Estado, com a sua consequente projecção ao nível da separação (e interdependência) de poderes e depois no domínio da reserva de lei, mas na caracterização e funcionalização das formas de controlo do poder (recordando a velha fórmula *checks ans balances*) ordenadas pela garantia (aos vários níveis) dos direitos fundamentais. Não se trata de considerar o Orçamento como uma simples *lei formal de controlo*[2502], designadamente de controlo político do Governo e da Administração – porque aí ele tem tendência a falecer –, mas de considerar que o mesmo possa constituir um mecanismo que, tendo em conta a pluridimensionalidade das suas funções e o contexto jurídico-político global que o condiciona (designadamente, internacional e europeu)[2503], tenha verdadeiramente aptidão para uma previsibilidade da afectação e concretização dos direitos fundamentais[2504].

[2501] Cfr. PAULO OTERO, *O Poder* ..., II, p. 630.

[2502] Sobre os riscos e incoerências dessa linha, cfr. J. J. GOMES CANOTILHO, *A Lei do Orçamento* ..., pp. 567-568.

[2503] Cfr. *supra*, I, § 1.º.

[2504] Sobre a natureza jurídica do Orçamento, cfr. ainda MARCELO REBELO DE SOUSA, *A Constituição de 1976* ..., pp. 24 ss. E na jurisprudência constitucional, cfr. Ac. TC n.º 358/92 (cit.); Ac. TC n.º 206/87 (cit.). J. J. GOMES CANOTILHO e VITAL MOREIRA, se entendem não ter hoje em dia grande relevo a discussão tradicional em torno na natureza jurídica da lei do Orçamento – "A lei do orçamento é uma lei quer em sentido formal quer em sentido material (...)" – não deixam de apontar, a propósito da sua eficácia, aspectos que nos parecem relevantes para esta temática. Desde logo, quanto a saber se a lei do Orça-

II. DIREITO INTERNACIONAL E EUROPEU

§ 8.º. Direito Internacional

As vinculações de Direito Internacional em termos orçamentais localizam-se ao nível da assunção de obrigações internacionais por parte do Estado português, designadamente, para efeitos do disposto no n.º 2 do artigo 105.º – a elaboração do Orçamento tendo em conta as obrigações decorrentes de lei ou de contrato[2505]. Evidentemente, os reflexos do Direito Internacional ao nível do sistema fiscal representam aqui um elemento condicionante a ter em consideração[2506].

§ 9.º. Direito Europeu

O Direito Europeu comporta hoje, como é sabido, fortíssimas limitações à decisão orçamental dos Estados-membros. A tais aspectos nos referimos já, aliás, noutros momentos[2507]. Essas limitações resultam, em termos jurídicos, imediatamente do TCE – que no seu artigo 104.º estabelece o princípio da estabilidade orçamental dos Estados-membros – e do *Pacto de Estabilidade e Crescimento*[2508]. Note-se que a Lei de Enquadramento Orçamental, que reserva todo o seu Título V (artigos 82.º e seguintes) à "Estabilidade orçamental", invoca expressamente tais normativos comunitários[2509].

---

mento "garante aos particulares qualquer direito subjectivo aos meios financeiros nele previstos", respondendo os Autores negativamente. Depois, mais relevante para o que se disse no texto *supra*, no seu último parágrafo (bem como *supra*, I, § 1.º, 1.1), não deixam os Autores de salientar que "não deve afastar-se a possibilidade de a lei do orçamento encobrir políticas públicas inconstitucionais, por violação grosseira dos preceitos constitucionais (*e.g.* verbas manifestamente insuficientes para a manutenção do sistema de saúde)." (cfr. *Constituição* ..., I, p. 1120).

[2505] Cfr. *supra*, I, § 3.º, 3.2.
[2506] Cfr. anotação ao artigo 103.º, II, § 4.º.
[2507] Cfr. anotação ao artigo 101.º, II, § 6.º, e anotação ao artigo 103.º, II, § 5.º.
[2508] Vejam-se as considerações em torno deste normativo comunitário na anotação ao artigo 101.º, II, § 6.º.
[2509] Cfr. o n.º 2 do artigo 82.º.

A este nível, o Direito Europeu constitui um padrão vinculativo (embora com variações de intensidade) em todas as fases do Orçamento, desde a sua elaboração[2510], passando em especial pela sua execução[2511], e mesmo no domínio do controlo orçamental[2512].

O que importa agora salientar é que também aqui se assiste a uma certa secundarização da CRP[2513]. Com efeito, tanto a definição por lei das regras de execução orçamental, como das condições a que deverá obedecer o recurso ao crédito público (n.º 4 do artigo 105.º), encontram no Direito Europeu um primeiro momento (essencial) de limitação substantiva. Por outro lado, os critérios que presidirão às alterações ao Orçamento da competência do Governo durante a sua execução (ainda no n.º 4 do artigo 105.º) encontram-se igualmente condicionados pelo Direito Europeu, tanto directamente pelos citados normativos comunitários, como indirectamente pela revalorização que daquele advém para o planeamento económico[2514], que tem expressão também ao nível da estruturação do Orçamento por programas.

III. MEMÓRIA CONSTITUCIONAL

§ 10.º. **As constituições portuguesas anteriores à Constituição de 1976**

A **Constituição de 1822**, além da competência das Cortes, sem dependência de sanção real, para a fixação anual dos impostos e das despe-

---

[2510] Cfr. alínea b) do artigo 17.º da Lei de Enquadramento Orçamental.
[2511] Cfr. em especial artigos 82.º e seguintes da Lei de Enquadramento Orçamental.
[2512] Cfr. artigo 61.º da Lei de Enquadramento Orçamental.
[2513] No sentido de que o "direito nacional" não contradiz o "direito da UE" neste domínio, mas que a prevalência do segundo sobre o primeiro importa que "a constituição orçamental nacional passa a integrar um princípio de equilíbrio orçamental efectivo, com limitação drástica do défice orçamental", cfr. J. J. GOMES CANOTILHO/VITAL MOREIRA, Constituição ..., I, p. 1114.
[2514] Cfr. anotação aos artigos 90.º e 91.º, passim, e supra, I, § 5.º. A este respeito – embora sem o integrar neste temática da revalorização do planeamento –, J. J. GOMES CANOTILHO e VITAL MOREIRA acentuam a necessidade de os Estados-membros submeterem "regularmente à Comissão Europeia os seus programas nacionais de estabilidade e crescimento, cabendo àquela velar pela disciplina das finanças públicas" (cfr. Constituição ..., I, p. 1111).

sas públicas (artigo 103.º, IX), continha um Capítulo (III do Título V) reservado à *Fazenda Nacional* (artigos 224.º e seguintes). Note-se que ao rei competia "Decretar a aplicação dos rendimentos destinados pelas Cortes aos diversos ramos da administração pública" (artigo 123.º, XV) e, sem necessidade de consentimento das Cortes, "Tomar empréstimo em nome da Nação" (artigo 125.º, III). Apesar de aí se não encontrar norma semelhante à constante do artigo 105.º da CRP, era claro que o orçamento incluiria as despesas e receitas públicas (artigos 224.º e 227.º). A Constituição de 1822 *reconhecia a dívida pública*, estabelecendo ainda que "As Cortes designarão os fundos necessários para o seu pagamento ao passo que ela se for liquidando. Estes fundos serão administrados separadamente de quaisquer outros rendimentos públicos." (artigo 236.º).

A **Carta Constitucional de 1826** tratava da competência das Cortes para a fixação anual das despesas públicas e repartição da *Contribuição directa*, para autorizar o governo a contrair empréstimos e para estabelecer os meios *convenientes para pagamento da Dívida Pública* (artigo 15.º, § 8.º, § 11.º e § 12.º). Para o monarca ficava competência idêntica à já constante do artigo 123.º, IX, da Constituição de 1822 (artigo 75.º, § 13.º). No artigo 137.º, integrado no Capítulo III do Título VII e referente à *Fazenda Nacional*, dispunha-se que "Todas as Contribuições directas, à excepção daquelas que estiverem aplicadas aos juros, e amortizações da Dívida pública, serão anualmente estabelecidas pelas Cortes Gerais; mas continuarão até que se publique a sua derrogação, ou sejam substituídas por outras". O Acto Adicional de 5 de Julho de 1852 viria a *alterar e reformar* os artigos 136.º, 137.º e 138.º da Carta, estabelecendo que "Os impostos são votados anualmente; as Leis que os estabelecem obrigam somente por um ano. § 1.º – As somas votadas para qualquer despesa pública, não podem ser aplicadas para outros fins, senão por uma Lei especial que autorize a transferência. § 2.º – A Administração e arrecadação dos rendimentos do Estado pertence ao Tesouro Público, salvo nos casos exceptuados por Lei. § 3.º – Haverá um Tribunal de Contas, cuja organização e atribuições serão reguladas por lei." (artigo 12.º).

A **Constituição de 1838** fixava a competência das Cortes para votar anualmente os impostos e *fixar a receita e despesa do Estado*; para autorizar o governo a contrair empréstimos, *estabelecendo ou aprovando previamente, excepto nos casos de urgência, as condições com que devem ser feitos*; e para estabelecer *meios convenientes para o pagamento da dívida pública* (artigo 37.º, XII, XIII e XIV). Em matéria de impostos, a iniciativa era reservada à Câmara dos Deputados (artigo 54.°, I). E aquela regra de anualidade é reiterada a propósito da *Fazenda Nacional* (Título IX) no artigo 132.°, que constitui fonte da referida alteração à Carta Constitucional no Acto Adicional de 1852. No subsequente artigo 133.° dispunha-se que "As somas votadas para qualquer despesa pública não poderão ser aplicadas para outros fins senão por uma lei que autorize a transferência"

A **Constituição de 1911** estabelecia a competência do Congresso da República para "Orçar a receita e fixar a despesa da República, anualmente, tomar as contas da receita e despesa de cada exercício financeiro e votar anualmente os impostos"; "Autorizar o Poder Executivo a realizar empréstimos e outras operações de crédito, que não sejam de dívida flutuante, estabelecendo ou aprovando previamente as condições gerais em que devem ser feitos"; e "Regular o pagamento da dívida interna e externa" (artigo 26.°, 3.°, 4.° e 5.°). Mas nada mais.

A **Constituição de 1933** dedica o Título XIV da sua Parte I às *Finanças do Estado*, e logo no artigo 63.° se dispõe que "O Orçamento Geral do Estado para o Continente e Ilhas Adjacentes é unitário, compreendendo a totalidade das receitas e despesas públicas, mesmo as dos serviços autónomos, de que podem ser publicados à parte desenvolvimentos especiais"[2515]. Por seu turno, o artigo 65.° fixava que "As despesas correspondentes a obrigações legais ou contratuais do Estado ou permanentes por sua natureza ou fins, compreendidos os encargos de juro e amortização da dívida pública, devem ser tomadas como base da fixação dos impostos e outros rendimentos do Estado"[2516]; e o subsequente artigo 66.°, que "O orçamento deve consignar os recursos indispensáveis para cobrir as despesas totais". Os artigos 67.°[2517] e 68.° eram respeitantes à dívida pública[2518-2519].

[2515] Dispondo ainda o § único deste artigo que os referidos princípios se aplicavam aos orçamentos das colónias (por elas elaborados).

[2516] Sobre esta norma e seus reflexos na Constituição de 1976, cfr. TIAGO DUARTE, *A Lei por detrás do Orçamento*, pp. 229 ss.

[2517] Alterado pela Lei de revisão constitucional n.° 1885, de 23 de Março de 1935.

[2518] Cfr. ainda a anotação ao artigo 103.°, III, § 6.° (sistema fiscal), e ainda a anotação ao artigo 106.°, III, § 7.°.

[2519] Sobre a evolução do Direito orçamental português, cfr. ANTÓNIO BRAZ TEIXEIRA, *Finanças Públicas ...*, pp. 86 ss. Sobre a evolução do regime jurídico orçamental com os textos constitucionais anteriores à Constituição de 1976, cfr. ANTÓNIO LOBO XAVIER, *O Orçamento como Lei ...*, n.° XXXIV (1991), pp. 193 ss.; TIAGO DUARTE, *A Lei por detrás do Orçamento*, pp. 89 ss.

§ 11.º. **Conteúdo originário da redacção do preceito na Constituição de 1976 e sucessivas versões decorrentes das revisões constitucionais**

Na **redacção originária da Constituição de 1976**, a matéria relativa ao Orçamento constava, exclusivamente, do artigo 108.º, com a seguinte redacção:

"ARTIGO 108.º
(Orçamento)
1. A lei do orçamento, a votar anualmente pela Assembleia da República, conterá:
   a) A discriminação das receitas e a das despesas na parte respeitante às dotações globais correspondentes às funções e aos Ministérios e Secretarias de Estado;
   b) As linhas fundamentais de organização do orçamento da segurança social.
2. O Orçamento Geral do Estado será elaborado pelo Governo, de harmonia com a lei do orçamento e o Plano e tendo em conta as obrigações decorrentes de lei ou de contrato.
3. O Orçamento será unitário e especificará as despesas, de modo a evitar a existência de dotações ou fundos secretos.
4. O Orçamento deverá prever as receitas necessárias para cobrir as despesas, definindo a lei as regras de elaboração e execução e o período de vigência do Orçamento, bem como as condições de recurso ao crédito público.
5. A execução do Orçamento será fiscalizada pelo Tribunal de Contas e pela Assembleia da República, que, precedendo parecer daquele tribunal, apreciará e aprovará a Conta Geral do Estado, incluindo a da segurança social."

Na **revisão constitucional de 1982**, o artigo 87.º da Lei Constitucional n.º 1/82, de 30 de Setembro, introduziu várias alterações ao preceito: deu nova redacção aos n.os 1 e 2; acrescentou os novos n.os 3 e 4, passando os anteriores a constituir os novos n.os 5 e 6, e com alterações; o anterior n.º 5 passou a constituir o novo n.º 8; e aditou um novo n.º 7:

"[...]
(Orçamento)
1. O Orçamento do Estado contém:

a) A discriminação das receitas e despesas do Estado;
b) O orçamento da segurança social.
2. O Orçamento é elaborado de harmonia com as opções do Plano e tendo em conta as obrigações decorrentes de lei ou de contrato.
3. A proposta de Orçamento é apresentada pelo Governo e votada na Assembleia da República, nos termos da lei.
4. A proposta de Orçamento é acompanhada de relatório justificativo das variações das previsões das receitas e despesas relativamente ao Orçamento anterior e ainda de relatórios sobre a dívida pública e as contas do Tesouro, bem como da situação dos fundos e serviços autónomos.
5. O Orçamento é unitário e especifica as despesas segundo a respectiva classificação orgânica e funcional, de modo a impedir a existência de dotações e fundos secretos.
6. O Orçamento deve prever as receitas necessárias para cobrir as despesas, definindo a lei as regras da sua execução, bem como as condições de recurso ao crédito público.
7. A proposta de Orçamento é apresentada e votada nos prazos fixados na lei, a qual prevê os procedimentos a adoptar quando aqueles não puderem ser cumpridos.
8. A execução do Orçamento será fiscalizada pelo Tribunal de Contas e pela Assembleia da República, que, precedendo parecer daquele tribunal, apreciará e aprovará a Conta Geral do Estado, incluindo a da segurança social."

Na **revisão constitucional de 1989**, a Lei Constitucional n.º 1/89, de 8 de Julho, pelo seu artigo 85.º, voltou a introduzir alterações de vulto ao preceito: alterou a redacção da alínea *a)* do n.º 1, bem como a do n.º 2; e passou os anteriores n.º 5 e n.º 6 a novos n.º 3 e n.º 4, respectivamente, e em ambos os casos com alterações de redacção:

"[…]
(Orçamento)
1. ....:
a) A discriminação das receitas e despesas do Estado, *incluindo as dos fundos e serviços autónomos*;
b) ....

2. O Orçamento é elaborado de harmonia com as *grandes opções do plano anual* e tendo em conta as obrigações decorrentes de lei ou de contrato.

3. *O Orçamento é unitário e especifica as despesas segundo a respectiva classificação orgânica e funcional, de modo a impedir a existência de dotações e fundos secretos, podendo ainda ser estruturado por programas.*

4. *O Orçamento prevê as receitas necessárias para cobrir as despesas, definindo a lei as regras da sua execução, as condições a que deverá obedecer o recurso ao crédito público e os critérios que deverão presidir às alterações que, durante a execução, poderão ser introduzidas pelo Governo nas rubricas de classificação orgânica no âmbito de cada programa orçamental aprovado pela Assembleia da República, tendo em vista a sua plena realização.*"[2520].

O desaparecimento dos n.os 3, 4, 7 e 8, conforme haviam resultado da revisão constitucional de 1982, ficou a dever-se à criação, precisamente com a revisão constitucional de 1989, dos novos artigos 109.° e 110.°[2521].

A **revisão constitucional de 1992** manteve o preceito intocado.

Na **revisão constitucional de 1997**, o artigo 69.° da Lei Constitucional n.° 1/97, de 20 de Setembro, alterou a respectiva numeração – o artigo passou então a ser o actual 105.° –, bem como a redacção do n.° 2:

"*ARTIGO 105.°*
(Orçamento)
1. ....:
a) ....;
b) ....;
2. O Orçamento é elaborado de harmonia com as grandes opções *em matéria de planeamento* e tendo em conta as obrigações decorrentes de lei ou de contrato.
3. ....
4. ...."[2522].

[2520] Os itálicos são nossos e assinalam as alterações.

[2521] Cfr., respectivamente, anotação ao artigo 106.°, III, § 7.° e § 8.°, e anotação ao artigo 107.°, III, § 9.° e § 10.°.

[2522] Os itálicos são nossos e assinalam as alterações.

Assim se fixou a actual numeração e redacção do preceito, já que nem a **quinta revisão constitucional, de 2001**, nem a **sexta revisão constitucional, de 2004**, nem tão-pouco a **sétima revisão constitucional, de 2005**, lhe trouxeram qualquer alteração.

§ 12.º. Apreciação do sentido das alterações do preceito

As alterações sofridas pelo preceito em causa denotam, em primeiro lugar, uma progressiva inclusão orçamental, que se manifesta nas alterações a ambas as alíneas do n.º 1, tanto na revisão constitucional de 1982 como na revisão constitucional de 1989, acentuando os princípios da plenitude e da discriminação orçamental.

Alteração central constitui, na revisão constitucional de 1982, o fim do sistema dualista – lei do orçamento (aprovada pela AR) e Orçamento Geral do Estado (aprovado pelo Governo) –, com a passagem a um sistema monista – iniciativa legislativa do Governo e aprovação do Orçamento pela AR[2523]. Sendo ainda de assinalar a possibilidade de alterações introduzidas pelo Governo durante a respectiva execução[2524].

Já a revisão constitucional de 1997 apenas pretendeu adequar a redacção do n.º 2 às alterações respeitantes ao sistema constitucional de planeamento[2525].

Muito sumariamente, pode dizer-se que se vislumbra, pois, a intenção de adaptar a Constituição orçamental tanto ao princípio democrático, como aos princípios orçamentais progressivamente trabalhados pela doutrina e jurisprudência, bem como de melhorar a sua sistematicidade, a criação de normas próprias para a elaboração do Orçamento[2526] e sua fiscalização (com a revisão constitucional de 1989).

[2523] Sobre esta transição, cfr., por todos, TIAGO DUARTE, *A Lei por detrás do Orçamento*, pp. 139 ss.
[2524] Cfr. *supra*, I, § 5.º.
[2525] Cfr. anotação ao artigo 90.º, III, § 8.º e § 9.º, e anotação ao artigo 91.º, III, § 7.º e § 8.º. Cfr. também *supra*, I, § 5.º.
[2526] Cfr., contudo, a anotação ao artigo 106.º, desde logo, I, § 1.º.

IV. PAÍSES DE EXPRESSÃO PORTUGUESA

§ 13.º. Brasil

Na sequência do referido a propósito dos artigos 90.º[2527] e 91.º[2528] da CRP, é de salientar a estreita conexão que a CRFB estabelece entre o *plano plurianual*, as *diretrizes orçamentárias* e os *orçamentos anuais*. A matéria é tratada conjuntamente em vários dos preceitos que integram a Secção II ("Dos Orçamentos") do Capítulo II ("Das Finanças Públicas") do Título VI ("Da Tributação e do Orçamento").

Em particular, interessa aqui atentar no conteúdo do artigo 165.º, que trata, em termos substanciais, das leis disciplinadoras daquelas três realidades jurídicas:

"Art. 165.º
Leis de iniciativa do Poder Executivo estabelecerão:
I – o plano plurianual;
II – as diretrizes orçamentárias;
III – os orçamentos anuais.

§ 1.º – A lei que instituir o plano plurianual estabelecerá, de forma regionalizada, as diretrizes, objetivos e metas da administração pública federal para as despesas de capital e outras delas decorrentes e para as relativas aos programas de duração continuada.

§ 2.º – A lei de diretrizes orçamentárias compreenderá as metas e prioridades da administração pública federal, incluindo as despesas de capital para o exercício financeiro subseqüente, orientará a elaboração da lei orçamentária anual, disporá sobre as alterações na legislação tributária e estabelecerá a política de aplicação das agências financeiras oficiais de fomento.

§ 3.º – O Poder Executivo publicará, até trinta dias após o encerramento de cada bimestre, relatório resumido da execução orçamentária.

§ 4.º – Os planos e programas nacionais, regionais e setoriais previstos nesta Constituição serão elaborados em consonância com o plano plurianual e apreciados pelo Congresso Nacional.

§ 5.º – A lei orçamentária anual compreenderá:
I – o orçamento fiscal referente aos Poderes da União, seus fundos, órgãos e entidades da administração direta e indireta, inclusive fundações instituídas e mantidas pelo poder público;
II – o orçamento de investimento das empresas em que a União, direta ou indiretamente, detenha a maioria do capital social com direito a voto;

III – o orçamento da seguridade social, abrangendo todas as entidades e órgãos a ela vinculados, da administração direta ou indireta, bem como os fundos e fundações instituídos e mantidos pelo poder público.

§ 6.º – O projeto de lei orçamentária será acompanhado de demonstrativo regionalizado do efeito, sobre as receitas e despesas, decorrente de isenções, anistias, remissões, subsídios e benefícios de natureza financeira, tributária e creditícia.

§ 7.º – Os orçamentos previstos no § 5.º, I e II, deste artigo, compatibilizados com o plano plurianual, terão entre suas funções a de reduzir desigualdades inter-regionais, segundo critério populacional.

§ 8.º – A lei orçamentária anual não conterá dispositivo estranho à previsão da receita e à fixação da despesa, não se incluindo na proibição a autorização para abertura de créditos suplementares e contratação de operações de crédito, ainda que por antecipação de receita, nos termos da lei.

§ 9.º – Cabe à lei complementar:

I – dispor sobre o exercício financeiro, a vigência, os prazos, a elaboração e a organização do plano plurianual, da lei de diretrizes orçamentárias e da lei orçamentária anual;

II – estabelecer normas de gestão financeira e patrimonial da administração direta e indireta, bem como condições para a instituição e funcionamento de fundos."

De grande relevo são ainda as disposições constantes dos artigos 166.º[2529], 167.º, 168.º e 169.º. O artigo 167.º dispõe (longamente) sobre medidas que não podem ser tomadas por contrariedade ou ausência de previsão orçamental. O artigo 168.º estabelece a forma e prazo de atribuição aos vários órgãos e entidades das dotações que lhes cabem. E o artigo 169.º, por fim, é relativo a despesas com pessoal, dispondo-se que "A despesa com pessoal ativo e inativo da União, dos Estados, do Distrito Federal e dos Municípios não poderá exceder os limites estabelecidos em lei complementar." (*caput*).

[2527] Cfr. anotação respectiva, IV, § 10.º.
[2528] Cfr. anotação respectiva, IV, § 9.º.
[2529] Trata-se de norma relativa à elaboração e aprovação do *plano plurianual*, das *diretrizes orçamentárias* e dos *orçamentos anuais* (cfr. anotação ao artigo 106.º).

§ 14.°. Angola

Sobre o Orçamento na LCRA, veja-se a anotação ao artigo 106.°[2530].

§ 15.°. Moçambique

A CRM contém uma disposição unitária sobre o Orçamento, que trata do respectivo conteúdo, processo de aprovação e princípio da legalidade no âmbito da sua execução:

"Artigo 130
(Orçamento do Estado)
1. O Orçamento do Estado é unitário, especifica as receitas e as despesas, respeitando sempre as regras da anualidade e da publicidade, nos termos da lei.
2. O Orçamento do Estado pode ser estruturado por programas ou projectos plurianuais, devendo neste caso inscrever-se no orçamento os encargos referentes ao ano a que dizem respeito.
3. A proposta de Lei do Orçamento do Estado é elaborada pelo Governo e submetida à Assembleia da República e deve conter informação fundamentadora sobre as previsões de receitas, os limites das despesas, o financiamento do défice e todos os elementos que fundamentam a política orçamental.
4. A lei define as regras de execução do orçamento e os critérios que devem presidir à sua alteração, período de execução, bem como estabelece o processo a seguir sempre que não seja possível cumprir os prazos de apresentação ou votação do mesmo."

§ 16.°. Cabo Verde

A CRCV trata a matéria do Orçamento de forma unificada no respectivo artigo 94.°[2531], nos seguintes termos:

[2530] Cfr. IV, § 11.°.
[2531] Sobre a aprovação do Orçamento e questões conexas, na CRCV, cfr. ANTÓNIO CARLOS SANTOS, *Partilha de competências entre Assembleia Nacional e Governo na Constituição financeira de Cabo Verde,* in *Estudos Jurídicos e Económicos em Homenagem ao Prof. Doutor António de Sousa Franco,* I, FDUL, Coimbra, 2006, pp. 187 ss.

"Artigo 94.º
(**Orçamento do Estado**)
1. O Orçamento do Estado é unitário e especifica as receitas e as despesas do sector público administrativo, discriminando-as segundo a respectiva classificação orgânica e funcional. Ele inclui também o orçamento da segurança social.
2. O Orçamento do Estado pode ser estruturado por programas, anuais ou plurianuais, devendo, neste último caso, inscrever-se no Orçamento de cada ano os encargos que a ele se refiram.
3. É proibida a existência de fundos secretos.
4. Para a realização de actividades de carácter confidencial de interesse do Estado, podem, excepcionalmente, existir verbas confidenciais cuja gestão é sujeita a um regime especial de controlo e de prestação de contas nos termos da lei.
5. O ano económico-fiscal é fixado pela lei de bases do Orçamento de Estado e pode não coincidir com o ano civil.
6. A proposta de Orçamento do Estado é apresentada pelo Governo e votada pela Assembleia Nacional nos prazos fixados por lei, antes do início do ano fiscal a que respeite.
7. A execução do Orçamento do Estado é fiscalizada pelo Tribunal de Contas e pela Assembleia Nacional, que aprecia e vota a Conta do Estado, ouvido aquele Tribunal.
8. A lei de bases do Orçamento do Estado define as regras da sua elaboração, apresentação, votação, execução e fiscalização, bem como o processo a seguir quando não seja possível cumprir os prazos de apresentação e votação do Orçamento."

§ 17.º. **Guiné-Bissau**

A CRGB apenas se refere ao Orçamento a propósito da competência da Assembleia Nacional Popular (alínea *g)* do n.º 1 do artigo 85.º – "aprovar o Orçamento Geral de Estado e o Plano Nacional de Desenvolvimento, bem como as respectivas leis") e do Governo (alínea *c)* do n.º 1 do artigo 100.º – "preparar o Plano de Desenvolvimento Nacional e o Orçamento Geral de Estado e assegurar a sua execução").

§ 18.º. São Tomé e Príncipe

A CRDSTP apenas se refere ao Orçamento a propósito da competência da Assembleia Nacional (alínea *g)* do artigo 97.º – "aprovar o Orçamento Geral do Estado"), e do Governo (alínea *b)* do artigo 111.º – "preparar (...) o Orçamento Geral do Estado e assegurar a sua execução").

§ 19.º. Timor-Leste

Também a CRDTL dispõe sobre o Orçamento num preceito unificado, o artigo 145.º:

"Artigo 145.º
(Orçamento Geral do Estado)
1. O Orçamento Geral do Estado é elaborado pelo Governo e aprovado pelo Parlamento Nacional.
2. A lei do Orçamento deve prever, com base na eficiência e na eficácia, a discriminação das receitas e a discriminação das despesas, bem como evitar a existência de dotações ou fundos secretos.
3. A execução do Orçamento é fiscalizada pelo Tribunal Superior Administrativo, Fiscal e de Contas e pelo Parlamento Nacional."

ARTIGO 106.º
(Elaboração do Orçamento)

1. A lei do Orçamento é elaborada, organizada, votada e executada, anualmente, de acordo com a respectiva lei de enquadramento, que incluirá o regime atinente à elaboração e execução dos orçamentos dos fundos e serviços autónomos.
2. A proposta de Orçamento é apresentada e votada nos prazos fixados na lei, a qual prevê os procedimentos a adoptar quando aqueles não puderem ser cumpridos.
3. A proposta de Orçamento é acompanhada de relatórios sobre:
a) A previsão da evolução dos principais agregados macroeconómicos com influência no Orçamento, bem como da evolução da massa monetária e suas contrapartidas;
b) A justificação das variações de previsões das receitas e despesas relativamente ao Orçamento anterior;
c) A dívida pública, as operações de tesouraria e as contas do Tesouro;
d) A situação dos fundos e serviços autónomos;
e) As transferências de verbas para as regiões autónomas e as autarquias locais;
f) As transferências financeiras entre Portugal e o exterior com incidência na proposta do Orçamento;
g) Os benefícios fiscais e a estimativa da receita cessante.

Quadro tópico:

I. ELABORAÇÃO DO ORÇAMENTO
§ 1.º. O QUADRO NORMATIVO DA ELABORAÇÃO DO ORÇAMENTO;
1.1. A Constituição;
1.2. A lei de enquadramento orçamental;
1.3. O Regimento da Assembleia da República;
1.4. Vinculações relevantes para o conteúdo do Orçamento;
§ 2.º. O PROCEDIMENTO LEGISLATIVO DE APROVAÇÃO DO ORÇAMENTO;

2.1. A iniciativa legislativa e a fundamentação da proposta de Orçamento;
2.2. Apreciação, discussão e votação;
2.3. A promulgação e o veto: implicações específicas no domínio do Orçamento;
§ 3.º. O REGIME DAS ALTERAÇÕES AO ORÇAMENTO;
3.1. Alterações da competência do Parlamento e alterações da competência do Governo;
3.2. A limitação da iniciativa da lei e do referendo em matéria orçamental.

II. DIREITO INTERNACIONAL E EUROPEU
§ 4.º. DIREITO INTERNACIONAL;
§ 5.º. DIREITO EUROPEU.

III. MEMÓRIA CONSTITUCIONAL
§ 6.º. AS CONSTITUIÇÕES PORTUGUESAS ANTERIORES À CONSTITUIÇÃO DE 1976;
§ 7.º. CONTEÚDO ORIGINÁRIO DA REDACÇÃO DO PRECEITO NA CONSTITUIÇÃO DE 1976 E SUCESSIVAS VERSÕES DECORRENTES DAS REVISÕES CONSTITUCIONAIS;
§ 8.º. APRECIAÇÃO DO SENTIDO DAS ALTERAÇÕES DO PRECEITO.

IV. PAÍSES DE EXPRESSÃO PORTUGUESA
§ 9.º. BRASIL;
§ 10.º. ANGOLA;
§ 11.º. MOÇAMBIQUE;
§ 12.º. CABO VERDE;
§ 13.º. GUINÉ-BISSAU;
§ 14.º. SÃO TOMÉ E PRÍNCIPE;
§ 15.º. TIMOR-LESTE.

I. ELABORAÇÃO DO ORÇAMENTO

§ 1.º. **O quadro normativo da elaboração do Orçamento**

1.1. *A Constituição*

A CRP estabelece o quadro normativo primário de elaboração do Orçamento. Além do disposto no artigo 105.º[2532] e neste mesmo artigo

---

[2532] Cfr. a anotação respectiva.

106.º, destaca-se a reserva de competência parlamentar de aprovação, e governamental de iniciativa, constantes da alínea g) do artigo 161.º; e, no que toca a alterações, o disposto no n.º 2 do artigo 167.º.

Não deve, porém, confundir-se *quadro normativo primário* com *quadro normativo essencial*. Com efeito, pode observar-se que a CRP é relativamente parca no estabelecimento de regras respeitantes à elaboração e aprovação do Orçamento (aqui do ponto de vista formal). Neste mesmo artigo 106.º, encontram-se nos n.ºs 1 e 2 remissões (quase) genéricas para a lei – que é a *lei de enquadramento*, embora o n.º 3 o não diga expressamente –, pelo que se assiste, de certo modo, ao que pode chamar-se *desconstitucionalização* do quadro normativo essencial do regime jurídico de elaboração do Orçamento.

1.2. *A lei de enquadramento orçamental*

Como dizíamos no ponto antecedente, a lei de enquadramento orçamental[2533] contém o essencial no regime jurídico de elaboração do Orçamento. Dado o seu valor reforçado[2534], a lei do Orçamento não pode deixar de respeitá-la integralmente, pelo que aqui se coloca um padrão de legalidade intermédio entre o Orçamento e a própria CRP, que determina a ilegalidade deste em caso de desrespeito daquela[2535].

Não pode deixar de sublinhar-se que, muito embora a lei de enquadramento orçamental seja parte integrante da reserva absoluta de competência legislativa da AR, nos termos da alínea r) do artigo 164.º da CRP, a Constituição não a reveste de particular protecção formal além disso mesmo, seja do ponto de vista da forma da lei (n.º 3 do artigo 166.º), seja do ponto de vista da correspondente maioria de aprovação, não existindo qualquer exigência constitucional de uma maioria qualifi-

---

[2533] Referimo-nos à categoria de acto legislativo e não à lei em vigor – daí a letra minúscula. Quando nos referirmos a esta última, utilizaremos letra maiúscula (vejam-se as múltiplas referências já na anotação ao artigo 105.º, *passim*.)

[2534] Cfr. JORGE MIRANDA, *Manual* ..., V, p. 360; JORGE MIRANDA/RUI MEDEIROS (com EDUARDO PAZ FERREIRA), *Constituição* ..., II, p. 270; J. J. GOMES CANOTILHO/VITAL MOREIRA, *Constituição* ..., I, p. 1117.

[2535] Ilegalidade que, como se sabe, apenas é passível de fiscalização sucessiva, concreta ou abstracta (cfr., respectivamente, artigos 280.º, n.º 2, e 281.º da CRP).

cada (pelo que a mesma é aprovada à pluralidade de votos – n.º 3 do artigo 116.º da CRP)[2536].

Assim sendo, e especialmente em períodos de governos que disponham de uma maioria parlamentar absoluta, a lei de enquadramento orçamental pode ser facilmente alterável, o que relativiza aquele seu valor reforçado (embora não lho retire) do ponto de vista da dinâmica constitucional orçamental[2537].

1.3. O Regimento da Assembleia da República

Também o RAR contém disposições especiais relativas ao processo parlamentar de aprovação do Orçamento (artigos 215.º e seguintes)(em conjunto com a aprovação das grandes opções dos planos nacionais, formando uma secção de um capítulo que é ainda dedicado à apreciação da conta geral do Estado e outras contas públicas, bem como à execução dos planos).

Independentemente do valor jurídico do RAR[2538], aí se contêm disposições que, além de (auto)vinculativas para a AR, acabam por significar uma vinculação procedimental para o Governo: note-se o regime paralelo de aprovação entre o Orçamento e as grandes opções dos planos (v.g., artigos 215.º e 220.º), e a organização do debate na especialidade "de modo a discutir-se, sucessivamente, o orçamento de cada ministério, nele intervindo os respectivos membros do Governo" (n.º 1 do artigo 221.º).

[2536] Também salientando estes aspectos, e manifestando opinião no sentido de que a lei de enquadramento orçamental deveria carecer de uma maioria qualificada para a sua aprovação, cfr. J. J. GOMES CANOTILHO/VITAL MOREIRA, Constituição ..., I, p. 1117. Concordamos ainda com estes Autores quando afirmam que a reserva parlamentar em causa abrange (para além dos aspectos directamente disciplinados pela CRP, naturalmente), não apenas a elaboração e organização do Orçamento, mas também a respectiva votação e execução: é o que melhor se adequa, aliás, à redacção dos n.os 1 e 2 do artigo 106.º da CRP.

[2537] Sobre a relação entre a lei de enquadramento orçamental e a lei do Orçamento, relativizando mais ainda e por outras razões (ou senão mesmo eliminando) a valor reforçado da primeira perante a segunda, cfr. TIAGO DUARTE, A Lei por detrás do Orçamento, pp. 212 ss. Sobre esta matéria, cfr. ainda MARIA D'OLIVEIRA MARTINS, O valor reforçado da Lei de Enquadramento Orçamental, in Estudos Jurídicos e Económicos em Homenagem ao Prof. Doutor António de Sousa Franco, III, FDUL, Coimbra, 2006, pp. 10 ss.

[2538] Sobre esta matéria, cfr. JORGE MIRANDA, Direito Constitucional III, em especial pp. 218 ss.

1.4. Vinculações relevantes para o conteúdo do Orçamento

As vinculações materiais quanto ao conteúdo do Orçamento resultam, essencialmente, do disposto no artigo 105.º da CRP[2539]. Todavia, além do que o n.º 3 do artigo 106.º fixa no que respeita à fundamentação da *proposta*[2540], não pode dizer-se que este preceito constitucional seja de todo irrelevante no que ao conteúdo do Orçamento diz respeito. A este propósito, salientamos dois aspectos.

Em primeiro lugar, a remissão para a *lei de enquadramento orçamental* no que toca à elaboração e organização da lei do Orçamento, incluindo fundos e serviços autónomos (n.º 1 do artigo 106.º da CRP), que implica a sujeição do Orçamento ao aí disposto, não apenas em termos formais, mas também em termos substanciais. Se tal poderia decorrer também de outros preceitos constitucionais, o valor reforçado da Lei de Enquadramento Orçamental fica, assim, inequívoco, o que permite uma leitura enquadrada do disposto no artigo 105.º da CRP.

Em segundo lugar, note-se que a regra da anualidade orçamental resulta expressa do disposto no n.º 1 do artigo 106.º, estabelecendo ainda o n.º 2 que a lei (de enquadramento orçamental) preverá os procedimentos a adoptar quando não sejam cumpridos os prazos de iniciativa legislativa e aprovação da lei orçamental. Já nos referimos ao princípio da anualidade[2541]. Mas devemos recordar que, se tal princípio influencia a escolha do conteúdo do Orçamento, a sua fixação na CRP com remissão para a lei (de enquadramento orçamental) não é inconsequente, porque a plurianualidade de medidas económico-financeiras com que a anualidade orçamental tem que lidar encontra regime nessa mesma lei[2542-2543]. Por outro lado, ao estabelecer regras de prorrogação da vigência da lei do Orçamento – designadamente, o princípio da utilização por duodécimos na execução do orçamento das despesas[2544] –, a Lei de Enquadramento Orçamental vincula o respectivo conteúdo, que permanece, como princípio, inalterado.

[2539] Cfr. a anotação respectiva, em especial, I, § 3.º.
[2540] Cfr. *infra*, I, § 2.º, 2.1.
[2541] Cfr. anotação ao artigo 105.º, I, § 4.º, 4.1.
[2542] Cfr. artigos 4.º e 18.º da Lei de Enquadramento Orçamental.
[2543] Notando este aspecto, e referindo a propósito a estruturação do Orçamento por programas, cfr. JORGE MIRANDA/RUI MEDEIROS (com EDUARDO PAZ FERREIRA), *Constituição* ..., II, p. 236.
[2544] Cfr. artigo 41.º da Lei de Enquadramento Orçamental.

Note-se, porém, que esta excepção ao princípio da anualidade não resulta directamente da CRP, mas apenas da Lei de Enquadramento Orçamental – constituindo um seu aspecto essencial, e que nela não pode deixar de ser regulado, sob pena de inconstitucionalidade (n.º 2 do artigo 106.º da CRP)[2545].

§ 2.º. **O procedimento legislativo de aprovação do Orçamento**

2.1. *A iniciativa legislativa e a fundamentação da proposta de Orçamento*

A iniciativa da lei do Orçamento é reservada ao Governo, não podendo os deputados ou os grupos parlamentares substituir-se-lhe: tal encontra-se hoje, desde a revisão constitucional de 1997, expresso na alínea *g)* do artigo 161.º da CRP – que atribui à AR a competência para aprovar o Orçamento "sob proposta do Governo" –, mas já antes era entendimento unânime, com apoio, aliás, no próprio texto constitucional, que nas várias redacções do que é hoje o artigo 106.º, sempre se referiu a *proposta de Orçamento*[2546-2547]. Mas é também uma iniciativa obrigatória, não podendo o Governo escolher não apresentar a proposta de Orçamento[2548].

[2545] Sobre o problema da não aprovação do Orçamento e suas consequências, cfr. ANTÓNIO L. SOUSA FRANCO, *Sistema Financeiro* ..., pp. 514-515; *Finanças Públicas* ..., I, pp. 408 ss.; ANTÓNIO BRAZ TEIXEIRA, *Finanças Públicas* ..., pp. 165 ss.; JOSÉ JOAQUIM TEIXEIRA RIBEIRO, *Lições* ..., pp. 113 ss.; J. J. GOMES CANOTILHO/VITAL MOREIRA, *Constituição* ..., I, pp. 1118-1119.

[2546] A expressão *proposta* designa as iniciativas legislativas externas à AR, e que não poderia aqui provir senão do Governo, de entre os titulares dessa iniciativa legislativa externa (artigo 167.º da CRP). Sobre esta matéria, cfr. ANTÓNIO L. SOUSA FRANCO, *Finanças Públicas* ..., I, pp. 411 ss.; ANTÓNIO BRAZ TEIXEIRA, *Finanças Públicas* ..., pp. 147 ss.; JOSÉ JOAQUIM TEIXEIRA RIBEIRO, *Lições* ..., pp. 112-113; J. J. GOMES CANOTILHO/VITAL MOREIRA, *Constituição* ..., I, p. 1117.

[2547] Previamente à iniciativa legislativa do Orçamento, desenrola-se toda uma fase crucial de preparação dessa mesma iniciativa – a preparação do Orçamento. Trata-se, no essencial, de um conjunto de procedimentos de natureza administrativa e técnica (alíneas *d)* e *g)* do artigo 199.º da CRP), que definem o conteúdo do exercício da competência política do Governo que se consubstancia na apresentação da proposta de lei do Orçamento (alínea *d)* do n.º 1 do artigo 197.º da CRP) aprovada em Conselho de Ministros (alínea *c)* do artigo 200.º da CRP – não deve confundir-se com o disposto na subsequente alínea *f)*). O *projecto de proposta*, provindo do Ministério das Finanças, denota a centralidade gover-

Por seu turno, a Lei de Enquadramento Orçamental estabelece vinculações quanto à proposta de lei do Orçamento.

Em matéria de prazos – os *fixados na lei*[2549], segundo o n.º 2 do artigo 106.º –, a proposta é apresentada pelo Governo à AR até 15 de Outubro de cada ano, a menos que (i) nessa data o Governo se encontre demitido, ou (ii) a tomada de posse do novo Governo ocorra entre 15 de Julho e 14 de Outubro, ou (iii) o termo da legislatura ocorra entre 15 de Outubro e 31 de Dezembro: nestes casos, a proposta de lei do Orçamento é apresentada pelo Governo à AR no prazo de três meses subsequente à sua posse[2550].

Em termos formais e de conteúdo, estabelece a mesma Lei que a proposta de lei do Orçamento é estruturada e tem um conteúdo formal idêntico ao da própria lei do Orçamento[2551]. Significa isto que a proposta contém todos os elementos que deve conter a lei do Orçamento[2552]. Mas deve ser ainda acompanhada por uma série de outros, categorizados na própria Lei de Enquadramento Orçamental[2553]. Ora, do cruzamento do disposto no n.º 3 do artigo 106.º da CRP com a Lei de Enquadramento Orçamen-

---

namental do Ministro das Finanças, aqui como noutros momentos (sobre a posição constitucional do Ministro das Finanças neste contexto, cfr. PAULO OTERO, *A intervenção do Ministro das Finanças* ..., em especial pp. 171 ss.; OLÍVIO MOTA AMADOR, *A estabilidade orçamental e os poderes do Ministro das Finanças*, in *Estudos Jurídicos e Económicos em Homenagem ao Prof. Doutor António de Sousa Franco*, III, FDUL, Coimbra, 2006, em especial pp. 534 ss.). Sobre a preparação do Orçamento, cfr. ANTÓNIO L. SOUSA FRANCO, *Finanças Públicas* ..., I, pp. 413 ss.; ANTÓNIO BRAZ TEIXEIRA, *Finanças Públicas* ..., pp. 141 ss.; EDUARDO PAZ FERREIRA, *Ensinar Finanças* ..., pp. 151 ss.; JOSÉ JOAQUIM TEIXEIRA RIBEIRO, *Lições* ..., pp. 103 ss.

[2548] Cfr. JORGE MIRANDA, *Manual* ..., V, p. 257. Também sobre este aspecto e o fundamento da reserva de iniciativa governamental, cfr. TIAGO DUARTE, *A Lei por detrás do Orçamento*, pp. 525 ss.

[2549] Cfr. também o artigo 215.º do RAR.

[2550] Cfr. artigo 38.º da Lei de Enquadramento Orçamental.

[2551] Cfr. n.º 1 do artigo 34.º.

[2552] Cfr. artigos 30.º a 33.º da Lei de Enquadramento Orçamental.

[2553] São os *desenvolvimentos orçamentais*, o *relatório* e *elementos informativos* (cfr. artigos 35.º a 37.º). A expressão do n.º 2 do artigo 34.º é a seguinte: "A proposta de lei do Orçamento é acompanhada pelos desenvolvimentos orçamentais, pelo respectivo relatório e pelos elementos informativos previstos na presente secção, bem como por todos os demais elementos necessários à justificação das decisões e das políticas orçamental e financeira apresentadas".

tal, conclui-se que esta é bem mais exigente no que respeita a elementos que devem acompanhar a proposta de Orçamento[2554].

Este *dever de fundamentação*, especialmente exigente, da proposta de lei do Orçamento não se justifica, naturalmente, por qualquer conteúdo da mesma de natureza administrativa – aliás, inconstitucional[2555]. Sendo certo que se visa a informação e habilitação dos deputados à decisão jurídico-política subsequente, com a aprovação[2556], as restrições aos poderes destes, designadamente em matéria de iniciativa legislativa e referendária (artigo 167.º), qualificam a justificação para tal *dever de fundamentação*.

2.2. Apreciação, discussão e votação

O artigo 106.º da CRP é, a este respeito, remissivo para a lei. Outras normas constitucionais são de teor geral, não estabelecendo particularidades a propósito da lei do Orçamento (designadamente, o artigo 168.º).

A Lei de Enquadramento Orçamental dispõe sobre a discussão e votação do Orçamento, estabelecendo que a correspondente lei é discutida e aprovada nos termos da Constituição, da própria Lei de Enquadramento Orçamental e do RAR[2557]. Sem prejuízo do relevo de outras disposições (*v.g.*, respeitantes a prazos), cremos particularmente relevante tomar em conta a matéria respeitante à discussão e votação na especialidade. A regra

---

[2554] J. J. GOMES CANOTILHO e VITAL MOREIRA já consideraram que a preterição da fundamentação exigida pelo n.º 3 do artigo 106.º geraria "a irregularidade da proposta" que, não sendo sanada, "inquina a própria lei do orçamento (inconstitucionalidade procedimental)" (cfr., *Constituição* ..., 3.ª Ed., p. 473). Na última edição desta obra, os Autores não são categóricos: assentam que é irregularidade que o Governo deve corrigir, "sob pena de a AR poder recusar-se a dar seguimento ao procedimento parlamentar enquanto isso não suceder"; mas afirmam que fica por saber se, "a não ser sanada atempadamente essa irregularidade, isso pode inquinar a própria lei do orçamento (inconstitucionalidade procedimental) ou se a aprovação do orçamento implica a sanação dessa irregularidade" (cfr. *Constituição* ..., I, p. 1118). *Mutatis mutandis*, presumimos que a dúvida dos Autores pode estender-se à preterição de elementos de fundamentação apenas exigidos pela lei de enquadramento orçamental (mas então falando-se de ilegalidade e já não de inconstitucionalidade).

[2555] Cfr. a anotação ao artigo 105.º, I, § 6.º e § 7.º.

[2556] Neste sentido, cfr. JORGE MIRANDA/RUI MEDEIROS (com EDUARDO PAZ FERREIRA), *Constituição* ..., II, p. 236.

[2557] Cfr. n.º 1 do artigo 39.º.

Artigo 106.º – Elaboração do Orçamento

é a de que tal tem lugar na comissão parlamentar permanente em razão da matéria, salvo avocação pelo Plenário, mas determinadas matérias têm que ser obrigatoriamente discutidas e votadas por este na especialidade: é o caso (i) da criação de impostos e seu regime de incidência, taxas, isenções e garantias dos contribuintes; (ii) das alterações aos impostos vigentes que versem sobre o respectivo regime de incidência, taxas, isenções e garantias dos contribuintes; (iii) da extinção de impostos; (iv) e matérias relativas a empréstimos e outros meios de financiamento[2558]. Ora, se os três primeiros casos representam um importante adquirido para o princípio da legalidade fiscal, não é de rejeitar em absoluto a possibilidade de estarmos perante normas materialmente constitucionais, para o que não é irrelevante a observação do seu paralelo com o disposto no n.º 4 do artigo 168.º da CRP.

Por outro lado, note-se ainda que a chamada *lei-travão* – isto é, impossibilidade de que os deputados, os grupos parlamentares, as Assembleias Legislativas das regiões autónomas e os grupos de cidadãos eleitores apresentem projectos ou propostas de lei ou de alteração (ou projectos de referendo no caso dos primeiros, segundos e últimos) que envolvam, no ano económico em curso, aumento das despesas ou diminuição das receitas do Estado (n.os 2 e 3 do artigo 167.º da CRP)[2559] – não tem aplicação no momento da discussão e aprovação do Orçamento, mas apenas para futuro, portanto, alterações ao Orçamento em vigor. É lógico que assim seja: o Orçamento em discussão não é para o ano económico em curso mas para o seguinte, e mal se compreenderia, designadamente quanto aos deputados e grupos parlamentares, uma tal limitação da competência da AR (muito embora a resposta a esta problemática tenha sofrido grandes variações no Direito português)[2560].

Questão diferente é a de saber até que ponto ou com que extensão e profundidade são de admitir tais iniciativas supervenientes – por outras palavras, até que ponto a CRP permite a *descaracterização* da proposta (reservada) governamental. Não parece que possa retirar-se do texto cons-

---

[2558] Cfr. n.os 4 a 6 do artigo 39.º da Lei de Enquadramento Orçamental.

[2559] Cfr. J. J. GOMES CANOTILHO/VITAL MOREIRA, *Constituição* ..., I, p. 1119; TIAGO DUARTE, *A Lei por detrás do Orçamento*, pp. 603 ss.

[2560] Sobre esta matéria, cfr. ANTÓNIO L. SOUSA FRANCO, *Finanças Públicas* ..., I, pp. 411-412.; JORGE MIRANDA, *Manual* ..., V, pp. 257 ss.

titucional qualquer critério material seguro a propósito[2561]. Mas seguro já será que em Estado de Direito democrático não se compreende uma intervenção parlamentar meramente certificativa na aprovação do Orçamento – e aqui se colhe o verdadeiro sentido da reserva absoluta da AR na aprovação da correspondente lei. O problema é essencialmente político e *refém* das maiorias parlamentares quando estejam em causa governos sem uma maioria parlamentar absoluta que os suporte. Perante um Orçamento que considera descaracterizado pela AR, o Governo pode tentar futuras alterações à lei do Orçamento[2562], mas poderá também não lhe restar alternativa que não demitir-se[2563]. A seu favor, de certa forma, está a inexistência de uma maioria qualificada para a aprovação da lei do Orçamento, que segue a regra da pluralidade de votos do n.° 3 do artigo 116.° da CRP[2564-2565].

2.3. *A promulgação e o veto: implicações específicas no domínio do Orçamento*

Já nos referimos noutro momento à problemática da promulgação e veto da lei do Orçamento, a propósito do princípio da plenitude orçamental[2566]. Deve, no entanto, salientar-se que a intervenção presidencial através do veto da lei do Orçamento pode determinar a necessidade de pror-

---

[2561] J. J. GOMES CANOTILHO e VITAL MOREIRA colocam hoje, porém, a hipótese de um limite material, que se prenderá certamente com a introdução de um princípio de equilíbrio orçamental efectivo na CRP por força do Direito Europeu (cfr. *supra*, anotação ao artigo 105.°, II, § 9.°): de que as iniciativas legislativas supervenientes "não deveriam poder agravar o défice previsto nem o nível de endividamento previstos na proposta governamental, sendo portanto obrigatório compensar as alterações com outras que mantenham o défice e o nível de endividamento de partida" (cfr. *Constituição* ..., I, p. 1118). Sobre esta matéria, cfr. também TIAGO DUARTE, *A Lei por detrás do Orçamento*, pp. 588 ss.

[2562] Cfr. *infra*, I, § 3.°.

[2563] Sobre este problema, suscitando a hipótese de o Governo apresentar um *voto de confiança*, cfr. MARCELO REBELO DE SOUSA, *A Constituição de 1976* ..., p. 27. Criticamente quanto a esta solução, cfr. TIAGO DUARTE, *A Lei por detrás do Orçamento*, pp. 592 ss.

[2564] Sobre esta matéria, cfr. ainda EDUARDO PAZ FERREIRA, *Ensinar Finanças* ..., p. 154.

[2565] Sobre a votação da lei do Orçamento, cfr. Ac. TC n.° 206/87 (cit.). Sobre a auscultação das regiões autónomas no contexto da aprovação da lei do Orçamento, cfr. Ac. TC n.° 670/99, de 15 de Dezembro de 1999, *DR*, II Série, n.° 74, de 28 de Março de 2000.

[2566] Cfr. a anotação ao artigo 105.°, I, § 4.°, 4.2.

rogação do Orçamento vigente[2567], não tanto em caso de veto político imediato dados os prazos envolvidos inclusivamente para o processo parlamentar de confirmação (n.os 1 e 2 do artigo 136.°), mas mais plausivelmente em caso de pedido de fiscalização preventiva da constitucionalidade e pronúncia pela inconstitucionalidade do TC (artigos 278.° e 279.°): neste último caso, ao veto presidencial por inconstitucionalidade e subsequentes alternativas que assistem à AR, poderá ainda seguir-se uma panóplia de vicissitudes, determinando o arrastamento do processo legislativo para lá do termo da vigência do Orçamento em curso.

§ 3.°. **O regime das alterações ao Orçamento**

3.1. *Alterações da competência do Parlamento e alterações da competência do Governo*

Olhando apenas para o texto constitucional, pareceria relativamente simples a repartição de competências entre AR e Governo no que respeita a alterações ao Orçamento. Sendo este aprovado por lei, reservada à AR (alínea *g)* do artigo 161.°), tal reserva manter-se-ia para as alterações legislativas a que houvesse lugar, em regra, com respeito pela disciplina constitucional em matéria de iniciativa legislativa[2568]. As alterações a introduzir pelo Governo, sem participação da AR, ater-se-iam ao disposto no n.° 4 do artigo 105.° da CRP[2569]; e, a implicarem aumento ou diminuição das receitas ou despesas públicas, deveriam ser aprovadas em Conselho de Ministros (alínea *f)* do artigo 200.°, preceito que não deixa de suscitar inúmeros problemas[2570]).

Sucede, porém, que a Lei de Enquadramento Orçamental, mantendo tal princípio-regra de reserva de competência legislativa da AR, lhe introduz inúmeras excepções, que não podemos aqui comentar de forma parti-

---

[2567] Muito embora não se trate de situação prevista no n.° 1 do artigo 41.° da Lei de Enquadramento Orçamental: não está em causa, *proprio sensu*, a rejeição da proposta de lei do Orçamento (alínea *a)*) e menos ainda a respectiva não votação parlamentar (alínea *d)*). Mas é situação que mais se aproxima daquela primeira.

[2568] Cfr. o ponto seguinte.

[2569] Cfr. a anotação respectiva, I, § 5.°.

[2570] Cfr. a anotação respectiva; e J. J. GOMES CANOTILHO/VITAL MOREIRA, *Constituição ...*, 3.ª Ed., p. 785.

cularizada, mas que não deixam de suscitar interrogações várias ao nível da sua constitucionalidade. Além de disposições gerais[2571], tal Lei distingue entre alterações ao Orçamento das receitas e alterações ao Orçamento das despesas. Quanto às receitas, a competência governamental define-se aí por exclusão: apenas as receitas especificadas vêem a sua alteração sujeita a reserva de lei parlamentar[2572]. No que toca às despesas, fixa-se que competem à AR, *v.g.*, as alterações orçamentais que consistam na inscrição de novos programas, bem como aquelas que (i) consistam num aumento do montante total das despesas de cada programa, ou (ii) em transferências de verbas entre diferentes programas[2573]. Porém, tais regras (como outras semelhantes no âmbito específico dos orçamentos dos serviços integrados, dos serviços e fundos autónomos e da segurança social[2574]) comportam múltiplas excepções, como se pode observar nas correspondentes normas da Lei de Enquadramento Orçamental.

Ora, não fossem as remissões para a *lei* que se encontram quer no n.º 4 do artigo 105.º, quer nos n.ºs 1 e 2 do artigo 106.º, estaríamos perante flagrantes inconstitucionalidades da Lei de Enquadramento Orçamental. Mas, ainda assim, não pode deixar de levantar-se dúvida sobre a extensão (e profundidade, que careceria de análise particularizada) daquelas excepções à reserva de lei parlamentar. É duvidosa a respectiva conformidade com a CRP, não porque esta não admita desconstitucionalização de regras de disciplina orçamental, mas porque tal desconstitucionalização encontra limite, justamente, no disposto na alínea *g)* do artigo 161.º. Pode bem perguntar-se hoje se tal princípio-regra ainda se mantém verdadeiramente no constitucionalismo português[2575].

3.2. *A limitação da iniciativa da lei e do referendo em matéria orçamental*

Já por diversas vezes nos referimos à chamada *lei-travão*, que, inscrita no artigo 167.º da CRP, determina que "Os Deputados, os grupos par-

---

[2571] Cfr. artigos 49.º e seguintes da Lei de Enquadramento Orçamental.
[2572] Cfr. o artigo 53.º da Lei de Enquadramento Orçamental.
[2573] Cfr. o artigo 54.º da Lei de Enquadramento Orçamental.
[2574] Cfr. os artigos 55.º e seguintes da Lei de Enquadramento Orçamental.
[2575] Sobre o regime de alterações ao Orçamento, cfr. Ac. TC n.º 267/88 (cit.); Ac. TC n.º 206/87 (cit.); Ac. TC n.º 317/86, de 19 de Novembro de 1986, *DR*, I Série, n.º 11, de 14 de Janeiro de 1987; Ac. TC n.º 144/85 (cit.).

lamentares, as Assembleias Legislativas das regiões autónomas e os grupos de cidadãos eleitores não podem apresentar *projectos de lei, propostas de lei ou propostas de alteração* que envolvam, no ano económico em curso, aumento das despesas ou diminuição das receitas do Estado previstas no Orçamento." (n.º 2); e que "Os Deputados, os grupos parlamentares e os grupos de cidadãos eleitores não podem apresentar *projectos de referendo* que envolvam, no ano económico em curso, aumento das despesas ou diminuição das receitas do Estado previstas no Orçamento." (n.º 3)[2576].

Por outro lado, o n.º 4 do artigo 115.º da CRP exclui do âmbito do referendo as "questões e os actos de conteúdo orçamental, tributário e financeiro" (alínea *b)*), bem como as "matérias previstas no artigo 161.º da Constituição" (alínea *c)*), o que abrange, portanto, o referendo ao próprio Orçamento de Estado.

Ora, sem prejuízo dos comentários a tais preceitos que caberão nos lugares próprios[2577], uma breve observação[2578].

Em matéria de iniciativa legislativa, retira-se *a contrario* do n.º 2 do artigo 167.º da CRP que os deputados, os grupos parlamentares, as Assembleias Legislativas das regiões autónomas e os grupos de cidadãos eleitores podem apresentar projectos de lei, propostas de lei ou propostas de alteração que envolvam, no ano económico em curso, diminuição das despesas ou aumento das receitas do Estado previstas no Orçamento. Perante isto, e tendo em conta o argumento que pretende evitar o populismo no domínio referendário[2579], pergunta-se, não poderá essa possibilidade degenerar em resultado equivalente, dado que o Governo – titular da iniciativa reservada em matéria orçamental – poderá não estar em posição de aceitar o aumento de receitas proposto ou, mais curialmente, a diminuição das despesas? Este problema acentua-se quando se admite a necessidade (eventual) de que na sequência da aprovação de semelhante projecto ou proposta (com o qual ou a qual o Governo possa não concordar) tenha que haver lugar a uma iniciativa governamental com vista a alterar o Orçamento[2580].

[2576] Os itálicos são nossos.
[2577] Cfr. as anotações respectivas.
[2578] Veja-se a propósito o que dissemos acerca da exclusão do referendo sobre matéria fiscal (anotação ao artigo 103.º, I, § 3.º, 3.1.).
[2579] Cfr. a anotação referida na nota anterior.
[2580] Cfr. J. J. GOMES CANOTILHO/VITAL MOREIRA, *Constituição* ..., 3.ª Ed., p. 688.

Depois, em matéria de referendo, a solução da CRP é confusa. De acordo com o disposto no n.º 3 do artigo 167.º, o Governo pode apresentar propostas de referendo que envolvam, no ano económico em curso, aumento das despesas ou diminuição das receitas do Estado previstas no Orçamento. Mas o n.º 4 do artigo 115.º proíbe o referendo sobre questões e actos de conteúdo orçamental (bem como sobre o próprio Orçamento). Mesmo ultrapassando a conciliabilidade de ambos os preceitos, percebe-se a solução da CRP: visa proteger a democracia representativa e seus benefícios, pretendendo afastar o já referido (e discutível) populismo referendário. Todavia, o Governo pode conseguir por outras vias os efeitos que aqui se pretendem evitar, sobretudo hoje, atendendo ao desenvolvimento de meios tecnológicos comunicacionais – e aí sem o *risco* da eventual vinculatividade do referendo, sobretudo perante a ausência de regulação constitucional sobre o período de tempo pelo qual tal vinculatividade se mantém.

II. DIREITO INTERNACIONAL E EUROPEU

§ 4.º. Direito Internacional

Vejam-se as notas ao artigo 105.º[2581].

§ 5.º. Direito Europeu

Vejam-se os comentários ao artigo 105.º[2582].

[2581] Cfr. II, § 8.º.
[2582] Cfr. II, § 9.º.

III. MEMÓRIA CONSTITUCIONAL

§ 6.º. As constituições portuguesas anteriores à Constituição de 1976

A **Constituição de 1822** não continha norma semelhante à actualmente constante do artigo 106.º da CRP, mas diversos artigos do Capítulo III do Título V, reservado à *Fazenda Nacional*, disciplinavam aspectos relativos à elaboração do orçamento: designadamente, o artigo 227.º dispunha que "O Secretário dos negócios da fazenda, havendo recebido dos outros Secretários os orçamentos relativos às despesas de suas repartições, apresentará todos os anos às Cortes, logo que estiverem reunidas, um orçamento geral de todas as despesas públicas do ano futuro; outro da importância de todas as contribuições e rendas públicas; e a conta da receita e despesa do tesouro público do ano antecedente".

Na **Carta Constitucional de 1826**, entre outros aspectos já referidos[2583], destaca-se a iniciativa legislativa privativa da Câmara dos Deputados em matéria de impostos (artigo 35.º, § 1.º), e ainda o disposto no artigo 138.º, disposição semelhante àquela do artigo 227.º da Constituição de 1822. O Acto Adicional de 5 de Julho de 1852 viria, porém, a alterar esse mesmo artigo 138.º, estabelecendo que "Nos primeiros quinze dias depois de constituída a Câmara dos Deputados, o Governo lhe apresentará o orçamento da receita e despesa do ano seguinte; e no primeiro mês, contado da mesma data, a conta da gerência do ano findo, e a conta do exercício anual ultimamente encerrado na forma da Lei" (artigo 13.º).

A **Constituição de 1838** fixava a competência das Cortes para votar anualmente os impostos (artigo 37.º, XII), iniciativa reservada à Câmara dos Deputados (artigo 54.º, I). Esta regra de anualidade é reiterada a propósito da *Fazenda Nacional*, no artigo 132.º, que constitui fonte da referida alteração à Carta Constitucional no Acto Adicional de 1852. A Constituição de 1838 continha também disposição idêntica à do artigo 138.º da Carta: estabelecia o artigo 136.º que "O Ministro e Secretário de Estado dos Negócios da Fazenda apresentará à Câmara de Deputados, nos primeiros quinze dias de cada sessão anual, a conta geral da receita e despesa do ano económico findo, e o orçamento da receita e despesa do ano seguinte".

[2583] Cfr. anotação ao artigo 105.º, III, § 11.º.

Na **Constituição de 1911** fixava-se também a competência do Congresso da República para "votar anualmente os impostos" (artigo 26.°, 3.°), sendo a respectiva iniciativa legislativa privativa da Câmara dos Deputados (artigo 23.°, *a)*). Mas pouco mais se dizia[2584].

A **Constituição de 1933**, por seu turno, viria a estabelecer que o "Orçamento Geral do Estado é anualmente organizado e posto em execução pelo Governo, em conformidade com as disposições legais em vigor e em especial com a lei de autorização prevista no n.° 4 do artigo 91.°", norma esta segundo a qual competia à Assembleia Nacional "Autorizar o Governo [até 15 de Dezembro de cada ano[2585]] a cobrar as receitas do Estado e a pagar as despesas públicas na gerência futura, definindo na respectiva lei de autorização os princípios a que deve ser subordinado o Orçamento na parte das despesas cujo quantitativo não é determinado em harmonia com leis preexistentes"[2586-2587].

§ 7.°. **Conteúdo originário da redacção do preceito na Constituição de 1976 e sucessivas versões decorrentes das revisões constitucionais**

O preceito aqui em causa é **originário da revisão constitucional de 1989**, aditado pelo artigo 86.° da Lei Constitucional n.° 1/89, de 8 de Julho. Antes disso toda a matéria relativa ao Orçamento constava do então artigo 108.°[2588]. A composição deste novo preceito – ao tempo o artigo

---

[2584] Cfr. anotação ao artigo 105.°, III, § 11.°.

[2585] Este inciso só foi introduzido com a Lei de revisão constitucional n.° 1885, de 23 de Março de 1935.

[2586] Cfr. anotação ao artigo 105.°, IV, § 14.°, para uma noção da integração sistemática desta norma. O mesmo artigo – 91.°, 5.° - atribuía à Assembleia Nacional competência para "Autorizar o Governo a realizar empréstimos e outras operações de crédito que não sejam de dívida flutuante, estabelecendo as condições gerais em que podem ser feitos". E note-se ainda a necessidade de referenda do Ministro das Finanças em relação a quaisquer actos do Presidente da República e do Governo que envolvessem aumento ou diminuição de receitas ou despesas (artigo 108.°, § 1.°). Sobre esta última problemática, cfr. PAULO OTERO, *A Intervenção do Ministro das Finanças* ..., pp. 166 ss.

[2587] Sobre a evolução do Direito orçamental português, cfr. ANTÓNIO BRAZ TEIXEIRA, *Finanças Públicas* ..., pp. 86 ss.; TIAGO DUARTE, *A Lei por detrás do Orçamento*, pp. 89 ss.

[2588] Cfr. anotação ao artigo 105.°, III, 12.°.

109.º – resultou da autonomização de vários n.ᵒˢ do anterior artigo 108.º: o n.º 3, que aqui passou a n.º 1.º, com alterações; o n.º 7, que passou aqui a n.º 2; e o n.º 4, que aqui passou a n.º 3, também com alterações:

"ARTIGO 109.º
(Elaboração do Orçamento)

1. A lei do Orçamento é elaborada, organizada, votada e executada de acordo com a respectiva lei de enquadramento, que incluirá o regime atinente à elaboração e execução dos orçamentos dos fundos e serviços autónomos.

2. A proposta de Orçamento é apresentada e votada nos prazos fixados na lei, a qual prevê os procedimentos a adoptar quando aqueles não puderem ser cumpridos.

3. A proposta de Orçamento é acompanhada de relatórios sobre:

a) A previsão da evolução dos principais agregados macroeconómicos com influência no Orçamento, bem como da evolução da massa monetária e suas contrapartidas;

b) A justificação das variações de previsões das receitas e despesas relativamente ao Orçamento anterior;

c) A dívida pública, as operações de tesouraria e as contas do Tesouro;

d) A situação dos fundos e serviços autónomos;

e) As transferências orçamentais para as regiões autónomas;

f) As transferências financeiras entre Portugal e o exterior com incidência na proposta de Orçamento;

g) Os benefícios fiscais e a estimativa da receita cessante."

A **revisão constitucional de 1992** manteve o preceito intocado.

Na **revisão constitucional de 1997**, o artigo 70.º da Lei Constitucional n.º 1/97, de 20 de Setembro, alterou a respectiva numeração – o artigo passou a ser o actual 106.º –, bem como a redacção do n.º 1 e da alínea e) do n.º 3:

"*ARTIGO 106.º*
(Elaboração do Orçamento)

1. A lei do Orçamento é elaborada, organizada, votada e executada, *anualmente*, de acordo com a respectiva lei de enquadramento, que incluirá o regime atinente à elaboração e execução dos orçamentos dos fundos e serviços autónomos.

2. ....
3. A proposta de Orçamento é acompanhada de relatórios sobre:
   a) ....;
   b) ....;
   c) ....;
   d) ....;
   e) *As transferências de verbas para as regiões autónomas e as autarquias locais*;
   f) ....;
   g) ...."2589.

Assim se fixou a actual numeração e redacção do preceito, já que nem a **quinta revisão constitucional, de 2001**, nem a **sexta revisão constitucional, de 2004**, nem tão-pouco a **sétima revisão constitucional, de 2005,** lhe trouxeram qualquer alteração.

§ 8.°. Apreciação do sentido das alterações do preceito

As alterações sofridas pelo preceito na revisão constitucional de 1997 resumiram-se à introdução (expressa) da regra da anualidade orçamental, e à imperatividade de que os relatórios que acompanham a proposta de Orçamento refiram a integralidade das transferências de verbas para as regiões autónomas – e agora também para as autarquias locais – e não apenas as transferências orçamentais, o que constitui um reforço do respectivo controlo parlamentar[2590].

Tendo em conta os comentários que se foram fazendo *supra*[2591], pode bem dizer-se que a escassez de alterações que o preceito sofreu fica a dever-se, à sua juventude, é certo, mas sobretudo ao seu teor originariamente desconstitucionalizador, com o relevo que empresta à *lei* (designadamente, de enquadramento orçamental).

[2589] Os itálicos são nossos e assinalam as alterações/inovações.

[2590] Neste sentido, cfr. ALEXANDRE SOUSA PINHEIRO/MÁRIO JOÃO BRITO FERNANDES, *Comentário* ..., pp. 260-261, que exemplificam, como verbas *não orçamentais*, com os fundos comunitários.

[2591] Cfr. I.

IV. PAÍSES DE EXPRESSÃO PORTUGUESA

§ 9.º. Brasil

O artigo 166.º da CRFB dispõe sobre a elaboração e aprovação do *plano plurianual*, das *diretrizes orçamentárias* e dos *orçamentos anuais*. Na sequência do estabelecido no artigo 165.º (que trata – embora não apenas – do conteúdo dessas leis[2592]), fixa o artigo 166.º que:

"Art. 166.º
Os projetos de lei relativos ao plano plurianual, às diretrizes orçamentárias, ao orçamento anual e aos créditos adicionais serão apreciados pelas duas Casas do Congresso Nacional, na forma do regimento comum.
§ 1.º – Caberá a uma comissão mista permanente de Senadores e Deputados:
I – examinar e emitir parecer sobre os projetos referidos neste artigo e sobre as contas apresentadas anualmente pelo Presidente da República;
II – examinar e emitir parecer sobre os planos e programas nacionais, regionais e setoriais previstos nesta Constituição e exercer o acompanhamento e a fiscalização orçamentária, sem prejuízo da atuação das demais comissões do Congresso Nacional e de suas Casas, criadas de acordo com o art. 58.º.[2593]
§ 2.º – As emendas serão apresentadas na comissão mista, que sobre elas emitirá parecer, e apreciadas, na forma regimental, pelo plenário das duas Casas do Congresso Nacional.
§ 3.º – As emendas ao projeto de lei do orçamento anual ou aos projetos que o modifiquem somente podem ser aprovadas caso:
I – sejam compatíveis com o plano plurianual e com a lei de diretrizes orçamentárias;
II – indiquem os recursos necessários, admitidos apenas os provenientes de anulação de despesa, excluídas as que incidam sobre:
a) dotações para pessoal e seus encargos;
b) serviço da dívida;
c) transferências tributárias constitucionais para Estados, Municípios e o Distrito Federal; ou
III – sejam relacionadas:
a) com a correção de erros ou omissões; ou
b) com os dispositivos do texto do projeto de lei.

[2592] Cfr. anotação ao artigo 105.º, IV, § 14.º.
[2593] Cfr. anotação ao artigo 107.º, IV, § 11.º, e anotação ao artigo 92.º, IV, § 8.º.

§ 4.º – As emendas ao projeto de lei de diretrizes orçamentárias não poderão ser aprovadas quando incompatíveis com o plano plurianual.

§ 5.º – O Presidente da República poderá enviar mensagem ao Congresso Nacional para propor modificação nos projetos a que se refere este artigo enquanto não iniciada a votação, na comissão mista, da parte cuja alteração é proposta.

§ 6.º – Os projetos de lei do plano plurianual, das diretrizes orçamentárias e do orçamento anual serão enviados pelo Presidente da República ao Congresso Nacional, nos termos da lei complementar a que se refere o art. 165.º, § 9.º.

§ 7.º – Aplicam-se aos projetos mencionados neste artigo, no que não contrariar o disposto nesta Seção, as demais normas relativas ao processo legislativo.

§ 8.º – Os recursos que, em decorrência de veto, emenda ou rejeição do projeto de lei orçamentária anual, ficarem sem despesas correspondentes poderão ser utilizados, conforme o caso, mediante créditos especiais ou suplementares, com prévia e específica autorização legislativa."

§ 10.º. **Angola**

A LCRA apenas se refere ao Orçamento a propósito da competência da Assembleia Nacional e do Governo (alíneas *d)* e *e)* do artigo 88.º – aprovar, respectivamente, sob proposta do Governo, o Orçamento Geral do Estado e os relatórios da sua execução).

§ 11.º. **Moçambique**

Sobre a elaboração do Orçamento na CRM, veja-se a anotação ao artigo 105.º[2594].

§ 12.º. **Cabo Verde**

Sobre a elaboração do Orçamento, veja-se o disposto nos n.ºs 6 e 8 do artigo 94.º da CRCV[2595].

[2594] Cfr. IV, § 15.º.
[2595] Cfr. anotação ao artigo 105.º, IV, § 16.º.

§ 13.º. **Guiné-Bissau**

Veja-se a anotação ao artigo 105.º[2596].

§ 14.º. **São Tomé e Príncipe**

Veja-se a anotação ao artigo 105.º[2597].

§ 15.º. **Timor-Leste**

Sobre a matéria da elaboração do Orçamento, veja-se disposto no n.º 1 do artigo 145.º da CRDTL[2598].

[2596] Cfr. IV, § 17.º.
[2597] Cfr. IV, § 18.º.
[2598] Cfr. anotação ao artigo 105.º, IV, § 19.º.

ARTIGO 107.º
(Fiscalização)

A execução do Orçamento será fiscalizada pelo Tribunal de Contas e pela Assembleia da República, que, precedendo parecer daquele tribunal, apreciará e aprovará a Conta Geral do Estado, incluindo a da segurança social.

Quadro tópico:

I. FISCALIZAÇÃO

§ 1.º. O SENTIDO CONSTITUCIONAL DA FISCALIZAÇÃO;

§ 2.º. A FISCALIZAÇÃO DA EXECUÇÃO DO ORÇAMENTO;

§ 3.º. (CONT.) A FISCALIZAÇÃO DA CONTA GERAL DO ESTADO;

§ 4.º. OUTRAS FORMAS DE FISCALIZAÇÃO NÃO ESTABELECIDAS NO ARTIGO 107.º;

§ 5.º. A APLICAÇÃO DO ARTIGO 107.º A OUTRAS REALIDADES ORÇAMENTAIS.

II. DIREITO INTERNACIONAL E EUROPEU

§ 6.º. DIREITO INTERNACIONAL;

§ 7.º. DIREITO EUROPEU.

III. MEMÓRIA CONSTITUCIONAL

§ 8.º. AS CONSTITUIÇÕES PORTUGUESAS ANTERIORES À CONSTITUIÇÃO DE 1976;

§ 9.º. CONTEÚDO ORIGINÁRIO DA REDACÇÃO DO PRECEITO NA CONSTITUIÇÃO DE 1976 E SUCESSIVAS VERSÕES DECORRENTES DAS REVISÕES CONSTITUCIONAIS;

§ 10.º. APRECIAÇÃO DO SENTIDO DAS ALTERAÇÕES DO PRECEITO.

IV. PAÍSES DE EXPRESSÃO PORTUGUESA

§ 11.º. BRASIL;

§ 12.º. ANGOLA;

§ 13.º. MOÇAMBIQUE;

§ 14.º. CABO VERDE;

§ 15.º. GUINÉ-BISSAU;

§ 16.º. SÃO TOMÉ E PRÍNCIPE;

§ 17.º. TIMOR-LESTE.

I. FISCALIZAÇÃO

§ 1.º. O sentido constitucional da fiscalização

Como norma terminal da Constituição económica (em termos sistemático-formais) e em particular do seu Título (IV) respeitante ao sistema financeiro e fiscal, que surge na sequência da disciplina constitucional orçamental (artigos 105.º e 106.º), o disposto neste artigo 107.º espelha uma dimensão essencial do regime político, conforme o mesmo surge definido, entre outros elementos, pela articulação entre regime económico e sistema de governo: a dimensão do *controlo* dos dinheiros públicos e da consequente *responsabilidade (accountability)*[2599]. Porém, embora possa pretender-se atribuir-lhe uma considerável importância constitucional[2600], não deixe de notar-se também que a CRP "não presta grande atenção à matéria da fiscalização orçamental", pese embora o considerável avanço face à Constituição de 1933[2601].

Daí que afirmemos que o artigo 107.º da CRP (apenas) *espelha* aquela dimensão essencial, sem que possa afirmar-se uma *verdadeira constitucionalização* da matéria em causa. Com efeito, analisando a norma em questão, conclui-se que a mesma se resume a uma previsão mínima do âmbito objectivo[2602] e subjectivo da *fiscalização*, em sentido, aliás, cuja autonomia normativa em termos de disciplina constitucional pode bem questionar-se, designadamente, em face de outras normas constitucionais como as constantes do artigo 162.º (competência de fiscalização da AR)[2603] e do artigo 214.º (estatuto e competências do Tribunal de Contas).

[2599] Acentuando a noção de *controlo* (em face da de fiscalização), cfr. ANTÓNIO L. SOUSA FRANCO, *Finanças Públicas* ..., I, pp. 452 ss.; EDUARDO PAZ FERREIRA, *Ensinar Finanças* ..., pp. 157 ss.

[2600] Cfr. JORGE MIRANDA/RUI MEDEIROS (com EDUARDO PAZ FERREIRA), *Constituição* ..., II, p. 239.

[2601] Cfr. ANTÓNIO L. SOUSA FRANCO, *Finanças Públicas* ..., I, pp. 455-456. E *infra*, III, § 8.º.

[2602] Com efeito, a fiscalização sobre a qual a CRP lança aqui a sua normatividade é a da *execução do Orçamento*. Como tal, sem prejuízo do disposto noutras normas constitucionais, a dimensão normativa do artigo 107.º da CRP é condicionada pelo próprio conteúdo do Orçamento, pelo que a questão da desorçamentação é aqui determinante (cfr. anotação ao artigo 105.º, I, § 2.º, 2.3.).

[2603] Sobre o papel do Parlamento neste contexto, cfr. ANTÓNIO RIBEIRO GAMEIRO, *O Controlo Parlamentar das Finanças Públicas* ..., *passim*.

Neste sentido, a imprevisão constitucional ao nível de mecanismos de fiscalização e de consequências ao nível da responsabilidade – por exemplo, numa articulação mais estreita com o disposto no artigo 117.º ("Estatuto dos titulares de cargos políticos") e no artigo 271.º ("Responsabilidade dos funcionários e agentes") – funciona como uma tácita remissão para a lei, e que acaba por verificar-se na multiplicidade de regimes legais a propósito[2604-2605].

§ 2.º. A fiscalização da execução do Orçamento

Estabelece a primeira parte do artigo 107.º da CRP que a execução do Orçamento é fiscalizada pelo Tribunal de Contas e pela AR[2606]. Mas a CRP é especialmente parca quanto a este aspecto.

No que toca ao **Tribunal de Contas**[2607], o corpo do n.º 1 do artigo 214.º limita-se a dispor que este é o "órgão supremo de fiscalização da legalidade das despesas públicas e de julgamento das contas que a lei mandar submeter-lhe". Se é óbvio que daqui se retira a competência deste órgão para confrontar a realização de receitas e despesas públicas (execução do Orçamento) com a respectiva previsão orçamental, é depois neces-

---

[2604] Como é o caso, entre tantos diplomas com relevo neste domínio, da própria Lei de Enquadramento Orçamental (veja-se o respectivo artigo 70.º em matéria de responsabilidade), e da Lei de Organização e Processo do Tribunal de Contas (Lei n.º 98/97, de 26 de Agosto, com as alterações decorrentes da Lei n.º 87-B/98, de 31 de Dezembro, da Lei n.º 1/2001, de 4 de Janeiro, da Lei n.º 55-B/2004, de 30 de Dezembro - que aprovou o Orçamento do Estado para 2005 –, da Lei n.º 48/2006, de 29 de Agosto, e da Lei n.º 35/2007, de 13 de Agosto).

[2605] Especificamente sobre a *responsabilidade orçamental*, cfr. ANTÓNIO L. SOUSA FRANCO, *Finanças Públicas* ..., I. pp. 472-473.

[2606] J. J. GOMES CANOTILHO e VITAL MOREIRA fazem notar que o "preceito parece prever somente a fiscalização final, após o termo da execução orçamental, aquando da apreciação da conta geral do Estado correspondente ao exercício orçamental em causa". Mas logo afirmam que assim não é, que não pode ser essa a leitura da norma sob comentário: tanto pela necessidade de uma fiscalização concomitante, como pela relação com outras normas constitucionais (cfr. *Constituição* ..., I, p. 1121). Por outras palavras, a apreciação e aprovação da Conta Geral do Estado é apenas um momento da fiscalização da execução do Orçamento.

[2607] Sobre a fiscalização do Orçamento, cfr. Ac. TC n.º 317/86 (cit.); e em particular sobre as competências do Tribunal de Contas, cfr. Ac. TC n.º 461/87 (cit.) – veja-se a referência à declaração de voto do Juiz Conselheiro ANTERO ALVES MONTEIRO DINIZ na anotação ao artigo 101.º, I, § 1.º, 1.3.

sário aguardar pela lei para conhecer a arquitectura das respectivas modalidades de fiscalização e consequências da ilegalidade financeira (posto que a CRP apenas se refere expressamente à competência deste órgão para dar parecer sobre a Conta Geral do Estado, "incluindo a da segurança social" – artigo 107.º, e alínea *a)* do n.º 1 do artigo 214.º –, dar parecer sobre as contas das regiões autónomas, e "efectivar a responsabilidade por infracções financeiras, nos termos da lei" – alíneas *b)* e *c)* do n.º 1 do artigo 214.º)[2608].

Por outro lado, quanto à fiscalização pela **AR** da execução do Orçamento, a CRP é igualmente parca. As alíneas *a)* e *e)* do artigo 162.º atribuem-lhe competência, respectivamente, para "vigiar pelo cumprimento da Constituição e das leis e apreciar os actos do Governo e da Administração"[2609], bem como para "apreciar os relatórios de execução dos planos" (que, como se sabe, sendo actos de natureza administrativa, estão vinculados à lei do Orçamento[2610]). Mas vem a ser novamente a Lei de Enquadramento Orçamental a especificar esta forma de *controlo político*, dispondo sobre a articulação entre a AR e o Tribunal de Contas para o efeito, estabelecendo obrigações de informação para o Governo, e determinando que ao Parlamento cabe *efectivar as correspondentes responsabilidades políticas*[2611]. Se tomarmos em consideração outras disposições legais que aí se encontram – designadamente, em matéria de debates mensais com o Governo e de intervenção parlamentar ao nível da apreciação da revisão do Programa de Estabilidade e Crescimento, entre outras[2612] – concluímos que aqui se encontra o essencial da competência parlamentar

---

[2608] Por seu turno, a Lei de Enquadramento Orçamental atribui ao Tribunal de Contas o *controlo jurisdicional da execução do Orçamento* (cfr. artigos 58.º e seguintes), qualificação que é problemática perante a querela doutrinal sobre a natureza dos vários tipos de intervenção que aquele órgão tem neste domínio, que não se reconduzirão todas à função jurisdicional – vejam-se os comentários aos pontos seguintes. Sobre este problema, cfr. ANTÓNIO L. SOUSA FRANCO, *Finanças Públicas* ..., I, pp. 459 ss.; ANTÓNIO BRAZ TEIXEIRA, *Finanças Públicas* ..., 192 ss.; EDUARDO PAZ FERREIRA, *Ensinar Finanças* ..., pp. 157 ss.; JOSÉ JOAQUIM TEIXEIRA RIBEIRO, *Lições* ..., p. 128. Para uma categorização tripartida da intervenção do Tribunal de Contas ao nível do controlo da execução orçamental, cfr. J. J. GOMES CANOTILHO/VITAL MOREIRA, *Constituição* ..., I, p. 1122.

[2609] Sobre esta matéria, cfr. JOSÉ FONTES, *Do Controlo Parlamentar* ..., pp. 53 ss.

[2610] Cfr. as anotações aos artigos 90.º e 91.º, *passim*.

[2611] Cfr. artigo 59.º. E também as anotações aos pontos seguintes.

[2612] Cfr. artigos 60.º, 61.º, e seguintes.

em causa, em mais um momento de desconstitucionalização de poderes fundamentais da AR, disciplinados numa lei muito vulnerável à volatilidade das maiorias parlamentares[2613].

§ 3.º. (cont.) A fiscalização da Conta Geral do Estado

A fiscalização da Conta Geral do Estado – incluindo a da segurança social[2614] – é ainda um momento fundamental da fiscalização da execução orçamental, por parte da AR, na sequência de parecer do Tribunal de Contas, nos termos do artigo 107.º da CRP. A alínea *d)* do artigo 162.º da CRP estabelece como competência da AR "tomar as contas do Estado e das demais entidades públicas que a lei determinar, as quais serão apresentadas até 31 de Dezembro do ano subsequente, com o parecer do Tribunal de Contas e os demais elementos necessários à sua apreciação"[2615]. Neste sentido, entre as competências do Tribunal de Contas constitucionalmente assentes, consta a de "dar parecer sobre a Conta Geral do Estado, incluindo a da segurança social" (acto que não se inclui na competência jurisdicional deste órgão[2616]).

[2613] Sobre este último aspecto, cfr. a anotação ao artigo 106.º, I, § 1.º, 1.2.

[2614] Sobre a Conta Geral do Estado, cfr. ANTÓNIO L. SOUSA FRANCO, *Finanças Públicas* ..., I, pp. 473 ss.

[2615] Para ANTÓNIO L. SOUSA FRANCO, a expressão *tomar as contas do Estado e das demais entidades públicas que a lei determinar* "parece abrir ao legislador a escolha entre julgamento de contas e a tomada de contas pelo Parlamento" (cfr. *Finanças Públicas* ..., I, p. 475). Ora, estabelece o n.º 2 do artigo 73.º da Lei de Enquadramento Orçamental que "A Assembleia da República aprecia e aprova a Conta Geral do Estado, incluindo a da segurança social, precedendo parecer do Tribunal de Contas, até 31 de Dezembro seguinte [a 30 de Junho do ano seguinte àquele a que a Conta respeita, que é quando o Governo lha deve apresentar de acordo com o n.º 1] e, no caso de não aprovação, determina, se a isso houver lugar, a efectivação da correspondente responsabilidade". A expressão *determina* não é isenta de dúvidas e perplexidades várias (cfr. *infra*).

[2616] No sentido de que tal parecer não constitui um acto da função jurisdicional, porque "não se entenderia que um verdadeiro acto jurisdicional fosse depois objecto de apreciação pela Assembleia da República", cfr. ANTÓNIO L. SOUSA FRANCO, *Finanças Públicas* ..., I, p. 477. No mesmo sentido, cfr. JORGE MIRANDA/RUI MEDEIROS (com EDUARDO PAZ FERREIRA), *Constituição* ..., II, p. 239; J. J. GOMES CANOTILHO/VITAL MOREIRA, *Constituição* ..., I, p. 1122.

Trata-se de um processo que encontra regulamentação na Lei de Enquadramento Orçamental[2617] e no RAR[2618], e ainda outras normas relevantes na Lei de Organização e Processo do Tribunal de Contas[2619].

Se, em abstracto, se pode falar num "momento alto da vida parlamentar", os usuais atrasos no cumprimento dos respectivos prazos[2620] são prática que contribui para desconsiderá-lo. Mas tal desconsideração provém também de outras razões, estas de regime jurídico.

Com efeito, se resulta com clareza do artigo 107.º da CRP a impossibilidade de exercício daquela competência parlamentar sem o prévio parecer do Tribunal de Contas[2621] – cuja ausência, nesse caso, como parecer obrigatório, parece determinar a inconstitucionalidade do acto parlamentar –, já quanto a outros aspectos o texto constitucional é omisso. Omisso, desde logo, em caso de aprovação da Conta em sentido contrário ao do parecer do Tribunal de Contas: muito embora este não seja vinculativo e fosse, então, desejável um especial dever de fundamentação por parte da AR[2622], tal não encontra qualquer apoio normativo (o que também não tem causado questão até ao momento, dado que o Tribunal de Contas nunca se pronunciou no sentido de recusar a Conta[2623]).

Por outro lado, o nosso ordenamento jurídico, constitucional ou infra-constitucional, não estabelece qualquer consequência para a não aprovação da Conta, além da *efectivação da correspondente responsabilidade, se a isso houver lugar*[2624]. Pergunta-se: (i) que tipo de responsabilidade

---

[2617] Cfr. artigos 73.º e seguintes.
[2618] Cfr. artigos 224.º e seguintes.
[2619] Cfr. artigos 2.º e seguintes.
[2620] Cfr. JORGE MIRANDA/RUI MEDEIROS (com EDUARDO PAZ FERREIRA), *Constituição* ..., II, p. 239. Tendo no passado sido atingindos pontos quase grotescos, como quando, recorda ANTÓNIO L. SOUSA FRANCO, "em Junho de 1991, se aprovaram em poucos minutos todas as contas desde 1976 até 1988, e em Novembro de 1991, de novo em poucos minutos e em circunstâncias anómalas, se aprovou a conta de 1989" (cfr. *Finanças Públicas* ..., I, p. 478).
[2621] Cfr. J. J. GOMES CANOTILHO/VITAL MOREIRA, *Constituição* ..., I, p. 1122.
[2622] Cfr. JORGE MIRANDA/RUI MEDEIROS (com EDUARDO PAZ FERREIRA), *Constituição* ..., II, p. 240. Falando apenas na necessidade de fundamentação, sem a qualificar, cfr. J. J. GOMES CANOTILHO/VITAL MOREIRA, *Constituição* ..., I, p. 1122.
[2623] Cfr. JORGE MIRANDA/RUI MEDEIROS (com EDUARDO PAZ FERREIRA), *Constituição* ..., II, p. 240.
[2624] Cfr. o já citado n.º 2 do artigo 73.º da Lei de Enquadramento Orçamental.

(financeira, criminal, disciplinar, política?[2625]), mas, sobretudo (ii) quais as consequências para o Governo de tal reprovação? Ainda que tal possa "justificar a apresentação de uma moção de censura"[2626], não só tem que haver lugar à correspondente iniciativa – que sempre é livre –, como a sua efectividade como mecanismo de responsabilização política está, regra geral, dependente da inexistência de uma maioria absoluta parlamentar de suporte ao Governo.

§ 4.º. **Outras formas de fiscalização não estabelecidas no artigo 107.º**

O artigo 107.º da CRP não se refere a quaisquer outras formas de controlo, nomeadamente em termos subjectivos: limita-se a dispor sobre a competência da AR e do Tribunal de Contas. O modo como o preceito é formulado nem sequer habilita a dele extrair conclusões quanto à repartição da fiscalização ou controlo da execução orçamental entre as várias funções do Estado. Isto é, se a referência à AR e ao Tribunal de Contas indiciam que se está perante uma fiscalização, simultaneamente, política no primeiro caso, e jurisdicional e técnico-financeira no segundo[2627], não se conclui do preceito que (i) não existam outros tribunais com competência neste domínio, (ii) que a própria função administrativa não deva ser central em matéria de fiscalização da execução orçamental e contas públicas, (iii) e que o controlo político não vá além do que é exercido pela AR.

Deste ponto de vista, a formulação do preceito constitucional em causa parece encerrar um conceito de *controlo financeiro específico* e não *genérico*[2628].

[2625] Sobre os vários tipos de responsabilidade por infracções financeiras, cfr. ANTÓNIO L. SOUSA FRANCO, *Finanças Públicas* ..., I, pp. 479 ss.

[2626] Conforme sugerem J. J. GOMES CANOTILHO e VITAL MOREIRA (cfr. *Constituição* ..., I, p. 1122).

[2627] Utilizamos ambas as qualificações dado que, embora o disposto no artigo 107.º pareça habilitar a falar apenas na segunda (aparentemente é esta a ideia de J. J. GOMES CANOTILHO e VITAL MOREIRA quando se referem a uma "fiscalização dualista (técnico-financeira e política)" – cfr. *Constituição* ..., I, p. 1122), o corpo do n.º 1 do artigo 214.º aponta para o exercício de função jurisdicional por parte do Tribunal de Contas na fiscalização da execução do Orçamento. Cfr. também JORGE MIRANDA/RUI MEDEIROS (com EDUARDO PAZ FERREIRA), *Constituição* ..., II, p. 239.

[2628] ANTÓNIO L. SOUSA FRANCO define o *controlo financeiro específico* como "o que

No que respeita ao controlo através da função jurisdicional, é evidente que não pode extrair-se do artigo 107.º da CRP (mesmo em conjugação com o disposto no artigo 214.º) qualquer exclusividade a favor do Tribunal de Contas, ao que, aliás, foi atento o legislador ordinário[2629]. Os actos de execução orçamental obedecem a um padrão de juridicidade complexo, cuja verificação de cumprimento está entregue, desde logo, aos tribunais administrativos e fiscais, o que não exclui, naturalmente, a própria jurisdição constitucional (artigo 202.º da CRP)[2630].

Quanto à fiscalização integrada na própria função administrativa, apesar de o artigo 107.º a não referir, ela é tão essencial como as restantes modalidades – e hoje talvez até tão ou mais determinante e proeminente do que a fiscalização política[2631]. Se o legislador ordinário a consagra genericamente[2632], pode buscar-se o respectivo fundamento[2633] em diversas normas constitucionais, *v.g.*: (i) na alínea *d)* do artigo 199.º quanto ao Governo, (ii) no n.º 2 do artigo 225.º quanto às regiões autónomas, (iii) no artigo 235.º quanto às autarquias locais, (iv) e em geral no artigo 6.º e artigos 266.º e seguintes da CRP. Em rigor, estamos perante uma refracção do próprio princípio do Estado de Direito democrático (artigo 2.º da CRP), que implica que a juridicidade seja auto-observada pela Administração, antes da necessidade do constrangimento (designadamente, jurisdicional). A este propósito se distingue entre *auto-controlo* e *hetero-controlo*: o primeiro, por parte da própria entidade, órgão, serviço ou mesmo funcionário ou agente administrativo encarregue de certa parte da execução orçamental;

---

se exerce por meios próprios, exclusivos e adequados à actividade financeira", e o *genérico* como aquele em que se recorre "aos meios ou instrumentos comuns para fiscalizar eventuais ocorrências negativas ou para apurar as respectivas responsabilidades" (cfr. *Finanças Públicas* ..., I, p. 454). Muito embora a distinção entre ambas as figuras seja algo problemática, parece estar subjacente à Lei de Enquadramento Orçamental quando esta diferencia o "controlo jurisdicional da execução do Orçamento" – que entrega ao Tribunal de Contas – do "controlo jurisdicional *de actos de* execução do Orçamento" (itálico nosso) – que também é exercido por outros tribunais (cfr. n.os 6 e 7 do artigo 58.º).

[2629] Cfr. n.º 7 do artigo 58.º da Lei de Enquadramento Orçamental.

[2630] Cfr. MARCELO REBELO DE SOUSA/JOSÉ DE MELO ALEXANDRINO, *Constituição* ..., p. 219.

[2631] Cfr. os pontos antecedentes.

[2632] Cfr. n.os 4 e 5 do artigo 58.º da Lei de Enquadramento Orçamental.

[2633] Mas não previsão expressa (cfr. ANTÓNIO L. SOUSA FRANCO, *Finanças Públicas* ..., I, p. 456).

e o segundo por parte de um desses sujeitos em relação a outro sobre o qual exerce poderes de direcção, superintendência ou tutela[2634-2635].

O controlo político não é também exclusivo da AR (e tendo em conta apenas mecanismos de democracia representativa). Embora possa enquadrar-se num controlo genérico, o papel do PR reveste uma centralidade inquestionável, sobretudo quando através da promulgação e veto este órgão de soberania é chamado a avaliar a actividade do Governo em matéria de execução orçamental através de decretos-leis.

§ 5.º. **A aplicação do artigo 107.º a outras realidades orçamentais**

Muito embora o artigo 214.º da CRP apenas constitucionalize a competência do Tribunal de Contas para dar parecer sobre as contas de ambas as Regiões Autónomas (alínea b) do n.º 1), pode afirmar-se que o "princípio da fiscalização jurisdicional e política da execução do orçamento do Estado vale por identidade de razão" tanto para aquelas como para as autarquias locais[2636]. No que às autarquias diz particular respeito, e no que toca ao princípio da fiscalização política, é lógico que assim também seja, dada a competência constitucionalmente consagrada das respectivas assembleias para a aprovação do orçamento (n.º 2 do artigo 237.º).

Reforça-se assim a autonomia local, submetendo-a (aqui na parte financeira mas com repercussões sobre todas as restantes dimensões) a um controlo de tipo jurisdicional e técnico-financeiro (estadual) e político (local – auto-controle), o que consubstancia também um limite à tutela administrativa governamental sobre as autarquias locais (artigo 242.º e alínea d) do artigo 199.º da CRP).

[2634] Sobre esta matéria, cfr. ANTÓNIO L. SOUSA FRANCO, *Finanças Públicas* ..., I, 456-457; EDUARDO PAZ FERREIRA, *Ensinar Finanças* ..., 157 ss.
[2635] Veja-se, de criação recente, a figura do *controlador financeiro* (Decreto-Lei n.º 33/2006, de 17 de Fevereiro).
[2636] Cfr. J. J. GOMES CANOTILHO/VITAL MOREIRA, *Constituição* ..., I, p. 1122.

II. DIREITO INTERNACIONAL E EUROPEU

§ 6.º. Direito Internacional

O Direito Internacional não estabelece mecanismos de fiscalização da execução orçamental por parte de entidades exteriores ao Estado português (sem curar de momento do Direito Europeu[2637]). Todavia, e ainda que sem consequências jurídicas ao nível da fiscalização orçamental, a avaliação da situação económica portuguesa por parte de instâncias internacionais – onde releva com pujança o equilíbrio orçamental – não deixa de ser relevante em termos fácticos e, mediatamente, jurídico-políticos. Com efeito, tais avaliações constituem um elemento tantas vezes tido em conta pelas instâncias internas de controlo político-democrático, seja na vertente da democracia representativa ou outra: a AR não deixa de o ter em conta, para efeitos de controlo político genérico.

§ 7.º. Direito Europeu

O Direito Europeu – tanto originário[2638] como derivado, em especial o associado ao *Pacto de Estabilidade e Crescimento*[2639] – estabelece mecanismos e competências de instâncias comunitárias para a fiscalização da actividade orçamental em Portugal. Tal fiscalização dirige-se, *prima facie*, ao equilíbrio orçamental (défice orçamental e endividamento[2640]) e não à legalidade ou juridicidade em sentido lato da execução orçamental. Neste sentido, os fins da fiscalização pelas instâncias comunitárias e pelos órgãos ou entidades internas[2641] são algo distintos, assim como diferentes são, de certo modo, os sujeitos submetidos ao controlo: o controlo comunitário visa o *Estado*, em geral, enquanto o controlo interno desce aos

---

[2637] Cfr. o ponto seguinte.
[2638] Cfr. o artigo 104.º do TCE.
[2639] Cfr. anotação ao artigo 105.º, II, § 9.º.
[2640] Cfr. J. J. GOMES CANOTILHO/VITAL MOREIRA, *Constituição* ..., I, p. 1122.
[2641] Sobre o papel do Tribunal de Contas no controlo da dívida pública no contexto na União Económica e Monetária e do *Pacto de Estabilidade e Crescimento*, cfr. JOÃO PINTO RIBEIRO, *Controlo financeiro externo da dívida pública no contexto da União Económica e Monetária (UEM)*, in *Estudos Jurídicos e Económicos em Homenagem ao Prof. Doutor António de Sousa Franco*, II, FDUL, Coimbra, 2006, pp. 393 ss.

órgãos e entidades, o que se reflecte, a jusante, nas respectivas consequências. Mas o controlo comunitário da actividade financeira do Estado português (no sentido lato que o Direito Europeu atribui à expressão *Estado*) pode ir além disso. Tenhamos presente a apreciação das contas públicas de órgãos ou entidades portuguesas quando esteja em causa a utilização de fundos comunitários: aqui é o Direito Europeu que constitui o padrão de legalidade primário, cujo cumprimento é aferido por instâncias comunitárias (designadamente, pela Comissão).

Importa, pois, avaliar as consequências desta dupla fiscalização da actividade financeira do Estado português, sobretudo quanto à articulação das consequências jurídicas de ambas as vertentes.

III. MEMÓRIA CONSTITUCIONAL

§ 8.º. As constituições portuguesas anteriores à Constituição de 1976

A **Constituição de 1822** atribuía às Cortes, sem dependência de sanção real, competência para "fiscalizar o emprego das rendas públicas, e as contas da sua receita e despesa" (artigo 103.º, IX e 227.º).

Também segundo a **Carta Constitucional de 1826,** as Cortes deveriam apreciar "um Balanço geral da receita e despesa do Tesouro no ano antecedente" (artigo 138.º). O Acto Adicional de 5 de Julho de 1852 viria a alterar esta norma[2642], consagrando um Tribunal de Contas[2643].

A **Constituição de 1838** continha também disposição idêntica à do artigo 138.º da Carta: era o artigo 136.º[2644]. E criara já um Tribunal de Contas (artigo 135.º), influenciando o já referido Acto Adicional à Carta, de 5 de Julho de 1852.

A **Constituição de 1911** estabelecia a competência do Congresso da República para "(...) tomar as contas da receita e despesa de cada exercício financeiro (...)" (artigo 26.º, 3.º)[2645].

[2642] Cfr. anotação ao artigo 106.º, III, § 6.º.
[2643] Cfr. anotação ao artigo 105.º, III, § 10.º.
[2644] Cfr. anotação ao artigo 106.º, III, § 6.º.
[2645] Cfr. anotação ao artigo 105.º, III, § 10.º.

A **Constituição de 1933** atribuía à Assembleia Nacional competência para "Tomar as contas respeitantes a cada ano económico, as quais lhe serão apresentadas com o relatório e decisão do Tribunal de Contas [se este as tiver julgado,[2646] e os demais elementos que forem necessários para sua apreciação" (artigo 91.°, 3.°)[2647-2648].

§ 9.°. Conteúdo originário da redacção do preceito na Constituição de 1976 e sucessivas versões decorrentes das revisões constitucionais

O preceito aqui em causa é **originário da revisão constitucional de 1989**, aditado pelo artigo 87.° da Lei Constitucional n.° 1/89, de 8 de Julho. Antes disso toda a matéria relativa ao Orçamento constava do então artigo 108.°[2649]. A composição deste novo preceito – ao tempo o artigo 110.° – resultou da autonomização do n.° 8 do anterior artigo 108.°:

"ARTIGO 110.°
(Fiscalização)
A execução do Orçamento será fiscalizada pelo Tribunal de Contas e pela Assembleia da República, que, precedendo parecer daquele tribunal, apreciará e aprovará a Conta Geral do Estado, incluindo a da segurança social."

A **revisão constitucional de 1992** manteve o preceito intocado.
Na **revisão constitucional de 1997**, o artigo 71.° da Lei Constitucional n.° 1/97, de 20 de Setembro, limitou-se a alterar a numeração do preceito, que assim passou a ser o actual artigo 107.°.
Assim se fixou a sua actual numeração e redacção, já que nem a **quinta revisão constitucional, de 2001**, nem a **sexta revisão constitucional, de 2004**, nem tão-pouco a **sétima revisão constitucional, de 2005**, lhe trouxeram qualquer alteração.

[2646] Este inciso só foi introduzido com a Lei de revisão constitucional n.° 1885, de 23 de Março de 1935.

[2647] O preceito sofreu depois nova alteração a propósito das *províncias ultramarinas*, com a Lei de revisão constitucional n.° 2048, de 11 de Junho de 1951.

[2648] Sobre a evolução do Direito orçamental português, cfr. ANTÓNIO BRAZ TEIXEIRA, *Finanças Públicas* ..., pp. 86 ss.

[2649] Cfr. anotação ao artigo 105.°, III, 11.°.

§ 10.º. **Apreciação do sentido das alterações do preceito**

Desde a sua autonomização com a revisão constitucional de 1989, o preceito não sofreu – lamentavelmente – qualquer aperfeiçoamento. Aquando da revisão constitucional de 1997, apenas de propôs a sua (re)integração no artigo 106.º[2650].

IV. PAÍSES DE EXPRESSÃO PORTUGUESA

§ 11.º. **Brasil**

A CRFB dedica à matéria deste artigo 107.º da CRP várias normas, constantes da Secção IX ("Da Fiscalização Contábil, Financeira e Orçamentária") do Capítulo I ("Do Poder Legislativo") do seu Título IV ("Da Organização dos Poderes"). A norma desta Secção que mais se assemelha ao artigo 107.º da CRP é, justamente, aquela que aí surge em primeiro lugar – o artigo 70.º –, que, embora de âmbito mais vasto que a portuguesa, estabelece:

"Art. 70.º
A fiscalização contábil, financeira, orçamentária, operacional e patrimonial da União e das entidades da administração direta e indireta, quanto à legalidade, legitimidade, economicidade, aplicação das subvenções e renúncia de receitas, será exercida pelo Congresso Nacional, mediante controle externo, e pelo sistema de controle interno de cada Poder.
Parágrafo único. Prestará contas qualquer pessoa física ou jurídica, pública ou privada, que utilize, arrecade, guarde, gerencie ou administre dinheiros, bens e valores públicos ou pelos quais a União responda, ou que, em nome desta, assuma obrigações de natureza pecuniária."

Por seu turno, o subsequente artigo 71.º disciplina aquela modalidade de *controlo externo*, a cargo do Congresso Nacional e com o auxílio do Tribunal de Contas da União, estabelecendo as competências deste, cujo

---

[2650] Cfr. ALEXANDRE SOUSA PINHEIRO/MÁRIO JOÃO BRITO FERNANDES, *Comentário ...*, p. 262.

estatuto e composição é completado pelo artigo 73.° – o que aparenta tais preceitos à síntese constante do artigo 214.° da CRP ("Tribunal de Contas"). Competência neste domínio possui também a Comissão mista (permanente, de Senadores e Deputados) prevista no artigo 166.°. Nos termos do artigo 72.°, tal Comissão, "diante de indícios de despesas não autorizadas, ainda que sob a forma de investimentos não programados ou de subsídios não aprovados, poderá solicitar à autoridade governamental responsável que, no prazo de cinco dias, preste os esclarecimentos necessários". A sua acção pode culminar com a solicitação de intervenção do Tribunal de Contas (§ 1.°), e se este entender "irregular a despesa, a Comissão, se julgar que o gasto possa causar dano irreparável ou grave lesão à economia pública, proporá ao Congresso Nacional sua sustação".

Por fim, o artigo 74.° da CRFB disciplina a modalidade de *controlo interno* que devem manter os poderes legislativo, executivo e judicial, bem como as respectivas finalidades. O respectivo § 1.° estabelece que "Os responsáveis pelo controle interno, ao tomarem conhecimento de qualquer irregularidade ou ilegalidade, dela darão ciência ao Tribunal de Contas da União, sob pena de responsabilidade solidária". Mas qualquer cidadão, partido político, associação ou sindicato é "parte legítima para, na forma da lei, denunciar irregularidades ou ilegalidades perante o Tribunal de Contas da União"[2651].

§ 12.°. Angola

Sobre esta matéria na LCRA, veja-se a anotação ao artigo 106.°[2652].

§ 13.°. Moçambique

A CRM contém uma disposição similar à do artigo 107.° da CRP, no que toca à fiscalização da execução orçamental:

[2651] O artigo 75.° da CRFB estende estas normas, *mutatis mutandis*, "à organização, composição e fiscalização dos Tribunais de Contas dos Estados e do Distrito Federal, bem como dos Tribunais e Conselhos de Contas dos Municípios", sendo imperativo que as constituições estaduais regulem a matéria relativa aos respectivos tribunais de contas.

[2652] Cfr. IV, § 10.°.

"Artigo 131
(Fiscalização)
A execução do Orçamento do Estado é fiscalizada pelo Tribunal Administrativo e pela Assembleia da República, a qual, tendo em conta o parecer daquele Tribunal, aprecia e delibera sobre a Conta Geral do Estado."

§ 14.º. **Cabo Verde**

Sobre esta matéria na CRCV, dispõe o n.º 7 do artigo 94.º que "A execução do Orçamento do Estado é fiscalizada pelo Tribunal de Contas e pela Assembleia Nacional, que aprecia e vota a Conta do Estado, ouvido aquele Tribunal"[2653].

§ 15.º. **Guiné-Bissau**

Neste domínio, a CRGB apenas se refere à competência da Assembleia Nacional Popular para apreciar as contas do Estado relativas a cada ano económico (alínea *m)* do n.º 1 do artigo 85.º).

§ 16.º. **São Tomé e Príncipe**

A CRDSTP atribui à Assembleia Nacional a competência para "tomar as contas dos Estado relativas a cada ano económico" (alínea *i)* do artigo 97.º).

§ 17.º. **Timor-Leste**

Sobre a fiscalização da execução do Orçamento, veja-se o disposto no n.º 3 do artigo 107.º[2654], e ainda o disposto na alínea *e)* do n.º 3 do artigo 95.º da CRDTL.

[2653] Cfr. anotação ao artigo 105.º, IV, § 16.º.
[2654] Cfr. anotação ao artigo 105.º, IV, § 19.º.

ÍNDICE BIBLIOGRÁFICO

AA.VV./OUTROS TEXTOS
- *Nos Dez Anos da Constituição*, org. Jorge Miranda, Lisboa, 1987.
- *Direito Constitucional Econômico: Reflexões e Debates*, coord., Francisco Régis Araújo Frota Fortaleza – Ceará, 2001.
- *Estudos de Regulação*, I, org. Vital Moreira, Coimbra, 2004.
- *Autoridade e Consenso no Estado de Direito*, coord. Luís Filipe Colaço Antunes, Coimbra, 2002.
- *Estudos em Homenagem ao Professor Doutor Pedro Soares Martínez*, I, Coimbra, 2000.
- *Estudos em Homenagem ao Prof. Doutor Manuel Gomes da Silva*, FDUL, Coimbra, 2001.
- *Nos 25 Anos da Constituição da República Portuguesa – Evolução Constitucional e Perspectivas Futuras*, AAFDL, Lisboa, 2001.
- *15 Anos da Reforma Fiscal de 1988/89 – Jornadas de Homenagem ao Professor Doutor Pitta e Cunha*, Associação Fiscal Portuguesa/Instituto de Direito Económico, Financeiro e Fiscal da Faculdade de Direito de Lisboa, Coimbra, 2006.
- *Homenagem a José Guilherme Xavier de Basto*, Coimbra, 2006.
- *Estudos Jurídicos e Económicos em Homenagem ao Prof. Doutor António de Sousa Franco*, I, II e III, FDUL, Coimbra, 2006.
- *Estudos em Homenagem ao Conselheiro José Manuel Cardoso da Costa,* Tribunal Constitucional, Coimbra, 2003.
- *Estudos em Homenagem ao Prof. Doutor J. J. Teixeira Ribeiro*, II, BFDUC, Coimbra, 1979.
- *Problemas Fundamentais do Direito Tributário*, Lisboa, 1999.
- *Livro Branco sobre os serviços de interesse geral (Comunicação da Comissão ao Parlamento Europeu, ao Conselho, ao Comité Económico e Social Europeu e ao Comité das Regiões)*, COM(2004) 374, Bruxelas, 12.5.2004.
- *Águas – O Regime Jurídico Internacional dos Rios Transfronteiriços*, org. J. J. Gomes Canotilho, Coimbra, 2006.

ABREU, Jorge Manuel Coutinho de
- *Da Empresarialidade – As Empresas no Direito*, Reimp., Coimbra, 1999.
- *Curso de Direito Comercial*, II, 2.ª Ed., Coimbra, 2007.
- *Sociedade Anónima, A Sedutora (Hospitais, S.A., Portugal, S.A.)*, in Miscelâneas, n.º 1, Instituto do Direito das Empresas e do Trabalho, Coimbra, 2003, pp. 11 ss.

ALBUQUERQUE, Martim
- *Da Igualdade – Introdução à Jurisprudência*, Coimbra, 1993.

ALEXANDRINO, José de Melo
- V. SOUSA, Marcelo Rebelo de.

ALMEIDA, Carlos Ferreira de
- *Direito Económico*, I Parte, AAFDL, Lisboa, 1979.

ALMEIDA, João Paulo Simões de
- V. MARQUES, Maria Manuel Leitão.

ALVES, Rui
- V. CORDOVIL, Francisco.

AMADOR, Olívio Mota
- *A estabilidade orçamental e os poderes do Ministro das Finanças*, in *Estudos Jurídicos e Económicos em Homenagem ao Prof. Doutor António de Sousa Franco*, III, FDUL, Coimbra, 2006, pp. 521 ss.

AMADOR, Olívio Mota/SILVEIRO, Fernando Xarepe
- *Jurisprudência Orçamental (Colectânea)*, AAFDL, Lisboa, 2003.

AMARAL, Diogo Freitas do
- *Domínio Público*, in *Estudos de Direito Público e Matérias Afins*, I, Coimbra, 2004, pp. 561 ss.
- *Classificação das coisas públicas*, in *Estudos de Direito Público e Matérias Afins*, I, Coimbra, 2004, pp. 563 ss.
- *As Nacionalizações em Portugal: Indemnização Justa ou Irrisória?*, in *Estudos de Direito Público e Matérias Afins*, I, Coimbra, 2004, pp. 549 ss..
- *Curso de Direito Administrativo*, I, 1.ª Ed. (1993), 2.ª Ed. (1996) e 3.ª Ed. (2006), Coimbra; II, Coimbra, 2001.
- *Governos de Gestão*, 2.ª Ed., Cascais, 2002.

AMARAL, Diogo Freitas do/ANDRADE, José Robin de
- *As indemnizações por nacionalizações em Portugal*, in *Revista da Ordem dos Advogados*, 1989, I, Lisboa, pp. 5 ss.

AMARAL, Diogo Freitas/FERNANDES, José Pedro
- *Comentário à Lei dos Terrenos do Domínio Hídrico*, Coimbra, 1978.

AMARAL, Diogo Freitas do/OTERO, Paulo
- *Nacionalização, reprivatização e direito de reversão*, in *O Direito*, Ano 124.º, (Janeiro-Junho), 1992, pp. 289 ss.

AMARAL, Maria Lúcia
- *A Forma da República*, Coimbra, 2005.
- V. CORREIA, Maria Lúcia C. A. Amaral Pinto.

AMORIM, J. Pacheco de
- V. OLIVEIRA, Mário Esteves de.

ANASTÁCIO, Gonçalo
- *Concorrência fiscal na União Europeia*, in *Estudos Jurídicos e Económicos em Homenagem ao Prof. Doutor António de Sousa Franco*, II, FDUL, Coimbra, 2006, pp. 53 ss.

ANDRADE, José Carlos Vieira de
- *Os Direitos Fundamentais na Constituição Portuguesa de 1976*, 3.ª Ed., Coimbra, 2004.
- *O "direito ao mínimo de existência condigna" como direito fundamental a prestações estaduais positivas – uma decisão singular do Tribunal Constitucional – Anotação ao Acórdão do Tribunal Constitucional n.º 509/02*, in JC, n.º 1, Janeiro-Março 2004, pp. 4 ss.

ANDRADE, José Robin de
- V. AMARAL, Diogo Freitas do.

ANTUNES, Luís Filipe Colaço
- (coord.) *Autoridade e Consenso no Estado de Direito*, Coimbra, 2002.

ARANHA, Mariá Marcele Almeida
- *A Política Agrícola Comum e a Disciplina do Apoio Interno do Acordo sobre a Agricultura da Rodada Uruguai*, Coimbra, 2007.

ARAÚJO, António de
- *Nos alvores da Constituição Política de 1933: notas à margem de um manuscrito de Salazar*, in Estudos em Homenagem ao Conselheiro José Manuel Cardoso da Costa, Coimbra, 2003, pp. 109 ss.
- *Jesuítas e Antijesuítas no Portugal Republicano*, Lisboa, 2004.

ARAÚJO, Edson Xavier Lucena de
- *Serviços públicos e tutela do consumidor*, in RFDUL, Vol. XLI, n.º 1, 2000, pp. 189 ss.

ASCENSÃO, José de Oliveira
- *A caducidade da expropriação no âmbito da reforma agrária*, in RFDUL, Vol. XXVIII, 1987, pp. 27 ss.
- *Nacionalizações e Inconstitucionalidade*, in RFDUL, Vol. XXIX, 1988, pp. 457 ss.
- *Direito Civil – Reais*, 5.ª Ed., Coimbra, 1993.

ATAÍDE, Augusto de
- *Elementos para um Curso de Direito Administrativo da Economia*, Lisboa, 1970.

AZEVEDO, Maria Eduarda
- *A Política Agrícola Comum*, Coimbra, 1996.

BAPTISTA, Daniel
- V. CORDOVIL, Francisco;

BASTOS, Fernando Loureiro
- *A Internacionalização dos Recursos Naturais Marinhos*, AAFDL, Lisboa, 2005.

BÖHM-AMOLLY, Alexandra von
- *Portugal e a política comum das estruturas agrícolas – balanço dos primeiros anos de adesão*, in Estudos Jurídicos e Económicos em Homenagem ao Prof. Doutor António de Sousa Franco, I, FDUL, Coimbra, 2006, pp. 33 ss.

BONAVIDES, Paulo
- *Constitucionalismo luso-brasileiro: influxos recíprocos*, in Perspectivas Constitucionais, I, org. Jorge Miranda, Coimbra, 1996, pp. 19 ss.

BORGES, Ricardo Henriques da Palma
- *Em Torno do "Investimento Estrangeiro e Contratos Fiscais": Uma Visão sobre a Competitividade Fiscal Portuguesa*, in 15 Anos da Reforma Fiscal de 1988/89 – Jornadas de Homenagem ao Professor Doutor Pitta e Cunha, Associação Fiscal Portuguesa/Instituto de Direito Económico, Financeiro e Fiscal da Faculdade de Direito de Lisboa, Coimbra, 2006, pp. 395 ss.

BOTELHO, José Manuel Santos/ESTEVES, Américo Pires/PINHO, José Cândido
- *Código do Procedimento Administrativo – Anotado e Comentado*, 5.ª Ed., Coimbra, 2002.

CABRAL, Nazaré Costa
- *O Recurso ao Crédito nas Autarquias Locais Portuguesas*, AAFDL, Lisboa, 2003.

CAETANO, Marcello
- *O problema da dominialidade dos bens afectos à exploração de serviços públicos*, in *Estudos de Direito Administrativo*, Lisboa, 1974, pp. 67 ss.
- *Manual de Direito Administrativo*, I, 10.ª Ed., Reimp.; II, 9.ª Ed., Reimp.; Coimbra, 1980.

CÂMARA, Francisco Sousa da/SANTIAGO, Bruno
- *Preços de transferência e princípio da legalidade fiscal*, in JC, n.° 11, Julho-Setembro 2006, pp. 19 ss.

CAMPOS, Diogo Leite
- *As três fases de princípios fundamentais do Direito Tributário*, in *Revista da Ordem dos Advogados*, 2007, I, Lisboa, pp. 51 ss.

CAMPOS, João Luiz Mota de
- V. CAMPOS, João Mota de.

CAMPOS, João Mota de/CAMPOS, João Luiz Mota de
- *Manual de Direito Comunitário*, 5.ª Ed., Coimbra, 2007.

CANAS, Vitalino
- *Constituição da República Portuguesa*, AAFDL, Lisboa, 2004.

CANOTILHO, J. J. Gomes
- *A Lei do Orçamento da Teoria da Lei, Estudos em Homenagem ao Prof. Doutor J. J. Teixeira Ribeiro*, II, BFDUC, Coimbra, 1979, pp. 543 ss.
- *Constituição Dirigente e Vinculação do Legislador*, 2.ª Ed., Coimbra, 2001.
- *Método de Interpretação de Normas Constitucionais. Peregrinação Constitucionalista em Torno de um Prefácio de Manuel de Andrade à Obra Interpretação e Aplicação das Leis de Francesco Ferrara*, in BFDUC, Vol. LXXVII, 2001, pp. 883 ss.
- *Direito Constitucional e Teoria da Constituição*, 7.ª Ed., Coimbra, 2003.
- *"Brancosos" e Interconstitucionalidade – Itinerários dos Discursos sobre a Historicidade Constitucional*, Coimbra, 2006.

CANOTILHO, J. J. Gomes/MOREIRA, Vital
- *Fundamentos da Constituição*, Coimbra, 1991.
- *Constituição da República Portuguesa Anotada*, 1.ª ed., Coimbra, 1978; 3.ª Ed., Coimbra, 1993; 4.ª Ed., I, Coimbra, 2007.

CARDOSO, António Monteiro
- V. CARVALHO, Alberto Arons de.

CARVALHO, Alberto Arons de/CARDOSO, António Monteiro/FIGUEIREDO, João Pedro
- *Direito da Comunicação Social*, 2.ª Ed., Casa das Letras, 2005.

CASS, Deborah Z.
- *The Constitutionalization of the World Trade Organization*, Oxford, 2005.

CATARINO, Luís Guilherme
- V. MAÇÃS, Maria Fernanda.

CORDEIRO, António Menezes
- *A Constituição Patrimonial Privada*, in *Estudos sobre a Constituição*, III, coord. Jorge Miranda, Lisboa, 1979, pp. 365 ss.
- *Direitos Reais*, Lisboa, 1993 (Reimp. orig. 1979).
- *Direito da Economia*, 1.° Vol., 3.ª Reimp., AAFDL, Lisboa, 1994.
- *Direito da concorrência e direitos fundamentais das empresas*, in *O Direito*, Ano 136.°, 2004, I, pp. 43 ss.

– *Manual de Direito Bancário*, 3.ª Ed., Coimbra, 2006.
CORDOVIL, Francisco/DIMAS, Bruno/ALVES, Rui/BAPTISTA, Daniel
– *A Política Agrícola e Rural Comum e a União Europeia*, Cascais, 2004.
CORREIA, Carlos Pinto
– *O Novo Regime do Sector Empresarial do Estado e o Direito Comunitário*, in *Estudos Sobre o Novo Regime do Sector Empresarial do Estado*, Org. Eduardo Paz Ferreira, Coimbra, 2000, pp. 167 ss.
CORREIA, Fernando Alves
– *Manual de Direito do Urbanismo*, I, Coimbra, 2001.
CORREIA, José Manuel Sérvulo
– *Os Contratos Económicos Perante a Constituição*, in *Nos Dez Anos da Constituição*, org. Jorge Miranda, Lisboa, 1987, pp. 95 ss.
– *Legalidade e Autonomia Contratual nos Contratos Administrativos*, Coimbra, 1987.
– *Zonas de Caça Associativa e Consentimento dos Proprietários*, in *Estudos em Homenagem ao Professor Doutor Pedro Soares Martínez*, I, Coimbra, 2000, pp. 753 ss.
CORREIA, Maria Lúcia C. A. Amaral Pinto
– *Responsabilidade do Estado e Dever de Indemnizar do Legislador*, Coimbra, 1998.
– V. AMARAL, Maria Lúcia.
COSTA, Joaquim Pedro Cardoso da
– V. MAÇÃS, Maria Fernanda.
COSTA, José Manuel Cardoso da
– *O enquadramento constitucional do Direito dos impostos em Portugal: a jurisprudência do Tribunal Constitucional*, in *Perspectivas Constitucionais*, II, org. Jorge Miranda, Coimbra, 1997, pp. 397 ss.
– *Ainda a distinção entre «taxa» e «imposto» na jurisprudência constitucional*, in *Homenagem a José Guilherme Xavier de Basto*, Coimbra, 2006, pp. 547 ss.
COTTIER, Thomas/HERTIG, Maya
– *The Prospects of 21st Century Constitutionalism*, in *Max Planck Yearbook of United Nations Law*, Vol. 7, 2003, pp. 261 ss.
COURINHA, Gustavo Lopes
– *O processo de emissão da dívida pública*, in *Estudos Jurídicos e Económicos em Homenagem ao Prof. Doutor António de Sousa Franco*, II, FDUL, Coimbra, 2006, pp. 135 ss.
COUTINHO, Luís Pedro Pereira
– *As Duas Subtracções. Esboço de uma Reconstrução da Separação entre as funções de Legislar e de Administrar*, in RFDUL, Vol. XLI, n.º 1, 2000, pp. 99 ss.
– *As Faculdades Normativas Universitárias no Quadro do Direito Fundamental à Autonomia Universitária – O caso das universidades públicas*, Coimbra, 2004.
CUNHA, Arlindo
– *A Política Agrícola Comum na Era da Globalização*, Coimbra, 2004.
CUNHA, Patrícia Noiret
– *A Tributação Directa na Jurisprudência do Tribunal de Justiça das Comunidades Europeias*, Coimbra, 2006.
CUNHA, Paulo Ferreira da
– *Em demanda dos fundamentos de uma Comunidade Constitucional Lusófona*, in *Perspectivas Constitucionais*, II, org. Jorge Miranda, Coimbra, 1997, pp. 11 ss.

CUNHA, Paulo de Pitta e
- *A Integração Europeia no Dobrar do Século*, Coimbra, 2003.
- *Direito Institucional da União Europeia*, Coimbra, 2004.
- *A Constituição Europeia – Um Olhar Crítico sobre o Projecto*, 2.ª Ed., Coimbra, 2004.
- *A Globalização e as Integrações Regionais*, in Revista da Ordem dos Advogados, 2006, I, Lisboa, pp. 79 ss.
- *Direito Europeu – Instituições e Políticas da União*, Coimbra, 2006.

DANTAS, Ivo
- *Direito Constitucional Econômico – Globalização & Constitucionalismo*, Curitiba, 2000.

DIMAS, Bruno
- V. CORDOVIL, Francisco.

DOURADO, Ana Paula
- *O princípio da legalidade fiscal na Constituição portuguesa*, in Perspectivas Constitucionais, II, org. Jorge Miranda, Coimbra, 1997, pp. 429 ss.

DUARTE, Maria Luísa,
- *Direito da União Europeia e das Comunidades Europeias*, I, Tomo I, Lisboa, 2001.
- *União Europeia e entidades regionais: as regiões autónomas e o processo comunitário de decisão*, in RFDUL, Vol. XLIII, n.º 1, 2002, pp. 55 ss.

DUARTE, Tiago
- *Quem tem medo dos cavaleiros de lei reforçada?*, in JC, n.º 7, Julho-Setembro, 2005, pp. 36 ss.
- *A Lei por detrás do Orçamento*, Coimbra, 2007.

ESCARAMEIA, Paula
- *Colectânea de Leis de Direito Internacional*, 3.ª Ed., Lisboa, 2003.

ESTEVES, Américo Pires
- V. BOTELHO, José Manuel Santos.

ESTEVES, Maria da Assunção Andrade
- *A Constitucionalização do Direito de Resistência*, AAFDL, Lisboa, 1989.

ESTORNINHO, Maria João
- *A Fuga Para o Direito Privado – Contributo para o estudo da actividade de direito privado da Administração Pública*, Coimbra, 1996.

FERNANDES, José Pedro
- *Domínio público*, in DJAP, IV, Lisboa, 1991, pp. 166 ss.
- *Mutação dominial*, in DJAP, VI, Lisboa, 1994, pp. 100 ss.

FERNANDES, Mário João de Brito
- V. PINHEIRO, Alexandre Sousa.

FERREIRA, Amadeu José
- *Direito dos Valores Mobiliários*, AAFDL, Lisboa, 1997.

FERREIRA, Eduardo Paz
- *Da Dívida Pública e das Garantias dos Credores do Estado*, Coimbra, 1995.
- *A Constituição Económica de 1976: «Que reste-t-il de nous amours?»*, in Perspectivas Constitucionais, I, org. Jorge Miranda, Coimbra, 1996, pp. 383 ss.
- *Direito da Economia*, AAFDL, Lisboa, 2001.

– Em Torno das Constituições Financeira e Fiscal e dos Novos Desafios na Área das Finanças Públicas, in Nos 25 Anos da Constituição da República Portuguesa – Evolução Constitucional e Perspectivas Futuras, AAFDL, Lisboa, 2001, pp. 295 ss.
– Ensinar Finanças Públicas numa Faculdade de Direito, Coimbra, 2005.

FILHO, Manoel Gonçalves Ferreira
– Sobre a Constituição de 1988, in RFDUL, Vol. XXXI, 1990, pp. 67 ss.
– Constitucionalismo português e constitucionalismo brasileiro, in Perspectivas Constitucionais, I, org. Jorge Miranda, Coimbra, 1996, pp. 55 ss.
– Curso de Direito Constitucional, 30.ª Ed., São Paulo, 2003.

FIGUEIREDO, João Pedro
– V. CARVALHO, Alberto Arons de.

FOLQUE, André
– A Tutela Administrativa nas relações entre o Estado e os Municípios (Condicionalismos constitucionais), Coimbra, 2004.

FONSECA, Rui Guerra da
– As Companhias Majestáticas de Colonização do Final do Século XIX, in O Direito, Ano 133.º, III (Julho/Set.), pp. 659 ss., e IV (Out./Dez.), 2001, pp. 863 ss.
– Notas sobre o ensino do Direito Romano, in RFDUL, Vol. XLIV, n.os 1 e 2, 2003, pp. 143 ss.
– Autonomia Estatutária das Empresas Públicas e Descentralização Administrativa, Coimbra, 2005.
– Estado, soberania e integração: reflexos dos processos de integração sobre o constitucionalismo, in Revista Fórum de Direito Tributário, Belo Horizonte, Ano 4, n.º 21, Maio/Jun. 2006, pp. 61 ss.
– Le modèle portugais, in Concorrenza e Sussidiarietà nei Servizi Pubblici Locali. Modelli europei a confronto – Atti del Convegno A.I.D.E., Siena, 2 dicembre 2005, a cura di Laura Ammannati e Fabiana Di Porto, Giuffrè Ed., Milano, pp. 139 ss.

FONTES, José
– Do Controlo Parlamentar da Administração Pública, Lisboa, 1999.

FORTE, André Matos
– V. MARQUES, Maria Manuel Leitão.

FRANCO, António L. Sousa
– Sistema Financeiro e Constituição Financeira no Texto Constitucional de 1976, in Estudos sobre a Constituição, III, coord. Jorge Miranda, Lisboa, 1979, pp. 487 ss.
– Noções de Direito da Economia, I, AAFDL, Lisboa, Reimp., 1982-1983.
– Finanças Públicas e Direito Financeiro, I e II, 4.ª Ed. (Reimp.), Coimbra, 1993.
– Finanças do Sector Público – Introdução aos Subsectores Institucionais (Aditamento de Actualização), Reimp., AAFDL, Lisboa, 2003.

FRANCO, António L. Sousa/MARTINS, Guilherme D'Oliveira
– A Constituição Económica Portuguesa – Ensaio Interpretativo, Coimbra, 1993.

GAMA, João Taborda da
– V. VASQUES, Sérgio.

GAMEIRO, António Ribeiro
– O Controlo Parlamentar das Finanças Públicas em Portugal (1976-2002), Coimbra, 2004.

GARCIA, Maria da Glória Ferreira Pinto Dias
– *Da Justiça Administrativa em Portugal – Sua origem e evolução*, Lisboa, 1994.
GOMES, Carla Amado
– *A Prevenção à Prova no Direito do Ambiente – Em especial, os actos autorizativos ambientais*, Coimbra, 2000.
– *Os novos trabalhos do Estado: a Administração Pública e a defesa do consumidor*, in RFDUL, Vol. XLI, n.º 2, 2000, pp. 631 ss.
GOMES, Nuno Sá
– *Inconstitucionalidade do novo imposto do selo sobre transmissões gratuitas de bens*, in *Estudos Jurídicos e Económicos em Homenagem ao Prof. Doutor António de Sousa Franco*, III, FDUL, Coimbra, 2006, pp. 503 ss.
GONÇALVES, Maria Eduarda
– V. SANTOS, António Carlos dos.
GONÇALVES, Pedro
– *A Concessão de Serviços Públicos*, Coimbra, 1999.
– *Entidades Privadas com Poderes Públicos*, Coimbra, 2005.
– V. OLIVEIRA, Mário Esteves.
GORJÃO-HENRIQUES, Miguel
– *Direito Comunitário*, 4.ª Ed., Coimbra, 2007.
GOUVEIA, Jorge Bacelar
– *A irretroactividade da norma fiscal na Constituição Portuguesa*, in *Perspectivas Constitucionais*, III, org. Jorge Miranda, Coimbra, 1998, pp. 445 ss.
– *As Constituições dos Estados de Língua Portuguesa*, 2.ª Ed., Coimbra, 2006.
– V. QUADROS, Fausto de.
GOUVEIA, Rodrigo
– *Os Serviços de Interesse Geral em Portugal*, Coimbra, 2001.
GUIMARÃES, Vasco Branco
– *Retroactividade da Lei Fiscal – Admissibilidade e Limites*, AAFDL, Lisboa, 1993.
HERTIG, Maya
– V. COTTIER, Thomas.
LEAL, António da Silva
– *Os Grupos Sociais e as Organizações na Constituição de 1976 – A Ruptura com o Corporativismo*, in *Estudos sobre a Constituição*, III, coord. Jorge Miranda, Lisboa, 1979, pp. 195 ss.
LEITÃO, Manuel Teles de Menezes
– *A protecção do consumidor contra as práricas comerciais desleais e abusivas*, in *O Direito*, Anos 134.º e 135.º, 2002-2003, pp. 69 ss.
LIMA, Pires de/VARELA, Antunes
– *Código Civil Anotado*, III, 2.ª Ed. (Reimp.), Coimbra, 1987.
LOBO, Carlos Baptista
– *Reflexões sobre a (necessária) equivalência económica das taxas*, in *Estudos Jurídicos e Económicos em Homenagem ao Prof. Doutor António de Sousa Franco*, I, FDUL, Coimbra, 2006, pp. 409 ss.
LOMBA, Pedro
– *Regiões Autónomas e Transferência de Competências sobre o Domínio Natural*, in JC, n.º 2, Abril-Junho 2004, pp. 57 ss.

LOURENÇO, Joaquim da Silva
– *Reforma Agrária*, in *Estudos sobre a Constituição*, I, Lisboa, 1977, pp. 213 ss.
– *O Cooperativismo e a Constituição*, in *Estudos sobre a Constituição*, II, coord. Jorge Miranda, Lisboa, 1978, pp. 373 ss.

LUMBRALES, João Pinto da Costa Leite
– *Bernard Lavergne e a construção teórica e doutrinal do cooperativismo*, in RFDUL, Vol. XIV, 1960, pp. 255 ss.

MAÇÃS, Maria Fernanda/CATARINO, Luís Guilherme/COSTA, Joaquim Pedro Cardoso da
– *O Contencioso das Decisões das Entidades Reguladoras do Sector Económico-Financeiro*, in *Estudos de Regulação*, I, org. Vital Moreira, Coimbra, 2004, pp. 319 ss.

MACEDO, Jorge Braga de
– *Princípios Gerais da Organização Económica*, in *Estudos Sobre a Constituição*, I, Lisboa, 1977, pp. 189 ss.

MACHETE, Rui
– *O Domínio Público e a Rede Eléctrica Nacional*, in *Estudos de Direito Público*, Coimbra, 2004, pp. 207 ss.

MADURO, Miguel Poiares
– *A Constituição Plural – Constitucionalismo e União Europeia*, Cascais, 2006.

MALTEZ, José Adelino
– *Princípios de Ciência Política*, II, Lisboa, 1998.

MARQUES, Maria Manuel Leitão
– *As cooperativas na Constituição da República Portuguesa*, in *Revista Crítica de Ciências Sociais*, n.° 12, 1983, pp. 105 ss.
– V. SANTOS, António Carlos dos.

MARQUES, Maria Manuel Leitão/ALMEIDA, João Paulo Simões de/FORTE, André Matos
– *Concorrência e Regulação*, Coimbra, 2005.

MARTINEZ, Pedro Soares
– *Comentários à Constituição Portuguesa de 1976*, Lisboa, s.d.
– *Direito Fiscal*, 7.ª Ed. (Reimp.), Coimbra, 1995.

MARTINS, Ana Maria Guerra,
– *Curso de Direito Constitucional da União Europeia*, Coimbra, 2004.
– *A emergência de um novo direito comunitário da concorrência – As concessões de serviços públicos*, Separata da RFDUL, Vol. XLII, N.° 1, 2001.

MARTINS, Guilherme D'Oliveira
– *Poder orçamental*, in DJAP, VI, Lisboa, 1994, pp. 387 ss.
– V. FRANCO, António L. Sousa.

MARTINS JR., Guilherme W. D'Oliveira
– *Os Poderes Tributários nas Regiões Autónomas: criar ou adaptar, eis a questão ...*, in RFDUL, Vol. XLII, n.° 2, 2001, pp. 1085 ss.
– *O princípio da autotributação: perspectivas e evoluções recentes*, in *Estudos Jurídicos e Económicos em Homenagem ao Prof. Doutor António de Sousa Franco*, II, FDUL, Coimbra, 2006, pp. 111 ss.
– V. MARTINS, Guilherme Waldemar D'Oliveira.

MARTINS, Guilherme Waldemar D'Oliveira
– *Os Benefícios Fiscais: Sistema e Regime*, Cadernos IDEFF, n.° 6, Coimbra, 2006.

- V. Martins Jr., Guilherme W. D'Oliveira.

Martins, Maria D'Oliveira
- *O valor reforçado da Lei de Enquadramento Orçamental*, in *Estudos Jurídicos e Económicos em Homenagem ao Prof. Doutor António de Sousa Franco*, III, FDUL, Coimbra, 2006, pp. 9 ss.

Masseno, Manuel David
- *Apontamentos sobre a Constituição Agrária Portuguesa*, in *Perspectivas Constitucionais*, I, org. Jorge Miranda, Coimbra, 1996, pp. 415 ss.

Matos, André Salgado de
- *A Fiscalização Administrativa da Constitucionalidade*, Coimbra, 2004.
- V. Sousa, Marcelo Rebelo de.

Medeiros, Rui
- *Ensaio Sobre a Responsabilidade Civil do Estado por Actos Legislativos*, Coimbra, 1992.
- V. Miranda, Jorge.

Melo, A. Barbosa de
- V. Queiró, Afonso R.

Mesquita, Maria Margarida Cordeiro
- *Direito de Resistência e Ordem Jurídica Portuguesa*, Cadernos de Ciência e Técnica Fiscal, Lisboa, 1989.
- *Direito de Resistência e Ordem Fiscal*, Coimbra, 1996.

Miranda, Jorge
- *Um Projecto de Constituição*, Braga, 1975.
- *A Competência do Governo na Constituição de 1976*, in *Estudos sobre a Constituição*, III, coord. Jorge Miranda, Lisboa, 1979, pp. 633 ss.
- *Direito da Economia*, Lisboa, 1983.
- *A Interpretação da Constituição Económica*, in *Estudos em Homenagem ao Prof. Doutor Afonso Rodrigues Queiró*, I, BFDUC, Coimbra, 1987, pp. 281 ss.
- *A Competência Legislativa no Domínio dos Impostos e as Chamadas Receitas Parafiscais*, Separata da RFDUL, Lisboa, 1988.
- *Duas notas sobre empresas públicas*, in *O Direito*, Ano 126, III-IV (Julho/Dezembro), 1994, pp. 719 e ss.
- *Programa do Governo*, in DJAP, VI, Lisboa, 1994, pp. 552 ss.
- *As Constituições Portuguesas – de 1822 ao texto actual da Constituição*, 4.ª Ed., Lisboa, 1997.
- *Conselho Económico e Social e Comissão de Concertação Social*, Separata de *O Direito*, Ano 130, I-II, 1998.
- *Manual de Direito Constitucional*, I, 7.ª Ed., Coimbra, 2003; II, 3.ª Ed., Coimbra, 1991, e 4.ª Ed., Coimbra, 2000; III, 4.ª Ed., Coimbra, 1998; IV, 3.ª Ed., Coimbra, 2000; V, 2.ª Ed., Coimbra, 2000, e 3.ª Ed., 2004; VI, Coimbra, 2001.
- *Regime específico dos direitos económicos, sociais e culturais*, Separata dos *Estudos Jurídicos e Económicos em Homenagem ao Professor João Lumbrales*, Coimbra, 2000, pp. 345 ss.
- *Timor e o Direito Constitucional*, in *Timor e o Direito*, AAFDL, Lisboa, 2000, pp. 111 ss.
- *Uma Constituição para Timor*, in RFDUL, Vol. XLI, n.º 2, 2000, pp. 935 ss.

– *Acabar com o Frenesim Constitucional*, in *Nos 25 Anos da Constituição da República Portuguesa*, AAFDL, Lisboa, 2001, pp. 651 ss.
– *Teoria do Estado e da Constituição*, Coimbra, 2002.
– *Direito Constitucional III*, AAFDL, Lisboa, 2003.
– *Direitos fundamentais e ordem social (na Constituição de 1933)*, in RFDUL, Vol. XLVI, n.° 1, 2005, pp. 271 ss.
– *Pensões no sector bancário e direito à segurança social (Parecer)*, in JC, n.° 7, Julho--Setembro, 2005, pp. 3 ss.

MIRANDA, Jorge/MEDEIROS, Rui
– *Constituição Portuguesa Anotada*, I e II, Coimbra, 2005.

MONCADA, Luís S. Cabral de
– *Direito Económico*, 4.ª Ed., Coimbra, 2003.

MONIZ, Ana Raquel Gonçalves
– *O Domínio Público – O Critério e o Regime Jurídico da Dominialidade*, Coimbra, 2005.
– *Domínio público local: noção e âmbito*, in *Domínio Público Local*, Escola de Direito da Universidade do Minho/CEJUR – Centro de Estudos Jurídicos do Minho, Junho de 2006, pp. 7 ss.

MORAIS, Carlos Blanco de
– *As Leis Reforçadas – As Leis Reforçadas Pelo Procedimento no Âmbito dos Critérios Estruturantes das Relações Entre Actos Legislativos*, Coimbra, 1998.
– *As Autoridades Administrativas Independentes na Ordem Jurídica Portuguesa*, in *Revista da Ordem dos Advogados*, 2001, I, Lisboa, pp. 101 ss.

MORAIS, Luís D. S.
– *Privatização de Empresas Públicas – As Opções de Venda*, AAFDL, 1990.
– *O Mercado Comum e os Auxílios Públicos*, Coimbra, 1993.
– *As Relações entre o Estado e as Empresas Públicas na Sequência da Aprovação do Decreto-Lei n.° 558/99, de 17 de Dezembro*, in *Estudos Sobre o Novo Regime do Sector Empresarial do Estado*, Org. Eduardo Paz Ferreira, Coimbra, 2000, pp. 89 ss.

MOREIRA, José Carlos Martins
– *Do Domínio Público. I – Os Bens Dominiais*, Coimbra, 1931.

MOREIRA, Vital
– *Economia e Constituição*, 2.ª Ed., Coimbra, 1979.
– *Administração Autónoma e Associações Públicas*, Coimbra, 1997.
– *Auto-Regulação Profissional e Administração Pública*, Coimbra, 1997.
– *Organização Administrativa (Programa, conteúdos e métodos de ensino)*, Coimbra, 2001.
– V. CANOTILHO, J. J. Gomes.

MOREIRA, Vital/MAÇÃS, Fernanda
– *Autoridades Reguladoras Independentes*, Coimbra, 2003.

MOTA, Pedro Infante
– *Os Blocos Económicos Regionais e o Sistema Comercial Multilateral. O Caso da Comunidade Europeia*, Separata da RFDUL, Vol. XL, n.ºs 1 e 2, 1999.
– *O Sistema GATT/OMC – Introdução Histórica e Princípios Fundamentais*, Coimbra, 2005.

NABAIS, José Casalta
- *Alguns perfis da propriedade colectiva nos países do civil law*, in *Estutos em Homenagem ao Prof. Doutor Rogério Soares*, BFDUC, 2001, pp. 223 ss.
- *O Dever Fundamental de Pagar Impostos*, Coimbra, 2004.
- *Solidariedade Social, Cidadania e Direito Fiscal*, in *Estudos de Direito Fiscal*, Coimbra, 2005, pp. 81 ss.
- *Estado Fiscal, Cidadania Fiscal e Alguns dos Seus Problemas*, in *Estudos de Direito Fiscal*, Coimbra, 2005, pp. 41 ss.
- *A Constituição Fiscal de 1976, Sua Evolução e Seus Desafios*, in *Estudos de Direito Fiscal*, Coimbra, 2005, pp. 121 ss.
- *Jurisprudência do Tribunal Constitucional em Matéria Fiscal*, in *Estudos de Direito Fiscal*, Coimbra, 2005, pp. 435 ss.
- *A Face Oculta dos Direitos Fundamentais: Os Deveres e os Custos dos Direitos*, in *Estudos de Direito Fiscal*, Coimbra, 2005, pp. 9 ss.
- *O Regime das Finanças Locais em Portugal*, in *Estudos de Direito Fiscal*, Coimbra, 2005, pp. 561 ss.
- *Constituição Europeia e Fiscalidade*, in *Estudos de Direito Fiscal*, Coimbra, 2005, pp. 157 ss.
- *A Soberania Fiscal no Actual Quadro da Internacionalização, Integração e Globalização Económicas*, in *Estudos de Direito Fiscal*, Coimbra, 2005, pp. 183 ss.
- *Alguns Aspectos da Tributação das Empresas*, in *Estudos de Direito Fiscal*, Coimbra, 2005, pp. 357 ss.
- *Direito Fiscal*, 4.ª Ed., Coimbra, 2007.
- *Investimento Estrangeiro e Contratos Fiscais*, in *15 Anos da Reforma Fiscal de 1988/89 – Jornadas de Homenagem ao Professor Doutor Pitta e Cunha*, Associação Fiscal Portuguesa/Instituto de Direito Económico, Financeiro e Fiscal da Faculdade de Direito de Lisboa, Coimbra, 2006, pp. 371 ss.
- *Liberdade de gestão fiscal e dualismo na tributação das empresas*, in *Homenagem a José Guilherme Xavier de Basto*, Coimbra, 2006, pp. 419 ss.

NAMORADO, Rui
- *Cooperatividade e Direito Cooperativo*, Coimbra, 2005.

NEVES, A. Castanheira
- *A Crise Actual da Filosofia do Direito no Contexto da Crise Global da Filosofia – Tópicos para a possibilidade de uma reflexiva reabilitação*, STVDIA IVRIDICA, n.º 72, Coimbra, 2003.

NOVAIS, Jorge Reis
- *Separação de Poderes e Limites da Competência Legislativa da Assembleia da República*, Lisboa, 1997.
- *As Restrições aos Direitos Fundamentais Não Expressamente Autorizadas pela Constituição*, Coimbra, 2003.
- *Os Princípios Constitucionais Estruturantes da República Portuguesa*, Coimbra, 2004.
- *Ainda sobre o jus aedificandi (... mas agora como problema de direitos fundamentais)*, Separata de *Estudos Jurídicos e Económicos em Homenagem ao Prof. Doutor António de Sousa Franco*, Coimbra, 2006.

NUNES, A. J. Avelãs
– *A Constituição Europeia: a constitucionalização do neoliberalismo*, Coimbra, 2006.

NUNES, Gonçalo Avelãs
– *Estado social e tributação directa sobre as empresas na União Europeia*, in *Homenagem a José Guilherme Xavier de Basto*, Coimbra, 2006, pp. 235 ss.

OLIVEIRA, Mário Esteves/GONÇALVES, Pedro Costa/AMORIM, J. Pacheco de
– *Código do Procedimento Administrativo – Comentado*, 2.ª Ed., Coimbra, 2003.

OTERO, Paulo
– *Conceito e Fundamento da Hierarquia Administrativa*, Coimbra, 1992.
– *Desparlamentarização, Conteúdo do Orçamento e Problemas de Controlo Constitucional*, in *Fisco*, n.º 41, 1992, pp. 37 ss.
– *Autorizações legislativas e Orçamento do Estado*, in *O Direito*, Ano 124.º, I-II (Janeiro-Junho), 1992, pp. 265 ss.
– *O Poder de Substituição em Direito Administrativo: Enquadramento Dogmático-Constitucional*, 2 Vols., Lisboa, 1995.
– *A «descontrução» da democracia constitucional*, in *Perspectivas Constitucionais*, II, org. Jorge Miranda, Coimbra, 1997, pp. 601 ss.
– *Vinculação e Liberdade de Conformação Jurídica do Sector Empresarial do Estado*, Coimbra, 1998.
– *Direito Administrativo – Relatório de uma disciplina apresentado no concurso para professor associado na Faculdade de Direito da Universidade de Lisboa*, Lisboa, 1998.
– *Lições de Introdução ao Estudo do Direito*, I, 1.º Tomo, Lisboa, 1998.
– *Direitos históricos e não tipicidade pretérita dos direitos fundamentais*, Separata de AB VND AD OMNES, 75 Anos da Coimbra Editora, Coimbra, 1998.
– *Privatizações, Reprivatizações e Transferências de Participações Sociais no Interior do Sector Público*, Coimbra, 1999.
– *Alguns Problemas do Direito Administrativo do Mercado dos Valores Mobiliários*, Separata de *Direito dos Valores Mobiliários*, I, Coimbra, 1999.
– *A Intervenção do Ministro das Finanças sobre os Actos do Governo de Aumento de Despesas ou Diminuição de Receitas*, in *Estudos em Homenagem ao Professor Doutor Pedro Soares Martínez*, II, Coimbra, 2000.
– *A Competência da Comissão do Mercado de Valores Mobiliários para Controlar a Legalidade de Actos Jurídicos Provenientes de Entidades Privadas*, Separata da *Revista da Ordem dos Advogados*, 2000, II, Lisboa.
– *A Democracia Totalitária*, Cascais, 2001.
– *A Administração Pública Nacional como Administração Comunitária: os efeitos internos da execução administrativa pelos Estados-membros do Direito Comunitário*, Separata de *Estudos em Homenagem à Professora Doutora Isabel de Magalhães Collaço*, I, Coimbra, 2002.
– *Legalidade e Administração Pública – O Sentido da Vinculação Administrativa à Juridicidade*, Coimbra, 2003.
– *Da Criação de Sociedades Comerciais por Decreto-Lei*, Separata de *Estudos em Homenagem ao Prof. Doutor Raúl Ventura*, Coimbra, 2003.
– V. AMARAL, Diogo Freitas do.
– V. QUADROS, Fausto de.

PALMA, Clotilde Celorico
— *O controlo da concorrência fiscal prejudicial na União Europeia*, in *Homenagem a José Guilherme Xavier de Basto*, Coimbra, 2006, pp. 127 ss.

PALMA, Maria Fernanda
— *Direito Constitucional Penal*, Coimbra, 2006.

PALMA, Maria João
— *A política comercial após o Tratado de Nice: tensões e incoerências em torno do artigo 133.° do Tratado da Comunidade Europeia*, in *Estudos Jurídicos e Económicos em Homenagem ao Prof. Doutor António de Sousa Franco*, III, FDUL, Coimbra, 2006, pp. 101 ss.

PARDAL, Alves
— *Novo enquadramento jurídico do financiamento da política agrícola comum*, in *Estudos Jurídicos e Económicos em Homenagem ao Prof. Doutor António de Sousa Franco*, I, FDUL, Coimbra, 2006, pp. 93 ss.

PATRÍCIO, José Simões
— *Bases Gerais das Empresas Públicas*, 3.ª Ed., AAFDL, Lisboa, 1991.

PEREIRA, André Gonçalves/QUADROS, Fausto de
— *Manual de Direito Internacional Público*, 3.ª Ed., Coimbra, 1993.

PINA, Carlos Costa
— *A Reforma do Regime das Empresas Públicas, o Direito Comunitário e o Direito da Concorrência*, in *Estudos Sobre o Novo Regime do Sector Empresarial do Estado*, Org. Eduardo Paz Ferreira, Coimbra, 2000, pp. 133 ss.
— *Instituições e Mercados Financeiros*, Coimbra, 2005.

PINHEIRO, Alexandre Sousa
— *Direito Constitucional – Elementos de Estudo para Aulas Práticas*, II, AAFDL, Lisboa, 2003.

PINHEIRO, Alexandre Sousa/FERNANDES, Mário João de Brito
— *Comentário à IV Revisão Constitucional*, AAFDL, Lisboa, 1999.

PINHO, José Cândido
— V. BOTELHO, José Manuel Santos.

PIRES, Francisco Lucas
— *Teoria da Constituição de 1976 – A Transição Dualista*, Coimbra, 1988.

PORTO, Manuel Carlos Lopes
— *Teoria da Integração e Políticas Comunitárias*, 3.ª Ed., Coimbra, 2001.
— *A lógica de intervenção nas economias: do Tratado de Roma à Constituição Europeia*, in *Colóquio Ibérico: Constituição Europeia – Homenagem ao Doutor Francisco Lucas Pires*, BFDUC, Coimbra, 2005, pp. 635 ss.
— *A participação dos países na União Europeia*, in *O Direito*, Ano 137.°, IV-V, 2005, pp. 771 ss.

PORTUGAL, António Moura
— *Independência e Controlo do Banco Central Europeu – Contributo para a correcta definição dos seus poderes normativos*, in BMJ, n.° 479, 1998, pp. 5 ss.

QUADROS, Fausto de
— *Expropriação por utilidade pública*, in DJAP, IV, Lisboa, 1991, pp. 306 ss.

- *A Protecção da Propriedade Privada pelo Direito Internacional Público*, Coimbra, 1998.
- *Serviço Público e Direito Comunitário*, in *Estudos Em Homenagem ao Prof. Doutor Manuel Gomes da Silva*, FDUL, Coimbra, 2001, pp. 641 ss.
- *Direito da União Europeia*, Coimbra, 2004.
- V. PEREIRA, André Gonçalves.

QUADROS, Fausto de/OTERO, Paulo/GOUVEIA, Jorge Bacelar
- *Portugal e o Direito do Mar*, Ministério do Negócios Estrangeiros, Lisboa, 2004, pp. 19 ss.

QUEIRÓ, Afonso Rodrigues
- *Lições de Direito Administrativo*, II, Coimbra, 1959.

QUEIRÓ, Afonso R./MELO, A. Barbosa de
- *A liberdade de empresa e a Constituição*, in *Revista de Direito e Estudos Sociais*, Ano XIV, n.ºs 3 e 4, 1967, pp. 216 ss.

QUEIROZ, Cristina
- *O Plano na Ordem Jurídica*, in RFDUL, Vol. XXX, 1989, pp. 253 ss., e Vol. XXXI, 1990, pp. 263 ss.

QUELHAS, José Manuel Gonçalves dos Santos
- *Sobre a Evolução Recente do Sistema Financeiro*, Coimbra, 1996.

RADBRUCH, Gustav
- *Cinco Minutos de Filosofia do Direito*, in *Filosofia do Direito*, 6.ª Ed., trad. e pref. de L. Cabral de Moncada, Coimbra, Ap. II, pp. 415 ss.

RAPOSO, Mário
- *Sobre a intervenção dos trabalhadores nos órgãos sociais de sociedades de capitais maioritariamente públicos*, in RMP, Ano 13.°, n.° 49, Jan./Mar. 1992, pp. 95 ss.

REBELO, Marta
- *Obrigações Municipais*, Coimbra, 2004.

RIBEIRO, João Pinto
- *Controlo financeiro externo da dívida pública no contexto da União Económica e Monetária (UEM)*, in *Estudos Jurídicos e Económicos em Homenagem ao Prof. Doutor António de Sousa Franco*, II, FDUL, Coimbra, 2006, pp. 387 ss.

RIBEIRO, José Joaquim Teixeira
- *Lições de Finanças Públicas*, 5.ª Ed. (Reimp.), Coimbra, 1997.

RODRIGUES, Benjamim Silva
- *A prescrição no Direito Tributário*, in *Problemas Fundamentais do Direito Tributário*, Lisboa, 1999, pp. 259 ss.
- *Proporcionalidade e progressividade no IRS*, in *Estudos em Homenagem ao Conselheiro José Manuel Cardoso da Costa*, Tribunal Constitucional, Coimbra, 2003, pp. 861 ss.

RODRIGUES, João Pedro Silva
- *Algumas reflexões em torno da efectiva concretização do princípio da capacidade contributiva*, in *Estudos em Homenagem ao Conselheiro José Manuel Cardoso da Costa*, Tribunal Constitucional, Coimbra, 2003, pp. 899 ss.

RODRIGUES, Nuno Cunha
- *"Golden Shares". As empresas participadas e os privilégios do Estado enquanto accionista minoritário*, Coimbra, 2004.

Russomano, Nailê
– *Influências da Constituição da República Portuguesa de 1976 na Constituição brasileira de 1988*, in *Perspectivas Constitucionais*, III, org. Jorge Miranda, Coimbra, 1998, pp. 425 ss.
Sanches, J. L. Saldanha
– *Estudos de Direito Contabilístico e Fiscal*, Coimbra, 2000.
– *Manual de Direito Fiscal*, 2.ª Ed., Coimbra, 2002.
Santiago, Bruno
– V. Câmara, Francisco Sousa da.
Santos, António Carlos dos
– *Auxílios de Estado e Fiscalidade*, Coimbra, 2003.
– *Partilha de competências entre Assembleia Nacional e Governo na Constituição financeira de Cabo Verde*, in *Estudos Jurídicos e Económicos em Homenagem ao Prof. Doutor António de Sousa Franco*, I, FDUL, Coimbra, 2006, pp. 187 ss.
Santos, António Carlos dos/Gonçalves, Maria Eduarda/Marques, Maria Manuel Leitão
– *Direito Económico*, 4.ª Ed., Coimbra, 2001; 5.ª Ed., Coimbra, 2005.
Santos, José C. Gomes
– *A equidade fiscal revisitada*, in *Homenagem a José Guilherme Xavier de Basto*, Coimbra, 2006, pp. 407 ss.
Santos, Luís Máximo dos
– *Os limites da independência do BCE à luz do Acórdão do Tribunal de Justiça de 10 de Julho de 2003*, in *Estudos Jurídicos e Económicos em Homenagem ao Prof. Doutor António de Sousa Franco*, II, FDUL, Coimbra, 2006, pp. 899 ss.
Silva, Miguel Moura e
– *O desenvolvimento do conceito de Direito Internacional Económico*, in *Estudos Jurídicos e Económicos em Homenagem ao Prof. Doutor António de Sousa Franco*, III, FDUL, Coimbra, 2006, pp. 325 ss.
Silva, Vasco Pereira da
– *O Contencioso Administrativo – Como «Direito Constitucional Concretizado» ou «Ainda por Concretizar»?*, Coimbra, 1999.
Silveiro, Fernando Xarepe
– V. Amador, Olívio Mota.
Soares, Rogério Ehrhardt
– *Sobre os baldios*, in *Revista de Direito e Estudos Sociais*, Ano XIV, n.os 3 e 4, 1967, pp. 259 ss.
Sousa, Marcelo Rebelo de
– *Direito Constitucional*, I, Braga, 1979.
– *A Constituição de 1976, o Orçamento e o Plano*, Lisboa, 1986.
– *O Valor Jurídico do Acto Inconstitucional*, I, Lisboa, 1988.
– *As indemnizações por nacionalização e as comissões arbitrais em Portugal*, in *Revista da Ordem dos Advogados*, 1989, II, Lisboa, pp. 369 ss.
– *Lições de Direito Administrativo*, I, Lisboa, 1999.
Sousa, Marcelo Rebelo de/Alexandrino, José de Melo
– *Constituição da República Portuguesa – Comentada*, Lisboa, 2000.

SOUSA, Marcelo Rebelo de/MATOS, André Salgado de
- *Direito Administrativo Geral*, I, 2.ª Ed., Lisboa, 2006; III, Lisboa, 2007.

TAVARES, André Ramos
- *O Desenvolvimento da Idéia de "Estado Econômico" no Mundo Globalizado*, in *Estudos em Homenagem ao Prof. Doutor Armando M. Marques Guedes*, Coimbra, 2004, pp. 917 ss.

TAVARES, José F. F.
- *O Tribunal de Contas e o Controlo do Sector Empresarial*, in *Estudos Sobre o Novo Regime do Sector Empresarial do Estado*, Org. Eduardo Paz Ferreira, Coimbra, 2000, pp. 185 ss.
- *Estudos de Administração Pública*, Coimbra, 2004.

TEIXEIRA, António Braz
- *Finanças Públicas e Direito Financeiro*, 2.ª Reimp., AAFDL, Lisboa, 1992.

TELLES, Inocêncio Galvão
- *Direito de preferência na alienação de prédios confinantes. (A propósito da nova legislação sobre emparcelamento rural)*, in *O Direito*, Ano 124.º, I-II (Janeiro-Junho), 1992, pp. 7 ss.

TOMAZ, João José Amaral
- *A Redescoberta do Imposto Proporcional (Flat Tax)*, in *Homenagem a José Guilherme Xavier de Basto*, Coimbra, 2006, pp. 351 ss.

VALLE, Jaime
- *A Plataforma Continental – Alguns Aspectos do seu Actual Regime Jurídico*, in *Revista Jurídica*, n.º 25, AAFDL, Lisboa, 2002, pp. 37 ss.
- *A Participação do Governo no Exercício da Função Legislativa*, Coimbra, 2004.

VARELA, Antunes
- V. LIMA, Pires de.

VASQUES, Sérgio/GAMA, João Taborda da
- *Taxa de imposto, legalidade tributária e produtos petrolíferos*, in JC, n.º 9, Janeiro-Março 2006, pp. 43 ss.

VAZ, Manuel Afonso
- *Direito Económico – A Ordem Económica Portuguesa*, 4.ª Ed., Coimbra, 1998.

VEIGA, Paula
- *Direito do Espaço Extra-Atmosférico: Nota sobre uma Nova Área do Direito*, in BFDUC, Vol. LXXX, 2004, pp. 403 ss.

XAVIER, António Lobo
- *O Orçamento como Lei. Contributo para a compreensão de algumas especificidades do Direito Orçamental Português*, in *Boletim de Ciências Económicas*, Faculdade de Direito da Universidade de Coimbra, n.º XXXIII (1990) a XXXVI (1993).

ÍNDICE DE JURISPRUDÊNCIA

I – Jurisprudência Constitucional
- Ac. TC n.º 11/83, de 12 de Outubro de 1983, in *DR*, I Série, n.º 242, de 20 de Outubro de 1983;
- Ac. TC n.º 29/83, de 21 de Dezembro de 1983, *DR*, II Série, n.º 95, de 23 de Abril de 1984;
- Ac. TC n.º 7/84, de 24 de Janeiro de 1984, *DR*, II Série, n.º 102, de 3 de Maio de 1984;
- Ac. TC n.º 38/84, de 11 de Abril de 1984, *DR*, I, n.º 105, de 7 de Maio de 1984;
- Ac. TC n.º 48/84, de 31 de Maio de 1984, *DR*, II Série, n.º 158, de 10 de Julho de 1984;
- Ac. TC n.º 66/84, de 3 de Julho de 1984, *DR*, II Série, n.º 184, de 9 de Agosto de 1984;
- Ac. TC n.º 76/84, de 11 de Julho de 1984, in BMJ, n.º 352, 1986, pp. 159 ss.;
- Ac. TC n.º 82/84, de 18 de Julho de 1994, *DR*, II Série, n.º 26, de 31 de Janeiro de 1985;
- Ac. TC n.º 91/84, de 29 de Agosto, *DR*, I Série, n.º 232, de 6 de Outubro de 1984;
- Ac. TC n.º 25/85, de 6 de Fevereiro de 1985, in BMJ, n.º 360 (Suplemento), 1986, pp. 51 ss.;
- Ac. TC n.º 42/85, de 12 de Março de 1985, *DR*, I Série, n.º 80, de 6 de Abril de 1985;
- Ac. TC n.º 140/85, de 25 de Julho de 1985, *DR*, I Série, n.º 185, de 13 de Agosto de 1985;
- Ac. TC n.º 141/85, de 25 de Julho de 1985, *DR*, II Série, n.º 198, de 29 de Agosto de 1985;
- Ac. TC n.º 144/85, de 31 de Julho de 1985, *DR*, I Série, n.º 203, de 4 de Setembro de 1985[2655];
- Ac. TC n.º 41/86, de 19 de Fevereiro de 1986, *DR*, II Série, n.º 111, de 15 de Maio de 1986;
- Ac. TC n.º 89/86, de 19 de Março de 1986, *DR*, II Série, n.º 134, de 14 de Junho de 1986;
- Ac. TC n.º 146/86, de 30 de Abril de 1986, *DR*, II Série, n.º 174, de 31 de Julho de 1986;
- Ac. TC n.º 117/86, de 9 de Abril de 1986, *DR*, I Série, n.º 114, de 19 de Maio de 1986;
- Ac. TC n.º 164/86, de 15 de Maio de 1986, *DR*, I Série, n.º 130, de 7 de Junho de 1986;
- Ac. TC n.º 236/86, de 9 de Julho, *DR*, II Série, n.º 261, de 12 de Novembro, de 1986;

[2655] Cfr. igualmente OLÍVIO MOTA AMADOR/FERNANDO XAREPE SILVEIRO, *Jurisprudência Orçamental (Colectânea)*, AAFDL, Lisboa, 2003, pp. 11 ss.

– Ac. TC n.º 273/86, de 21 de Agosto de 1986, *DR*, I Série, n.º 209, de 11 de Setembro de 1986;
– Ac. TC n.º 317/86, de 19 de Novembro de 1986, *DR*, I Série, n.º 11, de 14 de Janeiro de 1987;
– Ac. TC n.º 348/86, de 11 de Dezembro de 1986, *DR*, I Série, n.º 7, de 9 de Janeiro de 1987;
– Ac. TC n.º 53/87, de 4 de Fevereiro de 1987, *DR*, II Série, n.º 81, de 7 de Abril de 1987;
– Ac. TC n.º 187/87, de 2 de Junho de 1987, *DR*, I Série, n.º 137, de 17 de Junho de 1987;
– Ac. TC n.º 205/87, de 17 de Junho de 1987, in *DR*, I Série, n.º 150, de 3 de Julho de 1987;
– Ac. TC n.º 206/87, de 17 de Junho de 1987, in *DR*, I Série, n.º 156, de 10 de Julho de 1987[2656];
– Ac. TC n.º 209/87, de 25 de Junho de 1987, *DR*, I Série, n.º 155, de 9 de Julho de 1987;
– Ac. TC n.º 267/87, de 8 de Julho de 1987, *DR*, I Série, 199, de 31 de Agosto de 1987;
– Ac. TC n.º 404/87, de 29 de Julho de 1987, in BMJ, n.º 369, 1987, pp. 296 ss.;
– Ac. TC n.º 452/87, de 9 de Dezembro de 1987, *DR*, I Série, n.º 1, de 2 de Janeiro de 1988;
– Ac. TC n.º 461/87, de 16 de Dezembro de 1987, *DR*, I Série, n.º 12, de 15 de Janeiro de 1988[2657];
– Ac. TC n.º 39/88, de 9 de Fevereiro de 1988, *DR*, I Série, n.º 52, de 3 de Março de 1988;
– Ac. TC n.º 76/88, de 7 de Abril de 1988, in *DR*, I Série, n.º 93, de 21 de Abril de 1988;
– Ac. TC n.º 85/88, de 13 de Abril de 1988, in BMJ, n.º 376, 1988, pp. 225 ss.;
– Ac. TC n.º 108/88, de 31 de Maio de 1988, *DR*, I Série, n.º 145, de 25 de Junho de 1988;
– Ac. TC n.º 157/88, de 7 de Julho de 1988, *DR*, n.º 171, de 26 de Julho de 1988;
– Ac. TC n.º 158/88, de 12 de Julho de 1988, *DR*, I Série, n.º 174, de 29 de Julho de 1988;
– Ac. TC n.º 186/88, de 11 de Agosto de 1988, in BMJ, n.º 379, 1988, pp. 346 ss.;
– Ac. TC n.º 187/88, de 17 de Agosto de 1988, in BMJ, n.º 379, 1988, pp. 373 ss.;
– Ac. TC n.º 267/88, de 29 de Novembro de 1988, *DR*, I Série, n.º 293, de 21 de Dezembro de 1988[2658];
– Ac. TC n.º 114/89, de 12 de Janeiro de 1989, *DR*, II Série, n.º 95, de 24 de Abril de 1989;
– Ac. TC n.º 184/89, de 1 de Fevereiro de 1989, in *DR*, I Série, n.º 57, de 9 de Março de 1989;
– Ac. TC n.º 218/89, de 14 de Fevereiro de 1989, *DR*, n.º 57, de 9 de Março de 1989;
– Ac. TC n.º 321/89, de 29 de Março de 1989, *DR*, I Série, n.º 92, de 20 de Abril de 1989;
– Ac. TC n.º 322/89, de 29 de Março de 1989, *DR*, II Série, n.º 140, de 21 de Junho de 1989;

[2656] Cfr. igualmente OLÍVIO MOTA AMADOR/FERNANDO XAREPE SILVEIRO, *Jurisprudência* ..., pp. 29 ss.

[2657] Cfr. igualmente OLÍVIO MOTA AMADOR/FERNANDO XAREPE SILVEIRO, *Jurisprudência* ..., pp. 85 ss.

[2658] Cfr. igualmente OLÍVIO MOTA AMADOR/FERNANDO XAREPE SILVEIRO, *Jurisprudência* ..., pp. 175 ss.

- Ac. TC n.º 325/89, de 4 de Abril de 1989, *DR*, I Série, n.º 89, de 17 de Abril de 1989;
- Ac. TC n.º 330/89, de 11 de Abril de 1989, *DR*, II Série, n.º 141, de 22 de Junho de 1989;
- Ac. Tc n.º 372/89, de 3 de Maio de 1989, *DR*, II Série, n.º 201, de 1 de Setembro de 1989;
- Ac. TC n.º 409/89, de 31 de Maio de 1989, *DR*, II Série, n.º 22, de 26 de Janeiro de 1990;
- Ac. TC n.º 412/89, de 31 de Maio, in *DR*, II Série, n.º 213, de 15 de Setembro de 1989;
- Ac. TC n.º 414/89, de 7 de Junho de 1989, *DR*, I Série, n.º 150, de 3 de Julho de 1989;
- Ac. TC n.º 437/89, de 15 de Junho de 1989, *DR*, II Série, n.º 218, de 21 de Setembro;
- Ac. TC n.º 468/89, de 5 de Julho de 1989, *DR*, II Série, n.º 25, de 30 de Janeiro de 1990;
- Ac. TC n.º 497/89, de 13 de Julho de 1989, *DR*, II Série, n.º 27, de 1 de Fevereiro de 1990;
- Ac. TC n.º 67/90, de 14 de Março de 1990, *DR*, II Série, n.º 163, de 17 de Julho de 1990;
- Ac. TC n.º 216/90, de 20 de Junho de 1990, in BMJ, n.º 398, 1990, pp. 207 ss.;
- Ac. TC n.º 280/90, de 23 de Outubro de 1990, *DR*, I Série, n.º 1, de 2 de Janeiro de 1991;
- Ac. TC n.º 305/90, de 27 de Novembro de 1990, in BMJ, n.º 401, 1990, pp. 167 ss.;
- Ac TC n.º 80/91, de 10 de Abril de 1991, in BMJ, n.º 406, 1991, pp. 201 ss.;
- Ac. TC n.º 240/91, de 11 de Junho de 1991, *DR*, I Série, n.º 146, de 28 de Junho de 1991;
- Ac. TC n.º 298/91, de 1 de Julho de 1991, in BMJ, n.º 409, 1991, pp. 37 ss.;
- Ac. TC n.º 373/91, de 17 de Outubro de 1991, *DR*, I Série, n.º 255, de 6 de Novembro de 1991;
- Ac. TC n.º 387/91, de 22 de Outubro, in *DR*, II Série, n.º 78, de 2 de Abril de 1991;
- Ac. TC n.º 26/92, de 15 de Janeiro de 1992, *DR*, II Série, n.º 134, de 11 de Junho de 1992;
- Ac. TC n.º 70/92, de 24 de Fevereiro, *DR*, II Série, n.º 189, de 18 de Agosto de 1992;
- Ac. TC n.º 95/92, de 17 de Março de 1992, in BMJ, n.º 415, 1992, pp. 190 ss.;
- Ac. TC n.º 159/92, de 5 de Maio de 1992, in BMJ, n.º 417, 1992, pp. 139 ss.;
- Ac. TC n.º 183/92, de 20 de Maio de 1992, *DR*, II Série, n.º 216, de 18 de Setembro de 1992;
- Ac. TC n.º 194/92, de 21 de Maio de 1992, *DR*, II Série, n.º 195, de 25 de Agosto de 1992;
- Ac. TC n.º 231/92, de 30 de Junho de 1992, *DR*, II Série, n.º 255, de 4 de Novembro;
- Ac. TC n.º 257/92, de 13 de Julho de 1992, in BMJ, n.º 419, 1992, pp. 212 ss.;
- Ac. TC n.º 312/92, de 6 de Outubro de 1992, *DR*, II Série, n.º 287, de 14 de Dezembro de 1992;
- Ac. TC n.º 358/92, de 11 de Novembro de 1992, in *DR*, I Série, n.º 21, de 26 de Janeiro de 1993[2659];

[2659] Cfr. igualmente OLÍVIO MOTA AMADOR/FERNANDO XAREPE SILVEIRO, *Jurisprudência ...*, pp. 309 ss.

- Ac. TC n.º 363/92, de 12 de Novembro de 1992, *DR*, II Série, n.º 83, de 8 de Abril de 1992;
- Ac TC n.º 207/93, de 10 de Março de 1993, *DR*, I Série, n.º 105, de 6 de Maio de 1993;
- Ac. TC n.º 444/93, de 14 de Julho de 1993, in BMJ, n.º 429, 1993, pp. 234 ss.;
- Ac. TC n.º 449/93, de 15 de Julho de 1993, in BMJ, n.º 429, 1993, pp. 314 ss.;
- Ac. TC n.º 453/93, de 15 de Julho de 1993, in BMJ, n.º 429, 1993, pp. 351 ss.;
- Ac. TC n.º 148/94, de 8 de Fevereiro de 1994, *DR*, I Série, n.º 102, de 3 de Maio de 1994;
- Ac. TC n.º 166/94, de 16 de Fevereiro de 1994, in BMJ, n.º 434, 1994, pp. 143 ss.;
- Ac. TC n.º 236/94, de 16 de Março de 1994, in *DR*, I Série, n.º 106, de 7 de Maio de 1994;
- Ac. TC n.º 279/94, de 23 de Março de 1994, http://www.tribunalconstitucional.pt/tc/acordaos/19940279.html;
- Ac. TC n.º 382/94, de 11 de Maio de 1994, in *DR*, II Série, n.º 208, de 8 de Setembro de 1994;
- Ac. TC n.º 493/94, de 12 de Julho de 1994, *DR*, II Série, n.º 290, de 17 de Dezembro de 1994;
- Ac. TC n.º 57/95, de 16 de Fevereiro de 1995, in BMJ, n.º 446, 1995, pp. 225 ss.;
- Ac. TC n.º 59/95, de 16 de Fevereiro de 1995, *DR*, I Série, n.º 59, de 10 de Março de 1995;
- Ac. TC n.º 156/95, de 15 de Março de 1995, in BMJ, n.º 446, 1995, pp. 545 ss.;
- Ac. TC n.º 225/95, de 3 de Maio de 1995, *DR*, I Série, n.º 148, de 29 de Junho de 1995;
- Ac. TC n.º 410/95, de 28 de Junho de 1995, *DR*, II Série, n.º 265, de 16 de Novembro;
- Ac. TC n.º 452/95, de 6 de Julho de 1995, in BMJ, n.º 451 (Suplemento), 1995, pp. 309 ss.;
- Ac. TC n.º 606/95, de 8 de Novembro de 1995, in BMJ, n.º 451, 1995, pp. 583 ss.;
- Ac. TC n.º 640/95, de 15 de Novembro de 1995, in BMJ, n.º 451, 1995, pp. 656 ss.;
- Ac. TC n.º 756/95, de 20 de Dezembro de 1995, *DR*, II Série, n.º 74, de 27 de Março de 1996;
- Ac. TC n.º 183/96, de 14 de Fevereiro de 1996, in *DR*, II Série, n.º 120, de 23 de Maio de 1996;
- Ac. TC n.º 866/96, de 4 de Julho de 1996, *DR*, I Série, n.º 292, de 18 de Dezembro de 1996;
- Ac. TC n.º 1055/96, de 10 de Outubro de 1996, http://www.tribunalconstitucional.pt/tc/acordaos/19961055.html;
- Ac. TC n.º 1108/96, de 30 de Outubro de 1996, *DR*, II Série, n.º 294, de 20 de Dezembro de 1996;
- Ac. TC n.º 1139/96, de 6 de Novembro de 1996, *DR*, II Série, n.º 34, de 10 de Fevereiro de 1997;
- Ac. TC n.º 1140/96, de 6 de Novembro de 1996, *DR*, II Série, n.º 34, de 10 de Fevereiro de 1997;
- Ac. TC n.º 1239/96, de 11 de Dezembro de 1996, *DR*, II Série, n.º 23, de 28 de Janeiro de 1997;
- Ac. TC n.º 267/97, de 19 de Março de 1997, in BMJ, n.º 465, 1997, pp. 236 ss.;

- Ac. TC n.º 348/97, de 29 de Abril de 1997, *DR*, II Série, n.º 170, de 25 de Julho de 1997;
- Ac. TC n.º 471/97, de 2 de Julho, http://www.tribunalconstitucional.pt/tc/acordaos/19970471.html;
- Ac. TC n.º 624/97, de 21 de Outubro de 1997, *DR*, II Série, n.º 276, de 28 de Novembro de 1997[2660];
- Ac. TC n.º 222/98, de 4 de Março de 1998, in BMJ, n.º 475, 1998, pp. 48 ss.;
- Ac. TC n.º 260/98, de 5 de Março de 1998, *DR*, I Série, n.º 76, de 31 de Março de 1998;
- Ac. TC n.º 354/98, de 12 de Maio de 1998, *DR*, II Série, n.º 161, de 15 de Julho de 1998;
- Ac. TC n.º 386/98, de 19 de Maio de 1998, http://www.tribunalconstitucional.pt/tc/acordaos/19980386.html;
- Ac. TC n.º 558/98, de 29 de Setembro de 1998, http://www.tribunalconstitucional.pt/tc/acordaos/19980558.html;
- Ac. TC n.º 54/99, de 26 de Janeiro de 1999, http://www.tribunalconstitucional.pt/tc/acordaos/19990054.html;
- Ac. TC n.º 63/99, de 2 de Fevereiro, http://www.tribunalconstitucional.pt/tc/acordaos/19990063.html;
- Ac. TC n.º 103/99, de 10 de Fevereiro de 1999, in BMJ, n.º 484, 1999, pp. 133 ss.;
- Ac. TC n.º 330/99, de 2 de Junho de 1999, *DR*, I Série, n.º 151, de 1 de Julho de 1999;
- Ac. TC n.º 357/99, de 15 de Junho de 1999, *DR*, II Série, n.º 52, de 2 de Março de 2000;
- Ac. TC n.º 377/99, de 22 de Junho de 1999, *DR*, II Série, n.º 49, de 28 de Fevereiro de 2000;
- Ac. TC n.º 380/99, de 22 de Junho de 1999, in BMJ, n.º 488, 1999, pp. 136 ss.;
- Ac. TC n.º 597/99, de 2 de Novembro de 1999, *DR*, II Série, n.º 44, de 22 de Fevereiro de 2000;
- Ac. TC n.º 659/99, de 7 de Dezembro de 1999, *DR*, II Série, n.º 46, de 24 de Fevereiro de 2000;
- Ac. TC n.º 670/99, de 15 de Dezembro de 1999, *DR*, II Série, n.º 74, de 28 de Março de 2000[2661];
- Ac. TC n.º 673/99, de 15 de Dezembro de 199, http://www.tribunalconstitucional.pt/tc/acordaos/19990673.html;
- Ac. TC n.º 20/2000, de 11 de Janeiro de 2000, http://www.tribunalconstitucional.pt/tc/acordaos/20000020.html;
- Ac. TC n.º 22/2000, de 12 de Janeiro de 2000, http://www.tribunalconstitucional.pt/tc/acordaos/20000022.html;
- Ac. TC n.º 32/2000, de 12 de Janeiro de 2000, http://www.tribunalconstitucional.pt/tc/acordaos/20000032.html;

[2660] Cfr. igualmente OLÍVIO MOTA AMADOR/FERNANDO XAREPE SILVEIRO, *Jurisprudência ...*, pp. 395 ss.

[2661] Cfr. igualmente OLÍVIO MOTA AMADOR/FERNANDO XAREPE SILVEIRO, *Jurisprudência ...*, pp. 421 ss.

- Ac. TC n.º 96/2000, de 16 de Fevereiro de 2000, in *DR*, I Série, n.º 95, de 17 de Março de 2000
- Ac. TC n.º 215/2000, de 5 de Abril de 2000, *DR*, II Série, n.º 237, de 13 de Outubro de 2000;
- Ac. TC n.º 279/2000, de 16 de Maio de 2000, *DR*, II, n.º 239, de 16 de Outubro de 2000;
- Ac. TC 410/2000, de 3 de Outubro de 2000, http://www.tribunalconstitucional.pt/tc/acordaos/20000410.html;
- Ac. TC n.º 532/2000, de 6 de Dezembro de 2000, *DR*, I Série, n.º 297, de 27 de Dezembro de 2000;
- Ac. TC n.º 10/2001, de 14 de Dezembro de 2001, *DR*, I Série, n.º 301, de 31 de Dezembro de 2001;
- Ac. TC n.º 152/2001, de 4 de Abril de 2001, *DR*, II, n.º 114, de 17 de Maio de 2001;
- Ac. TC n.º 187/2001, de 2 de Maio de 2001, *DR*, II, n.º 146, de 26 de Junho de 2001;
- Ac. TC n.º 243/2001, de 23 de Maio de 2001, *DR*, II Série, n.º 153, de 4 de Julho de 2001;
- Ac. TC n.º 308/2001, de 3 de Julho de 2001, *DR*, I Série, n.º 269, de 20 de Novembro de 2001;
- Ac. TC n.º 346/2001, de 10 de Julho de 2001, http://www.tribunalconstitucional.pt/tc/acordaos/20010346.html;
- Ac. TC n.º 471/2001, de 24 de Outubro de 2001, *DR*, II Série, n.º 163, de 17 de Julho de 2002;
- Ac. TC n.º 529/2001, de 4 de Dezembro de 2001, http://www.tribunalconstitucional.pt/tc/acordaos/20010529.html;
- Ac. TC n.º 65/2002, de 8 de Fevereiro de 2002, in ALEXANDRE SOUSA PINHEIRO, *Direito Constitucional ...*, II, pp. 569 ss.;
- Ac. TC n.º 115/2002, de 12 de Março de 2002, http://www.tribunalconstitucional.pt/tc/acordaos/20020115.html;
- Ac. TC n.º 141/2002, de 9 de Abril de 2002, http://www.tribunalconstitucional.pt/tc/acordaos/20020141.html;
- Ac. TC n.º 219/2002, de 22 de Maio de 2002, *DR*, II Série, n.º 147, de 28 de Junho de 2002;
- Ac. TC n.º 246/2002, de 4 de Junho de 2002, http://www.tribunalconstitucional.pt/tc/acordaos/20020246.html;
- Ac. TC n.º 254/2002, de 11 de Junho de 2002, *DR*, I Série, n.º 146, de 27 de Junho de 2002;
- Ac. TC n.º 332/2002, de 10 de Julho de 2002, *DR*, II Série, n.º 236, de 12 de Outubro de 2002;
- Ac. TC n.º 349/2002, de 15 de Julho de 2002, http://www.tribunalconstitucional.pt/tc/acordaos/20020349.html;
- Ac. TC n.º 414/2002, de 10 de Outubro de 2002, *DR*, II Série, n.º 291, de 17 de Dezembro de 2002;
- Ac. TC n.º 491/2002, de 26 de Novembro de 2002, http://www.tribunalconstitucional.pt/tc/acordaos/20020491.html;
- Ac. TC n.º 20/2003, de 15 de Janeiro de 2003, *DR*, II Série, n.º 50, de 28 de Fevereiro de 2003;

- Ac. TC n.º 57/2003, de 4 de Fevereiro de 2003, *DR*, II Série, n.º 92, de 19 de Abril de 2003;
- Ac. TC n.º 85/2003, de 12 de Fevereiro de 2003, *DR*, II Série, n.º 253, de 31 de Outubro de 2003;
- Ac. TC n.º 106/2003, de 19 de Fevereiro de 2003, *DR*, II Série, n.º 95, de 23 de Abril de 2003;
- Ac. TC n.º 131/2003, de 11 de Março de 2003, *DR*, I Série, n.º 80, de 4 de Abril de 2003;
- Ac. TC n.º 204/2003, de 28 de Abril de 2003, *DR*, II Série, n.º 141, de 21 de Junho de 2003;
- Ac. TC n.º 306/2003, de 25 de Junho de 2003, *DR*, I Série, n.º 164, de 18 de Julho de 2003;
- Ac. TC n.º 329/2003, de 7 de Julho de 2003, *DR*, II Série, n.º 77, de 31 de Março de 2004;
- Ac. TC n.º 365/2003, de 14 de Julho de 2003, *DR*, II Série, n.º 246, de 23 de Outubro de 2003;
- Ac. TC n.º 437/2003, de 30 de Setembro de 2003, *DR*, II Série, n.º 29, de 4 de Fevereiro de 2004;
- Ac. TC n.º 453/2003, de 14 de Outubro de 2003, http://www.tribunalconstitucional.pt/tc/acordaos/20030453.html;
- Ac. TC n.º 494/2003, de 22 de Outubro de 2003, *DR*, II Série, n.º 275, de 27 de Novembro de 2003;
- Ac. TC n.º 498/2003, de 22 de Outubro de 2003, *DR*, II Série, n.º 2, de 3 de Janeiro de 2004;
- Ac. TC n.º 610/2003, de 10 de Dezembro de 2003, http://www.tribunalconstitucional.pt/tc/acordaos/20030610.html;
- Ac. TC n.º 34/2004, de 14 de Janeiro, http://www.tribunalconstitucional.pt/tc/acordaos/20040034.html;
- Ac. TC n.º 35/2004, de 14 de Janeiro de 2004, *DR*, II Série, n.º 42, de 19 de Fevereiro de 2004;
- Ac. TC n.º 38/2004, de 14 de Janeiro de 2004, *DR*, II Série, n.º 73, de 14 de Abril de 2005;
- Ac. TC n.º 41/2004, de 14 de Janeiro de 2004, *DR*, II Série, n.º 43, de 20 de Fevereiro de 2004;
- Ac TC n.º 70/2004, de 28 de Janeiro de 2004, in *DR*, II Série, n.º 107, de 7 de Maio de 2004;
- Ac. TC n.º 109/2004, de 11 de Fevereiro de 2004, http://www.tribunalconstitucional.pt/tc/acordaos/20040109.html;
- Ac. TC n.º 127/2004, de 3 de Março de 2004, in *DR*, II Série, n.º 86, de 12 de Abril de 2004;
- Ac. TC n.º 139/2004, de 10 de Março de 2004, *DR*, II Série, n.º 90, de 16 de Abril de 2004;
- Ac. TC n.º 142/2004, de 10 de Março de 2004, in *DR*, II Série, n.º 92, de 19 de Abril de 2004;

– Ac. TC n.º 148/2004, de 10 de Março de 2004, *DR*, II Série, n.º 125, de 28 de Maio de 2004;
– Ac. TC n.º 274/2004, de 20 de Abril de 2004, http://www.tribunalconstitucional.pt/tc/acordaos/20040274.html;
– Ac. TC n.º 275/2004, de 20 de Abril de 2004, *DR*, II Série, n.º 134, de 8 de Junho de 2004;
– Ac. TC n.º 288/2004, de 27 de Abril de 2004, *DR*, II Série, n.º 135, de 9 de Junho de 2004;
– Ac. TC n.º 374/2004, de 26 de Maio de 2004, *DR*, II Série, n.º 152, de 30 de Junho de 2004;
– Ac. TC n.º 567/2004, de 22 de Setembro de 2004, *DR*, II Série, n.º 275, de 23 de Novembro de 2004;
– Ac. TC n.º 590/2004, de 6 de Outubro de 2004, *DR*, II Série, n.º 283, de 3 de Dezembro de 2004;
– Ac. TC n.º 15/2005, de 18 de Janeiro de 2005, *DR*, II Série, n.º 63, de 31 de Março de 2005;
– Ac. TC n.º 178/2005, de 5 de Abril de 2005, http://www.tribunalconstitucional.pt/tc/acordaos/20050178.html;
– Ac. TC n.º 182/2005, de 5 de Abril, http://www.tribunalconstitucional.pt/tc/acordaos/20050182.html;
– Ac. TC n.º 201/2005, de 19 de Abril, http://www.tribunalconstitucional.pt/tc/acordaos/20050201.html;
– Ac TC n.º 202/2005, de 19 de Abril, http://www.tribunalconstitucional.pt/tc/acordaos/20050202.html;
– Ac. TC n.º 203/2005, de 19 de Abril, http://www.tribunalconstitucional.pt/tc/acordaos/20050203.html;
– Ac. TC n.º 212/2005, de 20 de Abril, http://www.tribunalconstitucional.pt/tc/acordaos/20050212.html;
– Ac. TC n.º 213/2005, de 20 de Abril, http://www.tribunalconstitucional.pt/tc/acordaos/20050213.html;
– Ac. TC n.º 236/2005, de 3 de Maio de 2005, *DR*, II Série, n.º 114, de 16 de Junho de 2005;
– Ac. TC n.º 252/2005, de 10 de Maio de 2005, *DR*, II Série, n.º 119, de 23 de Junho de 2005;
– Ac. TC n.º 256/2005, de 24 de Maio de 2005, http://www.tribunalconstitucional.pt/tc/acordaos/20050256.html;
– Ac. TC n.º 286/2005, de 25 de Maio de 2005, *DR*, II Série, n.º 129, de 7 de Julho de 2005;
– Ac. TC n.º 353/2005, de 5 de Abril de 2005, *DR*, II Série, n.º 145, de 29 de Julho de 2005;
– Ac. TC n.º 388/2005, de 13 de Julho de 2005, *DR*, II Série, n.º 242, de 20 de Dezembro de 2005;
– Ac. TC n.º 398/2005, de 14 de Julho de 2005, *DR*, II Série, n.º 212, de 4 de Novembro de 2005;

- Ac. TC n.º 428/2005, de 25 de Agosto de 2005, http://www.tribunalconstitucional.pt/tc/acordaos/20050428.html;
- Ac. TC n.º 602/2005, de 2 de Novembro de 2005, http://w3b.tribunalconstitucional.pt/tc/acordaos/20050602.html;
- Ac. TC n.º 19/2006, de 6 de Janeiro de 2006, http://w3b.tribunalconstitucional.pt/tc/acordaos/20060019.html;
- Ac. TC n.º 63/2006, de 24 de Janeiro de 2006, in DR, II Série, n.º 45, de 3 de Março de 2006;
- Ac. TC n.º 150/2006, de 22 de Fevereiro de 2006, DR, II Série, n.º 85, de 3 de Maio de 2006;
- Ac. TC n.º 278/2006, de 2 de Maio de 2006, DR, II Série, n.º 110, de 7 de Junho de 2006;
- Ac. TC n.º 302/2006, de 9 de Maio de 2006, DR, II Série, n.º 113, de 12 de Junho de 2006;
- Ac. TC n.º 337/2006, de 18 de Maio de 2006, in DR, II Série, n.º 125, de 30 de Junho de 2006;
- Ac. TC n.º 396/2006, de 28 de Junho de 2006, http://www.tribunalconstitucional.pt/tc/acordaos/20060396.html;
- Ac. TC n.º 417/2006, de 11 de Julho de 2006, DR, II Série, n.º 238, de 13 de Dezembro de 2006;
- Ac. TC n.º 635/2006, de 21 de Novembro de 2006, DR, I Série, n.º 28, de 8 de Fevereiro de 2007;
- Ac. TC n.º 711/2006, de 29 de Dezembro de 2006, DR, II Série, n.º 15, de 22 de Janeiro de 2007;
- Ac. TC n.º 29/2007, de 17 de Janeiro de 2007, DR, II Série, n.º 40, de 26 de Fevereiro de 2007;
- Ac. TC n.º 68/2007, de 30 de Janeiro de 2007, DR, II Série, n.º 45, de 5 de Março de 2007;
- Ac. TC n.º 159/2007, 6 de Março de 2007, DR, II Série, n.º 81, de 26 de Abril de de 2007;
- Ac. TC n.º 234/2007, de 30 de Março de 2007, DR, II, Série, n.º 100, de 24 de Maio de 2007;
- Ac. TC n.º 238/2007, de 30 de Março de 2007, DR, II Série, n.º 101, de 25 de Maio de 2007;
- Ac. TC n.º 276/2007, de 2 de Maio de 2007, DR, II, Série, n.º 116, de 19 de Junho de 2007;
- Ac. TC n.º 311/2007, de 16 de Maio de 2007, DR, II Série, n.º 125, de 2 de Julho de 2007;
- Ac. TC n.º 442/2007, de 14 de Agosto de 2007, DR, I Série, n.º 175, de 11 de Setembro de 2007.

II – Outra jurisprudência

- Ac. STJ de 21 de Janeiro de 1993, in BMJ, n.º 423, 1993, pp. 429 ss.;
- Ac. STJ de 7 de Outubro de 1999, in BMJ, n.º 490, 1999, pp. 205 ss.

ÍNDICE ANALÍTICO

(As remissões são para os artigos e pontos do texto, de acordo com o Índice geral. Em regra, quando as expressões surgem em grande número no comentário ao mesmo artigo, indica-se apenas este, sem remissão para pontos do respectivo texto.)

Acordo Geral sobre Pautas Aduaneiras e Comércio (GATT): 80.°, § 3.°; 86.°, § 6.°; 87.°, § 4.°; 101.°, § 5.°; (v. Organização Mundial de Comércio (OMC).
Acordos de distribuição exclusiva: 99.°, 1.4.
Actividade financeira: 80.°, 2.1.1; 101.°, 1.1, 1.2, 2.3, 2.4, 3.1, 4.1, 4.2; 105.°, § 6.°; 107.°, § 4.°, § 7.°.
Actividades de interesse económico geral: 80.°, 2.1.1; 81.°, 2.1; 86.°, 2.4, § 9.°.
Administração
– **comunitária**: 86.°, § 7.°; 87.°, § 5.°; 91.°, § 5.°.
– **económica**: 81.°, 2.6, 2.9; 97.°, 3.1; 99.°, 2.2.
– **instrumental (das Comunidades)**: 80.°, 2.5.2.
Agência para o Investimento e Comércio Externo de Portugal, E.P.E.: 100.°, 2.2.
Agricultores: 80.°, 2.6.1, 2.7.1, 2.7.2; 92.°, 1.2; 93.°, 1.4, 3.2, § 7.°; 94.°, 1.2, 3.1, 3.2, § 9.°; 95.°, 1.1, 1.2, 2.2; 96.°, 1.2, 2.1, 2.2, 2.3, § 7.°; 97.°, 1.2, 2.1, 3.4, § 7.°; 98.°, § 1.°, § 2.°, 2.1, 2.2, 2.3, 2.4, 2.5, § 4.°, § 6.°, § 7.°.
Apátridas: 87.°, 1.1.
Apreciação parlamentar: 83.°, 4.2; 87.°, 1.2; 91.°, 2.1; 103.°, 2.3.2.1.
Apropriação
– **colectiva**: 80.°, 2.3.2, 2.4.1, 2.4.3, § 4.°, § 6.°, § 7.°; 83.°, 1.1, 1.4, § 2.°, 4.2, § 8.°, § 9.°.
– **pública**: 80.°, 2.1.1, 2.3.3, 2.4.1, 2.4.2, 2.4.3; 81.°, 2.3; 82.°, 1.2; 83.°; 84.°, § 1.°, 2.2.6; 88.°, § 1.°; 90.°, § 1.°; 94.°, 5.1; 95.°, 3.2.
Arrendamento rural: 93.°, 3.2; 95.°, 2.1; 96.°.
Associação Internacional de Desenvolvimento (AID): 80.°, § 3.°.
Associações mutualistas: 82.°, 4.4.
Associações sindicais: 80.°, 2.1.1, 2.1.3, 2.7.1; 91.°, 2.1, 3.1, 3.3; 98.°, § 1.°, 2.4; 105.°, 2.2.
Atribuições
– **exclusivas (comunitárias)**: 80.°, 2.7.2; 81.°, § 4.°; 99.°, § 5.°, 102.°, § 5.°.
– **concorrenciais**: 80.°, 2.7.2.
Audiência dos interessados: 98.°, 2.5.
Autodefesa constitucional: 99.°, 1.2.
Autodeterminação: 87.°, 1.1; 89.°, § 1.°.
Autoridade da Concorrência: 99.°, 2.1, 2.2, 3.1.
Autoridades administrativas independentes: 92.° 1.2; 99.°, 2.1; 102.°, § 3.°.
Autovinculação: 81.°, 2.4; 90.°, 3.1; 91.°, 1.3.2, § 5.°.
Auxílios de Estado: 80.°, 2.1.1, 2.6.1,

§ 4.º; 81.º, 2.6; 85.º, § 6.º; 86.º, § 7.º; 87.º, § 2.º; 97.º; 99.º, 1.4.

Baldios: 80.º, 2.6.1; 81.º, 2.3; 82.º, 4.2; 88.º, § 1.º.
Banco Central Europeu (BCE): 101.º, 3.3; 102.º.
Banco de Portugal (BP): 80.º, 2.1.1; 87.º, 1.2; 101.º, 1.2; 101.º, 1.2, 2.1, 3.1, 4.2, § 8.º.
Banco Mundial: 80.º, § 3.º; 101.º, § 5.

Caça: 84.º, 3.2.2; 100.º, § 6.º.
Caixas económicas: 101.º, 4.1.
Capacidade contributiva: 103.º, 1.3, 2.3.1; 104.º, 2.1.2, 2.2.2, 2.3.
Carta dos Direitos e Deveres Económicos dos Estados: 80.º, § 3.º; 81.º, 2.7.
Centralização económica: 82.º, 2.2.2.
Centros de arbitragem de conflitos de consumo: 81.º, 2.9.
Centros de decisão (económica) (pulverização dos): 87.º, 1.1; 101.º, § 5.º.
Cidadãos portadores de deficiência: 81.º, 2.11.
Código de Processo Tributário: 103.º, 2.3.5.
Código dos Processos Especiais de Recuperação da Empresa e de Falência: 93.º, 2.1.
Código do Trabalho: 81.º, 2.1; 89.º, § 5.º, 6.1.
Colonialismo económico: 87.º, § 2.º.
Comércio de armas: 87.º, 1.2, § 2.º.
Comissão do Mercado de Valores Mobiliários: 101.º, 4.2.
Comissão Permanente de Concertação Social: 92.º, 1.1, 1.2, § 2.º; (v. Concertação social).
Comissões de trabalhadores: 80.º 2.1.1, 2.1.3, 2.7.1; 89.º, § 2.º, § 3.º, § 5.º, 6.1, § 11.º; 91.º, 1.2, 3.1; 98.º, § 1.º, 2.4.
Comité de Basileia: 102.º, § 4.º.
Comité das Regiões: 80.º, 2.7.2; 86.º, 2.4.

Comité Económico e Social: 80.º, 2.7.2; 86.º, 2.4; 92.º, § 4.º; 98.º, § 4.º; 103.º, § 5.º.
Comunicação social: 80.º, 2.1.1, 2.3.3, § 12.º; 92.º, 1.3; 99.º, 2.1, 3.2.
Conceitos indeterminados: 81.º, 1.3; 103.º, 2.3.2.1.
Concertação social: 80.º, 2.7.1; 90.º, § 6.º; 91.º, 1.2; 92.º, 1.1, § 2.º.
Concorrência fiscal: 99.º, 1.4; 103.º, 2.2.3; 104.º, § 5.º.
Confiança (jurídica): 80.º, 1.1; 93.º, 3.2; 101.º, 1.2; 103.º, 2.3.3; 105.º, § 6.º.
Conselho Económico e Social das Nações Unidas: 92.º, § 3.º.
Conselho da Europa: 80.º, § 3.º.
Conselho Económico e Social (CES): 80.º, 2.1.1, 2.5.2, 2.7.1, 2.7.2; 91.º; 92.º; 98.º, § 1.º, 2.1, 2.3, 2.4, § 4.º; 102.º, § 3.º.
Conselho Nacional da Água: 81.º, 2.13.
Conselho Nacional do Plano: 80.º, 2.5.2; 91.º, 1.2, § 7.º; 92.º.
Conselho Nacional de Supervisores: 101.º, 4.2.
Constituição administrativa: 80.º, 1.1, 1.2; 82.º, 2.2.2.
Constituição económica europeia: 80.º, 1.2.
Constituição financeira: 101.º, 1.1, 2.4, 4.1; 103.º, 1.1, 2.3.4.
Constituição fiscal: 80.º, 1.2; 101.º, 1.4; 103.º, 1.1, 2.2.1, 2.2.2, 2.3.4, § 5.º, § 6.º.
Constituição "não oficial": 80.º, § 7.º; 81.º, § 4.º.
Constituição orçamental: 105.º, 1.1, 1.2, § 12.º.
Constituição política: 80.º, 1.1, 1.2, 1.3, 2.7.1, § 7.º; 90.º, 3.1; 99.º, 1.2; 101.º, 1.5; 102.º, 1.1.
Consumidor(es): 80.º, 2.1.1, 2.1.3, 2.3.3, 2.6.1, 2.7.2, § 8.º; 81.º, 2.6, 2.9, 2.12, § 6.º; 82.º, § 5.º; 86.º, 2.3, § 7.º; 92.º, 1.2; 93.º, 3.2, § 5.º; 99.º; 101.º, 1.2, 4.1; 103.º, § 9.º.

Índice Analítico 1037

- Associações de: 80.º, 2.1.1, 2.1.3, 2.3.3; 81.º, § 6.º; 99.º, § 7.º.
Conta Geral do Estado: 98.º, 2.4; 105.º, § 11.º; 106.º, 1.3; 107.º.
Controlador financeiro: 107.º, § 4.º.
Controlo de gestão (de empresas): 80.º, 2.7.1; 82.º, § 9.º; 89.º, 6.1, § 10.º, § 11.º.
Convenção sobre Aviação Civil Internacional: 84.º, 2.2.2.
Convenção Europeia para Protecção dos Direitos do Homem e das Liberdades Fundamentais: 80.º, § 3.º; 82.º, § 6.º; 83.º, § 5.º, § 6.º, § 9.º.
Convenção das Nações Unidas sobre o Direito do Mar (Convenção de Montego Bay): 84.º, 2.2.1.
Corporativismo: 80.º, 2.7.1, § 5.º; 81.º, § 5.º; 89.º, § 9.º; 92.º, § 5.º; 93.º, § 6.º; 97.º, 3.4.
- democracia neocorporativa: 92.º, § 2.º.
Crédito
- ao consumo: 101.º, 1.3.
- ao investimento: 101.º, 1.3.
- bonificado: 101.º, 1.3, § 6.º.
- público: 105.º.

Declaração sobre o Estabelecimento de uma Nova Ordem Económica Internacional: 80.º, § 3.º; 81.º, 2.7.
Declaração Universal dos Direitos do Homem: 80.º, § 3.º; 83.º, § 5.º.
Democracia participativa: 80.º, 2.3.3, 2.7.1, 2.7.2, 2.7.3, § 7.º; 85.º, 1.1; 89.º, § 1.º, § 2.º; 91.º, 1.2, 2.1; 92.º, 1.1, 1.2, § 2.º; 98.º, § 1.º, 2.1, 2.2.
Derramas: 101.º, 2.2.
Desagravamentos fiscais: 85.º, 2.2.
Desburocratização: 81.º, 2.3.
Descentralização: 80.º, 1.4, 2.1.3; 81.º, 2.3, 2.10, 2.12; 82.º, 2.2.2; 84.º, 3.1.1; 89.º, § 5.º; 90.º, § 2.º, 3.1; 91.º, 3.2; 97.º, 2.1; 99.º, 1.4; 101.º, 2.2, 3.3; 103.º, 2.1.3, 2.2, 3.2, § 8.º.
Descentramento estadual da legalidade: 101.º, § 5.º.

Desconcentração: 81.º, 2.3; 84.º, 3.1.1; 91.º, 3.2; 92.º, § 2.º; 101.º, 2.2; 103.º, 2.1.3, 3.2.
Desenvolvimento sustentável: 80.º, 2.3.3, 2.5.2; 81.º, 1.1, 2.1, § 4.º, § 6.º; 93.º, 1.4; 101.º, 1.2; 103.º, 1.1; 104.º, § 3.º.
Deslegalização: 80.º, § 5.º.
Deslocalização de empresas: 87.º, § 2.º.
Desorçamentação: 105.º, 2.2, 2.3, 4.2; 107.º, § 1.
Destaque: 95.º, 2.1.
Desuso: 80.º 1.1; 94.º, 1.3; 96.º, 2.3.
Direito
- à habitação (v. Habitação).
- à saúde: 81.º, 2.11.
- à vida: 80.º, 1.2.
- ao ambiente: 80.º, 2.5.2; 81.º, 2.12; 93.º, 1.5; 100.º, 3.2.
- de petição: 80.º, 2.7.1.
- de preferência: 93.º, 1.5; 95.º 2.1; 96.º, 1.2, 2.1.
- de reserva: 94.º, 2.3.
Direito Administrativo da Economia: 85.º, 2.2; 86.º, 2.1; 101.º, 4.1.
Direito Bancário: 101.º, 2.1.
Direito Económico Fiscal: 85.º 2.2.
Direito Internacional Económico: 101.º, § 5.º.
Direitos, liberdades e garantias: 80.º, 1.1, 1.2, 2.1.2, 2.7.1; 82.º, § 5.º; 84.º, § 1.º; 85.º, 2.1, 3.2; 86.º, 3.1, 5.3; 87.º, 3.1; 91.º, 1.2; 93.º, 3.2; 95.º, 2.1; 96.º, 2.1; 98.º, § 1.º, 2.5; 99.º, 3.2; 101.º, 3.1; 103.º, 2.3.4.
Direitos niveladores: 103.º, 2.1.1, 2.3.5.
Dispersão normativa (no domínio do Direito Fiscal): 103.º, 3.3.
Dívida pública: 101.º 1.5, § 7.º, § 10.º; 103.º, § 6.º, § 9.º; 105.º, 1.2, 3.2, § 10.º, § 11.º; 106.º; 107.º.
Domínio público: 80.º, 2.1.1, 2.3.3, 2.4.1, 2.4.2, 2.5.2, § 5.º, § 11.º; 81.º, 1.2, 2.12; 82.º, 1.2, 2.1, § 8.º; 83.º, § 7.º; 84.º; 85.º, 2.3, § 8.º; 87.º, 1.2; 90.º, § 1.º; 101.º, 3.1; 103.º, 2.1.1.

Economia mista de bem-estar: 80.º, 2.3.3.
Economia social de mercado: 80.º, 2.3.3, 2.5.2, § 4.º.
Economia de mercado aberto: 80.º, § 4.º; 99.º, 1.3; 102.º, § 5.º.
Eficácia do sistema fiscal: 103.º, 3.3, § 4.º.
Eficiência
– da Administração (administrativa) (princípio da): 80.º, 1.4; 81.º, 2.3; 98.º, 2.2; 101.º, 1.3; 103.º, 1.3.
– do sector público: 80.º, 1.4, 2.1.1, 2.2.1, 2.3.1, 2.3.3; 81.º, 1.1, 1.2, 2.1, 2.3, § 6.º; 82.º, 1.2; 83.º, 1.1.
– do sistema fiscal: 103.º, 2.2.1, 3.3, § 4.º.
Elementos de conexão: 102.º, 2.3.2.1.
Emolumentos notariais: 103.º, 2.1.1.
Emparcelamento: 93.º, 1.5; 94.º, 3.1; 95.º; 103.º, 1.1.
Empregadores: 81.º, 2.1; 92.º, 1.2, § 2.º, § 8.º.
Empresas da Economia Social: 85.º, § 6.º.
Energia: 81.º, 1.2, 2.1, 2.12, § 6.º; 84.º, 2.2.1, § 6.º, § 9.º, § 13.º; 86.º, 2.4, § 11.º; 100.º, 1.1.
Entidade(s) administrativa(s) independente(s): 80.º, 2.1.1; 103.º, 2.2.1; (v. também autoridades administrativas independentes).
Entidade de regulação da comunicação social: 80.º, 2.1.1; 92.º, 1.3.
Escassez dos bens: 80.º, 1.2; 81.º, 1.2; 88.º, § 1.º.
Espaço Económico Europeu (EEE): 80.º, § 3.º. 101.º, § 5.º.
Estado assistencial: 80.º, 1.2.
Estado-Colectividade: 80.º, 1.1, 1.2, 1.4, 2.1.1, 2.1.2, 2.1.3, 2.5.1; 81.º, 1.1, 2.1; 90.º, 3.2; 93.º, 1.1; 99.º, 1.2, 1.4, 3.2; 101.º, 1.1, 1.3, 2.4; 103.º, 1.2, 1.4.1.
Estado de Direito democrático: 80.º, 1.1, 1.4, 2.1.2, § 4.º; 81.º, 1.2, 2.1; 84.º, 3.1.1; 86.º, 2.3, 3.1; 89.º, § 1.º; 91.º, 3.1, 3.2; 92.º, 1.1, 1.2, § 2.º; 96.º, 1.1; 98.º, § 1.º, 2.3, 2.5, § 3.º, § 5.º; 99.º, 1.1; 102.º, 1.2; 103.º, 1.3, 1.4.2, 2.3.2.1; 105.º, 4.5; 106.º, 2.2; 107.º, § 4.º.
Estado de direitos fundamentais: 80.º, 1.2.
"Estado de partido governamental": 92.º, § 2.º.
Estado mínimo: 80.º, 1.2.
Estado unitário: 84.º, 3.1.2; 103.º, 3.2; (v. Princípio da unidade do Estado).
Europa de regiões: 81.º, 2.4, § 7.º.
Execução fiscal: 99.º, 3.2; 101.º, 2.4.
Extrafiscalidade: 85.º, 2.2; 103.º, 1.1, 1.4.3, § 9.º; 104.º, 2.4.

Falência: 83.º, § 3.º; 85.º, 3.2; 88.º, 2.1; 99, 3.2; (v. Código dos Processos Especiais de Recuperação da Empresa e de Falência).
Farmácias: 82.º, 5.º.
Finanças públicas e privadas: 81.º, 1.1.
Firma: 83.º, 1.3; 101.º, 1.2.
Fomento: 81.º, 2.6; 85.º, 2.2; 86.º, 2.1; 90.º, § 7.º; 94.º, 1.2; 97.º, § 8.º; 100.º, 1.2, 2.2, 3.1.
Força dos princípios: 80.º, 1.4.
Forma de Estado: 80.º, 1.1; 84.º, 3.1.2; 91.º, 3.2; 103.º, § 9.º.
Fraccionamento (de prédios): 93.º, 1.5; 94.º, § 7.º; 95.º, 2.1.
Função accionista do Estado: 90.º, 3.1.
Função social
– dos bens ou da propriedade: 80.º, 2.4.2, § 5.º, § 8.º; 81.º, 2.3; 82.º, 1.1, § 11.º; 84.º, § 1.º; 86.º, § 1.º; 88.º, § 1.º, § 10.º; 93.º, § 9.º; 95.º, 1.2, 2.1, 2.2; 96.º, 1.2, 2.1.
– da empresa: 86.º, § 1.º, 3.1.
– da iniciativa privada: 80.º, 2.3.3.
– dos recursos naturais: 80.º, 2.4.2.
Funções públicas que não tenham carácter predominantemente técnico: 87.º, 1.1, § 2.º.
Fundo Monetário Internacional (FMI): 80.º, § 3.º; 101.º, § 5.º.

Fundos estruturais: 80.°, 2.5.2; 90.°, § 6.°; 91.°, § 5.°.
Fundos e serviços autónomos: 105.°; 106.°, 1.4, § 7.°.
Garantias dos contribuintes: 103.°; 104.°, § 8.°; 106.°, 2.2.
Gerações futuras: 80.°, 2.4.3; 81.°, 2.1.
Governo(s) de gestão: 98.°, § 1.°.
Grandes opções dos planos: 80.°, 2.1.1, 2.5.2, 2.7.1; 90.°; 91.°; 92.°; 98.°, 2.4; 101.°, 3.1, 3.4, 4.2; 105.°, 1.2, 3.1, § 5.°, § 11.°; 106.°, 1.3.
Grupos de interesse: 80.°, 2.5.2, 2.7.3; 92.°, § 2.°; 92.°, § 5.°.

Habitação: 80.°, 2.3.3, 2.6.1; 81.°, 2.10; 82.°, 1.1; 85.°, 1.2, 1.3; 90.°, § 4.°; 93.°, 1.5; 96.°, 1.1, 2.1; 98.°, § 8.°; 99.°, 2.1, 3.2; 101.°, 1.3, § 6.°.

Ideia de direito: 80.°, 1.1, 1.4, 2.1.1, 2.1.2, 2.3.3, § 5.°; 81.°, 1.1; 82.°, 2.2.1; 85.°, 1.1; 96.°, 1.1, 2.2.
Ideia de Estado: 80.°, 1.3; 88.°, 2.1.
Igualdade de oportunidades: 81.°, 1.1, 2.1, 2.2, § 6.°, § 7.°; 92.°, 1.2; 101.°, 1.2; 103.°, 1.1, 2.3.1; 104.°, § 3.°.
Ilegalidade por omissão de normas de natureza administrativa: 80.°, 1.4.
Ilícitos cambiais: 102.°, § 2.°.
Imposto sobre produtos petrolíferos: 103.°, 2.3.2.1, 2.3.5.
Impostos especiais sobre o consumo: 104.°, 2.4.
Imprensa: 80.°, § 12.°, § 13.°; 81.°, 2.6; 87.°, 1.1; 99.°, 3.2.
Inconstitucionalidade por omissão: 80.°, 1.2, 1.4; 81.°, 1.3; 83.°, 1.1, 1.4; 84.°, 3.1.1; 85.°, 2.2; 86.°, 2.1; 89.°, § 4.°; 91.°, 1.1; 92.°, 1.2; 97.°, 2.2; 98.°, 2.3; 99.°, 2.1; 103.°, 2.2.2, 2.3.5; 105.°, 1.2, 2.3.
Infra-estruturação: 99.°, 1.4.
Instituições de crédito: 101.°, 1.2, 2.3; 102.°, § 2.°, § 5.°.

Instituto de Seguros de Portugal: 101.°, 4.2.
Instituto(s) público(s): 80.°, 2.6.1; 84.°, § 1.°, 3.1.1; 89.°, 6.°2; 100.°, 2.2; 102.°, § 3.°, § 6.°.
Instrumentos comunitários de apoio: 80.°, 2.5.2; (v. Fundos estruturais).
Instrumentos de gestão territorial: 80.°, 2.5.2; 84.°, 2.2.2.
Integração
– **económica:** 81.°, 2.11; 99.°, 1.2, 1.3; 100.°, 1.3; 101.°, § 5.°; 103.°, 1.5, § 5.°; 104.°, § 5.°.
– **europeia:** 80.°, 2.7.2, 2.7.3; 81.°, 2.11, § 4.°; 82.°, § 7.°; 85.°, § 6.°; 93.°, 1.3; 99.°, 1.3, § 5.°; 101.°, § 6.°; 102.°, 1.1, § 4.°; 103.°, 1.5, § 5.°; 104.°, § 5.°; 105.°, 1.2, 3.1.
– **política:** 103.°, § 5.°.
Intermediação financeira: 101.°, 2.1.
Ius cogens: 80.°, § 3.°; 81.°, § 3.°.

Justiça
– **distributiva:** 103.°, 1.3.
– **política:** 103.°, 1.3.
– **social:** 80.°, 1.2, 2.1.1, 2.3.3, § 8.°, § 13.°; 81.°, 1.1, 1.2, 2.1, 2.2, § 3.°, § 6.°, § 7.°; 83.°, § 3.°; 101.°, 1.2; 103.°, 1.1, 1.3, 2.3.1, § 11.°; 104.°, 2.4, § 3.°, § 7.°.

Legislação laboral (do trabalho): 80.°, 2.7.1; 89.°, § 4.°; 98.°, § 1.°, 2.4.
Lei/Leis
– **de autorização legislativa retroactivas:** 103.°, 2.3.2.1.
– *travão*: 106.°, 2.2, 3.2.
Lei de Bases do Desenvolvimento Agrário: 88.°, § 1.°; 93.°, 1.2, 1.3; 94.°, 1.1, 1.3, § 4.°; 96.°, 2.1; 98.°, 2.3, 2.4, § 7.°.
Lei de Bases da Reforma Agrária: 93.°, 1.2; 94.°, 1.1, 1.3.
Lei de Enquadramento Orçamental: 91.°, 1.1; 105.°; 106.°; 107.°.
Lei de Organização e Processo do Tribunal de Contas: 107.°, § 1.°, § 3.°.

Liberdade
- **de associação:** 80.°, 2.7.1; 85.°, 1.2; 92.°, 1.2, § 2.°; 95.°, 2.2; 97.°, 3.4; 98.°, 2.2.
- **de criação cultural:** 81.°, 2.6.
- **de empresa:** 80.°, 2.3.3; 82.°, 3.1; 83.°, 1.3, § 6.°; 86.°, § 1.°, 3.2; 89.°, 6.1, 6.2.
- **de escolha de profissão:** 81.°, 2.6, 2.11; 99.°, § 6.°; 100.°, 3.2, § 6.°.
- **de imprensa:** 81.°, 2.6; 99.°, 3.2; (v. Imprensa).

Limites materiais de revisão constitucional: 80.°, 1.1, 1.2, 2.2.2, 2.3.2, 2.4.1, 2.5.1, 2.5.2, § 7.°; 81.°, 2.8; 82.°, § 5.°; 83.°, § 9.°; 90.°, § 1.°; 94.°, § 10.°.

Material de guerra: 87.°, 1.2, § 2.°.
Ministro das Finanças: 101.°, 4.2; 102.°, 1.2; 106.°, 2.1, § 6.°.

Normas administrativas: 80.°, 1.4.

Omissão de normas (de natureza administrativa): (v. Ilegalidade por omissão de normas de natureza administrativa)

Orçamento
- conceito de *matéria fiscal* para efeitos de autorizações legislativas inseridas no: 103.°, 2.3.5.
- **de exercício (orçamentos):** 105.°, 4.1.
- **de gerência:** 105.°, 4.1.

Ordenamento do território: 80.°, 2.5.2; 81.°, 1.2; 90.°, § 2.°; 91.°, 2.1; 93.°, 1.5; 100.°, 3.1.

Organização de Cooperação e Desenvolvimento Económico (OCDE): 80.°, § 3.°; 87.°, 1.2, § 4.°.

Organização Internacional do Trabalho (OIT): 80.°, § 3.°; 89.°, § 7.°.
Organizações de moradores: 82.°, 4.2.
Organização Mundial de Comércio (OMC): 86.°, § 6.°; 87.°, 4.°; 97.°, § 4.°; 99.°, § 4.°; 101.°, § 5.°.

Organizações representativas
- **das actividades económicas:** 80.°, 1.1, 1.3, 2.1.1, 2.7; 81.°, § 6.°; 89.°, § 2.°; 91.°, 3.1, § 7.°; 92.°, 1.2, § 6.°; 98.°, § 1.°.
- **dos trabalhadores:** 80.°, 1.1, 1.3, 2.1.1, 2.7; 81.°, § 6.°; 89.°, § 2.°; 91.°, 3.1, § 7.°; 92.°, 1.2, § 6.°; 98.°, § 1.°, 2.4, § 4.°; 105.°, 2.2.

Pacto de Estabilidade e Crescimento: 101.°, § 6.°; 105.°, § 9.°; 107.°, § 7.°.
Parafiscalidade: 103.°.
Participação
- **política:** 80.°, 2.1.3; § 5.°; 89.°, § 1.°.
- **na vida pública:** 80.°, 2.7.1.

Participações sociais: 80.°, 2.1.2; 81.°, 2.3; 82.°, 1.2, 2.2.2; 83.°, 1.2; 86.°, § 7.°.
Partidos políticos: 80.°, 2.1.1, 2.1.3; 89.°, § 9.°; 91.°, 1.3.2; 93.°, 1.2; 99.°, 1.2; 103.°, § 9.°.

Pensões
- **de preço de sangue:** 103.°, 2.3.1; 104.°, 2.3.
- **deduções específicas dos rendimentos de:** 104.°, 2.1.2.

Permeabilidade (do ordenamento jurídico do Estado): 80.°, § 3.°; 97.°, 1.1; (v. Vulnerabilidade).
Pesos e medidas (padrão de): 99.°, § 6.°.
Pessoa humana (dignidade da): 80.°, 1.2, 1.4, 2.2.1, 2.4.3; 81.°, 1.1, 1.2, 2.1, § 4.°; 82.°, 3.1, § 10.°; 88.°, § 1.°; 89.°, § 1.°; 93.°, 1.4; 94.°, 2.3; 96.°, 1.1, 2.2; 99.°, 3.2; 103.°, 1.4.2, 2.3.5; 104.°, 2.1.3, § 3.°.
Pessoas mais desfavorecidas: 81.°, 2.1.
Planeamento económico-social: 80.°, 2.5.2, 2.7.1; 81.°, 2.10; 90.°; 91.°; 92.°, 1.1, § 2.°, § 11.°; 98.°, § 1.°; 105.°, 1.1, 3.1, § 5.°.
Planeamento técnico: 80.°, 2.5.2; 90.°, § 2.°, 3.1; 91.°, 2.1.
Planeamento urbanístico: 84.°, 2.2.2; 90.°, § 2.°.

Plano Nacional da Água: 81.°, 2.13.
Planos
- de bacia hidrográfica: 81.°, 2.13; 84.°, § 4.°.
- municipais de ordenamento do território: 80.° 2.5.2.
- regionais de ordenamento do território: 80.°, 2.5.2.
Pluralismo económico: 80.°, 1.3.
Poder tributário (negativo/positivo): 103.°, 2.2.2, 2.2.3.
Polícia administrativa: 86.°, 2.3.
Política Agrícola Comum: 87.°, § 5.°; 93.°; 94.°, 3.1; 95.°, § 6.°; 97.°, 1.1, § 5.°; 98.°, § 4.°.
Política comercial comum: 80.°, 2.5.2; 81.°, § 4.°; 99.°, 1.3, § 4.°; 100.°, § 5.°.
Política fiscal: 81.°, 2.2, § 3.°, § 6.°; 101.°, 1.2; 103.°, 1.1, 1.2, 2.3.1, 3.3; 104.°, § 3.°, § 5.°.
Portagem(ens): 84.°, 2.2.4; 103.°, 2.1.1.
Preços
- diferenciais de: 103.°, 2.1.1, 2.3.5.
- de transferência: 103.°, 2.3.2.1.
Preparos e custas: 81.°, 2.9.
Princípio da boa-fé e da cooperação leal (em Direito Comunitário): 80.°, 2.5.2.
(Princípio do) desenvolvimento económico-social: 80.°, 1.3, 1.4, 2.1.1, 2.1.2, 2.2.1, 2.3.3, 2.5.1, 2.7.1; 81.°, 1.3; 82.°, 4.3, § 10.°; 83.°, § 2.°; 84.°, 2.2.3, 2.2.6; 85.°, 3.2; 86.°, 2.2, 2.3; 87.°, § 4.°; 88.°, § 1.°, 2.1, 2.3; 90.°, § 4.°, § 6.°; 91.°, 2.2; 94.°, 1.3; 95.°, 1.2; 96.°, 1.1; 100.°, 3.1; 101.°, 1.1, 1.2, 1.3, 2.1, 2.2, 3.3, 4.1, 4.2, § 5.°, § 7.°, § 9.°; 103.°, 1.1, 2.3.1, 2.3.2.1, 2.3.4, 3.3; 104.°, § 5.°.
Princípio da efectividade (do Direito Comunitário): 80.°, 2.5.2.
Princípio da estabilidade orçamental: 105.°, 4.5, § 9.°.
Princípio da equidade intergeracional: 105.°, 4.5.
(Princípio da) garantia dos direitos económicos, sociais e culturais: 80.°, 1.2, 1.3, 1.4, 2.5.2, 2.7.1; 84.°, 2.2.3, 2.2.6; 86.°, 2.2; 88.°, § 1.°; 90.°, § 4.°; 96.°, 1.1; 100.°, 3.1; 103.°, 2.3.1.
Princípio da inalterabilidade governamental do orçamento: 105.°, § 5.°.
Princípio da lealdade comunitária: 80.°, 2.5.2; 102.°, § 2.°.
Princípio da legalidade na execução do Orçamento: 105.°, § 5.°.
Princípio da neutralidade: 80.°, 2.4.3; 82.°, § 7.°; 83.°, 1.1, § 6.°; 89.°, § 7.°, § 8.°; 93.°, § 5.°; 94.°, § 7.°.
Princípio da neutralidade fiscal: 81.°, 2.6.
Princípio da protecção (tutela) da confiança: 93.°, 3.2; 101.°, 1.2; 103.°, 2.3.3; 105.°, § 6.°.
Princípio da separação de poderes: 86.°, 4.2; 92.°, 1.2, § 2.°; 101.°, 4.1, § 5.°; 103.°, 1.2; 105.°, 1.1.
Princípio da socialidade: 80.°, 1.2, 2.4.1; 81.°, § 7.; 83.°, § 7.°; 101.°, 1.2.
Princípio da subsidiariedade: 80.°, 2.2.2, 2.3.3, 2.6.2, § 4.°; 81.°, 2.4; 86.°, 3.2; 93.°, § 5.°.
Princípio da unidade da Administração: 105.°, 4.3.3.
Princípio da unidade do Estado: 99.°, 1.4; 101.°, 3.3; 103.°, 2.2.2, 2.3.5.
Princípio democrático: 80.°, 1.2, 1.3, 2.1.2, 2.1.3, 2.5.2, 2.7.1; 81.°, 2.8; 85.°, 1.1; 86.°, 2.3; 89.°, § 3.°, 6.1, § 7.°, § 11.°; 91.°, 2.2, § 3.°; 92.°, § 3.°; 98.°, § 1.°, 2.1, § 7.°; 101.°, 2.2, 4.1, § 5.°; 105.°, § 12.°.
Princípio do efeito útil (do Direito Comunitário): 80.°, 2.5.2.
Princípios da actividade administrativa: 80.°, 1.4.
Princípios gerais de Direito comuns às nações civilizadas: 80.°, § 3.°.
Privatização
- da Administração fiscal: 103.°, 2.1.1.
- da Administração pública: 103.°, 1.4.1, 1.4.3, 2.2.1, 3.2; 105.°, 2.3.

Programa do governo: 80.º, 2.5.2; 90.º, 3.1; 91.º, 1.3.1, 1.3.2, 2.1, § 5.º.
Progressividade (no domínio dos impostos): 103.º, 1.1, 1.4.2, 1.4.3, 2.3.1; 104.º.
Propinas: 81.º, 2.2; 91.º, 1.3.2.
Publicidade: 84.º, 2.2.2; 99.º, § 7.º; 100.º, 1.4.
– (Código da): 81.º, 2.9.

Questão científica e tecnológica: 81.º, 2.11.
Quotas
– para casas do povo: 103.º, 2.1.1.
– para a Ordem dos Advogados: 103.º, 2.1.1, 2.3.5.

Radiodifusão: 80.º, 2.3.3; 86.º, § 11.º; 103.º, 2.1.1, 2.3.3, 2.3.5.
Recuperação de empresas (medidas de): 100.º, 1.4.
Recursos hídricos: 81.º, 1.2, 2.13, § 6.º; 84.º, 2.2.1, 3.2.2, § 9.º; 93.º, 1.1, 1.5.
Referendo: 80.º, 2.1.1; 101.º, 3.4; 103.º, 3.1; 106.º, 2.2, 3.2.
Reforma agrária: 80.º, § 7.º; 81.º, 2.8, § 6.º; 85.º, 1.2; 87.º, § 9.º; 88.º, § 1.º, § 10.º; 93.º; 94.º; 95.º; 96.º; 97.º, § 7.º, § 8.º, § 9.º; 98.º, § 1.º, § 6.º, § 7.º, § 8.º.
Regime económico: 80.º, 1.1, 1.2, 2.2.2; 81.º, § 3.º; 86.º, § 1.º, 3.1, § 7.º; 88.º, § 1.º, 2.1, 2.2; 90.º, 3.1, § 4.º; 97.º, 1.1; 103.º, 1.1, 2.1.2, 3.3; 105.º, 1.1; 107.º, § 1.º.
Regulação: 80.º, 2.1.1, § 11.º; 81.º, 2.6, § 11.º; 82.º, 2.1; 86.º, 2.3, 3.2; 88.º, § 7.º; 90.º, § 6.º; 92.º, 1.3; 98.º, 2.1, 2.3, 2.5; 99.º, 1.4; 101.º, 1.2, 2.3, 2.4, 4.1, 4.2.
Re-ideologização (da Constituição): 81.º, 2.1; 86.º, § 10.º.
Rendimentos presumidos: 103.º, 2.3.1.
Reprivatização: 81.º, 2.3; 83.º, 1.1; 85.º, 1.1; 102.º, § 6.º.

Reserva Agrícola Nacional: 93.º, 3.2.
Reserva Ecológica Nacional: 93.º, 3.2.
Responsabilidade fiscal: 103.º, 2.3.2.1.
Responsabilidade (responsabilização) política: 81.º, 2.1; 82.º, 4.2; 91.º, 2.1; 101.º, § 6.º; 107.º, § 3.º.
Responsabilidade social das empresas: 101.º, 1.1; (v. Função social).

Salário mínimo (nacional): 101.º, 1.2.
Sector
– bancário: 101.º, 2.1, 2.4; 102.º, § 4.º.
– segurador: 101.º, 2.1, 2.3.
Sector público
– administrativo: 81.º, 2.3; 82.º, 2.1; 89.º, 6.2; 105.º, § 16.º.
– empresarial: 81.º, 2.3; 82.º, 86.º, 4.1.
Sectores básicos da economia: 80.º, 2.1.1; 84.º, 2.2.3; 85.º, 1.1, 2.3; 86.º; 87.º, 1.1; 101.º, 3.1.
Segurança no emprego: 86.º, 3.2; 101.º, 1.2.
Segurança social
– contribuições para: 103.º, 2.1.1, 2.3.5.
– instituições de: 80.º, 2.7.1.
Seguros
– agrícolas: 97.º 3.3.
– empresas de: 102.º, § 5.º.
Serviço doméstico: 92.º, § 2.º.
Serviços
– em rede: 86.º, 2.4.
– públicos essenciais: 81.º, 2.9.
Servidões de passagem: 84.º, 2.2.5.
Sigilo bancário: 103.º, 2.3.2.1; 104.º, 2.2.2.
Sindicatos: 80.º, 2.7.1; 103.º, 2.1.2.
Sistema de governo: 80.º, 1.2; 81.º, § 5.º; 105.º, 4.2; 107.º, § 1.º.
Sistema Europeu de Bancos Centrais (SEBC): 101.º, 3.3, § 6.º; 102.º.
Sistema político: 83.º, § 7.º; 92.º, § 2.º; 99.º, 1.2.
Sociedade Financeira Internacional (SFI): 80.º, § 3.º.

Sociedades cooperativas: 82.º, § 7.º; 85.º, § 5.º; 103.º, § 9.º.
Sociedades financeiras: 101.º, 1.2, 2.3; 102.º, § 2.º.
Sociedades gestoras de mercado regulamentado: 101.º, 4.2.
Socialismo (princípio socialista): 80.º, 1.1, 1.4, 2.1.1, 2.6.2, § 3.º, § 4.º, § 7.º; 81.º, 2.8, 2.10, § 7.º; 82.º, § 9.º, § 10.º; 83.º, § 7.º; 91.º, § 8.º; 94.º, § 10.º; 96.º, 1.1.
Soft law: 81.º, 2.7; 90.º, 3.1.
Supervisão: 87.º, § 5.º; 97.º, 2.1; 101.º, 1.2, 2.3, 4.1; 102.º, § 2.º, § 4.º, § 5.º.

Tarifa/Tarifas
– lixo industrial: 103.º, 2.1.1.
– municipais relativas à recolha de lixo: 103.º, 2.1.1.
– de saneamento: 103.º, 2.1.1, 2.3.5.
Taxa/Taxas
– de justiça: 103.º, 2.1.1, 2.3.5.
– de urbanização: 103.º, 2.1.1.
– estacionamento: 103.º, 2.1.1, 2.3.5.
– liberatórias: 104.º, 2.1.1, 2.1.2.
– licenciamento de canídeos: 103.º, 2.1.1, 2.3.5.
– moderadoras – Serviço Nacional de Saúde: 103.º, 2.1.1.
– para os organismos de coordenação económica: 103.º, 2.1.1.
– pela afixação de anúncios em propriedade privada: 103.º, 2.1.1.
– pela ocupação de subsolos do domínio público municipal – condutas de transporte de combustíveis: 103.º, 2.1.1.
– por operações fora de bolsa: 103.º, 2.1.1.
– sobre comercialização de produtos de saúde: 103.º, 2.3.2.1, 2.3.5.

Televisão (serviço público de/actividade de): 80.º, 2.3.3, § 12.º; 99.º, 3.1, 3.2.
Titulares de cargos políticos: 80.º, 2.1.2; 107.º, § 1.º.
Titular(es) de cargo(s) público(s): 80.º, 2.1.1, 2.1.2.
Trabalhadores rurais: 80.º, 2.7.1; 93.º; 94.º; 95.º; 97.º; 98.º.
Tráfego aéreo internacional: 84.º, 2.2.2.
Transição constitucional: 80.º, 1.1; 86.º, § 1.º.
Transportes: 81.º, 2.12; 86.º, 2.4, § 11.º; 98.º, § 8.º; 99.º, § 5.º; 100.º, § 6.º.
Tratado sobre os Princípios Que Regem as Actividades dos Estados na Exploração e Utilização do Espaço Exterior, Incluindo a Lua e Outros Corpos Celestes: 84.º, 2.2.2.
Tribunal de Contas: 86.º, 2.4; 101.º, 1.3, 4.2; 102.º, 1.2; 105.º, 4.1, § 10.º, § 11.º, § 16.º; 107.º.
Tutela jurisdicional efectiva: 81.º, 2.6, 2.10; 86.º, 5.1.

Universalidade pública: 84.º, 2.2.6.
Usufruto: 82.º, 1.2.; 96.º, 2.2.

Valores mobiliários: 101.º, 1.1, 1.3, 2.1, 2.3, 3.1, 4.1; 104.º, § 9.º; (v. *Comissão do Mercado de Valores Mobiliários*).
Venda
– com prejuízo: 99.º, 3.1.
– condições de (discriminatórias): 99.º, 3.1.
– recusa de (de bens ou de prestações de serviços): 99.º, 3.1.
Voto de confiança (moção de): 106.º, 2.2.
Vulnerabilidade (do ordenamento jurídico do Estado): 80.º, § 3.º; 97.º, 1.1; (v. *Permeabilidade*).

ÍNDICE GERAL

Prefácio	5
Notas de leitura	9
Índice de algumas abreviaturas mais utilizadas	11

PARTE II
ORGANIZAÇÃO ECONÓMICA

TÍTULO I
PRINCÍPIOS GERAIS

Artigo 80.º (Princípios fundamentais)	15
I. PRINCÍPIOS FUNDAMENTAIS DA ORGANIZAÇÃO ECONÓMICO-SOCIAL	17
§ 1.º. Aspectos gerais	17
1.1. Função estruturante	17
1.2. Valores constitucionais e princípios da Constituição económica: relação com os direitos fundamentais	24
1.3. Princípios gerais e princípios sectoriais	30
1.4. Vinculação do legislador e vinculação da Administração	33
§ 2.º. Os vários princípios fundamentais da organização económico-social	42
2.1. *a) Subordinação do poder económico ao poder político democrático*	42
2.1.1. O significado da subordinação	42
2.1.2. O poder económico: âmbito da previsão	49
2.1.3. *Poder político democrático* ou *poderes políticos democráticos?*	53
2.2. *b) Coexistência do sector público, do sector privado e do sector cooperativo e social de propriedade dos meios de produção*	55
2.2.1. A coexistência dos três sectores de propriedade como princípio fundamental	55
2.2.2. O limite material de revisão constitucional	59
2.3. *c) Liberdade de iniciativa e de organização empresarial no âmbito de uma economia mista*	60
2.3.1. O significado de economia mista	60

2.3.2. O limite material de revisão constitucional	64
2.3.3. A preferência constitucional por um modelo de economia mista	65
2.4. *d) Propriedade pública dos recursos naturais e de meios de produção, de acordo com o interesse colectivo*	73
2.4.1. A *propriedade pública* como princípio	73
2.4.2. O universo dos recursos naturais e meios de produção: o "*dos*" e o "*de*"	75
2.4.3. O interesse colectivo e os poderes políticos democráticos	80
2.5. *e) Planeamento democrático do desenvolvimento económico e social* ..	84
2.5.1. O planeamento como princípio do desenvolvimento económico e social	84
2.5.2. Dimensões de vinculatividade do princípio	86
2.6. *f) Protecção do sector cooperativo e social de propriedade dos meios de produção*	93
2.6.1. O significado da *protecção* ao sector cooperativo e social	93
2.6.2. Preferência constitucional e/ou articulação com um modelo de economia mista	98
2.7. *g) Participação das organizações representativas dos trabalhadores e das organizações representativas das actividades económicas na definição das principais medidas económicas e sociais*	101
2.7.1. Uma dimensão fundamental da democracia participativa	101
2.7.2. O problema da efectivação do princípio no âmbito da elaboração do Direito Comunitário derivado	110
2.7.3. O problema do esvaziamento do princípio no âmbito da elaboração do direito interno em face das pré-determinações do Direito Comunitário.	112
II. DIREITO INTERNACIONAL E EUROPEU	114
§ 3.º. Direito Internacional	114
§ 4.º. Direito Europeu	117
III. MEMÓRIA CONSTITUCIONAL	123
§ 5.º. As constituições portuguesas anteriores à Constituição de 1976 ...	123
§ 6.º. Conteúdo originário da redacção do preceito na Constituição de 1976 e sucessivas versões decorrentes das revisões constitucionais	132
§ 7.º. Apreciação do sentido das alterações do preceito	134
IV. PAÍSES DE EXPRESSÃO PORTUGUESA	140
§ 8.º. Brasil	140
§ 9.º. Angola	143
§ 10.º. Moçambique	143
§ 11.º. Cabo Verde	145
§ 12.º. Guiné-Bissau	146
§ 13.º. São Tomé e Príncipe	147
§ 14.º. Timor-Leste	148

Índice Geral 1047

Artigo 81.º (Incumbências prioritárias do Estado) 149

I. INCUMBÊNCIAS PRIORITÁRIAS DO ESTADO.. 152
   § 1.º. VALOR JURÍDICO DO ELENCO DE INCUMBÊNCIAS PRIORITÁRIAS DO ESTADO.. 152
      1.1. O significado das incumbências prioritárias do Estado à luz do modelo de Estado social e democrático de Direito adoptado pela CRP 152
      1.2. (cont.) O lugar das incumbências prioritárias do Estado no âmbito da Constituição económica 155
      1.3. Dimensões normativas e de vinculatividade dos poderes públicos......... 159
   § 2.º. O ELENCO DE INCUMBÊNCIAS PRIORITÁRIAS DO ESTADO 165
      2.1. *a) Promover o aumento do bem-estar social e económico e da qualidade de vida das pessoas, em especial das mais desfavorecidas, no quadro de uma estratégia de desenvolvimento sustentável* 165
      2.2. *b) Promover a justiça social, assegurar a igualdade de oportunidades e operar as necessárias correcções das desigualdades na distribuição da riqueza e do rendimento, nomeadamente através da política fiscal* 170
      2.3. *c) Assegurar a plena utilização das forças produtivas, designadamente zelando pela eficiência do sector público*... 172
      2.4. *d) Promover a coesão económica e social de todo o território nacional, orientando o desenvolvimento no sentido de um crescimento equilibrado de todos os sectores e regiões e eliminando progressivamente as diferenças económicas e sociais entre a cidade e o campo e entre o litoral e o interior*.. 177
      2.5. *e) Promover a correcção das desigualdades derivadas da insularidade das regiões autónomas e incentivar a sua progressiva integração em espaços económicos mais vastos, no âmbito nacional ou internacional....* 179
      2.6. *f) Assegurar o funcionamento eficiente dos mercados, de modo a garantir a equilibrada concorrência entre as empresas, a contrariar as formas de organização monopolistas e a reprimir os abusos de posição dominante e outras práticas lesivas do interesse geral* 180
      2.7. *g) Desenvolver as relações económicas com todos os povos, salvaguardando sempre a independência nacional e os interesses dos portugueses e da economia do país* 184
      2.8. *h) Eliminar os latifúndios e reordenar o minifúndio* 185
      2.9. *i) Garantir a defesa dos interesses e os direitos dos consumidores* 187
      2.10. *j) Criar os instrumentos jurídicos e técnicos necessários ao planeamento democrático do desenvolvimento económico e social* 189
      2.11. *l) Assegurar uma política científica e tecnológica favorável ao desenvolvimento do país* 191
      2.12. *m) Adoptar uma política nacional de energia, com preservação dos recursos naturais e do equilíbrio ecológico, promovendo, neste domínio, a cooperação internacional*... 193
      2.13. *n) Adoptar uma política nacional da água, com aproveitamento, planeamento e gestão racional dos recursos hídricos* 195

II. DIREITO INTERNACIONAL E EUROPEU 196
   § 3.º. Direito Internacional 196
   § 4.º. Direito Europeu 198

III. MEMÓRIA CONSTITUCIONAL 202
   § 5.º. As constituições portuguesas anteriores à Constituição de 1976 ... 202
   § 6.º. Conteúdo originário da redacção do preceito na Constituição de
         1976 e sucessivas versões decorrentes das revisões constitucionais . 204
   § 7.º. Apreciação do sentido das alterações do preceito 208

IV. PAÍSES DE EXPRESSÃO PORTUGUESA 210
   § 8.º. Brasil 210
   § 9.º. Angola 211
   § 10.º. Moçambique 212
   § 11.º. Cabo Verde 212
   § 12.º. Guiné-Bissau 213
   § 13.º. São Tomé e Príncipe 214
   § 14.º. Timor-Leste 214

Artigo 82.º (Sectores de propriedade dos meios de produção) 215

I. SECTORES DE PROPRIEDADE DOS MEIOS DE PRODUÇÃO 217
   § 1.º. Caracteres fundamentais para a definição dos três sectores de propriedade dos meios de produção 217
      1.1. O conceito de *meios de produção* 217
      1.2. Os critérios constitucionais distintivos: propriedade, gestão e posse 219
   § 2.º. O sector público 222
      2.1. Configuração do sector público 222
      2.2. A empresa pública e o sector empresarial público 226
         2.2.1. Noção de empresa pública: pré-determinação constitucional ou essencialidade do direito ordinário? 226
         2.2.2. A empresa pública no âmbito da Administração pública 230
   § 3.º. O sector privado 232
      3.1. (Sub-)sector privado típico 232
      3.2. Subsector privado publicizado 233
   § 4.º. O sector cooperativo e social 235
      4.1. Subsector cooperativo 235
      4.2. Subsector comunitário 239
      4.3. Subsector da exploração colectiva 240
      4.4. Subsector social em sentido estrito 242
   § 5.º. A garantia da coexistência de três sectores de propriedade dos
         meios de produção (alcance e dimensões): tipicidade constitucional
         ou garantia mínima? 244

II. DIREITO INTERNACIONAL E EUROPEU	247
§ 6.°. DIREITO INTERNACIONAL	247
§ 7.°. DIREITO EUROPEU	248
III. MEMÓRIA CONSTITUCIONAL	250
§ 8.°. AS CONSTITUIÇÕES PORTUGUESAS ANTERIORES À CONSTITUIÇÃO DE 1976 ...	250
§ 9.°. CONTEÚDO ORIGINÁRIO DA REDACÇÃO DO PRECEITO NA CONSTITUIÇÃO DE 1976 E SUCESSIVAS VERSÕES DECORRENTES DAS REVISÕES CONSTITUCIONAIS.	252
§ 10.°. APRECIAÇÃO DO SENTIDO DAS ALTERAÇÕES DO PRECEITO	255
IV. PAÍSES DE EXPRESSÃO PORTUGUESA	256
§ 11.°. BRASIL	256
§ 12.°. ANGOLA	257
§ 13.°. MOÇAMBIQUE	258
§ 14.°. CABO VERDE	258
§ 15.°. GUINÉ-BISSAU	258
§ 16.°. SÃO TOMÉ E PRÍNCIPE	259
§ 17.°. TIMOR-LESTE	259

Artigo 83.° (Requisitos de apropriação pública) 261

I. INTERVENÇÃO E APROPRIAÇÃO PÚBLICA DOS MEIOS DE PRODUÇÃO	262
§ 1.°. INTERVENÇÃO E APROPRIAÇÃO PÚBLICA	262
1.1. Enquadramento no modelo constitucional	262
1.2. A distinção entre intervenção e apropriação pública	267
1.3. Meios e formas de intervenção pública	269
1.4. Meios e formas de apropriação pública	272
§ 2.°. A SUPRESSÃO DA REFERÊNCIA AOS SOLOS AQUANDO DA REVISÃO CONSTITUCIONAL DE 1997	276
§ 3.°. O PROBLEMA DA INDEMNIZAÇÃO	278
§ 4.°. RESERVA DE LEI E COMPETÊNCIA LEGISLATIVA	282
4.1. A competência do Parlamento	282
4.2. A competência do Governo	283
4.3. A competência das Assembleias Legislativas das regiões autónomas....	284
II. DIREITO INTERNACIONAL E EUROPEU	284
§ 5.°. DIREITO INTERNACIONAL	284
§ 6.°. DIREITO EUROPEU	286
III. MEMÓRIA CONSTITUCIONAL	287
§ 7.°. AS CONSTITUIÇÕES PORTUGUESAS ANTERIORES À CONSTITUIÇÃO DE 1976 ...	287
§ 8.°. CONTEÚDO ORIGINÁRIO DA REDACÇÃO DO PRECEITO NA CONSTITUIÇÃO DE 1976 E SUCESSIVAS VERSÕES DECORRENTES DAS REVISÕES CONSTITUCIONAIS	290
§ 9.°. APRECIAÇÃO DO SENTIDO DAS ALTERAÇÕES DO PRECEITO	292

IV. PAÍSES DE EXPRESSÃO PORTUGUESA 293
   § 10.º. Brasil.. 293
   § 11.º. Angola.. 293
   § 12.º. Moçambique 293
   § 13.º. Cabo Verde 293
   § 14.º. Guiné-Bissau 293
   § 15.º. São Tomé e Príncipe 294
   § 16.º. Timor-Leste 294

Artigo 84.º (Domínio público)... 295

I. O DOMÍNIO PÚBLICO 297
   § 1.º. O domínio público na CRP 297
   § 2.º. Os bens dominiais 303
      2.1. A classificação dos bens dominiais pela CRP 303
      2.2. O elenco dos bens pertencentes ao domínio público 305
         2.2.1. *a) As águas territoriais com os seus leitos e os fundos marinhos contíguos, bem como os lagos, lagoas e cursos de água navegáveis ou flutuáveis, com os respectivos leitos* 305
         2.2.2. *b) As camadas aéreas superiores ao território acima do limite reconhecido ao proprietário ou superficiário* 308
         2.2.3. *c) Os jazigos minerais, as nascentes de águas mineromedicinais, as cavidades naturais subterrâneas existentes no subsolo, com excepção das rochas, terras comuns e outros materiais habitualmente usados na construção* 312
         2.2.4. *d) As estradas* 314
         2.2.5. *e) As linhas férreas nacionais* 315
         2.2.6. *f) Outros bens como tal classificados por lei* 316
   § 3.º. Reserva de lei e competência legislativa: titularidade e regime dos bens do domínio público 319
      3.1. A titularidade dos bens do domínio público 319
         3.1.1. Vinculações substanciais 319
         3.1.2. Vinculações formais 323
      3.2. O regime dos bens do domínio público 326
         3.2.1. Vinculações substanciais 326
         3.2.2. Vinculações formais 328

II. DIREITO INTERNACIONAL E EUROPEU 331
   § 5.º. Direito Internacional 331
   § 6.º. Direito Europeu 332

III. MEMÓRIA CONSTITUCIONAL 333
   § 7.º. As constituições portuguesas anteriores à Constituição de 1976 ... 333
   § 8.º. Conteúdo originário da redacção do preceito na Constituição de 1976 e sucessivas versões decorrentes das revisões constitucionais . 336
   § 9.º. Apreciação do sentido das alterações do preceito 337

IV. PAÍSES DE EXPRESSÃO PORTUGUESA	337
§ 10.º. Brasil...	337
§ 11.º. Angola..	339
§ 12.º. Moçambique	339
§ 13.º. Cabo Verde	341
§ 14.º. Guiné-Bissau	341
§ 15.º. São Tomé e Príncipe	341
§ 16.º. Timor-Leste...	342

Artigo 85.º (Cooperativas e experiências de autogestão) 343

I. COOPERATIVAS E EXPERIÊNCIAS DE AUTOGESTÃO............................	344
§ 1.º. O projecto cooperativo da CRP...	344
1.1. A *ideia* do sector cooperativo para refundação da ordem sócio-económica	344
1.2. A livre iniciativa cooperativa e os princípios cooperativos	346
1.3. A expressão constitucional de ramos do subsector cooperativo	349
§ 2.º. O Estado e o subsector cooperativo...	350
2.1. O papel estimulante do Estado	350
2.2. Em especial, os estímulos necessários: benefícios fiscais, financeiros, de recurso ao crédito e auxílio técnico	352
2.3. O papel interventor do Estado: as *régies cooperativas*	354
§ 3.º. As experiências de autogestão...	358
3.1. Conformação constitucional da iniciativa autogestionária	358
3.2. A viabilidade das experiências autogestionárias e os apoios do Estado .	359
§ 4.º. Reserva de lei e competência legislativa..	361
4.1. A competência do Parlamento	361
4.2. A competência do Governo	363
4.3. A competência das Assembleias Legislativas das regiões autónomas....	364
II. DIREITO INTERNACIONAL E EUROPEU	364
§ 5.º. Direito Internacional	364
§ 6.º. Direito Europeu..	364
III. MEMÓRIA CONSTITUCIONAL	365
§ 7.º. As constituições portuguesas anteriores à Constituição de 1976 ...	365
§ 8.º. Conteúdo originário da redacção do preceito na Constituição de 1976 e sucessivas versões decorrentes das revisões constitucionais .	366
§ 9.º. Apreciação do sentido das alterações do preceito	367
IV. PAÍSES DE EXPRESSÃO PORTUGUESA	368
§ 10.º. Brasil...	368
§ 11.º. Angola..	368
§ 12.º. Moçambique	368
§ 13.º. Cabo Verde	368
§ 14.º. Guiné-Bissau	369

§ 15.º. São Tomé e Príncipe 369
§ 16.º. Timor-Leste 369

Artigo 86.º (Empresas privadas) 371

I. AS EMPRESAS PRIVADAS 372
§ 1.º. A empresa privada como elemento da organização económica 372
§ 2.º. Liberdade de iniciativa económica privada e intervenção estadual 375
    2.1. O Estado incentivador da actividade empresarial 375
    2.2. As pequenas e médias empresas 377
    2.3. O Estado fiscalizador da actividade empresarial privada: subordinação do poder económico ao poder político democrático 379
    2.4. Iniciativa económica privada e actividades de interesse económico geral 381
§ 3.º. Liberdade de iniciativa económica privada e intervenção estadual directa 383
    3.1. A intervenção do Estado na gestão das empresas privadas: fundamento constitucional 383
    3.2. A liberdade do legislador na conformação da intervenção do Estado na gestão das empresas privadas 384
§ 4.º. A vedação de sectores básicos 390
    4.1. O carácter facultativo da existência de sectores vedados à iniciativa económica privada 390
    4.2. O significado constitucional de *sector vedado à iniciativa económica privada* 391
§ 5.º. Reserva de lei e competência legislativa 395
    5.1. A competência do Parlamento 395
    5.2. A competência do Governo 395
    5.3. A competência das Assembleias Legislativas das regiões autónomas ... 396

II. DIREITO INTERNACIONAL E EUROPEU 397
§ 6.º. Direito Internacional 397
§ 7.º. Direito Europeu 398

III. MEMÓRIA CONSTITUCIONAL 402
§ 8.º. As constituições portuguesas anteriores à Constituição de 1976 ... 402
§ 9.º. Conteúdo originário da redacção do preceito na Constituição de 1976 e sucessivas versões decorrentes das revisões constitucionais . 403
§ 10.º. Apreciação do sentido das alterações do preceito 405

IV. PAÍSES DE EXPRESSÃO PORTUGUESA 407
§ 11.º. Brasil 407
§ 12.º. Angola 410
§ 13.º. Moçambique 410
§ 14.º. Cabo Verde 411
§ 15.º. Guiné-Bissau 411

§ 16.°. São Tomé e Príncipe	411
§ 17.°. Timor-Leste	411
Artigo 87.° (Actividade económica e investimentos estrangeiros)	**413**
I. ACTIVIDADE ECONÓMICA E INVESTIMENTOS ESTRANGEIROS	414
§ 1.°. Exigência constitucional de uma disciplina legal especial para o acesso à actividade económica e investimento estrangeiros	414
1.1. O sentido da exigência constitucional	414
1.2. Linhas gerais da concretização legislativa da exigência constitucional..	419
§ 2.°. O real conteúdo normativo do artigo 87.°	424
§ 3.°. Reserva de lei e competência legislativa	428
3.1. A competência do Parlamento	428
3.2. A competência do Governo	428
3.3. A competência das Assembleias Legislativas das regiões autónomas....	429
II. DIREITO INTERNACIONAL E EUROPEU	429
§ 4.°. Direito Internacional	429
§ 5.°. Direito Europeu	430
III. MEMÓRIA CONSTITUCIONAL	434
§ 6.°. As constituições portuguesas anteriores à Constituição de 1976...	434
§ 7.°. Conteúdo originário da redacção do preceito na Constituição de 1976 e sucessivas versões decorrentes das revisões constitucionais.	435
§ 8.°. Apreciação do sentido das alterações do preceito	436
IV. PAÍSES DE EXPRESSÃO PORTUGUESA	437
§ 9.°. Brasil	437
§ 10.°. Angola	437
§ 11.°. Moçambique	437
§ 12.°. Cabo Verde	438
§ 13.°. Guiné-Bissau	438
§ 14.°. São Tomé e Príncipe	438
§ 15.°. Timor-Leste	439
Artigo 88.° (Meios de produção em abandono)	**441**
I. MEIOS DE PRODUÇÃO EM ABANDONO	442
§ 1.°. Meios de produção em abandono e o princípio da plena utilização das forças produtivas: a *ratio constitutionis* subjacente à norma do artigo 88.°	442
§ 2.°. Abandono e *abandono injustificado*	447
2.1. Sentido da distinção	447
2.2. (cont.) Constituição material e juízo valorativo do *abandono injustificado*	450
2.3. Expropriação, e arrendamento e concessão de exploração compulsivos: distinção e regime jurídico-constitucional	451

§ 3.º. O ABANDONO DE MEIOS DE PRODUÇÃO E A CONSIDERAÇÃO DA SITUAÇÃO DOS
TRABALHADORES EMIGRANTES... 456
§ 4.º. RESERVA DE LEI E COMPETÊNCIA LEGISLATIVA.. 458
 4.1. A competência do Parlamento.. 458
 4.2. A competência do Governo... 458
 4.3. A competência das Assembleias Legislativas das regiões autónomas.... 458

II. DIREITO INTERNACIONAL E EUROPEU.. 458
§ 5.º. DIREITO INTERNACIONAL... 458
§ 6.º. DIREITO EUROPEU.. 459

III. MEMÓRIA CONSTITUCIONAL... 459
§ 7.º. AS CONSTITUIÇÕES PORTUGUESAS ANTERIORES À CONSTITUIÇÃO DE 1976... 459
§ 8.º. CONTEÚDO ORIGINÁRIO DA REDACÇÃO DO PRECEITO NA CONSTITUIÇÃO DE
1976 E SUCESSIVAS VERSÕES DECORRENTES DAS REVISÕES CONSTITUCIONAIS. 460
§ 9.º. APRECIAÇÃO DO SENTIDO DAS ALTERAÇÕES DO PRECEITO........................... 461

IV. PAÍSES DE EXPRESSÃO PORTUGUESA.. 461
§ 10.º. BRASIL.. 461
§ 11.º. ANGOLA.. 462
§ 12.º. MOÇAMBIQUE... 463
§ 13.º. CABO VERDE.. 463
§ 14.º. GUINÉ-BISSAU.. 463
§ 15.º. SÃO TOMÉ E PRÍNCIPE... 463
§ 16.º. TIMOR-LESTE... 463

Artigo 89.º (Participação dos trabalhadores na gestão)............................ 465

I. A PARTICIPAÇÃO DOS TRABALHADORES NA GESTÃO DE UNIDADES
DE PRODUÇÃO DO SECTOR PÚBLICO.. 466
§ 1.º. UMA MANIFESTAÇÃO DO VALOR DA DEMOCRACIA PARTICIPATIVA............... 466
§ 2.º. A *RATIO* CONSTITUCIONAL À LUZ DOS PRINCÍPIOS FUNDAMENTAIS DA ORGANI-
ZAÇÃO ECONÓMICO-SOCIAL... 467
§ 3.º. MODELOS POSSÍVEIS DE PARTICIPAÇÃO DOS TRABALHADORES NA GESTÃO.... 469
§ 4.º. DESTINATÁRIOS E DIMENSÃO VINCULANTE DA IMPOSIÇÃO CONSTITUCIONAL
DE *EFECTIVIDADE* DA PARTICIPAÇÃO DOS TRABALHADORES NA GESTÃO......... 471
§ 5.º. A POSITIVAÇÃO INFRA-CONSTITUCIONAL – NOTA BREVE............................. 473
§ 6.º. A CIRCUNSCRIÇÃO ÀS *UNIDADES DE PRODUÇÃO DO SECTOR PÚBLICO*............ 476
 6.1. A exclusão dos restantes sectores de produção...................................... 476
 6.2. A exclusão do sector público administrativo.. 477

II. DIREITO INTERNACIONAL E EUROPEU.. 478
§ 7.º. DIREITO INTERNACIONAL... 478
§ 8.º. DIREITO EUROPEU.. 478

III. MEMÓRIA CONSTITUCIONAL	479
§ 9.º. As constituições portuguesas anteriores à Constituição de 1976 ...	479
§ 10.º. Conteúdo originário da redacção do preceito na Constituição de 1976 e sucessivas versões decorrentes das revisões constitucionais	480
§ 11.º. Apreciação do sentido das alterações do preceito	481
IV. PAÍSES DE EXPRESSÃO PORTUGUESA	482
§ 12.º. Brasil	482
§ 13.º. Angola	482
§ 14.º. Moçambique	483
§ 15.º. Cabo Verde	483
§ 16.º. Guiné-Bissau	483
§ 17.º. São Tomé e Príncipe	483
§ 18.º. Timor-Leste	483

TÍTULO II
PLANOS

Artigo 90.º (Objectivos dos planos)	485
I. OBJECTIVOS DOS PLANOS	486
§ 1.º. A função jurídico-constitucional do planeamento no contexto dos princípios e incumbências prioritárias do Estado no domínio da organização económico-social	486
§ 2.º. Os objectivos dos planos no contexto das modalidades e estrutura do planeamento na ordem jurídica portuguesa	490
§ 3.º. Força jurídica dos planos	492
3.1. Vinculatividade directa	492
3.2. Vinculatividade indirecta	497
§ 4.º. Os objectivos dos planos de desenvolvimento económico-social e sua relação com os direitos fundamentais	498
II. DIREITO INTERNACIONAL E EUROPEU	499
§ 5.º. Direito internacional	499
§ 6.º. Direito europeu	499
III. MEMÓRIA CONSTITUCIONAL	500
§ 7.º. As constituições portuguesas anteriores à constituição de 1976....	500
§ 8.º. Conteúdo originário da redacção do preceito na constituição de 1976 e sucessivas versões decorrentes das revisões constitucionais	501
§ 9.º. Apreciação do sentido das alterações do preceito	503
IV. PAÍSES DE EXPRESSÃO PORTUGUESA	504
§ 10.º. Brasil	504
§ 11.º. Angola	505

§ 12.º. Moçambique	505
§ 13.º. Cabo Verde	506
§ 14.º. Guiné-Bissau	506
§ 15.º. São Tomé e Príncipe	506
§ 16.º. Timor-Leste	506

Artigo 91.º (Elaboração e execução dos planos) 507

I. ELABORAÇÃO E EXECUÇÃO DOS PLANOS 508
   § 1.º. As grandes opções dos planos 508
      1.1. A iniciativa e a fundamentação das propostas de lei 508
      1.2. O processo legislativo tendente à aprovação 512
      1.3. O carácter paramétrico das grandes opções dos planos 515
         1.3.1. A relação com os planos 515
         1.3.2. A relação com o Orçamento 516
   § 2.º. Os planos nacionais 518
      2.1. A elaboração e aprovação dos planos nacionais 518
      2.2. A execução dos planos nacionais 522
   § 3.º. Sentido do princípio democrático na elaboração e execução do planeamento nacional 524
      3.1. Plurisubjectividade do processo de elaboração dos planos nacionais 524
      3.2. Descentralização regional e sectorial na execução dos planos 525
      3.3. Fiscalização da execução dos planos nacionais 527

II. DIREITO INTERNACIONAL E EUROPEU 532
   § 4.º. Direito internacional 532
   § 5.º. Direito Europeu 532

III. MEMÓRIA CONSTITUCIONAL 533
   § 6.º. As constituições portuguesas anteriores à Constituição de 1976 ... 533
   § 7.º. Conteúdo originário da redacção do preceito na Constituição de 1976 e sucessivas versões decorrentes das revisões constitucionais ... 533
   § 8.º. Apreciação do sentido das alterações do preceito 537

IV. PAÍSES DE EXPRESSÃO PORTUGUESA 538
   § 9.º. Brasil 538
   § 10.º. Angola 538
   § 11.º. Moçambique 539
   § 12.º. Cabo Verde 539
   § 13.º. Guiné-Bissau 539
   § 14.º. São Tomé e Príncipe 539
   § 15.º. Timor-Leste 540

Índice Geral

Artigo 92.º (Conselho Económico e Social) 541

I. O CONSELHO ECONÓMICO E SOCIAL.. 542
   § 1.º. Coordenadas do regime jurídico-constitucional do Conselho Económico e Social... 542
      1.1. Funções de consulta e concertação e função de participação no planeamento económico-social 542
      1.2. Aspectos orgânicos 546
      1.3. A competência legislativa de densificação da organização e funcionamento do Conselho Económico e Social 551
   § 2.º. A problemática do estatuto jurídico-constitucional do Conselho Económico e Social.. 553

II. DIREITO INTERNACIONAL E EUROPEU 559
   § 3.º. Direito Internacional 559
   § 4.º. Direito Europeu 559

III. MEMÓRIA CONSTITUCIONAL 560
   § 5.º. As constituições portuguesas anteriores à Constituição de 1976 ... 560
   § 6.º. Conteúdo originário da redacção do preceito na Constituição de 1976 e sucessivas versões decorrentes das revisões constitucionais 561
   § 7.º. Apreciação do sentido das alterações do preceito 564

IV. PAÍSES DE EXPRESSÃO PORTUGUESA 565
   § 8.º. Brasil.. 565
   § 9.º. Angola.. 565
   § 10.º. Moçambique 565
   § 11.º. Cabo Verde 565
   § 12.º. Guiné-Bissau 566
   § 13.º. São Tomé e Príncipe 566
   § 14.º. Timor-Leste.. 566

TÍTULO III
POLÍTICAS AGRÍCOLA, COMERCIAL E INDUSTRIAL

Artigo 93.º (Objectivos da política agrícola) 567

I. OBJECTIVOS DA POLÍTICA AGRÍCOLA.. 569
   § 1.º. O valor jurídico dos objectivos constitucionais da política agrícola 569
      1.1. A política agrícola como vertente da Constituição material 569
      1.2. Dialéctica inter-sistémica: sistema jurídico-político, sistema económico-social e realidade natural 570
      1.3. O influxo do Direito Comunitário (remissão) 572
      1.4. A sistematização dos objectivos da política agrícola 573
      1.5. Relações com outras políticas constitucionalmente exigidas 574

1.6. (cont.) Relação entre os objectivos da política agrícola e os objectivos da política comercial 576
§ 2.º. VINCULAÇÃO DOS PODERES PÚBLICOS AOS OBJECTIVOS DA POLÍTICA AGRÍCOLA 577
2.1. Vinculação do legislador.. 577
2.2. Vinculação da Administração 579
§ 3.º. ARTICULAÇÃO DA POSITIVAÇÃO CONSTITUCIONAL DOS OBJECTIVOS DA POLÍTICA AGRÍCOLA COM OS PRINCÍPIOS FUNDAMENTAIS DA ORGANIZAÇÃO ECONÓMICO-SOCIAL E COM OS DIREITOS FUNDAMENTAIS 579
3.1. Os princípios fundamentais.. 579
3.2. Os direitos fundamentais: algumas conexões, em especial com o direito de propriedade privada... 580

II. DIREITO INTERNACIONAL E EUROPEU 584
§ 4.º. DIREITO INTERNACIONAL 584
§ 5.º. DIREITO EUROPEU 585

III. MEMÓRIA CONSTITUCIONAL 588
§ 6.º. AS CONSTITUIÇÕES PORTUGUESAS ANTERIORES À CONSTITUIÇÃO DE 1976 ... 588
§ 7.º. CONTEÚDO ORIGINÁRIO DA REDACÇÃO DO PRECEITO NA CONSTITUIÇÃO DE 1976 E SUCESSIVAS VERSÕES DECORRENTES DAS REVISÕES CONSTITUCIONAIS 590
§ 8.º. APRECIAÇÃO DO SENTIDO DAS ALTERAÇÕES DO PRECEITO 594

IV. PAÍSES DE EXPRESSÃO PORTUGUESA 595
§ 9.º. BRASIL 595
§ 10.º. ANGOLA 595
§ 11.º. MOÇAMBIQUE 596
§ 12.º. CABO VERDE 596
§ 13.º. GUINÉ-BISSAU 597
§ 14.º. SÃO TOMÉ E PRÍNCIPE 597
§ 15.º. TIMOR-LESTE 597

Artigo 94.º (Eliminação dos latifúndios) 599

I. ELIMINAÇÃO DOS LATIFÚNDIOS 601
§ 1.º. VALOR CONSTITUCIONAL DA ELIMINAÇÃO DOS LATIFÚNDIOS – CAUSA DE UTILIDADE PÚBLICA 601
1.1. Eliminação do latifúndio ou dos latifundiários?... 601
1.2. A subordinação aos objectivos da política agrícola 602
1.3. Da *reforma agrária* a uma nova *Constituição material agrária*: desuso ou interpretação da Constituição "oficial" *conforme à Constituição "não oficial"*? 604
§ 2.º. REGIME JURÍDICO-CONSTITUCIONAL DA RECONFIGURAÇÃO DO DIREITO DE PROPRIEDADE SOBRE OS LATIFÚNDIOS 608
2.1. Expropriação e admissibilidade de outras formas jurídicas 608
2.2. A indemnização... 609
2.3. Igualdade e proporcionalidade: a situação pós-expropriação do proprietário 610

§ 3.º. UTILIDADE COLECTIVA E BENEFICIÁRIOS DA EXPROPRIAÇÃO	611
3.1. Pequenos agricultores	611
3.2. Favorecimento do sector cooperativo?	613
3.3. A entrega a título de propriedade ou de posse........................	613
§ 4.º. VINCULAÇÃO E LIBERDADE DE CONCRETIZAÇÃO DO COMANDO CONSTITUCIONAL	614
§ 5.º. RESERVA DE LEI E COMPETÊNCIA LEGISLATIVA..	616
5.1. A competência do Parlamento	616
5.2. A competência do Governo	617
5.3. A competência das Assembleias Legislativas das regiões autónomas....	617
II. DIREITO INTERNACIONAL E EUROPEU	617
§ 6.º. DIREITO INTERNACIONAL	617
§ 7.º. DIREITO EUROPEU..	617
III. MEMÓRIA CONSTITUCIONAL	618
§ 8.º. AS CONSTITUIÇÕES PORTUGUESAS ANTERIORES À CONSTITUIÇÃO DE 1976...	618
§ 9.º. CONTEÚDO ORIGINÁRIO DA REDACÇÃO DO PRECEITO NA CONSTITUIÇÃO DE 1976 E SUCESSIVAS VERSÕES DECORRENTES DAS REVISÕES CONSTITUCIONAIS.	618
§ 10.º. APRECIAÇÃO DO SENTIDO DAS ALTERAÇÕES DO PRECEITO	619
IV. PAÍSES DE EXPRESSÃO PORTUGUESA	620
§ 11.º. BRASIL...	620
§ 12.º. ANGOLA	621
§ 13.º. MOÇAMBIQUE	621
§ 14.º. CABO VERDE	621
§ 15.º. GUINÉ-BISSAU	621
§ 16.º. SÃO TOMÉ E PRÍNCIPE	621
§ 17.º. TIMOR-LESTE	621
Artigo 95.º (Redimensionamento do minifúndio)...................................	623
I. REDIMENSIONAMENTO DO MINIFÚNDIO..	624
§ 1.º. VALOR CONSTITUCIONAL DO REDIMENSIONAMENTO DO MINIFÚNDIO	624
1.1. A subordinação aos objectivos da política agrícola	624
1.2. A salvaguarda da função social da propriedade minifundiária	625
§ 2.º. REGIME JURÍDICO-CONSTITUCIONAL DO REDIMENSIONAMENTO DO MINIFÚNDIO.	628
2.1. Unificação jurídica: o lugar do emparcelamento.....................	628
2.2. Unificação económica: o favorecimento do associativismo agrário	630
2.3. Preferência constitucional pelo modelo cooperativo?	631
§ 3.º. VINCULAÇÃO E LIBERDADE DE CONCRETIZAÇÃO DO COMANDO CONSTITUCIONAL	632
3.1. Os poderes públicos destinatários do comando constitucional	632
3.2. Configuração material e formal do nível de imperatividade do comando constitucional	632
§ 4.º. RESERVA DE LEI E COMPETÊNCIA LEGISLATIVA..	634
4.1. A competência do Parlamento	634

4.2. A competência do Governo 635
4.3. A competência das Assembleias Legislativas das regiões autónomas.... 635

II. DIREITO INTERNACIONAL E EUROPEU 635
§ 5.º. Direito Internacional 635
§ 6.º. Direito Europeu 635

III. MEMÓRIA CONSTITUCIONAL 636
§ 7.º. As constituições portuguesas anteriores à Constituição de 1976 ... 636
§ 8.º. Conteúdo originário da redacção do preceito na Constituição de 1976 e sucessivas versões decorrentes das revisões constitucionais . 636
§ 9.º. Apreciação do sentido das alterações do preceito 637

IV. PAÍSES DE EXPRESSÃO PORTUGUESA 638
§ 10.º. Brasil 638
§ 11.º. Angola 638
§ 12.º. Moçambique 638
§ 13.º. Cabo Verde 638
§ 14.º. Guiné-Bissau 639
§ 15.º. São Tomé e Príncipe 639
§ 16.º. Timor-Leste 639

Artigo 96.º (Formas de exploração de terra alheia) 641

I. FORMAS DE EXPLORAÇÃO DE TERRA ALHEIA 642
§ 1.º. A protecção do cultivador 642
1.1. A minimização da sujeição do cultivador a relações de domínio económico 642
1.2. (cont.) Sistemática: a eliminação do latifúndio, o redimensionamento do minifúndio e a disciplina jurídico-constitucional da exploração de terra alheia 645
§ 2.º. Efeitos sobre o direito ordinário 648
2.1. O regime do arrendamento rural 648
2.2. A proibição dos regimes de aforamento e colonia 651
2.3. A pretensão de abolição efectiva do regime de parceria agrícola 655
§ 3.º. Reserva de lei e competência legislativa 657
3.1. A competência do Parlamento 657
3.2. A competência do Governo 657
3.3. A competência das Assembleias Legislativas das regiões autónomas.... 658

II. DIREITO INTERNACIONAL E EUROPEU 658
§ 4.º. Direito Internacional 658
§ 5.º. Direito Europeu 658

III. MEMÓRIA CONSTITUCIONAL 659
§ 6.º. As constituições portuguesas anteriores à Constituição de 1976 ... 659

§ 7.°. CONTEÚDO ORIGINÁRIO DA REDACÇÃO DO PRECEITO NA CONSTITUIÇÃO DE 1976 E SUCESSIVAS VERSÕES DECORRENTES DAS REVISÕES CONSTITUCIONAIS.	659
§ 8.°. APRECIAÇÃO DO SENTIDO DAS ALTERAÇÕES DO PRECEITO	660
IV. PAÍSES DE EXPRESSÃO PORTUGUESA	660
§ 9.°. BRASIL..	660
§ 10.°. ANGOLA..	660
§ 11.°. MOÇAMBIQUE	660
§ 12.°. CABO VERDE	661
§ 13.°. GUINÉ-BISSAU	661
§ 14.°. SÃO TOMÉ E PRÍNCIPE	661
§ 15.°. TIMOR-LESTE	661

Artigo 97.° (Auxílio do Estado).. 663

I. AUXÍLIO DO ESTADO	665
§ 1.°. OS AUXÍLIOS DO ESTADO À ACTIVIDADE AGRÍCOLA NO ÂMBITO DA CONSTITUIÇÃO ECONÓMICA	665
1.1. Os objectivos da política agrícola: Constituição Económica *interna* e permeabilidade ao Direito Comunitário – a relação de compatibilidade invertida...	665
1.2. A preferência constitucional pela exploração directa da terra de base empresarial..	668
§ 2.°. VINCULAÇÃO E LIBERDADE DE CONCRETIZAÇÃO DO COMANDO CONSTITUCIONAL	670
2.1. Os poderes públicos destinatários do comando constitucional	670
2.2. Configuração material e formal do nível de imperatividade do comando constitucional	672
§ 3.°. O ELENCO CONSTITUCIONAL DE APOIOS DO ESTADO	673
3.1. *a) Concessão de assistência técnica*...	673
3.2. *b) Criação de formas de apoio à comercialização a montante e a jusante da produção*	673
3.3. *c) Apoio à cobertura de riscos resultantes dos acidentes climatéricos e fitopatológicos imprevisíveis ou incontroláveis*	674
3.4. *d) Estímulos ao associativismo dos trabalhadores rurais e dos agricultores, nomeadamente à constituição por eles de cooperativas de produção, de compra, de venda, de transformação e de serviços e ainda de outras formas de exploração por trabalhadores*...	675
3.5. Outras formas de apoio..	676
II. DIREITO INTERNACIONAL E EUROPEU	676
§ 4.°. DIREITO INTERNACIONAL	676
§ 5.°. DIREITO EUROPEU	677
III. MEMÓRIA CONSTITUCIONAL	679
§ 6.°. AS CONSTITUIÇÕES PORTUGUESAS ANTERIORES À CONSTITUIÇÃO DE 1976 ...	679

§ 7.º. CONTEÚDO ORIGINÁRIO DA REDACÇÃO DO PRECEITO NA CONSTITUIÇÃO DE
1976 E SUCESSIVAS VERSÕES DECORRENTES DAS REVISÕES CONSTITUCIONAIS . 679
§ 8.º. APRECIAÇÃO DO SENTIDO DAS ALTERAÇÕES DO PRECEITO 681

IV. PAÍSES DE EXPRESSÃO PORTUGUESA 682
§ 9.º. BRASIL.. 682
§ 10.º. ANGOLA... 682
§ 11.º. MOÇAMBIQUE 683
§ 12.º. CABO VERDE 683
§ 13.º. GUINÉ-BISSAU 683
§ 14.º. SÃO TOMÉ E PRÍNCIPE 683
§ 15.º. TIMOR-LESTE 683

Artigo 98.º (Participação na definição da política agrícola)............... 685

I. PARTICIPAÇÃO NA DEFINIÇÃO DA POLÍTICA AGRÍCOLA 686
§ 1.º. A PARTICIPAÇÃO DOS TRABALHADORES RURAIS E DOS AGRICULTORES NA DEFINIÇÃO DA POLÍTICA AGRÍCOLA NO CONTEXTO CONSTITUCIONAL DA DEMOCRACIA PARTICIPATIVA 686
§ 2.º. REGIME CONSTITUCIONAL DA PARTICIPAÇÃO DOS TRABALHADORES RURAIS E DOS AGRICULTORES NA DEFINIÇÃO DA POLÍTICA AGRÍCOLA.......................... 691
2.1. O mito e a realidade: a influência do Direito Comunitário.................... 691
2.2. A participação corporativa... 693
2.3. Formas de participação e poderes públicos destinatários do comando constitucional 694
2.4. A participação no procedimento legislativo 696
2.5. A participação no procedimento administrativo regulamentar............... 697

II. DIREITO INTERNACIONAL E EUROPEU 700
§ 3.º. DIREITO INTERNACIONAL 700
§ 4.º. DIREITO EUROPEU 700

III. MEMÓRIA CONSTITUCIONAL 702
§ 5.º. AS CONSTITUIÇÕES PORTUGUESAS ANTERIORES À CONSTITUIÇÃO DE 1976 ... 702
§ 6.º. CONTEÚDO ORIGINÁRIO DA REDACÇÃO DO PRECEITO NA CONSTITUIÇÃO DE
1976 E SUCESSIVAS VERSÕES DECORRENTES DAS REVISÕES CONSTITUCIONAIS . 702
§ 7.º. APRECIAÇÃO DO SENTIDO DAS ALTERAÇÕES DO PRECEITO 703

IV. PAÍSES DE EXPRESSÃO PORTUGUESA 704
§ 8.º. BRASIL.. 704
§ 9.º. ANGOLA... 705
§ 10.º. MOÇAMBIQUE 705
§ 11.º. CABO VERDE 705
§ 12.º. GUINÉ-BISSAU 705
§ 13.º. SÃO TOMÉ E PRÍNCIPE 705
§ 14.º. TIMOR-LESTE 705

Artigo 99.º (Objectivos da política comercial)	707
I. OBJECTIVOS DA POLÍTICA COMERCIAL..	708
§ 1.º. O VALOR JURÍDICO DOS OBJECTIVOS CONSTITUCIONAIS DA POLÍTICA COMERCIAL	708
1.1. A política comercial como vertente da Constituição económica material	708
1.2. Dialéctica inter-sistémica: sistema jurídico-político e sistema económico--social	711
1.3. O influxo do Direito Comunitário: integração económica e política comercial – a concorrência, as *liberdades comunitárias* e a secundarização da Constituição económica portuguesa (remissão)........................	713
1.4. A sistematização dos objectivos da política comercial	714
1.5. Relação entre os objectivos da política comercial e os objectivos da política agrícola...	719
1.6. Relação entre os objectivos da política comercial e os objectivos da política industrial...	720
§ 2.º. VINCULAÇÃO DOS PODERES PÚBLICOS AOS OBJECTIVOS DA POLÍTICA COMERCIAL	720
2.1. Vinculação do legislador..	720
2.2. Vinculação da Administração	722
§ 3.º. ARTICULAÇÃO DA POSITIVAÇÃO CONSTITUCIONAL DOS OBJECTIVOS DA POLÍTICA COMERCIAL COM OS PRINCÍPIOS FUNDAMENTAIS DA ORGANIZAÇÃO ECONÓMICO-SOCIAL E COM OS DIREITOS FUNDAMENTAIS	724
3.1. Os princípios fundamentais..	724
3.2. Os direitos fundamentais: algumas conexões, em especial com a protecção da concorrência e dos consumidores..	726
II. DIREITO INTERNACIONAL E EUROPEU	729
§ 4.º. DIREITO INTERNACIONAL	729
§ 5.º. DIREITO EUROPEU	729
III. MEMÓRIA CONSTITUCIONAL	732
§ 6.º. AS CONSTITUIÇÕES PORTUGUESAS ANTERIORES À CONSTITUIÇÃO DE 1976...	732
§ 7.º. CONTEÚDO ORIGINÁRIO DA REDACÇÃO DO PRECEITO NA CONSTITUIÇÃO DE 1976 E SUCESSIVAS VERSÕES DECORRENTES DAS REVISÕES CONSTITUCIONAIS .	734
§ 8.º. APRECIAÇÃO DO SENTIDO DAS ALTERAÇÕES DO PRECEITO	736
IV. PAÍSES DE EXPRESSÃO PORTUGUESA	736
§ 9.º. BRASIL...	736
§ 10.º. ANGOLA...	737
§ 11.º. MOÇAMBIQUE	737
§ 12.º. CABO VERDE	737
§ 13.º. GUINÉ-BISSAU	737
§ 14.º. SÃO TOMÉ E PRÍNCIPE	737
§ 15.º. TIMOR-LESTE..	737

Artigo 100.º (Objectivos da política industrial) 739

I. OBJECTIVOS DA POLÍTICA INDUSTRIAL 741
§ 1.º. O VALOR JURÍDICO DOS OBJECTIVOS CONSTITUCIONAIS DA POLÍTICA INDUSTRIAL 741
  1.1. A política industrial como vertente da Constituição económica material 741
  1.2. Dialéctica inter-sistémica: sistema jurídico-político e sistema económico-social 742
  1.3. O influxo do Direito Comunitário: a integração económica, a política industrial e a secundarização da Constituição económica portuguesa (remissão) 743
  1.4. A sistematização dos objectivos da política industrial e a importância de outras políticas sectoriais 744
  1.5. Relação entre os objectivos da política comercial e os objectivos da política industrial 746
  1.6. Relação entre os objectivos da política industrial e os objectivos da política agrícola 746
§ 2.º. VINCULAÇÃO DOS PODERES PÚBLICOS AOS OBJECTIVOS DA POLÍTICA INDUSTRIAL 747
  2.1. Vinculação do legislador 747
  2.2. Vinculação da Administração 747
§ 3.º. ARTICULAÇÃO DA POSITIVAÇÃO CONSTITUCIONAL DOS OBJECTIVOS DA POLÍTICA INDUSTRIAL COM OS PRINCÍPIOS FUNDAMENTAIS DA ORGANIZAÇÃO ECONÓMICO-SOCIAL E COM OS DIREITOS FUNDAMENTAIS 748
  3.1. Os princípios fundamentais 748
  3.2. Os direitos fundamentais: algumas conexões 749

II. DIREITO INTERNACIONAL E EUROPEU 750
§ 4.º. DIREITO INTERNACIONAL 750
§ 5.º. DIREITO EUROPEU 750

III. MEMÓRIA CONSTITUCIONAL 752
§ 6.º. AS CONSTITUIÇÕES PORTUGUESAS ANTERIORES À CONSTITUIÇÃO DE 1976 ... 752
§ 7.º. CONTEÚDO ORIGINÁRIO DA REDACÇÃO DO PRECEITO NA CONSTITUIÇÃO DE 1976 E SUCESSIVAS VERSÕES DECORRENTES DAS REVISÕES CONSTITUCIONAIS 754
§ 8.º. APRECIAÇÃO DO SENTIDO DAS ALTERAÇÕES DO PRECEITO 754

IV. PAÍSES DE EXPRESSÃO PORTUGUESA 754
§ 9.º. BRASIL 754
§ 10.º. ANGOLA 755
§ 11.º. MOÇAMBIQUE 755
§ 12.º. CABO VERDE 755
§ 13.º. GUINÉ-BISSAU 755
§ 14.º. SÃO TOMÉ E PRÍNCIPE 755
§ 15.º. TIMOR-LESTE 756

TÍTULO IV
SISTEMA FINANCEIRO E FISCAL

Artigo 101.º (Sistema financeiro) 757

I. SISTEMA FINANCEIRO 758
  § 1.º. ESTADO DE BEM-ESTAR E SISTEMA FINANCEIRO 758
    1.1. O sistema financeiro como elemento da Constituição económica 758
    1.2. *Garantia* na formação, captação e *segurança* das poupanças 763
    1.3. Aplicação dos *meios* financeiros *necessários* ao *desenvolvimento* económico e social 765
    1.4. O sistema fiscal e o Orçamento (remissão) 768
    1.5. Sob a égide do Direito Comunitário 768
  § 2.º. ESTRUTURA CONSTITUCIONAL DO SISTEMA FINANCEIRO 769
    2.1. Configuração material do sistema financeiro 769
    2.2. Descentralização e sistema financeiro 771
    2.3. Estrutura objectivo-material do sistema financeiro 773
    2.4. Estrutura orgânico-subjectiva do sistema financeiro 776
  § 3.º. RESERVA DE LEI E ESTRUTURAÇÃO DO SISTEMA FINANCEIRO 779
    3.1. A competência do Parlamento 779
    3.2. A competência do Governo 782
    3.3. A competência das Assembleias Legislativas das regiões autónomas.... 782
    3.4. A exclusão do referendo em matérias financeiras 783
  § 4.º. REGULAÇÃO DO SISTEMA FINANCEIRO 784
    4.1. Objectivos e formas da regulação do sistema financeiro 784
    4.2. Estrutura institucional de regulação do sistema financeiro 788

II. DIREITO INTERNACIONAL E EUROPEU 790
  § 5.º. DIREITO INTERNACIONAL 790
  § 6.º. DIREITO EUROPEU 792

III. MEMÓRIA CONSTITUCIONAL 795
  § 7.º. AS CONSTITUIÇÕES PORTUGUESAS ANTERIORES À CONSTITUIÇÃO DE 1976 ... 795
  § 8.º. CONTEÚDO ORIGINÁRIO DA REDACÇÃO DO PRECEITO NA CONSTITUIÇÃO DE 1976 E SUCESSIVAS VERSÕES DECORRENTES DAS REVISÕES CONSTITUCIONAIS . 797
  § 9.º. APRECIAÇÃO DO SENTIDO DAS ALTERAÇÕES DO PRECEITO 798

IV. PAÍSES DE EXPRESSÃO PORTUGUESA 799
  § 10.º. BRASIL 799
  § 11.º. ANGOLA 800
  § 12.º. MOÇAMBIQUE 800
  § 13.º. CABO VERDE 800
  § 14.º. GUINÉ-BISSAU 801
  § 15.º. SÃO TOMÉ E PRÍNCIPE 801
  § 16.º. TIMOR-LESTE 801

Artigo 102.º (Banco de Portugal) 803

I. BANCO DE PORTUGAL 804
  § 1.º. Função jurídico-constitucional do Banco de Portugal 804
    1.1. O Banco de Portugal como *banco central nacional* 804
    1.2. A vinculação internacional do Estado português: em especial, a União Económica e Monetária – o Banco de Portugal no Sistema Europeu de Bancos Centrais 805
  § 2.º. As atribuições essenciais do Banco de Portugal 808
  § 3.º. Vinculação e liberdade de conformação legislativa do estatuto jurídico do Banco de Portugal 813

II. DIREITO INTERNACIONAL E EUROPEU 818
  § 4.º. Direito Internacional 818
  § 5.º. Direito Europeu 819

III. MEMÓRIA CONSTITUCIONAL 826
  § 6.º. As constituições portuguesas anteriores à Constituição de 1976 ... 826
  § 7.º. Conteúdo originário da redacção do preceito na Constituição de 1976 e sucessivas versões decorrentes das revisões constitucionais . 827
  § 8.º. Apreciação do sentido das alterações do preceito 828

IV. PAÍSES DE EXPRESSÃO PORTUGUESA 830
  § 9.º. Brasil 830
  § 10.º. Angola 830
  § 11.º. Moçambique 831
  § 12.º. Cabo Verde 831
  § 13.º. Guiné-Bissau 831
  § 14.º. São Tomé e Príncipe 831
  § 15.º. Timor-Leste 832

Artigo 103.º (Sistema fiscal) 833

I. SISTEMA FISCAL 835
  § 1.º. Estado de bem-estar e sistema fiscal 835
    1.1. O sistema fiscal como elemento da Constituição económica 835
    1.2. Essencialidade jurídico-política do sistema fiscal: a ideia do preço dos direitos fundamentais 839
    1.3. Continuação: a convocação plena da ideia de justiça política da Constituição material (justiça distributiva e justiça social) 841
    1.4. Finalidades do sistema fiscal 842
      1.4.1. A satisfação das necessidades financeiras do Estado e outras entidades públicas 842
      1.4.2. A repartição justa dos rendimentos e da riqueza 844
      1.4.3. Perspectiva monista e perspectiva dualista das finalidades do sistema fiscal 846

1.5. Sob a égide do Direito Comunitário: as políticas europeias relativas à fiscalidade no âmbito da integração económica e monetária, e seus reflexos sobre o sistema fiscal português 848
§ 2.º. CONCEITO E CONFIGURAÇÃO CONSTITUCIONAL DO SISTEMA FISCAL 848
  2.1. O conceito constitucional de sistema fiscal 848
    2.1.1. Os impostos 849
    2.1.2. Outros tributos 852
    2.1.3. O problema da parafiscalidade 854
  2.2. Descentralização e sistema fiscal 855
    2.2.1. O sistema fiscal estadual 855
    2.2.2. O subsistema fiscal das regiões autónomas 857
    2.2.3. O subsistema fiscal das autarquias locais 860
  2.3. Questões relativas aos princípios constitucionais rectores do sistema fiscal 861
    2.3.1. O princípio da igualdade 861
    2.3.2. O princípio da legalidade fiscal 865
      2.3.2.1. A tipicidade fiscal 865
      2.3.2.2. Continuação: o problema da abrangência do princípio da legalidade quanto à liquidação e cobrança de impostos 869
    2.3.3. Segurança jurídica e retroactividade dos impostos 870
    2.3.4. O direito de resistência ao pagamento do imposto inconstitucional. 873
    2.3.5. Reserva de lei parlamentar e garantia da concretização do princípio da igualdade 875
§ 3.º. PROBLEMAS INERENTES À CONFIGURAÇÃO CONSTITUCIONAL GLOBAL DO SISTEMA FISCAL 878
  3.1. A exclusão do referendo em matérias fiscais 878
  3.2. Transformação da administração (sentidos subjectivo e objectivo) e a parafiscalidade 879
  3.3. Eficiência e eficácia do sistema fiscal 880

II. DIREITO INTERNACIONAL E EUROPEU 882
§ 4.º. DIREITO INTERNACIONAL 882
§ 5.º. DIREITO EUROPEU 884

III. MEMÓRIA CONSTITUCIONAL 886
§ 6.º. AS CONSTITUIÇÕES PORTUGUESAS ANTERIORES À CONSTITUIÇÃO DE 1976 ... 886
§ 7.º. CONTEÚDO ORIGINÁRIO DA REDACÇÃO DO PRECEITO NA CONSTITUIÇÃO DE 1976 E SUCESSIVAS VERSÕES DECORRENTES DAS REVISÕES CONSTITUCIONAIS 890
§ 8.º. APRECIAÇÃO DO SENTIDO DAS ALTERAÇÕES DO PRECEITO 891

IV. PAÍSES DE EXPRESSÃO PORTUGUESA 892
§ 9.º. BRASIL 892
§ 10.º. ANGOLA 897
§ 11.º. MOÇAMBIQUE 897
§ 12.º. CABO VERDE 898
§ 13.º. GUINÉ-BISSAU 899

§ 14.º. São Tomé e Príncipe 899
§ 15.º. Timor-Leste.. 899

Artigo 104.º (Impostos)... 901

I. IMPOSTOS... 902
§ 1.º. Significado da existência de um quadro constitucional de impostos 902
§ 2.º. Os tipos de impostos em especial 905
    2.1. O imposto sobre o rendimento pessoal.. 905
        2.1.1. A unicidade 905
        2.1.2. A progressividade 906
        2.1.3. A consideração do agregado familiar 907
    2.2. A tributação das empresas 909
        2.2.1 As *empresas*.. 909
        2.2.2. A tributação do *rendimento real*.. 911
    2.3. A tributação do património 912
    2.4. A tributação do consumo 914
§ 3.º. Problemas transversais ao quadro constitucional de impostos num Estado de bem-estar 915

II. DIREITO INTERNACIONAL E EUROPEU 917
§ 4.º. Direito Internacional 917
§ 5.º. Direito Europeu.. 917

III. MEMÓRIA CONSTITUCIONAL 918
§ 6.º. As constituições portuguesas anteriores à Constituição de 1976 ... 918
§ 7.º. Conteúdo originário da redacção do preceito na Constituição de 1976 e sucessivas versões decorrentes das revisões constitucionais 919
§ 8.º. Apreciação do sentido das alterações do preceito 921

IV. PAÍSES DE EXPRESSÃO PORTUGUESA 921
§ 9.º. Brasil... 921
§ 10.º. Angola.. 924
§ 11.º. Moçambique 924
§ 12.º. Cabo Verde 924
§ 13.º. Guiné-Bissau 924
§ 14.º. São Tomé e Príncipe 924
§ 15.º. Timor-Leste... 924

Artigo 105.º (Orçamento)... 925

I. ORÇAMENTO... 927
§ 1.º. Funções do Orçamento como instrumento dos sistemas financeiro e fiscal.. 927
    1.1. O Orçamento como instrumento de unificação do sistema financeiro e do sistema fiscal no âmbito da Constituição económica...................... 927

1.2. A aplicação dos princípios relativos ao Orçamento do Estado a outras
realidades orçamentais 929
§ 2.º. O CONTEÚDO DO ORÇAMENTO 932
  2.1. As receitas e despesas do Estado e dos fundos e serviços autónomos.... 932
  2.2. O orçamento da segurança social 933
  2.3. O sector público excluído do Orçamento 933
§ 3.º. VINCULAÇÕES QUANTO AO CONTEÚDO DO ORÇAMENTO 935
  3.1. A *harmonia com as grandes opções em matéria de planeamento*........ 935
  3.2. O cumprimento das obrigações legais e contratuais 937
§ 4.º. OS PRINCÍPIOS FUNDAMENTAIS EM MATÉRIA ORÇAMENTAL 940
  4.1. O princípio da anualidade orçamental 940
  4.2. O princípio da plenitude orçamental 941
  4.3. O princípio da discriminação orçamental 943
    4.3.1. O subprincípio da especificação 944
    4.3.2. O subprincípio da não compensação 945
    4.3.3. O subprincípio da não consignação 945
  4.4. O princípio do equilíbrio orçamental: equilíbrio formal, equilíbrio material e recurso ao crédito público 946
  4.5. Outros princípios 948
§ 5.º. VINCULAÇÃO E LIBERDADE DO GOVERNO NA EXECUÇÃO DO ORÇAMENTO ... 949
§ 6.º. O CONTEÚDO DA LEI DO ORÇAMENTO – MATÉRIA ORÇAMENTAL E MATÉRIA NÃO ORÇAMENTAL 951
§ 7.º. SOBRE A NATUREZA JURÍDICA DO ORÇAMENTO 954

II. DIREITO INTERNACIONAL E EUROPEU 956
§ 8.º. DIREITO INTERNACIONAL 956
§ 9.º. DIREITO EUROPEU 956

III. MEMÓRIA CONSTITUCIONAL 957
§ 10.º. AS CONSTITUIÇÕES PORTUGUESAS ANTERIORES À CONSTITUIÇÃO DE 1976. 957
§ 11.º. CONTEÚDO ORIGINÁRIO DA REDACÇÃO DO PRECEITO NA CONSTITUIÇÃO DE 1976 E SUCESSIVAS VERSÕES DECORRENTES DAS REVISÕES CONSTITUCIONAIS 960
§ 12.º. APRECIAÇÃO DO SENTIDO DAS ALTERAÇÕES DO PRECEITO 963

IV. PAÍSES DE EXPRESSÃO PORTUGUESA 964
§ 13.º. BRASIL 964
§ 14.º. ANGOLA 966
§ 15.º. MOÇAMBIQUE 966
§ 16.º. CABO VERDE 966
§ 17.º. GUINÉ-BISSAU 967
§ 18.º. SÃO TOMÉ E PRÍNCIPE 968
§ 19.º. TIMOR-LESTE 968

Artigo 106.º (Elaboração do Orçamento) 969

I. ELABORAÇÃO DO ORÇAMENTO 970
   § 1.º. O QUADRO NORMATIVO DA ELABORAÇÃO DO ORÇAMENTO 970
      1.1. A Constituição 970
      1.2. A lei de enquadramento orçamental 971
      1.3. O Regimento da Assembleia da República 972
      1.4. Vinculações relevantes para o conteúdo do Orçamento 973
   § 2.º. O PROCEDIMENTO LEGISLATIVO DE APROVAÇÃO DO ORÇAMENTO 974
      2.1. A iniciativa legislativa e a fundamentação da proposta de Orçamento ... 974
      2.2. Apreciação, discussão e votação 976
      2.3. A promulgação e o veto: implicações específicas no domínio do Orçamento 978
   § 3.º. O REGIME DAS ALTERAÇÕES AO ORÇAMENTO 979
      3.1. Alterações da competência do Parlamento e alterações da competência do Governo 979
      3.2. A limitação da iniciativa da lei e do referendo em matéria orçamental .. 980

II. DIREITO INTERNACIONAL E EUROPEU 982
   § 4.º. DIREITO INTERNACIONAL 982
   § 5.º. DIREITO EUROPEU 982

III. MEMÓRIA CONSTITUCIONAL 983
   § 6.º. AS CONSTITUIÇÕES PORTUGUESAS ANTERIORES À CONSTITUIÇÃO DE 1976 ... 983
   § 7.º. CONTEÚDO ORIGINÁRIO DA REDACÇÃO DO PRECEITO NA CONSTITUIÇÃO DE 1976 E SUCESSIVAS VERSÕES DECORRENTES DAS REVISÕES CONSTITUCIONAIS ... 984
   § 8.º. APRECIAÇÃO DO SENTIDO DAS ALTERAÇÕES DO PRECEITO 986

IV. PAÍSES DE EXPRESSÃO PORTUGUESA 987
   § 9.º. BRASIL 987
   § 10.º. ANGOLA 988
   § 11.º. MOÇAMBIQUE 988
   § 12.º. CABO VERDE 988
   § 13.º. GUINÉ-BISSAU 989
   § 14.º. SÃO TOMÉ E PRÍNCIPE 989
   § 15.º. TIMOR-LESTE 989

Artigo 107.º (Fiscalização) 991

I. FISCALIZAÇÃO 992
   § 1.º. O SENTIDO CONSTITUCIONAL DA FISCALIZAÇÃO 992
   § 2.º. A FISCALIZAÇÃO DA EXECUÇÃO DO ORÇAMENTO 993
   § 3.º. (CONT.) A FISCALIZAÇÃO DA CONTA GERAL DO ESTADO 995
   § 4.º. OUTRAS FORMAS DE FISCALIZAÇÃO NÃO ESTABELECIDAS NO ARTIGO 107.º .. 997
   § 5.º. A APLICAÇÃO DO ARTIGO 107.º A OUTRAS REALIDADES ORÇAMENTAIS 999

II. DIREITO INTERNACIONAL E EUROPEU 1000
§ 6.º. Direito Internacional 1000
§ 7.º. Direito Europeu 1000

III. MEMÓRIA CONSTITUCIONAL 1001
§ 8.º. As constituições portuguesas anteriores à Constituição de 1976 ... 1001
§ 9.º. Conteúdo originário da redacção do preceito na Constituição de 1976 e sucessivas versões decorrentes das revisões constitucionais 1002
§ 10.º. Apreciação do sentido das alterações do preceito 1003

IV. PAÍSES DE EXPRESSÃO PORTUGUESA 1003
§ 11.º. Brasil 1003
§ 12.º. Angola 1004
§ 13.º. Moçambique 1004
§ 14.º. Cabo Verde 1005
§ 15.º. Guiné-Bissau 1005
§ 16.º. São Tomé e Príncipe 1005
§ 17.º. Timor-Leste 1005

Índice bibliográfico 1007

Índice de jurisprudência 1025

Índice analítico 1035

Índice geral 1045